册府元龜

第十一册

中華書局影印

册府元龜第十一册目錄

總錄部（二）

册府元龜

巡按福建監察御史臣李嗣京 訂正

知閩縣事臣曹胄臣參閱

知建陽縣事臣黃國琦較釋

總録部 八十三

詞辯

夫辭不可已言必有中先民之所稱也而中代之後遂有枝葉流宕忘返至於列國策人以口給排難以舌端七雄之世變詐相尚於是有離堅合異之辯矯尾厲角之談當是之時誦言寡辭之士蓋泥於進取

矣漢氏而下亦曷嘗無其人哉原夫樞機之發榮辱之主美言可市伯陽之所稱利口惟賢周書之攸戒自非商榷得失彈射臧否發揮治道宣暢德義華實之兼茂枝柸之靡窮使聽之者忘倦聞之者信服又惡足以稱哉

端木賜字子貢衞之明辯巧辭孔子嘗黜其辯

宰予字子我魯人敏給辯辭

鄒衍齊人其術迂大而閎辯齊使鄒衍過趙平原君見公孫龍及其徒綦毋子之屬論白馬非馬之辯以問鄒子鄒子曰不可彼天下之辯有五勝三至而辭正為下辭者别殊類使不相害序異端使不相亂抒意通指明其所謂使人與知焉不務相迷也故勝者不失其所守不勝者得其所求若是故辯可為也及至煩文以相假飾辭以相悖巧辭以相移引人聲使不得及其意如此害大道夫繳紛爭言而競後息不能無害君子坐皆稱善初平原君厚待公孫龍以其善為堅白之辯及鄒衍過趙言至道乃絀公孫龍

淳于髡齊人長不滿七尺滑稽 滑音骨亂也稽者同也 多辯數使諸侯未嘗詘辱威王八年楚大發兵加齊齊王使淳于髡之趙求救兵齎金百斤馬十駟淳于髡仰天

大笑冠纓索絶王曰先生少之乎髡曰何敢王曰先生笑豈有説乎髡曰今者臣從東來見道旁有禳田者操一豚蹄酒一盂而祝曰甌窶滿篝 篝籠也音構甌窶猶杯樓 汙耶滿車 汙耶下地田也言下地田之中有薪菜可滿車也 五穀蕃熟穰穰滿家臣見所持者狹而所欲者奢故笑於是齊王乃益齎黃金千鎰白璧十雙車馬百駟髡辭而行至趙趙王與之精兵十萬革車千乘楚聞之夜引兵而去威王大悦是時鄒衍之術迂大而閎辯騶奭文具難施淳于髡久與處時有得善言故齊人頌曰談天衍雕龍奭炙轂過髡 劉向別錄曰鄒衍之所言五德終始天地

廣大書言天事故曰談天騶奭修衍之文飾若雕鏤龍文故曰雕龍別錄曰過字作輠輠者車之盛膏器也炙之雖盡尤有餘流者言淳于髡智不盡如炙輠也

楚丘先生被蓑帶索往見孟嘗君孟嘗君曰先生老矣春秋高矣多遺忘矣何以教文楚丘先生曰惡將使我老意者將使我投石超距乎追車赴馬乎逐麋鹿搏虎豹乎吾則死矣何暇老哉將使我深計遠謀乎設精神而決嫌疑乎出正辭而尚諸侯乎吾乃始壯耳何老之有孟嘗君勃然汗出至踵曰文過矣文過矣

孫卿趙人也秦昭王問卿曰儒無益於人之國卿曰

冊府元龜　總錄部　詞辯　卷之八百三十三　三

儒者法先王隆禮義謹乎臣子而能致貴其上者也人主用之則進在本朝置而不用則退編百姓而慤必爲順下矣雖窮困凍餧必不以邪道爲貪無置錐之地而明於持社稷之大義叫呼而莫之能應然而通乎裁萬物養百姓之經紀勢在人上則王公之才也在人下則社稷之臣國君之寶也雖隱於窮閻漏屋人莫不貴之道誠存也仲尼爲魯司寇沈猶氏不敢朝飲其羊公慎氏出其妻慎潰氏踰境而走魯之鬻牛馬不豫賈布正以待之也居於闕黨黨之子弟罔罟分有親者取多孝悌以化之也儒者在本朝則美政在下位則美俗儒之爲人下如是矣王曰然則在爲人上何如孫卿對曰其爲人上也廣大矣志意定乎內禮節修乎朝法則度量正乎官忠信愛利形乎下行一不義殺一無辜而得天下不爲也若義信乎人矣通於四海則天下之外應之而懽是何也則貴明白而天下治也故近者謳謌而樂之遠者竭走而趨之四海之內若一家通達之屬莫不服從夫是之謂人師詩曰自西自東自南自北無思不服此之謂也夫其爲人下也如彼其爲人上也如此何謂其無益人之國乎昭王曰善

冊府元龜　總錄部　詞辯　卷之八百三十三　四

陳軫者游說之士與張儀俱事秦惠王皆貴爭寵張儀惡陳軫於秦王曰軫重幣輕使秦楚之間將爲國交也今楚不加善於秦而善軫者軫自爲厚而爲王薄也且軫欲去秦而之楚王胡不聽乎王謂陳軫曰吾聞子欲去秦之楚有之乎軫曰然王曰儀之言果信矣軫曰非獨儀知之也行道之士盡知之矣昔子胥忠於其君而天下爭以爲臣曾參孝於其親而天下願以爲子故賣僕妾不出閭巷而售者良僕妾也出婦嫁於鄉曲者良婦也今軫不忠其君楚亦何以軫爲忠乎忠且見棄軫不之楚何歸乎王以其言爲

然遂待之居秦期年秦惠王終相張儀而陳軫奔楚
楚使軫於秦秦王曰子去寡人之楚亦思寡人不陳
軫對曰王聞夫越人莊舄乎王曰不聞曰越人莊舄
仕楚執珪有頃而病楚王曰舄故越之鄙細人也今
仕楚執珪貴富矣亦思越不中謝對曰凡人之思故
在其病也彼思越則越聲不思越則楚聲使人往聽
之猶尚越聲也今臣雖奔逐之楚豈能無秦聲哉惠
王曰善
漢司馬季主者楚人也卜於長安東市宋忠爲中大
夫賈誼爲博士同日俱出洗沐相從論議誦易先王

聖人之道術究徧人情相視而嘆賈誼曰吾聞古之
聖人不居朝廷必在醫卜之中今吾已見三公九卿
朝士大夫皆可知矣試之卜數中以觀采二人卽同
輿而之市游於卜肆中天新雨道少人司馬季主閒
坐弟子三四人侍方辯天地之道日月之運陰陽吉
凶之本二大夫再拜謁司馬季主視其狀貌如類有
知者卽禮之使弟子延坐坐定司馬季主復理前語
分別天地之終始日月星辰之紀差次仁義之際列
吉凶之符語數千言莫不順理宋忠賈誼矍然而悟
獵纓正襟危坐曰吾望先生之狀聽先生之辭小子
竊觀於世未嘗見也今何居之卑何行之汙司馬季
主捧腹大笑曰觀大夫類有道術者今何言之陋也
何辭之野也今夫子所賢者何也所高者誰也今何
以卑汙長者誼曰尊官厚祿世之所高也賢才處之
今所處非其地故謂之卑言不信行不驗取不當故
謂之汙夫卜筮者世俗之所賤簡也世皆言曰夫卜
筮者多言誇嚴以得人情虛高人祿命以說人志擅
言禍災以傷人心矯言鬼神以盡人財厚求拜謝以
私於已此吾之所恥故謂之卑汙也司馬季主曰公
且安坐公見夫被髮童子乎日月炤之則行不炤則

止問之日月疵瑕吉凶則不能理繇是觀之能知別
賢與不肖者寡矣賢之行也直道以正諫三諫不聽
則退其譽人也不望其報惡人也不顧其怨以便國
家利衆爲務故官非其任不處也祿非其功不受也
見人不正雖貴不敬也見人有汙雖尊不下也得不
爲喜去不爲恨非其罪也雖累辱而不愧也今公所
謂賢者皆可爲羞矣卑疵而前孅趨而言相引以勢
相導以利比周賓正（客旅謂之賓人求長官謂之正）以求尊譽以受
公奉事私利枉主法獵農民以官爲威以法爲機求
利逆暴譬無異於操白刃劫人者也初試官時倍力

爲巧詐飾虛功執空文以調主上用居上爲右試官不讓賢陳功見僞增實以無爲有以少爲多以求便勢尊位食飲驅馳從姬歌兒不顧於親犯法害民虛耗公家此夫爲盜不操矛弧者也攻而不用弦刃者也欺父母未有罪而弑君未伐者也何以爲高賢才乎盜賊發不能禁夷貊不服不能攝姦邪起不能塞官耗亂不能治四時不和不能調歲穀不熟不能適才賢不爲是不忠也不才不賢而託官位利上奉妨賢者是竊位也有人者進有財者禮是僞也子獨不見鴟梟之與鳳凰翔乎蘭芷芎藭棄於廣野蒿蕭成

林使君子退而不顯衆公等是也述而不作君子義也今夫卜者必法天地象四時順於仁義分策定卦旋式正棊然後言天地之利害事之成敗昔先王之定國家必先龜策日月而後乃敢代正時日乃敢入家產子必先占吉凶後乃有之自伏羲作八卦周文演三百八十四爻而天下治越王句踐倣文王八卦以破敵國覇天下繇是言之卜筮有何負哉且夫卜筮者掃除設坐正其冠帶然後乃言事此有禮也言而神鬼或以饗忠臣以事其上孝子以養其親慈父以畜其子此有德者也而以義置數十百錢病者或以愈且死或以生患或以免事或以成嫁子娶婦或以養生此之爲德豈直數十百錢哉此夫老子所謂上德不德是以有德今夫卜筮者利大而謝少老子之云豈異於是乎莊子曰君子內無饑寒之患外無刼奪之憂居上而敬居下不爲害君子之道也今夫卜筮者之爲業也積之無委聚藏不用府庫徙之不用輜車負裝之不重止而用之無盡索之時持不盡索之物游於無窮之世雖莊氏之行未能增於是也子果何故而云不可卜哉天不足西北星辰西北移地不足東南以海爲池日中必移月滿必虧先王之

道乍存乍亡公責卜者言必信不亦惑乎公見夫談士辯人乎慮事定計必是人也然不能以一言說人主意故言必稱先王語必道上古慮事定計飾先王之成功語其敗害以恐喜人主之志以求其欲多言誇嚴（一作險）莫大於此矣然欲彊國成功盡忠於上非此不立今夫卜者導惑教愚也夫愚惑之人豈能以一言而知之哉言不厭多騏驥不能與罷驢爲駟而鳳凰不與燕雀爲羣而賢者亦不與不肖者同列故君子處卑隱以辟衆自匿以辟倫微見德順以除羣害以明天性助上養下多其功利不求尊譽公之等

喁喁者也何知長者之道乎宋忠賈誼忽而自失芒乎無色悵然噤口不能言於是攝衣而起再拜而辭行洋洋也出市門僅能自上車伏軾低頭卒不能出氣居三日宋忠見賈誼於殿門外乃相引屏語相謂自歎曰道高益安勢高益危居赫赫之勢失身且有日矣夫卜而有不審不見奪糈（音所離騷經曰懷椒糈而要之注云糈精米所以享神也）爲人主計而不審身無所處此相去遠矣猶天冠地履也此老子之所謂無名者萬物之始也天地曠曠物之熙熙或安或危莫知居之我與若何足預彼哉久而愈安雖曾氏之義（曾一作莊）未有以異也久

之宋忠使匈奴不至而還抵罪而賈誼爲梁懐王傅王墮馬薨誼不食毒恨而死此務華絶根者也

曹丘生辯士也時季布爲河東守曹丘生數招權顧金錢（言招求貴人威權因以請託故得他人顧金錢）事貴人趙同等（宦者趙談）與竇長君善（景帝舅）布聞書諫長君曰吾聞曹丘生非長者勿與通及曹丘生歸欲得書請布（欲得竇長君書與布爲巳紹介也）竇長君曰季將軍不説足下（説讀曰悦）足下無往固請書遂行使人先發書（使人先致書於布發視也）布果大怒待曹丘曹丘至則揖布曰楚人諺曰得黄金百斤不如得季布諾（諺傳也）足下何以得此聲於梁楚之間哉且僕與足下俱楚人使僕游揚足下名於天下顧不美乎（顧念也）何足下距僕之深也布乃大説（説音悦）引入留數月爲上客厚送之布名所以益聞者曹丘揚之也

袁盎文帝時爲中郎將淮南厲王謀反有司請誅之帝弗聽遷之蜀盎諫曰淮南王爲人剛有如行道死陛下有殺弟名柰何王至雍死帝輟食哭甚哀盎入帝曰以不用公言至此盎曰帝自寛此往事豈可悔哉且陛下有高世之行三此不足以毀名帝曰吾高世三者何事盎曰陛下居代時太后嘗病三年陛下不交睫不解衣（睫目旁毛也交睫謂睡寢也睫音接）湯藥非陛下口所

嘗弗進夫曾參以布衣猶難之今陛下親以王者修之過曾參遠矣諸吕用事大臣顓制（顓與專同）然陛下從代乘六乘傳馳不測淵（大臣亂乘傳而赴之故曰不測淵）雖賁育之勇不及陛下（孟賁夏育皆古之勇士也）陛下至代邸西鄉讓天子者三南鄉讓天子者再（鄉讀曰嚮）夫許繇一讓（許繇古高士也堯讓天下於繇不受也）陛下五以天下讓過許繇四矣且陛下遷淮南王欲以苦其志使改有司宿衛不謹故病死於是帝乃解盎繇此名重朝廷

吾丘壽王爲光祿大夫侍中武帝時汾陰得寶鼎帝嘉之薦見宗廟藏於甘泉宫皆上壽賀曰陛下得周

鼎壽王獨曰非周鼎上聞之召而問之曰今朕得周鼎羣臣皆以爲然壽王獨以爲非何也有說則可無說則死壽王對曰臣安敢無說臣聞周德始乎后稷長於公劉大於太王（公劉后稷曾孫也太王文王之祖則古公亶甫也）成於文武顯於周公德澤上昭天下漏泉（昭明也漏言潤澤下沾如屋之漏）無所不通上天報應鼎爲周出故名曰周鼎今漢自高祖繼周亦昭德顯行布施恩惠六合和同至於陛下恢廓祖業功德愈盛天瑞並至珍祥畢見昔秦始皇親出鼎於彭城而不能得天祚有德而寶鼎自出此天之所以與漢廼漢寶非周寶也帝曰善群臣

皆稱萬歲是日賜壽王黃金十斤

後漢馬援爲虎賁中郎將閑於進對尤善述前世行事每言及三輔長者下至閭里少年皆可觀聽自皇太子諸王侍聞者莫不屬耳忘倦

荀恁光武徵以病不至明帝永平初東平王蒼爲驃騎將軍開東閣招賢俊辟而應焉及後朝會顯宗戲之曰先帝徵君不至驃騎辟君而來何也對曰先帝秉德以惠下故臣可得不來驃騎執法以簡下故臣不敢不至

班超有口辯而涉獵書傳後至西域都護射聲校尉

朱穆南陽宛人也少有英才年二十爲郡督郵迎新太守見穆曰君年少爲督郵因族勢爲有令德穆答曰郡中瞻望明府謂如仲尼非顏回不敢以迎孔子更問風俗人物太守甚奇之曰僕非仲尼督郵可謂顏回也遂歷職股肱舉孝廉至尚書

郭宏爲穎川郡上計吏正月朝覲宏進殿上謝祖宗受恩言辭辯麗專對移時天子曰穎川乃有此辯士耶子貢晏嬰何以加之羣公屬目卿士歎伏又朝廷問宏穎川風俗所尚地土所出先賢將相儒林文學之士宏援經以對陳事答問出言如浮引義如流

苻融遊太學師事少府李膺膺風性高簡每見融輒絕它賓客聽其言論融幅巾奮褎談辭如雲膺每捧手歎息公府連辟不應

鄭玄字康成初袁紹總兵冀州遣使要玄大會賓客玄最後至乃延升上坐紹客多豪俊並有才說見玄儒者未以通人許之競設異端百家互起玄依方辯對咸出問表皆得所未聞莫不嗟服時汝南應劭亦歸於紹因自贊曰故太山太守應仲遠北面稱弟子何如玄笑曰仲尼之門考以四科回賜之徒不稱官閥劭有慚色後徵大司農

鄒炎言論給捷多服其能理州郡辟命不就

董扶字茂安廣漢綿竹人發辭抗論益部少雙故號日至止言人莫能當所至而談止也後至侍中

鄭泰字公業爲侍御史董卓作亂公業與侍中伍瓊卓長史何顒共說卓以袁紹爲勃海太守以發山東之謀及義兵起卓乃會公卿議大發卒討之羣僚莫敢忤旨公業恐其衆多益橫兇强難制獨曰夫政在德不在衆也卓不悅曰如卿此言兵爲無用邪公業懼乃詭詞更對曰非謂無用以爲山東不足加大兵耳如有不信試爲明公略陳其要今山東合謀州郡

連結人庶相動非不强盛然光武以來中國無警百姓優逸忘戰日久仲尼有言不教民戰是謂棄之其衆雖多不能爲害一也明公出自西州少爲國將閑習軍事數踐戰場名振當世人懷懾服二也袁本初公卿子弟生處京師張孟卓東平長者坐不闚堂孔公緒清談高論噓枯吹生並無軍旅之才執銳之幹臨鋒決敵非公之儔三也山東之士素乏精悍未有孟賁之勇慶忌之捷聊城之守良平之謀可任偏師責以成功四也就有其人而尊卑無序王爵不加若恃衆怙力將各棊峙以觀成敗不肯同心共膽與齊進退五也關西諸郡頗習兵事自頃以來數與羌戰婦人猶戴戟操矛挾弓負矢况其壯勇之士以當忘戰之人乎其勝可必六也且天下强勇百姓所畏者有并凉之人及匈奴屠各湟中義從西羌八種而明公擁之以爲爪牙譬驅虎兕以赴犬羊七也又明公將帥皆中表腹心周旋日久恩信淳著忠誠可任智謀可恃以膠固之衆當解合之勢猶以勁風掃彼枯葉八也夫戰有三亡以亂攻理者亡以邪攻正者亡以逆攻順者亡今明公秉國平正討滅宦豎忠義克立以此三德待彼三亡奉辭伐罪誰敢禦之九也東

州鄭玄學該古今北海邴原清高直亮皆儒生所仰羣士楷式彼諸將若詢其計畫足知强弱且燕趙齊梁非不盛也終滅於秦吳楚七國非不衆也卒敗於滎陽况今德政赫赫股肱惟良彼豈讚成其謀造亂長寇哉其不然十也若其所陳少有可採無事徵兵以驚天下使患役之民相聚爲非棄德恃衆自虧威重卓乃悅以公業爲將軍使統諸軍討擊關東

戴宏年二十二爲郡督郵曾以職事見詰府君欲撻之宏曰今鄙郡遭明府咸以爲仲尼之君圖小人少以宏爲顏回豈聞仲尼有撻顏回之義府君異其對

即日教署王簿

魏郭淮爲鎮西長史行征羌護軍黄初元年春使賀文帝踐祚而道路得疾故計遠近爲稽留及羣臣歡會帝正色責之曰昔禹會諸侯於塗山防風後至便行大戮今普天同慶而卿最留遲何也淮對曰臣聞五帝先教導民以德夏后政衰始用刑辟今臣遭唐虞之世是以自知免於防風之誅也帝說之擢領雍州刺史封射陽亭侯

韓宣字景然爲人短小建安中丞相吕署軍謀掾在鄴嘗於東掖門内與臨菑侯植相遇時天新雨地有

泥潦宣欲避之閡潦不得去乃以扇自障住於道邊植嫌宣既不去又不爲禮乃駐車使其常從問宣何官宣云丞相軍謀掾也植又問曰應得唐突列侯否宣曰春秋之義王人雖微列於諸侯之上未聞宰士而爲下土諸侯禮也植又曰即如所言爲人父吏見其子應有禮否宣又曰於禮臣子一例也而宣年又長植知其枝柱難窮乃釋去具爲太子言以爲辯

管輅字公明平原人館陶令諸葛源遷新興太守管輅往祖餞之賓客並會源字景春亦學士好卜筮數與輅共射覆不能窮之景春與輅有榮辱之分因輅餞之大有高談之客知人多聞其善卜仰觀不知其有大異之才於是先與輅共論聖人著作之源又敘五帝三王受命之符輅解景春微旨遂開張戰地示以不固藏匿孤虛以待來攻景春奔北軍師摧衄自言吾都鄉旌旗城池已壞也其欲戰之士於此鳴鼓角舉雲梯弓弩大起牙旗雨集然後登城曜威開門受敵上論五帝如江如漢下論三王如翩如輸其英者若春花之俱發其攻者若秋風之落葉聽者眩惑不達其義言者收聲莫不心服雖白起之坑趙卒項羽之塞濉水無以尚之於時客皆欲面縛銜璧求束

手於軍鼓之下輅猶總干山立未便許之至明日離別之際然後有心服始終一時海内俊士八九人矣蔡元才在朋友中最有滑才在衆人中言本聞卿作狗何意爲龍輅言潛陽未變非卿所知焉有狗耳得聞龍聲乎景春言今當遠別後會何期且復共一射覆輅占既皆中景春大笑卿爲我論此卦意紓我心懷輅爲開爻散理分賦形象言徵辭合妙不可述景春及衆客莫不言聽後論之美勝於射覆之樂又鄴典農石苞與輅相見問曰聞君鄉里翟文耀能隱形其事可信乎輅言此但陰陽蔽匿之數苟得其數則

山嶽可藏河海可逃況以七尺之軀游變化之内散
雲霧以幽身布金水以滅迹術足數成不足爲難芭
曰欲聞其妙君且善論其數也輅言夫物不精不爲
數不妙不爲術故精者神之所合妙者智之所遇合
之幾微可以性通難以言論是故魯班不能說其手
離朱不能說其目非言之難孔子曰書不盡言言之
細也言不盡意意之微也斯皆神妙之謂也請舉其
大體以驗之夫白日登天運景萬里無物不炤及其
入地一炭之光不可得見三五盈月淸耀燭夜可以
遠望及其在晝明不如鏡今逃日月者必陰陽之數

陰陽之數通於萬類鳥獸猶化況於人乎夫得數者
妙得神者靈非徒生者有驗死亦有徵是以杜伯乘
火氣以流精彭生託水變以亡形是故生者能出亦
能入死者能顯亦能幽此物之精氣化之游魂人鬼
相感數使之然也芭曰目見陰陽之理不過於君君
何以不隱輅曰夫陵虛之鳥愛其淸高不願江漢之
魚淵沼之魚樂其濡濕不易騰風之鳥繇性異而分
不同也僕自欲正身以明道直巳以淸義見數不以
爲異知術不以爲奇夙夜研幾孳孳溫故而索隱行
怪未暇斯務也輅爲火府丞卒

蜀秦宓緜竹人也郡辟命輙稱疾不往或謂宓曰足
下欲自比於巢許四皓何故揚文藻見瓌穎乎宓答
曰僕聞書不能盡言言不能盡意何文藻之有揚乎
昔孔子三見哀公言成七篇事益有不可默默也孔子
三見哀公作三朝記七篇今在大戴禮中經部有孔子三朝八卷一卷目錄餘者所謂七篇接輿
行且歌論家以光篇漁父詠滄浪賢者以燿章此二
人者非有欲於時者也夫虎生而文炳鳳生而五色
豈以五釆自飾畫哉天性自然也蓋河雒繇文典六
經繇文起君子懿文德釆藻其何傷以僕之愚猶耻
棘子成之誤況賢於巳者乎論語棘子成曰君子質而巳矣何以文爲先

主旣定益州廣漢太守夏侯纂請宓爲師友祭酒領
五官掾稱曰仲父宓稱疾臥在第舍纂將功曹古朴
主簿王普廚膳卽宓第宴談宓臥如故纂問朴曰至
於貴州養生之具實絶餘州矣不知士人何如餘州
也朴對曰乃自先漢巳來其爵位者或不如餘州耳
至於著作爲世師式不負於餘州也嚴君平見黄老
作指歸楊雄見易作太玄見論語作法言司馬相如
爲武帝制封禪之文于今天下所共聞也纂曰仲父
何如宓以簿擊頰曰願明府勿以仲父之言假於小
草民請爲明府陳其本紀蜀有汶阜之山江出其腹

帝以會昌神以建福故能沃野千里淮濟四瀆江爲
其首此其一也禹生石紐今之汶山郡是也昔堯遭
洪水鯀所不治禹疏江決河東注於海爲民除害生
民已來功莫先者此其二也天帝布治房心決正參
伐參伐則益州分野三皇乘祗車出谷口今之斜谷
是也此便鄙州之阡陌明府以雅意論之何若於天
下乎於是蔡邈巡無以復答宓後爲長水校尉吳遣
使張溫來聘百官皆往餞焉衆人皆集而宓未往丞
相亮累遣使促之溫曰彼何人也亮曰益州學士也
及至溫問曰君學乎宓曰五尺童子皆學何况小人

溫復問曰天有頭乎宓曰有之溫曰在何方也宓曰
在西方詩曰乃眷西顧以此推之頭在西方溫曰天
有耳乎宓曰有天處高而聽卑詩云鶴鳴于九皐聲
聞于天若其無耳何以聽之溫曰天有足乎宓曰有
詩云天步艱難之子不猶若其無足何以步之溫曰
天有姓乎宓曰有溫曰何姓宓曰姓劉溫曰何以知
之答曰天子姓劉故以此知之溫曰日生於東乎宓
曰雖生於東而沒於西答問如響應聲而出於是溫
大敬服宓之文辯皆此類也
吳諸葛恪瑾之子也爲左輔都尉叔父亮爲蜀丞相

大帝問恪曰卿父與叔父孰賢對曰父知所事叔父
不知以是爲優帝又大噱命恪行酒至張昭前昭先
有酒色不肯飲曰此非養老之禮也帝曰卿其能令
公辭屈乃當飲之耳恪難昭曰師尚父九十秉髦仗
鉞猶未告老也今軍旅之事將軍在後飲酒之事將
軍在先何謂不養老也昭卒無辭遂爲盡爵後至太
傅
朱育山陰人仕郡門下書佐太守濮陽興正旦宴見
掾史言次問太守昔聞朱潁川問士於鄭召公韓吳
郡問士於劉聖博王景興問士於虞仲翔嘗見鄭劉

二答而未覩仲翔對也欽聞國賢思覩盛美有日矣
書佐寧識之乎育對曰往過君之昔初平末年王府
君以淵妙之才超遷臨郡思賢嘉善樂采名俊問功
曹虞翻曰聞玉出崑山珠生南海遠方異域各生珍
寶且曾聞士人歎美貴邦舊多英俊徒以遠於京畿
含香未越耳功曹雅好博古寧識其人邪翻對曰夫
會稽上應牽牛之宿下當少陽之位東漸巨海西通
五湖南暢無垠北渚浙江南山攸居實爲州鎮昔禹
會羣臣因以命之山有金木鳥獸之殷水有魚鹽珠
蚌之饒海嶽精液善生俊異是以忠臣係踵孝子連

閭下及賢女靡不育焉王府君笑曰地勢然矣士女
之名可悉聞乎翻對曰不敢及遠畧言其近者耳往
者孝子句章董黯盡心色養喪致其哀單身林野鳥
獸歸懷怨親之辱白日報讎海内聞名昭然光著大
中大夫山陰陳囂漁則化盜居則讓鄰感侵退藩遂
成義里攝養車嫗行足厲俗自楊子雲等上書薦之
粲然傳世太尉山陰鄭公清亮質直不畏强禦魯相
山陰鍾離意禀殊特之姿孝家忠朝宰縣相國所在
遺惠故取養有君子之謨魯國有丹書之信及陳宮
費齊皆上契天心功德治狀記在漢籍有道山陰趙

曄徵士上虞王充各洪才淵懿學究道源著書垂藻
絡繹百篇釋經傳之宿疑解當世之槃結或上窮陰
陽之奥秘下據人情之歸極交阯刺史上虞綦毋俊
拔濟一郡讓爵土之封决曹掾上虞孟英三世死義
主簿句章鄭雲皆敦終始之義引罪免居門下督盜
賊餘姚伍隆鄭（莫侯反）主簿任光章安小吏黄他身當
白刃濟君於難楊州從事句章王脩委身授命垂聲
來世河内太守上虞魏少英遭世屯蹇忘家憂國列
在八俊爲世英彥尚書烏傷楊喬桓帝妻以公主辭
疾不納近故太尉虞朱公天姿聰亮欽明神武策無
失謀征無遺慮是以天下義兵思以爲首上虞女子
曹娥父溺江流投水而死立石碑紀炳然著顯王府
君曰是既然矣穎川有巢許之逸軌吳有太伯之三
讓貴郡雖士人紛紜於此足矣翻對曰先言其近者
故耳若乃引上世之事及抗節之士亦有其人昔越
王翳讓位逃於巫山之穴越人薰而出之斯非太伯
之儔耶且太伯外來之君非其地人也若以外來言
之則大禹亦巡於此而葬之矣鄞大里黄公絜已暴
秦之世高祖即祚不能一致惠帝恭讓出則濟難徵
士餘姚嚴遵王莽數聘抗節不行光武中興然後俯

就矯手不拜志陵雲日皆著於傳籍較然彰明豈如
巢許流俗遺諱不見經傳者哉王府君笑曰善哉話
言也賢矣非君不著太守未之前聞也濮陽府君曰
御史所云既聞其人亞斯已下書佐寧識之乎育曰
瞻仰景行敢不識之近者太守上虞陳業絜身清行
志懷霜雪貞諒之信同操柳下遺漢中微委官棄禄
遁迹黙歛以求其志高邈妙蹤天下所聞故桓文遺
之尺牘之書比竟三高其聰明大畧忠直謇諤則侍
御史餘姚虞翻偏將軍烏傷駱統其淵懿純德則太
子少傅山陰闞澤學通行茂作帝師儒其雄姿武毅

立功當世則後將軍賀齊勳成績著其探極秘術言
合神明則太史令上虞吳範其文章之士立言粲盛
則御史中丞勾章任奕鄱陽太守章安虞翔各馳文
檄曄若春榮處士鄧盧敘弟犯公憲自殺乞代吳寧
斯敦山陰祁庚上虞樊正咸代父死罪其女則松陽
柳朱永寧瞿素或一醮守節喪身不顧或遭寇劫賊
死不虧行皆近世之事尚在耳目府君曰皆海內之
英也吾聞秦始皇二十五年以吳越地爲會稽郡治
吳漢封諸侯王以何年復爲郡而分治於此育對曰
劉賈爲荆王爲英布所殺又以劉濞爲吳王景帝四

年濞反誅乃復爲郡治於吳元鼎五年除東越因以
其地爲治并屬於此而立東部都尉後徙章安陽朔
元年又徙治鄞或有寇害復徙勾章到永建四年劉
府君上書浙江之北以爲吳郡會稽還治山陰自永
建四年歲在巳巳以至今年積百二十九歲府君稱
善是歲吳之太平三年歲在丁丑育復爲東觀令遷
拜清河太守加位侍中
沈友字子正善屬文有口辯每所至衆人皆默因號
曰諡衆咸言其筆之妙刀之妙舌之妙皆絶於人

册府元龜

巡按福建監察御史臣李嗣京　訂正
知歐寧縣事　臣　孫以敬　条閲
知建陽縣事　臣　黄國琦　較釋

總録部

詞辯第二

晉陳頵陳國苦人也辟豫州部從事刺史解結問僚佐曰河北白壤膏梁何故少人士每以三品爲中正頵答曰詩稱維嶽降神生甫及申夫英偉大賢多出於山澤河北土平氣均蓬蒿裁高三尺不足成材故

也結曰張彦真以爲汝潁巧辯恐不及青徐儒雅也頵曰彦真與元禮不協故設過言老子莊周生陳梁伏羲傅説師曠大項出陽夏漢魏二祖起於沛譙準之衆州莫之與比結甚異之曰豫州人士常半天下此言非虚

李仁初仕吳爲侍中吳平侍中庾峻問仁曰聞吳主披人面刖人足有諸乎仁曰以告者過也君子惡居下流天下之惡皆歸焉蓋此事也若信有之亦不足怪昔唐虞五刑三代七辟肉刑之制未爲酷虐皓爲一國之主秉殺生之柄罪人陷法加之以懲何足多罪夫受堯誅者不能無怨受舜賞者不能無恭此人情也又問曰云歸命侯乃惡人横睛逆視皆鑿其眼有諸乎仁曰亦無此事傳之者謬耳曲禮曰視天子繇袷以下視諸侯繇頤以下視大夫繇衡視士則平面得游目五步之内視上於衡則傲下於帶則憂旁則邪以禮視瞻高下不可不慎况人君乎哉視人君相迕是乃禮所謂傲慢傲慢則無禮無禮則不臣不臣則犯法犯法則陷不測矣正使有之將有何失

裴楷爲中書郎武帝初登祚探策以卜世數多少既而得一帝不悦群臣失色莫有言者楷正容儀和其

聲氣從容而進曰臣聞天得一以清地得一以寧王侯得一以爲天下貞武帝大悦群臣皆稱萬歲

胡母輔之字彦國王澄嘗與人書曰彦國吐佳言如鋸木屑霏霏不絶誠爲後進領袖也後爲揚武將軍湘州刺史

華譚廣陵人爽慧有口辯爲隣里所重舉秀才博士王濟於衆中嘲之曰五府初開群公辟命采英奇於仄陋拔賢儁於巖穴君吳楚之人亡國之餘有何秀異而應斯舉譚答曰秀異固産於外方不出於中國也是以明珠文貝生於江鬱之濱夜光之璞出乎荆

蓋之下故以人求之文王生於東夷大禹生於西羌子弗聞乎昔武王剋商遷殷頑民於雒邑諸君得非其苗裔乎濟又曰夫危而不持顛而不扶至於君臣失位國亡無主凶在冠帶將何所取哉答曰吁存亡有運興衰有期天之所廢人不能支徐偃修仁義而失國仲尼逐魯而適齊段干偃息而成名諒否泰有時曷人力之所能哉濟甚禮之又或問曰諺言人之相去如九牛毛寧有此理乎譚對曰昔許由讓天子之貴市道小人爭半錢之利此之相去何啻九牛毛也聞者稱善後爲散騎常侍

袁甫字公胄淮南人好學與華譚齊名以辭辯稱嘗詣中領軍何勗自言能爲劇縣勗曰唯欲宰縣不爲臺閣職何也甫曰人各有能有不能譬繒中之好莫過錦錦不可以爲帢穀中之美莫過稻稻不可以爲虀是以聖人使人必先以器苟非周材何能悉長黃覇馳名於州郡而息譽京邑廷尉之才不爲三公自昔然也勗善之又呂珩問曰卿名能辯豈知壽陽已東何以嘗水甫曰壽陽已東皆是吳人夫亡國之音哀以思鼎足強邦一朝失職憤嘆甚積憂積成陰陰積成雨雨久成水故其城常涝也後爲淮南國大農郎中令卒於家

李密犍爲人也以洗馬徵至雒司空張華問之曰安樂公何如密曰可次齊桓華問其故對曰齊桓得管仲而霸用豎刁而蟲流安樂公得諸葛亮而抗魏任黃皓而喪國是知成敗一也次問孔明言教何碎密曰昔舜禹皐陶相與語故得簡大與凡人言宜碎孔明與言者無己敵言教是以碎耳華善之

王澄衍弟也衍爲司徒惠帝末衍白東海王越以澄爲荆州刺史持節都督領南蠻校尉王敦爲青州衍因問以方略敦曰當臨事制變不可豫論澄辭義鋒

出筭略無方一坐嗟服

祖納爲光祿大夫嘗問梅陶君鄉里立月旦評何如陶曰善褒惡貶則佳法也納曰未益時王隱在坐因日尚書稱三載考績三考黜陟幽明何得一月便行褒貶陶曰此官法也月旦私法也隱曰易稱積善之家必有餘慶積不善之家必有餘殃稱家者豈必是官必須積大善惡乃著公私何異古人有言貞良而亡先人之殃酷烈而存先人之勲累世乃著豈但一月若必月旦則顏回食埃不免貪汙盜跖引歩則爲清廉朝種暮獲善惡未定矣時陶及鍾雅數說餘事

納輙困之因曰君汝頼之士利如錐我幽冀之士鈍如槌持我鈍槌椎君利錐皆當摧矣陶雅並稱有神錐不可得槌納曰假有神錐必有神槌雅無以對

劉惔字真長尚明帝女廬陵公主以惔雅善言理簡文帝初作相與王濛並為惔客俱蒙上賓禮時孫盛作易象妙於見形論帝使殷浩難之不能屈帝曰使真長來故應有以制之乃命迎惔盛素敬服惔及至便與抗答辭甚簡至盛理遂屈一坐撫掌大笑咸稱美之後為丹陽尹

劉劭為侍中時庾㦘以白羽扇獻成帝帝嫌其非新

反之劭曰栢梁雲搆大匠先居其下管弦繁奏夔牙先聆其音㦘之上扇以好不以新後㦘聞之曰此人宜在帝之左右

范宣詔徵太學博士散騎郎並不就家於豫章庾爰之問宣曰君博學通綜何以大儒宣曰漢興貴經術至於石渠之論實以儒為弊正始以來世尚老莊建晉之初競以裸裎為高僕誠大儒然丘不與易

顧愷之為荊州刺史殷仲堪參軍荊州人問以會稽山川之狀愷之云千巖競秀萬壑爭流草木蒙籠若雲興霞蔚桓玄時與愷之同在仲堪坐共作了語愷之先曰火燒平原無遺燎玄曰白布纏棺樹旒旐仲堪曰投魚入泉放飛鳥復作危語玄曰矛頭淅米劒頭炊仲堪曰百歲老翁攀枯枝有一參軍云盲兒騎瞎馬夜半臨深池仲堪眇目驚曰咄咄逼人

孫盛博學善言名理于時殷浩擅名一時與抗論者惟盛而已盛嘗詣浩談論對食奮擲麈尾毛悉落飯中食冷而復暖者數四至暮忘食理竟不定盛又著醫卜及易象妙於見形論浩等竟無以難之繇是遂知名後至祕書省加給事中

高崧為侍中謝萬為豫州都督疲於親賓相送方臥

在室崧徑造之謂曰卿今疆理西藩何以為政萬粗陳其意崧便為敘刑政之要數百言萬遂起坐呼崧小字曰阿酃故有才具邪

後秦尹緯為姚興尚書左僕射緯友人隴西牛壽率漢中流人歸興謂緯曰足下平生自謂時明也才足以立功立事道消也則追二疏朱雲發其狂直不能如鄗廣之徒洿隆隨俗今遇其時矣正是垂名竹素之日可不勉歟緯曰吾之所庶幾如是但未能委宰衡於夷吾譏韓信於羈旅以斯為愧耳立功立事竊謂未負昔言興聞而謂緯曰君之與壽言也何其誕

哉立功立事自謂何如古人辯曰臣實未愧古人何
則遇時來之運則輔翼太祖建八百之基及陛下飛
龍之始剪滅荐登盪清泰雍生極端右死饗廟庭古
之君子正當爾耳興大恍
宋王鎮惡爲振武將軍時討司馬休之鎮惡既斬休
之將朱襄因停軍掠據諸蠻不時反及至江陵休之
已平高祖怒不時見之鎮惡笑曰但令我一見公無
憂矣高祖尋登城喚鎮惡鎮惡爲人强辯有口機隨
宜酬應高祖乃釋
臧凝之年少時與北地傅僧祐俱以通家子始爲太

祖所引見時帝與何尚之論鑄錢事凝之便干其語
帝因廻與論之僧祐引凝之凝之大言謂僧祐曰明
主難再遇便應正盡所懷帝與往復十餘反凝之辭
韻銓序兼有理識帝甚賞焉後爲尚書左丞卒
王惠字令明恬靜不交游陳郡謝瞻才辯有風氣嘗
與兄弟群從造惠談論鋒起文史間發惠時相酬應
言清理遠瞻等慙而退後爲吏部尚書
王僧達太保弘少子太祖聞僧達早慧妻以臨川王
義慶女僧達性好鷹犬與閭里少年相馳逐又躬自
屠牛義慶聞如此令周旋沙門惠觀造而觀之僧達
陳書滿席與論文義惠觀酬答不暇深相稱美後爲
中書令坐誅
張暢字少微吳郡人世祖鎮彭城以暢爲安北長史
魏太武南侵太尉江夏王義恭統諸軍出鎮彭泗太
武親率大衆至彭城始至仍登城南亞父冢於戲馬
臺立氈屋遣使送駝馬貂裘雜飲既至南門門先閉
請鑰未出暢於城上視之魏使問是張長史耶暢曰
君何得見識魏使答曰君聲名遠聞足使我知暢因
問魏使姓答曰我是鮮卑無姓且道亦不可暢又問
君居何位答曰鮮卑官位不同不可輒道然亦足與

君相敵耳魏使復問何爲忿忿杜門絕橋暢答曰二
王以魏主營壘未立將士疲勞此精甲十萬人思致
命恐輕相陵踐故且閉城待休息士馬然後共治戰
場克日交戰魏使曰君當以法令裁物何用廢橋復
何足以十萬誇人我亦有良馬逸足若雲騎四集亦
可以相拒暢曰王侯設險何但法令而已耶我若誇
君當言百萬所以言十萬者正二王左右素所畜養
者耳此城內有數州士庶工徒猶所未論我本鬭智
不鬭馬匹且冀之北土馬之所生君復何以逸足見
誇邪魏使曰不爾城守君之所長野戰我之所長我

之恃馬猶如君之恃城耳城內有且思者且音雎嘗在此國義恭遣覘之思識是魏尚書李孝伯思因問李尚書君行塗有勞孝伯曰此事應相與共知思答緣共知所以有勞孝伯曰感君至意既開門暢屏却人仗出對孝伯并進餉物魏使云貂裘與太尉駱駝騾與安北蒲萄酒雜飲叔姪共嘗魏主又乞酒并甘橘暢白於世祖而致意於魏云受命本朝過蒙籌任人臣無境外之交恨不暫息且城守備防邊鎮之嘗但悅以使之故勞而無慇耳太尉鎮軍得所送物魏主意知復須甘橘今並付如別太尉以北土寒鄉皮毛

袴褶脫是所須今致魏主螺杯雜粽南土所珍鎮軍今以相致此信未去魏主復遣使令孝伯傳語曰魏主有詔語太尉安北近以騎至車兩在後今端坐無爲有博具可見借暢曰博具當爲申啓但向語二王已非遜辭且有詔之言正可施於彼國何得稱之於此孝伯曰詔之與語朕之與我並有何異暢曰若辭以通可如來談既言有所施則貴賤有等向所稱詔非所敢聞孝伯又曰太尉安北是人臣與非暢曰是也孝伯曰隣國之君何爲不稱詔於隣國之臣暢曰君之此稱尚不可聞於中華況在諸王之貴而猶曰隣國之君耶孝伯曰魏主言太尉鎮君並皆年少分闊南信殊當憂邑若欲遣信者當爲護送脫須騎者亦當以馬送之暢曰此方間路甚多使命日夕往來不復以此勞魏主孝伯曰亦知有水路似爲白賊所斷暢曰君著白衣故稱白賊耶孝伯太笑曰今之白賊亦不異黃巾赤眉暢曰黃巾赤眉似不在江南孝伯曰雖不在江南亦不在青徐也暢曰今者青徐實爲有賊但非白賊耳魏使云向借博具何故不出暢曰二王貴遠啓聞難徹孝伯曰周公握髮吐哺二王何貴遠暢曰握髮吐飱本施中國耳孝伯曰賓有禮

主則擇之暢曰昨見衆賓至門未爲有禮俄頃送博具出因以與之魏主又遣人云魏主致意太尉安北何不遣人來至我間彼此之情雖不可盡要須見我小大知我老少觀我爲人若諸佐不可遣亦可使僮幹來暢入宣旨答曰魏主形狀才力久爲來往所具李尚書親自御命不患彼此不盡故不復遣使孝伯又曰君南土膏粱何爲著屩君而著此使將士云何暢曰膏粱之言誠爲多愧但以不武受命統軍戎陣之間不容緩服孝伯又曰長史我是中州人久處北國自隔華風相去步武不得致盡邊皆是北人聽我

語者長史當深得我孝伯又曰永昌王魏主從弟鎮長安今領精騎八萬直造淮南壽春久閉門自固不敢相禦向送劉康祖頭彼之人所見王玄謨甚是所悉亦是常才耳南國何意作如此任使以致奔敗自入此境七百餘里主人竟不能一相拒逆鄒山之險君家所憑前鋒始得接手崔耶利便藏入穴俄間諸將倒曳脚而出之魏主賜其生命今從在此復何以輕脫遣馬文恭至蕭縣使望風退撓耶君家民人甚相忿怨云清平之時賦我租帛至有急難不能相拯救暢曰知永昌已過淮南康祖為所破比有信使無

此消息王玄謨南土偏將不謂為才但以人為前驅引導耳大軍未至而氷河向合玄謨量宜反旆未為失機但因夜廻師致戎馬小亂耳我家玄謨斗城陳憲小將魏主傾國累旬不克胡盛之偏禆小帥衆無一旅始濟融水魏國君臣奔迸僅得免脫滑臺之師無所多愧鄒山小戍雖有微險河畔之民多是新附始慕聖化奸盜未息是使崔耶利撫之而已今没虜手何損於國魏主自以十萬師而制一崔耶利方復足言耶聞蕭縣百姓並依山險聊遣馬文恭以十隊示之耳文恭謂前以三隊出還走後大營嵇玄敬以

百騎至留城魏軍奔敗輕敵至此亦非所卹王境人民列居河畔二國交兵當互加撫養而魏師入境肆行殘虐事生意外因彼無道官不負民民何怨人知入境七百無復相拒此自上籙太尉神筭次在鍾軍勝略經國之要雖不預聞然用兵有機聞亦不容相語孝伯曰魏主當不圍此城自率衆軍直造瓜步南事若辦彭城不待圍若不捷彭城亦非所須也我今當南飲江湖以療渴耳暢曰去留之事自適彼懷若虜馬遂得飲江便為無復天道各應迄命遲復更悉暢便廻還孝伯追曰長史深自愛敬相去步武恨不

執手暢因復謂曰將冀蕩定有期相見無遠君若得還宋朝今為相識之始孝伯曰待此未期孝伯言辭辯贍亦北土之美也暢隨宜應答吐屬如流音韻詳雅風儀華潤孝伯及左右人並相視歎息

蕭惠開為輔國將軍督益寧二州惠開素有大志至蜀欲廣樹經畧善於述事對賓僚及士人說收牂牁越嶲以為內地綏討蠻濮闢地徵租聞其言者以為大功可立

南齊周顒字彥倫音辭辯麗出言不窮宮商朱紫發口成句後為中書郎兼著作郎

張融字思光爲中書郎嘗侍高帝出太極殿西室融入問訊彌時方登階及就牀帝曰何乃遲爲對曰自地升天理不得速時魏主至淮而退帝問何意忽來忽去未有答者融下坐抗聲曰以無道而來見有道而去公卿咸以爲捷後至司徒左長史

殷叡南康相元素之孫有口辯司徒褚彦回甚重之謂曰諸殷自荆州以來無出卿右叡斂容答曰殷族衰悴誠不如昔若此旨爲虛故不足降此旨爲實彌不可聞

王融爲中書郎武帝以其才辯使兼主客接魏使房

景高宋弁弁見融年少問主客年幾融曰五十之年久踰其半因問在本朝聞主客作曲水詩序景高又云在北聞主客此製勝於顔延年實願一見融乃示之後日宋弁於瑶池堂謂融曰昔觀相如封禪之辭知漢武之德今覽王生詩序用見齊主之盛融曰皇家盛明豈直比蹤漢武更慙鄙制無以遠匹相如武帝以魏所送馬不稱使融問之融曰秦西冀北實多駿驥而魏主所獻良馬反駑駘之不若求名檢事殊爲未孚將旦旦信誓有時而爽駉駉之牧不能復嗣宋弁曰不荅虛僞之名當是不習土地融曰周穆馬跡遍於天下若騏驥之性因地而遷則造父之策有時而躓弁曰王主客何爲勤勤於千里融曰卿國旣異其優劣聊復相訪若千里日至聖上當駕鼓車弁曰向意旣須必不能駕鼓車也融曰買死馬之骨亦以郭隗之故弁不能荅

梁謝幾卿超宗之子補國子生齊文惠太子自臨策試謂祭酒王儉曰幾卿本長玄理今可以經義訪之儉承旨發問幾卿隨事辯對辭無滯者文惠大稱賞焉儉謂人曰謝超宗爲不死矣

羅研字深議少有才辯鄧元起平蜀辟研爲主簿後

爲信安令齊苟兒之役臨汝侯蕭猷嘲之曰卿蜀人樂禍貪亂一至於此對曰蜀中積弊實非一朝百家爲村不過數家不食窮迫之人十有八九束縛之役旬有二三貪亂樂禍無足多怪若令家畜五母之雞一母之豕牀上有百錢布被甑中有數斗麥飯雖蘇張巧說於前韓白按劍於後不能使一夫爲盜況貪亂乎

朱异少有詞辯普通初魏始連和使劉善明來聘异爲中書舍人勅使接之預讌者皆歸化北人善明負其才氣酒酣謂异曰南國辯學如中書者幾人异對

曰异所以得接賓客者乃分職是司二國通和所敦親好若以才辯相尚則不容使見善明乃曰王錫張纘此間所聞云何不見异具啓勑即使於南苑設宴錫與張纘朱异四人而已善明造席遍論經史兼以嘲謔纘隨方酧對無所稽疑不嘗訟彼一事善明甚相欵挹他日謂异曰一日見二賢實副所期不有君子安能爲國

庾承先字子通潁川人喜愠不形於色人莫能窺鄱陽忠烈王在州欽其風味要與遊處又令講老子遠近名僧咸來赴集論難鋒起易端競至承先徐相酧

答皆得所未聞忠烈王尤加欽重徵州主簿湘東王聞之亦板爲法曹參軍並不赴

陳戚袞初仕梁爲太學博士時簡文在東宮召袞講論又嘗置宴集玄儒之士先命道學首相質難次令中庶子徐摛馳騁大義間以劇談摛辭辯縱横難以答抗諸人氣懾皆失次序袞時騁義摛與往復袞精采自若對答如流簡文深加歎賞

後魏李先初爲慕容永祕書監皇始初先於井陘歸順道武問先曰卿何國人先曰臣本趙郡平棘人帝曰朕聞中山土廣民殷信爾矣不先曰臣少官長安仍事長子後乃還鄉觀望民土實自殷廣又問先曰朕聞長子中有李先者卿其是乎先曰小臣是也帝曰卿識朕不先曰陛下聖德膺符澤被八表龍顏挺特臣安敢不識帝又問曰卿祖父及身官悉歷何官先對曰臣大父重晉平陽太守大將軍右司馬父樊石虎樂安太守左中郎將臣符丕尚書右主客郎慕容永祕書監高密侯帝曰卿既宿士屢歷名官經學所通何典爲長先對曰臣才識愚闇少習經史年荒廢忘十猶通六又問兵法風角卿悉通不先曰亦曾習讀不能明解帝曰慕容永時卿用兵不先曰臣時

蒙顯任實參兵事帝後以先爲丞相衛王府左長史

奚斤爲萬騎大將太武以斤元老諮訪朝政斤聰辯強識善於談論遠説先朝故事雖未皆是時有所得聽者歎美之

劉文曄本平原人父休賓初爲宋明帝兗州刺史鎮梁鄒以城降獻文遷之於代郎文曄有志尚孝文幸方山文曄大言於路側曰求見聖明申宣久屈帝遣尚書李冲宣詔問曰卿欲何言聽卿面自申盡於是引見文曄對曰臣之陋族出自平原往因燕亂流離河表居齊已來八十九載眞君十一年世祖太武皇

帝延江之日時年二歲隨外祖晉郡太守崔耶利於鄒山歸國耶利蒙賜四品除廣甯太守以臣年小不及齒録至天安之初皇威遠被臣亡父休賓劉氏持節兗州刺史戍梁鄒時慕容白曜以臣父居全齊之要水陸道衝青冀二城往來要路三城岳峙並拒王師白曜知臣母子先在代京表請臣母子慰勞臣即被先帝詔遣乘傳諸軍又賜亡父官爵白曜遣右司馬盧河内等送臣母子至鄒臣既見亡父備申皇澤云吾蒙本朝寵遇捍禦藩屏尊卑百口並在二城吾若先降百口必被誅滅既不固城於本朝又令尊卑

塗炭豈堪爲人臣以奉大魏乎汝且申吾意白僕射降意已判侯平歷城即率士衆送款軍前既尅歷城白曜遣赤虎送臣并崔道固子景業等向梁鄒亡父既見赤虎之信仰感聖朝遠遣妻子又知天命有歸擁衆一萬以城降款乘驛赴臺蒙爲客例臣私釁深重亡父以延興二年孤背明世血誠微心未獲申展如臣等比並蒙榮爵爲在事孤抑以人糜勳帝曰卿訴父賞而卿父無勳歷城齊之西關歸命請順梁鄒小戍豈能獨全何足爲功也文曄對曰誠如聖旨愚臣所見獨有未盡何者昔樂毅破齊七十餘城唯有即墨獨在此豈非根亡而條立且夫降順之人驗之古今未有不繇危逼者故黄權無路歸欵列地封侯伯薛安都畢衆危急投命並受茅土之爵論古則如彼語今則如此明明之世不及此流竊惟梁鄒嚴固地據中齊粟支十載控弦數千比之斗城不可同日而語斗城猶能抗兵累旬傷殺其衆若臣亡父固守孤城則非一朝可尅帝曰歷城既陷梁鄒便是掌中何煩兵力對曰若如聖旨白曜便應窮兵極意取勝俯仰何爲上假赤虎之信下銜知變之民帝曰卿父此勳本自至少以卿才地豈假豐殷對曰臣庇愚六

蔽文武無施響絶九皐聞天無日遭逢聖運萬死猶生但臣竊見徐兗是賊藩要徐兗既降諸戍皆應國有而東徐州刺史張讜所戍團城領二郡而已徐兗降後猶閉門拒命投以方岳始乃歸降父子二人並蒙侯爵論功比勤不先臣父帝曰卿引張讜讜事小異對曰臣未識異狀帝曰張讜始來送欵終不差信卿父進非先覺退又拒守何得不異對曰張讜父子始有歸順之名後有閉門之罪以功補過免罪爲幸臣又見崔僧祐母弟隨其叔父道固在歷城僧祐遥聞王威遠反恐母弟淪亡督率鄉閭來欲救援既至

郁州壓城巳没束手歸誠救母弟之命聖朝嘉其附
化賞以三品亡父之誠豈後僧祐帝曰僧祐身居東
海去留任意來則國有去則他人是故賞之卿父被
圍孤城巳是我物所以不賞對曰亡父據城歸國至
公也僧祐意計而來爲私也爲私蒙賞至公不酬臣
未見其可帝笑而不言比部尚書陸劇叱文曄曰假
令先朝謬賞僧祐豈可謬相賞也文曄曰先帝中代
聖主與日月等曜比於堯舜時宰則十亂五臣今言
謬賞豈不仰誣先朝乎尚書高閭曰卿請母弟與妻
子何者爲重文曄曰母弟爲重閭曰卿知母弟重朝

廷賞僧祐是也卿父爲妻子而來事何相返對曰僧
祐若無母弟來歸不間日不來文曄曰若僧祐赴母
弟之難此是私而亡父本爲大丈夫立身處世豈可
顧妻子而曰高節也昔樂羊食子有顧以歸亡父本
心實不垂顧所以歸化者自知商周不敵天命有所
帝謂文曄曰卿之所訴頗亦有途賞從重罪從輕尋
勑酹敘文曄泣曰臣愚頓巳極再見無期陛下既垂
慈澤願勑有司特賜矜理帝曰王者無戲何待慇懃
既而賜文曄爵都昌子洊見待遇
高閭爲太常卿卒官閭強果敢直諫其在私室言裁
聞耳及於朝廷廣衆之中則談論鋒起人莫能敵孝
文以其文雅之美每優禮之
李冏爲度支尚書高祖幸長安冏以咸陽山河險固
秦漢舊都古稱陸海勸高祖去雒陽而都之後高祖
引見冏笑而謂之曰卿昨有啓欲朕都此昔婁敬一
說漢祖卽日西駕尚書今以西京說朕理殊所以今
古相反耳冏對曰昔漢祖起於布衣欲藉險以自固
婁敬之言合於本旨今陛下百世重光德合四海事
同隆周均其職貢是以愚臣獻說不能上動高祖大
悦

北齊陸法和平常言若不出口時有所論則雄辯無
敵猶然帶蠻音文宣以爲太尉兼西南大都督
裴讓之弟諏之奔關右兄五人皆拘繫神武問云諏
之何在答曰昔吳蜀二國諸葛兄弟各得盡心況讓
之老母在君臣分定失忠與孝愚夫不爲伏願明公
以誠信待物若以不信處物物亦安能自信以此定
霸猶却行而求道耳神武善其言兄弟俱釋後爲清
河太守被誅
唐薛收爲秦府記室房玄齡薦之於太宗卽日召見
問以經略收辯對縱橫皆合旨要

卿惟忠天授中應舉召見則天臨軒問諸舉人何者爲忠諸人對不稱旨惟忠對曰忠者外揚君之美內隱君之惡則天曰善及爲水部員外郎則天幸長安惟忠待制來見則天謂曰朕識卿久矣前於東都言忠臣外揚君之美內隱君之惡至今不忘

册府元龜

巡按福建監察御史臣李嗣京　訂正
新建縣舉人臣戴國士叅閲
知建陽縣事臣黄國琦較釋

總録部八十五

性質　質撲　訥　醜陋

性質

天之所命不易者性氣之所稟不動者質是故率而爲道抱以爲撲正直則有全德蓋寡愚智長短自殊厥趣剛柔緩急各顯諸用亦繇是歷難積陽氷不治

是以聖人隨氣而任之則小大無不濟矣

裨諶鄭大夫能謀謀於野則獲（得所謀也）謀於邑則否（此才性之敝也）

端木賜字子貢喜揚人之美不能匿人之過

漢張湯爲廷尉趙禹爲少府兩人交驩湯兄事禹禹志在奉公孤立而湯舞智以御人（舞弄其智制御他人）

陳遵與張竦爲友俱至二千石免官歸長安竦居貧無賓客時好事者從之質疑問事論道經書而已而遵晝夜呼號車騎滿門酒肉相屬遵嘗謂竦曰足下諷誦經書苦身自約不敢差跌而我放意自恣浮湛俗間（湛讀曰沈）官爵功名不減於子而差獨樂顧不憂邪竦曰人各有軀長短自裁子欲爲我亦不能吾而效子亦敗矣雖然學我者易持效子者難將吾常道也

後漢第五倫爲司空性質慤少文采在位以貞白稱時人方之前朝貢禹然少蘊籍不脩威儀亦以此見輕

魏樂進字文謙容貌短小以膽烈從太祖爲帳下吏

杜恕推誠以質不治飾少與馮翊李豐俱爲父任總角相善及各成人豐砥礪名行以要世譽而恕誕節直意與豐殊趣豐竟馳名一時京師之士多爲之游

說而當路者或以豐名過其實而恕被褐懷玉也繇此爲豐所不善恕亦任其自然不力行以合時豐已顯仕朝廷恕猶居家自若明帝以恕大臣子擢拜散騎侍郎數月轉補黄門侍郎

袁渙字曜卿爲梁相其爲政崇教訓恕思而後行外溫柔而内能對文帝問渙從弟敏渙勇怯何如敏對曰渙貌似和柔然其臨大節處危難雖賁育不過也

蜀楊戲出領梓潼太守入爲射聲校尉所在清約不煩性雖簡惰未嘗以其言加人過情接物

吳孫渙以揚武中郎將領江夏太守渙訥於造次而

敏於當官軍民稱之

晉李胤恪貌質素頹然若不足者而智度沉邃言必有則初仕上計掾

王承字安期湛子也清虛寡欲無所脩尚言理辯物但明其指要而不飾文辭有識者服其約而能通永寧初爲驃騎參軍

虞潭爲衛將軍貌雖和柔而內堅明有膽決雖屢統軍旅而鮮有傾敗

梁殷芸字灌蔬陳郡長平人性倜儻不拘細行然不妄交游門無雜客後至通直散騎常侍

後魏梁祚篤志好學有儒者風無當世之才官至秘書令

隋薛道衡爲内史侍郎加上儀同三司道衡每至構文必隱空齋蹋壁而臥聞戶外有人便怒其沈思如此

唐魏徵狀貌不逾中人而素有膽智位至太子太師

郭弘道性寬厚如愚而内敏爲滄州刺史

杜佑字君卿位至司徒外示寬和而持身有術爲政弘易不尚皦察掌計治民物便而濟馭戎應變即非所長

薛存誠性至和易於人無所不容及當官遇事即確然不撓以是人皆稱重官至御史中丞

韋處厚居家循易如不克任至於廷諍敷啓及駮韓胥吏勁確嶷然不可迴奪位至相輔

質樸

先聖之言有曰夫達也者質直而好義又曰剛毅木訥近仁言其任質樸之懷絕苟且之行發言慷慨遇巳簡易忠所奉以盡誠臨大節而不奪可以集其事可以近於仁也雖威儀斯定風采無取處則爲鄉黨所輕出則爲左右所笑苟能適其用也庸何傷哉

漢周勃高祖時爲太尉勃爲人木彊敦厚（木謂質樸）不好文學每召諸生說士東鄉坐責之（勃自東向責諸生説士不以賓主之禮也鄉讀曰嚮）趣爲我語（趣讀促謂令速言也）其椎少文如此（椎謂樸鈍如椎音直追反）

申培公者魯人也（培申公名音扶尤切）武帝徵至見帝帝問治亂之事申公已八十餘老對曰爲治者不在多言顧力行何如耳（顧念也力行爲勉力爲行也）是時帝方好文辭見申公對默然已招致即以爲太中大夫舍魯邸（舍止息也）

夏侯勝宣帝時爲諫議大夫給事中勝爲人質樸守正簡易亡威儀見時謂帝爲君（見見於天子也）誤相字於前

前天子之前也君帝前臣者不當相呼字也帝亦以是親信之

龔遂爲渤海太守數年宣帝遣使者徵遂議曹王生願從功曹以爲王生素耆酒亡節度不可使耆讀曰嗜遂不忍逆從至京師王生日飲酒不視太守日日嘗飲酒也遂引入宮王生醉從後呼遂曰明府且止願有所白遂還問其故還同也王生曰天子即問君何以治渤海君不可有所陳對宜曰皆聖主之德非小臣之力也遂受其言既至前帝果問以治狀遂對如王生言天子說其有讓說讀曰悅笑曰君何得長者之言而稱之遂因前曰臣非知此乃臣議曹教戒臣也帝以遂年老不

任公卿拜爲水衡都尉議曹王生爲水衡丞以褒顯之

後漢吳漢光武時爲大司馬漢爲人質厚少文造次不能以辭自達

臧宮爲左中郎將以謹信質樸故嘗見任用

第五倫建武中舉孝廉補淮陽國醫工長從王朝京師光武嘗召與語至夕帝戲謂倫曰聞卿爲吏篣婦公不過從兄飯寧有之邪倫對曰臣三娶妻皆無父少遭饑亂實不敢妄過人食帝問曰聞卿爲市掾人有遺母一笥餅者卿從外來見之奪母笥探口中餅信乎倫對曰實無此衆人皆以臣愚蔽故爲生是語也帝大笑

劉昆初爲江陵令時縣連年火災昆輒向火叩頭多能降雨止風徵拜議郎稍遷侍中弘農太守先是崤黽驛道多虎災行旅不通昆爲政三年仁化大行虎負子北渡河帝聞而異之徵代杜林爲光祿勳詔問昆曰前在江陵反風滅火後守弘農虎北渡河行何德政而致是事昆對曰偶然耳左右皆笑其質誠光武歎曰此乃長者之言也命書諸策

桓榮建武中爲博士入會庭中詔賜奇果受者皆懷

之榮獨舉手捧以拜帝笑指之曰此眞儒士也以是愈見敬厚

李郃少遊太學外朴人莫之識安帝時爲司空

蜀譙周字允南體貌素朴丞相諸葛亮領益州牧命爲勸學從事周初見亮左右皆笑既出有司請推笑者亮曰孤尚不能忍況左右乎

晉魏舒飲酒石餘而遲鈍質朴不爲鄉親所重武帝時位至司徒

劉寔惠帝時爲太傅位望通顯每崇儉素不尚華麗嘗詣石崇家如厠見有絳紋帳裀褥甚麗兩婢持香

囊寔便退笑謂崇曰誤入卿内崇曰是厠耳寔曰貧士未嘗得此乃更如他厠

葛洪性寡欲無所愛翫不知棊局幾道樗蒱齒名元帝爲丞相辟爲掾以平賊功賜爵内侯

王彬字世儒爲豫章太守爲人樸素方直乏風味之好

宋張仲子竟陵人子輿世爲冠軍將軍雍州刺史過竟陵欲拜墓仲子謂曰汝衛從太多先人必當驚怖輿世減撤而後行繇輿世致位給事中

王譁文帝時爲護軍侍中與南陽劉湛不爲飾讓得

官郎拜以此爲嘗

南齊焦度爲後軍將軍東宮直閤將軍爲人處性温和敦行質朴澁欲太祖求州比及見意色甚變竟不得一語太祖以其不閑民事竟不用

王智深瑯琊臨沂人也拙澁乏風儀初辟建平王景素書佐

王諶爲黄門郎少貧嘗自紡績及通貴後每爲人説之世稱其志達

張敬兒爲開府儀同三司將拜謂其妓妾曰我拜後應開黄閤因口自爲皷聲敬兒始不識書晚旣爲方伯乃習學讀孝經論語於新林慈姥廟爲妾乞兒覡神自稱三公然而意知蒲足初得皷吹羞便奏之

張恭兒者敬兒弟也兒爲征西將軍而恭兒不肯出官常居上保村中與居民不易敬兒呼納之甚厚恭兒月一出視敬兒輒復去

梁崔靈恩武帝時爲國子博士性拙無風采及解經析理甚有精致

後魏酈約字善禮起家奉朝請再遷冠軍將軍司徒諮議參軍樸質遲鈍而内愛琴書

孫紹孝明時爲中書侍郎性抗直每上封事意至懇

切不憚犯忤但天性疎脫言乍高下時人輕之不見採納

北齊王昕爲祕書監雅好清言辭無淺俗在東萊養賊其同行侶者詰之未服昕謂之曰彼物故不歸卿無恙而反何以自明邪邵後見文宜說此言以爲笑樂昕聞之故詣邵曰卿不識造化還謂人曰子才應死我罵之極深 子才邵字

隋馬光武安人尤明三禮爲儒者所宗文帝開皇初徵山東義學之士光與張仲讓孔籠竇士榮張黒奴劉祖仁等俱至並授太學博士時人號爲六儒然皆

鄙野無儀範朝廷不之貴也
唐高崇文獻宗時爲劒南西川節度使不通文字厭太府案牘諮禀之繁且以優富之地無所陳力乞居塞上以扞邊戎懇疏累上二年冬制加同中書門下平章事邠州刺史邠寧二州節度觀察等使仍統京西都統以不習朝儀憚於入覲優詔令便道之鎮
李澄德宗時爲儀成軍節度初封隴西郡公進武威郡王每上疏連稱二封頗爲時人哂之

訥

傳稱剛毅木訥近仁又云君子欲訥於言而敏於行

斯乃聖人之與行百代之宗師欲人行先於言名副其實然而性有質重思惟淵沉口不能劇談必存乎博辯造次屈於辭達臨事失於機敏雖大才碩德無録勉焉
趙文子晉大夫其言吶吶若不出諸其口吶吶舒貌
韓非韓之諸公子也爲人口吃不能道說而善著書
漢周昌爲御史大夫高帝欲廢太子而立戚姬子如意爲太子而昌庭爭之强帝問其說昌爲人吃吃言之難也又盛怒曰臣口不能言然臣期期知其不可欲廢太子臣期期不奉詔以口吃故每事言期期帝欣然而笑即罷
李廣爲前將軍吶口少言
司馬相如爲孝文園令口吃而善著書
揚雄爲郎給事黄門口吃不能劇談劇疾也默而好深湛之思
後漢嚴翰善春秋鍾繇常數與翰辯論短長繇爲人機捷翰訥臨時屈無以應
劉儒字叔林官至議郎郭林宗謂儒口訥心辯有珪璋之質珪璋玉也半珪曰璋林宗歎儒有珪璋之質終必爲令德之士
高彪家本單寒至彪爲諸生游太學有雅才而訥於言後至内黄令

何休爲人質朴訥口而雅有心思官至諫議大夫
魏鄧艾字士載少爲都尉學士以口吃不得作幹佐爲稻田守藂草吏
崔琰字季珪少樸訥後至中尉
晉左思字太冲爲殿中侍御史貌寢口訥而辭藻壯麗
朱伺字仲文安陸人少爲吳牙門將陶丹給使吳平内徙江夏伺有武勇而訥口不知書爲郡將督見鄉里士大夫揖稱名而已及爲將遂以謙恭稱
郭璞爲王敦記室叅軍好經術博學有高才而訥言

論詞賦爲中興之冠
孫惠口訥好學有才識州辟不就寓居蕭沛之間後至廣武將軍安豐內使
慕容納沈靜淵邃外訥內敏
南齊謝朓爲尚書殿中郎隆昌初敕朓接北使朓自以口訥啓讓不當不見許
焦度爲後將軍嘗來竟陵郡不知所以置辭親人授之辭百有餘言度習誦數日皆得上口會高帝屢行石頭城度於大衆中欲自陳臨時卒忘所教乃大言曰度啓公度啓公度無食帝笑曰卿何憂無食卽賜

米百斛
梁張率爲揚州別駕率雖歷居職務嘗留心簿領及爲別駕奏事高祖覽牒問之並無對但奉答云事在牒中高祖不悅
後周王雅字度容少而沉毅木訥寡言有膽勇善騎射累有戰功除都督賜爵居庸縣子
樊深爲太學博士雖博贍訥於辭辯故不爲當時所稱
盧柔性聰敏好學未弱冠解屬文但口吃不能持論後至開府儀同三司
隋盧楚范陽人少有才學鯁悉口吃言語澁難大業中爲尚書右司郎
祖君彥容貌短小言辭訥澁有才學官至東平書佐
牛弘煬帝時爲右光祿大夫帝嘗令宣敕弘至階下不能言退還拜謝云並忘之帝曰傳語小辯故非宰相任也逾稱其質直

醜陋

夫民之生也肖天地之貌爲萬物之靈所受不同其形斯異乃有姿質蕞陋形制惡醜或鬼怪可駭或鄙瑣不臧迫殊於倫類見嗤於流俗者焉蓋洪範之六

極其一曰惡傳曰耗土之人醜司籍所記咸得而徵故仲尼述以貌之言叔向有不颺之論其先賢之丕然而善惡存乎中非著乎外賢愚本於性靡繫於形戒哉
叔魚晉大夫初生其母視之曰是虎目豕喙鳶肩而牛腹（鳶肩肩井出牛腹腹脇張）谿壑可盈是不可厭也必以賄死
豎牛叔孫穆子之家臣黑而上僂（上僂肩傴）深目而豭喙（口象豬）
華元宋大夫睅其目（睅出目）皤其腹
賈辛晉人出爲祁大夫將適其縣見於魏獻子魏子

日辛來昔叔向適鄭鬷蔑惡(惡貌醜)欲觀叔向從使之
收器者(從隨也隨使人應斂俎豆者)而往立於堂下一言而善叔
向將飲酒聞之曰必鬷明也(素聞其名故聞其言知之)下執其手
以上曰昔賈大夫惡(賈國之大夫惡亦醜也)娶妻而美三年不
言不笑以如皐(爲妻御之皐澤)射雉獲之其妻始笑而言賈
大夫曰才之不可以已我不能射女遂不言不笑今
夫子少不颺(顏貌不揚顯)子若不言吾幾失子矣
郭洽肇麋陳之惡人椎顙色如黑漆
公孫呂衛靈公之臣長七尺面居三尺廣三寸鼻目
取具名振天子

澹臺滅名字子羽武城人狀甚惡欲事孔子孔子以
爲材薄既而受業退而修行行不繇徑非公事不見
卿大夫南遊至江弟子三百人從之設取予去就名
施乎諸侯孔子聞之曰吾以言取人失之宰予以貌
取人失之子羽
高柴字子羔爲費郈宰衛人長不盈五尺狀貌甚惡
陳豹齊大夫也長而上僂(肩背僂)望視(目望陽)
蔡澤燕人曷鼻巨肩(曷一作偈偈一作仰巨一作渠)魋顏蹙齃膝攣
(攣兩膝曲)後爲秦相
漢田蚡孝景皇后同母弟爲人貌寢(寢短小也)位至太尉
蔡義爲丞相短小無鬚眉貌似老嫗行步俛仰常兩
吏扶乃行
王莽爲人侈口蹷顄露眼赤精大聲而嘶反膺高視
瞰臨左右後嘗翳雲母屏面(屏面即便面扇之類也)非親近莫
得見也
後漢承宮爲左中郎名播匈奴時單于遣使求欲得
見宮詔勑宮整飾宮對曰夷狄眩名非識實也臣狀
醜也不可以示遠人宜選長大威容者明帝乃以大
鴻臚魏應代之
梁冀字伯卓爲大將軍冀爲人鳶肩豺目(鳶鴟也鴟肩上竦也)

(豺目豎也)目洞精矘眄(洞通也矘目精直視)口吟舌言(謂口吃不能明了)
梁裔冀之子也裔一名胡狗冀諷衆人共薦裔爲河
南尹時年十六容貌甚陋不勝冠帶道路見者莫不
嗤笑焉
周舉爲光祿大夫姿貌短陋而博學洽聞爲儒者所
宗
周燮汝南安城人生而欽頤折頞醜狀駭人其母欲
棄之其父不聽曰吾聞賢聖多有異貌興我家者乃
此於是賓之安帝以玄纁羔幣徵不起
魏管輅字公明平原人也容貌醜無威儀言語不擇

非類後爲少府丞而卒
王粲字仲宣年十七往荆州依劉表表以粲貌寢而體通侻不甚重也通侻簡易也
吳諸葛恪少髮肩折額廣頰位至太傅録尚書
晉劉伶字伯倫沛國人爲建威叅軍身長六尺容貌甚陋
山淳字子玄弟允字叔真皆濤之子也並少尫病形甚短小而聰敏過人武帝聞而欲見之濤不敢受詔淳不仕允爲奉車都尉
張載字孟陽貌甚醜每行小兒以瓦石擲之委頓而

返官至中書侍郎領著作
孫會秀子也年二十爲射聲較尉尚惠帝女河東公主公主母喪未碁便納聘禮會形貌短陋奴僕之下者初與富室兒於城西販馬百姓忽聞其尚主莫不駭愕
左思字太冲貌醜而口訥爲幽州部從事
戴洋爲南中郎將桓宣叅軍洋爲人短陋無風望然好道術妙解占候卜數
王嘉字子年輕舉止醜形貌外若不足而聰睿內明
劉毅爲衛將軍開府荆州刺史嘗於東府聚樗蒱餘人並黑犢毅次擲得雉及宋高祖四子俱黑一子轉躍高祖厲聲喝之成盧毅意殊不快然素黑其面如鐵色焉
趙孟字長舒入補尚書都令史其面有疵黯諸事不決皆言當問疵面也
宋垣護之形狀短陋而氣幹強果累以功至輔國將軍務州刺史
臧質身長六尺七寸出面露口禿頂拳髮年未二十高祖召爲世子中軍行叅軍
范曄爲左衛將軍太子詹事長不滿七尺肥黑禿眉

髮
劉胡本名坳胡以其顏面坳黑似胡故以爲名
江㠂貌醜其兒謐爲于湖令明帝爲南豫州嘗召見㠂而狎侮之
何尚之爲中書令少與太嘗顏延之相好狎二人並短小尚之嘗謂顏之爲猴延之目尚之爲猴同遊太學西池延之問路人云吾二人誰似猴路人指尚之爲似延之喜笑路人曰彼似猴耳君乃真猴
南齊張融爲司徒左長史形貌短醜精神清徹
焦度爲遊擊將軍容貌壯醜皮膚若漆質直木訥口

不能言

蕭坦之爲尚書右僕射丹陽尹肥黑無鬚語聲嘶時人號爲蕭瘂剛很專執群小畏而憎之

梁褚蘿爲水軍都督面甚笑危有從理入口時有庾曼狀貌豐美頤頰開張人皆謂曼必爲方伯無餧乏之慮及魏討江陵卒致饑死蘿竟保衣食而終

王筠狀貌寢小長不滿六尺而性寬厚不以藝能高人官至太子詹事

後梁宋如周爲黄門散騎面狹而長宣帝以法華經云聞經隨喜面不狹長嘗戲之曰卿何以謗經如周踧踖自陳不謗帝又謂之如初如周懼出告蔡大寳

大寳知其旨笑謂之曰君當不謗餘經止應不信法華耳如周乃悟

後魏廣陵侯衍子融字叔融貌甚短陋衍弟欽字思若位尚書左僕射欽色尤黑故時人號爲黑面僕射

甄琛形貌短陋尠風儀官至特進侍中

北齊荀士遜爲中書舍人狀貌甚醜以文辭見用曾有事須奏値武成在後庭因左右傳通者不得士遜姓名乃云醜舍人武成曰必士遜也看封題果是内人莫不忻笑

朱孝王形貌短陋而好臧否人物時論甚疾之

唐蘇世長容貌醜陋頗有學識性滑稽言雜諧謔大業中爲都水使者煬帝嘗謂之曰卿面可類駈驢世長再拜叫呼因以手據地變頰敗面爲駈驢之狀群臣掩口而笑煬帝大悦賜帛百疋

歐陽詢爲率更令貌甚寢陋而聰悟絶倫貞觀十年文德皇后喪百官縗絰詢既醜異衆或指之許敬宗見而大笑爲御史大夫所糾

李輔國身小貌陋頗知書計位至中書令博陵王

盧杞貌甚醜面藍色人皆鬼視之爲御史中丞時尙父郭子儀病百官造問皆不屛姬侍及聞杞至子儀

悉令屛去獨隱几以待之杞去家人問其故子儀曰杞形陋而心險左右見之必笑若此人得權卽吾族無類矣

王伾順宗在東宮時以侍書幸寢陋而吳語帝所褻狎焉及卽位爲左散騎常侍翰林待詔

梁羅隱唐末爲宰相鄭畋所知隱雖負文稱然貌古而陋畋女幼有文性嘗覽隱詩卷諷誦不已畋疑其女有慕才之意一日隱至第鄭女垂簾而窺之自是絶不詠其詩官至給事中

馮行襲面有青痣當時自爲馮青面位至許州節度

使兼中書令

周慕容彦超爲兖州節度使彦超卽漢高祖之同産弟也甞冐姓閻氏體黑胡面故謂之閻崑崙

冊府元龜

冊府元龜

巡按福建監察御史臣李嗣京　訂正
分守建南道左布政使臣胡維霖　參閱
知建陽縣事臣黃國琦　較釋

總錄部八十六

養生　韜晦

養生

文子曰太上養神其次養形夫人之生也稟天地之中鍾五行之秀資之以恬惔則生理固滋之以頤攝則德寓克蓋夫導引以爲壽著於蒙莊之說吐吸以

練藏傳夫王吉之論養生之將義遠矣其有養其外而不養其内者或被其苦養其内而不養其外者亦嬰乎害此偏枯之人不足尚也若乃内外相養形神交泰六疾不生世患罔極斯達人之善養哉故潛山隱谷服气餌朮靜居導引熊經鴟顧以養形也絶慮棄智黜聰夫羨玄貞寡欲清虛自守以養神也乃有益壯不衰長齡加倍與夫大勞而弊不節而嗟者異焉

周老子百有六十餘歲或言二百餘歲以其修道而養壽也

漢張良以高祖五年封留侯良從入關性多疾卽導引不食穀（服辟穀藥而靜居行起）閉門不出從行太子少傅事願棄人間事欲從赤子遊（赤松子僊人號也神農時爲雨師服水玉教神農能入火不燒）乃學道欲輕舉（道謂仙道）

後漢矯愼隱遯山谷因穴爲室仰慕松喬道引之術

王充會稽上虞人刺史董勤辟爲從事轉治中自免還家年漸七十力志衰耗乃造養性書十六篇裁節嗜欲頤神自守

蘇順京兆霸陵人也以才學見稱好養生術隱處求道晚乃仕拜郎中卒於官

華佗字元化沛國譙人一名敷曉養性之術年歲而猶有壯容時人以爲仙廣陵吳普彭城樊阿皆從佗學普依準佗治療多所全濟佗語普曰人體欲得勞動但不當使極爾動搖則穀氣得消血脈流通病不得生譬猶戶樞不朽也是以古之僊者爲導引之事熊經鴟顧（熊經若熊之攀枝自懸鴟顧身不動而回顧也）引挽腰體動諸關節以求難老吾有一術名五禽之戲一曰虎二曰鹿三曰熊四曰猿五曰鳥亦以除疾兼利蹄足以當導引體中不快起作一禽之戲沾濡汗出因上著粉身體輕便而欲食普施行之年九十餘耳目聰明

齒牙完堅阿從佗求方可服食益於人者佗授以漆葉青麪散青麪一名地節一名黃芝主五藏益精氣本出於迷入山者見仙人服以告佗佗以爲佳語阿阿又祕之漆葉屑一斗青麪十四兩以是爲率言久服去三蟲和五臟輕體使人頭不白阿從其言壽百餘歲

冷壽光與華佗同時年可百五六十歲嘗屈頸鷮息鷮延也鬚髮盡白而色如三四十歲

魯女生長樂人初餌胡麻及朮絕穀八十餘年日少壯色如桃花日能行三百里走及麞鹿女生與華佗同時而說明帝時事甚明了議者疑其時人也董卓亂後莫知所在

封君達隴西人初服黃連五十餘歲入鳥舉山服水銀百餘年還鄉里如二十年間魯女生得五岳圖連年請求女生未見授

王真上黨人年且百歲視之面有光澤似未五十者自云周流登五岳名山悉能行胎息胎食之方嗽舌下泉咽之不絕房室一云真宗經習閉氣而吞之名曰胎息嗽舌下泉而咽之名曰胎食真絕穀百餘年肉色光美力並數人

孟節上黨人能含棗核不食可至五年一年又能結氣不息身不動搖狀若死人可至百日半年亦有室家

晉嵇康字叔夜嘗修養性服食之事彈琴詠詩自足於懷以爲神仙稟之自然非積學所得至於導養得理則安期彭祖之壽可及乃著養生論官至中散大夫

張中字巨和中山人永嘉之亂隱於泰山恬靖寡欲清虛服氣飡芝餌石修導養之方

郭瑀隱於臨松薤谷鑿石窟而居服栢實以輕身

陶淡字處靜幼孤好導養之術謂仙道可祈年十五六便服食絕穀不婚娶家累千金僮客百數淡終日

端拱曾不營問於長沙臨湘山中結廬居之州舉秀才淡聞遂轉逃羅縣埤山中莫知所終

宋劉凝之字志安隱居衡山之陽登高嶺絕人迹處爲小屋居之採藥服之

南齊顧歡吳郡鹽官人好學於天臺山開館聚徒晚節服食不與人通

梁陶弘景丹陽秣陵人幼有異操年十歲得葛洪神仙傳晝夜研尋便有養生之志謂人曰仰青雲覩白日不覺爲遠矣天監四年移居積金澗行辟穀導引之法年逾八十而有壯容深慕張良之爲人云古

賢莫比

劉虯字靈預爲當陽令罷官歸家靜處斷穀餌朮及胡麻

後魏崔浩爲左光祿大夫以公歸第因欲修服食養性之術而寇謙之有神中錄圖新經浩因師之

徐謇字成伯善醫嘗有藥餌及吞服道符年垂八十十而鬢髮不白力未多衰

北齊鄒吾道榮瑯琊人隱於瑯琊山辟穀餌松朮茯苓求長生之祕

隋徐則幼沉靜寡嗜欲後辭入天台山因絶粒養性

所資惟松朮而已

唐王希夷孤貧好道隱於嵩山師道士黃頤四十年盡傳其閉氣導養之術嘗餌松栢葉及雜花散傳通子史尤明莊老及易景龍中年已七十餘氣力益壯

孫思邈隱居太白山自言九十三歲鄉里咸云數百歲高宗顯慶中被徵至時盧炤鄰有惡疾因問思邈名醫愈疾之道又問人事如何思邈曰膽欲大而心欲小智欲圓而行欲方炤鄰曰何謂也思邈曰心爲五臟之君君以恭慎爲主故心欲小膽爲五臟之將以果決爲務故膽欲大智者動象天故欲圓仁者靜象地故欲方詩曰如臨深淵如履薄冰謂小心也赳赳武夫公侯干城謂大膽也傳曰不爲利回不爲義疚仁之方也易曰見機而作不俟終日智之圓也炤鄰又嘗問曰養性之道其要何也邈曰天道有盈缺人事多迍厄苟不自慎而能濟於迍厄者未之有也故養性之士先知自慎慎者嘗以憂畏爲本經曰人不畏威則大威至矣憂畏者生死之門存亡之繇禍福之本吉凶之元也故士無憂畏則仁義不立農無憂畏則稼穡不滋工無憂畏則規模不設商無憂

畏則貨殖不成子無憂畏則孝敬不篤父無憂畏則慈愛不著臣無憂畏則勳庸不立君無憂畏則社稷不安故養性者失其憂畏則心亂而不理形躁而不寧神散則氣越志蕩而意昏應生者死應存者亡應吉者凶故憂畏者猶水火不可暫忘也人無憂畏子弟爲勍敵妻妾爲仇讐是故太上畏道其次畏物其次畏人其次畏身憂於身者不拘於人畏於己者不制於彼慎於小者不懼於大戒於邇者不悔於遠能如此者水行蛟龍不能害陸行虎兕不能傷五兵不能染讒賊誹謗毒螫不能加害知此則人事畢矣

仲長子隱士也服食養性

潘師正清靜寡欲居於嵩山之逍遥谷積二十餘年但服松葉飲水而已

司馬承禎師事潘師正傳其符籙及辟穀導引服餌之道

孟詵爲同州刺史中宗神龍初致仕歸伊陽之山第年雖晚暮志力如壯嘗謂所親曰若能保身養性者常須善言莫離口良藥莫離手

趙昌年七十二精健如少年德宗甚奇之憲宗元和三年除華州刺史辭於麟德殿時年八十趨拜輕捷

占對詳明帝退而嘆異詔宰臣咨訪頤養之道以奏焉

柳公度善攝生年八十餘步履輕便或祈其術曰吾初無術但未嘗以元氣佐喜怒氣海嘗溫耳

後唐許寂不知何許人少有道術茹芝絶粒寓居江陵節度使趙凝昆季禮遇之延之中堂師授保養之道唐末除諫官不起漢南謂之徵君梁攻襄陽趙凝兄弟棄鎮奔蜀與寂偕行歲餘蜀人知之蜀主王建待以師禮後位至蜀相同光末平蜀與王衍俱徙于東卜居于雒寂以高年精彩猶健冲漠寡言時偶語云可怪可怪人莫知其際言有還丹煑金之術不知信否卒時年八十餘

晉盧損爲祕書監拜章辭位乃授戶部尚書致仕退居潁川時李鏻年將八十善服氣導引損以鏻之遐壽有道術酷慕之仍以潁川逼城市乃卜居陽翟立隱舍誅茅種藥山衣野服逍遥於隱几之間出則柴車鶴氅自稱具茨山人晚年與同遊五六人於大隗山中古宮觀址疏泉鑿壞爲隱所誓不復出山氣嚴寒被病而卒時年八十餘齒髮不衰而有壯容損於修攝似有所得

韜晦

夫用晦而明儀易之旨渾藏若虛老氏之訓與其錚錚而罹患孰若恂恂而俟命有奇才盛德偉度壯必可以樹功名可以經邦國而乃罹此多難不能自奮或辱在泥滓或委於檻穽屈高翔之羽同夫雌伏藏兼濟之用以之同塵葆光而內融懷寶而自處不形于色克保其眞亦旣安全終復顯發信君子之大受達人之盛德者哉

寧武子衛大夫也夫子云寧武子邦有道則愚其愚不可及也

荆軻衛人也游於邯鄲魯句踐與荆軻博爭道魯句踐怒而叱之荆軻嘿而逃去遂不復會至燕而高漸離飲於燕市酒酣高漸離擊筑荆軻和而歌於市中相樂也已而相泣旁若無人

毛公薛公皆趙之處士也毛公藏於博徒薛公藏於賣漿

漢欒布梁人也彭越爲家人時嘗與布游（家人猶編戶也）窮困賣庸於齊爲酒家保（庸謂庸作受顧保謂保可任使）數歲別去而布爲人所略賣爲奴於燕爲其家報仇燕將臧荼舉以爲都尉

樊噲以屠狗爲事（時人食狗以羊豕同故噲專屠以賣）後與高祖俱隱於芒碭山澤間陳勝起蕭何曹參使噲求迎高祖立爲沛公位至相國封舞陽侯

酈食其好讀書家貧落魄無衣食業（魄音薄落魄失業無歸也）爲里監門然吏縣中賢豪不敢役（吏及賢者豪者皆不敢使役食其）皆謂之狂生後歸漢號廣野君

東方朔武帝時爲郎數召至前談語時賜之食於前飲已盡懷其餘肉持去衣盡汚數賜縑帛檐揭而去後用所賜錢帛取少婦於長安中好女率取歸一歲所者即棄去更取婦所賜錢財盡索之於女子主左右諸郎半呼之狂人人主聞之曰令朔在事無爲是行者若等安能及之哉朔任其子爲郎又爲侍謁者嘗持節出使朔行殿中郎謂之曰人皆以先生爲狂朔曰如朔等所謂避世於朝庭間者也古之人乃避世於深山中時坐席中酒酣據地歌曰陸沈於俗避世金馬門宮殿中可以避世全身何必深山之中蒿廬之下金馬門者宦署門也傍有銅馬故謂之曰金馬門

東郭先生齊人也以方士久待詔公車貧困饑寒衣敝履不完行雪中履有上無下足盡踐地道中人笑

之東郭先生應之曰誰能履雪中令人視之其上履也其履下處乃似人手足者乎及其拜爲二千石佩青緺（音瓜一音蝸青綬也）出宮門行謝主人故所以同官待詔者等比祖道於都門外榮華道路立名當世此所謂衣褐懷寶者也

任安少孤貧爲人將車之長安求爲小吏於是安與田仁俱爲衛將軍舍人居門下同心相愛此二人家貧無錢用以事將軍家監家監使養惡齧馬兩人同牀臥仁竊言曰不知人哉家監也安曰將軍尚不知人何乃家監也

後漢王君公遭亂儈牛自隱儈爲平會兩家買賣之價時人謂之
論曰避世牆東王君公君公明易爲郎數言事不用自汚與官婢通免歸詐狂儈牛口無二價也
向栩朝歌人少時爲書生性卓詭不倫嘗讀老子狀
如學道又似狂生好被髮著絳綃頭綃生絲也當作幧音此消切
嘗於竈北坐板床上如是積久板乃有膝踝足指之
處不好語言而喜長嘯賓客從就輒伏而不視有弟
子名爲顏淵子貢季路冉有之輩或騎驢入市乞丐
於人或悉要諸乞兒俱歸止宿爲設酒食時人莫能
測之後爲侍中

孔嵩南陽人初游太學後家貧親老乃變姓名傭爲
部野阿里街卒友人荊州刺史范式行部縣選嵩爲
導騎迎式式見而識之勑縣代嵩嵩以先傭未竟不
肯去嵩官至南海太守
第五倫字伯魚京兆長陵人爲鄉嗇夫平徭賦理怨
結得人歡心自以爲久宦不達遂將家屬客河東變
名姓自稱王伯齊載鹽往來太原上黨所過輒爲糞
除而去陌上號爲道士親友故人莫知其處後京兆
尹閻興召爲主簿
公沙穆少游太學無資糧乃變服客傭爲吳祐賃舂
後爲遼東屬國都尉
仇覽少爲儒生淳默鄉里無知者年四十縣召補吏
後爲蒲亭長
荀悅性沉靜美姿容尤好著述靈帝時閹宦用權士
多退身窮處悅乃託疾隱居時人莫之識從弟彧特
稱敬焉後辟鎮東將軍曹公府
仲長統山陽高平人性倜儻敢直言不矜小節每列
郡命召輒稱疾不就語默無常時人或謂之狂
魏郭嘉爲司空軍祭酒嘉少有遠量漢末天下將亂
自弱冠匿名迹密交結英儁不與俗節故時多莫知

惟識達者奇之
嚴幹義者馮翊東縣人質性重厚有髭識會三輔亂
人多流宕而幹義不去與諸知故相浮沈採樵自活
王烈字彥考名聞在郡原管寧之右辟公孫度長史
以商賈自穢太祖命爲丞相掾未至卒
蜀杜微字國輔梓潼涪人少受學於廣漢任安劉璋
辟爲從事以疾去官及先主定蜀微常稱聾閉門不
出
諸葛亮依從父玄玄依袁術後往荊州依劉表玄卒
亮躬耕壠畝好爲梁父吟家于南陽之鄧縣在襄陽

城西二十里號曰隆中亮在荆州時建安初與潁川石廣元徐元直汝南孟公威等俱游學三人務於精熟而亮獨觀其大略每晨夜從容嘗抱膝長笑而謂三人曰卿諸人仕進可至郡守刺史也三人問其所至亮但笑而不言後公威思鄉里欲北歸亮謂之曰中國饒士大夫遨游何必故里邪亮位至丞相

晉阮籍字嗣宗本有濟世志為步兵校尉屬魏晉之際天下多故名士少有全者籍繇是不與世事遂酣飲爲嘗雖不拘禮教然發言玄遠不臧否人物又云魏末阮籍有才而嘗酒荒放露頭散髮裸袒箕踞作二千石不治官事日與群下共飲酒歡呼時人或以籍生

在魏晉之交欲佯狂避時不知籍本性自然也

山濤字巨源早孤居貧少有器量介然不羣性好莊老每隱身自晦後爲侍中領吏部

魏舒字陽元不修嘗人之節不爲皎厲之事累遷後軍將軍鍾毓長史毓每與參佐射舒嘗爲畫籌而已後遇朋人不足以舒滿數毓初不知其善射舒容範閑雅發無不中舉坐愕然莫有敵者毓嘆而謝曰吾之不足以盡卿才有如此射矣位至司徒

王衍字夷甫武帝泰始八年詔舉奇才可以安邊者衍初好論從横之術故尚書盧欽舉爲遼東太守不就於是口不論世事唯雅詠玄虛而已

王長文廣漢人州辟別駕乃微服竊出舉州莫知所之後於成都市中蹲踞齧胡餅刺史知其不屈禮遣之

王湛少言語初有隱德人莫能知兄弟宗族皆以爲癡其父昶獨異焉湛兄子濟嘗詣湛見牀頭有周易問曰叔父何用此爲湛曰體中不佳時脫復看耳濟請言之湛因剖析玄理微妙有奇趣皆濟所未聞也濟才氣抗邁於湛略無子姪之敬既聞其言不覺慄然心形俱肅留連彌日累夜自視缺然乃嘆曰家有

名士三十年而不知濟之罪也既而辭去湛送至門濟有從馬絕難乘濟問湛曰叔頗好騎不湛曰亦好之因騎此馬姿容既妙迴策如縈善騎者無以過之還白其父曰濟始得一叔乃濟以上人也武帝亦以湛爲癡每見濟輒調之曰卿家癡叔死未濟嘗無以答及是帝又問如初濟曰臣叔殊不癡因稱其美帝曰誰比濟曰山濤以下魏舒以上時人謂湛上方山濤不足下比魏舒有餘湛聞曰欲處予以季孟之間乎卒爲汝南內史

嵇康善鍛以向秀爲之佐相對欣然傍若無人又共

呂安灌園於山陽康後仕至中散大夫
王舒字處明丞相導之從弟父會侍御史舒少爲從兄敦所知以天下多故不營當時名嘗處私門潛心學年植四十餘州禮命太傅辟皆不就
王述性沈靜每坐客馳辨異端並起而述處之恬如也少襲父爵年三十尚未知名人或謂之癡司從王導以門地辟爲中兵屬既見無他言惟問以在東米價述但張目不答導曰王掾不癡人何言癡也官至衛將軍尚書令
顧榮懷帝永嘉初爲尚書郎太子中舍人廷尉正嘗

縱酒酣暢謂友人張翰曰惟酒可以忘憂但無如作病何耳齊王冏召爲大司馬主簿冏擅權驕恣榮懼及禍終日昏酣不綜府事以情告友人長樂馮熊又謂冏長史葛旟曰以顧榮爲主簿所以甄拔才望委以事機不復計南北親疎欲平海内之心今府大事殷非酒客之政旟曰榮江南望士且居職日淺不宜輕代易之旟曰可轉爲中書侍郎榮不失清顯而府更收實才旟然之白冏以爲中書侍郎在職不復飲酒人或問之曰何前醉而後醒邪榮懼罪乃復更飲
謝鯤不徇公名無砥礪行居身於可否之間雖自處若穢而動不累高王敦有不臣之迹顯於朝野鯤知不可以道規正乃優游寄通不屑政事從容諷議卒歲而已爲王敦大將軍長史
謝安少有重名不就徵辟時弟萬爲西中郎將總藩任之重安妻劉惔妹也既見家門富貴而安獨靜退乃謂曰丈夫不當如此耶安掩鼻曰恐不免耳及萬黜廢安始有仕進志時年已四十有餘矣後辭大司馬桓溫府官至太保
李靈豫章建昌人性少言與小人羣居見侵辱而無愠色邑里號之癡雖其父母兄弟亦以爲癡也嘗看

稻羣牛食之靈見而不驅待牛去乃往理其殘亂者其父母見而怒之靈曰夫萬物生天地之間各欲得食牛方食奈何驅之其父愈怒曰卽如汝言復用理壞者何爲靈曰此稻又欲得終其性牛自犯之靈可以不收乎
宋鮑照世祖時爲中書舍人帝好爲文章自爲物莫能及照悟其自爲文多鄙言累句當時咸謂照才盡實不然也
徐羨之爲司空錄尚書令頗工奕碁觀戲嘗若未解當世以此推之傅亮蔡郭嘗言徐公曉萬事安異同

南齊王僧虔弱冠善隸書宋孝武欲擅書名僧虔不敢顯迹大明世嘗用屈筆書以此見容位至侍中特進左光祿大夫

謝瀹朏之弟朏爲吳興太守瀹於征虜渚送別朏指瀹口曰此中唯宜飲酒瀹建武之朝爲吏部尚書專以長酣爲事與劉瑱沈昭略交飲各至數斗

沈昭略爲臨海太守御史中丞昭略明帝建武世嘗酣酒以自晦

後魏任城王澄宣武時爲太子太保於時高肇當朝猜忌賢戚澄爲肇間搆嘗恐不全乃終日昏飲以示

冊府元龜　總錄部　韜晦　卷之八百三十六　十七

荒敗所作詭越時謂爲狂

崔巨倫爲殷州刺史在州陷賊葛榮聞其才名欲用爲黃門侍郎巨倫心惡之至五月五日會集官僚令巨倫賦詩巨倫乃曰五月五日時天氣已大熱狗便呀欲死牛復吐出舌以此自晦獲免

郗遠字季雲爲儀同開府參軍事放情琴酒之間每出行反家或問有何消息答曰無所聞縱聞亦不解

北齊邢劭爲著作佐郎文學典麗既贍且速嘗爲先達所嫉屬尚書令元羅出鎮青州啟爲府司馬遂在青土終日酣賞盡山水之致

隋王世積爲上柱國甚見隆重世積見文帝性忌刻功臣多獲罪繇是縱酒不與執政言及時事帝以爲有酒疾舍之宮內令醫者療之世積詭稱疾愈始得就第

李士謙趙郡平棘人隋有天下畢志不仕時平生爲詠懷詩輒毀棄其本不以示人

唐裴遵慶絳州聞喜人志氣淳厚機鑑敏達自幼強學博涉載籍謹身晦迹不干當世之務位至黃門侍郎平章事

楊綰尤工文詞藻思清贍含光晦用不欲名彰每屬

冊府元龜　總錄部　韜晦　卷之八百三十六　十八

文耻於自白非知己不可得而見也後位至中書侍郎平章事

冊府元龜

冊府元龜

巡按福建監察御史臣李嗣京　訂正

分守建南道左布政使臣胡維霖　參閱

知建陽縣事臣黃國琦　較釋

總録部八十七

文章一

易曰觀乎人文以化成天下仲尼曰言之不文行之不遠蓋斯文之作其來尚矣經藝之設本於儒術辭賦之起原乎六藝騷人之後風流彌劭漢氏中葉梢華古制藻絢交錯岐泒逾廣英才間出衆體互興分

鑣並驅因枝振葉故子雲有肇帨之説蕭統興推輪之嘆而沿襲或異意制横作習尚殊軌氣韻相高沈約有云自漢至魏四百載間文體三變自是而下豈勝道哉繇靈均以來迄于五代屬辭之士連衡接武咸用全次以備夫廣記云

屈原名平楚之同姓也爲懷王左徒王甚任之上官大夫害其能讒之王怒而疏平故平憂愁幽恚作離騷離騷者猶離憂也又有賦二十五篇

唐勒楚大夫有賦四篇

宋玉楚大夫有賦十六篇（宋玉唐勒景差之徒在屈原後皆好辭而以賦見稱然皆祖屈原之從容辭令）

孫卿賦十篇（荀卿趙人齊襄王時荀卿最爲老師三爲祭酒後適楚爲蘭陵令避漢宣帝名改爲孫卿）

漢陸賈楚人爲太中大夫有賦三篇

朱建楚人高祖賜號平原王有賦一篇

莊夫子名忌吳人有賦二十四篇

賈生名誼爲中大夫天子議以任公卿之位絳灌東陽侯馮敬之屬盡害之乃以賈生爲長沙王太傅賈生既辭往意不自得及渡湘水爲賦以弔屈原後三年有鵩飛入賈生舍止於坐隅楚人命鵩曰服賈生

既以適居長沙長沙卑濕自以爲壽不得長傷悼之乃爲賦自廣（一云有賦六篇）

韋孟家本彭城爲楚元王傅傅子夷王及孫王戊（官爲楚王傅而歷相三王也）不遵道孟作詩諷諫後遂去位徙家於鄒又作鄒詩

孔臧爲太常有賦二十篇

吾丘壽王字子贛趙人爲光祿大夫有賦十五篇

蔡日賦一篇（史闕官）

倪寬千乘人爲御史大夫有賦二篇

張子僑爲光祿大夫有賦三篇

莊忽奇爲常侍郎有賦十一篇七略云忽奇者或言莊夫子族家子或言
莊助弟
莊子
朱買臣字翁子吳人爲丞相長史有賦三篇
司馬遷字子長爲太史公有賦八篇
蘓李爲遼東太守有賦二篇
蕭望之字長倩東海人爲前將軍輔政有賦一篇
徐明字長君爲河内太守有賦三篇
李息爲給事黄門侍郎有賦九篇
馮商有賦九篇
杜參爲長社尉有賦二篇

張豐字僑予爲車郎有賦三篇
朱宇爲驃騎將軍有賦三篇一云朱宇爲驃騎將軍史
李思有孝景皇帝頌十五篇
李忠爲衛士令有賦二篇
賈假賦二篇
賈充賦四篇
張仁賦六篇
秦充賦二篇
李步昌賦二篇
謝多爲侍郎有賦十篇

周長孺爲平陽公主舍人有賦二篇
華錡賦九篇
睦弘賦一篇郎雎孟也以明經爲議郎
別栩陽賦五篇
王商爲黄門書者假史有賦十三篇
徐博爲侍中有賦四篇
王廣爲黄門書者作吕嘉賦五篇
華龍爲漢中都尉丞有賦二篇
路恭爲左馮翊史有賦八篇
東方朔字曼倩平原厭次人爲常侍郎久之朔上書

陳農戰彊國之計因自頌獨不得大官欲求試用數
萬言終不見用朔因著論設客巳用位卑以自慰論
又設非有先生論此二篇最善其餘有封泰山責和
氏璧及皇太子生禖祝屏風殿上柏柱平樂觀獵賦
八言七言上下八言七言詩各有上下篇從公孫弘借車凡劉向
所錄朔書具是矣劉向別錄所載
枚乘字叔淮陰人景帝時召拜弘農郡都尉以病去
官復游梁梁客皆善屬辭賦乘尤高孝王薨乘歸淮
陰有賦九首
枚皐字少孺乘之子也上書北闕自稱枚乘之子武

帝得之大喜召入見侍詔使賦平樂館善之拜爲郎武帝春秋二十九乃得皇子羣臣喜故臯與東方朔作皇子生賦初衞皇后立臯奏賦以戒終臯爲賦善於朔也從行至甘泉雍河東東巡狩封泰山塞决河宣房游觀三輔離宮館臨山澤弋獵射馭狗馬蹴踘刻鏤上有所感輒使賦之奉詔輒成臯自言爲賦不如相如又言爲賦乃俳見視如倡自悔類倡也故其賦有詆娸東方朔又自詆娸其文骫骳曲隨其事皆得其意頗詼笑不甚閑靡凡可讀者百二十篇其尤嫚戲不可讀者尚數十篇

司馬相如字長卿蜀郡成都人爲武騎會景帝不好辭賦是時梁孝王來朝從游說之士齊人鄒陽淮陰枚乘吳嚴忌夫子之徒嚴忌本姓莊當時尊上號曰夫子史家避漢明帝諱故遂爲嚴耳相如見而說之因病免客游梁得與諸侯游士居數歲乃著子虛之賦以子虛虛言也爲楚稱稱說楚之美也烏有先生者烏有此事也爲齊難亡是公者亡是人也亡讀曰無欲明天子之義故虛藉此三人爲辭藉借也以推天子諸侯之苑囿其卒章歸之於節儉因以風諫上林賦亡是公言上林廣大山谷水泉萬物及子虛言雲夢所有甚衆侈靡多過其實且非義理所止故刪取其要歸正道而論之言不尚其侈靡之論且取終篇歸於正道且非除其辭也矣武帝既美子虛之事相如見武帝好僊因曰上林之事未足美也尚有靡若臣嘗爲大人賦未就請具而奏之相如以爲列僊之儒居山澤間儒有道術之稱也凡有道術皆爲儒形容甚臞臞瘠也音年句切又音衢此非帝王之僊意也乃遂奏大人賦既奏武帝大悅飄飄有凌雲氣游天地間之意武帝過宜春宮相如又奏賦以哀二世行失相如後爲孝文園令病免家居茂陵天子曰司馬相如病甚可往從悉取其書若後之矣若汝也言汝今去也在他人後所忠往所忠使者姓名也而相如已死家無遺書問妻

對曰長卿未嘗有書也時時著書人又取去長卿未死時爲一卷書曰有使來求書奏之其遺札書言封禪事所忠奏焉天子異之相如他所著遺平陵侯書與五公子相難草木書篇不采采其尤著公卿者

王襃字子淵蜀人也有才俊益州刺史王襄欲宣風化於衆庶聞請與襃相見使襃作中和樂職宣布詩又作其傳因奏襃有軼才宣帝徵襃詔襃爲聖主得賢臣頌帝令襃與張子僑等並待詔所幸宮館輒爲歌頌頃之擢襃爲諫大夫元帝爲太子喜襃所爲甘泉及洞簫賦令後宮諷讀之

韋玄成字少翁丞相賢子襲封扶陽侯以列侯侍祀孝惠廟當晨入廟天雨淖不駕駟馬車而騎至廟下有司劾奏等輩數人皆削爵爲關内侯玄成自傷貶黜父爵嘆曰吾何面目以奉祭祀作詩自劾責元帝永光中代于定國爲丞相貶黜十年之間遂繼父相位封侯故國榮當世焉玄成復作詩自著復玷缺之艱難因以戒示子孫

揚雄字子雲蜀郡成都人雄好辭賦先時蜀有司馬相如賦甚弘麗雄每作賦當擬之以爲式又作書據離騷文而反之自岷山投諸江流以弔屈原名曰反

離騷又作廣騷畔牢愁孝成帝時有薦雄文似相如者召雄待詔承明之庭從上甘泉還奏甘泉賦帝祭后土又奏河東賦嘗從羽獵又奏羽獵賦拜爲郎明年又奏長楊賦雄方草太玄或嘲雄以玄尚白而玄解之日解嘲雄實好古而樂道其意欲求文章成名於後世以爲箴莫善於虞箴作州箴九州之箴也賦莫深於離騷反而廣之辭莫麗於相如作四賦皆斟酌其本相與放依而馳騁云其後雄以爲賦者將以風之必推類而言極麗靡之辭閎侈鉅衍競於使人不能加也既乃歸之於正然覽者已過矣往時武帝好神仙相如上大人賦欲以諷帝及飄飄有陵雲之志繇是言之賦勸而不止明矣又頗似俳優淳于髡優孟之徒非法度所存賢人君子賦詩之正也於是輟不復爲

薛方字子容齊人嘗爲郡掾祭酒王莽時居家以經教授喜屬文著詩賦數十篇

後漢班彪扶風人更始敗隗囂擁衆天水彪從之彪傷方難乃著王命論以爲漢德承堯有靈命之符王者興祚非詐力所致囂終不寤遂避地河西河西大將軍竇融以爲從事及融徵還京師光武問曰所上

章奏誰與參之對曰皆從事班彪所爲後爲望都長建武三十年卒著賦論書記奏事合九篇

桓譚字君山沛國人博學多通能文章爲議郎給事中出爲六安郡丞道病卒所著賦誄書奏凡二十六篇

田邑字伯玉馮翊人有大節涉學藝能善屬文爲漁陽太守

王隆字文山馮翊人建武中爲新汲令能文章所著詩賦銘書凡二十六篇

杜篤字季雅京兆人少博學居美陽與美陽令相恨

令怨收篤送京師會大司馬吳漢薨光武詔諸儒誄之篤於獄中爲誄辭最高帝美之賜帛免刑篤以門中表裏山河先帝舊京不宜改營雒邑乃上奏論篤賦所著賦誄弔書讚七言女誡及雜文凡十八篇又著明世論十五篇後車騎將軍防擊西羌請篤爲從事中郎戰没

史岑字子孝沛國人王莽末以文章顯莽以爲謁者著頌誄復神說疾凡四篇岑一字孝山作出師頌

崔篆涿郡人王莽以爲新建大尹稱疾去建武初客居滎陽臨終作賦以自悼名曰慰志

梁竦字叔敬松弟也明帝永平中坐松事徙九眞南歷江湖濟沅湘感悼子胥屈原以非辜沈身乃作悼騷賦繫玄石而沈之後辟命交至並無所就

賈逵字景伯扶風平陵人永平中有神雀集宮殿官府翹羽有五采色帝異之以問臨邑侯劉復復不能對薦逵博物多識帝乃召見逵問之對曰昔武王終父之業鸑鷟在岐宣帝威懷戎狄神雀仍集此胡降之徵也帝勑蘭臺給筆札使作神雀頌拜爲郎後爲曾相所作詩頌誄書連珠酒令凡九篇

班固字孟堅彪子也弱冠而孤作幽通賦以致命遂志永平中爲郎典校祕書時京師修起宮室濬繕城隍而關中耆老猶望朝廷西顧固感前世相如壽王東方之徒造構文辭終以諷勸乃上兩都賦盛稱雒邑制度之美以折西賓淫侈之論固所著典引賓戲應譏詩賦銘誄頌書文記議六言在者凡四十一篇

傳毅字武仲扶風人明帝永平中於平陵習章句因作廸志詩章毅以帝求賢不篤士多隱處故作七激以爲諷建初中章帝博召文學之士以毅爲蘭臺令史拜郎中與班固賈逵共較書毅追美孝皇帝功德最盛而廟頌未立乃依清廟作顯宗頌十篇奏之毅

早卒著詩賦誄頌祀文七激連珠凡二十八篇

馮衍字敬通京兆杜陵人幼有奇才爲曲陽令得罪西歸故郡衍不得志退而作賦自厲命其篇曰顯志顯志者言光明之情昭章玄妙之思也居貧年老卒於家所著賦誄銘問交德誥慎情衍集有問交一篇慎情一篇書記說自序官錄策五十篇章帝甚重其文

王景自仲通樂浪人建初七年爲徐州刺史先是杜陵杜篤奏上論遷都賦欲令車駕還遷長安耆老聞者皆動懷土之心莫不眷然仲立西望舊京以宫廟已立恐人情疑惑會時有神雀諸瑞乃作金人論頌

碓邑之美

崔駰字亭伯篆孫也善屬文嘗以典籍爲業未遑仕進之事時人或譏其太玄靜將以後名失實駰擬揚雄解嘲作達旨以荅焉華嶠曰駰譏揚雄以爲范蔡鄒衍之徒乘蹀相傾誑耀諸侯者也而云彼我異尚又曰竊資卓氏割炙細君斯蓋士之贄行而云不能與此數公者同以爲失類而改之也元和中章帝始修古禮巡狩方岳駰上四巡頌以稱漢德辭甚典美爲竇憲主簿出爲長岑長以遠去不之官而歸和帝永元中卒所著詩賦銘頌書記表七依婚禮結言達旨酒警合二十一篇

崔瑗字子玉駰子也爲濟北相卒瑗高於文詞尤善

爲書記箴銘所著賦碑銘箴頌七蘇枚乘七發之流南陽文學官志歎辭移社文悔祈草書埶七言凡五十七篇其南陽文學官志稱於後世諸能爲文者皆自以弗及

崔烈有文才所著詩書教頌等凡四篇位至太尉

崔寔字子眞一名台字元始爲尚書病卒所著碑論箴銘答七言詞文表記書凡十五篇

李尤字伯仁廣漢人少以文章顯和帝時侍中賈逵薦尤有相如揚雄之風召詣東觀受詔作賦拜蘭臺令史累遷樂安相卒所著詩賦銘誄頌七歎哀典凡二十八篇

李勝廣漢人有文才爲東觀郎著賦誄頌論數十篇

桓麟郁孫也爲許令卒著誄讚說書凡二十篇摯虞文章志麟文在者十八篇有碑九首誄七首說一首沛相郭府君書一首

桓彬字彥林麟子也爲尚書郎卒於家所著七說及書凡三篇

朱穆字公叔南陽人嘗感時澆薄慕尚敦篤乃作崇厚論又著廣絶交論亦矯時之作後爲尚書卒所著論策奏教書詩記嘲凡二十篇穆著論甚美蔡邕嘗至其家自寫之

張衡字平子南陽人少善屬文和帝永元中天下承

平日久自王侯以下莫不踰侈衡乃擬班固兩都作二京賦因以諷諫精思傳會十年乃成順帝初爲太史令衡不慕當世所居之官輒積年不徙自去史職五載復還乃設客問作應間以見其志遷侍中中官共讒之衡嘗思圖身之事以爲吉凶倚伏幽微難明乃作思玄賦以宣寄情志後爲尚書卒所著詩賦銘七言靈憲應間七辨巡誥懸圖凡三十二篇衡集作玄圖蓋懸與玄通

葛龔字元甫梁國寧陵人也和帝時以善文記知名著文賦碑誄書記凡二十篇終臨汾令

胡廣字伯始南郡華容人爲太傅録尚書令蒙初揚雄依虞箴作十州二十五官箴其九箴亡闕後涿郡崔駰及子瑗及臨邑侯劉騊駼增補十六篇廣復繼作四篇文甚典美乃悉撰次首目爲之解釋名曰百官箴凡四十八篇其餘所著詩賦銘頌箴弔及諸解詁凡二十二篇

夏恭字敬公梁國蒙人爲太山郡尉卒官恭爲文著善賦頌詩勵學凡二十篇恭子牙少習家業著賦頌讃誄凡四十篇舉孝廉早卒

蘇順字孝山京兆人和安間以才學見稱爲郎中卒

官所著賦論誄哀辭雜文凡二十六篇時三輔多士扶風曹衆伯師亦有才學著誄書論四篇又有曹朔不知何許人作漢頌四篇

劉珍一名寶南陽人安帝延光五年爲衛尉卒官著誄頌連珠凡七篇

黄香字文彊能文章爲魏郡太守卒官著賦牋奏書令凡五篇

馬融字季長有俊才安帝永初四年爲校書郎中是時鄧太后臨朝鄧騭兄弟輔政以爲文德可興武功宜廢遂廢蒐狩之禮初元二年乃上廣成頌以諷出爲河間王厩長史時車駕東巡岱宗融上東巡頌帝奇其文召拜郎中桓帝延熹九年卒年八十八所著賦頌碑誄書記表奏七言琴歌對策遺令凡二十一篇

崔琦字子瑋涿郡人少游學京師以文章博通稱舉孝廉梁冀聞其清與交琦作外戚箴以戒之琦以言不從失意復作白鵠賦以爲風後爲冀殺之所著賦頌銘誄箴弔論九咨七言凡十五篇

王逸字叔師順帝時爲侍中著賦誄書論及雜文凡二十一篇又作漢詩凡一百二十三篇

王延壽字文考逸之子也有儁才少游魯國作靈先殿賦後蔡邕亦造此賦未成及見延壽所爲甚奇之遂輟翰而已曾有異夢意惡之乃作夢賦以自勵後溺水死

邊讓字文禮陳留人少辯博能屬文作章華賦雖多淫麗之辭而終之以正亦如相如之諷也位至九江太守

邊韶字孝先陳留人以文學知名爲陳相卒於官著詩頌碑銘書策五十篇

趙壹恃才倨傲屢抵罪幾致死友人救得免壹乃貽

書謝恩及爲窮鳥賦又作刺世疾邪賦著賦頌箴誄書及雜文十六篇壹十辟公府並不就終於家

張升字彥眞尉氏人爲外黃令著賦誄頌碑書凡十六篇

侯瑾字子瑜燉煌人州郡累召公車有道徵並稱疾不到作矯世論以譏刺當世而徙入山中覃思著述以莫知於世故作應時賓難以自寄餘所作雜文數十篇多亡矣西河人敬其才而不敢名之皆稱爲侯君

劉梁字曼山一名岑東平人少孤貧嘗疾世多利交

以邪曲相黨乃著破羣論時之覽者以爲仲尼作春秋亂世知志今此論之作俗士豈不愧心又作辨和同之論爲尚書郎累遷野王令未行病卒

蔡邕字伯喈陳留圉人少博學好辭章閒居翫古不交當世感東方客難及揚雄班固崔駰之徒設疑以自通乃斟酌羣言韙其是而矯其非作釋誨以戒勵後爲左中郎將邕著詩賦碑誄銘讚連珠箴弔論議獨斷勸學釋誨敘樂女訓篆埶祝文章表書記凡四百篇傳於世

仲長統字公理山陽人博涉書記贍於文辭後參丞相曹操軍事卒統友人東海繆襲嘗稱統文章足當西京董賈劉揚

楊修字德祖有俊才爲丞相曹公主簿所著賦頌碑讚詩哀辭表記書凡十五篇

禰衡字正平平原人少有才辯曹公送與劉表表及荊州士大夫先服其才名甚賓禮文章言議非衡不定表嘗與諸文人共草章奏並擇其才思時衡出還見之開省未周因毀以抵地表憮然爲駭衡乃從求筆札須臾立成辭義可觀表大悅益重之後復侮慢於表表恥不能容以江夏太守黃祖性急故送衡與

之祖亦善待焉衡爲作書記輕重疏密各得體宜祖持其手曰處士此正得祖意如祖腹中之所欲言也祖長子射爲章陵太守嘗大會賓客人有獻正武者黃祖舉巵於衡曰願先生賦之以娛嘉賓衡覽筆而作文無加點辭采甚麗後爲祖所殺

張超字子並河閒人留侯良之後有文才靈帝時從車騎將軍朱儁征黃巾爲別部司馬著賦頌碑文薦檄牋書謁文嘲凡十九篇

高彪字義方吳郡人除郎中較書東觀數奏賦頌奇文因事諷諫靈帝異之時京兆第五永爲督軍御

史使督幽州百官大會祖餞於長樂觀議郎蔡邕等皆賦詩彪乃獨作箴邕等甚美其文以爲莫尚也出爲内黄令卒於官文章多亡

張奂字然明酒泉人後爲弘農人爲太常以黨罪歸田里卒所著銘書教誡述志對策章表二十四篇

李固字子堅漢中人爲太尉所著章表奏議教令對策記銘凡十一篇

延篤字叔堅南陽人爲京兆尹以病免歸卒于家所著詩論銘書應訊表教令凡二十篇

應奉字世叔汝南人爲司隸較尉及黨事起奉乃慨

然以疾自退追愍屈原因以自傷著感騷三十篇數萬言

盧植字子幹涿郡人爲北中郎將免官隱於上谷卒所著碑誄表記凡六篇

陶丘洪字子休平原人清達博辯文冠當代辟太尉府卒

皇甫規字威明安定朝那人爲護羌較尉以疾卒所著賦銘碑讚禱文弔章表教令書檄牋記凡二十七篇

魏孔融字文舉曾國人爲少府所著詩頌碑文論議六言策文表檄教令書記凡二十五篇

王粲字仲宣山陽高平人爲太祖軍謀祭酒魏國建爲侍中粲善屬文舉筆便成無所改定時人嘗以爲宿構然正復精意覃思亦不能加也粲才旣高辯論應機鍾繇王朗等雖名爲魏卿相至於朝廷奏議皆閣筆不能措手著詩賦論議垂六十篇

徐幹字偉長北海人陳琳字孔璋廣陵人阮瑀字元瑜陳留人應瑒字德璉汝南人劉楨字公幹東平人幹爲司空軍謀祭酒掾屬五官將文學琳瑀爲司空軍謀祭酒管記室軍國書檄多琳瑀所作也琳徙門下督瑀爲倉曹掾屬瑒損並爲太祖丞相掾咸著文

賦數十篇魏文帝典論曰魏世文人曾國孔融廣陵陳琳山陽王粲北海徐幹陳留阮瑀汝陽應瑒東平劉楨斯七子者於學無所遺於辭無所假粲長於辭賦幹時有逸氣然非粲匹也如粲之初征登樓槐賦征思幹之玄猨漏巵圓扇橘賦雖張蔡不過也然於他文未能稱是琳瑀之章表書記今之儁也應瑒和而不壯劉楨壯而不密孔融體氣高妙有過人者然不能持論理不勝辭至于雜以嘲戲乃其所善揚班之儔也自潁川邯鄲淳繁欽陳留路粹沛國丁儀丁廙弘農楊修河内荀緯等亦有文采而不在此七人之列瑒弟璩璩子貞咸以文章顯

邯鄲淳一名竺字子叔潁川人博學有文章黃初中爲博士給事中作投壺千餘言奏之文帝以爲工賜帛千疋

繁欽字休伯以文才機辯少得名於汝潁欽旣長於

書記又善爲詩賦其所與太子書說喉轉意率皆巧
麗爲丞相主簿卒
夏侯會字雅權幼以才學見稱善屬文議終樂安太
守與陳郡太守任城孫該郎中令河東杜摯等並著
文賦頗傳於世
韋誕字仲將太僕端之子終光祿大夫有文才善屬
辭章
劉劭字孔才廣平人爲散騎常侍嘗作趙都賦明帝
美之詔劭作許都雒都賦時外興軍旅內營宮室劭
作二賦皆諷諫焉

衛覬字伯儒河東人少夙成以才學稱爲尚書凡所
撰述數十篇黄初中潘勗王象與覬並以文書顯
潘勗字元茂爲尚書左丞魏公九錫策命勗所作也
王象字羲伯黄初時爲散騎常侍初建安中與同郡
荀緯等俱爲魏太子所禮待及王粲陳琳阮瑀路粹
等亡後新出之中惟象才最高
吳質字季重濟陰人爲北中郎將以文才爲文帝所
善
應璩字休璉博學好屬文善爲書記曹爽秉政多違
法度璩爲詩以諷焉其言雖頗諧合多切時要世共
傳之終於侍中
周不疑年十七著文選論四首
嚴苞黄初中以高才入爲祕書丞數奏文賦文帝異
之
夏侯玄字太初爲太常玄嘗著樂毅張良及本無肉
刑論辭旨通遠咸傳於世
何晏字平叔爲尚書晏少以才秀知名作道德論及
諸文賦著述凡數十篇
袁亮貞固有學行疾何晏鄧颺等著論以譏刺之位
至尚書

劉盛有文藻又善言名理諸所論著並傳於世
鍾會字士季爲中書侍郎時司馬景王命中書令虞
松作表再呈不可意命松更定以經時松思竭不能
改心存之形於顔色會察其有憂問松所能松以實
答會取視爲定五字松悅服以呈王王曰不當爾邪
誰所定也松曰鍾會向亦欲啟之會公見不敢饕其
能王曰如此可大用可令來
蜀諸葛亮字孔明爲丞相亮言教書奏多可觀別爲
一集
楊戲字文然犍爲人爲射聲校尉以後主延熙四年

著季漢輔臣贊其所頌述今多載於蜀書

呂雅爲謁者清厲有文才著格論十五篇

郤正字令先河南人弱冠能屬文爲祕書郎性澹於榮利而尤耽意文章自司馬王揚班傅張蔡之儔遺文篇賦及當世美書善論益部有者則鑽鑿推求略皆寓目自在内職三十年官不過六百石依則先儒假文以見意號曰釋譏其文繼於崔駰達旨景耀六年後主從譙周之計遣使請降於鄧艾其書正所造也凡所著述詩論賦之屬垂百篇

秦宓字子勑廣漢人少有才學爲大司農卒宓見帝系之文五帝皆同一族宓辯其不然之本論皇帝王霸養龍之説甚有通理譙允南少時數往諮訪記錄其言於春秋然否論

譙周字允南巴西人爲中散大夫太子令家于時軍旅數出百姓彫瘁周與尚書令陳祇論其利害退而書之謂之仇國論

陳術字申伯漢中人博學多聞著釋論七篇歷三郡太守

吴張紘字子綱廣陵人爲大帝長史見柟榴枕愛其文爲作賦陳琳在此見之以示人曰此吾鄉里張子綱所作也後紘見陳琳作武庫賦應譏論與琳書深歎美之琳答曰自僕在河北與天下隔此間率少於文章易爲雄霸故使僕受此過差之譚非其實也今景興（魏王朗字景興）在此足下與子布（吴張昭字子布）在彼所謂小巫見大巫神氣盡矣紘著詩賦銘誄十餘篇

胡綜字偉則汝南固始人也爲建武中郎將黄武八年夏黄龍見舉口於是大帝稱尊號因瑞改元又作黄龍大牙樹在中軍諸軍進退視其所向命綜作賦後爲偏將軍凡自大帝統事諸爲文誥策命鄰國書符略皆綜之所造也

薛綜字敬宗沛郡人少善屬文有秀才爲太子少傅領選曹尚書赤烏六年卒凡所著詩賦難論數萬言名曰私載子瑩建衡中爲選部尚書領太子少傅後主追歎綜遺文且命瑩繼作瑩遂獻詩

張昭字子布彭城人少好學時汝南主簿應劭議宜爲舊君諱論者互有異同著論州里才士陳琳等皆稱善之

嚴畯字曼才彭城人少耽學爲尚書令卒畯著孝經傳潮水論又與裴玄張承論管仲季路皆傳於世

孫丞好學有文章作螢火賦行於世

范慎字孝敬廣陵人爲太子登賓客著論二十篇名日矯非後爲太尉終
韋曜字弘嗣吳郡人少好學能屬文爲太子中庶子時蔡穎亦在東宮性好博奕太子和以爲無益命曜論之

巡按福建監察御史臣李嗣京　訂正

知閩縣事臣曹㳂臣叅閲

知建陽縣事臣黄國琦較釋

總錄部

文章第二

晉阮籍字嗣宗陳留尉氏人在魏爲部兵校尉會文帝讓九錫公卿將勸進使籍爲其辭籍沉醉忘作臨詣府使取之見籍方據按醉眠使者告籍便書按使寫之無所改竄辭甚清壯爲時所重籍嘗登廣武觀

楚漢戰處歎曰時無英雄使豎子成名登武牢山望京邑而嘆於是賦豪傑詩陳留王景元四年卒嗣宗能屬文初不留思作詠懷詩八十餘篇爲世所重著達莊論敘無爲之貴文多不録籍嘗於蘇門山遇孫登遂著大人先生傳

嵇康字叔夜譙人爲中散大夫著養生論君子無私論康能屬文撰上古以來高士爲之傳贊欲友其人於千載也又作太師箴亦足以明帝王之道焉復作聲無哀樂論甚有條理康所著諸文論六七萬言皆爲世所玩

何劭字敬祖爲僕射遷司徒劭博學善屬文撰荀粲王弼傳及諸奏議文章並行於世

張華字茂先范陽人學業優博辭藻温麗初未知名著鷦鷯賦以自寄陳留阮籍見之歎曰王佐之才也後爲尚書當時詔誥皆所草定惠帝時爲侍中中書監華懼后族之盛作女史箴以爲諷華所著文章並行於世

傅玄字休奕北地人善屬文爲司隸校尉卒文集百餘卷行於世

傅咸字長虞玄子爲司隸校尉好屬文論雖綺麗不

足而言成規鑒潁川庾純嘗歎曰長虞之文近乎詩人之作矣

傅祗字子莊咸從父弟也後爲司徒著文章駁論十餘萬言

傅暢祗子也爲秘書丞作晉諸公叙讚二十二卷又爲公卿故事九卷

樂廣字彦輔南陽人爲太子中庶子遷侍中河南尹廣善清言而不長於筆將讓尹請潘岳爲表岳曰當得君意廣乃作二百句語述已之志岳因取次比便成名筆時人咸云若廣不假岳之筆岳不取廣之旨

無以成斯美也

索靖字幼安燉煌人爲游擊將軍領雍秦凉義兵與賊戰被傷卒撰晉詩二十卷

華譚字令思廣陵人爲鄄城令過濮水作莊子贊以示功曹而廷掾張延爲答教其文甚美

向秀字子期與嵇康爲竹林之游又共呂安灌園於山陽康被誅秀應本郡計入雒秀自此行作思舊賦後爲散騎常侍卒

阮修字宣子性簡任不修人事所著述甚寡嘗作大鵬贊後爲太子洗馬

應貞字吉甫少以才聞魏正始中夏侯玄盛有名勢貞在玄坐作五言詩玄嘉玩之武帝踐祚爲給事中帝於華林園宴射貞賦詩最美後遷散騎常侍卒文集行於世

庾敳字子高爲陳畱相數見王室多難終知嬰禍乃著意賦以豁情猶賈誼之服鳥也

劉寔字子貞爲吏部郎參文帝相國軍事以多進趣廉遜道缺乃著崇讓論以矯之

潘岳字安仁滎陽中牟人少以才穎見稱辟太尉府舉秀才泰始中武帝躬耕藉田岳作賦以美其事後爲長安令作西征賦述所經人物山水文清意詣累遷黃門侍郎既仕宦不達乃作閑居賦以歌事遂情焉岳辭藻絶麗尤善爲哀誄之文

皇甫謐字士安安定人沈靜寡欲以著述爲務自號玄晏先生著禮樂聖真之論其後鄉人勸令應辟命謐爲釋勸論以通志焉武帝咸寧初詔以爲太子中庶子又徵爲議郎召補著作郎並不應太康三年卒所著詩賦誄頌論難甚多並重於世

摯虞字仲治京兆長安人少事皇甫謐才學通博著述不倦郡檄主簿虞嘗以死生有命富貴在天天之

所祐者義也人之所助者信也履信思順所以延福違此而行所以速禍然道長世短禍福舛錯怵迫之徒不知所守蕩而積忿或迷或放故借之以身假之以事先陳處世不遇之難遂棄彝倫輕舉遠遊以極常人罔惑之情而後引之以正反之以義推神明之應於視聽之表重否泰之運於智力之外以明夫仕命之不可違故作思遊賦舉賢良爲太子舍人除聞喜令時天子留心政道又吳寇新平天下乂安虞上太康頌以美晉德後爲太常卿性愛士人有表薦者常爲其辭

王蔚河東猗氏人世修儒史之學魏中領軍曹羲作
至公論蔚善之而著至機論辭義甚美官至夏陽侯
相
王接字祖游蔚子也爲龐汾公相國尚書令王堪總
行臺上請接補尚書殿中郎未至卒所著雜論議詩
賦碑頌駁難十餘萬言喪亂盡失
束皙字廣微陽平人性沉退不慕榮利作玄居倪以
擬客難後爲尚書郎卒所著補亡詩文集數十篇行
於世云
盧欽字子若范陽人爲尚書僕射領吏部卒所著詩

賦論難數十篇名曰小道子
華嶠字叔駿才學深博爲秘書監加散騎常侍所著
論議難駁詩賦之屬數十萬言
華暢嶠少子也有才思所著文章數萬言遭寇亂避
難荆州爲賊所害
孫盛字安國太原人爲秘書監給事中造詩賦論難
數十篇
孫楚字子荆太原中都人才藻卓絶爽邁不羣少所
推服惟雅敬同郡王濟初楚除婦服作詩以示濟濟
曰未知文生於情情生於文覽之悽然增伉儷之重

位至馮翊太守
孫綽字興公楚之子博學善屬文少居於會稽遊於
山水十有餘年乃作遂初賦以致其意綽絶重張衡
左思之賦每云三都二京五經之鼓吹也嘗作天台
山賦辭致甚工初成以示友人范榮期云卿試擲地
當作金石聲也榮期曰恐此金石非中宮商然每至
佳句輒云應是我輩語後爲廷尉卿領著作綽少以
文才推稱於時文士綽爲其冠溫王郗庾諸公之薨
必須爲碑文然後刊石焉
陸機字士衡吳郡人大司馬抗之少子士衡有異才

文章冠世伏膺儒術非禮不動抗卒領父兵爲牙門
將年二十而吳滅退居舊里閉門勤學積有十年以
孫氏在吳而祖父世爲將相有大勳於江表深慨後
主舉而棄之乃論大帝所以得後主所以亡又欲述
其祖父功業遂作辨亡二篇入雒累遷中書郎齊王
冏既矜功自伐受爵不讓機惡之作豪士賦以刺焉
又以聖王經國義有封建因採其遠指著五等論後
成都王穎表爲平原內史機天才秀逸辭藻宏麗張
華嘗謂之曰人之爲文常恨才少而子更患其多弟
雲嘗與書曰君苗見兄文輒欲燒其筆硯後葛洪著

書稱機雲猶玄圃之積玉無非夜光焉五河之吐流泉源如一焉其弘麗妍贍英銳漂逸亦一代之絶手其爲人所推服如此所著文章凡三百餘篇並行於世

陸雲字士龍士衡弟也清正有才理入雒累遷中書侍郎城都王穎表爲清河内史與士衡同遇害所著文章三百四十九篇又撰新書十篇並行於世

陸喜字恭仲士衡從父兄仕吳爲吏部尚書博學有才思嘗爲自叙曰余讀幽通思玄四愁而作娛賓九思又作西州清論傳於世

文立字廣休巴郡人爲衛尉卒所著章奏詩賦數十篇行於世

成公綏字子安少有俊才詞賦甚麗閑默自守不求聞達時有孝烏每集其廬舍綏爲有反哺之德以爲祥禽乃作賦美之又以賦者貴能分賦物理敷演無方天地之盛可以致思矣歷觀古人未之有賦豈獨以至麗無文難以辭贊不然何其闕哉遂爲天地賦又雅好音律嘗當暑承風而嘯泠然成曲因爲嘯賦張華推重綏每見其文歎服以爲絶倫薦之太常徵爲博士歷遷中書郎每與華受詔並爲詩賦年四十三卒所著賦雜筆十餘卷行於世

左思字太冲齊國人辭藻壯麗造齊都賦一年乃成復欲賦三都會妹芬入宮移家京師乃詣著作郎張載訪岷邛之事遂構思十年門庭藩溷皆著紙筆遇得一句即便疏之自以所見不博求爲秘書郎及賦成時人未之重思自以其作不讓班張恐以人廢言安定皇甫謐有高譽思造而示之謐稱善爲其賦序張載爲注魏都劉逵注吳蜀而序之陳留衛瓘又爲思賦作畧解自是之後盛重於時司空張華見而歎曰班張之流也使讀之者盡而有餘久而更新於是

豪貴之家競相傳寫雒陽爲之紙貴初陸機入雒欲爲此賦聞思作之撫掌而笑與弟雲書曰此間有傖父欲作三都賦須其成當以覆酒甕耳思賦出機絶歎伏以爲不能加也遂輟筆焉

鄒湛字潤甫南陽人爲少府卒所著論事議二十五首爲時所重

棗據字道彦潁川人善文辭爲太子中庶子卒所著詩賦論四十五首遇亂多亡失子腆字玄方爲襄城太守亦以文章顯腆弟嵩字臺產才藝尤美爲散騎常侍

張載字孟陽安平人父收蜀郡太守載性閑雅博學有文章太康初至蜀省父道經劒閣載以蜀人恃險好亂因著銘以作誡益州刺史張敏見而奇之乃表上其文武帝遣使鐫之於劒閣山又爲摧論及濛汜賦司隸校尉傅玄見而嗟嘆以車迎之言談盡日爲之延譽遂知名起家著作佐郎

張協字景陽載弟也少有儁才爲河間内史棄絶人事屏居草澤守道不競擬諸文士作七命世以爲工永嘉初徵爲黄門侍郎不就終於家

王沉字彦伯少有俊才出於寒素不能隨俗浮沉爲

時豪所抑仕郡文學掾鬱鬱不得志及作釋時論是時王政陵遲官才失實君子多退而窮處遂終於里閭惠帝元康初爲松滋令

吳郡蔡洪字叔開有才名作孤奮論與釋時意同讀之者莫不歎息焉

潘尼字正叔岳之從子少有清才與岳俱以文章見知性静退不競惟以勤學著述爲事著安身論以明所守元康初爲太子舍人上釋奠頌後爲著作郎爲乘輿箴

夏侯湛字孝若譙國人幼有盛才文章宏富善構新詞爲郎中累年不調乃作抵疑以自廣又作昆弟誥後爲散騎常侍卒著論三十餘篇别爲一家之言初湛作周詩成以示潘岳岳曰此文非徒温雅乃别見孝悌之性岳因此遂作家風詩

劉琨字越石中山人年二十六爲司隸從事時征虜將軍石崇河南金谷澗中有别廬冠絶時輩引致賓客日以賦詩琨預其間文詠頗爲當時所許後爲司空都督幷幽冀三州諸軍事

歐陽建字堅石爲馮翊太守爲孫秀所害時人莫不悼惜之臨命作詩文甚哀楚

江統字應元陳留人爲山陰令時關隴屢爲氐羌所擾孟觀西討自擒氐帥齊萬年統深惟四夷亂華宜杜其萌乃作徙戎論後爲愍懷太子洗馬及太子之廢徙葬統作誄叙哀爲世所重後爲散騎常侍領國子博士卒凡所造賦頌表奏皆傳於世

江逌字道載陳留人爲太常病卒著阮籍序贊逸士箴及詩賦奏議數十篇行於世

李賜字宗石犍爲人少能屬文嘗爲玄鳥賦詞甚美州辟别駕舉秀才未行而終

李興字儁石賜弟也亦有文才爲鎮南將軍劉弘參

軍弘立諸葛孔明羊叔子碑使興爲之文甚有辭理

范堅字子常博學善屬文懷帝永嘉中避亂江東拜著作郎堅子啓終於黃門侍郎父子並有文筆傳於世

郭象字子玄少有才理嘗閑居以文論自娛後爲太傅主簿永嘉末病卒著碑論十二篇

張翰字季鷹吳郡人有清才善屬文爲齊王大司馬東曹掾翰因見秋風起乃思吳中菰菜蓴羹鱸魚膾遂命駕而歸著首丘賦後卒其文筆數十篇行於世

郭璞字景純河東人好經術博學有高才而訥於言

論詞賦爲中興之冠著江賦其詞甚偉爲世所稱後復作南郊賦元帝見而嘉之以爲著作佐郎璞旣好卜筮搢紳多笑之又自以才高位卑乃著客傲後爲王敦記室參軍爲敦所害所作詩誄頌賦亦有數萬餘言

王鑒字茂宣高堂邑人也少以文筆著稱中興爲永興令大將軍王敦請爲記室參軍未就而卒時年四十一文集傳於世鑒弟濤及弟子鍼並有才筆

葛洪字稚川丹陽人少好學凡所著撰皆精覈是非而才章富贍初爲王導諮議參軍遷爲散騎常侍領大著作不就求爲句漏令至廣州止羅浮山在山積年優游閒養著述不輟所著碑誄詩賦百卷移檄章表三十卷洪傳聞深洽江左絕倫著述篇章富於班馬又晉陵內史張闓立曲阿新豐塘溉田毎歲豐稔洪爲其頌

庾闡字仲初潁川人爲散騎常侍領大著作出補零陵太守入湘川以弔賈誼徵爲給事中吳國內史虞潭爲太伯立碑闡製其文又作揚都賦爲世所重著詩賦銘頌十卷行於世

曹毗字輔佐譙國人少好文籍善屬辭賦郡察孝廉

除郎中蔡謨舉爲著作佐郎後爲太學博士時桂陽張碩爲神女杜蘭香所降毗因以二篇詩嘲之幷續蘭香歌詩十篇甚有文彩又著揚都賦亞於庾闡累遷尚書郎鎭東大將軍從事中郎下邳太守以名位不至著對儒以自釋累遷至光祿勳卒凡所著文章十五卷傳於世

李充字弘度江夏人爲丞相王導記室參軍充幼好刑名之學深抑虛浮之士嘗著學箴爲中書侍郎爲釋莊論上下二篇詩賦表頌等雜文二百四十首行於世

顧愷之字長康晉陵人博學有才氣嘗爲箏賦成謂人曰吾賦之比嵇康琴不賞者必以後出相遺深識者亦當以高奇爲貴爲散騎常侍卒於官所著文集及啓蒙記行於世

虞預字叔寧徵士喜之弟也少好學有文章爲散騎常侍領著作卒於家所著詩賦碑誄論數十篇

虞溥字允源高平人爲鄱陽内史著文章詩賦數十篇卒於雒

謝沉字行思山陰人爲著作郎卒所著述及詩賦文論皆行於世其才學在虞預之右

紀瞻字思遠丹陽人元帝時爲驃騎將軍散騎常侍瞻才兼文武好讀書凡所著述詩賦牋表數十篇

嵇含字君道紹從子也好學能屬文爲郎中時弘農王粹以貴公子尚主館宇甚盛圖莊周於室廣集朝士使含爲之讚含援筆爲弔文文不加點

袁喬字彥叔陳郡人爲江夏相龍驤將軍喬博學有文才諸文筆皆行於世

楊方字公回少好學有異才初爲郡令少威儀鄉邑未之知内史諸葛恢見而器之恢嘗遣方爲文薦郡功曹主簿虞預稱美之送以示賀循報書曰此子開拔有志意只言異於凡猥耳不圖偉才如此其文甚有奇分若出其胷臆乃是一國所推豈但牧豎中逸羣邪後爲司徒參軍事出爲高梁太守著文筆皆行於世

王廙字世將丞相導從弟廙少能屬文元帝鎮江左爲寧遠將軍荆州刺史及帝卽位奏中興頌

張伉字季陽協弟也中興初散騎常侍領佐著作郎述歷贊一篇

謝萬字萬石安弟也工言論善屬文叙漁父屈原季主賈誼楚老龔勝孫登嵇康四隱四顯爲八賢論

蔡謨字道明陳留人爲司徒卒所著文筆論議有集行於世

王坦之字文度湛曾孫也爲侍中領左衛將軍坦之有風格尤非時俗放蕩不敦儒教頗尚刑名學著廢莊論坦之又嘗與殷康子書論公謙之義康子及袁宏並有疑難坦之標章摘句一一申而釋之莫不厭服

孔嚴著通葛論王坦之與書贊美之位至吳興太守

韓伯字康伯頴川人爲侍中王坦之嘗著公謙論袁宏作論以難之伯覽而美其詞旨以爲是非既辨誰

與正之遂作辨謙論以
何琦字萬倫司空充之從兄也嘗以述作爲事著三國評譔凡所撰錄百許篇皆行於世歷宣城涇縣令
王羲之字少逸司徒導之從子爲右軍會稽内史嘗與同志宴集於會稽山陰之蘭亭羲之自爲之序以伸其志或以潘岳金谷詩序方其文羲之比於石崇羲之聞而甚喜
王珣字元琳導孫也爲左僕射領太子詹事珣夢人以大筆如椽與之既語人曰此當有大手筆事俄而孝武帝哀冊謚議皆珣所草

桓祕字穆子溫弟也爲中領軍免官後起爲散騎常侍不應朝命與謝安書及詩十篇辭理可觀其文多引簡文帝之眄遇
謝安字安石爲吏部尚書中護軍作簡文帝謚議桓溫嘗以示坐賓曰此謝安石碎金也
袁宏字彥伯侍中猷之孫也父勗臨汝令宏有逸才文章絕美曾爲詠史詩是其風情所寄少孤貧以運租自業謝尚時鎮牛渚秋夜乘月率爾與左右微服泛江會宏在舫中諷詠聲既清會辭又藻拔遂駐聽久之遣問焉答云是袁臨汝郎誦詩卽其詠史之作也累遷大司馬桓溫府記室溫重其文華專綜書記後爲東征賦賦末列稱過江諸名德而獨不載桓彝時伏滔先在溫府又與宏善苦諫之宏笑而不答溫知之甚忿而憚宏一時文宗不欲令人顯問後游青山飲歸命宏同載衆爲之懼行數里問宏云聞君作東征賦多稱先賢何故不及家君宏曰尊公稱謂非下官敢專既未遑啓不敢顯之耳溫疑不實乃曰君顯欲爲何辭宏答云風鑒散朗或搜或引身雖可亡道不可隕宣城之節信義爲允溫泫然而止宏賦又不及陶侃侃子胡奴嘗於曲室抽刃問宏曰家公勳

跡如此君賦云何相忽宏窘迫答曰我已盛述尊公何乃言無因曰精金百汰在割能斷功以濟時職思靜亂長沙之勳爲史所贊胡奴乃止後爲三國名臣頌又從桓溫北征作北征賦皆其文之高者嘗與王珣伏滔同在桓溫坐溫令滔讀之至聞所傳於相傳云獲麟於此野誕靈物以瑞德奚授體於虞者疾尼父之洞泣似實慟而非假豈一性之足傷乃至傷於天下其本至此便改韻珣云此賦方傳千載無容率爾今於天下之後移韻徙事然寫送之致似爲未盡滔云得益寫韻一句或爲小勝溫曰卿思益之宏應

聲答曰感不絶於余心愬流風而獨寫珣誦味久之謂滔曰當今文章之美故當共推此生後自吏部郎出爲東陽郡宏見漢時傳毅作顯宗頌辭甚典雅乃作頌九章頌簡文之德上之於孝武卒於東陽有詩賦誄表等雜文凡三百首傳於世

伏滔字玄度平昌人爲大司馬桓温參軍從桓伐袁眞至壽陽以淮南屢叛著論二篇名曰正淮

殷仲文少有文藻爲東陽太守仲文善屬文爲世所重謝靈運嘗云若殷仲文讀書半袁豹則文才不減班固言其文多而見書少也

宋陶潛字淵明或云淵明字元亮潯陽人少有高趣嘗著五柳先生傳後爲彭澤令解印綬賦歸去來與子書以言其志并爲訓誡又爲命子詩

王誕字茂世瑯琊人也少有才藻從叔尚書令珣爲晉孝武哀策文久而未就謂誕曰猶少序節物一句因出本示誕攬筆便益之接其秋冬代變後云霜繁廣除風迴高殿珣嗟歎清拔因而用之後終吳國内史

王曇首瑯琊人太保弘少弟也爲瑯琊王大司馬屬從高祖至彭城大會戲馬臺上與坐者皆賦詩曇首文先成高祖覽讀因問弘曰卿弟何如卿弘答曰若但如下官門戶何寄高祖大笑

沈林子字敬士爲高祖西中郎中兵參軍輔國將軍卒林子所作賦讃三言歳祭文樂府表牋書記論老子一百二[illegible]首太祖後讀林子書集歎息曰此人作公廐繼[illegible]太保（太保王弘也）

謝瞻字通遠陳郡人善於文章辭采之美與族叔混弟靈運相抗位至司空長史黄門郎

范泰字伯倫順陽人爲侍中左光祿大夫國子祭酒博覽篇籍好爲文章有文集傳於世

謝靈運陳郡人少好學博覽羣書文章之美江左莫逮從叔混特加愛之爲世子中軍諮議黄門侍郎奉使慰勞高祖於彭城作撰征賦後爲永嘉太守所至輙爲詩詠以致其意焉在郡一周稱疾去職營別業於會稽每有一首詩至都邑貴賤莫不競寫宿昔之間士庶皆徧遠近欽慕名動京師作山居賦并自注以言其事又爲臨川内史以叛逸徙廣州棄市所著文章傳於世靈運詩書皆兼獨絶每文竟手自寫之文帝稱爲二寶既自以名輩應參時政至是雖以文義見接每侍帝宴談賞而已

顔延之字延年瑯邪人也少孤貧居負郭室巷甚陋好讀書無所不覽文章之美冠絶當時爲豫章公世子中軍行參軍晉安帝義熈中宋祖北伐遂有宋公之授府遣一使慶殊命參起居延之與同府王參軍俱奉使至雒陽道中作詩二首文辭藻麗爲謝晦傳亮所賞後爲始安太守延之之郡道經湘潭爲湘州刺史張紀祭屈原文以致其意後入爲太子中庶子領步兵校尉後出爲永嘉太守乃作五君詠劉湛以其辭旨不遜大怒以光祿勳車仲遠代之延之屏居里巷不豫人間者七年閒居無事作庭誥之文後爲

光祿大夫延之與陳郡謝靈運俱以詞彩齊名而遲速懸絶文帝嘗各勅擬樂府北上篇延之受詔便成靈運久之乃就延之嘗問鮑昭已與靈運優劣昭曰謝五言如初發芙蓉自然可愛君詩若鋪錦列繡亦彫繢滿眼延之每薄湯慧休詩謂人曰慧休制作委巷中歌謡耳方當誤後生事是時議者以延之靈運自潘岳陸機之後文士莫及江右稱潘陸江左稱顔謝焉

何承天東海郯人儒史百家莫不該覽爲御史中丞時元魏侵邊文帝訪羣臣威戎御遠之畧承天撰安邊論遂遷廷尉未拜坐事免官卒所著文並並行於世

何尚之字彦德廬江人爲尚書令領太子詹事元嘉二十九年致仕於方山著退居賦以明所守

王韶之字休泰瑯邪人好史籍博涉多聞爲黄門侍郎領著作郎領西省事凡諸詔奏皆其辭也後爲祠部尚書領給事中守七廟歌辭韶之制也有文集行於世

江邃字玄遠濟陽人頗有文義官至司徒記室參軍撰文釋傳於世

袁淑字陽源陳郡人博涉多通好屬文辭彩遒艷爲太子左衛率爲元凶所害有文集傳於世

顧愿字子恭覬之弟子也好學有文辭覬之嘗以秉命有定分非智力所移惟應恭已守道信天任運而闇者不達妄求僥倖徒虧雅道無關得喪乃以其意命愿著定命論愿終於太子舍人

謝惠連陳郡人爲彭城王義康法曹參軍是時義康治東府城城塹中得古冢爲之改葬使惠連爲祭文留信待成其文甚美又爲雪賦亦以高麗見奇文章並傳於世蚤卒

鮑昭字明遠東海人文辭贍逸嘗爲古樂府文甚遒
麗元嘉中河濟俱清當時以爲美瑞昭爲河清頌其
序甚工昭嘗謁臨川王義慶未見知上詩言志義慶
奇之後爲中書舍人文爲臨海王子項前軍參軍掌
書記之任
王素字休業瑯琊人愛好文義不以人俗累懷累被
徵辟不就聲譽甚高因山中蛩蟲聲清長聽之使人
不厭而其形甚醜素乃爲蛩賦以自況
齊劉繪魏使來繪以辭辯勅接魏使事畢當撰語辭
繪謂人曰無論潤色未易但得我語亦難矣繪能書

善飛白
王融字元長瑯琊人少而神明警慧博涉有文才爲
中書郎永明九年武帝幸芳林園禊宴使融爲曲水
詩序文藻富麗當世稱之豫章王嶷帝哀痛特至蘵
食積旬大官朝送祭奠勅融爲銘云半岳摧峰中河
墜月帝流涕曰此正吾所欲言也融文辭辯捷尤善
綴屬有所造作援筆可待爲東昏所誅文集行於世

冊府元龜

冊府元龜

巡按福建監察御史臣李嗣京　訂正
知甌寧縣事臣孫以敬參閱
知建陽縣事臣黃國琦較釋

總錄部

文章第三

梁謝朏莊第二子初任齊爲吳興太守世祖嘗問王儉當今誰能爲五言詩儉對曰謝朏得父膏腴

江淹有所著文章並行於世位至金紫光祿大夫

謝瀹朏弟也爲侍中世祖起禪靈寺勅瀹撰碑文

柳惔好學雅善製文初預齊武烽火樓宴帝善其詩謂豫章王嶷曰惔非徒風韻清爽亦屬文遒麗惔著仁政傳及諸詩賦粗有辭義位至尚書左僕射

沈約博通墳集能屬文謝玄暉善爲詩任彥昇工於筆約兼而有之然不能過也立宅東田矚望郊阜嘗爲郊居賦以見意著文章志三十卷文集一百卷以爲在昔詞人累千載而不悟而獨得胷襟窮其妙趣自諸入神之作高祖雅不好焉位至左光祿大夫侍中

任昉雅善屬文尤長於筆才思無窮當世王公表奏莫不請焉昉起草即成不加點竄沈約一代詞宗深所推挹梁臺建禪讓文誥多昉所具也所著文章三十三卷數十萬言盛行於世位至寧朔將軍新安太守

范雲善屬文位至尚書右僕射有集三十卷

庾肩吾八歲能賦詩時爲兄於陵所友愛文集行於世位至度支尚書

周興嗣高祖革命興嗣奏休平賦其文甚美高祖嘉之爲散騎侍郎集直文德壽光省是時高祖以三橋舊宅爲光澤寺勅興嗣與陸倕各製寺碑及成俱奏

高祖用興嗣所製者自是銅表銘柵塘碣北伐檄次韻王羲之書千字並使興嗣爲文每奏高祖輒稱善加賜金帛

吳均字叔庠吳興故鄣人也家世寒賤至均好學有俊才沈約嘗見均文頗賞愛之均文體清拔有古氣好事者或效之謂爲吳體建安王偉鎮揚州引爲記室

袁峻天監初爲鄱陽王參軍高祖雅好辭賦時獻文於南闕者相望其藻麗可觀或見賞擢峻乃擬揚雄官箴奏之高祖嘉焉賜束帛除員外散騎侍郎直文

德學士省又奉勅與陸倕各製新闕銘
高爽於齊永明中贈衛軍王儉詩爲儉所賞及領丹陽尹舉爽郡孝廉天監初爲晉陽令坐事繫治作鑊魚賦以自況其文甚工後遇赦獲免頃之卒先是濟陽江洪會稽虞騫與爽竝工屬文洪爲建陽令坐事死騫官至王國侍郎竝有文集
柳惲天監初爲相國長史兼侍中以貴公子早有令名少工篇什始爲詩日亭皋木葉下隴首秋雲飛瑯琊王元長見而嗟賞因書齋壁高祖曲宴必被詔賦詩嘗奉和高祖登景陽樓中篇云太液滄波起長楊宮

樹秋翠華承漢遠雕輦逐風游深爲高祖所美
陸倕少勤學善屬文文集二十卷行於世官至太常卿
到洽天監中爲國子博士奉勅撰太學碑
張纘爲湘州刺史述職經途乃作南征賦四千餘言著鴻寶一百卷文集二十卷
傅昳泛涉記傳有文才以篇什自命少時與劉繪蕭琛友善繪之爲南康相昳時爲府丞文教多令具草
王筠爲殿中郎爲文能壓彊韻每公宴竝作詞必研美尚書令沈約深所推獎嘗啓高祖曰晚來名家唯見王筠獨步約於郊居宅造閣齋筠爲草木十詠書之於壁皆直寫文詞不加篇題約謂人云此詩指物呈形無假題署約製郊居賦搆思積時猶未都畢乃要筠示其草筠讀至雌霓五激切連蜷約撫掌欣抃曰僕嘗恐人呼爲霓五雞切次至墜石磓星及冰懸埳而帶坻筠皆擊節稱讚約曰知音者希眞賞殆絕可以相要正在此數句耳筠又嘗爲詩呈約即報書云覽所示詩實爲麗則聲和被紙光影盈字夔牙接響顧有餘慚孔翠羣翔豈不多愧古情拙目每佇新奇爛然總至權輿已盡會昌昭發蘭揮玉振克諧之義寧

止筆資思力所該一至於此歎服吟研周流忘念昔時幼壯頗愛斯文含咀之間倏焉疲暮不及後進誠非一人擅美推能實歸吾子遲比閑日清覯乃申爲中書郎奏勅製開善寺寶誌大師碑文辭甚麗逸又勅撰中書表奏三十卷及所上賦頌都爲一集昭明太子薨勅爲哀策文復見嗟賞筠終光祿大夫司徒左長史筠自撰其文章以一官爲一集自洗馬中書中庶吏部佐臨海太府各十卷尚書三十卷凡一百卷行於世
鮑行卿以博學大才稱位後軍臨川王錄事兼中書

舍人遷步兵較尉上玉璧銘武帝發詔褒之嘗好韻語及拜步兵較尉面謝帝曰作舍人不免貧得五較實大尉倒皆如此有集二十卷撰皇室儀十三卷乘輿龍輿記三卷

王僧孺少篤志精力於書無所不覩其文麗逸多用新事人所未見者世重其富爲御史中丞高祖製春景明志詩五百字勑在朝之人沈約以下同作高祖以僧孺詩爲最遷少府卿

張率少好屬文而七畧及藝文志所載詩賦今亡其文者竝補作之所著文衡十五卷文集三十卷有虞

訥者見而誠之率乃一旦焚毀更爲詩示焉託云沈約訥便句句嗟稱無字不善率曰此吾作也訥慙而退率爲司徒椽直文德省作待詔賦奏之甚見稱賞高祖手勑答曰省賦殊佳相如工而不敏枚皐速而不工卿可謂兼二子於金馬矣又待宴賦詩高祖乃別賜率詩曰東南有才子故能服官政余雖慙古昔得人今爲盛率奉勑往返數首

謝覽天監初爲中書侍郎掌吏部事頃之即眞覽爲人美風神善辭令高祖深器之嘗侍座受勑與侍中王暕爲詩答贈其文甚工高祖善之仍使重作復合旨乃賜詩云雙文既後進二少實名家豈伊爾棟隆信乃俱國華

莊苹舉秀才累遷度支尚書有文集二十卷行於世子行敏好學有才俊官至通直郎早卒有集五卷子從簡少有文情年十七作採荷調以刺何敬容爲當時所賞官至司徒從事郎中

劉孝綽爲秘書監辭藻爲後進所宗世重其文每作一篇朝成暮遍好事者咸誦傳寫流聞絕域文集數十萬言行於世孝威孝儀皆其弟孝威爲太子中舍人庶子率更令掌館記大通九年白雀集東宮孝威

上頌其辭甚美孝儀幼孤與兄弟相勵勤學並工屬文兄孝綽嘗曰三筆六詩三即孝儀六即孝威孝儀爲尚書殿中郎勑令製雍州平等金像碑文甚宏麗有文集二十卷行於世

王規爲太子洗馬天監十二年改構太極殿功畢規獻新殿賦其辭甚工

蕭介少穎悟有器識博涉經史兼善屬文位至都官尚書

蕭洽字宏稱功敏悟及長好學博涉亦善屬文高祖令製同泰大愛敬二寺刹下銘其文甚美又勑撰當

塗堰碑辭亦贍麗集二十卷行於世官至司徒左長史

康幾字德玄齊曲江公遥欣之子湘州刺史楊公則是曲江之故吏也每見幾謂人曰康公此子謂桓靈寶復出（靈寶桓玄小字）及公則卒幾爲之誄時年十五沈約見而奇之謂其舅蔡樽曰昨見賢甥楊平南誄文不減希逸之作始驗康公積善之慶終新安太守

江子一爲中書侍郎卒有文筆數十篇行於世

何遜弱冠州舉秀才南鄉范雲見其對策大相稱賞因結忘年交好自是一文一詠雲輒嗟賞謂所親曰

頃觀文人質則過儒麗則傷俗其能含清濁中今古見之何生矣沈約亦愛其文嘗謂遜曰吾每讀卿詩一日三復猶不能已其爲名流所稱如此後爲仁威廬陵王記室復隨江州未幾卒東海王僧孺集其文爲八卷初遜文章與劉孝綽並見稱於世世謂之何劉世祖著論論之云詩多而能者沈約少而能者謝朓時有會稽虞騫工爲五言詩名與遜相埒官至王國侍郎其後又有會稽孔翁歸濟陽江避並爲南平王大司馬府記室翁歸亦工爲詩避博學有思理二人並有文集

補修善尺牘頗解文章初爲湘東王國侍郎

謝蔺累遷外兵記室參軍時甘露降士林館蔺獻頌高祖嘉之因有詔使製北兗州刺史蕭楷德政碑又奉令製宣成王奉述中庸頌所製詩賦碑頌凡數十篇

謝幾卿好學博涉有文彩起家豫章王國常侍

陸雲公好學有才思先製太伯廟碑吳興太守張纘罷郡經途讀其文歎曰今之蔡伯喈也纘至都掌選言之於高祖召兼尚書儀曹郎

王籍好學博涉有才氣樂安任昉見而奇之嘗於沈

約坐賦得詠燭甚爲約賞後爲湘東王諮議參軍隨府會稽郡境有雲門天柱山籍嘗遊之或累月不反至若邪溪賦詩有云蟬噪林逾靜鳥鳴山更幽當時以爲文外獨絕爲詩慕謝靈運至其合也殆無愧色時人咸謂康樂之有王籍如仲尼之有丘明老聃之有嚴周

何思澄爲安成王參軍兼記室隨府江州游廬山詩沈約見之大相稱賀自以爲弗逮遊居郊宅新構閣齋因命工書人題此詩於壁傳昭嘗請思澄製釋奠辭辭文典麗思澄子助嘗爲敗冢賦擬莊周馬捶其

文甚工世人記曰人中奕奕何子朗終國山令
劉杳工屬文沈約郊居宅新構閣齋杳爲贊二首并
以所撰文章示約郎命工書人題其贊於壁仍報杳
書曰平生愛惜不在人中林壑之懽多與事奪日暮
塗殫此心往矣猶復少存閑遠徵懷淸曠拓宇東郊
匪云止息正復頗寄夙心時得休偃仲長游居之地
休延所述之美望慕空深何敢髣髴君愛素情多惠
以二贊辭采研富事義畢舉句韻之間光影相照便
以此地自然十倍故知麗辭之益其事弘多輒當置
之閤上坐臥嗟覽別卷上篇並爲名製又山寺旣爲

警策贍覽從時復高奇解頤愈疾兼乎此美還此敘
會更共申析其爲約所賞如此若林廷賦王僧孺見
之歎曰郊居以後無復此作普通中遷尚書吏部郎
著儀曹僕射徐勉以臺閣文議專委焉
劉顯以五官掾兼吏部嘗爲上朝詩沈約美之約郊
居宅新成因令工書人題於壁
謝徵爲臨汝侯淵猷製放生文見賞於世大同二年
卒友人鄅琊王籍集其文爲二十卷終尚書左丞
臧嚴初爲安成王侍郎轉嘗侍從叔爲江夏郡擕嚴
之官於塗作屯游賦任昉見而稱之又作七算辭亦
富麗
伏挺有才思好屬文爲五言詩善效謝康樂體父友
樂安任昉相歎異嘗曰此子目下無雙著邇說十卷
文集二十卷
丘遲年八歲便能屬文高祖平京邑時引爲驃騎主
簿勸進梁王及殊禮皆遲文也遷中書侍郎高祖著
連珠詔羣臣繼作者數十人遲文最美所著詩賦行
於世遲辭采麗逸時有鍾嶸乃著詩評云范雲婉轉
淸便如流風迴雪遲點綴映媚似落花依草其見稱
如此

到溉爲建安太守任昉以詩贈之求二衫段云鐵錢
兩當一百易代名實爲患當及時無待涼秋日溉答
云余衣本百結閩中徒八蠶假令金如粟詎使廉夫
貪
劉昭勤學善屬文外兄江淹早稱賞起家奉朝請
諸葛璩舉秀才不就所著文章二十卷門人劉曒集
而錄之
劉之遴舉茂才爲太學博士中丞樂藹卽之遴舅憲
臺奏彈皆之遴草焉
朱异爲大學博士有文集百餘篇

司馬褧爲晉安王長史卒王命記室庾肩吾集其文爲十卷

蕭子顯好學屬文嘗著鴻序賦尚書令沈約見而稱曰可謂得其明道之高致蓋幽通之流也有文集二十卷終仁威將軍吳興太守

蕭子暉爲員外散騎侍郎嘗預重雲殿聽制講三慧經退爲講賦奏之甚見稱賞

到蓋左民尚書溉之孫早慧歷尚書殿中郎嘗從高祖幸京口登北顧樓賦詩蓋受詔便就帝覽以示溉曰蓋定是才子翻恐卿從來文章假手於蓋因賜溉

連珠曰研磨墨以騰文筆飛毫以書信如飛蛾之赴火豈焚身之可吝必耄年其已及可假之於少蓋

王訓爲侍中美容儀善進止文章之美爲後進領袖

劉苞字孝嘗少好學能屬文爲太子洗馬掌書記侍講壽光殿自高祖即位引後進文學之士苞及從兄孝綽從弟孺同郡到溉溉弟洽從弟沆吳郡陸倕張率並以文藻見知多預讌坐

庾於陵清警博學有才思爲荊州大中正卒有文集十卷

鍾嶸字仲偉衡陽王元簡出守會稽引嶸爲寧朔記室專掌文翰時居士何胤築室若邪山山發洪水漂拔樹石室獨存元簡命嶸作瑞室頌以旌表之辭甚典麗嶸嘗品古今五言詩論其優劣名爲詩評

劉峻字孝標安成王秀好峻學秀遷荊州引爲戶曹參軍後以疾去因遊東陽紫巖山築室居焉爲山棲志其文甚美高祖招文學之士有高才多被引進遷以不次峻率性而動不能隨衆沈浮高祖頗嫌之故不任用乃著知命論以寄其懷

劉勰字彥和撰文心雕龍五十篇語古今文也勰自重其文欲取定於沈約約取讀大重之謂爲深得文

理勰爲文長於佛理京師寺塔及名師碑誌必請勰制文終步兵校尉

庾仲容精專篤學爲黟縣令卒有文集二十卷行於世

任孝恭爲司文侍郎勅遣製建陵寺刹下銘又自撰高祖集序文並富麗自是專掌公家筆翰

蕭子範爲秘書監有文集三十卷二子滂確並少有文章簡文在東宮時嘗與郡王數諳蕭文士滂確亦預焉大寶初葬簡皇后使子範與張纘俱制哀策文簡文覽讀之曰今葬禮雖闕此文猶不滅於舊

後梁蔡太寶自宣帝爲岳陽王特署記室及卽位以
爲侍中尚書令太寶文辭贍速帝之章表書記敎令
詔冊竝太寶專掌之所著文集十卷行於世
傳准有文才善辭賦官至度支尚書所著文集二十
卷
范𥡴順陽人少機辯善屬文歷中書黄門侍郎尚書
右丞散騎常侍有文集十卷
沈君游吳興人博學有辭采位至散騎常侍天保十
二年卒有文集十卷
陳沈衆起家梁鎮衛南平王法曹參軍太子舍人武

帝製千字詩衆爲之注解與陳郡謝景同時召見于
文德殿帝令衆爲竹賦成奏帝善之尋除鎮南湘東
王參軍
何修之爲尚書左丞卒所著文章禮義百許篇
虞寄少聰敏及長好學善屬文性冲靜有棲遁之志
弱冠舉秀才對策高第起家梁宣城王國左常侍大
同中嘗驟雨殿前往往有雜色寶珠武帝觀之甚有
喜色寄因上瑞雨頌帝謂寄兄荔曰此頌典裁清拔
卿之士龍也將如何擢用寄聞之歎曰美盛德之形
容以申擊壤之情吾豈買名求仕者乎乃閉門稱疾
惟以書籍自娛
杜之偉幼精敏有逸才爲太學限內博士皇太子釋
奠於國學時樂府無孔子顏子登歌詞尚書參議令
之偉製其文令人傳習以爲故事劉陟等鈔撰羣書
各爲題目所撰富民政教二篇皆之偉序
虞荔美風儀博覽墳籍善屬文釋褐梁西中郎行參
軍尋署法曹外兵參軍兼丹陽詔獄正梁武帝於城
西置士林館荔乃制碑奏上帝命勒之於館仍用荔
爲士林學士
沈初明爲吳令侯景將宋子仙據吳興使召初明委

以書記之任初明固辭子仙怒命斬之或救獲免子
仙愛其才終逼之令掌書記及子仙爲王僧辯所敗
僧辯素聞其名於軍中購得之酬所獲者鐵錢十萬
自是羽檄軍事皆出於初明及簡文遇害四方岳牧
皆上表於江陵勸進僧辯令初明製表甚工當時莫
有逮者高祖南下與僧辯會於白茅灣登壇設盟初
明爲其文
徐陵八歲能屬文旣長博涉史籍縱横有才辯梁簡
文在東宮掌長春殿義記使陵爲序元帝遣使北齊
累求復命終留不遣乃致書於齊僕射楊遵彦遵彦

不報齊遂貞陽侯淵明爲梁嗣乃遣陵隨還太尉王僧辯初拒境不納淵明往復致書皆陵辭也入陳爲侍中太子少傅自有陳創業文檄軍書及受禪詔策皆陵所製而九錫尤美爲一代文宗亦不以此矜物未嘗詆訶作者其於後進文徒接引無倦世祖高宗之世國家有大手筆皆陵草之其文頗變舊體緝裁巧密多有新意每一文出手好事者已傳寫成誦遂被之華夷家藏其本後逢喪亂多散失存者僅三十卷

徐儉陵之子勤學有志操侯景亂陵使魏未反儉時

年二十一攜老幼避於江陵梁元帝聞名召爲尚書金部郎中嘗侍宴賦詩元帝嘆賞曰徐氏之子復有文焉

蔡景歷爲度支尚書景歷屬文不尚雕靡而長於敘事應機敏速爲當世所稱

姚察武帝永定初爲始興王府記室參軍吏部尚書徐陵領著作復引爲史佐致佐等表並請察製焉陵見歎曰吾弗逮也察每有製述多用新奇事恚著書白首不倦徐陵名高一代每見察製述尤所推重嘗謂子儉曰姚學士德學無前汝可師之也尚書令江總與察尤篤厚善每有製作必先以簡察然後施用總爲宮事時嘗製登宮城五百字詩當時副君及徐陵已下諸名賢並同此作徐公後謂江曰我所和第五十韻嘗入弟集內及江編次文章無復察所和本江述徐此意謂察曰高才碩學庶光拙文今須公所和五百字用偶徐僕射也察謙遜未付江曰若不得公此製僕詩亦須棄本復乖徐公所寄豈得見令兩失察不獲已乃寫本付之爲通人推挹例皆如此

顧見少孤貧好學有詞采初爲文帝記室參軍高祖永定二年幸大莊嚴寺其夜甘露降見獻甘露頌詞

義該典高祖大奇之

陸琰字温玉累遷始興王外兵參軍直嘉德殿學士文帝聽覽餘暇頗留心史籍以琰博學善占誦引置左右嘗使製刀銘琰援筆即成無所點竄世祖嗟賞久之賜衣一襲

傳縡在湘州王琳聞其名引爲記室琳敗隨琳將孫瑒還都時文帝使顏晃賜瑒雜物瑒託縡啟謝詞理優洽文無加點晃還言之文帝尋召爲撰史學士除司空府記室參軍

陰鏗幼聰慧五歲能誦數千言及長博涉史傳尤善

五言詩爲當時所重爲始興王府中錄事參軍文帝嘗宴羣臣賦詩徐陵言之於帝即日召鏗預宴使賦新成安樂宮鏗援筆便就帝甚嘆賞之

諸玠早有令譽先達多以才器許之及長美風儀善占對博學能屬文詞義典實不好麗靡玠所製章奏雜文二百餘篇皆切事理繇是見重於時位終御史中丞

陸琛少警俊文帝爲會稽太守琛年十八上善政頌甚有詞采繇此知名舉秀才赴京衡陽王王傅兼東宮管記

徐伯陽爲侯安都司空參軍宣帝大建初與中記室李爽記室張正見尚書郎賀徹學士阮卓黃門郎蕭詮三公郎王繇禮處士馬樞記室祖孫登比部賀循長史劉刪等爲文會之友後有蔡凝劉助陳暄孔範亦預焉皆一時之士也游宴賦詩遂勒成卷軸伯陽爲其集序盛傳於世伯陽爲新安王記室時鄱陽王爲江州刺史伯陽嘗奉使造焉王率府僚與伯陽登匡廬嶺置宴酒酣命筆賦雜韻二十伯陽與祖孫登共成王賜以奴婢及雜物皇太子幸太學詔新安王於辟雍發論語題仍命伯陽爲辟雍頌甚見嗟賞

陸瑜少篤學美詞藻爲東宮學士宣帝大建二年太子釋奠於太學宮臣並賦詩命瑜爲序文甚贍麗

謝貞爲南平王友加招遠將軍掌記室事府長史河南周確新除都官尚書請貞爲讓表後主覽而奇之嘗因宴席問確曰卿表自製邪確對曰臣表謝貞所作後主因勑舍人施文慶曰謝貞在王處未有祿秩可賜米百石

江揔好學能屬文於五言七言尤善然傷於浮艷故爲後主所愛幸多有艷篇有好事者相傳諷玩於今不絶至隋爲上開府卒於江都有文集三十卷行於

世

陸從典爲太子舍人後主賜僕射江揔并其父瓊詩揔命從典爲謝啓俄頃便就文華理暢揔甚異焉

蕭允爲鄱陽王長史王出鎮會稽允行經延陵季子廟設蘋藻之薦託爲異代之交爲詩以叙意詞理清典後主嘗問蔡徵曰卿世與蕭允相知此公志操何如徵曰其清虛玄遠殆不可測至於文章可得而言因誦允詩以對後主嗟賞久之其年拜光祿大夫

沈不害爲通直散騎兼尚書左丞不害治經術善屬文雖博綜墳典而家無卷軸每製文操筆立成曾無

舁簡僕射汝南周弘正嘗稱之曰沈生可謂意聖人乎著文集十四卷初不害爲衡陽王記室參軍兼嘉德殿學士表改定樂章文帝詔使製三朝樂歌八首合二十八曲行之樂府

張正見幼好學有才累遷通直散騎侍郎有集十四卷其五言詩尤善大行於世

江德操好學善屬文位終新渝令所著文章十五卷

庾持篤志好學尤善書記每屬辭好爲奇字有集十卷位終步兵校尉

後魏張彝好學有文才道武爲代王選彝爲左長史

從太子破賀納遂命羣官登勿居山游宴終日從官及諸部大人請聚石爲峰以記功德命彝爲文

鄧穎爲中書侍郎駕幸漢南高車莫弗庫若干率騎數萬餘驅鹿百萬詣行在所詔穎爲文銘於漢南以紀功德

袁躍字景騰博學有儁才爲員外散騎常侍將立明堂躍乃上議當時稱其博洽蠕蠕主阿那瓌之破來奔朝廷矜之送復其國旣而每使朝貢辭旨頗不盡禮躍爲朝臣書與瓌陳以禍福言詞甚美後遷太傅清河王懌文學懌之文表多出於躍

崔玄伯少有儁才因苻堅亂欲避地江南於泰山爲張願所獲本圖不遂乃作詩以自傷而不行於時蓋懼罪也及父浩誅中書侍郎高允受勑收浩家始見此詩允知其意允孫綽錄於允集玄伯位至天部大人玄伯自非朝廷文誥四方書檄初不染翰故世無遺文

封軌爲廷尉少卿沉謹好學博通經傳以務德慎言修身之本姦回讒佞世之巨害乃爲務德慎言遠佞防姦四戒文多不載

陸暐擬急就篇爲悟蒙章及七誘十醉章表數十篇

位至伏波將軍

高允作塞上公詩有混欣戚遺得喪之致爲太常卿上代都賦因以諷規亦二京之流也初允太武神䴥中與盧玄等俱被徵拜中書博士再遷中書令獻文初以昔歲同徵零落將盡感逝懷人作徵士頌蓋止於應命者其有命而不至則闕焉羣賢之行舉其梗槩

高和仁爲殿中侍御史少清簡有文才爲五言詩贈太尉屬盧仲宣仲宣深所歎重

李籍之性謹正粗涉文史爲大中大夫著忠誥一篇

文多不載

胡叟少聰慧好屬文旣善爲典雅之詞又工爲鄙俗之句初入長安京兆韋祖思召而見之侍叟不足叟拂衣而出至主人家賦韋杜二族一宿而成年十有八矣具述前載無違舊美敍中世有協時事而末及鄙瀆人皆奇其才與其筆世猶傳誦之以爲笑狎歸後爲武威將軍家於密雲被徵至謝恩并獻詩一篇文成時召叟及金城宗舒並使作檄劉駿蠕蠕之文舒劣於叟舒奔歸家

游雅爲秘書監文成詔爲太華殿賦

高閭爲中書侍郎奉詔造鹿野苑頌北伐碑獻文善之位至光祿大夫好爲文章軍國書檄詔令碑頌銘贊百有餘篇集爲二卷其文亦高允之流二高爲當時所服

趙逸好學夙成爲中書侍郎凡所著述詩賦銘頌五十篇

盧道將秘書監淵子頗有文才爲一家後來之冠位至司徒司馬卒所遺文筆數十篇

劉懋字仲華博綜經史位至太尉司馬所著詩誄賦頌及諸文筆見稱於世

游肇以文雅見稱爲詩賦表啓凡七十五篇皆傳於世位至驃騎將軍

崔纂字叔則博學有文才爲散騎侍郎旣不爲時知乃著無談子論

李彪爲御史中尉所著詩頌賦誄章奏雜筆百餘篇別有集

李諧博學有文辯當時俊才咸相欽賞所著文集別有集錄行於世位至秘書監

邢產字士寶好學善屬文少時作孤蓬賦爲時所稱舉秀才除著作佐郎

崔光本名孝伯字長仁遷中書侍郎給事黃門侍郎甚爲孝文所知待嘗曰孝伯之才浩浩如黃河東注固今日之文宗也太和中依宮商角徵羽本音而爲五韻詩以贈李彪彪爲十二次詩以報光光又爲三百郡國詩以答之凡所爲詩賦銘贊及表記啓數百篇五十餘卷

甄密字叔雍侍中琛從父弟也太和中爲奉朝請密疾世俗貪競乾沒榮寵曾作風賦以見意

甄琛爲侍中所著家誨二十篇篤學文一卷又著傑四聲姓族廢興會通緇素三論頗行於世

袁翻少以才學擅美一時自廷尉少卿出爲平陽太
守頗有不平之論及之任不自得遂作思歸賦累遷
度支尚書所著文筆百餘篇行於世
常景少聰敏長有才思爲太常博士宣武季舅護軍
將軍高顯卒其兄右僕射肇私記景及尚書邢巒幷
州刺史高聰通直郎徐紇各作碑銘並以呈御宣武
悉付侍中崔光以景所造爲最乃奏曰常景名位乃
處諸人之下文出諸人之上遂以景文刻石正光中
除景龍驤將軍孝明於國子寺行釋奠之禮並召百
官作釋奠詩時以景作爲美初平齊之後光祿大夫

高聰徙於北京中書高允爲之聘妻給其資宅聰後
爲允立碑每云吾此文報德足矣豫州刺史常綽以
未盡其美景尚允才器先爲遺德頌司徒崔光聞而
觀之尋味良允乃云高光祿平日每矜其文自許報
允之德今見常生此頌高氏不得獨擅其美也尋進
號冠軍將軍時尚書令李崇等追討蠕蠕不及詔景
出塞經瓮山臨瀚海宣勑勸衆而返景經山水悵然
懷古乃擬劉琨扶風歌十二首景性溫和恭慎每讀
書見韋弦之事深薄之危乃圖古昔可以鑒戒指事
爲相讚而述之所著數百篇行於世

邢臧字子良博學有藻思爲太學博士孝明正光中
議立明堂臧爲裴頠一室之議當時稱其理博有文
筆凡百餘篇
裴景融雖才不稱學而緝綴無倦文辭汎濫理會處
寡所作文章別有集錄又造鄴都晉都賦云孝莊時
爲諫議大夫領著作
鄭玄達曾著大夫論備陳裴叔業背逆歸順契闊艱
難之旨又著喪服約而易尋官至司徒諮議參軍
楊固爲治書侍御史尉王顯奏固剩請米麥免官既
無事役遂闔門自守著演賾賦以明幽微通塞之事

張烈爲家誡千餘言幷自敘志行及所歷之官位至
瀛州刺史
高謙之有學藝所著文章百餘篇別有集錄官至御
史
馮元興博通禮傳有文才爲中書舍人有文集百餘
篇
封肅字元邕早有文思博涉經史修起居注兼廷尉
監爲圍國賦其詞甚美孝明正光中京兆王西征引
爲大行臺郎中委以書記撰古來文章幷序作者氏
族號曰文譜未就病卒時賢良惜之其文筆凡百餘

篇
邢虯爲光祿少卿明經有文思所作碑頌雜筆三十
餘篇
梁祚爲中書傳士作代都賦頗行於世
夏侯道遷爲豫州刺史雖學不周洽而歷覽書史閑
習尺牘札翰往來甚有意理
裴敬憲學傳士清爲太學博士五言之作獨擅於時
名聲甚重後進咸共宗慕之中山鎮部朝賢送於河
梁賦詩言别皆以敬憲爲最其文不能贍逸而有清
麗之美

温子昇博覽百家文章清婉爲廣陽王淵賤客在馬
坊教諸奴子書作侯山寺堂碑文給事中常景見而
善之故詣淵謝之景曰頃見温生淵怪問之景曰温
生是大才士淵繇是稍知之累遷中書舍人散騎常
侍領本州大中正梁武使張皐寫子昇文筆傳於江
外梁武稱之曰曹植陸機復生於北土恨我辭人數
窮百六陽夏守傳標使吐谷渾見其國主牀頭有書
數卷乃是子昇文也濟陰王暉業嘗云江左文人宋
有顏延之謝靈運梁有沈約任昉我子昇足以陵顏
轢謝含任吐沈楊遵彦作文德論以爲古今辭人皆
負才遺行澆薄險忌惟邢子良王元景温子昇彬彬
有德業
梁祐爲大中大夫從容風雅好爲詩詠
李仲尚儀貌甚美少以文學知名二十著前漢功臣
序讚及季父司空冲誄時兼侍中高聰尚書邢巒見
而歎曰後生可畏非虚言也起家京兆王參軍
祖瑩歷散騎黄門侍郎以文學見重常語人云文章
須自出機杼成一家風骨何能共人同生活也蓋譏
譏世人好竊他文以爲已用而瑩之筆札亦無乏天
才但不能均調玉石兼有製裁之體不減於袁常焉

袁伯茂學涉羣書文藻富贍爲中軍大將軍伯茂好
飲酒頗涉疎傲久不徙官曾爲豁情賦東魏天平初
遷鄴又爲遷都賦
邢昕好學發有才情爲平東將軍光祿大夫時言冒
竊官級爲中尉所劾免官乃爲述躬賦
北齊邢邵字子才臧之弟也十歲能屬文文章典麗
旣贍且速年未二十名動衣冠後爲著作佐郎深爲
領軍元义所禮义新除尚書令尚書李神儁與陳郡
袁翻在席又令邵作謝表須臾便以示諸賓神儁曰
邢邵此表足使袁公變色魏孝昌初與黄門侍郎李

琛之對典朝儀自孝明之後文雅大盛邢雕蟲之美獨步當時每有一文初出京師爲之紙貴讀誦俄遍遠近

荀士遜好學有思理爲文清典爲中書侍郎撰典言行於世

祖珽字孝徵神情機悟詞藻遒逸嘗爲冀州刺史万俟受洛製清德頌其文典麗緣是神武聞之時文宣爲州刺史署珽開府倉曹參軍神武送魏蘭陵公主出塞嫁蠕蠕魏收賦出塞及公主遠嫁詩二首珽皆和之大爲時人傳詠珽後爲秘書丞領舍人事文襄

與令史等作晉州啓請粟二千石代功曹趙彥深宣神武教給城局參軍事過典籤高景界疑其不實密以問彥深彥深答都無此事遂被推鞫珽即引伏神武大怒決鞭二百配甲坊加鉗其穀倍徵未及科會并州定國寺成神武謂陳元康温子昇曰昔作芒山寺碑文時稱妙絕今定國寺碑當使誰作詞也元康因薦珽才學并解鮮卑語乃給筆札就禁所具二日内成其文甚麗神武以其工而且速特恕不問然猶免官散參相府

祖鴻勳涿郡范陽人神武曾徵至并州作晉祠記好事者玩其文位至高陽太守

顏之推博覽羣書辭情典麗有文三十卷並行於世曾撰觀我生賦文致清遠入隋爲太子學士

鄭元禮字文規少好學愛文藻名望文襄引爲館客歷太子舍人崔昂後妻即元禮之妹也魏收又昂之姊夫嘗持元禮數篇詩示盧思道乃謂思道云看元禮此來詩詠亦當不減魏收答云未覺元禮賢於魏收但知姊夫疎於婦弟終台州別駕

楊愔字彥遵風度深敏所著詩賦表奏書論甚多及誅後散失門生鳩集所得者萬餘言位至驃騎大將

軍開封王

北齊裴訥之字士正少有儒學楊愔闔門葬託訥之頓作十餘墓誌文皆可觀入周爲文帝大行臺倉曹郎中卒

陸印字雲駒少機悟善屬文所著文章十四卷行於世齊之郊廟諸歌多印所製位終吏部郎中

王昕字元景少篤學雅好清言有集二十卷位至銀青光祿大夫判祠部尚書

王晞字叔朗好學不倦文宣天保初行太原郡事嘗詣晉祠賦詩曰日落應歸去魚鳥見留連

劉逖字子長留心文藻頗工詩詠所制詩賦及雜文筆二十卷位至散騎常侍覽諸同者而深歎美

荀仲舉爲義寧太守仲舉與趙郡李槩交遊槩死仲舉因至其宅爲五言詩十六韻以傷之辭甚悲切世稱其美

蕭慤工於詩詠慤曾秋夜詩賦兩句云芙蓉露下落楊柳月中踈爲知音所貴官爲田曹參軍

李廣博涉羣書有才思文義之美少與趙郡李謇齊名爲邢魏之亞兼侍御史南臺文奏多其辭也曾薦畢義雲於崔暹廣卒後雲集其文章十卷託魏收爲

之序其族人子道亦有文章

樊遜寓居鄴中爲臨漳小史縣令裴鑒蒞官清苦致白雀等瑞上清德頌十首鑒大加賞重擢爲主簿

册府元龜

巡按福建監察御史臣李嗣京　訂正
新建縣舉人　臣戴國士參閱
知建陽縣事　臣黃國琦較釋

總録部

文章第四

後周薛憕字景猷初仕西魏文帝爲中書侍郞大統四年宣光清徽殿初成憕爲之頌又文帝作二歌憕各爲頌

王裒傳覽史傳能屬文初仕梁元帝爲僕射江陵未

陷前裒作燕歌行妙盡關塞寒苦之狀元帝及諸文士並和之而競爲悽切之詞至此方驗焉

唐瑾爲司中大夫衆內史所著賦碑誄二十餘萬言

薛寘幼覽墳籍好屬文所著文章二十餘卷行於世位至驃騎大將軍封開府儀同三司

祢乩字仲盤博涉子史雅好屬文爲中書侍郞修起居注時人論文體者有古今之異乩又以爲時有今古非文有今古乃爲文質論乩有文章數十篇行於世

盧柔爲開府儀同三司卒於位所作詩頌碑銘檄表啓行於世者數十篇

宗懍少聰慧博有才藻位至車騎大將軍儀同三司有集二十卷行於世

劉璠字寶義篤志好學兼善文筆終爲黃門侍郎儀同三司嘗臥疾居家對雪感興乃作雪賦以遂志有集二十卷行於世

呂思禮好學有文才長於論難所爲箋誄表頌並傳於世位至都官尚書

庾信幼而俊邁聰敏絕倫初在梁事昭明太子爲抄撰學士旣有盛才文並綺豔故世號爲徐庾體焉嘗

時後進競相摸範每有一文京都莫不傳誦自梁入周位望通顯嘗有鄉關之思乃作哀江南賦以致其意後爲司宗中大夫明帝雅好文學信特蒙恩禮羣公碑誌多相託焉惟王褒頗與信埒自餘文人莫有及者

顏之儀博涉羣書好爲辭賦嘗獻神州頌辭致雅瞻梁元帝手勑報曰枚乘二葉俱得遊梁應貞兩世並稱文學我求才子鯁慰良深江陵平之儀隨例遷長安後爲集州刺史有文集十卷行於世

柳慶字更興博涉羣書初仕魏孝武爲尚書都兵郎

中時北雍州獻白鹿羣臣欲草表陳賀尚書蘇綽謂慶曰近代以來文章華靡逮於江左彌復輕薄雒陽後進祖述不已相公柄民軌物君職典文房宜製此表以革前弊慶操筆立成辭兼文質綽讀而笑曰枳橘猶自移況才子也

柳機博涉羣書辭彩雅贍有文集行於世位至御史下大夫

蘇亮字景順少通敏博學好屬文所著文筆數十篇頗行於世位至侍中

薛慎能屬文善草書爲蕃部大夫有文集頗爲世所

傳

李旭解屬文武帝時爲大將軍開府儀同三司旭自太祖世已當樞要兵馬處分專以委之詔冊文筆皆旭所作也旭嘗曰文章之事不足流於後世經邦治務庶及古人故所作文筆了無藁草

韋敻高尚不仕時武帝以佛道儒三教不同詔敻辨其優劣敻以三教雖殊同歸於善其道似有深淺其致理若無等級著三教序奏之帝覽而稱善敻少愛文史留情著述手自抄錄數十萬言晚節虛靜惟以體道會眞爲務舊所製述咸削其藁故文筆雖多並不存

檀翥字鳳翔好讀書善屬文爲殿中侍御史臺中表奏皆翥爲之

隋虞世基初仕陳爲尚書左丞陳主嘗於莫府山較獵令世基作講武賦於座奏之陳主嘉之賜馬一疋陳滅歸國爲通直郎直內史省嘗爲五言詩以見意情理凄切世以爲工作者莫不吟咏

盧愷魏中書監柔之子也爲禮部大夫李穆攻拔軹關栢崖山鎮命愷作露布帝讀之大悅曰盧愷文章大進荀景倩故是令君之子

許善心幼聰明有思理解屬文高祖時爲虞部侍郎開皇十六年有神雀降於含章闥高祖召百官賜讌告以此瑞善心於座請紙筆製神雀頌頌成奏之高帝甚悅曰我見神雀共皇后觀之今旦召公入適述此事善心於座始知即能成頌文不加點筆不停毫嘗聞此言今見其事因賜物二百段

孫萬壽博涉子史善屬文滕穆王瓚引爲文學坐衣冠不整配防江南行軍總管宇文述召典軍書萬壽鬱鬱不得志爲五言詩贈京邑知友盛爲當時之所吟誦天下好事者書壁而翫之

王貞少聰敏善屬文詞開皇中舉秀才授縣尉非其
道也於是謝病於家齊王暕鎮江都以書召之又索
文集貞啓謝上集云十三卷復上江都賦
李德林善屬文辭覈而理暢魏收嘗對高隆之謂其
父曰賢子文筆終當繼温子昇隆之大笑曰魏嘗侮
殊已嫉賢何不近比老彭乃遠求温子後北齊任城
王諧薦德林於尚書令楊遵彥楊遵彥即令德林製
讓尚書令表援筆立成文不加點因大相賞異以示
吏部郎中陸卬云已見其文筆浩浩如黃河東注比
來所見後生制作涓澮之流耳卬仍命其子乂與德

林周旋戒曰汝無事宜師此人以爲模楷齊平爲高
祖丞相府從事內中郎禪代之際其相國總百揆九
錫殊禮詔策牋表璽書皆德林之辭也高祖登位爲
內令史卒既少有才名重以貴顯凡製文章動行於
世或有不知者謂古人焉初撰奉思賦一篇世稱其
麗又德林以梁士彥及元諧之徒頻有逆意大江之
南抗衡上國乃著天命論上之所撰文集勒成八十
卷遭亂亡失見二十卷行於世
潘徽性聰敏善屬文爲秦孝王俊學士從俊朝京師
在塗令徽於馬上爲賦行一驛而成名曰述恩賦俊
覽而善之又爲述江都集禮序
杜正玄自入世祖曼至正玄世以文學相授僕射楊
素負才傲物正玄抗辭酬對無所屈撓素不悅久之
會林邑獻白鸚鵡素促召正玄使者相望及至即令
作賦正玄倉卒之際援筆成章素見文不加點始異
之因令更擬諸雜文筆十有餘條又皆立成而詞理
華贍素乃嘆曰此眞秀才吾不及也
祖君彥言詞訥澁有才學大業末爲李密所得署爲
記室參軍軍書羽檄皆成於其手
楊素爲尚書令嘗以五言詩七百字贈番州刺史薛

道衡氣調宏拔風韻秀上亦爲一時之盛作未幾而
卒道衡嘆曰人之將死其言也善豈若是乎有集十
卷
牛弘在周起家爲納言上士嘗專文翰甚有稱善以
大業六年卒加右光祿大夫贈儀同三司有文集十
一卷行於世
何妥爲龍州刺史箴勸於州門外有文集十卷並行
於世
王頍字景文解綴文善談論有文集十卷官至國子
博士

薛孺清貞孤介不交流俗涉歷經史有才思雖不爲大夫所有詩詠詞致清遠爲襄城郡掾卒官

諸葛潁能屬文煬帝時爲著作郎甚見親倖有集二十卷

嘗得志博學善屬文官至秦王記室及王薨過故宮爲五言詩詞理悲壯甚爲時人所重復爲兄弟論義理可稱

王胄字承基爲著作佐郎以文詞爲煬帝所重帝自東都還京師賜天下大酺因爲五言詩詔胄和之帝覽而善之因謂侍臣曰氣高致遠歸之於胄詞清體

潤其在世基意密理新推庾自直過此者未可以言詩也帝所有篇什令繼和

庾自直少好學大業初爲著作佐郎自直解屬文於五言詩尤善性恭慎不妄交遊時爲煬帝所愛帝有篇章必先示自直令其詆訶自直所難帝輒改之或至於再三俟其稱善然後方出其見親禮如此

薛道衡爲尚書左外兵郎陳使傅縡聘齊以道衡兼主客郎接對之縡贈詩五十韻道衡和之南北稱美魏收曰傅縡所謂以蚓投魚耳道衡位至司隸大夫有集七十卷

薛師古爲安城尉時薛道衡爲襄州總管與其祖有舊又悅其才有所綴文帝嘗使其摘摭利病甚親昵之

宇文弢音韜博學多通爲禮部尚書所著詞賦二十餘萬言

虞綽字士裕博學有俊才尤工草隸陳左衛將軍傅縡有盛名於世見綽詞賦歎謂人曰虞郎之文無以尚也爲著作佐郎從煬帝征遼東帝舍臨海頓見大鳥異之詔綽爲銘帝覽而善之命有司勒於海上

柳䛒少聰敏解屬文爲晉王諮議參軍王朝京作歸

藩賦命䛒爲序詞甚典初王屬文數庾信體及見䛒後文體遂變䛒位至秘書監有集十卷

高構字孝基有名於時河東薛道衡才高當世每稱構有清鑒所爲文筆必先以草呈構有所詆訶道衡未嘗不嗟伏位至吏部侍郎

杜正臧字爲善好學善屬文弱冠舉秀才授純州行參軍歷下邑正臧著碑誄銘頌詩賦百餘篇又著文章體式大爲後進所寶時人號爲文軌乃至海外高麗百濟亦共傳習稱爲杜家新書

唐高士廉風調溫雅屬詞清潤隋司隸大夫薛道衡

起居舍人崔祖濬竝稱先達與士廉爲忘年之好毎因事陳多賦篇章餘是公卿藉甚位至尙書右僕射同中書門下平章事

褚亮初在陳年十八詣僕射徐陵與商確文章陵毎嘆異後主聞之召見時江揔及諸詞人咸在詔亮賦詩合坐推善國初爲弘文館學士亮本以文翰知名毎有新詩好事之人傳寫信宿遍於京邑

虞世南善屬文嘗祖述徐陵陵亦言世南得已之意世南爲秘書少監上聖德詞論多不載康國獻獅子詔世南爲之賦命編之東觀

袁朗勤學好屬文初在陳爲秘書郎嘗製千字詩當時以爲盛作後主聞而召入禁中使爲月賦朗染翰立成後主日此賦謝希逸不能獨美於前矣又使爲芝草嘉蓮二頌深見優賞歸朝爲給事中卒有文集十卷

庾抱初在隋爲延州參軍後三歲調吏部尚書牛弘知其有學術給筆札令自序援翰便成弘甚奇之後補元德太子學士會皇孫載誕太子宴賓客召於坐獻嫡皇孫頌深被嗟賞

謝偃爲魏王府功曹偃嘗爲塵影二賦其詞甚工太宗聞而召見自製賦序言區寓乂安功德茂盛令其爲賦偃奉詔撰成名曰述聖賦賜綵數十疋偃又獻惟皇誡德賦以申諷諫時李百藥工爲五言詩而偃善作賦時人稱爲李詩謝賦焉

張蘊博涉書傳善綴文自幽州總管府記室直中書省太宗初即位上大寶箴以諷

李百藥七歲能屬文隋大業中授桂州司馬所經名川美境必制篇章莫不藻麗清新爲當時所諷誦貞觀十一年以宗正卿致仕太宗嘗製帝京篇命百藥竝作歎其工手詔曰卿何其身之老而才之壯齒之

宿而意之新乎百藥藻思沉鬱尤長於五言詩雖樵童牧豎亦皆吟諷有集三十卷

蕭瑀字時文梁明帝之子也姊爲隋晉王妃從入長安聚學屬文帝觀劉孝標辨命論惡其傷先王之教迷性命之理乃作非辨命論以釋之大旨以爲人稟天地氣生孰云非命然吉凶禍福亦因人而有若一之於命其敝已甚時晉府學士柳顧言諸葛穎稱之日自孝標後數十年間言性命之理者莫能詆詰今蕭君此論足療劉子膏肓瑀太宗時位至太子太保同中書門下

岑文本爲秘書郎直秘書省太宗行籍田之禮文本上籍田頌及元日臨軒宴百僚文本復上三元頌其辭甚美

劉子翼以文學知名貞觀中爲著作郎弘文館學士有集二十卷

杜正倫善屬文貞觀初置文學館尚書左丞魏徵表薦正倫以爲古今難匹遂擢授兵部員外累遷中書令有集十卷行於代

張昌齡弱冠以文辭知名貞觀二十一年翠微宮成詣闕獻頌太宗召見試作息兵詔草俄頃而就太宗

甚悅乃勑於通事舍人裏供奉後卒於襄州司戶有文集三十卷行於代

元萬頃善屬文起家拜通事舍人從李勣征高麗爲遼東道管記時別帥馮本以水軍援裨將郭待封船破失期待封欲作書與勣恐高麗知其救兵不至乘危迫之乃令萬頃作離合詩贈勣

李義府瀛州饒陽人也初應進士舉劉洎馬周薦之太宗令詠烏義府援筆爲詩曰上林無限樹不借一枝棲太宗喜曰當借卿全樹何一枝也尋除監察御史

張文宗爲亳州刺史高宗永徽初表獻太宗文皇帝頌優制褒美賜絹百匹

富嘉謨舉進士爲晉陽尉與新安吳少微友善同官先是文士撰碑頌皆以徐庾爲宗氣調漸劣嘉謨與少微屬辭皆經典爲本時所欽慕之文體一變稱爲吳富體嘉謨作雙龍泉頌千騎谷頌少微撰崇福寺鍾銘詞最高雅作者推重嘉謨旣卒少微哭而賦詩尋亦卒

李安期百藥之子也七歲解屬文龍朔中爲司列少常伯受詔爲東封朝覲壇碑文

崔行功爲司文郎中當時朝廷大手筆多是行功及蘭臺侍郎李懷儼之詞有集六十卷

裴遵慶初登省所嘗著王政記述今古理體識者見之知有公輔之量位至尚書左僕射

上官儀涉獵經史善屬文龍朔中爲弘文館學士工於五言詩好以綺錯婉媚爲本當時多有斆其體者時人爲上官體

崔液湜之子也尤工五言之作湜嘗嗟賞之曰海子我家之神駒也海子卽液小名官至殿中侍御史坐兄配流逃匿於郢州胡履靈之家作幽征賦以見意

詞甚典麗遇赦還道病卒友人裴耀卿纂其遺文爲集十卷

王勃字子安六歲善屬文未弱冠應幽素舉及第乾封初詣闕上宸遊東岳頌時東都初造乾元殿勃又上乾元殿頌沛王賢聞其名召爲沛府修撰甚愛重之諸王鬬鷄互有勝負勃戲爲檄英王雞文勃後以罪除名徃交趾省父道出江中爲採蓮賦以見意其辭甚美勃每有制作時人咸諷詠之著有文集三十卷

楊炯華州華陰人博學善屬文爲盈川令如意元年

十月望日宫中出盂蘭盆分送佛寺則天御雒城南門與百寮觀之炯獻盂蘭盆賦詞甚雅麗少與絳州王勃范陽盧照鄰東野駱賓王皆以文詞知名海内稱爲王楊盧駱亦號爲四傑炯聞之謂人曰吾愧在盧前恥居王後當時議亦以爲然崔融李嶠及張說皆爲一時宗匠崔李嘗曰王勃文章宏逸有絶塵之跡固非常流所及炯與照隣則可企而至盈川之言爲不信矣張說謂人曰楊盈川之文如懸河注水酌之不竭既優於盧亦不減王恥居王後則然愧在盧前爲謙矣

盧照鄰博學善屬文爲新都尉以疾居陽翟之具茨山著釋疾文五悲等詞頗有騷人之風甚爲文士所重有文集二十卷

駱賓王善屬文於五言詩尤妙爲長安主簿坐贓左遷郄雲卿集其文爲十卷

魏昭祖爲司膳卿頗以詩詠流譽有文集二十卷

劉知幾爲懷州獲嘉縣主簿則天朝官爵易得而法網嘗嚴故人競爲趨進而多陷刑戮知幾又著思慎賦以刺時且以見志鳳閣侍郎蘇味道李嶠見之相顧而歎曰陸機豪士所不及也當今防身要道盡在

此矣

員半千爲右衛長史顯福門待制則天封中岳半千撰封禪四壇碑十二首

張鷟字文成自長安尉遷鴻臚丞凡四參選判策爲銓府之最員外郎員半千謂人曰張子之文如青銅錢萬選萬中未聞退時時流重之目爲青錢學士後爲司門員外郎鷟下筆敏速著述尤多言頗詼諧是時天下知名無賢不肖皆記誦其文天后朝中使馬仙童陷默啜默啜謂仙童曰張文成在否曰近自御史貶官默啜曰國有此人而不用漢無能爲也新羅

日本東夷諸蕃尤重其文每遣使入朝必重出金貝
以購其文其才名遠播如此
孔紹安少以文辭知名爲祕書監因侍宴應詔詠石
榴詩曰只爲時來晚花開不及春時人稱之
蘇味道初爲裴行儉征突厥管記孝敬皇帝妃父裴
居道再登左金吾將軍訪當時才子爲謝表記於味
道援筆而成詞理清密盛傳於世
朱敬則爲左補闕嘗採魏晉已來君臣成敗之事著
十代興亡論十卷爲當代所重有集十卷行於世
崔融爲國子司業兼修國史爲文典麗當時罕有其

比文集六十卷傳於代
杜審言雅善五言詩爲雒陽丞坐事貶授吉州司戶
參軍又與州寮不叶司馬周季重與員外司戶郭若
訥共搆審言罪狀繫獄將因事殺之旣而季重等於
府中酬讌審言子并年十三懷刃以擊之季重中傷
而死并亦爲左右所殺季重臨死曰吾不知杜審言
有孝子郭若訥誤我至此審言因此免官還東都自
爲文祭并後則天召見審言將加擢用問曰卿歡喜
否審言蹈舞謝恩因令作歡喜詩甚見嘉賞終修文
館直學士有文集一十卷

劉允濟爲左史兼直弘文館垂拱四年明堂初成允
濟上明堂賦天后甚嘉歎之手制褒美拜著作郎
宋之問弱冠知名尤善於五言詩當時無出於右爲
尚方監丞左奉宸內供奉則天幸洛南龍門令從官
賦詩左史東方虬詩先成則天以錦袍賜之及之問
詩成則天稱其詞愈高奪虬袍以賞
閻朝隱文章雖無風雅之體而善搆甚奇爲時人所
賞累遷給事中
陳子昂苦節讀書尤善屬文初爲感遇詩三十首京
兆司功王適見而驚曰此子必爲天下文宗後爲武

攸宜管記文翰皆委之有文集十卷友人黃門侍郎
盧藏用爲之序
韋承慶爲鳳閣侍郎同鳳閣鸞臺平章事兼修國史
中宗神龍初坐附推張易之弟昌宗失實配流嶺表
時易之等旣伏誅承慶去巾解帶而待罪時欲草赦
書衆議以爲無如承慶者乃召承慶爲之承慶神色
不撓援筆而成詞甚典美當時咸歎服之承慶嘗以
人用心多擾濁浮躁罕詣冲和之境遂著靈臺賦以
廣其志
盧藏用尚書承慶之族有才藝早知名睿宗朝爲尚

書左丞有集二十卷

沈佺期善屬文尤長五言之作與宋之問齊名時人稱爲沈宋位至太子詹事有集十卷弟佺交及子亦以文詞知名

李適爲工部侍郎時天台道士司馬承禎被徵至京師及還適贈詩敘其高尚之致其詞甚美當時朝廷之士無不屬和凡百餘人徐彥伯編而敘之謂之白雲記

許景先爲中書舍人以文翰見稱中書令張說嘗稱曰許舍人之文雖無峻峰激流斬絶之勢然屬詞豐

美得中和之氣亦一時之秀

李華爲吏部員外郎頗善屬文與蘭陵蕭穎士友善華進士時著含元殿賦萬餘言穎士見而賞之曰景福之上靈光之下華文體溫麗少宏傑之氣穎士詞鋒俊發華自以所業過之疑其詆訶乃爲上古戰場文熏汙之如故物置於佛書之閣華與穎士因閱佛書得之華謂之曰此文何如穎士曰可矣華曰當代秉筆者誰及於此穎士曰君稍精思便可及此華愕然華著論言龜卜可廢通人賞其言又爲魯山令元德秀墓碑顏真卿書李陽冰篆額後人爭模寫之號爲四絶碑

蕭穎士登進士第有盛名李林甫採其名欲拔用之乃召見時穎士寓廣陵居母喪即縗麻而詣京師徑謁林甫於政事省林甫素不識遽見縗麻大惡之即令去穎士大怒乃爲伐櫻桃賦以刺之

王仲舒嗜學工文爲職方郎中知制誥仲舒文思溫雅制誥所出入皆傳寫

徐安貞尤善五言詩爲中書舍人集賢院學士玄宗屬文作手詔多命安貞視草甚承恩顧累遷中書侍郎

王翰爲并州長史張嘉貞奇其才禮接甚厚翰感之撰樂府詞以敘情有文集十卷

李邕早擅才名尤長碑頌雖貶職在外中朝衣冠及天下寺觀多齎金帛往求其文前後所製數百篇受納饋遺亦至鉅萬時議以爲自古鬻文獲財未有如邕者邕歷汲郡二太守叙贓事發詠有文集七十卷其張韓公行狀洪州放生池碑批韋巨源謚議文士推重之

王維有俊才尤工五言詩獨步於當時桼輸之後人皆諷誦位至尚書右丞

杜甫天寶末獻三大禮賦玄宗奇之召試文章授京兆府兵曹參軍甫與李白齊名而白自負文格放達而譏甫齷齪有文集六十卷

熊延景爲岐王文學有五色鸚鵡能言育於宮中玄宗令左右試牽御衣鳥輙嗔目叱咤延景因獻鸚鵡篇以贊其事帝以鳥及延景詩示百寮尚書左丞相張說上表賀曰伏見天恩以靈異鸚鵡及熊延景所述篇出示朝列臣按南海異物志有時樂鳥鳴皆曰太平天下有道則見臣驗其圖丹首紅臆朱冠綠翼與此鸚鵡無異而心聰性辯護主報恩故非嘗品凡

禽寶瑞經所謂時樂鳥也延景雖敘其事未正其名望編國史以彰聖瑞許之

王昌齡爲文緒微而思清爲汜水縣尉貶斥而卒有文集五卷

賈至爲中書舍人祿山之亂從上皇幸蜀時肅宗卽位於靈武上皇遣至爲傳位冊文上皇覽之歎曰昔先帝遜位於朕冊文卽卿之先父所爲今朕以神器大寶付儲君卿又當演誥累朝盛典出卿父子之手可謂繼美矣

冊府元龜

巡按福建監察御史臣李嗣京　訂正

分守建南道左布政使臣胡維霖　參閱

知建陽縣事臣黃國琦較釋

總錄部八百四十一

文章第五

唐李揆少聰敏好學善屬文開元末舉進士補陳留尉獻書闕下詔中書試文章擢拜右拾遺改右補闕起居郎僉知宗正表奏

高適好學以詩知名濩落不事家產僑居梁宋間薄

遊州縣求丐取給天寶中海內無事干進者注意文詞適賦詩以氣質自高時得隹句每詩朝出夕遍人口李林甫奏授汴州封丘尉

元德秀爲魯山令秩滿居陸渾山琴觴之餘間以文詠率情而書語無雕刻著季子聽樂論蹇士賦爲高人所稱

李泌字長源聰敏好學博涉經史善屬文尤長於詩肅宗時爲銀青光祿大夫掌樞務

于休烈好學善屬文位至工部尚書有集十卷行於代

李端登進士第工詩代宗大曆中與韓翃錢起盧綸等文詠唱和馳名都下號大曆十才子時郭尚父少子曖尚代宗女昇平公主賢明有才思尤喜詩而端等多在曖之門下每宴集詩賦公主坐視簾中詩之美者賞百縑曖因拜官會十子曰詩先成者賞時端先獻警句云薰香荀令偏憐小傅粉何郎不解愁主即以百縑賞之錢起曰李校書誠奇才此篇宿搆也願賦韻正之請以起姓爲韻端即襞牋而獻曰方塘似鏡草芊芊初月如鉤未上弦新開金埒教調馬舊賜銅山許鑄錢曖曰此愈工也端自校書郎授杭州

司馬卒

吳通玄爲中書舍人翰林學士詞藻婉麗帝尤憐之貞元初李紓爲昭德皇后謚冊文張延賞柳渾爲廟樂章及進皆不稱旨並詔通玄重撰凡中旨撰述非通玄之筆無不慊然重之如此

劉太眞涉學善爲文少時師事詞人蕭穎士位至吏部侍郎

李紓字仲舒少好學善屬文爲吏部侍郎奉詔爲興元紀功述及郊廟樂章誥所論著甚衆

李益宰相揆之族子登進士第長於歌詩德宗貞元

末與宗人李賀齊名每作一篇必爲教坊樂人以賂求取唱爲供奉歌詞其征人歌早行篇好事者畫爲屏障如廻樂峯前沙似雪受降城外月如霜之句天下以爲歌詞位至禮部尚書

盧景亮爲中書舍人上西戎利害疏皆指切正要當時服其才有文集十卷

張弘靖爲東都留守從事獻賦美二京之制德宗嘉其文擢授監察御史

崔元翰性介直少交遊惟秉一操專業於文章其對策及奏記碑誌師法班固蔡邕致思精密貞元中爲

職方員外郎知制誥

于邵以博通宏詞昇甲科位至中書侍郎有文集四十卷行於時

武元衡工於五言詩好事者傳之往往被於管絃元衡位至宰相

竇叔向群之父也以工詩稱官至拾遺

柳渾志學有文集十卷位至宰輔渾之兄識篤意文章有重名於開元天寶間與蕭穎士元德秀劉迅相亞其練理納端往往詣極當時作者咸伏其簡拔而趣尚辯博渾亦善爲文然趣時向功非沉思之所及

韓愈幼孤刻苦學儒不俟獎勵大曆貞元之間文士多尚古學效楊雄董仲舒之述作而獨孤及梁肅最稱淵奧儒林推重愈從其徒遊銳意鑽仰欲自振於一代嘗以爲自魏晉已還爲文者多拘偶對而經誥之指歸遷雄之氣格不復振起矣故愈所爲文務反近體抒意立言自成一家新語後學之士取爲師法當時作者甚衆無以過之故世稱韓文焉然時有才肆意亦有盭孔孟之旨若南人妄以柳宗元爲羅池神而愈譔碑以實之李賀父名晉不應進士而愈爲賀作諱辯令舉進士又爲毛穎傳譏戲不近人情此

文章之甚謬者愈官至吏部侍郎

薛盛河東人存誠之父也工爲拔河賦當時稱之

崔咸長於歌詩或風景晴明花朝月夕朗吟意愜必悽愴霑襟旨趣高奇名流嗟挹有文集一十卷

權德輿述作特盛六經百氏游泳漸漬其文雅正而弘博王侯將相洎當時名士薨歿以銘紀而請者十八九文士推爲宗匠爲終禮部尚書有文集五十卷行於代

袁滋字德深嘗讀劉惲悲甘陵賦歎其褒善懲惡雖失春秋之指然其文不可廢因著甘陵賦後序滋位

終湖南觀察使
郗高卿少以詞學見推有文集六十卷位至太子詹
事致仕
孟簡幼爲五言詩有名於江淮終太子賓客
元稹聰警絶人年少有才名與太原白居易友善工
詩善狀詠風態物色當時言詩者稱元白焉自衣冠
士子至閭閻下俚悉傳諷之號爲元和體旣以俊爽
不容於朝流放荆蠻者僅十年俄而白居易亦貶江
州司馬稹量移通州司馬雖通江懸邈而二人來往
贈答凡所爲詩句有三十五十韻乃至百韻者江南

人士傳道諷誦流聞闕下里巷相傳謂之紙貴觀其
流離放逐之意靡不悽惋十四年自虢州長史徵還
爲膳部員外郎宰相令狐楚一代文宗雅知稹之詞
學謂稹曰嘗覽足下製作所憾不多遲之久矣請出
其所有以豁予懷稹因獻其文自敍曰稹初不好文
徒以仕無他岐彊顏科試及有罪譴棄之後自以爲
廢滯潦倒不復爲文字有聞於人矣曾不知好事者
抉摘芻蕘塵瀆尊重竊承相公特於廊廟間道稹詩
句昨又面奉教約令獻舊文戰汗悚踊慙忝無地稹
自御史府謫官於今十餘年矣閒誕無事遂專力於
詩章日益月滋有詩句千餘首其間感物寓意可備
矇瞽之諷者有之詞直氣麄罪丘是懼固不敢陳露
於人惟盃酒光景間屢爲小碎篇章以自吟暢然以
爲律體卑庳格力不揚苟無姿態則陷流俗嘗欲得
思深語近韻律調新屬對無差而風情宛然而病未
能也江湖間多新進小生不知天下文有宗主妄相
倣效而又從而失之遂至於支離褊淺之詞皆目爲
元和詩體稹與同門生白居易友善居易雅能爲詩
就中愛驅駕文字窮極聲韻或爲千言或爲五百言
律詩以相投寄小生自審不能過之往往戲排舊韻

别創新詞名爲次韻相酬蓋欲以難相排耳江湖間
爲詩者復相倣效力或不足則至於顛倒語言重複
首尾韻同意等不異前篇亦目爲元和詩體而司文
者考變雅之曲往往歸咎於稹嘗以爲雕蟲小事不
足以自明始聞相公記憶累旬以來實慮糞土之牆
庇之以大廈便不復破壞永爲板築者之娛輒寫古
體歌詩一百首百韻至兩韻律詩一百首合爲五卷
奉啓跪陳或希構廈之餘一賜觀覽知小生於章句
中櫟盧棳桷之材盡曾量度則十餘年之邅廻不爲
無用矣楚深稱賞以爲今代之鮑謝也穆宗皇帝在

東宮有妃嬪左右嘗誦稹歌詩以爲樂曲者知稹所爲嘗稱其善宮中呼爲元才子荊南監軍崔潭峻甚禮接稹不以掾吏遇之嘗徵其詩什諷誦之長慶初潭峻居朝出稹連昌宮辭等百餘篇奏御穆宗大喜問稹安在對曰今爲南宮散郎卽日專祠部郎中知制誥朝廷以書命不繇相府甚鄙之然詞誥所出夐然與古爲侔遂盛傳於代繇是極承恩顧稹嘗爲長慶宮詞數十百篇京師競相傳唱所著詩賦詔册銘誄論議等雜文一百卷號曰元氏長慶集又著古今刑政書三百卷號類集並行於代

李紳六歲而孤母盧氏教以經義紳形貌小而精悍能爲歌詩鄉賦之年諷誦多在人口位至宰相

馮定字介夫累遷太子詹事定有文學長慶中源寂使新羅國見其國人傳寫諷念定所爲黑水碑畫鶴記韋休符之使西蕃也見其國人寫定商山記以代屛障其文名馳於戎夷如此

孝德裕於東都伊闕南置平泉別墅清流翠篠樹石幽奇初未仕時講學其中及從官藩服出將入相三十年不復重遊而題寄歌詩皆銘之於石今有花木記歌篇錄二石存焉有文集二十卷記述舊事則有次柳氏舊聞御臣要畧伐叛志獻替錄行於世

李商隱能爲古文不喜偶對嘗爲令狐楚從事慕楚章奏始爲今體章奏博學彊記下筆不能自休尤善爲誄奠之詞累爲賓佐有表狀集四十卷

溫庭筠苦心硯席尤長於詩賦初舉進士至京師人士翕然推重然士行塵雜不修邊幅能逐絃吹之音爲側艷之詞公卿家無賴子弟相與酬飲繇是累年不第後爲襄陽巡官失意歸江東庭筠著述頗多而詩賦韻格清拔文士稱之

司空圖僖宗時爲中書舍人未幾以疾辭晚年爲文

尤事曠達嘗擬白居易醉吟傳爲休休亭記有文集三十卷

唐彥謙歷閬壁三郡刺史有詩數百篇吏部侍郎薛廷珪爲之序號鹿門先生集

梁杜荀鶴池州人善爲詩詞句切理爲時所許旣擢第後還舊山時田頵在宣州甚重之頵將起兵乃陰令以牋辭至太祖遇之頗厚及頵遇禍太祖以其才表之尋授翰林學士主客員外郎

羅隱有詩名於天下尤長於詠史然多譏諷以故不中第開平初太祖以右諫議大夫徵不至魏博節度

使羅紹威密表慰薦乃授給事中終於錢塘有文集十卷行於世

後唐李愚初仕梁爲右拾遺崇政殿學士忤旨罷職歷許鄧觀察判官初在內職磁州舉子張礪依焉末帝貞明中礪自河陽北歸莊宗版授太原府掾出入崇達之門揄揚愚之節槩及愚所爲文仲尼遇顔回壽夷齊非餓等篇北人望風稱之愚爲文尚氣脩效韓柳諸公之立意

李琪字台秀唐昭宗時李谿父子以文學知名於時琪年十八九袖賦一軸謁谿谿覽賦驚異倒屣迎門

因出琪啞鍾捧日等賦指示謂琪曰予嘗患近年文士辭賦皆數句之後未見賦題吾子八句見題偶屬典麗吁可畏也琪繇是益知名自琪爲諫官憲職凡時政有所不便必封章論列文章秀麗覽之者忘倦琪在內署時所爲制誥編爲十卷目曰金門集大行於世

竇夢徵少苦心爲文隨計之秋文稱甚高位終翰林學士尤長於牋啓編爲十卷目曰東堂集行於世

薛廷珪爲中書舍人所著鳳閣書詞十卷克家志五卷並行於世初廷珪父逢著鑿混沌眞珠簾等賦大爲時人所稱廷珪旣壯亦著賦數十篇同爲一集故目曰克家志

晉李象爲刑部員外郎高祖天福末象上二舞賦帝覽而嘉之命編諸史册

崔棁少好學博涉經史屬詞頗工流輩罕能及之閒居於滑二十餘年專以著述爲事不遊里巷郡人罕識其面梁貞明中舉進士後爲翰林學士

苻蒙幼聰慧好學父習爲嘗山偏較嘗遣與文士共處年十二遊佛寺見壁畫有盃渡道人因題其腹曰都緣心似水故以鉢爲舟人稍推之繇是篤意吟詠

經亭榭祠廟之間皆刬拂（音拂）染翰題詩而去人愛其速成往往傳誦弱年漁獵子史不便經書爲文浮靡惡微婉之言好爲官體艷詩及嘲誚之語位終禮部侍郎

周張允記覽文史好徵求僻事公家應用時出一聯以炫奇筆位終刑部尚書

王延少學爲儒著詞賦欲從科舉會鄉里亂客浮陽屬滄帥戴思遠棄鎮歸梁延挈族從之以家人貧遊丐侯門嘗以所爲賦謁侍郎李琪琪覽而欣然曰此道近難其人王生升我堂矣繇是人士稱之延後爲

太子少傅致仕

馬裔孫字慶先初仕後唐爲宰相以晉祖受命放歸後以賓客致仕又爲太子詹事晉漢公卿以裔孫好爲文章皆欣然待之太祖即位就加撿校禮部尚書

馮道初仕後唐爲相百寮上明宗徽號凡三章道自爲之其文混然非流俗之體舉朝服焉道尤長於篇詠秉筆則成每成義含古道必爲遠近傳寫故人漸畏其高深繇是班行肅然無澆漓之態

王仁裕有詩千餘首勒成一百卷目之曰西江集蓋以嘗夢吞西江文石遂以爲名焉位至太子少保

賈緯有文集三十卷目之爲草堂集終青州行軍司馬

扈載少好學善屬文賦頌碑贊尤其所長廣順初隨計於貢部文價爲一時之最是歲昇高等位至翰林學士

巡按福建監察御史臣李嗣京　訂正
知長樂縣事　臣　夏允彝　參閱
知建陽縣事　臣　黄國琦　較釋

總録部　九十三

知人

書曰知人則哲惟帝其難之傳云舉爾所知盖夫士之抱道秉哲訥言敏行純粹中積而靡耀流落不耦而安卑盛德若愚懷寶自若亦有服讒蒐慝深中厚貌順非而澤象恭滔天自非精識邁倫風鑒絶出孰

能洞分之哉此其爲歎能哲而惠放勳垂何憂哉言三代而下斯不乏其人矣若夫審器知量以識其遠大察辭觀行以辨其淑慝舉才任職以彰其能否率是三者而濟之以道亦人焉廋哉

顔回魯人也孔子弟子也孔子曰回也如愚於孔子之言默而識之如愚也退而省其私亦足以發回也不愚察其退還與二三子說釋道義發明大體知其不愚用之則行舍之則藏惟我與爾有是言可行則行可止則止惟我與顔淵同也樂肇曰大用已而後行不假隱以自高不屈道以要名時人無知其實者惟我與爾有是行孔子窮於陳蔡之閒藜羹不斟七日不嘗粒晝寢顔回索米得而來爨之幾熟孔子望見顔回攫其甑中而飯之閒食熟謁孔子而進食孔子起曰今者夢見先君食潔欲饋回曰不可嚮者炱煤甑中回以爲棄之不祥因攫而食之孔子歎曰人所信者目也而目猶不可信所恃者心也而心猶不足恃弟子記之知人不易

宓不齊字子賤魯人爲單父令孔子謂子賤君子哉若人魯無君子者斯焉取斯若人者此人也如魯無君子子賤安得此行而學行之

冉雍字仲弓魯人仲弓父賤人孔子曰犂牛之子騂且角雖欲勿用山川其舍諸犂雜文騂赤色角周正中犧牲雖欲以其所生

犂而不用山川寧可舍之乎言父雖不善不害於子之美

子路孔子弟子爲衞大夫嘗侍於孔子行行如也孔子曰繇也不得其死及聞衞亂曰嗟乎繇死矣已而繇果死

管仲字夷吾齊大夫少時嘗與鮑叔牙游鮑叔知其賢管仲貧困嘗欺鮑叔鮑叔終善遇之不以爲言已而鮑叔事公子小白管仲事公子糾及小白立爲桓公而公子糾死管仲囚焉鮑叔遂進管仲於桓公管仲既用任政於齊齊桓公以霸九合諸侯一匡天下管仲之謀也管仲曰吾始困時嘗與鮑叔賈分財利

多自與鮑叔不以我爲貪知我貧也吾嘗爲鮑叔謀事而更窮困鮑叔不以我爲愚知我時有利不利也吾嘗三仕三見逐於君鮑叔不以我爲不肖知我不遭時也吾嘗三戰三走鮑叔不以我爲怯知我有老母也公子糾敗召忽死之吾幽囚受辱鮑叔不以我爲無恥知我不羞小節而恥功名不顯於天下也生我者父母知我者鮑子也鮑叔既進管仲以身下之子孫世祿於齊有封邑者十餘世嘗爲名大夫天下不多管仲之賢而多鮑叔能知人也又管仲病桓公問曰群臣誰可相者管仲曰知臣莫如君公曰易牙

何如對曰殺子以適君非人情不可公曰開方何如對曰倍親以適君非人情難近（管子曰衛公子開方去其千乘之太子而臣事君也）公曰豎刁何如對曰自宮以適君非人情難親管仲死而桓公不用管仲言卒近用三子三子專權（一云管仲病桓公往問之曰仲父之病亟矣若不諱何以詔寡人管仲對曰微君之命臣也臣固且謂之雖然君猶不能行也公曰仲父令寡人東寡人東令寡人西寡人西仲父之命於寡人寡人敢不從乎管仲攝衣冠起對曰臣願君之遠易牙豎刁堂巫公子開方夫易牙以調和事公公惟蒸嬰兒之味嘗於是蒸其首子而獻之公人之情非不愛其子也於子之不愛將何有於公公喜宮而始豎刁自刑而爲公治內人之情非不愛其身也於身之不愛將何有於公公子開方事公十五年不歸視其親齊衛之間不容數日之行臣聞之務爲不久蓋虛不長其生不長者其死必不終公曰善管仲死已葬公增四子者廢之官逐堂巫而苛病起兵逐易牙而味不至逐豎刁而宮中亂逐公子開方而朝不治桓公曰嗟聖人固有悖乎乃復四子官處期年四子作難圍公一室不得出有一婦人從竇而入得至公所公曰吾饑而欲食渴而欲飲不可得其故何也婦人對曰易牙豎刁堂巫公子開方四人四分齊國塗十日不通矣公子開方以書社七百下衛矣食將不可得矣公曰嗟乎茲聖人之言長乎哉死者無知則已若有知吾何面目以見仲父於地下）

公孫固爲宋司馬晉公子重耳（文公也）過宋固言於襄公曰晉公子亡長幼矣而好善不厭父事狐偃師事趙衰長事賈佗狐偃其舅也而惠以有謀趙衰其先君之戎御趙夙之弟也而文以忠貞賈佗公族也多識以恭敬此三人者實左右之公子居則下之動則

咨焉君其圖之襄公從之贈以馬二十乘

叔向晉大夫欒盈出奔楚范宣子殺箕遺黃淵嘉父司空靖邴豫董叔邴師申書羊舌虎叔熊（十子皆盈之黨羊舌虎叔向弟）囚伯華叔向籍偃人謂叔向曰子離於罪其爲不知乎（譏其受囚而不能去）叔向曰與其死亡若何（言雖囚何若於死亡）詩曰優哉游哉聊以卒歲知也（詩小雅言君子優游於衰世所以避害卒其壽是亦知也）樂王鮒見叔向曰吾爲子請叔向弗應出不拜（樂王鮒晉大夫樂桓子）其人皆咎叔向叔向曰必祁大夫（祁大夫祁奚也食邑於祁因以爲氏祁縣今屬太原）室老聞之曰樂王鮒言於君無不行（其言皆得行）求赦吾子吾子不許（謂不拜）祁大夫所

不能也（不能動君）而曰必繇之何也叔向曰樂王鮒從君者也何能行祁大夫外舉不棄讎內舉不失親其獨遺我乎詩曰有覺德行四國順之（詩大雅言德行直則天下順之）夫子覺者也（覺較然正直）晉侯問叔向之罪於樂王鮒對曰不棄其親其有焉（言叔向篤親親必與叔虎同謀）於是祁奚老矣（老云公族大夫）聞之乘馹而見宣子曰詩曰惠我無疆子孫保之（詩周頌也言文武有惠訓之德加於百姓故子孫保賴之）書曰聖有謨訓明徵定保（逸書謨謀也勳功也言聖哲有功謀者當明信以安之）夫謀而鮮過惠訓不倦者叔向有焉（謀鮮過有謨勳也惠訓不倦惠我無疆也）社稷之固也猶將十世宥之以勸能者今一不免其身（一以弟故）以棄

社稷不亦惑乎鯀殛而禹興（言不以父罪廢其子）伊尹放太甲而相之卒無怨也（太甲湯孫也荒淫失度伊尹放之桐宮三年改悔而復之而無憾心言不以一怨妨大德）管蔡爲戮周公右王（言弟見罪不相及）若之何其以虎也棄社稷子爲善誰敢不勉多殺何爲宣子說與之乘以言諸公而免之（共載入見公）不見叔向而歸（言爲國非私叔向也）叔向亦不告免焉而朝（不告謝之明不爲已）又叔向適鬷蔑惡（惡貌醜）欲觀叔向從使之物器者（從遣也隨使人應歛俎豆者）而使立於堂下一言而善叔向將飲酒聞之曰必鬷明也（素聞其賢故聞其言而知之）下執其手以上曰昔賈大夫惡（賈國之大夫惡以醜也）娶妻而美三年不言不笑御以如皐（爲妻御之皐澤）射雉獲之其妻始笑而言賈大夫曰才之不可以已我不能射女遂不言不笑夫今子少不颺（顏貌不揚顯）子若無言吾幾失子矣

趙文子晉大夫初齊烏餘以廩丘奔晉（烏餘齊大夫廩丘今東郡廩丘縣故城是）襲衛羊角取之（今廩丘縣所治羊角城是）遂襲魯高魚（高魚城在廩丘縣東北）有大雨自其竇入（雨故水竇開）介於其庫（入高魚庫而介其甲）以登其城克而取之又取邑於宋於是范宣子卒（宣子范匄）諸侯弗能治也及趙文子爲政乃卒治之文子言於晉侯曰晉爲盟主諸侯或相侵也則討而使歸其地今烏餘之邑皆討類也（言於此類宜見討）而貪之是

無以爲盟主也請歸之公曰諾孰可使也對曰胥梁帶能無用師晉侯使往（胥梁帶晉大夫能無用師言有權謀）胥梁帶使諸喪邑者具車徒以受地必周（諸喪邑謂齊魯宋也周密也必密來勿以受地爲名）使烏餘具車徒以受封（烏餘以地來故詐許封之）烏餘以其衆出（出受封也）使諸侯僞效烏餘之封者（效致也使齊魯宋僞若致邑封烏餘者）而遂執之盡獲之（皆獲其徒衆）皆取其邑而歸諸侯是以睦於晉

韓宣子晉大夫也聘魯遂如齊納幣（爲平公聘少姜）見子雅子雅召子旗（子旗子雅之子）使見宣子宣子曰非保家之子也不臣（忘志氣也）見子尾子尾見彊（彊子尾之子）宣子謂之如

子旗(臣亦不)大夫多笑之惟晏子信之曰夫子君子也(夫子韓起)君子有信其有以知之矣(後欒施高彊奔魯)

孟鼜子魯大夫病且死誡其嗣懿子曰孔丘聖人之後(聖人謂商湯)滅於宋(孔子六世祖孔父嘉爲宋華督所殺其子奔魯也)其祖弗父何始有宋而嗣厲公(弗父何孔父嘉之高祖宋愍公之長子厲公之兄也何嫡嗣當立而讓厲公也)及正考父佐戴武宣公(正考父弗父何之曾孫)三命茲益恭故鼎銘云(三命上卿也考父廟之鼎)一命而僂再命而傴三命而俯(僂傴俯皆恭敬之貌也)循牆而走(言不敢安行)亦莫敢余侮(其恭如是人亦不敢侮慢)饘於是粥於是以糊余口(於是鼎中爲饘粥饘粥糊屬言至儉也)其恭如是吾聞聖人之後雖不當世必有

達者(謂若弗父何殷湯之後而不繼世爲宋君杜預曰聖人之後有明德而不當大位謂正考父也)今孔丘年少(時年十七)好禮其達者歟吾即沒若必師之及鼜子卒懿子與魯人南宫敬叔往學禮焉

吳公子札聘於魯見叔孫穆子說之謂穆子曰子其不得死乎好善而不能擇人吾聞君子務在擇人吾子爲魯宗卿而任其大政不慎所舉何以堪之禍必及子聘於齊說晏平仲謂之曰子速納邑與政無邑無政乃免於難齊國之政將有所歸未獲所歸難未歇也故晏子因陳桓子以納政與邑是以免於欒高之難(難在昭公八年)聘於鄭見子產如舊相識與之縞帶子產獻紵衣焉(大帶也吳地貴縞鄭地貴紵故各獻己所貴示損己而不爲彼貨利)謂子產曰鄭之執政侈難將至矣政必及子子爲政慎之以禮不然鄭國將敗(侈謂伯有)適衞說蘧瑗(蘧伯玉)史狗(史朝之子)史鰌(史魚)公子荆公叔發(公叔文子)公子朝曰衞多君子未有患也適晉說趙文子韓宣子魏獻子曰晉國其萃於三族乎(言晉國之政將集於三家)說叔向將行謂叔向曰吾子勉之君侈而多良大夫皆富政將在家(富必厚施故政在家)吾子好直必思自免於難

子濯孺子鄭大夫也鄭人使子濯孺子侵衞衞使庾公之斯追之子濯孺子曰今日我疾作不可以執弓

吾死矣(庾公衞大夫疾作瘧疾)問其僕曰追我者誰也其僕曰庾公之斯也曰吾生也(僕御也孺子曰吾必生)其僕曰庾公之斯衞之善射者也夫子曰吾生何謂也曰庾公之斯學射於尹公之他尹公之他學射於我夫尹公之他端人也其取友必端矣(端人用心不邪僻知我是其道本所必不害我也)庾公之斯至曰夫子何爲不執弓曰今日我疾作不可以執弓曰小人學射於尹公之他尹公之他學射於夫子我不忍以夫子之道反害於夫子雖然今日之事君事也我不敢廢抽矢扣輪去其金發乘矢而後反

晏嬰字平仲齊大夫之晉見披裘負芻息於途牧者
以爲君子也使人問焉曰曷爲而至此對曰齊人纍
之吾名曰越石甫晏子曰嘻遽解左驂以贖之載而
與歸至舍不辭而入越石甫怒而請絶晏子使人應
之曰嬰未嘗得交也今免子於患吾於子猶未可耶
越石甫曰吾聞君子詘乎不知己而信乎知己者吾
是以請絶也晏子乃出見之曰向也見客之容而今
也見客之意嬰聞察實者不留聲觀行者不幾辭嬰
可以辭而無棄乎越石甫曰夫子禮之敢不敬從晏
子遂以爲上客俗人有功則德德則驕晏子功免人

於危而反詘下之其去俗亦遠矣此全功之道也夫
趙簡子晉大夫使尹鐸爲晉陽請曰以爲璽絲乎抑
爲保障乎簡子曰保障哉尹鐸損其戶數簡子誡襄
子曰晉國有難而無以尹鐸爲少無以晉陽爲遠必
以爲歸
孫叔敖爲楚相嘗善待優孟及病且死屬其子曰我
死汝必貧困若往見優孟言我叔敖之子也居數年
其子窮困負薪逢優孟與言曰我孫叔敖子也父且
死時屬我貧困往見優孟孟曰若無遠有所之卽爲孫
叔敖衣冠抵掌談語一云蘇秦說趙王華屋之下抵掌而言張載曰談說之容則然
虔餘像孫叔敖楚王及左右不能別也莊王置酒優
孟前爲壽莊王大驚以爲孫叔敖復生也欲以爲相
優孟曰請歸與婦計之三日而爲相莊王許之三日
後優孟復來王曰婦言謂何孟曰婦言慎無爲楚相
不足爲也如孫叔敖之爲楚相盡忠爲廉以治楚王
得以霸今死其子無立錐之地貧困負薪以自飲食
必如孫叔敖不如自殺因歌曰山居耕田苦難以得
食起而爲吏身貪鄙者餘財不顧恥辱身死家室富
又恐受財枉法爲姦觸人罪身死而家滅貪吏安可
爲也念爲廉吏奉法守職竟死不敢爲非廉吏安可

爲也楚相孫叔敖持廉至死方今妻子窮困負薪而
食不足爲也於是莊王謝優孟乃召孫叔敖子封寢
丘四百戶以奉其祀後十世不絶
漢王陵初從高祖起沛中時張蒼爲秦御史有罪亡
歸及沛公畧地過陽武蒼以客從攻南陽蒼有罪當
斬解衣伏鑕身長大肥白如瓠時陵見而怪其美士
乃言沛公赦勿斬後爲漢相
滕公初從高祖平關中時韓信歸漢坐法當斬其儕
十三人皆已斬至信信乃仰視適見滕公曰上不欲
就天子乎而斬壯士滕公奇其言壯其貌釋弗斬與

語大說之言於漢王漢王以爲治粟都尉

趙禹爲少府時詔擇衛將軍舍人以爲郎將軍取舍人中富給者令具鞍馬絳衣玉具劍欲入奏之會禹來過衛將軍將軍呼所舉舍人以示禹禹以次問之十餘人無一人習事有智畧者禹曰吾聞之將門之下必有將類傳曰不知其君視其所使不知其子視其所友今有詔舉將軍舍人者欲以觀將軍而能得賢者文武之士也今徒取富人子上之又無智畧如木偶人衣之騎繡耳將奈之何於是趙禹悉召衛將軍舍人百餘人以次問之得田仁任安曰獨此兩人

可耳餘無可用者衛將軍見此兩人貧意不平趙禹去謂兩人曰各自具鞍馬新絳衣兩人對曰家貧無用具也將軍怒曰今兩君家自爲貧何爲出此言鞅鞅如有移德於我者何也（移猶施也）將軍不得已上籍以聞有詔召見衛將軍舍人此二人前見詔問能畧相推第也田仁對曰提桴鼓立軍門使士大夫樂死戰鬬仁不及任安任安對曰夫决嫌疑定是非辯治官使百姓無怨心安不及仁也武帝大笑曰善使任安護北軍使田仁護邊田穀於河上此兩人立名天下

袁盎爲吳相病免雒陽劇孟嘗過盎善待之安陵富人有謂盎曰吾聞劇孟博徒（博戲之徒也）將軍何自通之盎曰劇孟雖博徒然母死客送喪車千餘乘此亦有過人者且緩急人所有（凡人在生不能無緩急之事）夫一旦叩門不以親爲解（凡人之於赴難濟危多以有父母爲解而孟兼行之解者若今分疏也）不以在亡爲辭（或實在家而辭云不在）天下所望者獨季心劇孟（心季布弟也）今公陽從數騎（陽分也）一旦有緩急寧足恃乎遂罵富人弗與通諸公聞之皆多盎

于定國爲廷尉時尹翁歸拜東海太守過辭定國定國家在東海欲屬託邑子兩人令坐後堂待見定國與翁歸語終日不敢見其邑子既去定國乃謂邑子

曰此賢將汝不任事也不可干以私

張禹經學精習有師法成就子弟尤著者淮陽彭宣至大司空沛郡戴崇至少府宣爲人恭儉有法度而崇愷弟多智二人異行禹心親愛崇敬宣而疏之崇每候禹常責師宜置酒設樂與弟子相娛禹將崇入後堂飲食婦女相對優人筦絃鏗鏘極樂昏夜乃罷而宣之來也禹見之於便坐講論經義日晏賜食不過一肉卮酒相對宣未嘗得至後堂及兩人聞知各自得也禹位至特進終

焦延壽字贛善易爲小黃令京房事贛贛嘗曰得我

道以亡身者京生也後坐言災異棄市

張勃嗣富平侯爲散騎諫大夫元帝初卽位詔列侯舉茂材勃舉太官獻丞陳湯湯有罪勃坐削户二百會薨故賜諡曰繆侯後湯立功西域世以勃爲知人

揚雄字子雲李彊素善雄久之彊爲益州牧喜謂雄曰吾眞得嚴君平矣雄曰君備禮以待之彼人可見而不可得詘也彊心以爲不然及至蜀致禮與相見卒不敢言以爲從事乃歎曰揚子雲誠知人雄官至侍郎

嚴尤爲王莽納言將軍光武微時爲春陵侯家訟逋

租於嚴尤尤見而奇之（春陵侯敞卽光武季父也東觀記曰光武爲季父故春陵侯詣大司馬府訟地皇元年十二月壬寅前租二萬六千斛芻稾錢若干萬時宛人朱福亦爲舅訟租於尤尤止車獨與光武語不視福光武後戲福曰嚴公寧視卿耶）及尤圍昆陽城中出降尤者言光武不取財物但會兵計策尤笑曰是美須眉者耶何乃如是

後漢安城侯賜初與更始俱到雒陽欲令親近大將徇河北未知所使賜言諸家子獨有文叔可用大司馬朱鮪等以爲不可更始狐疑賜深勸之乃拜光武行大司馬持節過河

李生舞陰人賈復少好學習尚書事李生李生奇之謂門人曰賈君之容貌志氣如此而勤於學將相之器也

虞延爲南陽太守永平初有新野功曹鄧衍以外戚小侯每豫朝會而容姿趨步有出於衆明帝目之顧左右曰朕之儀貌豈若此人特賜輿馬衣服延以衍雖有容儀而無實行未嘗加禮帝旣異之乃詔衍令自稱南陽功曹詣闕（謝承書曰帝賜輿馬衣服劍珮刀錢二萬南陽計吏歸具以啓延延知衍華不副實行不配容積三年不用於是帝乃自勑衍稱南陽功曹詣闕）旣到拜郎中遷玄武司馬衍在職不服父喪帝聞之乃歎曰知人則哲惟帝難之信哉斯言衍慙而退繇是以延爲

明

第五倫爲宕渠令顯拔鄉佐玄賀後爲九江沛二郡守以清潔稱所在化行終於大司農倫後爲蜀郡太守所舉吏多至九卿二千石時以爲知人倫後位至司空

張堪南陽宛人也素有名稱嘗於太學見朱暉甚重之接以友道乃把暉臂曰欲以妻子託朱生暉以堪先達舉手未敢對自後不復相見堪後爲漢陽太守卒暉聞其妻子貧困乃自往候視厚賑贍之暉少子頡怪而問曰大人不與堪爲友平生未曾相聞子孫

竊怪之聊日堪嘗有知已之言吾以信於心也（以其先託裹子心已許之故言信於心也）

朱穆爲冀州刺史所辟用皆清德長者多至公卿州郡（州郡謂刺史太守）

王克字仲任會稽上虞人也爲郡功曹諫諍不合自免居家初班固年十三克見之拊其背謂父彪曰此兒必記漢事

馮敷爲吳郡督郵郡人施延家貧母老周流傭賃嘗避地於廬江臨湖縣種瓜後復到吳郡取卒月直賃作半路亭以養其母是時吳會未分敷到縣延持箒

往敷知其賢者下車謝使入亭請與飲食臙衣與之餉錢不受後至太尉

法真父雄爲交阯太守胡廣父貢交阯都尉廣少孤貧親執家苦長大隨輩入郡爲散吏真從家來省其父真頗知人會歲終應舉士雄勑真助求其才雄因大會諸吏真自於牖間密占察之乃指廣以白雄遂察孝廉既到京師試以奏章安帝以廣爲天下第一（又云真年未弱冠父在南郡步往候父欲去父留之待正旦使觀朝吏會者數百人真於窓中闚其與父語畢問真孰賢真曰戶曹掾胡廣有公卿之量其後廣果立九卿三公之位世以服真之知人）真辟公府而賢良皆不就

王諶河南尹田歆外甥（諶史不書其官）科暠始爲縣門下史咋諶名知人歆謂之曰今當舉六孝廉多得貴戚書命不宜相違欲自用一名士以報國家爾助我求之明日諶送客於太陽郭還見暠異之還白歆曰爲尹得孝廉矣近雒陽門下史也歆笑曰當得山澤隱滯安用近雒陽吏耶諶曰山澤不必有異士異士不必在山澤歆卽召暠於庭辯詰職事暠辭對有序歆甚知之召署主簿遂舉孝廉

鍾皓潁川人同郡陳寔年不及皓皓引與爲友皓爲郡功曹會辟司徒府臨辭太守問誰可代卿者皓曰

明府欲必得其人西門亭長陳寔可寔聞之曰鍾君似不察人不知何獨識我

郭泰字林宗舉有道不應衛茲字子許弱冠與同郡圈文生俱稱盛德林宗與二人共至市子許買物隨價酬直文生訾呵減價乃取林宗曰子許少欲文生多情此二人非徒兄弟乃父子也後文生以穢貨見損茲以烈節垂名又王允世仕州郡爲冠蓋林宗嘗見允而奇之曰王生一日千里王佐才也又茅容年四十餘耕於野時與等輩避雨樹下皆夷踞相對容獨危坐愈恭林宗行見之而奇其異遂與共言因請

寓宿旦日客殺雞爲饌林宗謂爲已設既而以供其毋
自以草蔬與客同飯林宗起拜之曰卿賢乎哉因勸
令學卒以成德泰之所名人品乃定先言後驗衆皆服之故適陳留則友符偉明游大學則師仇季智之陳國則親魏德公入汝南則交黃叔度又識張孝仲芻牧之中知范特祖郵置之役召公子許偉康並出屠酤司馬子威拔自卒伍及同郡郭長信王長文韓文布李子政曹子元定襄周康子西河王季然雲中丘季智郝禮真等六十人並以成名王柔王澤兄弟總角共候林宗以訪才行所宜林宗曰叔優當以仕進顯季道當以經術通然違方改務亦不能也後果如所言柔爲護匈奴中郎將澤爲代郡太守謝甄與陳留邊讓並善談論俱有成名每共候林宗未嘗不連日達夜林宗謂門人曰二子英才有餘而並不入道惜乎甄後不拘細行爲時所毀讓以輕侮曹操殺之黃允以儁才知名林宗見而謂曰卿有絶人之才足成偉器然恐守道不篤將失之矣後司徒袁隗欲爲從女求姻見允而歎曰得婿如是

足矣允聞而黜遣其妻夏侯氏婦謂姑曰今當見棄方與黃氏長辭乞一會親屬以展離訣之情於是大集賓客三百餘人婦中坐攘袂數允隱慝穢惡十五事言畢登車而去允以此廢於時史叔賓少有盛名林宗見而告人曰牆高基下雖得必失後果以論議阿枉敗名云庾乘少給事縣延爲門士林宗見而拔之勸游學宮遂爲諸生傭後能講論自以卑第每處下坐諸生博士皆就讎問繇是學中以下坐爲貴後徵辟並不起號曰徵君

荀淑字季和穎川人爲朗陵侯相時黃憲世貧賤父爲牛醫淑至慎陽遇憲於逆旅時年十四淑竦然異之揖與語移日不能去謂憲曰子吾之師表也既而前至袁閬所未及勞問逆曰子國有顏子寧識之乎閬曰見吾叔度耶淑又拔李昭於小吏

李膺爲烏桓校尉以公事免官還居綸氏教授常千人南陽樊陵求爲門徒膺謝不受後陵以阿附宦官致位太尉爲節志所羞又岑晊詣太學膺與王暢稱其有幹國器膺後爲司隸校尉

度尚除上虞長進善愛人坐以待旦擢門下書佐朱儁嘗歎美之以爲有不凡之操儁後官至車騎將軍遠近奇尚有知人之鑒

吳祐字季英郡舉孝廉將行郡中爲祖道祐越壇共小吏雍丘黃真歡語移時與結友而別功曹以祐倨請黜之太守曰吳季英有知人之明卿且勿言真後

亦舉孝廉除新蔡長世稱其清節祐官至河間相

仲長統山陽高平人年二十餘游學青徐幷冀之間與交者多異之幷州刺史高幹素貴有名招致四方游士多歸焉統過幹幹善待遇之訪以世事統謂幹曰君有雄志而無雄才好士而不能擇人所以爲君深戒也幹雅自多不納統言統去之無幾而幹敗幷異之士以是異統後尚書令荀彧舉爲尚書郎又參丞相曹操軍事

符融陳留浚義人游太學郭林宗始入京師時人莫識融一見嗟服因以介於李膺繇是知名時漢中晉

文經梁國黄子英並恃其才智炫曜上京卧託養疾無所通接雒中諸大夫好事者承其聲名坐門問疾猶不得見三公所辟召者輒以詢訪之隨所臧否以爲與奪融察其非眞乃到太學并見李膺曰二子行業無聞以豪傑自置遂使公卿問疾王臣坐門融恐其小道破義空譽違實特宜察焉膺然之二人自是名論漸衰賓徒稍省旬日之間慙歎逃去後果爲輕薄子並以罪廢棄融益以知名優游不仕以至於終

鄭玄門人樂安國淵任嘏年並童幼玄稱淵爲國器嘏有道德其餘亦多所鑒拔皆如其言國淵字子尼少師事鄭玄

淵始未知名玄稱之曰國子尼美才也吾觀其人必爲國器後爲大司農

李瓚位至東平相初曹操微時瓚異其才將没謂子宣等曰時將亂矣天下英雄無過曹操張孟卓與吾善袁本初汝外親雖爾勿依必歸曹氏諸子從之並免於亂世

甘公丹陽縣人嘗爲蒼梧太守陶謙少孤始以不羈聞於縣中年十四猶綴帛爲幡乘竹馬而戲邑中兒童皆隨之甘公出遇見之其容貌異而呼之與語甚說許妻以女夫人怒曰陶家兒遨戲無度奈何以女許之甘公曰彼有奇表長必大成遂以妻之

許劭字子將汝南平輿人也嘗爲郡功曹劭少峻名節好人倫多所賞識若樊子昭和陽士者並顯名於世故天下言拔士者咸稱許郭林宗劉曄少有孝行避地揚州劭稱曄有佐世之才後爲魏名臣又曹公微時嘗卑辭厚禮求爲己目劭鄙其人而不肯對公乃伺隙脅劭劭不得已曰君清平之姦賊亂世之英雄公大悦而去又云魏太祖嘗問許子將我何如人子將不答固問之子將曰子治世之能臣亂世之姦雄太祖大笑

蔡邕字伯喈爲左中郎將獻帝西遷王粲徙長安邕見而奇之時邕才學顯著貴重朝廷嘗車騎塡巷賓

客盈坐聞粲在門倒屣迎之粲至年既幼弱容狀短小一坐盡驚邕曰此王公孫也有異才吾不如也吾家書籍文章盡當與之邕初從朔方還嘗避怨於吳顧雍從學琴書雍專一清靜敏而易教伯喈貴異之謂曰卿必成致今以吾名與卿故雍與伯喈同名

孔融字文舉爲北海相韋康字元將與弟仲將俱見融融與康父端書曰前日元將來淵才亮茂雅度弘毅偉世之器也昨日仲將又來懿性貞實文敏篤誠保家之主也不意雙珠近出老蚌甚珍貴之又召王修爲主簿舉孝廉修以天下亂不行頃之郡中有反

者修聞融有難夜往奔融賊初發融謂左右曰能冒難來惟修耳言終而修至復署功曹融嘗謂功曹孔邵廊廟才也邵後從劉繇於江東及吴大帝統事數陳便宜以爲應納貢聘大帝即從之拜廬江太守遷車騎長史黄武初爲丞相威遠將軍封陽羨侯

橋玄梁國人爲太尉初魏太祖少任俠放蕩世人未之奇也惟玄與南陽何顒異焉玄謂太祖曰天下將亂非命世之才不能濟也能安之者其在君乎操嘗感其知己後經玄墓輒悽愴致祭自爲其文又云橋玄世名知人觀魏太祖而異之曰吾見天下名士多矣未有若君者也君善自持吾老矣願以妻子爲託繇是身名益重

何顒南陽襄鄉人辟司空府初見魏太祖歎曰漢家將亡安天下者必此人也顒嘗稱潁川荀彧王佐之器及彧爲尚書令遣人西迎叔父爽喪并致顒屍而葬之冢傍

陳寵爲尚書皇后弟侍中竇憲薦真定令張林爲尚書帝以問寵寵對林雖有才能而素行貪濁憲以此深憾寵林卒被用而以臧汙抵罪

魏荀彧所舉者命世大才邦邑則荀攸鍾繇陳羣及引致當世知名郗慮華歆王朗荀悅杜襲辛毗趙儼之儔終爲卿相以十數人取士不以一揆戲志才郭嘉等有負俗之譏杜畿簡傲少文皆以智策舉之終各稱職初曹公問彧誰能代卿爲我謀者彧言攸繇又言策謀士初進志才志才卒郭又進嘉曹公以爲知人或爲侍中光祿大夫持節參丞相軍事

劉元起涿郡人蜀先主年十五母使行學與元起子德然遼西公孫瓚俱事故九江太守同郡盧植元起嘗資給先主與德然等元起妻曰各自一家何能嘗爾邪起曰吾宗中有此兒非常人也元起出蜀志不見官位

張世平中山大商也蜀先主在涿時世平與蘇雙等

皆累千金販馬周旋於涿郡見而異之乃多與金財先主繇是得合徒衆世平出蜀志不見官位

魏茲陳留人臻之父也茲有大節不應三公之辟太祖之初至陳留茲曰平天下者必此人也太祖亦異之數詣茲議大事從討董卓戰於滎陽而卒太祖每涉郡境輒遣使祠焉魏茲出魏志不見官位

王郎漢末爲會稽太守爲孫策所執後太祖徵之既至太祖問曰孫策何以得至此耶郎曰策勇冠一世有雋才大志張子布民之望也北面而相之周公瑾江淮之傑攘臂而爲其將謀而有成所規不細終爲

天下大賊非徒狗盜而已

王儁字子文汝南人少爲范滂許章所識與南陽岑晊善曹公之爲布衣特愛儁儁亦稱曹公有治世之具及袁紹與弟術喪母歸葬汝南儁與曹公會之會者三萬人曹公於外密語儁曰天下將亂爲魁者必此二人也欲濟天下爲百姓請命不先誅此二子亂今作矣儁曰如卿之言濟天下者舍卿復誰相對而歎劉表見袁紹彊陰與紹通儁謂表曰曹公天下之雄也必能興霸道繼桓文之功者也今乃釋近而就遠如有一朝之急遥望漢北之救不亦難乎表不從

冊府元龜　總錄部　知人　卷之八百四十二　二十三

賈詡爲太尉初南見劉表表以客禮待之詡謂人曰表平世三公才也不見事變多疑無決無能爲也

劉琬漢末爲使者使孫策加錫命時吳大帝舉孝廉琬語人曰吾觀孫氏兄弟雖各才秀明達然皆祿祚不終惟中弟孝廉形貌奇偉骨體不恒有大貴之表年又最壽爾試識之

裴潛初爲太祖倉曹屬太祖問潛曰卿前與劉備俱在荆州卿以備才畧何如潛曰使居中國能亂人而不能爲治也若乘間守險足以爲一方主

揚俊字季才有風鑒仕爲南陽太守漢末晉宣帝年十六七與俊相遇俊曰此非常人之人也又司馬朗早有聲名其族兄芝衆未之知惟俊言曰芝雖風望不及朗實理但有優

甘俊自少及長以人倫自任同郡審固陳留衛恂本皆出自兵伍俊資拔奬致咸作佳士後固歷位郡守恂御史縣令其明鑒行義多此類也

崔林字德儒河東武城人也有清識拔同郡王經於民伍之中卒爲名士世以此稱之後爲司空薨

傅巽字公悌文帝時爲侍中巽瓌偉博達有知人鑒巽在荆州目龐統爲半英雄謂裴潛終以清行顯統

冊府元龜　總錄部　知人　卷之八百四十二　二十四

遂附劉備見待次於諸葛亮潛位至尚書令並有名德及在魏朝魏諷以才智聞巽謂之必反卒如其言

游殷爲郡功曹時張既爲兒童殷察而異之引既過家既敬諾先歸勑家具設賓饌及既至殷妻笑曰君其悖乎張德容童昏小兒何異客哉殷曰卿勿怪乃方伯之器也殷遂與既論霸王之術饗訖以子楚託之既謙不受殷固託之既以殷邦之宿望難違其旨乃許之後楚爲蒲阪令太祖定關中時漢興郡缺太祖以問既既稱楚才兼文武遂以爲漢興太守後轉隴西

夏侯玄世名知人爲中護軍拔用武官參戟牙門無非俊傑多牧州典郡立法垂教於今皆爲後式

司馬德操潁川人也劉廙年十歲戲於講堂上德操拊其頭曰孺子孺子黄中通理寧自知不廙文帝郎王位爲侍中賜爵關内侯

陳羣辟太祖司空西曹掾屬時有薦樂安王模下邳周逵者太祖辟之羣封還教以爲模逵穢德終必敗太祖不聽後模逵皆坐姦宄誅太祖以謝羣羣薦廣陵陳矯丹陽戴乾太祖皆用之後吳人叛乾忠義死難矯遂爲名臣世以羣爲知人

劉曄爲侍中時魏諷有重名自卿相以下皆傾心交之其後孟達去劉備歸文帝論者多稱有樂毅之量曄一見諷達而皆云此二人必反卒如其言達有容止才觀文帝甚器愛之使達爲新城太守加散騎常侍曄曰達有苟得之心恃才好術必不能感恩懷義新城與吳蜀接連若有變態爲國生患文帝竟不易後達終於叛敗

張既爲雍涼二州刺史十餘年其所禮辟扶風龐延天水楊阜安定胡遵酒泉龐淯燉煌張恭周生烈等皆終有名位

荀攸字公達鄭泰高祖衆爲漢大司農父泰楊州刺史有高名泰少孤早有識鑒攸見之曰鄭公業爲不亡矣公業泰字也攸終於尚書令

傅嘏爲黄門侍郎時曹爽秉政何晏爲吏部尚書嘏謂爽弟羲曰何平叔外靜而内銛巧好利不念務本吾恐必先惑子兄弟仁人將遠而朝政廢矣晏等遂與嘏不平因微事以免嘏官起家拜滎陽太守不行太傅司馬宣王請爲從事中郎曹爽誅爲河南尹李豐與嘏同州少有顯名早歷大官内外稱之嘏又不善也謂同志曰豐飾偽而多疑矜小失而昧於權利若處庸庸者可也自任機事而遭明者必死豐後爲中書令與夏侯玄俱禍卒如嘏言先是何晏以才辨

顯於貴戚之間鄧颺好變通合徒黨鬻聲名於閭閻而夏侯玄以貴臣子少有重名爲之宗主求交於嘏而不納也嘏友人荀粲有清識遠心然猶怪之謂嘏曰夏侯泰初一時之傑虛心交子合則好成不合則怨至二賢不睦非國之利此藺相如所以下廉頗也嘏答之曰泰初志大其量能合虛聲而無實才何平叔言遠而情近好辯而無誠所謂利口覆邦國之人也鄧玄茂有爲而無終外要名利内無關鑰貴同惡異多言而妬前多言多釁妬前無親以吾觀此三人者皆敗德也遠之猶恐禍及況昵之乎故爲尚書僕

射時司馬文王輔政鍾會爲黄門侍郎會嘗有自矜色嘏戒之曰子志大而量小勳業難爲也可不慎哉後果作亂被誅

何禎明帝時爲秘書丞時譙人胡康年十五以異才見選又陳損益求試劇縣詔特引見衆論翕然號爲神童詔付秘書使博覽典籍帝以問禎康才何如禎答曰康雖有才性質不端必有負敗後果以過見譴

夏侯霸爲討蜀護軍右將軍後降蜀姜維問之曰司馬懿既得彼政當復有征伐之志不霸曰彼方營立家門未遑外事有鍾士季會若其人雖少終爲吳蜀

之憂然非常之人而不能用也後十五年而會果滅蜀

司馬朗爲兖州刺史朗雅好人倫鄉人李覿等盛得名譽朗嘗顯貶下之後覿等敗時人服焉

崔琰爲中尉琰初與司馬朗善晉宣王方壯琰謂朗曰子之弟聰哲明允剛斷英特殆非子之所及也

王修爲奉常修初識高柔於弱冠異王基於童幼終皆遠至世稱其知人

郭玄陽翟人被刑在家鄧艾少爲襄城典農部民與石苞皆年十二三玄從典農司馬求入御以艾苞與御行十餘里與語悅之謂二人皆當遠至爲佐相艾從爲典農功曹奉使詣宣王繇此見知遂被拔擢苞亦貴顯郭玄出魏志不見官位

杜畿爲尚書僕射畿初與太僕李恢東安太守郭智有好恢子豐交結英俊以才智顯於天下智子冲有內實而無外觀州里弗稱也二人各修子孫禮見畿既退畿歎曰孝懿無子非徒無子殆將無家君謀爲不死也其子足繼其業時人皆以畿爲誤恢死後豐爲中書令父子兄弟皆誅冲爲代郡太守卒繼父業世乃服畿知人魏略曰李豐父名義與此不同義蓋恢之別名也

蜀司馬徽潁川人有知人之鑒龐統少時樸鈍未有識者統弱冠往見徽徽採桑於樹上坐統在樹下共語自晝至夜徽甚異之稱統當爲南州士之冠冕繇是漸顯徽出蜀志不見官位

譙周字允南陳壽爲觀閣令史宦人黄皓專弄威權壽獨不爲之屈繇是屢被譴黜遭父喪有疾使婢丸藥客往見之鄉黨以爲貶議蜀平坐是沉廢者累年後爲御史治書以母憂去職母遺言令葬雒陽壽遵其志又坐不以母歸葬竟被貶議初周嘗謂壽曰卿必以才學成名當被損折亦非不幸也宜深慎之壽

至再致廢辱皆符周言周入魏時晉文王爲相國以
周有全國之功封陽城侯
楊戲爲射聲校尉戲性簡惰未嘗以甘言加人時人
謂譙周無當世才少歸敬者戲重之嘗稱曰吾等後
世終自不如此長兒也有識以此貴戲
王連爲司監較尉於是簡取良才以爲官屬若呂乂
杜祺劉幹等終皆至大官自連所拔也
吳虞翻字仲翔初山陰丁覽太末徐陵或在縣吏之
中或衆所未識翻一見之便與友善終成顯名翻嘗
爲騎都尉

陸遜爲太子太傅遜名知人初暨豔造營府之論遜
諫戒之以爲必禍又謂諸葛恪曰在我前者吾必奉
之同升在我下者則扶持之今觀君氣陵其上意蔑
乎下非安德之基也及廣陵楊竺少獲聲名而遜謂
之終敗勸竺兄穆令與別族後豔恪竺皆坐誅其先
見如此
胡綜爲侍中時青州人隱蕃歸吳上書曰臣聞紂爲
無道微子先出高祖寬明陳平先入臣年二十二委
棄封域歸命有道賴蒙天靈得自全致臣至止有日
而主者同之降人未見精別使臣微言妙旨不得上
達於邑三歎曷惟其已也謹詣闕拜章乞蒙引見大
帝即召入蕃謝答及陳時務甚有辭觀綜時侍坐帝
問如何對曰蕃上書大語有似東方朔巧捷詭辯有
似禰衡而才皆不及大帝又問可堪何官綜對曰未
可以治民且試以都輦小職大帝以蕃盛論刑獄用
爲廷尉監左將軍朱據廷尉郝普稱蕃有王佐之才
普尤與之親善嘗怨歎其屈後蕃謀叛事覺伏誅普
見責自殺據禁止歷時乃解拜綜偏將軍蕃以口辯
爲豪傑所善潘濬子翥亦與周旋饋餉之濬聞大怒
疏責翥曰吾受國厚恩志報以命爾輩在都當念恭

順親賢慕善何故與降虜交以糧餉之在遠聞此心
震面熱惆悵累旬疏到急就往使受杖一百促責所
餉當時人咸怪濬而蕃果圖叛誅夷衆乃歸服
全衛爲中庶子年二十時廷尉監隱蕃交結豪傑自
衛將軍全琮等皆傾心敬待惟衛及宣詔郎豫章楊
廸拒絕不與通時人咸怪之而蕃後叛逆衆乃服之
李肅南陽人也孟仁少從肅學讀書夙夜不懈肅奇
之曰卿宰相器也後果爲丞相
習溫爲荊州大公平大公平今之州都潘秘過辭於
溫問曰先君昔因君侯當爲州里議主今果如其言

不審州里誰當復相代者温曰無過於君也後秘爲尚書僕射代温爲公平甚得州里之譽

虞俊餘姚人也俊見張温歎曰張惠恕（温字）才多智少華而不實怨之所聚有覆家之禍吾見其兆矣諸葛亮聞俊憂温意未之信及温放黜亮乃歎俊之有先見亮初聞温敗未知其故思之數日曰吾已得之矣其人於清濁太明善惡太分（温出吳志無官位）

陸瑁吳郡吳人也爲選曹尚書初同郡聞人敏見待國邑優於宗修惟瑁以爲不然後果如其言

孫河爲烏程縣長吳粲爲小吏河深奇之河後爲將

軍得自選長吏表粲爲曲阿丞遷爲長史治有名迹雖起孤微與同郡陸遜卜靜等比肩齊聲矣

虞忠字世方翻第五子爲宜都太守貞固幹事好識人物造吳郡陸機於童齓之年稱上虞魏遷於無名之初終皆遠致爲著聞之士交同縣王岐於孤宦之族仕進先至宜都太守忠乃代之

闞澤字德潤爲太子太傅初丁固在襁褓中澤見而異之曰此兒後必致公輔終如其言

李衡爲威遠將軍衡本襄陽卒家子漢末入吳爲武昌庶民聞羊衜有人物之鑒往干之衜曰多事之世

尚書劇曹郎才也

顧邵爲豫章太守好樂人倫初錢塘丁諝出於役伍陽羨張秉生於庶民烏程吳粲雲陽殷禮起乎微賤邵皆拔而友之爲立聲譽諝至典軍中郎秉雲陽太守禮零陵太守粲太子少傅世以邵爲知人

張承爲奮威將軍承能甄識人物拔彭城蔡款南陽謝景於孤微童幼並爲國士款至衛尉景豫章太守又諸葛恪字元遜年少時衆人奇其英才承言終敗諸葛氏者元遜也勤於長進篤於物類凡在庶幾之流無不造門

册府元龜

巡按福建監察御史臣李嗣京訂正

知閩縣事臣曹冏臣參閱

知建陽縣事臣黄國琦較釋

總録部八百四十三

知人第二

晉劉寔初爲宣帝相國參軍時鍾會鄧艾之伐蜀也有客問寔曰二將其平蜀乎寔曰破蜀必矣而皆不還客問其故笑而不答竟如其言寔之先見多此類也懷帝時爲太尉

趙元儒名爲知人爲鄴市長石苞少爲史被使到鄴事久未决乃販鐵於鄴市元儒見苞異之因與結交歎苞遠量當至公輔繇是知名

許允爲吏部郎石苞嘗見允求爲小縣允謂苞曰卿是我輩人當相引在朝廷何欲小縣乎苞還歎息不意允之知已乃如此

孫登高尚不仕嵇康從之游登謂康曰子才多識寡難乎免於今之世矣一云君性烈而才儁其能免乎子無求乎康不能用果遭非命仍作幽憤詩曰昔慙柳下今愧孫登

潘岳爲黄門郎熊翹嘗爲石崇蒼頭而性廉直有上風岳見而稱異勸崇免之乃還鄉里

胡毋輔之字彦國爲湘州刺史初光逸爲門亭長迎新令至京師輔之與荀邃共詣令家望見逸輔之謂邃曰彼似奇才便呼上車與談良久果俊器

阮修字宣子梁國張偉志趣不常自隱於屠釣修愛其才美而知其不真偉後爲黄門郎陳留内史果以世事受累修爲太子洗馬

郭奕字大業爲野王令羊祜字叔子祜嘗過之奕歎曰羊叔子何必減郭大業少選復往又歎曰羊叔子去人遠矣遂送祜出界數百里坐此免官一云羊祜舉上計吏

州四辟從事秀才五府交命皆不就奕見之曰此今之顔子者也奕後爲雍州刺史亭長李含有俊才而門寒爲豪族所排奕用爲别駕含後果有名位時以奕爲知人奕遷尚書名重當世朝臣皆出其下時帝委任楊駿奕表駿小器不可任以社稷帝不聽駿後果誅

鄭袤爲儀同三司初年十七在鄉里時濟陰魏諷爲相國掾名重當世袤同郡任覧與結交袤以諷姦雄終必爲禍勸覧遠之及諷敗論者稱焉

張華爲司空初陶侃至雒陽數詣華華初以遠人不甚接遇侃每往神無忤色華後與語異之除郎中伏

波將軍

裴楷字叔則爲開府儀同三司有知人之鑒初在河南樂廣僑居郭界未知名楷一見而奇之致之於宰府

裴頠魚毁切字逸民王接性簡率不修俗操鄉里大族多不能善之惟頠雅知焉頠爲左僕射嵇紹爲汝陰太守頠深器之每日使延祖爲吏部尚書可使天下無復遺才矣頠後爲侍中

李憙薦樂安孫璞亦以道德顯時人稱爲知人憙官至特進

閻德東海人也唐彬初受學於德門徒甚多獨目彬有廊廟才後拜使持節前將軍領西戎校尉雍州刺史及彬官成而德已卒乃爲之立碑

左乂太原人也魏舒少質樸性好騎射著韋衣入山澤以漁獵爲事惟乂謂舒曰卿終當爲台輔然未能令妻子免饑寒吾當助卿營之嘗賑其匱乏舒受而不辭果位同三司祿賜如前几杖不朝賜錢百萬

山濤字巨源爲尚書僕射初王衍總角造濤濤嗟歎良久既去目而送之曰何物老嫗生寧馨兒然誤天下蒼生者未必非此人也

王戎爲司徒衍從兄也初孫秀爲瑯琊郡吏求品於鄉議衍將不許戎勸品之及得志朝士有宿怨者皆被誅而戎衍獲免焉

范碧爲少府鄉人郭舒幼請其母從師歲餘便歸耕識大義譽及舒宗人武陵太守郭景咸稱舒當爲後來之秀終成國器

盧欽范陽涿人也爲尚書僕射初同郡人張華少孤貧自牧欽見而器之鄉人劉放亦奇其才以女妻焉

嵇紹爲侍中初沛國戴晞少有才知與紹從子含相友善時人許以遠致紹以爲必不成器晞後爲司州

主簿以無行被斥州黨稱紹有知人之明又元帝初封瑯琊王幼有令聞及惠皇之際王室多故帝每恭儉退讓以免於禍沉敏有度量不顯灼然之迹故時人未之識焉惟紹異之謂人曰瑯琊王毛骨非嘗殆非人臣之相也

劉公榮清陰人也有知人之鑒范喬弱冠受業於樂安蔣國明公榮見喬深相器重喬父沒足不出邑里供養衛門至於白首元康中除樂安令辭疾不拜喬凡一舉孝廉八薦公府再舉清白又舉寒素一無所就又同郡武陔字元夏父周魏衛尉陔沈敏有器量

早獲府譽與二弟紹字叔夏茂字季夏並總角知名雖諸父兄弟及鄉閭宿望莫能覺其優劣公榮有知人之鑒嘗造周周見三子焉公榮曰皆國士也元夏最優有輔佐之才陳力就列可爲亞公叔夏季夏不減常伯納言也

江統有才識東海王越爲兗州牧以統爲別駕委以州事與統書曰昔王子師爲豫州未下車辟荀慈明下車辟孔文舉貴州人士有堪應此者不統舉高平郗鑒爲賢良陳留阮修爲直言濟北程收爲方正時以爲知人統累遷至黃門侍郎散騎常侍領國子博

士

山簡河內人爲征南將軍鎮襄陽初蔡克未仕時簡嘗與瑯邪王衍書曰蔡子尼今之正人衍以書示衆曰山子以一字拔人然未易可稱後衍聞克在選官曰山子正人之言驗於今矣

潘京武陵漢壽人也爲泉陵令初同郡人戴若思除沁水令不就遂往武陵省父時京素有理鑒名知人其父遣若思就京與語既而稱若思有公輔之才

顧榮字彥先嘗見吳伏波將軍孫秀之曾孫晷爲兒童未嘗被呵怒謂其外祖薛兼曰此兒神明清審志氣貞立非常童也榮位至散騎常侍安東軍司

周浚字開林爲安東將軍有人倫鑒識鄉人史曜素微賤衆所未知浚獨引之爲友遂以妹妻之曜竟有名於世

張公陳留高士也王澄少有風鑒識量清遠年十四張公見而奇之謂其從兄敦曰此兒容貌志氣將相之器也

賀循會稽山陰人也爲奉常雅有知人之鑒拔同郡楊方於卑陋卒成名於世

周顗爲僕射初顧和幼爲王導揚州從事月旦當朝

未入停車門外顗遇之和方擇蝨夷然不動顗既過顧指和心曰此中何所有和徐應曰此中最是難測地顗入謂導曰卿州吏中有一令僕才導亦以爲然

王澄爲荊州刺史范汪父稚早卒汪少孤貧六歲過江依外家新野庾氏澄見而奇之曰興范族者必是子也

王應王敦兄含子也敦養應爲子敦從弟彬爲江州刺史舒爲荊州刺史敦死含欲投舒應勸含投彬含曰大將軍平素與江州云何（爲敦嘗欲殺彬故也）汝欲歸之應曰此乃所以宜往也江州當人強盛時能立同異及

人危厄必與愍惻荆州守文豈能意外行事命不從遂共投舒舒果沈含父子於江彬聞應來密具船以待之既不至深以爲憾

王導字茂弘爲丞相初諸葛恢弱冠知名値天下大亂避地江左名亞王導庾亮導嘗謂曰明府當爲黑頭公及導拜司空恢在坐導指冠謂曰君當復著此恢後累遷尚書右僕射尚書令加侍中金紫光祿大夫又劉惔少清遠有奇操與母任氏寓居京口家貧織芒屩以爲養雖蓽門陋巷晏如也人未之識惟導深器之後稍知名論者比之袁羊惔喜還告其母其

母聰明婦人也謂之曰此非汝比勿受之又有方之范汪者惔復喜母又不聽及惔年德轉升論者遂比之荀粲

劉惔爲丹陽尹嘗薦吳郡張憑憑卒爲美士衆以此服其知人又桓溫豪爽有風槩姿貌甚偉面有七星少與惔善惔嘗稱之曰溫眼如紫石稜鬚作蝟毛磔孫仲謀晉宣王之流亞也

潘滔爲洗馬見王敦而目之曰處仲(敦字)蜂目已露但豺聲未振若不噬人亦當爲人噬東海王越以敦爲揚州刺史滔說越曰今樹處仲於江外使其肆豪強之心是見賊也越不從元帝以爲都督江揚荆湘交廣六州軍事明帝即位敦遂叛

庾亮領江州孟嘉少知名亮辟補廬陵從事嘉還都亮引問風俗得失對曰還轉當問吏亮舉麈尾掩口而笑謂弟曰孟嘉故是盛德人轉勸學從事

褚裒爲豫章太守正旦朝庾亮以裒有器識亮大會州府人士孟嘉坐次甚遠裒問亮聞江州有孟嘉其人何在亮曰在坐卿但自覓裒歷觀指嘉謂亮曰此君小異將無是乎亮欣然而笑喜裒得嘉

謝安字安石爲太傅初褚爽少有令稱安甚重之嘗

曰若期生(爽之小字)不佳我不復論士矣

萬嗣爲長沙太守時陶侃爲廬江太守張夔督郵領樅陽令有能名遷主簿嗣過廬江見侃虛心敬悅曰君終當有大名命其子與之結友而去夔察侃爲孝廉

楊晫爲豫章國郎中令晫陶侃州里也爲鄉論所歸侃詣之晫曰易稱貞固足以幹事陶士行是也與同乘見中書郎顧榮榮甚奇之吏部郎溫雅謂晫曰奈何與小人共載晫曰此人非凡器也

黃慶爲武庫令尚書樂廣欲會荆揚士慶進陶侃於

廣人或非之慶曰此子終當遠致復何疑也慶後爲吏舉侃補武岡令

劉弘爲荆州刺史將之官辟陶侃爲南蠻長史遣先向襄陽討賊張昌破之弘既至謂侃曰吾昔爲羊公叅軍謂吾其後當居身處今相觀察必繼老夫矣後以軍功封東鄉侯

桓彝字茂倫爲西陽太守性通朗早獲盛名有人倫識鑒抜才取士或出於無聞或得之孩抱時人方之許郭初見謝安始四歲彝歎曰此兒風神秀徹後當不減王東海

溫嶠爲驃騎將軍鎮武昌初桓溫生未朞而嶠見之曰此兒有奇骨可試使啼及聞其聲曰真英物也彝以嶠所賞故遂名之曰溫嶠笑曰果爾後將易吾姓也

王藴爲會稽内史時王忱來拜墓藴子恭往省之素相善遂留十餘日方還藴問其故恭曰與阿大語蟬連不得歸藴曰恐阿大非爾之友阿大忱小字也後竟乖初好時以爲知人

庾翼字稚恭爲征南將軍少有經綸大畧京兆杜乂陳郡殷浩並才名冠世而翼弗之重也語人曰此輩宜束之高閣俟天下太平然後議其任矣見桓溫總角之中便期之以遠畧因言於成帝曰桓溫有英雄之才願陛下勿以常人遇之常壻畜之宜委以方召之任必有弘濟艱難之勲

王濛爲司徒左長史初謝安弱冠詣濛清言良久既去濛子修曰向客何如大人濛曰此客亹亹來逼人王導亦深器之繇是少有重名

郗超爲桓溫叅軍事聞謝安以苻堅之侵舉兄子玄爲將超雖素與玄不善聞而歎之曰安違衆舉親明也玄必不負舉才也時咸以爲不然超曰吾嘗與玄共在桓公府見其使才雖履屐閒亦得其任所以知

之

桓溫字元子王珣弱冠與陳郡謝玄爲溫掾俱爲溫所敬重嘗謂之曰謝掾年四十必擁旄杖節王掾當作黑頭公溫後爲丞相大司馬

王雅爲太子少傅孝武世時帝以會稽王道子無社稷器幹慮晏駕之後皇室傾危乃選時望以爲藩屏將擢王恭殷仲堪等先以訪雅雅以恭等無當世之才不可大任乃從容曰王恭風神簡貴志氣方嚴既居外戚之重當親賢之寄然其秉性峻隘無所苞容

執自是之操無守節之志仲堪雖謹於細行以文義著稱亦無弘量且幹畧不長若委以連率之重據形勝之地今四海無事足能守職若道不當隆必爲亂階矣帝以恭等爲當時秀望謂雅疾其勝已故不從二人皆被升用其後竟敗有識之士稱其知人

王胡之爲郡太守辟南平車武子父育爲郡主簿胡之名知人見武子於童幼之中謂武子父曰此兒當大興卿門可使專學

王謐見劉裕在布衣衆未之識也惟謐獨奇貴之嘗謂裕曰卿當爲一代英雄及裕破桓玄謐以本官加

侍中領揚州刺史錄尚書事

桓玄字敬道爲大司馬初京兆覇城人王修南渡見玄玄知之謂曰君平世吏部郎才又謝景仁以不附會司馬元顯年三十方爲著作郎玄誅元顯見景仁甚知之謂四坐司馬庶人父子云何不敗遂令謝景仁方作著作郎

楊珧駿之弟也魏咸熙中劉元海爲任子在雒陽晉文帝深待之泰始之後王渾又屢言之於武帝帝召與語大悅之謂王濟曰劉元海容儀機鑒雖繇余日磾無以加也濟對曰元海容儀機識實如聖旨然其文武才幹賢於二子遠矣陛下若任之以東南之事吳會不足平也帝稱善珧及孔恂進曰臣觀元海之才當今懼無其比陛下若輕其衆不足以成事若假之威權平吳之後恐其不復北渡也非我族類其心必異任之以本部臣竊爲陛下寒心若舉天阻之固以資之無乃不可乎帝默然後秦涼覆沒帝疇咨將帥上黨李憙曰陛下誠能發匈奴五部之衆假元海一將軍之號鼓行而西可指期而定恂曰李公之言未盡殄患之理也憙勃然曰以匈奴之勁悍元海之曉兵奉宣聖威何不盡之有恂曰元海若能平涼州

斬樹機能恐涼州方有難耳蛟龍得雲雨非復池中物也帝乃止珧官終太僕

董仲道隱者也王彌有才幹博涉書記少游俠京都仲道見而謂之曰君豺聲豹視好亂樂禍若天下騷擾不作士大夫矣彌後事劉元海劉曜爲石勒所殺

張華仕前燕爲安北將軍雅有知人之鑒慕容廆童冠時往謁之華甚歎異謂曰君至長必爲命世之器扶難濟時者也因以所服簪幘遺廆結殷勤而別

張載灌津人也同郡韓嵩少能屬文師事載載奇之曰王佐才也嵩後仕慕容儁爲揚烈將軍與李產俱

傳東宮從太子暐入朝儁顧謂左右曰此二傳一代
偉人未易繼也其見重如此
苻宏前秦苻堅之太子也堅以士馬強盛有圖西域
之志乃授呂光使持節都督西討諸軍事率將軍姜
飛彭馬杜進康盛等總兵十萬鐵騎五千以討西域
以隴西董方馮翊郭抱武威賈虔弘農楊穎爲四府
佐將宏執光手曰君器相非常必有大福宜深保愛
毛興仕前秦鎮上邽時苻登兄同成爲興長史以登
爲司馬後姚萇作亂遣其弟碩德率衆伐興相持久
之興將死告同成曰與卿累年共擊逆羌事終不就

何慮之深可以後事付卿少弟司馬殄碩德者必此
人也卿可總攝司馬事
徐統見王猛於鄴都奇之召爲功曹遁而不應
王猛字景略爲苻堅丞相呂光沈毅凝重寬簡有大
量喜怒不形於色時人莫之識也惟猛異之曰此非
常人也
劉化者道術之士也見李特第三子雄化每謂人曰
關隴之士皆當南移李氏子中惟仲儁有奇表終爲
人主仲儁雄字也
趙廞後蜀人也李庠特第三弟也爲威寇將軍封陽
泉亭侯初至蜀廞深器之與論兵法無不稱善每謂
所親曰李玄序盖亦一時之關張也玄序庠字
王齊北燕人初馮素弗跋之長弟任俠放蕩不修小
節故時人未之奇惟齊異焉曰撥亂才也及爲宰輔
謙虛恭慎非禮勿動成藻爲南宮令馮素弗弱冠自
詣慕容熙尚書左丞韓業請婚業怒而距之後求尚
書郎高邵女邵亦弗許時藻豪俊有高名素弗造焉
藻命門者勿納素弗逕入與藻對坐旁若無人談飲
連日藻始奇之曰吾遠求騏驥不知近在東鄰何識
子之晚也當世俠士莫不歸之

宋謝景仁爲桓玄黄門侍郎時高祖爲桓脩撫中兵
參軍嘗詣景仁諮事景仁與語悅之因留高祖共食
未辦而景仁爲玄所召玄性促急俄傾之間騎詔續
至高祖屢求去景仁不許曰主上見待要應有方我
欲與客共食豈當不得待竟安坐飽食然後應召高
祖甚感之
江斆爲建武將軍初劉穆之世居京口少好書傳博
覽多通爲斆所知及斆爲將軍以穆之爲府主簿
謝混字叔源高祖義旗初建以徐羨之爲鎮軍參軍
尚書庫部郎領軍司馬與混共事混甚知之混官終

左僕射
蔡撙之見謝安兄弟謂人曰弘徵貌類中郎而性似
文靖弘徵謝朏字也
沈慶之爲建威將軍元嘉三十年元凶弑立孝武入
討義與太守王僧達歸孝武孝武命爲長史初發尋
陽慶之謂人曰王僧達必求赴義人問其所以慶之
曰虜馬飲江王出赴難見其議論開張執意明決以
此言之其至必也僧達果來
桓序爲輔國將軍劉敬宣父牢之爲鎮北將軍敬宣
八歲喪母晝夜號泣中表異之序鎮蕪湖牢之參序

軍事四月八日敬宣見衆人灌佛乃下頭上金鏡以
爲母灌像因悲泣不自勝序歎息謂牢之曰卿此兒
既爲家之孝子必爲國之忠臣
劉敬宣以劉毅爲寧朔參軍時人或以雄傑許之敬
宣曰非常人之才當別有調度豈得便謂此君爲人
豪耶然其性外寬而內忌自伐而尚人君一旦遭逢
亦當以陵上取禍耳
韓伯爲豫將太守胡藩少孤居喪以毀稱伯見謂藩
叔尚書少廣曰卿此姪當以義烈成名
雷次宗字仲倫豫章南昌人元嘉二十五年徵至京
師開館車駕數幸除給事中不就南齊衡陽元王道
度太子長兄也與太祖俱受學於次宗宣帝問二兒
學業次宗答曰其兄外朗其弟內潤皆良璞也
張邵拜征虜將軍領寧蠻校尉雍州刺史加都督時
王華爲侍中護軍初華與邵有隙及華參要親舊爲
之危心邵曰子陵華之字也方弘至公必不以私讐害正
義是任也華實舉之
劉柳爲尚書僕射沈演之年十一柳見而知之曰此
童終爲令器
王部之爲吳興太守郡人王道隆兄道迄涉學善書

形貌又美部之謂人曰有子弟如王道迄無所少
荀伯子潁川人卒於東陽太守王惠素不與謝靈運
相識嘗得交言靈運辯博辭義鋒起惠時然後言時
伯子在座退而告人曰靈運固自蕭散直上王郎有
如萬頃波焉
劉穆之爲丹陽尹謝方明性嚴恪與從兄混俱有重
名惟歲節朝宗而已穆之權重當時朝野輻輳不與
穆之相識者惟有混方明郗僧施蔡廓四人而已穆
之甚以爲憾方明廓後往造之大悅白高祖曰謝方
明可謂名家駒直置便自是台鼎人無論復有才邪

南齊蕭摹之爲丹陽尹時高帝父承之少有大志才力過人摹之及宗人北兗州刺史源之並見知重

張緒爲會稽内史陸慧曉清介正立不雜交遊緒見慧曉童幼便嘉異之稱之曰江東裴樂也

張瓌爲吳郡太守郡人顧㬌陸閑並少年未知名瓌並引爲綱紀後並立名世以爲知人

虞悰會稽餘姚人初見武帝帝始爲從官家尚貧薄悰數相分遺每行必呼帝同載帝甚德之卒於光祿大夫加正員常侍

曹武爲散騎常侍武雖武士頗有知人鑒梁武及崔

惠景之在襄陽於時崔方貴盛武性儉嗇無所餉遺獨詣梁武曰卿必大貴我當不及見今以弱子相託每密送錢物并好馬時帝在戎多乏就武換借未嘗不得遂至十七萬及帝即位忌其惠天監二年帝忽夢如田塍下行兩邊水深無底夢中甚懼忽見曹武來負武帝得過曰卿今爲天下主乃爾忘我顧託之言耶我兒饑寒無依昔所換十萬可還其市宅帝覺即使主書送錢還之使用市宅子世澄世宗並蒙抽擢三二年間迭爲大郡

明諸之爲衛尉領中庶子諸之有識計每朝廷官缺及應遷代密量上所用人皆如言

褚淵爲錄尚書事從弟炫少清簡爲從舅王景文所知淵謂人曰從弟廣信獨立乃十倍於我也

張融吳郡錢塘人與杜栖同郡栖徵士京產之子也融與京產相友每相造言論栖嘗在側融指栖曰昔陳太丘之名元方此之爲劣今方古人何貴融後終於司徒左長史

殷瀰爲尚書右丞沈瑀嘗詣瀰瀰與語及政事甚器之謂曰觀卿才幹當居吾此職

蕭惠開征西將軍思話之子也丹陽建康人紀僧真

少隨思話及惠開皆被賞遇惠開性苛僧真以微過見罰既而委任如舊及惠開罷益州還都不得志而僧真事之愈謹惠開臨終數日紀僧真方當富貴我不見也

沈寅之爲領軍丘靈鞠吳興烏程人也靈鞠少好學善屬文州辟從事寅之寅之曰身昔爲州職詣領軍謝晦賓主坐處正如今日卿將來或復此

劉藏爲尚書左丞徐孝嗣始適藏弟舍孝嗣往詣藏藏退語舍曰徐郎是令僕人三十餘可知矣汝宜善自結

陸修靜與張融同郡融弱冠修靜以白鷺羽扇塵尾遺融曰此既異物以奉異人融後爲黃門郎太子中庶子

王儉爲衛軍武帝起家巴陵王南中郎法曹行叅軍遷儉東閤祭酒儉一見深相器異謂盧江何憲曰此蕭郎三十內當作侍中出此則貴不可言又稱徐勉有宰輔之量

王融爲中書郎劉孝綽之舅也孝綽幼聰敏七歲能屬文融深賞異之嘗與同載適親友號曰神童融每言曰天下文章若無我當歸阿士阿士孝綽小字也

梁劉孝綽父繪齊世掌詔誥孝綽年未志學繪嘗使代草之父黨沈約任昉范雲等聞其名並命駕先造焉昉尤相賞好范雲年長繪十餘歲其子孝才與孝綽年十四五及雲遇孝綽便申伯季乃命孝才拜之後累遷祕書監

紀少瑜早孤幼有志節嘗慕王安期之爲人年十三能屬文初爲京華樂王僧孺見而賞之曰此子才藻新拔方有高名後爲武陵王記室叅軍

吕道惠餘杭人范述曾幼好學從道惠受五經畧通章句道惠學徒嘗有百數獨稱述曾曰此子必爲王者師齊文惠太子竟陵文宣王幼時高帝引述曾爲之師友

蔡樽爲侍中武帝嘗問曰卿門舊尚有堪事者多少樽曰臣門客沈約范岫久已被升擢此外無人約時爲太子少傅岫爲右將軍

張永顧協之外從祖也協字正禮吳郡吳人幼孤隨母養於永永嘗攜內外孫姪遊虎丘山協年數歲永撫之曰兒何戲協對曰正欲枕石漱流永歎息曰顧氏興於此子後爲散騎常侍鴻臚卿

顧歡朱异外祖也异年數歲歡撫之謂异祖昭之曰

此兒非常器當成卿門戶後爲中領軍贈侍中尚書右僕射

梁仲德張緬外祖也緬字元長車騎將軍弘策子也年數歲仲德異之嘗曰此兒非常器非止爲張氏寶方爲海內令名也仕至侍中

裴子野河東人爲鴻臚卿張纘爲太尉諮議叅軍尚書吏部俄爲長史兼侍中時人以爲早達子野曰張吏部有喉脣之任已憾其晚矣

阮孝緒謝朏舅也朏晉太傅安八世孫孝緒以其有至性謂之曾子稍授以經史過目便能諷誦孝緒每

日吾家元陽也蘭後遷散騎常侍
張岱陸倕外祖也倕少勤學爲岱所異岱嘗謂諸子
日此兒汝家之元陽也終於太常卿
陸閑字遐業有風槩與人交不苟合少爲同郡張緒
所知仕至揚州別駕
袁昂范雲之親人也雲字彥龍嘗就昂學晝夜不怠
昂撫其背曰卿精神秀朗而勤於學卿相才也雲後
爲尚書右僕射
袁粲爲衛將軍謝朏爲粲長史粲性簡峻罕通賓客
時人方之李膺朏謁既退粲曰謝令不死朏莊之子

也
韋叡以齊末多故不欲遠鄉里求爲上庸太守加建
威將軍俄而太尉陳顯達護軍將軍崔慧景頻逼京
師民心惶駭未有所定西士人謀之於叡叡曰陳雖
舊將非命世才崔頗更事懦而不武其取赤族也宜
哉天下貞人殆興於吾州矣乃遣其二子自結於高
祖
沈約爲左衞將軍張率爲太子舍人與同郡陸倕幼
相友狎嘗同載詣約適值任昉在焉約乃謂昉曰此
二子後進才秀皆南金也卿可與定交繇此與昉友
善
袁頵爲雍州刺史傅昭幼孤爲外祖所養十歲於朱
雀航賣曆日頵嘗來昭所昭讀書自若神色不改頵
歎曰此兒神情不凡必成佳器昭後爲散騎常侍金
紫光祿大夫
謝朓文章盛於一時到洽清警有學行朓見洽深相
賞好日引與談論每謂洽曰君非直名人亦乃兼資
文武朓後爲吏部洽去職朓欲薦之洽覩世亂深相
拒絕
任昉樂安人時到洽除晉安王國左常侍不就遂築

室巖阿幽居者積歲昉有知人鑒與洽兄沼溉並䜩
嘗訪洽於田舍見之歎曰此子日下無雙遂申拜親
之禮又伏挺有才思好屬文爲五言詩善效謝康樂
體昉深相歎異嘗曰此子日下無雙
何點字子晳徵侍中不就杜栖有學業能清言點見
栖歎曰卿風韻如此雖獲嘉譽不永年矣栖果早卒
又知丘遲於幼童稱江淹於寒素悉如其言
徐勉爲中兵郎領軍長史瑯琊王元長才名甚盛嘗
欲與勉相識每託人召之勉謂人曰王郎名高望促
難可輕敝衣裾俄而元長及禍時人莫不服其識鑒

後勉爲僕射時蔡大寶濟陽考陽人少孤而篤學不倦善屬文初以明經對策第一解褐武陵王國左常侍嘗以書干勉大爲勉所賞異乃令與其子游處所有墳籍盡以給之遂博覽群書學無不綜

諸葛璩瑯邪人臧盾幼從璩受五經通章句璩學徒常有數十百人盾處其間無所狎比璩異之歎曰此生重器王佐才也盾後爲領軍將軍

明僧紹徵士也劉杳字仲深年數歲僧紹見之撫而言曰此兒實千里之駒杳後遷尚書左丞

趙伯符孫謙親人也謙字長遜東莞莒人也少爲伯

符所知猶年十七伯符爲豫州刺史引爲左軍以幹稱

周顒汝南人何胤縱情誕節時人未知之也惟劉瓛顒深器異之後累遷左丞尚書領驍騎中書令拜表辭職居若耶山高祖踐祚詔爲特進右光禄大夫不就

蔡大寶有重名於江左柳莊初爲太府卿少有遠量博覽墳籍兼善辭令大寶時爲岳陽王蕭詧諮議見莊便歎曰襄陽水鏡復在於茲矣大寶遂以女妻之

王僧辯爲中隨都督司馬申爲鎮西外兵記室參軍及侯景寇郢州僧辯據巴陵每進籌策皆見行用僧辯歎曰此生腰鞬汗馬或非所長若使撫衆守城必有奇績

陳孔奐爲中書令虞世基幼沈靜喜愠不形於色博學有高才兼善草隸奐見而歎曰南金之貴屬在斯人及煬帝即位參掌朝政

蕭暎爲吳興太守梁大同初嘗目高祖謂僚佐曰此人方將遠大

鄧顥沛國人也孔奐會稽山陰人也奐數歲而孤爲叔父虔孫所養好學善屬文經史百家莫不通涉顥

時稱學府每共奐討論深相歎服乃執奐手曰昔伯喈墳素悉與仲宣吾當希彼蔡君足下無愧王氏所保書籍尋以相付卒爲散騎常侍金紫光禄大夫領前軍將軍

蕭勵江總之舅也總七歲而孤依于外氏幼聰敏有志性勵名重當時特所鍾愛嘗謂總曰爾行殊異神采英拔後之知名當出吾右後爲尚書令給鼓吹一部

王筠爲尚書謝貞從舅也貞年七歲母王氏授論語孝經讀訖便誦八歲嘗爲春日閑居五言詩筠奇其

有佳致謂所親曰此兒方可大成至如風定花猶落乃追步謝惠連矣孫是名輩知之遷南平王友掌記室事加招遠將軍

張纘爲吏部尚書杜之偉補邵陵王田曹參軍之偉年位甚早特以纘識俊才頗有名當世纘深知之以爲廊廟器也

徐陵爲少傅聞虞世基名召之世基不往後因公會陵一見而奇之顧謂朝士曰當今潘陸也因以弟女妻焉

後魏劉庫仁初見道武嶷然不群嘗謂其子曰有圖

天下之志興復洪業光揚祖宗者必此主也

劉羅辰代人宣穆皇后之兄也父春爲北部大人帥部落歸國羅辰有智謀謂春曰從兄顯忍人也願早圖之春不以爲意後顯果殺春而代立

王猛北海人爲苻堅相薛强字威明幼有大志懷軍國籌略與猛同志友善及桓溫入關中猛以巾褐謁之溫曰江東無卿比也秦國定多奇士如生輩尚有幾人吾欲與之俱南猛曰公求可與撥亂濟時者友人薛威明其人也溫曰聞之久矣方致朝命强聞之自南山來謁與猛皆署軍祭酒强察溫有大志而無成功乃勸猛止俄而溫敗及苻堅立猛見委任其平陽公融爲書將以車馬聘强猛以爲不可屈乃

崔光爲司徒元子孝字季業早有令譽年八歲光見而異之曰後生領袖必此人也又濟南王彧臨淮王之孫也彧字文若少有才學當時甚美光見而謂之曰黑頭三公當此人也又元顯和少有節操歷司徒記室參軍光每見之曰元參軍風流清秀容止閑雅乃宰相之器又趙彥深年十歲曾候光光謂賓客古人觀眸子以知人此人當必遠至

游肇爲侍中臨淮王昌弟孚少有令譽肇及并州刺

史高聰司徒崔光等見孚咸曰此子當進的人物憾吾徒衰暮不及見耳

李孝伯爲尚書宋孝武鎮彭城魏使孝伯至帝遣長史張暢與語而帝改服觀之孝伯目帝不輟及出謂人曰張侯側有人風骨視瞻非常士也

郝軒太原人世名知人崔玄伯爲著作佐郎苻丕牧冀州爲征東功曹軒稱玄伯有王佐之才近代所未有也

李彪爲御史中尉以李煥有幹用少與酈道元俱爲彪所知

崔浩爲司徒薛拔沉毅有器識年始弱冠浩見而奇之

張讜爲平壽侯李訢爲相州刺史以罪免配爲厮役讜見與語奇之謂人曰此佳士也終不久屈未幾而復爲太倉尚書攝南部事

崔玄伯清河人卒贈司空初高允少孤夙成有奇度玄伯見而異之歎曰高子黄中内潤文明外照必一代偉器但吾恐不見耳

崔挺爲北海王司馬初崔光之在貧賤也挺贍遺衣食當親敬焉又識邢巒宋弁於童稚之中並謂終當

遠至世稱其知人後光位至司徒侍中

李冲爲尚書宋弁才學雋贍少有美名高祖初曾至京師見冲因言論移日冲竦然異之退而言曰此人一日千里王佐才也又崔亮年十歲常依季父幼孫家貧傭書自業時冲當朝任事亮從兄光往依之言亮於冲冲迎爲館客冲謂其兄子彦曰大崔生寬和篤雅汝宜友之小崔生峭整清徹汝宜敬之二人終將大至

李崇爲尚書令宋維字伯緒諂事元乂爲時所怂崇與尚書左僕射郭祚右僕射游肇每云伯緒凶疎終敗宋氏幸得殺身耳論者以爲有徵後除營州刺史仍以本將軍靈大后反政以乂黨除名遂還鄉里尋追其前誣告清河王事於鄴賜死

清河王懌爲太傅劉懋性沈雅厚重懌愛其風雅嘗目送之曰劉生堂堂縉紳領袖若天假之年必爲魏朝宰輔

任城王澄爲吏部尚書裴夙爲主客郎時澄有知人鑒每歎美夙以遠大許之

李苗爲員外散騎常侍大保城陽王徽司徒臨淮王彧重之二王頗或不穆苗諫之及徽寵勢隆極猜忌

彌甚苗謂人曰城陽蜂目先見豺聲今轉彰矣

崔衡嘗舉李元愷程駿等終爲名器世以是稱之

高允爲中書監祖瑩年十二爲中書學生尤好屬文允每曰此子才器非諸生所及終當遠至後爲中書侍郎

李神雋爲吏部尚書崔彦穆幼明悟神彩卓然神雋有知人之鑒見而歎曰王佐才也後位至侍中

崔亮爲吏部侍郎邢卲字子才少時有避遂稱子才焉年五歲亮見而奇之曰此子後當大成位望通顯

常景河内人爲儀同三司車騎將軍蘇亮字景順武

功人少通敏博學好屬文善章奏初舉秀才至雒陽遇景景深器之退而謂人曰秦中才學可以抗山者者將此人乎又溫子昇博覽百家文章清婉爲廣陽王深賤客在馬坊教諸奴子書作侯山祠堂碑文嘗景見而善之故詣深謝之景曰頃見溫生深怪問之景曰溫生是大才士深繇是稍知之

北齊段長遼西人神武素家貧及聘武明皇后始有馬得給鎮將長嘗奇神武貌謂曰君有康濟才終不徒然便以子孫爲託及貴追贈長司空擢其子寧而用之

綦雋廣寧石門人高爽有膽略高祖微時深相親附與遼西段長太原龐蒼鷹俱有先知之鑒

甄琛爲定州長史同郡杜弼幼聰敏琛簡試諸生見而策問義解閑明應答如響大爲琛所歎異其子寬與弼爲友州牧任城王澄聞而召問深相嗟賞許以王佐之才澄琛還雒稱之於朝丞相高陽王等多相召命

彭樂以斛律光初爲侯景部下樂謂高敖曹曰斛律家小兒不可三度將行後奪人名後至大將軍加大傅

邢卲河間人李繪儀貌端偉神情朗儁卲繪舅也與繪清言歎其高遠每稱曰若披雲霧如對珠玉宅相之寄良在此生後位至特進太常卿

任城王湝以李德林器量沈深時人未能測惟湝及趙彥深魏收陸卬大相欽重延譽之言無所不及後位至內史令

元嶷爲刺史郎基任瀛州騎兵時陳康元爲司馬畢義雲爲屬與基並有聲譽嶷曰三賢俱有當世才後來皆當遠至惟郎騎兵任真過甚恐不足自達陳畢後並貴顯而基位止郡守

邢子良與王晞遊處晞小名沙彌幼而孝謹淹雅有器度好學不倦美容儀有風則隨母兄東適海隅與子良愛其清悟與其在雒兩兄書曰賢弟彌郎意識深遠曠達不群簡於造次言必詣理吟詠性情必臻麗絕恐足下方難爲兄不暇慮其不進也

崔昂謂盧潛及弟士邃云此昆季足爲後生之俊但慽其俱不讀書耳

劉仁之爲彭城王韶定州長史孟業家本寒微爲州小吏性廉謹韶拜定州除典籤仁之謂業曰我處其外君居其內同心戮力庶有濟乎未幾仁之徵入爲

中書令臨路啓部云殿下左右可信任者惟有孟業願專任之餘人不可信也又與業別執手曰今我出都君便失援恐君在後不自保全惟正與直願君自勉

徐遵明爲國子博士楊慶字伯悅美姿儀性辯慧年十六遵明見而異之

楊遵彥爲尚書右僕射見奉朝請薛道衡嗟賞吏部尚書隴西辛術與語歎曰鄭公業不亡矣河東裴讞之曰自鼎遷河朔吾謂關西孔子罕值其人今復遇薛君矣

後周齊王憲嘗遇栁謇之於途異而與語大奇之謇時爲童兒因奏入國子以明經擢第拜宗師中士

謝舉爲僕射栁霞爲邵陵王府功曹頗協時論舉引霞與語甚嘉之顧謂人曰江漢英靈見於此矣

李賢幼有志節不妄舉動嘗出遊遇老人鬚眉皓白謂之曰我年八十觀士多矣未有如卿者必爲台牧賢其勉之賢後至洮州總管

裴俠爲郢州刺史梁竟陵守孫暠鄭城守張建並以郡來附俠見之密謂人曰暠目動言肆輕於去就者也建神情審定當無異心乃馳啓其狀文帝曰裴俠有鑒㴱得之矣遣大都督苻貴鎮竟陵而鄭城竟不遣監統及栁仲禮軍至暠廼以郢叛卒如俠言

于翼爲司會中大夫文帝以翼有人倫之鑒皇太子及諸王等相傅以下並委翼選置其所擢用皆民譽也時論僉謂得人

隋劉臻爲左僕射初楊汪問禮於沈重受漢書於臻二人推許之曰吾弗如也繇是知名汪仕至吏部尚書

牛弘爲吏部尚書所有進用皆稱職吏部侍郎高孝基鑒賞機悟清慎絶倫然爽俊有餘迹似輕薄文帝

多以此疑之惟弘㴱識其推心委任隋之選舉於斯爲最時論彌服弘識度之遠又見李靖爲殿內直長重之曰李生王佐才也

顧言河東人也博學有才罕所推仰與虞世基相見歎曰海內當共推此一人非吾儕所及也世基後至金紫光祿大夫

高構字孝基爲吏部侍郎見杜如晦少聰悟美風調精彩絶人㴱器重之每謂人曰此子有應變之材棟梁之用又房玄齡年十八射策甲科授羽騎尉較讐祕書省孝基見玄齡嗟挹不已謂河東裴矩曰僕閱

人多矣未見此賢必成偉器但憾不覩其縱壑凌霄耳

劉炫爲太學博士定州義豐人張行成少師事炫勤學不倦炫謂門人曰張子體局方正廊廟材也

張弼大業末爲賊帥李大亮隴西狄道人也好讀書有文武才幹爲賊所獲同輩百餘人皆就死弼見而異之獨釋與語遂定交於幕下

盧思道爲散騎侍郎封倫舅也封倫少時思道每言曰此子智識過人必能致位卿相

薛道衡爲司隸大夫温彦博之父友也彦博幼聰悟

有口辯涉獵書記初道衡及李綱嘗見彦博兄弟三人咸歎異曰皆有卿相才也

唐劉曇輝孔穎達邑人也穎達年八歲日讀千言未嘗嬉戲曇輝有知人之鑒訝奇之穎達後仕爲國子祭酒

岑文本爲中書侍郎馬周爲中書舍人周有機辯善敷奏文本謂所親曰吾見馬周論事多矣援引事類商確古今舉要刪蕪會文切理奇鋒間出高論横飛聽之靡靡令人忘倦昔之蘇張終賈徒聞斯語今見其人然鳶肩火色騰上必速恐不能久耳

李勣隋末事李密初得黎陽倉就食者數十萬人魏徵高季輔杜正倫郭恪皆客遊其所一見於衆人之中即加禮敬引之内卧談謔忘倦及平武牢獲僞鄭州長史戴胄知其所行能尋即釋放更加推薦咸至顯達當時稱其有知人之鑒勣後位至司空

李文博有知人之鑒張河幼而警悟文博見而奇之與其結友河後爲相州都督范陽郡公

盧承業爲楊州長史婁師德弱冠進士擢第授江都尉承業奇其才嘗謂之曰吾子台輔之器當以子孫相託豈可以官屬嘗禮行也師德後爲相

朱敬則爲正諫大夫同鳳閣鸞臺平章事雅有知人之鑒凡在品論者後皆如其言及知政事以用人爲先桂州蠻叛薦裴懷左鳳閣舍人鈌薦魏知古右史鈌薦張思敬則天以爲知人

裴行儉爲吏部侍郎時賞拔蘇味道王勮謂曰二公後當相次掌知均衡之任時李敬玄盛稱王勃楊炯盧照鄰駱賓王等以示行儉行儉曰士之致遠先器識而後文藝也勃等雖有才名而浮躁炫露豈享爵祿者哉楊稍似沈靜應至令長餘並鮮能令終其後皆如其言

李義琛爲雍州長史蘇珦爲鄠縣尉義琛謂曰鄠縣本多訴訟近日遂絶訪聞其縣明公爲其疎理因顧指廳事曰此即明公座也但恨遲暮所見耳珦後至吏部尚書

桓彦範爲雍州刺史蕭嵩調雍州參軍彦範見之推重待以殊禮

姚崇爲紫微令蕭嵩爲中書舍人與崔琳王丘齊幹同列咸未之異而崇許其致遠眷之特深

獨孤信爲雍州總管孫思邈弱冠善談莊老及百家之說兼好釋典信見而歎之曰此聖童也但恨其器

大適小難爲用也

吳兢仕至相州長史初張鎬風儀魁岸廓落有大志涉獵經史好談王霸大畧少時師事兢兢甚重之

李華栖筠之族子也栖筠趙郡贊皇人幼孤貧而器度雄遠體貌環傑博覽墳籍無所不通屬文勁迅然本於理道教化性嚴重寡言造次不妄交接故當時高名之士皆欽慕之華有知人之鑒每稱其王佐才初自負器業恥從賓貢隱居於郡共城山下華固勉其應舉一試登進士第

程楚賓者呂諲鄉人也諲蒲州河東人少修整勵志於學早孤家貧不能自贍楚賓家富於財遂妻其女楚賓與子震重其才給其所欲至天寶初舉進士調寧陵尉

杜鴻漸爲宰相杜黄裳升進士宏辭科鴻漸深器重之黄裳後亦爲相

于邵爲禮部侍郎雅知人初山南東道樊澤嘗舉賢良方正至京師一見之謂人曰將相之材也五年澤爲節將又北部郎中崔元翰年近五十始舉進士邵異其文學擢首甲科且曰不十年當掌誥命竟如邵言

裴儆爲金吾將軍時邵說遷吏部侍郎以才幹稱談者或以宰相許之儆語諫議大夫柳載曰以鄙夫所度說得禍不久矣且說與史思明父子定君臣之分居劇官掌兵柄亡軀犯順前後百戰於賊庭掠名家子女以爲婢僕者數十人剽盜寶貨不知紀極力屈然後降朝廷宥以不死獲齒班序曾無厚顏而又進邀求財崇飾第宅附託貴倖以求大用不知愧懼而有德色其可久乎說竟卒於歸州刺史

梁肅爲翰林學士初崔群年未冠舉進士陸贄知貢舉訪於梁肅議其登第有才行者肅曰崔群雖少年

他日必至公輔果如其言

韋夏卿爲東都留守留心辟士務得才彥其後位至卿相

高郢爲僕射張仲方之父友也初仲方爲兒童時郢見而奇之曰此子非常必爲國器吾獲高位必振發之後郢爲御史大夫首請仲方爲御史

後唐盧質爲張承業管記承業辟馮道爲本院巡官承業重其文章履行甚見待遇時有周玄豹者善人倫鑒與道不洽謂承業曰馮生無前程公不可過用質聞之曰我曾見杜黃裳司空寫真圖道之狀貌酷

類焉將來必副大用玄豹之言不足信也承業尋薦爲霸府從事

趙德均明宗鄉人也高行周事明宗嘗與清泰主分率牙兵明宗所征無不拱從德均謂明宗曰行周心好謹厚必享貴位

陳紹光驍將也鄭仁誨幼事紹光紹光恃勇使酒嘗乘醉抽佩劍將剚刃於仁誨左右無不奔避惟仁誨端立以俟略無懼色紹光因擲劍於地謂仁誨曰汝有此器度必當享人間富貴及紹光典郡仁誨累爲右職

晉盧岳明曆象善知人唐末嘗謂李周曰子奇表方順隆準眉目疎朗身長七尺乃將相之材也河東李氏將有天下子宜事之以求富貴周辭以母老而歸旣而梁將葛從周拔邢洺唐武皇麾兵南下築壘於青山口周向背莫決因思岳言乃拔青山寨將張洪洛武皇賞之補萬黃領軍使

司空圖爲兵部侍郎姚顗少惷敦厚靡事容貌任其自然流輩未之重惟圖深器之以女妻焉

冊府元龜

巡按福建監察御史臣李嗣京　訂正

分守建南道左布政使臣胡維霖　叅閱

知建陽縣事臣黄國琦較釋

總錄部八百四十四

守官　勤幹

守官

傳曰守道不如守官又曰見死不更其守蓋夫委質公朝從政王室靖恭爾位職思其憂故有專秉彝章恪居官次弓招靡應李法是從聞變難而不移彊臣

以之屈意奉憲令而無撓明主繇是攷覩得守器之規絶代庖之各宜乎寵以異數謂之能臣者哉

欒鍼晉中軍帥欒書子也晉侯及楚子鄭伯戰于鄢陵有淖於前淖泥也乃皆左右相違於淖違辟也步毅遇晉厲公欒鍼爲右步毅郤毅欒范以其族夾公行二族強故在公左右陷于淖欒書將載晉侯鍼曰書退國有大任焉得專之在君前故子名其父大任謂元帥之職且侵官冒也載公爲侵官失官慢也去將而御失官也離局姦也遠其部曲爲離局有三罪焉不可犯也乃扶公以出於淖

謝息魯孟僖子家臣孟孫從昭公如楚晉人來治杞田季孫將以成與之成孟氏邑本杞田謝息爲孟孫守不可曰人有言曰雖有挈缾之智守不假器禮也挈缾汲者喻一知爲人守器猶知不以借人夫子從君而守臣喪邑夫子謂孟僖子也雖吾子亦有猜焉言季孫亦將疑我不忠

齊虞人史失姓名景公田于沛沛澤名招虞人以弓不進公使執之辭曰昔我先君之田也旃以招大夫弓以招士皮冠以招虞人臣不見皮冠故不敢進乃舍之仲尼曰守道不如守官君招當往道之常也非物不進官之制也君子韙之韙是也

孔子嘗爲委吏矣會計當而已矣爲乘田矣牛羊茁

壯長而已矣孔子嘗恐貧而祿仕委吏主委積庾倉之吏也不失會計直當其多少而已乘田苑囿之吏也主六畜之芻牧也牛羊茁壯肥好食令長大而已茁長貌也詩云彼茁者葭位卑不得高言予朝事故但稱職而已

漢胡建字子孟孝武天漢中守軍正丞南北軍各有正正又置丞而建未得真官兼守之貧無車馬嘗步與走卒起居所以慰薦走卒甚得其心尉者自上安下者也薦者舉藉也時監軍御史爲姦穿北軍壘垣以爲賈區坐賣曰賈爲賈物之區也區者小室之名若今小巷屋之類耳故行士之屋謂之區廬宿衛宮外士稱爲區士也建欲誅之乃約其走卒約束也日我欲與公有所誅吾言取之則取斬之則斬於是當選士馬日監軍御史與護軍諸較列坐堂皇上

較者諸軍之部較也室無門壁曰皇建從走卒趨至堂皇下拜謁因上
堂走卒皆上建指監御史曰取彼走卒前曳下堂皇
建曰斬之遂斬御史護軍諸較皆愕驚不知所以建
亦已有成奏在其懷中遂上奏曰臣聞軍法立武以
威衆誅惡以禁邪今監御史公穿軍垣以求賈利公謂
顯然爲之私買賣以與士市不立剛毅之心勇猛之節亡
以帥先士大夫尤失理不公用文吏議不至重法黃
帝李法曰獄官名也天文志左角李右角將兵書之法也李者法官之號也總主征伐刑戮之
事也故稱其書曰李法壁壘已定穿窬不繇路是謂姦人姦人
者殺窬小竇也臣謹案軍法曰正亡屬將軍將軍有罪已

聞言軍正不屬將軍將軍有罪過得表奏之二千石以下行法焉二千石謂軍中
較尉都尉之屬丞於用法疑丞屬軍正斬御史於法有疑執事不誘上誘累
也言執事者當見法郎行不可以事累於上也臣謹以斬昧死以聞制曰司
馬法曰國容不入軍軍容不入國何文吏也司馬法亦兵書
之名也解在主父偃傳詔言在令軍中何用文吏議也三王或誓於軍中欲民
先成其慮也或誓於軍門之外欲民先意以待事也
慮謂計念也先意謂先爲之意也或將交刃而誓致民志也欲致民勇志使
不奔北建又何疑焉建繇是顯名
符璽郎史失姓名昭帝時殿中嘗有怪一夜群臣相驚霍
光召尚符璽郎恐有變難故欲收取璽郎不肯授光光欲奪之

郎按劍曰臣頭可得璽不可得也光甚義之明日詔
增此郎秩二等衆庶莫不多光
後漢祭遵從光武征河北爲軍市令舍中兒犯法遵
格殺之光武怒命收遵時主簿陳副諫曰明公嘗欲
衆軍整齊今遵奉法不避是教令所行也光武乃貰
之以爲刺姦將軍謂諸將曰當備祭遵吾舍中兒犯
法尚殺之必不私諸卿也
侯霸爲淮平大尹政理有能名及王莽之敗霸保固
守卒全一部
郅惲字君章爲上東城門候光武嘗獵車駕夜還惲

拒關不開帝令從者見面於門間惲曰火明燎遠不
受詔帝乃廻從東中門入東面中門也
何湯爲開陽門候建武十八年夏旱公卿皆暴露請
雨雒陽令著車蓋出門湯將衛士鉤令車收案有詔
免令官拜湯虎賁中郎將光武嘗歎曰赳赳武夫公
侯干城何湯之謂帝又微行夜還湯閉門不納更從
中東門入明旦召詣大官賜食諸門候皆奪俸
第五倫爲京兆尹閭與主簿將長安鑄錢多姦巧乃
署倫爲督鑄錢掾領長安市倫平銓衡正斗斛市無
阿枉百姓悅服

晉孫瓛爲辛祐軍司馬祐在荆州頗以畋獵廢政嘗欲夜出瓛執戟當營門曰將軍都督萬里安可輕脱將軍安危亦國家之安危也瓛今日若死此門乃開耳祐改容謝之此後稀出矣

後趙王假爲永昌門候石勒嘗夜微行簡察營衛齎繒帛金銀以貽門者求出永昌門假欲收捕之從者至乃止旦召假以爲振忠都尉爵關内侯

後秦王滿聰爲城門校尉姚興從朝門游於文武苑及昏而還將自平朔門入前驅既至滿聰被甲持杖閉門拒之曰今已昏闇奸良不辨有死而已門不可

開興乃廻從朝門而入旦而召滿聰進位二等

宋謝莊爲侍中領前軍將軍武帝出行夜還敕開門莊居守以棨信或虚執不奉旨須墨詔乃開上後因酒讌從容曰卿欲效郅君章耶對曰臣聞蒐巡有度郊祀有節盤於遊畋著之前誡陛下今蒙犯塵露晨往宵歸容遊不逞之徒妄生矯詐臣是以伏須神筆乃敢開門耳

南齊荀伯玉爲太祖冠軍參軍隨太祖還都除奉朝請令伯玉看宅知家事孝武罷廣興還立別宅遣人於大宅掘樹數株伯玉不與馳以聞太祖曰卿執之是也

傅寂之年十七爲州西曹兼並主簿刺史王或行夜還前驅已至寂之不肯開門曰不奉墨旨或方於車中爲教然後開或歎曰不意郅君章近在閤下即轉爲主簿

北齊張耀爲尚書右丞文宣曾因近出令耀居守嘗夜還耀不時開門勒兵嚴備帝駐蹕門外久之催迫甚急耀以夜深眞僞難辨須火至面識門乃可開於是獨出見帝笑曰卿欲學郅君章也乃使耀前開門然後入深嗟賞之賜與錦采

唐褚遂良爲諫議大夫兼知起居事太宗嘗問曰卿知起居記録何事大抵人君得觀之否遂良對曰今之起居古左右史書人君言事且記善惡以爲簡誡庶幾人主不爲非法不聞帝王躬自觀史太宗曰朕有不善卿必記之邪遂良曰守道不如守官臣職當載筆君舉必記太宗以爲然

王播爲侍御史德宗貞元末李實爲京兆尹恩寵莫二播嘗遇之通途故事臺府相臨實宜下道避至是實不肯避呵道如故播嘗自臺移牒實怒遂奏播爲三原令

勤幹

傳曰能業其官詩云不懈於位蓋夫明幹勵職受任
居方有統理之才資精錬之用雖俊繁於簿領靡厭
於官曹政經是勤吏事攸攝幹蠱之謂茲以足稱在
公之心於焉是取斯所謂思不出位職思其憂智效
一官守不假器敏以為政行之惟艱者也故以明濟
著聞僶勉從事或終日以歛膝或申旦而不寢衆務
具舉殫力斯在茲故為吏者克勵其所守者矣若乃
徼當官之譽取辦職之稱雖日無近名蓋亦不信矣
寔為夏司空勤其官事死於水中殷人郊之

孔子為魯季氏史料糧平嘗為司職吏而畜蕃息
趙奢者趙之田部吏也收租稅而平原君家不肯出
趙奢以法治之殺平原君用事者九人
漢蕭何沛人也以文毋害為沛主吏掾（害傷也無能傷害之也）
秦御史監郡者與從事辨之（何與共事備辨明何素有方略）何乃給
泗水卒史事第一（課最上）秦御史欲入言徵何何固請
得毋行
尹翁歸為平陽市吏是時大將軍霍光秉政諸霍在
平陽奴客持刀兵入市鬭變吏不能禁（變亂也）及翁歸
為市吏莫敢犯者

張世安字子孺少以父任為郎用善書給事尚書（於尚書中給事中給供也）精力於職休沐未嘗出
後漢劉虞東海恭王之後也遭世衰亂又與時主疏
遠仕縣為戶曹吏以能治身奉職召為郡吏
虞延陳留東昏人也光武采之雒過小黃高帝母昭
靈后園陵在焉時延為部督郵詔呼引見問園陵之
事延進止從容占拜可觀其陵樹株蘗皆諳其數俎
豆犧牲頗曉其禮帝善之
蓋延初歷郡列掾州從事所在職辦
陳寵辟司徒鮑昱府掾屬專尚交遊以不肯親事為

高寵嘗非之獨勤以物務
魏薛悌字孝威太祖定冀州以悌及東平王國為左
右長史後至中領軍並悉忠貞練事為世吏表
高柔為刺姦令史柔既處法平允又夙夜匪懈至擁
膝抱文書而寢太祖嘗夜微出觀察諸吏見柔哀之
徐解裘覆柔身而去自是辟焉
李勝為滎陽太守河南尹勝前後所為宰守未嘗不
稱職
陳本歷位郡守九卿所在操綱領舉大體能使幹下
自盡有統御之才不親小事不讀法律而得廷尉之

稱優於司馬岐等精練文理

蜀李福爲江州督揚威將軍入爲尚書僕射福爲人精識果銳敏於從政

王離字伯元以幹才顯爲督軍從事推法平當代王祗爲犍爲太守

李嚴字方正南陽人也少爲郡職吏以才幹稱荆州牧劉表使歷諸郡縣

吳呂岱守吳丞時大帝領會稽太守親斷諸縣倉庫及囚繫長丞皆見岱處法應問甚稱帝意召署錄事

滕胤當諸葛恪征淮南以胤爲都督掌統留事胤白

日接賓客夜省文書或至曉不寐

晉謝晦爲豫州治中從事義熙八年土斷僑流郡縣使晦分判揚豫民戶以平允見稱

陶侃爲荆州刺史侃性聰敏勤於吏職恭而近禮愛好人倫終日斂膝危坐閫外多事千緒萬端罔有遺漏

陳頵字延思仕爲郡督郵簡獲隱慝者三千人爲一州尤最太守劉亨拔爲主簿

宋沈叔任少有幹質初爲揚州主簿高祖太尉參軍吳山陰令治皆有聲

南齊呂安國廣陵人也宋大明末安國以將領見任隱重有幹局爲劉勔所稱

梁宋史仕宋爲郢州治中有稱名職

劉坦齊建元初爲南郡王國常侍尋補廬陵令遷南中郎錄事參軍所居以幹濟稱

徐勉爲侍中時王師北伐候驛填委勉參掌軍書劬勞夙夜動經數旬乃一還宅每還羣犬驚吠勉歎曰吾憂國忘家至於是若吾亡後亦是傳中一事

後梁沈君公吳興人有幹局美風儀文章典正特爲明帝所重歷中書黃門侍郎御史中丞傳後少博學

有才幹歷山陰吳建康令並有能名

陳華皎爲吳興都尉錄軍府文帝爲太守穀帛多以委之皎聰慧勤於簿領

殷不佞少立名節好讀書尤長吏術仕梁起家爲尚書兵郎甚有能幹

後魏崔休爲司徒右長史聰明强濟善斷決數府多事辭訟盈几剖判若流殊無疑滯加之公平清潔甚得時譽

鄭懿涉歷經史善當世事閑雅有治才爲孝文所器遷拜長兼給事黃門侍郎司徒左長史

曹世表字景昇京兆王征以爲從事中郎攝中外兵事自當頻劇論者皆稱其能

崔玄伯少有才雋號爲冀州神童苻融牧冀州爲冀州從事管征東記室出總庶事入爲賓友衆務修理處斷無滯苻堅聞而奇之

高謐字安平有文武才度以功臣子召入禁中除中散專典祕閣肅勤不倦太武深重之

李冲位至尚書僕射機敏有巧思北京明堂圓丘太廟及雒都初基安處郊兆新起園寢皆資於冲勤志彊力孜孜無怠且理文簿兼營匠制几案盈積削劂

在手初不勞厭也

穆羆爲中書舍人轉司州治中別駕歷任有稱又爲北鎮都將軍徵拜殿中尚書出鎮涼州所在著稱

封興之爲瀛冀二州北平府長史所歷有當官之譽

陸恭之字季順有操尚累遷鎮南將軍所歷並有聲績

平當爲著作郎遷祕書丞時高允爲監河間邢祐北平陽嘏河東裴宗廣平程駿金城趙元順等爲著作佐郎雖才學互有短長然俱爲稱職並號長者允每稱博通經籍無過當也

李奘爲散騎常侍鎮東將軍河南尹奘前後所歷當以明濟著稱

劉懌歷徐州別駕兗州左軍府長史司空諮議參軍屢爲行臺出使所歷皆有當官之稱

崔敬邕性長者有幹用自司徒主簿轉尚書都官郎中所在稱職

房景爲步兵校尉領尚書郎齊州中正所歷皆有當官之稱

叔孫隣少聰慧知名稍遷北部尚書有當官之稱

郭祚轉中書侍郎遷尚書左丞長兼給事黄門侍郎

清勤在公夙夜匪懈孝文甚知賞之

穆觀爲左衛將軍管門下中書出納詔命及訪舊事未嘗有所遺漏孝文奇之

許惇字季良清識敏速達於從政位司徒主簿以明斷見知時人號爲入鐵主簿

北齊司馬子如爲吏部郎中舉清勤平約遷司徒左長史兼廷尉卿以平直稱及領御史中丞正色舉察爲朝廷所許

李興字道璠隴西成紀人涼武昭王暠之五世孫父部並有重名於魏代興有識量釋褐太尉行參軍累

遷司徒右長史及遷都於鄴留與於後監掌府藏及撤運宮廟材才以明幹見稱累遷驃騎大將軍東徐州刺史

白建字彥舉太原陽邑人也初入爲太丞相府騎兵曹典執文帳明解書計爲同局所推

封詢闊涉經史清素自持歷官皆有幹局才具治郡甚著聲績民吏敬而愛之

叱列長文爲涇州長史雖無他伎能在官以清幹著稱

張耀累遷秘書監耀歷事累世奉職恪勤咸見親待

未嘗有過

後周寇雋仕後魏爲司空府功曹參軍轉主簿時靈太后臨朝減食祿官十分之一造永寧佛寺令雋典之資費巨萬主吏不能欺隱寺成又極壯麗太后嘉之除左軍將軍

裴俠爲工部中大夫俠嘗遇疾沈頓士友憂之忽聞五鼓便即驚起顧左右可向府耶所苦因此而瘳晉公護聞之曰裴俠危篤若此而不廢憂公因聞鼓聲疾病遂愈此豈非天祐其勤恪者也

裴禕俠之子也性忠謹有理劇才少爲成都令清不及使斷決過之

薛善爲汾陰令善幹用彊明一郡稱最太守王羆美之令善兼督六縣事尋爲行臺郎中時欲廣置屯田以供軍費乃除司農少卿領同州夏陽縣二十屯監又於長陽諸屯置鐵冶復令善爲監每月役八千人營造軍器善自督課兼加慰撫甲兵精利而皆忘其苦焉

高賓累遷計部中大夫賓敏於從政果敢能斷決案牘雖繁綽有餘裕

李彥累遷開府儀同三司素多疾而勤於涖職雖沈

頓枕席猶理務不輟遂至於卒

申徽初爲西魏右僕射賜姓宇文氏徽性勤至凡所居官案牘無大小皆親自省覽以是事無稽滯吏不得爲姦後雖歷公卿此志不懈

楊敷爲司本中大夫軍器副監敷明習吏事所在以勤察著名每歲奏課居最累獲優賞

裴果魏孝閔時歷眉復二州刺史果性嚴猛能斷決抑挫豪右理屈滯收數州號爲稱職

馮遷少修謹有幹能辟從事魏神䴥中刺史楊均引爲中兵參軍事轉定襄令尋爲并州水曹參軍所歷

之職咸以勤恪著稱
柳帶韋爲開府儀同三司凡居劇職十有餘年處斷無滯官曹清肅
梁昕溫裕有幹能歷官内外咸著聲稱
隋杜臺卿兄㽦學業不如臺卿而幹局過之仕至開州刺史
趙煚河東人也性質直剛毅在周爲天官府史以恭謹恪勤擢授夏官府下士稍以明幹見知
李圓通京兆涇陽人也高祖爲隋國公擢授參軍事高祖初少時每讌賓客嘗令圓通監厨性嚴整左右

婢僕咸所敬憚惟世子乳母恃寵輕之賓客未供每有干請圓通不許或輒持去圓通大怒叱厨人撾之數十叫呼之聲徹於閤内僚吏左右相顧失色賓去之後高祖具知之召圓通命坐賜食從此獨善之以爲堪當大任高祖作相賜封懷昌男
張虔雄少有才器秦孝王俊爲秦州總管選爲法曹參軍王嘗親按囚徒虔雄不持狀口對百餘人皆盡事情同輩莫不歎服
元文都性鯁直明辯有器幹仕周爲右侍上士
劉炫河間人也少以聰敏見稱刺史李繪署禮曹從事以吏幹知名
賀婁子幹字萬壽少驍武知名釋褐司水上士稱爲强濟
楊汪爲尚書司勳兵部二曹侍郎秦州總管長史名爲明幹
周羅睺爲幽州刺史俄轉涇州刺史母憂去職未期復起授幽州刺史並有能名
劉子翼爲大理正甚有當時之譽
薛孺爲清陽令襄城掾所經並有惠政
唐戴冑魏郡人也性正直有幹局明習律令尤曉文

簿隋末爲門下錄事納言蘇威黄門侍郎裴矩甚禮之
劉洎字思遠南郡江陵人也少好讀書性勁躁有幹畧
張光輔本燉煌人也少明辯有幹局歷遷司農少卿文昌右丞及爲宰相皆有能名
蕭至忠景雲中受晉州刺史明於吏道甚有能名
崔日用初爲芮城尉則天幸長安備供繇陝州刺史宗楚客專以頻事委日用條白物役當煩而省楚客深加賞歎繇是擢用新豐尉遷監察御史

顏杲卿以蔭授官性剛直有吏幹開元中爲魏州錄事叅軍振舉綱目政稱第一

李彭年有吏才工於剖析有當官之稱

裴耀卿爲濟州刺史玄宗車駕東廵州當大路道里綿遠而戶口寡弱耀卿躬自條理科配得所時大駕所歷凡十餘州耀卿稱爲知頓之最

蔣沇爲監察御史與兄演溶弟清俱以幹局吏事擅能名於時長史韓朝宗裴廸咸以推覆簡勾之任委之處事平允剖斷精當動爲群僚楷式

吕諲爲哥舒翰支度判官性謹密勤於職務在使幕

縱無事塊然獨坐不離案牘翰益親之

李麟爲河東太守本道採訪處置使及安祿山反以武臣吕崇賁代之麟還京所歷皆有美稱以謹靖雅正自處

韋倫爲内作使判官時宫内土木之功無虚日内作人吏因緣爲姦倫又躬親閱視省費減倍改大理評事

李若幽性剛正有吏才歷安定扶風錄事叅軍皆爲稱職累遷長安令

班宏爲尚書侍郎性勤恪每晨入官署至夕方歸下吏不堪其勞故在職頗以虔白勤幹稱

韋元甫少修謹敏於學行初任滑州白馬尉以吏術知名本道採訪使韋陟深器之奏充支使與同幕判官員錫齊名元甫精於簡牘錫詳於訊覆陟推誠任之時人謡曰員推韋狀

劉贊少以資蔭補吏累授鄠縣丞宰相杜鴻漸判官楊炎美之

鄭元累遷刑部尚書性嚴毅有威斷更踐劇任所稱其能

盧士玫山東右族以文儒進性端厚與物無競雅有

令聞始爲吏部員外郎甚稱職轉郎中

後唐張敬詢少事武皇性勤幹時太祖收市甲馬屢濟國難尤留意於兵仗敬詢自軍吏至牙較專掌甲坊十五年尤稱職

孟鵠本魏州糺吏也莊宗初定魏博選幹吏以計兵職鵠爲度支孔目官掌邢洺錢穀司明宗時爲邢洺節度使軍賦三分之一屬霸府鵠於調算之間不至苛急每事曲意承迎帝心甚德之而度支使孔謙專典軍賦而於藩鎮微督苛急帝嘗切齒及帝即位鵠時爲租庸院勾押擢爲客省副使樞密院承旨當年

爲三司副使

晉周瓌北京晉陽人也少端直善計書自高祖歷數

鎮用爲腹心累職至牙門都較凡庸調出納咸以委

瓌經十餘年未嘗以微累見忤帝甚重之

周邊蔚初仕後唐爲華州記室莊宗之伐蜀大軍出

於華下時華方闕帥詔令蔚權領軍府事供億軍須

甚有幹濟之稱

冊府元龜

巡按福建監察御史臣李嗣京訂正

新建縣舉人臣戴國士叅閱

知建陽縣事臣黄國奇較釋

總録部八百四十五

膂力　趫捷　善武藝　執御

膂力

詩云孔武有力又云有力如虎斯盖萬人之敵百夫之防者也其有血氣方剛筋骨秀出㩳伎自任伉健無對絶邁乎倫品聘負於壯勇誠禀賦之有殊而才

力之尤異然則恃之者下稱之者賤聖人不語其惟力乎小民所用在於壯爾自非處之若怯而戒之在鬬進以戢難而禦侮退乃卷懷而若虛亦可以全養勇之道成率義之美哉其或肆陸梁恃鷙猛謂衆莫予拒而務於勝人是乃暴虎之徒不足算已

奡寒浞子多力能陸地行舟

蜚廉秦之先也蜚廉生惡來有力（手裂虎兕）蜚廉善走父子俱以才力事紂

潁考叔鄭大夫鄭伯將伐許授兵於太宮（太宮鄭祖廟也）公孫閼與潁考叔爭車（公孫閼鄭大夫）潁考叔挾輈以走（輈車轅也）子都拔棘以逐之（子都公孫閼也棘戟也）

南宮長萬宋大夫曹師伐宋長萬奔陳以乘車輦其母一日而至（乘車非兵車駕人曰輦宋去陳二百六十里言萬之多力）宋人請南宮萬于陳以賂陳人使婦人飲之酒而以犀革褁之比及宋手足皆見宋人醢之

叔山冉楚人晉楚戰于鄢陵楚師薄于險（薄迫也）叔山冉搏人以投中車折軾晉師乃止

秦堇父魯孟獻子家臣魯師從晉伐偪陽堇父輦重如役（叔挽重車以從師）

叔梁紇魯人爲郰邑大夫從伐偪陽偪陽人啓門諸

侯之士門焉（見門開故攻之）縣門發紇抉之以出門者

狄虒彌魯人從晉伐偪陽叔梁紇既抉懸門虒彌建大車之輪而蒙之以甲以爲櫓（蒙覆也櫓大楯也）左執之右拔戟以成一隊孟獻子曰詩所謂有力如虎者也

慶舍字子之爲齊大夫封之子慶封之亂欒高陳鮑之徒介慶氏之甲（欒子雅高子尾陳須無鮑國）子尾抽桷擊扉三（桷椽也扉門闔也）盧蒲癸自後刺子之王何以戈擊之解其左肩猶援廟桷動於甍以俎壺投殺人而後死（言其卩多力）

子期楚司馬白公勝作亂殺子期于朝子期曰昔者

吾以力事君不可以弗終拔豫章以殺人而後死以效
其多力豫章大木
孟說不知何許人秦武王有力好戲力士任鄙烏獲
與說皆至大官王與說舉鼎絶臏而死臏作脉
孟賁生拔牛角
夏育衞人力舉千均
吾丘鴆中山之人多力也趙氏攻中山吾丘鴆衣鐵
甲操鐵杖以戰而擊無不碎所衝無不陷以車投車
以人投人
漢項籍字羽下相人力扛鼎扛舉也才氣過人

申屠嘉梁人文帝時爲丞相初以材官蹶張今之弩以手張
皆曰蹶張以足蹋者曰蹶張從高帝
上官桀隴西上邽人少時爲羽林期門郎從武帝上
甘泉天大風車不得行解蓋授桀桀蓋雖風常屬車
屬連也雨下蓋輒御帝奇其才力遷未央廐令
甘延壽字君況少以良家子善騎射爲羽林投石拔
距絶於等倫投石以石投人也拔距者有人連坐相把據也距以爲堅而能拔取之皆言其有手掣之力超踰亭樓又言其趫捷耳非拔距也今人猶有拔爪之戲蓋拔距之遺法
後漢蓋延漁陽人彎弓三百斤邊俗尚勇力而延以
氣聞官終左馮翼將軍

祭彤字次孫有勇力能貫三百斤弓位太僕
虞延字子大力能扛鼎官終太僕
郭涼身長八尺氣力壯猛
葛龔以善文記知名性慷慨壯烈勇力過人位臨汾
令
魏許褚勇力絶人漢末聚少年及宗族數千家共堅
壁以禦寇時汝南葛陂賊萬餘人攻褚壁褚衆少不
敵力戰疲極兵矢盡乃令壁中男女聚治石如杅斗
者置四隅褚飛石擲之所値皆摧碎賊不敢進糧乏
僞與賊和以牛與賊易食賊來取牛牛輒奔還褚乃

出陣前一手逆曳牛尾行百餘步賊衆驚遂不敢取
牛而走繇是淮汝陳梁間聞皆畏憚之後從太祖討
韓遂馬超於潼關太祖將北渡臨濟河先渡兵獨與
褚及虎士百餘人留南岸斷後超將步騎萬餘人來
奔太祖軍矢下如雨褚白太祖賊來多今兵渡以盡
宜去乃扶太祖上船賊戰急軍爭濟船重欲沒褚斬
攀船者左手舉馬鞍蔽太祖船工爲流矢所中死
褚右手並泝船僅乃得渡是日微褚幾危其後太祖
與遂超等單馬會語左右皆不得從惟將褚超負其
力陰欲前突太祖素聞褚勇疑從騎是褚乃問太祖

日公有虎侯者安在太祖顧指褚褚瞋目盼之超不敢動乃各罷後數日會戰大破超等褚身斬首級遷武衛中郎將武衛之號自此始也軍中以褚力如虎而癡故號曰虎癡是以超問虎侯至今天下稱爲皆謂其姓名也

典韋陳留己吾人形貌魁梧膂力過人初平中張邈舉義兵韋爲士屬司馬趙寵牙門旗長大人莫能勝韋以一手建之寵異其才力韋好持大雙戟與長刀等軍中爲之語曰帳下壯士有韋君提一雙戟八十斤

蜀劉封隨先主入蜀自葭萌還攻劉璋時封年二十餘有將數人將兵俱與諸葛亮張飛等泝流洄而上所在戰克位副軍將軍

吳韓當爲孫堅別部司馬當從堅征伐周旋數犯危難陷敵擒虜

董襲字元代會稽餘姚人長八尺武力過人位偏將軍

朱據字子範吳郡吳人有姿貌膂力又能論難位新都郡丞

晉庾東以勇力聞武帝時有西域健胡趫捷無敵晉人莫敢與較帝募勇士惟東應選遂撲殺之名振殊俗

蔡裔少有勇力呼聲若雷嘗有盜入室裔撫几一呼賊衆皆殞時人憚之後爲兗州刺史

吳彥字士則吳郡吳人出自寒微有文武才幹身長八尺手格猛獸膂力絶群位交州刺史

張昌本義陽蠻少爲平氏縣吏武力過人

後蜀李庠爲中軍騎督弓馬便捷膂力過人時論方之文鴦

宋孟龍符驍果有膽氣幹力絶人位殿中將軍

孟係祖有筋幹異力能擔負數人入隸羽林爲殿中將軍

劉康祖新康縣男虔之子便弓馬膂力絶人

侯長生出身爲縣將本府以其膂力召爲府將

張東有勇力手格猛獸位左將軍

南齊周山圖家本寒賤年十五六氣力絶衆食啖當兼數人鄉里獵獻聚嘗爲主帥指麾處分皆見從位黃門郎

張敬兒南陽冠軍人好射虎南陽新野風俗出騎射而敬兒尤多膂力求入隊爲曲阿戍驛將

焦度爲青州刺史顔師伯輔國府參軍師伯啓孝武稱度氣力弓馬絶人帝召還充左右見度身形黑壯謂師伯曰眞健物也

梁羊侃少而雄勇膂力絶人泗橋有數石人長八尺大十圍侃執以相擊悉皆破碎位都官尚書

鄧元起字仲居南郡當陽人也少有膽幹膂力過人位益州刺史

陳周鐵虎不知何許人梁世南度語音傖重膂力過人位太子左衛

程靈洗少以勇力聞步行日一百餘里位安西將軍

杜僧明形貌眇小而膽氣過人有勇力善騎射位平北將軍

任忠字奉誠小名蠻奴膂力過人尤善騎射位開府儀同三司

周炅少居山谷有膂力能挽彊弩以弋獵爲事位平南將軍

乙瓌代人慕化入貢世祖留之瓌便弓馬善騎射手格猛獸膂力過人位西道都督

徐世譜字興宗居荆州爲主帥征伐蠻蜑尤敢勇有膂力善水戰

後魏于栗磾代人爲冠軍將軍道武畋于白登山見熊領數子帝謂栗磾曰能縛之乎栗磾曰能帝曰若搏之不勝豈不虛斃一壯士耶栗磾曰自可能致御前而制之尋擒之

崔延伯博陵人也有氣力以勇壯聞位征西將軍

韓茂字元興父耆龍驤將軍茂年十七膂力絶人尤善騎射明元曾親征丁零翟猛茂爲中軍執幢時大風諸軍旌皆偃仆茂於馬上持幢初不傾倒明元異而問之徵茂所屬具以狀對明元謂左右曰記之尋徵詣行在所試以騎射明元深奇之以茂爲虎賁中

郎將

陸眞代人少善騎射太武初以眞膂力過人拜爲內郎

劉尼少壯健有膂力勇果善射太武見而善之拜羽林郎中

谷渾字元冲昌黎人父衮膂力兼人彎弓三百斤勇冠一時位安南將軍

伊馛代人善射多力曳牛卻行位太子太保

長孫頹善騎射彎弓三百斤位征南將軍

宇文福少驍果有膂力位征南將軍

鄃思明左光祿大夫連山子思明及弟思和並以武力自効位直閤將軍

傅永字修期清河人有氣幹拳勇過人子叔偉九歲爲州主簿及長膂力過人彎弓三百斤左右馳射見者以爲得永之武而不得永之文也

奚康生性驍勇有武藝弓力十石爲南青州刺史時梁武帝聞康生能引强弩力至十餘石故特作大弓兩張送與康生康生得弓便會集文武乃用平射猶有餘力其弓長八尺把中圍尺二寸箭麤殆如今之長笛觀者以爲希世絶倫弓即表送置之武庫

崔暹少便弓馬壯勇有膂力

北齊侯景懷鎮人少驍勇有膂力善騎射以選爲北鎮岳

綦連猛魏元象中爲中外府帳内都督梁使來聘云有武藝求訪北人欲與相角文襄遣猛就館接之雙帶兩鞬左右馳射兼共試力挽强梁人引弓兩張力皆三石猛遂併取四張疊而挽之過度梁人嗟服之

後周韓雄字木蘭河東垣人也少敢勇膂力絶人工騎射有將帥材畧位驃騎大將軍

竇熾字光成善騎射膂力過人位太保

宇文顯和膂力絶人彎弓數百斤能左右馳射

王勇代州武川人本名胡仁少雄徤有膽決便弓馬膂力過人位大將軍

王傑少有志每以功名自許善騎射有膂力位上柱國

崔說本名士約少有氣槩膂力過人尤工騎射位大將軍

楊汪字元度少兇疎好與人羣鬬拳所毆擊無不顛踣位吏部尚書

韓盛善騎射膂力過人位新平郡守

隋張威少倜儻有大志善騎射膂力過人在周數從征伐位至柱國京兆尹

和洪濟南人少有武力勇烈過人周武帝時數從征伐以戰功累遷車騎大將軍

段文振北海平原人少有膂力膽氣過人位左候大將軍

魚俱羅馮翊下邽人膂力絶人聲氣雄壯言聞數百步弱冠爲親衞累遷大都督

董純字德厚少有膂力便弓馬在周仕歷司御上士

周範偉儀姿有膂力仕隋齊王府佐

耆張士貴本名忽峍弘農盧氏人也膂力過人彎弓一百五十斤左右騎射矢不虛發位左領軍大將軍

喬軏字文度京兆渭南人慷慨有志畧身長八尺膂力過人善擊劒左右馳射而頗涉書傳

梁崇義長安人以升斗給役于市井閒有膂力能卷金舒鉤後為羽林射生

衛伯玉有膂力自幼習知武藝天寶中仗劒之安西以邊功累遷至員外諸衛將軍

康藝全為河東偏伍勇力絕人節度使馬燧以其多藝因以藝全名之

李載義以武力稱繼為幽州屬郡守載義少孤與鄉曲之不令者遊有勇力善挽强角觝劉濟為幽州節度使見而偉之置於親軍每從征伐

梁王彥章曹南人少好勇多力太祖領四鎮擢為偏較當持一鐵槍重僅百斤所向無敵當者

後唐朱漢賓亳州人少有膂力形神壯偉膽氣過人位太子少保致仕

晉翟璋好勇力時目為大蟲郎蓋虎之稱也位左羽林統軍

張郎年十八善射膂力過人鄉里憚之位慶州刺史

周王繼弘少勇悍後唐明宗作鎮致之麾下善步鬬多力位河陽節度使

趫捷

夫有力善走剽悍勁疾斯趫捷之謂也若乃稟肖之異伉健殊尤屬方剛之際挺孔武之力跳盪輕疾絕出流類雖則一介之士亦乃百夫之特也然則壯有所用力供時使佗佗之氣既有所取赳赳之武亦足可稱或乃恃其過人昧乎養勇失於䘮禮之訓違夫率義之旨斯故輕生而齒禍者哉

蜚廉秦之先也足走千里手制兕虎以材力事商紂

國人犖魯人（圉人掌養馬者犖名也史失其姓）能投蓋于稷門（蓋覆也稷門魯南門走而自投接其尾之桷反覆門上）

慶忌吳人勇為人所聞走及奔馬

漢甘延壽字君況北地郁郅人為羽林投石捷手絕於等倫嘗超踰羽林亭樓繇是遷為郎試弁為期門（弁博）以材力愛幸為西域都護與陳湯共誅斬郅支單于封義成侯

後漢董卓臨洮人膂力過人雙帶兩鞬左右馳射為羌胡所畏桓帝末以六郡良家子為羽林郎後位太師

張燕常山眞定人剽悍捷速過人故軍中號曰飛燕
後爲平北將軍
呂布字奉先五原郡九原人也漢末以驍武給并州
便弓馬膂力過人號曰飛將稍遷至中郎將董卓自
以遇人無禮恐人謀已常以布自衛卓性剛而褊忿
嘗小失意拔手戟擲布布拳捷避之而改容顧謝卓
意亦解
吳虞翻會稽餘姚人爲孫策功曹從策討山越策獨
騎與翻相得山中得平地勸策乘馬策曰卿無馬奈
何答曰翻能步行日可三百餘里自征討以來吏卒

無及翻者明府試躍馬趨翻隨之行及大道得一鼓吏
策取角自鳴之部曲識聲小大皆出遂從周旋平定
三郡
晉唐彬字儒宗魯國鄒人少便弓馬好遊獵身長八
尺走及奔鹿强力兼人後爲前將軍領西戎校尉雍
州刺史
王彌東萊人惠帝末入長廣山爲群盜彌多權畧凡
有所掠必豫圖成敗舉無遺策弓馬迅捷膂力過人
青土號爲飛豹
郭默河內懷人少微賤以壯勇事太守裴整常身被
重甲跳三丈餘時人莫不憚之後爲西中郎將豫州
刺史
桓石虔荆州刺史豁之子小字鎮惡有才幹趫捷絶
倫從父在荆州於獵圍中見猛獸被數箭而伏諸督
將素知其勇戲令拔箭石虔因急往拔得一箭猛獸
跳石虔亦跳高於猛獸獸伏復拔一箭以歸終冠軍
將軍豫州刺史
陳安字虎侯隴右人驍壯果毅武幹過人多力善射
持七尺刀貫甲奔及馳馬
宋傅弘之北地泥陽人也素善騎乘爲建威將軍順

陽太守從高祖至長安弘之於姚泓馳道內緩服戲
馬或馳或驟往反二十里中甚有姿制羌胡聚觀者
數十人並驚惋歎息初上馬以馬鞭柄策挽致兩股
內及下馬柄孔
卜天生吳興餘杭人天與之弟也天生少爲隊將十
人同大壘後有一大坑廣二丈餘十人共跳之皆度
惟天生墜坑天生乃取實中苦竹剡其端使利交橫
布坑內更呼等類共跳並畏懼不敢天生曰我向已
不度今者必墜此坑中丈夫跳此不度亦何活乃復
跳之往反十餘曾無留礙衆並歎服

南齊張敬兒爲雍州刺史部伍泊沔口敬兒乘舴艋過江詣晉熙王燮中江遇風船覆左右丁壯者各泅走餘二小吏沒船下叫呼官敬兒兩掖挾之隨船覆仰嘗得在水上如此翻覆行數十里方得迎接失所持節更給之

王敬則晉陵南沙人也年二十餘善拍張跳刀高與白虎幢等如此五六接無不中補挾轂隊主領細鎧左右

梁羊侃泰山梁甫人也少雄勇膂力絶人於兗州堯廟蹋壁直上至五尋横行得七跡後爲都官尚書

蘭欽字休明幼而果決趫捷過人宋末隨父子雲在雒陽嘗於市騙橐駝天監中兼文德主師征南中五郡諸洞反者所至皆平欽有謀畧勇決善戰步行日二百里勇武過人善撫馭得人死力以軍功封安懷縣男

陳周文育義興陽羨人也年十一能反覆游水中數里高跳六尺與羣兒聚戲衆莫能及後爲鎮南將軍封壽昌公

黄法氍（音俱）字仲昭巴山新建人少勁捷有膽力步行日三百里距躍三丈頗便書疏閑明簿領出入郡中爲鄉里所憚後爲豫州刺史

後魏傅永廣平易陽人也有氣幹拳勇過人能手執鞍橋倒立馳騁後爲平東將軍光祿大夫

傅叔偉永之子也亦能立馬上與人角騁九歲爲州主簿

楊大眼武都氐難當之孫少有膽氣跳走如飛然側出不爲一宗親顧待頗有饑寒之切太和中起家奉朝請時孝文自代將南伐令尚書李冲典選征官大眼往求焉冲弗許大眼日尚書不見知聽下官出一伎便出長繩三丈許繫髮而走繩直如矢馬馳不及

見者莫不驚歎冲日自千載以來未有逸才若此者也遂用爲軍主大眼顧謂同寮日吾之今日所謂蛟龍得水之秋自此一舉終不復與諸君齊列矣未幾遷爲統軍從孝武征宛葉襄鄧九江鍾離之間所經戰陣莫不勇冠六軍

伊馛代人少而勇健走及奔馬善射多力位終太子太保平尚書事

爾朱兆字萬仁榮從子也少驍猛善騎射手格猛獸趫捷過人數從榮遊獵至於窮巖絶澗人所不能升降者兆必先之榮以此特加賞愛任爲爪牙以軍功

爲平遠將軍步兵校尉
後周韓果字阿六拔代州武川人驍雄善騎射從賀拔岳西征爲岳帳内果膂力絶倫被甲荷戈昇陟峯嶺猶涉平路雖數十百日不以爲勞以功授宣威將軍後從大軍破稽胡於北山胡地險阻人迹罕至果進兵窮討散其種落稽胡憚果勁健號爲著翅人太祖聞之笑曰著翅之名寧減飛將
達奚震字猛畧代人也同州刺史武之子少驍勇便騎射太祖嘗於渭北較獵兎過太祖前震與諸將競射之馬倒而墜震足不傾躓因步走射之矢發中兎

顧馬纔起遂翻身騰上太祖喜曰非此父不生此子乃賜震雜綵百段震後累遷上柱國
隋賀若敦仕周文爲都督封安陵縣伯嘗從太祖較獵於甘泉宫時圍人不齊獸多逃逸太祖大怒人皆股戰圍内惟有一鹿俄亦突圍而走敦躍馬馳之鹿上東山敦棄馬步逐至山半便掣之而下太祖悦諸將因得免責
長孫晟趫捷過人年十八爲後周司衛上士
崔弘度年十七周大冢宰宇文護引爲親信軍較都督累轉大都督時護第中出公訓爲蒲州刺史令弘度從焉嘗與訓登樓至上層去地四五丈俯臨之訓曰可畏也弘度曰此何足畏欻然擲下至地無損傷訓以其拳捷大奇之
麥鐵杖始興人驍勇有膂力日行五百里走及奔馬陳宣帝大建中聚結爲盜俘役爲官戸配執御傘每罷朝後行百餘里夜至南徐州踰城而入行光火刼盜旦還及牙時仍又執傘如此者十餘度物主識之州以狀奏朝士見鐵杖每旦常在不之信也後數告變尚書蔡徵曰此可驗耳於仗下時購以百金求人送詔書與南徐州刺史鐵杖出應募賫勑而往明旦

及奏事帝曰信然爲盜明矣惜其勇捷誡而釋之陳亡後徙居清流縣遇江東反楊素遣鐵杖覘賊後敘戰勳不及鐵杖遇素馳驛歸于京師鐵杖步追之每夜則同宿素見而特悟奏授儀同三司以不識書放還鄉里成陽公李徹稱其驍武
沈光字總持少驍捷初建禪定寺其中幡竿高十餘丈適遇繩絶非人力所及諸僧患之光見而謂僧曰持繩來當相爲上耳諸僧驚喜因取而與之光乃銜索拍竿而上直至龍頭繫繩畢手足皆放透空而下以掌拒地倒行數十步觀者駭悦莫不嗟異時人號

爲肉飛僊從煬帝攻遼東以衝梯擊城竿長十五丈光昇其端臨城與賊戰短兵接殺十數人賊競擊之而墜未及於地適遇竿有垂絙光接而復上帝望見壯異之郎拜朝散大夫

史萬歲少英武善騎射驍捷若飛後以軍功拜上大將軍

宇文忻字仲樂幼而敏惠年十二能左右馳射驍捷若飛位至右領軍大將軍

權武拜開府襲爵齊城郡公武少勁果能重甲上馬嘗倒投於井未及泉復躍而出其拳勇如此頻以軍功

増邑終右屯衛大將軍

唐高開道世家寒微貧賤以煮鹽自給少而驍捷走及奔馬後爲尉州總管

趙持滿工書善射力搏猛獸捷及奔馬改爲涼州都督府長史而親仁愛士多所交結在涼州嘗逐野馬自後射之無不洞于胸腋邊人憚伏之

史敬奉靈武人爲本軍牙將形甚短小若不能勝衣至于野外馳逐能擒奔馬自執鞍勒隨鞍躍上然後羈帶矛矢在手前無强敵

漢史弘肇字化元少游俠無行拳勇健步日行二百里走及奔馬高祖時爲侍衛親軍都指揮使

周王進幽州良鄉人爲人勇悍走及奔馬符彥超爲河朔郡守以畧誘寘之左右長興初彥超領鎭安州屬王希全搆亂令進變狀聞於朝廷明宗賞其迅速錄寧衛將軍

善武藝

弧矢之妙擊刺之能皆古人之所尚俠少之所務也其有忠信爲質拳勇絶人旣蘊其壯心又輔之武藝復有負彼英姿目爲飛將騁著折衝之名騎擅驚軍之號而能奉上盡節臨難不免此皆百夫之雄足以

書之不朽儻或心蓄姦賊志在飛揚雖使刀矛俱發左右馳驟所謂勇而無禮徒爲兆亂之本者也

荆軻衛人也衛人謂之慶卿旣而之燕燕人謂之荆卿荆卿好讀書擊劍以說衛元君元君不用

漢司馬相如字長卿通西南夷拜中郎將少時好讀書學擊劍

魏典韋陳留己吾人仕太祖至校尉好持大戟與長刀軍中爲之語曰帳下壯士有典君提一雙戟八十斤

嚴翰字公仲器性重厚篤好擊劍

晉楊濟字文通歷位鎮南征北將軍武帝重兵官多授貴戚清望濟以武藝號爲稱職

桓玄字靈寶襲爵南郡公在江陵甚豪横士庶畏之過於刺史殷仲堪玄於仲堪廳事前戲馬以矟擬仲堪仲堪中兵參軍劉邁在座謂玄馬矟有餘精理不足仲堪爲之失色

陳安爲劉曜將後叛曜自稱大將軍雍涼秦梁四州牧涼王曜使其將軍平先丘中伯率勁騎追安安與壯士十餘騎於陝中格戰安左手奮七尺大刀右手執丈八蛇矛近交則刀矛俱發輒害五六遠則雙帶

鞬服左右馳射平先亦壯健絶人與安搏戰三交奪其蛇矛及安死隴上歌之曰隴上韃兒有陳安軀幹雖小腹中寬驤驄文馬鐵鍜鞍七尺大刀奮如湍丈八蛇矛左右盤十盪十決無當前

南齊王宜興爲屯騎校尉與黄回同石頭之謀宜興拳捷善舞刀楯回嘗使十餘人以水交灑不能著

周盤龍北蘭陵人爲征虜將軍濟陽太守世祖數構武帝令盤龍領軍較尉驍矟

陳天福爲前軍將軍善馬矟至今諸將法之

梁羊侃爲大軍司高祖時車駕幸樂遊苑侃預宴時少府奏新造兩刀矟成長二丈四尺圍一尺三寸帝因賜侃河南國紫騮馬令試之侃執矟上馬左右擊刺特盡其妙觀者登樹帝曰此樹必爲侍中折矣俄而果折因號此矟爲折樹矟

王神念爲爪牙將軍少善騎射既老不衰嘗於高祖前執二方楯左右交度馳馬往來冠絶都伍有楊華者能作驚軍騎並一時妙捷

後魏來大千爲騎都尉驍果善騎射永興初襲爵遷中散至於朝賀之日大千嘗着御鎧盤馬殿前朝臣莫不嗟歎

于栗磾代人也爲冠軍將軍左右馳射武藝過人好持黑矟以自標明元時拜黑矟將軍

北齊尉興敬幽州刺史長命之子便弓馬有武藝高祖引爲帳内都督

獨孤楷少謹厚便弄馬槊爲宇文護執刀累轉車騎將軍

田式字顯標爲襄州總管性剛果多武藝拳勇過人

燕榮字貴華高祖受禪爲大將軍性剛嚴有武藝擊突厥有功

唐單雄信爲李密將少驍健尤能馬上用槍密軍號

爲飛將
羅士信始年十四爲滎陽通守張須陁執衣遇翟讓
來寇士信信請自效須陁小之士信重著一甲左右
雙鞬躍而上馬陣方列士信執長槍立於馬上馳至
賊所刺倒數人斬一人首擲於空中用槍承之戴以
略陣賊衆愕然莫敢逼者士信乃棄鞬馳馬爲十上
十下而還
秦叔寶爲上柱國封翼國公每從太宗征伐敵中有
驍將銳卒炫耀人馬出入來去太宗輒命叔寶往取
叔寶應命躍槍而進必刺之萬衆之中

哥舒翰初爲別將吐蕃寇邊翰拒之于苦拔海吐蕃
之衆三道從山相續而下翰持半段槍當兵鋒逆擊
之無不摧靡又擊其次軍復走又擊其後軍皆大破
之踪是知名翰有家臣曰左車年十五每隨翰入陣
翰善使槍追賊及之以槍搭其肩而喝之賊驚顧翰
從而刺其喉皆剔高三五丈而墜左車輒下馬斬其
首率以爲常
王難得有膽力天寶初吐蕃大寇河源軍難得以騎
將爲軍鋒贊普有子曰琅支都恃其驕悍乘諳真馬
寶鈿裝鞍軍前求敵鬬者難得横槍突往刺殺之斬
其首以其馬歸軍使以聞玄宗召至御殿問之因令
驍突作殺琅支都狀壯之賜以錦袍拜羽林將軍
郭子儀初以武舉補左衛長史累以武藝登科爲諸
軍使李瓌光爲朔方節度少從軍爲朔方死將以武
藝壯勇稱朔方節度使郭子儀禮之益厚
李觀德宗時爲四鎮北庭節度使少習武藝沉厚寡
言有將帥識度
梁王敬蕘潁州汝陰人爲武寧軍節度使敬蕘魁傑
沉勇多力善戰所用槍矢皆以純鐵鍛就槍重三十
斤摧鋒突陣率以此勝

王彥章少從軍嘗持鐵槍衝堅陷陣敵人畏之目之
爲王鐵槍後至正國軍節度使
王景仁廬州合肥人材貌魁偉性暴率無威儀善用
票頗推驍悍後至簡較太尉同平章事
王重師潁川長社人也唐天祐中爲雍州節度使同
平章事材力兼人沉默大度臨事有權變劍矟之妙
寇絶於一時中和末蔡寇陷許昌重師脱身而來太
祖異其狀貌乃錄于拔山都每於軍前效用頗出儕
類
晉萇從簡陳州人天福初爲許州節度使世以屠羊

爲事力敵數人善弓槊初事唐莊宗爲小校攻取城邑召人爲樑頭從簡多應募焉

安審暉爲邢州節度使嚚局謹重從父戰陣武藝絶人起家長直軍副兵馬使

執御

仲尼曰吾何執吾執御矣若夫銜勒無失則控御有力輗軏斯正則夷險可履況乎任重致遠而徐疾以攸宜自邇陟遐故驅馳而莫擬蓋兢畏之無斁信動靜而有常若乃蹉跌稍失用舍不精非徒敗律喪師抑亦失身隕志其爲執御可不愼歟

商費昌夏桀之時去夏歸商爲湯御以敗夏桀于鳴條

孟戲中衍大戊聞而卜之使御尹遂致使御而妻之

周造父以善御幸於穆王得驥溫驪溫一作盜爲馬駣頸驪黑色驊騮色如華而赤今名馬驃赤者爲棗騮騮馬赤也騄耳之駟紀年云北唐之君來見以一驪馬是生騄耳八駿皆因其毛色爲名西巡狩樂而忘歸

奄父公仲宣王伐戎以爲御

縣賁父魯人魯公及宋人戰于乘丘縣賁父御縣賁皆氏也凡車右勇力者爲之卜國爲右馬驚敗績驚奔失列公墜佐車授綏戎車之貳曰佐授綏乘公公曰末之卜也末之猶微哉言卜國無勇縣賁父曰他日不敗績而今敗績是無勇也公他日戰其御馬未嘗驚奔遂死之二人赴敵而死圉人浴馬有流矢在白肉圉人掌養馬者白肉股裏肉公曰非其罪也流矢中馬非御與右之罪也遂誄之誄其赴敵之功以爲誄

步揚晉人秦穆公侵晉至于都都晉地韓原惠公謂慶鄭曰君深其怨能淺其寇乎卜右慶鄭吉公曰鄭也不遜以家僕徒爲右步揚御戎戎御公戎車梁繇靡御韓簡號射爲右以承公晉師潰戎馬還濘而止梁繇靡御簡輅秦公將止之輅迎止獲也慶鄭曰釋來救君亦不克救遂止于秦

許伯楚人邲之戰許伯御樂伯攝叔爲右以致晉師許伯曰吾聞致師者御靡旌摩壘而還靡旌疾驅也摩近也樂伯曰吾聞致師者左射以菆左車左與菆矢之善也代御執轡御下兩馬掉鞅而還兩飾也掉正也示閒暇攝叔曰吾聞致師者右入壘折馘折馘斷耳執俘而還皆行其所聞而復

邴夏齊人鞌之戰邴夏御齊侯逢丑父爲右晉解張御郤克鄭丘緩爲右郤克傷於矢流血及屨未絶鼓音中軍將自執旗鼓故雖傷而擊鼓不息曰余病矣張侯曰自始合而矢貫余手及肘余折以御左輪朱殷豈敢言病吾子忍之張侯解張也朱血色血色久則殷殷音近烟人謂赤黑爲殷色言血多汚車輪御猶不敢息

自始合苟有險余必下推車子豈識之然子病矣（以拄不識巳推車）張侯曰師之耳目在吾旗鼓進退從之此車一人殿之可以集事（殿鎮也集成也）若之何其以病敗君之大事也擐甲執兵固即死也病未及死吾子勉之左并轡右援枹而鼓馬逸不能止師從之（晉師從郤克車）齊師敗績韓厥將戰夢子輿謂巳曰且辟左右（子輿韓厥父）故中御而從齊侯（居中代御者自非元帥御者皆在中將左右）邴夏曰射其御者君子也公曰謂之君子而射之非禮也（齊侯不知戎禮）射其左越于車下射其右斃于車中

郵無正（郵無正大夫王良也）晉人鐵之戰趙簡子曰鄭人擊我

伏弢（弢弓衣）流血鼓音不衰今日之事莫我若也衛莊公爲右（莊公奔晉簡子將納之故爲右）曰吾九登九下擊人盡殪今日之事莫我加也郵無正曰吾兩靷將絶吾能止之今日之事我御之上也駕兩乘材（材橫木）兩靷皆絶一云趙簡子使王良與嬖奚乘終日而不獲一禽嬖奚反命曰天下之賤工也或以告王良良曰請復之彊而後行一朝而獲十嬖奚反命曰天下之良工也良請辭曰吾爲範御終日不獲一爲之詭遇一朝而獲十（範法也詭不依法也）

東野畢魯人以善御聞定公問于顏闔曰東野畢之御善乎對曰善則善矣然甚將爲佚定公不說入謂左右曰君子固讒人乎三日而牧來謂之曰東野畢之馬佚兩驂引兩服入廐定公越席而起召顏闔曰子言東野畢其馬將佚不識何以知之對曰臣以政知之昔者舜巧于使民而造父巧于使馬舜不窮其民造父不窮其馬是以舜無佚民造父無佚馬今東野畢之御上車執轡御體正矣步驟馳騁朝禮畢矣歷險致遠其方盡矣然而求馬不巳是以知之公曰善哉

宛射大鄭人楚子伐鄭諸侯救鄭晉侯使張骼輔躒

致楚師求御于鄭卜宛射大吉使御廣車而行

尹需學御三年而無得焉嘗寢想之（寢卧思之）中夜夢受秋駕於師（秋駕美御之師）明日往朝望而謂之曰吾非愛道於子也恐子不可予也今日將教子以秋駕尹承而反走北面再拜曰臣有天幸今夕因夢受之

漢祕彭祖以卒開沛城門爲太公僕又爲中廐令擊陳豨封戴侯

夏侯嬰爲沛廐司御高祖爲沛公以嬰爲太僕嘗奉車（爲沛公御車也）

荀録太原廣武人以御見爲侍中（以善御得見因爲侍中也）

晉王湛宗族皆以爲痴兄子濟詣湛旣而辭去湛送至門濟有從馬絶難乘濟問湛曰叔頗好騎否湛曰亦好之因騎此馬姿容旣妙迴策如縈善騎者無以過之後至汝南內史

宋劉德願孝武時爲豫州刺史善於御車嘗立兩柱使其中通車軸乃於百餘步上振轡長驅未至數尺痡與牛杖從柱間直過其精如此世祖聞其能乃爲之乘畫輪車幸大宰江夏王義恭第德願著絳冠短朱衣執轡進止甚有容狀上欣歎賞賜甚厚

唐齊映爲御史中丞從德宗幸梁州映嘗執轡會御

馬遽駭奔跳頗甚帝懼傷映令舍轡映堅執久之乃止帝問其故曰馬奔踶不過傷臣苟捨之或犯清塵雖臣萬死何以塞責上嘉奬無已

冊府元龜

巡按福建監察御史臣李嗣京　訂正
分守建南道左布政使臣胡維霖　叅閱
知建陽縣事臣黃國琦較釋

總録部九十六

善射

周官保氏之職教國子以六藝其三曰射仲尼亦曰吾何執執射乎蓋弦剡之制聖人所以威天下桑蓬之訓男子所以志四方射之時義遠矣哉中古以還乃有應機之命中挽彊徹札善其事而著稱者焉至

或飲羽鷩獸御敵紓難威讋於寇虜身獲於榮爵亦比比有之詩曰舍矢如破又曰舍拔則獲皆善射之謂矣

有窮后羿善射（有窮國名后君也羿君之號）

逢蒙學射於羿盡羿之道

賈大夫惡（貌醜）取妻而美三年不言御以如皋射雉獲之其妻始笑而言

樂伯爲楚大夫與晉戰於邲許伯御樂伯攝叔爲右以致晉師晉人逐之左右角之（張兩角從旁夾攻之）樂伯左射馬而右射人角不能進矢一而已麋興於前麋麗龜（麗著也龜背文降高當心者）晉鮑癸當其後使攝叔奉麋獻焉曰以歲之非時獻禽之未至敢膳諸從者鮑癸止之曰其左善射其右有辭君子也旣免（止不復逐之）

養繇基楚大夫善射去楊葉百步而射百發百中楚共王及晉侯鄭伯戰於鄢陵潘尫之黨與養繇基蹲甲而射之徹七札焉（黨潘尫之子蹲聚也一發達七札言其能陷堅）以示王曰君有二臣如此何憂於戰（二子以射誇王）王怒曰大辱國（賤其不尚智謀）詰朝爾射死藝（言女以射自多必當以藝死也詰朝猶明朝是戰日）及戰呂錡射共王中目王召養繇基與之兩矢使射呂錡

中項伏弢（弢弓衣）以一矢復命後楚師薄於險（薄迫也）叔山冉謂養曰雖君有命爲國故必射（王有死藝命）乃射再發盡殪楚王有白猨王自射之則搏矢而熙（熙戲）使養食其射之（食其卽繇基也）始調弓矯矢未發猨擁柱號矣

熊渠子夜行見寢石以爲伏虎彎弓射之沒金飲羽下視知其石也因復射之矢摧迸也

商陽爲工尹與陳棄疾追吳師及之（工尹楚官名棄疾楚公子棄疾以魯昭八年帥師滅陳縣之楚人善之因號焉至二十年楚子狩於州來使蕩侯潘子司馬督囂尹午陵尹喜帥師圍徐以懼吳於時有受師陵或作陵楚聲）陳棄疾謂工尹商陽曰王事也子手弓而可手弓子射諸（商陽仁不忍傷人以王事勸之）射之

斃一人輒弢(不忍復射斃仆也弢韜也)又及謂之又斃二人每斃一人揜其目(揜其目不忍視之)止其御曰朝不坐燕不與殺三人亦足以反命矣(朝燕於寢大夫坐於上士立於下然則陽與御者皆士也兵車參乘射者在左戈盾在右御在中央)孔子曰殺人之中又有禮焉善之

公孫丁爲衛獻公御公出奔齊孫氏追之初尹公佗學射於庾公差庾公差學射於公孫丁二子追公(二子佗與差爲孫氏逐公)子魚曰射爲背師不射爲戮射爲禮乎(子魚庾公差禮射不求中)射兩軥而還(軥車軛卷者)尹公佗曰子爲師我則遠矣乃反之(佗不從丁學故言遠始與公差俱退悔而還射丁)公孫丁受

公轡而射之貫臂(貫佗臂)

洩聲子魯大夫齊師將納昭公使公子鉏率師從公圍成師與齊師戰於炊鼻(季氏師距公炊鼻魯地)齊子淵捷從洩聲子射之中楯瓦(瓦楯脊)繇朐汰輈匕入者三寸(入楯瓦也朐車軛輈車轅繇過也汰矢激也匕矢鏃也)聲子射其馬斬鞅殪

顏高魯人定公侵齊門於陽州(攻其門)士皆坐列(言無鬭志)曰顏高之弓六鈞(三十斤爲鈞六鈞百八十斤古稱重故以爲異彊)皆取而傳觀之陽州人出顏高奪人弱弓籍丘子鉏擊之與一人俱斃(子鉏齊人斃仆也)偃且射子鉏中頰殪(子鉏死)

顏息魯人定公侵齊門於楊州顏息射人中眉退曰我無勇吾志其目也(以自矜)

公孫林鄭大夫齊輸范氏粟鄭子姚子般送之趙鞅禦之遇於戚鄭師大敗趙孟喜追鄭師姚般公孫林殿而射前列多死(晉前列)趙孟曰國無小(言雖小國猶有善射者)

更嬴魏人與魏王處廡下有鴈從東方來更嬴虛發而鴈下

漢李廣隴西人世世受射(受射法)文帝十四年匈奴大入蕭關而廣以良家子從軍擊胡用善射殺首虜多爲郎騎常侍廣爲上郡太守匈奴侵上郡帝使中貴人從廣(內臣之貴幸者)勒習兵擊匈奴中貴人者將數十騎

從(將數十騎自隨在大軍前行而忽遇敵也)見匈奴三人與戰射傷中貴人殺其騎且盡中貴人走廣(走趣也)廣曰是必射鵰者也廣乃從百騎往馳三人(疾馳而逐之)三人亡馬步行行數十里廣令其騎張左右翼(旁引其騎若鳥翼之焉)而廣身自射彼三人者殺其二人生得一人果匈奴射鵰者也廣嘗出獵見草中石以爲虎而射之中石沒矢視之石也他日射之終不能入矣廣所居郡聞有虎嘗自射之及居右北平射虎虎騰傷廣廣亦射殺之其射見敵非在數十步之內度不中不發發即應弦而倒用此其將數困辱及射猛獸亦數爲所傷廣爲人長

彀臂〔臂如猨臂通背〕其善射亦天性雖子孫他人學者莫能
及廣吶口少言與人居則畫地爲軍陳射闊狹以飲
專以射爲戲
張隆景帝時爲輕車武射以善射帝幸近之
霍去病武帝時以皇后姊子年十八爲侍中善騎射
堂邑父胡人善射與張騫使月支留匈奴中窮急射
禽獸給食歸漢拜爲奉使君
後漢董卓膂力過人雙帶兩鞬左右馳射爲羌胡所
畏位至相國
呂布爲奮武將軍時袁術遣將紀靈等攻劉備於徐

州布救之屯沛城外請靈等與共饗飲布曰備吾弟
也爲諸君所困故來救之布性不喜合鬭但喜解鬭
耳乃令軍候植戟於營門布彎弓顧曰諸君觀布射
戟小支中者當各解兵不中可留決鬭布即一發正
中戟支靈等皆驚言將軍天威也
魏成公英西域人從太祖出獵有三鹿走過前太祖
命英射之三發三中皆應弦而倒太祖抵掌謂之曰
但韓文約可謂盡節而孤獨不可乎〔成公英昔事韓遂遂字文約〕
後詔英作凉州平隴右病卒
王明山父凌坐楚王事司馬宣王誅之明山走向大
原追軍及之時有飛鳥集桑樹隨低卬昂明山舉弓
射之即倒追人乃止不復進
蜀糜竺爲安漢將軍子威官至虎賁中郎將威子照
虎騎監自竺至照皆便弓馬善射御
吳太史慈彀臂善射弦不虛發嘗從孫策討麻保賊
賊於屯裏緣樓上行詈以手持樓棼慈引弓射之矢
貫手着棼圍外萬人莫不稱善其妙如此位至折衝
中郎將
朱才字君業爲偏將軍爲人精敏善騎射大帝愛異
之嘗侍從遊戲

晉魏舒爲後將軍鍾毓長史毓每與參佐射舒嘗爲
畫籌而已後遇朋人不足以舒滿數毓初不知其善
射舒容範閑雅發無不中舉坐愕然莫有敵者毓歎
而謝曰吾之不足以盡卿才有如此射矣豈一事哉
王濟字武子爲河南尹未拜坐鞭王官吏免官王愷
以帝舅奢豪有牛名八百里駮嘗瑩其蹄角濟請以
錢千萬與牛對射而賭之愷亦自恃其能令濟先射
一發破的因據胡牀叱左右速探牛心來須臾而至
一割便去愷以白衣領太僕卒
楊濟字文通歷位鎭南征北將軍嘗從武帝較獵北

苾下與侍中王濟俱着布袴褶騎馬執角弓在輦前猛獸突出帝命王濟射之應弦而倒須㬰復一出濟受詔又射殺之六軍大叫稱快

庾翼爲都督征討諸軍事師次襄陽大會僚佐陳旌甲親授弧矢曰我之行也若此射矣遂三起三疊徒衆屬目其氣十倍

謝尚爲建武將軍江夏相時安西將軍庾翼鎮武昌尚數詣翼諮謀軍事嘗與翼共射翼曰卿若破的當以鼓吹相賞尚應聲中之翼即以其副鼓吹給之

桓石秀會騎射發則命中位至寧遠將軍

陳安爲劉曜所圍突圍而出雙帶兩鞬左右馳射

前燕慕容根會射嘗從慕容皝行獵有一野羊立於懸崖皝命左右射之莫有中者根自求射一發中之

賈堅字世固彎弓三十石餘慕容恪取一牛置百步上召堅使射堅曰少壯之時能令不中今已年老正可中之恪大笑射再發一矢拂脊一矢磨腹皆附膚落毛上下如一恪曰復能中乎堅曰所貴以不中爲奇中之何難一發中之堅時年已六十餘矣觀者咸服其妙也

慕容翰皝之庶兄皝素忌之皝既嗣位翰北投宇文歸既而逃歸乃遣勁騎百餘追之翰遥謂追者曰吾既思戀而歸理無反面吾之弓矢汝曹足知無爲相逼自取死也吾處汝國久願不殺汝汝可百步豎刀吾射中者汝便宜反不中者可來前也追騎解刀豎之翰一發便中刀鐶追騎乃散

慕容盛初逃難東歸遇盗陜中盛曰我六尺之軀入水不溺在火不焦汝欲當吾鋒乎試豎爾手中箭百步我若中之宜慎爾命如其不中當束身相授盗乃豎箭盛一發中之盗曰郎貴人之子故相試耳資而遣之

宋劉榮祖北中郎將懷慎之子少好騎射爲高祖所知及盧循攻逼懷慎戍在石頭時賊乘小艦入淮拔柵高祖宣令三軍不得輙射賊榮祖不勝忿怒冒禁射之所中應弦而倒高祖益奇焉

卜天與父名祖高祖聞其有幹力召補隊主從征伐天與善射弓力兼倍容貌嚴正笑不解顔太祖以其舊將子使教皇子射位至廣威將軍

臧熹習騎射志在立功嘗至溧陽縣令阮崇與熹共獵值虎突圍獵徒並奔散熹直前射之應弦而倒

南齊垣僖伯少負氣豪俠妙解射雉尤爲武帝所重

以爲直閤將軍
柳世隆與瑯琊王瞻傳射嫌其皮闊乃摘梅帖烏味之上發必命中觀者驚駭位至左光祿大夫
張敬兒年少便馬有膽氣好射虎發無不中位至開府儀同三司
劉繪爲寧朔將軍雖豪俠嘗惡武事雅善傳射未嘗跨馬
梁曹景宗新野人父欣之仕宋爲徐州刺史景宗善騎射好畋獵嘗與少年數十人澤中逐麞鹿每還騎赴鹿鹿馬相亂景宗於衆中射之人皆懼中馬足鹿

應弦輒斃以此爲樂未弱冠欣之於新野遣出州以匹馬將數人於中路卒逢蠻賊數百圍之景宗帶百餘箭乃馳騎四射每箭殺一蠻遂散走
陳諸玠剛毅有膽決善騎射嘗從司空侯安都於徐州出獵遇有猛虎玠引射之再發皆中口入腹俄而虎斃位至御史中丞
樊毅累葉將少習武善射毅弟猛幼倜儻既壯便弓馬位至護軍將軍
後魏長孫頽嵩子也善騎射彎弓三百斤位至征南大將彎弓獵方山有兩狐起於御前詔頽射之百步狐俱獲
楊播爲右衛將軍時孝文雕威汚水上已設宴帝與中軍彭城王勰賭射左衛元遥在勰朋內而播居帝遣遥射侯正中籌限已滿帝曰左衛籌足右衛不得不解播對曰仰恃聖恩庶幾必爭於是彎弓而發其箭正中帝笑曰養繇基之妙何復過是遂舉卮酒以賜播曰古人酒以養病朕今賞卿之能可謂今古之殊也
奚康生少驍武彎弓十石矢異常宣武聞之故作大弓兩張長八尺把中圍尺有二寸箭麁殆今之長

笛送康生康生便集文武用之乎射猶餘有力觀者以爲絕倫康生爲中堅將軍時蕭鸞置義陽招誘邊民康生復爲統軍從王肅討之進圖其城鸞將張休護自昇城樓言辭不遜肅令康生射之以強弓大箭望樓射窗扉即入應箭而斃彼民見箭皆云強弩以殺伏護賞帛一千疋又頻箭再捷其軍賞三階帛五百疋
爾朱兆榮之從子驍勇善騎射榮曾送臺使見二鹿乃命兆前止授二箭曰可取此鹿供今食也遂停馬構火以待之俄然兆獲其一榮欲矜誇使人責兆曰

何不盡取林之五十位至領軍將軍領左右并州刺
史
賀援岳初爲太學生長以弓馬爲事與父兄赴援懷
朔賊王衛可瓌在城西三百餘步岳乘城射之箭中
懷背賊衆大駭瓌岳爲西道都督能左右馳射與爾
朱天光討萬俟醜奴岳廟長安時萬俟醜奴遣大行
臺尉遲菩薩向武功南渡渭水攻圍趣柵天光遣岳
率騎一千馳往赴救菩薩攻柵已尅還據岐州岳以
輕騎八百北渡渭水擒賊令殺掠其民以挑菩薩菩
薩果率步騎二萬餘人至渭水北岳以輕騎數十與

菩薩隔水交言岳稱揚國威菩薩自言強盛往復數
返菩薩乃自驕令省事傳語岳怒曰我與菩薩言卿
是何人與我對語省事恃水應答不遜岳舉弓射之
應弦而倒
尉多侯弟子慶賓善騎射有將畧高祖時釋褐員外
散侍郎稍遷左將大中大夫
北齊斛律金朔州敕勒部人善騎射初爲軍主與懷
朔鎮將楊鈞送蠕蠕主阿那瓌還北瓌見金射獵深
歎其工
子光字明月文襄從出見鷹雙飛來文襄使光射之

以二矢俱落野焉後爲太傅
羨顯少經軍旅善於騎射魏未從孝莊帝出獵一日
之中手獲禽獸七十三
斛律光字明月羨字豐樂皆大師金之子少工騎射
其父每日令其出獵還即較所獲禽獸光所獲或少
必麗龜達腋羨雖獲多非要害之所光嘗蒙賞羨或
被捶撻人問其故金答云明月必背上著箭豐樂隨
處即下手其數雖多去兄遠矣聞者咸服其言嘗從
金西征周文帝長史莫者暉在行間光年十七馳馬
射中之因擒於陣神武即擢授都督封永樂子又嘗

從文襄出野見鷹雙飛來帝使馳射之二矢俱落又
從於洹橋較獵見一大鳥雲表飛颺光引弓射之正
中其頸此鳥形如車輪旋轉而下至地乃大鵰也文
襄取而觀之深壯異焉丞相屬邢子高見而歎曰此
射手也當時轉號落鵰都督位至左丞相
皮景和善騎射事神武爲親信副都督武定二年征
步落稽文襄疑賊爲有伏兵令景和將五六騎深入
一谷中値賊百餘人便共格鬭戰景和射數十人莫
不應弦而倒神武曾令射一野豕一箭而獲之深見
嗟賞天統二年爲侍中周通好之後冠蓋來往嘗令

景和對每與使同射百發百中甚見推重

元景安爲車騎大將軍孝昭曾與功臣於西園讌射文武預者二百餘人設埰去堂百四十餘步中的者賜以良馬及金玉錦綵等有一人射中獸頭去鼻寸餘唯景安最後有一矢未發帝令景安解之景安徐整容儀操弓引滿正中獸鼻帝嗟賞稱善特賞馬兩疋玉帛雜物又加常等

後周竇熾仕魏爲武衛將軍孝武即位蠕蠕等諸蕃並遣使朝貢帝臨軒宴之有鴟飛鳴於殿前帝素知熾善射因欲示遠人乃給熾御箭兩隻命射之鴟乃

應弦而落諸蕃人咸歎異焉帝大悅賜帛五十疋太祖田於渭北令熾與晉公護分射走兎熾一日獲十七頭護十一頭

宇文顥和性矜嚴頗涉經史膂力絶人彎弓數百斤能左右馳射顥和初從魏孝武入關至漆水太祖素聞其善射而未之見也俄而水傍有一小鳥顥和射而中之太祖笑曰我知卿工矣其後引爲帳內大都督

宇文貴魏末從文帝在天遊園以金巵置侯上令公卿射中者即以賜之貴一發而中帝笑曰繇基之妙正當爾耳位至小司徒

王傑爲驃騎大將軍魏恭帝元年從於謹圍江陵時柵內有人善用長矟戰士將登者多爲所斃謹令傑射之應弦而倒登者乃得入餘衆繼進遂拔之謹喜曰濟我大事者在公此箭也

李遠嘗校獵於莎柵見石於叢薄中以爲伏兎射之而中鏃入寸餘就而視之乃石也太祖聞而異之賜書曰昔李將軍廣嘗有此事公今復爾可謂世載其德雖熊渠之名不能獨擅其美位至柱國大將軍

尉遲綱迥之弟迥率衆伐蜀綱從太祖送之於城西

見一走兎太祖命綱射之誓曰若獲此兎必當破蜀俄而綱克兎而返太祖喜曰事平之日當賞汝佳口及克蜀賜綱侍婢二人嘗從太祖北狩雲陽値五鹿俱走綱獲其三每遊宴太祖以珍異之物令諸功臣射而取之綱所獲輒多位至陝州總管

賀拔勝長於喪亂之中尤工武藝走馬射飛鳥十中其五六後從太祖宴於昆明池時有雙鳧遊於池上太祖乃授弓矢於勝曰不見公射久矣請以爲歡勝射之一發俱中位至太師

李景爲儀同三司驍勇善射平齊之役頗有力焉

豆盧寧少驍果有志氣身長八尺美容儀善騎射以別將隨爾朱天光入關以破万俟醜奴嘗與梁企定遇於平涼川相與肄射乃於百步懸莎草以射之七發五中企定時以爲能贈遺甚厚

賀若敦少有氣幹善騎射初從獨孤信於雒陽被圍敦彎弓三石箭不虛發位至中州刺史

史雄大將軍寧之子年十四從寧於率毛山奉迎太祖仍從較獵弓無虛發太祖歎異之位至馭中大夫

隋長孫晟善彈工射趫捷過人初周室尚武貴遊子弟咸以相矜每共馳射時皆出其下年十八爲司衛

上士晟使突厥嘗有二鵰飛而爭肉突厥攝圖以兩箭與晟曰請射取之晟乃彎弓馳見群鵰相攫遂一發而雙貫焉開皇中晟持節護突厥突厥悅附尋以突厥染干爲意彌豆啟人可汗賜射於武安殿選善射者十二人分爲兩朋啟人曰臣繇長孫大使得見天子今日賜射願入其朋許之給晟箭六隻發皆中鹿啟人之朋竟勝時有鳶群飛高祖謂晟曰公善彈爲我取之十發俱中並應丸而落是日百官獲賚晟獨居多位至右驍衛將軍

史萬歲少趫捷尉迥之亂萬歲從梁士彥擊之軍次馮翊見群鴈飛來萬歲謂士彥曰請射行中第三者既射之應弦而落三軍莫不悅服位至河州刺史

賀若弼爲武侯大將軍嘗遇突厥入朝高祖賜之射突厥一發中的帝曰非賀若弼無能當此於是命弼弼再拜而祝曰若赤誠奉國者當一發破的如其不然發不中也既射一發而中帝大悅顧謂突厥曰此人天賜我也

蘇夔少聰敏解騎射年十三從父至尚書省與安德王雄馳射賭得雄駿馬而歸位至通議大夫

崔彭爲備身將軍高祖嘗宴達頭可汗使者於武德

殿有鴿鳴於梁上帝命彭射之既發而中帝大悅賜錢壹萬貫及使者反可汗復遣使於帝曰請得崔將軍一與相見帝曰此必善射聞於虜庭所以來請耳遂遣之及至匈奴中可汗召善射者數十人因擲肉於野以集飛鳶遣其善射者射之多不中復請彭射之彭連發數矢皆應弦而落突厥相顧莫不歎服可汗留彭不遣百餘日帝賂以繒綵然後得歸

宇文愷年十二能左右馳射驍捷若飛位至右領軍大將軍

虞慶則幼而雄毅身被鐵帶兩鞬左右馳射本州豪

俠皆驚懼之位至右武侯大將軍
韓洪字叔明擒虎季弟平陳之役授行軍總管及陳平晋王大獵於蔣山有猛虎在圍中衆皆懼洪馳馬射之應弦而倒陳氏諸將觀於側莫不歎伏晋王大喜賜縑百疋
唐張士貴本名忽峍膂力絶人彎弓一百五十斤左右馳射矢不虛發
屈突通雍州長安人為工部尚書檢身清正好武畧善馳射平王世充功為第一
馮盎討諸叛獠有賊數萬屯據險要不可攻逼盎持

弓語左右曰盡吾此箭可知勝負連發七矢而中七人盎位至上柱國高羅總管
薛仁貴領兵擊九姓突厥於天山將行高宗出甲令仁貴試之上曰古之善射有穿七札者卿且射五重仁貴射而洞之高宗大驚更取堅甲以賜之時九姓有衆十餘萬令驍騎數十人逆來挑戰仁貴發三矢射殺三人其餘一齊下馬請降仁貴恐為後患竝坑殺之更就磧北討其餘衆擒其偽葉護兄弟三人而還軍中歌曰將軍三箭定天山戰士長歌入漢關位至右領軍衛將軍

李巨為夷陵太守安祿山反玄宗方擇將帥張垍言巨善騎射
李晟少從軍於河西節度使王忠嗣擊吐蕃有驍將乘城拒鬭頗多殺士卒忠嗣募軍中能射者射之晟乃引軍一發而斃三軍大呼忠嗣厚賞之因撫其背曰此萬人之敵也位至太尉中書令
王栖曜貞元初為浙西都知兵馬使從節度使韓滉入覲授左龍武將軍知軍事歲餘為鄜坊節度觀察使久之檢校禮部尚書栖曜性謹厚善騎射始起兵涉寇境太湖遇遊騎四合百步內立表俾之環視發

必破的虜相顧恐懼徐而解去嘗獵會稽山有白額獸卒起草中應弦而斃在蘇州嘗與諸文士遊武丘寺平野霽日先一箭射空再發貫之江東文士自梁肅以下歌詠焉
伊慎少以善騎射為果毅
李光顏與兄光進以葛旃善騎射弟兄自幼皆師之葛旃獨許光顏之勇健已不能及位至河東節度使
梁霍存從太祖圍濮州有賊外眺樓大詬太祖怒甚召存射之矢一發而屍隕其下賞賚甚厚
胡貞江陵人也為寧遠軍節度使容州刺史貞體貌

洪壯長七尺善騎射少爲縣吏及在巢寇中推爲名將隨巢涉淮泝陷許雒入長安及太祖以衆歸唐貞將爲元從都將從至梁苑表授檢校刑部尚書

後唐李嗣恩字武人騎射推於軍中嘗有時輩臂鷹鷹矜其慱擊武人持鳴鏑一隻賭其狩獲暮乃多之位至諸軍都指揮使

索自通少能騎射嘗於山墅射獵莊宗鎮大原時遇之於野詳其姓名即補右番廳直軍使後因從獵射中走鹿轉指揮使

張敬達小字生鐵少以騎射著名位至晉州節度使

安元信少有勇力自後唐太祖領太原隸於麾下天祐三年梁人圍李嗣昭於上黨與上將周德威救之一日德威爲敵所困梁之驍將有奉武者屢犯我軍元信飛一矢隨而斃之德威軍遂振太祖聞之以所乘馬并器仗賜之奏加檢校司空明年莊宗解圍上黨承制授元信遼州刺史加檢校司徒

米漢實少時善射嘗因與同輩出獵指一飛鴈隨矢而落其鏃正中其臆臆上貫一金錢字有篆文示其郡之碩學皆無識者人甚異之繇是人皆號曰米落鴈（一云嘗爲落鴈軍校）位至太子少保致仕

晉陸思鐸初仕梁以善射日顯其戰嘗於箭笴上而自鐫其姓名一日射中莊宗之馬鞍莊宗拔箭視之覩思鐸姓名因而記之及莊宗平梁思鐸以例來降莊宗出其箭以示之思鐸伏地待罪莊宗慰而釋之後爲梁州刺史尤以挽強見稱明宗舉兵討荊南思鐸與其行將高季興以舟兵拒我思鐸每發矢中敵人則洞胸達腋繇是前鋒稍挫不敢輕進諸軍咸壯之

景延廣陝州人也爲侍衛親軍都指揮使延廣少習射以挽彊見

安重榮朔州人爲成德軍節度使嘗與北來蕃使並轡而行指飛鳥射之應弦而落觀者萬衆無不快抃蕃使因輟所乘馬以慶之繇是名振北狄自謂天下可以一箭而定

漢郭謹字守節太原晉陽人乾祐初爲彰德軍節度使謹少從軍能騎射

周李從敏唐明宗之諸子也沉厚寡言善騎射多計數初莊宗召見試弓馬用爲衛內馬軍指揮使

高行周初在後唐遷潁州團練使郡境北多鷙獸一日牧豎言有伏虎即跨馬彎弧視之虎見騎集厲吻

而起行周矢一發洞胸而斃

李建崇潞州人為左監門衛上將軍少從軍騎射事太祖為鐵林都將轉突騎飛騎二軍使從莊宗平定魏博諸州

安叔千晉高祖朝為振武節度使習騎射嘗備邊於塞上亦事太祖莊宗嘗率驍騎為前鋒

慕容彦超為節度使起家事唐明宗為小豎明宗即位補供奉官幼習騎射既居近職監臨奉使熟於軍旅稍遷軍職漸至列校

和凝十九任梁登進士第滑帥賀瓌知其名辟賓幕

下凝尤善射時瓌與莊宗相拒於河上戰於胡柳陂瓌軍敗而北唯凝隨之瓌顧曰無相隨當自努力凝對曰大丈夫受主知有難不報非素志也但恨未有死所耳旋有一裨將來逐瓌凝叱之不止遂引弓以射應弦而死瓌獲免既而謂諸子曰昨非和公無以至此和公文武全才而有志氣後必享重位爾宜謹事之遂以女妻之繇此聲望益隆

巡按福建監察御史臣李嗣京訂正
知長樂縣事臣夏允彝參閱
知建陽縣事臣黃國琦較釋

總錄部九十七

勇

夫孔武有力臨難忘死厲氣决鬬摧堅隕敵桓桓趫趫赳赳焉冠三軍而敵萬夫者可謂勇矣春秋之際以兵戰爲務故以強有力聞於時者爲多焉漢魏而下壯夫迭作至如英威蓋世雄名震俗乘危而靡顧遺

患能奮見義必赴所向無前戮勍寇而致果格鷙獸而服猛至乃樹勳烈啇榮爵氣激於當時聲讋於殊俗者蓋有之矣傳曰君子有勇而無義爲亂若恃匹夫之力昧經典之訓違乃達德啇於致禍斯固暴虎馮河死而無悔之徒歟

郤叔虎晉人也晉獻公伐翟相郤叔虎將乘城乘升其徒曰棄政而役非其任也（政職也役服戎役）郤叔虎曰旣無老謀而又無壯事何以事君（壯事力役也言事君無謀又恥無功）被羽先升遂尅之（羽鳥羽被於背著令軍將負眊）

秦董父魯人也晉會諸侯伐偪陽主人縣布董父登之及堞而絕人（偪陽人縣布以試外勇者）隊則又縣之蘇而復上者三主人辭焉乃退（辭謝不復縣布）帶其斷以徇於軍三日

太叔段鄭莊公弟也叔多才而好勇故詩曰太叔於田襢裼暴虎獻於公所（襢裼肉袒也暴虎空手搏之獻於公所進於君也）

熊宜僚楚人也初楚平王太子建之子白公勝將作難謂石乞曰王與二卿士皆以五百人當之則可矣乞曰不可得也市南有熊宜僚者若得之可當五百人也乃從白公而見之與之言悅告之故辭承之以劍不動（拔劍指其喉）勝曰不爲利諂不爲威惕不泄人言

以求媚者去之

曹沫者魯人也以勇力事魯莊公

州綽邢蒯晉大夫皆勇士也奔齊齊莊公朝指殖綽郭最曰是寡人之雄也州綽曰君以爲雄誰敢不雄然臣不敏平陰之役先二子鳴（前晉伐齊及平陰州綽獲殖綽郭最故自比與雞鬬勝而先鳴）莊公爲勇爵（設爵位以命勇士）殖綽郭最欲與焉（自以爲勇）州綽曰東門之役臣左驂迫還於門中識其板數（識門板數）其可以與於此乎公曰子爲晉君也對曰臣爲隸新（言但爲僕隸尚新耳）然二子者譬於禽獸臣食其肉而寢其皮矣（言嘗射得之）

斐豹晉人也欒盈率曲沃之甲魏獻子以晝入絳初斐豹隸也著於丹書（蓋犯罪没爲官奴以丹書其罪）欒氏之力臣曰督戎國人懼之斐豹謂宣子曰苟焚丹書我殺督戎宣子喜曰而殺之所不請於君焚丹書者有如日（言不負要盟如日）乃出豹而閉之（閉著門外）督戎從之踰隱而待之（隱短牆也）督戎踰入豹自後擊而殺之

敝無存齊人也齊侯伐晉夷儀（爲衛討也）敝無存之父將室之辭（室之謂娶婦）以與其弟曰此役人也不死反必娶於高國（高氏國氏齊貴族也無存欲必有功還娶卿相之女）先登求自門出死於霤下（既入城夷儀人不服故鬬死於門屋霤下也）

涉佗晉人也晉趙鞅圍衛報夷儀也初衛侯伐邯鄲午於寒氏（邯鄲廣平縣也午晉邯鄲大夫寒氏即五氏也前午衛人助齊伐五氏）城其西北而守之宵熸（午聚宵散）及晉圍衛午以徒七十人門於衛西門殺人於門中曰請報寒氏之役（衛門與午鬬）涉佗曰夫子則勇矣然我往必不敢啟門亦以徒七十人旦門焉步左右皆至而立如植（至其門下步行門左右然後立待如立木不動以示整）日中不啟門乃退

仲由字子路衛人也性鄙好勇力志伉直冠雄雞佩豭豚（冠以雄雞佩豭豚二物皆勇子路好勇故冠帶之）陵暴孔子子路問君子尚勇乎孔子曰義以爲上君子好勇而無義則亂（既稱君子職爲亂階也若君親失道國家昏亂其於赴忠致命而不知正顧義者則亦陷乎爲亂而受不義之責也）小人好勇而無義則盜子又曰由也好勇過我無所取材若由也不得其死然

公良孺子者孔子弟子孔子去陳過蒲會公叔氏以蒲畔蒲人止孔子公良孺以私車五乘從其爲人長賢有勇力謂曰吾昔從夫子遇難於長垣今又遇難於此命也已吾與夫子再罹難寧鬬而死鬬甚疾蒲人懼出孔子

菑丘訢東海勇之上士也以勇聞於天下遇神淵曰飲馬其僕曰飲馬此者馬必死曰以訢之言飲之其

馬果沉菑丘訢去朝服拔劍而入三日三夜殺三蛟一龍而出雷神隨而擊之十日十夜眇其左目要離聞之往見之曰訢在乎曰送有喪者往見訢於墓曰聞雷神擊子十日十夜眇子左目夫天怒不旋日人怨不旋踵至今弗報何也叱而去墓上振憤者不可勝數要離歸謂其人曰菑丘訢天下之勇士也今日我辱之人中是其必來攻我暮無閉門寢無閉戶菑丘訢果夜來拔劍任要離頸曰子有死罪三辱我以人中死罪一也暮不閉門死罪二也寢不閉戶死罪三也要離曰子待我一言子來不謁不肖一也拔劍

不剌不肖二也叏先辭後不肖三也子能殺我者是毒藥之死耳菑丘訢引劒而去曰嘻所不若天下惟此子耳

公孫接田開彊古冶子事齊景公以勇力搏虎聞晏子過而趨三子者不起晏子入見曰臣聞明君之畜勇力之士也上有君臣之義下有長率之倫內可以禁暴外可以威敵上利其功下服其勇故尊其位重其祿今君之畜勇力之士也上無君臣之義下無長率之倫內不可以禁暴外不可以威敵危國之器也不若去之公曰三子者搏之恐不得剌之恐不中也

晏子曰此皆力政勍彊之人也無長幼禮公使人少餽之二桃三子何不計功而食桃公孫接仰天而歎曰晏子也夫使公計吾功者不受桃是無勇也士衆而桃寡何計而食桃矣接一搏特猏而再搏乳虎若接之功可以食桃而毋與人同矣援桃而起田開彊曰吾杖兵而卻三軍者再若開彊之功亦可食桃而無與人同矣援桃而起古冶子曰吾嘗從君濟於河黿銜左驂以入砥柱之一流當是時也冶少不能遊潛行逆流百步順流九里得黿而殺之左操馬尾右挈黿頭騰躍而出津人皆曰河伯也若冶之視之則大黿之首也若冶之功者亦可以食桃而毋與人同矣二子者何不反桃抽劒而起公孫接田開彊曰吾勇不子若功不子逮取桃不讓是貪也然而不死無勇也皆反桃挈領而死古冶子曰二子死之冶獨生之不仁矣夫恥人以言而夸其聲不義恨於所行而不死無勇雖然二子同桃而節冶專桃而宜亦反其桃挈領而死待者復曰已死矣歛之以服葬以士禮焉

成覸謂齊景公曰彼丈夫也我丈夫也吾何畏彼哉成覸勇果者也與景公言曰尊貴者與我同丈夫耳我亦能爲之我何爲畏之者也

北宮黝之養勇也不膚撓不目逃思以一毫挫於人

若撻之於市朝黝有人剌其肌膚不爲撓卻剌其目目不轉睛避也

卞莊子欲剌虎館豎子止之曰兩虎方且食牛食甘必爭爭則必鬬鬬則大者傷小者死從傷而剌之一舉必有雙虎之名卞莊子以爲然立須之有頃兩虎果鬬大者傷小者死莊子從傷者而剌之一舉果有雙虎之功卞莊子好勇毋恙時三戰而三背交遊非之國君辱之卞莊子受命顏色不變及母死三年魯興師卞莊子請從至見於將軍曰前猶與母處是以戰而背也辱吾身今母殁矣請雪責遂走敵而鬬獲甲首而獻之請以此雪再北將軍止之曰不足上又

獲甲首而獻之請以此雪三北將軍止之曰足矣請爲兄弟下莊子曰夫背以養母也今母殁矣吾責雪矣吾聞之廉人不以辱生遂奔敵殺七十人而死

齊之好勇者其一人居東郭其一人居西郭卒然相遇於途曰姑相飲乎觴數行（觴爵也）曰姑求肉乎一人曰子肉也我肉也尚胡革求肉而爲（革爲也）於是具染而已（染謂醬也）因抽刀而相啗至死而止勇若此不若無（酒以成禮弗繼以淫義也勇而相啗無禮之甚故曰不若無）

藺相如趙人也趙惠文王十九年秦王使使者告趙王欲與王爲好會於河西外澠池趙王畏秦欲毋行

廉頗藺相如計曰王不行示趙弱且怯也趙王遂行相如從廉頗送至境與王訣曰王行度道里會遇之禮畢還不過三十日三十日不還則請立太子爲王以絕秦望王許之遂與秦王會澠池秦王飲酒酣曰寡人竊聞趙王好音請奏瑟趙王鼓瑟秦御史前書曰某年月日秦王與趙王會飲令趙王鼓瑟藺相如前曰趙王竊聞秦王善爲秦聲請奏盆缻秦王以相娛樂（缻者瓦器所以盛酒漿秦人皷之以節歌也）秦王怒不許於是相如前進缻因跪請秦王秦王不肯擊缻相如曰五步之內相如請得以頸血濺大王矣左右欲刃相如相如張目叱之左右皆靡於是秦不懌爲一擊缻相如曰顧召趙御史書曰某年月日秦王爲趙王擊缻秦之群臣曰請以趙十五城爲秦王壽藺相如亦曰請以秦之咸陽爲趙王壽秦王竟酒終不能加勝於趙趙亦盛設兵以待秦秦不敢動既罷歸國以相如功大拜爲上卿

毛遂者趙之平原君客也平原君喜賓客至者數千人秦之圍邯鄲趙使平原君求救合從於楚約與食客門下有勇力文武備具者二十人偕平原君曰使文能取勝則善矣文不能取勝則歃血於華屋之下

必得定從而還士不外索取於食客門下足矣得十九人餘無可取者無以滿二十人門下有毛遂者前自贊於平原君曰遂聞君將合從於楚約與食客門下二十人偕不外索今少一人願君即以遂備員而行矣平原君曰先生處勝之門下幾年於此矣毛遂曰三年於此矣平原君曰夫賢士之處世也譬若錐之處囊中其末立見今先生處勝之門下三年於此矣左右未有所稱誦勝未有所聞是先生無所有能也毛遂曰臣乃今處囊中耳使遂蚤得穎脫而出非惟其末見而已平原君竟與毛遂偕十九人相與目

笑之而未發也毛遂比至楚與十九人論議十九人皆服平原君與楚合從言其利害日出而言之日中不决十九人謂毛遂曰先生上毛遂按劒歷階而上謂平原君曰從之利害兩言而决耳今日出而言日中不决何也楚王謂平原君曰客何爲者也平原君曰是勝之舍人也楚王叱之胡不下吾乃與而君言汝何爲者也毛遂按劒而前曰王之所以叱遂者以楚國之衆也今十歩之内王不得恃楚國之衆也王之命懸於遂手吾君在前叱者何也且遂聞湯以七十里之地王天下文王以百里之壤而臣諸侯豈其

士卒衆多哉誠能據其勢而奮其威今楚地方五千里持戈百萬此霸王之資也以楚之彊天下弗能當白起小豎子耳率數萬之衆興師以與楚戰一戰而舉鄢郢再戰而燒夷陵三戰而辱王之先人此百世之怨而趙之所羞而王弗知惡焉合從者爲楚非爲趙也吾君在前叱者何也楚王曰唯唯誠若先生之言謹奉社稷以從毛遂曰從定乎楚王曰定矣毛遂謂楚王之左右曰取鷄狗馬之血來毛遂奉銅盤而跪進之楚王曰王當歃血而定從次者吾君次者遂遂定從於殿上毛遂左手持盤血而右手招十九人曰公相與歃血於堂下公等錄錄（音祿）所謂因人成事者也

次非荆人也（一作次飛）得寶劒於干遂（干遂邑名）還返涉江至於中流有兩蛟夾繞其船次非謂舟人曰汝嘗見兩蛟夾舟而舟中之人有全活者乎舟人曰未之見也次非曰若如是吾固江中之腐朽骨耳棄劒而已余何愛焉遂攘臂祛衣拔劒赴江刺蛟殺之而後上舟中之人皆獲全荆王聞之仕以執圭（周禮侯執信圭楚以次非爲勇武侯）

秦舞陽燕國勇士也年十三殺人人不敢忤視

漢項籍字羽長八尺二寸力扛鼎（扛舉也音江）才氣過人吳中子弟皆憚籍漢軍與羽軍相守廣武羽令壯士出挑戰漢有善騎射曰樓煩（樓煩胡人也後爲縣屬鴈門北縣人善騎射謂士爲樓煩取其稱耳未得樓煩人也）楚挑戰三合樓煩輒射殺之羽大怒自被甲持戟挑戰樓煩欲射羽瞋目叱之樓煩目不能視手不能發走還入壁不敢復出漢王使閒問之乃羽也後至垓下爲漢兵所圍夜直潰圍南出漢軍追之至東城乃有二十八騎追者數千羽自度不得脫謂其騎曰吾起兵至今八歲矣身七十餘戰所當者破所擊皆服未嘗敗北遂霸有天下然今卒困

於此此天亾我非戰之罪也今日固決死願爲諸君
決戰必三勝之爲諸君潰圍斬將艾旗乃後死（艾音刈）
使諸君知吾非用兵罪天亾我也於是引其騎因四
隤山（四下陂陁也隤音徒回反）而爲圜陣外嚮漢騎圍之數重羽
謂其騎曰吾爲公取彼一將令四面騎馳下期山東
爲三處於是羽大呼馳下漢軍皆披靡遂殺漢一將
是時楊喜爲郎騎追羽羽還叱之喜人馬俱驚辟易
數里與其騎會三處漢軍不知羽所居分軍爲三復
圍之羽乃馳復斬漢一都尉殺數十百人復聚其騎
亾兩騎乃謂騎曰何如騎皆服曰如大王言

季心布弟也以勇聞關中後爲中司馬
朱雲字子游魯人嘗借客報讐以勇力聞官至槐里
令
李禹敢之子也亦有勇嘗與侍中貴人飲侵陵之莫
敢應後愬之武帝帝召禹使刺虎縣下圈中未至地
有詔引出之禹從落中以劔斫絕纍欲刺虎（落與絡同謂當
綱時絡之而下也纍索也）帝壯之遂救止焉
後漢銚期潁川郟人也光武畧地潁川聞期志義召
署賊曹掾從光武徇薊時王郎檄書到薊薊中起兵
應郎光武趨駕出百姓聚觀諠呼蒲道遮路不得行
期騎馬奮戟瞋目大呼左右曰趩衆皆披靡及至城
門門已閉攻之得出位至衛尉卒
盖延身長八尺彎弓三百斤邊俗尚勇力而延以氣
聞後爲虎牙將軍封安平侯復拜左馮翊薨於位
朱暉有氣決年十三王莽敗天下亂與外氏家屬從
田閒奔入宛城道遇群賊白刃劫諸婦女畧奪衣物
昆弟賓客皆惶迫伏地莫敢動暉拔劔前日財物皆
可取耳諸母衣不可得今日朱暉死日也賊見其小
壯其志笑曰童子內刀遂捨之而去後位爲尚書令
以老病乞身拜騎都尉卒

彭脩年十五時父爲郡吏得休與脩俱歸道爲盜所
劫脩困迫乃拔佩刀前指盜帥曰父辱子死卿不顧
死邪盜相謂曰此童子義士也不宜逼之遂辭謝而
去鄉黨稱其名
楊政字子行京兆人嘗過楊虛侯馬武武稱疾見政
去對牀邊臥欲令政拜牀下政入戶前排武徑上
牀坐武恨語言不愉政把武手責之曰卿蒙國恩備
位藩臣不思求賢助國而驕天下英俊今日動者刀
入脅左右大驚以爲見劫操兵滿側顏色自若會信
陽侯至責數武令爲朋友其剛果勇敢皆此類也宜

至左中郎將
五孚字德瑜汝南吳房人質性剛毅勇壯好義力能
兼人
孫堪以節介氣勇自許王莽末兵革竝起宗族老弱
在營保間堪嘗力戰陷敵無所回避數被創刃宗族
賴之郡中咸服其義勇位至侍中騎都尉
牛邯字孺卿狄道人有勇力才氣雄於邊陲
魏臧霸字宣高泰山人父戒爲縣獄掾據法不聽太
守所欲殺太守怒收戒詣府送者百餘人霸年十八
將客數人於南山中奪之送者莫敢動因與父俱亡

命東海遂是以勇壯聞後爲執金吾位特進
呂布字奉先五原人也董卓爲都尉卓每以布自衛
布嘗小失於卓拔戟擲之布趫捷得免布遂是陰怨
於卓布後應王允於門刺殺卓卓將李傕等阻兵布
自南陽從袁術自術又投袁紹紹與布擊張燕布嘗
御良馬號赤兔能馳城飛塹遂突張燕軍陣一日或
至三四皆斬首而出遂破燕軍
許褚字仲康長八尺大十圍勇力絕人太祖初見曰
此樊噲也即日拜都尉
鮑出字文才京兆新豐人也少游俠興平中三輔亂
出與老母兄弟五人家居本縣以饑餓留其母守舍
相將行採蓬實合得數升使其二兄初雅及其弟成
持歸爲母作食獨與小弟在後採蓬初等到家而噉
人賊數十人已略其母以繩貫其手掌驅去初等怖
恐不敢追逐須臾出從後到知母爲賊所略欲追賊
兄弟皆云賊衆當如何出怒曰有母而使賊貫其手
將去煮噉之用活何爲乃攘臂結衵獨追之行數里
及賊賊望見出乃共布列待之出到回從一頭斫賊
殺四五人賊走復相合聚圍出出跳越圍斫之又殺
十餘人時賊分布驅出母前去賊連擊出不勝乃走

與前輩合出復追擊之還見其母與比舍嫗同貫相
連出遂復奮擊賊賊問出曰卿欲何得出責數賊指
其母以示之賊乃解還出母比舍嫗獨不解遣望出
求哀出復斫賊賊謂出曰已還卿母何爲不止出又
指求哀嫗此我嫂也賊復解還之出得母還遂相扶
持客南陽
劉曄淮南成德人也漢末揚土多輕俠狡桀有鄭寶
張多許乾之屬各擁部曲寶最驍果才力過人一方
所憚欲驅略百姓越赴江表以曄高族名人欲彊逼
曄使倡導此謀曄時年二十餘心內憂之而未有緣

會太祖遣使詣州有所案問暐往見爲論事勢要將與歸駐止數日賓果從數百人賫牛酒來候使者暐令家僮將其衆坐中門外爲設酒飯與賓內宴飲密勅徒兒令因行觴而斫賓性不甘酒視候甚明觴者不敢發暐因自引取佩刀斫殺賓斬其首以令其軍曰曹公有令敢有動者與賓同罪衆皆驚怖走還營營有督將精兵數千懼其爲亂暐即乘賓馬將家僮數人詣賓營門呼其渠帥喻以禍福皆叩頭開門內暐暐撫慰安懷咸悉悅服推暐爲主終於大中大夫

夏侯稱淵之子也年十六淵與之田見奔虎稱驅馬

逐之禁之不可一箭而倒名聞大祖太祖把其手喜曰我得汝矣

丁原字建陽本出自寒家爲人麤畧有武勇善騎射爲南縣吏受使不辭難有驚急追寇虜輒在其前

文欽小名鴦楊州刺史欽之子也欽之舉兵大將軍司馬景王致兵討之將戰欽引退鴦年尚幼勇力絕人謂欽曰及其未定擊之可破也於是分爲二隊夜夾攻軍欽率壯士先至大呼大將軍軍中震擾欽後期不應會明欽退欽亦引還（一云鴦年十八勇冠三軍）

吳劉繇年十九從父韙爲賊所劫質繇奪取以歸繇是顯名

太史慈字子義與楊州刺史劉繇同郡慈自遼東還未與相見暫渡江到曲阿見繇未去會孫策至或勸繇可以慈爲大將軍繇曰我若用子義許子將不當笑我邪因使慈偵視輕重時獨與一騎卒遇策策從騎十三皆韓當宋謙黃蓋輩也慈便前鬬正與策對策刺慈馬而擥得慈項上手戟慈亦得策兜鍪會兩家兵騎竝各來赴於是解散

徐盛字文嚮瑯琊莒人遭亂客居吳以勇氣聞孫權統事以爲別部司馬後爲安東將軍封蕪湖侯

晉吾彥初爲小將給吳大司馬陸抗抗奇其勇畧將拔用之患衆情不允乃會諸將密使人陽狂拔刀跳躍而來坐上諸將皆懼而走唯彥不動舉几禦之衆服其勇乃擢用焉終於大長秋

庾東以勇力聞武帝時有西域健胡趫捷無敵晉人莫敢與較帝募勇士唯東應選遂撲殺之名震殊俗

司馬勳字偉長年十餘歲愍帝末長安陷劉曜將令狐泥養爲子及壯便弓馬能左右射咸和六年自關右還自列云是大長秋恂之玄孫冠軍將軍濟南惠王遂之曾孫畧陽太守瓘之子遂拜謁者僕射以勇

聞
周訪參元帝鎮東軍謀事時有與訪同姓名者罪當
死吏誤收訪訪奮擊收者數十人皆散走而自歸於
帝帝不之罪
段文鴦匹磾弟也在厭次會石虎縱騎抄城左右文
鴦登城臨見不勝其勇欲出擊胡匹磾疑有伏不聽
出民大爲胡所殺掠文鴦單將壯士數十騎出擊胡
所殺甚多胡騎退文鴦追躡匹磾率步卒繼文鴦
伏騎起匹磾文鴦力戰殺胡數十文鴦還
蔡裔有勇氣聲若雷震嘗有二盜入室裔拊牀一呼

而二盜俱隕故殷浩委以軍鋒焉
杜曾少驍勇絶人能被甲游於水中始爲新野王歆
鎮南參軍歷華容令至南蠻司馬凡有戰陣勇冠三
軍
桓石虔小字鎮惡有才幹趫捷絶倫從父在荊州於
獵圍中見猛獸被數箭而伏諸督將素知其勇戲令
拔箭石虔因急往拔得一箭猛獸跳石虔亦跳高於
猛獸復拔一箭以歸
劉牢之字道堅曾祖羲以善射事武帝歷北地鴈門
不守父建有武幹爲征虜將軍牢之世以壯勇稱後
爲冠軍將軍豫州刺史卒
趙伯符誘之弟也誘爲王敦參軍距杜曾弟五猗與
子龔俱戰死伯符龔之弟也王敦使周訪擊杜曾伯
符請從行訪憚曾之強欲先以伯符餌曾使其既疲
而後擊之伯符多梟首級
王機長沙人美姿儀倜儻有度量陳恢之亂機年十
七率衆擊破之
楊孜敬爲人剽銳果於行事昔與從兄佺期勸殷仲
堪殺殷顗仲堪不從孜敬拔刃而起欲自出取之仲
堪苦禁乃止

後蜀李流字互通特弟四弟少好學便弓馬東羌校
尉何攀稱流有賁育之勇舉爲東羌督
胡盛之爲長沙王儀欣鎮軍參軍督護討執譙郡縣
西境有馬步七十逃匿浮椿盛之挺身獨進手斬五
十八級
蒯恩蘭陵人高祖征孫恩縣使伐馬芻恩嘗負大束
兼倍餘人每捨芻於地歎曰大丈夫彎弓三石柰何
充馬士高祖聞之即給器仗恩大喜自征妖賊嘗爲
先登多斬首級既習戰陣膽力過人終於司馬將軍
淮臨 人守

丁旿驍勇有氣力高祖之殺諸葛長民使旿拉殺之
旿人爲之語曰勿跋扈付丁旿
沈慶之少有志力孫恩之亂遣人寇武康慶之未冠
隨鄉族擊之繇是以勇聞稍爲侍中太尉
柳元景少便弓馬數隨父伐蠻以勇稱後位至侍中
尚書令驃騎大將軍
宗慤兄泌娶妻始入門夜被劫慤年十四挺身拒賊
十餘人皆披散不得入室位至寧蠻校尉雍州刺史
薛安都少以勇聞身長七尺八寸便弓馬後官至東
徐州刺史

沈攸之爲郢州刺史聞虎輒自圍捕往無不得一日
或得兩三若逼暮不獲會則宿昔圍守須曉自出
焦度爲青州刺史顏師伯輔國參軍師伯啟孝武稱
度氣力弓馬並絕人帝召還充左右見度身形黑壯
謂師伯曰真健物也爲晉安王子勛夾轂隊主隨江
州子勛起兵以度爲龍驤將軍領三千人爲前鋒屯
赭圻每與臺軍戰常自跳突所向無不勝事敗逃宮
亭湖中爲寇朝廷聞其勇甚憂之使州刺史王景文
誘降焉
王宜興吳興人形狀短小而果勁有膽力少年時爲
劫不須伴郡縣討逐圍繞數十重終莫能擒
南齊崔恭祖惠景宗人也驍果便馬矟氣力絕人頻
經軍陣
戴僧靜會稽永興人屬魏軍至僧靜應募出戰單力
直前魏軍奔退又追斬三級時天寒甚乃脫衣口銜
三頭拍浮而還位至征虜將軍廬陵王中軍司馬高
平太守卒
周奉叔持節軍主盤龍子也建元三年魏人圍角城
奉叔單馬率二百餘人結陣虜萬餘騎張左右翼繞
之一騎走還報奉叔已沒盤龍方食棄筯馳馬奮矟

直奔虜陣自稱曰周公來虜素畏盤龍驍名即時披
靡時奉叔已大殺虜得出在外盤龍不知乃衝東擊
西奔南突賊衆莫敢當奉叔見其父久不出復躍
馬入陣父子兩騎縈攪數萬人虜衆大敗盤龍父子
繇是名播北國形甚羸訥而臨軍勇果諸將莫逮
桓康北蘭陵承人也勇果驍悍初隨武帝起義爲郡
兵追急皆散康裝擔一頭貯穆后一頭貯文惠太子
及竟陵王子良自負置山中與門客蕭欣祖四十餘
人相結破獄出武帝郡兵追急康死戰破之隨武帝
起兵推堅陷陣所經村邑恣行暴害江南人畏之以

其名怖小兒畫其形狀於寺中病瘧者寫其形帖着
床壁無不立愈後爲驍騎將軍卒
梁羊鴉仁字孝穆大山鉅平人少驍果有膽力率兄
弟自魏歸國位至北司州刺史
曹景宗字子震新野人父欣之爲徐州刺史遣景宗
出州以疋馬將數人於道路卒逢蠻賊數百圍之景
宗帶百餘箭仍馳騎四射每箭殺一蠻蠻遂敗走因
是以膽勇知名
馮道根年十六鄉人蔡道班爲湖陽戍主攻蠻錫城
反爲蠻困道根救之疋馬轉戰提叟斂左右奮擊殺

傷甚多道班以免繇是知名
陳伯之幼有膂力嘗援面覘人船船人斫之獲其左
耳後隨鄉人車騎將軍王廣之廣之愛其勇每夜臥
下榻征討嘗將自隨終於大中大夫
柳敬禮與兄仲禮皆少以勇烈知名官至扶風太守
杜崱幼有志氣居鄉里以膽勇稱後爲散騎常侍江
州刺史
杜幼安性至孝寬厚雄勇過人位至西荊州刺史
胡僧祐字願果南陽人少勇決有武幹
羊鵾字子鵬都官尚書侃之子侯景敗鵾密圖之乃
隨其東走景於松江下海欲向蒙山景寢鵾語海師
向京口至湖豆洲景覺驚拔刀叱海師景透水鵾斫
之景入船中以小刀抉船鵾刺殺之世祖以鵾爲青
州刺史封昌國侯錢五百萬米五千石
陳周鐵虎事梁河東王蕭譽以勇敢聞譽爲臨蒸令
及王僧辯討譽於陣獲鐵虎僧辯命烹之鐵虎呼曰
侯景未滅何以殺壯士僧辯奇其言乃宥之後爲散
騎常侍嚴威將軍太子左衛率
程靈洗新安海寧人少以勇力聞步行日三百餘里
便騎善射梁末又海寧黟歙等縣及鄱陽宣城郡界

多盜賊郡縣苦之靈洗素爲鄉里所畏伏前守長嘗
使召募少年逐捕劫盜位至安西將軍
程文季靈洗子也幼習騎射多幹畧果決有父風弱
冠從靈洗征討必前登陷陣後爲安遠將軍譙州刺
史
杜僧明字弘照形貌耿小而膽氣過人有勇力善騎
射位至通直散騎常侍平北將軍
蕭摩訶父諒梁始興郡丞摩訶隨父之郡年數歲而
父卒其姊夫蔡路養在南康乃收養之稍長果毅有
勇力侯景之亂高祖赴援京師路養起兵拒高祖摩

訶時年十三單騎出戰軍中莫有當者及路養敗摩訶歸於侯安都安都遇之甚厚自此常隸安都征討及任約徐嗣徽引齊兵爲寇高祖遣安都北拒齊軍於鍾山龍尾及北郊壇安都謂摩訶曰卿驍勇有名千聞不如一見摩訶對曰今日令公見矣及戰安都墜馬被圍摩訶獨騎大呼直衝齊軍披靡因稍解去安都乃免後入隋授開府儀同三司

周廸少居山谷有膂力能挽強弩以弋獵爲事侯景之亂廸宗人周續起兵於臨川梁始興王蕭毅以郡讓續廸召募鄉人從之每戰必勇冠衆軍官至安南

將軍

後魏長孫觀少以壯勇知名

智秀小字天念奚斤也頗有意畧才力過奕太武以克宿衛甚知待之高梁王阿叔泥爲芮芮所圍甚急使秀往救太武自率大衆繼其後未及至秀已擊破之拔阿叔泥而反

呂羅漢弱冠以武幹知名父溫之佐秦州羅漢隨侍隴右楊難當率衆數萬寇上邽秦人多應之賊衆轉盛羅漢進計於鎮將元意頭曰今不出戰示敵以弱衆情𢖫貳大事去矣意頭會之即簡千餘騎令羅漢出戰與諸騎策馬大呼直衝難當軍衆皆披靡殺難當左右隊騎八人難當大驚乃引還仇池後拜內都大官卒

來大千驍果善騎射遷中散至於朝賀之日大千常著御鎧盤馬殿庭莫不歎異嘗從太宗獵見虎在高巖上大千持稍直前刺之應手而死

崔延伯博陵人也祖壽於彭城陷入江南延伯有氣力少以勇壯聞後爲左衛將軍卒

乙瓌代人也便弓馬善騎射手格猛獸膂力過人數從征伐後爲侍中征東將軍定州刺史卒

爾朱兆字萬仁少驍猛善騎射手格猛獸後爲都督十州諸軍事襲并州刺史

李洪之志性慷慨多所堪忍疾疢灸療艾炷將二寸首足十餘處一時俱下而言笑自若接賓不輟後爲安南將軍秦益二州刺史

尉眷太宗時執事左右爲太官令時侍臣受斤亡入蠕蠕詔眷追之遂至虜庭大檀問其故眷曰受斤負罪天子逃刑在此不時執送是以來取眷遂擒受斤於大檀前左右救之乃免繇是以驍烈聞遷司衛監

江文遙少有大度輕財好士士多歸之夏侯道遷之

圖陽虛琮也文遥奮劍請行遂手斬虛琮
後周夏莫陳崇武川人少驍勇善馳射隨賀拔嶽征
討以功除建威將軍位至大司徒
耿豪少麤獷有武藝好以氣凌人賀拔嶽西征引為
帳內嶽被害歸太祖以武勇見知後為驃騎大將軍
開府儀同三司
賀若敦東魏潁川長史統之子從其父歸太祖府群
盜蜂起各據山谷太龜山賊張世顯潛來襲統敦挺
身赴戰手斬七八人賊乃退走終於忠州刺史
泉仲遵雒州都督企之次子少謹實有武藝遭世離

亂每從父兄征討以勇決聞高敖曹攻雒州企令仲
遵率五百人出戰時以衆寡不敵乃退入城復與企
力戰拒守矢盡以棒杖捍之遂為流矢中目不堪復
戰及城陷士卒歎曰若二郎不傷豈至於此
隋虞慶則靈武太守祥之子幼雄毅性倜儻身長八
尺有膽氣善鮮卑語身被重鎧帶兩鞬左右馳射本
州豪俠皆敬憚之後以右武侯大將軍出為桂州道
行軍總管
張奫字文懿自云清河人家於淮陰好讀兵書尤便
刀楯周世鄉人郭子異密引陳寇奫父雙欲率子弟
擊之猶豫未決奫贊成其謀竟以破賊録是以勇決
知名起家州主簿
史萬歲以坐事除名配燉煌為戍卒戍主甚驍武每
單騎深入突厥中掠取羊馬輙大尅獲突厥無衆寡
莫之敢當其人深自矜負數罵辱萬歲萬歲患之自
言亦有武用戍主試令馳射甚工戍主笑曰小人安
可萬歲請弓馬復掠突厥中大得六畜而歸戍主始
善之每與同行輙入突厥數百里名讋北夷後為河
州刺史行軍總管
麥鐵杖陳亡後徙居清流縣遇江東反楊素遣鐵杖

頭戴草束夜浮渡江覘賊中消息具知還報後復更
往為賊所擒逆帥李稜遣兵仗三十人衛之縛送高
智慧行至庱亭衛者憩食哀其餒解手以給其餐鐵
杖取賊刀亂斬衛者殺之皆盡悉割其鼻懷之以歸
素太奇之後位至右屯衛大將軍
梁默者梁士彥之蒼頭驍武絕人士彥每從征伐嘗
與陷陣
唐杜伏威隋末僭稱將軍煬帝遣右禦衛將軍陳稜
以精兵八千討之稜不敢戰伏威遣遺稜婦人以激
怒之并攻書號為陳姥稜大怒悉兵而至伏威逆拒

自出陣前挑戰稜部將射中其額伏威怒指之曰不
殺汝我終不拔箭遂馳之稜部將走奔其陣伏威因
入稜陣大呼衝擊所向披靡獲所射者使其拔箭然
後斬之携其首復入稜軍奮擊殺數十人稜陣大潰
僅以身免

丘行恭善騎射勇敢絶倫隋大業末與兄師利聚兵
於岐雍間有衆一萬保故郿城百姓多附之群盗不
敢入境

李藝性桀黠剛愎不仁勇於攻戰

薛仁杲舉之長子多力善騎射勇烈過人軍中號

爲萬人敵後爲太宗所誅

盧祖尚隋大業末召募壯士逐捕群盗時年甚少而
武力過人又御衆嚴整所向有功群盗畏憚不敢入
境

錢九隴有膂力趫捷善騎射隋大業中嘗從高祖以
驍勇見稱官至監門大將軍

高開道渤海人少而驍捷隋大業末賊帥格謙擁衆
於豆子䴚開道歸之禮遇甚薄會謙爲隋師所囚左
右分散無救之者開道獨身决戰殺十餘人隋師披
靡謙乃獲免於是始重開道爲幽州總管

公孫武達少有膂力嘗遇賊盡掠其衣物仍逼武達
索靴武達授足與之賊俯就引靴武達毆之死於手
下以其兵伏禦餘寇獲免繇是以壯勇知名官至武
衛大將軍

蘇定方冀州武邑人父邕大業末率鄉閭數千人爲
本郡討賊定方驍悍多力膽氣絶倫年十五餘隨父
討捕先登陷陣父卒郡守又令定方破賊帥張金稱
於郡南手斬金稱又破陽公卿於郡西追奔二十餘
里殺獲甚衆公卿僅以身免繇是外盗不敢入界鄉
黨賴之官至武衛大將軍

李勣隋大業中説韋城人翟讓劫公孫私船兵衆大
振隋遣齊郡通守張須率師二萬討之勣與戰斬之
須陁於陣後位至司空

薛萬均河東汾陰人善射有武畧拳勇絶人後官至
屯衛大將軍

薛仁貴絳州龍門人貞觀末太宗親征遼東仁貴謁
將軍張士貴應募請從行至安地有郎將劉君昂爲
賊所圍甚急仁貴往救之躍馬徑前手斬賊將懸其
頭於馬鞍賊皆懾伏仁貴遂知名官至右領軍衛大
將軍檢校代州都督

李敬業者司空英國公勣之孫少嘗從祖征討以驍
勇聞後左授柳州司馬以叛逆誅
程務挺洺州人右驍衛將軍振之子少嘗隨父征討
以勇力聞位至左衛武大將軍單于道安撫大使
高子貢和州歷陽人屬徐敬業搆逆侵逼和州子貢
率其鄉曲子弟以禦之繇是賊不敢侵
姚令言河中人少勇應募起於卒伍隸涇原節度馬
璘以戰功累授金吾大將軍
李祐本蔡將也驍勇過人每行營當陣敵官軍皆憚
憚之

後唐傅彥饒少驍勇能騎射唐天祐十五年冬莊宗
與梁軍大戰於胡柳陂時彥饒與弟彥圖俱從其父
血戰有功莊宗壯之因用爲騎將
高行珪燕人將家子家世勇悍後爲安州節度使
晉翟璋好勇多力時目爲大蟲郎癡虎之稱也位至
左羽林統軍
張郎唐昭宗末徐方亂盜賊蜂起剽劫鄉群郎聚少
年數百人固護親族隣里賴其保全者甚衆鄉於光
祿大夫檢校太傅慶州刺史
張協臨黃縣書生也天福九年協自募召勇敢之士
五十餘人詣行宮請爲遊兵捉生偵邏帝嘉之賜以
戎服遣殿直王巒俱往時擒索虜致於行在
房知溫字伯玉兗州瑕丘人也少有勇力籍本軍爲
赤甲都官健
梁將葛從周鎮其地爲爪牙後爲檢校太師兼中書
令
漢馮萬少從軍善少游唐莊宗與梁軍對壘胡柳之
役莊宗自濮州至潘張立河南北寨會莊宗入至大
原梁軍水陸齊進攻南寨於寨北河流聯戰艦以絕
援路晝夜攻城者三日衆將氏延賞告急莊宗自太

原廻便趨寨隔河望敵無如之何乃召人能水游破
賊者馮萬兄弟應募言可通南寨遂潛行入南寨往
來者三又助燒船汴軍斫船走解圍自是收爲水軍
小較位至上將軍
周安懷盛沙陁三部落之種也事太祖以驍勇聞
于釗元城人也以強勇稱於河朔間
趙暉代家天水近世徙居於魏故今爲郡人焉暉生
於貧賤弱冠習武以挽強稱唐莊宗之戰河朔也廣
募驍雄以備征伐始隸於莊宗帳前與太梁兵凡經
百餘戰摧堅陷陣名出行伍間後爲太子太師致仕

李懷忠初事後唐莊宗從援夾城之役懷忠率先登城轉鬭其衆大敗後以太子太傅致仕卒

史彥超雲州人也性驍獷有膽氣官至華州節度使

白延遇太原人也幼畜於晉高祖之公宮年十二從晉祖伐蜀以趫捍見稱終於同州節度使

仇超顯德中以廂軍從太祖廵按賊壘張彥超設虎落以護城宣諭諸州廂軍內果敢之士能拔去鹿角者超仗一大斧伐鹿角而徑登爲賊守陴者傷三指而下太祖獎其勇健解其甲鎧唯衣一犢鼻賜以錦袍超謝之携斧又登賊壘芟夷懸幢之類而旋太祖

擢之在控鶴官之列間日思其驍果宜問願陳力之所超曰父嘗任倉州捉生都頭苟得之平生之願畢矣於是補是職焉

冊府元龜

巡按福建監察御史臣李嗣京　訂正
知閩縣事臣曹[illegible]臣叅閱
知建陽縣事臣黃國琦較釋

總錄部

任俠

荀悅有言曰立氣作威結私交以立彊於世者謂之游俠自成周之衰諸侯力政至于七國專任權譎所戰非義所恃惟險固陵弱暴寡飾詐尚變四民之業不專三游之術交鶩蘇是徇名之士豪舉之徒發憤

以刷國恥結盟以復私怨感慨歸死終然不奪當此之際豈徒嚴憚士衆固亦震變景緯非夫勇厲剛果精神貫徹孰能若是乎秦滅漢興餘風未殄乃有聲流淮楚氣蓋關中折節締交輕財重諾觀其趨患濟厄損己不伐而恩不望報名高於世茲所謂以怨報怨捨生取義者歟魏晉以下訖於五代時或有之莫不挺絶異之姿懷君子之行又豈特搤腕瞋目悲歌慷慨使酒睚眦雜處屠儈不護細行者哉

魯曹沬以勇力事莊公莊公好力曹沬爲魯將與齊戰三敗北魯莊公懼乃獻遂邑之地以和猶復以爲將齊桓公許與魯會于柯而盟桓公與莊公既盟於壇上曹沬執匕首劫桓公桓公左右莫敢動而問曰子將何欲曹沬曰齊强魯弱而大國侵魯亦甚矣今魯城壞即壓齊境君其圖之桓公乃許盡歸魯之侵地既已言曹沬投其匕首下壇北面就群臣之位顏色不變辭令如故

聶政者軹深井里人殺佽與母姊如齊以屠爲事久之濮陽嚴仲子事韓哀侯與韓相俠累有郤嚴仲子恐誅亡去游求人可以報俠累者至齊齊人或言聶政勇敢士也避讐隱於屠者之間嚴仲子至門請數反

然後具酒自觴（一作暢）聶政母前酒酣嚴仲子奉黃金百鎰前爲聶政母壽聶政驚怪其厚固謝嚴仲子嚴子固進而聶政謝曰臣幸有老母家貧客游以爲狗屠可以旦夕得甘毳（比芮切）以養親親供養備不敢當仲子之賜嚴仲子屏人因爲聶政言曰臣有讐而行游諸侯衆矣然至齊竊聞足下義甚高故進百金者將用爲夫人麤糲之費得以交足下之驩豈敢以有求望邪聶政曰臣所以降志辱身居市井屠者徒幸以養老母老母在政身未敢以許人也嚴仲子固讓聶政竟不肯受也然嚴仲子卒備賓主之禮而去久

之聶政母死旣已葬除服聶政曰嗟乎政乃市井之人鼓刀以屠而嚴仲子乃諸侯之卿相也不遠千里枉車騎而交臣臣之所以待之至淺鮮矣未有大功可以稱者而嚴仲子奉百金爲親壽我雖不受然是者徒深知政也夫賢者以感忿睚眦之意而親信窮僻之人而政獨安得嘿然而已乎且前日要政徒以老母老母今以天年終政將爲知已者用乃遂西至濮陽見嚴仲子曰前日所以不許仲子者徒以親在今不幸而母以天年終仲子所欲報讐者爲誰請得從事焉嚴仲子具告曰臣之讐韓相俠累俠累文韓

君之季父也宗族盛多居處兵衛甚設臣欲使人刺之衆終莫能就今足下幸而不棄請益其車騎壯士爲足下輔翼者聶政曰韓之與衛相去中間不甚遠今殺人之相相又國君之親此其勢不可以多人多人不能無生得失生得失則語泄語泄是韓舉國而與仲子爲讐（一作讎）豈不殆哉遂謝車騎人徒聶政乃辭獨行杖劍至韓韓相俠累方坐府上持兵戟而衛侍者甚衆聶政直入上階刺殺俠累（韓烈侯三年三月盗殺韓相俠累名傀戰國策曰有東孟之會又云聶政刺韓傀兼中哀侯）左右大亂聶政大呼擊殺者數十人因自破面抉眼自屠出腸遂以死

唐且楚人也初秦王使人謂安陵君曰寡人欲以五百里之地易安陵君因其許寡人安陵君曰夫王加惠以大易小甚善雖然受地於先王願終守之弗敢易秦王不悅安陵君因使唐且使於秦秦王謂唐且曰寡人以五百里之地易安陵安陵君不聽寡人何也且秦滅韓亡魏而君以五十里之地存者以君爲長者故不錯意也今吾以十倍之地易於君而君逆寡人者輕寡人歟唐且對曰否不若是也安陵君受地於先王而守之雖千里不敢易也豈直五百里哉秦王怫然怒謂唐且曰公亦嘗聞天子之怒乎唐

且對曰臣未嘗聞也秦王曰天子之怒伏屍百萬流血千里唐且曰大王嘗聞布衣之怒乎秦王曰布衣之怒亦免冠徒走且曰士之怒也夫專諸之刺慶忌也倉鷹擊於殿上此三子者布衣之士也懷怒未發休烈隆於古而與臣而將四矣若士必怒伏尸二人流血五步天下縞素今日是也挺劍而起秦王色撓長跪而謝之曰先生何至於此寡人諭矣夫韓魏滅亡而安陵以五十里之地存者徒以有先生也

侯嬴爲夷門監魏公子無忌以爲上客侯生謂公子曰屠者朱亥此子賢者世莫能知故隱屠間耳公子

往數請之朱亥故不復謝公子恠之時秦昭王已破
趙長平軍又進圍邯鄲公子姊爲趙平原君夫人數
請救於魏魏安釐王使將軍晉鄙將十萬衆救趙秦
王使使者告魏王曰吾攻趙旦暮且下而諸侯敢救
者必移兵擊之魏王恐使人止晉鄙留軍壁魏公子
乃盜晉鄙兵符將奪其軍以救趙侯生曰將在外主
令有所不受以便國家公子即合符而晉鄙不授公
子兵而復請之事必危矣臣客屠者朱亥可與俱此
人力士晉鄙聽大善不聽可使擊之於是公子泣侯
生曰公子畏死邪何泣也公子曰晉鄙嚄唶宿將往

恐不聽必當殺之是臣泣耳豈畏死哉於是公子請
朱亥朱亥笑曰臣乃市井鼓刀屠者而公子親數存
之所以不報謝者以爲小禮無所用今公子有急此
乃臣効命之秋也遂與公子俱公子過謝侯生侯生
曰臣宜從老不能請數公子行日以至晉鄙軍之日
非鄉自頸以送公子公子遂行至鄴矯魏王令代晉
鄙晉鄙合符疑之舉手視公子曰今吾擁十萬之衆
屯於境上國之重任今單騎來代之何如哉欲無聽
朱亥袖四十斤鐵椎椎殺晉鄙公子遂將晉鄙軍勤
兵下令軍中曰父子俱在軍中父歸兄弟俱在軍中

兄歸獨子無兄弟歸養得選兵八萬人進兵擊秦軍
解去遂救邯鄲存趙

荆軻衛人也其先乃齊人徙於衛衛人謂之慶卿亦
謂之荆卿好讀書擊劍以術說衛元君元君不用嘗
游過榆次與蓋聶論劍蓋聶怒而目之荆軻出人或
言復召荆卿蓋聶曰曩者吾與論劍有不稱者吾目
之試往是宜去不敢留使使往之主人荆卿則已駕
而去榆次矣使者還報蓋聶曰固去也吾曩者目攝
之荆軻游於邯鄲魯勾踐與荆軻博爭道魯勾踐怒
而叱之荆軻嘿而逃去遂不復會荆軻旣至燕愛燕

之狗屠及善擊筑者高漸離荆軻嗜酒日與狗屠及
高漸離飲於燕市酒酣以往高漸離擊筑荆軻和而
歌於市中相樂也已而相泣旁若無人者荆軻雖游
於酒人乎（飲酒之人）然其爲人沉深好書其所游諸侯盡
與其賢豪長者相結納之燕燕之處士田先生亦
善待之知其非庸人也居頃之會燕太子丹質秦亾
歸燕燕太子丹者故嘗質於趙而秦王政生於趙其
少時與丹驩及政立爲秦王而丹質於秦秦王之遇
燕太子丹不善故丹怨而亾歸歸而求爲報秦王者
國小力不能其後秦日出兵山東以伐齊楚三晉稍

蠶食諸侯且至於燕燕君臣皆恐禍之至太子丹患之問其傅鞠武武對曰秦地徧天下威脅韓魏趙氏北有甘泉谷口之固南有涇渭之沃擅巴漢之饒右隴蜀之山左關殽之險民衆而士厲兵革有餘意有所出則長城之南易水以北未有所定也柰何以見陵之怨欲批白結切其逆鱗哉丹曰然則何繇請入圖之居有間秦將樊於期得罪於秦王亡之燕太子受而舍之鞠武諫曰不可夫以秦王之暴而積怒於燕足爲寒心又況聞樊將軍之所在乎是謂委肉當餓虎之蹊也禍必不振矣雖有管晏不能爲之謀也願

太子疾遣樊將軍入匈奴以滅口請西約三晉南連齊楚北購單于其後乃可圖也太子曰太傅之計曠日彌久心惛然恐不能須臾且非獨於此也夫樊將軍窮困於天下歸身於丹丹終不以迫於強秦而棄所哀憐之交置之匈奴是固丹命卒之時也願太傅更慮之鞠武曰夫行危而求安造禍而求福計淺而怨深連結一人之後交不顧國家之大害此謂資怨而助禍矣夫以鴻毛燎於爐炭之上必無事矣且以鵰鷙之秦行怨暴之怒豈足道哉燕有田光先生其爲人智深而勇沈可與謀太子曰願因太傅而得交於田光先生可乎鞠武曰敬諾出見田先生道太子願圖國事於先生也田光曰敬奉教乃造焉太子逢迎却行爲導跪而蔽席蔽一作撥一作祓田光坐定左右無人太子避席而請曰燕秦不兩立願先生留意也田光曰臣聞騏驥盛壯之時一日而馳千里至其衰老駑馬先之今太子聞光盛壯之時不知臣精已消亡矣雖然光不敢以圖國事所善荊卿可使也太子曰願因先生得結交於荊卿可乎田光曰敬諾卽起趨出太子送至門戒曰丹所報先生所言者國之大事也願先生勿泄也田光俛而笑曰諾僂行見荊卿曰

光與子相善燕國莫不知今太子聞光壯盛之時不知吾形已不逮也幸而教之曰燕秦不兩立願先生留意也光竊不自外言足下於太子也願足下過太子於宮荊軻曰謹奉教田光曰吾聞之長者爲行不使人疑之今太子告光曰所言者國之大事也願先生勿泄是太子疑光也夫爲行而使人疑之非節俠也欲自殺以激荊卿曰願足下急過太子言光已死明不言也因遂自刎而死荊軻遂見太子言田光已死致光之言太子再拜而跪膝行流涕有頃而后言曰丹所以誠田先生毋言者欲以成大事之謀也今

先生以死明不言豈丹之心哉荊軻坐定太子避席頓首曰田先生不知丹之不肖使得至前敢有所道此天之所以哀燕而不棄其孤也今秦有貪利之心而欲不可足也非盡天下之地臣海内之王者其意不厭今秦已虜韓王盡納其地又舉兵南伐楚北臨趙王翦將數十萬之衆距漳鄴而李信出太原雲中趙不能支秦必入臣入臣則禍至燕燕小弱數困於兵今計舉國不足以當秦其諸侯服秦莫敢合從丹之私計愚以爲誠得天下之勇士使於秦規以重利秦王貪其勢必得所願矣誠得刼秦王使悉反諸侯

侵地若曹沫之與齊桓公則大善矣則不可因而刺殺之彼秦大將擅兵於外而内有亂則君臣相疑以閒諸侯得合從其破秦必矣此丹之上願而不知所委命唯荊卿留意焉久之荊軻曰此國之大事也臣駑下恐不足任使太子前頓首固請毋讓然後許諾於是尊荊卿爲上卿舍上舍太子日造門下供大牢具異物閒進車騎美女恣荊軻所欲以順適其意久之荊軻未有行意秦將王翦破趙虜趙王盡收入其地進兵北畧地至燕南界太子丹恐懼乃請荊軻曰秦兵旦暮渡易水則雖欲長侍足下豈可得哉荊軻曰微太子言臣願謁之今行而毋信則秦未可親也夫樊將軍秦王購之金千斤邑萬家誠得樊將軍首與燕督亢之地圖（方城縣有督亢亭膈腴之地）奉獻秦王秦王必說見臣臣乃得有以報太子曰樊將軍窮困來歸丹丹不忍以己之私而傷長者之意願足下更慮之荊軻知太子不忍乃遂私見樊於期曰秦之遇將軍可謂深矣父母宗族皆爲戮沒今聞購將軍首金千斤邑萬家將柰何於期仰天太息流涕曰於期每念之常痛於骨髓顧計不知所出耳荊軻曰今有一言可以解燕國之患報將軍之讐者何如於期乃前曰爲

之柰何荊軻曰願得將軍之首以獻秦王秦王必喜而見臣臣左手把其袖右手揕其胷（揕張鴆切一作抗）然則將軍之讐報而燕見陵之愧除矣將軍豈有意哉樊於期偏袒搤腕（一作捥）而進曰此臣之日夜切齒拊心也乃今得聞教遂自刭太子聞之馳往伏屍而哭極哀旣已不可柰何乃遂盛樊於期首函封之於是太子預求天下之利匕首得趙人徐夫人匕首（徐一作陳）取之百金使工以藥焠之以試人血濡縷人無不立死者（言以匕首試人人血出足以沾濡絲縷便立死也）乃裝爲遣荊卿燕國有勇士秦舞陽年十三殺人人不敢忤視乃令秦舞陽

爲副荆軻有所待欲與俱其人居遠未來而爲治行頃之未發太子遲之疑其改悔乃復請曰日已盡矣荆卿豈有意哉丹請得先遣秦舞陽荆軻怒叱太子曰何太子之遣往而不反者豎子也且提一匕首入不測之强秦僕所以留者待吾客與俱今太子遲之請辭決矣遂發太子及賓客知其事者皆白衣冠以送之至易水之上旣祖取道高漸離擊筑荆軻和而歌爲變徵之聲士皆垂淚涕泣又前爲歌曰風蕭蕭兮易水寒壯士一去兮不復還復爲羽聲慷慨士皆瞋目髮盡上指冠於是荆軻就車而去終已不顧遂

至秦特千金之資幣物厚遺秦王寵臣中庶子蒙嘉嘉爲尤言於秦王曰燕王誠振怖大王之威不敢舉兵以逆軍吏願舉國爲内臣比諸侯之列給貢職於郡縣而得奉守先王之宗廟恐懼不敢自陳謹斬樊於期頭及獻燕督亢之地圖函封燕王拜送於庭使使以聞大王唯大王命之秦王聞之大喜乃朝服設九賓見燕使者咸陽宫荆軻奉樊於期頭函而秦舞陽奉地圖匣以次進至陛秦舞陽色變振恐群臣怪之荆軻顧笑舞陽前謝曰北番蠻夷之鄙人未嘗見天子故振慴願大王少假借之使得畢使於前秦王謂軻曰取舞陽所持地圖軻旣取圖奏之秦王發圖圖窮而匕首見因左手把秦王之袖而右手持匕首揕之未至身秦王驚自引而起袖絶拔劍劍長操其室時惶急劍堅故不可立拔荆軻逐秦王秦王環柱而走群臣皆愕卒起不意盡失其度而秦法群臣侍殿上者不得持尺寸之兵諸郎中執兵皆陳殿下非有詔召不得上方急時不及召下兵以故荆軻乃逐秦王而卒惶急無以擊軻而以手共搏之是時侍醫夏無且以其所奉藥囊提荆軻也秦王方環柱走卒惶急不知所爲左右乃曰王負劍王遂拔劍以擊荆

軻斷其左股荆軻廢乃引其匕首以擿秦王不中中銅柱秦王復擊荆軻軻被八創軻自知事不就倚柱而笑箕倨以罵曰事所以不成者以欲生劫之必得約契以報太子也於是左右前殺軻

高漸離與荆軻爲友軻死燕滅漸離變名姓爲人庸保匿作宋子（縣名也今屬鉅鹿）久之作苦聞其家堂上客擊筑徬徨不能去每出言曰彼有善有不善從者以告其主曰彼庸乃知音竊言是非其家丈人召使前擊筑一坐稱善賜酒而高漸離念久隱畏約無窮時乃退出其裝匣中筑與其善衣更容貌而前舉坐客皆

駕下與抗禮以爲上客使擊筑而歌客無不流涕而
去者宋子傳客之互以爲客聞於秦始皇始皇召見人有
識者乃曰高漸離也秦皇帝惜其善擊筑重赦之乃
矐海各切其目使擊筑未嘗不稱善稍益近之高漸離
乃以鉛置筑中復進得近舉筑朴秦皇帝不中於是
遂誅高漸離終身不復近諸侯之人
項梁嘗殺人與籍避讐吳中吳中賢士大夫皆出梁
下言皆不及也每有大繇役及喪梁嘗主辦
漢臺孺壹之子也壹始皇末墜樓煩爲任俠州郡歌
之

朱家魯人魯人皆以儒教而朱家用俠聞所藏活豪
士以百數其餘庸人不可勝言然終不伐其能歆其
德有德於人而不自美也歆沒也謂不稱顯諸所嘗施唯恐見之振人不
贍先從貧賤始家無餘財衣不兼采食不重味乘不
過軥車軥挽車也專趨人之急甚於己私既陰脫季布之
厄及布尊貴終身不見自關以東莫不延頸願交
田仲楚人以俠聞父事朱家自以爲行弗及史無此官名
張良字子房韓人大父開地父平皆爲韓相良少未
嘗事韓韓破良求刺客爲韓報讐秦皇帝東游至博
狼沙中地名在陽武南狼音浪良與客狙擊狙與覷同音謂密伺之誤中
副車謂後乘也求賊急甚良乃更姓名亡匿下邳項伯嘗
殺人從良匿後封留侯
季布楚人爲任俠有名後至東河守
季心布弟也氣聞關中遇人恭謹爲任俠方數千里
士爭爲死嘗殺人亡吳從爰絲匿長事爰絲絲爰盎字古以兄長之禮事也弟畜灌夫籍福之屬嘗爲中司馬中尉之司馬中
尉郅都不敢加禮少年多時時竊借其名以行詐自稱爲心之賓客徒黨也
欒布爲燕相至將軍稱曰窮困不能辱身非人也富
貴不能快意非賢也於是嘗有德願報之有怨必以

法滅之
田叔爲人廉喜任俠喜好也游諸公後至魯相
劇孟雒陽人周人以商賈爲資劇孟以俠顯吳楚反
時條侯爲太尉乘傳東將乘傳車而東出爲大將也至河南得劇
孟喜曰吳楚舉大事而不求劇孟吾知其無能爲已已語終辭
天下騷動大將軍得之若一敵國云劇孟行大
類朱家而好博多少年之戲然孟母死自遠方送喪
千乘及孟死家無十金之財史無官
袁盎爲楚相免官家居與閭里鬬雞走犬劇孟嘗過
盎盎善待之安陵富人有謂盎曰吾聞劇孟博徒將

單何自遇之盎曰孟雖博徒然母死客送車千餘乘
亦有過人者
王孟符離人以俠稱江淮之間符離沛郡之縣也是時濟南
瞯氏陳周膚亦以豪聞景帝聞之使使盡誅非屬其
後代諸白梁韓毋辟陽翟薛況陝寒孺紛紛復出焉代郡白姓非一家也故稱諸焉梁國人姓韓名毋辟陽翟屬川陝即今陝也陝縣也薛況寒孺皆人姓名也
灌夫累官至太僕徙燕相坐法去官爲人剛直使酒使酒因酒而使氣也不好面諛貴戚諸勢在己之右欲必陵之
士在己左愈貧賤尤益禮敬與鈞右尊也左卑也鈞等也稠人

廣衆薦寵下輩稠多也下輩下等之人也每於人衆之中故寵薦也士亦以此
多之夫不好文學喜任俠已然諾已必也謂一言許人必信之也諸
所與交通無非豪傑大猾家累數千萬食客日數十
百人陂池田園宗族賓客爲權利橫潁川
汲黯爲九卿後卒於淮陽相好游俠任氣節行修潔
衛人仕者皆嚴憚黯出其下
鄭當時孝文時以任俠自喜脫張羽於阸梁孝王將楚相之弟也聲聞梁楚間後累遷爲大司農
朱安世陽陵大俠詔捕不能得丞相公孫賀子敬聲
罪發繫獄賀請捕安世贖罪帝許之安世曰丞相禍
及宗矣獄中上書告敬聲呪詛等罪賀遂父子死獄
中
郭解父任俠孝武時誅死解爲人靜悍性清靜而勇悍不飲
酒少時陰賊感慨不快意所殺甚衆以軀藉友報讎藉謂借助也藏命作姦剽攻休乃鑄錢掘冢不可勝數適
有天幸窘急常得脫若遇赦及解年長更折節爲儉
以德報怨厚施而薄望然其自喜爲俠益甚既以振
人之命不矜其功其陰賊著於心本發於睚眦如故云心本猶言本心也如故蓋言如舊不改耳而少年慕其行亦輒爲報讎
不使知也解姊子負解之勢負恃也與人飲使之釂非

其任强灌之盡爵曰釂其人不飲而使盡爵乃强灌之故怨怒也人怒刺殺解
姊子亾去解姊怒曰以翁伯時人殺吾子賊不得翁伯解字也棄其尸道旁弗葬欲以辱解解使人微知賊窘
自歸具以實告解解曰公殺之當吾兒不直遂去其
賊辠其姊子收而葬之諸公聞之皆多解之義益附
焉解出人皆避有一人獨箕踞視之解問其姓名客
欲殺之解曰居邑屋不見敬是吾德不修也彼何辠
乃陰請尉史曰是人吾所重至踐更時脫之踐更爲踐更之卒也脫免也每至直更數過吏弗求直當也次當爲更也怪之問其
故解使脫之箕踞者迺肉袒謝辠少年聞之愈益慕

解之行雒陽有人讐者邑中賢豪居間以終數不聽居中間爲道地和解之而不見許也客廼見解解夜見讐家讐家曲聽曲屈從其言解謂讐家曰吾聞雒陽諸公在間多不聽今子幸而聽之柰何從他縣奪人邑賢大夫權乎廼夜去不使人知曰且毋庸待我去令雒陽豪居間廼聽庸用也且無用休待雒陽豪更言之方從其言也解與人短小恭儉出未嘗有騎不敢乘車入其縣庭之旁郡國爲人請求事事可出出之不可者各令厭其意然後乃敢嘗酒食諸公以此嚴重之爭爲用邑中少年及旁近縣豪夜半過門嘗十餘車請得解客舍養之舍止也言解多藏匿命者亭少年與

解同志者知匿命者多歸解故夜將車來迎取其人居上而養之及徙豪茂陵也解貧不中訾中充也言訾財不充合徙之數也吏恐不敢不徙衛將軍爲言郭解家貧不中徙帝曰解布衣權至使將軍爲言此其家不貧解徙諸公送者出千餘萬軹人楊季王子爲縣掾舉徙解解兄子斷楊掾頭解入關關中賢豪知與不知聞其聲爭交驩邑人又殺楊季王季王家上書人又殺之闕下帝聞乃下吏捕解解亡置其母家室夏陽身至臨晉籍少翁素不知解因出關籍少翁已出解解轉入太原所過輒告主人家吏逐之迹至籍少翁少翁自殺口絕久之乃得解窮治所犯爲而解所殺皆在赦前軹有儒生侍使者坐客譽郭解生曰解專以姦犯公法何謂賢解客聞之殺此生斷其舌吏以責解解實不知殺者殺者亦竟絕莫知爲誰吏奏解無辜御史大夫公孫弘議曰解布衣爲任俠行權以睚眦殺人解不知此辜甚於解殺之當大逆無道當謂處斷其罪遂族解自是之後俠者極衆而無足數者然關中長安樊中子槐里趙王孫長陵高公子西河郭公仲太原鹵公孺臨淮倪長卿東陽陳君孺雖爲俠而恂恂有退讓君子之風至若北道姚氏西道諸杜南道仇景東道趙他羽公子據京師而言指其京

西南北謂也姓他名羽字公子南陽趙調之徒盜跖而居民間者耳烏足道哉此乃鄉者朱家所羞也

王林卿卬成太后外家爲侍中通輕俠傾京師坐法免賓客愈盛

甯成爲內史抵罪歸家稱曰仕不至二千石賈不至千萬安可比人乎乃貰貸買陂田千餘頃假貧民役使數千家數年產至千金爲任俠其使民威重於郡守

王溫舒陽陵人少時椎埋爲姦椎殺人而埋之後至中尉

朱雲字子游少時通輕俠借客報讐後至槐里令

朱博字子元杜陵人家貧少時給事縣爲亭長好客少年捕搏敢行（好賓客及少年而追捕擊搏無所避也）稍遷爲功曹伉俠好交（伉健也）隨從士大夫不避風雨是時前將軍望之子蕭育御史大夫萬年子陳咸以公卿子著才知名博皆友之爲郡守九卿賓客滿門欲仕宦者薦舉之欲報讎怨者解劒以帶之其趨事待士如是博以此自立然終用是敗後至丞相自殺

雎孟魯國番人少時游俠鬭鷄走狗長乃變節後至符節令

萬章字子夏長安人長安熾盛街閭各有豪俠章在

冊府元龜　總錄部　任俠　卷之八百四十八　十九

城西柳市號曰城西萬子夏爲京兆尹門下督從至殿中侍中諸侯貴人爭欲揖章莫與京兆尹言者章逡巡甚懼其後京兆不復從也與中書令石顯相善得顯權力門車常接轂至成帝初石顯坐專權擅勢免官徙歸故郡顯貲巨萬當去留床席器物數百萬直欲以與章章不受賓客問其故章歎曰吾以布衣見哀於石君石君家破不能有以安而受其財物此爲石氏之禍邪諸公以是服而稱之河平中王尊爲京兆尹捕擊豪俠殺章及箭張回（作箭者姓張名回）酒市趙君都賈子光（酒市中人）皆長安名豪報讎怨養刺客者也

樓護爲京兆吏數年甚得名譽是時王氏方盛賓客滿門五侯爭名其客各有所厚不得左右（不相經過也）唯護盡入其門咸得其驩心結士大夫無所不傾其交長者尤見親而敬衆以是服爲人短小精辯論議常依名節聽之者皆竦與谷永俱爲五侯上客長安號曰谷子雲筆札樓君卿脣舌言其見信用也母死送葬者致車二三千兩閭里歌之曰五侯治喪樓君卿後至天水太守

原涉字巨先爲谷口令時年二十餘自劾去官少顯名京師郡國諸豪及長安五陵諸爲氣節者皆歸慕

冊府元龜　總錄部　任俠　卷之八百四十八　二十

之涉傾身與相待人無賢不肖闐門在所閭里盡滿以奴所傷屠者死爲茂陵令尹公所辱初涉與新豐富人祁太伯爲友太伯同母弟王游公素嫉涉時爲縣門下掾說尹公曰君以守令辱原涉如是一旦真令至君復單車歸爲府吏涉刺客如雲殺人皆不知主名可爲寒心涉治冢舍奢僭踰制皋惡暴著主上知之今爲君計莫若墮壞涉冢舍條奏其舊惡君必得真令如此亦不敢怨矣尹公如其計莽果以爲真令涉繇此怨王游公選賓客遣長子初從車二十乘劫王游公家母即祁太伯母也諸客見之皆拜傳曰

無驚祁夫人遂殺游公父及子斷兩頭去（殺游公及其父）漴性畧似郭解外温仁謙遜而内隱（隱匿其情也）好殺睚眦於塵中獨死者甚多

陳遵杜陵人也爲郁夷令以封嘉威侯居長安中列侯近臣貴戚皆貴重之請求不敢逆所到衣冠懷之唯恐在後（懷來也謂招來而禮之）時列侯有與遵同姓字者每至入門曰陳孟公坐中莫不震動旣至而非因號其人曰陳驚坐

辛次兄與平帝從舅衛子伯相善（次兄其名也）兩人俱游俠賓客甚多

孫建爲王莽強弩將軍王莽居攝誅鉏豪俠名捕漕中叔不能得漕中叔素善建莽疑建匿藏之以問建建曰臣名善之誅臣足以塞責莽性果賊無所容忍然重建不竟問遂不得也中叔子少游復以俠聞於世

臧良曾祖父遵平帝時爲侍御史王莽簒位稱病歸鄉里家富好給施尚俠氣食客嘗三四百人時人語曰關東大豪臧子高

後漢馬援嘗亡命北地遇赦因留牧畜賓客多歸附者遂役屬數百家（續漢書援過北地任氏畜牧自援祖賓本客天水父仲又嘗爲牧師令是時兄員爲護羌使者故人賓客皆依援）後至伏波將軍

寇恂上谷人初爲郡功曹太守耿況甚重之王莽敗更始立使使者徇郡國曰先降者復爵位恂從耿況迎使者於界上況上印綬使者納之一宿無還意恂勒兵入見使者就請之使者不與曰天王使者功曹欲脅之邪恂曰非敢脅使君竊傷計之不詳也今天下初定國信未宣使君建節銜命以臨四方郡國莫不延頸傾耳望風歸命今始至上谷而先墮誠信沮向化之心生離畔之隙將復何以號令他郡乎且耿府君在上谷久爲吏人所親今易之得賢則造次未

安不賢則秖更生亂爲使君計莫若復之以安百姓使者不應恂叱左右以使者命召況況至恂進取印綬帶況使者不得已乃承制詔之況受而歸

竇融王莽居攝中爲強弩將軍司馬（強弩將軍即莽明義侯王俊）東擊翟義還攻槐里（槐里趙明霍鴻等兵起以應翟義王邑等破義還合軍擊明鴻等滅之融時隨其軍也）以軍功封建武男（東觀記續漢書並云寧武男）女弟爲大司空王邑小妻家長安中出入貴戚連結閭里豪傑以任俠爲名然事母兄養弱弟内脩行義

蓋延漁陽人身長八尺彎弓三百斤邊俗尚勇力而延以氣聞後至虎牙將軍左馮翊

蔡遵嘗爲吏部所侵結客殺之初縣中以其柔也既而皆憚焉後至征虜將軍

郅惲汝南西平人也其友董子張父及叔父爲鄉里盛氏一時所殘害子張病因將終惲往候張張視惲歔欷惲曰吾知子不悲天命長短而痛二父讐不復也惲即將客遮仇人取其頭以示張張喜氣因絶惲見令以狀自首令應之遲趨出詣獄令跣追之不及即自入獄謝惲拔刀自嚮以要惲曰子不從我出敢不以死明心乎惲遂出後至長沙太守

楊政京兆人也嘗詣楊虛侯馬武武難見政稱疾不

爲起政入戸徑升牀排武把臂責之曰卿蒙國恩備位藩輔不思求賢以報殊寵而驕天下英俊此非養身之道也今日動者刀入脅武諸子及左右皆大驚以爲見劫操兵滿室政顏色自若會陰就至責數武令爲交友其剛果任情皆如此也後至左中郎將

王渙少好俠尚氣力數通輕剽少年晚而改節官至兖州刺史

段紀明少便習弓馬尚游俠輕財賄長乃折節好古學後至太尉

鄭太少有才畧靈帝末知天下將亂陰交結豪傑家富於財有田四百頃而食嘗不足名聞山東時董卓遷都長安天下饑亂士大夫多不得其命而太豪有餘資日引賓客高會倡樂所贍救者甚衆後至侍御史

袁術少以俠氣聞數與諸公子飛鷹走狗後改行折節後至監軍

袁紹壯健好結交梁冀以下莫不善之後至大將軍冀州刺史

劉梁以俠氣聞

董卓性麤猛有謀少嘗遊羌中盡與豪帥相結後歸

耕於野諸豪帥有來從之者卓爲殺耕牛與共宴樂豪帥感其意歸相劫得雜畜千餘頭以遺之繇是以健俠知名

陳宮字公臺剛直烈壯少與海内知名之士皆相連結後叛曹公從呂布布敗誅死

王康字公節泰山人輕財好施少以任俠聞後爲河内太守

周暉大司農忠之子也前爲雒陽令去官歸兄弟好賓客雄江淮間出入從車嘗百餘乘及獻帝初暉聞京師不安來效忠董卓聞而惡之使兵劫殺其兄弟

何顒與袁紹爲奔走之友是時天下士大夫多遇黨難顒嘗歲再三私入雒陽從紹計議爲諸窮窘之士解釋患禍而袁術亦豪俠與紹爭名顒未嘗造術術深恨之後辟司空府

魏夏侯稱與文帝爲布衣之交每讌會氣陵一坐辯士不能屈世之高名者多從之游年十八卒

張邈字孟卓少以俠聞振窮救急傾家無愛士多歸之後至陳留太守

夏侯惇字元讓年十四就師學人有辱其師者惇殺之繇是以烈氣聞後至大將軍

典韋形貌魁梧膂力過人有志節任俠襄邑劉氏與睢陽李永爲讎韋爲報之永爲富春長備衛甚謹韋乘車載雞酒僞爲候者門開懷匕首入殺永并殺其妻徐出取車上刀戟步出永居近市一市盡駭追者數百莫敢近行四五里遇其伴轉戰得脫繇是爲豪傑所識後爲較尉

臧霸字宣高父戒爲縣獄掾據法不聽太守欲所私殺太守大怒令收戒詣府時送者百餘人霸年十八將客數十人徑於費西山中要奪之送者莫敢動因與父俱亾命東海繇是以勇壯聞後至執金吾特進

楊阿若後名豐字伯陽酒泉人少游俠嘗以報讐解怨爲事故時人爲之號曰東市相斫楊阿若西市相斫楊阿若至建安年中太尉徐揖誅郡中強族黃氏時黃其人名得脫在外乃以黃昂家粟金數斛募衆得千餘人以攻揖揖城守豐時在外以昂爲不義乃告揖捐妻子走詣張掖求救會張掖又反殺太守而昂亦陷城殺揖二郡合勢昂怨豐不與己同乃重募取豐欲令張掖以麻繫其頭生致之豐遂逃走武威太守張猛假豐爲都尉使齎檄告酒泉聽豐爲揖報讐遂單騎入南羌中合衆得千騎從樂浪南山中出詣

趨郡城未到三十里皆令騎下馬曳柴揚塵酒泉郡人望見塵起以爲東大兵到遂破散昂獨走出羌捕得昂豐謂昂曰卿前欲生繫我頸今反爲我所繫云何昂慙謝豐遂殺之時黃華在東又還領郡豐畏華復走依燉煌至黃初中河西興復黃華降豐乃還郡郡舉孝廉州表其義勇詔即拜駙馬都尉後二十餘年病亾

嚴幹字公仲李義字孝懿皆馮翊東縣人舊無冠族故二人並單家其器性皆厚重當中平末同年二十餘幹好擊劍義好辦護喪事馮翊甲族桓田吉郭及

故侍中鄭文信等頗以其各有器實共紀識之

蜀徐庶先名福本單家子少好任俠擊劍中平末嘗爲人報讎白堊突面被髮而走爲吏所得問其姓字閉口不言吏乃於車上立柱維磔之擊鼓以令於市鄽莫敢識者而黨伍共篡解之得脫後仕魏至右中郎將御史中丞

吳孫堅爲下邳丞鄉里知舊好事少年往來者嘗數百人堅接撫待養有若子弟焉

魯肅體貌魁奇少有壯節好爲奇計天下將亂乃學擊劍騎射聚少年給其衣食往來南山中射獵陰相

部勒講武習兵父老咸曰魯氏世衰乃生此狂兒後至橫江將軍

甘寧字興霸少有氣力好游俠招合輕薄少年爲之渠帥群聚相隨挾持弓弩負毦帶鈴民聞鈴聲即知是寧（吳書曰寧俠殺人藏舍亡命聞於郡中其出入步則陳車騎水則連輕舟侍從被文繡所如光道路住止常以繒錦維舟去或割棄以示奢也）人與相逢及屬城長吏接待隆厚者乃與交歡不爾即放所將奪其資貨後至折衝將軍

呂蒙年十五六竊隨姊夫鄧當擊賊當顧見大驚呵叱不能止時當職吏以蒙年小輕之曰彼豎子何能爲此欲以肉餧虎耳他日與蒙會又嗤辱之蒙大怒引刀殺吏出走逃邑子鄭長家出因較尉袁雄自首承間爲言孫策召見奇之引置左右後至南郡太守

晉王濟性豪侈和嶠性至貪家有好李帝求之不過數十濟候其上直率少年詣園共啖畢伐樹而去時王愷以帝舅奢豪有牛名八百里駮嘗瑩其蹄角濟請以錢千萬與牛對射而賭之愷亦自恃其能令濟先射一發破的因據胡牀叱左右速探牛心來須臾而至一割便去後至侍中

裴秀有儁才性豪俠有氣節弱冠得美名後至司空

李乾有雄氣合賓客數千家在乘氏

裴憲二子挹毅並以文才知名毅仕季龍爲太子中庶子散騎常侍挹毅俱豪俠耽酒好臧否人物

王敦字處仲每酒後輒詠魏武帝樂府歌曰老驥伏櫪志在千里烈士暮年壯心不已以如意打唾壺爲節壺邊盡缺敦又嘗荒恣於色體爲之弊左右諫之敦曰此甚易耳乃開後閤驅諸婢妾數十人並放之時人歎異焉後至大將軍

祖逖字士稚范陽人世吏二千石爲北州舊姓扶風晉王掾上谷太守逖少孤兄弟六人兄該納等並開

奭有才幹逖性豁蕩不脩義簡年十四五猶未知書諸兄每憂之然輕財好俠慷慨有節尚每至田舍輙稱兄意散穀帛以周貧乏鄉黨親族以是重之後至豫州刺史

戴若思有風儀性閑爽少好遊俠不拘操行遇陸機赴雒船裝甚盛遂與其徒掠之若思登岸據胡牀指麾同旅皆得其宜機察見之知非常人在舫屋上遥謂之曰卿才器如此乃復作劫邪若思感悟因流涕投劒就之機與言深加賞異遂與定交者後至驃騎將軍

周嵩字仲智狷直果俠每以才氣凌物後至御史中丞

袁躭字彦道少有才氣俶儻不羈爲士類所稱桓温少時游於博徒資產俱盡尚有負進思自振之方莫知所出欲求濟於躭而躭在艱試以告焉躭略無色遂變服懷布帽隨温與債主戲躭素有藝名債者聞之而不相識謂之曰卿當不辦作袁彦道也遂就局十萬一擲直上百萬躭投馬絶叫探布帽擲地曰竟識袁彦道不其通脱若此後至歷陽太守

李庠性任俠好濟人之難州黨爭附之與六郡流人避難梁益道路有饑病者庠嘗營護隱恤振施窮乏大收衆心

馮素弗跋之長弟也慷慨有大志姿貌魁偉雄傑不群任俠放蕩不脩小節故時人未之奇惟王齊異焉曰撥亂才也惟交結時豪爲務不以產業經懷當時俠士莫不歸之

宋孟龍符驍果有膽氣幹力絶人少好游俠結客於閭里

何邁素豪俠好聚劒客出入行遊從者塞路

薛廣安都父也河東汾陰人世爲強族同姓有三千

家廣爲宗豪

宗慤字元幹炳兄之子也炳素高節諸子群從勿好學而慤獨任氣好武故不爲鄉曲所稱

南齊劉懷珍爲直閤將軍懷珍北州舊姓門戶殷積啟上門生千人充宿衛孝武大驚召取青冀豪家私附得數千人

梁鄧元起當陽人性任俠好賑施鄉里年少多附之

陳周炤少豪任俠氣有將帥才

周敷字仲遠臨川人爲郡豪族形貌眇小如不勝衣而膽勁果超出時輩性豪俠輕財重士鄉黨少年力

任氣者咸歸之
高樹生性通達重節義交結英雄不事生產有識者竝宗奇之後從平陽王顥討蠕蠕有功樹生尚氣俠意存浮沉自適不願職位辭不受賞識者高之後爲北州大都督
李瑞字琚羅涉歷史傳頗有文才氣尚豪爽名強當世
劉僧利輕財通俠甚得鄉情高祖幸徐州引見會之拜徐州別駕
薛安都字體達少驍勇善騎射頗結輕俠諸兄患之

安都乃求以一身分出不取片資元許之居於別廐遠近交游者爭有送遺馬牛衣服什物充牣其庭
裴慶孫任俠有氣鄉曲壯士及好事者多相附撫養成有恩紀
陽固字敬安性俶儻不拘小節少任俠好劒客弗事生產
李業興性豪俠重意氣人有急難委之歸命便能容匿與其好合傾身無悋若有相乖忤便即疵毀乃至聲色加以謗罵
慕容儼少任俠交通輕薄遨遊京雒間

薛循義字公讓性姦俠輕財重氣招結豪猾時有急難相奔投者多能容匿之
堯雄上黨長子人驍果善騎射輕財尚氣爲時輩所重
徐度字孝節安陸人也世居京師少倜儻不拘小節及長姿貌瓌偉嗜酒好博嘗使僮僕屠酤爲事
熊曇朗豫章南昌人也世爲郡姓曇朗跅弛不羈有膂力容貌甚偉侯景之亂時少年據豐城縣爲柵桀黠劫盜多附之
留異東陽長山人也世爲郡異姓善自居處言語醞

籍爲鄉里雄豪多聚惡少
後魏李元忠以葛榮起率宗黨作壘以自保坐於大槲樹下前後斬違命者凡三百人賊至元忠輒却之
李顯甫豪俠知名集諸李數千家於殷州西山開鑿魚川方五六十里居之顯甫爲家宗主
北齊張保雒代人也自云本出南陽西鄂家世好賓客尚氣俠頗爲北土所知
宋游道重交游存然諾之分歷官嚴整而時大納賄分及親故之艱匱者其男女孤弱爲嫁娶之臨喪必哀躬親爲司州綱紀

高昂與兄乾數爲劫掠州縣莫能窮治招聚劍客家資傾盡鄉閭畏之無敢違忤父翼常謂人曰此兒不滅我族當大吾門不直爲州豪也昂初以豪家立名爲之羽翼者呼延族劉貴珍劉長狄東方老劉士榮成五韓願生劉桃棒隨其建義者李希光劉叔宗劉孟和並仕官顯達

孟和名協浮陽饒安人也孟和少好弓馬率性豪俠幽州刺史劉靈助之起兵也孟和亦聚衆附昂兄弟遂應之及靈助敗昂乃據冀州孟和爲其致力

封子繡外貌儒雅而俠氣難忤司空婁定遠子繡兄

之壻也爲瀛州刺史子繡在渤海定遠過之對妻及諸女子讌集言戲微有褻慢子繡大怒鳴鼓集衆將攻俄頃兵至數千馬將千匹定遠乞免拜謝久乃釋之

高乾性明悟俊偉有智畧美音容進止都雅少時游俠數犯公私長而脩改輕財重義當世以意氣相得

李景遺少雄武有膽力好結聚亡命共爲劫盜鄉里每患之永安末其兄南鉅鹿太守無爲以贓罪爲御史所劾禁於州獄景遺率左右十餘騎詐稱臺使徑入州城劫無爲而出之州軍追討竟不能制繇是以

俠聞

盧宗道性麤率任俠行南營州刺史嘗於晉陽置酒賓游滿坐中書舍人馬士達因其彈箜篌女妓云手甚纖素宗道即以此婢遺士達士達固辭宗道便命家人將解其腕士達不得已而受之

李愍字魔憐形貌魁傑見異於時少有大志年四十猶不仕州郡唯招致姦俠以爲徒侶

尉景性溫厚頗有俠氣

敬顯儁字孝英少英俠有節操交結豪傑爲羽林監

平鑒燕郡薊人雖崇儒業而有豪俠氣孝昌末盜賊

蜂起見天下將亂乃之雒陽與慕容儼以客騎馬爲業鑒性巧夜則胡畫以供衣食謂其宗親曰運有汙隆亂極則治并州戎馬之城爾朱王命世之雄俠烈建旗奉辭問罪勞忠竭力今也其時遂相率奔爾朱榮於晉陽因陳靜亂安民之策榮大奇之即署參軍前鋒從平鞏密

金祚字神敬性驍雄尚氣俠魏正光中隴右賊起詔雍州刺史元猛討之召募良家以爲軍導祚應選有功

後周韋祐字法保少好遊俠而質直少言所與交遊

皆輕猾亡命人有急難投之者多保存之雖屢被追終不改其操

隋梁士彥字相如少任俠不仕州郡性剛果喜正人之是非好讀兵書頗涉經史

沈光少驍捷善戲馬爲天下之最略綜書記微有詞藻嘗慕立功名不拘小節家甚貧窶父兄竝以傭書爲事光獨跅弛交通輕俠爲京師惡少年之所朋附人多贍遺助以養親每致甘旨美衣未嘗困匱

周羅睺九江人也年十五善騎射好鷹狗任俠放蕩收聚亡命陰習兵書從祖景彥誡之曰吾世恭謹汝

獨放縱難以保家若不喪身必將滅吾族羅睺不改陳宣帝時以軍功授開遠將軍句容令

李密開皇中襲父爵蒲山公乃散家產賙贍親故養客禮賢無所愛悋與楊玄感爲刎頸之交

劉權少有俠氣重然諾藏亡匿死吏不敢過門

陳政倜儻有文武大略時京師大俠劉居士重政才氣數從之遊

乞伏慧少慷慨有大節便弓馬好鷹犬

麥鐵杖性疎誕便酒好交遊重信義每以漁獵爲事不治產業

唐劉弘基少落拓交通輕俠不事家產以父蔭爲右勳衛大業末嘗從煬帝征遼東家貧不能自致行至汾陰度以後期當斬計無所出遂與同旅屠牛潛諷吏捕之繫於縣獄歲餘竟以贖論事解亡命盜馬以供衣食

丘和少便弓馬重氣俠及長始折節與物無忤貴賤皆愛之

盛彥師者頗有學識少任俠交結英豪

盧祖尚少以俠氣聞家富於財周窮濟乏無所愛悋繇是爲州里所歸

張瑾善弓馬有膂力少以豪俠聞

唐憲祖初仕隋爲東宮左勳衛及太子廢罷歸鄉里不拘操行好畋獵從博徒遊藏亡匿死交通輕俠

牛進達濮州雷澤人少嘗穿窬爲盜而藏亡匿死號爲輕俠隋末代翟讓爲驃騎與秦叔寶程知節吳黑闥相友善

郭元振舉進士授通泉尉任俠使氣不以細務介意前後掠賣所倍十餘人以遺賓客百姓苦之則天聞其名召見與語甚奇令先平壽州然後赴江都速封令其將賀蘭元均邵怡等守霍丘稱少成竟不能侵

軼乃南掠蘄黄等州

崔造建中末爲建州刺史涇原兵叛造聞難作馳檄鄰州請齊舉兵遂調撥所部得二千人抗表上聞朝廷嘉之及京師收復詔徵造至藍田自以源休之甥上疏請罪不敢卽赴闕德宗以爲有禮優詔慰勉拜吏部侍郎

李紓建中末爲同州刺史德宗幸梁州紓亦棄州詣行在拜兵部侍郎

高承簡貞元中爲宋州刺史時汴州反逐其帥因以部將李夵行帥事夵遣其將持記貴宋州官私財物

承簡執而囚之自是汴吏來輒縶之一日并出斬於衙門之外威震郡中及夵兵大至宋州凡三城賊已陷南城承簡保北兩城以拒凡十餘戰會徐州救兵至夵爲汴將李質執之傳送京師兵圍宋者卽遁去承簡拜簡較左散騎常侍兗海沂密等州節度觀察處置等使

崔從憲元和初爲興元推官知卭州事劉闢竊據西川以兵逼從歸府從憲卒設備以一郡抗禦之

杜悰懿宗咸通末爲泗州刺史時桂林戍卒龐勛等爲亂擁衆還徐至泗州急致之遣牙將李員入城見悰曰留後知中丞名族不敢令軍士失禮但開城門令百姓存活無相疑也悰執而殺之

後唐張憲莊宗同光末爲太原尹時趙在禮入魏州憲家屬在魏關東俶擾在禮善待其家遣人賫書至太原誘憲憲斬其使書不發函而奏

王思同明宗長興末爲京兆尹兼西京留守潞王鎭鳳翔與之隣境及潞王稟朝旨致書於秦涇雍梁邠諸帥言賊臣亂政陳已所興兵討亂之狀因遣伶奴安十十以五絃諷思同思同執十十送京師

楊炎少好讀書有文詞豪俠尚氣

李景儉疎財尚義雖不厲名節死之日知名之士咸惜之

後唐錢鏐杭州臨安縣人杭之著姓門無任官鏐少權勇有謀性任俠以鮮讐報怨爲事

晉李周任俠自負屬河朔群盜充斥南北交兵行旅無援者不敢出郡邑有士人盧岳家於太原携妻子囊橐寓於逆旅進退無所保唯與所親相對流涕周憫之請援送以歸行經西山中有賊夜於林麓間俟之射盧岳中其馬周大呼曰爾爲誰耶賊聞其聲相謂曰李君至此矣郎時散走岳全其行裝至於家

周高思繼幽州人昆仲三人俱英豪有武幹聲馳朔塞

册府元龜 總録部 任俠 卷之八百四十八 三十九

册府元龜

巡按福建監察御史臣李嗣京　訂正
知甌寧縣事臣孫以敬　參閱
知建陽縣事臣黃國琦　較釋

總錄部九十九

諍　謀畫

諫諍

傳曰父有諍子又曰父母有過怡氣柔聲以諫故爲人子者不患失愛於父母而患得罪於鄉黨其有天資篤孝精誠淵邃就養晨夕竭力左右靡量責善之

道慮陷不義之名乘間獻規佳言灼著至乃物禁借盛事屬嫌疑當艱危之秋陳成敗之說激發純款繼之涕泣期於感寤以消禍釁亦有篤猶子之親敦致美之譽我見舅氏志存亢宗咸啟德言用規過舉斯皆曩哲之茂軌良可述焉

田文齊威王之孫父曰薛公嬰文乘閒問其父曰子之子爲何曰爲孫孫之孫爲何曰爲玄孫玄孫之孫爲何曰不能知也文曰君君事相齊至今三王矣齊不加廣而君私家富累萬金門下不見一賢者文聞將門必有將相門必有相今君後宮蹈綺縠而士不得短褐僕妾餘粱肉而士不厭糟糠今君又尚厚積餘藏欲以遺所不知何人而忘公家之事日損文竊惟之於是嬰乃禮文使主家待賓客賓客日進名聲聞於諸侯諸侯皆使人請薛公以文爲太子嬰許之嬰卒諡爲靖郭君而文果代立於薛是爲孟嘗君

漢袁盎爲吳相辭行盎兄子種謂盎曰吳王驕日久國多姦今絲欲刻治(稱叔父字曰絲)彼不上書告君則利劍刺君矣南方卑濕絲能日飲亡何說王毋反而已(無何言更無餘事)如此幸得脫盎用種之計吳王厚遇盎

王宇莽之子也平地侯莽擅權拜帝母衛氏爲中山

孝王后賜帝舅衛寶寶弟玄爵關內侯皆留中山不得至京師宇非莽隔絕衛氏恐帝長大後見怨宇即私遣人與寶等通書教令帝母上書求入莽不聽宇與師吳章及婦兄呂寬議其故章以爲莽不可諫而好鬼神可爲變怪以驚懼之章因推類說令歸政於衛氏宇即使寬夜持血灑莽第門吏發覺之莽執宇送獄飲藥死

後漢吳祐字季英陳留人父恢爲南海太守祐年十二隨父到官恢欲殺青簡以寫書祐諫曰今大人踰越五嶺遠在海濱其俗誠陋舊多珍怪上爲國家所

疑下爲權貴所望此書若成郎藏之兼兩昔馬援以薏苡興謗王陽以衣囊徼名嫌疑之間先賢所慎俠奇之乃撫其首曰吳氏世不乏季子矣祐終河間相

鄭均兄爲縣吏頗受禮遺均數諫止不聽即脫身爲傭歲餘得錢帛歸以與兄曰物盡可復得爲吏坐贓終身捐棄兄感其言遂爲廉潔均後以議郎卒於家

魏曹羲兄爽輔政驕恣羲深以爲大憂數諫止之又著書三篇陳驕淫盈溢之致禍敗辭旨甚切不敢斥爽託戒諸弟以示爽爽知其爲已發也甚不悅羲或時以諫愈不納涕泣而起羲爲中領軍

毋丘儉子甸字子邦有名京邑齊王之廢也甸謂儉曰大人居方嶽重任國傾覆而晏然自守將受四海之責儉然之甸爲治書侍御史

王廣父凌督揚州外甥令狐愚又爲兗州刺史時司馬宣王殺曹爽凌愚謀以帝幼制於彊臣不堪爲主楚王彪長而才欲迎立之以興曹氏凌使舍人勞精詣雒陽語廣廣曰凡舉大事應本人情今曹爽以驕奢失民何平叔虛而不治丁畢桓鄧雖並有宿望皆專競於世加變易朝典政令數改所存雖高而事不下接民習於舊衆莫之從故雖勢傾四海聲震天下同日斬戮名士減半而百姓安之莫或之哀失民故也今懿司馬宣王名懿情雖難量事未有逆而擢用賢能廣樹勝已修先朝之政令副衆心之所求爽之所以爲患者彼莫不必改夙夜匪懈以恤民爲先父子兄弟並握兵要未易忘也凌不從

晉楊濟爲太子太傅駿之弟也初駿忌大司馬汝南王亮催便之藩濟與諸甥李斌數諫止之駿遂疏濟濟謂傅咸曰若家兄徵大司馬入退身避之門戶乃得免耳爾行當赤族咸曰但徵還共崇至公便立大平無爲避也夫人臣不可有專豈獨外戚人宗室疏

因外戚之親以得安外戚危倚宗室之重以爲援所謂脣齒相依計之善者濟之益懼而問石崇曰人心云何崇曰賢兄執政疏外宗室宜與四海共之濟曰見兄可及此崇見駿及爲駿不納後與諸兄俱見害

庾龢字季好亮之子也好學有文章叔父翼將遷襄陽龢年十五以書諫曰承進及襄陽耀威荆楚且田且戍漸臨河雒使向化之氓懷德而附凶愚之徒畏威反善太平之基便在於旦夕昔殷伐鬼方三年而尅樂生守齊遂至歷載今皇朝雖隆無有殷之盛而羯雖衰猶醜類有徒而沔漢之水無萬仞之固方城

雖峻無千尋之險加以運漕供繼有泝流之難征夫勤報有勞來之歎若窮冦慮逼送死一决東西互出首尾俱進則廪糧有抄截之患遠略乏率然之勢進退維谷不見其可此明闇所共見賢愚所共同況於臨事者乎願廻師反旆詳擇全勝修城池立壘壁勤耕農練兵甲若内運有極天亡此虜則可汎舟北濟方軌齊進水陸騁邁亦不踰旬朔矣願相思遠猷算其可者冀甚奇之餘官終中領軍

王坦之散騎常侍述之子也述每受職不爲虚讓坦之諫以爲政事應讓述曰汝謂我不堪耶坦之曰非

也但克讓美事耳坦之後爲北中郎將徐兖二州刺史

何無忌隨舅劉牢之南征桓玄牢之將降於玄也無忌屢諫辭旨甚切牢之不從無忌終鎮南將軍

前秦苻融堅之季弟也堅既有意荆楊時慕容垂姚萇等嘗說堅以平與封禪之事堅謂江東可平寢不暇且融每諫曰知足不辱知止不殆窮兵極武未有不亡且國家戎族也正朔會不歸人江東雖不絕如綖然天之所相終不可滅堅曰帝王歷數豈有常哉惟德之所授耳汝所以不如吾者正病此不達通大運劉禪可非漢之遺祚然終爲中國之所并吾將任汝以天下之事柰何事事沮吾沮壞大謀汝尚如此況於衆乎堅之將入冦也融又切諫曰陛下聽信鮮卑羌虜諂諛之言採納良家少年利口之說臣恐非但無成亦大事去矣垂萇皆無我之讐敵思聞風塵之變冀因之以逞其凶德少年等皆富足子弟希闔軍旅苟說侫諂之言以會陛下之意不足採也堅弗納及淮南之敗垂萇之叛堅悼恨又云苻堅引群臣會議伐晉多言不可臣出後獨留苻融議之堅曰自古大事定策者一兩人而已群言紛紜徒亂人意吾當與汝決之對曰歲鎮在斗牛吴越之福不可以伐一也晉主休明朝臣用命不可以伐二也我數戰兵疲將倦有憚敵之

意不可以伐三也諸言不可者策之上也願陛下納之堅作色曰汝復如此天下之事吾當誰與言之今有衆百萬資杖如山吾雖未稱令主亦不爲闇劣以累捷之威擊垂亡之冦何不克之有乎吾終不以賊遺子孫爲宗廟社稷之憂也融泣曰吳之不可伐昭然徒勞大舉必無功而反也　融爲太子太傅領宗正録尚書事

苻詵堅之少子將議伐晉苻融及尚書原紹石越等上書面諫前後數十堅終不從詵有寵於堅又諫曰臣聞季梁在隋楚人憚之宫竒在虞晉不闚兵國有人焉故也及謀之不用而亡不淹歲前車之覆轍後車之明鑒陽平公國之謀主而陛下違之晉有謝安桓冲而陛下伐之是行也臣竊惑焉堅曰國有元龜

可以決大謀朝有公卿可以定進否孺子言焉將爲戚也

後秦姚邕興之弟也興拜赫連勃勃驍騎將軍加奉車都尉嘗參軍國大議寵遇踰於勳舊邕言於興曰勃勃天性不仁難以親近陛下寵遇太甚臣竊惑之興曰勃勃有濟世之才吾方收其藝用與之共平天下有何不可乃以勃勃爲安遠將軍封陽川侯使助没奕於鎮南平以三城朔方雜夷及衛辰部衆三萬配之使爲伐偵候邕固諫以爲不可興曰卿可以知

其杭氣邕曰勃勃奉上慢御衆殘貪暴無親輕爲去就寵之踰分終爲邊害興乃止

宋謝瞻字宣遠晦次弟也與從弟靈運俱有盛名晦時爲宋臺右衛權遇已重於是彭城還都迎家輻輳時瞻在家驚駭以謂晦曰吾家以素退爲業汝遂勢傾朝野此豈門戶福邪乃籬隔門庭曰吾不忍見此後因宴集靈運問晦潘陸與賈充優劣晦曰安仁諂於權門士衡邀競無已竝不能保身自求多福公閭勳名佐世不得爲並靈運曰安仁士衡才爲一時之冠方之公閭（充字公閭）本自遼絶瞻斂容曰若處貴而能遺權斯則是非不得而生傾危無因而至君子以明晳保身其在此乎嘗以裁止晦如此瞻後爲豫章大守

范泰字伯倫泰外弟忱爲荆州刺史忱請泰爲天門太守忱嗜酒醉輒累旬及醒則儼然端泰謂忱曰酒雖養性亦所以傷生游處以來嘗有欲以相見當卿沉酒暦言莫繇及今之遇又無暇陳說忱嗟歎久之曰見規者衆矣未有若此者也泰爲侍中左光祿大夫國子祭酒

王惠兄鑒頗好聚斂廣營田業惠意甚不同謂鑒曰何用田爲鑒怒曰無田何繇得食惠又曰亦復何用

食爲其標奇如此惠爲吏部尚書

陳蕭密爲黄門郎族父引爲建康令時殿内隊主吳璡及宮官李善慶蔡脫兒等多所請屬引一皆不許密諫引曰李蔡之勢在位皆畏憚之亦宜小爲身計引曰吾之立身自有本末亦安能爲李蔡改行就令不平不過解職其吳璡竟作飛書李蔡譖之坐免官卒於家

後魏李璞爲左將軍兄訴爲太倉尚書用范標計千里之外戶別轉運大爲困獘璞謂訴曰范標善能降人以色假人以辭未聞德義之言但有勢利之說聽

其言也廾察其行也賊所謂諂諛讒慝貪冒姦佞不廾絕之後悔無及訴不從彌信之腹心之事皆以告標後竟坐標誅慨然曰吾不用璞言自貽伊戚

劉景安爲司空諮議時舅崔亮爲吏部尚書時羽林新害張彝之後靈太后令武官得依資入選官員既少應選者多前尚書李韶循常擢大百姓大爲嗟怨亮乃奏爲格制不問士之賢愚專以停解日月爲斷雖復官須此人停日後者終於不得庸才下品年月久者灼然先用沉滞者皆稱其能景安以書規亮曰殷周以鄉塾貢士兩漢繇州郡薦才魏晉因循又置

中正諦覩在昔莫不審舉雖未盡美足應十收六七而朝廷貢才正求其文不取其理察孝廉唯論章句不及治道立中正不考人才行業空辦氏姓高下至於取士之途不溥沙汰之理失精而舅屬當銓衡宜須改張易調如之何返爲停年格以限之天下士子誰復循厲名行哉亮荅書曰汝所言乃有深致吾乘時邀幸得爲吏部尚書當其壯也尚不如人况今衰老而居嘗難之任嘗思昇賢舉直以報名主之恩盡忠竭力不爲貽厥之累昨爲此格有繇而然今已爲汝所怪千載之後誰知我哉可靜念吾言當爲汝論之吾兼正六爲吏部郎三爲尚書銓衡所宜頗知之矣但古今不同時宜須異何者昔有中正品其才第上之尚書尚書據狀量才授職此乃與天下群賢共爵人也吾謂當時無遺才無濫舉矣而汝猶云十收六七况今日之選專歸尚書矣以一人之鑒照察天下劉毅所云一吏部兩郎中而欲鑒鏡人物何異以管闚天而求其博哉今勲人甚多又羽林入選武夫崛起不解書計唯可彍弩前驅指蹤捕噬而已忽今垂組來斬求其烹鮮文效未否操刀而使專割又武人至多官員至少不可用溥設令十人共一官猶無

官可授况一人望一官何繇可不怨哉吾近面報不宜使武人入選請賜其爵厚其祿既不見從是以權立此格限以停年耳昔子產鑄刑書以救弊叔向譏之以正法何異汝以古禮難權宜哉仲尼云德我者春秋罪我者亦以春秋吾之此指其繇是也但令當來君子知吾意焉後甄琛元脩義城陽王徽相繼爲吏部尚書利其便已踵而行之自是賢愚同貫涇渭無別魏之失才從亮始也

盧玄字子真司徒崔浩之外生浩每與玄言輙歎曰對子真使我懷古之情更深浩大欲齊整人倫分明

姓族玄勸之曰夫振朝立事各有其時樂爲者誰藂
人也宜其三思浩當時雖無異言竟不納浩頗敗亦
繇此玄終寧朔將軍兼散騎常侍
唐于方者頔子也頔爲襄陽節度使屢諷其父歸朝
因此入覲方終和王傅
史孝章父憲誠爲魏博節度使多違朝旨孝章嘗雪
涕諫其父備陳逆順之理故憲誠終不爲叛臣滄景
拒命憲誠俾孝章以偏師討賊及滄景平孝章遂請
赴闕文宗慰勞尤甚憲誠因亦懇求朝覲遂除河中
節度時人以憲誠有諍子也孝章終邠寧節度使

蕭廩登進士及第從父倣至番禺多美穀公殿出俸
買幾管遣吏抄補家書之闕者廩諫曰大人置書他
日歸國慮爲風雨所損必貯於篋笥人或見譏何以
自雪此亦清而不慎也倣遂止之廩終京兆尹
漢史德珫侍衞親軍馬步軍都指揮使弘肇之子也
粗讀書親儒者嘗不悅父之所爲貢院嘗錄一學科
於省門叫噪蘊逢吉令送侍衞司請痛笞刺面德珫
聞之白父曰書生無禮有府縣御史臺非軍務治也
公卿如此蓋欲彰大人之過也肇弘大然之破械放
之德珫爲忠州刺史

謀畫

傳曰咨事爲謀又曰好而成自大道之隱變詐交勝
其或乘世難之方搆屬天保之未定畫智爲上得士
者昌繇是挾術之客因時而奮揣摩當世之務講求
致當之理發於議論成乎策畫用能解紛排患以定
乎反側則取咸决勝以樹乎勳庸至於建安邦之永
圖述固本之明畧陳御衆之要道敘宅中之便勢蓋
其幾深之慮宏遠之識足以開物而致用謀事而解
過者焉
漢酈食其秦末爲陳留高陽里監門高祖初爲沛公

徇地過陳留至高陽傳舍食其入謁昌言六國從衡
時從音子容切衡橫也沛公喜賜食其問曰計安出食其曰足
下起瓦合之卒瓦合謂如破瓦聚瓦之祖合雖不齊合而同也收散亂之兵
不滿萬人欲以徑入彊秦此所謂探虎口者也夫陳
留天下之衝四通五達之郊也四通五達言無險阻也今其城
中又多積粟陳知其令素與其縣令相知也今請使令下足下
下降令不聽足下舉兵攻之臣爲內應於是遣食其
沛公引兵隨之遂下陳留號食其爲廣野君及高祖
爲漢王三年秋項羽擊漢拔榮陽漢兵遁保其鞏楚
人聞韓信破趙彭越數反梁地則分兵救之救越反梁韓

信方東擊齊漢王數困滎陽成臯計欲捐成臯以東屯鞏雒以拒楚食其因曰臣聞之知天之天者王事可成不知天之天者王事不可成王者以民爲天而民以食爲天夫敖倉天下轉輸久矣臣聞其下乃有藏粟甚多楚人拔滎陽不堅守敖倉廼引而東令適卒分守成臯（適讀曰謫卒謂卒之有罪謫者即所謂謫戍）此乃天所以資漢方今楚易取而漢反郤自奪便（不圖進取是爲兵畧自奪便利也郤切）臣竊以爲過矣且兩雄不俱立楚漢久相持不決百姓騷動海內搖蕩農夫釋耒紅女下機（紅讀曰工）天下之心未有所定也願足下急於進兵收取滎陽據敖

之粟（敖庾即敖倉）塞成臯之險杜大行之道距飛狐之（飛狐在代郡西南）守白馬之津以示諸侯形制之勢（以地形制勝）也則天下知所歸矣沛公從其畫復守敖倉

張良字子房爲沛公廐將秦二世三年六月沛公列兵過宛西良諫曰沛公雖欲急入關秦兵尚衆距險今不下宛宛從後擊彊秦在前此危道也於是沛公乃夜引軍從他道還偃旗幟遲明圍宛城三匝遂降之秦王子嬰誅滅趙高遣將將兵距嶢關沛公欲擊之良曰秦兵尚彊未可輕進願先遣人益張旗幟於山上爲疑兵使酈食其陸賈往説秦將啗以利秦將果於連和沛公欲許之良曰此獨其將欲叛恐其士卒不從不如因其懈怠擊之沛公引兵繞嶢關踰蕢山擊秦軍大破之藍田南遂至藍田又戰秦兵大敗及項羽封沛公爲漢王良從王之國因説漢王燒絶棧道示天下無還心以固項王意後漢王還定三秦乃遺項羽書曰漢王失職欲得關中如約即止不敢東又以齊反書遺羽曰齊與趙欲并滅楚項羽以故北擊齊良乃從漢王東擊楚至彭城漢王兵敗還至下邑漢王下馬踞鞍而問曰吾欲捐關已東等棄之誰可與共功者（捐關以東謂不自有其地將與人令其立功共破楚）良曰九江

王布楚梟將（梟謂最勇健也）與項王有隙彭越與齊王反梁地此兩人可急使而漢王之將獨韓信可屬大事當一面（屬委也音之欲切）即欲捐之捐之此三人楚可破也漢王乃遣隨何説九江王布而使人連彭越及魏王豹反使韓信特將北擊之（特獨也使將專任之也）因舉燕代趙齊然卒破楚者此三人力也漢三年項羽急圍漢王滎陽漢王憂恐與酈食其謀橈楚權酈生曰昔湯伐桀封其後於杞武王伐紂封其後於宋今秦無德棄義侵伐諸侯社稷滅六國之后使無立錐之地陛下若復立六國後畢已授印此君臣百姓皆必戴陛下衆

莫不嚮風慕義願臣妾德德義巳行陛下南嚮稱霸楚必歛衽而朝漢王曰善輒刻印先生因行佩之矣酈生未行張良從外來謁漢王方食曰子房前客有爲我計撓楚權者具以食其言告之曰其於子房意如何良曰誰爲陛下畫此計者陛下事去矣漢王曰何哉良對曰臣請借前箸而籌之曰昔者湯伐桀而封其後於杞者斯能制桀之死命也陛下能制項籍之死命乎曰未能也其不可一也武王伐紂而封其後於宋者斯能得紂之頭也今陛下能得項籍之頭乎曰未能也其不可二矣武王入殷表商容之閭軾

箕子之門封比干之墓今陛下能封聖人之墓表賢者之閭軾智者之門乎曰未能也其不可三矣發巨橋之粟散鹿臺之錢以賜貧羸今陛下能散府庫以賜貧羸乎曰未能也其不可四矣商事已畢偃革爲軒倒載干戈以示天下不復用兵今陛下能偃革倒載干戈乎曰未能也其不可五也牧馬於華山之陽以示無所用今陛下能牧馬無所用乎曰未能也其不可六矣放牛於桃林以示不復輸糧今陛下能放牛不復輸糧乎曰未能也其不可七矣且夫天下游士捐其親戚棄墳墓去故舊從陛下游者皆日夜望咫尺之地今謂何乃復立韓魏燕趙齊楚之後其王皆復游游士各歸事其主從其親戚反其故舊墳墓陛下誰與爭天下乎其不可八矣且夫楚唯無彊六國復撓而從之陛下焉得而臣之誠用客之計陛下事去矣漢王輟食吐哺罵曰豎儒幾敗乃公事命趣銷印五年追擊項王陽夏南止軍與淮陰侯韓信建成侯彭越期會而擊楚軍至固陵不會楚擊漢軍大破之漢王復入壁深塹而守之謂良曰諸侯不從約柰何對曰楚兵且破而未有分地其不至固宜君王能與共天下今可立致也則不能事未可知也君王

能自陳以東傅海盡與韓信睢陽以北至穀城以與彭越各使自爲戰則楚易敗也漢王乃使告韓信彭越曰并力擊楚巳破自陳而東傅海與齊王睢陽至穀城與彭相國使者至韓信彭越皆喜報曰請今進兵韓信乃從齊行彭越兵自梁至諸侯來會遂破楚軍於垓下追項王誅之於淮津高祖已定天下封良爲留侯十年欲廢太子立戚夫人子趙王如意大臣多諍未能得堅決者也呂后恐不知所爲人或謂呂后曰留侯善畫計策上信用之呂后乃使建成侯呂澤劫留侯曰君常爲上計今日欲易太子君安得高

枕卧留侯曰始上數在急困之中幸用臣今天下安定以愛幼欲易太子骨肉間雖臣等百餘人何益呂澤强要曰爲我畫計留侯曰此難以口舌諍也顧上有所不能致者天下有四人東園東綺里李夏黃公甪里先生此四人者年老矣皆以上慢侮士故逃匿山中義不爲漢臣然上高此四人公誠能無愛金玉璧帛令太子爲書卑辭以安車迎之因使辯士固請宜來來以爲客時時從入朝令上見之則必異問之上知此四人則一助也於是呂后令澤使人奉太子書卑辭厚禮迎四人四人至舍呂澤所高祖竟不易

太子者本良招此四人之力也嘗從帝擊代出奇計下馬邑及立蕭相國何時良勸未爲相國高祖立之所與從容言天下事甚衆從十容切非天下所以存亾故不著著之謂書於史

董公爲新城三老二年漢王至雒陽新城董公遮說王曰臣聞順德者昌逆德者亾兵出無名事故不成名者伐有罪故曰明其爲賊敵乃可服爲音無爲之爲而告天下言項羽殺義帝明其爲賊亂舉兵征之乃可服也項羽爲無道故殺其君主殺讀曰弒天下之賊也夫仁不以勇義不以力以用有也已有仁天下歸之可不用勇而天下自服已有義天下奉之可不用力而天下自定也三軍之衆爲之素服以告之諸侯爲此東伐四海之內莫不仰德此三王舉也言以服天德義比蹤下則可於三王漢王曰善非天子無所聞於是漢王爲義帝發喪袒而大哭袒露臂衣之袖也哀臨三日發使告諸侯擊楚之殺義帝者

轅生謂諸生也三年漢王自成皐入關收兵欲復東轅生乃說漢王曰漢與楚相距滎陽數歲漢常困願君出武關項王迺引兵南走走亦謂趨也音奏次後亦同王深壁令滎陽成皐間且得休息使韓信等輯河北趙地輯與集同謂和合也連燕齊君王乃復走滎陽如此則楚所備者多力分漢得休息復與之戰破之必矣漢王從其計出軍宛葉間葉縣名古葉公之國宛縣葉縣之間也與黥布行收兵羽聞漢王在宛東引兵南

漢王堅壁不與戰

婁敬齊人五年高祖平項籍都雒陽後戍隴西過雒陽脫輓輅見齊人虞將軍曰臣願見上言便宜事虞將軍欲與鮮衣婁敬曰臣衣帛衣帛見衣褐衣褐見不敢虞將軍入言帝帝召見賜食已而問敬對曰陛下都雒陽豈欲與周室比隆哉帝曰然敬曰陛下取天下與周異周之先自后稷堯封之邰積德累善十餘世公劉避桀居豳太王以狄伐故去豳杖馬箠居岐國人爭歸之及文王爲西伯斷虞芮訟始命呂望伯夷自海濱來歸之武王伐紂不期而會孟津上八

百諸侯滅殷成王卽位周公之屬輔相乃營成周雒邑以爲天下中諸侯四方納貢職道里均矣有德則易以王無德則易以亡凡居此者欲令務以德致人不欲恃險阻令後世驕奢以虐民及周之衰分爲兩天下莫朝周不能制非德薄形勢弱也今陛下起豐擊沛收卒三千人以之徑往卷蜀漢定三秦與項籍大戰七十小戰四十使天下之衆肝腦塗地父子暴骨中野不可勝數號泣之聲未絶傷夷者未起而欲比隆成康之時臣竊以爲不侔矣且夫秦地被山帶河四塞以爲固卒然有急百萬之衆可具因秦之故

資甚美膏腴之地此謂天府陛下入關而都山東雖亂秦故地可全而有也夫與人鬬而不搤其亢拊其背未能全勝也今陛下入關都長安秦之故地此亦搤天下亢而拊其背也高皇帝疑問左右大臣皆山東之人多勸帝都雒陽雒陽東有成皋西有殽黽倍河鄉伊雒其固亦足恃且周王數百年秦二世以亡不如都周留侯張子房曰雒陽雖有此固國中小不過數百里田地陿四面受敵此非用武之國夫關中左殽函右隴蜀沃野千里南有巴蜀之饒北有胡苑之利阻三面守一隅東向制諸侯諸侯安定河渭漕輓天下西給京師諸侯有變順流而下足以委輸此所謂金城千里天府之國也婁敬說是也於是高皇帝卽日駕西都關中其後雖有彭越陳狶盧綰之謀九江燕代之兵及吳楚之難關中之兵雖百萬之師猶不能爲害者繇守關中之固也

田肯（高紀不書何許人亦無官爵）高祖六年旣都秦中肯謂帝曰夫齊東有瑯琊卽墨之饒（二縣近海財用之所出）南有泰山之固西有濁海之限（孟津號黃河故曰濁海）北有勃海之利地方二千里持戟百萬隔千里之外齊得十二焉（地方二千里與天下懸隔二十萬人當諸侯百萬人也）此東西秦也非親子弟莫可王

齊者帝曰善賜金五百斤立子肥爲齊王

薛公故楚令尹爲汝陰侯滕公客（滕公夏侯嬰也）高祖十五年淮南王黥布反召諸侯問布反爲之柰何皆曰發兵阬豎子耳何能爲滕公以問薛公曰是固當反滕公曰上裂地而封之疏爵而貴之（疏分也）南面而立萬乘之主其反何也薛公曰前年殺彭越往年殺韓信（往與前年同耳年文相避也）三人皆同功一體之人也自疑禍及身故反耳滕公言之帝曰臣客故楚令尹薛公其人有籌策可問帝乃見問薛公對曰布反不足怪也使布出於上計山東非漢之有也出於中計勝負之數

未可知也出於下計陛下安枕而臥矣帝曰何謂上計薛公對曰東取吳西取楚并齊取魯傳檄燕趙固守其所山東非漢之有也何謂中計東取吳西取楚并韓取魏據敖倉之粟塞成皐之險勝負之數未可知也何謂下計東取吳西取下蔡歸重於越身歸長沙（垂滴重也）陛下安枕而臥漢無事矣帝曰是計將安出（是者謂布也）薛公曰出下計帝曰胡爲廢上計而出下計薛公曰布故驪山之徒也致萬乘之至此皆爲身不顧後爲百姓萬世累者也故出下計帝曰善封薛公千戶布果如薛公所揣

魏田疇字子泰漢末率宗族入徐無山中疇嘗忿烏丸昔多殺賊其郡冠蓋有欲討之意而力未能建安十二年太祖北征烏丸未至先遣使辟疇又命田預喻指疇戒其民下趣治嚴門人謂曰昔袁公慕君禮命五至不屈君今曹公使一來而君若恐弗及者何也疇笑而應之曰此非君所識也遂隨使者到軍署司空戶曹掾引見諮議明日出令曰田子泰非吾所宜吏者即舉茂才拜脩令不之官隨軍次無終時方夏雨水而濱海洿下濘滯不通虜亦遮守蹊要軍不得進太祖患之以問疇疇曰此道秋夏每常有水潦不通車馬深不載舟船爲難久矣舊北平郡治在平岡道出盧龍連於柳城自建武以來陷壞斷絕垂二百載而尚有微徑可從今虜將以大軍當繇無終不得進而退懈弛無備若嘿回軍從盧龍口越白檀之險出空虛之地路近而便掩其不備蹋頓之首可不戰而擒也太祖曰善乃引還而署大木表於水側路傍曰方今暑夏道路不通且候秋冬乃復進軍虜候騎見之誠以爲大軍去也太祖令疇將其衆爲鄉導上徐無山出盧龍歷平岡登白狼堆去柳城二百餘里虜乃驚覺單于身自臨陣太祖與交戰遂大

斬獲追奔逐北至柳城軍還入塞論功行封封疇亭侯邑五百戶疇自以始爲居難率衆逃遁志義不立反以爲利非本意也固讓太祖知其志心許而不奪（魏書載太祖令曰昔伯成棄國夏侯不奪將欲簡高尚之士優賢之主不止於一世也其聽疇所執）

吳羊衜（史不言其官）漢末公孫淵自立稱紹漢元年聞魏人將討復稱臣於吳乞兵北伐以自救大帝欲戮其使衜曰不可是肆匹夫之怒而損霸王之計也不如因而厚之遣奇兵潛往以要其成若魏伐燕不克而我君遠赴見恩結遐夷義蓋萬里若兵還不解首尾離隔則我虜其傍郡驅略而歸亦足以致天之罰報

虐曩事矣太帝曰善乃勒兵大出謂淵使曰請俟後
問當從簡書必與弟同休戚共存亾雖隕於中原吾
所甘心也
宋孔季泰山陰人初厚結於高祖後高祖討孫恩桓
玄篡形已著欲於山陰建義討之季泰以爲山陰去
京邑路遠且玄未居極位不如待其篡逆事彰釁成
惡稔徐於京口圖之不憂不克高祖然之
後魏張兗初時道武在代時劉顯地廣兵強跨有朔
裔會其兄弟乖離共相疑阻兗言於道武曰顯志意
高希冀非望意乃有參天貳地籠罩宇宙之規吳不

并越將爲後患今因其內釁宜速乘之若輕師獨進
或恐越逸可遣使告慕容垂共相聲援東西俱舉勢
必擒之然後總括英雄撫懷遐邇此千載一時不可
失也太祖從之遂破走之
李先爲傳士道武之討姚興於柴壁也問先曰興屯
大渡平據柴壁相爲表裏今欲殄之計將安出先對
曰臣聞兵以正合戰以奇勝如聞姚興欲屯兵大渡
利其糧道及其未到之爾遣奇兵先邀大渡柴壁左
右嚴設伏兵備其表裏以陛下神策觀時而動興欲
進不得退又乏糧夫高者爲敵所棲深者爲敵所囚

兵法所忌而興居之可不戰而取道武用其計興果
敗歸
宇文顯和襲封安吉縣侯孝武之在藩也顯和早蒙
眷遇時屬多難嘗問計於顯和顯和具陳宜杜門晦
迹相時而動孝武深納焉
北齊李元忠仕魏爲趙郡太守爾朱榮之亂元忠棄
官潛圖義舉會神武東出元忠便乘露車載素箏濁
酒以奉迎神武聞其待酒客未即見之元忠下車獨
坐酌酒擘脯食之謂門者曰本言公招延儁桀今聞
國士到門不能吐哺輟洗其人可知還吾刺勿復通

也門者以告神武遽見之引入觴再行元忠車上取
箏鼓之長歌慷慨歌闋謂神武曰天下形勢可見明
公猶欲事爾朱乎神武曰富貴皆緊他安敢不盡節
元忠曰非英雄也高乾邕兄弟曾來未是時高乾邕
已見神武因紿曰從叔輩麤何肯來元忠曰雖麤並
解事神武曰趙郡醉使人扶出元忠不肯起孫騰進
曰此君天遣來不可違也神武乃復留與言元忠慷
慨流涕神武亦悲不自勝元忠進從衡之策深見嘉
納
盧叔武孝昭初爲太子中庶子問以世事叔武勸討

關西盡地陳兵勢曰衆敵者當任智謀智謀均者當任勢力故强者所以制弱富者所以兼貧今大齊之并關西强弱不同貧富有異而戎馬不息未能吞并此失於不用强富也輕兵野戰勝負難必是騎將之法非深謀遠筭萬全之術也宜立重鎮於平陽與彼蒲州相對深溝高壘運糧積甲築城戍以逼之彼若閉關不出則取其黃河以東長安窮蹙自然困死如彼出兵非十萬以上不爲我敵所供糧食皆出關內我兵士相代年別一番敎食豐饒運送不絕彼來求戰我不應之彼若退軍卽乘其弊自長安以西民疏

城遠敵兵來往實有艱難與我相持農作且廢不過三年彼自破矣帝深納之又願自居平陽城成此謀帝令元文遥與叔武參謀撰平西策一卷

後周韓褒仕魏爲大中大夫屬魏室喪亂褒避地於夏州時太祖爲刺史素聞其名待以客禮及賀拔嶽爲侯莫陳悅所害諸將遣使迎太祖太祖問以去留之計褒曰方今王室凌遲海內鼎沸使君天資英武恩結士心賀拔公奄及於難物情危駭雖寇自鄜庸儒委身而託使君若總兵權據有關中之地何可疑乎且侯莫陳悅亂常速禍乃不乘勝進取平凉反自逝逃屯營雒水斯乃井中蛙耳使君往必擒之不世之勳在斯一舉時難得而易失誠願使君圖之太祖納焉

唐任瓌隋末爲河東縣戶曹義師起瓌至龍門謁見高祖謂之曰隋氏失馭天下沸騰吾忝以外戚屬當寄重不可坐觀時變晉陽是用武之地士馬精强今率驍雄以救國難卿將家子深有智謀觀吾此舉將爲濟否瓌曰後主殘酷無道征役不息天下恟恟思聞極亂天縱神武親舉義師所下城邑秋毫無犯軍令嚴明將士用命關中所在蜂起唯待義兵仗大順

從衆欲何憂不濟瓌在馮翊積年人情諳練願爲一介之使御命入關同州已來必當歙伏於梁山船濟直指韓城進逼郃陽分取朝邑且蕭造文吏本無武畧仰懼威靈理當自下孫華諸賊未有過從必當相率而至然後鼓行整衆入據永豐雖未得京城關中故已定矣高祖曰是吾心也迺受銀青光祿大夫遣陳演壽史大柰領步騎六千趣梁山渡河使瓌及薛獻爲招慰大使高祖謂演壽曰閫外之事宜與任瓌籌之孫華白玄度等聞兵且至果競來降并具舟於河師遂利涉瓌說下韓城縣與諸將進擊飲馬泉破之

拜左光祿大夫留守永豐倉

薛大鼎河東人義旗初於龍門謁見高祖因說請勿攻河東從龍門直渡永豐倉傳檄遠近則足食足兵旣總天府據百二之所斯亦拊背扼喉之計高祖深然之

郭孝恪爲宋州刺史太宗令與徐勣經營武牢以東所得州縣委以選補其後竇建德率衆來援王世充孝恪於青城宮進策於太宗曰世充日蹙月迫力盡計窮懸首面縛翹足可待建德遠來助虐糧道阻絶此是天喪之時請固武牢屯軍汜水隨機應變則易

爲尅殄太宗然其計及破建德平世充太宗於雒陽置酒高會謂諸將曰郭孝恪謀擒建德之策皆出諸人之右也

後唐李守圭明宗天成中以布衣詣匭進時務策七道其一請禁諸侯多置甲兵其二慮池塲監務請令月納旬申如稍違懸早議處分禁其積滯免破倖門其三請令逐處長吏親問刑獄限其遠近大小其四以官塲農具去人戶迢遠不便於民請逐縣置一塲賣之其五請減五科舉人選限其六以勑命須下州使不便者多爲匿之請行覺察其七請令州縣均其全役有稱旨者舉命施行

冊府元龜

巡按福建監察御史臣李嗣京　訂正
新建縣舉人　臣戴國士參閱
知建陽縣事　臣黃國琦較釋

總錄部一百

器量　才敏

器量

夫虛明之境蓋動作之微機夷曠之懷實性情之懿範誠標准而無瑕因陶冶之所成發於天姿難以學致觀其夷險無變寵辱不驚酌之無倪隤然處順或

蒙乎大難遂濟於成功或扇其高風用敦於雅俗處澄撓而如一匪鑽仰之攸及則如大雅之度不亦遠哉嗟夫硜硜之徒何不相逮之甚也

楚大夫令尹子文三仕為令尹無喜色三已之無慍色

漢張安世為光祿勳郎有醉小便殿上主事白行法安世曰何以知其不反水漿邪（反讀曰翻）如何以小過成罪郎滛官婢婢兄自言安世曰奴以恚怒誣汙衣冠告署適奴（適讀曰讁）其隱人過失皆此類也

後漢王丹為太子少傅客初有薦士於丹者因選舉之而後所舉者陷罪丹坐以免客慚懼自訟而丹終無所言尋後徵為太子太傅乃呼客曰君之自絕何量丹之薄也不如設食以罰之相待如舊

宋則字元矩為鄢陵令有能名則子年十歲與蒼頭共弩射蒼頭弦斷矢激誤中之即死奴叩頭就誅則察而恕之潁川荀爽深以為美時人亦服焉

劉寬字文饒弘農華陰人也歷典三郡溫仁多恕後為太尉夫人欲試寬令恚伺當朝會裝嚴已訖使侍婢奉肉羹翻汙朝衣婢遂伏之寬神色不異乃徐言曰羹爛汝手其性度如此海內稱為長者

魏華歆漢末為豫章太守孫策畧有揚州盛兵徇豫章一郡大恐官屬請出郊迎歆曰無然策稍進後曰發兵又不聽及策至一府皆造閤請出避之乃笑曰今將自來何遽避之有頃門下白曰孫將軍至請見乃前與歆共坐談議良久夜乃別去義士聞之皆歎息而自服也策遂親執子弟之禮禮為上賓

許攸漢末為黃門侍郎董卓之亂攸與何顒圖謀殺董卓事垂就而覺為卓所收擊獄顒憂懼自殺攸言談飲食自若會卓死得免

張既初為郡小吏功曹徐英嘗自鞭既三十英字伯

濟馮翊著姓建安初西河蒲阪令英性剛爽自見族氏勝既於鄉里名行在前加以前辱既貴顯不用求於既既雖得志亦不顧計本原猶欲與英和嘗因醉欲親狎英英故意不納英遜此遂不復進用故時人善既不挾舊怨而壯英之不撓

杜畿京兆人漢末爲漢中府丞會天下大亂棄官客荊州畿少有大志在荊州數歲繼母亡後以三輔開通負其母喪北歸道爲賊所劫畧衆人奔走畿獨不去賊射之畿請賊曰卿欲得財耳今我無物用射我何爲邪賊乃止

蜀費禕字文偉與汝南許叔龍南郡董允齊名時許靖喪子允與禕欲共會其葬所允白父和請車和遣開後鹿車給之允有難載之色禕便從前先上及至喪所諸葛亮及諸貴人悉集車乘甚鮮允猶神色未泰而禕晏然自若持車人還和問之知其如此乃謂允曰吾常疑汝於文偉優劣未別也而今而後吾意了矣先主立太子禕與允俱爲舍人後至益州刺史開府

吳顧雍自奉嘗領尚書令封陽遂鄉侯拜侯還寺而家人不知後聞乃驚

晉嵇康恬靜寡欲含垢匿瑕寬簡有大量王戎自言與康居山陽二十年未嘗見喜慍之色後爲中散大夫

王戎年六七歲於宣武場觀戲猛獸在檻中虓吼震地衆皆奔走戎獨立不動神色自若魏明帝於閣上見而奇之後至司徒

陳騫少日爲夏侯玄所侮意色自若玄以此異之起家尚書郎後至太尉騫少有度量含垢匿瑕所在有績

裴楷性寬厚與物無忤不持儉素每遊榮貴輙取其

珎玩雖車馬器服宿昔之間便以施諸窮乏嘗營別宅其從兄衍見而悅之即以宅與衍梁趙二王國之近屬貴重當時楷歲請二國租錢百萬以散親族人或譏之楷曰損有餘補不足天之道也安於毀譽其行已任率皆此類也後爲侍中楷子瓚娶楊駿女然楷素輕駿與之不平駿既執政乃轉爲衛尉遷太子少師優游無事默如也及駿誅楷以婚親收付廷尉將加法是日事起倉卒誅戮縱橫衆人爲之震恐楷容色不變舉動自若索紙筆與親故書賴侍中傅祗救護得免猶坐去官

劉昶字公榮爲兗州刺史王戎與阮籍飲時公榮在坐籍以酒少酌不及昶昶無恨色戎異之他日問籍曰彼何如人也答曰有公榮不可不與飲若減公榮則不敢不共飲惟公榮可不與飲

傅暢字世道年五歲父友見而戲之解暢衣取其金環與侍者暢不之惜以此賞之年未弱冠甚有重名後爲秘書丞

庾敳爲東海王越軍諮祭酒時劉輿見任於越人士多爲所構惟敳縱心事外無迹可間後以其性儉家富說越令就換錢千萬冀其有吝因此可乘越於衆

坐中問敳頹然已醉幘墮機上以頭就穿取徐答云下官家故有兩千萬隨公所取矣輿於是乃服越甚悅因曰不可以小人之慮度君子之心敳聚斂積實談者譏之都官從事溫嶠奏之敳更器目嶠森森如千丈松雖磊砢多節施之大廈有棟梁之用

郭奕爲雍州刺史鷹揚將軍尋假奕幢曲蓋鼓吹奕有寡姊隨其之官姊下僮僕多有姦犯而爲人所糾奕省按畢曰大丈夫豈當以老姊求名遂遣而不問焉

劉伶嘗醉與俗人相忤其人攘臂奮拳而往伶徐曰雞肋不足以安尊拳其人笑而止後爲建威將軍

王湛沖素簡淡器量隤然有公輔之望兄子濟輕之所食方丈盈前不以及湛湛命取菜蔬對而食之仕至汝南內史

王承字安期湛子也爲東海太守尋去官東度江是時道路梗澀人懷危懼承每遇艱險處之夷然雖家人近習不見其憂喜之色

裴遐嘗在平東將軍周馥坐與人圍棊馥司馬行酒遐未即飲司馬醉怒因曳遐墮地遐徐起還坐顏色不變復棊如故其性虛和如此東海王越引爲主簿

劉疇字王喬少有美譽善談名理曾避亂塢壁賈胡百數欲害之疇無懼色援笳而吹之爲出塞入塞之聲以動其游客之思於是群胡皆垂泣而去之

楊軻學業精微居長安中石季龍僭位徵玄纁束帛安車徵之軻以疾辭迫之乃發既見季龍不拜與語不言命舍之於永昌乙第其有司以軻倨傲請從大不敬論季龍不從下書任軻所尚軻在永昌季龍每有饋餼輒口授弟子使爲表謝其文甚美覽者歎有浮致季龍欲觀其真趣乃密令美女夜以動之軻肅然不顧又使人將其弟子盡行遣魁壯羯士衣甲

持刀臨之以兵弁竊其所賜衣服而去軻視而不言了無懼色嘗臥土床覆以布被祼寢其中下無茵褥潁川荀鋪好奇之士也造而談經軻瞑目不答鋪發軻被露其形大笑之軻神體頹然無驚恐之狀於時咸以爲焦先之徒未有能量其淺深也後上疏陳鄉思求還季龍送以安車蒲輪蠲千戶供之自歸秦州仍教授不絕

郭文曠達不仕王導遣人迎之置於西園嘗賓共集絲竹並奏試使呼之文瞪眸不轉跨躡華堂如行林野於時坐者咸有鉤深味遠之言文嘗稱不達來語

天機鏗宏莫有窺其門者

庾彬者亮之子年數歲雅量過人溫嶠嘗隱暗怛之彬神色恬如也乃徐跪謂嶠曰君侯何至於此論者謂不減於亮彬史不載官

王羲之爲右將軍初太尉郗鑒使門生求女壻導令就東廂徧覩弟子門生歸謂鑒曰王氏諸少並佳然聞信至咸自矜持惟一人在東牀坦腹食獨若不聞鑒曰正此佳壻邪訪之乃羲之也遂以女妻之

劉超爲中書通事郎出爲義興太守未幾徵拜中書侍郎拜受往還朝廷莫有知者

謝安嘗與孫綽等汎海風起浪湧諸人並懼安吟嘯自若舟人以安爲悅猶去不止風轉急安徐曰如此將何歸邪舟人承言即廻衆人咸服其雅量及爲吏部尚書中護軍簡文帝疾篤桓溫上疏薦安宜受顧命帝崩溫入赴山陵止新亭大陳兵衛將移晉室呼安及王坦之欲於坐害之坦之甚懼問計於安神色不變曰晉祚存亡在此一行既見溫坦之流汗沾衣倒執手板安從容就席坐定謂溫曰安聞諸侯有道守在四鄰明公何須壁後置人邪溫笑曰正自不能不爾耳遂笑語移日坦之與安初齊名至是方知

坦之之劣

謝萬嘗與蔡系送客於征虜亭與系爭言系推萬落牀冠帽傾脫萬徐拂衣就席神意自若坐定謂系曰卿幾壞我面系曰本不爲卿面計然俱不以介意時亦以此稱之弱冠辟司徒掾後至豫州刺史

王獻之嘗與兄徽之共在一室忽然火發徽之遽走不遑取履獻之神色恬然徐呼左右扶出夜臥齋中而有偷人入其室盜物都盡獻之徐曰偷兒青氊我家舊物可特置之羣盜驚走起家州主簿

阮孚字遙集初祖約性好財孚性好屐同是累而未

判其得失有詣約正見科財物客至屏當不盡餘兩
小簏以着背後傾身障之意未能平或有詣阮正見
自蠟屐因自歎曰未知一生當着幾量屐神色甚閑
暢於是勝負始分乎後爲侍中
謝鯤字幼輿惠帝永興中長沙王乂入輔政時有疾
鯤者言將出奔乂欲鞭之鯤解衣就罰曾無忤容旣
捨之又無喜色太傅東海王越聞其名辟爲掾任達
不拘尋坐家僮取官稾除名於時名士王玄阮脩之
從宰以鯤初登相府便至黜辱爲之歎恨鯤聞之方
清歌鼓琴不以屑意莫不服其遠暢而恬於榮辱

桓石秀爲江州刺史嘗從叔父沖獵登九井山徒旅
甚盛觀之者傾坐石秀未嘗屬目止嘯詠而已
前秦王猛懷姿儁偉博學好兵書謹重嚴毅器度雄
遠細事不干其慮自不參其神契略不與交通是以
浮華之士咸輕而笑之猛悠然自得不以屑懷後至
丞相司徒
宋羊欣起家輔國參軍府解還家晉隆安中朝廷漸
亂欣優游私門不復進仕會稽王世子元顯每使欣
書扇辭不奉命元顯怒乃以爲其後軍府舍人此職
本用寒人欣意貌恬然不以高卑見色論者稱爲

王惠爲征虜長史幼而夷簡嘗臨曲水風雨暴至坐
者皆馳散惠徐起姿制不異嘗日
謝弘微從叔峻無後以弘微爲嗣安帝義熙初襲峻
爵建昌縣侯弘微家素貧儉而所係豐泰唯受書數
千卷國史數人而已遺財祿秩一不關預叔父混聞
而驚歎謂國郎中令漆凱之曰建昌國祿本應與北
舍共之國侯旣不屑意今可依常分送弘微重違混
言乃少有所受後至侍中
劉秀之年十歲許與諸兒戲於前渚忽有大蛇來勢
甚猛莫不顛沛驚呼秀之獨不動衆並異焉後爲安

北將軍雍州刺史
南齊褚淵父湛之尚宋文帝女南郡公主湛之卒淵
悉推與弟澄兩厨寶物在淵所生郭氏問嫡母吳郡
王求之那欲不與淵曰但令淵在何患無物猶不許
淵流涕固請乃從之淵和雅有器度不妄舉動宅嘗
失火煙焰甚逼左右驚擾淵神色怡然索輿徐去後
至司徒
蕭惠基爲黃門郎善隷書及奕棊太祖與之情好相
得早相器遇桂陽之役惠基姊爲休範妃太祖謂之
曰卿家桂陽遂復作賊太祖頓新亭壘以惠基爲軍

副惠基爺惠郎親爲休範攻戰惠基在城內了不自
疑出爲豫章大守還爲吏部郎中袁粲劉秉起兵夕
太祖以秉惠基姝夫時直在侍中省遣王敬則觀言
指趣見惠基安靜不與秉相知孫是益加恩信張緒
清簡寡欲及爲尚書倉部郎都令史詳郡縣米事緒
蕭然直視都不以經懷王敬則爲吳興太守出行從
市過見緒肉枅嘆曰吳興昔無此枅是我少時在此
作也
張融爲封溪令廣越嶂嶮獠賊執融將殺食之融神
色不動方作雒生詠賊異之而不害也

謝瀹爲吏部尚書高宗廢鬱林領兵入殿左右驚走
報瀹瀹與客圍棊每下子輙云其當有意竟局乃還
齋臥竟不問外事也
王騫太尉儉之子爲黃門郎司徒右長史性凝簡不
狎當世嘗從容謂諸子曰吾家門戶所謂素族自可
隨流平進不須苟求也
宋呂僧珍南兖州人爲本州刺史姊適于氏住在市
西小屋臨路與列肆雜僧珍嘗導從鹵簿到其宅不
以爲恥
伞侃爲都官尚書嘗南還至漣口有客張孺才醉於
船中失火燒七十餘艘金帛不可勝數侃不恠意孺
才慚懼逃匿侃慰諭如舊
張率仕至新安太守奕嗜酒事寛度於家務尤忘懷
在新安遣家僮載米三千石還吳宅既至遂耗大半
率問其故答曰雀鼠耗也率笑而言曰壯哉雀鼠竟
不研問
王泰幼敏悟既長通和溫雅淡人罕見其喜慍之色
官至吏部尚書
劉孺幼聰敏既長美風彩性通和雖家人罕見其喜
慍官至吏部尚書

後梁朱如周南陽人有才學容止詳雅以府僚隨宣
帝歷黃門散騎嘗有訴事於如周謂爲經如作州官
也乃曰某有屈滯故來訴如州官如周曰爾何小人
敢呼我名其人慙謝曰祇言如州官作如周不知如
州官名如周卑知如州官名如周不敢喚如州官作
如周如周乃笑曰令卿自責見侮反浮衆咸服其寛
雅
梁蕭引方正有器局爲西昌侯儀同主簿引以侯景
之亂奔嶺表時始興人歐陽頠爲衡州刺史引往依
焉頠後官爲廣州病死子紇領其衆引每疑紇有異

因事規正繇是情禮漸疎及紇舉兵反時京都士人
岑之敬公孫挺等並皆惶駭唯引恬然謂之敬等曰
管幼安袁曜卿亦但安耳君子正身以明道直己以
行義亦復何憂懼乎後至建康令
後魏甄琛爲陽平王衛軍府長史時毋極令崔康爲
衛軍府錄事參軍因公事言競之間康以拳擊琛墜
於床下琛以本縣長笑而不論
高允爲尚書散騎常侍中黃門蘇興壽嘗云共允接
事三年未嘗見其怒色
崔挺爲光州刺史北海王祥爲司徒錄尚書事以挺

爲司馬挺固辭不免世人皆歎其屈而挺處之夷然
崔光爲侍中少有大度喜怒不見於色有毀惡之者
必善言以報之雖見誣謗終不自申曲直
溫子昇爲正員外郎兼中書舍人莊帝殺爾朱榮也
子昇預謀當時赦詔子昇詞也榮入內遇子昇把詔
書問是何文書子昇顏色不變曰勑榮不視之
北齊王晞爲太子太傅時百官嘗賜射晞中的當得
絹爲不書箭有司不與晞陶陶然曰我今可謂武有
餘文不足矣
後周趙善性後魏文帝大統三年轉左僕射兼侍中
監著作領太子詹事善性溫恭有器局雖位居端右
而愈自謙退其職務克舉則曰某官之力若有罪責
則曰善之咎也時人稱其有公輔之量
隋柳機初仕周與族人文成公昂俱歷顯要開皇中並
爲外職楊素時爲納言方用事因文帝賜宴素戲曰
二柳俱摧孤楊獨聳坐者歡笑機竟無言官至冀州
刺史
李士謙初爲魏廣平開府參軍後歷周隋不復仕官
其奴嘗與鄉人董震因醉角力震扼其喉斃於手下
震惶懼請罪士謙謂之曰卿本無殺心何爲相謝然

可遠去無爲吏之所拘性寬厚皆此類也又每以賑
施爲務至春出糧種分給貧乏趙郡農民德之撫其
子孫曰此乃李參軍遺惠也或謂士謙曰子多陰德
士謙曰所謂陰德者何猶耳鳴已獨聞之人無知者
今吾所作吾子皆知何陰德之有
唐王珪貞觀中歷侍中禮部尚書性寬裕不尚苛察
其於官事務舉綱維禁姦杜去甚泰而已於僕妾亦
不見喜怒之容
戴至德高宗朝爲僕射與劉仁軌更日受訟詞嘗有
老母經省陳詞至德以牧牒省視老母前曰本謂是

解事僕射請卻付牒來至德笑而還議之者尤稱其長者焉

蘇良嗣爲雍州長史以妻妹犯贓左遷冀州刺史妻妹事釋詣良嗣初無恨色謂之曰牧守遷轉是嘗不聞所累也

裴行儉爲尚書聞喜縣公嘗令醫人合藥請犀角麝香送者誤遺失已而惶懼潛竄又有勅賜馬及新安令史輒馳馬墜倒鞍破令史亦逃行儉竝委所親招到謂曰爾曹豈相輕耶皆錯誤耳待之如故初平都支遮匐大獲瑰寶蕃酋將士願觀之行儉因宴設徧

出歷示有瑪瑙盤廣二尺餘文彩殊絕軍吏王休烈捧盤歷階趨進誤躡衣足跌便倒盤亦隨碎休烈驚惶叩頭流血行儉笑而謂曰爾非故也何至於是不形顏色

魏元忠爲雒陽令陷周興獄詣市將刑則天以元忠有討平敬業功特免死配流貴州時承勅者將至市先令傳呼監刑者遽釋元忠令起元忠曰未知勅虛實豈可造次徐待宣勅然後起謝觀者咸歎其臨刑而神色不撓

李勉爲江西觀察使部人有父病以蠱道爲木偶人署勉名位瘞於其壠或發以告曰爲父禳災亦可矜也捨之

王播爲殿中侍御史貞元末幸臣李實爲京兆尹恃恩頗橫嘗遇播於途不避故事尹避臺官播移文詆之實怒後奏播爲三原令欲挫之播受命趨府詣謝盡府縣之儀

歸登寬博容物嘗使僮飼馬馬蹄之僮怒擊折馬足登知而不責晚年頗好服食有饋金石之藥者且云嘗之矣登服之不疑藥發毒幾死方訊之云未之嘗也他人爲之怒登視之無慍色嘗慕陸象先爲人議

者亦以爲近之後卒於工部尚書

劉濟爲范陽節度使少異嘗童居室焚人皆驚救而濟從容出戶衆甚異之

晉姚顗少恭敦厚廢事容貌任其自然流輩之重推中條山司空圖唐季之名士也深器之以女妻焉顗性仁恕多爲僕妾所欺心亦察之而不能面折終身無喜怒不知錢百之爲陌（音伯）黍百之爲銖凡家人市貨百物入增其倍出減其半不詢其孫無擔石之儲心不隕穫顗終戶部尚書

桑維翰少時所居嘗有魑魅家人嘗長之維翰往往

祓竊其衣振其巾櫛而未嘗改容官至中書令
翟光鄴有器度愼密寬厚出於天然喜慍不形於色
任至樞密副使
鄭仁誨高祖時爲樞密使仁誨初事唐驍將陳紹光
時紹光使酒嘗乘醉抽佩劍將刺及於仁誨左右無不
奔避唯仁誨端立以俟略無懼色紹光因擲劍於地
謂仁誨曰汝有此器度必當享人間富貴及紹光典
郡仁誨累爲右職
周薛仁謙初仕後唐爲通事舍人隨莊宗入汴仁謙
有舊第爲梁朝六宅使李賓所據時賓遠適而仁謙

復得其第人且告賓之家屬厚藏金帛在其第內仁
謙立命賓親族盡出所藏而後入焉論者美之

才敏

昔人有言曰人所以尙干將鏌邪者貴於立斷也所
以尙騏驥者爲其立志也若夫五材錯秀大雅旁達
神幾內照符采外發在心爲志出言有章故能爲時
輩之所推應公家之所用或馮几口占舉筆便就史
無加點有同宿構宿可謂敏則有功者矣其於抒情
藻思競奇角勝刻燭爲限如流不竭以自衒鬻者亦
何代無其人哉

漢陳遵爲河南太守旣至官當遣從吏西召善書吏
十人於前治私書謝京師故人遵馮几口占書吏且
省官事占隱度也口隱其辭以授吏也書數百封親屬各有意河南
大驚又云遵略涉傳記贍於文辭性善書與人尺牘主皆藏去
後漢禰衡少有才辯至荊州劉表及荊州士大夫甚
賓禮之文章言議非衡不定表嘗與諸文人共草章
奏竝極其才思時衡出還見文開省未周因毀以抵
地抵擲也表憮然爲駭憮然怪之也衡乃求筆札須臾立成
辭義可觀表大悅益重之黃祖子射大會賓客人有
獻鸚鵡者射擧巵於衡曰願先生賦之以娛嘉賓衡

攬筆而作文無加點辭采甚麗
魏王粲善屬文擧筆便成無所改定以爲宿構然正
復精意覃思亦無加也著書賦議論垂六十篇官至
侍中
徐幹總識洽聞操翰成章爲五官將文學
蜀費禕使吳大帝嘗饗禕禕停食餅索筆作麥賦諸
葛恪亦請筆作磨賦咸稱善焉官至大將軍
晉阮籍爲步兵校尉初文帝讓九錫公卿將勸進使
籍爲辭籍沉醉忘作臨詣府使取之見籍方據按醉
眠使者以告籍便書按使寫之無所改竄辭甚清壯

爲時所重

孫惠爲東海王越記室專掌文疏復補司空從事中郎越誅周穆等夜召參軍王廙造表戰懼壞數紙不成時惠不在越歎曰孫中郎在表久就矣越遷太傅以惠爲軍諮祭酒數諮訪得失每造書檄越或驛馬催之應命立成皆有文彩

嵇含爲郎中弘農王粹以貴公子尚主舘宇甚盛圖莊周於室廣集朝士使含爲之讚含援筆爲弔文文不加點

陶侃爲荊州刺史遠近書疏莫不手答筆翰如流

袁宏爲大司馬桓溫府記室溫重其文筆專總書記後爲東征賦賦末列稱過江諸名德而獨不載桓彝時伏滔先在溫府又與宏善苦諫之宏笑而不答溫知之甚忿而憚宏一時文宗不欲令人顯問後游青山飲歸命宏同載衆爲之懼行數里問宏云聞君作東征賦多稱先賢何故不及家君宏答曰尊公稱謂非下官敢專既未遑啓不敢顯之耳溫慮不實乃曰君欲爲何辭宏即答云風鑒散朗或擾或引身雖可亡道不可頹宣 城之節信義爲允溫泫然而止宏賦又不及陶侃侃子胡奴嘗於曲室抽刃問宏曰家君勳跡如此君賦云何相忽宏窘急答曰我已盛述尊公何乃言無因曰精金百汰在割能斷功以濟時職思靜亂長沙之勳爲史所贊胡奴乃止

宋劉穆之初爲高祖太尉主簿穆之與朱齡石並便尺牘嘗於高祖坐與齡石答書自旦至日中穆之得百函齡石得八十函而穆之應對無廢也

王曇首爲晉琅邪王大司馬屬從高祖北征行至彭城高祖大會戲馬臺預坐者皆賦詩曇首文先成高祖覽讀因問曇首兄弘曰卿弟何如卿弘答曰若但如下官門戶何寄高祖大奇之

南齊張融爲封溪令浮海至交州於海中作海賦融文辭詭激獨與衆異後還京師以示鎮軍將軍顧凱之凱之曰卿此賦實超玄虛但恨不道鹽耳融即求筆注之曰漉沙構白熬波出素積雪中春飛霜暑路此四句後所足也

謝朓爲隋王子隆文學子隆在荊州朓因事求還除新安王中軍記室朓牋辭子隆曰朓聞潢汙之水思朝宗而每竭駑蹇之乘希沃若而中疲何則皐壤搖落對之惆悵岐路東西或以嗚邑況乃服義徒擁歸志莫從邈若墜雨飄以秋蒂朓實庸流行能無筭屬

天地休明山川受納褒採一介搜揚小善故得捨耒場圃奉筆兔園東洸三江西浮七澤契濶戎旃從容讌語長裾日曳後乘載脂榮立府廷恩加顏色沐髮晞陽未測涯涘撫臆論報早誓肌骨不悟滄溟未運波臣自蕩渤澥方春旅翮先謝清切藩房寂寥舊筆輕舟反泝弔影獨留白雲在天龍門不見去德滋永思君滋浮唯待青江可望候歸艎於渚朱邸方開效蓬心於秋實如其簪屨或存衽席無改雖復身塡溝壑猶望妻子知歸攬涕告辭悲來橫集時荆州信去倚待睇執筆便成文無點易

蕭文琰蘭陵人丘令楷吳興人江洪濟陽人竟陵王子良嘗夜集學士刻燭爲詩四韻者則刻一寸以此爲率文琰曰頓燒一寸燭而成四韻詩何難之有乃與令楷江洪等共打銅鉢立韻響滅則詩成皆可觀

梁范雲字彥龍少機警有識具善屬文便尺牘下筆輒成未嘗定藁時人每疑其宿構後至右僕射

劉之遴南陽涅陽人舉茂才爲太學博士任昉見而異之張稷新除尚書僕射託昉爲讓表昉令之遴代作操筆立成昉曰荆南秀氣果有異才後仕必當過僕

庾肩吾善屬文及宋子仙破會稽購得肩吾欲殺之先謂曰吾聞汝能作詩今可即作若將貸汝命肩吾操筆便成辭采甚美後至散騎常侍中書令

陳顧野王吳郡人爲梁臨賀王府記室參軍丁憂歸本郡侯景之亂郡將袁君正舉兵赴援文檄皆以委之口占便就未嘗立草

趙知禮天水人高祖之討元景仲也引爲記室知禮爲文贍速每占授下筆便就

沈不害爲通直散騎常侍尚書左丞不害治經術善屬文雖傳綜墳典而家無卷軸每製文操筆立成曾無

尋檢僕射周弘正嘗稱之曰沈生可謂意合聖人乎

蕭景歷初仕梁爲海陽令侯景之亂客游京口侯景平高祖鎭朱方素聞其名以書要之景歷對使人答書筆不停綴文不重改曰蒙降札書曲垂引逮伏覩循途載渉欣暢兼以世求名駿行地能致千里時愛奇寶炤車遂有徑寸但雲咸斯奏自輟巴渝杞梓方彫豈盼楩柟仰惟明將軍使君侯節下英才挺茂雄姿秀拔運屬時艱志排多難旅衡嶽而綏五嶺滌湘源而泒九流帶甲十萬彊弩數千誓勤王之師總義夫之力鯨鯢式翦役不踰時氛霧廓清士無血刃雖

漢詠祿產舉朝定頳幹侯胥討約峻中外一資陶牧
比事論功彼奚足筭加以抗威充服冠蓋通於北門
壁旆徐方詠歌溢於東道能使邊亭臥鼓行旅露宿
巷不拾遺市無異價洋洋乎功德政化曠古未儔諒
非膚淺所能殫述是以天下之人向風慕義接踵披
衿雜遝而至矣或帝室英賢貴游令望齊楚秀異荊
吳岐嶷武夫則猛氣紛紜雄心四據陸拔山嶽水斷
虬龍六鈞之弓左右馳射萬人之劍短兵交接攻壘
若文鴦焚艦如黃蓋百戰百勝貔貅爲群文人則通
儒不偉器雕麗暉妙摘掞絢藻子雲不能抗其筆元

瑜無以高其記尺翰馳而聊城下清談奮而嬴軍却
復有三河辯客改哀樂於須臾六奇謀士斷變反於
倏心治民如子賤踐境有成折獄如仲由片辭從理
直言如毛遂能挫主威御史若相如不辱君命懷
抱義感恩徇己誠斷黃金精貫白日海內雄賢牢籠
斯備明將軍儆鞍下馬推案上食申爵以榮之築館
以安之輕才重器卑躬厚士盛矣哉抑又聞之戰國
將相咸推引賓游中代嶽並不盛延僚友濟濟多士
所以成將軍之貴但量能校實稱才任使圓行方止
各盡其宜受委責成誰不畢力至如走賤意庸人耳

秋冬讀書終慙專學刀筆爲吏竟闕異等衡門衰素
無所聞達薄官輕資焉能遠大自陽九遭屯天步難
阻同彼貴仕溺於巨寇亟蹐危殆備踐薄冰今王道
中興殷憂啟運獲存微命是爲幸甚方欣飲啄是謂
來蘇然皇鑾未反宛雒蕪曠四壁固三軍之餘長憂
無斗莜之產遨遊故人聊爲借貸屬此樂士洵矣忘
歸切服高義慙謁門下明將軍降以顏色二三士友
假其餘論菅蒯不棄折簡賜留欲以雞鶩厠鴛鴻於
池沼將秕稗糝金碧之聲價昔折脇遊秦忽逢盼
採檐簦入趙便致留連今雖羈旅方之非遠丘林之

賞何用克堪但恥恥纖蘿憑喬松以自聳蠢蠢輕蚋
託驂尾而遠騖切不自涯願備下走且爲腹背之毛
脫充鳴吠之數增勞改觀爲幸已多海不厭深山不
讓高敢布心腹惟將軍覽焉高祖得書甚加欽賞卽
日授記室參軍及武帝將討王僧辯獨與侯安都等
數人謀之景歷弗之知部分既畢召令草檄景歷援
筆立成辭義感激事皆稱旨
後魏高閭字閻士漁陽雍奴人早孤小好學博綜經
史文才俊偉下筆成章後至散騎常侍吏部尚書
李苗解鼓琴好文詠尺牘之敏當世罕及後至通直

散騎常侍祖瑩爲尚書三公郎尚書令王肅曾於省中詠悲平城詩云悲平城驅馬入雲中陰山常晦雪荒松無罷風彭城王勰甚歎其美欲使肅更詠乃失語云王公吟詠情性聲律俱佳可更爲誦悲彭城詩肅因戲勰云何意悲平城而悲彭城也勰有慙色瑩在座即云亦有悲彭城王公自未見爾肅云可爲誦之瑩應聲云悲彭城四面楚歌起屍積石梁亭血流睢水裏肅甚嗟賞之勰亦大悅退謂瑩曰卿定是神口今日若不得卿幾爲吳子所屈

邢邵文章典麗旣贍且速爲著作佐郎深爲領軍元

乂所禮乂新遷尚書令李神儁與袁翻在席乂令邵作謝表須臾便就示以諸賓神儁曰邢邵此表足使袁公變色

北齊孫搴爲行臺郎以文才著稱府孫騰以宗情薦之未被知也會武帝西討登風陵令中外府司馬李義深相府城局李士畧共作檄文二人皆辭請以搴自代帝引搴入帳自爲家吹火催促之搴援筆立成其文甚美帝大悅即署相府主簿專典文筆

陸卬爲中書侍郎兼太子洗馬自梁魏通和歲有交聘卬每兼官讌接在席賦詩援筆先成雖未能盡工以敏速見賞

後周盧柔初爲文帝從事中郎蘇綽掌機密時沙苑之後大軍屢捷汝潁之間多舉兵來附書翰往反日百餘牒柔隨機報答皆合事宜

宗懍初仕梁爲元帝荊州記室嘗夕被召宿可使製龔川廟碑一夜便就詰朝呈上帝歎美之

隋李德林初在北齊任城王湝薦德林於尚書令楊遵彦遵彦即命德林製讓尚書令表援筆立成不加治點因大相賞異後爲高祖丞相府屬未幾而三方亂軍書羽檄朝夕塡委一日之中動逾百數或機速

競發口授數人文意百端不加治點

杜正玄開皇末舉秀才尚書試方略正玄應對如響下筆成章僕射楊素負才傲物正玄抗詞酬對無所屈撓素甚不悅久之會林邑獻白鸚鵡素促召玄使者相望及至即令作賦正玄倉卒之際援筆成章素見文不加點始異之因令更擬諸雜文筆十有餘條又皆立成而辭理華贍素乃歎曰此眞秀才吾不及之也

唐岑文本性沉敏有屬文其父之象隋邯鄲令坐事不得申文本詣司隸稱冤時年十四辭情甚切占對

閑雅人皆異之令作蓮花賦下筆便就令臺歷賞其
文竟雪遜是知名後爲中書令

賀知章以秘書監歸晚年尤縱無復規檢自號四明
狂客又稱秘書外監遨遊里巷醉後屬詞動成卷軸
文不加點咸有可觀

孫逖幼而英俊文思敏速始年十五謁雍州長史崔
日用日用小之令爲土火爐賦握翰即成辭理典贍
日用覽之駭然遂爲忘年之交後至中書舍人

韓皐字神父滉簡較左僕射平章事皐爲考功員外
郎丁父艱德宗遣中人就第慰問仍宣令命譔浮之

事業皐號泣承命立草數千言德宗嘉之

張涉河中人早以經學爲儒官嘗　日試萬言故人
呼爲張萬言後至散騎嘗侍

冊府元龜

冊府元龜

巡按福建監察御史臣李嗣京　訂正
分守建南道左布政使臣胡維霖　參閱
知建陽縣事臣黃國琦　較釋

總錄部　一百一

友悌

詩曰因心則友傳曰兄良弟悌史佚有致美之論小雅形莫如之歎蓋孝友之德通於神明而爲民極矣中古已降遺文可覩乃有臨難而爭死傭耕以給養割天性之愛全猶子之單緒銜死喪之戚棄仕籍而長往分財讓爵正家睦族遠跡兆寵推致於天倫克己紓禍全度於世難至乃字育孤幼養治疴瘵恭順兼極勞苦無憚脊令急難之義以之而彰塤篪和樂之美於是乎在孔子曰孝悌也者其爲人之本與信君子之所務也已

衛公子壽宣公之子太子伋之異母弟而子朔之兄也宣公欲廢太子伋而立子朔乃使太子伋於齊而令盜遮界上殺之與太子白旄而告界盜見持白旄者殺之且行壽知朔之惡太子而君欲殺之乃謂太子曰界盜見太子白旄卽殺太子太子可毋行太子曰逆父命求生不可遂行壽見太子不止乃盜白旄而先馳至界盜見其驗卽殺之壽已死而太子伋又至謂盜曰所當殺乃我也盜并殺太子伋衛人傷而作二子乘舟之詩

仲繇字子路有姊之喪可以除之矣而弗除也孔子曰何弗除也子路曰吾寡兄弟而弗忍也孔子曰先王制禮行道之人皆弗忍也子路聞之遂除之

趙旃爲晉大夫晉楚戰於邲晉師敗旃以其良馬二濟其兄與叔父以他馬反遇敵不能去棄車而走林中

趙盾父衰娶狄女叔隗之所生也文公妻衰生原同屛括樓嬰（原屛樓子之邑）三趙姬以盾爲賢請于公以爲嫡子後盾爲卿請以括爲公族（括趙盾異母弟趙姬之中子屛季也）曰姬氏之愛子也（趙姬文公女成公姊也）微君姬氏則臣狄人也成公許之（有狄外孫也姬氏逆之以爲適）趙盾爲旄車之族（旄車當爲公行之官）（盾本卿適其子公族辟屛季故更掌旄車）使屛季以其故旄爲公族大夫

漢陳伯有田三十畝與弟平居伯常耕田縱平使游學爲人長大美色人或謂平貧何食而肥若是其嫂疾平之不親家生產曰亦食糠覈耳（覈麥糠中不破者京師人謂麁屑爲紇頓）有叔如此不如無有伯聞之遂棄其婦（伯平之兄也史

不載官位

卜式河南人以田畜爲事有少弟弟壯式脫身出脫身謂引身出也獨取畜羊百餘田宅財物盡與弟式入山牧十餘年羊致千餘頭買田宅而弟盡破其產式輒復分與弟者數矣後代石慶爲御史大夫

王商涿郡人商父封平昌侯商少爲太子中庶子以肅敬敦厚稱父薨商嗣爲侯推財以分異母諸弟身無所受

金敞成帝時爲衛尉病甚使使者問所欲以弟岑爲託帝召岑拜爲使主客官名屬鴻臚主胡客也

後漢杜林王莽末客河西弟成物故隗囂聽林持喪東歸既遣而悔追令刺客楊賢於隴坻遮殺之賢見林身推鹿車載致弟喪乃嘆曰當今之世誰能行義我雖小人何忍殺義士因亡去建武中爲光祿代朱浮爲大司空

淳于恭王莽末歲饑兵起恭兄崇將爲盜所烹恭請代得俱免後崇卒恭養孤幼教誨學問有不如法輒反用杖自箠以感悟之兒慙而改過遷侍中騎都尉

馬援兄況卒援行服朞年不離墓所敬事寡嫂不冠不入廬位伏波將軍

虞延王莽末天下大亂延從嘗嬰甲冑擁衛親族扞禦鈔盜賴其全者甚衆延從女弟年在孩乳其母不能活之棄於溝中延聞其號聲哀而收之養至成人以妻同縣人王氏建武初除細陽令

郭昌光武郭后之父讓田宅財產數百萬與異母弟國人義之昌追封陽安侯

趙孝字長平沛國人及天下亂人相食孝弟禮爲餓賊所得孝聞之即自縛詣賊曰禮久餓羸瘦不如孝肥飽賊大驚並放之後孝徵拜諫議大夫禮徵爲御史中丞

劉平本名曠楚郡人更始時天下亂平弟仲爲賊所殺其後賊復忽然而至平扶侍其母奔走逃難仲遺腹女始一歲平抱仲女而棄其子母欲還取之平不聽曰力不能兩活仲不可絕類遂去不顧後遷侍中拜宗正

王琳汝南人年十餘歲喪父母因遭大亂弟季出爲赤眉將爲所哺琳自縛請先季死賊矜而放遣繇是顯名鄉邑後司徒府薦士而退

兒萌字子明齊國人車成字子威梁郡人二人兄弟並見執於赤眉將食萌成叩頭乞以身代賊亦哀而

兩釋焉史不載官位

繆彤汝南召陵人少孤兄弟四人皆同財業及各娶妻諸婦遂求分異又數有爭鬭之言彤深懷憤歎乃掩戶自撾曰繆彤汝修身謹行學聖人之法將以齊整風俗奈何不能正其家乎弟及諸婦聞之悉叩頭謝罪遂更為敦睦之行卒中牟令

魏霸世有禮義霸少喪親兄弟同居州里慕其雍和為光祿大夫卒于官

魯恭與弟丕俱居太學恭憐丕少欲先就其名託疾不仕郡數以禮請謝不肯應母強遣之恭不得已而

西因留新豐教授建初中丕舉方正恭乃初始為郡吏

薛包父母死弟子求財異居包不能止乃中分其財奴婢引其老者曰與我共事久若不能使也田廬取其荒頓者曰吾少時所理意所戀也器物取朽敗者曰我素所服食身口所安也弟子數破其產輒復賑給建光中公車徵至拜侍中

楊厚母初與前妻子博不相安厚年九歲思令和親乃託疾不言不食母知其旨懼然改意恩養加篤安帝永初二年除中郎

孔奮扶風人為武都太守弟奇游學雒陽奮以奇經明當仕上病去官守約鄉閭

樊梵字文高長羅侯宏之孫為郎二十餘年三署服其重慎有孫悉推財物二千餘萬與孤兄子

樊準宏之族曾孫少勵志行修儒術以先父產業數百萬讓孤兄子為光祿勳卒于官

陰興子慶封鮦陽侯推田宅財物悉與弟員丹明帝以慶義讓擢為黃門侍郎

李充字太遜陳留人也家貧兄弟六人同衣共食妻竊謂充曰今貧居如此難以久安妻有私財願思分

異充偽酬之曰如欲別居當醞酒具會請呼鄉里內外共議其事婦從充置酒讌客充於坐中前跪白母曰此婦人無狀而教充離間母兄罪合遣斥便呵叱其婦逐令出門婦啣涕而去坐中驚肅因遂罷散後遷左中郎將

韓稜四歲而孤養母弟以孝友稱及壯推先父餘財數百萬與從昆弟鄉里高之後至司空

張堪字君游南陽宛人為郡族姓堪早孤讓先父餘財數百萬與兄子後至漁陽太守

封觀有志節當舉孝廉以兄名位未顯恥先受之遂

稱風疾喑不能言火起觀屋徐出避之恐而不告後數年兄得舉觀乃稱推而仕郡焉

許武會稽陽羨人也太守第五倫舉爲孝廉武以二弟晏普未顯欲令成名乃請之曰禮有分異之義家有别居之道於是共割財產以爲二分武自取肥田廣宅奴婢強者二弟所得並悉劣少鄉人皆稱弟克讓而鄙武貪婪晏等以此並得選舉武乃會宗親泣曰吾爲兄不肖盜聲竊位二弟年長未豫榮祿所以求得分財自取大譏今理產所增三倍於前悉以推二弟一無所留於是郡中翕然遠近稱之位至長樂

少府

許荆武孫也少爲郡吏兄子世嘗報讐殺人怨者操兵攻之荆聞乃出門逆怨者跪而言曰世前無狀相犯咎皆在荆不能訓導兄既早没一子爲嗣如何令死者傷其滅絶願殺身代之怨家扶荆起曰許掾郡中稱賢吾何敢相侵因遂委去荆名譽益著卒諫議大夫

姜肱字伯淮彭城廣戚人也家世名族肱與二弟仲海季江俱以孝行著聞其友愛天至嘗共臥起及各娶妻兄弟相戀不能别寢以係嗣當立乃遞往就室嘗季江謁郡夜於道遇盜欲殺之肱兄弟更相爭死賊遂兩釋焉謝承書曰肱與季江俱乘車行適野廬爲賊所劫取其衣物欲殺其兄弟肱謂盜曰弟年幼父母所憐愍又未娶願自殺身濟弟季江言兄年德在前家之珍寶國之英俊乞自戮以代兄命盜賊乃曰二君所謂賢人吾等不良妄相侵犯棄物而走卽拜太中大夫伏竄青州

鍾皓潁川人少以篤行稱公府連辟爲二兄未仕避隱密山密縣山也後辟司徒府自劾去

第五訪倫之族孫也少孤貧嘗傭耕以義兄嫂有閒暇則以學文拜護羌太尉卒于官

崔駰家貧兄弟同居數十年鄉邑化之後至長岑長

孔融魯國人也山陽郡東部督郵張儉以忠正爲中常侍侯覽所忿疾覽爲刊章下州郡捕儉儉與融兄褒有舊亡投褒時值褒出融年十六儉以其少不告也融知儉長者有窘迫色謂曰吾獨不能爲君主邪因留舍藏之後事泄國相以下密就掩捕儉得脫走登時收融及褒送獄融曰保納藏舍者融當坐之褒曰彼來求我罪我之繇非弟之過我當坐之兄弟爭死郡縣疑不能決乃上讞詔書令褒坐焉融繇是名震遠近後至中大夫

童恢弟翊字漢文名高於恢宰府元辟之翊陽喑不

肯仕及恢被命乃就孝廉
陳重爲細陽令政有異化舉尤異嘗遷爲會稽太守
遭姊憂去官
譙玄還太常以弟服去職
魏張範之子陵及弟承于戢爲山東賊所得範直詣
賊請二子賊以陵還範範謝曰諸君相還兒厚矣夫
人情雖愛其子然吾憐戢之小請以陵易之賊義其
其言悉以還範初爲議郎參丞相軍事
韓珩字子佩代郡人清粹有雅量少喪父母奉養兄
姊宗族稱孝悌焉爲袁譚別駕

吳孫賁字伯陽父羌字聖臺堅同產兄也賁早失二
親弟甫嬰孩賁自贍育友愛甚篤爲郡督郵
舒仲膺兄伯膺親友爲人所殺仲膺爲報怨事覺兄
弟爭死皆得免
晉王覽字通玄與兄祥異生覽母朱氏遇祥無道覽
年數歲見祥被楚撻輒涕泣抱持至於成童每諫其
母少止凶虐朱屢以非理使祥覽與祥俱又虐使祥
妻覽妻亦趨而共之朱患之乃止祥喪父之後漸有
時譽朱深疾之密使酖祥覽知之徑起取酒祥疑其
有毒爭而不與朱遽奪反之自後朱賜祥饌覽輒先
嘗朱懼覽致斃遂止覽孝友恭恪名亞於祥以大中
大夫歸老
高光字宣茂少習家業明練法理武帝時爲廷尉其
兄誕放率不倫而央烈過人與光異操謂光小節嘗
輕侮之而光事誕愈謹
高崧字茂琰撫幼弟以友愛稱累遷侍中
江逌字道載陳留圉人少孤與從弟灌共居甚相友
悌繇是獲當時之譽仕至太常
王徽之與獻之俱病篤時有術人云人命應終而有
生人樂代者則死者可生徽之謂曰吾才位不如弟

請以餘年代之術者曰代死者以已年有餘爾今君
與弟算俱盡何代也未幾獻之卒徽之奔喪不哭直
上靈牀坐取獻之琴彈之久而不調嘆曰嗚呼子敬
人琴俱亡因頓絕先有背疾遂潰裂月餘亦卒仕至
黄門侍郎
吳隱之轉征虜參軍事兄坦之爲袁眞功曹眞敗將
及禍隱之詣桓温乞代兄命温矜而釋之遂爲温
所知賓仕至光祿勲
庾袞叔褒咸寧中大疫二兄俱亡次兄毗復殆癘氣
方熾父母諸弟皆出次於外袞獨留不去諸父兄強

之乃曰衮性不畏病遂親自扶侍晝夜不眠其間復撫柩哀臨不輟如此十有餘旬疫勢既歇家人乃反毗病得差衮亦無恙父老咸曰異哉此子守人所不能行歲寒然後知松栢之後凋始疑疫癘不相染也州郡交命察孝廉舉秀才清白異行皆不降志世遂號爲異行者也

孫晷兄嘗篤疾經年晷躬自扶持藥石甘苦必經心因跋涉山水祈求懇至州府辟並不就

顔含字弘都瑯琊莘人汝陰太守默之子少有操行以孝聞兄畿咸寧中得疾就醫自療遂死於醫家家

人迎喪旐每繞樹而不可解引喪者顛仆稱畿言曰我壽命未死但服藥太多傷我五臟爾今當復活愼無葬也其父祝之曰若爾有命復生豈非骨肉所願今但欲還家不爾葬也旐乃還其婦夢之曰吾當復生可急開棺婦頗說之其母及家人又夢之卽欲開棺而父不聽含時尚少乃慷慨曰非常之事古則有之今靈異至此開棺之痛孰與不開相負父母從之乃共發棺果有生驗以手刮棺指爪盡傷然氣息甚微存亡不分矣飲哺將護累月猶不能語飲食所須託之以夢闔家營視頓廢生業雖在母妻不能無倦矣含乃絶棄人事躬親侍養足不出戶者十有三年石崇重含淳行贈以甘旨含謝而不受或問其故答曰病者綿昧生理未全旣不能取噉又未識人惠若當謬留豈施者之意也畿竟不起含後至光祿勳年老遜位

李重字茂曾少好學有文辭早孤與羣弟居以友愛著稱

裴嶷爲滎陽太守屬天下亂嶷兄武先爲玄菟太守嶷遂求爲昌黎太守至郡久之武卒嶷被徵乃將武子開送喪俱南

祖約豫州刺史逖之弟初以孝廉爲成臯令與逖甚相友愛

孔嚴爲吳興太守時武康有兄弟二人妻各有孕弟遠行未反遇荒歲不能兩全棄其子而活弟子

謝玄以功封康樂縣公力請以先封東興侯賜兄子玩詔聽之更封玩豫寧伯

杜烈爲衡陽太守聞兄韜亡因自表兄子幼弱求去官詔轉犍爲太守蜀士榮之

鄧攸沒于石勒勒過泗水攸乃斫壞車以牛馬負妻子而逃又遇賊掠其牛馬步走擔其子而及其弟子

餧甚度不能兩全乃謂其妻曰吾弟早亡唯有一息
理不可絶止應自棄我兒爾幸而得存我後當有子
妻泣而從之乃棄其子朝棄而暮及明日又繫之於
樹而去攸仕至尚書右僕射
廝顗少有重名顗性寬裕而友愛過人從弟穆亦有
美譽欲陵折顗顗陶然弗與之較又弟嵩嘗因酒瞋
目謂顗曰君才不及弟何乃横得重名以所然蠟燭
投之顗神色無忤徐曰阿奴火攻固出下策爾後終
尚書左僕射
徐苗性抗烈輕財貴義有知人之鑒弟患口癰膿潰

苗爲吮之其兄弟皆早亡撫養孤遺慈愛聞于州里
田宅奴婢盡推與之郡察孝廉州辟從事治中别駕
舉異行公府五辟博士竝不就
謝尚字仁祖豫章太守鯤之子幼有至性七歲喪兄
哀慟過禮親戚異之
宋檀道濟少孤居喪備禮奉姊事兄以和謹致稱位
司空將軍
張暢弟牧嘗爲猘犬所傷醫者云食蝦蟇膾可療牧
難之暢含笑先嘗牧因此乃食餘是遂愈位侍中卒
會稽太守

胡藩字道序州府辟召不就須二弟冠婚畢乃參郗
恢征虜軍事
謝述景仁之弟也景仁愛其第三弟甝而憎述嘗設
饌請高祖命甝豫坐而高祖召述述知景仁夙意又
慮高祖命之請急不從高祖馳遣呼述須至乃讌及
景仁有疾述盡心營視湯藥飲食必嘗而後進不解
帶不冠櫛者累旬景仁深懷感愧元嘉二年徵拜中
書侍郎
蔡廓爲祠部尚書奉兄軌如父家事大小皆諮而後
行公禄賞賜皆以入軌每有所資須悉就典者請焉

從高祖在彭城妻郗氏書求夏服廓荅書知須夏服
計給事自應相供無容别寄時軌爲給事中
杜驥爲寧遠將軍青冀二州刺史徵左軍將軍弟坦
代爲刺史坦長子琬爲散騎侍郎太祖嘗有函詔勑
坦琬輒開視信未發又追取之勑函已發大相推簡
承都荅云諸即開視帝遣王書詰責驥荅曰開函是
臣弟四子季文伏待刑坐帝特原不問
蔣恭義興臨津人晉陵蔣崇平爲劫見擒去與恭妻
弟吳晞張爲侶晞張先行不在本村遇水晞張妻及
息告避水移寄恭家討錄晞張不獲收恭及兄協渞

罪恭恊並敎任舍𦖢張家口而不知𣪠情恭列𦖢張
妻息是婦之親今有罪恭身并分求遣兄恊恊曰恊
是戶主延制所錄有罪之日關恊而已求遣弟恭兄
弟二人爭求受罪郡縣不能判依事上詳州義之曰
禮讓者以義爲先自厚者以利爲上末世俗薄靡不
自私伏膺聖教猶或不逮况在野夫未達誥訓而能
互發天倫之愛并受莫測之罪若斯情義實爲殊特
蔑爾恭恊而能行之玆乃經古之所希盛世之嘉事
二子乘舟無以過此豈宜拘執憲文加以罪戮且𦖢
張封筒遠行他界爲𣪠造𧉮自外𧖴不還家所寓村

伍容或不知亦不合罪勒縣遣還復民伍除恭義成
令恊義怡令

謝弘微居身清約器服不華而飲食滋味盡其豐美
兄曜卒弘微蔬食積時哀感過禮服雖除猶不噉魚
肉沙門釋慧琳詣弘微弘微與之共食猶獨蔬素慧
琳曰檀越素旣多疾頃者肌色微損卽吿之後未復
膳羞以無益傷生豈所望於得理弘微荅曰衣冠之
變禮不可踰在心之哀實未能已遂廢食感咽歔欷
不自勝弘微少孤事兄如父兄弟友穆之至舉世莫
能及也位至吏部尚書

江智淵兄子槩早孤養之如子

王微弟僧謙有才譽爲太子舍人遇疾微躬自處治
而僧謙服藥失度遂卒微深自咎恨發病不復自治
僧謙卒後四旬微終

沈雍之與兄攸之異生諸弟中性和謹尤見親愛攸
之性儉悋子弟不得妄用財物唯悠雍之所須輒取
齊中服飾分與親舊以此爲甞終鎭西將軍荆州刺
史

徐湛之年數歲與弟淳之共車行牛奔車壞左右人
馳來赴之湛之先令取弟衆咸嘆其幼而又識終吏

部尚書

庾彥達爲益州刺史攜姊之鎭分祿秩之半以供贍
西土稱焉

劉秀之兄欽之爲朱齡石右軍參軍隨齡石敗沒秀
之哀感不歡宴者十年

關康之弟雙之病卒迎哀因得虛勞病寢頓二十餘
年時有間日輒卧論文義元嘉中詔徵不起

戴顒字仲若譙郡銍人與兄勃遊桐廬名山因留居
止勃疾患醫藥不給顒日隨兄得閑非有心於語默
兄今疾篤無可治療顒當干祿以自濟取乃求虞海

令事吾行而勃卒乃止元嘉初累徵不就
張欣泰父與世罷雍州在家還資見錢三十萬蒼梧
王自領人劫之一夜垂盡與世憂懼感病卒欣泰兄
欣華時任安成郡欣泰悉封餘財以待之
江秉之字玄叔濟陽考城人給事中纂之子少孤弟
妹七人竝皆幼稚撫育姻娶罄其心力累遷新安臨
海太守
王華爲侍中有權寵以門戶衰弱待從弟琨如親數
相親薦爲尚書議曹郎
王僧虔兄僧綽爲元凶所害親賓咸勸僧虔逃僧虔

涕泣曰吾兄奉國以忠貞撫我以慈愛今日之事若
不見及爾若同歸九泉猶羽化也孝武初出爲武陵
太守兄子儉於中途得病僧虔爲廢寢食同行客慰
喻之僧虔曰昔馬援處兒姪之間一情不異鄧攸爲
弟子更逾所生吾實懷其心誠未異古亡兄之嗣不
宜忽諸若此兒不救便當廻舟謝職無復遊宦之心
矣
崔懷愼泰始初以父陷於魏遂入北至桑乾尋父已
卒喪畢以弟在南又逃歸而弟亦已亡懷愼孤貧獨
立宗黨哀之不載官位

虞愿爲中書郎領東觀祭酒兄季爲上虞令卒愿從
省步還家而待詔便歸
孫棘彭城人也世祖大明五年發三五丁弟薩應充
行坐違期不至依制軍法人身付獄未及結棘竟詣
郡辭不忍令當一門之苦乞以身代薩薩又辭列門
戶不建罪應至此在愚犯法實是薩身也應依法受
戮兄弟少孤薩三歲失父一生恃頼唯在長兄雖可
垂愍有何心處世太守張岱疑其不實以棘薩各置
一處語棘云已爲詔詳聽其相代棘顔色甚悅答云
得爾旦則爲死又語薩亦欣然曰死自分耳但令兄

免薩有何恨棘妻許又寄語屬棘君當門戶豈可委
罪小郎且大家臨亡以小郎屬君竟未妻娶家道不
立君已有二兒死復何恨岱依事表上世祖詔曰棘
薩甿隷節行可甄特原罪州加辟命并賜帛二十疋
袁彖初名愍孫少好學有清才有欲與從兄顗婚者
伯父洵謂顗父曰顗不堪可與愍孫婚爾時愍孫在
坐流涕起出早以特立志行見知
孫謙少客居歷陽躬耕以養弟妹鄉里稱其敦睦江
夏王義恭聞之引爲行參軍
南齊劉璡兄瓛夜隔壁呼璡共語璡不荅方下牀著

衣然後立應獄問其久遲曰何東帶未竟其力撰如
此叅大司馬軍事射聲校尉卒官
辛普明僑居會稽少與兄共處一帳兄亡以帳施靈
座夏月多蚊普明不以露寢見色豫章王辟爲議曹
從事
陶子鏘字海育兄尚宋末爲倖臣所怨被繫子鏘公
私披訴流血稽顙行路嗟傷逢謝超宗下車相訪廻
入縣詣建康令勞彥遠曰登恐見人昆季如此而不
留心勞感之兄得釋
公孫僧遠以伯弟亡無以葬身販貼與鄰里供斂送

之費身負土種松栢兄姊未婚嫁乃自賣爲之成禮
太祖聞遣兼散騎常侍
鮮仲恭厲門人僑居南郡家行敦睦得纖毫財利輒
與兄弟平分史不載仕官
吳欣之晉陵利城人也宋元嘉末弟周之爲武進縣
戍隨王誕起義太祖遺軍主華欽討之吏皆散周之
獨留見執將死欣之詣欽乞代弟命辭旨哀切兄弟
皆見釋史不載仕官
吳逵之義興人也從祖弟敬伯夫妻荒年被略賣江
北逵之有田十畝貨以贖之與之同財共宅郡命敬
伯爲主簿固以讓兄又讓世業舊田與族弟弟不受
田遂閑廢史不載仕官
陸澄弟鮮得罪當死澄於路見舍人王道隆叩頭流
血以此見原轉光祿大夫加散騎常侍未拜卒
胡諧之爲太子中庶子兄謨之亡上表乞解所職詔
不許
劉繪字士章太常悛之弟事悛恭謹與人語呼爲使
君隆昌中悛坐罪將見誅繪伏闕請代兄死高宗輔
政救解之引爲鎮軍長史及悛之亡朝議贈平北將
軍雍州刺史詔書已出繪請尚書令徐孝嗣改之

劉溓兄渢南陽人事繼母有行弟溓事渢亦謹
王思遠爲建安內史長兄思玄卒思遠友于甚至表
乞解不許及祥日又固陳世祖乃許之
謝瀹爲吏部尚書領右軍將軍兄朏在吳興論啟公
事稽晚瀹乃代朏爲啟上知非朏手迹被問見原
王微字景玄初爲始興王友父憂去職服闋除南平
王鑠右軍諮議參軍仍爲中書侍郎時兄遠免官歷
年微嘆曰我兄無事而屏廢我何得而叨忝踰分文
帝即以遠爲光祿勳
王瑒字子璵遷尚書左僕射加侍中參選事瑒居家

篤睦每歲時饋遺徧及近親敦友諸弟禀其規訓

南齊張敬兒南陽冠軍人也弟恭兒位正員郎謝病歸本縣嘗居上村不肯出仕與居人不異與敬兒愛友甚篤及聞敬兒敗走入蠻後首出原其罪

劉峻孝孝標本名法武梁天監初召入西省與學士賀蹤典較祕閣峻兄孝慶時爲青州刺史峻請假省之

劉之亨字嘉會之亨美績嘉聲在朱异之右旣不恊懼爲所害故求出之以代兄之遴爲安西王繹長史南郡太守上聞朱异曰之亨代兄嘉不曰兄弟因循

豈直大馮小馮而已

梁傅昭字茂遠北地靈州人也弟映字徽遠三歲而孤昭映兄弟友睦修身厲行非禮不行映有文才褚彥回聞而悅之乃屈與子賁等遊處年未弱冠彥回欲令仕映以昭未解褐固辭須昭仕乃就官天監初爲烏程令所受俸祿悉歸于兄後昭守臨海陸倕餞之賓主俱懽日昏不反映以昭年高不可連夜極樂乃自往迎候同乘而歸兄弟並已班白時人美而服焉乃昭卒映喪之如父年踰七十哀感過禮服制雖除每言輒感慟

韋放性弘厚篤實輕財好施於諸弟尤雍穆每將遠别及行後初還嘗同一室臥起時號爲三姜

庾於陵弟肩吾八歲能爲詩特爲兄所友悌於陵鴻臚卿領荆州大中正卒肩吾終度支尚書

韋叡性慈愛撫孤兄子過於己子遷侍中給事中未拜而卒

何點兄求隱居吳郡虎丘山求卒點菜食不飲酒訖于三年腰帶減半徵侍中辭疾不赴

何伯璵弟幼璵俱厲節撫養孤兄子及長爲婚推家業盡與之而貧瘁枯槁誨人不倦鄉里呼爲人師郡

守下車莫不修謁史不載仕官

江革濟陽人九歲丁父艱與弟觀同生少孤貧傍無師友兄弟自相訓勗讀書精力不倦後革爲尚書駕部郎中建安王爲雍州刺史表求管記以革爲征北記室參軍帶中盧令革與弟觀少長共居不忍離别若求同行乃以觀爲征北行參軍兼記室

陳庾荔爲太子中庶子時荔第二弟寄寓于閩中依陳寶應荔每言之輒流涕文帝哀而謂曰我亦有弟在遠此情甚切他人豈知乃勑寶應求寄寶應不遣荔因以感疾寄自流寓南土與兄荔隔絶亦感氣疾

每得務書氣輒奔劇危殆者數矣
徐伯陽為新安諮議叅軍聞妹喪發疾而卒
顧野王弟充國早卒野王撫養孤幼恩義甚厚仕至
黄門侍郎光祿卿
江德操字德操父葦梁度支尚書德操性至孝事親
盡禮與異產昆弟居恩惠甚篤拜振遠將軍通直散
騎常侍自求宰縣出新喻令卒官
殷不害字長卿陳郡長平人也家世儉約居甚貧窶
有弟五人皆幼養小弟勤劇無所不至士大夫以篤
稱之終光祿大夫

張悌建康人家貧無以供養以情告鄰富人富人不
與不勝忿遂結四人作劫所得物三劫持去實無一
錢入已縣抵悌死罪兄松訴稱與弟景是前母子後
母子唯悌松長不能教誨乞代悌死景又曰松是嫡
長後母唯生悌若從法母亦不全亦請死母憂云悌
應死豈以弟罪枉及諸兄悌亦引分兩全兄弟供養
縣以上獻帝以為孝義特降死後不得為例

冊府元龜

巡按福建監察御史臣李嗣京　訂正
分守建南道左布政使臣胡維霖　叅閲
知建陽縣事　臣　黄國琦較釋

總録部　一百二

友悌第二

後魏李祐字長禧篤穆友于稱於世

李産之字孫僑容貌短陋而撫訓諸弟愛友篤至冠治爲征虜將軍兄弟並孝友篤穆白首同居

陸凱景明初咸陽王禧謀逆凱兄琇陷罪凱亦被收

遇赦乃免凱痛兄之死哭無時節目幾失明訴寃不已備盡人事至正始初宣武復琇官爵凱大喜置酒集諸親曰吾所以數年之抱疾忍死者顧門戸計耳逝者不追今中顧畢矣遂以其年卒

房景伯性淳和渉獵經史諸弟宗之如事嚴親及弟妹亡蔬食終喪朞不内御憂毁之容有如居重其次弟景先先亡其幼弟景遠朞年哭臨亦不内御鄉里爲之語曰有義有禮房家兄弟景先沈敏方正事兄恭謹出告反面晨昏恭省側立移時兄亦危坐相敬如對賓客兄曾寢疾景先侍湯藥衣冠不解形容毁瘁親友見者莫不哀之崔光韶好標牓人物無所推尚每云景伯居喪不食鹽菜因此遂爲永病積年不愈

裴修字元寄早孤二弟三妹並在幼弱撫養訓誨甚有道方次弟矜早喪修哀傷之感於行路愛育孤姪同於已子及將異居奴婢田宅悉推與之時人以此稱焉

李冲兄弟六人四母所出頗相忿鬩及冲貴封禄恩賜皆以共之内外輯睦父亡後同居二十餘年至雅乃别弟宅更相友愛久無間然皆冲之德也始冲見私寵也兄子韶嘗有憂色慮致傾敗後榮名日顯稍

乃自安終左僕射

李瑒與弟謐特相友愛謐在鄉物故瑒慟哭絶氣久而方蘇不食數日朞年之中形骸毁悴人倶哀歎之仕至鎭遠將軍岐州刺史

楊播家世純厚並敦義讓昆季相事有如父子播剛毅弟椿津恭謙與人言自稱名字兄弟旦則聚於廳堂終日相對未曾入内有一美味不集不食廳堂間往往幃幔隔障爲寢息之所時就休偃還共談笑椿年老曾他處醉歸扶持還室仍假寐閣前承候安不椿津年過六十並登台鼎而津嘗旦暮叅問子姪羅

列階下椿不命坐津不敢坐椿每近出或日斜不至
津不先飯椿還然後共食食則津親授匙筯味皆先
嘗椿命食然後食津爲司空於時府主皆引寮佐人
就津求官津曰此事須家兄裁之何爲見問初津爲
肆州椿在京宅每有四時嘉味輒因使次附之若或
未寄不先入口椿每得所寄輙對之下泣
甄琛爲侍中領御史尉坐朋黨免官與弟僧林誓同
居以没齒
張烈爲瀛州刺史更滿還朝因辭老還鄉里兄弟同
居怡怡然爲親類所慕

韓子熙少孤爲叔顯宗所撫養及顯宗卒子伯華又
幼子熙友愛等于同生長猶共居車馬資財隨其費
用未嘗見於顔色又上書求析與伯華東太原太守
及伯華在郡爲刺史元弼所辱子熙所泣訴朝廷孝
明詔案簡弼遂大見詰讓
李郁字永穆爲通直散騎常侍建義中以兄瑒卒遂
撫育孤姪歸於鄉里
邢晏篤於義讓初爲南兖州刺史例得一子解褐乃
啓其孤弟子子愼爲奉朝請子愼年甫十二而其子
巳弱冠矣後爲滄州復啓孤兄子昕爲府主簿而其
子並未從官世人以此多之
房亮爲荆州刺史時邊州刺史例得一子出身亮不
言其子而啓弟子超爲奉朝請議者稱之
高恭之字道穆幼孤事兄如父毋
孫紹兄世元早卒世元善彈箏紹後聞箏聲便涕泗
嗚咽捨之而去世以此尚之卒於左衛將軍右光禄
大夫
裴敬憲學博才清諸府辟命先進其弟世人歎美之
吴悉達昆弟同居四十餘載閨門和睦讓逸競勞史
不載仕官

閻元明昆弟雍和尊卑諧穆安貧樂道白首同歸史
不載仕官
宋世景爲滎陽太守友于之性過絶於人兄道興死
哭之哀切酸感行路形容毁悴見者莫不歎慜
北齊魏蘭根以西魏武帝太昌初除儀同三司封鉅
鹿縣侯邑七百戸啓授兄子同達
高隆之以西魏文帝時爲荆州刺史封平原郡公邑
一千七百戸隆之請減戸七百並求降巳四階讓兄
騰並優詔許之
崔陵以文宣天保初降侍中監起居以禪代之際參

掌儀禮別封新豐縣男邑二百戶廻授第九弟隆之
封隆之爲侍中封安德郡公邑二千戶隆之表以先
爵富城子及武城子轉授弟子孝琬等朝廷嘉而從
之
李庶訴魏收爲史不直爲楊愔所譖死於臨漳獄中
庶兄岳痛之終身不歷臨漳縣門
司馬子如爲司空事姊有禮撫諸兄子慈篤當時名
士並加欽愛以此稱之子如別封須昌縣公廻授兄
子膺之
高昂天平初除侍中司空公昂以兄乾薨於此位固

辭不拜轉司徒公
楊愔爲神武行臺右丞愔從兄幼卿爲岐州刺史以
直言忤旨見誅愔聞之悲懼因哀感發疾
陸卬爲中書侍郎遭母喪哀慕毀悴殆不勝喪至沈
篤頓昧伏枕又感風疾第五弟慱遇疾臨終謂其兄
弟曰大兄尪病如此致性至慈慱之死日必不得使
大兄知之哭泣聲必不可聞徹致有感慟家人至於
祖載方始告之卬聞而悲痛一慟便絶
陸彦師爲彭城王浟東閤祭酒兄卬當襲父始平侯
以彦師昆弟中最幼表讓封焉彦師固辭而止時稱

友悌孝義總萃一門
後周李穆爲小冢宰別封一子爲縣伯穆廻請封兄
賢子孝軌許之及兄子植謀害宇文護事泄當誅植
弟基當從戮穆求以子惇怡等代死辭理酸切聞者
莫不動容護矜之遂特免基死
隋薛濬開皇初爲考功侍郎丁母艱不勝喪病且卒
其弟謨時爲晉王兵曹參軍事在楊州濬遺書與謨
曰吾以不造幼丁艱酷窮遊約處屢絶簞瓢晚生早
孤不聞詩禮賴奉先人貽厥之訓獲稟母氏聖善之
規負笈裹糧不憚艱遠從師就業欲罷不能砥行礪

心困而彌篤服膺教義爰至長成自釋耒登朝于茲
二十三年矣雖官非聞達而祿喜逮親庶保期頤得
終色養何圖精誠無感禍酷荐臻兄弟俱被奪情苫
廬靡申哀訴是用扣心泣血實氣摧魂者也既而創
巨釁深不勝荼毒啓手啓足幸及全歸使夫死而有
知得從先人於地下矣豈非至願哉但念爾伶俜孤
宦遠在邊服顧此恨恨如何可言適已有書與得與
汝面訣恐死待汝已歷一旬汝既未來便成今古緬
然永別爲恨何言勉之哉勉之哉書成已絶
郎方貴淮南人少有志尚與從父弟雙貴同居開皇

中方貴嘗因出行遇兩淮水汎漲於津所寄度船人怒之撾方貴臂折至其家弟雙貴驚問所繇方貴具言雙貴恚恨遂向津毆擊船人致死守津者執送之縣官案問其狀以方貴爲首當死雙貴從坐當流兄弟二人爭爲坐首縣司不能斷送詣州兄弟各引咎州不能定二人爭欲赴水而州狀以聞帝聞而異之特原其罪表其門閭賜物百段後爲州主簿

裴子通開皇中爲大中大夫兄弟八人以友愛著名

牛弘爲右光祿大夫有弟曰弼好酒而酗嘗因醉射殺弘駕車牛弘來還宅其妻迎謂之曰叔射殺牛矣

弘聞之無所恠又問直答云作脯坐定其妻又曰叔忽射殺牛大是異事弘曰已知之矣顏色自若讀書不輟其和寬如此

韋世康性孝友初以諸弟位並隆貴獨季弟世約官途不達共推父時田宅盡以與之世多其義官至吏部尚書荊州總管

元褒便弓馬少有成人之量年十歲而孤爲諸兄所鞠養性友悌善事諸兄欲別居褒泣諫不得家素富多金寶褒無所授脫身而出爲州里所稱煬帝即位拜齊州刺史

楊素字處道其異母弟約性沈靜內多譎詐好學彊記素友愛之凡有所爲必先籌於約而後行之素爲司徒封楚公

唐高士廉妹先適隋右驍騎將軍河南長孫晟生子無忌及一女即文德皇后也既而晟卒士廉迎妹及諸甥於家情禮甚至後仕隋爲通事舍人坐事謫爲交阯朱鳶縣主簿時行資不給又念妹無所庇賣其大宅買小宅以處之分其餘價輕裝而去其友愛如此

李知本趙州元氏人與弟知隱甚稱雍睦子孫百餘

口財物僮僕纖毫無間隋末盜賊過其閭而不入自相誡曰無犯義門知本貞觀中官至夏津令知隱至伊闕丞

魏徵以修定五禮當一子爲縣男請讓孤兄子叔慈太宗愴然曰卿之此心可以勵俗遂許之徵官至左光祿大夫封鄭國公

趙弘智貞觀中累遷黃門侍郎兼弘文館學士以疾出爲萊州刺史弘智事兄弘安同於事父所得祿俸未嘗入於私室及兄卒哀毀過禮事寡嫂甚謹撫孤姪以慈愛稱

虞世南爲起居舍人兄世基爲内史侍郎將被誅世南抱持號泣請以身代宇文化及不納因哀毀骨立時人稱焉

李勣爲司空與弟弼特相友愛

岑文本爲中書令旣久樞揆當塗任事賞錫稠疊凡有財物出入皆委弟文昭一無所問文昭侍任較書郎多與時人遊欵太宗聞而不悅嘗從容謂文本曰卿弟過爾多交結恐累卿朕將出之爲外如何文本泣曰臣弟少孤老母特所鍾念不欲信宿離于左右今外出母必憂悴儻無此弟亦無老母也因歔欷嗚

咽太宗愍其意而止雖召見文昭嚴加誡約亦卒無愆過又弟子長倩少孤爲文本所鞠養同於已子

顏相時爲禮部侍郎性仁友兄師古卒不勝哀慕而卒

裴守真絳州稷山人早孤事母至孝母終事寡姊及兄甚謹閨門禮則士友所推永淳初爲乾封尉屬關中大饑守真盡以祿俸供姊及諸甥身及妻子纔糲不充而無惓色

程務挺爲左驍衞大將軍則天臨朝累受賞賜特拜其子齊之爲尚乘奉御務挺泣請廻授其弟則天嘉之下制褒美乃拜其弟原州司務挺終爲太子洗馬

蘇味道則天時再爲鳳閣侍郎同鳳閣鸞臺三品與其弟太子洗馬味玄甚友愛味玄若請託不諧輒面加凌折味道怡然對之不以爲忤論者稱焉

崔玄暐與弟昇交相友愛至於親族子弟孤貧者亦多躬自撫養教授頗爲當時所稱終中書令博陵郡王

豆盧欽望作相兩朝不能有所規正然於諸弟姪當代稱友愛

李暠與兄昇弟暈甚相篤睦昇等每月自東都省暠

往來徽行州人未嘗覺之其清慎如此卒太子太傅

蘇頲爲相所得俸祿盡推與諸弟或散之親族家無餘資終禮部尚書

張嘉貞爲并州長史開元初因奏事至京師玄宗嘉其善政數嘗慰嘉貞因奏曰臣少孤兄弟相依以至今日臣弟嘉祐今授鄯州別駕與臣各在一方同心離居覔絶萬里乞移就臣側近臣兄弟盡力報國死無所恨帝嘉其友愛特改嘉祐爲忻州刺史

陸南金開元初爲奉禮郎太常少卿盧崇道犯罪流嶺表逃歸來都南金哀而納之崇道俄爲讎人所發

侍御史王旭按其事遂捕獲崇道連引南金旭遂繩以重法南金弟趙璧詣旭自言藏崇道請代兄死南金固稱弟實自誣身請當罪兄弟讓死旭怪而問其故趙璧曰兄是長嫡又能幹家事亡母未葬小妹未嫁自惟幼劣生無所益身自請死旭遂列上狀玄宗嘉其友義並特宥之南金繇是大知名

王維與弟縉閨門友悌多士推之維爲給事中祿山陷西京維爲授給事中及至德二年冬復西京維付吏議維弟縉時爲刑部侍郎太原少尹抗表請以己官爵贖兄之罪時爲減等

李瀾爲徐州蘄縣令時東都未平梁宋間羣盜連聚或至二千餘衆攻陷城邑瀾守蘄縣力屈爲盜所執將害之瀾弟渤詣盜請代兄死瀾又請殺身留弟兄弟爭死俱爲盜害瀾女原武尉盧甫妻也見父被執號泣請代死亦爲盜所害至代宗永泰元年追贈瀾并渤等官

第五琦京兆長安人也少孤事兄華敬順過人再入爲太子賓客卒

王遇常州民也弟遐廣德中並爲海賊所擒賊將捨一人兄弟相讓以死賊感義俱釋之

孫成爲長安令兄宿典華州以火災驚致瘠疾成素孝悌蒼黃請不待命陳之執政奔省於兄代宗聞之歎曰急難之切觀過知仁矣

郭曜尚父子儀長子天性孝友爲太子少保子儀薨曜遵命以四朝所賜名馬重寶悉皆上獻德宗復賜之曜乃散諸昆季

李承幼孤鞠於兄華之手既長事兄以孝聞後終湖南觀察使

盧邁少以孝友謹愿稱爲中書侍郎平章事從父弟起爲劒南西川判官卒於成都及歸葬雒陽路出於

長安城東邁素友愛遂奏請至城東哭於其柩許之近代宰臣多自以爲崇重五服之親或不過從弔臨邁獨請臨弟喪士君子是之

韋倫爲太子少師居家孝友撫弟姪以慈愛稱之

陽城孝友不忍其弟異處皆不娶妾侍終身有寡妹依城以居有甥年十三餘癡不能如人嘗與其弟負之以遊初城之妹夫客死他處家貧不能葬城親與其二弟舁柩以歸葬於其居之側往返千餘里後爲諫議大夫

穆寧以秘書監致仕事寡姊以恭聞名

崔衍爲宣歙池等州觀察使衍繼母李氏不慈於衍李氏所生子郃每多取子母錢使其子以契書徵負子衍歲爲償之故衍官至江州刺史而妻子衣食無所餘

李元素爲户部尚書判度支元素少孤弱長姊友敬加於人及其姊没沈悲遘疾上疏懇辭職從之

田興爲魏博節度其兄融爲博州刺史興幼孤睦友而教道之及興之節制六州請融爲支郡守朝廷察其切誠不忍離其兄也故特授焉

李遜幼孤寓居江陵與其弟建能安貧苦易衣併食

講習不倦遜兄造知二弟賢爲營丏以成其志業弟兄同致休顯士以此多之

嚴綬爲簡較司徒兼太子少傅卒于家綬財帛不逾嘗品事兄嫂過謹爲人所稱

韋顗字周仁太子太師見素之孫也生一歲而孤事姊稱恭孝終吏部侍郎

杜式方司徒佑之子性孝友兄弟尤睦季弟從郁少多疾病式方每躬自煎調藥膳水飲非經式方之手不入於口及從郁夭喪終經年號泣殆不勝情士頗多之官終桂管觀察使

韋夏卿喜愠不形於色無孤姪恩踰已子卒太子少保

白居易友愛過人兄弟相待如賓客弟行簡子龜兒多自教習以至成名當時友悌無以比焉官終刑部尚書

王起爲尚書左丞居兄播之喪號毁過禮友悌尤至

薛膺散騎常侍致仕華之子弟齊中飛矢墜于城下膺時爲左補闕聞難不及請告馳馬以赴齊殁膺與弟褒庠處喪如禮朝之卿大夫暨縉紳者往弔繼路聞其哀號弔者悲不能自持膺去左補闕庠去河南

縣尉直弘文館與褒皆屏居外野布巾終喪蹈名教者推之

梁張文慰爲中書侍郎平章事居家孝悌其弟濟美早得心恙文慰撫視殆三十年士君子稱之

杜曉以宰相判鹽鐵兄光人有心疹厥候每作或溢喙縱詬或揮挺追撲曉事之愈恭未嘗一日少殆

李珽性孝友與弟珙有敦睦之愛爲縉紳所稱仕至右散騎常侍

晉張仁愿爲大理卿兄仁頴梁朝仕至諸衞將軍中風恙十餘年仁愿事之出告反面如嚴父焉士大夫

推爲孝友兄卒人弔之涙流蒲目而辭氣頓絶見者傷之

漢李濤仕晉爲中書舍人弟澣爲翰林學士對掌綸誥咸以爲榮澣後陷虜濤毎見人自虜中來者必對之慟哭有友于之義也

劉鼎善交遊能譚笑居家仁孝異母昆仲凡七人撫之如一乾祐初拜諫議大夫

周王班字世美鄭州人多仁義重然諾撫家雍睦初與弟廷規同過河南累從藩職所置田宅物產皆爭

王之一無所詞歷工禮刑三部尚書

册府元龜

巡按福建監察御史臣李嗣京　訂正

知閩縣事臣曹胄臣叅閱

知建陽縣事臣黄國琦較釋

總録部　一百三

姻好

周禮媒氏掌萬民之判葢以合二姓之好正三綱之倫上以奉宗祖下以昭嗣續中古三十而娶二十而嫁所以參天地之數也仲春之會三星之期所以順陰陽之序也乃至始冠而成室既笄而言歸示爲父

端表適人之道三代以降六禮具舉晃迎不以爲重廟見必王於肅御輪奠鴈其儀克恭施於結縭所戒尤慎故曰壻之父爲婚婦之父爲姻人倫之本莫斯爲大亦有知賢而可妻貴德而忘醜靡取高援自成嘉樹是則摽梅之詠于以及時鳴鳳之占用昌厥後者矣

晉重耳奔狄伐咎如 亦狄之別隗姓 得二女以長女妻重耳生伯儵叔劉以少女妻趙衰生盾

陳懿氏卜妻敬仲 懿氏陳大夫龜曰卜 其妻占之曰 懿氏妻 是謂鳳凰于飛和鳴鏘鏘 雄曰鳳雌曰凰雄雌俱飛相和而鳴鏘鏘然猶敬仲夫妻相和適齊有聲譽 有嬀之後將育于姜 嬀陳姓姜齊姓 五世其昌並于正卿八世之後莫之與京

齊棠公之妻東郭偃之姊也 棠公齊棠邑大夫 東郭偃臣崔武子棠公死武子見棠姜而美之 美其色也 使偃取之 爲己取也 偃曰男女辨姓 辨別也 令君出自丁 齊丁公崔杼之祖 臣出自桓不可 齊桓公小白東郭偃之祖同姜姓故不可昏 武子筮之遇困䷮ 坎下兌上困 之大過䷛ 巽下兌上大過六三變爲大過 史皆曰吉 阿崔子 示陳文子文子曰夫從風 坎爲中男故曰夫變而爲巽曰從風 風隕妻不可娶也 風能隕落物者變而隕落故曰妻不可取 且其繇曰困于石據于蒺蔾入于其宮不見其妻凶 困之爻辭 困于石往不濟也

坎爲險爲水水之險也石不可以動 據于蒺蔾所持傷也 坎爲險兌爲澤澤之生物而險若蒺蔾恃之則傷 入于其宮不見其妻凶無所歸也 易曰非所困而困名必辱非所據而據身必危遇此六既辱且危死其將至妻其可得見耶今卜昏而喪其妻三失位無應則失其所歸也 崔子曰嫠也何害先夫當之矣 寡婦曰嫠言棠公已當此凶 遂取之

董叔將娶於范氏叔向曰范氏富盍已乎曰欲爲繫援焉 繫援欲自結連於大援也 他日范祁怨之於范獻子 祁董叔之妻獻子之妹范姓祁名 曰不敬吾也獻子執而紡於庭之槐 紡猶懸也懸於庭之槐也 叔向過之曰子盍爲我請乎叔向曰求繫既繫矣求援既援矣欲而得之又何請焉

楚昭王之奔鄭鍾建負季芊以逃王將嫁季芊辭曰所以爲女子遠丈夫也鍾建負我矣以妻鍾建

周劉氏晉范氏世爲婚姻劉氏周卿士范氏晉大夫

晉悼公子慭亡在衛使其女僕而田僕御田獵大叔懿子止而飲之酒懿子大叔儀之孫遂聘之生悼子悼子大叔疾

公冶長字子長齊人孔子曰長可妻也雖在縲絏之中縲黑索也絏攣也所以拘罪人非其罪也以其子妻之

南宮适字子容孔子曰君子哉若人尚德哉若人賤不義而貴德故曰君子國有道不廢不廢言見用國無道免於刑戮三復白珪之玷詩曰白珪之玷尚可磨也斯言之玷不可爲也南容讀詩至此三反之是其心

敬慎於言以其兄之子妻之

漢張耳嘗亡命遊外黃命者名也凡言亡命謂脫其名出而逃亡外黃富人女甚美庸奴其夫言不侍賴其夫視之若庸奴亡邸父客父時故賓客也邸歸也父客謂曰必欲求賢夫從張耳女聽爲請決嫁之請決絕於前夫而嫁於耳女家厚奉給耳耳以故致千里客官爲外黃令

陳餘遊趙苦陘富人公乘氏以其女妻之

陳平陽武戶牖人陽武縣名屬陳留戶牖者其鄉名少時家貧及長可娶婦富人莫與者貧者平亦媿之久之戶牖富人張負有女孫五嫁夫輒死人莫敢取平欲得之邑中有大喪平家貧侍喪以先往後罷爲助張負侸見之喪所獨視偉平視而說其奇偉平亦以故後去負隨平至其家廼負郭窮巷負請借也以蓆爲門然門外多長者車轍張負歸謂其子仲曰吾欲以女與陳平仲曰平貧不事事不產業事之事一縣中盡笑其所爲獨奈何予之女負曰固有美如陳平長貧者乎卒與女爲平貧廼假貸幣以聘予酒肉之資以內婦負戒其孫曰毋以貧故事人不謹事兄伯如事廼父嫂如事廼母平既取張氏女資用益饒游道日廣

黥布爲羣盜陳勝之起也布乃見番君其衆數千人番君以女妻之

公孫賀自武帝爲太子時賀爲舍人及武帝即位遷至太僕賀夫人君孺衛皇后姊也

鮑宣妻者桓氏之女也字少君宣嘗就少君父學父奇其清苦故以女妻之裝送資賄甚厚

鄭宗字子游本高密大族世與王家相嫁娶女嫁王家男又娶也

張放得幸於成帝放取皇后弟平恩侯許家女帝爲放供帳賜甲第充以乘輿服飾時號爲天子娶皇后嫁女

翟宣者方進之子襲封高陵侯王莽秉政舂陵侯敞與安衆侯崇並漢之宗室見莽將危漢室謀舉兵及崇事敗敞懼欲結援樹黨乃爲子祉娶宣女爲妻東觀日記敞爲嫡子祉娶宣女翟爲宣妻使嫡子傳送入女門二十餘日義兵起也會宣義弟起兵欲攻莽南陽捕殺宣女祉坐繫獄敞因上書謝罪

後漢京兆摯恂以儒學教授馬融從其游學恂奇融才以女妻之

鍾皓兄子瑾母李膺之姑也膺祖太尉修嘗言瑾似我家性邦有道不廢邦無道免於刑戮復以膺妹妻之

公孫瓚遼西人也以母賤遂爲小吏爲人美姿貌大音聲言事辯慧畧日瓚性辯慧每日事嘗兼數曹無有忘誤太守奇其才以女妻之侯太守妻之以女

陶謙父故餘姚長謙少孤始以不羈聞於縣中年十四猶綴帛爲幡乘竹馬而戲邑中兒童皆隨之故蒼梧太守同縣甘公出遇之塗見其客貌異而呼之與語甚悅許妻以女甘公夫人聞而怒曰妾聞陶家兒遨戲無度如何以女許之甘公曰彼有奇表長必大成遂以女妻之

荀彧妻司馬景王文王之妹也二王皆與親善

張曾峰曹公曹公爲子彭祖娶曾女

魏荀彧父緄爲濟南相緄畏憚宦官乃爲彧娶中常侍唐衡女典略曰衡欲以妻女汝南傅公明公明不取轉以妻彧也彧以少有才名故得免於譏議

王粲與族兄凱俱避地荊州劉表欲以女妻粲而嫌其形陋而用率以凱有風貌乃以妻凱也

高愼字孝甫敦厚少華有沈深之量撫育孤兄子五人恩義甚篤瑯琊相何英嘉其履行以女妻焉

蜀費賓伯名觀江夏鄳人也劉璋母乃觀之族姑璋又以女妻觀

黄承彦者高爽開列爲沔南名士謂諸葛孔明曰聞君擇婦身有醜女黄頭黑色而才堪相配孔明許即載送之時人以爲笑樂鄉里爲之諺曰莫作孔明擇婦正得阿彦醜女

謝援有名行太尉皇甫嵩賢其才而以女妻之丞相諸葛亮以援爲祭酒

吳張昭字子承喪妻昭欲爲索諸葛瑾女承以相與有好難之大帝聞而勸焉遂爲婚

周瑜爲中護軍從孫策攻皖拔之時得橋公兩女皆國色也策自納大橋瑜納小橋江表傳曰策從容戲瑜曰橋公二女雖流

雜飼吾二人作婿亦足爲歡
潘蕤字文龍拜騎都尉後代領兵早卒蕤弟祕大帝
以姊陳氏女妻之調湘鄉令
呂範字子衡汝南細陽人少爲縣吏有容觀姿貌邑
人劉氏家富女美範求之母嫌欲勿與劉氏曰觀呂
子衡寧爲久貧者邪遂爲婚
晉羊祜博學能屬文身長七尺三寸美鬚眉善論郡
將夏侯威異之以兄霸之子妻焉
郭淮弟配字仲南有重名位至城陽太守裴秀賈充
皆配女壻

于晷字泰舒有耀度幹用歷職著績終於太僕次弟
頎字泰寧相國參軍知名早卒女適王衍配弟鍾字
季南謁者僕射鍾子奕字泰業山濤啓事稱奕高簡
有雅量歷位雍州刺史尚書
鄧攸嘗詣鎮軍賈混以人訟事示攸使決之攸不視
曰孔子稱聽訟吾猶人也必也使無訟乎混奇之以
女妻焉
張華少孤貧鄉人劉放奇其才以女妻焉
劉殷新興人也郡命主簿州辟從事皆以供養無主
辭不赴命司空齊王攸辟爲掾征南將軍羊祜召參
軍事皆以疾辭同郡張宣子識達之士也勸殷就徵
殷曰當今二公有晉之棟楹也吾方希達如榱椽爾
不憑之豈能立乎吾今王母在堂既應他命無容不
竭盡臣禮便不得就養子輿所以辭齊大夫良以色
養無主故爾宣子曰如子所言豈庸人所識哉而今
而後吾子當爲吾師矣遂以女妻之張宣子者并州
豪族也家富於財其妻怒曰我女年始十四姿識如
此何慮不得爲公侯妃而遽以妻劉殷乎宣子曰非
爾所及也誡其女曰劉殷至孝冥感兼才識超世此
人終當遠達爲世名公汝其謹事之張氏性亦婉順

事王母以孝聞奉殷如君父焉
孫晷以會稽虞喜隱居海嵎有高世之風晷欽其德
聘喜弟預女爲妻喜戒女棄華尚素與晷同志時人
號爲梁鴻夫婦
劉遐廣平人性果毅勇壯值天下大亂遐爲塢主鄉
人冀州刺史邵續深器之以女妻焉
衛玠爲太子洗馬懷帝時以天下大亂扶輿母至江
夏玠妻先亡征南將軍山簡敬之甚相欽重簡曰昔
戴叔鸞嫁女唯賢是與不問貴賤況衛氏權貴門戶
令望之人才於是以妻焉

管彦者王裒同鄉人少有才而未知名裒獨以爲必當自拔達而友之男女各始生使共許爲婚彦後爲西夷校尉卒而葬於雒陽裒後便嫁其女彦弟馥問裒裒曰吾薄志畢願山藪昔嫁姊妹皆遠吉凶斷絶每以自此誓今賢兄子葬父於雒陽此則京邑之人也豈吾結好之本意哉馥曰嫂齊也當還臨淄裒曰安有葬父河南隨母還齊用意如此何婚之有

王育少勤學同郡許子章嘉之以兄之子妻之爲立別宅分之資產育受之無愧色

周浚有人倫鑒識鄉人史曜素微賤衆所未知浚後

獨引之爲友遂以妹妻之曜竟有名於世

王羲之司徒導之從子時太尉郗鑒使門生求女壻於導導令就東廂徧觀子弟門生歸謂鑒曰王氏諸少年並佳然聞信至咸自矜持惟一人在東牀坦腹食胡餅獨若不聞鑒曰正此佳壻邪訪之乃羲之也遂以女妻之

葛洪尤好神仙導養之法事師南海太守上黨鮑玄玄亦內學逆占將來見洪深重之以女妻洪洪傳曰玄業兼綜練醫術

戴逵性不樂當世嘗以琴書自娛師事徵士范宣於豫章宣異之以兄女妻焉

前秦韋羆爲丞相王猛所器重以女妻焉

南燕慕容超子初爲苻昌收納及德諸子皆誅之獄掾呼延平救護之得逃去其後超母謂超曰吾母子全濟呼延氏之力乎今欲爲汝納其女以答厚惠於是娶之

宋殷景仁少有大成之量司徒王謐見而以女妻之

蔡興宗妻劉氏早卒一女甚幼外甥袁顗始生子彖而妻劉氏亦亡興宗姊即顗母也一孫一姪躬自撫養年齒相比欲爲婚姻每見興宗輒言此意大明初

詔興宗女與南平王敬猷婚興宗以姊生平之懷屢經陳啓答曰鄉諸人欲各行己意則國家何緣得婚且姊言豈是不可違之處邪舊意既乖彖亦他娶其後彖家亦不終顗又禍敗彖等淪廢當時孤微理盡敬猷遇害興宗女無子嫠居名門高胄多欲結姻明帝亦敕適謝氏興宗並不許以女適彖

劉秀之少孤貧有志操東海何承天雅相知器以女妻之

杜驥初隨父南遷時北士舊法問疾必遣子弟驥年十三父使候同郡韋華華子玄有高名見而異之以

女妻焉
蕭惠蒨父思話征西將軍儀同三司惠開初以外戚兒江夏王義恭義恭歎其詳悉以女結婚解褐著作佐郎
南齊朱選之字處林有志節著辯相論幼時顧歎見而異之以女妻焉
謝瀹莊之第五子也僕射褚淵聞瀹年少清正以女結婚厚爲資送
梁韋放與吳郡張率皆有側室懷孕因指腹婚姻其後各產男女未及成長而率卒遺嗣孤弱放嘗贍恤

之爲北徐州時有勢族請姻者放曰吾不失信於故友乃以息岐娶率女又以女適率子時稱放能篤舊
褚球少孤貧好學宋建平王景素元徽中誅滅唯有一女得存其故吏何昌㝢王思遠聞球清正以此女妻之因爲之延譽
陳錢道戢字子韜吳興長城人也父量浮漢壽令道戢少以孝行著聞及長頗有幹略徵時以從妹妻焉
周弘正年十歲通老子周易叔父捨異之河東裴子野深相賞納請以女妻之
孫瑒有鑒識男女婚姻皆擇素貴

徐儉子儉幼而修立勤學有志操汝南周弘直重其爲人妻之以女
沈君理字仲倫吳興人也父巡素與高祖相善君理美風儀博涉經史有識鑒起家湘東王法曹參軍高祖鎮南徐州巡遣君理自東陽謁高祖高祖器之命尚會稽長公主辟爲府西曹掾稍遷中衛豫章王從事中郎
後魏公孫邃公孫叡爲從兄弟而叡才器小寢而封愷之甥崔浩之婿邃母鴈門李氏地望懸隔鉅鹿太守祖季眞多識北方人物每云士大夫當須好婚親

二公孫同堂兄弟爾吉凶會集便有士庶之異
李神儁喪二妻又欲娶鄭嚴祖妹神儁之從甥也盧元明亦將爲婚遂至紛競二家鬭於嚴祖之門鄭卒歸元明神儁惆悵不已時人謂神儁鳳德之衰
陸麗子叡母本恭宗宮人以賜麗生叡襲爵撫軍大將軍平原王娶徐州刺史博陵崔鑒女鑒謂所親云平原王才度不惡但恨其名姓殊爲重復時高祖未改其姓
崔浩始弱冠太原郭逸以女妻之浩不曜華彩故時人未知逸妻王氏宋鎮北將軍王仲德姊也毋奇浩

才能自以爲得壻俄而女亡王浮以爲傷恨復以少
女繼婚逸及親屬以爲不可王固執與之逸不能違
遂重結好
盧淵爲侍中與僕射李冲相友善冲重淵門風而淵
仰冲才官故結爲婚姻往來親密至於淵荷高祖意
遇頗亦繇冲
盧曾元爲太保錄尚書事子統以父任侍東宮世祖
以元舅陽平王杜超王南安長公分女所生妻之車
駕親自臨送大官設供具賚以千計
劉昞年十四就博士郭瑀時瑀弟子五十餘人瑀有

女始笄妙選良偶有心於昞遂別設一座前謂諸弟
子曰吾有一女年向成長欲覓一快女壻誰坐此席
者吾當婚焉昞遂奮衣來座神志湛然曰向聞先生
欲求快壻昞其人也瑀遂以女妻之
鄭幼儒學修謹時望甚優丞相高陽王雍以女妻之
鄭義有文學弱冠舉秀才尚書李孝伯以女妻之後
爲中山王叡傅是後歷年不轉資產亦乏因請假歸
遂盤桓不返及李冲貴寵與義姻好乃就家徵爲中
書令
甄琛爲王客郎迎送梁使劉纘纘子晰爲朐山戍主
晰死家屬入雒有女年未二十琛已六十餘矣乃納
晰女爲妻婚日詔給厨費琛所好悅世宗時謂之
崔休字惠盛少孤貧矯然自立尚書王嶷欽其人望
爲長子聘休姊贍以貨財繇是少振
茹皓爲驍騎將軍有寵於世宗北海王詳以下咸憚
之皓爲弟聘安豐王延明妹延明耻非舊流不許詳
強勸之云欲覓官如何茹皓婚姻也延明乃從焉
張宗之妻蕭思話弟之女蕭氏兄子超業後名彥幼
隨姑入國娶李供之女蕭賴其給贍以自濟
尉瑾少而敏悟好學慕善稍遷司直後司馬子如執

政瑾娶其外生皮氏女繇此擢爲中書舍人既是子
如姻戚數往參詣因與先達名輩微相款狎
後周長孫澄字士亮魏太師稚之子年十歲司徒李
琰見之而奇之遂以女妻焉
盧柔性聰敏好學頗使酒誕節司徒臨淮王彧見而
嬔之以女妻焉
韋孝寬行華山郡事屬侍中楊侃爲大都督出鎮潼
關引孝寬爲司馬侃奇其才以女妻之
韋祐少好豪俠父沒事母兄以孝敬聞慕李長壽之
爲人娶長壽女因寓居關南

隋蘇威初仕周爲郡功曹大冢宰宇文護見而禮之以其妻焉

于顗字元武身長八尺美容貌鬚眉周大冢宰宇文護見而器之妻以季女

趙元淑性疏誕不治產業家徒壁立後數歲授驃騎將軍將之家無以自給時長安富人宗連家累千金仕周爲三原令有季女惠而有色連獨奇之每求賢夫聞元淑如是請與相見連有風儀美笑元淑亦異之及至其家服翫居處擬於將相酒酣奏女樂元淑所未見也元淑辭出連曰公子有暇可復來也後數

日復造之宴樂更侈如此者再三因謂元淑曰知公子素貧老夫當相濟因問元淑所須盡買與之臨別元淑再拜致謝連復拜曰鄙人切不自量敬慕公子今有一女願爲箕箒妾公子意何如元淑感愧遂聘爲妻連復送奴婢二十口良馬十餘匹加以綠帛錦綺及金寶珍玩元淑遂爲富人

蕭琮嫁從父妹於鉗耳氏楊素時爲尚書令謂琮曰公帝王之族望高戚美何乃適妹鉗耳乎琮曰前以嫁妹於侯莫陳氏此復何疑素曰鉗耳羌也侯莫陳虜也何得相比素意以虜優羌劣琮曰以羌異虜未之前聞素慙而止

鄭莊少有遠量博覽墳籍兼善辭令潯陽蔡大寶有重名於江左時爲岳陽王蕭詧諮議見莊便嘆曰襄陽水鏡復在於茲大寶遂以女妻之

虞世基幼沈靜有高才少傅徐陵聞其名召之世基不往後因公會陵一見而奇之顧謂朝士曰當今潘陸也因以弟女妻焉

唐武士彠武德中簡較右廂宿衛既喪妻高祖謂士彠曰朕自爲卿更擇嘉偶隨日有納言遂寧公楊達英才冠絕奕葉親賢今有女志行賢明可以輔德遂

令桂陽公主與楊家作婚主降勅結親庶事官給

柳亨爲駕部郎中亨容貌魁偉高祖甚愛重之時以殿中監竇誕之女妻焉即高祖外孫也

呂諲蒲州河東人少修整勵志於學早孤家貧不能自振鄉人有程楚賓者家富於財遂娶其女楚賓與子震重其才給其所欲至天寶初舉進士調寧陵尉

張延賞中書令嘉貞之子也爲左司禦率府兵曹參軍博涉經史達於政事侍中韓國公苗晉卿見而奇之以女妻焉

張孝忠爲飛狐高陽二軍使成德軍節度使李寶臣

以孝忠謹直驍勇以其妻妹谷氏妻焉仍令悉總易州諸鎮前後十年威惠甚著

齊映大曆中爲滑亳節度令狐彰掌書記彰疾甚令映草遺表因與謀後事映說彰令上表請代令子建歸京師彰然之因妻以女

李若初太府卿道謙之孫少孤貧初爲轉運使劉晏下散職晏判官包佶察其勤幹以女妻之

楊於陵爲潤州句容主簿時韓滉以節鎮于金陵滉剛嚴少所接與獨於陵嘗所厚待因以女妻之

後唐鄭珏昭宗朝宰臣鄭啟之姪孫父徽光啟初爲

河南尹張全義判官全義子衍婚徽女珏以家世依張氏家于雒陽

孔循爲滄州節度使初其女與宋王婚姻長興初乃奏令旣封王私禮縣絶乞改就公禮

朱漢賓明宗初爲右衛上將軍時樞密使安重誨方當委重漢賓密令結託得爲婚家結除潞州節度使移鎮晉州重誨旣誅漢賓復爲上將軍

李象字昭文淄州樂壽人也父祖爲農象少學有文性長於左氏春秋天成中以本科調舉不捷明年改應進士登上第宰臣劉昫愛其才以猶女妻之

任圜世爲京兆三原人祖清成都少尹考茂弘乾符末選授夏縣主簿避地太原西河令有子五人曰圖圜冏雍睦有裕風彩俱異太祖愛之以宗女妻冏因任圖代憲二郡守冏文城令

晉錢元瓘兩浙鏐第五子也起家爲鹽鐵發運巡官表授上書金部郎中賜金紫許再思等爲亂也宣州田頵要盟鏐遍召諸子問之曰誰能爲吾爲田氏之壻者俱有難色時元瓘年十六進步而對曰唯大王之命繇是就親於宣州三歲復爲

姚顗字伯真京兆萬年人也曾祖希齊湖州司功參

軍祖弘度蘇州刺史父荆國子祭酒顗少惷敦厚靡事容貌任其自然流輩未之重惟中條山司空圖唐季之名士也淳罷之以女妻焉

巡按福建監察御史臣李嗣京訂正
知甌寧縣事臣孫以敬叅閲
知建陽縣事臣黃國琦較釋

總録部一百四

立言

春秋傳曰太上有立德其次有立言蓋德之盛者必形諸言言之文者以足於志昔之君子嘗從事於斯矣及司馬譚論六家之要劉子政分九流之目揚搉是非稽合同異源流洞分指歸攸別然而挾術非一

揆營道非一致各崇所善用極其說故先儒引殊塗同歸之言以爲六經之支裔使之逢時效用何啻霸者之佐去聖踰遠猶賢乎野之求今特詳求而比次之庶百代之作者開卷而可見也

鬻子二十二篇（名熊爲周師自穆王以以下問焉周封爲楚祖鬻音弋六反）

尹佚二篇（周臣在成康時也）

管仲字夷吾相齊著牧民山高乘馬輕重九府書（劉向別録九府書民間無有山高一名形勢）

晏嬰相齊作晏子春秋

老子至函關關令尹喜曰子將隱矣彊爲我著書於是老子廼著書上下篇言道德之意五千餘言而去莫知其所終

關令尹喜者周大夫也善內學星宿服精華隱德行仁時人莫知老子西游喜先見其氣知眞人當過候物色而迹之果見老子老子亦知其奇爲著書與老子俱之流沙之西莫知其所終喜亦著書九篇名關尹子

老萊子楚人也著書十五篇言道家之用

孔伋字子思仲尼孫也嘗困於宋作中庸

曾參孔子弟子著曾子十八篇

漆彫子十三篇（孔子弟子漆彫啟後）

宓子十六篇（名不齊字子賤孔子弟子師古曰宓讀與伏同）

景子三篇（說宓不齊語似其弟子）

世子二十一篇（名碩陳人也七十子之弟子）

文子九篇（老子弟子與孔子並時而稱周閔王問以依託者也）

蜎子十三篇（名淵楚人老子弟子師古曰蜎姓也音以元反）

李克七篇（子夏弟子爲魏文侯相）

公孫尼子二十八篇（七十子之弟子）

墨子七十一篇（名翟爲宋大夫在孔子後）

田俅子三篇（先韓子俅音求）

我子一篇（劉向別錄公爲墨子之學）
隨巢子六篇（墨翟弟子）
胡非三篇（墨翟弟子）
芊子十八篇（名嬰齊人七十子之後芊音彌）
甯越一篇（中牟人爲周威王師）
王孫子一篇（曰巧心也）
公孫固一篇（十八篇齊閔王失國問之固因爲陳古今成敗也）
董子一篇（名元心從墨子）
徐子四十二篇（宋外黄人）
魯仲連子十四篇

平原君七篇（朱建也）
虞氏春秋十五篇（虞卿也）
李子三十二篇（名悝相魏文侯富國強兵）
處子九篇（史記云趙有處子）
列子八篇（名禦寇先莊子莊子稱之）
莊周蒙人嘗爲蒙漆園吏與梁惠王齊宣王同時其學無所不窺然其要本歸於老子之言故著書十餘萬言大抵率寓言也作漁父盜跖胠篋以詆訿孔子之徒以明老子之術畏累虛亢桑子之屬皆空語無事實然善屬書離辭指事類情用剽剝儒墨雖當世宿學不能自解免也其言洸洋自恣適己故自王公大人不能器之
惠子一篇（名施與莊子同時）
申不害荊人故鄭之賤臣學術以干韓昭侯昭侯用爲相內修政教外應諸侯十五年終申子之身國治兵強無侵韓者申子之學本於黄老而主刑名著書二篇號曰申子
荀卿趙人年五十始來遊學於齊嫉濁世之政亡國亂君相屬不遂大道而營於巫祝信禨祥鄙儒小拘如莊周等又猾稽亂俗於是推儒墨道德之行事與

壞序列著數萬言爲楚蘭陵令而卒因葬蘭陵
孟軻事齊適梁俱不能用當是之時秦用商君富國強兵楚魏用吳起戰勝弱敵齊威王宣王用孫子田忌之徒而諸侯東面朝齊天下方務於合從連衡以攻伐爲賢而孟軻乃述唐虞三代之德是以所如皆不合退而與萬章之徒序詩書述仲尼之意作孟子七篇（孟子序文云孟子亦自知遭藏之譏毀値炎劉之未奮進不得佐興唐虞雍熙之治退不能信三代之餘風恥沒世而無聞焉是故垂憲言以詒後人仲尼有云我欲託之空言不如載之行事之深切著明也於是退而論集所與高弟弟子公孫丑萬章之徒難答問曰又自撰其法度之言著書七篇二百六十一章三萬四千六百八十五字包羅天地揆敘萬類仁義道德性命禍福粲然靡所不載帝王公侯

遵之則可以尊君父立忠守志厲操者儀之則可以崇高節抗浮雲有風人之託二雅之正可謂直而不居曲而不屈命世亞聖之大才者也

鄒衍齊人覩有國者益淫侈不能尚德若大雅整之於身施及黎庶乃深觀陰陽消息而作怪迂之變終始大聖之篇十餘萬言其語閎大不經必先驗小物推而大之至於無垠先序今以上至黄帝學者所共術大並時盛衰因載其禨祥度制推而遠之志天地未生窈冥不可考而原也先列中國名山大川通谷禽獸水土所殖物類所珍因而推之及海内之人所不能覩稱引天地剖判以來五德轉移治各有宜而

符應若茲以爲儒者所謂中國者於天下乃八十一分居其一分爾中國名曰赤縣神州赤縣神州自有九州禹之序九州是也不得爲州數中國外如赤縣神州者九乃所謂九州也於是有裨海環之人民禽獸莫能相通者如一區中者乃爲一州如此者九乃有大瀛海環其外天地之際焉其術皆此類也然要其歸必止乎仁義節儉君臣上下六親之施始也濫沒王公大人初見其術瞿然顧化其後不能行之

慎到趙人田駢接子齊人環淵楚人皆學黄老道德之術因發明序其指意故慎到著十二論今慎子劉向所定有四十一篇環淵著上下篇而田駢接子皆有所論焉

尸佼晉人秦相衛鞅客也鞅謀事畫計立法理民未嘗不與佼規也鞅被刑佼恐并誅乃逃入蜀造書二十篇凡六萬餘言卒因葬蜀

虞卿相趙孝成王以魏齊之故不重萬戶侯卿相之印與魏齊閒行去趙困於梁魏齊已死不得意乃著書上採春秋下觀近世曰節義稱號揣摩政謀凡八篇以刺譏國家得失世傳之虞氏春秋魏齊事具總錄復讐門

蘇子三十一篇名秦

張子十篇名儀

鄭長者一篇六國時先韓子韓子稱別錄云鄭人知姓名

鄒奭子十二篇齊人號曰彫龍奭音式亦反

閭丘子十三篇名快魏人在南公前

將鉅子五篇六國時先南公南公稱之

杜文公五篇六國時劉向別傳云韓人也

黄帝泰素二十篇六國時韓諸公子所作劉向別錄云或言韓諸公孫之所作也言陰陽五行以爲黄帝之道也故曰泰素

南公三十一篇六國時

公子牟四篇魏之公子也先莊子莊子稱之

田子二十五篇名駢齊人游稷下號談天口駢音步田反

黔婁子四篇 齊隱士守道不詘威王下之黔音其炎切反下婁音胡稼反
宮孫子二篇 宮孫姓也不知名
鶡冠子一篇 是人居深山以鶡鳥羽爲冠
鄧析子二篇 鄭人與子產並時列子及孫卿並云子產殺鄧析據左傳昭公二十五年子產卒定公九年駟歂殺鄧析而用其竹刑則非子產所殺人也
尹文子一篇 說齊宣王先公孫龍劉向云與宋鈃俱游稷下鈃音刑
公孫龍子十四篇 趙人爲堅白之辯者
成公生五篇 趙黄公等同時姓成公劉向云與李斯子餘同時錄爲三川守成公游談不仕
黄公四篇 名疵爲秦博士作歌詩在秦時歌詩中疵音才期反
毛公九篇 趙人與公孫龍等並游平原君趙勝家劉向別錄云堅白同異以爲可以治天下蓋

史記所云藏於徒者
呂不韋相秦是時諸侯多辯士如荀卿之徒著書布天下呂不韋乃使其客人又著聞集論以爲八覽六論十二紀二十餘萬言以爲備天地萬物古今之事號曰呂氏春秋布咸陽市門縣千金其上延諸侯游士賓客有能增損一字者予千金 又云呂不韋相秦莊襄王乃上觀尚書刪拾春秋集六國時事爲呂氏春秋
韓非韓諸公子爲人口吃不能道說而善著書與李斯俱事荀卿斯自以爲不如非見韓之削弱數以書諫韓王不能用於是韓非疾治國不務修明法制執契以御其臣下富國強兵而以求人任賢反舉浮淫之蠹而加之於功實之上以爲儒者用文亂法而俠者以武犯禁寬則寵名譽之人急則用介胄之士今者所養非所用所用非所養悲廉直不容於邪枉之世觀往者得失之變故作孤憤五蠹內外儲說林說難十餘萬言
漢蒯通范陽人論戰國時說士權變亦自序其說凡八十一首號曰雋永 雋肥肉也永長也言其所論甘美而義深長也漢志載藏子五篇
陸賈高帝時爲大中大夫時時前說稱詩書高帝罵

之曰乃公居馬上得之安事詩書賈曰馬上得之寧可以馬上治乎且湯武逆取而以順守文武並用長久之術也昔者吳王夫差智伯極武而亡秦任刑法不變卒滅嬴氏鄉使秦并天下行仁義法先聖陛下安得而有之高帝不懌有慚色謂賈曰試爲我著秦所以失天下吾所以得天下者及古成敗之國賈凡著十二篇每奏一篇高帝未嘗不稱善左右呼萬歲稱其書曰新語
公孫渾邪景帝時爲隴西守以將軍擊吳楚有功封平西侯著書十餘篇 藝文志陰陽家有公孫渾邪十五篇是也

桓寬鹽鐵六十篇（寬字次公汝南人也孝昭帝時丞相御史與諸賢良文學論鹽鐵事寬次之）

揚雄王莽時爲大夫草太玄覃思渾天（覃深也渾天天象也）參摹而四分之（三析而四分天之宿度中乙也）極於八十一旁則摹九据（据今據字也據猶位也處也）極之七百二十九贊亦自然之道也故觀易者見其卦而名之觀玄者數其畫而定其玄首四重者非卦也數也其用自天元推一晝一夜陰陽數度律曆之紀九九大運與天終始故玄三方九州二十七部八十一家二百四十表七百二十九贊分爲三卷曰一二三與太初曆相應亦有顓頊之

曆焉揲之以三策（三而分之）關之以休咎絣（絣雜）之以象類播之以人事（播布也）文之以五行擬之以道德仁義禮智無主知名要合五經苟非其事文不虛生爲之泰曼漶而不可知（曼漶不分別白損言家鴻也）故有首衝錯測攡營數文掜圖告十一篇皆以解剝玄體離散之句尚不存焉（玄中之文雖有章句其旨深妙尚不能盡存故解剝而離散也）劉歆嘗觀之謂雄曰空自苦今學者有祿利然尚不能明易又云玄何（言無益之何）吾恐後人用覆醬瓿也（瓿小罌也）雄笑而不應雄見諸子各以其知舛馳（殊相也）大抵詆訾聖人即爲怪迂析辯詭詞以撓世事（言諸子之書文旨歸非毀周孔之教爲巧辯異辭以撓亂時政也）雖小辯終破大道而惑衆使溺於所聞而不自知其非也及太史公記六國歷楚漢訖麟止不與聖人同是非頗謬於經故人時有問雄者嘗用法應之譔以爲十三卷象論語號曰法言王莽大司空王邑納言嚴尤聞雄死謂桓譚曰子嘗稱揚雄書豈能傳於後世乎譚曰必傳顧君與譚不及見也（顧見也）凡人賤近而貴遠親見子雲祿位容貌不能動人故輕其書老聃著空無言兩篇（謂道德經也）薄仁義非禮學然後世好之者尚以爲過於五經自漢文景之君及司馬遷皆有是言今揚子之書文義至深而論不詭於

聖人（詭違也聖人謂周公孔子）若使遭遇時君更閱賢知爲所稱善則必度越諸子矣

嚴君平蜀郡人博覽無不通依老子嚴周之指著書十餘萬言（嚴周即莊周）

後漢桓譚光武時爲議郎給事中著書言當世行事二十九篇號曰新論尚書獻之帝善焉（新論一曰本造二王霸三求輔四言體五見徵六譴非七啟寤八祛蔽九正經十識通十一離事十二道賦十三辨惑十四述策十五閔友十六琴道本造述策閔友琴道各一篇餘並有上下光武續之勑言卷大令皆別爲上下凡二十九篇）琴道一篇未成肅宗使班固續成之（琴道未畢但有發首一章）

梁竦安定烏氏人閉門自養以經籍爲娛辟命交至

竝無所就著書數篇名曰七序班固見而稱曰孔子著春秋而亂臣賊子懼梁竦作七序而竊位素餐者慙

郅惲爲芒長免官著書八篇

韋彪爲太鴻臚著書十二篇號曰韋卿子

王充會稽上虞人仕郡爲功曹好論說始若詭異終有理實以爲俗儒守文多失其眞閉門潛思絕慶弔之禮戶牖墻壁各置刀筆著論衡八十五篇二十餘萬言充所作論衡中土未有傳者蔡邕入吳始得之恒祕玩以爲談助其後王朗爲會稽太守又得其書及還許下時人稱其才進或曰不見異人當得異書問之果以論衡之益繇是遂傳視焉又時人嫌

蔡邕得異書授求其帳中隱處果得論衡抱數卷持去邕丁寧之曰唯我與爾共之勿廣也釋物類同異正時俗嫌疑

王符安定臨涇人少好學不得升進志意蘊憤乃隱居著書三十餘篇以譏當時失得不欲章顯其名故號曰潛夫論其指訐時短討擿物情足以觀見當時風政

仲長統山陽高平人州郡辟命稱疾不就少學博士涉書記贍於文辭每論說古今時俗行事發憤嘆息因著論名曰昌言凡三十四篇十餘萬言

桓彬爲尚書郎著七說及書三篇

陳紀潁川許人實之子也遭黨錮發憤著書數萬言號曰陳子後至大鴻臚

劉陶爲諫議大夫著書數有十萬言又作正老子反韓非復孟軻辨疑箋篇

荀悅爲祕書監侍中時政移曹氏天子恭已而已悅志在獻替而謀無所用乃作申鑒五篇其所論辨甚通政體又著崇德政論及諸論數十篇

周黨太原廣武人後隱居黽池著書上下篇而終

劉珍爲衛尉撰釋名三十篇以辨萬有之稱號云

魏朗會稽人爲尚書會被議免歸家著書數篇號魏

子

唐檀舉孝廉爲郎中棄官去著書二十八篇名爲唐子

崔寔爲郎明於治體吏才有餘論當世便事數十條名曰政論指切時要言辯而確當世稱之仲長統曰凡爲人主宜寫一通置之坐側

趙岐辟司徒胡廣府會南匈奴烏桓鮮卑反叛公卿舉岐擢拜并州刺史岐欲奏守邊之策未及上會坐黨事免因撰次以爲禦寇論

牟融爲太尉撰牟子

魏劉廙爲太祖丞相倉曹屬著書數十篇及與丁儀共論刑禮皆傳於世

劉劭爲散騎常侍著樂論十四篇成未上會明帝晏駕不施行又撰法論人物志之類百餘篇

王基爲安豐太守時曹爽專柄風化陵遲基著時要論以切世事

王昶爲兗州刺史加揚烈將軍雖在外任心存朝廷以爲魏承秦漢之弊法制苛碎不大釐改國典以準先王之風而望治化復興不可得也乃著治論略依古制而合於時務者二十餘篇

任嘏爲河東太守有重名嘗著書三十八篇凡四萬餘言嘏卒後故吏東郡程威趙國劉固河東上官崇等録其事行及所著書奏之詔下秘書以貫羣言隋書志載守身論一任子道論十卷

杜恕爲趙相以疾去官還家陳留阮武亦從清河太守徵還供自簿廷尉謂恕曰相觀才性可以繇公道而持之不厲器能可以處大官而求之不順才學可以述古今而志之如不以此所謂有其才而無用今向閑暇可試潛思成一家言在章武遂著體論八篇杜氏新書以爲人倫之大綱莫重於君臣立身之基本莫大於言行安上理民莫精於政法勝殘去殺莫善於用兵夫禮也者萬物之體也物皆得其禮無有不善故謂之體論也又著興性論一篇蓋興於爲已

桓威爲成安令威出自孤微年十八而著渾輿經依道以見意

徐幹爲太子文學撰中論

王肅爲中領軍散騎常侍撰王子正論十卷

阮武爲清河太守撰阮子正論五卷

蔣濟爲東中郎將撰萬機論文帝善之

蜀諸葛亮爲相作八務七戒六恐五懼皆有條章以訓厲臣子

李宓爲漢中太守去官著述理論十篇晉安東將軍胡熊與皇甫士安並善之

譙周字允南爲太子家令于時軍旅數出百姓凋瘁周與尚書令陳祗論其害退而書之謂之仇國論

陳術字申伯博學多聞著釋問七篇

吳顧譚爲太常平尚書事後爲大都督全琮父子所搆有司奏誣罔大不敬坐徙交州幽而發憤著新言三十篇其知難篇蓋以自悼傷也

殷基爲無難督以才學知名著通語數十篇

唐滂隋志不載所在撰唐子十卷

張儼爲大鴻臚撰嘿記三卷
裴玄爲大鴻臚撰裴氏新言五卷
秦菁隋書不載所在撰秦子三卷
晉陸喜字恭仲爲吏部尚書少有聲名好學有才思嘗自叙曰劉向省新語而作新序桓譚詠新序而作新論余不自量感子雲之法言而作言道覩賈子之美才而作訪論觀子政洪範而作古今歷覽蔣子通萬機而作審機讀幽通思玄四愁而作娛賓九思眞所恐愧者也其書近百篇吳平又作西州清論傳於世借稱諸葛孔明以行其書也

陸雲爲清河内史著新書十篇
傅玄爲司隸較尉少時避難於河内專心誦學後雖顯貴而著述不廢撰論經國九流及三史故事評斷得失各爲區別名爲傅子爲内外中篇凡有四部六録合百四十首數十萬言行於世玄初作内篇成子咸以示司空王沈沈與玄書曰省足下所著書言富理濟經綸政體存重儒教足以凢楊墨之流遁齊荀孟於在代每開卷未嘗不嘆息也不見賈生自以爲過之乃今不及信矣
袁準爲給事中著書十餘萬言論治世之務
華譚元帝時爲鎮東軍諮祭酒譚博學多通在府無事乃著書三十卷名曰辨道上牋進之帝親自覽焉
王長文廣漢郪人州府辟命皆不就著書四卷擬易名曰通玄經有文言卦象可用卜筮時人比之揚雄太玄同郡馬秀曰揚雄作太玄惟桓譚以爲必傳後世晚遭陸績玄道遂明長文通玄經未遭陸績君山爾
周處爲御史中丞著默語三十篇
葛洪爲司徒王導諮議參軍凡所著撰精覈是非而才章富贍所著子書言黄白之事名曰内篇其餘駁難

通釋名曰外篇大凡内外一百一十六篇自號抱朴子凢以名書
韋謏字憲道爲太子太傅著伏林二千餘言遂演爲典林二十餘篇凡所述作皆深博有才義
杜夷爲國子祭酒著幽求子一十篇行於世兄嵇字行高亦有志節惠帝時俗多浮僞著杜子春秋以刺之
徐苗高密淳于人也依道家著玄微論前後所造數萬言皆有義味公府五辟博士不就
夏侯湛爲嘗侍撰新論十卷

揚泉若徵士也撰物理論十卷又太元經十四卷
虞喜以博士徵不就撰志林新書三十卷
干寶爲散騎常侍撰干子十八篇
蔡歆爲江州從事撰問論
顧夷爲揚州主簿撰顧子十卷
呂竦爲儒林祭酒撰要覽十卷
蘇彥爲北中郎參軍撰蘇子
宣聘爲宣城令撰宣子
張顯爲議郎撰析言論二十卷
楊偉爲征南軍師撰桑丘先生書二卷又有時務論

十二卷
前秦苻朗堅之從兄子著苻子數十篇行於世亦老
莊之流也
宋傅亮爲散騎常侍見世路屯險著論名曰演慎
賀道養爲太學博士撰賀子述言十卷
梁劉勰爲東宮通事舍人撰文心雕龍五十篇論古
今文體引而次之
後魏崔浩爲左光祿大夫大師寇謙之每與浩言聞
其論古治亂之迹嘗自夜達旦竦意斂容無有懈倦
旣而嘆美之曰斯人言惠皆可底行亦當今之皐繇
也但世人貴遠賤近不能深察之爾因謂浩曰吾行
道隱居不營世務忽受神中之訣當兼修儒教輔助
太平眞君繼千載之絕統而學不稽古臨事闇昧爲
吾撰列王者治典并論其大要浩乃著書二十餘篇
上推太初下盡秦漢變弊之迹大旨先以復五等爲
本
李公緒爲冀州司馬至齊文宣時以侍御史徵不就
撰典言十卷
北齊顏之推撰家訓二十篇後入隋爲太子學士
隋辛德源爲蜀王諮議參軍撰政訓內訓各二十卷

王通仕隋爲蜀郡書佐大業末棄官歸絳州著書爲
業又依孔子家語揚雄法言例爲客主對答之說號曰
中說皆爲儒家所稱
唐崔玄暐中宗時爲中書令撰行已要範十卷
盧景亮爲中書舍人早有時名前後述作皆根於中
正頗有經國理人之志嘗以爲國之要足食足兵而
又得士方可以爲政於是採黃帝以還訖于本朝著
書上下篇名曰三足又作答秦客辭陳漕運飛輓之
利病
晉尹玉羽爲光祿大夫退居秦中十年之間著書一五

十卷名曰武庫集

冊府元龜

巡按福建監察御史臣李嗣京　訂正
分守建南道左布政使臣胡維霖　參閱
知建陽縣事臣黄國琦較釋

總錄部　一百五

曠達　縱逸

曠達

夫爽情得喪忘懷榮辱外儻蕩以無簡中恬漠而自適簡易威儀脫略富貴抗心俗表不屑物議任放肆志率詣不羈窮厄靡動其情哀樂罔嬰其慮斯皆晏

然自得不以世務爲累者也其有蓬實既重才位兼著不以名德驕物不以事任經懷體寬裕以安異同徇譚宴以賞勝會亦有靡修小節不求當世事於文酒之適極乎山泉之致茲乃處閑曠齊物我一端之士也其或不厲風檢惟任縱誕禮法之所見詣名教之所不容者蓋亦無取焉

柳下惠爲魯士師不羞汙君不卑小官進不隱賢必以其道遺佚而不怨阨窮而不憫故曰爾爲爾我爲我祖裼裸裎於我側爾焉能浼我哉（柳下惠魯公族大夫也姓展名禽字季柳下是其號也進不隱己之賢才必欲行其道也憫憂也云善而已惡人何能汙我也）故繇繇然與之偕而不自失焉援而止之而止援而止之而止者是亦不屑去已

後漢禰衡字正平平原人少有才辯建安初遊許下魏太祖聞衡善擊鼓乃召爲鼓史因大會賓客閱試音節諸史過者皆令脫其故衣更着岑牟單絞之服（岑牟鼓角士胄也絞蒼黃之色）次至衡衡方爲漁陽參撾蹀躞而前（一云衡擊鼓作漁陽參撾蹋地來前躡鼓足趣及撾並擊鼓杖也參撾是擊鼓之法）容態有異聲節悲壯聽者莫不慷慨衡進至太祖前而止吏訶之曰鼓史何不改裝而敢輕進乎衡曰諾於是先解衵衣（衵近身衣也）次釋餘服裸身而立徐取岑牟單絞而

着之畢復參撾而去顏色不怍

晉嵇康字叔夜善鍛向秀爲之佐相對欣然旁若無人康嘗採藥遊山澤會其得意忽焉忘反時有樵蘇者遇之咸謂爲神仙位至中散大夫

劉伶字伯倫放情肆志嘗以細宇宙齊萬物爲心澹默少言不妄交遊與阮籍嵇康相遇欣然神解攜手入林初不以家產有無介意嘗乘鹿車攜一壺酒使人荷鍤而隨之謂曰死便埋我其遺形骸如此位至建威參軍

阮籍字嗣宗任性不羈喜怒不形於色或閉戶視書

累月不出或登山臨水經日忘歸爲文帝從事中郎聞歩兵營厨人善釀有貯酒三百斛乃求爲歩兵較尉遺落世事雖去佐職常徃府內著達莊論及大人先生傳

阮咸字仲容任達不拘與叔父籍爲竹林之遊當世禮法者譏其所爲咸與籍居道南諸阮居道北北阮富而南阮貧七月七日北阮盛曬衣服皆竒錦綵目咸以竿挂大布犢鼻於庭人或恠之答曰未能免俗聊復爾耳咸與從子修特相善毎以得意爲歡諸阮皆能飲酒咸至宗人間共集不復用杯觴斟酌以大

盆盛酒圓坐相向大酌更飲時有羣豕來飲其酒咸直接其上便共飲之位至始平太守

阮瞻字千里咸子也爲太子舍人善彈琴人聞其能多徃求聽不問貴賤長幼皆爲彈之神氣冲和而不知向人所在內兄潘岳毎令鼓琴終日達夜無忤色繇是識者歎其恬澹不可榮辱

阮修字宣子性簡任不修人事絶不喜見俗人遇便捨去意有所思率爾褰裳不避晨夕至或無言但欣然相對嘗步行以百錢挂杖頭至酒店便獨酣暢雖當世富貴而不肯顧家無儋石之儲晏如也與兄弟同志嘗自得於林阜之間仕至太子洗馬

張翰字季膺任心自適不求當世或謂之曰卿乃可縱適一時獨不爲身後名邪答曰使我有身後名不如卽時一杯酒人貴其曠達位至大司馬東曹掾

王長文爲梁王肜丞相從事中郎在雒出行輙着白旃小障以載車當時異焉

顧和爲司徒王導揚州從事日旦當朝未入停車門外周顗遇之和方擇蝨夷然不動顗旣過顧指和心曰此中何物和曰此中最是難測地顗入謂導曰卿州吏中有一令僕才導亦以爲然

謝尚爲司徒王導府掾始到府通謁導以其有勝會謂曰聞君能作鴝鵒舞一坐傾想寧有此理不尚曰唯便着衣幘而舞導令坐者撫掌擊節尚俯仰有中旁若無人其率詣如此

周顗字伯仁性寛裕王導甚重之嘗枕顗膝而指其腹曰卿此中何所有也答曰此中空洞無物然足容卿輩數百人導亦不以爲忤又於導坐傲然嘯詠導云卿欲希嵇康邪顗曰何敢近捨明公遠希嵇阮位至尚書左僕射

庾亮字元規在武昌諸佐吏殷浩之徒乘秋夜徃共

登南樓俄而不覺亮至諸人將起避之亮徐日諸君少住老子於此處興復不淺便據胡床與浩等談詠竟坐其坦率行已多此類也位至司空

桓伊善音樂盡一時之妙爲江左第一有蔡邕柯亭笛嘗自吹之王徽之赴召京師泊舟清溪側素不與徽之相識伊於岸上過船中客稱伊小字日此桓野王也徽之便令人謂伊日聞君善吹笛試爲我一奏伊是時已貴顯素聞徽之名便下車踞胡牀爲作三調弄畢便上車去客主不交一言位至護軍將軍

桓石秀爲江州刺史居潯陽性放曠嘗弋釣林澤不

以榮爵嬰心也

孫統字承公幼與弟綽及從弟盛過江誕任不羈而善屬文時人以爲有楚風征北將軍褚裒聞其名命爲參軍辭不就家於會稽性好山水乃求爲鄞令轉在吳寧居職不留心碎務縱意游肆名山勝川靡不窮究

郗超字景興少卓犖不羈有曠世之度交游士林每存勝狀仕至司徒左長史

王徽之字子猷雅性放誕好聲色嘗與弟獻之共讀高士傳讚獻之賞井丹高潔徽之日未若長卿慢世也其傲達若此及獻之卒徽之奔喪不哭直上靈牀坐取獻之琴彈之久而不調歎日嗚呼子敬人琴俱亡徽之嘗爲大司馬桓温參軍蓬首散帶不綜府事又爲車騎桓冲騎兵冲問卿署何曹對日似是馬曹又問管幾馬日不知馬何繇知數又問馬比死多少日未知生焉知死

謝奕字無奕與桓温善温辟爲安西司馬猶推布衣好在温坐岸幘笑詠無異常日温日我方外司馬

王猛字景略桓温入關猛被褐而詣之一面談當世之事捫蝨而言旁若無人後爲苻堅相

宋陶潛字淵明閑靜少言不慕榮利性嗜酒而家貧不能常得親舊知其如此或置酒招之造飲輒盡用在必醉既而退曾不悋情去留仕至彭澤令

鄭鮮之字道子性好遊行命駕或不知所適隨御者所狎位至尚書右僕射

范泰字伯倫好酒不拘小節通率任心雖在公言不異私室高祖甚賞愛之位至侍中左光祿大夫國子祭酒

王敬弘素高退左右嘗使二老婢戴五條五辮着青紋袜褌飾以朱粉女適尚書僕射何尚之弟述之敬

弘嘗往何氏看女値尙之不在寄齋中卧俄頃尙之還敬弘使二婢守閤不聽尙之入云正熟不堪相見若可且去尙之於是移於他室位至侍中

沈慶之爲司空每朝賀嘗乘猪鼻無憾車左右從者不過三五人騎馬履行園田止一人視馬而已每農桑劇月或時無人過之者不知三公也及加三望車謂人曰我每遊履田園有時與人馬成三無人則與馬成二今乘此車安所之乎及几杖並與讓焉

袁粲好飲酒善吟諷獨酌園亭以此自適居負南郭時杖策獨遊爲中書令領丹陽尹位望雖重不以事

務經懷嘗步屧白楊郊野間道遇一士大夫便呼與酣飲明日此人謂被知顧到門求通粲曰昨飲酒無偶聊相要爾竟不與相見嘗作五言詩云放迹雖中字循寄乃滄洲蓋其志也

南齊張欣泰爲隨王子隆鎭西中兵參軍子隆深相愛重數與談宴武帝怒召還都屛居家巷置宅南岡下面松山欣泰負弩射雉恣情閑放聲伎雜藝頗多開解

梁何點字子晳廬江灊人雖不入城府而遨游人世不簪不帶或駕柴車躡草屩恣心所適致醉而歸

張眉字士宣以謹重稱爲無錫令遇劫河側劫以刀斫其頸眉喘喘不易餘無所言於是生貧皆盡不以介懷爲湘東王記室出爲富陽令廓然獨處無所用心身死之日家無遺財惟有文集并書千餘卷酒米數甕而已

江革爲度支尙書以強直爲權勢所疾除光祿大夫領步兵較尉南北兗二州大中正優游閑放以文酒自娛

曹景宗新野人也善騎射好畋獵武帝時爲侍中領軍將軍出行嘗欲褰車帷幔左右輙陳以位望隆重

人所具瞻不宜然景宗謂所親曰我昔在鄉里騎快馬如龍與年少陪數十騎拓弓弦作霹靂聲箭如餓鴟叫平澤中逐麞鹿數肋射之渴飲其血饑食其脯甜如甘露漿覺耳後風生鼻頭出火此樂使人忘死不知老之將至今來揚州作貴人動轉不得路行開車幔小人輙言不可閉置車中如三日新婦遭此悒悒使人無氣

謝幾卿爲軍師長史坐軍敗免官閑居宅在白楊石井朝中交好者載酒從之賓客滿坐時左丞庾仲容亦免歸二人意志相得並肆情誕縱或乘露車歷游

郊野既醉則執鋒挽歌不屑物議焉
後魏劉獻之博陵饒陽人博觀衆籍見名法之言掩
卷而笑曰若使楊墨之流不爲此書千載誰知其小
也曾謂其所親曰觀屈原離騷之作自是任人死其
宜矣何足惜也吾嘗謂濯纓洗耳有異人之迹哺糟
歠醨有同物之志而孔子曰我則異於是無可無不
可誠哉斯言實獲我心
莊季少有大度不拘小節躭志書傳未曾以世務經
心好飲酒浩然物表司徒崔浩奏徵爲中郎辭疾不
赴

北齊邢劭字子才初仕後魏爲中書令元羅青州司
馬遂在青土終日酣賞盡山泉之致齊受禪爲太常
卿中書監攝國子祭酒雖望實兼重不以才位傲物
脫畧簡易不修威儀車服器用充事而已有齋不居
坐卧嘗在一小屋果餌 屬或置之梁上賓至下而
共啖天資質素特安異同士無賢愚皆能顧接對客
或解衣覓蝨且與劇談劭事寡嫂甚謹養孤子恕慈
愛特深在兗州有都下信云恕疾便憂之廢寢食顏
色貶損及卒人士爲之傷心痛悼雖甚竟不再哭賓
客弔慰拭淚而已其高情達識開遺滯累所未有也

宋游道仕後魏爲司州治中從事時將家還鄴會霖
雨行旅擁於河梁游道於幕下朝夕宴歌行者曰何
時節作此聲也游道答曰何時節不作此聲固大癡
李元忠仕東魏興和末爲侍中雖居要任初不以物
務干懷惟以聲酒自娛大率嘗醉家事大小了不關
心園庭之内羅種菓藥親朋尋詣必留連宴賞每挾
彈攜壺遨遊里閈遇會飲酌蕭然自得拜儀同三司
孫騰司馬子如嘗詣元忠逢其方坐葛巾權被對壺
獨酌庭室蕪曠使婢卷兩褥以質酒肉呼妻出衣不
曳地二公相視歎息而去大餉米絹受而散之

王晞爲嘗山王并州司馬性閑淡寡欲雖戎馬塡閭
未嘗以世務爲累良辰美景嘯詠遨遊登臨山水以
談讌爲事人士謂之物外司馬
後周韋敻京兆杜陵人高尚不仕其子瓘行隨州刺
史因疾物故弟孝寬子總復於并州戰殁一日之中
凶問俱至家人相對悲慟而敻神色自若謂之曰死
生命也去來常事亦何足悲援琴撫之如舊
隋李貞爲棠州刺史吏民安之自此不復留意於文
筆問其故慨然歎曰五十之年倏然而過鬢垂髮素
筋力已衰宦情文情一時盡矣悲夫然每暇日輒引

賓客弦歌對酒終日為歡

唐李白字太白少有逸才志氣宏放飄然有超世之志天寶待詔翰林白旣嗜酒日與酒徒醉於酒肆嘗沉醉殿上引足令高力士脫靴繇是斥去乃浪迹江湖終日沉飲時侍御史崔宗之謫官金陵與白詩酒唱和嘗月夜乘舟自採石達金陵白衣宮錦袍於舟中顧瞻笑傲旁若無人

杜甫字子美為嚴武劍南節度參謀簡較尚書工部員外郎於成都浣花里結廬枕江縱酒嘯詠與田畯野老相狎蕩無拘簡武過之有時不冠其傲誕如此

柳渾為監察御史憲臺執法之地動循儀軌渾性放曠不甚簡束其寮長局吏咸忿其踈縱渾旣不樂乞守外職執政惜其才因奏為左補闕其後為相封宜城男及免相歎日與親故尋勝讌賞醉而方歸時李勉盧翰皆以退罷居私第相謂吾方柳宜城悉是拘俗之人矣

白居易初對策高第擢入翰林欲奮厲効報兼濟生靈蓄意未果望風為當路者所擠流徙江湖四五年間幾淪蠻瘴自是宦情衰落無意於出處唯以逍遥吟詠為事後為刑部尚書致仕

後唐丁會字道隱壽春人幼放蕩縱横不治農產嘗隨哀挽者學歌謳猶嗜其聲位至昭義節度使

晉鄭雲叟南燕人家本東郡隱居華山妻兒繼巳凋謝每聞凶訃一哭而巳

盧詹性剛直議論不避豪貴執政者嘗惡之天福初拜禮部尚書分司雒下與右僕射盧質散騎常侍盧重俱在西都數相過從三人俱嗜酒好遊山水塔廟林亭花竹之地無不同往酣飲為樂人無以間廁雒中朝士目為三盧會嘗委順性命不營財利身死之日家無衣物葬具不給俟其君賜方卜葬事

縱逸

夫人禀五常之性首萬物之靈清濁殊分賢愚異致所以貴賤有位動靜有常故不可以一槩而量之則有放曠為懷誕縱成志不護細行罔媿時譏或寓輿於山林威儀不整或傲情於觴而禮法罔修是以大禮有環珮之節前哲有韋弦之戒傲不可長其斯之謂與

漢司馬相如為文園令初相如客臨邛富人卓王孫為具召之并召令相如至酒酣臨邛令前奏琴曰竊聞長卿好之願以自娛(長卿相如字奏進也)相如辭謝為鼓一

再行（行謂曲引也古樂府長歌行短歌行此其義也）是時卓王孫有女文君
新寡好音故相如繆與令相重而以琴心挑之（寄心於琴
聲以挑動之也挑徒了反）相如時從車騎雍容間雅（閒讀曰閑）甚都（都閑
美之稱也詩鄭風有女同車之篇云洵美且都山有扶蘇之篇又云不見子都則知都者美也）及飲
卓氏弄琴文君竊從戶窺心說而好之（說讀曰悅悅其人而好其
音也）恐不得當也（當與對偶之）既罷相如乃令侍人重賜文
君侍者通殷勤文君夜亡奔相如
陳遵為公府掾公府掾史率皆羸車小馬不上鮮明
而遵獨極輿馬衣服之好門外車騎交錯又日出醉
歸曹事數廢西曹以故事適之（索舊法令而罰之也適讀曰謫）侍曹

輒詣寺舍白遵陳卿今日以某事適遵曰滿百乃相
聞故事有百適者斥
後漢桓譚性嗜倡樂簡易不修威儀而喜非毀俗儒
繇是多見排詆哀平間位不過郎
賈逵為侍中世稱為通儒然不修小節當時以此頗
譏為故不至大官
虞延陳留東昏人性敦朴不拘小節又無鄉曲之譽
位至司徒
孔融為少府與蔡邕素善邕卒後有虎賁士貌類於
邕融每酒酣引與同坐曰雖無老成人且有典刑

魏陶謙字恭祖少孤始以不羈聞於縣中年十四猶
綴帛為幡乘竹馬而戲邑中兒僮皆隨之後至徐州
刺史
游楚為隴西太守蜀寇至堅守徵拜駙馬都尉楚不
學問而性好游遨音樂乃畜歌者琵琶箏簫每行悉
將以自隨所在樗蒲投壺歡欣自娛數歲復出為北
地太守年七十餘卒
管輅字公明平原人容貌粗醜無威儀而嗜酒飲食
言戲不擇非類故人多愛之而不敬也
蜀何祇字君肅少寒貧為人寬厚通濟體甚壯大又

能飲食好聲色不持節簡時人少貴之者仕至犍為
太守
吳潘璋字文珪魏郡發干人大帝為陽羨長始往隨
帝性博蕩嗜酒居貧好賒酤債家至門輒言後豪富
相還帝奇愛之
胡綜汝南固始人為偏將軍兼左執法性嗜酒酒後
歡呼極意或推引杯觴搏擊左右大帝愛其才弗之
責也
晉阮籍字嗣宗陳留尉氏人容貌瓌傑志氣宏放傲
然獨得任性不羈而喜怒不形於色或閉戶視書累

月不出或登臨山水經日忘歸博覽群籍尤好莊老嗜酒能嘯善彈琴當其得意忽忘形骸時人多謂之癡及帝輔政籍嘗從容言於帝曰籍平生曾遊東平樂其風土帝大悅即拜東平相籍乘驢到郡壞府舍屏鄣使內外相望法令清簡旬日而還籍性至孝母終正與人圍棊對者求止籍留與決賭既而飲酒二升舉聲一號吐血數升及將葬食一蒸肫飲二斗酒然後臨訣直言窮矣舉聲一號因又吐血數升毀瘠骨立殆致滅性裴楷往弔之籍散髮箕踞醉而直視楷弔唁畢便去籍任性不羈嫂嘗歸寧籍相見與別

或譏之籍曰禮豈為我設邪鄰家少婦有美色當壚沽酒籍嘗詣婦飲醉便臥其側籍既不自嫌其夫察之亦不疑兵家女有才色未嫁而死籍不識其父兄徑往哭之盡哀而還其外坦蕩而內淳至皆此類也

王廙字世將為荊州別將廙性倜儻率嘗從南下旦自尋陽迅風飛帆暮至都倚舫樓長嘯神氣自適王導謂庾亮曰世將為時識事亮曰正足舒其逸氣耳

孫楚字子荊年四十餘始參鎮東軍事王濟卒將葬時賢無不畢至楚雅敬濟而後來哭之甚悲賓客莫不垂涕哭畢向靈牀曰卿嘗好我作驢鳴我為卿試作之體似聲真賓客皆笑楚顧曰諸君不死而令王濟死乎

胡毋輔之字彥國性嗜酒任縱不拘小節為樂安太守與郡人光逸晝夜酣飲不視郡事成都王穎為太弟召為中庶子遂與謝鯤王澄阮修王尼畢卓俱為傲達

謝鯤為王敦大將軍長史每與畢卓王尼阮放羊曼桓彝阮孚等縱酒敦以其名文高雅相賓禮

光逸字孟祖樂安人祖為博昌小吏縣令使逸送客冒寒舉體凍濕還遇令不在逸解衣炙之入令被中

臥令還大怒將加嚴罰逸曰家貧衣單沾濕無可代若不暫溫勢必凍死奈何惜一被而殺一人乎君子仁愛必不爾也故寢而不疑令奇而釋之後以世難避亂渡江復依胡毋輔之初至屬輔之與謝鯤阮放畢卓羊曼阮孚散髮裸裎閉室酣飲已累日逸將排戶入守者不聽逸便於戶外脫衣露頂於狗竇中窺之而大叫輔之驚曰他人必不能爾必我孟祖也遽呼入遂與飲不捨晝夜時人謂之八達

胡毋謙之字子光輔之之子也才學不及父而傲縱過之至酣醉嘗呼其父字輔之亦不以介意談者以為

狂輔之正酣醉謙之闖而厲聲曰彥國年老不得爲爾將令我尻背東壁輔之歡笑呼入與共飲其所爲如此年未三十而卒

阮孚初辟太傅府遷騎兵屬避亂渡江元帝以爲安東參軍蓬髮飲酒不以王務嬰心時帝既用申韓以救世而孚之徒未能棄也雖然不以事任處之轉丞相從事中郎終日酣縱嘗爲有司所按帝每優容之瑯琊王裒爲車騎將軍鎭廣陵高選僚佐以孚爲長史帝謂曰卿既統軍府郊壘多事宜節飲也孚答曰陛下不以臣不才委之以戎旅之重臣僶俛從事不

敢有言者竊以今王莅鎭威風赫然皇澤遐被賊寇斂迹氛祲既澄日月自朗臣亦何可爝火不息正應端拱嘯詠以樂當年耳後爲黃門侍郎散騎常侍以金貂換酒復爲所司彈劾帝宥之

王戎爲人短小任率不修威儀官至司徒

王敦謝鯤庾敳阮修皆爲王衍所親善號爲四友而亦與王澄胡毋輔之等亦豫焉酣讌縱誕窮歡極娛敦爲大將軍

張翰字季鷹吳人有清才善屬文而縱任不拘時人號爲江東步兵會稽賀循赴命入雒經吳閶門於船中彈琴翰初不相識乃就循言譚便大相欣悅問循知其入雒翰曰吾亦有事北京便同載即去而不告家人後辟齊王椽棄官歸同郡顧榮素好琴及卒家人嘗置琴於靈座翰哭之慟既而上床嘆曰顧彥先復能賞此否因又慟既已不弔喪主而去

王澄爲荊州刺史澄將之鎭送者傾朝澄見樹上鵲巢便脫衣上樹探鷇而弄之神氣蕭然旁若無人劉琨謂澄曰卿形雖散朗而內實動俠以此處世難得其死默然不答

郭璞雅性輕易不修威儀嗜酒好色時或過度著作

郎于寶嘗戒之曰此非適性之道也璞曰吾所受有本限用之嘗恐不得盡卿乃憂酒色之爲害乎

袁耽字彥道少有才氣俶儻不羈爲士類所稱桓溫少時游於博徒資產俱盡尚有負進思自振之方莫知所出欲求濟於耽而耽在艱試以告焉耽略無難色遂變服懷布帽隨溫與債主戲耽素有藝名債者聞之而不相識謂之卿當不辦作袁彥道也遂就局十萬一擲直上百萬耽投馬絕叫探布帽擲地曰識袁彥道不其通脫若此

謝奕與桓溫善辟爲安西司馬猶推布衣好在溫坐

岸幘笑詠無異嘗日桓溫日我方外司馬奕每因酒無復朝廷禮嘗逼溫走入南康主門避之主日君若無狂司馬我何繇得相見奕遂携酒就廳事引溫一兵帥共飲日失一老兵得一老兵亦何所恠溫不之責

王忱太原中出爲荆州刺史都督荆益寧三州軍事建武將軍假節忱自恃才氣放酒誕節慕王澄之爲人末年猶嗜酒一飲連月不醒或裸體而游每歎三日不飲便覺形神不相親婦父嘗有慘忱乘醉弔之婦父慟哭忱與賓客十許人連臂被髮裸形而入繞

之三匝而出其所行多此類

王徽之卓犖不羈爲車騎將軍桓冲騎兵參軍嘗從冲行值暴雨徽之因下馬排入車中日公豈得獨擅一車時吳中一士大夫家有好竹欲觀之便出座竟造竹下諷嘯良久主人酒掃請坐徽之不顧將出主人乃閉門徽之更以此賞之盡歡而去又嘗居山陰夜雪初霽月色清朗四望皓然獨酌酒詠左思招隱詩忽憶戴逵逵時在剡便夜乘小船詣之經宿方至造門不前而反人問其故徽之日本乘興而行興盡而反何必見安道耶

宋顏延之好飲酒不護細行年三十猶未婚又嘗乘羸牛笨車逢子竣鹵簿即屏住道側又好騎馬遨遊里巷遇知舊輒據鞍索酒得酒必頹然自得位至光祿

范曄爲尚書吏部郎時彭城太妃薨將葬祖夕僚故並集東府曄弟廣淵時爲司徒祭酒其日在直曄與司徒左西屬王深宿廣淵許夜中酣飲開北牖聽挽歌爲樂義康大怒左遷曄宣城太守

沈昭畧字茂隆性狂儁不仕公卿使酒仗氣無所推下嘗醉晚日負杖携家賓子弟至婁湖苑逢王景文

子約張目視之日汝王約乃肥而癡約日汝沈昭畧耶何乃瘦而狂昭畧撫掌太笑日瘦已勝肥狂又勝癡奈何王約奈汝癡何

謝靈運爲侍中陳疾退居於會稽因父祖之資生業甚厚奴僮既衆義故門生數百鑿山浚湖功役無已尋山陟嶺必造幽峻巖嶂千里莫不備盡登躡嘗著木屐上山則去前齒下山去其後齒嘗自始寧南山伐木開逕直至臨海從者數百人臨海太守王琇驚駭謂爲山賊徐知是靈運乃安又要琇更進琇不肯靈運贈琇詩日邦君難地險旅客易山行在會稽亦

多徙泉驚縣邑也
王敬弘爲天門太守山郡無事恣其遊戲累日不回
王僧達性好鷹大與閭里少年相馳逐又躬自屠牛
位至中書
南齊張欣泰爲直閤步兵較尉戍羽林監欣泰通涉
雅俗交結多是名士下直輒遊園池着鹿皮冠衲衣
錫杖挾素琴有以啓世祖者世祖曰將家兒何敢作
此舉止
丘靈鞠宋世聞名甚盛入齊頗減蓬髮弛縱無形儀
不治家業王儉謂人曰丘公仕宦不進才亦退矣位

至長沙王車騎長史大中大夫
卞彬爲右軍將軍家貧出爲南康郡丞彬頻飲酒擯
棄形骸作蚤蝨賦序曰余居貧布衣十年不製衣一
袍之緼有生所託資其寒暑無與易之爲人多病起
居甚疏縈寢敗絮不能自釋兼攝性懶情懶事皮膚
澡刷不謹澣沐失時四體乾乾加以臭穢故葦席蓬
緌之間蚤蝨猥流淫癢渭灌無時怒害探揣摟撮日
不替手蝨有諺言朝生暮孫若吾之蝨者無湯沐之
慮絕相弔之憂晏聚乎久襟爛布之裳復不勤之討
捕孫孫息息三十五歲焉其略言皆實錄也爲車騎

記室彬性飲酒以瓠壺瓢勺杭皮爲肴饍着帛冠十
二年不改易以大瓠爲火籠什物多詭異自稱下
田居婦爲傳舊室或諫曰卿都不操名器何緣得升
彬曰擲五木子十擲輒鞬豈復擲子之拙吾好擲正
極此爾
褚賁辭爵讓與弟蓁仍居幕下及王儉薨乃騎水牛
出弔以牛繫門外柱入哭盡哀而退家人不知也
梁王籍爲大司馬從事中郎遷中散大夫猶不得志
遂徒行市道不擇交遊
庾仲容博學少有令名頗任氣使酒好危言高論士

友以此少之唯與王籍謝幾卿情好相得二人時亦
不調遂相追隨誕縱謀飲不復持簡操久之後爲諮
議參軍出爲黟縣令
謝幾卿爲尚書左丞性通脫意行不拘朝憲嘗預樂
遊苑宴不得醉而還因詣道邊酒壚停車褰幔與車
前三騶對飲時觀者如堵幾卿處之自若後以在省
署夜著犢鼻褌與門生登閤道飲酒酣呼爲有司糾
奏坐免官
劉緩字含度爲湘東王中錄事處遠有氣調風流迭
宕名高一府嘗云不須名位所須衣食不用身後之

譽唯重目前知見
周弘正爲散騎常侍夏月著犢鼻褌承朱衣爲有司
所彈其作爲如此
後魏薛裔字豫孫父爲立中將軍性豪爽盛營園宅
賓客聲伎以恣嬉遊
柳遠字季雲性麤疎無拘簡時人或謂之柳癲好彈
琴耽酒時有文詠爲肅宗挽郎
北齊司馬膺之家富於財厚自封殖王元景邢子才
之流以夙素重之以其疎簡傲物竟天保世淪滯不
齒

裴英起聰慧滑稽好劇譚不拘儀簡
劉逖字子長少而聰敏好弋獵騎射以行樂爲事愛
交遊善戲謔郡辟爲功曹
顏之推好飲酒多任縱不修邊幅時論以此少之位
至黄門侍郎
後周盧柔性聰好學頗使酒誕節爲世所譏誚後仕
至開府儀同三司
唐李伯藥以蔭補三衛隋太子勇召入東宮補通事
舍人伯藥少時疎放好與綺紈公子相追以詩酒爲
務十年不徙官所與交者亦當時有名之士

李客師衛國公靖季弟也少任俠善騎射嘗以
馳射爲事不事大業末爲涿郡倉曹書佐太守崔弘
度甚愛狎之每與之爲弋獵絲竹之賓貞觀初拜右
武衛將軍累封丹陽郡公尋以年老致仕退居昆明
之别業然而馳射不衰四時縱禽無暫休息京城弁
南山四至灃水鳥獸皆識之每出則烏鵲之類千萬
爲羣隨逐噪之時臨昆明池鳧鴈亦皆散去郊野號
爲烏賊卒時年九十餘贈幽州都督陪葬昭陵
唐敬嗣則天初爲房州刺史好樗蒲飲酒其孫汪無
學術頗有祖風開元末爲蜀州唐安令與楊國忠博
徒相得

賀知章爲秘書監晚年猶縱恣無復規簡自號四明
狂客又稱秘書外監遨遊里巷醉後屬辭動成卷軸
文不加點咸有可觀
路恕爲懷州刺史累遷賓客常侍弟有佳林園自貞
元初李紓包佶輩迄於元和末僅四十年朝之名卿
咸從之遊高歌縱酒不屑外意未嘗問家人事人亦
以和易稱之
楊元卿少孤慷慨有才畧及冠尚漂蕩江嶺之表縱
遊放言時人謂之狂生元卿官至太子太保

崔咸爲祕書監少有林壑之志往往潛遊南山經旬不反旣冠連中文科猶長於篇詠好飲酒每風月孤靜吟嘯移旬多悽愴流涕至酣醉則已鄭餘慶李夷簡皆辟於幕中如奉師友

後唐馬郁在武皇幕累官至簡較司空祕書監武皇與莊宗禮俱厚歲時給賜優異監軍張業本朝舊人權貴任事人士脅肩低首候之郁以滑稽侮狎其往如歸有旬直造卧內每賓僚宴集承業出珍果陳列於前者食之必盡承業私戒主膳者曰他日馬監至唯以乾藕子置前而已郁至窺之知其不可啖異日

韡出中一鐵撾碎而食之承業大笑曰爲公異饌勿敗餘食按其俊率如此

晉盧詹天福初拜禮部尚書分司雒下與右僕射盧質散騎常侍盧重俱在西都數相過從三人俱嗜酒好遊山水塔廟林亭花竹之地無不同往酣飲爲樂人無間然雒中朝士目爲三盧會嘗委順性命不營財利閑運初卒於雒陽詹家無長物葬具不給少帝聞之賜布帛百段粟麥百斛方能襄其葬事贈太子少保

楊凝式天保中爲太子賓客尋以禮部尚書致仕居伊雒之間不以晝夜爲拘恣其狂逸多所干忤自居留巳降咸以俊才耆德莫之責也

册府元龜

冊府元龜

巡按福建監察御史臣李嗣京 訂正

分守建南道左布政使臣胡維霖 叅閲

知建陽縣事臣 黄國琦 較釋

總録部 八百五十六

知音

傳曰惟君子爲能知音樂是故審聲以知音審音以知樂審樂以知政至哉知音之爲難矣非夫天機朗悟識理玄契窮本知末探賾索隱叅於象數之表宜乎神化之運又曷能經物造端制器垂範明治亂於

未兆表吉凶於先見洞達其節奏深究於義趣紬繹以極其妙演暢以攄其變俾夫成文而協律和聲而藎善播於樂府紀於人聽者焉蓋仲尼有言曰樂云樂云鍾鼓云乎哉乃知夫審音者非特鏗鏘擊拊之謂矣

黄帝使伶倫自大夏之西大夏西戎之國也崑崙之陰取竹於解谷崑崙上比谷名也生其竅厚均者竹孔與肉薄取谷中之竹生而肉孔外肉厚薄自然均者以爲箭不復加削刮也截斷兩節間而吹之以爲黄鍾之宮黄鍾之宮律之最長也制十二箭以聽鳳之鳴其雄鳴六雌鳴亦六比黄鍾之宮而皆可以生之是爲律本比合也可以生之謂上下相生也故謂之律本至治之世天地之氣合而生風天地之風氣正十二律定律得風氣以成聲風和乃律調也風氣正則十二月之氣各應其律不失其序一日黄帝使伶倫伐竹於昆谿斬而作笛吹之作鳳鳴

泠州鳩周景王時樂官王將鑄無射無射鍾名律中無射泠州鳩曰王其以心疾死乎夫樂天子之職也職所主也夫音樂之輿也樂因音而行而鍾音之器也音繇器以發天子省風以作樂省風俗作樂以移之器以鍾之鍾聚也以器聚音輿以行之樂須音而行小者不窕窕細而不滿大者不槬槬横大不入則和於物物和則嘉成嘉樂成也故和聲入於耳而藏於心心億則

樂億安也窕則不咸不充滿人心槬則不容心不堪容心是以感感實生疾今鍾槬矣王心弗堪其能久乎明年王病心

師曠晉太師也初衛靈公將之晉至於濮水之上舍夜半聞鼓琴聲問左右皆對曰不聞召師涓曰吾聞鼓琴音問左右皆不聞其狀一似鬼神爲我聽而寫之師涓曰諾因端坐援琴聽而寫之明日曰臣得之矣然未習也請宿習之靈公曰可因復宿明日報曰習矣即去之晉見晉平公平公置酒於施惠之臺酒酣靈公曰今者來聞新聲請奏之平公曰可即令師涓坐

師曠旁援琴鼓之未終師曠撫而止之曰此亡國之聲也不可聽平公曰何道出師曠曰師延所作也延與紂爲靡靡之樂武王伐紂師延東走自投濮水之中故聞此聲必於濮水之上先聞此聲者國削平公曰寡人所好者音也願遂聞之師涓鼓而終之平公曰音無此最悲乎曠曰有平公曰可得聞乎師曠曰君德義薄不可以聽之平公曰寡人所好者音也願聞之師曠不得已援琴而鼓之一奏之有玄鶴二八集乎廊門再奏之延頸而鳴舒翼而舞平公大喜起而爲師曠壽反坐問曰音無此最悲乎曠曰有音者

黃帝以大合鬼神今君德義薄不足以聽之聽之將敗平公曰寡人老矣所好者音也願遂聞之師曠不得已援琴而鼓之一奏之有白雲從西北起再奏之大風至而雨隨之飛廊瓦左右皆奔走平公恐懼伏於廊屋之間晉國大旱赤地三年聽者或吉或凶夫樂不可妄興也又楚師伐鄭晉人聞有楚師師曠曰不害吾驟歌北風又歌南風南風不競（歌者吹律以詠八風南風音微故曰不競也師曠惟歌南北風者聽晉楚之強弱）多死聲楚必無功董叔曰天道多在西北（歲在豕韋月又建亥歌故曰多在西北）南師不時必無功（不時謂觸歲月）叔向曰在其君德也（言天時地利不如人和）後

平公鑄爲鐘使工聽之皆以爲調矣師曠曰不調請更鑄之公曰吾皆爲調矣師曠曰後世有知音者知鍾不調也臣竊恥之至於師涓而果知其鍾之不調也

季札吳公子聘於魯請觀周樂爲歌周南召南曰美哉始基之矣猶未也然勤而不怨歌邶鄘衛曰美哉淵乎憂而不困者也吾聞衛康叔武公之德如是是其衛風乎歌王曰美哉思而不懼其周之東乎歌鄭曰美哉其細已甚民弗堪也是其先亡乎歌齊曰美哉泱泱乎大風也哉表東海者其太公乎國未可量

也歌豳曰美哉蕩蕩乎樂而不淫其周公之東乎歌秦曰此之謂夏聲夫能夏則大大之至也其周之舊乎歌魏曰美哉渢渢乎大而婉儉而易行以德輔此則明主也歌唐曰思深哉其有陶唐氏之遺民乎不然何憂之遠也非令德之後誰能若是歌陳曰國無主其能久乎自鄶以下無譏焉歌小雅曰美哉思而不貳怨而不言其周德之衰乎猶有先王之遺民也歌大雅曰廣哉熙熙乎曲而有直體其文王之德乎歌頌曰至矣哉直而不倨曲而不詘邇而不偪遠而不攜遷而不淫復而不厭哀而不愁樂而不荒用而

不匱廣而不宣施而不費取而不貪處而不底行而不流五聲和八風平節有度守有序盛德之所同也見舞象箾南籥者曰美哉猶有憾見舞大武者曰美哉周之盛也其若此乎見舞韶濩者曰聖人之弘也猶有慙德聖人之難也見舞大夏者曰美哉勤而不德非禹其誰能修之見舞韶箾者曰德至矣哉大矣如天之無不幬也如地之無不載也雖甚盛德其蔑以加於此矣若有他樂吾不敢請也（周用六代之樂堯曰咸池黄帝曰雲門魯受四代下周二等故不舞其二季札知之故曰有他樂吾不敢請）

鍾子期夜聞擊磬聲者而悲且召問之曰何哉子之

擊磬若此之悲也對曰臣之父殺人而不得臣之母得而爲公家隷臣得而爲公家擊磬臣不睹臣之母三年於此矣昧日爲舍市而睹之意欲贖之無財身又公家之有也是以悲也鍾子期曰悲在心非手也非木非石也悲於心而木石應之以至誠故也

孔子語魯太師樂曰樂其可知也始作翕如也從之純如也皦如也繹如也以成

子謂韶盡美矣又盡善也謂武盡美矣未盡善也

子在齊聞韶三月不知肉味曰不圖爲樂之至於斯也

孔子擊磬有荷蕢而過門者曰有心哉擊磬乎硜硜乎莫己知也斯已而已矣

孔子學鼓琴師襄子十日不進師襄子曰可以益矣孔子曰丘已習其曲矣未得其數也有間曰已習其數可以益矣孔子曰丘未得其志也有間曰已習其志可以益矣孔子曰丘未得其爲人也有間曰有所穆然而深思焉有所怡然高望而遠志焉曰丘得其爲人黯然而黑（黯黑貌）幾然而長（詩云頎而長兮）眼如望羊（望視也）如王四國非文王其誰能爲此也師襄子避席再拜曰師蓋云文王操

賓牟賈侍坐於孔子孔子與之言及樂曰夫武之備戒之已久何也對曰病不得其衆也（武謂周舞也備戒擊鼓警衆病猶憂也以不得衆心爲憂憂其難也）詠歎之淫液之何也對曰恐不逮事也（詠歎淫液歌遲之也逮及也事伐事也）發揚蹈厲之已蚤何也對曰及時事也（時至武事當施也）武坐致右憲左何也對曰非武坐也（言武之事無坐也致謂膝至地也憲讀曰軒）聲淫及商何也對曰非武音也（言武歌在正其軍不貪商也時人或說其義爲貪商也）子曰若非武音則何音也對曰有司失其傳也如非有司失其傳則武王之志荒矣（有司典樂者也傳猶說也荒老耄也言典樂者失其說也而時人安說也書曰王耄荒）子曰唯丘之聞諸萇弘亦若吾子之言是

也萇弘周大夫賓牟賈起免席而請曰夫武之備戒之已久則旣聞命矣敢問遲之遲而又久何也遲之遲謂久立於綴子曰居吾語女夫樂者象成者也總干而山立武王之事也發揚蹈厲太公之志也武亂皆坐周召之治也居猶安坐也總干持盾也山立猶正立也象武王持盾正立待諸侯也且夫武始而北出再成而滅商三成而南四成而南國是疆五成而分陜周公左召公右六成復綴以崇天子成猶奏也每奏武曲一終爲一成始奏象觀兵盟津時也再奏象克殷時也三奏象克殷有餘力而反也四奏象南方荆蠻之國侵畔者服也五奏象周公召公分職而治也六奏象兵還振旅也復綴反位止也崇充也凡六奏以充武樂也夾振之而駟伐盛振威於中國也夾振之者王與大將

夾舞者振鐸以爲節也每奏四伐一擊一刺爲一伐牧誓曰今日之事不過四伐五伐分夾而進事蚤濟也分猶部曲也事猶爲也濟成也舞者各有部曲之列又夾振之者象用兵務於是成也久立於綴以待諸侯之至也象武王伐紂待諸侯也且女獨未聞牧之語乎欲以語作武樂之意武王克殷反商未及下車而封黃帝之後於薊封帝堯之後於祝封帝舜之後於陳下車而封夏后氏之後於杞殷之後於宋封王子比干之墓釋箕子之囚使之行商容而復其位庶民弛政庶士倍祿濟河而西馬散之華山之陽而弗復乘牛散之桃林之野而弗復服車甲衅而藏之府庫而弗復用倒載干戈苞之以虎皮將帥之士使

爲諸侯名之曰建櫜然後天下知武王之不復用兵也散軍而郊射左射貍首右射騶虞而貫華之射息也裨冕搢笏而虎賁之士稅劍也祀乎明堂而民知孝朝覲然後諸侯知所以臣耕籍然後諸侯知所以敬五者天下之大教也郊射謂射宮於郊也左東學也右西學也貍首騶虞以所歌爲節也貫華射穿甲華也裨冕衣裨而冠冕也裨衣衮之屬搢猶插也賁憤怒也文王之廟爲明堂制耕籍籍田者也食三老五更於太學天子袒而割牲執醬而饋執爵而酳冕而總干所以教諸侯之悌也三老五更互言之爾皆老人更知三德五事者也冕而總干親在舞位也周之太學曰東膠若此則周道四達禮樂交通則夫武之遲久不亦宜乎言武遲久爲重

禮樂

子路鼓瑟有北鄙之聲孔子聞之曰信矣由之不才也冉有侍孔子曰求來爾不謂由夫先王之制音也奏中聲爲中節彼小人則不然執末而論本務剛以爲基故其音湫厲而微末以象殺伐之氣夫殺者乃亂亡之風也冉有以告子路子路曰由之罪也後果不得其死焉

師摯之始關雎之亂洋洋乎盈耳哉魯太師摯識關雎之聲而首理其亂者洋洋乎盈耳聽而美之也

師乙魯樂官也子貢見師乙而問焉曰賜聞聲歌各

有宜也如賜者宜何歌也師乙曰乙賤工也何足以問所宜請誦其所聞而吾子自執焉寬而靜柔而正者宜歌頌廣大而靜疏達而信者宜歌大雅恭儉而好禮者宜歌小雅正直而清廉而謙者宜歌風肆直而慈愛者宜歌商溫良而能斷者宜歌齊夫歌者直己而陳德也動己而天地應焉四時和焉星辰理焉萬物育焉故商者五帝之遺聲也商人識之故謂之商齊者三代之遺聲也齊人識之故謂之齊明乎商之音者臨事而屢斷明乎齊之音者見利而讓（屢數也數斷事以其肆能直也見利而讓以其溫良能斷也斷猶決也）臨事而屢斷勇也見

利而讓義也有勇有義非歌孰能保此（保猶安也執也）故歌者上如抗下如墜曲如折止如槀木居中矩句中鉤纍纍乎端如貫珠（言歌聲之著動人心之審宜有此事）故歌之爲言也長言之也說之故言之言之不足故長言之長言之不足故嗟歎之嗟歎之不足故不知手之舞之足之蹈之也（長言之引其聲也嗟歎和續之也不知手之舞之足之蹈之歡之至也）鄒忌以鼓琴見齊威王威王悅而舍之右室須臾王自鼓琴鄒忌推戶入曰善哉鼓琴也王勃然不悅去琴按劒曰夫子見容未察何以知其善也忌曰大絃濁以溫小絃廉折以清攫之深而釋之舒均諧以鳴大小相益回邪而不相害是以知其善忌曰不獨語音夫治國家弭人民皆在其中又何爲絲桐之間忌曰大絃急以溫者君也小絃廉折以清者相也攫之深釋之舒者刑罰審也均諧以鳴者政令一也大小相益回邪而不相害者上下和鳴吏民相親也夫復而不亂者所以治昌也連而徑者所以存亡也故曰琴音調而天下治夫治國家弭人民無若乎五音者矣王曰善忌見三月而受相印

雍門周以琴見孟嘗君孟嘗君曰先生鼓琴亦能令我悲乎周曰臣烏能令足下悲哉所能令悲者先貴

而後賤先富而後貧不若身才高妙適遭暴亂不若處之隱絕不及四鄰屈折擯壓無所告訴臣一爲之徽膠援琴則涕零矣今足下千乘之君廣厦邃房下羅帷來清風揚激楚舞鄭妾麗色淫目流聲娛耳水遊則連方舟載羽旗野遊則獵平原馳廣囿入則撞鐘擊鼓乎深宮之中雖有善琴者固未能使足下悲也然臣所謂足下悲者一也千秋萬歲之後宗廟必不血食高臺既已壞曲池既已塹墳墓既已平嬰兒豎子樵採者躑躅其足而歌其上曰未知孟嘗君尊貴乃若是乎於是孟嘗君泣焉承臉周引琴而鼓之

徐動宮徵叩羽角孟嘗君泣涕增哀下而就之曰聞
先生鼓琴文乃破國亡邑之人也
高漸離燕之善擊筑者荆軻刺秦王不中死秦逐太
子丹荆軻之客皆亡漸離變名姓爲人傭保匿作於
宋子（縣名也今屬鉅鹿）久之作苦聞其家堂上客擊筑徬徨
不能去每出言曰彼有善有不善從者以告其主曰
彼傭乃知音竊言是非家丈人召使前擊筑一坐稱
善賜酒而高漸離念久隱畏約無窮時乃退出其裝
匣中筑與其善衣更容貌而前舉坐客皆驚下與抗
禮以爲上客使擊筑而歌客無不流涕而去者宋子

傳客之（互以爲客）聞於秦始皇始皇召見人有識者乃曰
高漸離也秦始皇惜其善擊筑重赦之乃矐其目使
擊筑未嘗不稱善稍益近之高漸離乃以鉛置筑中
復進得近舉筑朴秦始皇不中於是遂誅高漸離終
身不復近諸侯之人
漢制氏以雅樂聲律世世在大樂官能紀其鏗鏘鼓
舞
李延年善歌爲新樂聲是時武帝方興天地祠欲造
樂令司馬相如等作詩頌延年輒承意絃歌所造詩
爲之新聲曲延年繇是命爲協律都尉

侯調武帝時樂人帝使調作箜篌以祠太乙（或云侯暉所作其聲坎坎應節謂之坎侯聲訛爲箜篌者因工人姓爾）
趙定勃海人宣帝神爵五鳳之間數有嘉應帝頗作
歌詩欲興協律之事丞相魏相奏言知音善鼓雅琴
者定與梁國龍德皆召見待詔
京房好鍾律知聲音（房本姓李推律自定爲京氏）官至魏郡太守
後漢桓譚父成帝時爲太樂令譚以父任爲郎因好
音律善鼓琴
劉昆能彈雅琴知清角之操常爲騎都尉
馬融善鼓琴好吹笛位至議郎

蔡邕爲左中郎將好操音律坐事亡命在吳謂吳人
曰吾昔嘗經會稽高遷亭見屋椽竹東間第十六可
以爲笛取用果有異聲又吳人有燒桐以爨者邕聞
火烈之聲知其良木因請而製爲琴果有美音而其
尾猶焦故時人因名曰焦尾琴焉初邕在陳留也其
鄰人有以酒食召邕者比往而主以酣焉客有彈琴
於屏邕至門試潛聽之曰憘以樂召我而有殺心何
也遂反將命者告主人曰蔡君向來至門而去邕素
爲鄉邦所宗主人遽自追而問其故邕具以告莫不
憮然彈琴者曰我向鼓琴見螳螂方向鳴蟬蟬將去

而未飛螳蜋爲之一前一郤吾心聳然惟恐螳蜋之失也此豈爲殺心而形於聲者乎邕莞然而笑曰此足以當之矣邕志沈審志好琴道以嘉平元年入清溪訪鬼谷先生所居山五曲曲有幽居靈跡每一曲制一弄三年曲成遂出呈於馬融王允董卓等而異之

魏阮瑀字元瑜太祖雖雅聞其名辟之不應連見偪促乃逃入山中太祖使人焚山得瑀送至召入太祖時征長安大延賓客怒瑀不與語使就技人列瑀善解音能鼓琴遂撫絃而歌因作歌曲曰奕奕天門開

大魏應期運青蓋巡九州在東西人怨望士爲知已死女爲悅巳玩恩義苟敷暢他人焉能亂爲曲既捷音聲殊妙當時冠坐太祖大悅

杜夔河南人以知音爲雅樂郎漢末以世亂奔荊州荊州牧劉表令與孟曜爲漢主合雅樂樂備表欲庭觀之夔諫曰今將軍號不爲天子合樂而庭作之無乃不可乎表納其言而止後表子琮降太祖太祖以夔爲軍謀祭酒參大樂事因令創制雅樂夔善鍾律聰慧過人絲竹八音靡所不能惟歌舞非所長時散郎鄧靜尹齊善詠雅樂歌師尹胡能歌宗廟郊祀之曲舞師馮肅服養曉知先代諸舞夔總統研精遠考諸經近采故事教習講肄備作樂器紹復先代古樂皆自夔始也黄初中爲太樂令協律都尉鑄鍾工柴玉巧有意思形器之中多所造作亦爲當時貴人見知夔令玉鑄銅其聲均清濁多不如法數毀改作玉甚厭之反謂夔清濁任意頗拒捍夔夔玉更相白於太祖太祖取所鑄鍾雜作更試然其知夔爲精而玉之妄也於是罪玉及諸子皆爲養馬士文帝愛待玉又嘗令夔與左願等於賓客之中吹笙鼓琴夔有難色繇是帝意不悅後因他事擊夔使願等就學夔自

謂所習者非雅仕官有本意猶不滿遂黜免以卒弟子河南邵登張泰竇各至大樂丞下邳陳頏司律中郎將自左延年等雖妙於音咸善鄭聲其好古從正莫及夔

荀偉爲虎賁中郎將與賈充共定音律

吳周瑜精音樂三爵之後其有闕誤瑜必知之而顧吳人謠曰曲有誤周郎顧位至偏將軍

晉孫氏善哥舊曲宋識善擊節唱和陳左善清歌列和善吹笛赤素善彈箏宋生善琵琶尤發新聲益魏晉之世人也 傅玄曰人若欽所聞而忽所見不亦惑乎設此六人生於上世越古今而無儷

何但夔牙同契哉自茲以後皆孫朱等之遺則也

荀勗爲光祿大夫旣掌樂事又修律呂竝行於世初勗於路逢趙賈人牛鐸識其聲及掌樂音韻未調乃曰得牛之牛鐸則諧矣遂下郡國悉送牛鐸果得諧者又作新律笛十二枚以調律呂正雅樂正會殿庭作之自謂宮商克諧然論者猶謂勗暗解時阮咸妙達八音論者謂神解咸嘗心譏勗新律聲高以爲高近哀思不合中和每公會樂作勗意咸謂之不調以爲異己乃出咸爲始平相後有田父耕於野得周時玉尺勗以較己所治鐘鼓金石絲竹皆短較一米於

此伏咸之妙復徵咸歸勗旣以新律造二舞次更修正鐘聲會勗薨未竟其業元康三年詔其子藩修定金石以施郊廟尋値喪亂莫有記之者勗子藩字大堅元康中爲黃門侍郎受詔成父所治鐘聲藩子邃字道玄亦解音樂位至尚書

阮咸字仲容爲始平太守妙解音律善彈琵琶雖處世不交人事惟共親知絃歌酣宴而已荀勗每與咸論音律自以爲遠不及也咸善奏琵琶而項長過於今制列十有三柱武太后時蜀人蒯郎於古墓中得之晉竹林七賢圖阮咸所彈與此類同謂之阮咸郎初得銅者時有識之太常少卿元行冲曰阮咸所造乃令匠人改以木爲之其音甚清雅也

嵇康爲中散大夫彈琴詠詩自足於懷將刑東市顧視日影索琴彈之曰昔袁孝尼嘗從吾學廣陵散吾每靳固之廣陵散於今絕矣時年四十海內人士莫不痛惜帝尋悟而思之

石崇字季倫善彈琵琶位至衛尉

成公綏字子安好音律嘗當暑承風而嘯泠然成曲因爲嘯賦位至中書郎

阮瞻字千里善彈琴人聞其能多往求聽不問貴賤長幼皆爲彈之神氣冲和而不知向人所在內兄潘

岳每令鼓琴終日達夜無忤色是識者歎其恬淡不可榮辱矣位至太子舍人

謝鯤字幼輿能歌善鼓琴王衍嵇紹竝奇之爲王敦大將軍長史

紀瞻解音律殆盡其妙位至散騎常侍驃騎將軍

桓伊爲西中郎將豫州刺史以與謝玄俱破苻堅功封永新縣侯進號江將軍伊善音樂盡一時之妙爲江右第一得蔡邕柯亭笛嘗自吹之王徽之赴召京師泊舟清溪側素不與徽之相識伊於岸上過舡中客稱伊小字曰此桓野王也徽之便令人謂伊曰聞

君善吹笛試爲我一奏伊是時已貴顯素聞徽之名便下車踞胡床爲作三調弄畢便上車去客主不交一言時謝安女壻王國寳專利無簡安惡其爲人每抑制之孝武末年嗜酒好内於是國寳讒諛之計稍行而好利險詖之徒以安功名盛極而搆會之嫌隙遂成帝召伊飲宴安侍坐帝命伊吹笛伊神色無忤即吹爲一弄乃放笛云臣於箏分乃不及笛然自足以韻合歌管請以箏歌幷請一吹笛人帝善其調達乃勅御妓奏笛伊又云御府人於臣必自不合臣有一奴善相便串帝稱賞其放率乃許召之奴旣吹笛

伊撫箏而歌怨詩曰爲君旣不易爲臣良獨難忠信事不顯乃有見疑患周旦佐文武金縢功不刋推心輔王政二叔反流言聲節慷慨俯仰可觀安泣下沾襟乃越席而就之捋其鬚曰使君於此不凡帝甚有愧色位至護軍將軍

戴逵字安道譙國人少有文藝善鼓琴太宰武陵王晞聞其能琴使人召焉逵對使者前破琴曰戴安道不爲王門伶人晞怒乃更引其兄述述樂聞命欣然操琴而往逵不樂當世以琴書爲娛義熙初以散騎侍郎徵不起尋卒

袁山松善音樂舊歌有行路難曲辭頗疎質山松乃文其辭句婉其節制因酣歌之聞者流淚位至吳郡太守

姚邕字子和姚興之弟封濟南公尤善音樂皆能度其盈虛爲改曲調世咸傳之號濟南新詞

冊府元龜

册府元龜

巡按福建監察御史臣李嗣京 訂正

知長樂縣事臣夏允彝叅閱

知建陽縣事臣黃國琦較釋

總録部

知音第二

宋宗炳字少文南陽人妙善琴書謂人曰撫琴動操欲令衆山皆響古有金石弄爲諸桓所重桓氏亡其聲遂絶惟炳傳焉文帝遣樂師楊觀就炳受之數徵詔並不應

顔師伯頗解聲樂位至尚書僕射領丹陽尹

范曅善彈琵琶能爲新聲文帝欲聞之屢諷以微旨曅爲若不曉終不肯爲帝彈嘗宴飲歡適謂曅曰我欲歌卿可彈曅乃奉旨帝歌旣畢曅亦止絃位至右將軍太子詹事

謝稚善吹笙官至西陽太守

何承天能彈箏帝賜銀裝箏一面位至御史中丞

蕭思話善彈琴爲侍中領左衛將軍嘗從文帝登鍾山北嶺中道有盤石清泉帝使於石上彈琴因賜銀鍾酒謂曰相賞有松石閒意

張永爲右光祿大夫曉音律孝武問永以太極殿前鍾聲嘶永答鍾有銅滓乃扣鍾求其處鑿而去之聲遂清越

戴顒字仲若父逵善琴書顒並傳之凡諸音律皆能揮手會稽剡縣多名山故世居剡下顒及兄勃並受琴於父父沒所傳之聲不忍復奏各造新弄勃五部顒又制長弄一部並傳於世衡陽王義季亟從之遊顒服其野服不改常度爲義季鼓琴並新聲變曲其三調遊絃廣陵止息之流皆與世異顒合何嘗白鵠二聲以爲一調號爲清曠中書令王綏嘗攜客造之勃等方進豆粥綏曰聞君善琴試欲一聽不答綏恨而去顒隱遁有高名

沈懷遠吳興人大明中懷遠被徙廣州造繞梁其器與箜篌相似遠亡其器亦絶

南齊褚淵善彈琵琶武帝在東宮賜淵金鏤柄銀柱琵琶太祖曲江宴羣臣數人各使効伎藝淵彈琵琶王僧虔彈琴沈文季歌張敬兒舞王敬則拍王儉曰臣無所解惟知誦書因跪帝前誦相如封禪書帝笑曰此盛德之事吾何以堪之淵位至司徒領驃騎將軍録尚書事

王僧虔爲尚書令僧虔解音律以朝廷禮樂多違正典民閒競造新聲雜曲時太祖輔政僧虔上表宜命有司緝理遺逸悉加補綴事見納

蔡仲熊濟陽人也師事劉瓛學禮傳聞瓛講月令畢謂學生嚴植曰江左以來陰陽律數之學廢矣吾今講此曾不得其髣髴仲熊謂人曰凡鍾律在南不容復得調平昔五音金石本在中土今旣來南土氣偏陂音律乖爽仲熊官至尚書左丞

蕭惠基永明中爲太常加給事中自宋大明已來聲伎所尚多鄭衛淫俗雅樂正聲鮮有好者惠基解音

律尤好魏三祖曲及相和歌每奏帝輒賞悅不能已

梁王冲爲南郡太守曉音律習歌舞

柳惲旣善琴嘗以今聲轉棄古法乃著清調論具有條流惲初宋世有鍇元榮羊蓋竝善彈琴云傳戴安道之法惲幼從之學特窮其妙竟陵王聞而引之以爲法曹行參軍雅被賞狎王嘗置酒後園有晉謝安鳴琴在側授惲惲彈爲雅弄子良曰卿巧越嵇心妙臻羊體良質美手信在今辰豈可當世稱奇足可追蹤古烈累遷太子洗馬惲父世隆善彈琴世稱柳公雙璅爲士流第一惲每奏其父曲嘗感思復變體備寫古曲嘗賦詩未就以筆插擿琴坐客遊以筯扣之惲驚其哀韻乃製爲雅音後傳擊琴始自於此

卞華字昭丘孤貧好學江左以來鍾律絕學至華乃通焉位至尚書儀曹郎吳令

後魏陳仲儒神龜初自南歸國頗閑樂事請依前漢京房立准以調八音有司問仲儒言前被符問京房准定六十律之後雖有器存曉之者尠焉後漢熹平末張光等猶不能定絃之急緩聲之清濁仲儒自受何師出何典籍而云能曉答曰仲儒在江左之日頗愛琴又嘗覽司馬彪所撰續漢書見京房准術成數

昭然而張光等不能定仲儒不量庸昧竊有意焉遂竭愚思鑽研甚久雖未能測其微妙至無聲韻頗有所得度量衡曆皆出黃鍾雖造管察氣經史備有但氣有盈虛黍有巨細差之毫釐失之千里自非管應時候聲驗吉凶則是非之源諒亦難定此則非仲儒淺識所敢聞之至於准者本以代律取其分數調較樂器則宮商易辨若尺寸小長六十宮商相與微濁若分數加短則六十徵羽類皆小清語其大本居然微異至於清濁相宜諧會歌管皆得應合雖積黍驗氣取聲之本清濁諧會亦須有方若閑准意則辨五

聲清濁之韻若善琴術則知五調調音之體參此二途以均樂器則自然應和不相奪倫如不練此必有乖謬按後漢順帝陽嘉二年冬十月行禮辟雍奏應鍾始復黃鍾作樂器隨月律是爲十二之律必須次第爲宮而商角徵羽以類從之尋調聲之體宮商宜濁徵羽用清若依公孫崇止以十二律聲而云還相爲宮清濁悉足非惟未練五調調器之法至於五聲次第自是不足何者黃鍾爲聲氣之元其管最長故以黃鍾爲宮太簇爲商林鍾爲徵則一往相順若均之八音猶須錯採衆聲配成其美若以應鍾爲宮大

呂爲商蕤賓爲徵則徵濁而宮清雖有其韻不成音曲若以夷則爲宮則十二律中惟得取中呂爲徵其商角羽竝無其韻若以中呂爲宮則十二律內全無所取何者中呂爲十二之竅變律之首依京房書中呂爲宮乃以去滅爲商執始爲徵然後方韻而崇乃以中呂爲宮猶用林鍾爲商黃鍾爲徵何繇可諧仲孺以爲調和樂器文飾五聲非唯不妙若如嚴嵩父子心賞清濁是則爲難若依案見尺作准調絃緩急清濁可以意推爾但音聲精微史傳簡畧舊誌惟云准形如瑟十三絃隱間九尺以應黃鍾九寸調中一絃令與黃鍾相得按盡以求其聲聲遂不辨准須柱以成柱有高下絃有粗細餘十一絃復應若爲致令攪者迎前拱手又按房准九尺之內若一十七萬七千一百四十七分一尺之內爲萬九千六百八十三分又復十之是爲於准一寸之內亦有萬九千六百八十三分然則於准一分之內乘爲二千分又爲小分以辨强弱中間至促雖離朱之明猶不能窮而分之雖然仲孺私曾考驗但前却中柱使入准常尺分之內則相生之韻已自應合然分數既微器宜精妙其准面平直須如停水其中絃一柱高下須與二頭

臨岳一等移柱上下之時不使離絃不得舉絃又中絃粗細須與琴宮相類中絃須施軫如琴以軫調聲令與黃鍾一管相合中絃下依數盡出六十律清濁之節其餘十二絃須施柱如箏又凡絃皆須素張使臨時不動卽於中絃按盡一周之聲度著十二絃上然後依相生之法以次運行取十二律之商徵商徵既定又依琴五調調聲之法以均樂器其琴調以宮爲主清調以商爲主平調以角爲主五調各以一聲爲主然後錯採衆聲以文飾之方如錦繡自上代來消息調准之方竝史文所略出仲孺愚思若事有乖

此則音不和平仲孺尋准之分數精微如彼定絃緩急艱難若此而張光等視掌尚不識藏中有准旣未識其器又安能施絃也且燧人不師資而習火廷壽不束修以變律故云知之者欲教其無從心達者體知而無師苟有毫釐所得皆關心抱豈必要經師授然後爲奇哉但仲孺自省庸淺才非一足下可粗識音韻終言其理致爾時尚書蕭贊寅又奏金石律呂制度調均自古以來鮮或通曉仲孺雖粗述書文頗有所說而學不師授云出己心又云舊器不任必須更造然後克諧上違用舊之旨輕欲制造臣竊思量

不合依許詔曰禮樂之事非常人所明可如其所

源懷爲車騎大將軍雅知音律雖在白首至安居之暇當自操絲竹

高允好音樂每至伶人絃歌鼓舞常擊節稱善位至中書令

柳諧善鼓琴以新聲手勢京師士子翕然從學除著作佐郎

裴靄之字幼重好琴書其內弟柳諧善鼓琴靄之師諧而微不及也官至平東將軍汝南太守

趙熙字寶育好音律以善歌聞於世位至秦州刺史

北齊李概字德沈少聰敏善音律曾探諸聲別造一器號曰八絃時人稱其思理位至尚書儀郎

鄭述祖能鼓琴自造龍吟十弄云嘗夢人彈琴寤而寫得當時以爲絶妙位至兗州刺史

爾朱文略聰明儁爽多所通習文襄嘗令陰永興於馬上彈胡琵琶奏十餘曲試使文略寫之遂得其八帝戲之曰聰明人多不壽者梁郡以父榮爲梁王襲封梁其愼之文略對曰命之修短皆在明公帝愴然曰此不足慮也

李神威幼有風裁好音樂撰集樂書近於百卷位至尚書左丞

後周斛斯徵爲太常卿解音律樂有錞于者近代絕無此器或有自蜀得之皆莫之識徵見之曰此錞于也衆弗之信徵遂依于寶周禮注以芒筒捋之其聲極淸衆乃歎服徵仍取以合樂焉

長孫紹遠爲太常卿廣召工人創造樂器土木絲竹各得其宜唯黃鍾不調紹遠每以爲恨嘗因退朝經韓使君佛寺前過聞浮圖三層之上有鳴鐸焉忽聞其音雅合宮調取而配奏方始克諧紹遠乃啓明帝行之

隋蘇夔與鄭譯何妥議樂得罪議寢不行著樂志十
五篇以見其志數載拜太子舍人以罪免居數年仁
壽十年詔天下舉達禮樂之源者晉王昭時爲雍州
牧舉夔應之與諸州所舉五十餘人謁見帝望夔謂
侍臣曰惟此一人稱吾所舉位至光祿大夫
長孫覽尤曉鍾律位至涇州刺史
萬寶常父大通從梁將王琳歸于齊後復謀還江南
事泄伏誅繇是寶常被配爲樂戶因而妙達鍾律遍
工八音造玉磬以獻於齊又嘗與人方食論及聲調
時無樂器寶常因取前食器及雜物以箸扣之品其

高下宮商畢諧於絲竹大爲時人所賞然歷周洎隋
俱不得調開皇初沛國公鄭譯等定樂初爲黃鍾調
寶常雖爲伶人譯等每召與議然言多不用後譯樂
成奏之帝召寶常問其可否寶常曰此亡國之音豈
陛下之所宜聞帝不悅寶常因極言樂聲哀怨淫放
非雅正之音請以水尺爲律以調樂器帝從之寶常
奉詔遂造諸樂器其聲率下鄭譯調二律并撰樂譜
六十四卷具論八音旋相爲宮之法改絃移柱之制
爲八十四調一百四十四律變化終於一千八百聲
時人以周禮有旋宮之義自漢魏以來知音者皆不

能通見寶常特創其事皆哂之至是試令爲之應手
成曲無所凝滯見者莫不嗟異於是損益樂器不可
勝紀其聲音雅淡不爲時人所好太常善聲者多排
毀之寶常嘗聽太常所奏樂泫然而泣人問其故寶
常曰樂聲淫厲而哀天下不久相殺將盡時四海全
盛聞其言者皆謂爲不然大業之末其言卒驗後無
人贍遺竟餓而死及將死也取其所著書而焚之曰
何用此爲見者於火中探得數卷見行於世時論哀
之寶常死開皇之世鄭譯何妥盧賁蘇夔蕭吉並討
論墳籍撰著樂書皆爲當時所用至於天然識樂不

及寶常遠矣安馬駒曹妙達王長通郭金樂等能造
曲爲一時之妙多習鄭聲而寶常所爲皆歸於雅此
輩雖公議不附寶常然皆心服謂以爲神
曹妙達安馬駒皆北齊人開皇初以藝遊王公之門
新聲變曲傾動當世天子不能禁也帝嘗令妙達理
郊廟樂成寫傾杯行天之聲鄭譯知鍾律位至上柱
國
王令言樂人也好妙達音律大業末煬帝將幸江都
令言之子嘗從於戶外彈胡琵琶作翻調安公子曲
令言時臥室中聞之大驚蹶然而起曰變變急呼其

子曰此曲興自早晩其子對曰頃來有之令言遂歔欷流涕謂其子曰汝愼無從行帝必不反乎問其故令言曰此曲宮聲往而不反夫宮者君也吾所以知之

唐張文收善音律嘗覽蕭吉樂譜以爲未甚詳悉乃取歷代公華截竹爲十二律吹之備盡旋宮之義太宗召文收於太常令與少卿祖孝孫參定雅樂太樂有右鐘十二近代用其七餘有五鐘俗號啞鐘莫能通者文收吹律調之聲皆響徹時人咸服其妙尋授協律郎總章中潤州得玉磬以獻文收知其一日是

音其歲閏月造者得月數當十三今闕其一於黃鐘東九尺掘得焉下州求之如其言而得也

趙師宇邪利天水人也善琴貞觀初獨步上京嘗云吳聲清婉若長江廣流綿綿徐逝有國士之風蜀聲躁急若激浪奔雷亦一時也

李嗣眞爲始平令皇太子賢使樂工於東宮新作寶慶之曲曲成而工者奏於太淸觀嗣眞謂道士劉槩輔儼曰此樂宮商不和君臣相阻之徵也角徵失次父子不協之兆也殺聲旣多哀調又苦國家無事則太子受其咎也居數月而賢廢槩儼奏其事擢嗣眞爲太常丞使知五禮儀注嗣眞私謂人曰禍猶未已上風柔緩日侵不親庶務事無巨細決於中宮持權與人收之不易宗室雖衆皆在散位居中制外其勢不敵吾恐諸王藩翰皆爲中宮所蹂踐矣且自隋以來樂府堂堂之曲（再言堂者是堂氏再受命也）若中宮僭擅復歸子孫則爲受命矣近日閭巷又有側堂堂撓堂堂之謠側者不正之辭撓者不安之稱吾見患難之作不復久矣唐承周隋離亂之後樂懸散失獨無徵音國性所闕知者莫敢聞達其事天后末嗣眞爲御史大夫嘗密求之不得一旦秋爽聞砧聲有應者在今弩

營是當時英公宅又數年無繇得之其後敬業舉兵敗天后瀦其宮嗣眞乃求得喪車一鐸入而振之於東南隅果有應者遂掘之得石一段裁爲四具補樂懸之數闕令享宗廟郊天柱箕簴者乃嗣眞所得者也

裴知古爲太常令神龍元年正月則天享太廟知古謂萬年令元行冲曰金石諧和當有吉慶之事其在唐室子孫乎其月中宗卽位知古路逢乘馬者聞其聲切云此人當墜馬好事者隨觀之行未半里馬驚墜殆死嘗觀人迎婦聞佩玉聲曰此婦人不利姑是

日姤有疾其知音皆此類也
衛道猶近代言樂爲最天下莫能以聲欺者曹紹夔
乂之衛夔皆爲太樂令享北郊監享御史有怒於夔
欲以樂不和爲之罪雜扣鐘聲使夔闇名之無誤繇
是反欬伏又維陽有僧房中磬日夜自鳴僧以爲怪
懼而成疾求術士百方禁之終不能已紹夔素與僧
善來問疾僧具以告俄擊齋鐘磬復作聲紹夔笑曰
明日可設盛饌當相爲除之僧雖不信紹夔言冀其
或效乃具饌以待紹夔食訖出懷中錯鑢聲數處而
去遂絶僧告問其所以紹夔云此磬與鐘律合故擊

彼此應僧大喜疾亦愈
姚誾梁國公崇之姪孫妙於絲竹位至城父令
王維傳學多藝人有得奏樂圖不知其名維視之曰
霓裳第三疊第一拍也好事者集樂工按之一無差
忒咸服其精思官至尚書右丞
宋沇善音律太常久亡徵調沇考鐘律得之
李勉罷相爲太子太師善鼓琴好屬詩妙知音律能
自製琴又巧思
衛次公爲渭南尉次公善鼓琴京兆尹李齊運使其
子交歡意次公誨之琴次公不許繇是終身未嘗操

絃位至淮南節度使
杜式方爲太常寺主簿明練鐘律有所考定深爲鄉
高郢所賞
韓臯生知音律嘗觀彈琴至止息歎曰妙哉稽生之
爲是曲也其當晉魏之際乎其音主商商爲秋聲秋
也者天將搖落肅殺其歲之晏乎又晉乘金運商金
聲此所以知魏之季而晉將代也慢其商絃與宮同
音是臣奪君之義也所以知司馬氏之將篡也司馬
懿受魏明帝顧託後嗣反有篡奪之心自誅曹爽逆
節彌露王陵都督揚州謀立荆王彪毋丘儉王欽諸

葛誕前後相繼爲揚州都督咸有興復魏室之謀皆
爲懿父子所殺叔夜以揚州故廣陵之地彼四人者
皆魏室文武大臣咸敗於廣陵散言魏氏散亡自廣
陵始也止息者晉雖暴興終止息於此也其哀憤躁
疾痛迫脅之音盡在於是矣永嘉之亂其應乎叔夜
撰此將貽後代之知者且避晉魏之禍所以託之神
鬼也臯之於音可謂至矣位至左僕射東都留守
崔令卿爲太常丞文帝欲造雲韶樂曲召令卿對令
卿指陳根本兼言聲音之道帝歎異久之遷太僕卿
令卿善吹律盡批其管使如籥焉以吹之諧於金石

絲竹之音自近代通於聲律者無與亼卿爲比
雲朝霞文宗朝以善吹笛進文宗爲新聲雅樂朝霞
能承意變聲頗符帝旨爲教坊副使
李可及咸通中伶官善音律尤能轉喉爲新聲音辭
曲折聽者忘倦京師屠酤少年効之謂之拍彈時同
昌公主除喪懿宗與郭淑妃悼念不已可及爲作歌
百年舞曲舞人皆盛飾珠翠仍畫魚龍地衣以列之
曲終樂闋珠翠覆地詞語悽惻聞者流涕又嘗於安
國寺作菩薩蠻舞帝益憐之
周王仁裕初仕晉爲司封郎中仁裕爲文之外亦曉

音律天福五年八月戊申宴羣臣於永福殿樂奏黃
鍾仁裕曰音不純肅聲不和振其將有爭者乎或問
之曰奚以知其然對曰夫樂有天地辰宿有軌數形
色有陰陽逆順有離合隱見天數五地數六六五相
合十一月而生黃鍾黃鍾者同律之主五音之元宮
也子寅卯巳未酉戌謂之羽子寅辰午未酉亥謂之
宮子丑卯巳未申戌謂之角子卯辰巳未酉戌謂之
商四者靡靡成章峻而且厲鄭衛之音此之謂也雖
高有所忽微中有所闕漏與夫推曆生律以律合呂
九六之偶旋相爲宮三正生天地之美七宗因陰陽
之序者於其通人神宣歲功生成軌儀之德紀協長
大之算則精麄異矣在乎審治亂察盛衰原性情應
形兆則殊途而同歸也三正者一爲天二爲地三爲
人七宗者黃鍾爲宮大簇爲商姑洗爲角林鍾爲徵
南呂爲羽應鍾爲變宮蕤賓爲變徵角爲木商爲金
宮爲土變徵爲日變宮爲月徵爲火羽爲水龍角元
龜天豕井傒主乎角平尤河鼓婁聚輿鬼主乎商天
根須女庖爼烏喙主乎宮辰馬陰虛𤯝頭天都主乎
變徵大火丘封天高烏樽主乎變宮龍尾玄室四兵
天倡主乎徵天津東壁參代轅車主乎羽角之數六

十有四商之數七十有二宮之數八十有一變徵之
數五十有六變宮之數四十有二徵之數五十有四
羽之數四十有八極商之數九十陽之數一百二十
有八陰之數一百一十有二五音之數畢矣神無形
而有化處乎聲數之間故昭之以音合之以算音以
定主算以求象觸於耳而徹於心繇是而知也夫何
疑哉
王朴爲樞密使朴多所該綜至如星緯聲律莫不畢
殫其妙所撰大周欽天曆及律準幷行於世

巡按福建監察御史臣李嗣京　許正

知閩縣事臣曹昺臣參閱

知建陽縣事臣黄國琦較釋

總錄部　八百五十八

醫術

周官有醫師之職掌醫之政令聚毒以供其事稽勞而制其食蓋以十全者爲上矣傳曰醫不三世不服其藥又曰三折肱知爲良醫誠以其繼志肄業傳習精練除疾蠲疴功効顯著之謂也自俞扁和緩擅名

於前代漢魏而下高手繼出其操術之妙亦幾於神簡策所紀爛然可觀若乃審四時之候究六癘之本調五味五穀五藥之品視五氣五聲五色之狀兩之以九竅之變參之以九臟之動則人之死生繫焉在執藝之工爲難能矣

醫緩秦人也晉景公疾病求醫於秦秦伯使醫緩爲之緩醫名爲猶治也未至公夢病爲二豎子曰彼良醫也懼傷我焉逃之其一曰居肓之上膏之下若我何肓鬲也心下爲膏醫至曰疾不可爲也在肓之上膏之下攻之不可達之不及藥不至焉不可爲也達針也公曰良醫也厚爲之禮而歸之

醫和秦人也晉平公有疾求醫於秦秦伯使醫和視之曰疾不可爲也是謂近女室疾如蠱蠱惑也非鬼非食惑以喪志惑女色而失志良臣將死天命不祐良臣不救君過故將死而不爲天所祐公曰女不可近乎對曰節之先王之樂所以節百事也故有五節五聲之節遲速本末以相及中聲以降五降之後不容彈矣此謂先王之樂得中聲聲成五降而息也降罷退也於是有煩手淫聲慆堙心耳乃忘平和君子弗聽也五降而不息則雜物竝奏所以成鄭衛之聲物亦如之言百事皆如樂不可失節至於煩乃舍也已無以生疾煩不舍則生疾君子之近琴瑟以儀

節也非以慆心也爲心之節儀使動不過度天有六氣謂陰陽風雨晦明也降生五味謂金味辛木味酸水味鹹火味苦土味甘皆緣陰陽風雨而生發爲五色辛色白酸色青鹹色黑苦色赤甘色黄發見也徵爲五聲白聲商青聲角黑聲羽赤聲徵黄聲宮徵淫生六疾淫過也滋味聲色所以養人然過則生害也六氣曰陰陽風雨晦明也分爲四時序爲五節六氣之化分而序之則成四時得五行之節過則爲菑菑古災字陰淫寒疾寒過則爲冷陽淫熱疾熱過則喘渴風淫末疾末四肢也風緩急雨淫腹疾雨濕之氣爲洩注晦淫惑疾晦夜也爲宴寢過節則心惑亂明淫心疾明晝也思慮煩多心勞生疾女陽物而晦時淫則生內熱惑蠱之疾女常隨男故言陽物家道常在夜故言晦今君不節不時能無及此乎出告趙孟趙孟曰誰

當良臣對曰主是謂矣主相晉國於今八年晉國無
亂諸侯無闕可謂良矣和聞之國之大臣榮其寵祿
任其大節有菑禍興而無改焉改改行以救菑必受其咎今
君至於淫以生疾將不能圖恤社稷禍孰大焉主不
能禦吾是以云也云主將死趙孟曰何謂蠱對曰淫溺惑
亂之所生淫溺沒於嗜欲於文皿蟲爲蠱文字皿器也器受蟲害者爲蠱
穀之飛亦爲蠱穀久積則變爲飛蟲名曰蠱在周易女惑男風落
山謂之蠱䷑巽下艮上蠱巽爲長女爲風艮爲少男爲山少男而說長女非匹故惑山木得風而落
皆同物也物猶類也趙孟曰良醫也乃厚禮而歸之
文摯宋醫也齊王疾痏齊王湣王宣王之子痏鮮痏也一日善癰臥也使人

之宋迎文摯文摯視王之疾謂太子曰王之疾必可
巳也巳猶愈也雖然王疾不可治怒王則摯必死怒讀強弩之弩
也太子頓首強請曰苟巳王之疾臣與臣之母以死
爭之於王王必幸臣之母幸哀也願先生之勿綏也文
摯曰諾請以死爲王爲治也與太子期而將往不當者
三三不如期也齊王固巳怒矣文摯至不解屨登牀履王
衣問王之疾王怒而不與言故不解屨以履王衣欲令王怒也王怒果甚不
與文摯言之也文摯因出辭而重怒王叱起疾乃遂巳巳徐
愈也下大怒不說將生烹文摯太子與王后急爭之而
不能得果以鼎生烹文摯爨之三日三夜其顏色不
變變毀也文摯曰誠欲殺我則胡不覆之以絕陰陽之
氣王使覆之文摯乃死
越扁鵲渤海郡鄭人鄭當爲鄚今莫州縣姓秦氏名越人少時
爲人舍長舍客長桑君過扁鵲獨奇之嘗謹遇之長
桑君亦知扁鵲非常人也出入十餘年乃呼扁鵲私
坐間與語曰我有禁方年老欲傳與公公毋泄扁鵲
曰敬諾乃出其懷中藥與扁鵲飲是以上池之水上池
水謂水未至地蓋承取露及竹木上取之以和藥服之三十日當見鬼物三十日當知物
矣乃悉取其禁方書盡與扁鵲忽然不見殆非人也
扁鵲以其言飲藥三十日視見垣一方人以此視病

盡見五藏癥結特以診脈爲名爾爲醫或在齊或在
趙在趙者名扁鵲當晉昭公時趙簡子爲大夫專國
事簡子疾五日不知人大夫皆懼於是召扁鵲扁鵲
入視病出董安于問扁鵲扁鵲曰血脈治也而何怪
昔秦穆公嘗如此七日而寤寤之日告公孫支與子
輿曰我之帝所甚樂吾所以久者適有所學也帝告
我晉國且大亂五世不安其後將霸未老而死霸者
之子且令而國而汝也男女無別公孫支書而藏之秦
策於是出夫獻公之亂文公之霸而襄公敗秦師於
殽而歸縱淫此子之所聞今主公之病與之同不出

三日必間間必有言也居三日半簡子寤語諸大夫
曰我之帝所甚樂與百神游於均天廣樂九奏萬舞
不類三代之樂其聲動心有一熊欲援我帝命我射
之中熊熊死又有羆來我又射之中羆羆死帝甚喜
賜我二笥皆有副吾見兒在帝側帝屬我一翟犬曰
及而子之壯也以賜之帝告我晉國且世衰七世而
亡嬴姓將大敗周人於范魁之西而亦不能有也董
安于受言書而藏之以扁鵲言告簡子簡子賜扁鵲
田四萬畝後扁鵲過虢虢太子死扁鵲至虢宮門下
問中庶子喜方者曰太子何病國中治穰過於衆事

中庶子曰太子病血氣不時交錯而不得泄暴發於
外則爲中害精神不能止邪氣邪氣畜積而不得泄
是以陽緩而陰急故暴蹷而死扁鵲曰其死何如時
曰鷄鳴至今曰收乎曰未也收謂棺斂其死未能半日也
言臣齊渤海秦越人也家在於鄭未嘗得望精光侍
謁於前也聞太子不幸而死臣能生之中庶子曰先
生得無誕之乎何以言太子可生也臣聞上古之時
醫有俞跗治病不以湯液醴灑鑱石撟引按杌毒熨
一撥見病之應因五藏之輸乃割皮解肌訣脉結筋
搦髓腦揲荒爪幕湔浣腸胃漱滌五藏練精易形先
生之方能若是乎則太子可生也不能若是而欲生
之曾不可以告咳嬰之兒終日扁鵲仰天歎曰夫子
之爲方也若以管窺天以郄視文越人之爲方也不
待切脉望色聽聲寫形言病之所在聞病之陽論得
其陰聞病之陰論得其陽病應見於大表不出千里
決者至衆不可曲止也子以吾言爲不誠試入診太
子當聞其耳鳴而鼻張循其兩股以至於陰當尚溫
也中庶子聞扁鵲言目眩然而不瞚舌撟然而不下
乃以扁鵲言入報虢君虢君聞之大驚出見扁鵲於
中闕曰竊聞高義之日久矣然未嘗得拜謁於前也

先生過小國幸而擧之偏國寡臣幸甚有先生則活
無先生則棄捐填溝壑長終而不得反言未卒因噓
希服臆魂精泄橫流涕長潸一云言未卒因涕泣交流噓唏不能自止忽
忽承睞悲不能自止容貌變更扁鵲曰若太子病所
謂尸蹷者也夫以陽入陰中動胃繵緣中經維絡維一
作結別下於三焦膀胱是以陽脉下遂作隊陰脉上爭會
氣閉而不通陰陽內行下內鼓而不起上外絶而不
爲使上有絶陽之絡下有破陰之紐破陰絶陽之色
已廢一作發脉亂故形靜如死狀太子未死也夫以陽
入陰支蘭藏者生以陰入陽支蘭藏者死凡此數事

皆五藏蹷中之時暴作也良工取之拙者疑殆扁鵲乃使弟子子陽厲鍼砥石以取外三陽五會有間太子蘇乃使子豹爲五分之熨以八減之齊和煑之以更熨兩脅下太子起坐更適陰陽但服湯二旬而復故故天下盡以扁鵲爲能生死人扁鵲曰越人非能使之起爾（虢自晉獻公時滅至是二十餘年矣蓋傳誤也）扁鵲過齊齊桓侯客之入朝見曰君有疾在腠理不治將深桓侯曰寡人無疾扁鵲出桓侯謂左右曰醫之好利也欲以不疾者爲功後五日扁鵲復見曰君有疾在血脉不治恐深桓侯曰寡人無疾扁鵲出桓侯不悅後五日扁

鵲復見曰君有疾在腸胃間不治將深桓侯不應扁鵲出桓侯不悅後五日扁鵲復見望見桓侯而退走桓侯使人問其故扁鵲曰疾之居腠理也湯熨之所及也在血脉鍼石之所及也其在腸胃酒醪之所及也在骨髓雖司命無柰之何今在骨髓臣是以無請也後五日桓侯體病使人召扁鵲扁鵲已逃去桓侯遂死（是時齊無桓侯郎日和之子桓公也）扁鵲名聞天下過邯鄲聞貴婦人即爲帶下醫過雒陽聞周人愛老人即爲耳目痺醫來入咸陽聞秦人愛小兒即爲小兒醫隨俗爲變秦太醫令李醯自知伎不如扁鵲也使人刺殺之至今天下言脉者繇扁鵲也

漢太倉公者爲齊國太倉長姓淳于氏名意少而喜醫方術高后八年更受師同郡元里公乘陽慶慶年七十餘無子時使意盡去其故方更悉以禁方與之傳黃帝扁鵲之脉書五色診病知人死生決嫌疑定可治及藥論甚精時受之三年爲人治病決死生多驗然左右行游諸侯不以家爲家或不爲人治病病家多怨之者文帝詔召問所爲治病死生驗者幾何人主名爲誰意對曰自意少時喜醫藥方試之多不驗者至高后八年（意年二十六）得是師臨菑元里公乘陽

慶慶年七十餘意得見事之謂意曰盡去而方書非是也慶有古先道遺傳黃帝扁鵲之脉書五色診病知人生死決嫌疑定可治及藥論書甚精我家給富心愛公欲盡以我禁方書悉教於公臣意即曰幸甚非意之所敢望也臣意即避席再拜謁受其脉書上下經五色診奇咳術揆度陰陽外變藥論石神接陰陽禁書受讀解驗之可一年所明歲即驗之有驗然尚未精也要事之三年所即嘗已爲人治診病決死生有驗精良今慶已死十年所臣意年盡三年年三十九歲也齊侍御史成自言病頭痛臣意診其脉告

日君病惡不可言也卽出獨告成弟昌曰此病疽也內發於腸胃之閒後五日當𤺌腫後八日發膿死成之病得之飲酒且內成卽如期死所以知成之病者臣意切其脈得肝氣濁（一作黽）而靜（一作清）此內關之病也脈法曰脈長而弦不得代四時者其病主在於肝和卽經主病也代則絡脈有過經主病和者其病得之筋髓裏其代絕而脈貫者病得之酒且內所以知其後五日而𤺌腫八日嘔膿死者切其脈時少陽初代代者經病病去過人人則去絡脈主病當其時少陽初關一分故中熱而膿未發也及五分則至少陽

之界（一作分下章曰肝與心相去五分故曰五日盡也）及八日則嘔膿死故上二分而膿發五界而𤺌腫盡泄而死熱上則熏陽明爛流絡流絡動則脈結發脈結發則爛解故絡交熱氣已上行至頭而動故頭痛齊王中子諸嬰兒小子病召臣意診切其脈告之曰氣鬲病病使人煩懣食不下時嘔沫病得之少憂數忔食飲臣意卽爲之作下氣湯以飲之一日氣下二日能食三日卽病愈所以知小子之病者診其脈心氣也濁（一作黽又作極）躁而經也此絡陽病也脈法曰脈來數疾去難而不一者病主在心周身熱脈盛者爲重陽重陽者逿心主（逿蕩也謂病盪心者循刺其心）故煩懣食不下則絡脈有過絡脈有過則血上出血上出者死此悲心所生也病得之憂也齊郎中令循病衆醫皆以爲蹷入中而刺之臣意診之曰湧疝也令人不得前後溲循曰不得前後溲三日矣臣意飲以火齊湯一飲得前溲再飲大溲三飲而病愈病得之內所以知循病者切其脈時右口氣急（右一作又）脈無五藏氣右口脈大而數數者中下熱而湧左爲下右爲上皆無五藏應故曰湧疝中熱故溺赤也齊中御府長信病臣意入診其脈告曰熱病氣也然暑汗脈少衰不死曰此病得之當浴流水而寒甚

已則熱信曰唯然往冬時爲王使於楚至莒縣陽周水而莒橋梁頗壞信則擥車轅未欲渡也馬驚卽墮信身入水中幾死吏卽來救信出之水中衣盡濡有閒而身寒已熱如火至今不可以見寒臣意卽爲之液火齊湯逐熱一飲汗盡再飲熱去三飲病已卽使服藥出入二十日身無病者所以知信之病者切其脈時幷陰脈法曰熱病陰陽交者死切之不交幷陰幷陰者脈順清而愈其熱雖未盡猶活也腎氣有時閒濁（濁一作黽）在太陰脈口而希是水氣也腎固主水故以此知之失治一時卽轉爲寒熱齊王太后病召臣

意入診脉曰風癉客脬難於大小溲溺赤臣意飲以
火齊湯一飲即前後溲再飲病已溺如故病得之流
汗出滫滫者去衣而汗晞也所以知齊王太后病者
臣意診其脉切其太陰之口溼然風氣也脉法曰沉
之而大堅浮之而大緊者病主在腎腎切之而相反
也脉大而躁躁大者膀胱氣也躁者中有熱而溺赤
齊章武里曹山跗病臣意診其脉曰肺消癉也加以
寒熱即告其人曰死不治適其共養此不當醫治法
曰後三日而當狂妄起行欲走後五日死即如期死
山跗病得之盛怒而以接內所以知山跗之病者臣

意切其脉肺氣熱也脉法曰不平不鼓形獘一作敝此
五藏高之遠數以經病也故切之時不平而代不平
者血不居其處代者時參擊竝至乍躁乍大也此兩
絡脉絕故死不治所以加寒熱者言其人尸奪尸奪
者形獘形獘者不當關灸鑱石及飲毒藥也臣意未
往診時齊太醫先診山跗病灸其足少陽脉口而飲
之半夏丸病者即泄注腹中虛又灸其少陰脉是壞
肝剛絕深如是重損病者氣以故加寒熱所以後三
日而當狂者肝一絡連屬結絕乳下陽明故絡絕開
陽明脉傷即當狂走後五日死者肝與心相去五分

故曰五日盡即死矣齊中尉潘滿如病小腹痛臣意
診其脉曰遺積瘕也臣意即謂齊大僕臣饒內史臣
繇曰中尉不復自止於內則三十日死後二十餘日
溲血死病得之酒且內所以知潘滿如病者臣意切
其脉深小弱其卒然合一云未然合合也是脾氣也右脉
口氣至緊小見瘕氣也以此相承故三十日死三陰
俱搏者如法不俱搏者決在急期一搏一代者近也
故其三陰搏溲血如前止前一作動也陽虛侯相趙章病
召臣意衆醫皆以爲寒中臣意診其脉曰迵風言動徹入
四支迵風者飲食下嗌謂喉下也而輒出不留法曰五日死

而後十日乃死病得之酒所以知趙章之病者臣意
切其脉脉來滑是內風氣也飲食下嗌而輒出不留者法
五日死皆爲前分界法後十日乃死所以過期者其
人嗜粥故中藏實中藏實故過期師言曰安穀者過
期不安穀者不及期濟北王病召臣意診其脉曰風
蹷胸滿即爲藥酒盡三石病已得之汗出伏地所以
知濟北王病者臣意切其脉時風氣也心脉濁一作溷
病法過入其陽陽氣盡而陰氣入陰氣入張則寒氣
上而熱氣下故胷滿汗出伏地者切其脉氣陰陰氣
者病必入中出及瀺水也齊北宮司空命婦出於病

(嫉一作奴蓋女奴也)奴衆醫皆以爲風入中病主在肺(肺一作肝)刺
其足少陽脉臣意診其脉曰病氣疝客於膀胱難於
前後溲而溺赤病見寒氣則遺溺使人腹腫出於病
得之欲溺不得因以接内所以知出於病者切其脉
大而實其來難是蹷陰之動也脉來難者疝氣之客
於膀胱也腹之所以腫者言蹷陰之絡結小腹也蹷
陰有過則脉結動動則腹腫臣意即灸其足蹷陰之
脉左右各一所即不遺溺而溲清小腹痛止即更爲
火齊湯以飲之三日而疝氣散即愈故濟北王阿母
(一作齊阿王母)自言足熱而懣臣意告曰熱蹷也即刺其足

心各三所案之無出血病旋已病得之飲酒大醉濟
北王召臣意診脉諸女子侍者至女子豎豎無病臣
意告永巷長曰豎傷脾不可勞法當春嘔血死臣意
言王曰才人女子豎何能王曰是好爲方多伎能爲
所是案法新(所一作取)往年市之民所四百七十萬曹偶
四人(臣欽若曰史記索隱曹偶猶等輩也)王曰得毋有病乎臣意對曰
豎病重在死法中王召視之其顏色不變以爲不然
不賣諸侯所至春豎奉劍從王之厠王去豎後王令
人召即仆於厠嘔血死病得之流汗流汗者同法病
内重毛髮而色澤脉不衰此亦關内之病也齊中大
夫病齲齒臣意灸其左太陽明脉即爲苦參湯日漱
三升出入五六日病已得之風及臥開口食而不漱
菑川王美人懷子而不乳來召臣意臣意往飲以莨
碭藥一撮以酒飲之旋乳臣意復診其脉而脉躁躁
者有餘病即飲以消石一齊出血血如豆比五六枚
齊丞相舍人奴從朝入宮臣意見之食於閨門外望
其色有病氣臣意即告宦者平平好爲脉學臣意所
臣意即示之舍人奴病告之曰此傷脾氣也當至春
鬲塞不通不能食飲法至夏泄血死宦者平即往告
相曰君之舍人奴有病病重死期有日相君曰卿何

以知之曰君朝時入宮君之舍人奴盡食閨門外平
與倉公立即示平曰病如是者死相即召舍人奴而
謂之曰公奴有病乎舍人曰奴無病身無痛者至春
果病至四月泄血死所以知奴病者脾氣周乘五藏
傷部而交故傷脾之色也望之殺然黄察之如死青
之茲衆醫不知以爲大蟲不知傷脾所以至春死病
者胃氣黄者土氣也土不勝木故至春死所以至夏
死者脉法曰病重而脉順清者曰内關内關之病人
不知其所痛心急然無苦若加以一病死中春一愈
順及一時其所以四月死者診其人時愈順愈順者

人尚肥也奴之病得之流汗數出炙於火而以出見大風也菑川王病召臣意診脈曰蹷上爲重頭痛身熱使人煩懣臣意卽以寒水拊其頭刺足陽明脈脈左右各三所病旋已病得之沐髮未乾而臥診如前所以蹷頭熱至肩齊王黃姬兄黃長卿家有酒召客召臣意諸客坐未上食臣意望見王后弟宋建告曰君有病往四五日君要脅痛不可俛仰（要與腰同）又不得小溲不亟治病卽入濡腎及其未舍五藏急治之病方今客腎濡此所謂腎痺也宋建曰然建故有要脊痛往四五日天雨黃氏諸倩（倩者婿也東齊之閒婿謂之倩言可假倩也）

見建家京下有方石（京倉廩之屬也）卽弄之建亦欲效之效之不能起卽復置之暮要脊痛不得溺至今不愈建病得之好持重所以知建病者臣意見其色太陽色乾腎部上及界要以下者枯四分所故以往四五日知其發也臣意卽爲柔湯使服之十八日所而病愈濟北王侍者韓女病要背痛寒熱衆醫皆以爲寒熱也臣意診脈曰內寒月事不下也卽竄以藥旋下病已病得之欲男子而不可得也所以知韓女之病者診其脈時切之腎病也嗇而不屬嗇而不屬者其來難堅故曰月不下肝脈弦出左口故曰欲男子不可

得也臨菑氾里女子薄吾病甚衆醫以爲寒熱篤當死不治臣意診其脈曰蟯瘕蟯瘕爲病腹太上膚黃麄循之戚戚然臣意飲以芫華一撮卽出蟯可數升病已三十日如故病蟯得之於寒溼氣宛篤不發化爲蟲臣意所以知薄吾病者切其脈循其尺其尺索刺麄而毛美奉髮（奉一作奏又作拳）是蟲氣也其色澤者中藏無邪氣及重病齊淳于司馬病臣意切其脈告曰當病迵風迵風之狀飲食下嗌輒後之（如廁）病得之飽食而疾走淳于司馬曰我之王家食馬肝食飽甚見酒來卽走去疾驅至舍卽泄數十出臣意告曰爲火

齊米汁飲之七八日病已所以知之者診其脈時切之盡如法其病順故不死齊中郎破石病臣意診其脈告曰肺傷不治當後十日丁亥溲血死卽後十日溲血而死破石之病得之墮馬僵石上所以知破石之病者切其脈得肺陰氣其來散數道至而不一也色又乘之所以知其墮馬者切之得番陰脈入虛裏乘肺脈肺脈散固色變也乘之所以不中期死者師言曰病者安穀卽過期不安穀則不及期其人嗜黍黍主肺故過期所以溲血者診脈法曰病喜養陰處者順死喜養陽處者逆死其人喜自靜不躁又久安

坐伏几而寐故血下泄齊王侍醫遂病自練五石服之臣意往過之遂謂意曰不肖有病幸診遂也臣意即診之告曰公病中熱論曰中熱不溲者不可服五石石之爲藥精悍公服之不得數溲亟勿服色將發臃遂曰扁鵲曰陰石以治陰病陽石以治陽病夫藥石者有陰陽水火之齊故中熱即爲陰石柔齊治之中寒即爲陽石剛齊治之臣意曰公所論遠矣扁鵲雖言若是然必審診起度量立規矩稱權衡合色脉合（一作占）表裏有餘不足順逆之法參其人動靜與息相應乃可以論論曰陽疾處内陰形應外者不加悍藥

及鑱石夫悍藥入中則邪氣辟矣而宛氣愈深診法曰二陰應外一陽接内者不可以剛藥剛藥入則動陽陰病益衰陽病益著邪氣流行爲重困於俞忿發爲疽意告後百餘日果爲疽發乳上入缺盆死此爲論之大體也必有經紀拙工有一不習文理陰陽失矣齊王故謂陽虚侯時病甚（齊悼惠王子也名將廬以文帝十六年爲齊王）衆醫皆以爲蹷臣意診脉以爲痺根在右脅下大如覆杯令人喘逆氣不能食臣意即以火齊粥且飲六日氣下即令更服丸藥出入六日病已病得之内診之時不能識其經解大識其病所在臣意嘗診安陽武都里成開方開方自言以爲不病臣意謂之病若沓風三歲四支不能自用使人瘖（一作沓）瘖即死今聞其四支不能用瘖而未死也病得之數飲酒以見大風氣所以知開方病者診之其脉法奇咳言曰藏氣相反者死切之得腎反肺（二反字一作及字）法曰三歲死也安陵阪里公乘項處病臣意診脉曰牡疝牡疝在鬲下上連肺病得之内臣意謂之愼毋爲勞力事爲勞力者則必嘔血死處後蹴踘要蹷寒汗出多即嘔血臣意復診之曰當旦日日夕死即死病得之内所以知項處病者切其脉得番陽番陽入虚裏處旦日死

一番一絡者（絡一作結）牡疝也臣意曰他所診期決死生及所治已病衆多久頗忘之不能盡識不敢以對問臣意所診治病病名多同而診異或死或不死何也對曰病名多相類不可知故古聖人爲之脉法以起度量立規矩縣權衡按繩墨調陰陽別人之脉各名之與天地相應參合於人故乃別百病以異之有數者皆異之無數者同之然脉法不可勝驗診病人以度異之乃可別同名命病主在所居今臣意所診者皆有診籍所以別之者臣意所受師方適成師死以故表籍所診期決死生觀所失得者合脉法以故至

今知之問臣意曰所期病死生或不應期何故對曰
此皆飲食喜怒不節或不當飲藥或不當鍼灸以故
不中期死也問臣意意方能知病死生論藥用所宜
諸侯王大臣有嘗問臣意者不及文王病時（齊文王也以文
帝十五年卒）不求意診治何故對曰趙王膠西王濟南王
吳王皆使人來召臣意臣意不敢往文王病時臣意
家貧欲爲人治病誠恐吏以除拘臣意也（時諸侯得自拜除吏）
故移名數左右不修家生出行游國中問善爲方數
者事之久矣見事數師悉受其要事盡其方書意及
解論之身居陽虛侯國因事侯侯入朝臣意從之長

安以故得診安陵項處等病也問臣意知文王所以
得病不起之狀臣意曰不見文王病然竊聞文王病
喘頭痛目不明臣意心論之以爲非病也爲肥而畜
精身體不得搖骨肉不相任故喘不當醫治脉法曰
年二十脉氣當趨年三十當疾步四十當安坐年五
十當安臥年六十以上氣當大董文王年未滿二十
方脉氣之趨也而徐之不應天道四時後聞醫灸之
卽篤此論病之過也臣意論之以爲神氣爭而邪氣
入非年少所能復之也以故死所謂氣者當調飲食
擇宴日車步廣志以適筋骨肉血脉以瀉氣故年二

十是謂易貿（一作賀又作質）法不當砭灸砭灸至氣逐問臣
意師慶安受之聞於齊諸侯不對曰不知慶所師受
慶家富善爲醫不肯爲人治病當以此故不聞慶又
告臣意曰愼毋令我子孫知若學我方也問臣意師
慶何見於意而愛意欲悉教意方對曰臣意不聞師
慶爲方善也意所以知慶者意少時好諸方事臣意
試其方皆驗精良臣意聞菑川唐里公孫光善爲古
傳方臣意卽往謁之得見事之受方化陰陽及傳語
法臣意悉受書之臣意欲盡受他精方公孫光曰吾
方盡矣不爲愛公所吾身已衰無所復事之是吾年

少所受妙方今悉與公毋以教人臣意曰得見事待
公前悉得禁方幸甚意死不敢妄傳人居有閒公孫
光閒處臣意深論方見言百世爲之精也師光喜曰
公必爲國手吾有所善者皆疏同產處臨菑善爲方
吾不若其方甚奇非世之所聞也吾年中時嘗欲受
其方楊中倩不肯曰若非其人也胥與公往見之（胥猶
言須也）當知公喜方也其人亦老矣其家給富時者未
往會慶子男殷來獻馬因師光奏馬王所意以故得
與殷善光又屬意於殷曰意好數公必謹遇之其人
聖儒卽爲書以意屬楊慶以故知慶臣意事慶謹以

故愛意也問臣意曰吏民嘗有事學意方及畢盡得
意不何縣里人對曰臨菑人宋邑（一作毛）邑學臣意教
以五診歲餘濟北王遣太醫高期王禹（一作[illegible]）學臣意
教以經脉高下及奇絡結當論俞所居及氣當上下
出入邪正逆順以宜鑱石定砭灸處歲餘菑川王
時遣太倉馬長馮信正方臣意教以按法逆順論藥
法定五味及和齊湯法高永侯家丞杜信喜脉來學
臣意教以上下經脉五診二歲餘臨菑召里唐安來
學臣意教以五診上下經脉奇嗽四時應陰陽重未
成除爲齊王侍醫問臣意診病決死生能全無失乎

臣意對曰意治病人必先切其脉乃治之敗逆者不
可治其順者乃治之心不精脉所期死生視可治時
時失之臣意不能全也
周仁其先任城人以醫見（見於天子）爲太子舍人積功遷
至大中大夫
援護字君卿齊人父世醫護少隨父爲醫長安出入
貴戚家護誦醫經本草方術數十萬言長者咸愛重
之後爲廣漢太守王莽前煇光卒
後漢涪翁不知何出嘗漁釣於涪水因號涪翁乞食
人間見有疾者時下針石輒應時而效乃著針經診
脉法傳於世弟子程高尋求積年翁乃授之高亦隱
迹不仕
郭玉少師事程高學方診六微之技陰陽不測之術
和帝時爲太醫丞多有效應帝奇之仍試令嬖臣美
手腕者與女子雜處帷中使玉各診一手問所疾苦
玉曰左陽右陰脉有男女狀若異人臣疑其故帝歎
息稱善玉仁愛不矜雖貧賤厮養必盡其心力而醫
療貴人時或不愈帝乃令貴人羸服變處一針即差
召玉詰問其狀對曰醫之爲言意也腠理至微隨氣
用巧針石之間毫芒即乖神存於心手之際可得解

而不可言也夫貴者處尊高以臨臣臣懷怖懾以承
之其爲療也有四難焉自用意而不任臣一難也將
身不謹二難也骨節不強不能使藥三難也好逸惡
勞四難也針有分寸時有破漏重以恐懼之心加以
裁慎之志臣意且猶不盡何有於病哉此所爲不愈
也帝善其對
黄憲父爲牛醫
阮炳字叔文爲河南尹精意醫術撰藥方一部
魏東平王翕撰解寒食散方與皇甫謐所撰並行於
世

華佗字元化沛國譙人一名勇古敷字與專相似晨書者多不能別尋也字元化其名宜爲敷也游學徐土舉孝廉太尉黃琬辟皆不就
曉養性之術時人以爲仙年且百歲而貌有壯容又
精方藥其療疾合湯不過數種心解分劑不復稱量
煑熟便飲語其節度舍去輒愈若當灸不過一兩處
每處不過七八壯病亦應除若當針亦不過一兩處
下針言當引某許若至語人病者言已到應便拔針
病亦行差若病結積在內針藥所不能及當須刳割
者便飲其麻沸湯須臾便如醉死無所知因破取病
若在腸中便斷腸湔洗縫腸膏摩四五日差不痛人

亦不自寤一月間即平復矣故甘陵相夫人有娠六
月腹痛不安佗視脉曰胎已死矣使人手摸知所在
在左則男在右則女人云在左於是爲湯下果下男
形即愈縣吏尹世苦四支煩口中渴不欲聞人聲小
便不利佗曰試作熱食汗則愈不汗後三日死即作
熱食不汗出佗曰藏氣已絕於內當啼泣而絕果如
佗言府吏兒尋李延共止俱頭痛身熱所苦正同佗
曰尋當下之延當發汗或難其異佗曰尋外實延內
實故治之宜殊即各與藥明旦竝起鹽瀆嚴昕與數
人共候佗適至佗謂昕曰君身中佳否昕曰自如當

佗曰君有急病見於面莫多飲酒坐畢歸行數里昕
卒頭眩墮車人扶將還載歸家中宿死故督郵頓子
獻得病已差詣佗視脉曰尚虛未得復勿爲勞事御
內即死臨死當吐舌數寸其妻聞其病除從百餘里
來省之止宿交接中間三日發病一如佗言督郵徐
毅得病佗往省之毅謂佗曰昨使醫曹吏劉祖針胃
管訖便苦咳嗽欲臥不安佗曰刺不得胃管誤中肝
也食當日減五日不救遂如佗言東陽陳叔山小男
二歲得疾下利常先啼日以羸困問佗佗曰其母懷
軀陽氣內養乳中虛冷兒得母寒故令不得愈佗與

四物女宛丸十日即除彭城夫人夜之厠蠆螫其手
呻呼無賴佗令溫湯近熱漬手其中卒可得寐但旁
人數爲易湯令煖之其旦即愈軍吏梅平得病除名
還家家居廣陵未至二百里止親人舍有頃佗偶至
主人許主人令佗視平佗謂平曰君早見我不至此
今疾已結促去可得與家相見五日卒應時歸如佗
所刻佗行道見一人病咽塞嗜食而不得下家人車
載欲往就醫佗聞其呻吟駐車往視之語之曰向來
道邊有賣餅家蒜虀大酢從取三升飲之病自當去
即如佗言立吐蛇一枚縣車邊欲造佗佗尚未還小

兒戲門前逆見自相謂曰似逢我公車邊病是也病者前入坐見佗北壁縣此蛇輩約以十數又有一郡守病佗以爲其人盛怒則差乃多受其貨而不加治無何棄去留書罵之郡守果大怒令人追捉殺佗郡守子知之屬使勿逐守瞋恚旣甚吐黑血數升而愈又有一士大夫不快佗云君病深當破腹取然君壽亦不過十年病不能殺君君忍病十載壽俱當盡不足故自刳裂士大夫不耐痛癢必欲除之佗遂下手所患尋差十年竟死廣陵太守陳登得病胷中煩懣面赤不食佗脉之曰府君胃中有蟲數升欲成内疽

食腥物所爲也卽作湯三升先服一升斯須盡服之食頃吐出三升許蟲赤頭皆動半身是生魚膾也所苦便愈佗曰此病後三期當發遇良醫乃可濟救依期果發動時佗不在如言而死太祖聞而召佗佗當在左右太祖苦頭風每發心亂目眩佗針鬲隨手而差李將軍妻病甚呼佗視脉曰傷娠而胎不去將軍言聞實傷娠胎已去矣佗曰按脉胎未去也將軍以爲不然佗舍去婦稍差百餘日復動更呼佗佗曰此脉故事有胎前當生兩兒一兒生出血甚多後兒不及生母不自覺旁人亦不寤不復迎遂不得生胎死

其血脉不復歸必燥著母脊故使多脊痛今當與湯幷針一處此死胎必出湯針旣加婦痛急如欲生者佗曰此死胎久枯不能自出宜使人探之果得一死男手足完具色黑長可尺許佗之絶技凡類此也然本作士人以醫見業意常自悔後太祖親理得病篤重使佗專視佗曰此近於難濟事攻治可延歲月佗久遠家思歸因曰當得家書方欲暫還爾到家辭以妻病數乞期不反太祖累書呼又敕郡縣發遣佗恃能厭食事猶不上道太祖大怒使人往撿若妻信病賜小豆四十斛寛假限日若其虛詐便收送之於是

傳付許獄考驗首服荀彧請曰佗術實工人命所縣宜含宥之太祖曰不憂天下當無此鼠輩邪遂考竟佗佗臨死出一卷書與獄吏曰此可以活人吏畏法不受佗亦不强索火燒之佗死後太祖頭風未除太祖曰佗能愈此小人養吾病欲以自重然吾不殺此子亦終當不爲我斷此根原耳及後愛子倉舒病困太祖歎曰吾悔殺華佗令此兒彊死也初軍吏李成苦咳嗽晝夜不寤時吐膿血以問佗佗云君病腸癰欬之所吐非從肺來也與君兩錢散當吐二升餘膿血訖快自養一月可小起好自將愛一年便健十八

歲當一小發服此散亦行復差若不得此藥故當死復與兩錢散成得藥去五六歲親中人有病如成者謂成曰卿今强健我欲死何忍無急去藥（案古語以藏爲去也）以待不祥先將貸我我差爲卿從華佗更索成與之已故到譙適值佗見收忽忽不忍從求十八歲成病竟發無藥可復以至於死人有在青龍中見山陽太守廣陵劉景宗言漢末景宗說中平日數見華佗其治病手脉之候其驗若神琅琊劉勳爲河内太守有女年幾二十左脚膝裏上有瘡癢而不痛瘡愈數十日復發如此七八年迎佗使視佗曰是易治之當得

稻糠黃色犬一頭好馬二疋以繩繫犬頸使走馬牽犬馬極輒易馬走三十餘里犬不能行復令步人拖曳計向五十里乃藥藥飲女女即安臥不知人因取大刀斷犬腹近後脚之前以所斷之處向瘡口令去二三寸停之須臾有若蛇者從瘡中而出便以鐵錐橫貫蛇頭蛇在皮中動搖良久須臾不動乃牽出長三寸所純是蛇但有眼處無瞳子又逆鱗耳以膏著瘡中七日愈又有人苦頭眩頭不得舉目不得視積年佗使悉解衣倒懸令頭去地一二寸濡布拭身體令周匝候視諸脉盡出五色佗令弟子數人以鈹刀决脉五色血盡視赤血乃下以膏摩被覆汗出周匝飲以亭歷犬血散立愈又有婦人長病經年世謂寒熱注病者冬十一月中佗令坐石槽中平旦用寒水汲灌云當滿百始七八灌會戰欲死灌者懼欲止佗令滿數將至八十灌熱氣乃蒸出囂囂高二三尺滿百灌佗乃使然火溫牀厚覆良久汗洽出著粉汗燥便愈又有人病腹中半切痛十餘日中鬚眉墮落佗曰是脾半腐可刳腹養治也使飲藥令臥破腹就視脾果半腐壞以刀斷之刮去惡肉以膏傅瘡飲之以藥百日平復

佗別傳曰有人病兩脚躄不能行轝詣佗佗望見云已飽鍼灸服藥矣不看脉便使解衣點其背數十處相去或一寸或五寸縱邪不相當言灸此各十壯灸創愈即行行後灸處夾脊一寸上下行端直均調如引繩矣

吳普廣陵人從華佗學普依準佗治多所全濟

樊阿彭城人從華佗學阿善針術凡醫咸言背及胸藏之間不可妄針針之不過四分而阿針背入一二寸巨闕胷藏針下五六寸而病輒皆瘳

吳趙泉以善醫爲侍醫赤烏中爲丞相顧雍疾微[illegible]

孫權令泉視之拜其少子濟爲騎都尉雍聞之悲曰泉善别死生吾必不起故上欲及吾目見濟拜也雍果卒

册府元龜

冊府元龜

巡按福建監察御史臣李嗣京　訂正
分守建南道左布政使臣胡維霖　參閱
知建陽縣事臣黃國琦　較釋

總録部

醫術第二

晉裴頠通博多聞兼明醫術荀勗之修律度也檢得古尺短世所用四分有餘頠上言宜改諸度量若未能悉革可先改太醫權衡此若差違遂失神農岐伯之正藥物輕重分兩乖互所可傷夭爲害尤深古壽

考而今短折者未必不繇此也卒不能用官至尚書僕射

單道開燉煌人自言能療目疾就療者頗驗後入羅浮山

魏詠之生而兔缺年十八聞荊州刺史殷仲堪帳下有名醫能療之貧無行裝謂家人曰殘醜如此用活何爲遂齎數斛米西上以投仲堪既至造門自通仲堪與語嘉其盛意召醫視之醫曰可割而補之但須百日進粥不得語笑詠之曰半生不語而有半亦當療之況百日邪仲堪於是處之別屋令醫善療之詠之遂閉口不言唯食薄粥其厲志如此及差仲堪厚資遣之詠之後亦至荊州刺史

南齊徐文伯東海人文伯濮陽太守熙曾孫也熙好黃老隱於秦望山有道士過求飲留一瓠𤫊與之曰君子孫宜以道術救世當得二千石熙開之乃扁鵲鏡經一卷因心學之遂名震海內生子秋夫彌工其術仕至射陽令嘗夜有鬼神呻聲甚悽愴秋夫問何須答言姓某家東陽患腰痛死雖爲鬼痛尤難忍請療之秋夫曰云何厝法鬼請爲芻人案孔穴針之秋夫如言爲灸四處又針肩井三處設祭埋之明日見

一人謝恩忽然不見當世服其通靈秋夫生道度叔嚮皆能精其業道度有腳疾不能行宋文帝令乘小輿入殿爲諸皇子療疾無不絕驗位至蘭陵太守道度生文伯叔嚮生嗣伯文伯亦精其業兼有學行倜儻不屈意於公卿不以醫自業張融謂文伯嗣伯曰昔王微嵇叔夜並學而不能殷仲堪之徒故所不論得之者鍒神明洞徹然後可至故非吾徒所及且褚侍中澄當貴亦能救人疾卿此更成不達答曰唯達者知此可崇不達者以爲深慮既鄙之何能不恥之文伯爲效與嗣伯相埒宋孝武路太后病衆醫不識

文伯診之曰此石搏小腸爾乃爲水劑消石湯飲之病即愈除鄱陽王常侍遺以千金旬日恩意隆重宋明帝宮人患腰痛牽心每至輒氣欲絶衆醫以爲肉癥文伯曰此髮癥以油投之即吐得物如髮稍引之長三尺頭已成蛇能動挂門上滴盡一髮而已病都差宋後廢帝出樂遊苑門逢一婦人有娠帝亦善診之曰此腹是女也問文伯曰腹有兩子一男一女左邊青黑形小於女帝性急便欲使剖文伯惻然曰若刀斧恐其變異請針之立落便瀉足太陰補手陽明胎便應針而落兩兒相續出如其言子雄亦傳家業

尤工診察位奉朝請能清言多爲貴游所善嗣伯位正員外郎諸府佐深爲臨川王映所重時直閤將軍房伯玉服五石散十許劑無益更患冷夏日常複衣嗣伯爲診之曰卿體熱應須以水發之非冬月不可至十一月冰雪大盛令二人夾捉伯玉解衣坐石取冷水從頭澆之盡三十斛伯玉口禁氣絶家人啼哭請止嗣伯遣人執杖防閤敢有諫者撾之又盡水百斛伯玉始能動而見背上彭彭有氣俄而起坐曰熱不可忍乞冷飲嗣伯以水飲之一飲一升病都差自爾常發熱冬月猶單褌衫體更肥壯常有嫗人患滯冷積年不差嗣伯爲診之曰此尸注也當取死人枕煑服之乃愈於是往古冢中取枕枕已一邊腐缺服之即差後秣陵人張景年十五歲腹脹面黄衆醫不能療問嗣伯嗣伯曰此石蚘耳極難療當取死人枕煑之依語煑枕以湯投之得大利并蚘虫頭堅如石五升病即差後沈僧翼患眼痛又多見鬼物以問嗣伯嗣伯曰邪氣入肝可覓死人枕煑服之竟可埋枕於故處如其言又愈王晏問之曰三病不同而皆用死人枕而俱差何也答曰尸注者鬼氣伏而未起故令人沈滯得死人枕之魂氣飛越不得復附體故尸

注可差石蚘者久蚘也醫療既僻蚘中轉堅世間藥不能遣所以須鬼物驅之然後可散故令煑死人枕也夫邪氣入肝故使眼痛而見魍魎應須邪物以鉤之故用死人枕也氣因枕去故令埋於冢間也又春月出南籬門戲聞笪屋中有呻聲嗣伯曰此病甚重二日不療必死乃往視之見一老姥稱體痛而處處有䵟黒無數嗣伯還煑斗餘送令服之服訖痛勢愈甚跳投床者無數須臾所䵟處皆拔出釘長寸許以膏塗諸瘡口三日而復云此名釘疽也

薛伯宗善徙癰疽公孫泰患背伯宗爲氣封之徙置

齊前柘樹上明旦癰消樹邊便起一瘤如拳大稍稍
長二十餘日瘤大膿爛出黄赤汁斗餘柘樹爲之痿
損
褚淵弟澄拜駙馬都尉歷官清顯善醫術豫章王感
疾太祖召澄爲治立愈建元中爲吳郡太守百姓李
道念以公事到郡澄見謂曰汝有重病答曰舊有冷
病至今五年衆醫不差澄爲診脉曰汝病非冷非熱
當是食白瀹鷄子過多所致令取蘇一升煮服仍吐
一物如升涎裹之動開看是雞雛羽翅距具足能行
走澄曰此未盡更服所餘藥又吐得如嚮者鷄二十

頭而病都差當時稱妙焉
梁何佟之善醫術與徐嗣伯埒名子聰能世其家業
佟之自東昏即位以其兇虐乃謝病終身不涉其流
天監中爲尚書左丞
後魏周澹鄴人多方術尤善醫藥遂爲太醫令明元
嘗苦風頭眩澹治得愈繇是見寵位至特進賜爵成
德侯
陰貞家世爲醫與周澹並受封爵李潭亦以善鍼見
知子驥駒襲傳術延興中位至散令
李修字思祖父亮少學醫術未能精究太武時奔宋
於彭城又就沙門僧坦研習衆方畧盡其術針灸授
藥莫不有效徐兖之間多所救恤四方疾苦不遠千
里競往從之亮大爲廳事以舍病人停車輿於下時
有死者則就而棺殯親往弔視其仁厚若此修兄元
孫亦遵父業而不及修以功賜爵義平子拜奉朝請
遷給事中太和中在禁内孝文文明太后時有不豫
侍針藥治多有効賞賜累加車服第宅號爲鮮麗集
諸學士及工書者百餘人在東宮撰諸藥方百餘卷
皆行於世先是咸陽公高允雖年且百歳而氣力尚
康文明太后時令修診視之一旦奏言允脉竭氣微

大命無遠未幾果卒遷雒時爲前軍將軍領太醫令
後數年卒子天授襲汶陽令醫術又不逮父
徐謇字成伯家本東莞與兄文伯等皆善醫藥謇因
至青州慕容白曜平東陽獲之表送京師獻文欲驗
其所能乃置諸病人於幕中使謇隔而脉之深得病
形兼知色候遂被寵遇爲中散稍遷内侍長文明太
后時問經方而不及李修之見任用也與謇合和藥
劑攻療之驗精妙於修而性甚秘忌承奉不得其意
者雖爲王公不爲厝療也孝文後知其能及遷雒稍
加眷幸體小不平及所寵馮昭儀有疾皆能處治又

除中散大夫轉侍御孝文奉懸瓠有疾大漸乃馳驛
召謇合水路赴行一日一夜行數百里至診省下治
果有驗孝文體少瘳内外稱慶及車駕發豫州次於
汝濱乃大爲謇設太官珍膳因集百官特坐謇於上
席遍陳餚觴於前命左右宣謇救攝危篤振濟之功
宜加酬賚乃下詔曰夫神出無方形稟有驗憂喜乖
適理必傷生朕幼攬萬幾長鍾華運思茫茫而無怠
身忽忽以興勞仲秋動痾心容頓竭氣體羸瘠玉几
在慮侍御師右軍徐成伯馳輸太室進瘵女蕃方窮
丹英藥盡砭石誠術兩輸忠妙俱至乃令沈勞勝愈

篤瘵克痊論勤語效實宜褒錄昔晉武暴疾程和進
藥增封賜錢恩獎屢至况疾深於曩日業難於曩辰
得不重加陟賞乎宜順羣望錫以山河且其舊經高
秩中暫解退比雖詮用猶未復舊量今事合顯進可
大鴻臚卿金鄉縣開國伯食邑五百戶賜錢一萬貫
又詔曰錢府未充須以雜物絹二千疋雜物一百四
十疋出御府穀二千斛奴婢十口馬十疋一疋出御
騮牛十頭所賜雜物奴婢牛馬皆經内呈諸親王咸
陽王禧等各有别賚並至千疋從行至鄴孝文猶未
發動謇日夕左右明年從詣馬圈孝文疾勢遂甚慼

慼不怡每加切誚又欲加之鞭捶幸而獲免
王顯父安上少與李亮同師俱學醫藥精究其術而
不宜亮顯少歷本州從事雖以醫術自通而明敏有
決斷才用初文昭太后之懷宣武也夢爲日所逐化
而爲龍而繞后后寤而驚悸遂成心疾文明太后勑
召徐謇及顯等爲后診脉謇云是微風入藏宜進湯
加針顯言案三部脉非有心疾將是懷孕生男之象
果如顯言宣武自幼有微疾久未善愈顯攝療有効
因是稍蒙眄識拜廷尉少卿營進御藥出爲相州刺
史入除御史中丞宣武詔顯撰藥方三十五卷班布

天下以療諸疾
崔景哲涉學以醫術知名爲尚藥典御
北齊李元忠以母老多患乃專心醫藥研習積年遂
善於方伎性仁恕見有疾者不問貴賤皆爲救療後
爲驃騎大將軍
李密爲散騎常侍性方直有行檢因母患積年得名
醫治療不愈乃精習經方洞曉針藥母疾得除當世
皆服其明解繇是以醫術知名
徐之才父雄仕南齊位蘭陵太守以醫術爲江右所
稱之才初爲豫章王綜鎮北主簿及綜入魏啓魏帝

云之才大善醫術兼有機辯詔徵之之才藥石多效天平中神武徵赴晉陽常在内館出爲西兖州刺史未之官武明皇太后不豫之才療之應手便愈孝昭賜綵帛千段錦四百疋之才既善醫術雖有外授頃即徵還既傳識多聞錄是於方術尤妙有人患脚根腫痛諸醫莫能識之才曰蛤精疾也錄乘船入海垂脚水中疾者曰實曾如此之才爲割得蛤子二大如榆莢累遷兖州刺史之才醫術最高徧被命召武成酒色過度恍惚不恒曾病發自云初見空中有五色物稍近變成一美婦人去地數丈亭亭而立食頃變

爲觀世音之才云此色欲多大虛所致即處湯方服一劑便覺稍遠又服還變成五色物數劑湯疾竟愈帝每發動輒遣騎追之針藥所加因府必效故頻有端執之舉人秋武成小定更不發動和士開欲依次轉進以之才附籍兖州即是本屬遂奏附刺史以胡長仁爲左僕射士開爲右僕射及十月帝又疾動士開云浪用之才外任使我辛苦其月八日勑驛追之才帝以十日崩之才十一日方到既無所及復還赴州之才弟之範亦醫術見知位太常卿特聽襲之才爵西陽王

崔季舒初爲黄門侍郎坐事徙北邊季舒本好醫術天保中於徙所無事時更銳意研精遂爲名手多所全濟雖位望轉高未曾懈息縱貧賤厮養輩亦爲之療

馬嗣明少明醫術博綜經方甲乙素問明堂本草莫不咸誦爲人診脉一年前知其生死邢邵子大寶患傷寒嗣明爲其診脉退告楊愔云邢公子傷寒不治自差然脉候不出一年便死覺之少晚不可治楊邢並侍讌内殿文宣云子才兒（臣欽若等曰邵字子才）我欲乞其隨近一郡邵以此子年少未合剖符讌罷奏云馬嗣

明稱大寶脉惡一年内恐死若其出郡醫藥難求遂寢大寶未朞而卒楊愔患背腫嗣明以練石塗之便差作練石法以麤黄色石如鵝鴨卵大猛火燒令赤内醇醋中自有石屑落醋裏頻燒至石盡取石屑暴乾擣下簁和醋塗腫上無不愈後爲通直散騎常侍針灸孔穴往往與明堂不同從駕往晉陽山中數處見牓云有人家女病若有能治差者購錢十萬諸名醫多尋牓至問病狀俱不下手惟嗣明獨治之問其病緣云曾以手持一麥穟即見一赤物長二寸許似蛇入其手指中因驚怖倒地即覺手臂疼腫漸又半

身俱腫痛不可忍呻吟晝夜不絶嗣明即爲處方服
湯比嗣明明年從駕還女已平復
後周姚僧垣父菩提仕梁高平令嘗嬰疾癘歷年乃
留心醫藥武帝性又好之每召菩提至討論方術言
多會意繇是頗禮之僧垣年二十四即傳家業武帝
召入禁中面加論試僧垣酬對無滯帝奇之大通六
年解褐臨川嗣王國左嘗侍大同五年除驃騎廬陵
王府田曹參軍九年追領殿中醫師時武陵王所生
葛修華宿患積時方術莫效帝令僧垣視之僧垣還
具說其狀幷記增損時候帝嘆曰卿用意綿密乃至

於此以此候疾何疾可逃朕嘗以前代名人多好此
術是以每當留情頗識治體今聞卿說益開人意十
年轉領太醫正加文德主使直閣將軍帝嘗因發熱
欲服大黃僧垣曰大黃乃是快藥然至尊年高不宜
輕用帝弗從遂致危篤簡文在東宮甚禮之四時伏
臘每有賞賜元帝嘗有疾乃召諸醫議治療之方咸
謂至尊至貴不可輕脫宜用平藥可漸宣通僧垣曰
脉洪而實此有宿妨非用大黃必無差理元帝從之
進湯訖果下宿食因而疾愈元帝大喜時初鑄錢一
當十乃賜錢十萬實百萬也及大軍克荆州中山公

護使人求僧垣至其營復爲燕公于謹所召大相禮
接太祖又遣使馳驛徵僧垣謹固留不遣謂使人曰
吾年時衰暮疹疾嬰沈今得此人望與之偕老太祖
以謹勳德隆重乃止焉明年隨謹至長安武成元年
授小畿伯下大夫金州刺史伊婁穆以疾還京請
僧垣省疾乃云自腰至臍似有三縛兩脚緩縱不復
自持僧垣即爲診脉處湯三劑穆初服一劑上縛即
解次服一劑中縛即解又服一劑三縛悉除而兩脚
疼痺猶自攣弱更爲合散一劑稍得屈伸僧垣曰終
待霜降此患當愈及至九月遂能起行大將軍襄樂

公賀蘭隆先有氣疾加以水腫喘息奔急坐臥不安
或有勸其服决命大散者其家疑未能决乃問僧垣
僧垣曰意謂此患不與大散相當若欲自服不煩賜
問因而委去其子殷勤拜請曰多時仰屈今日始來
竟不下治意實未盡僧垣知其可差即爲處方勸使
急服便即氣通更服一劑諸患悉愈天和元年加授
車騎大將軍儀同三司大將軍樂平公竇集暴感風
疾精神瞀亂無所覺知諸醫先視者皆云已不可救
僧垣後至曰困矣終當不死若專以見付相爲治之
其家欣然請受方術僧垣爲合湯散所患即瘳大將

軍永世公叱伏列椿苦痢積時而不廢朝謁燕公于謹嘗問僧垣曰樂平永世俱有痼疾若如僕意永世差輕對曰夫患有深淺時有剋殺樂平雖困終當保全永世雖輕必不免死謹曰君言必死當在何時對曰不出四月果如其言謹歎異之六月遷遂伯中大夫建德三年文宣太后寢疾醫巫雜說各有同異武帝御內殿引僧垣同坐曰太后患勢不輕諸醫並云無慮朕人子之情可以意得君臣之義言在無隱公以爲何如對曰臣無聽聲視色之妙特以經事已多准之恒人竊以憂懼帝泣曰公既決之矣知復何言

尋而太后崩四年武帝親戎東討至河陰遇疾口不能言瞼垂覆目不得視一足短縮又不得行僧垣曰以爲諸藏俱病不可並治軍中之要莫先於語乃處方進藥帝遂得言次又治目目疾便愈未及治足足疾亦瘳比至華州帝已痊復即除華州刺史仍詔隨駕入京不令在鎮宣政元年表請致仕優詔許之是歲武帝幸雲陽遂寢疾乃召僧垣赴行在所內史柳昂私問曰至尊貶膳日久脈候何如對曰天子上應天心或當非愚所及若凡庶如此萬無一全尋而帝崩大象二年除太醫下大夫宣帝有疾至于大漸僧垣宿直侍疾帝謂隨公曰今日性命唯委此人僧垣診候知帝危殆必不全濟乃對曰臣荷恩既重思盡效力但恐庸短不逮敢不盡心帝頷之開皇初卒僧垣醫術高妙爲當世所推前後効驗不可勝紀聲譽既盛遠聞邊服至於諸蕃外域咸請託之僧垣乃搜採奇異參校徵効者爲集驗方十二卷行於世

姚最僧垣之子爲齊王憲府水曹參軍掌記室事最幼在江左迄於入關未習醫術天和中齊王憲奏武帝遣最習之憲又謂最曰爾博學多才何如王褒庾信庾信王褒名重兩國吾視之蔑如接待資給非爾

家比也爾宜深識此意勿不存心且天子有勑彌須勉勵最於是始受家業十許年中略盡其妙每有人造請効驗甚多

褚該字孝通幼而謹厚有譽鄉曲尤善醫術見稱於時武成元年除醫正上士自許奭死後該稍爲時人所重賓客迎候亞於姚僧垣天和初遷縣伯下大夫五年進授車騎大將軍儀同三司該性淹和不自矜尚但有請之者皆爲盡其藝術時論稱其長者子士則亦傳其家業

隋許智藏高陽人祖道幼嘗以母疾遂覽醫方因而

究極世號名醫誡其諸子曰爲人子者嘗膳視藥不知方術豈謂孝乎繇是世相傳授初仕陳爲散騎常侍及陳滅高祖以爲員外散騎侍郎使詣楊州會秦孝王俊有病帝馳召之俊夜中夢其亡妃崔氏泣曰本來相迎知許智藏將至其人若到當必相苦爲之奈何明夜俊又夢崔氏曰妾得計矣當入靈府中以避之及智藏至爲俊診脉曰疾已入心即當發癇不可救也果如言俊數日而薨帝奇其妙賚物百段煬帝即位智藏時致仕於家帝每有所苦輒令中使就宅詢訪或以輿迎入殿扶登御床智藏爲方奏之用

無不效年八十卒於家

唐許胤宗常州義興人初仕陳爲新蔡王外兵參軍時柳太后感風不能言名醫療皆不愈脉益沉而噤胤宗曰口不可下藥宜以湯氣熏之令藥入腠理周理即可差乃造黄耆防風湯數十斛置于床下氣如煙霧其夜便得語繇是超拜義興太守陳亡入隋歷尚藥奉御武德初累授散騎侍郎關中多骨蒸病得之必死遞相連染諸醫無能療者胤宗每療無不愈或謂曰公醫術若神何不著書以貽將來胤宗曰醫者意也在人思慮又脉候幽微苦其難别意之所解口不能宣且古之名手惟是别脉脉既精别然後識病夫病之於藥有正相當者惟須單用一味直攻其病藥力既純病即立愈今人不能别脉莫識病源以情臆度多安藥味譬之於獵未知兎所多發人馬空地遮圍或冀一人偶然逢也如此療疾不亦踈乎假令一藥偶然當病復共他味相和君臣相制氣勢不行所以難差諒繇於此脉之深趣既不可言虚設經方豈加於舊吾思之久矣故不能著述爾年九十餘卒

甄權許州扶溝人嘗以母病與弟立言專習醫方得

其旨趣初仕隋開皇初爲秘書省正字後稱疾免魯州刺史庫狄嶔苦風患手不能引弓諸醫莫能療權謂曰但將弓箭向垛一針可以射矣針其肩隅一穴應時即射權之療疾多此類也貞觀十七年權年一百三歲太宗幸其家視其飲食訪以藥性因授朝散大夫賜几杖衣服是年卒撰脉經針方明堂人形圖各一卷

甄立言權弟也累遷太常丞御史大夫杜淹患風毒發腫太宗令立言視之既而奏曰從今更十一日午時必死果如其言時有尼明律年六十餘患心腹鼓

脹身體羸瘦已經二年立言診其脉曰腹内有蟲當是誤食髮爲之爾因令服雄黄須臾吐一蛇如人手小指無眼燒之猶有髮氣其疾乃愈立言尋卒撰本草醫義七卷古今錄驗方五十卷

宋俠雒州清漳人以醫術著名官至朝散大夫藥藏監撰經心錄十卷

孫思邈京兆華原人有推步導引之術隱於太白山年九十餘視聽不衰高宗顯慶四年徵赴闕召見拜諫議大夫固辭不受上元初請歸特賜良馬及鄱陽公主邑司以居焉當時知名之士宋之問孟詵盧照

鄰執師資之禮以事焉思邈甞從幸九成宮照鄰留在其宅時庭前有病梨樹照鄰爲之賦其序曰癸酉之歲余臥疾長安光德坊之官舍父老云是鄱陽公主邑司昔公主未嫁而卒故其邑廢時有處士孫思邈居之思邈道洽古今學殫術數高譚正一則古之蒙莊子深入不二則今之維摩詰爾其推步甲乙度量乾坤則雒下閎安期先生之儔也照鄰有惡疾嘗問思邈曰名醫愈疾其道何如思邈曰吾聞善言天者必質之於人善言人者必本之於天天有四時五行日月相推寒暑迭代其運轉也和而爲雨怒而爲風亂而爲霧凝而爲霜雪張而爲虹蜺此天之當數也人有四支五臓一覺一寐呼吸吐納精氣往來流而爲榮衛彰而爲氣色發而爲音聲此人之當數也陽用其形陰用其精天人之所同也及其失也蒸則生熱否則生寒結而爲瘤贅陷而爲癰疽奔而爲喘息竭而爲焦枯診發乎面變動乎形推此以及天地則亦如之五緯盈縮星辰錯行日月薄蝕彗孛飛流此天地之危診也寒暑不時此天地之蒸否也石立土踊此天地之瘤贅也山摧水陷此天地之癰疽也衝風暴雨此天地之喘息也雨澤不降川瀆涸竭此

天地之焦枯也良醫導之以針石救之以藥劑聖人和之以至德輔之以人事故人體有可愈之疾天地有可消之災適乎數也思邈撰千金方三十卷行於世

呂才爲太常丞時右監門長史蘇敬上言陶弘景所撰本草事多舛謬詔中書令許敬宗與才及李淳風禮部郎中孔志約并諸名醫增損舊本仍令司空李勣總監定之并圖合成五十五卷大行於世

秦鳴鶴以善針醫爲侍醫永淳初高宗告頭重不能視召鳴鶴診之鳴鶴曰風毒上攻若刺頭出少血即

愈矣太后自簾中怒曰此可斬也天子頭上豈是出血處鳴鶴叩頭請命帝曰醫之議病理不加罪且吾頭重悶殆不能忍出血未必不佳也朕令鳴鶴刺之刺百會及腦戶出血如碁帝曰吾眼似明矣言未畢簾中出綵百匹以賜鳴鶴

陸贄少習醫方貞元中自宰相再貶忠州別駕避謗不著書集古今方爲陸氏集驗方五十卷行於世

梁段深不知何許人開元中以善醫待詔於翰林時太祖抱疾久之其溲甚濁僧曉微時藥有徵賜紫衣師號錫賚甚厚頃之疾發曉微剝服色去師號因召

深問曰疾愈復作草藥不足恃也我左右粒石而效者衆矣服之何如深對曰臣嘗奉詔診切陛下積憂勤勞失護脈代芤而心益虛臣以爲宜先治心心和平而溲變清當進飲劑而不當粒石也臣謹按太倉公傳曰中熱不溲者不可服石石性精悍有大毒凡餌毒藥如甲兵不得已而用之非有危殆不可服也太祖善之令進飲劑疾稍愈乃以幣帛賜之

後唐孟繼瑜長安醫工帝留守時暴疾以醫効乃攝任泊帝起兵鳳翔繼瑜在長安謁見從至雒屢進方藥年內收諸寺少卿奉使涇州翰林諸醫莫得爲比

陳立京兆人家世爲醫後唐明宗朝爲太原少尹集平生驗方七十五首幷修合藥法百件號曰要術刊石置於太原府衙之左以示於衆病者賴焉

周張泳顯德初進新集普濟方五卷詔付翰林院考驗尋以泳爲翰林醫官

劉翰顯德初進經用方書一部三十卷論候一十卷今體治世集二十卷上覽而嘉之乃以爲翰林醫官其書付史館

册府元龜

冊府元龜

巡按福建監察御史臣李嗣京訂正

新建縣舉人臣戴國士參閱

知建陽縣事臣黄國琦較釋

總錄部

相術

洪範五事著休咎之徵孟子亦云觀人之良莫良於眸子劉歆所紀數術之學有形法焉所以辨骨法之度使察形氣之首尾表其貴賤知其吉凶以極精微之致也簡牒所記代有人焉咸著其徵驗以彰其獨

異蓋繇專門精學積思懸解多言屢中遂幾於神且有隱跡閭巷不顯名氏邂逅胥遇恍若靈化固非恒情之能測也若乃善惡之興本乎心術殃慶之報速於影響則形貌之際休戚之數安者確乎而不易能哉

孔子適鄭與弟子相失孔子獨立郭東門鄭人或謂子貢曰東門有人其顙似堯其項類皐陶其肩類子產然自腰以下不及禹三寸纍纍若喪家之狗喪家之狗主人衰荒不見飲食故纍然而不得意子貢以實告孔子孔子欣然笑曰形狀末也而似喪家之狗然哉然哉

周王使內史叔服會葬于魯公孫敖聞其能相人也公孫敖魯大夫慶父之子見其二子焉叔服曰穀也食子難也收子穀文伯難惠叔食子奉祭祀供養者也收子葬子之身也穀也豐下必有後於魯國豐下蓋面方也

楚子將以商臣爲太子訪諸令尹子上子上曰是人也蜂目而豺聲忍人也不可立闕子良爲司馬生子越椒子文曰必殺之子文子良之兄是子也熊虎之狀而豺狼之聲不殺必滅若敖氏矣諺曰狼子野心是乃狼也其可畜乎

姑布子卿見趙簡子姑布姓子卿字簡子徧召諸子相之子

卿曰無爲將軍者簡子曰趙氏其滅乎子卿曰吾嘗見一子於路殆君之子也簡子召子毋卹毋卹至則子卿起曰此眞將軍也簡子曰此其母賤翟婢也奚道貴哉子卿曰天所授雖賤必貴其後竟立毋卹爲嗣

晉司馬寅爲大夫黄池之會吳晉爭先趙鞅呼寅對曰請姑視之反曰肉食者無墨墨氣色下今吳王有墨國勝乎國敵也太子死乎乃先晉人時越伐吳獲吳子友王孫稱庸壽於姚吳人告敗于王乃失晉人

趙平原君勝謂趙王曰澠池之會臣察武安君白起之

爲人小頭銳上瞳子白黑分明眂瞻不轉小頭銳上斷敢行也瞳子白黑分明者見事明也眂瞻不轉者執志强也可與持久難與爭鋒

秦蔡澤者燕人也游學於諸侯小大甚衆不遇而從唐舉相曰吾聞先生相李兌曰百日之內持國秉政有之乎曰有之曰若臣者何如唐舉孰視而笑曰先生曷鼻巨肩（曷一作偈　巨一作渠）魋顏蹙齃膝攣（攣兩膝曲也）吾聞聖人不相殆先生乎蔡澤知唐舉戲之乃曰富貴吾所自有吾所不知者壽也願聞之唐舉曰先生之壽從今以往者四十三歲蔡澤笑謝而去謂其御者曰

吾持梁刺齒肥（持梁作飲也　刺齒當作齧）躍馬疾驅懷黃金之印結紫綬於腰揖讓人主之前富貴四十三年足矣

秦王見尉繚元禮衣服食飲與繚同繚曰秦王爲人蜂準長目摯喙鳥膺豺聲少恩而虎狼心居易出入小得志亦輕食人我布衣也然見我常身自下我誠使秦王得志於天下天下皆爲虜矣不可與久游乃亡去王覺固止之以爲秦國尉

呂公者單父人好相人見漢高祖狀貌因敬重之引入坐上坐蕭何曰劉季固多大言少成事高祖因狎侮諸客遂上坐無所詘酒闌呂公因留高祖竟酒後呂公曰臣少好相人相人多矣無如季相願季自愛臣有息女願爲箕帚妾酒罷呂媪怒曰公始常欲奇此女與貴人配令公何自妄許與劉季呂公曰此非兒女子所知卒與高祖呂公女即高后

漢高祖初爲泗水亭長嘗告歸之田呂后與兩子居田中有一老父過請飲后后因餔之老父相后曰夫人天下貴人也令相兩子見孝惠帝曰夫人所以貴者乃此男也相魯元公主亦皆貴老父已去高祖適從旁舍來呂后具言客有過相我子母皆大貴高祖問曰未遠乃追及問老父老父曰鄉者夫人兒子皆

以君相貴不可言高祖乃謝曰誠如父言不敢忘德及高祖貴遂不知老父處矣

吳王濞初封高祖召濞相之曰若狀有反相因撫其背曰漢後五十年東南有亂者豈若邪（事具帝王知臣門）

黥布姓英氏少時有客相之曰當刑而王及壯坐法黥布欣然笑曰人相我當刑而王幾是乎（幾及也）人有聞者共俳笑之後爲九江王

鄧通爲上大夫文帝使善相者相通曰當貧餓死帝曰能富通者在我於是賜通蜀嚴道銅山得自鑄錢通後寄死人家

周亞夫爲河內守時許負相之曰君後三歲而侯八
歲爲將相持國秉貴重矣於人臣無二後九年而餓
死亞夫笑曰臣之兄已代父侯矣有如卒子當代我
何說侯乎然既已貴如負言又何說餓死指示我負
指其口曰縱理入口此餓死法也 縱豎也 居三歲兄絳
侯勝之有罪文帝擇勃子賢者皆推亞夫廼封爲條
侯文帝後六歲匈奴大入邊亞夫以河內守爲將軍
軍細柳孝景三年爲大尉五歲爲丞相景帝三年以
病免相爲人上變入廷尉因不食五日嘔血而死
衛青其父鄭季給事平陽侯家與平陽公主家僮衛

媼通生青青昌姓衛氏少時歸其父父使牧羊民母
之子皆奴畜之不以爲兄弟數 民母嫡母也言鄭季正妻別於公主家也
青嘗從人至甘泉居室 居室甘泉從所居也 有一鉗奴相青曰
貴人也官至封侯青笑曰人奴之生得無笞罵卽足
矣安得封侯事乎青後爲大將軍封長平侯
李陵爲騎都尉將五千兵出塞與單于相値武帝欲
陵死戰召陵母及婦使相者視之無死喪色後聞陵
降帝怒甚
翟方進汝南上蔡人少失父給事太守府爲小吏廼
從汝南蔡父相問已能所宜 言從何術藝可以自達 蔡父大奇
其形貌謂曰小吏有封侯骨當以經術進努力爲諸
生學問方進後至丞相
黃霸少爲陽夏游徼 游徼主徼巡盜賊者也 與善相人者共載
出見一婦人相者言此婦人當富貴不然相書不可
用也霸推問之乃其鄉里巫家女也霸卽取爲妻與
之終身霸後至丞相
王莽爲人侈口蹷顄 侈大也蹷短也顄頷也 露眼赤睛大聲而
嘶 嘶聲破也 長七尺五寸好厚履高冠以氂裝衣 毛之彊曲者曰
氂以裝褚衣中令其張起也 反膺高視瞰臨左右是時有用方技
待詔黃門者或問以莽形貌待詔曰莽所謂鴟目虎

吻豺狼之聲者也故能食人亦當爲人所食問者告
之莽誅滅待詔而封告者
韋賢爲吏至大鴻臚有相工相之當至丞相賢有男
四人使相工相之至第二子玄成相工曰此子貴當
封侯後爲丞相
後漢光武征河北以朱祐爲護軍祐侍光武讌從容
曰長安政亂公有日角之相此天命也世祖曰召刺
姦收護軍 王莽置左右刺姦使督姦猾 祐乃不敢復言
明德馬皇后微時大夫人呼相者使占諸女見后大
驚曰我必爲此女稱臣然貴而少子若養他子者得

力乃當踰於所生養買貴人子是爲章帝
班超爲較書郎行詣相者曰祭酒布衣書生爾一坐所尊則先祭酒稱祭酒尊敬之辭也而當封侯萬里之外超問其狀相者
指曰生燕頷虎頸飛而食肉此萬里侯相也
章德竇皇后融之曾孫也父勳坐事死家既廢壞數
呼相工問息耗見后者皆言當大尊貴非臣妾容貌
蘇文相者也和熹鄧皇后微時文見后驚曰此成湯
之法也家人竊喜而不敢宣
茅通相工也順烈梁皇后初與姑俱選入掖庭時年
十三通見后驚再拜賀曰此所謂日角偃月相之極

貴臣所未嘗見也
袁逢使善相者相趙壹云仕不過郡吏竟如其言
魏高元呂善相人太祖不時立太子太子自疑乃呼
元呂問之對曰其貴乃不可言問壽幾何元呂曰其
壽至四十當有小苦過是無憂也後無幾而立爲皇
太子是爲文帝年果終四十
劉良相者也文帝使相文昭甄皇后及諸子良指后
曰此女貴乃不可言
朱建平沛國人善相術於閭巷之閒效驗非一太祖
爲魏公聞之召爲郎文帝爲五官將坐上會客三十
餘人文帝問已年壽又令徧相衆賓建平曰將軍當
壽八十至四十時當小厄願謹護之謂夏侯威曰君
四十九位爲州牧而當有厄厄若得過可年至七十
位致公輔謂應璩曰君六十二位爲常伯而當有厄
先此一年當獨見一白狗而傍人不見也謂曹彪曰
君據藩國至五十七當厄於兵宜善防之初潁川荀
攸鍾繇相與親善攸先亡子幼繇紀其門戶欲嫁其
妾與人書曰吾與公達曾共使朱建平相建平曰荀
君雖少然當以後事付鍾君吾時啁之曰惟當嫁卿
阿鶩爾何意此子竟早殞沒戲言遂驗乎今欲嫁阿

鶩使得善處追思建平之妙雖唐舉許負何以復加
也文帝黄初七年年四十病困謂左右曰建平所言
八十謂晝夜也吾其決矣頃之果崩夏侯威爲兖州
刺史年四十九十二月上旬得疾念建平之言自分
必死豫作遺及送喪之備或使索辦至下旬轉差垂
以平復三十日日昃請紀綱大吏設酒曰吾所苦漸
平明日鷄鳴年便五十建平之戒真必過矣威罷客
之後合瞑疾動半夜遂卒璩六十一爲侍中直省內
欻見白狗問之衆人悉無見者於是數聚會并急游
觀田里飲宴自娛過期一年六十三卒曹彪封楚王

年五十七坐與王陵通謀賜死凡說此輩無不如言不能具詳故粗記數事惟相司空王昶征北將軍程喜中領軍王肅有蹉跌云肅年六十二疾篤衆醫並以爲不愈肅夫人問以遺言肅云建乎相我踰七十位至三公今皆未也將何慮乎而肅竟卒

管輅族兄孝國居在斥立輅往從之與二客會去後輅謂孝國曰此二人天庭及口耳之間同有凶氣異變俱起雙魂無宅（一云厚味腊毒天精幽女坎爲棺槨兌爲喪車）流魂于海骨歸于家少許時當並死也後數日二人飲酒醉夜共載車牛驚下道入漳河中皆即溺水也輅舉秀才

吏部尚書何晏請之鄧颺在宴許輅言切至還舍具以語舅舅責輅言太切至輅曰與死人語何所畏邪舅大怒謂輅狂悖後聞晏颺皆誅舅乃服問輅前見何鄧之日爲已有凶氣未也輅言與禍人共會然後知神明交錯與吉人相近又知聖賢求精之妙夫鄧之行步則筋不束骨脉不制肉起立傾倚若無手足謂之鬼躁何之視候則魂不守宅血不華色精爽煙浮容若槁木謂之鬼幽故鬼躁者爲風所收鬼幽者爲火所燒自然之符不可以蔽也後卒誅死輅至少府丞卒

鍾繇字元常潁川長社人也嘗與族父瑜俱至雒陽道遇相者曰此童有貴相然當厄於水努力慎之行未十里度橋馬驚墮水幾死瑜以相者言中益貴繇而供給資費使得專學繇後爲太傅鍾會繇小子幼敏慧將中護軍蔣濟著論謂觀其眸子足以知人會年五歲繇遣見濟濟甚異之曰非常人也後位至鎮西將軍

張緝爲尚書郎以稱職爲明帝所識帝以爲緝之材能多所堪任試呼相工相之相之者云不過二千石帝曰何材如是而位止二千石乎緝後爲光祿大夫

蜀先主穆皇后陳留人兄吳壹少孤壹父素與劉焉有舊是以舉家隨焉入蜀焉有異志而聞善相者相后當大貴焉子瑁納后瑁死后寡居先主定益州納后爲夫人遂爲皇后

鄧芝字伯苗義陽新野人漢末入蜀未見知待時益州從事張裕善相芝往從之裕謂芝曰君年過七十位至大將軍封侯芝後至車騎將軍封武陽亭侯裕喜占候又曉相術每舉鏡視面自知刑死未嘗不撲之於地也先主銜其不遜誅之

吳大帝漢末舉孝廉時孫策初有江東漢以策遂修

職貢遣使者劉琨加錫命琨語人曰吾觀孫氏兄弟才秀明達然皆祿祚不終唯中弟孝廉形貌奇偉骨體不常當有大貴之表年又最壽爾其識之

孫皓少時西湖民景養相皓當大貴皓陰喜而不敢泄

晉文帝初未定嗣而屬舞陽侯攸武帝時爲中撫軍懼不得立問裴秀曰人有相否因以奇表示之秀後言於文帝曰中撫軍人望既茂天表如此固非人臣之相也繇是世子乃定

武元楊皇后少聰慧善書姿質美麗閑於女工有善

相者嘗相后當極貴文帝聞而爲世子聘焉

簡文帝諸姬絶孕將十年乃令善相者召諸愛妾而示之皆云非其人又悉以諸婢媵示焉時李后爲宮人在織坊中形長而色黑宮人皆謂之崑崙既至相者驚云此其人也帝以大計召之以侍寢后夢兩龍枕膝日月入懷意以爲吉祥向儕類說之帝聞而異焉遂生孝武帝及會稽孝文王鄱陽長公主

羊祜少時嘗游於汶水之濱遇父老謂之曰孺子有好相年未二十必建大功於天下既而去莫知所在祐後爲征南大將軍建平吳之業卒年五十八卒後二歲而吳平

張華爲司空又得豐城寶劍嘗曰吾少時有相者言吾年出六十位登三事當得寶劍佩之

吾彦初仕吳爲通江吏時將軍薛珝杖節南征軍容甚盛彦觀之慨然而歎有善相者劉札謂之曰以君之相後當至此不足慕也後至南中都督交州刺史

周訪少時遇善相者廬江陳訓謂訪與陶侃曰二君皆位至方岳功名略同但陶得上壽周當下壽優劣更繇年爾訪小侃一歲大興三年卒於安南將軍梁州刺史時年六十一

陶侃字士行有善相者師圭謂侃曰君左手中指有豎理當爲公若徹於上貴不可言侃以針决之見血灑壁而爲公字以紙裛手公字愈明侃後至大尉年七十六

陳訓善相術甘卓爲歷陽太守訓私謂所親曰甘侯頭低而視仰相法名爲眄刀又目有赤脉自外而入不出十年必以兵死不領兵則可以免卓果爲王敦所害丞相王導多病每自憂慮以問訓訓曰公耳竪垂肩必壽亦大貴子孫當興於江東咸如其言

戴洋好道術陳敏爲右將軍堂邑令孫混見而奘之

洋日斂當作賊族滅何足願也未幾斂果反而誅焉洋至丞相令史

王珍少游俠京師隱者董仲道見而謂之曰君豺聲豹視好亂樂禍若天下擾擾不作士大夫矣後爲石勒左司馬爲勒所殺

魏詠之生而兔缺有善相者謂之曰卿當富貴後爲荆州刺史持節都督六州領南蠻校尉詠之初在布衣不以貧賤爲恥及居顯位亦不以富貴驕人始爲殷仲堪之客未幾竟踐其位論者稱之

前趙劉元海膂力過人姿儀魁偉有屯留崔懿之襄

陵公師彧等皆善相人及見元海驚相謂曰此人形貌非常吾所未見也於是深相崇敬推分結恩

後趙石勒少時居武鄉北原時父老及相者皆曰此胡狀貌奇異志度非常其終不可量也勸邑人厚遇之時多嗤笑惟鄔人郭敬陽曲寗驅以爲信然並加資贍勒亦感其恩爲之力耕

石季龍年六七歲有善相者曰此兒貌奇有壯骨貴不可言

前秦苻堅年七歲高平徐統遇之於路統謂左右曰此兒有霸王之相左右怪之統曰非爾所及也後又遇之統下車屏人密謂之曰苻郎骨相不恒後當大貴但僕不見如何堅曰誠如公言不敢忘德

宋高祖義旗之建以檀憑之爲建武將軍高祖嘗與何無忌魏詠之同會憑之所會善相者晉陵韋叟見憑之大驚曰卿有急兵之厄其候不過三四日爾且深藏以避之不可輕出及宣玄將皇甫敷之至羅落橋也憑之與高祖各領一隊而戰軍敗爲敷軍所害高祖初與何無忌等共建大謀有善相者相高祖及無忌等並當大貴其應甚近惟云憑之無相高祖與無忌密相謂曰吾等既爲同舟理無偏異吾徒咸皆

富貴則檀不應獨殊深不解相者之言至是而憑之戰死高祖知其事必捷

桓循令韋叟相高帝當得州不叟曰當得邊州刺史退而私於帝曰君相貴不可言帝笑曰若相中當用爲司馬後叟謂帝曰成王不負桐葉之信公亦應不忘司馬之言今不敢希鎮軍司馬願得領軍佐於是用焉

柳元景少時貧苦嘗下都值大雪日暮寒甚頗有羇旅之歎岸側有一老父自稱善相謂元景曰公方大富貴位至三公元景曰豈望富貴老父曰後當相憶

及貴求之不知所在後至侍中驃騎將軍開府儀同三司

徐羡之年少時嘗有一人來謂曰我是汝祖羡之拜此人曰汝有貴相而有大厄宜以錢二十八文埋宅四角可以免災過此可位極人臣後隨親之縣任在縣內嘗暫出而賊自後破縣縣內人無免者雞犬亦盡惟羡之在外獲全後至司徒

沈攸之賤時與吳郡孫超之全景文共乘小船出京都三人共上引埭有一人止而相之曰君三人皆當至方伯攸之曰豈有三人俱有此相者曰骨法如此

若有不驗便是相書謬爾其後攸之爲郢荆二州趙之廣州刺史景文南豫州刺史

李安民爲武衛將軍討晉安王子勛有功明帝大會新亭樓勞諸軍主樗蒲官賭安民五擲皆盧帝大驚目安民曰卿面方如田封侯相也安民少時貧屢有一人從門過相之曰君後當大富貴與天子交手共戲至是安民尋此人不知所在

南齊明帝胛上有赤志嘗秘不言既而江祏勸帝出以示人晉壽陽太守王洪範罷任還上袒示之曰人皆謂此是日月相卿幸無泄之洪範曰公日月在軀如何可隱輒當言之公卿帝大悅

宣孝陳皇后宣帝從任在外后嘗留家治事教子孫有相者謂后曰夫人有貴子而不見也后歎曰我三兒誰當應之呼太祖小字曰政應是汝爾

張欣泰少時有人相其當得三公而年裁三十後屋瓦墮傷額又問相者曰無復公相年壽更增亦可得方伯爾後爲持節督梁南北秦四州軍事雍州刺史卒年四十六

王僧虔少時羣從宗族會客有相之者云僧虔年位最高仕當至公餘人莫及也僧虔後爲尚書令年六

十

梁武帝初爲隋王鎮西諮議參軍行經牛渚逢風入泊龍潭有一老人謂帝曰君龍行虎步相不可言天下將亂安之者其在君乎問其名忽不見

高祖丁貴嬪生于樊城相者曰此女當大貴高祖臨州丁氏因人以聞貴嬪時年十四高祖納焉

宜豐侯修參軍陳晃善相人修因法會將晃自隨令相簡文有天下否晃言簡文九州骨成必踐帝位而地部過弱非但王畿侵蹙兼恐不得善終

呂僧珍字元瑜東平范陽人也世居廣陵家甚寒賤

始童兒時從師學有相士歷觀諸生指埒謂博士曰此兒有奇聲封侯相也及爲平北將軍典籤魏軍侵沔北司空陳顯達出討一見異之因屏人呼上座謂曰卿有貴相後當不見滅努力爲之後至鎭軍將軍固平縣侯

元帝初在尋陽背生黑子巫媪見曰此大貴兆當不可言從劉景受相術因訊以年答曰未至五十當有小厄禳之可免帝自勉曰苟有期會禳之何益及魏師入四十七矣

陳章昭達字伯通吳興武康人昭達性倜儻輕財尚

氣少時嘗遇相者謂昭達曰卿容貌甚善須小虧損則當富貴初仕梁爲東宮直後因醉墜馬鬢角小傷昭達喜之相者曰未也及侯景之亂昭達率募鄉人援臺城爲流矢所中眇其一目相者曰卿相善矣不久當富貴臺城陷昭達還鄉里與世祖遊因結君臣之分侯景平世祖爲吳興太守昭達杖策來謁世祖世祖見之大喜因委以將帥位至司空

宣帝貌若不慧魏將楊忠門客張子煦見而奇之曰此人虎頭當大貴也

駱文牙字旗門吳興臨安人年十二宗人有善相者云此郎容貌非常必將遠致文牙封臨安侯豐州刺史

後魏寇讚爲南雍州刺史賜爵河南公加安南將軍初讚未貴時嘗從相者唐文相文曰君額上黑子入幘位當至方伯封公及其貴也文以民禮拜謁曰明公憶民疇昔之言乎近日但知公當貴然不能自知得爲州民也讚曰往時卿言杜瓊不得官長人咸謂不然及瓊被選爲盩厔令卿猶言相中不見而瓊果暴疾未拜而終昔魏舒見主人兒死自知已必至公吾嘗以卿言瓊之驗亦復不息此望也乃賜文衣服良

馬

盧淵年十四嘗詣長安將還諸相餞送五十餘人別於渭北有相者扶風人王伯達曰諸君皆不如此盧郎雖位不副實然德聲甚盛望踰公輔後三十餘年當制命關右願不相忘後淵果爲安南將軍督關右諸軍事相者年過八十詣軍門請見言敘平生未幾拜儀曹尚書

李訢字元盛母賤爲諸兄所輕父崇曰此子相者言貴吾每觀察或未可知遂使入都爲中都學生訢後爲司空侍中

郭祚少孤貧姿貌不偉鄉人莫之識也有女巫相祚後當富貴後至左僕射雍州刺史

北齊綦連猛初與尉興慶謝猥併善射小心給事神武左右神武使相者視之曰猛大貴尉謝無官及芒山之役興慶救神武之窘爲周軍所殺神武歎曰富貴定在天也猛竟如相者卒以榮寵自畢位至大將軍

段長邊西人麗蒼鷹太原人俱有先知之鑒嘗爲魏懷朔鎮將嘗見高祖甚異之謂高祖曰君有康世之才終不徒然也請以子孫爲託興和中啓贈司空公

子寧相府從事中郎天保初兼南中郎將蒼鷹交游豪俠厚待賓旅居於州城高祖客其舍初居處於蝸牛廬中蒼鷹母數見廬上赤氣屬天蒼鷹亦知高祖有霸王之量每私加敬割其宅半以奉高祖緣此遂蒙親識

綦顯字思祖幼時見一沙門指之曰此郎子好相表必爲良將貴極人臣語終失僧莫知所去後累遷特進驃騎大將軍封定陽王

燕子獻字季則廣漢下雒人少時相者謂之曰君使役在胡代富貴在齊趙其後遇宇文氏稱霸關中用爲典籤將命使於蠕蠕子獻欲驗相者之言來歸神武見之大悅尚淮陽公主甚被待遇官至侍中右僕射

文襄時有吳士雙盲而妙於聲相文襄歷試之聞劉桃枝之聲曰有所繫屬然當大富貴王侯將相多死其手譬如鷹犬爲人所使聞趙道德之聲曰亦繫屬人富貴翕赫不及前人聞太原公之聲太原公即文宣帝初封郡也曰當爲人主聞文襄之聲不動崔暹私掐之乃謬言亦國主也文襄以爲我家羣奴猶當極貴況吾身也

解法選河內人少明相術鑒照人物皆如其言頗爲和士開相中士開薦爲府參軍

皇甫玉善相人嘗游王侯家文宣既即位試玉相術故以帛巾袜其眼而使歷摸諸人至於文宣曰此是最大達官於任城王曰當至丞相於常山長廣二王常山長廣即孝昭武成二帝初封國也並曰亦貴而各私掐之至石動桶曰此弄癡人至供膳曰整得好飲食而已玉嘗爲高歸彥相曰位極人臣但莫反歸彥曰我何爲反玉曰不然公有反骨玉謂其妻曰殿上者不過二年妻以告舍人斛斯洪慶妻洪慶以告帝帝怒召之玉每

焰鏡自言當兵死及被召謂其妻曰我今去不廻若得過日午時或當得活既至正中遂斬之

徐之才幼而儁發號爲神童劉孝綽嘗云徐郎燕頷有班定遠之相後至左僕射

崔冏字法峻幼好學汎覽經傳多伎藝尤工相術爲鴻臚卿武平六年從駕在晉陽嘗語中書侍郎李德林云此日看高相王以下文武官人相表俱盡其事口不忍言惟第一人更應富貴當在他國不在朝吾亦不及見也其精妙如此

後周門帝初九歲封畧陽郡公時有善相者史元華

見帝退謂所親曰此公子有至貴之相但恨其壽不足以稱之爾

辛昂字進君年數歲便有成人志行有善相人者謂其父仲略曰公家雖世載冠冕然名德富貴莫有及此兒者仲畧亦重昂志氣深以爲然後至驃騎將軍開府儀同三司

李賢幼有志節不妄舉動嘗出游逢一老人鬚眉皓白謂曰我年八十觀士多矣未有如卿卿必爲台牧努力勉之後至大將軍

隋高祖初仕後周爲右小宮伯明帝嘗遣善相者趙昭視之昭詭對曰不過作柱國爾既而陰謂高祖曰公當爲天下君必大誅殺而後定善記鄙言

來和字弘順京兆長安人好相術所言多驗後周大冢宰宇文護引之左右繇是出入公卿之門高祖微時來詣和相和待人去謂高祖曰公當王有四海及爲丞相拜儀同既受禪進爵爲子開皇末和上表自陳曰臣早奉龍顏自周代天和三年已來數蒙陛下顧問當時具言至尊膺圖受命光宅區宇此乃天授非繇人事所及臣無勞效坐致五品二十餘年臣是何人敢不慚懼愚臣不任區區之至謹錄陛下龍潛

之時臣有所言一得書之秘府死無所恨昔陛下在周當與永富公竇榮定語臣曰我聞有行聲即識其人臣當時即言公眼如曙星無所不照當王有天下願忍誅殺建德四年五月周武王在雲陽宮謂臣曰諸公皆汝所識隨公相祿何如臣報武帝曰隨公止是守節人可鎭一方若爲將領陣無不破臣即於東宮面奏聞陛下謂臣此語不忘明年烏丸軌言於武帝曰隋公非人臣帝尋以問臣臣知帝有疑臣詭報曰是節臣更無異相於時王誼梁彥先等知臣此語大象二年五月至尊從永巷東門入臣在永巷門東

北面立陛下問臣曰我得無災鄣不臣奏陛下曰骨法氣色相應天命已有付屬未幾遂總百揆上覽之大悅進位開府賜物五百段米三百石地十頃和同郡韓則嘗詣和相和謂曰後四五當得大官人初不知所謂洎至開皇十五年五月而終人問其故和曰十五年爲三五加以五月爲四五大官槨也和言皆此類著相經四十卷

韋鼎善相術初爲陳大府卿嘗與聘周與高祖相遇鼎謂高祖曰觀公容貌故非常人而神監深遠亦非羣賢所逮也不久必大貴貴則天下一家歲一周天

老夫當委質公相不可言願深自愛及陳平帝馳召之授上儀同三司待遇甚厚時蘭陵公主寡帝爲之求夫選親衛柳述及蕭瑒等以示鼎鼎曰瑒當封侯而無貴妻之相述亦通顯而守位不終帝曰位繇我爾遂以主降述述後除名卒年三十九

煬帝爲晉王時高祖密令善相者來和遍視諸子和曰晉王眉上雙骨隆起貴不可言

牛弘初在襁褓有相者見之謂其父曰此兒當貴善愛養之弘後爲僕射

趙綽爲大理少卿守法稱職高祖每謂綽曰朕於卿無所愛惜但卿骨相不當貴爾仁壽中卒官時年六十三帝爲之流涕

宇文述年十一時有相者謂述曰公子善自愛後當位極人臣述後至左衛大將軍參朝政

李景初爲馬軍總管配事漢王高祖奇其壯武使相而觀之曰卿相表當位極人臣

齊王暕妃早卒遂與妃姊元氏婦通生一女外人皆不得知陰引喬令則於第內宴召相工遍視後庭相工指妃姊曰此產子者當爲皇后貴不可言

唐高祖爲譙隴刺史善相者史良言於高祖曰公骨

法非常必爲人主至於命也非所敢知久之良復遇高祖乃大驚曰骨法如舊年壽之相頗異昔時勿忘鄙言願深自愛高祖心益自負

郭弘道初仕隋爲尚食奉御時高祖爲殿內少監深善之弘道善相因言曰公天中伏犀下接於冒此非人臣之相願深自愛高祖取弘道銀盆置之於地引弓射之謂弘道曰向言有驗當一發中之既發應弦而中弘道曰願令公事驗之日賜賞金盆高祖太悅

太宗初四歲時忽有書生自言善相詣高祖曰公是貴人有大貴子因目太宗曰龍虎之姿天日之表也至

之貴以此見後必錄之而創功業年將二十必能濟世安民矣高祖聞其言甚懼及書生辭出使人捕欲殺之以滅口也而不知所在

乙弗弘禮貝州高唐人也隋煬帝居藩召令相己弘禮跪而賀曰大王骨法非常必爲萬乘之主誠願戒之在得煬帝卽位召天下道術人置坊以居之仍令弘禮統攝帝見海內漸亂玄象錯謬內懷憂恐嘗謂弘禮曰卿昔相朕其言已驗且占相道術朕頗自知卿更相朕終當何如弘禮逡巡不敢答帝迫之曰卿言與朕術不同罪當死弘禮曰臣本觀相書凡人之

相有類於陛下者不得善終臣聞聖人不相故知凡聖不同爾自是帝遣使監之不得與人交言初泗州刺史薛大鼎隋時嘗坐事沒爲奴貞觀初與數人詣弘禮相大鼎次至弘禮曰君奴也欲何所相咸曰何以知之弘禮曰觀其頭目直是賤人但不知餘處何如耳大鼎有慚色乃解衣視之弘禮曰看君面不異前言占君自腰以下當爲方岳之任大鼎後歷五州刺史而卒其占相皆此類也貞觀末卒

馬周爲中書舍人岑文本謂人曰周鳶肩火色騰上必速恐不能久爾未幾周卒

袁天綱益州成都人尤工相術隋大業中爲資官令武德初蜀道使詹俊赤牒授火井令初天綱以大業元年至雒陽時杜淹王珪韋挺就之相天綱謂淹曰公蘭臺成就學堂寬博必得親糾察之官以文藻見知謂王曰公三亭成就天地相臨從今十年已外必得五品要職謂韋曰公面似大獸之面交友極誠必得士友攜接初爲武職復語淹等二十年外終恐三賢同被責黜暫去卽還淹尋遷侍御史武德中爲天策府兵曹文學館學士王珪爲太子中允韋挺隋末與隱太子友善後太子引以爲卒至武德六年俱配流

嶲州淹等至益州見天綱曰袁公雒邑之言則信矣未知今日之後何如天綱曰公等骨法大勝往時終當俱受榮貴至九年被召入京共造天綱謂杜曰公當卽得三品要職年壽非天綱所知王韋兩公在後當得三品官兼有年壽然晚途皆不稱愜韋公尤甚淹至京拜御史大夫簡較吏部尚書王珪尋授侍中出爲同州刺史韋挺歷御史大夫太常卿貶授象州刺史皆如天綱之言大業末竇軌客遊德陽嘗求問天綱謂曰君額上伏犀貫玉枕輔角又成必於梁益州大樹功業武德初軌爲益州行臺僕射引天綱深

禮之天綱又謂軌曰骨法成就不異往時之言然目氣赤脉貫瞳子語則赤氣浮面如爲將軍恐多殺人願深自戒愼武帝九年軌坐事被徵將赴京謂天綱曰更得何官曰面上家人坐任未免動輔角右畔光澤更有喜色至京必承恩還來此任其年果授益州都督武士彠之爲利州也勅召天綱詣京師途經利州士彠使視其妻楊氏天綱曰夫人當生貴子乃盡召其子女視之見元慶元爽可至刺史終亦屯否見韓國夫人曰此女大貴不利其夫武后時襁褓衣男子之服乳母抱之而至天綱大驚令舉目瞻視又令

提行而觀之曰此郎君龍睛鳳頸貴人之極也若是女後當爲天下主矣貞觀八年太宗聞其名召至九成宮時中書舍人岑文本令視之天綱曰舍人學堂成就眉覆過目文才振於海內頭又生角猶未大成若得三品恐是損壽之徵文本官至中書令尋卒其年侍御史張行成馬周同問天綱曰馬侍御伏犀貫頂後有玉枕又背如負物當富貴不可言近古以來君臣道合罕有如公者公面色赤命門色暗耳後骨不起耳無根只恐非壽者周後位至中書令兼吏部尚書年四十八卒謂行成曰公五岳四瀆成就下亭豐蒲得官雖晚終居宰輔之地行成後至尚書右僕射天綱相人所中皆此類也申國公高士廉嘗謂曰君更作何官天綱曰自知相命今年四月盡矣果至是月而卒

高智周少時與來濟郝處俊孫處約同遊寓於楊州江都人石仲覽傾產以待又嘗引相工觀濟等相工曰四人皆宰相也而石氏不及見焉然來早貴而末途屯蹶高晚達而最爲壽者夫速登者易顛徐達者少患天之道也仲覽貞觀末爲兵部郎中卒後而濟等乃貴皆如相工所言

劉仁軌初爲陳倉尉相工袁天綱謂曰君終當位鄰台輔年將九十後果如其言後至文昌左相同鸞臺鳳閣三品

蕭嵩初娶賀晦女與雒陽縣尉陸象先爲僚婿時嵩尚未入仕宣州夏榮稱有相術謂象先曰陸郎十年內位極人臣然不及蕭郎一門盡貴官位高而有壽時人未之許後果大貴嵩至太子太師象先至太子太保

蔣子愼與鄉人高智周善同詣善相者相者謂智周曰明公位極人臣胤嗣微弱蔣侯官祿至薄而子孫

轉盛子慎後累年爲建安尉卒其子繪來謁智周已貴矣曰吾與子父有故子復有才因以女妻之永淳中爲緱氏尉鄭州司兵卒繪子挺舉進士開元中歷臺省仕至潮延二州刺史子貴贈楊州大都督挺子渕渙並進士及第渕歷禮部户部吏部三侍郎尚書左丞渙天寶末給事中永泰中右散騎常侍時高氏誅滅已久果符相者之言

後唐周玄豹燕人世爲從事玄豹少爲僧其師有知人之鑒從遊十餘年盡悴無憚師知其可教遂傳其秘旨旣長還鄉歸俗盧程寄褐嘗遊於燕與同志二

人謁焉玄豹退謂鄉人張殷衮曰適二君子明年花發俱爲故人唯彼道士他年甚貴來歲二子果零落於趙魏間又二十年盧程登庸於鄴下後晉陽張承業信重之言事數中明宗時爲内衙都指揮使承業俾帝易衣列於諸校之下以他人詐之曰此非也玄豹指帝於末綴曰骨法非常此爲内衙太保歟咸服其異或問帝之前程惟云末後爲鎭州帥時懿皇后夏氏方事巾櫛時有忤旨大犯檟楚玄豹偶見之曰此人有藩侯夫人之位當生貴子赫怒因解其言竟驗太原察判司馬揆不同舍留其居忽謂揆曰公五日之内奉使萬里未見回期揆數日後酒酣坐爲衣領扼之而卒

王都爲定州節度臨戎數年惟以慘虐爲務不敢並語周玄豹見之曰形若鯉魚難免刀几

王安節少善貫得相術於奇士因事見末帝於私邸退謂人曰眞北天王相也位當至天子終則莫我知也

漢趙延壽少時有相者云此官豈止於是邪後必有兵甲大權位極列土人或詰云此人妍柔如女子安有大兵權乎俄遷盟津許田汴水宋城連帥宣徽使

樞密使兼領河陽清泰中復爲樞密使

周趙延乂世爲星官兼通三式而於袁許之鑒尤長於氣色清泰末胡果通爲司天監延乂專待詔内廷嘗與樞密學士呂琦同宿琦從容密問國家運祚延乂曰來年厄會之期俟過別論琦敦詰不已延乂曰保邦在刑政保祚在福德於刑政則術士不敢言奈際會諸公罕有福德者下官竊有恤緯之借爭而晉高祖入雒翟光鄴權知永興軍膚革肥皙善於攝養趙延乂謂人曰翟君外厚而内薄雖貴而無壽果如其言

太　終

冊府元龜

巡按福建監察御史臣李嗣京　訂正
分守建南道左布政使臣胡維霖　參閱
知建陽縣事臣黃國琦　較釋

總錄部一百一十一

筆札

自結繩既代迄於夏商蟲篆鳥跡以紀庶物其後篆籀殊體草隸繼作踵事變本增華競逐世之學者研精極慮克臻其妙各自名家乃至馳聲於天臺流譽於絕域傑出於衆爲時所稱自非心術之幽通天機之異禀又曷能窮妙墨之浮致爲藝圃之殊觀哉

漢陳遵爲較尉性善書與人尺牘主皆藏去以爲榮去亦藏也

後漢崔瑗爲濟北相瑗子寔爲尚書並善草書

張超爲車騎將軍別部司馬善於草書妙絕時人世共傳之

張芝太常奐之子字伯英少時高操公車有道徵皆不至號張有道尤好草書學崔杜之法家之衣帛必書而後練臨池學書水爲之黑下筆必爲楷則號怱怱不暇草書爲世所寶寸紙不遺韋仲將謂之草聖也芝之及弟昶字文舒並善草書先是杜伯度崔子玉以工草書稱於前代趙襲與羅暉拙書見嗤於芝芝頗自矜高與朱賜書云上比崔杜不足下方羅趙有餘也

孫敬少時畫地學書書日進焉楚國先賢傳曰敬好學嘗閉戶爲閉戶先生

魏梁鵠字孟皇漢末師宜官隸書爲最甚矜其能每書輒削焚其札鵠乃益爲版而飲之酒候其醉而竊其札鵠卒以攻書至選部尚書太祖欲爲雒陽令鵠以爲北部尉鵠後依劉表及荊州平太祖募求鵠鵠懼自縛詣門署軍假司馬使在祕書以勤書自效公

嘗縣帳中及以釘壁玩之謂勝宜官魏宮殿題署皆鵠書也

韋誕爲郎中除武都太守以書不之郡轉侍中雒陽鄴許三都宮觀始就命誕銘題以爲承制以御筆墨皆不任用因奏曰夫工欲善其事必先利其器用張芝筆左伯紙及臣墨兼此三具又得臣手乃可以逞徑丈之勢方寸千言

衛覬與著作好古文鳥篆隸草無所不善一云尤工古文筆跡精絕

劉廙爲五官將文學文帝器之命廙通草書

胡昭字孔明養志不仕善史書與鍾繇邯鄲淳衛覬韋誕並有名尺牘之迹動見模楷焉

王陵爲太尉少子明山最知名善書多技藝人得其書皆以爲法

吳張紘爲會稽東部都尉旣好文學又善楷篆嘗與孔融書融遺紘書曰前勞手筆多篆書每舉篇見字欣然獨笑如復覩其人也

張昭字子布爲輔吳將軍少善隸書

皇象字休明廣陵江都人幼工書時有張子並陳梁

甫能書甫恨逋並恨峻象斟酌其閒甚得其妙中國善書者不能及也

晉荀勗爲光祿大夫領祕書監始書師鍾胡法鍾繇胡昭也

衛瓘爲尚書令與尚書郎敦煌索靖俱善草書時人號爲一臺二妙漢末張芝亦善草書論者謂瓘得伯英筋靖得伯英肉

瓘子恒爲黄門郎善草隸書爲四體書勢曰昔在黄帝創制造物有沮誦蒼頡者始作書契以代結繩蓋覩鳥跡以興思也因而遂滋則謂之字有六義焉一曰指事上下是也二曰象形日月是也三曰形聲江河是也四曰會意武信是也五曰轉注老考是也六曰假借令長是也夫指事者在上爲上在下爲下象形者日滿月虧效其形也形聲者以類爲形配以聲也會意者止戈爲武人言爲信也轉注者以老壽考也假借者數言同字其聲雖異文意一也自黄帝至三代其文不改及秦用篆書焚燒先典而古文絶矣漢武時魯恭王壞孔子宅得尚書春秋論語孝經時人以不復知有古文謂之蝌斗書漢世祕藏希得見之魏初傳古文者出於邯鄲淳恒祖敬侯寫淳衛覬也

尚書後以示淳而淳不别至正始中立三字石經轉失法因蝌斗之名遂效其形太康元年汲縣人盜發魏襄王冢得策書十餘萬言案敬侯所書猶有髣髴古書亦有數種其一卷論楚事者最爲工妙恒竊悅之故竭愚思以贊其美愧不足厠前賢之作冀以存古人之象焉古無别名謂之字勢云黄帝之史沮誦蒼頡眺彼鳥跡始作書契紀綱萬事埀法立制帝典用宣質文著世爰曁暴秦滔天作戾大道旣泯古文亦滅魏文好古世傳丘墳歷代莫發眞僞靡分大晉開元弘道敷訓天諎其象地耀其文其文乃耀粲矣

其章因聲會意類物有方日處君而盈其度月執臣
而虧其旁雲委蛇而上布星離離以舒光禾卉苯䔿
以垂穎山岳峨嵯而連岡蟲跂跂其若動鳥似飛而
未揚觀其錯筆綴墨用心精專勢和體均發止無間
或守正循檢矩折規旋或方員靡則因事制權其曲
如弓其直如弦矯然特出若龍騰於川森爾下頹若
雨墜於天或引筆奮力若鴻鷹高飛邈邈翩翩或縱
肆阿那若流蘇懸羽靡靡緜緜是故遠而望之若翔
風厲水清波漪漣就而察之有若自然信黄唐之遺
跡爲六藝之範先籀篆蓋其子孫隸草乃其曾玄稽

物象以致思非言辭之所宣昔周宣王時史籀始著
大篆十五篇或與古同或與古異世謂之籀書者也
及平王東遷諸侯力政家殊國異而文字乖形秦始
皇帝初兼天下丞相李斯乃奏益之罷不合秦文者斯
作蒼頡篇中車府令胡毋敬作博學篇皆史籀大篆
或頗省改所謂小篆者或曰下杜人程邈爲衙獄吏
得罪始皇幽繫雲陽十年從獄中作大篆少者增益
多者損減方者使圓圓者使方奏之始皇始皇善之
出以爲御史使定書或曰邈所定乃隸字也自秦壞
古文有八體一曰大篆二曰小篆三曰刻符四曰蟲
書五曰摹印六曰署書七曰殳書八曰隸書王莽時
使司空甄豐校文字部改定古文復有六書一曰古
文孔氏壁中書也二曰奇字即古文而異者也三曰
篆書秦篆書也四曰佐書即隸書也五曰繆篆所以
摹印也六曰鳥書所以書幡信也及許慎撰說文用
篆書爲正以爲體例最可得而論也秦時李斯號爲
二篆諸山及銅人銘皆斯書也漢建初中扶風曹喜
少異於斯而亦稱善邯鄲淳師焉略究其妙韋誕師
淳而不及也太和中誕爲武都太守以能書留補侍
中魏氏寶器銘題皆誕書也漢末又有蔡邕采斯喜

之法爲古今雜形然精密閑理不如淳也邕作篆勢
曰鳥遺跡皇頡循聖作則制斯文體有六篆爲真形
要妙巧入神或龜文鍼列櫛比龍鱗紓體放尾長短
復身頹若黍稷之垂穎蘊若蟲蛇之棼緼揚波振撃
鷹跱鳥震延頸脅翼勢似凌雲或輕筆內投微本濃
末若絕若連似水露緣絲凝垂下端從者如懸横者
如編杳杪邪趣不方不圓若行若飛跂跂翾翾遠而
望之若鴻鵠羣游駱驛遷延迫而視之端際不可得
見指撝不可勝原研桑不能數其詰屈離婁不能覩
其郤間般倕揖讓而辭巧籀誦拱手而韜翰處篇籍

之首目粲斌斌其可觀摘華豔於紈素爲學藝之範先嘉文德之弘懿愠作者之莫刊思字體之頫仰舉大略而論旃秦既用篆秦事繁多篆字難成即令隸人佐書曰隸字漢因行之獨符印璽幡信題署用篆隸書者篆之捷也上谷王次仲作楷法至靈帝好書時多能者而師宜官爲最大則一字徑丈小則方寸千言甚矜其能或時不持錢詣酒家飲因書其壁顧觀覩者以讐酒討錢足而滅之每書輒削而焚其柎梁鵠乃益爲版而飲之酒候其醉而竊其柎鵠卒以書至選部尚書宜官後爲袁術將今鉅鹿宋子有耿

球碑是術所立其書甚工云是宜官也梁鵠奔劉表魏武帝破荊州募求鵠鵠之爲選部也魏武欲爲雒陽令而以爲北部尉故懼而自縛詣軍門署軍假司馬在祕書以勤書自效是以今者多有鵠手跡魏武帝懸著帳中及以釘壁玩之以爲勝宜官今宮殿題署多是鵠篆鵠宜爲大字邯鄲淳宜爲小字鵠謂淳得次仲法然鵠之用筆盡其勢矣鵠弟子毛弘教於祕書今八分皆弘法也漢末有左子邑小與淳鵠不同然亦有名魏初有鍾胡二家爲行書法俱學之於劉德升而鍾氏小異然亦各有巧今大行於世云作

隸勢曰鳥跡之變乃惟佐隸蠲彼繁文崇此簡易厥用既弘體象有度煥若星陳鬱若雲布其大徑尋細不容髮隨事從宜靡有常制或穹窿恢廓或櫛比鍼列砥平繩直或蜿蜒膠戾或長邪角趣或規旋矩折修短相副異體同勢奮筆輕舉離而不絕纖波濃點錯落其間若鍾簴設張庭燎飛煙嶄巖巇嵯高下屬連似崇臺重宇層雲冠山遠而望之若飛龍在天近而察之心亂目眩奇姿譎詭不可勝原研桑所不能計宰賜所不能言何草篆之足算而斯文之未宣豈體大之難覩將祕奧之不傳聊俯仰而詳觀舉大較

而論旃漢興而有草書不知作者姓名至章帝時齊相杜度號善作篇後有崔瑗崔寔亦皆稱工杜氏殺字甚安而書體微瘦崔氏甚得筆勢而結字小疎弘農張伯英者因而轉精甚巧凡家之衣帛必書而後練之臨池學書池水盡黑下筆必爲楷則號怱怱不暇草書寸紙不見遺至今世尤寶其書韋仲將謂之草聖伯英弟文舒者次伯英又有姜孟頴梁孔達田彥和及韋仲將之徒皆伯英弟子有名於世然殊不及文舒也羅叔景趙元嗣者與伯英並時見稱於西州而矜巧自與衆頗惑之故英自稱上比崔杜不足

下方羅趙有餘河間張超亦有名然雖與崔氏同州不如伯英之得其法也崔瑗作草書勢曰書契之興始自頡皇寫彼鳥跡以定文章爰曁及末葉典籍彌繁時之多僻政之多權官事荒蕪勦其墨翰惟作佐隸舊字是删草書之法蓋又簡畧應時諭指用於卒廹兼功並用愛日省力純儉之變豈必古式觀其法象俯仰有儀方不中矩員不副規傾左揚右望之若崎㩻企鳥跱志在飛移狡獸暴駭將奔未馳或黝黭點䵐狀似連珠絶而不離畜怒怫鬱放逸生奇或凌遽惴慄若據高臨危旁點邪附似蜩螗挶枝絶筆收

勢餘綖糾結若杜伯揵毒緣巇螣蛇赴穴頭没尾垂是故遠而望之隤焉若沮岑巇虛就而察之一畫不可移幾微要妙臨時從宜畧舉大較髣髴若斯

索靖爲尚書郎與尚書令衛瓘俱以善草書知名武帝愛之瓘筆勝靖然有楷法遠不能及靖靖作草書狀其辭曰聖皇御世隨時之宜蒼頡既生書契是爲科斗鳥篆類物象形叡哲變通意巧滋生損之隸草以崇簡易百官畢修事業並麗蓋草書之爲狀也婉若銀鈎漂若驚鸞舒翼未發若舉復安蟲蛇虯蟉或往或還類阿那以羸形欻奮釁而桓桓及其逸遊盼嚮乍正乍邪騏驥暴怒逼其轡海水窊隆揚其波芝草蒲萄還相繼棠杜融融載其華玄熊對踞於山嶽飛燕相追而差池舉而察之又似乎和風吹林偃草扇樹枝條順氣轉相比附窈嬈廉苦隨體散布紛擾擾以猗靡中持疑而猶豫玄螭狡獸嬉其間騰猨飛鼺相奔趣凌魚奮尾駭龍反據投空自竄張設牙距或若登高望其類或若既往而中顧或若俶儻而不羣或若自檢於常度於是多才之英篤藝之彥役心精微耽此文憲守道兼權觸類生變離析八體靡形不判去繁存微大象未亂上理開元下周諧案聘辭放

手雨行冰散高音翰厲溢越流漫忽班班而成章信奇妙之煥爛體磊落而壯麗姿光潤以粲粲命杜度運其指使伯英回其腕著絶世於紈素垂百世之殊觀

李充爲丞相掾累遷中書侍郎善楷書妙參鍾索世咸重之

李式充從兄也爲侍中善楷隸

辛謐爲太子舍人兼散騎常侍工草隸書爲時楷法

王羲之爲右軍將軍會稽内史尤善隸書爲古今之冠論者稱其筆勢以爲飄若游雲矯若驚龍羲之嘗

詣門生家見棐几滑淨因書之眞草相半後爲其父誤刮去之門生驚懊者累日又嘗在蕺山見一老姥持六角竹扇賣之羲之書其扇各爲五字姥初有慍色因謂姥曰但言是王右軍書以求百錢邪姥如其言人競買之他日姥又持扇來羲之笑而不答其書爲世所重皆此類也每自稱我書比鍾繇當抗衡比張芝猶當鴈行也曾與人書云張芝臨池學書池水盡黑使人耽之若是未必後之也羲之書初不勝庾翼郗愔及暮年方妙嘗以章草答庾亮而翼深歎伏因與羲之書曰吾昔有伯英章草十紙過江顛狽遂

乃亾失嘗歎妙迹永絶忽見足下答家兄書煥若神明頓還舊觀

王凝之羲之子也爲左將軍會稽内史亦工草隸

王獻之凝之弟也爲中書令始七八歲時學書父羲之密從後掣其筆不得歎曰此兒後當復有大名嘗書壁爲方丈大字羲之甚以爲能觀者數百人後爲謝安長史安嘗問曰君書何如君家尊答曰故當不同安曰外論不爾答曰外人那得知時議者以爲羲之草隸江左中朝莫有及者獻之骨力遠不及父而頗有媚趣桓玄雅愛其父子書各爲一帙置左右以玩之

謝安字安石爲太保善行書

宋孔琳之爲祠部尚書以草書擅名

羊欣爲中書郎尤長隸書初欣年十二父不疑爲烏程令時王獻之爲吳興太守甚知愛之獻之嘗夏月入縣欣着新練裙晝寢獻之書裙數幅而去欣本工書因此彌善

徐希秀爲游擊將軍甚有學解亦閑篆隸正費禪靈二寺碑卽希秀書也

蕭思話爲中書令丹陽尹工書學於羊欣得草妙

南齊劉繪爲中書郎撰能書人名自云善飛白言論之際頗好矜衒

周顒爲國子博士以從外氏車騎將軍誠質家得衛眘散隸書法學之甚工文惠太子使顒書玄圃茅齋壁國子祭酒何胤以倒薤書求就顒換之顒笑而答曰天下有道丘不與易也

王僧虔爲尚書令弱冠善隸書初宋文帝見其書素扇歎曰非惟跡逾子敬（王獻之字）方當器雅過之晉泰始中出爲吳興太守秩中二千石晉世王獻之善書爲吳興郡及僧虔攻書又爲郡論者榮之昇明中爲尚

書令嘗爲飛白書題尚書省壁曰圓行方止物之定
質修之不已則溢高之不已則慄馳之不已則躓引
之不已則逸是故去之宜疾當時嗟賞以比座右銘
及太祖即位與僧虔觀書畢謂僧虔曰誰爲第一僧
虔曰臣書第一陛下亦第一（一云臣書人臣中第一帝書帝中第一）帝
曰卿可謂善自爲謀矣示僧虔古跡十一帙就求能
書人名僧虔得民間所有帙中所無者吳大帝景帝
歸命侯書桓玄書及王丞相導領軍洽中書令珉張
芝索靖衛伯玉張翼十一卷奏之又上羊欣所撰能
書人名一卷又爲論書曰宋文帝書自云可比王子

敬時議者云天然勝羊欣功夫少於欣王平南廙右
軍叔過江右軍之前以爲最亾曾祖領軍書右軍云
弟書遂不減吾變古制今惟右軍領軍不爾至今猶
法鍾張亾從祖中書令書與子敬云弟書如騎騾駸
駸嘗欲度驊騮前庾征西翼書少時與右軍齊名右
軍後進庾猶不分在荆州與都下人書云小兒輩賤
家雞皆學逸少書須吾下當比之張翼王右軍自書
表晉穆帝令翼寫題後答右軍當時不別久後方悟
云小人幾欲亂真張芝索靖韋誕鍾會二衛並得名
前代無以辨其優劣惟見其筆力驚異耳張澄當時
亦呼有意郗愔章草亞於右軍嘉賓草亞於二王緊
媚過其父桓玄自謂右軍之流論者以比孔琳之謝
安亦入能書錄亦以自重爲子敬書嵇康詩羊欣書
見重一時親受子敬行書尤善正乃不稱名孔琳之
書天然放縱極有筆力規矩恐在羊欣後丘道護與
羊欣俱面受子敬故當在欣後范曄與蕭思話同師
羊欣後小叛既失故步爲復小有意耳蕭思話書羊
欣之影風流趣好殆當不減筆力恨弱謝綜書其舅
云緊生起是得賞也恨少媚好謝靈運書乃不倫遇
其合時亦得入流賀道力書亞丘道護庾昕書學右

軍亦欲亂真矣又著書傳於世
王慈僧虔子也爲東海太守謝超宗嘗謂之曰卿書
何如虔公慈曰我之不得仰及猶雞之不及鳳也時
人以爲名答（超宗鳳之子）
梁蕭幾字德玄爲尚書左丞善草隸書
王志初仕齊爲吏部尚書善藁隸當時以爲楷法齊
游擊將軍徐希秀亦號能書嘗謂志爲書聖
殷均字季和尚武帝女永興公主拜駙馬都尉善隸
書爲當時楷法南鄉范雲樂安任昉並稱貴之
顏協爲湘東王記室少博涉羣書工於草隸飛白吳

人范懷約能隸書協學其書殆過眞也荆楚碑碣皆協所書府有會稽謝善勛能爲八體六文方寸千言京兆韋仲善飛白並在湘東王府府中以協優於韋仲而減於善勛

蕭子雲爲侍中善草隸書爲世楷法自云善效鍾元恒王逸少而微變字體答勑曰臣昔不能收賞隨世所貴規摹子敬多歷年所年二十六著晉史至二王列傳欲作論語草隸法言不盡意遂不能指畧論飛白一勢而已十許年來始見勅旨論書一卷商畧筆勢洞徹字體又以逸少之不及元恒猶子敬之不及

逸少自此研思方悟隸式始變子敬全範元恒逮爾以來自覺功進其書迹雅爲高祖所重嘗論子雲書曰筆力勁駿心手相應巧踰杜度美過崔寔當與元恒並驅爭先其見賞如此百濟國使人至建業求書逢子雲出爲東陽太守維舟將發使人於渚次候之望船三十許步拜行前子雲遣問之答曰侍中尺牘之美遠流海外今日所求惟在名跡子雲乃爲停船三日書三十紙與之

蕭特子雲子也爲太子舍人亦善草書高祖嘗論子雲曰子敬之書不及逸少近見特迹遂逼於卿

蕭乾子雲兄子也乾字思惕善隸書得叔父子雲之法仕陳爲五兵尚書

到沆爲北中郎將諮議參軍勤學工篆隸

劉孝綽爲祕書監善草隸自以書似父乃變爲別體

陳蔡景歷好學善尺牘工草隸解褐諸王府佐

趙知禮爲右衛將軍善隸書

王彬字思文爲祕書監好文章善篆隸與兄志齊名時人爲之語曰三眞六草爲天下寳

蕭弘爲金部侍郎善隸書爲當府所重宣帝嘗披奏事指弘署名曰此字筆勢翩翩似鳥之欲飛弘謝曰

此陛下假其毛羽耳

毛喜爲光祿大夫少好學善草隸

謝貞爲招遠將軍掌中宮管記初貞年十三工草隸蟲篆

徐僧權爲東宮通事舍人領祕書以善書知名

後魏谷渾字元冲道武時以善隸書爲内侍左右

崔宏字玄伯潛之子也仕至天部大夫爵爲公尤善草隸行押之書爲世摹楷玄伯祖悅與范陽盧諶並以博藝知名諶法鍾繇悅法衛瓘俱習索靖之草皆盡其妙諶傳子偃偃傳子邈悅傳潛潛傳玄伯世不

書業故魏初重崔盧之書又玄伯之行押書特精巧
而不見遺跡
崔簡字沖亮玄伯子也一名覽爲中書侍郎參著作
事好學少以善書知名
崔浩玄伯子天興中爲著作郎道武以其工書常置
左右浩既工書人多託寫急就章從少至老初不憚
勞所書盖以百數必稱馮代彊以示不敢犯國其謹
也如此浩書體勢及其先人而妙巧不如也世寶其
跡多裁割綴連以爲模楷
崔衡字伯玉學崔浩書頗亦類焉獻文天安元年擢

爲內祕書中散班下詔命及御所覽書多其跡也
崔挺爲中書侍郎以工書受勅長安書文明太后父
燕宣王碑賜爵泰昌子
崔潛仕慕容暐爲黃門侍郎爲兄渾誄其手筆本草
宣武初著作佐郎王遵業買書於市而遇得之計誄
至是將二百載寶其書迹深藏祕之東魏武定中遵
業子松年以遺黃門郎崔季舒人多摹搨之左光祿
大夫姚元標以工書知名於時見潛書謂過於己也
江式爲殄寇將軍符節令以書文昭太后尊號謚冊
特除奉朝請仍符節令式篆體尤工雒宮殿諸門板
題皆式書也
江順和式兄子也爲征虜將軍亦工篆書先是太和
中兗州人沈法會能隸書宣武之在東宮勅法會侍
書已後隸迹見知於閭里者甚衆未有如崔浩之妙
盧淵爲祕書監自遠祖志法鍾繇書傳業累世世有
能名至邈以上兼善草跡淵習家法當代宮殿多所
題自馬公崔玄伯亦善書世傳衛瓘體魏初工書者
崔盧二門
呂溫字晞陽爲上黨太守善書
李思穆爲營州刺史工草隸爲當時所稱

竇遵爲尚書郎善楷篆北京諸碑及臺殿樓觀宮門
題署多遵書也
柳僧習善隸書敏於當時爲裴植征虜府司馬
劉仁之粗涉書史真草筆跡頗號工便尉元暱引爲
御史
裴敬憲爲太學博士學博才清工隸草書
高遵爲中書侍郎頗有筆札詣長安刊燕宜王廟碑
進爵安昌子
郭祚爲雍州刺史少習崔浩之書尺牘文章見稱於
世

劉懋爲太尉司馬善草隸多識奇字
王縣爲給事中東萊太守有文才尤善草隸
北齊杜弼爲征虜府墨曹參軍典管記弼長於筆札
每爲時輩所推
蕭慨好學攻草隸書南土中稱爲長者歷著作佐郎
待詔
趙仲將爲散騎常侍學涉羣書善草隸雖與弟書書
字楷正云草不可不解若施之於人即似相輕易若
當家卑幼又恐其疑所在宜爾是以必須隸筆
源楷字那延爲黃門郎善草隸書

張景仁幼孤家貧以學書爲業遂工草隸書選補內
書生與魏郡姚元標穎川韓毅同郡袁買奴滎陽李
超等齊名世宗並引爲賓客天保八年勑教太原王
紹德書除開府行參軍後主在東宮世祖選善書人
性行淳謹者令侍書景仁遂被引擢小心恭慎後王
愛之呼爲博士
劉頒好文學工草書爲司空功曹待詔文林館
後周王褒字子淵初在梁爲國子祭酒蕭子雲褒之
姑夫也時善草隸褒少以姻戚去來其家遂相模範
俄而名亞子雲並見重於世

趙文深字德本爲太祖丞相府法曹參軍少學楷隸
雅有鍾王之則筆勢可觀當時碑牓唯文深及冀儁
而已平江陵之後王褒入關貴遊等翕然並學褒書
文深之書遂被遐棄文深慙恨形於言色後知好尚
難反亦改習褒書然竟無所成轉被譏議謂之學步
邯鄲焉至於碑牓餘人猶莫之逮王褒亦每推先之
宮殿樓觀皆其跡也遷縣伯下大夫加儀同三司世
宗令至江陵書景福寺碑溪南人士亦以爲工梁主
蕭詧觀而美之賞遺甚厚天和元年路寢寺初成文
深以題牓之功增邑二百戶除趙郡守文深雖居外

任每須題牓輒復追之
隋竇慶頗工草隸官至河東太守
房彥謙爲司隸刺史善草隸人有得其尺牘者皆寶
玩之
闞毗爲殿內少監能篆書草隸尤善爲當時之妙
唐楊師道爲中書令少善草隸
虞世南爲秘書監同郡沙門智永善學王羲之書世
南師焉妙得其體繇是聲名籍甚
歐陽詢爲太子率更令初學王羲之書後漸更變其
體筆力險勁爲一時之絕時人得其尺牘文字咸以

爲楷範焉其八分龍爪古篆世無及之飛白尤妙議者方於蕭子雲高麗甚重其書嘗遣使求之高祖嘆曰不意詢之書名遠播夷狄彼觀其跡固謂其形貌魁梧也

褚遂良爲尚書右僕射博學文史尤工隸草父友歐陽詢甚重之太宗嘗謂魏徵曰虞世南死後無人可與論書徵曰褚遂良下筆遒勁甚得王逸少體太宗即日召令侍書太宗嘗出御府金帛購求王羲之書跡天下爭齎古書詣闕以獻當時莫能辨眞僞遂良備論所出一無舛誤自是漸承恩遇每事顧問之

裴行儉爲吏部侍郎工草書高宗以縑素百卷令寫文選一部嘗謂人曰褚遂良非精筆佳墨未嘗輒書不擇筆墨而研捷者唯余及世南耳行儉撰草書雜體數萬言並傳於代

王方慶爲鸞臺侍郎同鳳閣鸞臺平章事家多書籍則天嘗訪求右軍遺跡方慶奏曰臣十代從伯祖羲之書先有四十餘紙貞觀十二年太宗購求先臣並已進之唯有一卷見在今又進臣十一代祖導十代祖洽九代祖珣八代祖曇首七代祖僧綽六代祖仲寶五代祖騫高祖規曾祖褒并九代三從伯祖晉中書令獻之已下二十八人書共十卷則天御武成殿示羣臣仍令中書舍人崔融爲寶章集以叙其事復賜方慶當時以爲榮

鍾紹京初爲司農録事以工書直鳳閣則天時明堂門額九鼎銘及諸宮門牓皆紹京所題

王知敬則天時爲麟臺少監以工書知名

盧鴻一少有學業頗善籀篆楷隸隱於嵩山

薛稷尤工隸書自貞觀永徽之際虞世南褚遂良書跡後罕繼者稷外祖魏徵家富圖籍多有虞褚舊跡稷精模倣筆力遒麗當時無及之者終爲太子少保

韋陟爲吏部尚書幼有文彩與弟斌篤志勤學以筆札知名

賀知章爲祕書監善草隸好事者供其牋翰每紙不過數十字共傳寶之時有吳郡張旭亦與知章相善旭尤循善草書而好酒每醉後號呼狂走索筆揮灑變化無窮若有神助時人號爲顛知章如與旭遊於人閒每見人家廳館好牆壁及屏障忽忘機興發落筆數行如蟲篆飛走雖古人之張索不如也然旭稍過於知章

張廷珪爲太子詹事素與陳州刺史李邕親善邕所

撰碑碣必請廷珪八分書甚爲時人所重
顏眞卿字清臣瑯邪臨沂人五代祖之推北齊黃門侍郎眞卿少勤學孝敬有文詞工書官至太子太師
徐浩肅宗時爲中書舍人浩屬詞贍給又工楷隸
韓滉字太冲少好學弱冠强學尤工書位至簡較僕射平章事封晉國公
袁滋工篆籀雅有古法元和中爲中書侍郎平章事
柳公權初爲夏州李聽掌書記穆宗即位入奏事召見謂之曰我於佛寺見卿筆跡思之久矣即日拜右拾遺充翰林侍書學士公權初學王書徧閱近代筆

法體勢勁媚自成一家當時公卿大臣家碑版不得公權手筆者人以爲不孝外夷入貢皆別署貨且曰此購柳書上都西明寺金剛經碑備有鍾王歐虞褚陸之體尤爲得意文宗夏與學士聯句公權詩曰薰風自南來殿閣生微凉文宗諷此兩句令公權題於殿壁字方圓五寸帝視之嘆曰鍾王復生無以加之大中初轉少師中謝日宣宗召升殿御前書三紙軍容使西門季玄捧硯樞密使崔巨源過筆眞書十字曰衛夫人傳筆法於王右軍一紙行書十一字曰永禪師眞草千字文得家法草書八字曰謂語助者焉哉乎也賜錦綵瓶盤等銀器仍令自書謝狀勿拘眞行帝尤奇惜之
裴潾爲兵部侍郎少篤學善隸書
盧知猷爲太子太師尤工書落筆飛翰人爭模倣
周馬裔孫爲太子詹事嗜八分書題尺謝啓必存其蹟
楊凝式以右僕射致仕凝式善於筆札居壁藍牆之間往往恣其題紀

冊府元龜

冊府元龜

巡按福建監察御史臣李嗣京　訂正

分守建南道左布政使臣胡維霖　參閱

知建陽縣事臣黃國琦　較釋

總錄部　百十二

起復

喪從哀制緣情之禮斯在恩繇義斷移孝之文足徵故晉侯始墨以從戎子騫腰絰而服事奪情順變其來尚矣西漢而下則有居丞弼之任亮釆平邦家處瓜牙之權式遏於亂畧以至引籍於扃禁彯纓於文

陛奄丁艱疚聿去班列繇是舉茲彝典復其舊貫若乃賜予優渥存問周至斯又示優賢之旨勉徇公之節者已

漢翟方進成帝時爲丞相以後母終既葬三十六日除服起視事以爲身備漢相不敢踰國家之制漢制自文帝遺詔之後國家遵以爲嘗大功十五日小功十四日緦麻七日方進自以大臣故云不敢踰制

後漢趙熹明帝時代虞延行太尉事後遭母憂上疏乞身行喪禮帝不許遣使者爲釋服賞賜恩寵甚渥

耿恭永平中爲騎都尉恭母先卒追行喪制有詔使五官中郎將齎牛酒釋服

張酺和帝時爲太尉父卒既葬詔遣使齎牛酒爲釋服

桓焉字叔元順帝時爲太傅以母憂自乞聽以大夫行喪踰年詔使者賜牛酒奪服卽拜光祿大夫

晉賈充文帝時爲侍中以母憂去職詔遣黃門侍郎慰問又以東南有事遣典軍將軍楊囂宣諭使六旬還內

鄭默武帝時爲散騎常侍以父喪去官尋起爲廷尉

山濤爲太常遭母喪歸鄉里武帝詔曰吾所共致化者官人之職是也方今風俗陵遲人心揺動宜崇明

好惡鎭以退讓山太常雖居諒闇情在難奪方今務殷何得遂其志邪其以濤爲吏部尚書濤辭以喪病表章懇切會元皇后崩遂扶輿還雒逼迫詔命自力就職

張華拜中書令後加散騎常侍遭母憂哀毁過禮中詔勉勵逼令攝事

傅咸北城泥陽人也惠帝時爲御史中丞本郡中正遭繼母憂去官項之起以議郎長兼司隸校尉咸前後固辭不聽勑使者就拜咸復送還印綬公車不通催使攝職咸以身無兄弟喪祭無主重自陳乞乃使

於官舍設靈座咸又上表曰臣旣驁弱不勝重仕加在哀疾假息日闕陛下過意授非所堪披露丹欵歸窮上聞謬詔旣往終然無改臣雖不能滅身以全禮教義無覥然虛忝隆寵前受嚴詔視事之日私心自誓隕越爲報以貨賂流行所宜深絶切勑都官以此爲先而經彌日月未有所得斯繇陛下有以獎勵慮於愚戇將必死繫故自掩以避其鋒耳在職有日旣無赫然之舉又不應弦垂翅人誰復憚故光祿大夫劉毅爲司隷聲震内外遠近清肅非徒毅有王臣匪躬之節亦繇所奏見從威風得伸也詔曰但當思必

應繩中理威風自伸何獨劉毅也

張闓元帝時爲丞相從事中郎以母憂去職旣葬帝強起之闓固辭疾篤優命敦逼遂起視事

桓石虔孝武時爲寧遠將軍南頓太守以父憂去職尋而苻堅又寇淮南詔曰石虔文武器幹鄉戎有方古人絶哭金革弗避況在餘哀豈得辭事可奮威將軍南平太守

司馬元顯會稽王道子之世子道子妃薨孝武下詔曰會稽王道子元顯風令光懋乃心所寄誠孝性蒸蒸至痛難奪然不以家事辭王事陽秋之明義不以私限違公制中代之變禮故閔子服絰山王逼居良以至感繇中執客著外有禮無時賢哲斯順須妃葬畢可居職如故

宋毛循之武帝時爲右將軍居父憂時盧循逼京邑循之服未除起爲輔國將軍尋加宣城内史戍姑孰

王誕爲吳國内史以母憂去職武帝征劉毅起爲輔國將軍誕固辭軍號墨絰從行

劉粹爲江夏相母憂去職俄而武帝討司馬休之起粹爲寧朔將軍竟陵太守統水軍入沔

徐湛之會稽公主子也湛之遷冠軍將軍丹陽尹進

號征虜將軍加散騎常侍以公主憂不拜過葬復授前職湛之表啓固辭又詣廷尉受罪武帝詔獄官勿得受然後就命固辭常侍許之

殷景仁文帝元嘉中爲侍中丁母憂葬竟起爲領軍將軍固辭詔使綱紀代拜中書舍人周赳輿載還府

顔竣孝武時代謝莊爲吏部尚書領太子左衛率未拜丁憂起爲右將軍丹陽尹如故

沈懷明明帝泰始初居父憂起爲建威將軍東征南討有功封吳興縣子食邑四百戸

袁粲後廢帝初爲尚書令元徽元年十一月母憂去

職十二月還攝本任加衛將軍
褚淵爲中書監護軍將軍元徽四年十月母憂去職十一月詔攝本任
南齊崔惠景爲冠軍將軍同州刺史母喪詔起復本任
蕭景先爲侍中兼領軍將軍遭母喪詔起爲領軍將軍
蕭赤斧爲長史兼侍中祖母喪去職起爲冠軍將軍寧蠻校尉
張敬兒爲南陽太守遭母喪還家朝廷疑桂陽王休

範密爲之備乃起敬兒爲寧朔將軍越騎校尉
楊公則爲扶風太守武帝永明中母憂去官雍州刺史陳顯達起爲寧朔將軍復領太守
梁沈約爲侍中遭母憂起爲鎮軍將軍丹陽尹置佐史
丘仲孚初仕齊爲于湖令有能名以父喪去職明帝即位起爲烈武將軍曲阿令仲孚入梁爲江夏太守行郢州州府事遭母憂起攝職
鄭紹叔爲衛尉卿以母憂去職紹叔有至性高祖嘗使人節其哭頃之起爲冠軍將軍右軍司馬
樂藹爲龍陽相以父憂去職吏民詣州請之乃詔起焉
夏侯夔爲右衛將軍丁所生母憂去職時魏南兗刺史劉明以譙城入附詔遣鎮北將軍元樹帥軍應接起夔爲雲麾將軍
韋粲爲步兵校尉入爲東宮領直丁父憂去職尋起爲招遠將軍復爲領直
謝徵爲鴻臚卿高祖中大通元年以父喪去職續又丁母憂詔起爲貞威將軍還攝本任服闋除尚書左丞

沈瑀爲尚書駕部郎兼右丞以母憂去職起爲振武將軍餘姚令
陳姚察爲建安王諮議將軍丁憂去職俄起爲戎昭將軍知撰梁史事固辭不免轉太子僕父凶問自長安到江南察母喪制始除後主慮加毀頓遣使戒諭尋以忠毅將軍起兼東宮通事舍人察志在終喪頻有陳讓並抑而不許又進表其畧曰臣私門釁禍備罹殃罰偷生晷漏冀申情禮而尫瘵相仍苴枲穢質非復人流將畢苦壤豈期朝恩曲覃被之纓紱宮闈祕奧趨奏便繁寧可以茲荒毀所宜叨預伏願至德

孝治矜其理奪使殘魂喘息以遂餘生詔答曰省表具懷卿行業淳深聲譽素顯理徇情禮未膺刀筆但參務承華良所期寄允茲抑奪不得致辭也陳卞八

隋爲祕書丞丁後母杜氏喪解職仁壽二年詔曰前祕書丞北絳郡開國公姚察強學待問博極群典修身立德白首不渝雖在哀疚宜奪情禮可員外散騎常侍

庚安都還可空征北將軍南徐州刺史父文捍爲始興內史卒於官世祖徵安都還京師爲發喪尋起復本官

徐儉後主立授和戎將軍惠宣晉熙王長史行丹陽郡國事俄以父憂去職尋起爲和戎將軍

周確爲東宮通事舍人丁母憂去職及歐陽紇平越起爲中書舍人命於廣州慰勞服闋爲太府卿歷太子中庶子尚書左丞太子令以父憂去職尋起爲貞威將軍吳令確固辭不之官

謝貞爲南平王友以母憂去職頃之勑起還府仍加招遠將軍掌記室貞累啓固辭勑報曰省啓具懷雖知哀惸在疚而官候得才禮有權奪可便力疾還府也貞哀毀羸瘠終不能之官舍

後魏陽平王新成長子顯累遷懷朔鎮大將軍督三道諸軍事北討未發遭母憂孝文詔遣傳詔侍臣以金華敦諭既殯而發

趙郡王幹太妃韓氏薨孝文詔曰季代多務情緣理奪幹既居要任銓衡是荷豈容遂其私志致曠所司可遣黃門郎敦諭命勉從王事朕尋當與之相見拜使持節都督南豫郢東荊三州諸軍事征南大將軍開府豫州刺史

元英爲梁州刺史父憂解任孝文討漢陽起英爲左衛將軍

于忠爲左中郎將以父憂去職未幾起復本官遷司空長史

寇臻爲中川太守孝文初母憂未闋以弘農大盜張煩等賊害良善徵爲都尉與荊州刺史公孫初頭等追翦之拜振武將軍

陸叡爲尚書令衛將軍尋以母憂解令孝文將有南伐之事以本官起之改授征北將軍叡固辭請終情禮詔曰叡猶執私痛致違往旨金華方馳何宜曲遂也加領衛尉可重勑有司速令敦諭

崔遊爲梁州刺史以母憂解任正光中起除右將軍

南秦州刺史固辭不允
張彝爲黄門母憂解任孝文幸冀州遣使弔慰詔以驍騎將軍起之還復本位
奚康生爲南青州刺史遭母憂蕭梁遣將宋黑率衆寇擾彭城起爲别將持節假平南將軍領南青州諸軍擊走黑遷涇州刺史遭父憂起爲平西將軍西中郎將
辛雄爲尚書三公郎公能之名甚盛以母憂去任卒哭右僕射元欽奏雄起復爲郎
高恭之字道穆莊帝初爲太尉長史領中書舍人遭

母憂去職帝令中書舍人温子昇就宅弔慰詔攝本任表辭不許
范紹爲都水使者丁母憂去職值義陽初復起紹除寧遠將軍郢州龍驤軍長史帶義陽太守
泉企爲豐陽令以母憂去職縣中父老表請慇懃詔許之復起本任加討寇將軍
樊子鵠爲驃騎大將軍遭母憂去職前廢帝聞其在雒陽無宅凶費不周賚絹四百疋粟五百石以本官起之
令狐熙爲小駕部河陰之役詔令墨縗從事還授職方下大夫襲爵彭陽縣公
北齊斛律光太師金之長子爲司徒大將軍天統三年六月以父喪去官其月詔起光及其弟羨並復前任宋齊而下逮於梁室雖眷命攸屬而運一非正乃
斛律羨太師金之子爲幽州行臺僕射丁父憂去官與兄光並被起復任還鎮燕薊
高隆之爲侍中尚書右僕射丁母艱解任尋詔起爲并州刺史
封子繪爲中書舍人丁母憂解職尋復本任爲大行臺吏部郎中以父喪去職高祖西討起爲大都督領

冀州兵起鄴
趙彥深爲司徒丁母憂尋起爲本任官
封孝琰爲祕書郎文宣天保元年爲太子舍人出入東宫甚有令望丁母憂解任除晉州法曹參軍尋徵還復除太子舍人
崔贍初爲相府司馬天保初兼並省吏部郎中尋丁父憂起爲司徒屬
崔季舒天保初爲侍中兼左僕射大被恩遇乾明初楊愔以文宣遺旨停其僕射遭母喪解任起復除光祿勳兼中兵尚書

後周獨孤信拜領軍將軍仍從復弘農破沙苑改封河內郡公俘虜中有信親屬始得父凶問乃發喪行服尋起爲大都督在隴右歲久啓求還朝文帝不許或有自東魏來者又告其母凶問信發喪行服陳哀請終禮制又不許於是追贈信父庫者司空公追封信母費連氏恒山郡君

梁彥光爲少馭下大夫母憂去職毀瘠過禮未幾起令視事帝見其毀甚嗟歎久之頻榮慰諭

王謙太保雄之子以父功累遷驃騎大將軍開府孝閔踐祚雄從晉公護東討爲齊人所斃朝議以謙父

殞身行陣特加殊寵乃授謙柱國大將軍以情禮未終固辭不拜高祖手詔奪情襲爵庸公邑萬戶

蔡祐爲大都督原州刺史遭父憂請終喪紀弗許遷車騎大將軍儀同三司

于翼爲司會中大夫遭父喪過禮爲時輩所稱尋有詔起令視事

泉仲遵爲三荊二廣十三州諸軍事行荊州刺史尋遭母憂請終喪制不許

李德林爲通直散騎侍郎丁母艱去職勺飲不入口五日朝廷嘉之幾滿百日奪情起復德林以羸病屬病請急罷歸

隋韋壽初仕後周爲京兆尹以父喪去職高祖受禪起令視事

于宣道爲內史舍人丁父憂水漿不入口者累日獻皇后每令中使敦諭歲餘起令視事免喪拜車騎將軍

賀婁子幹爲雲州刺史以母憂去職朝廷以榆門作鎮非子幹不可尋起視事

韋世康爲吏部尚書丁父憂去職未朞起令視事世康固請乞終私制帝不許

韋沖爲石州刺史以母憂去職俄而起爲南寧州總管持節撫慰復遣柱國王長述以兵繼進沖上表固辭詔曰西南夷裔屢有生梗每相殘賊朕甚愍之已命戎徒靖撫邊服以開府器幹堪濟識略英遠軍旅事重故以相任知在艱疚日月未多金革奪情蓋有通式宜自抑割即膺往旨

杜整爲左武衛將軍在職數年以母憂去職起令視事

高熲爲左領軍大將軍母憂去職二旬起令視事熲流涕辭讓優詔不許

柳述冀州刺史機之子兵部尚書丁父艱去職未幾
起攝給事黄門侍郎事襲爵建安郡公
蘇威拜尚書左僕射其年以母憂去職柴毀骨立帝
勑威曰公德行高人情寄殊重大孝之道葢同俯就
必須抑割爲國惜身朕之於公爲君爲父宜依朕旨
以禮自存未幾起令視事固辭優詔不許
宇文弢爲并州刺史俄以父艱去職尋詔起之
張衡爲揚州掾以母憂去職歲餘起授揚州總管司
馬賜物二百段
崔仲方爲司農少卿以父艱去職未朞起爲虢州刺

史大業中爲上郡太守以母憂去職歲餘爲信都太
守
柳彧爲尚書虞部侍郎以母憂去職未幾起爲屯田
侍郎固讓弗許
樊子葢爲嵩州刺史母憂去職未幾起授齊州刺史
固辭不許
皇甫誕爲尚書右丞以母憂去職未幾起令視事
陳孝意煬帝大業中爲御史以母憂去職未幾起授
鴈門郡丞在郡菜食齋居朝夕哀臨每發聲未嘗不
絶倒柴毀骨立見者哀之

辛公憂爲内史侍郎丁母憂未幾起爲司隷大夫
虞世基遷内史侍郎以母憂去職哀毀骨立有詔令
視事拜見之日殆不能起帝令左右扶之哀其羸瘠
詔令進肉世基食輙悲哽不能下帝使謂之曰方相
委任當爲國惜身前後敦勸者數矣帝重其才親禮
逾厚專典機密
閻毗有巧思爲殿内丞帝深委信之尋以母憂去職
未朞起令視事
即茂爲民部侍郎數歲以母憂去職未朞起令視事
唐劉德威爲簡較雍州别駕徃齊州推齊王祐祐殺

長史權萬紀德威却據齊州遣使以聞詔德威使發
河南兵馬經畧遭母憂哀毀殆不勝喪十八年起爲
遂州刺史
薛萬徹爲車騎將軍母憂去職俄起爲右衛將軍
劉師立貞觀中簡較岐州都督丁母憂去職岐州父
老上表請留之太宗下優詔不許赴哀令更聽後起
兼岷州都督
房玄齡授太子太傅遭繼母憂去官尋有詔敦勉起
復司空太傅知門下省事
武敏之爲左侍御兼蘭臺太史丁母憂奪情授本官

李敬言爲司烈少嘗伯家艱去官八月奪情爲西臺
侍郎仍簡較右中護司烈少嘗伯同爲西臺三品
歐陽通率更令詢之子儀鳳中遷中書舍人襲封渤
海縣男丁母憂去職尋起復本官每入朝必徒跣至
皇城門外及直在省則席地藉藁非公事不言亦未
嘗啓齒歸家必衣縗絰號慟無嘗自武帝巳來起復
而能哀戚合禮者無如通比
王勮則天長壽中爲鳳閣舍人兼知弘文舘學士丁
母憂解官起復本職
張說爲工部侍郎說丁母憂起復授黄門侍郎說上

表曰臣弱年早孤母氏慈訓得紹基構忝列簪裾從
官歷年晨昏多闕播遷遠裔離别又苦顧復無答報
養何追心所摧感語不能喻甫至冬中禮及祥禫今
巳春暮瞻言幾何是臣事朝廷日長戀几筵日短乞
寢嚴命許遂私情訴哀祈天所望矜遂手制答曰卿
標烈寒松心横勁草累遷臺閣咸播聲猷不屈二克
之威獨全一至之節每念嘉歎無忘寢興但青瑣位
隆黄樞寄切爰奪苴麻之禮擢居審省之曺朝命巳
行卽宜斷哀又累表固辭言甚切至優制方許焉是
時人多趨競或以起復爲榮而說能固節懇辭竟終
其喪制自是大爲有識者所稱
馬秦客爲左散騎嘗侍丁母憂解職秦客旣嘗陰通
禁掖故居喪經旬日餘又起復本職
邠王守禮爲前光祿卿丁母憂起復左金吾衛將軍
盧懷愼爲中書侍郎丁母憂起復爲兵部侍郎
嗣鄂王邕爲鄂州刺史丁母憂起復爲衛尉卿
皇甫翼爲潞州大都督長史家艱去職起復爲揚州
大都督長史充淮南道採訪使
陸象先爲刑部尚書以繼母憂免官起爲同州刺史
韓休爲禮部侍郎兼知制誥出爲虢州刺史歳餘以

母艱去職尋起復爲左庶子兼知制誥累表乞終喪
制詞甚懇至許之服闋除工部侍郎仍知制誥
王鉷爲御史中丞充京畿關内採訪處置使并戸口
色役等使鉷丁家艱起復行御史中丞使並如故
呂諲爲武部侍郎同中書門下平章事以肅宗乾元
二年十月丁母憂十一月起復權知門下省事兼判
度支事又加充勾當度支使
渾瑊爲右武鋒使隷郭子儀會瑊父釋之戰死起復
本官爲朔方行營左廂兵馬使
郭英乂爲右羽林軍大將軍加特進以家艱去職時

選將帥東討逆賊史思明乃以英乂起復爲陝州刺史充陝西節度潼關防禦使尋加御史大夫兼神策軍節度使

衛伯玉爲荆南節度使江陵尹代宗大曆五年以内憂去職故命殿中監王昂代之王昂既行伯玉諷荆南大將楊休等拒昂昂乞留伯玉優詔許之乃起復本官

令狐彰爲滑亳節度觀察等使大曆五年夏丁母憂起復本官使如故

侯希逸爲簡較尚書右僕射淮陽郡王白孝德爲簡

較刑部尚書昌化郡王並以私艱去職大曆十一年九月並復舊官

李涵高平王道立曾孫也有名宗室寶應元年初平河朔拜涵右庶子兼中丞河北宣慰使丁母憂起復本官而往每至州縣郵驛公事之外都不發言蔬飯水飲席地而息使還固請罷官終喪制代宗以其毀瘠許之

嚴震爲鳳州刺史丁母憂起復本官仍充興鳳兩州團練使

吳湊章敬皇后弟爲金吾將軍大曆末丁繼母憂罷德宗建中初出爲起復爲右衛將軍兼通州刺史

崔元諒爲鎮國軍節度使丁母喪加右金吾上將軍李復本官

樊澤爲襄州節度丁母憂起復舊任

楊朝晟爲邠寧節度丁母憂授左金吾大將軍同正邠州刺史御史大夫

李納爲淄青節度使簡較司徒平章事丁家艱貞元三年夏起復左金吾上將軍同正餘如故

駱元光以前華州潼關節度使簡較尚書右僕射元光丁家艱貞元三年夏起復爲右金吾上將軍同正

餘如故

劉玄佐前宣武軍節度簡較司空平章事遭丁家艱貞元四年起復左金吾上將軍同正

劉澭爲幽州節度使丁家艱貞元四年八月起復左衛上將軍餘如故

王武俊爲成德軍節度使簡較司徒平章事遭家艱貞元五年四月起復右金吾上將軍餘如故

杜佑爲淮南節度簡較禮部尚書丁母憂貞元六年起復左金吾大將軍同正餘如故

劉庭保爲左神策大將軍遭内艱貞元九年十月起

復本官簡較如故以終喪

路袞爲簡較左庶子兼楚州刺史貞元十一年八月起復左衛將軍同正兼洪州刺史御史中丞江南西道都團諫觀察使

張茂昭孝忠之子貞元中爲定州刺史充北平軍使是歲孝忠卒於位詔茂昭起復左衛大將軍同正員充義武軍節度使累遷僕射司空又丁母谷氏喪貞元十二年四月起復左金吾衛大將軍餘如故

張茂宗茂昭之弟貞元中許尚主以主幼待年茂宗母亡遺命請結嘉禮德宗念茂昭之勳詔曰古稱偏

就是謂通喪恩之所加禮亦有變銀青光祿大夫前行光祿卿員外置同正員駙馬都尉張茂宗華冑恭仁溫良美茂當申下嫁之命式寵舊勳之家頃屬待年俄聞在疚以其倚門之訓且在遺言築館之期當從先近俾恭秩於環衛以承榮於湯沐可雲麾將軍起復左衛將軍員外置同正員駙馬都尉諫官蔣義等上疏以爲自古未有起復尚主者德宗曰卿所言者禮也今人家皆有借吉成婚嫁者卿何苦諫又復執奏德宗不納

田季安爲魏博節度副使試光祿少卿御史大夫貞元十二年八月起復左金吾衛將軍同正兼魏博等節度營田觀察使依前兼御史大夫又丁母憂元和元年九月起復爲左金吾衛上將軍餘並如故

李師古爲平盧淄青節度等使丁母憂貞元十二年十月起復左金吾衛大將軍同正餘如故

楊朝晟爲邠寧慶節度支度營田觀察使邠州刺史丁母憂貞元十三年二月起復左金吾衛大將軍

劉昌爲宣武軍節度劉玄佐兵馬使累加簡較工部尚書丁母憂加起復左金吾衛大將軍贈其母梁國夫人

張敬則爲鳳翔節度使憲宗元和元年七月起復爲左金吾衛員外大將軍依前充節度等使

盧從史爲義軍節度使元和四年四月起復左金吾衛大將軍同正員餘如故從史丁父憂朝廷未議起復屬鎮州王士眞卒子承宗自繼父位從史竊獻誅承宗計以希上意用是起復及詔下討賊陰與承宗通謀流死嶺南

程執恭爲橫海軍節度使丁母憂元和四年九月起復左金吾衛大將軍同正員餘如故

劉總爲幽州盧龍軍節度使丁母憂元和八年起復

左金吾衛大將軍員外置餘如故
張克恭弟克從克勤茂昭之子也元和六年十二月
並授起復官獎其先父忠順也
吳少陽丁母憂元和九年七月起復淮西節度使
杜叔良爲朔方節度使丁母憂元和十年九月起復
右金吾衛將軍同正員依前充節度等使
韓公武爲鄜坊節度使丁母憂起復右金吾衛大將
軍同正員依前充鄜坊節度觀察使
謝少莒敬宗寶曆二年以前陵州刺史起復爲雲麾
將軍左驍衛將軍同正兼州刺史少莒本中和官劉

克明之私屬也克明用事少莒附會得領郡符宰相
不能遏後以母喪去任執政者恐歸京師又肆干撓
故以金華之命復前任焉
杜悰文宗太和八年以前鳳翔節度使簡較禮部尚
書駙馬都尉起復爲簡較戶部尚書充忠武軍節度
陳許觀察使
李玭太和九年以前左金吾衛將軍起復爲金吾衛
大將軍同正兼黔州刺史充黔州觀察經畧等使
王元比太和九年以鎮州大都督府司馬權勾當節
度事元逵起復授寧遠將軍守左金吾衛大將軍簡
校工部尚書充成德軍節度鎮冀深趙等州觀察等
使
冊府元龜

冊府元龜

巡按福建監察御史臣李嗣京　訂正
分守建南道左布政使臣胡維霖　參閱
知建陽縣事臣黃國琦　較釋

總錄部一百一十三

生日　名諱　爲人後

生日

禮曰子生男子設弧於門左又曰夫告宰名宰辯告諸男名書曰某年某月某日某生而藏之皆所以重其嗣而謹其籍也故或父子叶辰或君臣同日拘於

俗避幾滅其天性善於知人遠識其國罷然則廢興之數吉凶之理蓋默定於上天非人謀之所能易也著之編次取捨可見矣

魯莊公名同桓公子也桓公六年九月丁卯子同生公曰是其生也與吾同物命之曰同物類也謂同日

孔子以魯襄公二十一年十月一日庚子生時歲在己卯

齊田文相齊封孟嘗君初父靖郭君嬰有子四十餘人其賤妾有子名文文以五月五日生嬰告其母曰勿舉也其母竊舉生之及長其母因兄弟而見其子文於嬰嬰怒其母曰吾令若去此子而敢生之何也文頓首因曰君所以不舉五日子者何故嬰曰五日子者長與戶齊將不利其父母文曰人生受命於天乎將受命於戶邪嬰默然文曰必受命於天君何憂焉必受命於戶則可高其戶耳誰能至者嬰曰子休矣

漢盧綰者豐人也與高祖同里盧綰親與高祖太上皇相愛親謂父也及生男高祖綰同日生里中持羊酒賀兩家及高祖綰壯俱學書又相愛也里中嘉兩家親相愛生子同日壯又相愛復賀兩家羊酒綰後封燕王

宋王鎮惡北海劇人也祖猛字景略苻堅僭號關中猛爲將相有文武才北土重之父休爲河東太守鎮惡以五月五日生家人以俗忌欲令出繼疎宗猛見奇之曰此非常兒昔孟嘗君惡月生而相齊是兒亦將興吾門矣故名之爲鎮惡後位至安西司馬征虜將軍

後周宇文孝伯字胡玉吏部安化公深之子也其生與高祖同日太祖甚愛之養於第內及長又與高祖同學位至大將軍

唐史思明營州柳城人也與安祿山同鄉生先祿山

一日思明以歲除日生祿山歲日生後俱以謀逆伏
誅
喬琳爲太子太師陷於朱泚爲僞吏部尚書及官軍
收復京城坐斬臨刑歎曰喬琳以七月七日生亦以
此日死豈非命也

名諱

生而制名殁而是諱蓋孝子因心之道先王立禮之
方然而君所無隱奉至尊也臨文亦稱存大義也若
乃畏冐諱之禁慮犯上之咎史家自變其例連職難
與之俱理所未安事必改作其或惡其聲近犄以字

行發乎智端無所廢事又若初不内出人肆凌犯形
於諸詬洿辱士風亦有封執沽名矯枉傷正是爲過
當殊非中禮至於德愛在民久而彌劭衆爲之避不
亦韙乎
晉僖侯名司徒廢爲中軍
宋武公名司空廢爲司城
魯獻公名具武公名敖廢二山二山具敖也更以其鄉名山
孔子母名徵在言徵不稱在言在不稱徵
漢司馬遷父名談遷作史記表盎傳以宦者趙談爲
趙同班固撰前漢書復作趙談

後漢陳蕃子逸爲魯相國人爲諱改蕃縣曰皮
晉江統爲中郎選司以統叔父春爲宜春令統因上
疏曰故事父祖與官職同名皆得改選之例名以爲
父祖改選者蓋爲臣子開地不爲父祖之身也而身
名所加亦施於臣子佐吏係屬朝夕從事官位之號
發言所稱若指實而語則違經禮諱尊之義若詭辭
廻避則爲廢官擅犯憲制今以四海之廣職位之衆
名號繁後士人殷富至使有受寵皇朝出身宰牧而
令佐吏不得表其官稱子孫不得言其位號所以上
嚴君父下爲臣子體例不通若易私名以避官職則

違春秋不奪人親之義臣以爲身名與官職同者宜
與觸父祖名爲比體例既全於義爲弘朝廷從之
羊祜爲都督荊州諸軍事及祜薨荊州人爲祜諱名
屋室皆以門爲稱改戶曹爲辭曹焉
毛㻋之字憲祖小字武生名犯靖王后諱故行字後
又以桓溫母名憲及更稱小字後爲安西將軍庾翼
參軍
王述父承祖湛述爲揚州刺史加征虜將軍初至主
簿請諱報曰亡祖先君名播海内遠近所知内諱不
出門餘無所諱

王舒父名會舒授撫軍將軍會稽內史秩中二千石舒上疏辭以父名朝議以字同音異於禮無嫌舒復陳音雖異而字同求換他郡於是改會字爲鄶舒不得已而行

孔安國父名愉安國除侍中表以黄門郎王愉名犯私諱不得連署求解有司議云名終諱之有心所同聞名心懼亦明前誥而禮復云君所無私諱大夫之所有公諱無私諱又云詩書不諱臨文不諱豈非公義奪私情王制屈家禮哉尚書安衆男臣先表中兵曹郎王祐名犯父諱求解職明詔爰發聽許换曹蓋

是恩出制外耳而頃者互相瞻式源流既啓莫知其極夫皇朝禮大伯僚備職編官列署動相經涉若以私諱人遂其心則移官易職遷流莫已既違典法有虧政體請一斷之從之

宋謝弘微從叔峻無後以弘微爲嗣弘微本名密犯所係內諱故以字行弘微位至侍中

邵陵王友爲江州刺史府州文案及臣吏不諱有無之布（時蕭子良爲王友不廢此官）

王弘爲太保弘父珣仕晋爲司徒賓客疑所諱弘曰身家諱與蘇子高同

謝超宗靈運之孫鳳之子爲新安王子鸞國常侍王母殷淑儀卒超宗作誄奏之文帝大嗟賞謂謝莊曰超宗殊有鳳毛靈運復出右衛將軍劉道隆在御座出候超宗曰聞君有異物可見乎超宗曰懸磬之室復有異物耶道隆武人無識正觸其父名曰旦侍宴至尊說君有鳳毛超宗徒跣還內道隆謂觸覓毛至闇待不得乃去

范曄父名泰曄作後漢書郭泰字林宗鄭泰字公業皆作太字曄至太子詹事

王琨避諱過甚父名懌母名恭心並不得犯焉時咸

謂矯枉過正琨仕至武陵王師侍中

梁謝朏之父名莊宋明帝嘗勑朏與鳳子超宗從鳳莊門入二人俱至超宗曰君命不可以不往乃趨而入朏曰君處臣以禮進退不入時人兩稱之以比王尊王陽朏位至中書令

王亮父名攸亮既爲晋陵太守時有晋陵令沈巑之性麤疏好犯亮諱亮不堪遂啓代之巑之怏怏乃造坐云下官以犯韓被代未知明府諱若爲攸字當作無骹尊傍犬爲犬傍無骹尊若是有心悠無心攸乞告示亮不及履下牀跣而走巑之撫掌大笑而去

張稷父名永稷爲永寧太守以郡犯諱私改爲長寧
北齊徐之才父名雄李平子諧於廣坐稱其父名曰
卿嗜熊白生不之才曰平耳又曰卿此言於理平不
諧遽出避之道逢其舅高德正德正曰甥顏色何不
悅諧告之故德正徑造坐席連索熊白之才謂坐者
曰箇人諱底衆莫知之才曰生不爲人所知死不爲
人所諱此何足問之才位至太子太師
隋劉臻父名顯臻性好噉蜆以音同父諱呼爲扁螺
臻位至左僕射
唐唐臨除永州刺史以犯曾祖諱爲辭改爲潮州刺

史
蔣儼除太僕卿以父名卿固辭改授太子右衛副率
源乾曜罷侍中遷太子少師以曾祖名師固辭乃拜
太子少傅
賈曾除中書舍人固辭以父忠同音議者以爲中書
是曹司名又與曾父音同字別於禮無嫌曾乃就職
崔寧爲劒南西川節度使奏本管兵馬使瀘州刺史
韓澄與先代諱同請改名澤許之
李涵爲太子少傅充代宗山陵副使涵判官殿中侍
御史呂渭上言涵父名少康今官名犯諱恐乖禮典
宰相崔祐甫奏曰若朝廷事有乖舛羣心惑能如此
責太平之道除渭司門員外郎尋有人言涵昔爲宗
正少卿此時無言今爲少傅渭妄有奏議詔曰呂渭
潛陳章奏爲其本使薄訴官名朕以宋有司城之嫌
晉有辭曹之諱歎其忠於所事亦謂確以上聞乃加
殊恩俾膺厚賞近聞所陳少字往歲已任少卿昔是
今非罔我何甚豈得謬當朝獎更厠周行宜佐遐籓
用誡薄俗可歙州司馬同正餘是改涵簡較工部尚
書兼光祿卿
蕭復爲兵部侍郎德宗建中末舒王誼爲諸軍行營

兵馬元帥以復爲元帥府統軍長史舊例有行軍長
史以復父名衡故特更之
李竦除鄂州刺史兼御史中丞鄂岳等州都團練觀
察使竦以父名史上疏陳讓乃以爲簡較左散騎嘗
侍知鄂州事使如故
裴胄除京兆少尹以父名不拜換國子司業
李賀父名晉肅不應進士韓愈爲賀作辨諱令舉進
士
馮宿除華州刺史以父名子華拜章乞罷改左散騎
嘗侍兼集賢殿學士

晉崔居儉仕後唐爲太常卿閔帝應順初明宗山陵合爲禮儀使居儉以祖諱蠡辭於執政乃授祕書監居儉訴於人曰名諱有令式在余何罪也

周王昭吉仕晉爲右金吾衛大將軍天福三年昭吉奏臣伏覩漢書昌邑中尉王吉是臣遠祖避名之禮允屬於斯臣請改名澈從之

陳覩仕晉爲尚書兵部郎中兼侍御史知雜事開運三年以覩爲右諫議大夫覩以祖諱義乞改官尋授給事中

張鑄爲給事中顯德三年以鑄爲光祿卿鑄以卿字

與祖名同援令式上訴尋改授祕書監判光祿寺事

爲人後

禮曰大宗無後以小宗之子後之食其舊德世祿之榮可尚非我族類蒸嘗之享奚宜若乃虞世緒之中衰懼家聲之莫繼擇純謹於宗黨承肯構於天性先王之教所以重似續君子之心繇是廣親愛旣禮經之明訓亦人情之嘗道也其有國封已廢王澤復加選於支屬授以爵土斯又表明庭繼絶之恩示人臣同體之義焉苟或違厥彝訓亂夫昭穆遠取異姓俯徇私昵豈獨王制之所禁故乃神理之不歆

後漢伏恭字叔齊司徒湛之兄子也湛弟黯位至光祿勳無子以兄子恭爲後

魏劉阜廙之弟子也廙爲太祖丞相會曹屬文帝卽王位爲侍中賜爵關内矦黄初二年卒（廙别傳云時年四十二）無子帝以阜嗣（案劉氏譜阜字伯陵陳留太守阜子喬字仲彦晉陽秋曰喬有贊世志力惠帝末爲豫州刺史喬胄裔丕顯貴盛至今）

陳矯爲尚書令本劉氏子出嗣舅氏

徐統諫議大夫奕之族子奕卒文帝思奕之爲人奕無子詔以統爲郎以奉奕後

蜀諸葛喬字伯松亮兄瑾之第二子也本字仲愼與

兄元遜俱有名於時論者以爲喬才不及兄而性業過之初亮未有子求喬爲嗣瑾啓孫權遣喬來西亮以喬爲已適子

衛繼字子業漢嘉嚴道人也兄弟五人繼父爲縣功曹繼爲兒時與兄弟隨父游戲庭寺中縣長蜀郡張君子數命功曹呼撫其子省弄甚憐愛之張因言宴之間語功曹欲乞繼功曹卽許之遂養爲子繼敏達夙成學識通博進仕州郡歷職清顯而其餘兄弟四人各無堪當世者父嘗言已之將衰張明府將盛也時法禁以異姓爲後故復爲衛氏

吳朱然字義封朱治之姊子也本姓施氏初治未有子然年十三乃啓孫策乞以爲嗣策命丹陽郡以牟酒召然到吳策優以禮賀

晉王愔爲陽平太守戎之從弟也戎子方早卒庶子興戎不齒以愔子爲嗣

皇甫謐字士安幼名靜安定朝那人漢太尉嵩之曾孫也出後叔父

賈謐本姓韓太尉充之外孫充薨無嗣充婦郭槐輒以謐爲充子黎民後奉充後郎中令韓咸中尉曹軫諫槐曰禮大宗無後以小宗支子後之無異姓爲後

之文無令先公懷腆后土良史書過豈不痛心槐不從咸等上書求改立嗣事寢不報槐遂表陳是充遺意帝乃詔曰太宰魯公充崇德立勳勤勞佐命背世殂隕每用悼心又胤子早終世嗣未立古者列國無嗣取始封支庶以紹其統而近代更除其國至於周之公旦漢之蕭何或豫建元子或封爵元妃蓋尊顯勲庸不同常制太宰素取外孫韓謐爲世子黎民後吾退而斷之外孫骨肉至近推恩計情合於人心其以謐爲魯公世孫以嗣其國自非功如太宰始封無後如太宰所取必以已自出不如太宰皆不得以爲比

年祜封南城侯無子武帝以祜兄子暨爲嗣暨以父没不得爲人後帝又令暨弟伊爲祜後又不奉詔帝怒並收免之

宋劉蔚祖輔國將軍東興縣侯劉懷肅弟懷慎之子懷肅卒無子懷慎以蔚祖嗣封官至江夏內史

謝弘微武昌太守思之子也從叔峻司空琰之第二子無後以弘微爲嗣本名密犯所繼內諱故以字行

劉湛字弘仁南陽涅陽人也祖耽父柳並晉左光祿大夫開府儀同三司湛出繼伯父淡襲封安衆縣五

等男

范曄字蔚宗順陽人車騎將軍泰少子也出繼從伯弘之襲封武興縣五等侯

王延之父昇之都官尚書延之出繼伯父秀才粲之

張岱字思約吳郡吳人父東通直郎岱出繼從伯侍中景齊

南齊王奂字彦孫琅琊臨沂人也祖偕朗宋左光祿儀同父粹黃門郎奂出繼從祖中書令球故字彦孫

江斅字叔文少有美譽初尚宋孝武女臨汝公主明帝勑斅出繼從叔愻爲從祖淳後於是僕射王儉啓

禮無從小宗之文近世緣情皆繇父祖之命未有旣孤之後出繼宗族也雖復臣子一揆而義非天屬江忠簡胄嗣所寄唯斅一人傍無其屬斅宜還本若不欲江忞絕後可以斅小兒繼忞爲孫尚書參議曹朏立後禮無其文荀顗無子立孫墜禮之始何琦又立此論義無所據於是斅還本家詔使自量立後者

梁張纘父策從父兄弘籍高祖舅也爲齊鎭西參軍卒於官無子策以第三子纘爲嗣封利亭侯

何遜任侍中點從弟瓜之子點卒無子宗人以遜任爲嗣

後魏封叔念懷州刺史磨奴之族子磨奴卒以叔念爲後

于永超尚書左僕射忠弟之子也忠臨薨上表曰先帝錄臣父子一介之誠昭臣家世奉公之節故申之以婚姻重之以爵祿至乃位亞三槐秩班九命自大明利見之始百官總已之初臣復得猥攝禁戎緝寧內外斯誠社稷之靈兆民之福臣何力之有焉但陛下以叡明御寓皇太后以聖善臨朝袵席不遺簪履弗棄復乃寵窮出內榮遍宮闈外牧兩河入參百揆顧服知妖省躬識戾而臣將慎靡方致茲疴疾自去秋苦痢纏綿迄今藥石備嘗日增無損又今年已來力候轉惡彌喘綿息振復良難鴻慈未酬伏枕涕咽臣薄福無男遺體莫嗣貪及餘生謹陳宿抱臣先養育第四弟第三子司徒掾永超爲子猶子之念實切於心乞立爲嫡傳此山河靈太后令曰于忠表如子旣誠勳宜錄又無子可矜臨危所祈不容致奪可特聽如請以彰殊効

李容兒侍中神儁從弟延度之第三子神儁無子延度以容兒後之

劉俊大司農懌弟廞之子懌卒無子廞以俊爲後

崔孝演字伯則趙郡太守孝暐之弟也出繼伯父孝演無子弟孝直又以子士遊爲後

崔龍子定州大中正勉弟宣度之子勉卒無子宣度以龍子後之

畢義暢瀛州刺史祖朽弟祖歸之子祖朽卒無子祖歸以義暢爲後

朱弁字義和廣平列人人也祖愔爲廣平太守封列人子愔卒弁伯父世顯襲世顯無子養弁爲後

高崇字積善渤海蓨人也父潛獻文初詔以沮渠牧犍女賜潛爲妻封武威公主崇舅氏坐事誅公主痛

本生絶嗣遂以祟繼牧犍後改姓渠祟爲雒陽令卒
高緒滄州東平府主簿謹之兄謙之第二子謹之卒
無子謹之弟愼之好學又卒無子以緒繼焉
孫伯翩滄州長史瑜弟步兵較尉彝之子出繼瑜後
官至太守
李侃晞思皇后猶子燕州刺史輿祖兄安祖之子輿
祖無子侃晞爲後襲先封南陽郡王
胡僧洗靈太后父中書監儀同三司安定郡公兄眞
之子國珍無男養僧洗爲後國珍後生子祥襲封
北齊袁聿修字叔德陳郡陽夏人魏中書令翻之子

也出後叔父躍
後周鄭譯字正義從祖文寛尚魏平陽公主主則太
祖元后之妹也主無子太祖令譯後之繇是譯少爲
其太祖所親嘗令與諸子遊集文寛後誕二子譯復
歸本生
隋梁操字孟德士彦之子出繼伯父官至長寧王府
驃騎
楊玄挺司徒素異母弟淅陽太守約之子後入朝未
幾卒素以玄挺後之
薛收司隸大夫道衡之子也道衡有五子收最知名
出繼族父孺孺與道衡偏相友愛收自幼遂出爲後
養於孺宅至於成長始能識本生
唐殷元吏部尚書嶠弟之子嶠無子以元嗣
戴至德民部尚書胄兄子也胄無子以至德爲嗣
盧紀宰相邁從弟之子邁爲相再娶無子以紀爲嗣
崔植字公修故相祐甫從父孫廬江縣令嬰甫之子
祐甫無子公既寢疾謂其妻曰吾疾不起當以廬江
次子主吾祀及卒護喪者以上聞德宗悲歎久之遣
中人召植于淮南俾爲祐甫嗣時八歲旣終喪用弘
文生授河南府參軍

白景受刑部尚書致仕居易之侄孫居易卒無子以
景受爲嗣
梁王珂河中人祖縱鹽州刺史父重榮河中節度使
破黄巢有大功封瑯琊郡王珂本重榮兄重簡之子
出繼重榮
後唐霍彦威字子重不知何許人梁將霍存得於村
落間年十四初列於厮養從存征戍愛其爽邁遂養
爲已子
王都者本姓劉小字雲郎中山陘邑人也初有幼人
李應之得於村落間養爲已子應之以左道醫定州

帥王處直不久病間處直神之待爲羽人處直時未有子應之遺都於處直曰此子生而有異因爲處直之子

晉孔崇弼者唐僖昭兩朝宰相魯國公緯之子也緯有重名於時無子崇弼以循子入繼承䕃授畿尉

冊府元龜

冊府元龜 將帥部 爲人後 卷之八百六十三 十七

巡按福建監察御史臣李嗣京　訂正

分守建南道左布政使臣胡維霖　參閱

知建陽縣事臣黃國琦較釋

總錄部一百一十四

仁　信　儉　謹愼　好謙

仁

孔子曰仁者其言也訒訒難也謂仁之難言之又曰唯聖與仁則吾豈敢大哉仁者五常之首百行之宗妙入聖域沖乎天道得其禀者無夷夏無貴賤堯舜其心周孔其化人受其賜物被其澤矣

孔子釣而不綱弋不射宿（釣者一竿釣以繳繫釣綱羅屬爲大綱以横絶流著綱弋繳射也宿宿鳥）

秦西巴魯人孟孫獵得麑使西巴持歸烹之西巴不忍而與其母孟孫怒逐西巴居一年取爲子傅曰夫一麑猶不忍況人乎

田子方䣛人出見老馬於道喟然有志焉以問於御者曰此何馬也曰故公家畜也罷而不爲用故出放也田子方曰少盡其力而老去其身仁者不爲也束帛而贖之窮士聞之知所歸心

漢張歐爲吏未嘗言案人劓以誠長者處官（劓與專同）具獄事有可御御之不可者不得已爲涕泣面而封之（面謂偝之也）其愛人如此

杜緩爲太常治諸陵縣每冬月封具獄日嘗去酒食省（獄案已具當論決之故封上）官屬稱其有恩

後漢鍾離意爲郡督郵會稽大疫死者萬數意獨身自隱親經給醫藥（隱謂親自隱恤之經給謂經營淒給之）所部多蒙全濟舉孝廉再遷辟大司徒侯霸府詔部送徒詣河內時冬寒徒病不能行路過弘農意輙移屬縣使作徒衣縣不得已與之而上書言狀意亦具以聞光武得奏以見霸曰君所使掾何乃仁於用心誠良吏也

曹褒爲射聲較尉射聲營見有停棺不葬者百餘所褒親自履行問其意故吏對曰此等多是建武以來絶無後者不得理掩褒乃愴然爲買空地悉葬其無主者設祭以祀之遷城門較尉將作大匠時有疾疫褒廵行病徒爲給醫藥經理饘粥多蒙濟活

鄧訓司徒禹之第六子明帝郎位初以爲郎中訓謙恕下士無貴賤見之如舊朋友子往來門內視之如子有過加鞭朴之教太醫皮廵從獵上林還暮宿殿門下寒疝病發時訓直事聞廵聲起徃問之廵曰異

得火以熨背訓身至太官門爲求火不得乃以口嘘其背腹呼同廬卽共更嘘至朝遂愈也

盛吉字君達爲廷尉性多仁恩務在哀矜每至冬月罪當斷夜省刑狀其妻執燭吉手持丹筆夫妻相向垂泣

廖扶汝南平輿人絶志世外專精經典歲荒歛葬遭疫死亡不能自收者甚衆

折像廣漢雒人不仕幼有仁心不殺昆蟲不折萌芽

韓卓家奴臘日竊食祭其先卓義其心卽日免之

舒仲應爲袁術沛相時江淮間相食殆盡術僭號天

旱歲荒士民凍餒術以米十萬斛與爲軍糧仲應悉散以給饑民術聞怒陳兵將斬之仲應曰知當必死故爲之耳寧可以一人之命救百姓於塗炭術下馬牽之曰仲應足下獨欲享天下重名而不與吾共之耶

晉劉驎之南陽人車騎將軍桓沖請爲長史固辭不受去家百餘里有一獨嫗疾將死歎息謂人曰誰當埋我惟有劉長史耳何餘令知驎之先聞其有患故往候之值其命終乃身爲治棺殯送之其仁愛惻隱如此

郭翻武昌人不交世事嘗以車獵去家百餘里道中逢病人以車送之徒步而歸

宋嚴世期會稽山陰人好施慕善出自天然同里張邁三人妻各產子時歲饑儉慮不相存欲棄而不舉世期聞之馳往拯救分食解衣以贍其乏三子並得成長同縣兪陽妻莊年九十莊女蘭七十並各老病單孤無所依世期衣飴之二十餘年死並殯葬之宗親嚴弘鄉人潘伯等十五人荒年並餓死露骸不收世期買棺器殯埋存育骸幼

南齊江泌字士清性行仁義衣弊虱饑乃復取置衣

中數日間終身無復虱有志行食菜不食心以其有生意也應南中郎將行參軍所給募吏去役得時病莫有舍之者吏扶杖投泌泌親自隱䘏吏死泌爲買棺無僮役兄弟共埋之領國子助教乘牽車見老翁步行下車載之躬自步去

孔祐山陰人至行通神曾有鹿中箭來投祐祐爲之養瘵愈然後去太守王僧虔與張緒書曰孔祐敬康曾孫也行動幽祇德標松桂引爲主簿遂不可屈此古之遺德也

張融爲儀曹郎攝祠倉二曹尋兼掌正厨融見宰殺

廻車逕去自表解職

梁嚴植之字孝源爲中撫軍參軍率性仁慈好行陰德雖在闇室未嘗怠也少嘗山行見一患者植之問其姓名不能答載與俱歸爲營醫藥六日而死植之爲棺殯殮之卒不知何許人也嘗緣栅塘行見患人卧塘側植之下車問其故云姓黄氏家本荆州爲人傭賃疾既篤船主將發棄之于岸植之心惻然載還治之經年而黄氏差請終身充奴僕以報厚恩植之不受遺以資糧遣之其義行多如此

後魏凌子彰崇好道術曾嬰重疾藥中須桑螵蛸子

彰不忍害物遂不服焉其仁恕如此

高謙之爲國子博士好於贍恤言諾無虧居家僮隷對其兒不撻其父母生三子便免其一世無髡黥奴婢嘗稱俱稟人體如何殘害

李亮妙於醫術亮大爲廳事以舍病人停車輿於下時有死者則就而棺殯親往弔視其仁厚若此終前將軍領太醫令

崔光爲侍中書皇典初有同郡二人並被掠爲奴婢後詣光求哀光乃以二口贖免高祖聞而嘉之

北齊房謨爲丞相右長史以直甚被賞遇謨悉心盡力知無不爲前後賜其奴婢率多免放神武後賜其生口多黥面爲房字付之

後周張元字孝始河北首城人六歲村陌有狗子爲人所棄者元見即收而養之其叔父怒曰何用此爲將欲更棄之元對曰有生之類莫不重其性命若天生天殺自然之理今爲人所棄而死非其道也若見而不收養無仁心也是以收而養之叔父感其言遂許焉未幾乃有狗母啣一死兎置元前而去

隋乞伏惠爲潭桂二州總管曾見人以籠捕魚者出絹買而放之其仁心如此百姓美之號其處曰西河

公簺

唐李大亮爲安州刺史檎輔公祏將軍張善安以功賜奴婢百人大亮謂之曰汝輩多衣冠子女吾何忍以汝爲賤隷乎一皆放遣高祖聞而嗟異復賜越婢三十人

任簡迪爲天德軍使李景略判官性重厚嘗有軍宴行酒者誤以醯進簡迪知誤以景略法嚴慮坐主酒者乃勉飲盡之而僞容其過以酒薄白景略請換之於是軍中皆感悦

劉祥道爲刑部尚書每覆大獄必㰷欷而歎奏决之日

爲之再不食

周馮道晉末爲太尉封魏國公北虜犯闕隨虜北行在恒山見有中國士女爲虜所俘者出槖裝以贖之皆寄於高尼精舍後相次訪其家以歸之

信

仲尼曰自古皆有死人無信不立則知君子勵不欺之節哲人懷可復之言自其誠而至於明發其中而形於外所以不言示於挂劍殺雞應乎千里群兒赴於竹馬一諾重於黃金著行立誠可謂至矣

延陵季子吳之公子將西聘晉帶寶劍以過徐君徐

君觀不言而色欲之延陵季子爲有上國之使未獻也然其心許之矣致使於晉顧反則徐君死於是脫劍致之嗣君從者止之曰此吳國之寶非所以贈也延陵季子曰吾非贈之也先日吾來徐君觀吾劍不言而其色欲之吾爲有上國之使未獻也雖然吾心已許之矣今死而不進是欺心也愛劍違心廉者不爲也遂脫劍與嗣君嗣君曰先君無命孤不敢受劍於是季子以劍帶徐君墓樹而去徐人嘉而歌之曰延陵季子兮不忘故脫千金之劍兮帶丘墓

仲縧字子路衛人無宿諾（宿猶豫也子路篤信恐臨時多故故不豫諾）小邾射以句繹奔魯曰使季路要我吾無盟矣（子路誠信故欲得與相要誓而不須盟）子路辭季康子使冉有謂之曰千乘之國不信其盟而信子之言子何辱焉

吳起魏人示其妻以組曰子爲我織組令如是組妻織組異善起曰非詔也使衣之而歸妻往請之起曰家無虛言

尾生與女子期於梁下女子不來水至不去抱梁柱而死

漢季布楚人以然諾聞楚人爲之諺曰得黃金百斤不如季布一諾

後漢賈復王莽末爲縣掾迎鹽河東會遇盜賊等比十餘人皆放散其鹽復獨完以還縣縣中稱其信

郭伋爲并州牧始至行部到西河美稷有童兒數百各騎竹馬於道路次迎拜伋問兒曹何自遠來對曰聞使君到喜故來奉迎伋辭謝之事訖諸兒復送至郭外問使君何日當還伋謂別駕從事計日當告之行部既還先期一日伋爲違信於諸兒遂止于野亭須期乃入

范式字巨卿一名汜少遊太學爲諸生與汝南張劭爲友劭字元伯二人並告歸鄉里式謂元伯曰後二

午當還將過拜尊親見孺子焉乃共尅期日後期方至元伯具以白母請設酒饌以候之母曰二年之別千里結言爾何相信之審耶對曰巨卿信士必不乖違母曰若然當爲爾醖酒至其日巨卿果到升堂拜飲盡歡而別

吳太史慈字子義東萊黄人也漢末隨揚州刺史劉繇與長沙桓王策戰神亭戰敗爲策所執策素聞其名即解縛請見咨問進取之術慈答曰破軍之將不足與論事策曰昔韓信定計於廣武今策决疑於仁者君何辭焉慈曰州單新破士卒離心若儻分散難

復合聚欲出宣恩安集恐不合尊意策長跪答曰誠本心所望也明日中望君來還諸將皆疑策曰太史子義青州名士以信義爲先終不欺策明日大請諸將豫設酒食立竿視影日中而慈至策大悦嘗與參論諮軍事

陳蕭允爲光祿大夫性敦重未嘗以榮利干懷及晉安王出鎮湘州又苦攜允允少與蔡景歷善景歷子徵修父黨之敬聞允將行乃詣允曰公年德並高國之元老從容坐鎮旦夕自爲列曹何爲方復辛苦在外答曰已許晉安豈可忘信其恬於榮勢如此

唐蕭至忠年少時與友人期於路隅會風雪凍冽諸人皆奔避就干下至忠曰寧有與人期而求安失信乎獨不去衆咸歎服後爲黄門侍郎同中書門下平章事

王友貞懷州河内人出言未嘗負諾時論以爲眞君子中宗時以太子舍人徵固以疾辭

儉

先賢有言曰禮與其奢也寧儉又曰在約則久是故節儉之行君子攸先若乃歷輔邦君繼登相事妾不衣帛家無私積以至受伐冰之祿列彯纓之位居室

不飾田園以蕪處之有嘗克敦素履如此則豈偏遺清白於子孫亦可以免乎禍患矣

鬬子文楚人三登令尹無一日之積成王聞子文朝不及夕也於是乎每朝設脯一束糗一筐以羞子文文曰人生求富子逃之何也對曰從政者以庇人也成王每出子文之祿子文必逃王止而後復人謂子人多曠者而我取富焉是勤人以自封也死無日矣我逃死非逃富也

越盾晉大夫也晉靈公使勇士徃殺之勇士入俯而闚其户方食魚飧勇士曰嘻子誠仁人也子爲晉國

重卿而食魚殆見子之儉也君使我殺子吾不忍殺
子也吾亦不可復見遂刎頸而死
季文子魯大夫名行父相宣成無衣帛之妾無食粟
之馬仲孫它諫曰子爲魯上卿相一君矣妾不衣帛
馬不食粟人其以子爲愛其不華國乎文子曰吾亦
願然吾觀國人其父兄之食麤而衣惡者猶多矣吾
是以不敢人之父兄食麤衣惡而我美妾與馬無乃
非相人者乎且吾聞以德榮爲國華不聞以妾與馬
文子以告孟獻子獻子它之父仲孫蔑也獻子囚之七日自是
子服之妾衣不過七升之布子服即它也八十縷爲升馬餼不過

稂莠文子聞之曰過而能改者民之上也使爲上大
夫文云文子卒大夫入斂宰庀家器爲葬備無衣帛之妾無食粟之馬無藏金玉無重器備
晏平仲名嬰者事齊靈公莊公景公節儉力行重於
齊旣相齊食不重肉妾不衣帛祀其先人豚肩不掩
豆澣衣濯冠以朝齊侯欲更晏子之宅晏子辭之及
晏子之如晉公更其宅反則成矣旣拜拜謝新宅乃毀之
而里室皆如其舊太懷里室以大晏子之宅故復之則使宅人反之
還其舊室且諺曰非宅是卜唯隣是卜卜良隣二三子先卜
隣矣二三子謂隣人違卜不詳君子不犯非禮去儉即奢爲非禮小
人不犯不詳古之制也吾敢違諸乎卒復其舊宅曾子
日晏子可謂知禮也已恭敬之有焉有若曰晏子一
狐裘三十年遣車一乘及墓而反國君七介遣車七
乘大夫五介遣車五乘晏子焉知禮
公孫舍之字子展鄭大夫儉而一君身儉而用心一
公儀休爲魯相奉法循理無所變更百官自正使食
祿者不得與下民爭利受大者不得取小食茹而美
拔其園葵而棄之見其家織布好而疾出其家婦燔
其機云欲令農士工女安所讎其貨乎
後漢祭遵潁陽人家富給而遵恭儉惡衣服後至征
虜將軍
桓鸞少立操行緼袍糟食不求盈餘後爲議郎

張禹性篤厚節儉父歆爲汲令卒汲吏人賻送前後
數百萬悉無所受後至大尉
王良爲大司徒司直在位恭儉妻子不入官舍布被
瓦器
崔瑗居常蔬食菜羮而已家無擔石儲當世清之仕
至濟北相
魏嘗林歷宰守刺史所在儉身節用其家嘗饑之糟
糠縕褩
晉李裔歷職内外而至貧儉兒病無以市藥止賜錢
十萬位至司徒

宋王曇首手不執金玉婦女不得爲飾玩祈爲彭城府功曹後至揚州刺史

孔顗爲潯陽安陸二府長史性真素不尚矯飾遇得寶玩服用不取而他物麄敗終不改易吳郡顧顗之亦尚儉素衣裘器服皆擇其陋者宋世言清約稱此二人

王儉爲衛將軍開府儀同三司不好聲色衣裘服用取給而已

樂願爲湘州主簿棄官吏部郎庾杲之嘗往候願爲設食枯魚菜菹而已杲之曰我不能食此母聞之自

出嘗膳魚羨數種杲之曰卿過於茅季偉我非郭林宗仕至郢州治中卒

梁范岫每所居官嘗以廉潔著稱爲長城令時有梓材巾箱至數十年經貴遂不改易在晉陵唯作牙管筆一雙猶以爲費

後魏裴他河東人爲中軍以老還鄉他不事家産宅不過三十步又無田園暑不蓋實不衣裘其貞儉若此

唐郭曜子儀之長子諸弟爭飾池館盛車服獨以朴儉自處後爲太子少保

韓滉性持節儉志在務公衣裘茵袵十年一易居處陋薄才蔽風雨自居重位愈清儉入仕之初以至卿相凡四十年使相乘五馬皆及弊帷

于休烈自釋褐祕書省正字至工部尚書在朝三十餘年歷清要家無擔石之蓄

謹慎

克謹於事是謂周防能慎其言終亦寡悔苟在家而必達於從政平何有若乃多知而守約居安而慮危素履是敦庸行斯執引古爲鑑非禮勿動恭事上之節戒不寮之失修身絜矩閑邪杜漸罔欺暗室靡雜

塵游跬步之間顛沛於是在少有立雖老彌篤茲乃終君子之道焉

魯孔子入太廟（太廟周公廟孔子仕魯魯祭周公而助祭也）每事問或曰孰謂鄹人之子知禮乎入太廟每事問（鄹孔子父叔梁紇所治邑時人多言孔子知禮或人以爲知禮者不當復問）子聞之曰是禮也（雖知之當復問愼之至也）

季文子三思而後行孔子聞之曰再斯可矣（季文子魯大夫季孫行父文諡也文子思而有賢行其舉事寡過不必有三思）

子家懿伯子家羈也昭公將伐季氏告懿伯（羈莊公之玄孫）懿伯曰讒人以君徼幸事若不克君受其名（受惡名）不

可爲也舍民數世以求克事不可必也且政在焉其
難圖也公退之退使去辭曰臣與聞命矣言若洩臣不
獲死乃館於公恐受洩命之罪故留公宫以自明
曾參有疾召門弟子曰啓予足啓予手啓開也曾子以爲受身體於父母不敢毁傷使弟子開衾而視之詩云戰戰兢兢如臨深淵如履
薄氷言此詩者喻己常戒慎恐有所毁傷而今而後吾知免夫小子乃今日後我自知免於患難矣小子弟子也呼之者欲使之識其言
南公括字子容孔子弟子三復白圭詩云白珪之玷尚可磨也斯言之玷不可爲也南容讀詩至此三反覆之是其心謹慎
漢爰頡以慎將從高帝起留入漢以謹慎爲將也以都尉守

廣武
金日磾輸黄門養馬武帝游宴見馬後宫滿側日磾
等數十人牽馬過殿下莫不竊視至日磾不敢及在
帝左右目不忤視者數十年忤逆也賜出宫女不敢近
帝欲納其女後宫不肯其篤慎如此帝尤奇異之後
爲侍中
張臨嗣父延壽爵爲平原侯性謙儉每登閣殿帝嘆
曰桑霍爲我戒豈不厚哉桑桑弘羊也霍霍光也言以驕奢致禍也
後漢杜安字伯夷貴戚慕其名或遺其書安不發悉
壁藏之後捕貴戚賓客安開壁出書封印如故竟不
離其患後至巴郡太守
皇甫嵩爲人愛慎盡勤前後上表陳諫有補
益者五百餘事皆手書毁草不宣於外
魏華歆平原高唐人高唐爲齊名都衣冠無不游行
市里歆爲吏休沐出府則歸家闔門議論持平終不
毁傷人位終太尉
吴闞澤字德潤山陰人也性謙恭篤慎人有非短口
未嘗及容貌似不足者仕至尚書僕射
晉劉超少有志尚爲縣小吏稍遷瑯邪國記室掾以
忠謹清慎爲元帝所拔嘗親侍左右遂從渡江于時

天下擾亂伐叛討貳超自以職在近密而書跡與帝
手筆相類乃絶不與人交書時出休沐閉門不通賓
客繇是漸得親密以左右勤勞賜爵原鄉亭侯
蔡謨字道明性尤篤慎每事必爲過防故時人云蔡
公過浮航脫帶腰舟仕至左光禄大夫
南齊王琨爲光禄大夫謙恭謹慎老而不渝朝會必
早起簡閱衣裳抖擻冠幘如此數四或爲輕薄所笑
臧榮緒隱居京口南徐州辟西曹舉秀才不就惇愛五
經又以飲酒亂德言嘗爲戒
劉璡字子敬方軌正直文惠太子召入侍東宫每主

事輙削草仕至射聲較尉
後魏辛雄爲太傅元丕并州府屬咸陽王禧妃卽雄
妻妹及禧構逆親知多羅塵謗雄獨蕭然不預
司馬惠安丹陽侯叔璠之孫爲洛州龍驤府司馬未
曾自伐性閑淡少所交遊識者云其淳至
王雄兒少善騎射明元在東宮給事帳下天賜末明
元出居于外雄兒晨夜侍衛無須臾違離恭勤發於
至誠侍從遊獵夙夜無怠性謹厚未嘗有過
陸麗少以忠謹入侍左右太武特親昵之舉動審慎
而無愆失賜爵章安子

崔振字延根自中書學生爲祕書中散在内謹飭爲
孝文所知
叔孫俊字醜歸少聰敏年十五内侍左右性謹審動
無過行入爲獵郎
趙邕南陽人司空李冲之貴寵也邕以少年謹敬出
入其家頗給披摩奔走之役冲亦深加接念令與諸
子遊處人有東帶謁於冲者時記之以通仕平北將
軍幽州刺史
楊津少端謹以器度見稱年十一除侍御中散于時
孝文冲幼文明太后臨朝津曾久侍左右忽而咳逆
失聲遂吐數升藏衣袖太后聞聲閱而不見問其故
具以實言遂以敬愼見知
嘗景字永昌累遷右光祿大夫祕書監性和厚恭愼
每讀書見韋弦之事深薄之危乃圖古昔可以監戒
指事爲象讃而述之
庾岳拜相州刺史鄴舊有園池時果初熟丞吏送之
岳不受曰果未進御吾何得先食其謹愼如此
封隆之性寛和有度量義旗始建首參經畧奇謀妙
策密以所聞上書削藁罕聞於外高祖嘉其忠謹每
多從之轉齊州刺史卒

權會字正理志尚沉雅動遵禮則知太史局事明風
角解玄象至於私室聊不及言學徒有請問者終無
所說每云此學可知不可言諸君並貴遊子弟不係
此進何煩問也會唯有一子亦不以此術教之其謹
密如此
北齊楊愔字遵彦性周密畏愼嘗若不足每聞後命
愀然變色仕至尚書右僕射
後周申徽少與母居盡力孝養及長好經史性審愼
不妄交遊元遂爲東徐州刺史引徽爲主簿
隋于宣道字元明性謹密不交非類仕周釋褐左侍

上士
唐皇甫無逸太宗貞觀中爲益州刺史過於審愼所
上表奏懼有誤失必讀之數十遍仍令官屬再三披
省使者就路又追而更審每遣一使輒連日不得上
道
楊恭仁爲雒州都督性虚澹必以禮度自居謙恭下
士未嘗忤物時人方之石慶
高郢性恭愼廉潔罕與人遊守官奉法勤恪遷刑部
郎中改中書舍人掌誥累年家無制草或謂曰前輩
皆留制集公焚之何也曰王言不可存私家時人重

其愼密也

好謙

易曰人道惡盈而好謙蓋君子謙尊而光卑以自牧
持之則爲德柄行之可以利涉故有處實若虚難進
易退先人後巳辭大取小貴而能降泰而不驕撝挹
發於誠信恭遜見於形色播厥令譽獲乃終吉書稱
受益不其然乎
孔子謂弟子曰文莫吾猶人也躬行君子則吾未之
有得若聖與仁則吾豈敢抑爲之厭誨人不倦則可
謂云爾巳矣公西華曰正唯弟子不能學也又魯太
宰問於子貢曰夫子聖者與何其多能也（太宰大夫官名或吴或宋未可分也疑孔子多能於小藝）子貢曰固天縱之將聖又多能也（言固天縱大聖之德又使多能）子聞之曰太宰知我乎吾少也賤故多能鄙事君子多乎哉不多也（我少小貧賤常自執事固多能爲鄙人之事也君子固不多能）又達巷黨人曰大哉孔子博學而無所成名（達巷者黨名也五百家爲黨此黨之人美孔子博學道藝不成一名而已）子聞之謂門弟子曰吾何執執御乎執射乎吾執御矣（聞人美之承之以謙吾執御者從名六藝之卑）
公子荆衛侯之子孔子曰衛公子荆善居室（荆與蘧瑗史鰌並爲君子）始有曰苟合矣少有曰苟完矣富有曰苟美矣

漢公孫弘菑川薛人武帝時以賢良徵爲博士使匈
奴還報不合意帝怒以爲不能乃移病免歸元光五
年復徵賢良文學菑川國復推上弘弘謝曰前巳嘗
西用不能罷願更選國人
于定國爲廷尉爲人謙恭尤重經術士雖卑賤徒步
定國皆與鈞禮（鈞禮猶言亢禮）
韋玄成丞相賢之子少好學修父業尤謙遜下士其
接人貧賤者益加敬繇是名譽日廣後亦至丞相
蜀劉巴零陵人也少知名年十八郡署戶曹史主記
主簿劉先主欲遣周不疑就巴學巴答曰昔湘荆比

時渉師門記問之學不足紀名内無楊朱守靜之術
外無墨翟務時之風猶天之南箕虛而不用賜書乃
欲令賢甥摧鸞鳳之藍遊燕雀之宇將何以啓明之
哉愧於有若無實若虛何以堪之
晉羊祜爲車騎將軍開府累年謙讓不辟士
夏方初仕吳爲五官中郎將朝會未嘗乘車行必讓
路
周處除楚内史未之官徵拜散騎常侍處曰古人辭
大不辭小乃先之楚
劉殷在前趙劉聰朝爲太保録尚書事與公卿恂恂

然常有後已之色
陸玩爲司空雖登公輔謙讓不辟掾屬成帝聞而勸
之玩不得已而從命性通雅不以名位格物誘納後
進謙若布衣繇是搢紳之徒莫不蔭其德宇
宋劉懷愼爲中領軍雖名位優重而恭恪愈至每所
造位任不踰已者皆束帶門外下車其謹退如此
沈曇慶謹實清正所莅有政績常謂子弟曰吾處世
無才能正圖作大老子耳世以長者稱之仕至徐州
刺史
蒯恩以戰功封新寧縣男益自謙損與人語常呼官位
自稱鄙人
南齊陸慧曉歷補司徒征虜輔國左軍冠軍五府爲
長史治身清肅僚佐以下造詣必起送之或謂慧曉
曰長史貴重不宜妄自謙屈答曰我性惡人無禮不
容不以禮處人未嘗輕士大夫或問其故慧曉曰貴
人不可輕而賤者乃可輕人生何容立輕重於懷抱終
身常呼人位
張岱爲吏部尚書兄子懷弟恕以誅郡太守劉遐功
太祖欲以恕爲晉陵郡岱曰恕未閑從政美錦不宜
濫裁太祖曰恕爲人我所悉且又與瓌同勳自應有

賞岱曰若以家貧賜祿此所不論語功推事臣門之
恥
王綸之字元呂爲安成王記室參軍偃仰召會退居
僚末司徒袁粲聞而歎曰格外之官便今日爲重貴
游居此位者遂不以掌文記爲高自綸之始也
陳顯達爲侍中鎮軍將軍護軍有智計自以人微位
重每遷官常有愧懼之色
梁王曇生好文義以謙和見稱歷吏部尚書太常卿
王筠性弘厚不以藝能高人仕至太子詹事
後魏游肇謙廉不競曾撰儒碁以表其志焉位至尚

書右僕射
崔挺爲北海王詳司馬挺子孝芳早有才識孝文召見甚獎賞李彪謂挺曰比見賢子謁帝旨喻殊優今當爲絶群耳挺曰卿自欲善處人父子之間然斯言吾所不敢聞也
裴景融卑退廉謹無競於時位至諫議大夫
唐李藩爲徐州張建封從事居幕中謙謙未嘗論細微
晉崔棁爲翰林學士平生所著文章碑誄制詔極多人有借本傳寫者則曰有前賢有來者奚用此爲

冊府元龜

巡按福建監察御史臣李嗣京　訂正
新建縣舉人臣戴國士參閱
知建陽縣事臣黄國琦較釋

總録部一百十五

報恩

仲尼有言曰以德報德蓋人之生也禀五行之秀首萬物之靈居不違仁動必率道至若受施而不背求舊而不遺金石其心風雨無變乃行之嘗也安可造次而忘之哉乃有感寛宥之惠則爭其死所蒙推薦之私則讓彼封爵或施之甚薄而報之甚厚或拔於困辱而事於榮達以至尊其親恤其子制之服紀營乎墳墓以答平生之遇以伸感槩之節詩不云乎無德不報其斯之謂歟

提彌明晉人也大夫趙盾嘗田首山（蒲坂縣有雷首山）見桑下有餓人即提彌明也盾與之食食其半問其故曰宦三年（宦學也）未知母之存不願遺母盾義之益與之飰肉已而爲晉宰夫趙盾弗復知也晉靈公飲趙盾酒伏甲將攻盾公宰提彌明知之恐盾醉不能起而進曰君賜臣觴三行可以罷欲以去趙盾令先毋及難盾既去靈公伏士未會先縱嚙狗名獒（犬四尺曰獒）明爲盾搏殺狗盾曰棄人用狗雖猛何爲然不知明之爲陰德也已而靈公縱伏士出逐趙盾提彌明反擊靈公之伏士伏士不能進而竟脱盾盾問其故曰我桑下餓人問其名弗告明亦因亡去（宣子田於首山舍于翳桑見靈輒餓問其病曰不食三日矣食之舍其半問之曰宦三年矣未知母之存否今近焉請以遺之使盡之而爲之簞食與肉寘諸橐以與之既而與爲公介倒戟以禦公徒而免之問何故對曰翳桑之餓人也問其名居不告而退遂自亡也）

秦繆公與晉惠公夷吾合戰於韓地晉君棄其軍與秦爭利還而馬縶繆公與麾下馳追之不能得晉君

及爲晉軍所圍晉擊繆公繆公傷於是岐下食善馬者三百人馳冒晉軍晉軍解圍遂脱繆公而反生得晉君初繆公亡善馬岐下野人共得而食之者三百餘人吏逐得欲法之繆公曰君子不以畜產害人吾聞食善馬肉不飲酒傷人乃皆賜酒而赦之三百人者聞秦擊晉皆求從繆而見繆公窘亦皆推力爭死以報食馬之德於是繆公虜晉君以歸

魏顆晉大夫初武子有嬖妾無子武子疾命顆曰必嫁是（武子魏犨顆之父）疾病則曰必以爲殉及卒顆嫁之曰疾病則亂吾從其治也及輔氏之役顆見老人結草

以亢杜回亢禦也杜回躓而顛故獲之夜夢之曰余而所嫁婦人之父也而汝也爾用先人之治命余是以報

楚莊王賜其羣臣酒日暮酒酣左右皆醉殿上燭滅有牽王后衣者王后搤冠纓而絶之言於王曰今燭滅有牽妾衣者妾搤其纓而絶之願趣上火視絶纓者則其人也王曰止立出令曰與寡人飲不絶纓者不爲樂也於是冠纓無完者不知王后所絶冠纓者誰於是王遂與羣臣歡飲乃罷居數年吳與師攻楚楚有一士嘗爲鴈行五合戰五陷陣却敵遂取大軍之首而獻之王怪問之曰寡人未嘗有異於子子

何爲於寡人厚也對曰臣先殿上絶纓者也時當以肝膽塗地矣恨未有所効今幸得用於是臣之義尚或可遂莊王破吳而楚國益彊恩厚之應也

荀瑩晉大夫邲之戰楚人獲之瑩之在楚也鄭賈人有將寘諸褚中以出既謀之未行而楚人歸之賈人如晉荀瑩善視之如實出己賈人曰吾無其功敢有其實乎吾小人不可以厚誣君子遂適齊傳言知瑩之賢

趙武晉大夫也初司寇屠岸賈作難攻趙氏於下宮殺趙朔滅其族朔妻成公姊有遺腹走在公宮匿朔客曰公孫杵臼與朔友人程嬰謀立趙氏孤曰武武即遺腹也武冠成人程嬰乃辭諸大夫謂趙武曰昔下宮之難皆能死我非不能死我思立趙氏之後今趙氏既立爲成人復故位我將下報趙宣孟與公孫杵臼趙武啼泣頓首固請曰武願苦筋骨以報子至死而子忍去我死乎程嬰曰不可彼以我爲能成事故先我死今我不報是以我事爲不成遂自殺趙武服齊衰三年爲之祭邑春秋之祠世世勿絶

公孫龍晉范氏臣也晉趙鞅與鄭師戰初周人與范氏田公孫龍稅焉爲范氏收周人所與田之稅趙氏得而獻之得龍以獻簡子吏請殺之趙孟曰爲其主也何罪止而與之田

還其所稅及鐵之戰以徒五百人宵攻鄭師取蠭旗於子姚之幕下獻曰請報主德

北郭騷者齊人也結罘網捆蒲葦織萉屨以養其母養猶不足猶尚也踵門見晏子願乞所以養母晏子之僕謂晏子曰此齊國之賢者也其義不臣乎天子不友乎諸侯於利不苟取於害不苟免於不義之利不苟且而取當義而死故不苟免今乞所以養母是說夫子之義也必予之晏子使人分倉粟分府金而遺之辭金受粟有間晏子見疑於齊君有間無幾也北奔過北郭騷之門而辭辭告別也北郭騷沐浴而出見晏子曰夫子將焉適適之也晏子

曰見疑於齊君將出奔奔楚也北郭子曰夫子勉之矣晏子上車太息而歎曰嬰之亡豈不宜哉亦不知士甚矣晏子行行去也北郭子召其友而告之曰說晏子之義而嘗乞所養母焉吾聞之曰養其親者身伉其難伉當也今晏子見疑吾將以身死白之白明也著衣冠令其友操劍奉笥而從造君廷求復曰晏子天下賢者也去復白也齊國必侵矣侵削也必見國之侵也不若先死請以頭託以白晏子謂其友曰盛吾頭於笥中奉以託退而自刎也刎截其友因奉以託其友謂觀者曰北郭子爲國故死吾將爲北郭子之死也又退而

自刎齊君聞之大駭乘驛而自追晏子及之國郊驛傳車也郊境也請而反之晏子不得已而反聞北郭騷之以死白己也曰嬰之亡豈不宜哉亦愈不知士之甚矣晏子自謂施北郭騷不得其人爲不知士也又不知北郭騷能爲其殺身之明己故曰嬰之亡豈不宜哉亦愈不知士甚矣自責深矣

蘇秦既相六國復歸周於是散千金以賜宗族朋友初蘇秦之燕貸百錢爲資及得富貴以百金償之徧報諸所嘗見德者其從者有一人獨未得報乃前自見於秦曰我非忘子子之與我至燕再三欲去我易水之上方是時我困故望子深是以後子今亦得矣

范雎既相秦王稽謂范雎曰事有不可知者三有不可奈何者亦三宮車一日晏駕是事之不可知者一也君卒然捐館舍是事之不可知者二也使臣卒然塡溝壑是事之不可知者三也宮車一日晏駕君雖恨於臣無可奈何君卒然捐館舍君雖恨於臣無可奈何使臣卒然捐溝壑君雖恨於臣亦無可奈何范雎不懌乃入言於王曰非王稽之忠莫能內臣於函谷關非大王之賢聖莫能貴臣今臣至於相爵在列侯王稽之官尚止於謁者非其內臣之意也昭王召王稽拜爲河東守三歲不上計凡郡守治民進賢勸功決訟簡姦常以春

行所至縣勸民農桑振救乏絶秋冬遣無害吏案訊問諸囚平其罪法論課殿最歲盡遣吏上計又任鄭安平昭王以爲將軍范雎於是散家財物盡以報所嘗困厄者一飯之德必償

孟嘗君相齊其舍人魏子爲孟嘗君收邑入三反而不致一入孟嘗君問之對曰有賢者竊假與之以故不致入孟嘗君怒而退魏子居數年人或毀孟嘗君於齊湣王曰孟嘗君將爲亂及甲申劫湣王湣王意疑孟嘗君孟嘗君乃奔湣王三十四年甲申劫王薛文起魏子所與粟賢者聞之乃上書言孟嘗君不作亂請以身爲盟遂自刎宮門以明孟嘗君湣王乃驚而蹤跡驗問孟

嘗君果無反謀乃復召孟嘗君

漢陳平陽武戶牖人也初事項羽爲都尉後降漢因魏無知求見漢王漢王使參乘典護諸將及高帝會諸侯於陳還至雒陽與功臣剖符定封封平爲戶牖侯世世勿絶平辭曰此非臣之功也帝曰吾用先生計謀戰勝克敵非功而何平曰非魏無知臣安得進帝曰若子可謂不倍本矣乃復賞魏無知

韓信淮陰人也家貧無行又不能治生嘗從人寄食從下鄉南昌亭長食亭長妻苦之乃晨炊蓐食未起而牀蓐中食食時信往不爲具食信亦知其意自絶去至城

册府元龜　總錄部　報恩　卷之八百六十五　七

下釣有一漂母哀之飯信竟漂數十日信謂漂母曰吾必重報母怒曰日大丈夫不能自食吾哀王孫而進食豈望報乎信後爲楚王都下邳信至國召所從食漂母賜千金及下鄉亭長錢百以恥辱之曰公小人爲德不竟言晨炊蓐食

張蒼以客從沛公攻南陽蒼當斬解衣伏鑕鑕鍖也身長大肥白如瓠時王陵見而怪其美乃言沛公赦勿斬蒼德王陵及貴父事陵陵死後蒼爲丞相洗沐嘗先朝陵夫人上食然後敢歸家

袁盎以泰嘗使吳吳王欲使將不肯欲殺之使一都尉以五百人圍守盎軍中初盎爲吳相時從史盜私盎侍兒盎知之弗泄遇之如故人有告從史君知女與侍者通乃亡去盎驅自追之驅馳而追言疾速遂以侍者賜之復爲從史及盎使吳見守從史適在守盎校爲司馬爲校中之司馬所部之士卒正當守盎乃悉以其裝齎買二石醇醪謂所齎衣物自隨者也醇者不雜言其醲也醪汁滓合之酒也會天寒士卒飢渴飲醉西南陬卒卒皆臥陬隅也司馬夜引盎起曰君可以去矣吳王期旦日斬君盎弗信曰何爲者司馬曰臣故爲君從史盜侍兒者也盎乃驚謝曰公幸有親言汝有親也吾不足絫公絫古累字也司馬曰君第去第且也臣

册府元龜　總錄部　報恩　卷之八百六十五　八

亦且亡辟吾親亦匿吾親不遇害也君何患乃以刀決帳道從醉卒直出於醉卒之處決帳而開令通道得亡也司馬與分背一時各去也盎解節旄懷之不欲令人見屐步行七十里著屐步行而逃亡明見梁騎馳去遂歸報過梁軍之騎遂因得脫歸報天子

朱買臣爲會稽太守悉召見故人與飲食諸嘗有恩者皆報復焉耳

丙吉爲丞相馭吏嗜酒數逋蕩逋亡蕩放謂亡其所供之職而放蕩嘗從吉出醉嘔丞相車上嘔吐也西曹主吏白欲斥之斥棄逐也吉曰以醉飽之失去士使此人將復何所容言無所容身西曹地忍之地猶第也此不過汙丞相車茵耳遂不去

也此馭吏邊郡人習知邊塞發犇命警備事（有命則奔赴之）
（言應速也）嘗出適見驛騎持赤白囊邊郡發奔命書馳來
至馭吏因隨驛騎至公車刺取（刺謂探信之也）知虜入雲中
代郡邊歸府見吉白狀因曰恐虜所入邊郡二千石
長吏有老病不任兵馬者宜可豫視吉善其言召東
曹案邊長吏瑣科條其人（瑣錄也欲科條其人老少及所經歷知其本以文武
進退也）未已詔召丞相御史問以虜所入郡吉具對御史
大夫卒遽不能詳知以得譴讓（讓責也）而吉見謂憂邊
思職馭吏力也吉乃歎曰士亡不可容能各有所長
嚮使丞相不先聞馭吏言何見勞勉之有掾史繇是

益賢吉
薛宣字贛君嘗爲趙貢所知戒曰贛君至丞相我兩
子亦中丞相史後宣爲丞相除趙貢兩子爲史貢者
趙廣漢之兄子也爲吏亦有能名
翟方進任丞相司直爲丞相辟宣所知後代爲丞相
思宣舊恩宣免後二歲薦宣明習文法練國制度（練猶
熟也其言詳熟）前所坐過薄可復進用帝徵宣復爵高陽侯
加寵特進位次師安昌侯給事中視尚書事宣復尊
重
後漢趙岐亡命孫嵩以爲死友藏複壁中岐奉使荊
州時嵩寓於劉表表不爲禮岐乃稱嵩素行篤烈因
共上爲青州刺史
魏賈逵初爲郡吏守絳邑長郭援攻絳絳潰援捕得
逵聞著土窖中以車輪蓋上使人固守方將殺之逵
從窖中謂守使者曰此間無健兒邪而當使義士死
此中乎時有祝公道者與逵非故人而適聞其言憐
其守正危厄乃夜盜往引出折械遣去不語其姓名
援破後逵乃知前出已者爲祝公道公道河南人也
後坐他事當伏法逵救之力不能解爲之改服焉
鄧艾少爲稻田守叢草吏同郡吏父憐其家貧資給

甚厚艾初不稱謝後爲汝南太守至則尋求昔所厚
已吏父已死遣吏祭之重遺其母舉其子與計吏
孫禮爲太祖司空軍謀掾初荒亂時禮與母相失同
郡馬台求得禮母禮乃推家財盡以與台台後坐法
當死禮私導令踰獄自首既而曰臣無逃亡之義徑
詣刺姦主簿溫恢恢嘉之具白太祖各減罪一等
荀彧字文若年少時南陽何顒嘗稱彧王佐之器及
彧爲尚書令時顒卒遣人西迎叔父喪并致顒屍
而葬之冢傍
吳太史慈東萊人也仕郡奏曹吏會郡與州有隙出

直未分以先聞者爲善時州章已云郡守恐後之來可使者慈年二十一選行晨夜兼道至雒陽詣公車門以刀敗州章遍郡章州家聞者更遣吏上章有司以格章之故不復見理州受其短録是知名而爲州家所嫉恐受其禍乃避之遼東北海相孔融聞而奇之數遣人問訊其母并致書遺時融以黄巾寇暴出屯都昌爲賊所圍慈從遼東還母謂慈汝與孔北海未嘗相見至汝行後贍恤殷勤過於故舊今爲賊所圍汝宜赴之慈留三日單步徑至都昌時圍尚未密夜伺隙得入見融因求兵出斫賊融不聽外救未至

都昌而圍日偪融欲告急於平原相劉備城中人無緣得出慈自請行融曰今賊圍甚急衆意雖壯無乃實難乎慈曰昔府君傾意於老母老母感遇遣慈赴府君之急固以慈有可取而來必有益也今衆言不可慈言亦不可豈府君愛顧之義老母遣慈之意耶事已急矣願府君無疑融乃然之慈遂到平原説備即遣精兵三千人隨慈賊聞兵至解圍走散融既得濟益奇貴慈事畢還啓母曰我喜汝有以報孔北海也

耳寧依黄祖祖不禮之祖都督蘇飛薦寧祖不用寧歸吴勸大帝取祖帝破祖先作兩函欲以盛祖及蘇飛令人告急於寧寧曰飛若不言吾豈忘之帝爲諸將置酒寧下席叩頭血涕交流爲帝言飛疇昔舊恩寧不值飛固已損骸於溝壑不得致命於麾下今飛罪當夷戮特從將軍乞其首領帝感其言謂曰今爲致之若走去何寧曰飛免分裂之禍受更生之恩逐之尚必不走豈當圖亡哉若爾寧頭當代入函權乃赦飛

晉潘岳爲河陽令有譙人公孫宏少孤貧客遊於河陽善鼓琴頗能爲文岳愛其才藝待之甚厚岳爲楊

駿太傅主簿駿誅宏爲楚王瑋長史專殺生之政駿綱紀皆當從坐同署主簿朱振已就戮岳其夕取急在外宏言之瑋謂之假吏故得免

唐彬初受學於東海閻德門徒甚多獨目彬有廊廟才及彬官成而德已卒乃爲之立碑

顧榮有時名爲廷尉正及趙王倫纂位倫子虔爲大將軍以榮爲長史初榮與同僚宴飲見執炙者貌狀不凡有欲炙之色榮割炙啗之坐者問其故榮曰豈有終日執之而不欲知其味及倫敗榮被執將誅而執炙者爲督率救之得免

華譚字令思爲廬江内史在郡政嚴而與上司多忤
揚州刺史劉陶素與譚不善因法收譚下壽陽獄鎮
東將軍周馥與譚素相親善理而出之及甘卓討馥
百姓奔散馥謂譚已去遣人視之而更移近馥馥歎
曰吾嘗謂華令思是臧子源之疇今果效矣甘卓嘗
爲東海王越所捕下令敢有匿者誅之卓投譚而免
及此役也卓遣人求之曰華侯安在吾甘陽威使也
譚答不知遣絹二疋以遺之使反告卓卓曰此華侯
也覆求之令思已亡矣
王談吳興烏程人父爲隣人竇度所殺談殺度嶠罪

有司太守孔巖義其孝勇列上宥之巖諸子爲孫恩
所害無副談乃移居會稽修理巖父子墳墓盡其心
力
韋弘喪亂之際親屬遇饑疫並盡客遊雒陽素聞咋
詹名遂依託之詹與分甘共苦情若弟兄遂隨從積
年爲營伉儷置居宅并薦之於元帝弘后位至少府
卿既受詹生成之惠詹卒遂制朋友之服哭止宿草
追趙氏祀程嬰杵臼之義祭詹終身
陶侃爲荆州刺史都督十州軍事命張夔子隱爲參
軍范逵之子珧爲湘東太守辟劉弘曾孫安爲掾屬

表論梅陶凡從將所荷一飡咸報
祖逖有胡奴曰王安待之甚厚乃在雍丘告之曰石
勒是汝種類吾亦不在爾一人乃厚資遣之遂爲勒
將祖氏之誅也安多將從人於市觀省潛取逖庶子
道重藏之爲沙門時年十歲石氏滅後來歸
桓冲彝之子初彝亡後冲兄弟並少家貧母患須羊
以解無錄得之兄温乃以冲爲質羊主甚富言不欲
爲質辛爲養買德郎買德郎冲小字也及冲爲江州
出射羊主於堂邊看冲識之謂曰我買德也遂厚報
後趙石勒造子季龍陷廩丘劉演奔文鴦軍獲演人

啓送于襄國郎劉琨之兄子也勒以琨撫存其母人
之賜啓田宅令儒官授其經
前秦王猛爲相性剛明清肅於善惡尤分微時一飡
之惠靡不報焉
南燕慕容超字祖明德之兄北海王納子也時慕容
垂起兵山東苻昌收納及德諸子皆誅之納母公孫
氏以之獲免納妻段氏方娠未決囚之于郡獄獄掾
呼延平德之故吏也嘗有死罪德免之至是將公孫
及段氏逃于羌中而生超焉年十歲而公孫氏卒明
終授超以金刀曰若天下太平汝得東歸可以此刀

還汝叔也平又將超母子奔于呂光及呂隆降于姚
興超又隨凉州人徙于長安
宋王鎮惡年十三而苻氏敗亡關中擾亂流寓殽澠
之間嘗寄食澠池人李方家方善遇之鎮惡謂方曰
遭遇英雄主要取萬户侯當厚相報方答曰丞相孫
人才如此何患不富貴至時願見用爲本縣令足矣
後鎮惡爲龍驤將軍領前鋒將隨高祖北伐進次澠
池造方家升堂見母厚加酬賚即授方爲
黄回竟陵郡軍人也後與人相打詐稱江夏王義恭
馬客被鞭二百付右尚方會中書舍人戴明寶被繫

差回爲戸伯奉事明寶竭心盡力明寶尋得原委任
如初啓免回以領隨身隊統回後爲都督南兖州刺
史既貴祗事明寶甚謹言必自名未嘗敢坐躬至帳
下及入内料簡有無隨乏供送以此爲嘗
南齊王智深爲竟陵王司徒參軍坐事免初爲司徒
袁粲所接及撰宋紀意嘗依依粲幼孤祖母名爲感
孫後慕荀粲自改名會稽賀喬譏之智深於是著論
王晏父普曜爲沈攸之長史嘗慮攸之舉事不得還
時王奐爲吏部轉普曜爲内職深德之及奐爲丹陽
尹而晏仕世祖府奐從弟蘊反世祖謂晏曰王奐宋

家外戚王蘊親同逆黨旣其群從豈能無異意我欲
具以啓聞晏叩頭曰王奐修謹保無異志晏父母在
都請以爲質世祖乃止
張融遷竟陵王子良司徒右長史竟陵張欣時爲諸
曁令坐罪當死先是欣時父興世討南譙王義宣官
軍欲殺融父暢興世以袍覆暢而坐之以此免興世
卒融着高履負土成墳至是融啓竟陵王子良乞代
欣時死子良答曰此乃是長史美事恐朝廷有嘗典
不得如長史所懷初宋丞相起事融父暢以不同將
見殺司馬竺超民諫免之暢臨終謂諸子曰昔丞相

事難吾緑竺司馬得活爾等必報其子弟後超民孫
微冬月遭母喪居貧融往弔之悉脫衣以爲賻披牛
衣而反嘗以兄事微
梁陳伯之爲江州刺史伯之與豫章人鄧善永與人
載承忠並有舊善經藏伯之息免禍伯之德之及
在州用善爲别駕永忠記室參軍
陳陰鏗仕梁釋褐湘東王法曹參軍天寒鏗嘗與賓
友宴飲見行觴者迴酒炙以授之衆坐皆笑鏗曰吾
儕終日酣飲而執爵者不知其味非人情也及侯景
之亂鏗嘗爲賊所擒或救之獲免鏗問其故乃前所

行篤者

後魏長孫承武八孝桊初爲太傅錄尚書事以定策功更封開國子承桊表請迴授其姨兄廷尉卿元洪超次子悍初承桊生而母亡爲洪超母所撫養是以求讓之又承桊少游俠鬭雞走馬力爭殺人因亡抵龍門將陳興德家會赦乃免因以後妻羅氏前夫女呂氏妻德興兄與恩以報之

房景遠好施與頻歲凶儉分贍宗族景遠又於通衢食餓者後平原劉郁行經兖州之境忽遇劫賊已殺十餘人次至郁郁呼曰與君鄉近何忽見殺賊曰若

言鄉里親親是誰郁曰齊州主簿房陽是我姨兄陽是景遠小字賊曰我食其粥得活何得殺其親遂還衣服蒙活者二十餘人

盧度世爲中書學生應選東宮後以崔浩事逃於高陽鄭羆家使者囚羆長子遂被拷掠至乃火焚其體因以物故卒無所言度世後令弟娶羆妹以報其恩

賀拔勝都督荆州爲侯景所敗南奔于梁在江表三年梁武遇之甚厚求還梁武親餞於南苑勝自是之後每行執弓矢見鳥獸南向者皆不射之以申懷德之意

後周宇文測爲駙馬都督在雒陽之日曾被竊盜亡物卽其妻陽平主之衣服也州縣擒盜并物俱獲測恐此盜坐之以死乃不認焉遂遇赦得免盜旣感恩因請爲測左右及測從孝武西遷事極狼狽此人亦從測入關竟無異志

齊爾朱敞榮之族子高歡之誅爾朱氏敞隨母在宮中及年十二乃自竇中出奔時追之急遂投一村見長孫媪拜以求哀長孫氏愍而藏於複壁三年乃得歸於周太祖及爲膠州刺史於是迎長孫氏及弟置於家厚資給之

唐李太亮爲左衛大將軍大亮隋末爲賊所獲賊將張弼見而異之獨釋與語後每懷弼之恩而訪之不能得弼時爲將作丞自匿不言大亮嘗遇諸塗而識之持弼而泣很相得之晚多推家產以遺弼弼讓而不受大亮言於太宗曰臣有今日之榮張弼力也所有官爵請迴授弼太宗遂擢弼爲中郎將俄遷代州都督時人皆賢大亮不背恩而多弼不自伐也

王珪貞觀中歷侍中禮部尚書撫孤姪同於已子少時貧寒人或遺之初不辭謝及貴秩奉皆分給之雖其已亡必厚賑其妻子

羅士信爲雒水行軍總管士信初爲裴仁基所禮嘗感其知己之恩及東都平遂以家財收斂葬於北邙又云我死後當葬此墓側及卒果就仁基左爲託葬焉

竇希瑊孝諶之子也初諶妻龎氏奴誣告當斬徐有功獨明其無罪減死有功卒中宗踐祚希瑊等請以身之官爵讓有功子倫以報舊恩倫繇是自太子司議郎遷恭陵令

韓朝宗爲萬年縣主簿張嘉貞薦朝宗擢爲監察御史及嘉貞卒後十數歲朝宗爲京兆尹因奏曰自陛

下臨御以來所用宰相皆進退以禮善始令終身歿已没子孫咸在朝惟張嘉貞晩年一子今獨未登官序帝亦憫然遽令召之賜名延賞特拜左内率府參軍

王思禮爲河東節度使先是京兆人張光晟起於行閒天寶末哥舒翰兵敗潼關思禮爲大將所乘馬中流矢而斃光晟時在騎卒之中因下以馬授思禮問其姓名不告而退思禮陰記其形貌嘗使人密求之至是思禮使其偏將辛雲京爲代州刺史屢爲將較譖毁思禮怒焉雲京惶懼不知所出光晟時隷雲京麾下因問進曰光晟素有德於王司空比不言者耻以舊恩受賞耳今使君憂迫光晟請奉命一見司空則使君之難可解雲京然其計即令之太原及謁思禮未及言舊思禮識之乃曰爾豈非吾故人乎何相見之晩光晟遂陳潼關之事思禮大喜因執其手感泣曰吾有今日子之力也求子頗久竟此相遇何慰如之即令同牀而坐結爲兄弟光晟遂述雲京之屈思禮曰雲京比涉謗言過亦不細今爲故人特舍之矣即日擢光晟爲兵馬使賚以田宅縑帛甚厚累奏特進試太常少卿委以腹心及雲京爲河東節度又

表光晟代州刺史

李晟封西平王嘗有恩者厚報之初譚元澄爲嵐州刺史嘗有德於晟後坐貶官死於岳州比晟後貴上疏理之詔贈元澄寧州刺史元澄三子晟撫待勤至皆成就宦學人皆義之

田敦爲衢州刺史大曆中令狐峘自禮部侍郎貶衢州别駕貞元中改吉州刺史後貶衢州别駕敦即大曆中進士吉也峘以放及第牓日貶與敦不相識敦聞峘來喜曰吾今日乃見座中至則迎謁分其俸之半以奉之

後唐郭崇韜爲樞密使初莊宗爲晉王以孟知祥爲中門使甚有輔佐功後數年舉崇韜自代崇韜嘗德之及莊宗有天下崇韜爲樞密使知祥爲京兆副留守知留守事同光三年莊宗命崇韜從魏王繼岌伐蜀崇韜將行因奏云陛下委臣以戎事仗將士之忠孝憑陛下之神武皷行而西庶幾集事如蜀川平定陛下擇帥以臣料之信厚善謀事君以禮則北京副留守孟知祥有焉願陛下志之及蜀平莊宗遽命知祥爲劍南節度使自太原馳騎入蜀

晉呂琦天福中爲禮部尚書初琦父兗爲滄州節度

判官及劉守光攻陷滄州琦時年十五將就戮有趙王者幽薊之義士也久游於兗之門下見琦臨危乃負琦逃禍琦以玉免已於難欲厚報之玉遇疾琦親爲扶侍供其醫藥玉卒代其家營葬事玉之子曰文度既孤而幼琦誨之甚篤及其成人登進士第尋升官路琦之力也

劉煦開運初爲相先是避難河朔匿於北山蘭若有賈少瑜者爲僧輟衾袍以溫煦之及煦官達致少瑜進士及第監察御史聞者義之

周陳觀爲樞密直學士廣順二年十二月詔故青州節度使霍彦威嫡孫緒爲弘文館校書郎暨承慶爲祕書省正字彦威子承訓累典郡符先是觀在承訓門下觀以霍氏門戶孤弱言之於相王峻峻爲之聞奏故有是授

王峻爲樞密使時有趙崇勳者梁故租庸使嵒之姪見在陳州部本州量給先係官趙嵒店宅以賜之從峻請之也峻幼事嵒頗得親愛至是嘗於中書言欲與嵒求贈官及立碑以報宿恩同列謂之曰趙張二族貪權擅利同傾梁室至今言者無不切齒若爲立碑贈官恐生物議峻乃止但奏請與趙崇勳店宅而已

册府元龜

冊府元龜

欽按福建監察御史臣李嗣京　訂正
分守建南道左布政使臣胡維霖　參閱
知建陽縣事臣　黄國琦較釋

總録部

貴盛

夫貴者人心之所欲爵者天下之達尊苟富貴之來固必有甚盛者矣乃有勲績隆茂忠規篤厚遭遇時運因緣戚里繇至行而積慶用儒術而起家以至父子同封昆弟並寵棨戟騈列珪組交映持衡擁旄者

數人鍾鳴鼎食者累世非夫守泰盛之戒懷招損之懼寵而思降滿而不溢者孰克保世而善終乎哉

秦蒙恬大父驁事昭王至上卿父武爲秦裨將軍恬爲内史將三十萬衆北逐戎狄威振匈奴始皇甚尊寵蒙氏信任賢之而親近恬弟毅至上卿出則參乘入則御前恬任外事而毅常爲内謀名爲忠信故雖諸將相莫敢與之爭焉

李斯楚上蔡人也爲秦丞相斯長男繇爲三川守諸男皆尚秦公主女悉嫁秦諸公子三川守告歸咸陽李斯置酒於家百官長皆前爲壽門庭車騎以千數李斯喟然而嘆曰嗟乎吾聞之荀卿曰物禁太盛夫斯乃上蔡布衣閭巷之黔首上不知其駑下遂擢至此當今人臣之位無居臣上者可謂富貴極矣物極則衰吾未知所稅駕也

漢石奮爲諸侯相四子官至二千石於是景帝曰石君及四子皆二千石人臣尊寵乃舉集其門凡號奮爲萬石君

鄭當時爲大司農昆弟以當時故至二千石者六七人

公孫賀爲丞相賀子敬聲代賀爲太僕父子並居公

卿位

楊惲丞相敞子爲諸吏光祿勲惲家方全盛時乘朱輪者十人

司馬安四至九卿昆弟以安故同時至二千石十人

霍光驃騎將軍去病弟也爲大將軍封博陸侯自昭帝時光子禹及兄弟雲皆中郎將雲弟山奉車都尉侍中領胡越兵光兩家壻爲東西宫衛尉兄弟諸壻外孫皆奉朝請爲諸曹大夫騎都尉給事中宣帝時光薨拜禹爲左將軍嗣博陸侯封山爲樂平侯以奉車都尉領尚書事封雲爲冠陽侯

張安世父湯爲御史大夫安世後爲大司馬車騎將
軍領尚書事封富平侯子延壽爲左曹太僕安世兄
賀無子安世小子彭祖宣帝封彭祖爲陽都侯又封
賀孤孫霸爲關内侯安世以父封侯在位太盛及辭
祿詔都内别藏張安世無名錢以百萬數都内内藏官也安世以遂
宦官不簿也安世孫臨尚敬武公主安世子孫相繼自宣
元以來爲侍中中常侍諸曹散騎列校尉者凡十餘
人功臣之世子有金氏張氏親近寵貴比於外戚
金日磾爲光祿大夫封秺侯日磾兩子賞建俱侍中
與昭帝略同年共卧起賞爲奉車建駙馬都尉日磾

冊府元龜　總錄部　貴盛　卷之八百六十六　三

弟倫爲黄門侍郎早卒倫後嗣盛子安上爲建章衛
尉封爲都成侯安上四子常敞岑明岑明皆爲諸曹
中郎將常光祿大夫敞衛尉敞死成帝拜敞子左曹
涉爲侍中使待幸祿車載送衛尉舍幸祿車當直右以待召載皇孫
令遣涉歸以皇孫車載之以示寵之漢注祿車名皇孫車涉弟參哀帝時爲東海
太守參弟饒越騎校尉涉兩子湯融皆侍中諸曹將
大夫將亦謂中郎將也涉之從父弟欽爲大中大夫給事中
欽從父弟遷爲尚書令兄弟用事欽後封都成侯欽
弟遵封侯歷九卿位日磾傳國後嗣七世内侍何其
盛也

嚴延年東海人爲河南尹延年兄弟五人皆有吏材
至大官東海號延年母曰萬石嚴嫗一門五二千石故總爲萬石
辛慶忌爲左將軍長子通爲護羌校尉中子遵函谷
關都尉少子茂水衡都尉出爲郡守皆有將帥之風
宗族支屬至二千石一十餘人
馮揚宣帝時爲弘農太守有八子皆爲二千石趙魏
間榮之號曰萬石君
杜延年御史大夫周子也延年後爲御史大夫封建
平侯延年薨子緩嗣緩六弟五人至大官少弟熊歷
五郡二千石三州牧刺史有能名惟中弟欽官不至

冊府元龜　總錄部　貴盛　卷之八百六十六　四

而最知名欽子及昆弟支屬至二千石者且十人
韋賢子玄成並丞相宗族至二千石者十餘人
史丹有子男女二十人九男皆以丹任並爲侍中諸
曹親近在左右史氏凡四人侯至卿大夫二千石者
十餘人皆訖王莽乃絶
王禁元后父也封陽平侯禁子鳳嗣侯崇安成侯譚
平阿侯商成都侯立紅陽侯逢時高平侯根曲陽侯
音安陽侯莽新都侯譚商立逢時根五人同日封謂
之五侯榮貴絶代王家凡十侯五大司馬外戚莫盛
焉

後漢竇融扶風人更始初爲張掖屬國都尉光武建武八年封融爲安豐侯弟友爲顯親侯及隴蜀平詔融與五郡太守奏事京師官屬賓客相隨駕乘千餘兩馬牛羊被野融到詣雒陽城門上凉州牧張掖屬國都尉安豐侯印綬詔遣使者還侯印綬引見就諸侯位賞賜恩寵傾動京師又加特進代陰興行衛尉事特進如故又兼領將作大匠弟友爲城門較尉兄弟並典禁兵融長子穆尚内王公主代友爲城門較尉穆子勳尚東海恭王彊女沘陽公主友子固亦尚光武女涅陽公主顯宗卽位以融從兄子林爲護羌

較尉竇氏一公兩侯三公主四二千石皆相與並時自祖及孫官府邸第相望京邑奴婢以千數於親戚功臣中莫與爲比

鄧禹封高密侯爲太傅永平元年薨明帝分禹封三國長子震爲高密侯襲爲昌安侯珍爲夷安侯禹少子鴻爲度遼將軍行車騎將軍震子乾尚明帝女沁水公主乾孫褒尚安帝妹舞陰公主襲子藩亦尚明帝女平皐長公主禹第六子訓爲張掖太守護羌較尉訓子騭車騎將軍儀同三司悝虎賁中郎將弘閶皆侍中騭封上蔡侯悝葉侯弘西平侯閶西華侯食邑各萬戶鄧氏自中興後累世寵貴凡侯者二十九人公二人大將軍以下十三人中二千石十四人列較二十二人州牧郡守四十八人其餘侍中將大夫郎謁者不可勝數東京莫與爲比

耿況封牟平侯子弇封好畤侯爲建威大將軍況病弇兄弟六人皆垂青紫省侍醫藥當代以爲榮耿氏自中興已後迄建安之末大將軍二人將軍九人卿十三人尚公主三人列侯十九人中郎將護羌較尉及刺史二千石數十百人

馬援三兄況余員並有才能王莽時皆爲二千石況

河南太守余中壘較尉員增山連率後援爲伏波將軍援子廖章帝初爲衛尉封順陽侯子豫爲步兵較尉廖弟防爲車騎將軍城門較尉防貴寵最盛於九卿絶席防弟光爲執金吾防兄弟貴盛賓客奔湊後光爲太僕子康爲侍中援兄子嚴章帝初爲御史中丞子鱄爲郎

魯恭爲司徒建武十五年從延狩南陽除子撫爲郎中賜騎馬從駕時弟丕亦爲侍中兄弟父子並列朝廷恭世吏二千石

鄧晨字偉卿南陽新野人也世吏二千石東觀漢記曰晨曾祖

父隆揚州刺史祖父勳交阯刺史
何敞扶風人其先修生成爲漢膠東相成生果爲大中大夫果生比干爲丹陽侯比干生壽蜀郡太守壽生顯京輔都尉顯生鄢光祿大夫鄢生寵濟南都尉寵生敞爲汝南太守徵爲五官中郎將
趙典爲長樂少府衛尉父戒爲太尉兄子謙謙弟溫相繼爲三公
宗資爲南陽太守家代爲漢將相名臣
羊續字興祖爲南陽太守其先七世二千石卿校祖父侵安帝時司隸校尉

耿純爲東郡太守純宗族封列侯者四人關內侯者三人爲二千石者九人
法雄齊襄王法章之後爲南郡太守宣帝時徙三輔世爲二千石
秦彭自漢興之後世位相承六世祖襲爲潁川太守與羣從同時爲二千石者五人故三輔號曰萬石秦氏彭亦終潁川太守
蓋勳爲潁川太守勳家世二千石曾祖父進漢陽太守祖父彪大司農父字思齊官至安定屬國都尉
郭禧靈帝建寧二年爲太尉禧子鴻至司隸校尉封城安鄉侯郭氏自弘後數世皆傳法律子孫至公者一人廷尉七人侯者三人刺史二千石侍中郎將者二十餘人侍御史正監平者甚衆
應順爲將作大匠子疊江夏太守疊生彬武陵太守彬生奉從事中郎奉生劭車騎將軍掾劭弟珣司空掾珣子瑒曹操辟爲丞相掾順至瑒七世通顯瑒弟璩侍中自漢至魏軒冕相襲爲郡盛族璩子貞音散騎常侍貞弟子詹鎮南大將軍江州刺史
李章字第公河內懷人也五世二千石
尹勳家世衣冠伯父睦爲司徒兄頌爲太尉宗族多

居貴位者而勳獨持清操不以地勢尚人
孔昱七世祖霸成帝時歷九卿封褒成侯自霸至昱爵位相係其卿相牧守五十三人列侯七人
周燕汝南人爲郡吏曹太守枉殺人燕代受罪不食而死有五子皆至刺史太守
魏夏侯惇爲大將軍封高安鄉侯惇卒子充嗣文帝追思惇功欲使子孫畢侯分惇邑千戶賜惇七子二孫爵皆關內侯惇弟廉及惇中子楙素自封列侯惇從弟淵爲征西將軍封博昌亭侯弟淵妻太祖內妹長子衡尚太祖弟女封安寧亭侯黃初中賜淵中子

霸太和中賜霸四弟爵皆關内侯霸弟威官至兗州刺史威弟惠樂安太守惠弟和河南尹威子駿并州刺史次莊淮南太守莊子湛以才博文章至南陽相散騎常侍莊晉氏陽皇后姊夫也錄此一門後盛於時

陳紀爲鴻臚紀子羣爲司空羣子泰爲尚書左僕射紀弟諶孫佐官至青州刺史佐弟坦爲廷尉佐子準爲太尉封廣陵郡公準弟戴徽及從弟堪並至大位準孫逵字林道有譽江左爲西中郎將追贈衛將軍

王凌爲征東將軍假節都督揚州諸軍事是時凌外

甥令狐愚以才能爲兗州刺史屯平阿舅甥並典兵專淮南之重

劉邠本名炎犯晉太祖諱改爲邠位至太僕子粹字純嘏侍中次宏字終嘏太常次潢字冲嘏光祿大夫清冲有貴識名亞樂廣宏子咸徐州刺史次耽晉陵太守耽子惔字真長尹丹陽爲中興名士也

吳士燮爲交阯太守兄弟並爲列郡雄長一州偏在萬里威尊無上出入鳴鐘磬備具威儀笳簫鼓吹車騎滿道胡人夾轂焚燒香者常有數十妻妾乘輜輧子弟從兵騎當時貴重震服百蠻尉他不足踰也

周瑜爲偏將軍兩男一女女配太子登男循尚公主拜騎都尉有瑜風早卒循弟胤初拜興業都尉妻以宗女授兵千人屯公安黃龍元年封都鄉侯

諸葛瑾爲大將軍而弟亮爲蜀丞相二子恪融皆典戎馬督領將帥族弟誕又顯名於魏一門三方爲冠蓋天下榮之

晉庾嶷爲太僕潁川人子龢字玄默尚書陽翟子嶷弟遁字德先太中大夫遁裔嗣克昌爲世盛門侍中駿河南尹純皆遁之子豫州牧長史敳遁之孫太尉文康公亮司空冰皆遁之曾孫貴達至今

楊文宗武元皇后父也其先仕漢四世爲三公文宗爲魏通事郎襲封蓩亭侯

阮籍兄子咸咸子瞻瞻弟孚咸從子修孚族弟放放弟裕裕子傭寧普傭早卒寧鄱陽太守普驃騎諮議參軍傭子歆之中領軍寧子腆秘書監腆弟萬齡及歆之子彌之元熙中並列顯位

周札爲右將軍會稽内史時札兄靖子懋晉陵太守靖流亭侯懋弟莚征虜將軍吳興内史莚弟贊大將軍從事中郎武康縣侯贊弟縉太子文學都鄉侯次兄子勰臨淮太守烏程公札一門五侯並居列位吳

士貴盛莫與此比
范平吳郡人仕吳爲臨海太守三子奭咸泉並以儒學至大官泉子蔚關内侯
毛寶爲征虜將軍豫州刺史至孫璩三葉擁旄開國者四人將帥之家與尋陽周氏爲輩而人物不及也
王坦之湛之曾孫也爲中書令徐兗二州刺史子愷字茂仁愉字茂和並少踐清階愷襲父爵愉稍遷驃騎司馬加輔國將軍愷太元末爲侍中領右衞將軍多所獻替兄弟貴盛當時莫比愉子綏先是湛之父昶爲魏司空昶之父澤爲漢鴈門太守已有名稱忱

亦坦之子又秀出綏亦著稱八葉繼軌軒冕莫與爲比焉
宋朱齡石字伯兒沛郡沛人也家世將帥祖騰建威將軍吳國内史伯父憲及斌並爲西中郎元眞將佐憲爲梁國内史斌爲汝南内史
何尚之爲左光祿開府侍中領中書令子邵尚太祖第十六女南郡公主女適彭城王義康巴陵哀王休若
周嶠尚高祖第四女宣成德公主二女適建平王宏廬江王禕以貴戚顯官

南齊褚淵尚宋巴西公主弟澄父湛之尚始安公主甍納側室郭氏生淵後尚吳郡公主生澄淵事主孝謹主愛之湛之亡主表淵爲嫡澄尚宋文帝女廬江公主拜駙馬都尉歷官清顯淵位侍中司徒錄尚書事
劉悛爲五兵尚書歷朝皆見恩遇太祖爲鄱陽王鏘納悛妹爲妃高宗又爲晉安王寶義納悛女爲妃自是連姻帝室
王慈爲冠軍將軍司徒左長史慈妻劉秉女子觀尚世子長女吳縣公主主修婦禮姑未嘗交答江夏王

鋒爲南徐州妃慈女也
王繢爲太嘗女適安陸王子敬世祖寵子永明三年納妃修外舅姑之禮世祖遣文惠太子相隨往繢家置酒設樂公卿皆冠冕而至當世榮之
王玄載爲平北將軍兗州刺史弟玄邈爲持節都督南秦二州軍事征虜將軍西戎校尉梁南秦二州刺史兄弟同時爲方伯
王融字元長爲中書郎祖僧達中書令曾高並台輔
梁明僧紹位至貴州刺史僧紹子山賓北兗州刺史山賓弟少遐又拜青州刺史明氏南度雖晚並有名

位自宋至梁爲刺史者六人
陳歐陽頠長沙臨湘人也爲廣州刺史征南將軍時頠弟盛爲交州刺史弟遂爲衡州刺史合州顯貴名振南土
魯廣達吳州刺史悉達弟也時江表將帥各領部曲動以千數而魯氏循多廣達後至中領軍
王沖爲左僕射加特進左光祿大夫領丹陽尹有子三十人並致通官
後魏長孫道生太武時爲司空侍中與從父嵩俱爲三公當世以爲榮

尉諾世祖時爲幽州刺史兄太眞爲湘州刺史古眞爲定州刺史諸兄弟並爲方伯當世榮之
于栗磾爲豫州刺史封新安公卒贈太尉子雒拔爲侍中尚書令卒官雒拔六子長子烈爲領軍卒贈太尉烈子忠爲侍中薨贈司空烈弟果歷朔華并肆四州刺史果弟勁位沃野鎮將爵富昌子宣武納其女爲皇后封勁太原郡公後爲征北將軍定州刺史卒贈司空自栗磾至勁累世貴盛一皇后四贈公三領軍二尚書令三開國公
封懿初爲慕容寶中書令兄孚爲太尉懿僞位亞才氣能屬文與孚雖器行有長短然名位略齊
盧道裕尚獻文女樂浪長公主弟道虔尚孝文女濟南長公主外甥李彧尚莊帝女豐亭公主一門三主當世以爲榮
李沖顯貴門族榮盛六姻兄弟子姪皆有爵官一家歲祿萬疋有餘
王肅父奐南齊雍州刺史奐及兄弟並爲齊武帝所殺肅自建鄴來奔尚陳留長公主肅前妻謝生子紹及二女肅臨薨謝始攜二女及紹至壽春宣武納其女爲夫人孝明又納紹女爲嬪紹位中書侍郎

羅延居阤侯結玄孫獻文帝天安中爲驃騎將軍左光祿大夫結從子渥渥子提並歷通顯
北齊斛律金爲太師左丞相長子光大將軍次子羨及孫武都並開府儀同三司出鎮方嶽其餘子孫皆封侯貴達一門一皇后二太子妃三公主尊寵之盛當時莫比
白建歷特進侍中中書令諸子幼稚俱爲州郡主簿新君選補必先召辟男婚女嫁皆得勝流當時以爲榮寵之極
楊愔爲神武行臺右丞表解職還塟一門之內贈太

師太傅丞相大將軍者二人太尉錄尚書及中書令
者三人僕射尚書者五人刺史太守者二十餘人追
榮之盛古今未之有也及喪柩進發吉凶儀衛亘二
十餘里會葬者將萬人
後周獨孤信爲太保大宗伯信長女周明敬后第四
女唐元貞皇后第七女隋文獻皇后三代皆爲外戚
自古以來未之有也
隋鄭譯字正義滎陽開封人也祖瓊魏太常父道邕
魏司空譯周武帝時起家給事中拜銀青光祿大夫
轉左侍中與儀同劉納嘗侍帝側

竇熾開皇初拜太傅贊拜不名熾事親孝奉諸兄以
恊順聞及其位望隆重而子孫皆處列位遂爲當時
盛族
李穆仕周以軍功爲武衛將軍領侍中開府太祖封
穆姊妹皆爲郡縣君開皇初拜太師眞食成安縣三
千戶於是穆子孫雖在襁褓悉拜儀同其一門執象
笏者百餘人穆之貴盛當時無比
于義字慈恭在周時破王謙超拜上柱國時義兄翼
爲太尉弟智兄子仲文並上柱國大將軍已上十餘
人稱爲貴盛

楊素爲左僕射貴寵日隆其弟約從父文思弟紀及
族父异並尚書列卿諸子無汗馬之勞位至柱國刺
史親戚故吏布列清顯素之貴盛近古未聞素子玄
感以軍功位至柱國與其父俱爲第二品朝會則會
列其後高祖命玄感降一等玄感拜謝曰不意陛下
寵臣之甚許以公庭獲展私敬
乞伏慧爲太僕卿封宜民郡王其兄貴和又以軍功
爲王一門二王稱爲貴顯
賀若弼爲右武侯大將軍弼時貴盛位望隆重其兄
隆爲武都郡公弟東爲萬榮郡公並刺史列將弼家

珍玩不可勝計婢妾曳綺羅者數百人時人榮之
唐房玄齡爲尚書左僕射封魏國公監修國史居端
揆十五年女爲韓王妃男遺愛尚高陽公主顯表辭
位優詔不許
高士廉祖岳齊清河王尚書令太保父勵齊樂安王
尚書右僕射隋洮州刺史士廉文德皇后之舅官至
尚書左僕射封申國公
竇威隋太傅熾子也大穆皇后從父兄武德初爲內
史令高祖嘗謂曰昔周朝有八柱國之貴吾與公家
咸登此職威曰家昔在漢朝再爲外戚於後魏三處

外家陛下龍興復出皇后臣又階緣戚里位忝鳳池自惟叨濫曉夕兢懼高祖笑曰比見關東人與崔盧爲婚猶自矜伐公代爲貴戚不以貴乎威子惲爲岐州刺史兄子執官至雍州都督執子奉節尚高祖永嘉公主執弟宗爲右領軍大將軍

竇抗太穆后從父兄隋雍州總管陳國公榮子也母隋文帝萬安公主隋爲幽州總管武德初爲左武侯大將軍從平王世充冊勳太廟者九人抗與從弟軌俱預朝廷榮之子衍爲左武衛將軍次子靜爲民部尚書靜子逵尚太宗女遂安公主靜弟誕尚高祖女

襄陽公主爲宗正卿誕子孝慈衛將軍孝慈子希玠爲禮部尚書太子少傅誕少子孝諶女昭成皇后也子希瑊太子少傅豳國公希球太子賓客冀國公希瓘後名璡畢國公開府儀同三司玄宗早失太后尤重外家璡兄弟三人皆國公食實封璡子又尚玄宗女昌樂公主竇氏自武德再爲外戚一品三人三品巳上三十餘人尚主者八人女爲王妃六人唐世貴盛莫與爲比

楊恭仁爲雍州都督弟師道尚桂陽公主從姪女爲巢刺王妃弟子思尚安平公主連姻帝室益見崇重自武德之後恭仁名位猶盛則天時又以外戚崇寵一家之内駙馬三人王妃五人贈皇后一人三品巳上官二十餘人遂爲盛族

郝處俊高宗儀鳳中爲侍中時侍中許圉師郎處俊之舅早同州里俱宦達於時又其鄉人田氏彭氏以殖貨見稱故江淮間爲之語曰貴如許郝富如田彭

來恒高宗朝爲黄門侍郎同中書門下三品侍中濟之異母兄也兄弟相次知政事時以爲榮

張延師爲左衛大將軍延與兄太僕卿太師及次兄儉同時三品宅中棨戟齊列時人榮之號爲三戟張家

張文瓘高宗朝爲侍中四子潛沛洽涉後皆至三品時人謂之萬石張家

傅遊藝爲鸞臺侍郎同平章事兄神童爲冬官尚書兄弟並承榮寵

張嘉貞玄宗時爲中書令帝以嘉貞弟嘉祐爲金吾將軍兄弟並居將相之位

韋安石神龍中爲中書令高祖孝寬周太傅曾祖津隋民部尚書武德初歸於皇朝授黄門侍郎封武陽郡公王至安石歷仕三朝台輔安石子斌天寶中爲

三品棫兄陟爲河東大守兄由爲石金吾將軍緒爲少師四人同時列戟天下榮之安石從祖兄子巨源及文昌右相待價並是五服之親自餘近屬至大官者數十人

韋嗣立長壽中代兄承慶爲鳳閣舍人長安三年承慶代嗣立爲天官侍郎頃之又代嗣立知政事及承慶卒嗣立又代爲黄門侍郎前後四職相代又父子三人皆至宰相有唐已來莫與爲比

崔義玄爲御史大夫蒲州刺史子神基司賓卿同鳳閣鸞臺平章事神基弟神慶歷司刑司禮二卿神慶

子琳等皆至大官羣從數十人趨奏省闥每歲時家宴組佩輝映以一榻置笏重疊於其上開元天寶間中外族屬無緦麻之喪其福履昌盛如此東都司第門琳與弟太子詹事珪光祿卿瑤俱列棨戟時號三戟崔家琳位終太子少保

李嶠爲鸞臺侍郎平章事兼修國史久視元年嶠舅天官侍郎張錫入知政事嶠轉成均祭酒罷知政事及修史甥舅相繼在相位時人榮之

韋堅爲縉雲郡太守姊爲薛王妃堅又娶姜皎女爲妻堅妹又爲太子妃姻戚榮盛當時無比

李峴至德中爲京兆尹兼御史大夫李峴兄峘爲戸部尚書兼成都尹乾元初玄宗還京峘自蜀至又兼御史大夫兄弟俱判臺事自國初以來兄弟並拜大夫未有其比時長安士庶皆賦詩美之

郭子儀爲尚父兼太尉中書令汾陽郡王有子八人壻七人皆重官子曖尚昇平公主諸孫數十人每羣孫問安不盡識頷之而已子儀麾下將若李懷光輩數十人皆王侯貴重子儀頤指進退如僕隸幕府之盛近代無比子儀歲入官俸二十四萬貫私利不在焉其宅在親仁里居其地四分之一中通永巷家人

三千指出入者不知其居前後賜良田美器名園甲館聲色珍好堆積羨溢不可勝紀代宗不名呼爲大臣天下以其身存亾爲安危者殆二十年較中書令考二十有四權傾天下而朝不忌功蓋一代而主不疑後窮人欲而君子不罪富貴壽考繁衍安泰哀榮終始人道之盛無缺焉

李愿中書令晟之子晟立大勲諸子猶無官宰相奏陳德宗即日召愿拜銀青光祿大夫太子賓客上柱國舊制勲臣上柱國賜戟即令賜愿乃與父並列於門

劉從一德宗朝爲相中書侍郎林甫之玄孫禮部侍郎令植之孫也初林甫生祥道麟德初爲右相祥道即從一曾伯祖也令植從父兄齊賢弘道初爲侍中自祥道至從一劉氏凡三相

張獻甫爲邠寧節度使獻甫守珪之姪也父守琦左武衛將軍贈戸部尚書守珪子獻誠守珪之弟守瑜二子獻恭並爲山南西道節度使

杜佑爲司徒諸子咸居朝列當時貴盛無比

韓弘爲司徒中書令元和十五年爲河中節度時弘弟充爲鄭滑節度弘子公武爲鄜坊節度父子兄弟

皆秉節鉞人臣之寵冠絕一時

李愬父晟平朱泚克復宮闕市不改肆洎愬平淮蔡復踵其美父子仍建大勳其兄弟數人雖有功業不侔而皆領旄鉞近古罕比焉

田弘正爲魏博節度使弘正每懼有一旦之憂嗣襲之風不革兄弟子姪悉仕於朝憲宗皆擢居班列朱紫盈庭當時榮之弘正移統鎮冀又詔子布爲河陽三城懷州節度父子皆領節制時韓弘亦與子公武俱爲節度使然人以忠勤多田氏

薛平以司徒致仕卒曾祖仁貴高宗朝名將封平陽郡公祖楚玉爲范陽平盧節度使父嵩爲昭義節度使代宗優寵方鎮平年十二已爲磁州刺史

崔鄯爲左金吾大將軍開成初卒贈禮部尚書鄯昆弟六人仕宦皆至三品邠郾鄲三人知貢舉掌銓衡

孔緯自元和後昆仲貴盛至正卿方鎮者六七人未有爲宰輔者至緯始在鼎司子崇弼亦登進士第後唐天成中自吏部郎中授給事中時族兄弟昭序由給事中改左散騎常侍兄弟同居東省時論榮之

後唐劉岳八代祖民部尚書渝國公政會武德時功臣祖符蔡州刺史父珪洪洞縣令符有子八人皆登

進士第珪之母弟瓌瑋異母弟崇夷崇望崇魯崇謩崇龜乾寧中廣南節度使崇望乾寧中宰相崇魯崇謩崇夷並歷朝省岳貞明初召入翰林爲學士

朱友謙爲守太師尚書令鎮河中賜姓李名繼麟同光中以其子令德爲遂州節度令錫爲忻州節度一門三鎮諸子爲刺史者六七人將校部符者又五六人恩寵之盛時無與比纔勝衣者咸錫之王爵一門之盛近古莫之儔也

歸藹字文彥吳郡人也曾祖登祖融父仁澤位皆至列曹尚書觀察使藹同光初爲尚書右丞遷刑戸二

侍郎以太子賓客致仕

晉鄭韜光字龍符西京河清人也曾祖絪爲唐相祖祗德國子祭酒贈太傅父顥河南尹贈太師其先世居滎陽自隋唐三百餘年公卿輔相蟬聯一門韜光唐宣宗之外孫萬壽公主之子也生三日賜一子出身銀章朱紱及長美容止神爽清徹不妄喜怒秉執名節爲宗族所稱

周蕭愿爲太子賓客愿梁昭明太子後宋公瑀太師嵩其祖也父項梁貞明年爲相唐明宗朝終太子少保項之父廪事僖宗歷給事中京兆尹廪之先日倣

懿宗之輔相也世有令名一門七相

盧文紀以司空致仕文紀曾祖綸生四子曰簡能簡辭簡求弘正皆至達官簡求歷邠寧太原節度以才畧知名四授藩鎮皆爲邊仕

安審暉以太子太師致仕卒贈侍中今襄帥陳王審琦邠州副使審韜鄜州副使審玉前太原西宮使審寓延州行軍司馬審鄉供奉官審覇皆審暉之弟也將門之盛近代罕儔

孫方諫爲定國軍節度使右諫漢乾祐中累官至侍相太祖受命加侍中未幾入朝改華州節度朝廷以其弟行友爲定州留後又以弟識爲德州刺史兄弟子姪職內廷者凡數人

冊府元龜

巡按福建監察御史臣李嗣京　正
分守建南道左布政使臣胡維霖　訂
知建陽縣事臣黃國琦　較

總錄部

內舉　自知

內舉

夫舉不避親儒者之至行立不爲比君子之格言蓋竭忠於公家非專私於我族惟善所在何嘗之有若乃梃生令嗣旁及支庶同氣昭乎兢爽甲屬彰於燕

翼繇是發於言薦列諸奏牘用副清問以塞嘉招紹光世濟之美克膺寵任之大至乃施及外姻義敦協比克副所舉固匪過言斯並可尚也已

祁奚爲晉大夫請老老致仕晉侯問嗣焉嗣續其職者稱解狐其讎也將立之而卒解狐卒又問焉對曰午也可午祁奚子於是羊舌職死矣晉侯曰孰可以代之對曰赤也可赤職之子伯華於是使祁午爲中軍尉羊舌赤佐之各代其父君子謂祁奚於是能舉善矣稱其讎不爲諂立其子不爲比舉其偏不爲黨諂媚也偏屬也尚書曰無偏無黨王道蕩蕩尚書洪範也蕩蕩平正無私其祁奚之謂矣

魏舒爲晉大夫獻子也謂賈辛有力於王室已爲祁大夫以魏戊爲梗陽大夫戊魏舒庶子魏子謂成鱄鱄晉大夫我與戊也縣人其以我爲黨乎對曰何也戊之爲人也遠不忘君遠流遠也近不偪同不偪同位居利思義不苟得在約思純無濫心有守心而無淫行雖與之縣不亦可乎昔武王克商光有天下光大也其兄弟之國者十有五人姬姓之國者四十人皆舉親也夫舉無他惟善所在親疏一也詩曰惟此文王帝度其心莫其德音其德克明克明克類克長克君王此大邦克順克比比於文王其德靡悔旣受帝祉施於孫子詩大雅美文王能王大國受大

福施其子孫心能制義曰度帝度其心德正應和曰莫莫然清靜炤臨四方曰明勤施無私曰類施而無私物得其所無失類也教誨不倦曰長教誨長人之道賞慶刑威曰君作威作福君之職也慈和徧服曰順唯順故天下徧服擇善而從之曰比比方善事使相從也經緯天地曰文經緯相錯故織成文九德不愆作事無悔九德上九事也皆無愆過則動無悔吝故襲天祿子孫賴之襲受也王之舉也近文德矣所及其遠哉舉魏戊等勤施無私心其四人者擇善而從故曰近文德所及遠也賈辛將適其縣見於魏子魏子曰今女有力於王室吾是以舉女因賈辛有功而彼舉之言人不可無能行乎敬之哉毋墮乃力墮損也仲尼聞魏子之舉也以爲義曰近不失親謂舉

魏（戊）遠不失舉（舉）以賢可謂義矣又聞其命賈辛也以爲
忠（先賈王室之功故爲忠）詩曰永言配命自求多福忠也（詩大雅永
長也言能長配天命致多福者惟忠）魏子之舉也義其命也忠其長有
後於晉國乎

漢王鳳成帝時爲大將軍輔政凡十一歲陽朔三年
秋鳳疾天子數自臨問親執其手涕泣曰將軍病如
有不可言平阿侯譚（鳳庶弟也）次將軍矣（不可言謂死也不欲斥言之）
鳳頓首泣曰譚等雖與臣至親行皆奢僭無以率導
百姓不如御史大夫音謹敕（敕整也音鳳之從弟也）臣敢以死
保之及鳳且死上疏謝帝復固薦音自代言譚等五

人必不可用（譚度弟商成都侯立紅陽侯根曲陽侯逢時高平侯）天子然之初
譚倨不肯事鳳（倨慢也）而音敬鳳卑恭如子故薦之

後漢耿純爲高陽侯初從光武攻王郎墮馬折臂時
疾發乃還詣懷宮（懷宮河內縣名有離宮焉）帝問卿兄弟誰可使
者純舉從弟植於是使植將純營純猶以前將軍從

晉周浚武帝時爲侍中帝問浚卿宗後生稱誰爲可
答曰臣叔父子恢稱重臣宗從父子馥稱清臣宗帝
並召用

王導元帝初爲丞相導從弟稜少歷清官渡江爲帝
丞相從事中郎導以稜有政事宜守大郡乃出爲豫
章太守

郗鑒明帝時爲太尉既寢疾上疏曰臣亡兄息晉陵
內史邁謙愛養士甚爲流亡所宗又是臣門戶子弟
堪任兗州刺史公家之事知無不爲是以敢希祁奚
之舉

謝安孝武時爲侍中都督揚豫徐兗青五州幽州之
燕國諸軍事假節時苻堅彊盛疆埸多虞諸將敗退
朝廷求文武良將可以鎮禦北方者安乃以兄子玄
應舉中書侍郎郗超雖素與玄不善聞之而嘆曰安違
衆舉親明也玄應機征討所在尅捷

桓冲爲車騎將軍荊州刺史苻堅遣慕容垂毛當寇
鄧城苻熙石越寇新野冲既憚堅衆又以疾疫還鎮
上明表以夏口江沔衝要密邇彊寇兄子石明堪居
此任輙版督荊江十郡軍事振武將軍襄城太守

溫嶠字太眞元帝初鎮江左嶠爲司空劉琨右司馬
及琨爲幷州都督琨爲段疋磾所害從事中郎盧諶
等率餘衆奉其子羣依段末波嶠前後表稱姨弟劉
羣內弟崔悅盧諶等皆在末波中翹首南望愚謂此
等並有文思於人之中少可愍惜如蒙錄召繼絶興
亡則陛下更生之恩亘古無二

宋王誕字茂世從弟惠恬靜不交游高祖聞其名以
問誕誕曰惠後來秀令鄙宗之美也即以爲行太尉
參軍事
王敬弘太祖初即位爲左僕射先是從弟弘之解職
同行家在會稽上虞時敬弘爲吏部尚書奏徵弘之
爲庶子不就及敬弘爲左僕射又陳弘之高行表於
初業若節彰於暮年今内外晏然當修太平之化宜
招空谷以敦冲退之美又徵爲通直散騎常侍不就
柳元景孝武大明中爲尚書令弟子世隆幼挺然自
立不與衆同雖門勢子弟獨修布衣之業長好讀書

折節涉獵文史元景獨賞愛之異於諸子言於帝得
召見帝曰此兒將來復是三公一人
南齊紀僧眞明帝時爲游擊將軍兼司農帝欲令僧
眞治郡僧眞啓進其弟僧猛爲鎮蠻護軍晉熙太守
梁長沙宣武王懿初仕齊明帝時明帝作相内外多
虞就懿求諸弟有可委以心腹者懿言恢爲明帝以
恢爲寧遠將軍甲仗百人衛東府且引爲驃騎法曹
行參軍
周捨外弟徐摛爲左衛司馬會晉安王綱出戍石頭
高祖謂捨曰爲我求一人文學俱長兼有行者欲令
與晉安游處捨曰臣外弟徐摛形質陋小若不勝衣
而堪此選高祖曰必有仲宣之才亦不簡其容貌以
摛爲侍讀
庾詠爲都官尚書有族弟沙彌爲臨川王國中軍田
曹行參軍嫡母劉氏寢疾沙彌侍側衣不解帶及母
亡水漿不入口終喪不解衰絰詠表言其狀應純孝
之舉高祖召見嘉之以補歙令
後魏李順爲四部尚書從弟孝伯美風儀動有法度
順言之於太武徵爲中散郎武帝見而異之謂曰眞
卿家千里駒也

高允文成時爲祕書監加左將軍孝文即位參决大
政允族孫聰涉獵經史頗有文才允嘉之數稱其美
言之朝廷云青州蔣少遊與從孫僧智（聰字僧智）雖爲孤
弱然皆有文情繇是與少遊同拜中書博士
房堅字千秋爲司空諮議齊州大中正孝文臨軒令
諸州中正各舉所知千秋與幽州中正陽尼各舉其
子孝文曰昔有一祁名垂往史今有二奚當聞來牒
後周杜攢仕西魏出帝爲黄門侍郎兼度支尚書衛
大將軍西道行臺尚帝妹新豐公主攢族子杲學涉
經史有當世才畧攢清貞有識鑒深器重之嘗曰吾

家千里駒也因薦之於朝廷永熙三年起家奉朝請藹讓拜邠州刺史讓從弟綽少好學博覽羣書猶善筭術太祖餞讓於東都門外臨別謂讓曰卿家子弟之中誰可任用者讓因薦綽太祖乃召爲行臺郎

唐狄仁傑爲內史子光嗣則天聖曆初爲司府丞則天令宰相各舉尚書郎一人仁傑乃薦光嗣拜地官員外郎莅事稱職則天喜而言曰祁奚內舉果得其人

蔣將明德宗朝爲國子司業集賢學士子乂弱冠該博羣籍將明在集賢日嘗以兵亂之後圖籍淆雜乃

白執政請令乂入院編次於是宰相張鎰署乂爲集賢編録纔逾一年於散亂中整緝二萬餘卷勒成部秩

韋賢之順宗永貞中除監察御史上書舉季弟纁自代時議不以爲私轉右補闕而纁竟代爲監察御史

漢藺悅逢吉父也悅爲高祖從事甚見禮遇因從容薦逢吉曰老夫耄矣才器無取男逢吉粗學援毫性復恭恪如公不以犯犬之微願令事左右高祖召見以精神爽慧甚憐之有項擢爲賓佐

自知

自知者明旣標於前訓不能則止亦著於格言錄審已以惟艱爰修身而有待是以度德以處義量能而受任或不居於作者或竊比於前人旣行之不疑亦事必有立蓋達識之共貫諒通人之攸許儻語吾誰不若則近於自矜如日人各有能尚存乎揣分是故上則成天下之務次則敦自牧之風至於奮庸鮮有敗事斯所謂自知之難也

范獻子名鞅晉大夫也獻子曰鞅也居處恭不敢安易敬學而好仁和於政而好其道謀於衆不以賈好賈求和志雖衆不敢謂是也必長者之錄宣子曰庶可

以免耳

孔子曰吾十有五而志於學三十而立有所成立四十而不惑不疑惑五十而知天命知天命之始終六十而耳順直聞其言而知其微旨七十而從心所欲不踰矩矩法也從心所欲無餘法又曰十室之邑必有忠信如丘者焉不如丘之好學也又曰加我數年五十以學易可以無大過矣易窮理盡性以至於命年五十而知天命以知天命之年讀至命之書故可以無大過矣又葉公問孔子於子路子路不對葉公名諸梁楚大夫食采於葉僭稱公不對者未知所以答子曰女奚不曰其爲人也發憤忘食樂以忘憂不知老之將至云爾又曰若聖與仁則吾豈敢抑爲之不厭誨

人不倦則可謂云爾已矣又曰苟有用我者期月而已可也三年有成

端木賜字子貢衛人孔子問曰汝與回也孰愈 愈猶勝也 對曰賜也何敢望回回也聞一以知十賜也聞一以知二又叔孫武叔語大夫於朝曰子貢賢於仲尼子服景伯以告子貢子貢曰譬之宮牆賜之牆也及肩窺見室家之好

漆雕開孔子弟子孔子使開仕對曰吾斯之未能信 開弟子漆雕姓開名仕進之道未能信者未能究者 子說 善其志道深

孟子曰宰我子貢善爲說辭冉牛閔子騫顏淵善言

德行孔子兼之曰我於辭命則不能也 言人各有能我於辭言命教則不能如二子 公孫丑曰然則夫子既聖矣乎 丑見孔子但言不能辭命不言不能德行謂孟子欲自比孔子故曰夫子既已聖矣 曰惡是何言也昔者子貢問於孔子曰夫子聖矣乎孔子曰聖則吾不能我學不厭而教不倦也子貢曰學不厭智也教不倦仁也仁且智夫子既聖矣夫聖孔子不居是何言也

繇于爲楚大夫城麇 於麇築城 復命子西問高原弗知子西曰不能如辭 言自知不能當辭勿行 對曰固辭不能子使子也人各有能王遇盜於雲中子受其戈此子所能也脾洩之事子亦不能也 初吳入郢昭王隨涉睢濟江入於雲中王寢盜攻之以戈擊王繇于以背受之中肩王奔鄖繇于徐蘇而從王之在隨也子西恐國人潰散爲王輿服以國于脾洩聞王所在而後從也

孫叔敖者楚之處士也三得相而不喜知其材自得至也三去相而不悔知非己之罪也

漢曹參爲齊相國及蕭何薨參聞之告舍人趣治行 舍人私屬乃主家事者趣音促速也治行謂修治裝也 吾且入相居無何使者果召參

趙廣漢爲京兆尹先是雋不疑爲京兆尹京師紀之故廣漢言我禁姦止邪行於吏民至於朝廷事不及不疑遠甚

後漢杜篤郡爲文學掾以目疾二十餘年不窺京師篤之外高祖破羌將軍辛武賢以武略稱篤嘗歎曰杜氏文明善政而篤不任爲吏辛氏秉義經武而篤又怯於事外內五世至篤衰矣

楊秉爲太尉性不飲酒又早喪夫人遂不復娶所在以淳白稱嘗從容言曰我有三不惑酒色財也

魏杜畿京兆人少有大志京兆尹張時河東人也與畿有舊署爲功曹嘗嫌其闊達不助留意於諸事言此家疏誕不中功曹也畿竊云不中功曹中河東太守也後卒爲河東太守

蜀諸葛亮居隆中躬耕身長八尺每自比於管仲樂毅時人莫之許也惟博陵崔州平潁川徐庶與亮友善謂爲信然後至丞相

龐統字士元潁邵來就統宿因問統卿名知人吾與卿孰愈統曰陶冶世俗甄綜人物吾不及卿論帝王之秘策攬倚伏之要最吾似有一日之長邵安其言而親之位至軍師中郎將

董允代費禕爲尚書令禕以朝晡聽事其間接納賓客飲食嬉戲加之博奕每盡人之懽事亦不廢允欲斆禕之所行旬日之中事多愆滞允乃嘆曰人才力

相懸若此甚遠此非吾之所及也聽事終日猶有不暇爾

晉何邵爲司徒優游自足不貪權勢嘗語鄉人王銓曰僕雖名位過幸少無可書之事惟與夏侯長容諫授博上可傳史冊耳

胡威爲徐州刺史入朝武帝語及平生因歎其父清謂威曰卿清孰與父清威對曰臣不如也帝曰何爲不如對曰臣父清恐人知臣清恐人不知是臣不如者遠也

山濤少家貧謂妻韓氏曰忍寒苦我後當作三公但不知卿堪作夫人不耳後濤果至司徒

裴甫嘗詣中領軍何勗自言能爲劇縣勗曰惟欲宰縣不爲臺閣職何也甫曰人各有能譬繒中之好莫過錦錦不可以爲幍穀中之美莫過稻稻不可以爲虀是以聖王使人必先以器苟非周材何能悉長黄霸馳名於州郡而息譽於京邑廷尉之材不爲三公自昔然也勗善之除松滋令

謝鯤爲王敦大將軍長史嘗使至都明帝在東宮見之甚相親問曰論者以君方庾亮自謂何如答曰端委廟堂使百僚準則鯤不如亮一丘一壑自謂過之

張賓字孟孫少好學博涉經史不爲章句闊達有大節嘗謂昆弟曰吾自言智筭鑒識不後子房但不遇高祖耳後爲石勒所用謂之右侯

陸玩爲司空既拜有人詣之索盃酒瀉置柱梁之間咒曰當今乏材以爾爲柱石莫傾人梁棟耶玩笑曰感卿良箴既而嘆息謂客曰以我爲三公是天下爲無人談者以爲知言

宋褚炫司徒淵之從弟少清簡淵嘗謂人曰從弟廉勝獨立乃十倍於我也後至散騎常侍

袁粲爲中書監司徒侍中初粲孝武大明中與蕭惠

開周朗同車行逢大桁惠開駐車共語惠開取鏡自照曰無年可仕朗執鏡良久曰視死如歸槃最後曰當至三公而不終也

後魏韋珍爲荆州刺史與尚書盧淵征赭陽爲齊將垣歷生蔡道恭所敗免歸鄉里臨別謂淵曰主上聖明志吞吳會用兵機要在於上流若有事荆楚恐老夫復不得停耳後車駕征楚復起珍爲中軍大將軍彭城王勰長史

溫子昇爲中書郎嘗詣梁使館受國書自以不修容止謂人曰詩章易作逋峭難爲大將軍高澄客元（元姓也史失其名）

曰諸人當賀推子昇合陳辭子昇久忸怩乃推座操焉

北齊薛埱字曇珍形貌魁偉少以幹用仕魏稱爲典客令每引客見儀望甚美魏帝召而謂之曰卿風度峻整姿貌秀異後當升進以處何官埱曰宗廟之禮不敢不敬朝廷之事不敢不忠自此以外非庸臣所及

唐屈突通爲陝東大行臺右僕射鎮於雒陽數歲徵拜刑部尚書通自以不習文法固辭之轉工部尚書

盧懷慎玄宗開元三年遷黃門監懷慎與紫微令姚崇對掌樞密懷慎自以爲吏道不及崇每事皆推讓之

李夷簡爲門下侍郎平章事時裴度當國柄李師道未平度方以兵機爲任夷簡自揣數奏之辯細畧之才不能踰度未數日復求出鎮遂拜簡檢左僕射平章事充淮南節度使

李鄘爲淮南節度使徵拜門下侍郎平章事鄘雖出入顯重素不以公輔自許年侵勢過頗安外鎮登祖筵聞樂而泣且曰宰相之任非吾所長也行頗緩至京師又辭疾歸第旣謁亦不領政事上章以疾辭罷

爲戶部尚書

鄭綮爲詩多俳劇刺時號鄭五歇後體累官散騎常侍昭宗見其詩什激訐謂有藴蓄就班簿側注云鄭綮可禮部侍郎平章事中書胥吏詣其家叅謁綮笑而謂之曰諸君大誤俾天下人並不識字宰相不及鄭五也制下親賓來賀搔首言曰歇後鄭五作宰相時事可知矣終以物望非宜自求引退

後唐崔沂唐宰相玄之幼子昭宗時累遷至員外郎知制誥惟執厲守道而文彩非所長嘗與同舍顏蕘錢珝俱秉筆見蕘珝膽速草制數十如飛無妨談笑

而沂从未成文頗自愧翌日詣國相訢曰沂疎淺不足供詞翰之職守官則敢不策厲以報掄選相輔然之移爲諫議

晉薛融高祖天福三年自左諫議大夫遷中書舍人自以文學非優不敢拜命復爲諫議

冊府元龜

巡按福建監察御史臣李嗣京訂正

知閩縣事臣曹冉臣叅閱

知建陽縣事臣黄國琦較釋

總錄部一百一十八

遊宴　餞別　好客

遊宴

夫有負蕃甚之才抱夷曠之性居軒冕之貴不以嬰懷顧簿領之繁嘗多暇日或絺交接坐或摯從侍遊偶四序之良辰爲一時之勝賞吹臺琴室月觀風亭宴衎乎園池放情於丘壑清心雅致名教存焉

楚公子圍爲令尹魯昭公元年諸侯盟於虢公子圍享趙孟賦大明之首章大明詩大雅首章言文王明明照於下故能赫赫盛於上令尹意在首章故特稱首章以自光大趙孟賦小菀之二章小菀詩小雅二章取其各敬爾儀天命不又言天命一去不可復還以戒令尹

晉山簡爲征南將軍都督荊湘交廣四州諸軍事簡優游卒歲惟酒是耽諸習氏荊土豪族有佳園池簡每出嬉遊多之池上置酒輙醉名之曰高陽池

羊祜爲征南大將軍樂山水每風景必造峴山置酒言詠嘗謂從事中郎鄒湛等曰自有宇宙便有此山由來賢達勝士登此遠望如我與卿者多矣

謝安初辟司徒府除佐著作郎並以疾辭寓居會稽與王羲之及高陽許詢桑門支遁游處出則漁弋山水入則言詠屬文雖放情丘壑然每游賞必以妓女從游後爲太保進督揚江荊司十五州軍事於土山營墅樓館林竹甚盛每携中外子姪往來游集肴饌亦屢費百金

王羲之爲會稽内史去官居會稽嘗與同志宴集於會稽山陰之蘭亭羲之自爲之序以申其志或以潘岳金谷詩序方其文羲之比於石崇聞而甚喜

孟嘉爲征西桓溫參軍溫甚重之九月九日溫燕龍山寮佐畢集時佐吏並著戎服有風至吹嘉帽墜落嘉不之覺溫使左右勿言欲觀其舉止嘉未久如厠溫令取還之命孫盛作文嘲嘉著坐處嘉還見即答之其文甚美四座嗟歎

宋徐湛之爲南兗州刺史善於爲政威惠並行廣陵城舊有高樓湛之更加修整南望鍾山城北有陂澤水物豐盛湛之更起風亭月觀吹臺琴室果竹繁茂花藥成行招集文士盡游翫之適一時之盛也

謝混字叔源歷中書令領軍尚書左僕射風格高峻

少所交納惟與族子靈運瞻晦曜弘微並以文義賞會嘗共宴處居在烏衣巷故謂之烏衣之游混五言詩所云昔爲烏衣遊戚戚皆親姪者也其外雖復高流時譽莫敢造門

梁羊侃爲大軍司高祖大同中魏使陽斐與侃在北嘗同學有詔令侃延裴同宴賓客三百餘人食器皆金玉雜寶奏三部女樂至夕侃不飲酒而好賓客交遊終日獻酬同其醉醒

蕭介字茂鏡釋褐著作佐郎性高簡少交游惟與族兄琛從兄昞素及洽從弟淑等文酒賞會時人以比

謝氏烏衣之遊

任昉爲御史中丞簪裾輻湊預其宴者殷芸到溉劉苞劉孺劉顯劉孝綽及陸倕而巳號曰龍門之游雖貴公子孫不得預也

陳孫瑒授散騎常侍出鎮郢州乃合十餘船爲大舫於中立亭池植荷芰每良辰美景賓僚並集泛長江而置酒亦一時之勝賞焉

徐伯陽爲侯安都司空參軍宣帝大建初與中記室李爽記室張正見尚書郎賀徹學士阮卓黄門蕭詮三公郎王由禮處士馬樞記室祖登比部賀循長史劉刪等爲文會之友後有蔡凝劉助陳暄孔範亦預焉皆一時之士也游宴賦詩勒成卷軸伯陽爲其集序盛傳於世

後魏梁祐爲太中大夫從容風雅好爲詩詠常與朝廷名賢泛舟維水以詩酒自娯

唐楊師道爲侍中退朝後必引當時英俊宴集園池而文會之盛當時莫比

郭子儀鎮河中代宗大曆二年二月子儀入朝宰臣元載王縉及左僕射裴冕戶部侍郎判度支第五琦京兆尹劉幹共出錢三十萬宴子儀於其私第內侍

魚朝恩參其會焉朝恩出錦二十疋綵羅五十疋綵綾一百疋爲子儀纏頭之費極歡而罷

杜佑爲司徒置第於安仁里及城南創別墅日公卿宴游廣陳妓樂

杜式方佑之子也以蔭授揚府參軍入爲太常寺主簿父作鎮揚州家財鉅萬甲第安仁里杜城有別墅亭館林池爲城南之最昆仲皆在朝廷與時賢游從樂而有節

元稹爲越州刺史浙東觀察使會稽佳山水稹所辟幕職皆當時文士而鏡湖秦望之游月三四焉而諷

詠詩什動盈卷褒副使賓華海內詩名與稹酬唱最多至今稱蘭亭絕唱

晉盧詹高祖天福初拜禮部尚書分司雒下與右僕射盧質散騎常侍盧重俱在西都數相過從三人俱嗜酒好游山水塔廟林亭花竹之地無不同往酣飲終樂人無間然雒中朝士目為三盧會

餞別

夫祖離送別必在於有情登山臨水實生於遠思若乃膺受封之寵持式玉之命成師以出上受而歸則有都邑盡傾車蓋千乘賦詩以見志贈言以表誠簡

冊巳來風流相接其或懷去國之戚有永訣之懼莫不慷慨悲歎留連燕胥自非達者豈能忘情於此際者哉

周顯父餞送韓侯故大雅韓奕之詩曰韓侯出祖出宿於屠顯父餞之清酒百壺屠地名也顯父有顯德者也祖將去而餞之也既覲而反國必祖者尊其所往去則始行馬祖於國外畢乃出宿示行不留於是也其餚維何炰鼈鮮魚其蔌維何維筍及蒲其贈維何乘馬路車炰鼈以火熟之鮮魚中膾者也筍竹萌也蒲深蒲也贈送也王既使顯父餞之使送以車馬所以贈厚意也人君之車曰路車所以駕之馬曰乘馬籩豆有且侯氏燕胥且多也胥相也諸侯相在京師未去者顯父餞之時皆來相與燕其籩豆且然榮其多也

伍舉為楚大夫自楚奔鄭將遂奔晉聲子將如晉遇之於鄭郊班荊相與食而言如故班布也布荊坐也共議歸楚事聲子曰子行也吾必復子

韓起為晉大夫聘於鄭六卿餞宣子於郊餞送行飲酒宣子曰二三君子請皆賦起亦以知鄭志詩言志也子齹賦野有蔓草子齹子皮之子嬰齊也野有蔓草鄭風取其邂逅相遇適我願兮宣子曰孺子善哉吾有望矣君子相願巳所望也子產賦鄭之羔裘言鄭別於唐羔裘也取其彼巳之子舍命不渝邦之彥兮以美韓子宣子曰起不堪也不堪國子太叔賦褰裳褰裳詩曰子惠思我褰裳涉溱子不我思豈無他人言宣子思巳將有褰裳之志如不我思而豈無他人宣子曰起在此敢勤子至於他人

乎言巳崇好在此不不復令了他人子太叔拜謝宣子之有鄭宣子曰善哉子之言是是褰裳不有是事其能終乎韓起不欲令鄭求他人子太叔拜以答之所以皆鄭終善子游賦風雨子游駟帝之子駟偃也風雨詩取其既見君子云胡不夷子旗賦有女同車子旗公孫段之子豐施也有女同車取其洵美且都愛樂宣子之志子柳賦蘀兮子柳印段之子印癸也蘀兮詩取其倡予和女言宣子倡巳將和從之宣子喜曰鄭其庶乎庶幾興盛二三君子以君命貺起賦不出鄭志六詩皆鄭風故曰不出鄭志皆昵燕好也昵親也賦不出其國以示親好二三君子數世之主也可以無懼矣宣子皆獻馬而賦我將我將詩頌取其日靖四方我其夙夜畏天之威言志在靖亂畏懼天威子產拜使五卿皆拜曰吾子靖亂敢不拜德

荆軻衛人初燕太子丹質於秦秦王遇丹不善故丹怨而亡歸因結交於荆軻爲報秦王太子及賓客送之至易水之上旣祖取道高漸離擊筑荆軻和而歌爲變徵之聲士皆垂淚涕泣又前而爲歌曰風蕭蕭兮易水寒壯士一去兮不復還復爲羽聲慷慨士皆瞋目髮盡上指冠於是荆軻就車而去

漢東郭先生武帝時以待詔公車貧困及其拜爲二千石佩青緺音瓜一音蝸青綬出宮門行謝主人故所以同官待詔者等比祖道於都門外榮華道路立名當世東郭先生也此所謂衣褐懷寶者也

李廣利爲貳師將軍擊匈奴丞相劉屈氂爲祖道送渭橋與廣利别

疏廣東海蘭陵人也宣帝時爲太子太傅兄子受爲少傅在位五歲乃與受移病滿三月賜告廣遂稱篤上疏乞骸骨帝以其年篤老皆許之公卿大夫故人邑子設祖道供帳東都門外送者車數百兩辭决而去及道路觀者皆曰賢哉二大夫或歎息爲之下泣

後漢陳遵爲大司馬更始時使匈奴過辭於王丹丹曰俱遭反覆惟我二人爲天所遺今子當之絶域無以相贈贈子以不拜遂揖而別遵甚悅之

高彪爲中郎較書東觀時京兆第五永爲督軍御史使督幽州百官大會祖餞於長樂觀議郎蔡邕等皆賦詩彪乃獨作箴曰文武將墜乃俾俊臣整我皇綱董此不虔古之君子郎戎忘身明其果毅上其桓桓呂尚七十氣冠三軍詩人作歌如鷹如鸇天有太乙五將三門地有九變丘陵山川人有計策六奇五間總兹三事謀則諮詢無曰已能務在求賢淮陰之勇廣野是尊周公大聖石碏純臣以威克愛以義滅親勿謂時險不正其身勿謂無人莫識已眞忘富遺貴福祿乃存枉道依合復無所觀先公高節越可永遵

佩藏斯戒以厲終身邕等甚美其文以爲莫尚也後彪爲中郎較書於東觀及遷内黄令帝勑同僚臨送祖於上東門

郭泰字林宗游於雒陽始見河南尹李膺大奇之遂相友善於是名震京師後歸鄉里衣冠諸儒送至河上車數千兩林宗惟與李膺同舟而濟衆賓望之以爲神仙焉泰後舉有道不就

禰衡平原般人也爲曹公所怒遣人騎送之劉表臨發衆人爲之祖道先供設於城南乃更相戒曰禰衡悖慢無禮今因其後到咸當以不起折之也及衡至

衆人莫肯與衛坐而大號衆問其故衛曰坐者爲冢卧者爲屍冢屍之閒能不悲乎

魏管輅與諸葛原別原戒以二事言卿惟樂酒量雖温克然不可保寧當節之卿有氷鏡之才所見者妙禍如膏火不可不愼持卿叡才以游於雲漢之間不憂不富貴也輅言酒不可極才不可盡吾欲持酒以禮持才以愚何患之有耶輅至少府丞

蜀張裔字君嗣爲丞相諸葛亮留府長史詣亮咨事送者數百車乘盈路裔書與所親曰人自敬丞相長史男子張君嗣附之疲倦欲死

晉賈充爲車騎將軍都督秦凉二州諸軍事鎭關中將之鎭百僚餞於夕陽亭

石崇爲征虜將軍假節監徐州諸軍事鎭下邳崇有別館在河陽之金谷一名梓澤送者傾都帳飲於此焉

王澄爲荆州刺史將之鎭送者傾朝

温嶠爲王敦左司馬會丹陽尹缺敦表補嶠爲之因敦餞別嶠起行酒至錢鳳前因爲醉以手板擊鳳幘墜敦以爲醉而釋之臨去言別涕泗橫流出閤復入如是再三然後即路

桓温太和中悉衆北伐平北將軍郗愔以疾解職又以温領平北將軍徐兗二州刺史率弟南中郎冲西中郎袁眞步騎五萬北征百官皆於南州祖道都邑盡傾

殷浩爲中軍將軍廢徙東陽委命談詠雖家人不見其有流放之慼甥韓伯浩素賞愛之隨至徙所經歲還都浩送至渚側詠顔曹遠詩云富貴他人合貧賤親戚離

殷仲文爲桓玄諮議參軍將還姑孰送者傾朝

宋何尚之字彦德爲吏部郎告休定省傾朝廷送別

別於冶渚及至郡父叔度謂曰聞汝來此傾朝相送可有幾客答曰殆數百人叔度笑曰此是送吏部郎耳非關何彦德也昔殷浩亦嘗作豫章定省送者甚衆及廢徙東陽船泊征虜亭積日乃至親舊無復相窺者

沈懷文爲殿中郎時隱士雷次宗被徵君鍾山後南還盧岳何尚之設祖道文義之士畢集連句爲詩懷文所作猶美

南齊張融出爲封溪令從叔永出後渚送之曰似聞朝旨汝尋當還融曰不患不還正恐還而復去

梁陶弘景初仕齊爲奉朝請永明十年上表辭祿詔許之賜以束帛及發公卿祖之於征虜亭供帳甚盛車馬塡咽咸云宋齊已來未有朝野榮之

唐賀知章爲散騎常侍請度爲道士求還鄉里皇太子已下咸就執別

哥舒翰爲太子少保安祿山反以爲皇太子先鋒兵馬副元帥拒賊於潼關百僚出餞於郊

好客

自戰國之世四豪競逐莫不傾意下士以致千里之客繇是方來之賓入者悅出者譽而光名滿於天下

矣漢氏之後游談滋甚乃有虛懷曲意趨思延佇夜孜以款接區區而忘勢以至門無停輪坐無空席樂酒藿肉撞鐘舞女以極其宴喜從車飛蓋名園別墅以縱乎游娛騁文翰以爲適資氣俠以自任斯固倜儻磊落夸邁流俗者之所爲也若乃羣居之談不能及義踰侈之咎見譏於時此又不足尚已

田文齊公子封爲孟嘗君在薛招致賓客及亡人有罪者皆歸孟嘗君孟嘗君舍業厚遇之以故傾天下之士食客數千人無貴賤一與文等孟嘗君待客坐語而屏風後常侍史主記君所與客語問親戚居處客去孟嘗君已使使存問獻遺其親戚孟嘗君曾待客夜食有一人蔽火光客怒以爲飯不等辭去孟嘗君起自持其飯比之客慚自刎士以此多歸孟嘗君客無所擇皆善遇之人人各自以爲孟嘗君親己

趙勝趙公子也封爲平原君諸子中勝最賢喜賓客賓客蓋至者數千人

信陵君無忌魏昭王少子魏安釐王異母弟也昭王薨安釐王卽位封公子爲信陵君公子爲人仁而下士士無賢不肖皆謙而禮交之不敢以其富貴驕士士以此皆方數千里爭往歸之致食客三千人當是

時諸侯以公子賢多客不敢加兵謀魏

春申君黃歇爲楚相時是時齊有孟嘗君趙有平原君魏有信陵君方爭下士招致賓客以相傾奪輔國持權當是時楚復強趙平原君使人於春申君春申君舍之上舍趙使欲誇楚爲玳瑁簪刀劍室以珠玉飾之請命春申君客春申君客三千餘人其上客皆躡珠履以見趙使大慙

呂不韋爲秦相國是時魏有信陵君楚有春申君趙有平原君齊有孟嘗君皆下士喜賓客以相傾不韋亦招致士厚遇之至食客三千人

漢陳豨爲列侯以趙相國將監趙代邊豨少時慕魏公子及守邊招致賓客嘗告歸過趙(因休沐之暇而過趙)賓客隨之者千餘乘邯鄲客舍皆滿豨所以待賓客如布衣交皆出客下

鄭當時孝景時爲太子舍人每五日洗沐嘗置驛馬長安諸郊(邑外謂之郊近郊二十里)請謝賓客夜以繼日至明旦常恐不徧後爲大司農當時爲大吏戒門下客至無貴賤無留門者執賓主之禮以其貴下人

陳遵爲校尉擊賊趙朋霍鴻有功封嘉威侯居長安中牧守當之官及郡國豪傑至京師者莫不相因到

遵門遵嗜酒每大飲賓客滿堂輒關門取客車轄投之井中雖有急終不得去

後漢崔瑗爲濟北相愛士好賓客盛修肴膳殫極滋味或言其太奢瑗聞之愁歎妻子曰吾并日而食以供賓客而反以獲譏士大夫不足養如此後勿過葷具無爲諸子唐虫也終不能改奉祿盡以賓享也

來豔少好學下士開舘養徒位至司空

皇甫嵩折節下士門無留客(言汲引之速)時人皆稱而附之嵩至太常

袁紹有姿貌威容愛士養客(英雄紀曰紹不妄通賓客非海內知名不得相見又好游俠與張孟卓何伯求吳子卿許子遠皆爲奔走之友)旣累世台司賓客所歸加傾心折節莫不爭赴其庭士無貴賤與之抗禮輜軿柴轂塡接街陌內官皆惡之自袁安已下皆博愛容衆無所揀擇賓客入其門無賢愚皆得所欲爲天下所歸官至太尉大將軍

孔融爲大中大夫容衆少忌好士喜誘掖後進及退閒職(大中大夫職在言議故爲閒職)賓客日盈其門嘗歎曰坐上客常滿罇中酒不空吾無憂矣

魏曹純敬愛學士學士多歸焉繇是爲遠近所稱年十八爲黃門侍郎

吳諸葛融瑾次子也瑾卒融襲爵攝兵業駐公安秋冬則射獵講武春夏則延賓交會休吏假卒或不遠千里而造焉每會輒歷問賓客各言其能乃合榻促席量敵選對或有博奕或有樗蒱投壺弓彈部別類分於是甘果繼進清酒徐行融周流觀覽終日不倦後爲奮威將軍

顧邵字孝則好樂人倫自州郡庶職及四方人士往來相見或言議而去或結厚而別風聲流聞遠近稱之權妻以策女年二十七起家爲豫章太守

晉陶侃爲荆州刺史未嘗壅滯接引疎遠門無停客

宋劉穆之初爲高祖軍府主簿愛好賓游坐客嘗滿
性奢豪食必方丈旦輒爲十人饌穆之旣好賓客未
嘗獨飡每至食時客止十人已還者依嘗下食以此
爲嘗白高祖曰穆之家本貧賤贍生多缺自叨忝以
來每存約損而朝夕所須微有過豐自此以外一毫
不以負公
蔡郁南陽冠軍人也家素富而郁兄局善接待賓客
至無多少皆資給之嘗爲郡縣所優異蠲其調役
南齊王寂字子玄侍中僧虔之子性迅動好文章王
融之敗後賓客多歸之位至祕書郎卒

梁任昉爲御史中丞好交結獎進士友得其延譽者
率多升擢故衣冠貴游莫不爭與交好坐上賓客恒
有數十時人慕之號曰任君言如漢之三君也
庾曼少聰慧家富於財好賓客食必列鼎卒於家
羊侃爲都官尚書性不飲酒而好賓客交游終日獻
酬同其醉醒
陳魯廣達吳州刺史悉達弟也虛心愛士賓客多自
遠而至終於中領軍
孫瑒爲石軍將軍其自居處頗失於奢豪庭院穿築
極林泉之致歌鍾舞女當世罕儔賓客塡門軒蓋不
絶
後魏源懷爲車騎大將軍性不飲酒而喜以酒飲人
好接賓友子雍字靈和推誠待士士多歸之
鄭伯猷爲太學博士領殿中御史與當時名勝咸申
游款
夏侯道遷豫州刺史頻表解州於京城之西水次市
地大起園池殖列蔬果延致秀彥時往游適妓妾十
餘嘗自娛樂國秩歲入三千餘疋專供酒饌不營家
産每誦孔融詩曰坐上客嘗滿罇中酒不空餘非吾
事也識者多之

馮元興家素貧約食客嘗數十人同其饑飽曾無恡
色時人歎尚之位至中書舍人
北齊陸孝言爲侍中丞僕射雖黷貨無厭恣情酒色
然舉止風流招致名士美景良辰未嘗虛棄賦詩奏
妓畢盡歡洽雖草萊之士粗關文藝多引入賓館與
同興賞其貧廢者亦時有乞遺世論復以此多之
韓晉明軌之子也天統中封東萊王晉明有俠氣諸
勲貴子孫中最留心學問好酒誕縱招引賓客一席
之費動至萬錢猶恨儉率朝廷欲處之貴要地必以
疾辭告人曰廢人飲美酒對名勝安能作刀筆吏披

故紙乎

鄭述祖爲太子少師兗州刺史所在好爲山池松竹交植盤饌以待賓客將迎不倦

邢邵性好談賞不能閑獨公事歸休嘗須賓客自伴官至太常卿中書監

後周司馬消難子如之子初在齊子如當朝消難亦愛賓客邢子才王元景魏收陸卬崔瞻等皆遊其門仕至車騎將軍

長孫澄爲大將軍雅好賓客接引忘疲雖不飲酒而好觀人酣興嘗恐座客請歸每勑中厨別進異饌留

之

裴漢性不飲酒而雅好賓游每良辰美景必招引時彥宴賞留連間以篇什當時人物以此重之

隋庾季才爲大中大夫志好宴游嘗吉日良辰與瑯琊王褒彭城劉瑴河東裴政及宗人信等爲文酒之會次有劉臻明克讓柳䛒之徒雖爲後進亦申游款

蘊夔少有盛名於天下引致賓客四海士大夫多歸之官至通議大夫

楊玄感爲禮部尚書性雖驕倨而愛重文學四海知名之士多趨其門

唐李百藥爲宗正卿好招延賓友罇酒嘗不空

唐憲武德初拜太子右虞候率後歷散騎常侍雲麾將軍銀青光祿大夫既無他職事居多閑逸與親戚故人酣暢以此自適焉

楊師道爲侍中退朝之後必宴集園池頻在賓筵皆屬文之士歌童舞女繼以歡娛

趙景慈天水隴西人也父訥隋番州總管景慈幼有姿儀美風調高祖潛龍時見而悅之妻以桂楊公主及長有文武才幹好交結座客嘗滿接對忘疲弱冠得美名於京邑高祖於諸壻中特所親愛位至華州

刺史

李安期爲黃門侍郎好接引隱淪之士及當時名僧道士無不與之爲布衣之交焉

後唐王思同爲同州節度使未幾移鎮隴右思同好文士無賢不肖必館接賄遺數千萬

晉李從昶爲左龍武統軍性好談笑喜接賓客文翰爲賞無虛日

周和矩太子太傅凝之父性嗜酒少拘禮節雖素不知書見文士未嘗有慢色必罄家財以延接

翟光鄴家無餘財賓朋至則貰酒延之談笑終日畧

無倦厭士大夫多歸之官至宣徽使兼樞密使

冊府元龜總錄部　卷之八百六十八　十九

冊府元龜

冊府元龜

巡按福建監察御史臣李嗣京　訂正

知甌寧縣事臣孫以敬　条閱

知建陽縣事臣黃國琦　較釋

總錄部　一百一十九

明筭　明曆理　圖畫　博奕

明筭

自隷首作籌容成造曆後之學者不絕英華或妙盡其能或畧窮其理忘寢廢食精騖心游耳不聞於雷霆行或墜於坎窞嘗鄙邕而晚昧射隱伏以寔符小

則括毫釐之形大則周天地之數聊屈指而洞明運隻筯而無爽若非苦志名山尋師遠道則何以臻此哉

隷首作筭黃帝時人善筭

漢張蒼明習天下圖書計籍又善筭律曆故令蒼以列侯居相府主領郡國上計者

許商爲博士治尚書爲筭能度功用皆著五行論曆　藝文志有許商筭術二十六卷杜忠筭術十六卷

後漢馬勤爲司徒八歲善計　計筭術也

桑弘羊武帝時以計筭幸年十三爲侍中

耿壽昌宣帝時爲大司農丞以善筭爲筭工得幸於帝

張衡字平子爲尚書衡致思於天文陰陽曆筭

王子山與父叔師到泰山從鮑子真學筭

鄭玄造太學受業師事京兆第五元先始通春秋三統曆九章筭術　三統曆劉歆所撰九章筭術周公作凡有九篇方田一粟布二差分三少廣四均輸五方程六傍要七盈不足八釣股九　又因盧植事馬融融素貴玄在門下三年不得見會融集諸生考論圖緯聞玄善筭乃召見玄因質諸疑義後徵大司農不起

魏王粲字仲宣爲侍中性善筭作筭術畧盡其理

吳顧譚爲左節度每省簿書未嘗下筭徒屈指心計盡發疑謬下吏以此服之

趙達明筭術事太帝帝令達筭作天子之後當復幾年達曰高祖建元十二年陛下倍之帝大喜左右稱萬歲果如達言黃武三年魏文帝在廣陵太帝令達筭之曰曹丕走矣雖然吳衰庚子歲帝曰幾何達屈指而計之曰五十八年帝曰今日之憂不暇及遠此子孫事也達治九宮一筭之術究其微旨是以能應機立成對問若神至計飛蝗射隱伏無不中効或難達曰飛者固不可校誰知其然此殆妄耳達使人取

小豆數斗播之席上立處其數驗覆果信嘗過知故
知故爲之具食畢謂之曰倉卒乏酒又無佳肴無以
叙意如何達因取盤中隻箸再三縱橫之乃言鄉東
壁有美酒一斛又有鹿肉三斤何以辭無時適坐有
他賓內得主人情主人慙曰以卿善射有無欲相試
耳竟効如此遂出酒酣飲又有書簡上作千萬數著
空倉中封之令達筭之達處如數云但有名無實其
精微若是達又閑居無爲引筭自較乃歎曰吾筭訖
盡某年月日其終矣達妻數見達効聞而哭泣達欲
弭妻意乃更步筭言向者謬誤耳尚未也後如期死

太帝聞達有書求之不得乃錄問其女及發達棺無
所得法術絕焉
宋闞康之字伯愉河東陽人世居京口寓居南平昌
少而篤學筭術妙盡其能太宗詔徵不起
祖冲之爲長水校尉又時善筭注九章造綴術數十
篇
後魏安豐王猛子延明爲尚書右僕射以河澗人信
都芳工筭術引之在館共撰古今樂事九章十二圖
高允爲太常明筭法爲筭術三卷
殷紹長樂人少聰敏好陰陽術數游學諸方達九章
七曜太武時爲筭生博士太安四年夏上四序堪輿
表曰臣以姚氏之世行樂伊川時遇游遁大儒成公
興從求九章要術興字廣明自云膠東人也山居隱
跡希在人間興將臣南到陽翟九崖嵓沙門釋曇
影間興即北還臣獨留住依止影所求請九章影復
將臣向長廣東山見道人法穆法穆時共影爲臣開
述九章數家雜要披釋章次意況大旨又演隱審五
藏六府心髓血脉商功大筭端部變化玄象上圭門
辯練精銳思蘊習四年從穆所聞粗皆髣髴穆等仁
矜特垂憂愍復以先師和公所注黃帝四序經文三

十六卷各有三百二十四章專說天地陰陽之本其
第一孟序九卷八十一章說陰陽配合之原第二仲
序九卷八十一章解四時氣王休殺吉凶第三叔序
九卷八十一章明日辰宿會相生爲表裏第四季序
九卷八十一章具釋六甲刑禍禮德以此經文傳授
於臣山神禁嚴不得賫出尋究經年粗舉綱要山居
險難無以自供不堪窮迫心生懈怠以甲寅之年日
維鶉火月呂林鍾景氣鬱盛感物懷歸奉辭影等自
爾至今二十五載歷觀時俗堪輿八會經世已久傳
寫謬誤吉凶禁忌不能備悉或考良日而値惡會舉

吉用凶多逢殃咎又史遷郗振中古大儒亦各撰注流行於世配會大小序述陰陽依如本經猶有所缺臣前在東宮以狀奏聞被景穆皇帝聖詔勑臣撰錄集其要最仰奉明旨謹審先所見四序經文抄撮要略當世所須吉凶舉動集成一卷上自天子下至庶人又貴賤階級尊卑差別吉凶所用罔不畢備未及內呈先帝晏駕臣時狼狽幾至不測停廢以來經絲八載思欲上聞莫能自徹加年度齒頹餘齡日暮每懼殂殞頻仆溝壑先帝遺忠不得宣行夙夜悲憤理難違匿依先撰錄奏謹以上聞請付中祕通儒達士

定其得失事若可施乞即班用其四序堪輿遂大行於世

北齊許遵明易善筭高祖引爲館客後文宣無道日甚遵語人曰多折筭來吾筮此狂夫何時當死遂布筭滿牀大言曰不出冬初我乃不見遵果以九月死

信都芳河澗人少明筭術爲州里所稱每精研究忘寢與食或墜坑坎嘗語人云筭之妙機巧精微我每一沉思不聞雷霆之聲也其用心如此初爲魏安豐王延明所館延明家有羣書欲抄集五經筭事爲五經宗及古今樂事爲樂書又聚渾天欹器地動銅烏候風諸圖爲器准並令芳筭之會延明南奔芳乃自撰注芳注重差句股撰史宗仍自注之合數十卷

隋蕭吉字文休爲上儀同博學多通猶精陰陽筭術

劉焯爲旅騎尉撰筭術一卷行於世

唐傅仁均爲太史令善歷筭

李淳風爲太史令德明天文曆筭陰陽之學與筭學博士梁永太學助教王真儒等注釋五曹孫子等十部筭經分二十卷顯慶元年左僕射于志寧等奏之付國學行用

僧一行姓張氏公謹之孫也初求訪師資以窮大衍

至天台山國清寺見一院古松數十門有流水一行於門屏間聞院僧於庭布筭聲而謂其徒曰今日當有弟子自遠求吾筭法已合到門豈無人導達也即除一筭又謂曰門前水當却西流弟子亦至一行承其言而趨入稽首請法盡授其術而門前水果却西流

明地理

夫天地幽微土圭銅渾以測之陰陽變化累黍吹管以候之故知律呂之本軒聖攸明卜筮之書秦虐不毀然則識地理授天時不可謂誣矣卜其宅兆則預

辯吉凶相之居第則先言倚伏是知宪青烏之術善靈蔡之占其來久矣

樗里子爲秦相卒葬於渭南章臺之東曰後百歲當有天子之宮夾我墓至漢興長樂宮在其東未央宮在西武庫正直其墓

後漢袁安明帝建初八年遷太僕初父沒母使安訪求葬地道逢三書生問安何之安爲言其故生乃指一處云葬此地當世爲上公須臾不見安異之於是遂葬於所占之地故累世隆盛焉

管輅少帝正始九年舉秀才隨軍西行過毋丘儉墓

下倚樹哀吟精神不樂人問其故輅曰林木雖茂無形可久碑誄雖美無後可守玄武藏頭蒼龍無足白虎銜尸朱雀悲哭四危以備法當滅族不過二載其應至矣卒如其言輅仕至少府丞

晉羊祜爲征南大將軍開府儀同三司初有善相墓者言祜祖墓所有帝王氣若鑿之則無後祜遂鑿之相者見曰猶出折臂三公而祜因墮馬折臂位至三公

魏舒字陽元少孤爲外家寗氏所養寗氏起宅相宅者云當出貴甥外祖母以魏氏甥小而慧意謂應之舒曰當爲外氏成此宅相久乃别居舒後果貴位至司徒

陶侃微時丁艱將葬家中忽失牛而不知所在遇一老父謂曰前崗見一牛眠山汙中其地若葬位極人臣矣又相一山云此亦其次當世出二千石言訖不見侃尋牛得之因葬其處以所指别山與周訪父死葬焉果爲刺史著稱寧益自訪以下三世爲益州四十一年如其所言侃位至侍中太尉都督荆江雍梁交廣益寧八州諸軍事荆江二州刺史司馬

郭璞遷尚書郎以母憂去職卜葬地於暨陽去水百

許步人以近水爲言璞曰當即爲陸矣其後沙漲去墓數十里皆爲桑田璞又嘗爲人葬明帝微服往觀之因問主人何以葬龍角此法當滅族主人曰郭璞云此葬龍耳不出三年當致天子也帝曰出天子耶答曰能致天子問矣帝甚異之張裕曾祖澄當葬父璞爲占墓地曰葬某處年過百歲位至三司而子孫不蕃某處年幾減半位裁卿校而累世貴顯澄乃葬其劣處位至光祿年六十四而亡其子孫遂昌

韓友字景先廬江舒人能圖宅相冢位至廣武將軍

宋孔恭妙善占墓高祖微時葬皇考墓在丹徒之候

山其地秦史所謂曲阿丹徒間有天子氣者也帝嘗與恭經墓歎之曰此墓何如孔恭曰非常地也帝繇是益自負

南齊荀伯玉爲散騎常侍南濮陽太守因事伏法初善相墓者見伯玉家墓謂其父曰當出暴貴而不久也伯玉後聞之曰朝聞道夕死可矣死時年五十

柳世隆爲左光祿大夫侍中曉術數於倪塘創墓與賓客踐履十往五往嘗坐一處及卒墓正取其坐處焉

陳吳明徹父樹仕梁爲右將軍明徹年四十感墳塋

未備時有伊氏者善占墓謂其兄曰君葬日必有乘白馬逐鹿者來經墳所此是最小孝子大貴之徵至時果有此應明徹即樹之最小子也明徹仕至司空

唐僧泓者黄州人善葬法每行視山原即爲之圖張說深重之

晉王建立遼州人有先人之墳在於榆社有嵩重疊松檜藹然占者云後必出公侯故建立歷青鄆潞數鎮同平章事故建立生自爲墓恐子孫之有易也子守恩再歷方鎮後爲西京留守

圖畫

古者河出圖雒出書聖人受之以昭瑞命則圖畫之作肇於此矣故周禮垂設色之文仲尼有後素之說雖曰藝成而下亦乃道在其中者焉乃有思及杳冥工侔造化得諸形似之旨加之氣韻之妙觸類而長其徒實繁用能闡幽洞微窮神知變耿觀載籍代有其人論而次之式示於後

史皇作圖 史皇黄帝臣也圖謂畫物像也

敬君齊狂卒也齊起九重之臺國中有能畫者賜之錢敬君嘗饑寒其妻端正敬君工畫臺去家日久思念其婦遂畫其像向之喜笑

魏徐邈善畫作走水獺標於水濱郡獺集焉邈位至

司空

吳曹不興善畫太帝使畫屏風誤落筆點素因就以作蠅既進御帝以爲生蠅舉手彈之 本志無官

晉王獻之工草隸善丹青桓溫嘗使書扇筆誤落因畫作烏駮牸牛甚妙位至中書令

顧愷之字長康猶善丹青圖寫特妙謝安深重之以爲有蒼生以來未之有也愷之每畫人成或數年不點目精人問其故答曰四體妍媸本無闕少於妙處傳神寫照正在阿堵中嘗悅一鄰女挑之弗從乃圖其形於壁以棘針釘其心女遂患心痛愷之因致其

情女從之遂密去其針而愈愷之每重嵇康四言詩爲之圖甞云手揮五絃易目送歸鴻難每寫起人形妙絶於時甞圖裴楷像頰上加三毛觀者覺神明殊勝又爲謝鯤像在石巖裏云此子宜置丘壑中欲圖殷仲堪仲堪有目病固辭愷之曰明府正爲眼耳若明點瞳子飛白拂上使如輕雲之蔽月豈不美乎仲堪乃從之愷之甞以一廚畫糊題其前寄桓玄皆其深所珍惜者玄乃發其廚後竊取畫而緘閉如舊以遺之紿云未開愷之見封題如初但失其畫直云妙畫通靈變化而去亦猶人之登仙了無怍色

晉義熙初師子國獻玉像形製殊特殆非人工此像在瓦棺寺先有徵士戴安道手製佛像五軀及長康畫維摩詰諸圖世人謂之三絶

南齊何戢建元初爲左將軍吳興太守時高帝頗好畫戢有宋孝武所賜蟬雀扇善畫者顧景秀所畫時時陸探微皆能畫歎其巧絶戢因王晏獻之帝令晏厚酬其意

宋測不就徵辟善畫自圖阮籍遇蘇門於行障上坐卧對之又畫永業佛影臺皆爲妙作

毛惠遠滎陽人善畫馬劉瑱彭城人善畫婦人當世俱爲第一

殷蒨陳郡人劉瑱妹爲鄱陽王妃伉儷甚篤王爲明帝所誅妃追傷遂成痼疾醫所不療蒨善寫人與真不别瑱令蒨畫王形像并圖王平生所寵姬共照鏡狀如欲偶瑱乃密使嫗妳示妃妃視畫竟仍唾之因罵云故宜其蚤死於是恩情即歇病亦除差此姬亦被廢苦因即以此畫焚之

陳顧野王字希馮吳郡吳人宣成王爲揚州刺史野王及瑯琊王褒並爲賓客王甚愛其才野王好丹青善圖寫王於東府起齋乃令野王畫古賢命王褒書

贊時人稱爲二絶

陸探微吳人伏曼容素美風彩高祖嘗以方稽叔夜使探微畫叔夜像以賜之宗測優游齊侍中王秀之彌所欽慕乃令探微畫其形與已相對

張繇吳人丹青之巧冠絶一時高祖於光宅寺造諸堂殿并瑞像周廻閣等窮於輪奐其圖諸經變並繇運手

後魏蔣少游假散騎常侍與通直散騎常侍李彪使齊齊延昌師主顧元吉言於齊武帝曰臣知少游有班倕之功今來必令摸寫祖被未可令反帝不從少

游果圖畫而歸

北齊廣寧王孝珩嘗於廳事壁自畫一蒼鷹見者皆以爲眞又作朝士圖亦當時之妙

蕭放性好文詠頗善丹青因此在宮中披覽書史及近世詩賦監畫工作屏風等雜物見之遂被眷官至散騎常侍

唐閻立本頗好學而以善畫知名猶工寫眞秦府十八學士圖及貞觀中凌煙閣功臣圖並立本之跡也時人咸稱其妙太宗嘗與侍臣學士泛舟於春苑池中有異鳥隨波容與太宗悦之詔坐者爲詠召立本

令寫之閤下傳呼云畫師閻立本到立本時爲主爵郎中奔走流汗俛伏池側手持丹粉瞻望坐賓深爲愧赧退而誡其子曰吾少好讀書幸免牆面緣情染翰頗及儕流惟以丹青見知躬厮役之務辱莫大焉汝宜深誡勿習此末伎也然立本性之所好欲罷不能也

薛稷善畫博採古跡睿宗在籓留意於小學稷於是特見招引位至中書侍郎參知政事

王維妙於繪事筆蹤措思參於造化然創意經圖或有所缺至於雲峯石色絕跡天機非衆工之所及也有奏樂圖者不知其名維視之曰霓裳第三疊第一拍也好事者集樂工按之一無差誤咸服其精思官至右丞

韓滉尤工書兼善丹青以繪事非急務自晦其能未嘗傳之位至簡較左僕射平章事

博弈

仲尼云飽食終日無所用心不有博弈者乎爲之猶賢乎已蓋博弈之所從來久矣乃有專精厥藝獨善其事積日以臻乎妙用志以幾於神或以資豪舉之氣或以助閒宴之適流風雅尚清言高韻於是乎出

焉其或篤於好尚遂成沉癖廢事棄業怠政墮官此昔人所以著論而致譏勤於垂誡者也

井公鄏人周穆王北入鄏（鄏鄭邑）與井公博三日而決（井公疑其賢人而隱者故王就博）

弈秋齊人通國之善弈者

荊軻燕人與魯句踐博爭道句踐怒而叱之軻默而逃

漢劇孟雒陽人好博多少年之戲

吾丘壽王字子贛趙人年少以善格五召待詔（博之類不用箭但行梟散格音各行五相各故言各）

陳遵祖父遂宣帝微時與之有故相遂博奕數負進及帝即位稍遷至太原太守賜璽書曰制詔太原太守官尊祿厚可以償博進矣

後漢梁冀爲大將軍能彈棊（藝經曰彈棊兩人對局白黑棊各六枚先列棊相當更先彈也其局以石爲之）格五（格五簺也簺行棊相簺謂之簺簺經曰簺有四塞白乘五是也五至即格不得行故謂之格五也）六博（楚詞曰琨蔽象棊有六博注云投六著行六棊故云六博鮑宏博經曰用十二棊六棊白六棊黑所擲頭謂之瓊瓊有五采刻爲一畫謂之塞刻爲兩畫者謂之白刻爲三畫者謂之黑一邊不刻者五塞之間謂之五塞）意錢之戲（一曰射意又曰射數即攤錢也）

魏子山道王九眞郭凱等善圍棊太祖皆與埒能

王粲觀人圍棋局壞粲爲覆之棋者不信以帊蓋局更以他局爲之用相比較不誤一道位至侍中

孔桂性便妍曉博奕太祖愛之每在左右

杜畿與衛固少相侮狎共博爭道位至尚書僕射

吳嚴武字子卿衛尉畯再從子也圍棋莫與爲輩謂之人絕

蔡穎在太子和東宮侍從性好博奕太子以爲無益命中庶子韋曜著博奕論以諷之

晉王質入山斫木見二童圍棋坐觀之及起斧柯已爛

賈謐嘗侍愍懷太子奕棊爭道成都王穎在坐正色曰皇太子國之儲君賈謐何得無禮謐位至侍中

王導爲丞相嘗與其子悅奕棋爭道導笑曰相與有瓜葛那得爲爾耶

祖納爲軍諮祭酒好奕棋王隱謂之曰禹惜寸陰不聞數棊納曰我亦忘憂耳

周顗字伯仁爲王敦所殺敦坐有一參軍樗蒲馬於博頭被殺因謂敦曰周家奕世令望而位不至公及伯仁將登而墜有似下官此馬

阮簡爲開封令縣有劫賊外白之甚數簡方圍棊長

嘯吏云劫急簡曰局上劫亦急其高率如此

陶侃爲征西大將軍荆州刺史見諸參佐戒以談戲廢事乃取其樗蒲博具投於江曰樗蒲者牧豬奴戲耳

謝混女夫殷叡好樗蒲奪其妹姑物以還戲債爲大將軍王敦長史

王恬多技藝與江霖俱善奕棋爲中興第一終會稽內史

謝安爲衛將軍苻堅率衆次於淮淝京師震恐謝玄入問計安夷然無懼色答曰已別有旨旣而寂然玄

不敢言乃令張玄重請安遂命駕出山墅親朋畢集
方與玄圍棊賭別墅安嘗棊劣於玄是日玄懼便爲
敵手而又不勝玄等既破堅有提書至安方對客圍
棊看書既竟便攝放牀上了無喜色棊如故
袁耽字彦道桓温少時游於博徒資産俱盡尚有負
進思自振之方莫知所出欲求濟於耽而耽在艱試
以告焉耽畧無難色遂變服懷布帽隨温與債主戲
耽素有藝名債者聞之而不相識謂之曰卿當不辦
作袁彦道也遂就局十萬一擲直上百萬耽投馬絶
叫探布帽擲地曰竟識袁彦道否其通脫若此官至

建威將軍歷陽太守
葛洪寡玩好見人博戲曾不目眄乃至不知棊局道
樗蒲齒名以爲句容令
王獻之年數歲嘗觀門生樗蒲曰南風不競門生曰
此郎亦管中窺豹時見一班獻之位至中書令
桓玄強與人博奕取其田宅又云桓玄見人好園宅悉欲取之乃以樗博而
賭
劉毅嘗於東府聚樗蒲大擲一判應至數百萬餘人
並黑犢以還惟宋高祖及毅在後次擲得雉大喜褰
衣繞牀叫謂同坐曰非不能盧不事此耳高祖惡之
因挼五木久之曰老兄試爲卿答既而四子俱黑其
一子轉躍未定高祖厲聲喝之郎成盧焉毅意殊不
快然素黑其面如鐵色焉而乃和言曰亦知公不能
以此見借毅後爲衛將軍荊州刺史以叛誅
宋顔延之初仕晉爲鎮東司馬坐圍棊免官
徐羨之頗工奕棊觀戲嘗若未解以爲司徒
何承天素好奕棊頗用廢事太祖賜以局子承天奉
表陳謝上答曰局子之賜何必非張武之金耶承天
官至御史中丞
臧質善蒲博意錢之戲官至車騎將軍江州刺史

王景文爲右衛將軍坐與奉朝請毛法因蒲戲得錢
百二十萬白衣領職
范景達善彈棊居晉平王休祐左右
羊玄保善奕棊棊品第三太祖與賭郡戲勝以補宣
城太守
謝弘微性無慍色末年與友人圍棊友人西南棊有
死勢客曰西南風急或有覆舟友悟乃救之弘微大
怒投局於地識者知其暮年之事爲侍中吏部尚書
王弘字休元瑯邪臨沂人也少時嘗樗蒲公城子野
舍及後位太保中書監有人就弘求縣辭訴頗切此

人嘗以蒲戲得罪弘詰之日君得錢會戲何用祿爲
答曰不審公城子野舍何在弘默然
何尚之爲侍中中書令雅好棊吳郡褚裔年七歲便
入高品及長冠絕當時而褚父榮期與臧質同逆褚
應從誅尚之請曰褚奕棊之妙超古冠今魏犨犯令
以材獲免父戮子宥其例甚多特乞與其微命使藝
術不絕不許時人痛惜之又云尚之少好樗蒲旣長而折節蹈道
孟靈休善彈棊官至祕書監
南齊蕭惠基爲給事中當時能棊人瑯邪王抗第一
品吳郡褚思莊會稽夏赤松並第二品赤松思速善

冊府元龜　總錄部　博奕　卷之八百六十九　十九

於大行思莊戲遲巧於鬬棊太祖使思莊與抗交賭
自食時至日暮一局始竟帝倦遣還省至五更方決
抗睡於局後寢思莊達曉不寐世或云思莊所品第
致高緣其用思深久人不能對也抗思莊並至給事
中永明中勑抗品棊竟陵王子良使惠基掌其事
江斅爲祕書監領晉安王師斅圍棊第五品爲朝貴
中最
沈文季猶善塞及彈棊塞用五子官至平東將軍會
稽太守
梁王瞻爲侍中領驃騎將軍於棊猶善高祖每稱瞻

有三術射棊酒也
柳惲善奕棊嘗勑侍坐仍令定棊譜第其優劣官
至吳興太守
李安民擊鵲尾城有功明帝大會新亭樓勞諸軍主
樗蒲官賭安民五擲皆盧帝大驚目安民曰卿面方
如田封侯相也安民少時貧窶有人從門過相之曰
君後當與天子交手共戲至是果驗
陳司馬申有風槩年十四便善奕棊嘗隨父候吏部
尚書到仲舉時梁州刺史陰子春領軍朱异在焉子
春素知申卽於坐所呼與爲對申每有妙思异觀而

冊府元龜　總錄部　博奕　卷之八百六十九　二十

奇之因引申游處後卒爲右衛將軍散騎常侍
陸瓊父雲公仕梁爲給事中黃門侍郎掌著作大同
末雲公受梁武帝詔較定棊品到溉朱异以下並集
瓊時年八歲於客前覆局繇是京師號曰神童
後魏有范甯兒者善圍棊與李彪使齊齊武令江南
上品王抗與甯兒制勝而還
高光浮陽人善樗蒲
李幼序趙國人及雒陽丘何奴並工握槊此蓋胡戲
近入中國云胡王有弟一人遇將殺之弟從獄中爲
此戲以上之意言孤則易死也宣武以後大盛於時

游肇爲侍中性廉謙不競撰儒棊以表其志

甄琛舉秀才入都積歲頗以奕棋棄日乃志通夜不止有蒼頭嘗令秉燭或睡郎加杖奴不勝楚痛乃白琛曰郎君辭父母仕宦京師若爲讀書執燭不敢暫辭乃以圍棋日夜不息豈是向京之意琛惕然慙感

後周薛端爲尚書右丞掌選事梁王蕭詧曾獻瑪瑙鐘太祖執之顧丞郎曰能擲樗蒲頭得盧者便與鐘已經數人不得頃至端乃執樗蒲頭而言曰非爲此鐘可貴但思露其誠耳便擲之五子皆黑帝大悅卽以賜之

王思政爲中軍大將軍從魏孝武西遷府太祖執政

思政雖被任委自以非相府之舊每不自安太祖曾在同州與羣公宴集出錦罽及雜䘛絹命諸將樗蒲取之物旣盡帝又解所服金帶令諸人徧擲先得盧者與之次至思政乃歛容自誓一坐盡驚卽拔佩刀滕上苟不成盧將自殺拊髀擲之帝方令止已爲盧矣乃拜而受賜

唐王叔文貞元末以棋待詔翰林順宗在東宮叔文嘗侍棋

王倚善奕寶曆初爲待詔

張賈自鴻臚卿出爲衢州刺史文宗顧謂賈曰聞卿大善長行賈知帝不喜傳遂自解説乃曰公事之餘聊與賓客爲戲非有所好也帝曰豈謂好之而不妨事也

顧師言爲棋待詔大中八年日本國遣王子來朝王子善圍棋宣帝令師言與之對手王子出本國如楸玉局冷暖玉棋子時王子至三十三下師言懼辱君命汗手死心始敢落指王子亦凝目縮臂數四敬服不勝回謂禮賓曰此第幾手也禮賓詭曰第三手其實第一手也王子曰願見第一禮賓曰勝第三可見第二勝第二可見第一今欲躁見第一其可得乎王

子撫局歎曰小國之一不敵大國之三信矣

晉房知溫兗州瑕丘人初鎮將牛存節屯於鄆好樗博每求蒱彩者知溫以善博見推因得侍左右卒爲青州節度使

鄭雲叟隱居華山好棋塞之戲遇同侶則以晝繼夜雖朔風大雪亦臨簷對局手足皸裂亦無倦焉天成中徵右拾遺不起

冊府元龜

巡按福建監察御史臣李嗣京　正
分守建南道左布政使臣胡維霖　訂
知建陽縣事臣黄國琦　較

總録部一百三十

救患

夫患難相死謂之至行綏急時有載之前言然而士之處世豈嘗其遇或遘難虞之會或罹阨之辱禍不旋踵危若綴旒秉志雖直而莫申臨難無苟而曷訴乃有扶義倜儻以自任録哀感激而克壯畫策徼

婉以救其死挺身赴蹈以脱其急以至抗封踰以論解伏軒陛以固爭卒能消赫斯之怒全蕞爾之質茲所謂濡足拯溺焦頭救焚得以謂之仁矣

周閎夭事西伯殷紂信崇侯虎之譖而囚西伯閎夭之徒患之乃求有莘氏美女驪戎之文馬有熊九駟他物奇怪因殷嬖臣費仲而獻之紂紂乃悦曰此一物足以釋西伯况其多乎乃赦西伯賜之弓矢斧鉞使西伯得征伐

申叔展楚大夫楚伐蕭還無社與司馬卯言號申叔展（還無社蕭大夫司馬卯也無社素識叔展故因卯呼之）叔展曰有麥麴乎曰無有山麴乎曰無（麥麴鞠窮所以禦濕欲使無社逃泥水中無社不解故曰無軍中不敢正言故謬語）魚腹疾奈何（叔展言無禦濕藥將疾）曰目於眢井而拯之（無社意解欲入井故使叔展視虚廢井而求拯之）若爲茅絰哭井則已（叔展又教結茅以表井須哭乃應以爲信）明日蕭潰申叔視其井則茅絰存焉號而出之（號哭也）

祁奚晉大夫晉欒盈出奔楚范宣子殺其黨羊舌虎（虎叔向弟也）囚叔向人謂叔向曰子離於罪其爲不知乎（譏其受囚而不能去）叔向曰與其死亡若何（言離囚何若於死亡）詩曰優哉游哉聊以卒歲知也樂王鮒見叔向曰吾爲子請叔向弗應出不拜其人皆咎叔向叔向曰必祁大夫

室老聞之曰樂王鮒言於君無不行（言其皆得行）求赦吾子吾子不許（謂不應出不拜）祁大夫所不能也（不能動君）而曰必繇之何也叔向曰樂王鮒從君者也何能行祁大夫外舉不棄讐内舉不失親其獨遺我乎詩曰有覺德行四國順之夫子覺者也（覺較然正直）晉侯問叔向之罪於樂王鮒對曰不棄其親有焉（言叔向篤親親必與叔虎同謀）於是祁奚老矣（老去公族大夫）聞之乘馹而見宣子曰詩曰惠我無疆子孫保之書曰聖有謨勳明徵定保（勳功也言聖哲有謨功者當明信定安之）夫謀而鮮過惠訓不倦者叔向有焉（謀鮮過有謨勳也惠訓不倦惠我無疆也）社稷之固也猶將十世宥之以勸能

者今壹不免其身壹以弟故以棄社稷不亦惑乎鯀殛而
禹興言不及罪伊尹放太甲而相之卒無怨色太甲湯孫
也荒淫失度伊尹放之桐宮三年改過而復之而無恨心言不以一怨妨大德管蔡爲戮周
公右王言兄弟罪不相及若之何其以虎也棄社稷子爲善
誰敢不勉多殺何爲宣子說與之乘以言諸公而免
之共載入見公不見叔向而歸言爲國非私叔向也叔向亦不告免
焉而朝不告謝之明不爲已
叔向晉大夫也齊陳無宇送女於晉謂無宇非卿執
諸中都叔向言於晉侯曰彼何罪彼無宇君使公族送
之齊使上大夫送之猶曰不共君求以貪國則不共

逆卑於送是晉國不共而執其使君刑已頗何以爲盟主頗不平
且少姜有辭謂請無宇之辭冬十月陳無宇歸
趙文子晉大夫也初虢之會魯人食言楚令尹子圍
將以魯叔孫穆子爲戮穆子名豹樂王鮒求貨焉弗與趙
文子謂叔孫曰夫楚令尹有欲於楚少懦於諸侯諸
侯之故求治之不求致也其爲人也剛而尚寵若及
必弗避也子盍逃之不幸必及於子對曰豹也受命
於君以從諸侯之盟爲社稷也若魯有罪而受盟者
逃魯必不免也是吾出而危之若爲諸侯戮者魯誅
盡矣必不加師請爲戮也夫戮於身實難自他及之

何害苟可以安君利國美惡一心文子將請之於楚
樂王鮒曰諸侯有盟未退而魯背之安用齊盟縱不
敢討又免其受盟者晉何以爲盟主矣必殺叔豹文
子曰有人不難以死安利其國可無憂乎若皆卹國
如是則大不喪威而小不夌矣若是道也果可以教
訓何敢之有吾聞之曰善人在患弗救不祥惡人在
位弗去亦不祥必免叔向固請於楚而免之
江上丈人莫知其名族也初伍員過於荆至江上欲
涉涉渡見一丈人挾小船方將漁從而請焉丈人度之
已絶江絶過問其名族族姓則不肯告解其劒以與之謂

丈人曰此千金之劒也願獻之丈人獻上丈人不肯受
曰荆國之法得伍員者爵執圭祿萬擔金千鎰者子
胥吾尚不取周禮侯執圭言爵之爲侯萬擔萬石金二十兩爲鎰不取子胥以受此賞今
我何以子之千金劒爲乎伍員遇於吳至遇猶使人求
之江上則不能得也每食必祭之曰祝江上之丈人
盱夷六國時人也齊魏約而伐楚魏以董慶爲質於
齊楚攻齊大敗之而魏弗救田嬰怒將殺董慶盱夷
爲董慶謂田嬰曰楚攻齊大敗之而不敢深入者以
爲魏將內之於齊而擊其後今殺董慶是示楚無魏
也魏怒合於楚齊必危矣不如赦董慶以善魏而疑

之於楚也
公子無忌魏昭王少子安釐王二十年秦昭王巳破
趙長平軍又進兵圍邯鄲公子姊爲趙惠文王弟平
原君夫人數遺魏王及公子書請救於魏魏王使將
軍晉鄙將十萬衆救趙秦王使使者告魏王曰吾攻
趙旦暮且下而諸侯敢救者巳拔趙必移兵先擊之
魏王恐使人止晉鄙留軍壁鄴名爲救趙實持兩端
以觀望平原君使者冠蓋相屬於魏讓魏公子曰勝
所以自附爲婚姻者以公子之高義爲能急人之困
今邯鄲旦暮降秦而魏救不至安在公子能急人之

困也且公子縱輕勝棄之降秦獨不憐公子姊耶公
子患之數請魏王及賓客辯士說王萬端魏王畏秦
終不聽公子公子自度終不能得之於王計不獨生
而令趙亡乃請賓客約車騎百餘乘欲以身往赴秦
軍與趙俱死行過夷門見侯生具告所以欲死秦軍
狀辭決而行侯生屏人間語曰嬴聞晉鄙之兵符當
在王卧內而如姬最幸出入王卧內力能竊之嬴聞
如姬父爲人所殺如姬資之三年自王以下欲求報
其父仇莫能得如姬爲公子泣公子使客斬其仇頭
敬進如姬如姬之欲爲公子死無所辭顧未有路耳

公子誠一開口請如姬如姬必許諾則得虎符奪晉
鄙兵北救趙而西郤秦此五霸之伐也公子從其計
請如姬如姬果盜晉鄙兵符與公子公子行行至鄴
矯魏王令代晉鄙晉鄙合符疑之舉首視公子曰今
吾擁十萬之衆屯於境上國之任重今單車來代之
何如哉欲無聽朱亥袖四十斤鐵椎椎殺晉鄙公子
遂將晉鄙兵勒兵下令軍中曰父子俱在軍中父歸
兄弟俱在軍中兄歸獨子無兄弟歸養得選兵八萬
人進兵擊秦軍解去遂救邯鄲存趙

范痤故魏相也趙使人謂魏王曰爲我殺范痤吾請

獻七十里之地魏王曰諾使吏捕之圍而未殺痤因
上屋騎危（危棟上也）使者曰與其以死痤市不如以生痤
市有如痤死趙不予王地則王將奈何故不若與先
定割地然後殺痤魏王曰善痤因上書信陵君曰痤
故魏之免相也趙以地殺痤而魏王聽之有如彊秦
亦將襲趙之欲則君且奈何信陵君言於王而出之

漢項伯名纏項羽季父也爲左尹沛公西入咸陽項
羽至鴻門欲擊沛公項伯素善張良夜馳至沛公軍
私見良欲與俱去良曰臣爲韓王送沛公今事有急
亡去不義乃具語沛公沛公大驚曰爲之奈何良曰

沛公誠欲背項王耶公曰鯫生說我距關毋內諸侯（鯫七垢千垢二切鯫小人也）秦地可盡王也故聽之良曰沛公自度能郤項王乎（郤丘畧切）沛公默然曰今爲奈何良因邀項伯見沛公沛公與伯飲爲壽結婚姻令伯具告沛公不敢背項王所以距關者備他盜也項羽後解（沛公見羽鴻門羽留沛公項羽亞父范增謀欲殺沛公令項莊拔劍舞中欲擊沛公項伯嘗屏蔽之）

王陵沛人也從漢王定天下封安國侯初陽武人張蒼秦時爲御史有罪亡歸及沛公略地過陽武蒼以客從攻南陽蒼當斬解衣伏質（質鍖也）身長大肥白如瓠時陵見而恠其美乃言沛公赦勿斬陵位至太傅

朱家魯人也初高帝數爲項籍將季布所窘項籍滅高帝購求布千金有舍匿罪三族布匿濮陽周氏漢求急乃髡鉗置廣柳車中并其家僮之魯朱家所賣之朱家心知其季布也買置田舍乃之雒陽見汝陰侯滕公說曰季布何罪臣各爲其主用職耳（職嘗也言此乃嘗道也一曰職主掌其事也）項氏臣豈可盡誅邪今帝始得天下而以私怨求一人何示不廣也且以季布之賢漢求之急如此此不北走胡即南走越耳夫忌壯士以資敵國此伍子胥所以鞭荆平之墓也（子胥伍員也荆即楚也子胥之父伍奢爲平王所殺乃奔吳教吳伐楚平王以卒其後吳師之郢子胥掘平王之墓取屍鞭之二百也）若何不從容爲帝言之滕公心知朱家大俠意布匿其所乃許諾侍閒果言如朱家指（侍謂侍於天子閒謂務事之隙）帝乃赦布

朱建封平原君惠帝時人或毀辟陽侯審食其惠帝大怒下吏欲誅之太后慙不可言大臣多害辟陽侯行欲遂誅之辟陽侯急因使人欲見平原君辭曰獄急不敢見君建乃求見孝惠幸臣閎籍孺（高祖時則有籍孺孝惠時有閎孺斯則二人皆名爲孺而姓各別今此云閎籍孺誤剩籍字後人所妄加耳）說曰君所以得幸帝天下莫不聞今辟陽侯幸太后而下吏道路皆言君讒欲殺之今日辟陽侯誅旦日太后含

怒以誅君何以不肉袒爲辟陽侯言於帝帝聽君出辟陽侯太后大驩兩主俱幸君君富貴益倍矣於是閎籍孺大恐從其計言於帝果出辟陽侯辟陽侯之囚欲見建建不見辟陽侯以爲背已大怒及其成功出之乃大驚呂太后崩大臣誅諸呂辟陽侯於諸呂至深（辟陽侯於諸呂相親信爲罪宜誅者至深也）卒不誅計畫所以全者皆陸賈平原君之力也

郭舍人武帝時倖倡也帝少時東武侯母嘗養帝號之曰大乳母後乳母家子孫奴縱橫暴長安中闌於中不忍致之法有司請徙乳母家處之於邊奏可乳

母當入至前面見辭乳母先見郭舍人爲下泣舍人
曰即入見辭去疾步數還顧乳母如其言謝去疾步
數還顧郭舍人疾言罵之曰咄老女何不疾行陛下
已壯矣寧尚須汝乳而活耶尚何還顧於是人主憐
焉悲之乃下詔止無徙乳母
公孫敖爲騎郎武帝時衛青姊子夫得入宮幸帝皇
太后長公主女也（陳皇后武帝姑女也）無子妬大長公主聞衛
子夫幸有身妬之迺使人捕青青時給事建章（建章宮中）
未知名大長公主執囚青欲殺之其友公孫敖與壯
士往篡之（逆取曰篡）故得不死

辛慶忌爲左將軍朱雲上書求見公卿在前雲曰臣
願請上方斬馬劍斷佞臣一人頭以厲其餘上問誰
也雲曰安昌侯張禹上曰小臣居下訕上廷辱師傅
罪死不赦御史將雲下雲攀殿檻檻折慶忌免冠解
印綬叩頭殿下曰此臣素著狂直於世使其言是不
可誅其言非固當容之敢以死爭慶忌叩頭流血上
意解然後得已
王咸爲博士弟子鮑宣爲司隷坐大不敬不道下廷
尉咸舉幡太學下曰欲救鮑司隷者會此下諸生會
者千餘人朝日遮丞相孔光自言文守闕上書宣遂
得減死一等髡鉗
後漢劉賜爲光祿勳初任光者少忠厚爲鄉里所愛
初爲鄉嗇夫郡縣吏（續漢志曰三老游徼郡所置也秩百石掌一鄉人其鄉小者縣
著嗇夫一人主知人善惡爲役先後知人貧富爲賦多少）漢兵至宛軍人見光冠
服鮮明令解衣將殺而奪之會賜適至視光容貌長
者乃救全之
鮑德爲黃門侍郎初竇憲薦張林爲尚書陳寵言其
貪濁憲深恨寵旣秉權乃白太后令典喪事欲因過
責之德素敬寵說憲弟夏陽侯瓌曰陳寵奉事先帝
深見納任故久留臺閣賞賜有殊今不蒙忠能之賞

而計幾微之故誠傷輔政容貸之德瓌亦好士深然
之故得出爲太山太守
鍾離意爲尚書僕射詔賜降胡子縑尚書案事誤以
十爲百明帝見司農上簿大怒召郎將笞之意因入
叩頭曰過誤之失常人所容若以懈忘爲愆則臣位
大罪重郎位小罪輕咎皆在臣臣當先坐乃解衣就
格帝意解使復冠而貫郎
張峻山陽人也前爲懷令章帝二貴人父宋楊峻友
人也貴人旣被譖自殺免楊歸本郡郡縣因事復捕
繫之峻與左馮翊衙國劉均等奔走解釋得以免罪

霍諝字叔智魏郡鄴人也少爲諸生明經有人誣諝舅宋光於大將軍梁商者以爲妄刊章文坐繫雒陽詔獄掠拷困極諝時年十五奏記於商商高諝才志即爲奏原光罪諝繇是顯名後位廷尉

李篤東萊人也時山陽東部督郵張儉舉劾中常侍侯覽家在防東殘暴百姓所爲不軌請誅之覽遏絶章奏並不得通覽鄉人朱並上書告儉與同郡二十四人爲黨於是刊章討捕儉得亾命流轉東萊止篤家外黄令毛欽操兵到門篤引欽謂曰張儉知名天下而亾非其罪縱儉可得寧忍執之乎欽因起撫篤

曰蘧伯玉恥獨爲君子足下何如自傳仁義篤曰篤雖好義明廷今日載其半矣欽嘆息而去

賈彪爲新息長延熹元年黨事起太尉陳蕃爭之不能得朝廷寒心莫敢復言彪謂同志曰吾不西行大禍不解乃入雒陽說城門校尉竇武尚書霍諝武等訟之桓帝以此大赦黨人李膺出曰吾得免此賈生之謀也

何顒南陽人也屬黨事起變姓亾匿汝南間袁紹慕之與爲奔走之友是時黨事起天下多羅其難顒嘗私入雒陽從紹計議其窮困閉戹者爲求援救以濟其患有被掩捕者則廣設權計使得逃隱全免者甚衆及黨錮解顒辟司空府

彭伯爲議郎時董卓大會百官於朝堂議欲廢立羣僚無敢言盧植獨抗議不同卓怒罷會將誅植植素善蔡邕邕前徙朔方植獨上書請之邕時見親於卓故往請植事又伯諫卓曰盧尚書海内大儒人之望也今先害之天下震怖卓乃止免植官而已

魏常林河内温人時太守王匡起兵討董卓遣諸生於屬縣微伺吏民罪負便收之考責錢穀贖罪稽遲則夷滅宗族以崇威嚴林叔父撾客爲諸生所白匡

怒收治舉宗惶怖不知所責多少懼繫者不救林往見匡同縣胡母彪曰王府君以文武高才臨吾鄙郡鄙郡表裏山河土廣民殷又多賢能惟所擇用今王上幼冲賊臣虎據華夏震慄雄才奮用之秋也若欲誅天下之賊扶王室之微智者望風應之若响克亂在和何征不捷苟無恩德任失其人覆亾將至何暇輔翼朝廷崇立功名乎君其藏之因說叔父見拘之意彪即書責匡原林叔父林位至光禄大夫

賈詡姑臧人漢末爲郎疾病去官時獻帝既東而李傕來追司徒趙温太常王偉衛尉周忠司隸榮邵皆

爲傕所嫌欲殺之詡請傕曰此皆天子大臣卿奈何
害之傕乃止
孔融爲將作大匠時楊彪爲尚書令建安元年獻帝
從東都幸許大會公卿兗州刺史曹公上殿見彪色
不悅恐於此圖之未得宴設託疾如厠因出還營彪
以疾罷時袁術僭亂曹公託彪與術婚姻誣以欲圖
廢置奏收下獄劾以大逆融聞之不及朝服往見曹
公曰楊公四世清德海內所瞻周書父子兄弟罪不
相及況以袁氏歸罪楊公易稱積善餘慶徒欺人耳
曹公曰此國家之意融曰假使成王殺召公周公可

得言不知耶今天下纓緌縉紳所以瞻仰明公仁智
輔相漢朝舉直錯枉致之雍熙也今橫殺無辜則海
內聽觀誰不解體孔融魯國男子明日便當拂衣而
去不復朝矣曹公不得已遂理出彪
陳琳字孔彰廣陵人也初清河崔琰以琴書自娛袁
紹聞而辟之及紹卒二子交爭爭欲得琰琰稱疾固
辭繇是獲罪幽於囹圄賴陰夔與琳營救得免仕至
司空軍謀祭酒管記室
張弘爲呂布刺姦陳登爲魏太祖先驅以討呂布時
登諸弟在下邳城中布乃質執登三弟與求和同登
執意不撓進圍日急弘懼於後累夜將登三弟出就
登
鮮于輔爲度遼將軍時魏國初建徐邈爲尚書郎時
科禁酒而邈私飲至於沉醉校事趙達問以曹事邈
曰中聖人達白之太祖太祖甚怒輔進曰平日醉客
謂酒清者爲聖人濁者爲賢人邈性修慎偶醉言耳
因得免刑
陳羣爲侍中領太祖東西曹掾時五官將文學劉廙
坐弟與魏諷謀反當誅羣言之太祖太祖曰廙名臣
也吾亦欲赦之乃復位廙深德羣羣曰自明主之意

吾何知焉
胡昭字孔明潁川人晉宣帝爲布衣時與昭有舊同
郡周生等謀害帝昭聞而步涉險邀生於崤澠之間
止生生不肯昭泣與結誠生感其義乃止昭因與斫
棗樹共盟而別昭雖有陰德於帝口中終不言人莫
知之
蜀劉巴字子初曹公辟爲掾使招納長沙零陵桂陽
會先主畧有三郡巴不得反使遠適交阯更姓爲張
與交阯太守士燮計議不合乃繇牂牁道去爲益州
郡所拘留太守欲殺之主簿曰此非常人不可殺也

主簿請自送至州見益州牧劉璋璋父焉昔爲巴父
祥所舉孝廉見巴驚喜每大事輙以諮訪
吳趙昱瑯琊人與張昭友善刺史陶謙舉昱茂才不
應謙以爲輕已遂見拘執昱傾身營救方以得免
華覈字永先吳郡人也初後主牧左國史侍中韋曜
下獄將殺之覈連上疏救曜曰曜運値千載特蒙哀
識以其儒學得與史官貂蟬内侍承答天問聖朝仁
篤慎終追遠迎神之際垂涕勑曜曜愚惑不達不能
敷宣陛下大舜之美而拘繫史官使聖趣不敘至行
不彰實曜愚蔽當死之罪然臣慺慺見曜自少勤學

雖老不倦探綜墳典溫故知新及意所經識古今行
事外吏之中少過曜者李陵爲漢將軍兵敗不還而
降匈奴司馬遷不加疾惡爲陵游說漢武以遷有良
史之才欲使畢成所撰不忍加誅書卒成立垂之無
窮今曜在吳亦漢之史遷也伏見前後符瑞彰著神
指天應繼出累見一統之期庶不復久事平之後當
觀時設制三王不相因禮五帝不相沿樂質文殊塗
損益異體宜得曜輩依準古義有所改立漢氏承秦
則有叔孫通定一代之儀曜之才學亦漢通之次也
又吳書雖已有頭角敘贊未述昔班固作漢書文辭
典雅後劉珍劉毅等作漢記遠不及固敘傳尤劣今
吳書當垂千載編次諸史後之才士論次善惡非得
良才如曜者實不可使闕不朽之書如臣頑蔽誠非
其人曜年七十餘數無幾乞赦其一等之罪爲終身
徒使成書業永足傳示垂之百世謹通進表叩頭百
下後主不許
甘寧字興霸初依黄祖祖不禮之祖都督蘇飛薦寧
祖不用寧於是歸吳勸大帝取祖大帝遂授寧兵屯
當口大帝破祖先作兩函欲以盛祖及蘇飛首飛令
人告急於寧寧曰飛若不言吾豈忘之大帝爲諸將

置酒寧下席叩頭血涕交流爲大帝言飛疇昔舊恩
寧不値飛固已捐骸於溝壑不得致命於麾下今飛
罪當夷戮特從將軍乞其首領大帝感其言謂曰今
爲君致之若走云何寧曰飛免分裂之禍受重生之
恩逐之尚必不走豈當圖亾哉若爾寧頭當代入函
大帝乃赦之
諸葛瑾字子瑜初爲大帝中司馬大帝嘗舉孝廉吳
郡太守朱治大帝舉將也大帝曾有以望之而素加
敬難自詰讓忿忿不解瑾揣知其故而不敢顯陳乃
乞以意私自問遂於大帝前爲書泛論物理因以已

心遑徃忖度之畢以呈大帝大帝喜笑曰孤意觧矣顔氏之德使人加親豈謂此耶大帝又怍較尉殷模罪至不測羣下多爲之言大帝怒益甚與相反覆惟瑾默然大帝曰子瑜何獨不言瑾避席曰瑾與殷模等遭本州傾覆生類殄盡棄墳墓攜老弱披草萊歸聖化在流隸之中蒙生成之福不能躬相督厲陳答萬一至令模孤負恩惠自陷罪戾臣謝過不暇誠不敢有言大帝聞之愴然乃曰特爲君赦之又虞翻以狂直流徙惟瑾屢爲之說翻與所親書曰諸葛敦仁則天活物比蒙清論有以保全惡積罪深見忌殷重雖有祁老之救德無羊舌解釋難與也

劉基爲大司農大帝嘗宴飲騎都尉虞翻醉酒犯忤大帝欲殺之威怒甚盛繇基諫諍翻以得免

孫鄰領豫章太守召還爲繞帳督時太常潘濬掌荆州事重安長陳留舒燮有罪下獄濬嘗失燮意欲寘之於法論者多爲言濬猶不釋鄰謂濬曰舒伯膺兄弟爭死海内義之以爲美談仲膺又有奉國舊恩今君殺其子弟若天下一統青蓋北巡中州士人必問仲膺繼嗣答者云潘承明殺燮於事何爲濬意即解燮用得濟

呂蒙爲左護軍虎威將軍屯陸口時虞翻以數犯顔諫爭坐徙丹陽涇縣蒙圖取關羽稱疾還建業以翻兼知醫術請以自隨亦欲因此令翻得釋也

冊府元龜

冊府元龜

巡按福建監察御史臣李嗣京　訂正
分守建南道左布政使臣胡維霖　叅閲
知建陽縣事臣　黄國琦較釋

總録部一百二十一

救患第二

晉荀顗仕魏爲侍中時曹爽專權何晏等欲害太常傅嘏顗營救得免

成都王穎武帝第十六子也陸機爲殿中郎趙王倫輔政引爲相國參軍倫將篡位以爲中書郎倫之誅

也齊王冏以機職在中書九錫文及禪詔疑機與爲遂收機等九人付廷尉賴穎爲吴王晏竝救理之得减死徙邊遇赦而止

石崇爲太僕劉輿兄弟少時爲王愷所嫉愷召之宿因欲坑之崇素與輿等善聞當有變夜馳詣愷問二劉所在愷迫卒不得隱崇徑進於後齋牽出同車而去語曰年少何以輕就人宿輿深德之

傅祗爲侍中時裴楷子瓚娶楊駿女及駿誅楷以姻親收付廷尉賴祗救護得免猶坐去官

孫琰爲都官從事時江充爲愍懷太子洗馬及太子廢處金墉賈后諷有司不聽宫臣追送統與宫臣冒禁至伊水拜辭道左悲泣流漣都官從事悉收統等付河南雒陽獄付郡者河南尹樂廣悉散遣之繫雒陽者猶未釋琰説賈謐曰所以廢徙太子以爲惡故爾東宫故臣冒罪拜辭涕泣路次不顧重辟乃更彰太子之德不如釋之謐語雒陽令曹攄繇是皆免

蕭隆爲殿中將兵齊王冏被誅初兵交冏左司馬嵇紹奔散赴宫前持弩在東閤下者將射之隆見紹姿容長者疑非凡人趨前按箭於此得免

崔岳字元嵩爲朝鮮令初劉曜有罪亡與曹恂奔於

劉綏綏匿之於書匱載送於王忠忠送之朝鮮歲餘饑窘變姓名客爲縣卒岳見而異之推問所繇曜叩頭自首流涕求哀岳曰卿爲崔元嵩不如孫賓碩乎何懼之甚也今詔捕卿甚峻百姓間不可保也此縣幽僻勢能相濟縱有大急不過解印綬與卿俱去爾吾既門衰無兄弟之累身有薄祐未見兒子卿猶吾子弟也勿爲過憂大丈夫處身立世鳥獸投人要欲濟之而况君子乎給以衣服資供書傳曜遂從岳質通疑滯恩顧甚厚岳從容謂曜曰劉生姿宇神調命世之才也四海脱有微風搖之者英雄之魁卿其人

矣曹恂維於屯厄之中事雁有君臣之禮故皆德之
郭陽爲將軍大安中幷州饑亂石勒與諸小胡亡散乃自鴈門還依寗丘比澤都尉劉監欲縳賣之丘匿之獲免勒於是潛詣納降都尉李川路逢郭敬泣拜言饑寒敬對之流涕以帶貨鬻食之幷給以衣服勒謂敬曰今者大饑不可守窮諸胡饑甚宜誘將冀州就穀因執賣之可以兩濟敬深然之會建威將軍閻粹說幷州刺史東瀛公騰執諸胡於山東賣充軍實騰使陽與張隆虜群胡將詣冀州兩胡一枷勒時年二十餘亦在其中數爲隆所毆辱敬先以勒屬陽及

兄子陽敬族兄也是以陽時每爲解請道路饑病賴陽時而濟
裴楷爲鎭南將軍初大康末汝南王亮被害亮子西陽縣公散騎常侍羕時年八歲楷與之親姻竊之以逃一夜八遷故得免
秦璩與陳訓同鄉人也訓善占候會陳敏作亂遣弟宏爲歷陽太守訓謂邑人曰陳家無王氣不久當滅宏聞將斬之璩時爲宏參軍乃說宏曰訓善風角可試之如不中徐斬未晚也乃赦之
祖納爲太子中庶子齊王冏建議趙王倫收冏弟北海王實及前皇門郎弘農董祚弟艾與冏俱起皆將害之納上疏救馬並見宥
石勒門幹鄧攸爲郎時幹也（幹失名氏）永嘉末攸爲河南太守沒于勒勒宿忌諸官長二千石聞攸在營馳召將殺之攸至門門幹識攸攸求紙筆作辭幹候勒和悅致之勒重其辭乃命勿殺
錢舉吳興武康人也沈勁亦武康人也勁父充與王敦構逆衆敗而逃爲部曲將吳儒所殺勁當坐誅舉匿之得免
郭舒爲荊州別駕荊州士人宗廞嘗因酒忤刺史王

澄澄怒叱左右棒廞舒厲色謂左右曰使君過醉汝輩何敢妄動澄恚曰別駕狂邪誣言我醉因遣人掐其鼻灸其眉頭舒跪而受之澄意少釋而廞遂得免
荀羨爲徐州刺史監靑州軍事又領兗州刺史鎭下邳羨自鎭來朝時蔡謨固讓司徒不起中軍將軍殷浩欲加大辟以問於羨羨曰蔡公今日事危明日必有桓文之舉浩乃止
桓冲溫弟也初朱綽兄憲及斌爲西中郎袁眞所殺綽從溫平壽陽時已死輒發棺戮尸溫怒將斬之冲苦請得免

嗣譙王尚之爲驃騎諮議叅軍初王國寶之誅也散騎常侍劉鎮之彭城內史劉涓子徐州別駕徐放並以同黨被收將加大辟尚之言於會稽王道子曰刑獄不可廣宜釋鎮之等道子以尚之昆季並居列職每事伏焉乃從之

曇永者汝門人王廞起兵爲王恭所殺子華時年十二在軍中與廞相失隨曇永逃竄時劉牢之搜簡覔華甚急曇永使華提衣幞隨後津邏咸疑焉華行遲永呵駡云奴子怠懈行不及我以杖捶華數十衆乃不疑繇此得免

宋張榮爲右將軍王玄謨隊主初張暢爲南譙王義宣長史朝廷徵爲吏部尚書未行義宣反遂拘留之及義宣敗於梁山暢爲軍人所掠衣服都盡遇玄謨乘輿出營暢已得敗衣遂排玄謨上輿玄之甚不悅諸將請殺之榮救之得免報送都下付廷尉見原

王誕爲司馬原顯驃騎長史元顯討玄玄欲悉誅桓氏誕固陳桓脩等與玄志趣不同繇此得免脩誕甥也及玄得志誕將見誅脩爲之陳請又言脩等得免之繇乃徙誕廣州

何尚之爲尚書左僕射及元凶劭弑立進位司空領尚書令時三方興義將佐家在都者劭悉欲誅之尚之誘說百端並得全免

沈煥爲散騎郎元凶劭弑逆南郡王義宣起義劭收義宣世子恢及弟悰憬惔繫於外令煥防守之煥密有歸順意謂恢等禍福與諸郎同之願勿憂及臧質自白下上越廣莫門劭令煥殺恢等煥乃解其梏率所領數十人與恢等向廣莫門欲出門者拒之煥曰臧公已至凶人走矣此司空諸郎並能爲諸君得富貴非徒免禍而已勿相留亦値質至因以得出

沈慶之爲建威將軍封始興公初申坦坐事將棄市

群臣爲之請莫能得將行刑慶之入市抱坦慟哭曰卿無罪爲朝廷所枉誅我入市亦當不久市官以白孝武乃原生命繫尚方尋被宥後爲驍騎將軍又王玄謨爲寧朔將軍北征受輔國將軍蕭斌節度及兵敗斌將斬之慶之固諫曰佛狸威震天下控弦百萬豈玄謨所能當且殺戰將以自弱非良計也斌乃止

王僧朗殷叡外曾祖也叡祖元素元加末坐染太初事誅叡遺腹亦當從戮僧朗啓孝武救之得免

南齊戴僧靜初沒于魏後叛還淮陰太祖撫蓄之嘗在左右僧靜於都載錦爲歐陽戍所得繫兗州獄太

祖遣薛淵餉僧靜酒食以刀子置魚腹中僧靜與獄吏飲酒既醉以刀刻械手自折鎖發屋而出歸太祖匿之齋内以其家貧年給穀千斛

王晏爲世祖領軍司馬中軍從事中郎初晏父普曜爲沈攸之長史嘗慮攸之舉事不得還時王奐爲吏部轉普曜爲内職深德之及奐爲丹陽尹而晏仕世祖府奐從弟蘊反世祖謂晏曰王奐宋家外戚王蘊親同逆黨既其群從豈能無異意我欲具以啓聞晏叩頭曰王奐脩謹保無異志晏父母在都請以爲質世祖乃止

王儉爲侍中尚書令丹陽尹時江斆除太子中庶子領驍騎將軍未拜門客通贓利世祖遣使檢覈斆藏此客躬自引咎帝甚有怪色儉從容啓帝曰江斆若能治郡此便是具美爾帝意乃釋

王廣之爲右衛將軍初李元履與王融游狎及王融誅鬱林勑元履隨廣之北征密令於北殺之廣之先爲元履父安人所厚又知元履無過甚擁護之會鬱林敗亦元履拜謝廣之曰二十二載父母之年自此已外吏人之賜也

梁徐勉爲尚書僕射沈約嘗侍晏值豫州獻栗徑半寸高祖奇之問曰栗事多少與約各疏所憶少帝三事出謂人曰此公護前不讓即羞死帝以其言不遜欲抵其罪勉固諫乃止

柳世隆爲郢州長史沈攸之舉兵圍郢城范雲爲攸之所得令送書入郢城内或欲誅之雲曰老母弱弟懸命沈氏若其違命禍必及親今日就戮甘心如蘇世隆素與雲善乃免之

褚淵爲太宰初齊高帝受禪悉誅宋宗室近屬將及劉季連等淵素善季連固請乃免

侯子鑒侯景將也姚僧坦而相東王記室參軍侯景

之亂逃歸吳興及兵大至乃被拘縶子鑒素聞其名深相器遇因此獲免

後魏崔浩爲司徒初趙逸仕姚興歷中書侍郎爲興將齊難軍司征赫連屈丐難敗爲屈丐所虜拜著作郎太武平統萬見逸所著曰此豎無道安得爲此言乎作者誰也其速推之浩進曰彼之謬述亦猶子雲之美新皇王之道固宜容之大武乃止拜逸中書侍郎

寇讚之嵩山道士也毛脩之初在雒敬事讚之脩之爲宋武帝子義真司馬后沒魏時讚之爲大武所信

敬營護之故得不死遷於平城
胡叟初從宋益州刺史吉翰入蜀時蜀沙門法成鳩集僧旅幾千人鑄丈六金像宋文帝惡其聚衆將加大辟叟聞之即赴丹陽啓申其美遂得免焉後還於蜀法成感之遺其珍物價值千餘疋叟謂法成曰緯蕭何人能棄明珠吾以德請財何爲也無所受
北齊陳元康字長猷爲右丞初高祖葬后崔㥄竊言黄頷小兒堪當重任不崔暹外兄李慎以㥄言告暹暹啓文襄絶㥄朝謁㥄要拜道左帝發怒曰黄頷小兒何足拜也於是鎻㥄赴晋陽而訊之㥄不伏暹引

邢子才爲證子才執無此言㥄在禁與子才曰卿知我意屬太丘不子才出告㥄子瞻云尊公意正應欲結姻於陳元康瞻有女乃許妻元康子求其父元康爲言之於帝曰崔㥄名望素重不可以私處言語便以殺之帝曰君免其性命猶當徙之邊裔元康曰㥄若在邊或將外叛以英賢資寇敵非所宜也帝曰既有季珪之罪還令輸作可乎元康曰嘗讀崔琰傳進恨魏武不弘㥄若在所作而殞後世豈道公不殺也帝曰朕則柰何元康曰崔㥄合死朝野莫不知之公誠能以寬濟猛特輕其罰則仁德彌著天下歸心乃舍之㥄進謁奉謝帝猶怒曰我雖無堪忝當大任被卿名作黄頷小兒金石可銷此言難滅
和䧺與爲葛榮下都督時溫子昇爲廣陽王深東北道行臺郎中深軍敗子深爲葛榮所得䧺與與子昇舊識以數十騎潛送子昇得達冀州還京李楷執其手曰卿今得免足使夷甫慙德自是無復宦情閉門讀書勵精不已
劉靈助麄踈無賴以一筮爲爾朱榮功曹參軍建議初榮於河陰王公卿士悉見屠害時奉車都尉盧道虔兄弟亦相率朝於行宫靈助以其州里衛護之緜

是朝士與諸盧相隨免害者數十人
王則爲侯景行臺郎中顔之推爲郢州管記侯景陥郢州欲殺之賴則以免囚送建鄴景平還江陵
楊愔字遵彦爲僕射陳王瑜琳弟也爲侍中永定元年使齊以陳郡袁憲爲副齊以王琳之故執而囚之文宣帝每行載死囚以從齊人呼曰供御囚每有他怒則召殺之以快其意瑜及憲並危殆數矣遵彦憫其無辜每存護之天嘉二年還陳
後周張曜初爲後魏將韓軌長史樊深初仕後魏征虜將軍孝武西遷樊王二姓舉義爲東魏所誅深父

易姓名游學於汾晉之間習天文及筭曆之術後爲人所告因送河東脽重其儒學延深至家因是更得迯隱

隋房彦謙初仕齊爲齊州治中齊王歸于家周武帝遣柱國辛遵爲齊州刺史爲賊帥輔帶劍所執彦謙以書諭之帶劍慙恩送遵還州諸賊竝各歸首

元巖初仕周爲內史中大夫宣帝嗣位爲政昏暴京兆郡丞樂運乃輿櫬詣朝堂陳帝八失甚切至帝大怒將戮之朝臣皆恐懼莫有救者巖謂人曰臧洪同日尚可俱死其况比干乎若樂運不免吾將與之俱

斃詣閤請見言於帝曰樂運知書奏必死所以不顧身命者欲取後世之名陛下若殺之乃成其名落其術內爾不如勞而遣之以廣聖度運因獲免

何稠爲開府耿詢伎巧絶人初爲官奴後賜蜀王秀及秀廢當誅稠言於高祖曰詢之巧思若有神異誠爲朝廷惜之帝於是特原其罪

唐許紹爲陝州都督武德中蕭銑據荆楚江嶺朱宭遣開府李靖安輯之惟遠將從數人馳傳至金州與廬江王瑗共擊之破蠻賊鄧稚進至夔州阻蕭銑不得前高祖遲之因更發怒陰勑紹斬之紹惜其才爲之請命於是獲免

唐溫彦博爲中書令先是楊纂爲長安令有婦人袁氏妖逆爲人所告纂詰問之不得其狀袁氏後又事發伏誅太宗以纂爲不忠將殺之彦博以纂過誤罪不至死固諫乃赦之

李安遠朔方人隋雲州刺史徹子也少襲父爵城陽公與王珪友善大業初珪坐叔頗當配流安遠爲之營護獲免後爲正平令

朱敬則長安三年爲正諫大夫同鳳閣鸞臺平章事時御史大夫魏元忠鳳閣舍人張說爲張易之兄弟

所誣搆將陷重辟諸宰相無敢言者敬則獨拒疏申理曰元忠張說素稱忠正而所坐無名若令得罪豈不失天下之望也乃得免死

哥舒翰初爲河西節度王忠嗣衙將忠嗣以爲大斗軍副使使別爲將討吐蕃天寶六載擢授隴右節度副使河源軍使其冬王忠嗣下獄勑召翰方伐之諸將或請以金帛行救忠嗣者翰惟以一單囊行曰若道之將行以是足矣如其不行多金帛亦奚以爲翰至玄宗素聞其才虛心待之遂以爲鴻臚卿兼西平太守攝御史中丞代忠嗣爲隴右節度翰盛言救忠

嗣玄宗不從起入禁中翰叩頭隨帝而前言詞慷慨聲淚俱下帝感而寬之遂貶忠嗣爲漢陽太守

王縉大曆中爲路嗣恭江西觀察判官嗣恭將陷害判官李泌誅戮之縉詭論救解獲免

李忠臣爲淮西節度爲大將李希烈所逐單騎赴京師因留奉朝請時嘗侍張涉承恩用事坐受賂財事露帝將以法繩之涉即帝在東宮時侍讀也忠臣奏曰陛下貴爲天子而先生以乏財抵法以愚臣觀之非先生之過也帝意解但令歸田里前湖南觀察辛京杲嘗以忿怒杖殺部曲有司劾奏京杲殺人當死

帝將從之忠臣奏曰京杲合死久矣帝問之對曰渠伯叔某於某處戰死兄弟某於某處戰死渠嘗從至戰所獨不死是以知渠合死矣帝亦憫然不令加罪改授王傅而已

張光晟京兆人起於行閒天寶末哥舒翰兵敗潼關大將王思禮所乘馬中流矢而斃光晟時在騎卒之中因下馬授思禮思禮問其姓名不告而退思禮陰記其形貌嘗使人客求之無何思禮爲河東節度使其偏將辛雲京爲代州刺史屢爲將校譖毀思禮怒爲雲京惶懼不知所出光晟時隸雲京麾下因間進口光晟素有德於王司空比不言者恥以求恩授賞爾今使君憂迫光晟請奉命一見司空則使君之難可解雲京然其計而令之太原及謁思禮未及言舊思禮識之遽曰爾豈非吾故人乎何相見之晚也光晟遂陳潼關之事思禮大喜因執其手感泣曰吾有今日子之力也求子頗久終此相逢何慰如之即命同榻而坐結爲兄弟光晟遂述雲京之屈思禮曰雲京比涉謗言過亦不細今爲故人特捨之矣

杜祐爲淮南節度時徐州張建封卒濠州刺史兼誣奏從事李藩搖動軍情德宗詔祐殺之祐素重藩懷

詔旬日不忍發因引藩論釋氏曰果報之事信有之不藩曰信然曰審如此君宜遇事無恐因出詔藩覽之無動色曰某與兼信爲報也祐曰慎勿出口吾已密論持百口保君矣德宗得祐解怒不釋追藩赴闕及召見望其儀形曰此豈作惡事人乃釋然除秘書郎

裴度爲東都留守司徒中書令太和九年李訓等伏誅其親戚疎遠者皆在囚繫或以加流竄度上疏理之救治者數十家

李勉爲梁州都督山南西道觀察使勉以故吏萬寄

縣尉王暐勤幹俾撫南鄭令俄有詔處死勉問故乃爲權倖所誣勉詢將吏曰帝方以牧宰爲人父母豈以譖言而殺不辜乎卽停詔拘暐飛表上聞暐遂獲宥而竟爲執政所非追入爲太理卿謁見面陳王暐無罪政事脩舉盡力吏也肅宗嘉其守正卽日除太常少卿王暐後以推擢拜太理評事龍門令終有能名時稱知人

後唐墨君和鎭州鼓刀之士也鎭州王鎔初襲父位爲節度鎔爲晉人所侵求救於幽州李威威出軍爲鎔援時威兵勢方盛以鎔冲弱有窺圖之志威再來

赴援爲弟傳奪據其位退無歸路鎔乃館威於寶壽佛寺鎔以威因己而失國又感其援助之大事之如父鎔謁威於其館威陰遣部下伏甲劫鎔抱持之卽並轡歸府舍鎔軍拒之竟殺威鎔本疎瘦時年始十七當與威並轡之時雷雨驟作屋瓦皆飛有一人於缺垣中望見鎔識之遽挾于馬上肩之而去翼日鎔但覺項痛頭偏蓋因爲有力者所挾不勝其苦故也旣而訪之則君和也遂厚賞之

任圜爲潞州刺史從莊宗攻鎭州及城潰誅元惡之外官吏咸保其家屬亦圜横身以固護焉

周王知權唐景思紀綱之僕也景思初仕漢爲沿淮廵簡屢挫淮賊時史弘肇濫刑黷貨多織羅南北富商殺之以利其財大開告訐之門景思部下有僕夫希求無厭雖委曲待之不滿其心一日拂衣而去見弘肇言景思受淮南厚賂私貯器械欲爲內應弘肇卽令親吏殿三十騎往收之告者謂收吏曰景思多力十夫之敵也見便殺之不然則無及矣收騎至景思迎接有欲擒之者景思以兩手抱之大呼曰冤哉景思何罪設若有罪死亦非晩何不容披雪公等皆丈夫安忍如此都將命釋之引告者面證景思言受

淮南賂景思曰我從人家人並在此若有十緡貯積亦是受賂言我貯甲械除官賜外有一事亦是私貯使者搜索其家惟衣一笥軍籍糧簿而已乃寬之景思曰使者但械繫送我入京先是知權在京聞景思被誣乃見弘肇曰唐景思赤心爲國某服事三十年孝於父母義於朋友被此誣罔何以伸陳某請先下獄願公追劾景思免至冤横弘肇愍之令在獄日與酒食景思旣桎梏就路賴亳之人隨至京師衆保證之弘肇乃令鞫告事者具伏誣陷卽斬之遂奏釋景思

卷止

巡按福建監察御史臣李嗣京 訂正
分守建南道左布政使臣胡維霖 叅閲
知建陽縣事臣 黄國琦較釋

總録部 一百二十二

訟寃

昔屈原有言人之窮也未嘗不呼天疾痛慘怛未嘗不呼父母斯亦茹寃銜恤之不能無告者也若夫大道之衰亂狱滋豐上聽不聰巧言競進邪曲害於正讒諂蔽其明懷寶而被誣含忠而獲戾乃至撫勳以

先國獨見擯棄仗節以没世反蒙譖毁蹈非辜於公憲陷惡名於鉤黨推是而往其流實繁葢有賫志以沉幽壤竄跡而投遐裔遭刑辟之荼毒淪輪作之幽穽乃或奮不顧死自訟其寃逮乎近親故吏仁人志士伏闕以申理露章而上訴因以攄宿憤而蒙委炤起癈廢而被昭洗者固多乎哉若夫辭意懇到卒不見諒者斯可悲矣

楚人卞和得玉璞而獻之厲王厲王使玉尹相之曰石也王以和爲謾而斷其左足厲王薨武王卽位和取奉玉璞而獻之武王使玉尹相之曰石也又以爲謾而斷其右足武王薨共王卽位和乃奉璞而哭於荆山中三日不食泣盡而繼以血共王聞之使人問之曰天下刑之者衆矣子獨何哭之悲也對曰夫寶玉而名曰石貞士戮之以謾此臣所以悲也共王曰惜矣吾先王之聽難剖石而易斬人之足夫死者不可生斷者不可續何聽之殊也乃使人理其璞而得寶焉故名之曰和氏之璧

漢鄒陽齊人客游於梁人或讒之於孝王孝王怒繫而將欲殺之鄒陽客游見讒自寃乃從獄中上書曰臣聞忠無不報信不見疑臣嘗以爲然徒虚語爾昔

者荆軻慕燕丹之義白虹貫日太子畏之衛先生爲秦畫長平之計太白食昴昭王疑之夫精變天地而信不諭兩主豈不哀哉今臣竭忠盡誠畢議願知左右不明卒從吏訊爲世所疑是使荆軻衛先生復起而燕秦不悟也願大王孰察之昔者玉人獻寶楚王誅之李斯竭忠胡亥極刑是以箕子佯狂接輿避世恐遭此患也願大王孰察玉人李斯之意而后思楚王胡亥之聽無使臣爲箕子接輿所笑臣聞比干剖心子胥鴟夷臣始不信乃今知之願大王孰察少加憐焉語曰有白頭如新傾蓋如故何則知與不知也

昔者樊於期逃秦之燕籍荆軻首以奉丹事王奢去齊之衛臨城自剄以却齊而存魏夫王奢樊於期非新於齊秦而故於燕魏也所以去二國死兩君者行合於志而慕義無窮也是以蘓秦不信於天下爲燕尾生白圭戰亡六城爲魏取中山何則誠有以相知也蘓秦相燕人惡之於燕王燕王按劍而怒食之以駃騠白圭顯於中山人惡之於魏文侯文侯投以夜光之璧何則兩主二臣剖心析肝相信豈移於浮辭哉故女無美惡入宮見妬士無賢不肖入朝見嫉昔者司馬喜臏脚於宋卒相中山范雎折脇拉齒於魏

卒爲應侯此二人者皆信必然之畫捐朋黨之私挾孤獨之交故不能自免於嫉妬之人也是以申徒狄蹈雍之河徐衍負石入海不容於世義不苟取比周於朝以移主上之心故百里奚乞食於路繆公委之以政甯戚飯牛車下而桓公任之以國此二人者豈素宦於朝借譽於左右然後二主用之哉感於心合於行堅於膠漆昆弟不能離豈惑於衆口哉故偏聽生姦獨任成亂昔魯聽季孫之說逐孔子宋任子冉之計囚墨翟夫以孔墨之辯不能自免於讒諛而二國以危何則衆口鑠金積毁消骨也秦用戎人由余

而伯中國（伯讀曰霸）齊用越人子臧而強威宣（二王諡）此二國者豈係於俗牽於世繫倚偏之辭哉公聽竝觀垂明當世故意合則胡越爲昆弟由余子臧是矣不合則骨肉爲敵讐朱象管蔡是也今人主誠能用齊秦之明後宋魯之聽則五伯不足侔而三王易爲比也是以聖王覺悟捐子之之心而不說田嘗之賢封比干之後修孕婦之墓故功業復於天下何則欲善無厭也夫晉文公親其讐强霸諸侯齊桓公用其仇一匡天下何則慈仁殷勤誠加於心不可以虚辭借也至夫秦用商鞅之法東弱韓魏兵强天下卒車裂之

越用大夫種之謀擒勁吴霸中國卒誅其身是以孫叔敖三去相而不悔於陵子仲辭三公爲人灌園今人主誠能去驕傲之心懷可報之德披心腹見情素墮肝膽施德厚終與之窮達無愛於士則桀之犬可使吠堯而跖之客可使刺繇況因萬乘之權假聖王之資乎然則荆軻之沉七族要離燔妻子豈足爲大王道哉臣聞明月之珠夜光之璧以闇投人於道衆無不按劍相眄者何則無因而至前也蟠木根柢輪囷離奇而爲萬乘器者以左右先爲之容也故無因至前雖出隋侯珠夜光璧祗足以結寃而不見德故

有人先游則以枯木朽株樹功而不忘今夫天下布衣窮居之士身在貧羸雖蒙堯舜之術挾伊管之辯懷龍逄比干之意而無左右爲之容欲盡精神開忠于當世之君則人主必襲按劍相眄之迹矣是使布衣之士不得當枯木朽株之資也是以聖王制世御俗獨化於陶鈞之上能不牽乎卑亂之言不惑乎衆多之口故秦皇帝任中庶子蒙之言以信荆軻之說故七首竊發周文王獵涇渭載呂尚以歸王天下秦信左右而亡周用烏集而王何則以其能越攣拘之語馳域外之議獨觀於昭曠之道也今大王沉諂諛

之辭牽帷墻之制使不羈之士與牛驥同皁此鮑焦所以忿世而不留富貴之樂也臣聞盛飾於朝者不以私汙義砥礪名號者不以利傷行故里名勝母而曾子不入邑號朝歌而墨子迴車今欲使天下寥廓之士籠於威重之權挾於勢位之貴故回面汙行以事諂諛之人求親近於左右則士有伏死堀穴巖藪之中爾安有盡忠信而趨闕下者哉書奏孝王孝王立出之卒爲上客也

于公東海郯人爲郡決曹東海有孝婦少寡亡子養姑甚謹姑欲嫁之終不肯姑謂鄰人曰孝婦事我勤苦哀其亡子守寡我老久絫丁壯柰何其後姑自經死（不欲累婦故自殺）姑女告吏婦殺我母吏捕孝婦孝婦辭不殺姑吏驗治孝婦自誣服具獄上府（府郡曹府）之于公以爲此婦養姑十餘年以孝聞必不殺也太守不聽于公爭之不得乃抱其具獄哭於府上（具獄者獄案已成其文備具也）因辭疾去郡中枯旱三年後太守至卜筮其故于公曰孝婦不當死前太守强斷之咎當在是乎於是太守殺牛祭孝婦冢因表其墓天立大雨歲孰郡中以此大敬重于公

鄭昌爲諫大夫宣帝時蓋寬饒上書誹謗昌愍傷寬

饒忠直憂國以言事不當意而爲文吏所詆挫上書訟寬饒曰臣聞山有猛獸藜藿爲之不采國有忠臣姦邪爲之不起司隸校尉寬饒居不求安食不求飽進有憂國之心退有死節之義上無許史之屬下無金張之託職在司察直道而行多仇少與上書陳國事有司劾以大辟臣幸得從大夫之後官以諫爲名不敢不言帝不聽

公乘興湖三老也京兆尹王尊坐免吏民多稱惜之興等（湖縣名也今虢州湖城縣取其名）上書訟尊治京兆功効日著往者南山盜賊阻山橫行剽刼良民殺奪法吏道路

不通城門至以警戒步兵輕尉使逐捕暴師靈衆聁
日煩費不能禽制二卿坐黜三輔皆秩中二千石號爲卿也郎前京兆尹王
王昌貶爲鴈門太守甄遵河內太守也群盜寖强吏氣傷沮寖益也沮壞也流
聞四方爲國家憂當此之時有能捕斬不愛金爵重
賞關內侯寬中使聞所徵故司隷畝尉王尊捕群盜
方略拜爲諫大夫守京輔都尉行京兆尹事尊盡節
勞心夙夜思職卑體下士厲奔比之吏趣沮傷之氣
二旬之間大黨震壞渠率效首效致也斬其首而致之也賊亂蠲
除民反農業拊循貧弱鉏耘豪强長安宿豪大猾東
市賈萬城西萬章翦張禁酒趙放萬音矩翦張禁酒張放此二人作翦

作酒之家杜陵楊章等皆通邪結黨挾養姦軌上干王法
下亂吏治并兼役使侵漁小民爲百姓豺很更數二
千石二十年莫能禽討更歷也尊以正法案誅皆伏其
姦邪銷釋吏民說服釋解也說讀白悅尊撥劇整亂誅暴禁
邪皆前所稀有名將所不及雖拜爲眞未有殊絶褒
賞加於尊身今御史大夫奏尊傷害陰陽爲國家憂
無承用詔書之意靖言庸違象共滔天引堯虞書堯典之辭也靖
治也庸用也違僻也滔漫也謂共言假託於治實用違僻兒象共過惡漫天也原其所以出
御史丞楊輔故爲尊書佐素行陰賊惡口不信謂其口惡
而心不信也好以刀筆陷人於法輔嘗醉過尊大奴利家

利捽搏其頰捽持頭也搏擊也兒子閎拔刀欲刭之輔以故
深怨疾毒欲傷害尊疑輔內懷怨恨外依公事建畫
爲此議也傳致奏文建立謀畫此議也傳讀曰附謂益其事而引致于罪狀浸
潤加誣以復私怨浸潤猶漸染也復報也昔白起爲秦將東破
韓魏南拔郢都應侯譖之賜死杜郵應侯范雎也杜郵地名在咸陽
也吳起爲魏守西河而秦韓不敢犯讒人間焉斥逐
奔楚秦聽浸潤以誅良將魏信讒言以逐賢守此皆
偏聽不聰失人之患也臣等竊痛傷尊脩身絜己砥
節首公砥厲也首向也刺譏不憚將相誅惡不避豪强誅不
制之賊解國家之憂功著職修威信不廢誠國家爪

牙之吏折衝之臣今一旦無辜制於佞人之手傷於
詆欺之文上不得以功除罪下不得蒙棘木之聽周禮
三槐九棘公卿於下聽訟獨掩怨讐之偏奏被共工之大惡共工官名
堯時諸侯舜流之於幽州也無所陳怨愬罪尊以京師廢亂群盜
竝興選賢徵用起家爲卿賊亂既除豪猾伏辜即以
佞巧廢黜一尊之身三期之間乍賢乍佞豈不甚哉
期年也孔子曰愛之欲其生惡之欲其死是惑也浸潤
之譖不行焉可謂明矣願下公卿大夫博士議即定
尊素行夫人臣而傷害陰陽死誅之罪也靖言庸違
放殛之刑也殛誅也審如御史章尊乃當伏觀闕之誅

（孔子誅少正卯於兩觀之間）放於無人之域不得苟免（非止合算官而已也）及任舉尊者當獲選舉之辜不可但已（但徒也空也已止也不可空然而止也）郎不如章飾文深詆以愬無罪（詆毀也）亦宜有誅以懲讒賊之口絶詐欺之路（懲懀也）惟明王參詳使白黑分別書奏天子復以尊爲徐州刺史

杜欽爲議郎先是宣帝時漢數出使西域多辱命不稱或貪汙爲外國所苦（苦謂困辱之）是時烏孫大有擊匈奴之功而西域諸國新輯（輯與集同集和也）漢方善遇欲以安之選可使外國者前將軍韓增舉馮奉世以衛候使持節送大宛諸國客至伊脩城（伊脩城在鄯善國漢於其中置屯田

吏士也）都尉宋將言莎車與旁國共攻殺漢所置莎車王萬年（莎車國名萬年其王名也莎素和切）并殺漢使者奚充國時匈奴又發兵攻車師城不能下而去莎車遣使揚言北道諸國已屬匈奴矣於是攻劫南道與歃盟畔漢從鄯善以西皆絶不通（鄯音善）都護鄭吉校尉司馬意皆在北道諸國間奉世與其副嚴昌計以爲不亟擊之則莎車日彊（亟急也音居力切）其埶難制必危西域遂以節諭告諸國王因發其兵南北道合萬五千人進擊莎車攻拔其城莎車王自殺傳其首詣長安諸國悉平威振西域奉世乃罷兵以聞宣帝召見韓增曰賀將軍所舉得其人奉世遂西至大宛大宛聞其斬莎車王敬之異於他使得其名馬象龍而還（言馬形似龍者）帝甚說（說讀曰悅）下議封奉世（下其事令議之）丞相將軍皆曰春秋之義大夫出疆有可以安國家則專之可也（專與顓同）奉世功效尤著宜加爵土之賞少府蕭望之獨以奉世奉使有指（本爲送諸國客）而擅矯制違命發諸國兵雖有功效不可以爲後世法即封奉世開後奉使者例以奉世爲比（比必寐切）爭逐發兵要功萬里之外（逐競也）爲國家生事於夷狄漸不可長奉世不宜受封帝善望之議以奉世爲光祿大夫水衡都尉及奉世卒後二年西域

都護甘延壽以誅郅支單于封爲列侯時丞相匡衡亦用延壽矯制生事據蕭望之前議以爲不當封而議者咸美其功帝從衆而侯之於是欽上疏追訟奉世前功曰前莎車王殺漢使者約諸國背畔（約謂共爲契約）左將軍奉世以衛候便宜發兵誅莎車王策定城郭功施邊境（城郭謂西域諸國爲城郭而居者）議者以奉世奉使有指春秋之義亡遂事漢家之法有矯制（亡遂事者謂臨時制宜前事不可必遂也漢家之法擅矯詔命雖有功勞不加賞也）故不得侯今匈奴郅支單于殺漢使者亡保康居都護延壽發城郭兵屯田吏士四萬餘人以誅斬之封爲列侯臣愚以爲比罪則

郅支薄量敵則䟦車衆用師則奉世寡計勝則奉世為功於邊境安慮敗則延壽為禍於國家深其違命而擅生事同延壽割地封而奉世獨不録臣聞功同賞異則勞臣疑罪均刑殊則百姓惑疑生無常惑同不知所從無常則節趨不立（趨讀曰趣趣謂意意所向）不知所生則百姓無所措手足（措置也千故切）奉世圖難忘死信命從妹俗（圖難謀除國難也信讀曰伸）威功白著為世使表（自著謂顯明也表猶首也）獨抑厭（厭乙涉切）而不揚非聖主所以塞疑厲節之意願下有司議帝以先帝時事不復録

劉向為宗正時甘延壽陳湯誅郅支單于既至論功

石顯匡衡以為延壽湯擅興師矯制幸得不誅如復加爵土則後奉使者爭欲乘危徼幸生事於蠻夷為國招難漸不可開元帝内嘉延壽湯功而重違衡顯之議議久不决向上疏曰郅支單于因殺使者吏士以百數事暴揚外國傷威毁重群臣皆閔焉陛下赫然欲誅之意未嘗有忘西域都護延壽副校尉湯承聖指倚神靈總百蠻之君攬（攬與擥同）城郭之兵出百死入絶域遂蹈康居屠五重城搴歙侯之旗斬郅支之首縣旌萬里之外揚威昆山之西掃谷吉之耻立昭明之功萬夷慴伏莫不懼震呼韓邪單于見郅支已誅且喜且懼向風馳義稽首來賓願守北藩累世稱臣立千載之功建萬世之安群臣之勲莫大焉昔周大夫方叔吉甫為宣王誅獫狁而百蠻從其詩曰嘽嘽焞焞如霆如雷（嘽它丹切焞它回切）顯允方叔薄伐獫狁蠻荆來威易曰有嘉折首獲匪其醜言美誅首惡之人而諸不順者皆來從也今延壽湯所誅震雖易之折首詩之雷霆不能及也論大功者不録小過奉大美者不疵細瑕司馬法曰軍賞不踰月欲民速得為善之利也蓋急武功重用人也吉甫之歸周厚賜之其詩曰吉甫燕喜既多受祉來歸自鎬我行永久千

里之鎬猶以為遠况萬里之外其勤至矣延壽湯既未獲受祉之報反屈捐命之功久挫於刀筆之前非所以勸有功厲戎士也昔齊桓前有尊周之功後有滅項之罪君子以功覆過而為之諱行事貳師將軍李廣利捐五萬之師靡億萬之費（靡散也音縻）經四年之勞而廑獲駿馬三十匹（廑與僅同）雖斬宛王毋之首猶不足以復費其私罪惡甚多孝武以為萬里征伐不録其過遂封拜兩侯三卿二千石百有餘人今康居國彊於大宛郅支之號重於宛王殺使者罪甚於留馬而延壽湯不煩漢士不費斗糧比於貳師功德百之

且嘗惠隱欲擊之烏孫鄭吉迎自來之日逐猶皆裂土受爵故言威武勤勞則大於方叔吉甫列功覆過則優於齊桓貳師近事之功則高於安遠長羅而大功未著小惡數布臣竊痛之宜以時解縣通籍除過勿治尊寵爵位以勸有功於是天子下詔曰匈奴郅支單于背畔禮義留殺漢使者吏士甚逆道理朕豈忘之哉所以優游而不征者重動師衆勞將卒故隱忍而未有云也今延壽湯睹便乘時利結城郭諸國擅興師矯制而征之賴天地宗廟之靈誅討郅支單于斬獲其首及閼氏貴人名王以下千數雖踰義

干法內不煩一夫之役不開府庫之藏因敵之糧以贍軍用立功萬里之外威鎮百蠻名顯四海爲國家除殘兵革之原息邊境得以安然猶不免死亡之患罪當在於奉憲朕甚閔之其赦延壽湯罪勿治詔公卿議封焉

耿育爲議郎時射聲校尉關內侯陳湯徙燉煌育上書言便宜因冤訟湯曰延壽湯爲聖漢揚鉤深致遠之威雪國家累年之恥討絕域不羈之君係萬里難治之虜豈有比哉先帝嘉之仍下明詔宣著其功改年垂歷傳之無窮應是南郡獻白虎邊陲無警備會先帝寢疾然猶垂意不忘數使尚書責問丞相趣立其功獨丞相匡衡排而不予封延壽湯數百戶此功臣戰士所以失望也孝成皇帝承建業之基乘征伐之威兵革不動國家無事而大臣傾邪讒佞在朝曾不深惟本末之難以防未然之戒欲專主威排妒有功使湯塊然被冤拘囚不能自明卒以無罪老棄燉煌正當西域通道令威名折衝之臣旋踵及身復爲郅支遺虜所笑誠可悲也至今奉使外蠻者未嘗不陳郅支之誅以揚漢國之盛夫援人之功以懼敵棄人之身以快讒豈不痛哉且安不忘危盛必慮衰今

國家素無文帝累年節儉富饒之畜又無武帝薦延梟俊禽敵之臣獨有一陳湯爾假使異世不及陛下尚望國家追錄其功封表其墓以勸後進也湯幸得身當聖世功曾未久反聽邪臣鞭逐斥遠使亡逃分竄死無處所遠覽之士莫不計度以爲湯功累世不可及而湯過人情所有湯尚如此雖復破絕筋骨暴露形骸猶復制於脣舌爲嫉妒之臣所係虜耳此臣所以爲國家尤戚戚也書奏成帝還湯卒於長安

鮑宣爲諫大夫時大司空何武遣吏迎後母會成帝末吏恐道路有盜賊留止左右或訕武事親不篤遂

策免後五歲宣數稱寃之天子感丞相王嘉之對而高安侯董賢亦薦武繇是復徵爲御史大夫

孫寶鴻嘉中以廣漢群盜起選爲益州刺史廣漢太守扈商者太司馬車騎將軍王音姊子軟弱不任職寶到部親入山谷諭告群盜非本造意渠率皆得悛過自出（渠大也）遣歸田里自劾矯制奏商爲亂首（擅放群盜歸故云矯制繇商不任職致有盜賊故云爲亂首也）春秋之義誅首惡而已商亦奏寶所縱或有渠卒當坐者（縱放也）商徵下獄寶坐失死罪免益州吏民多陳寶功効言爲車騎將軍所排上復拜寶爲冀州刺史

册府元龜

冊府元龜

巡按福建監察御史臣李嗣京　訂正
分守建南道左布政使臣胡維霖　參閱
知建陽縣事臣　黄國琦較釋

總録部　一百二十三

訟冤第二

後漢朱勃扶風人前為雲陽令伏波將軍馬援同郡人也援征武溪蠻夷卒於軍中虎賁中郎將梁松宿不平因事陷之光武大怒收其印綬援妻子相連詣闕請罪帝乃出松書示之書訴寃前後六十詞甚哀

切然後得葬勃詣闕上書曰臣聞王德聖政不忘人之功採其一美不求備於衆故高祖赦蒯通而以王禮葬田横大臣曠然咸不自疑夫大將在外讒言在內微過輒記大功不計誠為國之所愼也故章邯畏口而奔楚燕將據聊而不下豈甘心未規哉悼巧言之傷類也竊見故伏波將軍新息侯馬援拔自西州欽慕上義間關險難觸冒萬死孤立群貴之間傍無一言之佐馳深淵入虎口豈顧計哉寧自知當要七郡之使徼封侯之福耶八秊車駕西討隗囂國計狐疑衆營未集援建空進之策卒破西州及吳漢下隴冀路斷隔惟獨狄道為國堅守士民饑困寄命漏刻援奉詔西使鎭慰邊衆乃招集豪傑曉誘羌戎謀如滿泉勢如轉規遂救倒懸之急存幾亡之城兵全師進因糧敵人隴冀略平而獨守空郡兵動有功師進輒克誅鋤先零緣入山谷猛怒力戰飛矢貫脛又出征交阯土多瘴氣援與妻子生訣無悔吝之心遂斬滅徵側克平一州間復南討立陷臨鄉師已有業未竟而死吏士雖疫援不獨存夫戰或以久而立功或以速而致敗深入未必為得不進未必為非人情豈樂久屯絶地不生歸哉惟援得事朝廷二十二秊北

出塞漢南渡江海觸冒害氣僵死軍士（僵作也）名滅爵絶國土不傳海內不知其過衆庶未聞其毀立遇三夫之言横被誣罔之讒家屬杜門葬不歸墓怨隙並興宗親怖慄死者不能自列生者莫為之訟臣竊傷之夫明王醲於用賞約於用刑高祖嘗與陳平金四萬斤以間楚軍不問出入所為豈復疑以錢穀間哉夫操孔父之忠而不能免於讒此鄒陽之所悲也詩云取彼讒人投畀豺虎豺虎不食投畀有北有北不受投畀有昊此言欲命上天而平其惡惟陛下留思豎儒之言無使功臣懷恨黄泉臣聞春秋之義罪以

功除聖王之祀臣有五義若援所謂以死勤事者也願下公卿平援功罪宜絶宜續以厭海内之望臣年已六十嘗伏田里竊感欒布哭彭越之義冐陳悲憤戰栗闕庭書奏報歸田里

鄭弘會稽山陰人爲郡督郵舉孝廉弘師同郡河東太守焦貺楚王英謀反發覺以疏引貺疏書也貺被收捕疾病於道亡沒妻子被繫於獄掠考連年諸生故人懼相連及皆改變名以逃其禍弘獨髡頭負鈇鑕詣闕上章爲貺訟罪名帝覺悟即赦其家屬引躬送貺喪及妻子還鄉里繇是顯名

孔僖與崔駰同遊太學習春秋因讀吳王夫差時事僖廢書歎曰若是所謂畫龍不成反爲狗者駰曰然昔孝武皇帝始爲天子年方十八崇信聖道師則先王五六年間號勝文武及後恣己忘其前之爲善僖曰書傳若此多矣鄰房生梁郁儳和之曰儳謂不與之言而傍對曰禮記曰勿儳言如此武帝亦是狗邪僖駰默然不對郁怒恨之陰上書告駰僖誹謗先帝刺譏當世事下有司駰詣吏受訊僖以吏部方至恐誅乃上書章帝自訟之曰臣之愚以爲凡言誹謗者謂實無此事而虛加誣之也至如孝武皇帝政之美惡顯在漢史坦如日月是爲直說書傳實事非虛謗也夫帝者爲善則天下善咸歸焉其不善則天下之惡亦萃焉斯皆有以致之故不可誅於人也誅責也且陛下即位以來政教未過而德澤有加言政教未有過失也天下所具知也臣等獨何譏刺哉假使所誹實是則固應後改儻其不當亦宜含容又何罪焉陛下不推原大數深自爲計徒肆私忿以快其意臣等受戮死即死爾顧天下之人必回視易慮以此事闚陛下之心自今以後苟見不可之事終莫復言者矣臣之所以不愛其死猶敢極言者誠爲陛下深惜此大業陛下若不自惜則臣何賴

焉齊桓公親揚其先君之惡以唱管仲魯莊公束縛管仲以與齊桓公躬親迎郊而坐與問焉曰昔吾先君莊公築臺以爲高位田狩畢弋不聽國政卑聖侮士而惟女是崇九妃六嬪陳妾數百食必粱肉衣必文繡戎士凍餒是以國家不日引不月長恐宗廟而不掃除社稷而不血食敢問爲此若何管子曰昔聖王之理天下定人之居成人之事而慎用其六柄焉四人者勿使雜處則其言哤其事易也然後群臣得盡其心今陛下乃欲以十世之武帝遠諱實事豈不與桓公異哉臣恐有司卒然見構銜恨蒙枉不得自敘使後世論者擅以陛下有所方比寧可復使子孫追掩之乎謹詣闕伏待重誅帝始亦無罪僖等意及書奏立詔勿問拜僖蘭臺令史

何敞爲侍御史尚書僕射郅壽忤竇憲旨憲陷壽以買公田誹謗下吏當誅敞上疏理之曰臣聞聖王闢四門開四聰延直言之路下不諱之詔立敢諫之旗聽歌謡於路爭臣七人以自鑒照考知政理違失人心輒改更之故天人竝應傳福無窮臣伏見尚書僕射郅壽坐於臺上與諸尚書論擊匈奴言議過差及上書請買公田遂繫獄考劾大不敬臣愚以爲壽機密近臣匡救無職若懷默不言其罪當誅今壽違衆正議以安宗廟豈其私邪又臺閣平事分爭可否雖唐虞之隆三代之盛猶謂諤諤以昌不以誹謗爲罪

買公田人情細過可裁隱忍壽若被誅臣恐天下以爲國家横罪忠直賊傷和氣忤逆陰陽臣所以敢犯嚴威不辟鈇鉞觸犯諱言非爲壽也忠臣盡節以死爲歸臣雖不知壽度其甘心安之誠不欲聖朝行誹謗之誅以傷晏安之化杜塞忠直垂譏無窮臣敞謬豫機密言所不言罪名明白當塡牢獄先壽僵仆萬死有餘書奏壽得減死

何融尚書僕射樂恢門生也恢剌舉無所迴避貴戚惡之歸鄉里竇憲風厲州郡迫脅恢遂飲藥死後竇氏誅帝始親事融等上書陳恢忠節除子巳爲郎中

朱寵爲大司農鄧騭和熹太后之兄也太后終安帝乳母王聖譖騭子悝先從尚書鄧訪取廢帝故事謀立平原王得帝聞追怒令有司奏悝等大逆騭與子鳳竝不食而死寵痛騭無罪遇禍乃肉袒輿櫬上疏追訟騭曰伏惟和熹皇后聖善之德爲漢文母兄弟忠孝同心憂國宗廟有主王室是賴功成身退讓國遜位歷世外戚無與爲比當享積善履謙之祐而横爲宫人單辭所陷利口傾險反亂國家罪無申證獄不訊鞫遂令騭等罹此酷濫一門七人竝不以命屍骸流離怨魂不反逆天感人率土喪氣宜收還冢次

寵樹遺孤奉承血祀以謝亡靈寵知其言切自致廷尉詔免官歸田里

霍諝少爲諸生明經有人誣諝舅宋光於大將軍梁商者以爲妄刊章文坐繫雒陽獄掠考困極諝時年十五奏記於商曰將軍天覆厚恩愍舅光冤結前者温教許爲平議雖未下吏斷決其事已蒙神明顧省之聽皇天后土實聞德音竊獨踴躍私自慶幸諝聞春秋之義原情定過赦事誅意故許止雖弑君而不罪趙盾以縱賊而見書此仲尼所以垂王法漢世所宜遵前修也傳曰人心不同譬若其面斯蓋謂大小

㨂隆醜美之形至於鼻目衆竅毛髮之狀未有不然者也情之異者剛柔舒急踞傲之間至於趍利避害畏死樂生亦復均也諸與光骨肉義有相隱言其冤濫未必可諒且以人情平論其理光衣冠子孫徑路平易位極州郡日望徵辟亦無瑕穢纖介之累無故刊定詔書欲以何名就有所疑當求其便安豈有觸冒死禍以解細微譬猶療饑於附子止渴於酖毒未入腹胃已絶咽喉豈可爲哉昔東海孝婦見枉不辜幽靈感格天應枯旱光之所至情既可原守闕連年而終不見理呼嗟紫宮之門泣血兩觀之下傷和

致災爲害滋甚凡事更赦令不應復案夫以罪形明白尚蒙天恩豈有冤謗無徵反不得理是爲刑宥正罪戮加無僥也不偏不黨其若是乎明將軍德盛位尊人臣無二言行動天地舉措移陰陽誠能留神沛然曉察必有于公高門之福和氣立應天下幸甚商高謂才志卽爲奏原光罪繇是顯名

趙牧修春秋事樂恢恢以直諫死牧爲陳冤得伸

翟酺爲尚書權貴誣酺交通屬託減死歸家復被章云酺前與河南張楷等謀反逮詣廷尉杜眞等上書訟之事得明釋卒於家

崔瑗爲濟北相歲餘光祿大夫杜喬爲八使徇行郡國以贓罪奏瑗徵詣廷尉上書自訟得理出

史弼爲平原相遷河東太守弼被詔書當舉孝廉弼勑斷絶書屬中常侍侯覽遣諸生齎書請之弼怒付獄考殺之覽大怒遂詐作飛章下司隷誣弼誹謗檻車徵吏人莫敢近者及下廷尉詔獄平原吏人奔走詣闕訟之

李固前爲王龔太尉林龔深疾宦官專權上書請加斥諸黄門恐懼各使賓客誣奏龔罪順帝命亟自實（亟速也）固時爲大將軍梁商從事中郎乃奏記於商曰

今旦聞下太尉王公勑令自實未審其事深淺何如王公束脩厲節敦樂藝文不求苟得不爲苟行但以堅貞之操違俗失衆積爲讒佞所構毁衆人聞知莫不歎慄夫三公尊重承天象極未有詣理訴冤之義纖微感慨輒引分決是以舊典不有大罪不至重問三公况静内明不可加以非理卒有他變則朝廷横害賢之名羣臣無救護之節矣昔絳侯得罪袁盎解其過魏尚獲戾馮唐訴其冤時君善之列在書傳今將軍内以至尊外典國柄言重信著指撝無違加表救濟王公之艱難語曰善人在患饑不及餐斯其時

也商郎言之於帝事乃得釋
臧旻爲徐州從事中嘗侍單超以事陷兗州刺史第
五種坐徙朔方種逃匿數年旻上書訟之曰臣聞士
有忍死之辱必有就事之計故季布屈節於朱家管
仲錯行於召忽此二臣可以死而不死者非愛身於
須臾貪命於苟活隱其智力顧其權畧庶幸逢時有
所爲爾卒遭高帝之成業齊桓之興霸遺其亡逃之
行赦其射鉤之讐拔於囚虜之中信其佐國之謀勳
効傳於百世君臣載於篇籍假令二主記過於纖介
則此二臣同死於犬馬沉名於溝壑當何縁得申其

補過之功逵其奇輿之術乎伏見故兗州刺史第五
種傑然自建在鄉曲無苞苴之嫌步朝堂無擇言之
闕天性疾惡公方不曲故論者説清高以種爲上序
直士以種爲首春秋之義選人所長棄其所短録其
小善除其大過種所坐以盜賊公負筋力未就罪至
徙徵非有大惡昔虞舜事親大杖則走故種逃亡苟
性全命冀有朱家之路以顯季布之會願陛下無遺
臾須之恩令種有持忠入地之恨會赦出卒於家
劉陶爲太學生時朱穆爲冀州刺史有宦者趙忠喪
父歸葬僭爲璵璠玉匣偶人穆下郡案驗吏乃剖棺
陳尸出之帝聞大怒徵穆輸作左較尉與太學書生
等數千人詣闕上書訟穆曰伏見弛刑徒朱穆處公
憂國拜州之日志淸姦惡誠以常侍貴寵父兄子弟
布在州郡競爲虎狼噬食小人故穆張理天綱補綴
漏目羅取殘禍以塞天意繇是內官咸共恚疾謗讟
煩興讒隙仍作極其刑讁輸作左較天下有識皆以
穆勤同禹稷而被共鯀之戾若死者有知則唐帝怒
於崇山重華忿於蒼墓矣當今中官近習竊持國柄
手握王爵口含天憲運賞則使餓隷富於季孫呼噏
則令伊顏化爲桀跖而穆獨亢然不顧身害非惡榮

而好辱惡生而好死也徒感王綱之不攝懼天綱之
久失故竭心懷憂爲上深計臣願黥首繫趾代穆輸
作帝覽其奏乃赦之
王調北海人太尉李固門生也固策免後歲餘甘陵
劉文魏郡劉鮪各謀立淸河王蒜爲天子梁冀因此
誣固與文鮪共爲妖言下獄調貫械上書證固之枉
河內趙承等數十人亦要鈇鑕詣闕通訴梁太后明
之乃赦焉冀畏固名德終爲已害乃更據奏前事遂
誅之
段恭廣漢人爲上計掾時太尉龐參以所舉用忤帝

旨司隸承風案之時當會茂才孝廉參以被奏稱疾
不得會恭因上疏曰伏見道路行人農夫織婦皆曰
太尉龐參竭忠盡節徒以直道不能曲心孤立羣邪
之間自處中傷之地臣猶冀在陛下之世當蒙安全
而復以讒佞傷毀忠正此天地之大禁人主之至誡
昔白起賜死諸侯酌酒相賀季子來歸魯人喜其紓
難夫國以賢化君以忠安今天下咸欣陛下有此忠
賢願卒寵任以安社稷書奏詔即遣小黃門視參疾
太醫致羊酒
馬融為校書郎度遼將軍梁慬坐專權徵下獄抵罪

融上書訟慬與護羌校尉龐參有詔原刑
刁韙為侍御史黃琬陳蕃為權富所中傷事下御史
韙素重蕃琬不舉其事左右復陷以朋黨蕃免官琬
韙俱禁錮後蕃被徵而言事者多訟韙復拜議郎
寇榮少知名桓帝時為侍中性矜潔自貴于人少所
與以此見害於權寵而從兄子尚帝妹益陽長公主
帝又聘其從孫女於後宮左右益惡之延熹中遂陷
以罪辟與宗族免歸故郡吏承望風旨持之浸急榮
恐不免奔闕自訟未至刺史張敬追劾榮以擅去邊
有詔捕之榮逃竄數年會赦令不得除積窮困乃自

亡命中上書曰臣聞天地之於萬物也好生帝王之
於萬人也慈愛陛下統天理物為萬國覆作人父母
先慈愛後威武先寬容後刑辟自生齒以上咸蒙德
澤而臣兄弟獨以無辜為專權之臣所見批抵青蠅
人之所共構會以臣婚姻王室謂臣將撫其背奪其
位退其身受其勢於是遂作飛章以被于臣欲使陛
萬仞之坑踐必死之地今陛下忽慈母之仁發投杼
之怒尚書背繩墨案空劾不復質确其過寘於嚴棘
之下便奏正臣罪司隸校尉馮羨佞邪承旨廢於王
命驅逐臣等不得旋踵臣奔走還郡沒齒無怨臣誠

恐卒為豺狼橫見噬食故冒死欲詣闕披肝膽布腹
心刺史張敬好為諂諛張設機網復令陛下興雷霆
之怒司隸校尉應奉河南尹何豹雒陽令袁騰並驅
爭先若赴仇敵罰及死沒髡剔墳墓但未掘壙出尸
剖棺露胔爾昔文王葬枯骨公劉敦行葦世稱其仁
今殘酷容媚之吏無折中處平之心不顧無辜之害
而興虛誣之誹欲使嚴朝必加濫罰是以不敢觸突
天威而自竄山林以俟陛下發神聖之聽啓獨覩之
明拒讒慝之謗絕邪巧之言救可濟之人援投溺之
命不意滯怒不為春夏息淹恚不為順時怠遂馳使

郵驛布告遠近嚴文剋剝痛於霜雪張羅海內設置萬里逐臣者窮人迹追臣者極車軌雖楚購伍員漢求季布無以過也臣遇罰以來三赦再贖無驗之罪足以蠲除而陛下疾臣愈深有司咎臣甫力甫始也力甚也止則見埽滅行則爲亡虜苟生則爲窮人殛死則爲冤鬼天廣而無以自覆地厚而無以自載陷陸土而有沉淪之憂遠巖牆而有鎮壓之患精誠足以感於陛下而哲王未肯悟如臣犯元惡大憝足以陳於原野備刀鋸陛下當班布臣之所坐以解衆論之疑臣思入國門坐於肺石之上使三槐九棘平臣之罪而

閶闔九重陷穽步設舉趾觸罘罝動行絓羅網無緣至萬乘之前永無見信之期矣國君不可讐匹夫讐之則一國盡懼臣奔走以來三離寒暑陰陽易位當煖反寒春常淒風夏降霜雹又連年大風折拔樹木風爲號令春夏布德議獄緩死之時願陛下思帝堯五教在寬之德企成湯避遠讒夫之誠以寧風旱以弭災兵臣聞勇者不逃死智者不重困固不爲明朝惜垂盡之命願赴湘沅之波從屈原之悲沉江湖之流弔子胥之哀臣功臣苗緒生長王國懼獨含恨以葬江魚之腹無以自別於世不勝狐死首丘之情營魂識路之懷犯冒王怒觸突帝禁伏於兩闕陳訴毒痛然後登金鑊入沸湯糜爛於燋爨之下九死而未悔悲夫久生亦復何聊蓋忠臣殺身以解君怒孝子殞命以寧親怨故大舜不避塗廩浚井之難申生不辭姬氏讒邪之謗臣敢忘斯議不自斃以解明朝之忿哉乞以身塞重責願陛下匄兄弟死命使臣一門頗有遺類以崇陛下寬饒之惠先死陳情臨章涕泣泣血漣洳帝省愈怒遂誅榮寇氏繇是衰廢

皇甫規爲中郎將持節監關西兵擁衆立功無他私惠又惡絕宦官中外竝怨遂共誣規貨賂群羌令其

虛降天子璽書誚讓規上書自訟曰四年之秋戎醜蠢戾爰自西州侵及涇陽舊都懼駭朝廷西顧明詔不以臣愚駑急使軍就道幸蒙威靈遂振國命羌戎諸種大小稽首輒移書營郡以訪誅納所省之費一億以上以爲忠臣之義不敢告勞故恥以片言自及微效然此方先事庶免罪悔前踐州界先奏郡守孫儁次及屬郡都尉李翕督軍御史張禀旋師南征又上涼州刺史郭閎漢陽太守趙熹陳其過惡執據大辟凡此五臣支黨半國其餘墨綬下至小吏所連及者復有百餘吏託報將之怨不思復父之恥載贄馳

車懷糧步走交搆豪門競流謗讟云臣私報諸羌謝其錢貨若臣以私財則家無擔石如物出於官則文簿易考就臣愚惑信如言者前世尚遺匈奴以宮姬鎮烏孫以公主今臣但費千萬以懷叛羌則良臣之才略兵家之所貴將何有罪負義違理乎自永初以來將出不少覆軍有五動資巨億有旋車完封寫之權門而名成功立厚加爵封今臣還督本土糾舉諸郡絶交離親戮辱舊故衆謗陰害固其宜也臣雖汙穢廉潔無聞今見覆没恥痛實深傳稱鹿死不擇音謹冒昧略上其季冬微還拜議郎論功當封而中常

侍徐璜左悺欲從求貨數遣賓客就問功狀規終不荅璜等忿怒陷以前事下之於吏官屬欲賦斂請謝規誓而不聽遂以餘寇不絶廷尉論輸左校諸公及太學生張鳳等三百人詣闕訟之會赦歸家

皇甫嵩爲車騎將軍先是黄巾賊起尚書盧植拜中郎將發天下諸郡兵征之連戰破賊張角斬獲萬餘人角等走保廣宗植築圍鑿塹造作雲梯垂當拔之靈帝遣小黄門左豐詣軍觀賊形勢或勸植以賂送豐植不肯豐還言於帝曰廣宗賊易破爾盧中郎固壘息軍以待天誅帝怒遂檻車徵植減死罪一等及嵩討平黄巾盛稱植行師方略嵩皆資用規謀濟成其功以其年復爲尚書

趙謙爲司隷較尉廣陵郡丞謝弼去官歸家中常侍曹節從子紹爲東郡太守收弼考掠死獄中時人悼傷焉初平二年謙上書訟弼忠節求報其怨魂乃收紹斬之

冊府元龜

巡按福建監察御史臣李嗣京　訂正
知甌寧縣事臣　孫以敬　叅閲
知建陽縣事　臣　黄國琦　較釋

總録部　一百二十四

訟冤第三

魏樂詳河東人杜恕以齊王嘉平初爲幽州刺史持節護烏丸校尉時征西將軍程喜屯薊尚書袁侃等戒恕曰程申伯處先帝之世傾田國讓於青州足下今俱杖節使共屯一城宜深有以待之而恕不以爲

意至官未期有鮮卑大人兒不繇關塞徑將數十騎詣州州斬所從來小子一人無表言上喜於是劾奏恕下廷尉當死以父畿勤事水死免爲庶人徙章武郡卒於徙所詳年九十餘上書訟畿之遺績朝廷感焉詔封恕子預爲豐樂亭侯邑百戸

吳駱統爲將軍先是張温以輔義中郎將使蜀還太帝陰銜温稱美蜀政又嫌聲名太盛衆庶炫惑恐終不爲己用思有以中傷之會暨豔事起因此發舉豔字子林亦吳郡人也温引致之以爲選曹郎至尚書豔性狷厲好爲清議見時郎署混濁淆雜多非其人欲臧否區别賢愚異貫彈射百寮覈選三署率皆貶高就下降損數等其守故者十未能一其居位貪鄙志節汙卑者皆以爲軍吏置營府以處之而怨憤之積聲浸潤之譖行矣競言豔及選曹郎徐彪專用私情愛憎不繇公理（吳録曰彪字仲虞廣陵人）豔彪皆坐自殺温宿與豔彪同意數交書疏聞問往還即罪温帝幽之有司下令曰昔令召張温虚己待之既至顯授有過舊臣何圖凶醜專挾異心昔暨豔父兄附于惡逆寡人無忌故進而任之欲觀豔何如察其中間形態果見而温與之結連死生豔所進退皆温所爲頭角更相

表裏共爲腹背非温之黨即就疵瑕爲之生論又前任温董督三郡指撝吏客及殘餘兵時恐有事欲令速歸故授棨戟奬以威柄乃便到豫章表討宿惡寡人信受其言特以繞帳帳下解煩兵五千人付之後聞曹丕自出淮泗故豫勑温有急便出而温悉内諸將布於深山被命不至賴丕自退不然已往豈可深計又殷禮者本占候召而温先後乞將到蜀扇揚異國爲之譚論又禮之還當親本職而令守尚書戸曹郎如此署置在温而已又温語賈原當薦卿作御史語蔣康當用卿代賈原專衒賈國恩爲己形勢揆其

姦心無所不爲不忍暴於市朝今斥還本郡以紿厮
吏嗚呼溫也免罪爲幸統表理溫曰伏惟陛下天生
明德神啓聖心招髦秀於四方置俊乂於宮朝多士
既受普篤之恩張溫又蒙最隆之施而溫自招罪諐
孤負榮遇念其如此誠可悲疚然臣周旋之間爲國
觀聽深知其狀故密陳其理溫實心無他情事無逆
迹但年紀尚少鎮重尚淺而戴赫烈之寵體卓偉之
才亢藏否之譚効褒貶之議於是務勢者妬其寵爭
名者嫉其才玄默者非其譚瑕纍者諱其議此臣下
所當詳辨明朝所當究察也昔賈誼至忠之臣也漢

文大明之君也然而絳灌一言賈誼遠退何者疾之
者深譖之者巧也然而誤聞於天下失彰於後世故
孔子曰爲君難爲臣不易也溫雖智非從横武非爐
虎然其弘雅之素英秀之德文章之采論議之辯卓
犖冠群煒曄曜世世人未有及之者也故論溫才即
可惜言罪則可恕若忍威烈以赦盛德宥賢才以敦
大業故明朝之休光四方之麗觀也國家之於暨豔
不内之忌族猶等之平民是故先見用於朱治次見
舉於衆人中見任於明朝亦見交於溫也君臣之義
義之最重朋友之交交之最輕者也國家不嫌於豔

爲最重之義是以溫亦不嫌於豔爲最輕之交也時
世寵之於上溫竊親之於下也夫宿惡之民放逸山
險則爲勁寇將置平土則爲健兵故溫念在欲取宿
惡以除勁寇之害而增健兵之鋭也但自錯落功不
副言然計其送兵以比許晏數之多少溫不減之用
之羸瘠溫不下之至於遲速溫不後之故得及秋冬
之月赴有警之期不敢忘恩而遺力也溫之到蜀共
譽殷禮雖臣無境外之交亦有可原也境外之交謂
無君命而私相從非國事而陰相聞者也若以命行
既修君好因叙己情亦使臣之道也故孔子使鄰國

則有私覿之禮季子聘諸夏亦有燕譚之義也古人
有言欲知其君觀其所使見其下之明明知其上之
赫赫溫若譽禮能使彼歎之誠所以昭我臣之多良
明使之得其人顯國人於異境揚君命於他邦是以
晉趙文子之盟于宋也稱隨會於屈建楚王孫圉之
使于晉也譽左史於趙鞅亦向他國之輔而歎本邦
之臣經傳美之以光國而不譏之以外交也王靖内
不憂時外不趨事溫彈之不私推之不假於是與靖
遂爲大怨此其盡節之明驗也靖兵衆之勢幹任之
用皆勝於賈原蔣康溫尚不容私以安於靖豈敢賣

恩以恤原康那又原在職不勤當事不堪溫數對以醜色渾以惡聲君其誠欲責恩作亂則亦不必貪原也凡此數者較之於事既不合參之於衆亦不驗臣竊念人君雖有聖哲之姿非常之智然以一人之身御兆民之衆從深宮之内瞰四國之外昭群下之情求萬機之理猶未易周也固當聽察群下之言以廣聰明之烈今者人非溫既殷勤臣是溫又契濶辭則俱巧意則俱至各自言欲爲國誰其言欲爲私倉卒之間猶難即別然以殿下之聰叡察講論之曲直若潛神留思纖粗研核情何嫌而不宜事何昧而不昭

哉溫非親臣臣非愛溫者也昔之君子皆抑乎私忿以增君明彼獨行之於前臣耻廢之於後故遂發宿懷於今日納愚言於聖聽實盡心於明朝非有念於溫身也帝終不納

劉助爲左將軍朱據典軍吏嘉禾中始鑄大錢一當五百後據部曲應受三萬緡工王遂詐而受之典較呂壹疑據實取拷問主者死於杖下據哀其無辜厚棺斂之壹又表據吏爲據隱故厚其殯大帝數責問據據無以自明藉草待罪數月助覺言王遂所取帝大感寤曰朱據見枉況吏民乎乃窮治壹罪賞助百萬

晉段灼字休然魏末爲鄧艾鎮西司馬從艾破蜀有功累遷議郎艾爲鍾會所構而死武帝即位泰始中灼上疏追理艾曰故征西將軍鄧艾心懷至忠而荷反逆之名平定巴蜀而受三族之誅臣竊悼之惜哉言艾之反也以艾性剛急矜功伐善而不能恊同朋類輕犯雅俗失君子之心故莫肯理之臣敢昧死言艾所以不反之狀艾本屯田掌犢人宣皇帝拔之於農吏之中顯之於宰府之職處内外之官據文武之任所在輒有名績固足以明宣皇帝之知人矣會值

洮西之役官兵失利刺史王經困於圍城之中當爾之時二州危懼隴右懔懔幾非國家之有也先帝以爲深憂重慮思惟可以安邊殺敵莫賢於艾故授之以兵馬解狄道之圍圍解留屯上邽承官軍大敗之後士卒破膽將吏無氣倉庫空虚器械殫盡艾欲積穀彊兵以待有事是歲少雨又爲區種之法手執耒耜率先將士所統萬數而身不離僕虜之勞親執士卒之役故落門段谷之戰能以少擊多摧破彊賊斬首萬計遂委艾以廟勝成圖指受長策艾受命忘身龍驤麟振前無堅敵蜀地險阻山高谷深而艾步乘

不滿二萬束馬懸車自投死地勇氣淩雲將士乘勢故使劉禪震怖君臣面縛軍不踰時而巴蜀蕩定此又固足以彰先帝之善任矣艾功名已成亦當書之竹帛傳祚萬世七十老公復何所求哉艾以禪初降遠郡未附矯令承制權安社稷雖違常科有合古義原心定罪事可詳論故鎮西將軍鍾會有吞天下之心恐艾威名知必不同因其疑似構成其事艾被詔書即遣彊兵束身就縛不敢顧望誠自知奉見先帝必無當死之理也會受誅之後艾參佐官屬部曲將吏愚戇相聚自共追艾破壞檻車解其囚執艾在困

地是以狼狽失據夫反非小事若懷惡心即當謀及豪傑然後乃能興動大衆不聞艾有腹心一人臨死口無一言獨受腹背之誅豈不哀哉故見之者垂涕聞之者歎息此賈誼所以慷慨於漢文天下之事可爲痛哭者良有以也陛下與龍闡弘大度受誅之家不拘叙用聽艾立後祭祀不絕昔秦人憐白起之無罪吳人傷子胥之冤酷皆爲之立祠天下之人爲艾悼心痛恨亦猶是也謂可聽艾門生故吏收艾尸柩歸葬舊墓還其田宅以平蜀之功繼封其後使艾闔棺定謚死無所恨赦冤魂于黃泉收信義于後世則天下徇名之士思立功之臣必投湯火樂爲陛下死矣帝省表甚嘉其意

樊震以積射將軍出爲西戎牙門得見辭武帝帝問震所繇進震自陳曾爲鄧艾伐蜀時帳下將帝遂尋問艾震具申艾之忠言之流涕先是以艾孫朗爲丹水尹繇此遷爲定陵令

閻纘字續伯惠帝時爲西戎較尉司馬愍懷太子之廢也纘輿棺詣闕上書理太子之冤曰伏見赦文及牓下前太子遹手疏以爲驚愕自古以來臣子悖逆未有如此之甚也幸賴天慈全其首領臣伏念遹生

於聖父而至此者繇於長養深宮沉淪富貴受饒先帝父母驕之每見選師傅下至群吏率取膏粱擊鐘鼎食之家希有寒門儒素如衛綰周文石奮疏廣洗馬舍人亦無汲黯鄭莊之比遂使不見事父事君之道臣案古典太子居以士禮與國人齒以此明帝王欲令知先賤然後乃貴自頃東宮亦微太盛所以致敗也非但東宮歷觀諸王師友文學皆豪族力能得者率非龔遂王陽能以道訓友無亮直三益之節官以文學爲名實不讀書但共鮮衣好馬縱酒高會嬉遊博弈豈有切磋能相長益臣嘗恐公族陵遲以此

歎息今適可以爲戒恐其被斥棄逐遠矧始當悔過
無所復及昔戾太子無狀稱兵距命而壺關三老上
書有田千秋之言猶曰子弄父兵罪應笞爾漢武感
悟之築思子之臺今適無狀言語悖逆受罪之日不
敢失道猶爲輕于戾太子尚可禁持重選保傅如司
空張華道德深遠乃心忠誠以爲之師光禄大夫劉
寔寒苦自立終始不衰年同呂望經籍不廢以爲之
傅尚書僕射裴頠明允恭肅體道居正以爲之友置
游談文學皆選寒門孫宦以學行自立者及取服勤
更事涉履艱難事君事親名行素聞者使與共處使

嚴御史監護其家絶貴戚子弟輕薄賓客如此左右
前後莫非正人師傅文學可令十日一講使共論議
於前勑使但道古今孝子慈親忠臣事君及思愆改
過之義皆聞善道庶幾可全昔太甲有罪放之三年
思庸克復爲殷明王又魏文帝懼於見廢夙夜自抵
竟能自全及至明帝因母得罪廢爲平原侯爲置家
臣庶子師友文學皆取正人共相匡矯兢兢慎罰事
父以孝父沒事母以謹聞于天下于今稱之漢高皇
帝數置酒于庭欲廢太子後四皓爲師子房爲傅竟
復成就前事不忘後事之戒孟軻有云孤臣孼子其
操心也危慮患也深故多善功李斯云慈母多敗子
嚴家無格虜繇陛下驕適使至於此庶其受罪以來
足自思改方今天下多虞四夷未寧將伺國隙儲副
大事不宜空虛宜爲大計小復停留先加嚴誨依平
原侯故事若不悛改棄之未晚也臣素寒門無力仕
宦不經東宮情不私適念昔楚國處女諫其王曰有
龍無尾言年四十未有太子臣嘗備近職雖未能自
結天日情同閹寺悾悾之誠皆爲國計臣老母見臣
爲表乃爲臣卜卦云書御即死妻子守臣涕泣見止
獨以爲頻見拔擢嘗爲近職此恩難忘何以報德惟

當陳誠以死獻忠輙具棺絮伏須刑誅書御不省
石崇爲黃門郎兄統忤扶風王駿有司承旨奏統將
加重罰既而見原以崇不詣闕謝恩有司復欲加統
罪崇自表曰臣兄統以先父之恩早被優遇出入清
顯歷位盡勤伏度聖心有以垂察近爲扶風王駿橫
所誣謗司隸中丞等飛筆重奏劾案深文累塵天聽
臣兄弟跼蹐憂心如悸駿戚屬尊重權要赫奕內外
有司望風承旨苟有所惡易於投卵自統枉劾以來
臣兄弟不敢一言稍自申理戢舌鉗口惟須刑書古
人稱榮華於順旨枯槁於逆違誠哉斯言於今信矣

是以雖董司直繩不能不屏其文抱枉含謗不得不輸其理幸賴陛下天聽四達靈鑒昭遠存先父勳德之重察臣等勉勵之志中詔申料罪譴澄雪臣等刻肌碎首未足上報臣即以今月十四日與兄統駿等詣公車門拜表謝恩伏度奏御之日甦經聽覽此月二十日忽被蘭臺禁止符以統蒙宥恩出非常臣晏然私門曾不陳謝復見彈奏詆辱理盡臣始聞此惶懼狼狽靜而思之固無怪也苟尊勢所驅何所不至望奉法之直繩不可得也臣以凡才累荷顯重不能負戴析薪以荅萬分一月之中奏劾頻加曲之與直

非臣所討所愧不能承奉戚屬自陷於此不婚於富實愧王孫隨巢子稱明君之德察情爲上察事次之所懷具經聖聽伏待罪黜無所多言錄是事解

傅咸爲中丞奏王柬薨郎中令李含依臺儀葬訖除喪尚書趙浚有內寵疾含不事己遂奏含不應除喪本州大中正傅祗以名義貶含咸上表理含曰臣州秦國郎中令始平李含忠公清正才經世務實有史魚秉直之風雖以此不能協和流俗然其名行峻厲不可得掩二郎並舉孝廉異行尚書郭奕臨州含寒門少年而奕超爲別駕太保衛瓘辟合爲掾每語臣曰李世容含字也當爲晉匪躬之臣秦王之薨悲慟感八百僚會喪皆所目見而今以含俯就王制譏之背戚居榮奪其中正天王之朝既葬不除藩國之喪既葬而除藩國欲同不除乃當責引尊準卑非所宜言爾今天朝告于上欲令藩國服于下此爲藩國之義隆而天朝之禮薄也又云諸王公皆終喪禮寧盡乃叙明以哀制宜隆務在敦重也夫寧盡乃叙明以哀其病爾異於天朝制使終喪未見斯文國制既葬而除既除而祔爰自漢魏迄于聖晉文皇儷去武帝升遐世祖過哀陛下毀頓銜疚諒闇以終三年率土臣

妾豈無攀慕遂服之心實以國制不可以踰故於既葬不敢不除天王之喪釋除于上藩國之臣獨遂于下此不可安復以秦王無後含應爲喪主而王喪既除而祔則應吉祭因曰王未有廟主不應除服秦王始封無所連祔靈主所居即便爲廟不問國制云何而以無廟爲貶以合今日之所行移博士使案禮文必也放勳之殂遏密三載世祖之喪數旬即吉引古繩今闔世有貶何但李含不應除服今也無貶王制故也聖上諒闇哀聲不輟股肱近侍猶宜心喪不宜便行婚娶歡樂之事而莫云者豈不以大制不可以

曲邪且前以舍有王喪上爲差代尚書勑工葬日在
近葬訖舍應攝職不應差代葬訖舍猶躊躇司徒屢
罰訪問促舍攝職而隨擊之此爲臺勑府符陷舍於
惡若謂臺府爲傷教義則當據正不正符勑惟舍是
貶舍之困躓尚可惜乎國制不可偏爾又舍自以隴
西人雖户屬始平非所綜悉自初見使爲中正反覆
言辭說非始平國人不宜爲中正後爲郎中舍又自
以選官引臺府爲比以讓當山太守蕭韶辭意懇切
形于文墨舍之固讓乃在王未薨之前葬後躊躇縮
於對罰而攝職爾臣從弟祗爲州都督意在欲隆風

教議舍已過不良之人遂相扇動冀挾名義法外致
案足有所邀中正龐騰便劾舍品臣雖無祁大夫之
德見舍爲騰所侮謹表以聞乞朝廷以時博議令騰
得妄弄刀尺帝不從舍遂被貶退割爲五品
劉繇爲太保衛瓘主簿瓘與汝南王亮共輔朝政亮
奏遣諸王還藩與朝臣廷議無敢應者惟瓘贊其事
楚王瑋繇是憾焉賈后素怨瓘且忌其方直不得騁
已淫虐又聞瓘與瑋有隙遂謗瓘與亮欲爲伊霍之
事啓惠帝作手詔使瑋免瓘等官黄門齎詔授瑋瑋
性輕險欲騁私怨夜使清河王遐收瓘左右疑遐矯
詔咸諫曰禮律刑名台輔大臣未有此比且請距之
須自表得報就戮未晚也瓘不從遂與子恒岳裔及
孫等九人同被害時年七十二繇冒難收瓘而葬之
初瓘爲司空時帳下督榮晦有罪瓘斥遣之及難作
隨兵討瓘故子孫皆及于禍楚王瑋之伏誅也瓘女
與國臣書曰先公名謚未顯無異凡人每怪一國蔑
然無言春秋之失其咎安在悲憤感慨故以示意於
是繇等執黄旛撾登聞鼓上言曰初矯詔者至公承
詔當免即便奉送章綬雖有兵仗不施一刃重勑出
第單車從命如矯詔之文惟免官右軍已下即承詐

僞違其本文輒戮宰輔不復表上横收公子孫輒皆
行刑賊害大臣父子九人伏見詔書爲楚王所誑誤
非本同謀者皆施遣如書之旨謂里舍人被驅逼齎
白杖者爾律受教殺人不得免死况乎手害功臣賊
殺忠良雖云非謀理所不赦今元惡雖誅殺賊猶存
臣懼有司未詳事實或有縱漏不加精盡使公父子
讐賊不滅冤魂永恨訴於穹蒼酷痛之臣悲於明世
臣等身被創痍殯斂始訖謹條瓘前在司空時帳下
給使榮晦無情被黜知瓘家人數小孫名字晦後轉
給右軍其夜晦在門外揚聲大呼宣詔免公還第及

門開曄前到中門復讀所齎僞詔手取公章綬貂蟬
催公出第曄案次錄瓘家口及其子孫皆兵仗將送
著東亭道北圍守一時之間便皆斬斫害公子孫實
繇于曄及將人劫盜府庫皆曄所爲考騁一人衆證
皆出乞驗盡情僞加以族誅詔從之朝廷以瓘舉門
無辜受禍乃追瓘伐蜀勳封蘭陵郡公增邑三千戶
諡曰成贈假黃鉞
摯虞爲衛尉卿先是司空張華爲趙王倫所害及倫
與孫秀伏誅齊王冏輔政虞致箋於冏曰聞於張華
沒後入中書省得華先帝時答詔本草先帝問華可
冊府元龜　總錄部　訟冤三　卷之八百七十四　十五
以輔政持重付以後事者華答明德至親莫如先王
宜留以爲社稷之鎮其忠良之謀款誠之言信於幽
冥沒而後彰與苟且隨時者不可同世而論也議者
有責華以愍懷太子之事不抗節廷爭當此之時諫
者必得違命之死先聖之教死而無益者不以責人
故晏嬰齊之正卿不死崔杼之難季札吳之宗臣不
爭逆順之理理盡而無所施者固聖教之所不責也
冏於是奏曰臣聞興微繼絕聖王之高政貶惡嘉善
春秋之美義是以武王封比干之墓表商容之閭誠
幽明之固有以相通也孫秀逆亂滅佐命之國誅骨

鯁之臣以斲喪王室肆其虐戾功臣之後多見泯滅
張華裴頠各以見憚取誅於時解系解結同以羔羊
並被其害歐陽建等無罪而死百姓憐之今陛下更
日月之光布惟新之命然此等諸族未蒙恩理昔欒
郤降在皂隸而春秋傳其違幽王絕功臣之後棄賢
者子孫而詩人以爲刺臣備忝在職思納愚誠若合
聖意可令群官通議議者各有所執而多稱其冤壯
武國臣竺恬又詣長沙王求復華爵位依違者久之
太安二年詔曰夫愛惡相攻佞邪醜正自古而有故
司空壯武公華竭盡忠貞思翼朝政謀謨之勳每事
冊府元龜　總錄部　訟冤三　卷之八百七十四　十六
賴之前以華弼濟之功宜同封建而華固讓至于八
九深陳大制不可得爾終有顛敗危辱之慮辭義懇
誠足勸遠近華之至心誓於神明華以伐吳之勳受
爵於先帝後封既非國體又不宜以小功踰前大賞
華之見害俱以姦逆圖亂濫被枉賊其復華侍中中
書監司空公廣武侯及所沒財物與印綬符策遣使
弔祭之
齊王冏以淮南王允起兵討趙王倫遇害及倫誅冏
上表理允曰故淮南王允忠孝篤誠憂國忘身討亂
奮發幾於克捷遭天凶運奄至隕沒逆黨進惡并害

三子寃寃酷毒莫不悲酸自興義兵淮南國人相率領衆過萬人人懷慷慨慜國統滅絶發言流涕臣輒以息超繼允後以慰存亡有詔改葬賜以殊禮追贈司徒

崔悅盧諶並爲劉琨從事中郎琨爲段疋磾所害時朝廷以疋磾尚彊爲國討石勒不舉琨哀三年悅等上奏理琨曰臣聞經國之體在於崇明典刑立政之務在於固慎關塞况方岳之臣殺生之柄而可不正其枉直以杜其姦邪哉竊見故司空廣武侯琨在惠皇帝擾攘之際值群后鼎沸之難戮力皇家義誠彌

厲躬統華夷親受矢石石超授首呂朗面縛社稷克寧鑾輿反駕奉迎之勳琨實爲隆此琨效忠之一驗也其後并州刺史東嬴公騰以晉川荒匱移鎮臨漳太原西河盡徙三魏琨受任并州屬承其弊到官之日遺戶無幾當易危之勢處難濟之土鳩集傷痍撫和戎狄數年之間公私漸振會京都失守群逆縱逸邊萌頓仆苟懷宴安威以爲并州之地四塞爲固且可閉關守險畜資養徒抗辭厲聲忠亮奮發以爲天子沉辱而不殞身死節情非所安遂乃跋履山川東西征討屠谷乘虛晉陽沮潰琨父母罹屠戮之殃門族受殲夷之禍向使琨從州人之心爲自守之計則聖朝未必加誅而族黨可以不喪及猗盧敗亂晉人歸奔琨於平城納其初附將軍箕澹又以爲此雖晉人久在荒裔難以法整不可便用琨又讓之義形於色假從澹議偷於苟存則晏然於并土必不亡身於燕薊也琨自以備位方岳綱維不舉無緣虛荷大任坐居三司是以陛下登阼更引愆告遜前後章表具陳誠款尋令從事中郎臣續澹以章綬節傳奉還本朝與疋磾使榮邵期一時俱發又疋磾以琨王室大臣懼奪已威重忌琨之形漸彰于外琨知其如此慮

不可久欲遣妻息大小盡詣京城以其門室一委陛下有征鎭之會則身充一卒若疋磾從内懸則妻息可免具令臣澹密宜此旨求詔勑路次令相迎衛會王成從平陽逃來説南陽王保稱號隴右士衆甚盛當移關中疋磾聞此私懷顧望留停榮邵欲遣前兼鴻臚邊邈奉使詣保懼澹獨南言其此事遂不許引路冉誠赤心卒不上達疋磾見眷喪亡嗣子幼弱欲因奔喪奪取其國又自以欺國陵家懷邪樂禍恐父兄宗黨不容其罪是以卷甲櫜弓陰圖作亂欲害其從叔驎從弟末波等以取其國疋磾親信密告驎波

驥波乃遣人距之疋磾僅以身免百姓謂疋磾巳沒皆憑向琨若琨于時有害疋磾之情則居然可擒不復勞于人力自此之後上下並離疋磾遂欲盡勒胡晉從保上谷琨深不然之勸移厭次南憑朝廷疋磾不能納反禍害父息四人從兄二息同時并命琨未遇害知疋磾必有禍心語臣等云受國厚恩不能克報雖才畧不及亦豁過此厄運人誰不死死生命也惟恨下不能效節於一方上不得歸誠於陛下辭旨慷慨動於左右疋磾既害琨横加誣謗言琨欲窺神器謀圖不軌琨既無遠囂頑凶之思又無信布悶誅

之情跡跪亂亡之際會有異類之間而有如此之心哉雖臧獲之愚厮養之智猶不爲之况在國士之列忠節先著者乎疋磾之害琨稱陛下密詔琨信有罪陛下加誅自當肆諸市朝與衆棄之不令殊俗之竟戮台輔之臣亦巳明矣然則擅詔有罪雖小必誅矯制有功雖大不論正以興替之根咸在於此開塞之豁不可不閉故也而疋磾無所顧忌怙亂專殺虐假王命虐害鼎臣辱諸夏之望敗王室之法是可恐也戧不可恐若聖朝猶加隱忍未明大體則不逞之人襲疋磾之跡殺生自豁好惡任意陛下將何以誅之

哉折衝厭難惟存戰勝之將除暴討亂必須智畧之臣故古語云山有猛獸藜藿爲之不採非虛言矣自河以北幽并以南醜類有所顧憚者惟琨而巳琨受害之後群凶欣欣莫不得意鼓行中州曾無纖介此又華夷小大所以長歎者也伏惟陛下啓聖之隆中興之緒方將平章典刑以經序萬國而琨受害非所寃痛巳甚未聞朝廷有以甄論昔壺關三老訟衛太子之罪谷永劉向辨陳湯之功下足以明功罪之分上足以悟聖主之懷臣等祖考以來世受殊遇入侍翠幄出簪彤管弗克負荷播越遐荒與琨周旋接事

終始是以仰慕三臣在昔之義謹陳本末冐以上聞仰希聖朝曲賜哀察太子中庶子溫嶠又上疏理之帝乃下詔曰故太尉廣武侯劉琨忠亮開濟乃誠王家不幸遭難志節不遂朕甚悼之往以戎事未加弔祭其下幽州便依舊弔祭贈侍中太尉謚曰愍

高崧爲太學博士父悝去職初崧父悝位至丹陽尹封建昌伯以納妾致訟被黜及終崧乃自繫廷尉訟寃遂停喪五年不葬表疏數十上帝哀之乃下詔曰悝備位大臣違憲被黜事巳久判其子崧求直無已今特聽復伯爵崧是見稱

御保爲龍驤將軍拜荆州刺史參軍王貢與杜曾舉兵反擊保保敗坐免官王敦表以保白衣領職保彼率周訪等進軍入湘使都尉楊舉爲先驅擊杜弢大破之屯兵于城西保之佐史辭詣王敦曰州將陶使君孤根特立從微至著忠允之功所在有效出佐南夏輔翼劉征南前遇張昌後屬陳敏保以偏旅獨當大寇無征不尅群醜破滅近者王如亂北杜弢跨南二征奔走一州星馳其餘郡縣所在土崩保招攜以禮懷遠以德子來之衆前後累至奉承指授獨守危阨人往不動人離不散往年董督徑造湘城志凌雲

霄神機獨斷徒以軍少糧懸不果獻捷然杜弢惛懼來經夏口未經信宿建平流人迎賊俱叛保節廻軍遡流芟夷醜類至使西門不鍵華圻無虞者保之功也明將軍愍此荆楚救命塗炭使保統領窮殘之餘寒者衣之饑者食之比屋相慶有若挾纊江濱孤危地非重險非可單軍獨能保固故移就高岸以避其衝賊輕易先至大衆在後保距戰經日殺其名帥賊衆大半相結幷力來攻保以忠臣之節義無顧退被堅執銳身當戎行將士奮擊莫不用命當時死者不可勝數賊衆參伍更息更戰保以孤軍一隊力不獨禦量宜取全以俟後舉而主者責保重加黜削保性謙冲功成身退今奉還所受惟恐稽遲然某等區區實恐理失於內事敗於外毫釐之差將致千里使荆蠻乖離西嵎不守脣亡齒寒侵逼無限也敦於是奏復保官

周札爲會稽內史兄子筵爲吳興內史札一門五侯竝居列位王敦深忌憚之使人告札及其諸兄謀圖不軌殺之及敦死札筵故吏竝詣闕訟周氏之寃宜加贈謚事下八座從司徒王導議追贈札衛尉遣使者祠以少牢

周謨爲後軍將軍初兄左僕射護軍將軍顗爲王敦所害王敦死後詔贈戴若思譙王承等而未及顗謨上疏曰臣亡兄顗昔蒙先帝顧眄之施特垂表啓以參戎佐顯居上列遂管朝政竝與群后共隆中興仍典選曹重蒙寵授忝位師傅得與陛下揖讓机禮恩結特隆加以鄙族結婚帝室義深任重庶竭股肱以報所受凶逆所忌惡直醜正身陷極禍忠不忘君守死善道有隕無二顗之云亡誰不痛心况臣同生能不哀結王敦無君謀來實久元惡之甚古今無二幸賴陛下聖聰神武故能摧破凶逆撥亂反正以寧區

宇前軍事之際聖恩不遺取顗息閔得充近侍臣時面啓欲令閔還襲臣亡父侯爵時亍壼庾亮竝侍御坐壼云事了當論顗贈時未淹久言猶在耳至於譙王承甘卓已蒙清復王澄久遠猶在論議况顗忠以衛主身死王事雖嵇紹之不違難何以過之至今不聞復封加贈褒顯之言不知顗有餘責獨負殊恩爲朝廷急于時務不暇論及此所以痛心疾首重用哀歎者也不勝辛酸冒陳愚款疏奏不報謨復重表然後追贈顗官

桓稚爲佐著作郎先是荆州刺史王澄爲王敦所害

及敦平稚澄故吏也上表理澄請加贈詔復澄本官諡曰憲

顧悅之殷浩故吏也浩廢爲庶人卒後將改葬悅之上疏訟浩曰伏見故中軍將軍揚州刺史殷浩體德沈粹識理淹長風流雅勝聲蓋當時再臨神州萬里肅清勳績茂著聖朝欽加遂授分陝推轂之任戎旗旣建出鎮壽陽驅其豺狼翦其荆棘收羅向義廣開屯田沐雨櫛風等勤臺僕仰憑皇威群醜革面進軍河雒修復園陵不虞之變中路猖蹶遂令爲山之功摧於垂成忠欵之志於是而廢旣受削黜自擯山海杜門終身與世兩絶可謂克己復禮窮而無怨者也尋浩所犯蓋負敗之常科非卽情之永責論其名德深誠則如彼察其補過罪己則如此豈可棄而不卹使法有餘冤方今宅兆已成塋隧已開懸棺而窆禮同庶人存亡有非命之分九泉無自訴之期仰感三良昊天罔極若使明詔爰發旌我善人崇復本官遠彰幽昧斯則國家威恩有兼濟之美炎而可作無負心之恨疏奏詔遣復浩本官悅之歷尚書右丞卒

殷融爲丹陽尹先是尚書令刁協性剛與物多忤每崇上抑下故爲王氏所疾及王敦構逆上疏罪協元

帝流涕勸令避禍行至江東爲人所殺敦平後周顗戴若思等皆被顯贈惟協以出奔不在其例咸康中協子彝上疏訟之在位者多以明帝之世褒貶已定非所得更議且協不能抗節殞身乃出奔遇害不可復其官爵也融議曰王敦惡逆罪不容誅則協之善亦不容賞若以忠非良圖謀事失筭以此爲責者蓋在於幾議之間爾卽凶殘之誅以爲國刑將何以沮勸乎當敦專逼之時慶賞威刑專自己出是以元帝慮深崇本以協爲比事雖國計蓋不爲私昔孔寧儀行父從君於昬楚復其位者君之黨故也況協之比

君在於義順且中興四佐位爲朝首于時事窮計屈奉命追兔非爲逃刑謂宜顯贈以明忠義時庾冰輔政疑不能決左光祿大夫蔡謨與冰書曰夫爵人者宜顯其功罰人者宜彰其罪此古今之所慎也凡小之人猶尚如此刁令中興上佐有死難之名天下不聞其罪而見其貶致令刁氏稱冤此乃爲王敦復讐也內沮忠臣之節論者惑之若實有大罪宜顯其事令天下知之明聖朝不貶死難之臣春秋之義以功補過過輕功重者得以加封功極過重者不免誅絶功足贖罪者無黜雖先有邪佞之罪而臨難之日黨

於其君者不絶之也孔寧儀行父親與靈公淫亂于朝君殺國滅䌛此二臣而楚尚納之傳稱有禮不絶其位者君之黨也若刁令有罪重於孔儀絶之可也若無此罪宜見追論或謂明帝之世已見寢廢今不宜復改吾又以爲不然夫大道宰世殊塗一致萬機之事或異或同同不相善異不相譏故堯抑元愷而舜舉之堯不爲失舜不爲非何必前世所廢便不宜改乎漢蕭何之後坐法失侯文帝不封而景帝封之後復失侯武昭二帝不封而宣帝封之近去元年車駕釋奠拜孔子之座此亦元明二帝所不行也又刁令但是明帝所不贈爾非誅之也王平子第伍猗皆元帝所誅而今日所贈豈以改前爲嫌乎凡處事者當上合古義下準今例然後譚者不惑受罪者無怨爾按周僕射戴征西本非王敦唱檄所讐也事定乃見害爾周莚郭璞等並亦非爲主禦難也自平居見殺爾皆見襃贈刁令事義豈輕於此乎自須員外散騎尚得追贈况刁令位亞三司若先自壽終不失員外散騎之例也就不蒙贈不失以本官殯葬也此爲一人之身壽終則蒙贈死難則見絶豈所以明事君之道厲爲臣之節乎宜顯評其事以解天下疑惑之

論又聞譚者亦多謂宜贈凡事不允當而得衆助者若善柔得衆而刁令寵剛多怨若以貴也刁氏今賤若以富也刁氏今貧人士何故反助寒門而此言之足下宜察此意冰然之事奏成帝詔曰協情在忠主而失爲臣之道故令王敦得託名公義而實肆私忌遂令社稷受屈元皇銜恥致禍之原豈不有䌛若極明國典則曩刑非重今正當以恊之勤有可書敘之逆命不可長故議其事爾今可復恊本位加之冊祭以明有忠於君者纖介必顯雖於貶裁未盡然或足有勸矣於是追贈本官祭以太牢

呼延謨爲前趙陝都太守先是陝婦人不知姓字年十九寡居陝縣事叔姑甚謹其家欲嫁之此婦毁面自誓後叔姑病死其叔姑有女在夫家先從此婦乞假不得因而誣殺其母有司不能察而誅之時有鮮烏悲鳴尸上其聲甚哀盛夏暴尸十日不腐亦不爲蟲獸所敗其境乃經歲不雨及謨爲太守訪知其寃乃斬此女設少牢以祭其墓謚曰孝烈卓婦其日大雨

册府元龜

冊府元龜

巡按福建監察御史臣李嗣京　訂正
新建縣舉人臣　戴國士參閱
知建陽縣事臣　黃國琦較釋

總錄部　一百二十五

訟冤第四

南齊何昌㝢宋末爲建平王景素府主簿景素被誅昌㝢痛之啓太祖曰伏尋故建平王因心自遠忠孝基性徽和之譽早布國言勝素之情風洽民聽世祖綢繆太宗眷異朝中貴人野外賤士雖聞見有殊誰

不悉斯事者元徽之間政關群小構扇異端共令傾覆殷勤之非古人所悼況蒼梧將季能無衒惑一年之中籍者再三有必顛之危無鑒立之安行路寒心往來蹋踏而王夷慮坦然委之天命惟謙惟敬專誠奉國閨無執戟之衛門闕衣介之夫此五尺童子所見不假潤曲言也一淪疑似身名頓滅冤結淵泉酷貫穹昊時經隆替歲改三元曠蕩之惠亟申被枉之澤末流俱沐溫光獨酸霜露明公溥天地之施散雲雨之潤物無巨細咸被慶渥若今日不蒙照滌則爲萬代冤魂昌㝢非敢慕慷慨之士激揚當世實義切於心痛入骨髓瀝腸紓憤仰希神照辯明枉直亮王素行使還名帝籍歸靈舊塋死而不泯豈忘德於黃壚分軀碎首不足上謝又與司空褚淵書曰天下之可哀者有數而埋冤於黃泉者爲甚焉何者百年之壽同於朝露揮忽去留寧足道哉正欲闔棺之日不隕令名竹帛傳芳烈鍾石紀清英是以昔賢甘心於死所者也若懷忠抱義而負枉橫亡時主未之矜卿相不爲言良史濡翰將被以惡名豈不痛哉豈不痛哉竊尋故建平王地屬親賢德居宗望道心惟沖膚性天峻散情風雲不以塵務嬰衿明發懷古惟以琴

書娛志言忠孝行敦慎二公之所深鑒也前者阮楊連黨構此紛紛雖被明於朝貴愈結怨於群醜覘察繼蹤疑防重著小人在朝詩史所歎清識欽沖王每永言終日梟淚交横既推信以期物故日去其備衛朱門蕭條示存典刑而已求解徐州以避北門要任苦乞會稽貪處東甌閑務此並彰於事迹與公道味相求期心有素共方經營家國劬勞王室何圖時不我與契闊屯昏忠誠弗亮罹此百殃歲朔亟流已經四載皇命惟新人沾天澤而幽然冱酷未蒙照明封殯卑雜冤魂莫寄昭穆不序松柏無行事傷行路痛

結幽顯吾等叩心泣血實有望於聖時公以德佐世欲物得其所豈可令建平王枉直不分耶田叔不言梁事袁絲諫止淮南以兩國釁禍有黲帝意豈非親親之義寧從敦厚而今疑似未辨爲世大戮若使王心跡弗申亦示海內無以理冤枉明是非夫存亡國絕繼世周漢之通典有國之所急也昔叔向之理恃祁大夫而獲亮戾太子之冤資車丞相而見察幽靈有知豈不眷眷於明顧碎首抽脅自謂不殞淵荅曰追風古人良以嘉歎但事既昭晦理有逆從建平初阻元徽未悖專欲委咎阮楊彌所致疑于時正亦謬

參此機若審如高論其愧特深太祖嘉其義

劉璡初爲宋建平王景素秀才景素被誅璡上書曰臣聞曾子孝于其親而沉乎水介生忠于其主而焚乎火何則仁也不必可依信也不必可恃昔者墨翟譏雲梯於荊臺之下宋人逐之夷叔爲衛軍隱難于晉公子殪之李牧比斬强胡之旗南拒全秦之卒趙王不圖其功賜以利劍隙蕃白背固義志生事主漢靈不明其忠卒被刑戮彼數子者皆身栖青雲之上而困於泥塵之裏誠以危行不容於衰世孤立聚尤於衆人加讒諂蛆蠱其中謗隙蜂飛而至故也臣聞浸潤之行骨肉離絕疑似一至君臣易心此中山所以欷歔樂奏孟傳所以慷慨囊頭者也臣每惟故舉將宋建平王之禍悲徹骨髓氣凝霜霰今旋輿啓運人神改物生罪尚宥死冤必申臣誠不忍王之負謗而不雪故敢明言其理臣聞孝悌爲志者不以邪冒上曾子不逆薪而覺知其不爲暴也秦人獲麑知其可爲傳也臣聞王之事獻太妃也朝夕不違養甘苦不見色帳下進珎饌太妃未食王投箸輟飯太妃起居有不安王傍行蓬髮臣聞求忠臣於孝子之門安有孝如王而不忠者乎其可明一也當泰始元徽中

王公貴人無謁景寧陵者王獨抗情而行不以趨時捨義出鎮入朝必詣拜陵所王尚不棄先君豈背今君乎其可明二也王慱聞而容衆從諫而愛士與人言昫昫若有傷聞人之善譽而進之見人之惡掩而誨之李尉之蓬廬之寒素也王枉駕而訊之何季穆等宜簡王之舊也王提挈以升之王虛已以厚天下之士尚不欲傷一人之心何乃親戚罔相菹膾乎其可明三也臣昔以法曹參軍訊於聽朝之末王每斷獄降聲辭和顏色以待士女之訟時見夏伯以童子孫繫王愴然改貌用不加刑徐州嘗歲饑王散秩粟

俸帛以繼民之乏觸理究疑咸息繇務所在皆有愛於民臣聞善人國之紀也安有仁於民庶而虐其宗國者乎其可明四也王修身潔行言無近雜内去聲酌之娛外無田弋之好每所臨蒞不加穿築直衛不繁第宅無改荆州高齋刻楹栢構王處而不處昔朝廷欲賜王東陵甲第又辭而不當兩宮所遺珍玩塵於笥篋無他嬖私不聆内寵姬嬙數人皆詔令所賜王身食不踰一肉器用厖素時有獻鏤王器王顧謂何昌寓曰我持此安所用哉乃謝而反之王恭己蹈義若此其可明五也王之在荆州也時獻太妃初薨

宋明帝新棄天下京畿諸王又相繼非命王方從入爲太嘗楚下人士竝勸勿下王謂爲臣而距先皇之命不忠爲子不奉親之寵要不孝於是棄西州之重而俯伏北闕王若志欲屈彊便應高枕江漢何爲屈折而受制於人乎其可明六也王名高海内義重太山者夘懷仁士應慕德故從昏者邑朋同枉者毁正搦絃爲鉤張一作百行生豺噬皆生風塵會王季符負罪流謗事會讒人之心攜醜相扇鴟梟脅翼于雖遘懸離而誠分彌款散情中孚揮跡滿素虞玩之銜使歸旋世子入質京邑績解徐州請身東第後求會稽降階對撫虞玩殷渙實爲詮譯誠心殷勤備留聖聽王若倂張跋扈何事若斯其可明七也自是以後日同殊論蒼梧之衰德旣彰群小之姦慝彌廣不盈其毒上不可依時長王竝見誅鋤公卿如蹈虎尾衆人翕翕莫不注仰於王廂閣諸人同謀異志王心不從利忠不背本執周天賜而斬之以距王空與等遣司馬孫謙歸款朝廷王若欲擬非覬寧當如此乎其可明八也又是年五月以後道路皆謂阮佃夫等欲潛圖宮禁因兵比襲而黄回高道慶等傳搆其事武人獎亂更相恐脅至六月而京師徵賦車徒將講衆

比壘都鄙疑駭僉言纂作垣抵祖因民情蹴蕩揚聲北奔始辭惑衆窮亂極禍會州人都還說捩門已閉殊不知臺中安否王旣素籍異論謂爲信然收率疲弱志在投散水炭在懷但恐遲後何圖兵以順出難爲逆動乎夫往來之人謹譁幻惑皆出輦轂非從徐州起也且臺以六月晦夜無何呼比兵已至皆登陴抽刄而朱方七月朔故綏帶從容其晚聞京都變亂始乃鳩兵簡甲爾王豈先造禍哉其可明九也王聞京室有難坐不安食不甘言及太后未嘗不交巾掩泣又臨危之際撫檻而歎曰吾恐三才於斯絶矣裁

豈不誠在本朝以天下爲憂乎自非深忠遠槩誰能身滅之不恤猶眷眷國家安危哉其可明十也夫王起兵之日止在匡救昏難放殛姦盜非他故也請較官之當時君臣之道治亂云何楊運長阮佃夫爲有罪耶爲無罪耶若其無罪何故爲戮若其有罪討之何辜王豈不知君親之無將乎顧以救火之家豈遑先白丈人非不恭也徒以運屬凌夷智力無所用之蹉跌傾覆此乃時也豈謂反乎果然今日王亡明日宋亡王何負於社稷何愧於天下哉臣聞武王克商未及下車而封王子之墓漢高定天下過大梁躡燕

代修信陵之祀存望諸之裔晉世受命亦追王陵之寃而詔其孫爲郎夫比干殷辛之罪人也無忌魏之疑臣也樂毅燕之逃將也彥雲齊之賊而晉害也適逢聖明之君革運創制昭功誠蕩嫌怨請議以天下之善也或殊世而相明故四賢咸濟其今問三后馳光於萬乘君子榮其輝小人服其義今陛下尊英雄之高軌振逸世之奇聲何至仍衰世之異議以掩賢人之名哉若王之中外不明終始愉德臣懼方今之人不復爲善矣且世之興衰何代無有今齊苗裔萬世之後其能無汙隆乎苟前良可襃何以勸後之能者伏願上同周漢西晉之如彼下爲來亂垂範之如此當霈然降明詔篤任道使往王得洗謗議拯寃魂賜以王禮反葬則民之從義猶若廻風之卷艸也臣聞鶴鳴皐垤則降陰吐雨騰蛇聳躍而況雲鬱寘但傷臣言輕落毛身如横芥神高聽邈終焉莫省空欲內不負心庶將來如王之意爾又不省璀後以母老闕養拜彭城郡丞

崔偃惠景之子也爲始安內史先是惠景爲平西將軍以東昏即位誅戮將相舊臣皆盡惠景不自安乃起兵事敗伏死偃藏竄得免和帝西臺立以爲寧朔

將軍中興元年詣公車門上書曰臣竊惟太祖高宗之孝子忠臣而昏主之賊臣亂子者江夏王與陛下先臣與鎮軍是也臣聞堯舜之心常以天下爲憂而不以位爲樂彼孑然之舜隴畝之人猶尚若此況祖業之重家國之切江夏既行之于前陛下又蹈之於後雖成敗異術而所繇同方也陛下初登至尊與天合符天下纖介之屈尚望陛下申之絲髮之寃尚望陛下理之況先帝之子陛下之兄所行之道即陛下所繇哉如此尚弗恤其餘何幾哉陛下德侔造化仁育群生雖在昆蟲艸木有不得其所者覽而傷焉而

況乎友愛天至孔懷之深夫豈不懷將以事割此實
左右不明未之或詳惟陛下公聽並觀以詢之芻蕘
群臣有以臣言爲不可者乞使臣廷辯之則天人之
意塞四海之疑釋必若不然俾小民之無識爾使其
曉然知此相聚而逃陛下以責江夏之寃朝廷將何
以應之哉若天聽沛然廻光發惻愴之詔而使東牟
朱虛東褒儀父之節則荷戈之士誰不盡死愚戇之
言萬一上合事乞留中事寢不報僶又上疏曰近冒
陳江夏之寃定承聖詔已有褒贈此臣狂躁之罪也
然臣所以諮問者不得其實罪在萬沒無所復云但

愚心所恨非敢以父子之親骨肉之間而僥倖曲陛
下之法傷至公之義誠不曉聖朝所以然之意何則
在主雖狂而實是天子江夏雖賢實是人臣先臣奉
人臣逆人君以爲不可申明詔得矣然未審陛下亦
是人臣不而鎮軍亦復奉人臣逆人君今之嚴兵勁
卒方指于象魏者其故何哉臣所不死苟存視息非
有他故所以待皇運之開泰申寃魂之枉屈今皇運
既已開泰矣而死于社稷盡忠反以爲賊臣何用此
生陛下世矣臣聞王臣之節竭智盡公以奉其上居
股肱之任者申理寃滯薦達群賢凡此衆臣夙興夜
寐心未嘗須臾之間而不在公故萬物無不得其理
而頌聲作焉臣謹按鎮軍將軍臣顗胄宗室之親股
肱之重身有伊霍之功荷陛下稷旦之任中領軍臣
諱（臣欽若等曰此武梁帝也）受帷幄之寄副宰相之尊皆所以棟
梁朝廷社稷之臣天下所當遑遑匪懈盡忠竭誠欲
使萬物得理而頌聲大興者豈復容踰此哉而同知
先臣股肱江夏匡濟王室天命未遂王亡與亡而不
爲陛下瞥然一言知而不言是不忠之臣不知而不
言乃不智之臣此而不知將何所知如以江夏心異
先臣受制臣力則江夏同致死甕聽可昏政濫刑見

殘無道然江夏之異以何爲明孔呂二人誰以爲戮
乎御麾幡言輒任公同心共志心若膠漆而不爲異
臣竊惑焉如以先臣遣使江夏斬之則征東之驛何
爲見戮陛下斬征東之使實詐山陽江夏違先臣之
請實謀孔矜天命有歸故事業不遂爾夫惟聖人乃
知天命守忠之臣惟知盡死安顧成敗詔稱江夏遣
時屯故跡留行令內恐操情無玷純節今茲之旨又
何以處鎮軍哉臣所言畢矣乞就湯鑊然臣雖萬沒
猶陛下必申先臣何則惻愴而申之則天下伏不惻
愴而申之天下之人北面而事陛下者徒以力臣爾

先臣之忠有識所知南史之筆千載可期亦何待陛下屈伸而爲褒貶然小臣惓惓之愚爲陛下計爾臣之所言非孝共父實忠其君惟陛下熟察少留心焉臣頗觸宸嚴而不彰露所以每上封事者非自爲聾地猶以春秋之義有隱諱之意也臣雖淺薄然今日之事斬足斷頭殘身滅形何所不能爲陛下爾臣聞生人之死肉人之骨有識之士未爲多感公聽並觀市人之冤秉德任公理人之屈則會天之人爭爲之死何則理之所不可以已也陛下若俯鑒臣冤深收往失發惻愴之詔懷可報之意則桀之犬實可吠堯

臙之客實可刺縣臣非吝生實爲陛下重此名於天下已成之基可惜之實莫復是加寖明寖昌不可不循寖微寖滅不可不慎惟陛下熟察詳擇其東若陛下猶以爲疑鎮軍未之允決乞下征東共詳可否無以向隅之悲而傷陛下滿堂之樂何則陛下昏主之弟江夏亦昏主之弟鎮軍受遺託之恩先臣亦荷顧命之重情節無異所謂皆同殊者惟以成敗仰資聖朝爾臣不勝愚忠使群臣廷辯者臣乞專令一人精賜本語僥倖萬一天聽昭然則軻沈七族離燔妻子人以爲難臣豈不易詔報曰具知卿冤切之懷卿門昔義而旌德未彰亦追以慨然今當顯加贈謚俚尋下獄死

梁江淹字文通濟陽考城人仕宋爲奉朝請建平王景素好士淹隨景素在南兖州廣陵令郭彥文得罪辭連淹繫淹州獄淹獄中上書曰昔者賤臣叩心飛霜擊於燕地庶女告天振風襲於齊堂下官每讀其書未嘗不廢卷流涕何者士有一定之論女有不易之行信而見疑貞而爲戮是以壯夫義士伏死而不顧者也下官聞仁不可恃善不可依始謂徒語乃今知之伏願大王暫停左右少加憐鑒下官本蓬戶桑

樞之民布衣韋帶之士退不飾詩書以驚愚進不買名聲於天下日者謬得升降承明之闕出入金華之殿何嘗不局影凝嚴側身扃禁者乎竊慕大王之義爲門下之賓備明盜淺術之餘豫三五賤伎之末大王惠以恩光眄以顏色實佩荊卿黃金之賜竊感豫讓國士之分矣嘗欲結纓伏劍少謝萬一剖心摩踵以報所天不圖小人固陋坐貽謗缺迹墜昭憲身限幽圄履影弔心酸鼻痛骨下官聞虧名爲辱虧形次之是以每一念來忽若有遺加以涉旬月迫季秋天光沈陰左右無色身非木石與獄吏爲伍此少卿所

以仰天捷心泣盡而繼之以血者也下官雖乏卿曲
之譽然嘗聞君子之行矣其上則隱於屠肆之間臥
於巖石之下次則結綬金馬之庭高議雲臺之上退
則虜南越之君係單于之頸俱啓丹冊並圖青史寧
當爭分寸之末競刀錐之利哉然下官聞積毀銷金
積饞糜骨古則直生取疑於盜金近則伯魚被名於
不義彼之二子猶或如此況在下官焉能自免昔上
將之耻絳侯幽獄名臣之羞史遷下室如下官當何
言哉夫魯連之智辭祿而不反接輿之賢行歌而忘
歸子陵閉關于東越仲蔚杜門於西秦亦良可知也

若使下官事非其虛罪得其實亦當鉗口吞舌伏匕
首以殞身何以見齊魯奇節之人燕趙悲歌之士乎
方今聖歷欽明天下樂業青雲浮雒榮光塞河西泊
臨洮狄道北距飛狐陽原莫不浸仁沐義炤景飲醴
而下官抱痛圓門含憤獄戶一物之微有足悲者仰
惟大王少垂明白則梧丘之鬼不愧於沈首鵠亭之
鬼無恨於灰骨不任肝膽之切敬因執事以聞此心
既昭死且不朽景素覽書即日出之淹至天監元年
爲散騎常侍左衛將軍封臨沮縣伯
後魏成淹爲著作佐郎先是慕容白曜爲征南大將
軍青州刺史濟南王以獻文四年冬見誅初巳渾專
權白曜頗所依附緣此追以爲責及將誅也云謀反
叛時論冤之孝文太和中淹上表理白曜曰臣聞經
略疆宇寔良將之功褒德崇庸乃聖王之務臣伏見
故征南大將軍開府青州刺史濟南王慕容白曜祖
父相資世會東裔值皇運廓被委節臣妾白曜生長
王國飲服道教爵列上階位登常伯去天安初江陰
夷楚敢拒王命三方阻兵連城岳峙海岱蒼生翹首
拯援聖朝乃眷南顧思救荒黎大議廟堂顯舉元將
遂推轂委誠授以專征之任擁兵十萬仗節一方威

凌河濟則淮徐震懼師出無鹽而申纂授首濟北太
原同時消潰麋溝垣苗相尋奔走及迴麾東掃道固
銜璧盤陽梁鄒肉袒請命白曜外宣皇風內盡方略
身擐甲冑與士卒同安撫初附示以恩厚及青州尅
平文秀縛面海波清靜三齊底定逖彼東南永爲國
有使天府納六州之貢河濟息烽驚之虞開岱宗封
禪之略闢山川望秩之序斯誠宗廟之靈神筭所授
然抑亦白曜與有力矣及氛翳既靜爵命亦隆榮耀
當時聲譽日遠而民惡其上妄生尤隙因其功高流
言惑聽傷痍未瘳合門屠戮臣謂白曜策名王庭累

荷榮授歷司出內世載忠美開疆千里拔城十二辛勤於戎旅之際契闊於矢石之間登鋒履危志靜皆亂方難既夷身膺高賞受胙河山與國昇降六十之年寵靈已極觀其立功足明機運豈容僥倖更邀非望者乎自開國以來諸有罪犯極刑不得骸骨者悉聽收葬大造之恩振古未有而白罷人舊功高嬰禍淪覆名滅國除爵命無紹天下衆庶咸共哀憐願陛下揚日月之明照勳臣之績使闔棺定謚歿有餘稱仰惟聖明寢然昭覽狂瞽之言伏待刑憲孝文覽表嘉愍之

李孝伯大武時爲散騎常侍太武寵眷以宰輔遇之卒之日遠近哀傷有子安人弟豹子於孝明正觀三年上書曰竊惟庸勳賞勞有國當典興滅繼絕哲后所先是以積德累終春秋許宥十世立功成業河山誓其永久伏惟世祖太武皇帝英叡自天籠罩日城東清遼海西定玉門凌滅漠北飲馬江水臣亡父故尚書宣城公先臣孝伯宴基感會邀幸昌辰綢繆帷幄繾綣侍從廟算嘉謀每蒙顧採于時儲后監國奏請徵賢詔報曰朕有一孝伯足以治天下何用多爲其見委遇乃至於此是用寵以元勳爵以公侯詔冊曰江陽之巡奇謀屢進六師大捷亦有勳焉出內勤王寵遇隆厚方開大賞而世祖登遐梓宮始遷外任名徽高宗沖年纂運未及追敘臣行非百靈先臣棄世微績未甄誠志長奪搢紳僉傷早世朝野咸哀不永臣亡兄襲無子封除永惟宗搆五情摧圮先臣榮寵前朝勳書王府同之嘗倫爵封堙墜准古量今實深荼苦竊惟朝例廣川王遵太原公元大曹等並以勳重先朝世繼絕祀或以傍親或聽弟襲皆傳河山之功垂不世之賞況先臣往蒙委遇運籌帷幕勳著於中聲傳於外事等功均今古無易是以漢賞越布

載重良平魏酬張徐不棄荀郭今數族追賞於先朝之世先臣絕封於昭明之時瞻流顧侶存亡永恨竊見正始中爰發存亡之詔褒賢報功之旨熙平元年故任城王澄所請十事復新前澤成一時之盛事曠代之茂典凡在纓紱誰不感慶葢以獎勸來今垂範萬古爾劉氏僞書翻流上國尋其訕謗百無一實前後使人不書姓字亦無名爵至於張暢傳中略敘先臣對問雖改脫略盡自欲矜高然逸韻難虧猶見稱載非但存益于時沒亦有彰國美乞覽此書昭然可見則微微衰搆重起一朝先臣潛寬結草於千載矣

遂不得襲之

辛雄爲尚書三公郎先是御史中丞東平王元匡與棺諫諍尚書令任城王澄劾以大不敬詔恕死爲民雄奏理之曰竊惟白衣元匡歷奏三朝每蒙寵遇謇諤之性簡自帝心鷹鸇之志形於在昔故高祖錫之以匡名陛下任之以彈糾至若茹皓昇贊匡斥宜下之言高肇當政匡陳擅權之表剛毅忠款群臣莫及骨鯁之跡朝野共知當高肇之時匡造棺致諫王聖臣直卒以無咎假欲重造先帝已容之於前陛下亦宜寬之於後況其元列餘緒與罪案不同也脫終貶

黜不在朝廷恐杜忠臣之口塞諫者之心乖琴瑟之志和違鹽梅之相濟祁奚云叔向之賢可及十世而匡不免其身實可嗟惜未幾匡除龍驤將軍平州刺史

崔鴻爲三公郎中先是襲常山王素孫壽興爲中庶子因公事抉王顯顯後有寵於宣武御史中尉奏壽興誹謗顯因帝極飲無所覺悟遂奏其事命帝注可直付壽興賜死帝書半不成字靈太后臨朝鴻上疏理壽興詔追雪贈豫州刺史謚曰莊

楊侃華州刺史播子也播以借民田爲御史王基所劾削除卒于家偘等停柩不葬披訴積年至孝明熙平初乃贈鎮西將軍雍州刺史弁復其爵

元遥爲冀州刺史時以諸胡設籍當欲税之以充軍用胡人不願乃共搆遥云取納金馬刺史按驗事與胡同遥坐除名遥陳枉不已勑有司重究乃披雪

濟陰王鬱長子弼以世嫡應襲先爵爲季父麗奪王爵横授毋兄子誕弼遂絶棄人事布衣蔬食而卒孝莊建義元年子暉業訴復王爵

陸凱祠部尚書司州大中正琇弟也琇以從兄畝事免官宣武景明初試守河內郡咸陽王禧謀反令子

曇和與尹件期薛繼祖等先詣河內琇聞禧反斬曇和首時以琇不先送曇和禧敗始斬責其通情徵詣廷尉少卿崔振窮罪狀案琇大逆陸宗大小咸見收捕會將赦先薨于獄凱仍上書訴冤詔復琇爵子景祚襲

宋遊道爲通直散騎常侍遊道河南尹李獎故吏也初獎爲河南尹元顥以獎兼尚書右僕射慰勞徐州羽林及城人不承顥旨害獎傳首雒陽出帝時遊道上書理獎曰臣聞賞善罰惡謂之二機有道存焉所貴不濫是以子胥無罪吳人痛之郤克不幸國言未

息河南尹李奬門居戚里世擅名家有此良才實兼國用自少及長忠孝爲心入朝出牧清明流譽矜懷放暢風神爽發實廊廟之瑚璉社稷之禎幹往歲北海竊據貿晨當朝王公卿士俛首從事而奬闔門百口同居京雒旣被羈縶自拔無蹊託使東南情存避難當時物論謂其得所然北海未敗之日徐州刺史元孚爲其純臣莫之敢距表啓相望遲速惟命及皇輿反正神器斯復輕薄之徒共生侥倖詭言賈賞曲道求通濫及善人稱爲巳力若以奬受命賊朝語跡成罪便與天下共當此責于時朝旨惟命免官亦旣

經恩方加酷濫伊昔具臣比肩賊所身臨河上日尋干戈時逢寃政任遇不改一介使人獨嬰斯戮凡在有心孰不嗟悼前朝所以論功者見其邊人且相慰悦其猶郭默生亂劉裔懸首事乃權宜蓋非實錄昔鄧艾下世段灼理其寃馬援物故朱勃申其屈臣雖小人趣事君子有懷舊恩義兼故人見其若此久欲陳辭含言未吐遂至今日幽泉巳閉隴樹成行內手捫心顧懷愧慨幸逢典聖理運惟新雖日纂戎事同郴華頻有大恩被於率土亡官失爵者悉蒙追復而奬雜木猶存牛車未改士感知巳懷此無忌輕率瞽言干犯華轂伏願天鑒賜垂矜覽加其贈秩慰此幽寃詔贈衛將軍冀州刺史

隋段文振仁壽初爲行軍總管討嘉州亂獠文振諂蜀王秀貌頗不恭爲秀所奏除名及秀廢黜文振上表自申理高祖慰諭之授大將軍

辛公義初爲楊州道黜陟大使豫章王暕恐其部內官寮犯法未入州境預令使屬公義公義荅曰奉詔不敢有私及至楊州皆無所纖捨暕銜之及煬帝即位楊州長史王弘入爲黃門侍郎因言公義之短竟去官吏人守闕訴寃相繼不絕後數歲帝悟除內史

侍郎

唐尉遲耆福後周相州都督迥之從孫先是隋文帝輔政將有異圖迥不從兵敗而死武德中耆福爲庫部員外郎上表請改葬朝議以迥忠於周室有詔許之

岑文本父之象仕隋爲邯鄲令坐事不得申文本詣司隸稱寃時年十四辭情甚切占對閒雅人皆異之其父竟雪繇是知名文本後爲中書侍郎

蘇安恒冀州武邑人則天長安三年御史大夫魏元忠爲張易之兄弟誣構繫獄安恒抗疏申理元忠曰

臣聞昔者明王有含天下之量有濟天下之心能進天下之善能除天下之惡若爲君王而不行此四塗者必當神怒鬼呼陰錯陽亂欲使國家榮泰其可得乎伏惟皇帝陛下懸象設教乘時致理非不欲褒進良直屏黜姦佞益爲逆耳者寡順情者多陛下往日革命之際卽能勤於庶政親總萬機博採謀猷旁求俊彥故四海之內以陛下爲納諫之主陛下朞年以來怠於政事讒邪結黨水火成災百姓不親五品不遜故四海之內以陛下爲受佞之主當今邪正莫辨訟獄棠冤豈陛下昔是而今非只爲居安忘危之失

也臣竊見御史大夫簡較太子左庶子同鳳閣鸞臺平章事魏元忠秉直有文位居宰輔故履忠正之基者用元忠爲龜鏡踐邪佞之路者嫉元忠如仇讎臣伏見靈臺監張易之兄弟在身無德於國無功不逾數年遂極隆貴自合飲氷懷懼酌水思清夙夜兢兢以答恩造不謂溪壑其志豺狼其心欲指鹿而獻蒲先害忠而損善將斯代亂之法汙我明君之朝自元忠下獄已來臣見長安城內街談巷議者謂陛下委任姦佞斥逐賢良以元忠必無不順之言以易之必有交亂之意相逢偶語人心不安雖有忠臣烈士空撫髀於私室而鉗口不敢言者皆懼易之等威權恐無辜而受戮亦徒虛死爾今三秋屆節蓄中則馳馬盛肥九州作貢天下則斂賦煩重以臣言之此已不勝其弊況又聞陛下縱逸讒慝禁錮良善僭刑罰失中則遐邇變生臣恐四夷因之卽窺覘得失以爲邊郡之患百姓因之卽聚結義兵以除君側之惡復恐逐鹿之黨叩關而至亂階之徒中外響應爭鋒於朱雀門內問罪於大明殿前陛下將何事以謝之欲何方以禦之臣今爲陛下之計安百姓之心者莫若收雷電之威解元忠之網復其爵位君臣如初則天下

幸甚陛下好生惡殺縱不能斬佞臣頭以塞人望臣請奪其榮寵翦其羽翼無使權柄在手驕橫日滋專國倍於穰侯廻天過於左悺於宗社安矣惟陛下圖之臣雖微賤天性愚直未嘗謁王侯將相亦不識元忠易之之面豈此可親而彼可疏但恐讒邪長而忠正絶伏惟陛下暫回天鑒察臣此心卽徵臣朝志得行夕死無恨疏奏不省易之兄弟聞之深共讎嫉欲遣刺客害之賴正諫大夫朱敬則鳳閣舍人桓彥範著作郎魏知古保持獲免

敬讓開元中爲魏州長史其父暉則天時流嶺南武

三思恐其再用使侍御史周利貞往殺之至是讓爲魏州長史利貞爲辰州長史俱欲奏事左臺侍御史崔瑋監殿庭揖利貞先進讓爲訴利貞受武三思使枉害臣父瑋劾讓不待監引請付法玄宗曰讓訴父枉不可不矜朝儀亦不可不肅讓奪一月俸利貞貶邕州刺史

王晙爲朔方軍節度使時簡較太子左庶子魏元忠爲張易之兄弟所搆左授高要尉晙密狀申明之

李勉以肅宗乾元中爲梁州都督山南西道觀察使以故吏前密縣尉王曄攝南鄭令俄有詔處死勉問

其故乃爲權倖所誣勉詢將吏曰上以牧宰爲人父母豈以譖言而殺不辜乎即停詔拘曄飛表上聞曄遂獲宥

楊炎以代宗大曆末貶官道州司馬時嗣曹王皐爲衡州刺史坐小法貶潮州刺史炎知皐事直及炎作相復以皐爲衡州刺史

韓潭以德宗貞元初爲夏綏銀節度初建中末德宗幸奉天右僕射崔寧與所親言及盧杞姦邪杞聞之遂與王翃誣搆殺之至是潭奏讓新加禮部尚書制命以雪崔寧之罪蓋嘗爲寧之將較也帝不許潭讓官而詔寧許其家收葬

馮瑱夏州人翃之子也時節度使韓潭朝京師其監軍賈英秀在鎮挾誣捕節度推官王遊順令典李縉朝以榔拉殺翃瑱上寃上訴臺推得實遊順縉朝等坐曲法殺人皆下京兆府杖殺

穆贊爲濟源主簿時父寧任和州刺史以剛直不屈於廉使遂被誣奏貶泉州司戶參軍贊奔赴闕庭號泣上訴詔使御史覆問寧方得雪詔曰令子申父之冤憲臣奉君之命楚劍不銜於牛斗秦臺自洗於塵埃繇是知名

韋處厚爲翰林侍講學士敬宗初即位宰相李逢吉權傾天下翰林學士李紳性剛直每承顧問獨排逷之逢吉怨紳與其黨共搆貶爲端州司馬紳嫉惡太甚又不能韜晦見附會逢吉者實如仇讎故雖以斥遠猶爲朋黨之所甚忌時惟處厚頗不平之上疏曰臣竊聞朋黨議論以李紳貶屈尚輕臣受恩至深職備顧問事關聖聽不合不言紳先朝奬用擢在翰林無過可書無罪可戮今群黨得志讒嫉大興詢於人情皆共歎駭詩云萋兮菲兮成是貝錦彼譖人者亦已太甚又曰讒言罔極交亂四國自古帝王未有遠

君子近小人而致太平者也又古人云三年無改於
父之道可謂孝矣李紳是前朝任使縱有罪愆陛下
猶宜洗劵滌瑕念舊忘過以成無改之美今逄吉門
生故吏遍滿朝行侵毀加誣何詞不有所貶如此猶
謂太輕葢魯參有投杼之疑先師有拾塵之戒伏望
陛下斷自聖慮不惑姦邪天下幸甚建中之初山東
向化只緣宰相朋黨上負朝廷楊炎爲元載復讎盧
杞爲劉晏報怨兵連禍結天下不平伏乞聖明察臣
愚懇於是帝竟明其端
楊漢公爲司封郎中文宗太和九年見虞卿爲京兆

尹以家人出妖言事下御史臺按鞫漢公并虞卿男
知進等八人撾登聞鼓稱寃宣放歸私第
吳汝納爲河南府永寧縣尉以久不調挾怨附李宗
閔楊嗣復之黨以謗李德裕汝納弟爲湘江都尉部
人訟其贓罪兼娶百姓顏悅女爲妻有踰格律楊州
節度使李紳令觀察判官魏鉶鞫之贓狀明白湘伏
法及具獄上物議以德裕方爲相素憎吳氏疑李紳
鍜成其罪諫官論之乃差御史崔元藻覆推據疑妄
破稅錢糧計贓准法其娶百姓顏悅女爲妻是前青
州衙推與楊州案小異德裕怒元藻無定奪奏貶崖
州司户宣宗嗣位德裕爲太子太保分司汝納進伏
稱臣弟湘去會昌四年任楊州江都縣尉娶故青州
衙推顏悅女爲妻被都虞候盧行立等誣譖於節度
使李紳遂下獄枷禁佔阿顏資從衣服作錢數堅稱
正贓又堅顏悅繼室阿焦爲百姓奏狀稱是百姓阿
焦女且女從父姓況嫡母已死今堅是阿焦女足爲
加誣若父是百姓自有格律臣弟亦合不處死於時
諫官上論差監察御史崔元藻爲制使重推知臣弟
至寃文案文奏元藻下獄貶竄乞下臣狀於法司追
盧行立劉群江都縣令張弘思元推官典崔元藻覆

推官典魏鉶元壽等推勘即知李德裕用情爲李紳
屈殺臣弟勑付御史臺推御史臺奏云楊州都虞候
盧行立劉群於會昌二年五月十四日於阿顏家喫
酒并阿顏母焦司坐群自擬收阿顏爲妻妾稱監軍
使處要阿顏進奉不得嫁人兼擅令人監守阿焦遂
客嫁女與江都尉吳湘群令押軍衙官李克勳不得
遮闌仍令江都百姓論湘取受節度使李紳追湘下
獄計贓處死具獄奏聞朝廷疑其寃差御史崔元藻
案問據湘雖有取受罪不至死李德裕黨附李紳乃
貶元藻嶺南取淮南案斷湘處死於是德裕等竝坐

貶官李紳已死追奪三任官誥

後唐劉贊爲中書舍人奏故天雄軍節度判官司空頲頃事先朝實懷忠節止因誣搆遂至族誅今遇雍熙乞垂昭雪疏奏不出

晉何澤初仕後唐同光中爲河南尹時雒陽令羅貫爲樂人强占税户譖於莊宗下獄考掠逼令招罪見害天成二年澤爲倉部郎中因逢恩赦上表昭雪勑河南縣是神州赤縣縣令乃明庭藉臣未審罪名便當極法不削不貶不案不彰困枯木於廣衢抱沉寃而至死衆人具見有耳皆聞何澤對宰雒陽委其實

狀今此伸屈直貢表章請雪吞聲以旌幽壤遂其寘冥下士非玄思以不知蕩蕩無私俾輿情而共感宜加昭雪兼賜贈官其子或文行可稱便許録

漢唐景思乾祐中爲沿淮巡簡指揮使屢挫淮賊而性忠恕所至能撫養民心歸之時史弘肇黷貨多羅織南北富商殺之以取其財大開告密之門景思部下有傔夫承京都薦託恃其有主希求無厭委曲待之不滿其心一日拂衣而去見弘肇言景思受淮南厚賂私貯器械欲爲内應弘肇卽令親吏殿三百騎往收之告者謂收吏曰景思多力十夫之敵見便殺之不然則無及矣收騎至景思迎接騎皆下馬有欲擒之者景思以兩手抱之大呼曰寃哉景思何罪設若有罪死亦非晚不容披雪公等皆丈夫安恐如此都將命釋之引告者面證景思言受淮南賂景思曰我從人家人竝在若有十緡財積亦是受賂言我貯甲仗除官賜外有一事亦是私貯使者搜索箱笥索然惟衣一笥軍籍糧簿而已乃寬之景思曰使者但械繫送我入京先時景思别有從者在京聞景思被誣乃見弘肇曰唐景思赤心爲國某服事三十年孝於父母義於朋友被此誣罔何以伸陳某請先下獄

願公追劾景思免至寃横弘肇愍之令在獄日與酒食景思既桎梏就路頼亳之人隨至京師衆保證之弘肇乃令鞫告事者具伏誣陷卽斬之乃奏釋景思

周楊瑛廣順中爲鄭州防禦判官瑛斷犯鹽人李思美處死思美妻王氏詣御史臺訴寃臺司追瑛鞫訊伏失入之罪省寺詳斷追奪見任官牒官當不盡餘徵銅初李思美請屋税鹽於本州關城内經過爲官所擒詰之伏罪獄成瑛斷之棄市王氏以夫所請官鹽不入州郭門與私鹽所犯有異訴夫之寃死瑛旣伏罪法寺據律以減等論合徒二年半以官當贖

李希用爲平山縣令罷官表訴從人諸葛知遇李澄乾祐中誣告殺弟太子太傅崧一家共二人見存乞推劾寃勑付府司勘鞫諸葛知遇李澄尋戮死

冊府元龜總録部　訟寃四　卷之八百七十五　二十九

冊府元龜

册府元龜

巡按福建監察御史臣李嗣京　訂正

分守建南道左布政使臣胡維霖　參閱

知建陽縣事臣黃國琦較釋

總錄部　一百二十六

方術

范曄有言曰陰陽推步之學往往見於墳記至於河雒之文龜龍之圖箕子之術師曠之書緯候之部鈐決之符皆所以探抽冥賾參驗人區又有風角遁甲孤虛之術亦有以效於事也漢武之世頗好方術天

下懷藝之士比比出焉東觀之記斯爲博矣鼎國之後何嘗乏哉至或按刻鬼神推步災異吉凶先覺禍福可移變化云爲驚乎視聽蓋夫怪神之理聖人之罕言所謂民可使繇之非泯絕而不取也若乃極慮知變而不詭於俗窮理造微而不違於道斯游於術數者歟

漢李少君故深澤侯人主方（侯家人主方藥）以祠竈穀道卻老方見武帝（祠竈可以致福穀道辟穀食之道）帝尊之嘗自謂七十能使物卻老（物謂鬼物也）其游四方徧諸侯人聞其能使物及不死更饋遺之

少翁齊人以方見武帝帝有所幸李夫人卒帝思念李夫人不已少翁言能致其神迺夜張燈燭設帷帳陳酒肉而命帝居他帳遥望見好女如李夫人之貌還幄坐而步（夫人之神于帳中坐又出而徐步）又不得就視及致竈鬼之貌云迺拜少翁爲文成將軍賞賜甚多以客見之文成言帝即欲與神通宮室被服非象神物神不至迺作畫雲氣車及各以勝日駕車辟惡鬼又作甘泉宮中爲臺室畫天地太乙諸鬼神而致祭具以致天神

欒大膠東人（王家人）故嘗與文成將軍同師已而爲膠

東康王尚方（王方藥也）康王後聞文成死而欲自媚於上乃遣欒大因樂成侯（名登史不書姓）求見言方天子既誅文成後悔其方不盡及見欒大大悅大敢爲大言曰臣之師言黃金可成而河決可塞不死之藥可得仙人可致也於是帝使驗小方鬬棊自相觸擊是時帝方憂河決而黃金不就乃拜大爲五利將軍居月餘得四印

後漢尹敏建武二年上疏陳洪範消災之術時光武方草創天下未遑其事命敏待詔公車拜郎中

郭憲以建武七年代張堪爲光祿勳從駕南郊憲在

佐忽回向東北含酒三潠（音巽噴也）執法奏爲不敬（執法糾劾之官也）詔問其故憲對曰齊國失火故以厭之比後齊果上火災與郊同日

解奴辜張貂不知何郡人也皆能隱淪出入不繇門戶奴辜能變易物形以誑幻人

麴聖卿河南人善爲丹書符劾厭殺鬼神而使命之

編盲意（編姓盲意名）亦與鬼物交通

壽光侯者（壽姓也風俗通曰壽于姚吳大夫）章帝時人能劾百鬼衆魅令自縛見形其鄉人有婦爲魅所病侯爲劾之得大蛇數丈死於門外又有神樹人止者輒死鳥過者

必墜侯復劾之樹夏枯落見大蛇長七八丈懸死其間帝聞而徵之乃試問之吾殿下夜半後嘗有數人絳衣被髮持火相隨豈能劾之乎侯曰此小怪易鋤爾帝僞使三人爲之侯劾三人登時仆地無氣帝大驚曰非魅也朕相試爾解之而蘇

劉根者潁川人隱居嵩山中諸好事者自遠而至就根學道太守史祈以根爲妖妄乃收執詣郡數之曰汝有何術而誣惑百姓若果其神可顯一驗事不爾立死矣根曰實無他異頗能令人見鬼矣祈曰促名之使太守目覩爾乃爲明根於是左顧而嘯有頃祈之亡父祖近親數十人皆反縛在前向根叩頭曰小兒無狀分當萬死顧而叱祈曰汝爲子孫不能有益先人而反累辱亡靈可叩頭爲吾陳謝祈驚懼悲哀頓首流血請自甘罪根坐默而不應忽然俱去不知所在

景鸞廣漢梓潼人學河雒圖緯數上書陳救災變之術

郎宗字仲綏安丘人也善京氏易風角星筭推步古凶嘗負笈荷擔賣卜給食微服闇行人莫得知

楊繇蜀郡成都人也少習易并七政元氣風雲占候

爲郡文學掾時有大雀夜集於庫樓上太守廉范以問繇繇對曰此占郡內當有小兵然不爲害後二十餘日廣柔縣蠻夷反殺傷長吏郡發庫兵擊之又有風吹削哺（哺當作柿音孚廢切顏氏家訓曰削則柿也左傳曰削而投之是也史家假借爲肺字今俗或作肺或作爲反哺之哺學士因云是屏障之名非也風角書曰庶人之風揚塵轉削若是屏障何繇可轉）太守以問繇繇對曰方當有薦木實者其色黃赤頃之五官掾獻橘數包繇嘗從人飲勑御者曰酒三行便宜嚴駕既而趣去後主人舍有鬭相殺者請問何以知之繇曰向社中木上有鳩鬭此兵賊之象也其言多驗著書十餘篇終于家

泠壽光可百五六十歲行容成公御婦人法容成公者能善補導之事取精於玄牝其要谷神不死守生養氣者也髮白復黑齒落復生御婦人之術謂握固不寫還精補腦也嘗屈頸鷮息鷮音居妖反毛詩曰有集唯鷮毛萇注曰鷮雉也山海經曰女几之山多白鷮郭璞曰似雉長尾走且鳴也鬚髮盡白而色理如三四十時死於江陵

段翳廣漢新都人習易經明風角時有就其學者雖未至必豫知其姓名嘗告守津吏曰某日當有諸生二人荷擔問翳舍處者幸爲告之後竟如其言又有一生來學積年自謂略究要術辭歸鄉里翳爲合膏藥幷以一簡書封於筒中告生曰有急發視之生到葭

萌與吏爭渡津吏撾破從者頭生開筒得書言到葭萌與吏鬭頭破者以此膏裹之生用其言創者即愈生歎服乃還卒業遂隱居終于家

上成功者宓縣人其初行久而不還後歸語其家云我已得仙因辭家而去家人見其舉步稍高良久乃沒云陳寔韓韶聞見其事

王輔學公羊傳援神契嘗隱居野廬以道自娛辟公府舉有道對策拜郎中陳災異甄吉凶有驗拜議郎以病遜安帝公車徵不行卒於家

李歷李郃弟之子好方術爲新城長時天下旱縣界特雨官至奉車都尉

樊英南陽人也善風角嘗有暴風從西方起英謂學者曰成都市火甚盛因含水西向漱之乃令記其日時客後有從蜀來云是日大火有黑雲卒從東起須臾大雨火遂得滅於是天下稱其術英既善術朝廷每有災異詔輒下問變復之效所言多驗變災異復於常也安帝初徵爲博士

欒巴字叔元順帝時爲豫章太守土多山川鬼怪小人嘗破貲產以祈禱巴素有道術能役鬼神乃悉毀壞房祀房祀謂爲房堂而祀翦理姦巫於是妖異自消百姓始

頗爲懼終皆安之神仙傳曰廬山廟有神於帳中與人言語飲酒投杯能令宮亭湖中分風行船行者舉帆相逢已未到十數日廟中神不復作聲郡中常患黃父鬼爲百姓害巴到皆不知所在郡內無復疾疫遷沛相所在有績徵拜尚書正朝大會巴獨後到又飲酒西方噀之有司奏巴不敬有詔問巴巴頓首謝曰臣本縣成都市失火臣故因酒爲雨以滅火臣不敢不敬詔即以驛書問成都成都答言正旦大失火食時有雨從東北來火乃息雨皆酒臭後忽一旦大風天霧晦暝對坐皆不相見失巴所在尋問之云其日還成都與親故別

高獲汝南新息人獲善天文曉遁甲能役使鬼神都

境大旱太守鮑昱自往問何以致雨獲曰急罷三部督郵（盛屬縣有三部每部督郵書掾一人）明府當自北出三十里亭雨可致也昱從之果得大雨

許俊善卜占之術多有顯驗時人方之前世京房自云少嘗篤病三年不愈乃謁大山請命（大山主人生死故詣請命）行遇道士張巨君授以方術所著易林至今行於世

張楷蜀郡成都人性好道術能作五里霧時關西人裴優亦能為三里霧自以不如楷從學之楷避不肯見桓帝即位優遂行霧作賊事覺被考引楷言從學

術楷坐繫廷尉詔獄積二年常諷誦經籍作尚書注後以事無驗見原還家

趙彥琅邪人少有術學延熹二年琅邪賊勞丙與太山賊叔孫無忌殺都尉攻沒琅邪屬縣殘害吏民朝廷以南陽宗資為討寇中郎將杖鉞將兵督州郡合討無忌彥為陳孤虛之法以賊屯在莒莒有五陽之地（謂城陽南武陽開陽陽都安陽並近莒）宜發五陽郡兵（郡兵謂山陽廣陽濮陽南陽丹陽之類也）從孤擊虛以討之資具以狀上詔書遣五陽兵到彥推遁甲教以時進兵一戰破賊燔燒屯塢徐兗二州一時平夷

樊志張者漢中南鄭人隱身不仕靈帝時嘗遊隴西時破羌將軍段熲出征西羌請見志張其夕熲軍為羌所圍數重因留中三日不得去夜謂熲曰東南角無復羌宜乘虛引出住百里還師攻之可以全勝熲從之果以破賊於是以狀表聞又說其人既有梓愼焦董之識（焦延壽董仲舒）宜翼聖朝咨詢奇異於是有詔特徵會病終

費長房汝南人也曾為京掾市中有老翁賣藥懸一壺於肆頭及市罷輒跳入壺中市人莫之見唯長房於樓上覩之異焉因往再拜奉酒脯翁知長房之意

其神也謂之曰子明日可更來長房旦日復詣翁乃與俱入壺中唯見玉堂嚴麗旨酒甘肴盈衍其中共飲畢而出翁約不聽與人言之後乃就樓上候長房曰我神仙之人以過見責今事畢當去子寧能相隨乎樓下有少酒與卿為別長房使人取之不能勝又令十人扛之猶不舉翁聞笑而下樓以一指提之而上上視器如一升許而二人飲之終日不盡長房遂欲求道而顧家人為憂（顧念也）翁乃斷一青竹度與長房身齊使懸之舍後家人見之即長房形也以為縊死大小驚號遂殯葬之長房立其傍而莫之見也於

是遂隨從入深山踐荊棘於羣虎之中留使獨處長房不恐又臥於空室以朽索懸萬斤石於心上衆蛇競來齧索且斷長房亦不移翁還撫之曰子可敎也復使食糞糞中有三蟲臭穢特甚長房意惡之翁曰子幾得道恨於此不成如何長房辭歸翁與一竹杖曰騎此任所之則自至矣既至卽以杖投葛陂中也又爲作一符曰以此主地上鬼神長房乘杖須臾來歸自謂去家適經旬日而已十餘年矣卽以杖投陂顧視則龍也家人謂其久死不信之長房曰往日所葬但竹杖爾乃發冢剖棺杖猶存焉遂能療醫衆病

鞭笞百鬼及驅使社公或在他坐獨自恚怒人問其故曰吾責鬼魅之犯法者爾汝南歲嘗有魅僞作太守章服詣府門椎鼓者郡中患之時魅適來而逢長房爲謁府君惶懼不得退便前解衣冠叩頭乞活長房呵之云便於中庭正汝故形卽成老鼈也大如車輪頸長一丈長房復令就太守服付其一札以勑葛陂君魅叩頭流涕持札植於陂邊以頸繞之而死後東海君來見葛陂君因淫其夫人於是長房劾繫之三年而東海大旱長房至海上見其人請雨乃謂之曰東海君有罪吾前繫於葛陂今方出之使作雨也於是雨立注長房曾與人共行見一書生黃巾被裘無鞍騎馬下而叩頭長房曰還主馬赦汝死罪人問其故長房曰此貍也盜社公馬爾又嘗坐客而使使至宛市鮓須臾還乃飯或一日之閒人見其在千里之外者數處焉後失其符爲衆鬼所殺

徐登者閩中（今泉州也）人也本女子化爲丈夫善爲巫術趙炳字公阿東陽人能爲越方（東陽今婺州也抱朴子曰道士趙炳以氣禁人人不能起禁虎虎伏地低頭閉目便可執縛以大釘釘柱釘入尺許以氣吹之釘卽躍出射去如弩箭之發異苑云趙侯以盆盛水吹氣作禁魚龍競越方善禁呪也）時遭兵亂疾疫大起二人遇于烏傷溪水之上（水經注吴寧溪出吴寧縣經烏傷之溪烏傷在

今婺州義烏縣東也）遂結言約共以其術療病各相謂曰今既同志且可各試所能登乃禁溪水水爲不流炳復次禁樹樹卽生荑（荑者楊之秀也）二人相視而笑共行其道焉登年長炳師事之貴尚淸儉禮神唯以東流水爲酌削桑皮爲脯但行禁架所療皆除（禁架卽禁術也）後登物故炳東入章安（縣名屬會稽郡）百姓未之知也炳乃故升茅屋梧鼎而爨主人見之驚懅（梧支也懅怯也）炳笑不應既而爨熟屋無損異又嘗臨水求渡船人不和之（和猶許也）炳乃張蓋坐其中長嘯呼風亂流而濟於是百姓神服從者如歸章安令惡其惑衆收殺之人爲立祠室於永

康至今蚊蚋不能入也

甘始東郭延年（漢武内傳曰延年字公游）封君達三人者皆方士也率能行容成御婦人術或飲小便或自倒懸愛嗇精氣不極視太言甘始元放延年皆爲曹公所錄問其術而行之君達號青牛師（封君達隴西人初服黄連三十餘年入鳥舉山服水銀百餘年還鄉里如二十者嘗乘青牛故號青牛道士聞有病死者識與不識便以腰間竹管中藥與服或下針應手皆愈不以姓名語人聞魯女生得五嶽圖連年請求女生未見授并告節度三百餘歲乃入玄丘山去）

左慈字元放廬江人少有神道嘗在司空曹操坐操從容顧衆賓曰今日高會珍羞畧備所少吳松江鱸

魚爾元放於下坐應曰此可得也因求銅盤貯水以竹竿餌釣於盤中須臾引一鱸魚出操大拊掌笑會者皆驚操曰一魚不周坐席可更得乎放乃更餌鈎沈之須臾復引出皆長三尺餘生鮮可愛操使目前鱠之周浹會者操又謂曰既已得魚恨無蜀中生薑爾放曰亦可得也操恐其近即易爲所取因曰吾前遣人到蜀買錦可過勑使者增市二端語頃即得薑還并獲操使報命後操使蜀反驗問增錦之狀及時日早晚若符契焉後操出近郊士大夫從者百許人慈乃爲齎酒一㪷脯一斤手自斟酌百官莫不醉飽操怪之使尋其故行視諸罏悉亡其酒脯矣操懷不喜（喜音許吏反）因坐上收欲殺之慈乃卻入壁中霍然不知所在或見於市者及捕之而市人皆變形與慈同莫知誰是後人逢慈於陽城山頭因復逐之遂走入羊羣操知不可得乃令就羊中告之曰不復相殺本試君術爾忽有一老羝屈前兩膝人立而言曰遽如許（言何遽如許爲事）即競往赴之而羣羊數百皆變爲羝並屈前膝人立云遽如許遂莫知所取焉（魏文帝典論語郤儉等事曰潁川郤儉能辟穀餌茯苓甘陵甘始亦善行氣老有少容廬江左慈知補導之術並爲軍吏初儉至之所伏苓價暴貴數倍議郎安平李覃學其辟穀餐伏苓飲寒水中泄利殆至殞命後始來衆人無不鴟視狼顧呼吸吐納軍謀祭酒弘農董芬爲之過差氣閉不通良久乃蘇左慈到又競受其補導之術至寺人嚴峻往從問受奄豎真無事於斯術也人之逐聲乃至于是東阿王作辨道論曰世有方士吾王悉所招

致甘陵有甘始廬江有左慈陽城有郤儉始能行氣導引慈曉房中之術儉善辟穀悉號三百歲卒所以集之於魏國者誠恐斯人之徒接姦宄以欺衆行妖慝以惑民豈復欲觀神仙于瀛州求安期于海島釋金輅而履雲輿棄六驥而美飛龍哉自予王與太子及于兄弟咸以爲調笑不信之矣然始等知上遇之有嘗奉不過于員吏賞不加于無功海島難得而游六黻難得而佩終不敢進虛誕之言出非常之語余嘗試郤儉絕穀百日躬與之寢處行步起居自若也夫人不食七日則死而儉乃如是然不必益壽可以療疾而不憚飢餧焉左慈善修房内之術差可終命然自非有志至精莫能行也甘始者老而有少容自諸術士咸共歸之然始辭繁寡實頗有怪言余嘗辟左右獨與之談問其所行溫顔以誘之美辭以導之始語余吾本師姓韓字世雄嘗與師於南海作金前後數四投數萬斤金於海又言諸梁時西域胡來獻

香劉腰帶割玉刀時悔不取也又言車師之西國兒
生學背出胛欲其食少而努行也又言取鯉魚五寸
一隻合其一煑藥俱投沸膏中有藥者奮尾鼓鰓游
行沈浮有若處淵其一者巳熟而可噉余時問言率
可試不言是藥去此逾萬里當出塞始不自行不能
得也言不盡於此頗難悉載故粗舉其巨怪者始若
遭秦始皇漢武帝則
復徐氏欒大之徒也
吳劉惇字子仁平原人遭亂避地客游廬陵事孫輔
以明天官達占數顯於南土每有水旱寇賊皆先時
處期無不中者輔異焉以為軍師軍中咸敬事之號
曰神明惇於諸術皆善尤明太乙皆能推演其事窮
盡要妙著書百餘篇名儒刁玄稱以為奇惇亦寶愛
其術不以告人故世莫得而明也

趙達治九宮一筭之術究其微旨達寶惜其術自闞
澤殷禮皆名儒善士親屈節就學達祕而不告太史
丞公孫滕少師事達勤苦累年達許教之者有年數
矣臨當喻語而輒復止滕他日齎酒具候顏色拜跪
而請達曰吾先人得此術欲圖為帝王師至仕來三
世不過太史郎誠不欲復傳之且此術微妙頭乘尾
除一筭之法父子不相語然以子篤好不倦今直以
相授矣飲酒數行達起取素書兩卷大如手指達曰
當寫讀此則自解也吾久廢不復省之今欲思論一
過數日當以相與滕如期往至乃佯求索書驚言失
之云女婿昨來必是渠所竊遂從此絕初大帝行師
征伐每令達有所推步皆如其言帝問其法達終不
語繇此見薄祿位不至
介象字元則有諸方術吳主聞之徵象到武昌甚敬
貴之稱為介君為起宅以御帳給之賜遺前後累千
金從象學蔽形之術試還後宮及出殿門莫有見者
又使象作變化種瓜菜百果皆立生可食吳主共論
鱠魚何者最美象曰鯔魚為上吳主曰論近道魚耳
此出海中安可得耶象曰可得耳乃令人於殿中作
方埳汲水滿之并求鉤象起餌之垂綸于埳中須臾

果得鯔魚吳主驚喜問象曰可食否象曰故為陛下
取以作生鱠安敢取不可食之物乃使廚下切之吳
主曰聞蜀使來得蜀薑作虀甚好恨爾時失此象曰
蜀薑豈不易得願差所使者并付直吳主指左右一
人以錢五十付之象書一符以著青竹杖中使行人
閉目騎杖杖止便買薑訖復閉目此人承其言騎杖
須臾止已至成都不知是何處問人人言是蜀市中
乃買薑于時吳使張温先在蜀旣於市中相識甚驚
使作書寄其家此人買薑畢捉書負薑騎杖閉目須
臾已還到吳廚下切鱠適了

姚光有火術吳主身臨試之積荻數千束使光坐其上又以數千束荻裹之因猛風而燔之荻了盡謂光當以化爲燼而光端坐灰中振衣而起把一卷書吳主取其書視之不能解也

董奉字君異候官人士燮嘗病死已三日奉以一丸藥與服以水含之捧其頭搖捎之食頃即開目動手顔色漸復半日能起坐四日復能語遂復常

晉郭璞字景純河東聞喜人有郭公者客居河東精於卜筮璞從之受業公以青囊中書九卷與之繇是遂洞五行天文卜筮之術禳災轉禍通致無方雖京

房管輅不能過也欲避地東南抵將軍趙固會固所乘良馬死固惜之不接賓客璞至門吏不爲通璞曰吾能活馬吏驚入白固固趨出曰君能活吾馬乎璞曰得健夫二三十人皆持長竿東行三十里有丘林社廟者便以竿打拍當得一物宜急持歸得此馬活矣固如其言果得一物似猴將歸此物見死馬便噓吸其鼻頃之馬起奮迅嘶鳴食如常不復見向物固奇之厚加資給行至廬江太守胡孟康被丞相召爲軍諮祭酒時江淮清晏孟康安之無心南渡璞爲占曰敗康不之信璞將促裝去之愛主人婢無緣而得乃取小豆三斗繞主人宅散之主人晨見赤衣人數千圍其家就視則滅甚惡之請璞爲卦璞曰君家不宜畜此婢可於東南二十里賣之愼勿爭價則妖可除也主人從之璞陰令人賤買此婢復爲符投於井中數千赤衣人皆反縛一一自投於井中主人大悅璞攜婢去後數旬而廬江陷宣城太守殷祐遷石頭督護璞復隨之時有驪鼠出延陵璞占之曰此郡東南有妖人欲稱制者尋亦自死矣後當有妖樹生然若瑞而非瑞辛螫之木也儻有此者東南數百里必有作逆期明年矣無錫縣欻有茱萸四株交枝而生

若連理者其年盜殺吳興太守袁琇或以問璞璞曰卯爻發而沴金此木不曲直而成災也王導深重之引參己軍事導嘗令作卦璞言公有震厄可命駕西出數十里得一栢樹截斷如身長置常寢處災當可消矣導從其言數日果震栢木粉碎璞素與桓彝友善彝每造之或值璞在婦間便入璞曰卿來他處自可徑前但不可厠上相尋爾必客主有殃彝後因醉詣璞正逢在厠掩而觀之見璞裸身被髪銜刀設醊璞見彝撫心大驚曰吾每屬卿勿來反更如是非但禍吾卿亦不免矣天實爲之將以誰咎璞終嬰王敦

之禍彛亦死蘇峻之難
戴洋好道術妙解占候卜數吳末爲臺吏知吳將亡
託病不仕廬江太守華譚問洋曰天下誰當復作賊
者洋曰王機壽而機反陳眕問洋曰人言江南當有
貴人顧彥先周宣珮當是否洋曰顧不及臘周不見
來年八月榮果以十二月十七日卒十九日臘玘以
明年七月晦亡王導遇病名洋問之洋曰君侯本命
在申金爲土使之主而於申上石頭立冶火光昭天
此爲金火相爍水火相煎以故受害爾導卽移居東
府病遂差鎭東從事中郎張闓舉洋爲丞相令史時

司馬颺爲烏程令將赴職洋曰君宜深愼下吏颺後
果坐吏免官洋又謂曰卿雖免官十一月當作郡加
將軍至期爲太山太守振武將軍颺賣宅將行洋止
之曰君不得至當還不可無宅颺果爲徐龕所逼不
得之郡元帝增颺衆二千使助祖逖洋勸颺不行颺
乃稱病收付廷尉俄而因赦得出劉裔鎭壽陽問洋
曰我病當差否洋曰不憂使君不差憂使君今年有
大厄使君年四十七行年入庚寅太公陰謀曰六庚
爲白獸在上爲客星在下爲害氣年命與并必凶當
忌十二月二十二日庚寅勿見客裔曰我當解職將
君還野中治病洋曰使君當作江州不得解職裔曰
溫公不復還邪洋曰溫公雖還使君故作江州俄如
其言
卜珝字子玉匈奴後部人少好讀易郭璞見而歎曰
吾所不如也柰何不免兵厄珝曰然吾大厄在四十
一位爲卿相當受禍爾不爾亦爲猛獸所害吾亦未
見子之令終也璞曰吾禍在江南甚營之未見免兆
雖然在南猶可延期住此不過時月珝曰子勿爲公
吏可以免諸璞曰吾不能免公吏猶子之不能免卿
相也珝曰吾此雖當有帝王子終不復奉二京矣琅

邪可奉卿謹奉之主吾祀者必此人也珝遂隱於龍
門山劉元海僭號徵爲大司農侍中固以疾辭元海
曰人各有心卜珝之不欲在吾朝何異高祖四公哉
可遂其高志後復徵爲光祿大夫珝謂使者曰非吾
死所也及劉聰嗣僞位徵爲太常時劉琨據并州聰
問何時可平珝答曰并州陛下之分今茲剋之必矣
聰戲曰朕欲勞先生一行可乎珝曰臣所以來不及
裝者正爲是行也聰大悅署珝使持節平北將軍將
行謂其妹曰此行也死自吾分後愼勿紛紜及攻晉
陽爲琨所敗珝卒先奔爲其元帥所殺

陳訓爲郡水參軍淮南周亢嘗問訓以官位訓曰君至卯年當剖符近郡酉年當有曲蓋亢曰脫如來言當相薦拔訓曰性不好官惟欲得米爾後亢果爲義興太守金紫將軍時劉聰王彌寇雒陽歷陽太守武瑕問訓曰國家大事如何訓曰胡賊三逼國家當敗天子野死今尚未也其後懷愍二帝果有平陽之酷焉或問其以明年吉凶者訓曰揚州刺史當死武昌大火上方節將亦當死至時劉陶周訪皆卒武昌大火燒數千家

吳猛年四十邑人丁義始授其神方因還豫章江波

甚急猛不假舟楫以白羽扇畫水而渡觀者異之庾亮爲江州刺史嘗遇疾聞猛神異乃迎之問巳疾何如猛辭以筭盡請具棺服旬日而死形狀如生未及大斂遂失其尸識者以爲亮不祥之徵亮疾果不起

幸靈幼有道術順陽樊長賓爲建昌令發百姓作官船於建城山中吏令人各作箸一雙靈作而未輸或竊之焉俄而竊者心痛欲死靈謂之曰爾得無竊我箸乎竊者不應有頃逾急靈曰若爾不以情告我者今眞死矣竊者急遽乃首出之靈於是飲之以水病即立愈行人縣此徵長之船成當下吏以二百人引一艘不能動方請益人靈曰此巳過足但部分未至爾靈請自牽之乃手執箸惟用百人而船去如流衆大驚怪咸稱其神於是知名有龔仲儒女病積年氣息財屬靈使以水含之巳而強起應時大愈又呂猗母皇氏得痿痺病十有餘年靈療之去皇氏數尺而坐冥目寂然有頃顧謂猗曰扶夫人令起猗曰老人得病累年柰何可倉卒起邪靈曰但試扶起於是兩人夾扶以立少選靈又令去扶即能自行緣此遂愈於是百姓奔趣水陸輻湊從之如雲皇氏自以病久懼有發動靈乃留水一器令食之每取水輒以新水

補處二十餘年水清如新塵垢不能加焉時高悝家有鬼怪言語呵叱投擲內外不見人形或器物自行再三發火巫祝壓劾而不能絕適值靈乃要之靈於陌頭望其屋謂悝曰此君之家邪悝曰是也靈曰知之足矣悝固請之靈不得巳至門見符索甚多謂悝曰當以正止邪而以邪救邪惡得巳乎並使焚之惟據軒小坐而去其夕鬼怪即絕靈所救愈多此類然不取報謝行不騎乘長不娶妻性至恭見人即先拜言輒自名凡草木之夭傷於山林者必起埋之器物之傾覆於塗路者必舉正之周旋江州間謂其士人

日天地之於人物一也咸欲不失其情性柰何制服人以爲奴婢乎諸君若欲享多福以保性命可悉免遣之十餘年間賴其術以濟者極多後乃娶妻畜車馬奴婢受貨賂致遺於是其術稍衰所療得失相半焉

南齊顧歡事黄老道解陰陽書爲術數多効驗以大學博士徵不就

梁沈僧昭爲山陰縣令武陵王紀爲會稽太守宴坐池亭蛙鳴聒耳王曰殊廢絲竹之聽僧昭呪厭十許口便息及日晚又曰欲其復鳴僧昭曰王歡已闌今

恣汝鳴即便喧聒

後魏王早渤海南皮人明陰陽明元時喪亂之後多相殺害有人詣早求問勝術早爲設法令各無咎繇是州里稱之有東莞鄭氏因爲同縣趙氏所殺其後鄭氏執得讐人趙氏又尅明晨會宗族當就墓所刑之趙氏求救於早早爲占候并授以一符曰君今且還選壯士七人令一人爲主者佩此符於雞鳴時伏在仇家宅東南二里許平旦當有十人相隨向西北行中有二人乘黒牛一黒牛最在前一黒牛應第七但捉取第七者將還事必無他趙氏從之果如其言乃是鄭氏五男父也諸子並爲其族所宗敬故和解二家趙氏竟免太武圍凉州未拔遣騎召之及至詔問何時當得此城早對曰陛下但移據西北角三日内必尅太武從之如期而尅時久不雨帝問早早曰今日中時必大雨比至未猶無片雲帝召早詰之早曰願更少時至申時雲四合遂大雨滂沱

孫紹明陰陽術爲右將軍大中大夫數曾與百寮赴朝東掖未開守門候旦紹於衆中引吏部郎中辛雄於衆外竊謂之曰此中諸人尋當死盡唯吾與卿猶享富貴雄甚駭愕不測所以未幾有河陰之難紹善

推祿命事驗甚多知者異之

北齊繇吾道榮琅邪人少好道法與其同類相求入太山潛隱具聞道術仍遊鄒魯之間習儒業聞晉陽有人大明法術乃尋之是人爲人家傭力無識之者久乃訪知其人道家符水禁呪陰陽曆數天文藥性無不通解以道榮好尚乃悉授之是人謂道榮云我本恒嶽僊人有少罪過爲天官所謫今限滿將歸卿宜送吾至汾水及河値水暴長橋壞船渡艱難是人乃臨水禹步以一符投水中流便絶俄頃水積甚高是人徐自沙石上渡唯道榮見其如是傍人咸云水

如此長此人遂能浮過共驚異之道榮乃歸隱於琅邪山辟穀餌松木茯苓求長生之秘尋爲文宣追往晉陽至遼陽山中有猛獸去馬十步所追人驚怖將走道榮以杖畫地成火坑猛獸遽走俄値國廢道榮遂歸隋初卒

綦毋懷文以道術事神武東魏武定初官軍與周文戰於邙山是時官軍旗幟盡赤西軍旗幟盡黑懷文曰赤火色黑水色水能滅火不宜以赤對黑土勝水宜改爲黃神武遂改爲黃所謂河陽幡者也懷文造宿鐵刀其法燒生鐵精以重柔鋌數宿則成剛以柔

鐵爲刀脊浴以五牲之溺淬以五牲之脂斬甲過三十札今襄國冶家所鑄宿柔鋌是其遺法作刀猶甚快利但不能頓截三十札也懷文又云廣平郡南幹子城是干將鑄劍處其土可瑩刀每云昔在晉陽爲監館館中有蠕蠕客同館胡沙門指語懷文云此人別有異算術仍指庭中一棗樹云令其布算子即知實數乃試之并辨若干純赤若干赤白相半於是剝數之唯少一子算者曰必不少但更撼之果落一實懷文位信州刺史

孫正言嘗謂人曰我昔武定中爲廣州士曹聞曹普演有言高王諸兒阿保當爲天子至高德之承之當滅阿保謂天保也德之謂德昌也滅年號承光即承之矣

陸法和不知何許人也隱於江陵百里洲衣食居處一與苦行沙門同耆老自幼見之容色常定人莫能測也或謂出自嵩高遍遊遐邇既入荊州汶陽郡高要縣之紫石山無故捨所居山俄有蠻賊文道期之亂時人以爲預見萌兆及侯景始告降於梁法和謂南郡朱元英曰貧道共檀越擊侯景去元英曰侯景爲國立効師云擊之何也法和曰正自如此及景渡

江法和時在青谿山元英往問曰景今圍城其事云何法和曰凡人取果宜待熟時固問之曰亦剋亦不剋景遣將任約擊梁湘東王於江陵法和乃詣湘東乞征約召諸蠻弟子八百人在江津二日便發湘東遣胡僧祐領千餘人與同行法和登艦大笑曰無量兵馬江陵多神祠人俗所祈禱自法和軍出無復一驗人以爲諸神皆行故也至赤沙湖與約相對法和乘輕船不介胄沿流而下去約軍一里乃還謂將士曰聊觀彼龍睡不動吾軍之龍甚自踴躍即攻之若得待明日當不損客主一人而破賊然有惡處遂縱

火船而逆風不便法和執白羽麾風風即返約衆皆見梁兵步於水上於是大潰皆投水約逃竄不知所之法和日明日午時當得及期而未得人問之法和日吾前於此洲水乾時建一刹語檀越等此雖爲刹實是賊標今何不向標下求賊也如其言果於水中見約抱刹仰頭裁出鼻遂禽之約言求就師目前死法和日檀越有相必不兵死且於王有緣決無他慮王於後當得檀越力爾湘東果釋用爲郡太守及魏圍江陵約以兵赴救力戰焉法和既平約往進見王僧辯于巴陵謂曰貧道已却侯景一臂其更何能爲

檀越宜即逐取乃請還湘東王曰侯景自然平矣無足可慮蜀賊將至法和請守巫峽待之乃總諸軍而往親運石以填江三日水遂不流橫之以鐵鏁武陵王紀果遣蜀兵來渡峽口勢蹙進退不可王琳與法和經略一戰而殄之軍次白帝謂人曰諸葛孔明可謂爲名將吾自見之此城旁有其埋弩箭鏃一斛許因插表令掘之如其言又嘗至襄陽城北大樹下畫地方二尺令弟子掘之得一龜長尺半以杖叩之曰汝欲出不能得已數百歲不逢我者豈見天日乎爲授三歸龜乃入草初八疊山多惡疾人法和爲採藥療之不過三服皆差即求爲弟子山中多毒蟲猛獸法和授其禁戒不復噬螫所泊江湖必於峯側結表云此處放生漁者皆無所得或少獲輒有大風雷船人懼而放之風雨乃定晚雖將兵猶禁諸軍漁捕有竊違者中夜猛獸必來欲噬之或亡其船纜有小弟子戲截蛇頭來詣法和法和曰汝何意殺因指以示之弟子乃見蛇頭齚褲襠而不落法和使懺悔爲蛇作功德又有人以牛試刀一下而頭斷來詣法和法和曰有一斷頭牛就卿徵命殊急若不爲作功德一月內報至其人弗信少日果死法和又爲人置宅圖

墓以避禍求福嘗謂人曰勿繫馬於碓其人行過鄉曲門側有碓因繫馬於其柱入門中憶法和戒走出將解之馬已斃矣梁元帝以法和爲都督郢州刺史封江乘縣公法和不稱臣其啓文朱印名上自稱居士後爲司徒元帝謂其僕射王襃曰我未嘗有意用陸爲三公而自稱何也襃曰彼既以道術自命容是先知元帝以法和功業稍重遂就加司徒都督刺史如故部曲數千人通呼爲弟子唯以道術爲化不以法獄加人又列肆之所不立市丞牧佐之法無人領受但以空檻籥在道間上開一孔以受錢賈客店人

隨貨多少計其估限自委檻中所掌之司夕方開取條其孔目輸之於庫又法和平嘗言若不出口時有所論則雄辯無敵然猶帶蠻音善爲攻戰具在江夏大衆兵騎欲襲襄陽而入武關元帝使止之法和曰法和是求佛之人尚不希釋梵天王坐處豈規王位但於空王佛所與主上有香火因緣見主上應有報至故救援耳今既被疑是業定不可改也於是設供食具大餓薄餅及魏舉兵法和自郢入漢口將赴江陵元帝使人逆之曰此自能破賊師但鎮郢州不須動也法和乃還州堊其城門著麤白布衫袴布邪巾

大繩束腰坐葦席終日乃脫之及聞元帝敗滅復取前凶服著之哭泣受弔梁人入魏果見餓餅焉法和始於百里洲造壽王寺既架佛殿更截梁柱曰後四十許年佛法當遭雷電此寺幽僻可以免難及魏平荊州宮室焚燼總管欲發取壽王佛殿嫌其才短乃停後周氏滅佛法此寺隔在陳境故不及難文宣天保六年春淸河王岳進平臨江法和舉州入齊文宣以法和爲大都督十州諸軍事太尉公西南大都督五州諸軍事荊州刺史安湘郡公宋蒞爲郢州刺史官爵如故蒞弟簉爲散騎常侍儀同三司湘州刺史義興縣公梁將侯瑱來逼江夏齊軍棄城而退法和與宋蒞兄弟入朝文宣聞其有奇術虛心相見之備三公鹵簿於城南二十里供帳以待之法和遙見鄴城下馬禹步辛術謂曰公旣萬里歸誠主上虛心相待何作此術法和手持香爐步從路車至於館明日引見給通幰油絡網車伏身百人詣闕通名不稱官爵不稱臣但云荊山居士文宣宴法和及其徒屬於昭陽殿賜法和錢百萬物萬段甲第一區田一百頃奴婢二百人生資什物稱是宋蒞千段其餘儀同刺史以下各有差法和所得奴婢盡免之曰各隨緣去

錢帛散施一日便盡以官所賜宅營佛寺自居一房與凡人無異三年閒再爲太尉世猶謂之居士無疾而告弟子死期至時燒香禮佛坐繩牀而終浴訖將斂屍小縮止三尺許文宣令開棺視之空棺而已法和書其所居屋壁而塗之及剝落有文曰十年天子爲尚可百日天子急如火周年天子迭代坐又曰一母生三天兩天共五年說者以爲婁太后生三天子自孝昭即位至武成傳位後主共五年焉

許遵高陽人明易善筮兼曉天文風角占相逆刺其驗若神高祖引爲館客自言祿命不富貴不橫死是

以任性疏誕多所犯忤高祖嘗容借之河陰之役遵謂李業興曰彼爲火陣我爲木陣火勝木我必敗果如其言淸河王岳以遵爲開府記室岳封王以告遵遵曰蜜蜂亦作王岳後將救江陵遵曰此行致後凶宜辭疾勿去岳曰勢不免去正當與君同行遵曰好與生人相隨不欲共死人同路遂還岳至京尋喪

荆次德有術數預知爾朱榮成敗又言代魏者齊葛榮聞之故自號齊王待次德以殊禮問其天人之事對曰齊當與東海出天子今王據渤海是齊地又太白與月幷宜速用兵遲則不吉榮不從

魏寧以善推祿命徵爲館客武成親試之皆中

張子信河內人也頗涉文學少以醫術知名嘗隱白鹿山時出遊京邑甚爲魏收崔季舒所重武成太寧中徵爲尚藥典御武平初又以太中大夫徵之聽其所志還山又善易筮及風角之術武衞奚永雒與子信坐對有鵲鳴庭樹鬬而墮焉子信曰不善向夕當有風從西南來歷此樹拂堂角則有口舌事今夜有喚必不可往雖勑亦以病辭子信去後果有風如其言是夜瑯邪王五使切召永雒但云勑喚永欲起其妻苦留之稱墜馬腰折不堪動詰朝而難作

後周衛元嵩蜀郡人好言將來之事蓋江左寶誌之流武帝太和中著詩預論周隋廢興及唐家受命並有徵

楊伯醜臨孝恭劉祐俱以陰陽術數知名史並不載官

唐師市奴方術人也武德七年市奴合金銀並成高祖異之以示侍臣封德彝進曰漢代方士及劉安等皆學術唯苦黃白不成今爲食器可得不死高祖哂之

明崇儼雒州偃師人崇儼年少時隨父任安喜令父之小吏有善役召鬼神者崇儼盡能傳其術乾封初

應封岳舉授黃安丞會刺史有女病篤崇儼致他方殊物以療之其疾乃愈官至正諫大夫

葉法善栝蒼人自曾祖三世爲道士皆有攝養占卜之術法善少傳符籙尤能厭劾鬼神高宗聞其名徵詣京師將加爵位固辭不受求爲道士因留在道場供待之甚厚時高宗廣徵諸方道術之士各合煉黃白法善上言金丹難就徒費財物有虧政理請覈其眞僞帝然其言因令法善試之繇是逐出九十餘人遂一切罷之法善於東都凌空觀設壇醮祭雒中士庶競往觀之俄頃數十人自投於火中觀者大驚救

之而免法善曰此皆魍魅於吾法所攝術問之果然法善悉爲禁劾其病遂愈法善自高宗則天中宗殆五十年甞來名山數召入禁中盡禮問道然排擯佛法議者或譏其向背以其術高終莫之測也睿宗即位稱法善有冥助之力先天二年拜鴻臚卿封越國公仍依舊爲道士止於京師之景龍觀又贈其父爲歙州刺史當時尊寵莫與爲比開元八年卒年九十

桑道茂善太乙遁甲五行災異之說言事無不中代宗召之待詔禁中德宗建中三年上言請城奉天爲王者之居外象龜形內列六街德宗素神道茂言遂

命京兆尹嚴郢發衆數千與六軍之士雜往城之時屬盛夏而土功大起人莫知其故至四年十月避難於奉天方驗道茂之言

後唐廣微者華州僧也知術數末帝在河中廣微嘗密謂房暠曰相公極貴然明年有大厄極危如得渡此厄事不可言明年果有楊彦温之變

張濛岐州之瞽者自言知術數不龜不蓍言事太白山神其神祠元魏時崔浩廟時事否泰人之休咎濛若於神傳吉凶之言房暠泥於事神酷信之末帝在岐陽暠引濛謁見聞帝語乃駭然曰非人臣也令暠詢其時節傳神語曰三珠併一珠驢馬沒人驅歲月甲庚午中興戊巳土暠請解曰神言予不知也長興四年五月府廨諸門無故自動人頗駭異遣暠及濛見暠來未交言先問暠衙署小異勿怪不出三日有恩命其夜報至封潞王及帝被疑除鎮甚懼再三質濛初濛曰且爲備王保無患及王思同兵將至又召濛謂之曰爾言吾無患今天下兵來逼我城內無兵無食外無援助得無患乎濛曰王有天下不能獨力朝廷兵來迎王也王若疑臣臣唯一子未及冠請王致之麾下以質臣心及帝入雒受太后冊曰御明堂

宰相讀文維應順元年歲次甲午四月庚午朔帝廻視房曰張濛神言甲庚事不亦異乎帝令暠共術士解三珠一珠事言三珠三帝也驢馬無人驅失主也帝即位以濛爲將作少監同正賜金紫

周沙門遇堯浙東人也世宗酷好點化之術遇堯爲帝而致其事及覽其所爲則瑩澤可愛帝大嗟賞之故令攻而爲器以賜近臣焉既而賜遇堯紫方袍號悟眞廣濟大師

巡按福建監察御史臣李嗣京　訂正

分守建南道左布政使臣胡維霖　參閱

知建陽縣事臣黄國琦較釋

總録部一百二十七

方正　剛

方正

夫言必先信行必中正非義不苟合臨難不苟免居之有常死而後已斯方正之士也三代而下世道交喪在公寡秉彝之臣居鄉乏不貳之老故其負特立之操者必出其類而有開乎時焉自尼父之生於周

末歷聘不遇未嘗枉尺以全其道繇是之後賢英繼武乃有危言高論罔念媕合直躬守節不屈當塗遇事肆于劇談處衆持於正色意或小忤投劾而徑歸志之所存擯死而無變以至神姦屏伏頓消乎氣燄兇逆嚴憚爲弭於雄稜斯蓋稟五行之秀爲萬夫之特純一耿介潔白貞固中立不倚確乎其有常德者歟

孔子過衛衛大夫王孫賈問曰與其媚於奥寧媚於竈何謂也子曰不然獲罪於天無所禱也

澹臺滅明魯人事孔子既受業退而脩行不繇徑非公事不見卿大夫

柳下惠爲魯士師士師典獄之官三黜人曰子未可以去乎曰直道而事人焉往而不三黜苟直道而事人所至之國俱當復三黜枉道而事人何必去父母之邦

田子方魏文侯之師也文侯之子子擊逢子方於朝歘引車避下謁田子方不爲禮子擊因問曰富貴者驕人乎且貧賤者驕人乎子方曰亦貧賤者驕人爾夫諸侯而驕人則失其國大夫而驕人則失其家貧賤者行不合言不用則去之楚越若脫躧然柰何其

同之哉子擊不懌而去

漢轅固齊人也以治詩孝景時爲博士後爲清河太傅免武帝初即位後以賢良徵諸儒多嫉之曰固老罷歸之時已九十餘矣公孫弘亦徵仄目而視固固曰公孫子務正學以言無曲學以阿世

辛茂爲水衡都尉慶忌之子也其兄通爲護羌較尉遵爲函門開都尉皆有將帥之風元始中安漢公王莽秉政見慶忌本大將軍鳳所成三子皆能欲親厚之是時莽方立威柄用甄豐甄邯以自助豐邯新貴威震朝廷茂自見名臣子孫兄弟並列不甚詘事兩

甄
後漢賈復字君文南陽冠軍人也封膠東侯加位特進復爲人剛毅方直多大節
申屠剛字巨卿扶風人性剛直忠正志節抗厲後爲大中大夫以病去官卒
范滂字孟博汝南征羌人也太守宗資署爲功曹後牢脩誣言鉤黨鉤引也滂坐黄門北寺獄獄吏謂曰凡坐繫皆祭皐陶滂曰皐陶賢者古之直臣知滂無罪將理之於帝謂天帝也如其有罪祭之何益衆人亦止
太原閔貢字仲叔建武中應司徒侯霸之辟既至霸

不及政事徒勞苦而已仲叔恨曰始蒙嘉命且喜且懼今見明公喜懼皆去以仲叔爲不足問邪不當辟也辟而不問是失人也遂辭出投劾而去案罪曰劾自受其劾伏而去也投猶下也今有投辭投牒之言也
蓋勳爲穎川太守徵還京時河南尹朱儁爲董卓陳軍事卓折儁曰我百戰百勝決之於心卿勿妄說且汙我耳勳曰昔武丁之明猶求箴諫況如卿者而欲杜人之口乎卓曰戲之耳勳曰不聞怒言可以爲戲卓乃謝儁
仇覽字季智陳留考城人也初入太學時諸生同郡符融有高名與覽比宇賓客盈室覽嘗自守不與融言融觀其容止心獨奇之乃謂曰與先生同郡壤鄰房牖今京師英雄四集志士交結之秋雖務經學守之何固覽乃正色曰天子脩設太學豈但使人游談其中高揖而去不復與言後徵方正遇疾而卒
公沙穆字文乂北海膠東人居建成山中依林阻爲室獨宿無侶時暴風震雷有聲於外呼穆者三穆不與語有頃呼者自牖而入音狀甚怪穆誦經自若終亦無它妖異時人奇之終卒爲遼東屬郡都尉
趙昱字元達琅邪人清己疾惡潛志好學雖親友希

得見之爲人耳不邪聽目不妄視太僕种拂舉爲方正
魏張承河内修武人也與兄範避地楊州袁術備禮招請範稱疾不往術不彊屈也遣承與相見術問曰昔周室陵遲則有桓文之霸秦失其政漢接而用之今孤以土地之廣士民之衆欲徼福齊桓擬迹高祖何如承對曰在德不在彊夫能用德以同天下之欲雖繇匹夫之資而興霸王之功不足爲難若苟僭擬干時而動衆之所棄誰能興之術不悦是時太祖將征冀州術復問曰今曹公欲以弊兵數千敵十萬之

衆可謂不量力矣子以爲何如承乃曰漢德既衰天
命未改今曹公挾天子以令天下雖敵百萬之衆可
也術作色不懌承去之後魏武定冀州遣使迎範以
疾留彭城遣承詣太祖太祖表爲諫議大夫
杜恕畿之子也少與馮翊李豐俱隨父任總角相善
及各成人豐砥礪名行以要世譽而恕誕節直意與
豐殊趣豐竟馳名一時京師之士多爲之游說而當
路者或以豐名過其實而恕被褐懷玉也繇此爲豐
所不善恕亦任其自然不力行以合時豐以顯任朝
廷恕猶居家明帝以恕大臣子擢拜散騎侍郎數月

轉補黃門侍郎
嘗林爲太嘗晉宣王以林鄉邑耆德每爲之拜或謂
林曰司馬公貴重君宜止之林曰司馬公自欲敦長
幼之敍爲後生之法貴非吾之所畏拜非吾之所制
也言者踧踖而退（初林少與司馬京兆善太傅每見林輒欲跪林止之曰公尊貴矣上也及司徒缺太傅有意欲以林補之）
徐璆字孟玉廣陵人少履清爽立朝正色
晉樂廣爲河南尹先是河南官舍多妖怪前尹皆不
敢處正寢廣居之不疑嘗外戶自閉左右皆驚廣獨
自若顧見牆有孔使人掘牆得貍而殺之其怪亦絕

陳壽字承祚巴西安漢人少好學師事同郡譙周仕
蜀爲觀閣令史宦人黃皓專弄威權大臣皆曲意附
之壽獨不爲之屈繇是屢被譴黜
謝鯤字幼輿陳國陽夏人也爲東海王越參軍事謝
病去職避地豫章嘗行經空亭中夜宿此亭舊每殺
人將曉有黃衣人呼鯤字令開戶鯤儋然無懼色便
于窻中度手牽之髀斷視之鹿也尋血獲焉爾後此
亭無復妖怪
宋臧燾字德仁東莞莒人也初從高祖平京邑桓玄
奔走高祖使燾入宮收圖書器物封閉府庫有金飾

樂器高祖問燾卿得無欲此乎燾正色曰皇上幽逼
播越非所將軍首建大義劬勞王家燾雖復不肖無
情于樂高祖笑曰聊以戲卿爾永初三年爲光祿大
夫卒
蔡興宗爲征西將軍荊州刺史被徵還都時右軍將
軍王道隆任參內政權重一時躡履到興宗前不敢
就席良久方去竟不呼坐元嘉初中書舍人狄當詣
太子詹事王曇首不敢坐其後中書舍人弘興宗爲
太宗所愛遇帝謂曰卿欲作士人得就王球坐（爲吏部尚書）乃當判爾殷劉（殷景仁爲尚書僕射劉湛爲領軍將軍並執重權）並雜無

所益也若在詣球可稱旨就席及至球舉扇曰君不得爾弘還依事啓聞帝曰我便無如此何至是興宗復爾道隆等以興宗彊正不欲使擁兵上疏改爲中書監

孔季恭爲吳興太守加冠軍先是吳興頻喪太守云項羽神爲卞山王居郡廳事二千石嘗避之季恭居廳事竟無害也

南齊蔡約爲司徒左長史高祖爲錄尚書輔政百僚脫履到席約躡履不改帝謂江祏曰蔡氏故是禮度之門故自可悅祏曰大將軍有揖客復見於今

梁劉瓛字仲寶晉丹陽尹眞長七世孫也少方正有器局

何遠爲東陽太守爲受罰者所謗坐免歸遠性耿介無私曲居人間絕請謁不造詣與貴賤書疏抗禮如一其所會遇未嘗以顏色下人以此多爲俗士所疾惡其淸公實爲天下第一居郡數見可欲終不變其心妻子飢寒如下貧者及去東陽歸家經年歲口不言榮辱士類益以此多之

傅昭爲安成內史安成自宋以來兵亂郡舍號凶及昭爲郡郡內人夜夢見兵馬鎧甲甚盛又聞有人云當避善人軍衆騰虛而逝夢者驚起俄而疾風暴雨倏忽便至數間屋俱倒郎夢者所見軍馬踐蹈之所也自後郡舍遂安咸以昭正直所致

陳徐孝克東海郯人也禎明元年入爲都官尚書自晉以來尚書官僚皆攜家屬居省省在臺城內下舍門中有閣道東西跨路通於朝堂其第郎都官之省西抵閣道年代久遠多有鬼怪每昏夜之際無故有聲光或見人着衣冠從中出須臾復沒或門閣自然開閉居者多死亡尚書周確卒於此省孝克代確便郎居之經涉兩載妖變皆息時人咸以爲貞正所致

張種字士苗吳郡人祖辯宋司空右長史廣州刺史父略梁太子中庶子臨海太守種少恬靜居處雅正不妄交遊傍無造請時人爲之語曰宋稱敷演梁則卷充淸虛學尚種有其風卒爲金紫光祿大夫

後魏崔光韶博學彊識尤好理論至于人倫名教得失之間校而論之不以一毫假物

裴佗字元化河東聞喜人性剛直不好俗人交遊其投分者必當時名稱淸白任直卒爲中軍將軍

北齊魏蘭根爲定州長流參軍丁母憂居喪有孝稱將葬恒山郡境先有董卓祠祠有栢樹蘭根以卓凶

逆無道不應遺祠至今乃伐柘以爲樟材人或勸之不伐蘭根盡取之了無疑懼

許文經勤學方雅身無擇行口無戲言位殿中侍御史

後周王輓太原人也性質直慷慨有遠量臨事彊正人不敢干卒爲柱國徐州都督

盧光爲京兆郡舍先是數有妖怪前後郡將莫敢居者光曰吉凶繇人妖不妄作遂入居之未幾光所乘馬忽昇廳事昇牀南首而立又食器無故自破光並不以介懷其精誠守正如此

唐鄭珣瑜字元伯鄭州滎陽人也性公直嚴重少言未嘗以私託人而人望其風亦不敢干以私所居皆有理績從免相爲吏部尚書卒

武儒衡字庭碩宰相元衡從父弟才度俊偉氣直貌莊言不妄發與人交友終始不渝相國鄭餘慶不事華潔後進趨其門者多垢衣敗服以望其知而儒衡謁見未嘗輒易所好但與之正言直論餘慶因以重之官至兵部侍郎

晉桑維翰字國僑雒陽人也少時所居嘗有鬿魅家人咸畏之維翰往往被竊其衣裾其巾幘而未嘗改容後卒爲中書令

崔稅字子文博陵安平人初爲王瓚開封府從事性恬淡不汲汲於榮利非公事不造權政之門

剛

仲尼有言曰剛毅木訥近仁又曰吾未見剛者則剛之爲用其至矣哉中古而下乃有蹈道經德據法守禮激昂其志節奮厲其武健或人不我用則死堅陣以如歸或時無巳知則陷涯刑而不悔或納忠而陳鯁議或守正而茂貞規或凌折于豪右或擯斥乎姦佞以至對萬乘之至尊亢志無撓蒙一慙之不忍拂

衣逕去臨危難而靡變保氣節而克終斯皆稟絶異之姿懷卓爾之操者矣若乃任威忤物好氣自特殞絶於小忿馳騁於末流者固在夫君子之後爾

林不狃魯士也齊國書帥師伐魯師及齊師戰于郊魯右師奔齊人從之林不狃之伍曰走乎（不狃魯士五人爲伍敗而欲走）不狃曰誰不如（我不如誰而欲走）曰然則止乎不狃曰惡賢（言皆無戰志惡足爲賢也）徐步而死（徐行而死言魯非無壯士但季孫不能使）

陽處父晉大夫聘于衛反過甯甯嬴從之（甯晉邑汲郡修武縣嬴逆旅大夫）及溫而還其妻問之嬴曰以剛尙書曰沈潛剛克高明柔克（沈潛猶滯溺也高明亢爽也言各當以剛柔勝己本性乃能成全也此在

洪範今謂之周書　天子一之其不没乎陽子姓徳剛　天爲剛德猶
不干時寒相順況在人乎且華而不實怨之所聚也言過
其行故犯而聚怨不可以定身剛則犯人余懼不獲其利而
離其難是以去之
魏齊魏相也亡之信陵君信陵君初猶豫未肯見因
侯嬴之言駕如野迎之魏齊聞信陵君之初難見之
怒而自剄
漢周昌爲人彊力敢直言自蕭曹等皆卑下之位至
御史大夫
郅都爲中尉時丞相條侯至貴居也君大倣[illegible]與倨同而都

揖丞相
汲黯爲主爵都尉是時太后弟武安侯田蚡爲丞相
中二千石拜謁蚡弗爲禮黯見未嘗拜揖之
李廣武帝時爲前將軍與右將軍趙食其合軍出東
道惑失道後大將軍使長史持糒醪遺廣糒乾飯也醪汁滓酒
也糒音備醪音牢因問廣食其失道狀曰青欲上書報天子
失軍曲折曲折猶委曲也廣未對大將軍長史急責廣之莫
府上簿之往也簿謂文狀也音步戸反廣曰諸校尉亡罪乃我者自
失道吾今自上簿至莫府謂其麾下曰廣結髮與何
奴大小七十餘戰今幸從大將軍出接單于兵而大

將軍從廣部行回遠又迷失道豈非天哉且廣年六
十餘終不能復對刀筆之吏矣遂引刀自剄百姓聞
之知與不知老壯皆爲垂泣
甯成爲濟南都尉而郅都爲守始前數都尉步入府
因吏謁守如縣令其畏都如此及成往直凌都出其
上都素聞其聲善遇與結驩
蕭望之字長倩大將軍霍光秉政長史邴吉薦儒生
王仲翁與望之等數人皆召見先是左將軍上官桀
與蓋主謀殺光光既誅桀等後出入自備吏民當見
者露索去刀兩吏挾持望之獨不肯聽自引出閤曰

不願見吏牽持匈匈光聞之告吏勿持於是光獨不
除用望之而仲翁等皆補大將軍史又元帝曰蕭太
傅素剛望之終于太子太傅
蕭育字次君爲茂陵令會課第六而漆令郭舜殿見
責問育爲之請扶風怒曰君課第六裁自脫何暇欲
爲左右及罷出傳召茂陵令詣後曹當以職事對賊曹
決曹皆名後曹急其爲漆令言故以職事責之育徑出曹書佐隨牽育育按
佩刀曰蕭育杜陵男子何詣曹也遂趨出欲去官明
旦詔召入拜爲司隸校尉
後漢祭肜以太僕將萬騎與南單于左賢王信伐北

匈奴期至涿邪山信初有嫌于彤行出高闕塞九百餘里得小山乃妄言爲涿邪山彤到不見虜而還坐逗留畏懦下獄免彤性沈毅內重自恨見詐無功出獄數日嘔血死

高獲與光武有素舊師事司徒歐陽歙歙下獄當斷獲冠鐵冠帶鈇鑕詣闕請歙帝雖不赦而引見之謂曰敬公朕欲用子爲吏宜改常性獲對曰臣受性於父母不可改之於陛下出便辭去

申屠剛性剛直忠正志節抗厲建武初徵拜侍御史遷尚書令謇謇多直無所屈撓

戎良字子恭濟陰人年十八爲郡門下吏良儀容偉麗太守諸葛豐使閤裏寫書從者誣良與婢通良刳腹引出腸肝示豐

范滂汝南征羌人也坐黨事繫黄門北寺獄獄吏謂曰凡坐繫皆祭皐陶滂曰皐陶賢者古之直臣知滂無罪將理之於帝如其有罪祭之何益衆人繇此亦止獄吏將加掠拷滂以同囚多嬰病乃請先就格遂與同郡袁忠爭受楚毒桓帝使中嘗侍王甫以次辯詰滂等皆三木囊頭暴于階下餘人在前或對或否滂忠於後越次而進王甫詰曰君爲人臣不惟忠國而共造部黨自相褒舉評論朝廷虛搆無端諸所謀結並欲何爲皆以情對不得隱飾滂對曰臣聞仲尼之言見善如不及見惡如探湯欲使善善同其淸惡惡同其汙謂王政之所願聞不悟更以爲黨甫曰卿更相拔舉迭爲脣齒有不合者見則排斥其意如何滂慷慨仰天曰古之循善自求多福今之循善身陷大戮身死之日願埋滂于首陽山側上不負皇天下不愧夷齊甫愍然爲之改容乃得並解桎梏仕爲郡功曹

許敬汝南平輿人有史誣君者會于縣令坐敬拔佩刀斷席曰敬不忍與惡人同席

陶謙性剛直有大節少察孝廉拜尚書郎除舒令郡守張磐同郡先輩與謙父友意殊親之而謙恥爲之屈與衆還城因以公事進見坐罷磐嘗私還入與謙飲宴或拒不爲留嘗以舞屬謙不爲起因彊之及舞又不轉磐曰不當轉邪曰不可轉轉則勝人繇是不樂卒以搆隙後謙爲揚武都尉時邊章韓遂爲亂司空張溫銜命征討又請謙爲參軍事接遇甚厚而謙輕其行事心懷不服及軍罷還百寮高會溫屬謙行酒謙衆辱溫溫怒徙謙於邊或說溫曰陶恭祖本以

材略見重于公一朝以醉飲過失不蒙容貸遠棄不
毛厚德不終四方人士安所歸望不如釋憾除怨克
復初分於以遠聞德美温然其言乃追還謙謙至或
人謂謙曰足下輕辱三公罪自已作今蒙釋宥德莫
厚矣宜降志卑辭以謝之謙曰諾又謂温曰陶恭祖
今浮自罪責思在變革謝天子禮畢必詣公門公宜
見之以慰其意時温於公門見謙謙仰曰謙自謝朝
廷豈爲公邪温曰恭祖癡病尚未除邪遂爲之置酒
待之如初
李法漢中人性剛而有節終於汝南太守

蓋勳爲議郎董卓廢少帝自公卿以下莫不卑下於
卓唯勳長揖爭禮見者皆爲失色卓以爲越騎較尉
卓又不欲令典禁兵復出爲潁川太守未及至都徵
還京師時河南尹朱儁爲卓陳軍事卓折儁曰我百
戰百勝決之於心卿何妄說且汙我耳勳曰昔武丁
之明猶求箴諫况如卿者而欲杜人之口乎卓曰戲
之爾勳曰不聞怒言可以爲戲卓乃謝儁勳雖彊直
不屈而内厭於董卓不得意疽發背卒
朱儁拜大司農獻帝詔儁與太守楊彪等十餘人譬
郭汜令與李傕和汜不肯遂留質儁等儁素剛卽日
發病卒
魏陳宮字公臺東郡人也剛直壯烈漢末天下亂始
隨魏太祖後自疑乃從呂布爲布畫策布每不從其
計太祖軍至彭城陳宮謂布宜逆擊之以逸擊勞無
不克也布曰不如待其來攻蹙著泗水中及太祖軍
攻之急布於白門樓上謂軍士曰卿曹無相困我自
首當明公宮曰逆賊曹操何等明公今日降之若卵
投石豈可得全也下邳敗軍士執布及宮太祖皆見
之與語平生故布有求活之言太祖謂宮曰公臺卿
平常自爲智計有餘今竟何如宮顧指布曰但坐此

人不從宮言以至於此若其見從亦未必爲擒也太
祖笑曰今日之事當云何宮曰爲臣不忠爲子不孝
死自分也太祖曰卿如是柰卿老母何宮曰宮聞將
以孝治天下者不害人之親老母之存否在明公也
太祖曰若卿妻子何宮曰宮聞將施仁政於天下者
不絕人之祀妻子之存否亦在明公也太祖未復言
宮曰請出就戮以明軍法遂趨出不可止太祖泣而
送之宮不還顧宮死後太祖待其家皆厚於初
審配字正南魏郡人爲袁紹治中別駕紹死袁尚使
配守鄴太祖攻之太祖出行圍配伏弩射之幾中及

城陷生獲配太祖謂曰吾近行圍弩何多也配曰猶恨其少太祖曰卿忠於袁氏亦自不得不爾也有意欲活之配意氣壯烈終無辭遂斬之

何夔初爲太祖司空掾屬太祖性嚴掾屬公事往往加杖夔嘗畜毒藥誓死無辱是以終不見及

夏侯玄爲太常被收下廷尉鍾毓弟會年少于玄玄不與交玄在囹圄會因欲狎而友玄玄正色曰鍾君何相偪如此也

徐英字伯濟馮翊著姓爲郡功曹張既初爲郡小吏英嘗自鞭既二十建安初英爲蒲阪令英性剛爽自

負族氏勝既於鄉里名行在前加以前辱既雖知既貴顯終不有求於既既雖得志亦不顧計本原猶欲與英和嘗因醉欲親狎英故抗意不納英繇此遂不復進用故時人善既不挾舊怨而壯英之不撓

文欽爲揚州刺史亡入吳爲都護假節鎮北大將軍欽性剛雖在他國不能屈節下人自呂據宋異等諸大將皆憎疾之惟孫峻嘗左右之

蜀嚴顏爲劉璋將巴郡太守張飛至江州生獲顏謂曰大軍至何以不降敢逆戰乎顏對曰卿等無狀侵奪我州我州但有斷頭將軍無降將軍也飛怒曰牽去斫頭顏色不變曰斫頭便斫頭何爲怒也飛義之引爲賓客

晉王遜爲寧州刺史李雄遣將李驤渡瀘水寇寧州遜使將軍姚崇爨琛拒之戰於堂狼大破驤等崇追至瀘水透水死者千餘人崇以道遠不敢渡水遜以崇不窮追也怒囚群帥執崇鞭之怒甚髮上衝冠冠爲之裂夜中卒

周處仕吳爲東觀左丞孫皓末爲無難督及吳平王渾登建業宮釃酒既酣謂吳人曰諸君亡國之餘得無感乎處對曰漢末分離三國鼎立魏滅於前吳亡

於後亡國之感豈惟一人渾有慚色

王尼字孝孫初入雒詣東海王越不拜越問其故尼曰公無宰相之能是以不拜因數之言甚切後東瀛公騰辟爲車騎府舍人不就

何無忌東海郯人也少有大志忠亮任氣人有不稱其心者輒形於言色位至鎮南將軍

南齊裴顗少有異操宋明帝泰始中於總明觀聽講不讓劉秉席秉用爲參軍順帝昇明末爲奉朝請齊臺建世子裴妃須外戚譜顗不與遂分籍

卞延之弱冠爲上虞令有剛氣會稽太守孟顗以令

長裁之憤不能容脫幘投地曰我所以屈卿者正爲此幘爾今已投之卿以一世勳門而傲天下國士拂衣而去

梁任昉少好學早知名初宋丹陽尹劉秉辟爲主簿時昉年十六以氣忤秉子久之爲奉朝請

江子一爲戎武將軍南津校尉弟子四歷尚書金部郎大同初遷右丞兄弟性並剛烈

沈瑀爲尋陽太守仍爲蕭穎達長史太守如故瑀性倔彊每忤穎達穎達銜之天監八年因入諮事辭又激厲穎達作色曰朝廷用君作行事邪瑀出謂人曰

我死而後已終不能傾側面從是日於路爲人所殺多以爲穎達害焉子續累訟之遇穎達亦尋卒事遂不窮竟

陳孔奐仕梁爲南昌侯相值侯景亂京城陷朝士並被拘縶或薦奐於賊侯子監子監命脫桎梏厚遇之令掌書記時景軍悉恣其凶威子監景之心腹委任又重朝士見者莫不卑俯屈折奐獨傲然自若無所下或諫奐曰當今亂世人思苟免獠羯無知豈可抗之以義奐曰吾性命有在雖未能死豈可取媚凶醜以求全乎官至金紫光祿大夫領弘範宮衞尉卿

袁憲仕梁爲太子舍人及武帝作相除司徒戶曹祕謁遂抗禮長揖中書令王勵謂憲曰卿何矯衆不拜錄公憲曰於理不應致拜衞尉趙知禮曰袁生舉止詳中故有陳汝之風

傅縡爲中書通事舍人文筆典麗然性本彊不持簡操負才使氣凌侮人物朝士多銜之會施文慶沈客卿以便佞親幸專制衡軸而縡益疎文慶等因共譖縡受高麗使金後主收縡下獄縡素剛因憤恚乃于獄中上書曰夫人君者恭事上帝子愛下民省嗜欲遠諂佞未明求衣日旰忘食是以澤被區宇慶流子

孫陛下頃來酒色過度不虔郊廟之神專媚淫昏之鬼小人在側宦豎弄權惡忠直若仇讎視耕民如草芥後宮曳綺繡廄馬餘菽粟百姓流離僵尸蔽野貨賂公行帑藏虛耗神怒民怨衆叛親離恐東南王氣自斯而盡書奏後主大怒頃之意稍解遣使謂縡曰我欲赦卿卿能改過否縡對曰臣心如面臣面可改則臣心可改後主於是益怒令宦者李善慶窮治其事遂賜死獄中

北齊魏愷少抗直有才辯除青州長史固辭不就楊愔以聞文宣大怒謂愔云何物漢子我與官不肯就

明日將過我自共語是時文宣已失德朝廷皆爲之懼而愔情貌坦然文宣切責之仍云死與長史孰優任卿選一處愔答云能殺臣者是陛下不愛長史者是愚臣伏聽明詔文宣謂愔云何慮無人作官職其用此漢何爲不放其還家永不用收採繇是積年沉廢

唐李大亮外若不能言而內剛烈不可干以非義或面陳是非心無屈撓位至兵部尚書

薛萬徹爲寧州刺史坐房遺愛同謀伏罪臨刑大言曰薛萬徹健兒也留爲國家效死萬徹豈得坐房遺

愛而殺之乎遂解衣謂監刑者疾斫執刀者斬之不殊萬徹叱之因何不加刀三刀乃絶

王思禮爲哥舒翰兵馬使征九曲後期翰欲引斬之續命使釋之思禮徐言曰斬則斬却喚何物諸將壯之

竇參代宗時爲大理司直按獄江淮又揚州節度使陳少遊驕蹇不郊迎令軍吏傳問參正詞讓之少遊悔懼促詣參參不俟濟江還奏合旨

晉王權爲兵部尚書高祖得契丹屈節以事之馳驛乘軺道路交織一日勅權爲使權以前世累爲將相未嘗有稱臣於戎虜者謂人曰我雖不才今耄矣豈能稽顙於窮廬之長乎違詔得罪亦所甘心繇是停任

周王朴爲樞密使朴性敏鋭然傷於太剛每稠人廣坐之中正色高譚少敢觸其鋒者故時人雖伏其機辯而無溫克之譽

册府元龜

巡按福建監察御史臣李嗣京　訂正

知閩縣事臣曹學臣參閱

知建陽縣事臣黄國琦較釋

總錄部一百二十八

計策第一

賢者省已爲人謀而貴盡忠智士行權以計戰而當萬全自正敎頹廢小辯競起挾長短之要術明利害之兩端機用周通策慮幅臆乃有陳說於尋戈之際畫奇於前席之間矯激縱横講貫詳熟譬喻以盡其

委曲感動以極其志誠使夫易危成安轉禍爲福大則致國體之彊勝保世嗣之順立次則圖富貴於微賤全身名於疑閒雖云小言之破道而或大事之允濟者之談議動盈簡牘者焉

蘇秦雒陽人也說趙與諸侯相約從親然恐秦之攻諸侯敗約後負念莫可使用於秦者乃使人微感張儀曰子始與蘇秦善今秦已當路子何不往游以求通子之願張儀於是之趙上謁求見蘇秦秦乃誡門下人不爲通又使不得去者數日而見之坐之堂下賜僕妾之食因而數讓之曰以子之材乃自令困辱至此吾寧不能言而富貴子子不足收也謝去之張儀之來也自以爲故人求益反見辱怒念諸侯莫可事獨秦能苦趙乃遂入秦蘇秦已而告其舍人曰張儀天下賢士吾殆弗如也今吾幸先用而能用秦者獨張儀可爾然貧無因以進吾恐其樂小利而不遂故召辱之以激其意子爲我陰奉之乃言趙王發金幣車馬使人微隨張儀與同宿舍稍稍近就之奉以車馬金錢所欲用爲取給而弗告張儀遂得以見秦惠王惠王以爲客卿與謀伐諸侯蘇秦之舍人乃辭去張儀曰賴子得顯方且報德何故去也舍人曰臣

非知君知君乃蘇君蘇君憂秦伐趙敗從約以爲非君莫能得秦柄故感君使臣陰奉給君資盡蘇君之計謀今君已用請歸報張儀曰嗟乎此吾在術中而不悟吾不及蘇君明矣

陳軫爲楚使秦時韓魏相攻朞年不解秦惠王欲救之問於左右左右或曰救之便或曰勿救便惠王未能爲之決會軫適至惠王曰今韓魏相攻朞年不解或謂寡人救之便或曰勿救便寡人不能決願子出子主計之餘爲寡人計之軫對曰亦嘗有以夫卞莊子刺虎聞於王者乎莊子欲刺虎館豎子止之曰兩

虎方且食牛食甘必爭爭則必鬬鬬則大者傷小者死從傷而刺之一舉必有雙虎之名卞莊子以爲然立須之有頃兩虎果鬬大者傷小者死莊子從傷者而刺之一舉果有雙虎之功今韓魏相攻朞年不解是必大國傷小國亡從傷而伐之一舉必有兩實此猶莊子刺虎之類也臣主與王何異也惠王曰善卒弗救大國果傷小國亡秦興兵而伐大尅之此陳軫之計也

馮煖（許袁反一作驩音歡）爲孟嘗君客孟嘗君時相秦封萬戶於薛使人出錢於薛歲餘不入貸錢者多不能與其

息使馮煖責之煖至薛召貸不能與息者取其劵而燒之煖至謂孟嘗君曰焚無用虛債之劵捐不可得之虛計令薛民親君而彰君之善聲也及孟嘗君就國於薛未至百里民扶老携幼迎君道中孟嘗君顧謂馮煖曰先生所爲文市義者乃今日見之馮煖曰狡兔有三窟僅得免其死爾今止有一窟未得高枕而臥也請爲君復鑿二窟孟嘗君予車五十乘金五百斤西遊於梁謂惠王曰齊放其大臣孟嘗君於諸侯先迎之者富而兵彊於是梁王虛上位以故相爲上將軍遣使者黄金千斤車百乘往聘孟嘗君馮煖先驅誡孟嘗君曰千金重幣也百乘顯位也齊其聞之矣梁使三反孟嘗君固辭不往也齊王聞之君臣恐懼遣太傅齎黄金千鎰車二駟服劍一封書一謝孟嘗君寡人不祥被於宗廟之祟沈於諂諛之臣開罪於君寡人不足爲也願君顧先王之宗廟姑反國統萬人乎馮煖誡孟嘗君曰願請先王之祭器立宗廟於薛廟成還報孟嘗君曰三窟已就君姑高枕爲樂矣孟嘗君爲相數十年無纖芥之禍者馮煖之計也

侯嬴爲大梁夷門監魏安釐王二十年秦昭王已破

趙長平軍又進兵圍邯鄲魏公子無忌姊爲趙惠文王弟平原君夫人數遺魏王及公子書請救於魏魏王使將軍晉鄙將十萬衆救趙秦王使使者告魏王曰吾攻趙旦暮且下而諸侯敢救者已拔趙必移兵先擊之魏王恐使人止晉鄙留軍壁鄴名爲救趙實持兩端以觀望平原君使者冠蓋相屬於魏讓魏公子曰勝所以自附爲婚姻者以公子之高義爲能急人之困今邯鄲旦暮降秦而魏救不至安在公子能急人之困也且公子縱輕勝棄之降秦獨不憐公子姊邪公子患之數請魏王及賓客辯士説王萬端魏

王畏秦終不聽公子自度終不能得之於王計不獨生而令趙亡乃請賓客約車騎百餘乘欲以客往赴秦軍與趙俱死行過夷門見侯生具告所以欲死秦軍狀辭決而行侯生曰公子勉之矣老臣不能從公子行數里心不快曰吾所以待侯生者備矣天下莫不聞今吾且死而侯生曾無一言半辭送我我豈有所失哉復引車還問侯生侯生笑曰臣固知公子之還也曰公子喜士名聞天下今有難無他端而欲赴秦軍譬若以肉投餒虎何功之有哉尚安事客然公子遇臣厚公子往而臣不送以是知公子恨之復返

也公子再拜因問侯生乃屏人間語曰嬴聞晉鄙之兵符常在王臥內而如姬最幸出入王臥內力能竊之嬴聞如姬父為人所殺如姬怨之三年自王以下欲求報其父仇莫能得如姬為公子泣公子使客斬其仇頭敬進如姬之欲為公子死無所辭顧未有路爾公子誠一開口請如姬如姬必許諾則得虎符奪晉鄙軍北救趙而西却秦此五霸之伐也公子從其計請如姬如姬果盜晉鄙兵符與公子公子行侯生曰將在外主令有所不受以便國家公子卽合符而晉鄙不授公子兵而復請之事必危矣臣客屠者朱亥可與俱此人力士晉鄙聽大善不聽可使擊之於是公子泣侯生曰公子畏死邪何泣也公子曰晉鄙嚄唶（上音烏百反 下音莊百反）宿將往恐不聽必當殺之是以泣爾豈畏死哉於是公子請朱亥朱亥笑曰臣乃市井鼓刀屠者而公子親數存之所以不報謝者以為小禮無所用今公子有急此乃臣效命之秋也遂與公子俱公子過謝侯生侯生曰臣宜從老不能請數公子行日以至晉鄙軍之日北鄉自剄以送公子公子遂行至鄴矯魏王令代晉鄙晉鄙合符疑之舉手視公子曰今吾擁十萬之衆屯於境上國之重任今單

車來代之何如哉欲無聽朱亥袖四十斤鐵椎椎晉鄙公子遂將晉鄙勒兵下令軍中曰父子俱在軍中父歸兄弟俱在軍中兄歸獨子無兄弟歸養得選兵八萬人進兵擊秦秦軍解去遂救邯鄲存趙

呂不韋濮陽人賈於邯鄲見秦質子異人歸而謂父曰耕田之利幾倍曰十倍珠玉之贏幾倍曰百倍立國家之主贏幾倍曰無數曰今力田疾作不得煖衣餘食今建國立君澤可以遺世願往事之秦子異人質於趙處於窌城（窌城趙邑窌音疋貌反）故往說之曰子傒（子傒秦太子也）有承國之業又有母在中今子無母於中外託

於不可知之國（謂秦託子於趙窮邑吉凶不可知也）一日倍約身爲糞
土今子聽吾計事求歸可以有秦國吾爲子使秦必
來請子乃說秦王后弟陽泉君曰君之罪至死君知
之乎君之門下無不居高尊位太子門下無貴者君
之府藏珍珠寶玉君之駿馬盈外廐美女充後庭王
之春秋高一日太子用事君危於累卵而不壽於朝
生（君陽泉君累卵危也朝生木槿也朝榮夕落謂短命不壽也）說有可以一切而
使君富貴千萬歲其寧於太山四維必無危亡之患
矣陽泉君避席請問其說不韋曰王年高矣王后無
子子傒有承國之業士倉又輔之一日子傒立士倉

用事王后之門必生蓬蒿子異人賢材也棄在於趙
無母於內引領西望願得一歸王后誠請而立之是
子異人無國而有國王后無子而有子也陽泉君曰
然入說王后王后乃請趙而歸之趙未之遣不韋說
趙曰子異人秦之寵子也無母於中王后欲取而子
之使秦而欲屠趙不顧一子以留計是抱空質也若
使子異人歸而得立趙厚送遣之是不敢倍德畔施
是自爲德講秦王老矣一日晏駕雖有子異人不足
以結秦趙乃遣之異人至不韋使楚服而見王后悅
其狀（狀貌也）高其知曰吾楚人也而自子之乃變其名
曰楚王使子誦（誦經也）子曰少棄捐在外嘗無師傅所
教學不習於誦王罷之乃請留止間曰陛下嘗軔車
於趙矣趙之豪傑得知名者不少今大王反國皆西
面而望大王無一介之使以存之臣恐其皆有怨心
使邊境早閉晚開王以爲然奇其計王后勸立之王
乃召相令之曰寡人子莫若楚立以爲太子楚立以
不韋爲相號曰文信侯食藍田十二縣王后爲華陽
太后諸侯皆致奉邑

漢范增居鄛人（居鄛縣名也屬廬江郡鄛音巢）年七十素好奇計秦
末項梁起江東增說梁曰陳勝敗固當（言其計畫非是宜應敗也）

夫秦滅六國楚最無罪自懷王入秦不反楚人憐之
至今故南公稱曰楚雖三戶亡秦必楚（南公南方之老人也但令有三戶在其怨深足以亡秦）今陳勝首事不立楚後其勢不長今
君起江東楚蠭起之將皆爭附君者（蠭古蜂字也蠭起如蠭而起言其衆也）以君世世楚將爲能復立楚之後也於是梁乃
求楚懷王孫心在民間爲人牧羊立以爲楚懷王從
民望也

鮑生有識之士（姓鮑而爲諸生）蕭何爲漢王丞相漢三年與
項羽相距京索（索山客反）上數使使勞苦丞相（勞來到反）鮑生
謂何曰今王暴衣露蓋數勞苦君者有疑君心爲君

計莫若遣君子孫昆弟能將兵者悉詣軍所上益信
君於是何從其計漢王大說讀曰悅
東園公與綺里季夏黃公甪里先生四人已侍太子
高帝十一年九江王黥布反帝疾欲使太子往擊之
四人相謂曰凡來者將以存太子太子將兵事危矣
乃說建成侯呂澤曰太子將兵有功則位不益太子
無功則從此受禍矣且太子所與俱諸將皆嘗與上
定天下梟將也乃使太子將之此無異以羊將很也
皆不肯爲用盡力無功必矣臣聞母愛者子抱今戚
夫人日夜侍御趙王常抱居前上終不使不肖子居

愛子上明乎其代太子位必矣君何不急謂呂后乘
間爲上泣言黥布天下猛將善用兵諸將乃陛下故
等倫乃令太子將此屬無異使羊將狼莫肯爲用且
使布聞之卽鼓行而西爾上雖疾臥護之諸將不敢
不盡力雖苦彊爲妻子計載輜車臥而行於是呂澤
夜見呂后呂后乘間爲帝泣而言如四人意帝曰吾
惟之豎子固不足遣乃公自行爾於是帝自將東
陸賈爲太中大夫病免呂太后時諸呂擅權欲刼少
主危劉氏右丞相陳平患之力不能爭恐禍及已平
嘗燕居深念念思也以國家不安故靜居獨慮思其方策賈往不請直入

坐言不因門將命而徑入自坐陳平方念不見賈思慮之際故不覺賈至賈
曰何念深也平曰生揣我何念揣度也音初委反賈曰足下
位爲上相食三萬戶侯可謂極富貴無欲矣然有憂
念不過患諸呂少主爾陳平曰然爲之柰何賈曰天
下安注意相天下危注意將將相和則士豫附豫素附也
士豫附天下雖有變則權不分權不分爲社稷計在
兩君掌握爾臣嘗欲謂太尉絳侯謂者與絳侯之言絳侯與我
戲易吾言言絳侯與我相戲狎輕易其言爾君何不交驩太尉深相
結爲陳平畫呂氏數事平用其計呂氏謀益壞及誅
呂氏立孝文賈有力焉

王先生齊人景帝時梁孝王旣殺袁盎懼使鄒陽齎
以千金令求方畧解罪於上者陽素知王先生素其計知
也年八十餘多奇計卽往見語以其事王先生曰難
哉人主有私怨深怒欲施必行之誅誠難解也以太
后之尊骨肉之親猶不能止況臣下乎昔秦始皇有
伏怒於太后羣臣諫而死者以十數得茅焦爲廓大
義茅焦諫曰陛下車裂假父有嫉妬之心囊撲兩弟有不慈之名遷母咸陽有不孝之行臣竊爲陛下危之臣所言畢乃解衣趨鑊始皇下殿左右接之曰先生起矣卽迎太后遂爲母子如初始皇非
能說其言也迺自彊從之爾說讀曰悅茅焦亦厪脫死如
毛氂爾厪少也言纔免於死也厪音巨刃反故事所以難者也今子欲

安之乎 安焉也之往也 陽曰鄒魯守經學齊楚多辯知韓魏時有奇節吾將歷問之王先生曰子行矣還過我而西鄒陽行月餘莫能爲謀還過王先生曰臣將西矣爲如何王先生曰吾先日欲獻愚計以爲衆不可蓋 蓋覆蔽也 竊自薄陋不敢道也若子行必往見王長君士無過此者矣鄒陽發寤於心曰敬諾辭去不過梁徑至長安因客見王長君長君者王美人兄也後封爲蓋侯鄒陽留數日乘間而請曰 間謂空隙無事之時 臣爲長君無使令於前故來侍也 使令謂役使之人也令音力成反 愚戇竊不自料願有謁也 料量也謁告也 長君跪曰幸甚陽曰竊聞長

君弟得幸後宮天下無有 言獨一爾無所比類也 而長君行迹多不循道理者今爰盎事即窮竟梁王恐誅如此則太后怫鬱泣血無所發怒 怫鬱蘊積也怫音佛 切齒側目於貴臣矣臣恐長君危於累卵 累卵者言其將隤而破碎也 竊爲足下憂之長君懼然曰將爲之柰何 懼讀曰瞿音居具反瞿然無守之貌 陽曰長君誠能精思爲上言之得無竟梁事長君必固自結於太后太后厚德長君入於骨髓而長君之弟幸於兩宮 太后宮帝宮也 金城之固也 言其榮寵無極不可壞故取喻於金城也 又有存亡繼絶之功德布天下名施無窮願長君深自計之昔者舜之弟象日以殺舜爲事 言日日欲殺也 及舜

立爲天子封之有庳 地名也音鼻今鼻亭是也在零陵 夫仁人之於兄弟無藏怒無宿怨親愛而已是以後世稱之魯公子慶父使僕人殺子般 慶父莊公弟也子般莊公太子也僕人即鄧扈樂也父讀曰甫般字與班同 獄有所歸 歸罪於鄧扈樂也 季友不探其情而誅焉 季友慶父之弟不探慶父本情而誅扈樂 慶父親殺閔公季子緩追免賊 慶父出奔季友縱而不追免其賊亂之罪 春秋以爲親親之道也 公羊之說也言季友親其兄也 魯哀姜薨于夷孔子曰齊桓公法而不論以爲過也 哀姜莊公夫人也淫於二叔而豫殺閔公齊人殺之于夷夷齊地也法而不論者言守法而行不能用權以免其親也 以是說天子徼幸梁事不奏長君曰諾乘間入而言之及韓安國亦見長公主事果得

不治

甯乘齊人武帝時以方士待詔公車號東郭先生大將軍衛青衛后兄也封爲長平侯軍擊匈奴至餘吾水上而還斬首捕虜有功來歸詔賜金千斤將軍出宮門先生當道遮衛將軍車拜謁曰願白事將軍止車前先生傍車言曰王夫人新得幸於上家貧今將軍得金千斤誠以其半賜王夫人之親人主聞之必喜此所謂奇策便計也衛將軍謝之曰先生幸告之以便計請奉教於是衛將軍乃以五百金爲王夫人之親壽王夫人以聞帝曰大將軍不知爲此問之

安所受計策對曰受之徐詔者東郭先生詔召東郭先生拜以爲郡都尉

後漢方望平陵人王莽末隗囂據隴右以望爲軍師望說囂曰足下欲承天順民輔漢而今起立者乃在南陽王莽尚據長安雖欲以漢爲名其實無所受命將何以見信於衆宜急立高廟稱臣奉祠所謂神道設教求助明神者也且禮有損益質文無常削地開兆茅茨土階以致其肅敬雖未備物神明舍諸囂從其言

虞詡爲懷令章帝元初中任尚爲中郎將將羽林緹

騎五營子弟三千五百人代班雄屯三輔尚臨行詡說尚曰使君頻奉國命討逐寇賊三州屯兵二十餘萬人棄農桑疲苦徭役而未有功効勞費日滋若此出不克誠爲君危之尚曰憂惶久矣不知所如詡曰兵法弱不攻彊走不逐飛自然之勢也今虜皆騎馬日行數百里來如風雨去如絶弦以步追之勢不相及所以曠而無功也爲使君計者莫如罷諸郡兵各令出錢數千二十人共市一馬如此可捨甲冑馳輕兵以萬騎之衆逐數千之虜追尾掩截其道自窮便人利事大功立矣尚大喜即上言用其計乃遣輕騎鈔擊杜季貢於丁奚城斬首四百餘級獲牛馬羊數萬頭

鮑信靈帝末爲騎都尉大將軍何進遣信所在募兵會董卓殺執金吾丁原并其衆故京都兵權唯在卓信謂袁紹曰卓擁彊兵有異志今不早圖將爲所制及其初至疲勞襲之可禽也紹畏卓不敢發信遂還鄉里

張玄字處虛獻帝中平二年司空張温以車騎將軍出征涼州賊邊章等將行玄自田廬被褐帶索要說温曰天下寇賊雲起豈不以黃門常侍無道故乎聞

中貴人公卿以下當出祖道於平樂觀明公總天下威重握六師之要若於中坐酒酣鳴金鼓整行陣召軍正執有罪者誅之引兵還屯都亭以次翦除中官解天下之倒懸報海內之怨毒然後顯用隱逸中正之士則邊章之徒宛轉股掌之上矣温聞之大震不能對良久謂玄曰處虛非不悅子之言顧吾不能行如何玄乃歎曰事行則爲福不行則爲賊今與公長辭矣即仰藥欲飲之温前執其手曰子忠於我我不能用是吾罪也子何爲當然且出口不行之言誰人知之玄遂去

逢紀爲渤海太守袁紹客時韓馥據冀州紀說紹曰夫舉大事非據一州無以自立今冀部彊實而韓馥庸才可密要公孫瓚將兵南下馥聞必駭懼并遣辯士爲陳禍福馥迫於倉卒必懼因據其位紹然之益親紀卽以書與瓚瓚遂引兵而至外託董卓而陰謀襲馥馥果以冀州讓紹

蒯良中盧人劉表之初爲荆州也江南宗賊盛宗黨共爲賊袁術屯魯陽盡有南陽之衆吳人蘇代領長沙太守貝羽爲華容長各阻兵作亂表初到單馬入宜城而延蒯良與同縣人蒯越襄陽人蔡瑁與謀表曰宗

賊甚盛而衆不附袁術因之禍今至矣吾欲徵兵恐不集其策安出良曰衆不附者仁不足也附而不治者義不足也苟仁義之道行百姓歸之如水之趨下何患所以之不足而問與兵與策乎表顧問越越曰治平者先仁義治亂者先權謀兵不在多在得人也袁術勇而無斷蘇代貝羽皆武人不足慮宗賊帥多貪暴爲下所患越有所素養者使示之以利必以衆來君誅其無道撫而用之一州之人有樂存之心聞君盛德必襁負而至矣兵集衆附南據江陵北守襄陽荆州八郡可傳檄而定術等雖至無能爲也表曰子柔之言雍季之倫也異度之計舅犯之謀也遂使越遣人誘宗賊至者五十五人皆斬之襲取其衆或郎授部曲唯江夏賊張虎陳生擁衆據襄陽表乃使越與龐季單騎往說降之江南遂悉平

許劭字子將汝南平輿人獻帝時揚州刺史劉繇爲孫策所逐繇將奔會稽劭曰會稽富實策之所貪且窮在海隅不可往也不如豫章北連豫壤西接荆州若收合吏民遣使貢獻與兖州相聞雖有袁公路隔在其間其人豺狠不能久也足下受王命孟德景升必相收濟繇從之將奔豫章又使笮融助朱皓討劉

表所用太守諸葛玄劭謂繇曰笮融出軍不顧名義者也朱文明皓字善推誠以信人宜使密防之融到果詐殺皓代領郡事

冊府元龜

巡按福建監察御史臣李嗣京　訂正
分守建南道左布政使臣胡維霖　參閱
知建陽縣事臣黄國琦較釋

總錄部　一百二十九

計策第二

魏程昱東郡東阿人漢末黄巾起縣丞王度反應之燒倉庫縣令踰城走吏民負老幼東奔渠丘山昱使人偵視度度等得空城不能守出城西五六里止屯昱謂縣中大姓薛房等曰今度等得城郭不能居其

勢可知此不過欲虜掠財物非有堅甲利兵攻守之志也今何不相率還城而守之且城高厚多穀米今若還求令共堅守度必不能久攻可破也房等以爲然吏民不肯從曰賊在西但有東爾昱謂房等愚民不可計事乃密遣數騎舉幡於東山上令房等望見大呼言賊已至便下山趣城吏民奔走隨之求得縣令遂共城守度等來攻城不能下欲去昱率吏民開城門急擊之度等破走東阿繇此得全其後兖州刺史劉岱辟昱昱不應是時岱與袁紹公孫瓚和親紹令妻子居岱所瓚亦遣從事范方將騎助岱後紹與瓚有隙瓚擊破紹軍乃遣使語岱令遣紹妻子使與紹絶別勅范方若岱不遣紹家將騎還吾定紹將加兵於岱岱議連日不决別駕王彧白岱程昱有謀能斷大事岱乃召見昱問計昱曰若棄紹近援而求瓚遠助此假人於越以救溺子之說也夫公孫瓚非袁紹之敵也今雖壞紹軍然終爲紹所擒夫趣一朝之權而不慮遠計將軍終敗岱從之范方將其騎歸未至瓚大爲紹所破

田豐字元皓鉅鹿人漢末袁紹起義豐說紹曰曹公破劉備則許下非復空虚且操善用兵變化無方衆

雖少未可輕也不如以久持之將軍據山河之固擁四州之衆外結英雄內修農戰然後簡其精鋭分爲奇兵乘虚迭出以擾河南救右則擊其左救左則擊其右使敵疲於奔命民不得安業我未勞而彼已困不及二年可坐克也今釋廟勝之策而决成敗於一戰若不如志悔無及也紹不從

賈詡漢末以故尚書依張繡時太祖拒袁紹於官渡紹遣人招繡并與詡書結援繡欲許之詡顯於繡坐上謂紹使曰歸謝袁本初兄弟不能相容而能容天下國士乎繡驚懼曰何至於此竊謂詡曰若此當何

歸詡曰不如從曹公繡曰袁彊曹弱又與曹爲讎從之如何詡曰此乃所以宜從也夫曹公奉天子以令天下其宜從一也紹彊盛我以少衆從之必不以我爲重曹公衆弱其得我必喜其宜從二也夫有霸王之志者固將釋私怨以明德於四海其宜從三也願將軍無疑繡從之率衆歸太祖太祖見之喜執詡手曰使我信重於天下者子也表詡爲執金吾封都亭侯遷冀州牧

成公英漢末隨輔遂爲腹心遂在湟中其壻閻行欲殺遂以降夜攻遂不下遂歎息曰丈夫困厄禍起婚

姻乎謂英曰今親戚離叛人衆轉少當從羌中西南詣蜀爾英曰興軍數十年今雖罷敗何棄其門而依於人乎遂曰吾年老矣子欲何施英曰曹公不能遠來獨夏侯淵之衆不足以追我又不能久留且息肩於羌中以須其去招呼故人綏會羌胡猶可以有爲也遂從其計時隨從者男女尚數千人遂宿有恩於羌羌衛護之及夏侯淵還使閻行留後乃合羌胡數萬將攻行行欲走會遂死英降太祖

吳質爲朝歌長時臨淄侯植太子毋弟楊脩與丁儀兄弟皆欲以植爲嗣太子患之以車載質廢簏內謀脩以白太祖未及推驗太子懼告質質曰何患明日復以簏受絹車內以惑之脩必復重白重白必推而無驗則彼受罪矣世子從之脩果白其無人太祖緣是疑焉

袁准史不載其官齊王正始中吳將朱然入祖中准言於大將軍曹爽曰吳楚之民疲弱寡能英才大賢不出其土比技量力不足與中國相抗然自上世以來嘗爲中國患者蓋以江漢爲池舟楫爲用利則陸鈔不利則入水攻之道遠中國之長技無所用之也孫權自數十年以來大畧江北繕治甲兵精其守禦數出

盜竊敢遠其水陸次于平土此中國所願聞也夫用兵者貴以飽待饑以逸擊勞師不欲久行不欲遠守少則固力專則彊當今宜捐淮漢已南退却避之若賊能入居中央來侵邊境則隨其所短中國之長技得用矣若不敢來則邊境得安無鈔盜之憂矣使我國富兵彊政脩民一陵其國不足爲遠矣今襄陽孤在漢南賊循漢而上則斷而不通一戰而勝則不攻而自服故置之無益於國亡之不足爲辱自江夏以東淮南諸郡三后已來其所亡幾何以近賊疆界易鈔掠之故哉若從之淮北遠絶其間則民人安樂何

嗚呼之驚乎遂不從

蜀諸葛亮初在荆州劉表長子琦亦深器亮表受後妻之言愛少子琮不悦於琦每欲與亮謀自安之術亮輒拒塞未與處畫琦乃將亮游觀後園共上高樓飲宴之間令人去梯因謂亮曰今日上不至天下不至地言出子口入於吾耳可以言未亮答曰君不見申生在内而危重耳在外而安乎琦意感悟陰規出計會黄祖死得出遂爲江夏太守亮位至丞相

吳太史慈東萊黄人仕郡奏曹吏因爲州家所疾恐受其禍乃避之遼東北海相孔融聞而奇之時融以黄巾寇暴出屯都昌爲賊管亥所圍慈將出求救於

劉備時重圍嚴密慈乃嚴行蓐食須明便帶鞬攝弓上馬將兩騎自隨各作一的持之開門直出外圍下左右人並驚駭兵馬互出慈引馬至城下塹内植所持的各一出射之畢徑入門明晨復如此圍下人或起或臥慈復植的射之畢復入門明晨復出如此無復起者於是下鞭馬直突圍中馳去比賊覺知慈行已過又射殺數人皆應弦而倒故無敢追者遂到平原

晉庾袞不應州郡辟命齊王冏之唱義也張泓等肆掠于陽翟袞乃率其同族及庶姓保于禹山是時百姓安寧未知戰守之事袞曰孔子云不教而戰是謂棄之乃集諸郡士而謀曰二三君子相與處於險將以安保親尊全妻孥也古人有言千人聚而不以一人爲主不散則亂矣將若之何衆曰善今日之主非君而誰袞默然有間乃言曰古人急病讓夷不敢逃難然人之立主貴從其命也乃誓之曰無恃險無怙亂無暴鄰無抽屋無樵採人所植無謀非德無犯非義戮力一心同恤危難衆咸從之於是峻險阨杜蹊經脩壁塢樹藩障考功庸計丈尺均勞逸通有無繕

完器備量力任能物應其宜使邑推其長里推其賢而身率之分數既明號令不二上下有禮少長有儀將順其美拯救其惡及賊至袞乃勒部曲整行伍皆持滿而勿發賊挑戰晏音測然不動且辭焉賊服其慎而畏其整是以皆退如是者三時人語曰所謂臨事而懼好謀而成者其庾異行乎

劉裔東萊掖人會天下大亂攜母欲避地遼東路經幽州刺史王浚留裔表爲渤海太守浚敗轉依冀州刺史邵續續從衆寡弱謀降於石勒裔言於續曰夫田單包胥齊楚之小吏爾猶能存已滅之邦全喪敗

之國今將軍仗精銳之衆居全勝之城如何墜將登之功於一簣委忠信之人於豺狼乎且項羽袁紹非不彊也高祖縞冠而人應如響曹公奉帝而諸侯綏楊何者蓋逆順之理殊自然之數懸也況夷戎醜類屯結無賴雖有犬羊之盛終有庖宰之患而欲託根結援無乃殆哉續曰若如君言計將安出喬曰琅邪王以聖德欽明創基江左中興之隆可企踵而待今爲將軍計者莫若抗大順以激義勇之心奉忠正以厲羣人之志夫機事在密時至難逢存亡興廢在此舉矣續從之乃殺異議者數人遣使江南朝廷嘉之

喬仍求自行續遣之旣至元帝命爲丞相參軍

楊翰爲前秦苻堅高昌太守堅旣死苻丕新立安西呂光自西域還師至于宜禾堅涼州刺史梁熈謀閉境拒之翰言於熈曰呂光新定西國兵彊氣銳其鋒不可當也度其事意必有異圖且今關中擾亂京師存亡未知自河已西迄于流沙地方萬里帶甲十萬鼎峙之勢寔在今日若光出流沙其勢難測高梧谷口水陸之要宜先守之而奪其水彼旣窮渴自然投戈如其以遠不守伊吾之關亦可拒也若度此二要雖有子房之策難爲計矣地有所必爭眞此機也熈弗從美水令犍爲張統說熈曰主上傾國南討覆敗而還慕容垂擅兵河北泓冲寇逼京師丁零雜虜跋扈關雒州郡姦豪所在風扇王綱弛絕人懷利巳今呂光回師將軍何以抗也熈曰誠深憂之未知計之所出統曰光雄果勇毅明略絕人今以蕩西域之威擁歸師之銳若猛火之盛於原弗可敵也將軍世受殊恩忠誠夙著立勳王室宜在於今行唐公雒上之從弟勇冠一時爲將軍計者莫若奉爲盟主以攝衆望推忠義以總率羣豪則元無異心也資其精銳東兼毛興連王統楊壁集四州之衆掃兇逆於諸夏寧帝

室於關中此桓文之擧也熈又不從殺雒于西海以子喬爲鷹揚將軍率衆五萬拒光于酒泉燉煌太守姚靜晉昌太守李純以郡降光喬及光戰于安彌爲光所敗武威太守彭濟執熈迎光光殺之建威西郡太守索泮奮威督洪池已南諸軍事酒泉太守宋皓等俱爲光所殺

尹昭爲後秦姚興吏部尚書與使中軍姚弼後軍斂成鎮遠乞伏乾歸等率步騎三萬伐傉檀左僕射齊難等率騎二萬討赫連勃勃昭諫曰傉檀恃遠輕敢違逆宜詔蒙遜及李玄盛使自攻擊待其斃也然後

取之此下莊之舉也與不從弼果敗齊難爲勃勃所擒

後魏宇文福宣武時爲平遠將軍南征統運進計於都督彭城王勰曰建安是淮南重鎮彼此要衝得之則安陽易圖不獲則壽春難保勰然之及勰爲州遂令福攻建安建安降以勳封襄樂縣開國男食邑三百戶

賀拔岳孝莊帝時爲爾朱榮前將軍萬俟醜奴僭稱大號關中騷動朝廷深以爲憂將遣岳討之岳私謂其兄勝曰醜奴擁秦隴之兵足爲勍敵若岳往而無

功罪責立至假令克定恐讒愬生焉勝曰汝欲何計自安曰請爾朱氏一人爲元帥岳副貳之則可矣勝以爲然乃請於榮榮大悅乃以天光爲雍州刺史以岳爲衛將軍左都督又以侯莫陳悅爲右都督並爲天光之副

後周李賢隴西高平人魏永安中萬俟醜奴據岐涇等諸州反叛魏孝莊遣爾朱天光率兵擊破之其黨萬俟道洛費連少渾據原州未知醜奴已敗天光遣使造賢令密圖道洛天光率兵續進會賊黨万俟阿寶戰敗逃還私告賢曰醜奴已敗王師行至此阿寶以性命相投願能存濟賢因令阿寶僞爲醜奴使紿道洛等曰今已破臺軍須與公計事令阿寶權守原州公宜速往道洛等信之是日便發旣出而天光至遂克原州道洛乃將麾下六千人奔于牽屯山天光見賢曰道洛之出子之力也賢又率鄉人出馬千匹以助軍天光大悅時原州亢旱天光以乏水草乃退舍城東五十里牧馬息兵令都督長孫邪利行原州事以賢爲主簿道洛復乘虛忽至時賊黨千餘人在城中密應引道洛入城遂殺邪利賢復率鄉人殊死拒戰道洛乃退走又有賊帥達符顯圍逼州城晝夜攻

戰屢被摧衂賢間道赴雍州詣天光請援天光許之賢乃返而賊營壘四合無因入城候日向夕乃僞負薪與賊樵採者俱得至城下城中垂布引之賊衆方覺乃弓弩亂發射之不中遂得入城告以大軍將至賊聞之便即散走

權景宣爲外兵郎中率徒採運時東魏兵至道路擁塞因投民家自匿景宣以久藏非計乃僞作太祖書招募得五百餘人保據宜陽聲言大軍續至東魏將段琛等率衆至九曲憚景宣不敢進景宣恐琛審其虛實乃將腹心自隨詐云迎軍因得西道與儀同李

延孫相會攻孔城雒陽以南尋亦來附太祖即留景
宣守張白塢節度東南義軍
唐李勣曹州離狐人隋末軍城人翟讓聚衆爲盜勣
往從之李密亡命在雍丘浚儀人王伯當匿之伯當
共勣説翟讓奉密爲王隋令王世充討密勣以奇計
敗於雒水之上密封勣爲東海郡公時河南山東大
水死者將半隋帝令饑人就食黎陽開倉賑給倉司
不時給付死者日數萬人勣言於密曰天下大亂本
是爲饑今若得黎陽一倉大事濟矣密乃遣勣領麾
下五千人自原武濟河掩襲即日克之開倉賑給一

旬之間得勝兵二十餘萬人
徐文遠初仕隋越王侗以爲國子祭酒時雒陽饑饉
文遠出城樵採因爲李密所得密即其門人也文遠
南向坐率其屬北面拜之文遠謂密曰老夫疇昔之
日幸以先聖之道仰授將軍時經隆替倏焉已久今
將軍屬風雲之會爲義衆所居擁兵百萬威加四海
猶能屈體引尊師之義此將軍之德也老夫之幸也
苟茲厚禮得不盡言乎但未審將軍意爾欲爲伊霍
繼絶扶傾鄙雖遲暮猶願盡力若爲莽卓迫險乘危
老夫耄矣無能爲也密頓首曰昨奉朝命之拜上公
庶竭庸愚以拯國難不測城内人情所以未敢朝謁
方欲先征化及立功贖罪然後凱旋入拜宸極此密
之本志惟先生教之文遠曰將軍名臣之子代顯忠
續前受誤於玄感遂乃墮墜家聲迷而知反回車復
路終於忠孝以康國家天下之人是所望於將軍也
密又頓首曰敬聞命矣請奉以周旋及密擊化及而
旋會世充殺元文都密又詢計於文遠答曰世充亦
門人素所知識殘促之士也今乘此事機必懷異望
將軍前計爲不諧矣非破世充不可朝覲密又喜曰
嘗謂先生儒者不習軍旅之事今籌大計殊有明略

魏徵初以策干李密及王世充攻密於雒口徵説密
長史鄭頲曰魏公李密也雖驟勝而驍將鋭卒死傷者
多又軍無府庫有功不賞戰士心墮此二者難以應
敵未若深溝高壘曠日持久不過旬月敵人糧盡可
不戰而退追而擊之取勝之道且東都食盡世充計
窮意欲死戰可謂窮寇難與爭鋒請慎無戰頲曰此
老生之常譚爾徵曰此乃奇謀深策何謂常譚因拂
衣而去
李萼天寶末客於清河平原太守顏眞卿從父兄嘗
止太守杲卿破常山土門開十七郡推眞卿爲帥得

兵二十萬蕚年二十餘與郡人來乞師謂眞卿曰聞
公義烈首唱大順河朔諸郡恃公爲長城今清河寔
公之西隣也僕幸寓家得其虛實知可爲長者用今
計其蓄積足以三平原之富士卒可以二平原之彊
公因而撫之爲腹心輔車之郡其他小城運之如臂
指爾唯公所意誰敢不從眞卿借兵千人蕚將去眞
卿曰兵出也吾子何以敎我乎蕚曰今聞朝廷使程
千里統衆十萬自太行東下將出崞口爲賊扼兵不
得出今若先伐魏郡斬袁知泰太守司馬垂使爲西
南王分兵開崞口出千里之兵使討鄴幽陵平原清

河合同志十萬之衆徇雒陽分兵而制其衝計王師
亦不下十萬公當堅壁無與挑戰不數十日賊必潰
而相圖矣眞卿然之乃移牒清河等郡遣其大將李
擇交副將平原縣令范冬馥裨將和琳徐皓等進兵
與清河四千人合勢而博平以千人來三郡之師屯
於博平堂邑縣西南十里袁知泰遣其將白嗣深乙
舒蒙等以二萬人來拒戰賊兵大敗斬萬餘首
崔寧代宗時嚴武薦爲利州刺史及武爲劍南節度
過利州心欲輟寧使寧自籌寧曰節度張獻誠見忌
惡且又好利誠能重賂之寧可以從大夫矣武至劍
南遣獻誠奇錦珍具價兼百金獻誠大悅武又有書
欲召寧獻誠然之寧卽日稱疾棄官之劍南武奏爲
漢州刺史
梁嗣行襲武當人唐末爲本郡都校中和中僖宗在
蜀有賊首孫喜者聚徒數千人欲入武當刺史呂燁
懦駭無策畧行襲伏勇士於江南乘小舟逆喜謂喜
曰郡人得良牧衆心歸矣但緣兵多民懼虜掠若駐
軍江北領肘腋以赴之使其前導以慰安士民可立
定也喜然之旣渡江軍吏迎謁伏甲奮起行襲擊喜
仆地拔劍斬之其黨盡殪賊衆在江北者悉奔潰山

南節度使劉巨容以功上言尋授均州刺史州西有
長山當襄漢入蜀路羣賊屯據以邀刼貢奉行襲又
破之洋州節度使葛佐奏辟爲行軍司馬請將兵鎭
谷口通秦蜀道繇是益知名
晉張希崇唐末以幽州裨將守平州爲虜所陷授盧
龍軍行軍司馬天道中平州節度使盧文進歸朝委
希崇施鉞繼其任遣腹心摠虜騎三百以監之希崇
莅事數歲虜中漸至寵信坦然無復疑矣忽一日登
郡樓私自計曰昔班仲升西伐不敢擅還以承詔故
也我今入關斷在胸臆何恬於不測之虜而自滯耶

乃召漢人部曲翹楚者謂曰我陷身此地飲酪披毛生不見其所親死爲窮荒之鬼南望山川度日如歲爾輩得無思鄉者乎部曲皆泣下霑衣且曰明公欲全部曲南去善則善矣如虜卒何希崇曰俟明日首領至牙帳則先擒之虜無統攝必散平州去虜帳千餘里待報至徵兵踰旬方及此則我等入漢界浮矣何以小衆爲病衆大喜是日希崇於郡齋之側坎隰地貯以石灰明旦首領與羣從至希崇飲以醇酎數鍾既醉悉置於灰穽中斃焉其徒營於北郭遣人攻之皆潰圍奔去亦捨而不追希崇遂以營內生口二

萬餘南歸明宗嘉之授汝州防禦使

漢王保義本姓劉名去非幽州人唐末平州刺史劉守奇引爲帳中親信守奇以兄守光奪父政亡入虜中又自虜奔太原去非皆從之莊宗之伐燕也令守奇從周德威引軍前進師次涿州刺史姜行敢登陴固守去非呼行敢曰河東小劉郎領軍來爲父除兇爾何拒守守奇免冑勞之行敢遥拜郎開門迎降德威害其功密告莊宗言守奇心不可保黜然作變則無如之何莊宗以書召守奇還討事行次土門去非密說守奇曰公不施寸兵下涿郡周公以得非己力必有如簧之間太原不宜往也公家于梁朝素有君臣之分今往依之介福萬全矣乃馬首而南梁以守奇爲滄州留後以去非爲河陽行軍

册府元龜

冊府元龜

巡按福建監察御史臣李嗣京　訂正

分守建南道左布政使臣胡維霖　參閱

知建陽縣事臣黃國琦較釋

總錄部一百三十

獨行

孔子之所謂狷者有所不爲蓋夫趨向殊性能否異執雖不得去中庸是亦好名獨任者也聊觀古昔先民繼軌其或憤大道之訛變慨季運之奸擾因忘舊而積怨顧不義而深恥責知己以激世念必報以勵

俗堅持一介之行力慕古人之操乃有棄絶粒食坦視鋒刃馮河蹈火忍苦稱疾或高蹈長往或塊處待盡不交朋類自勤給養至有簡父兄之禮斷妻子之戀敦迫無屈力行靡悔取其嫉惡之可尚而不至於亂倫也易曰君子以果行傳曰匹夫不可奪志其斯人之徒歟

周伯夷叔齊孤竹君之二子聞西伯昌善養老盍往歸焉及至西伯卒武王載木主號爲文王來伐紂伯夷叔齊叩馬而諫曰父死不葬爰及干戈可謂孝乎以臣弑君可謂仁乎左右欲兵之太公曰此義人也扶而去之武王已平殷亂天下宗周而伯夷叔齊恥之義不食周粟隱於首陽山（首陽山在河東蒲坂華山之陽河曲之中）采薇而食之及餓且死作歌其辭曰登彼西山兮采其薇矣以暴易暴兮不知其非矣神農虞夏忽焉沒兮我安適歸矣于嗟徂兮命之衰矣遂餓死於首陽山孔子賢二人以爲不降其志不辱其身也

熊宜僚楚人也楚白公勝將亂勝謂石乞曰王與二卿士（二卿士子西子期）皆五百人當之則可矣乞曰不可得也（五百人不可得）曰市南有熊宜僚者若得之可以當五百人矣乃從白公而見之與之言說告而故辭（告欲作亂宜僚辭）

之（辭拒）承之以劍不動（拔劍指其喉）勝曰不爲利諂不爲威惕不洩人言以求媚者去之

鮑焦衣弊膚見挈畚持蔬遇子貢於道子貢曰吾子何以至此也鮑焦曰天下之遺德教者衆矣吾何以不至於此也吾聞之世不已知而行之不已者是爽行也上不已知而干之不止者是毀廉也行爽廉毀然且不舍惑於利者也子貢曰吾聞之非其世者不生其利汙其君者不履其土今吾子汙其君而履其土非其世而捋其蔬此誰之有哉鮑焦曰嗚呼吾聞賢者重進而輕退廉者易醜而輕死乃棄其蔬而立

槁死於雒水之上君子聞之曰廉夫剛哉夫山鋭則不高水狹則不深行特者其德不厚志與天地疑者其爲人不祥鮑子可謂不祥矣其節度淺深適至而止矣

介子推晉人也文公反國酌士大夫酒召舅犯而將之召艾陵而相之授田百萬介子推無爵齒而就位觴三行介子推奉觴而起曰有龍矯矯將失其所有蛇從之周流天下龍既入深淵得其安所蛇脂盡乾獨不得甘雨此何謂也文公曰嘻是寡人之過也吾與子爵待旦之朝也吾與子田在河之間介子推曰

推聞君子之道謁而得位道士不居也爭而得財廉者不受也文公曰使我得反國者子也吾將以成子之名介子推曰推得聞君子之道爲人子而不能承其父者則不敢當其後爲人臣而不見察其君者則不敢立其朝然推亦無索於天下矣遂去而之介山之上文公使人求之不得爲之避寢三月號呼朞年文公待之不肯出求之不能得以爲焚其山宜出及焚其山遂不出而焚死

黔敖一作禽敖齊人爲食於路以待餓者而食之有餓者一云餓人況荀蒙袂輯屨貿貿然來蒙袂不欲見人也輯斂也斂屨力憊不能屨也貿貿目不明之貌黔敖左奉食右執飲曰嗟來食揚其目而視之曰予唯不食嗟來之食以至於斯也嗟來食雖閔而呼之非敬辭從而謝焉終不食而死從猶就也曾子聞之曰微與其嗟也可去其謝也可食微猶無也無與止其狂狷之辭

申徒狄非其世將自投於河崔嘉聞而止之曰吾聞仁智士生於天地之間民之父母也今爲濡足之故不救溺人可乎申徒狄曰不然昔者桀殺關龍逢紂殺王子比干而亡天下吳殺子胥陳殺洩冶而滅其國故亡國殘家非無聖智也不用故也遂負石沈於河君子聞之曰廉矣乎如仁與智吾未見也

枉厲叔事莒敖公自以爲不知而去居於海上夏日則食菱芡冬日則食橡栗莒敖公有難枉厲叔辭其友而往之其友曰子自以爲不知故去今又往死之是知與不知無異別也枉厲叔曰不然自以爲不知故去今死而不去是果知我也吾將死之以醜後世人主之不知其臣者也所以激君人者之行而厲人臣之節也

陳仲子居於陵三日不食耳無聞目無見井上有李螬食實者過半矣匍匐往將食之三咽然後耳有聞目有見仲子窮不苟求者是以絶糧而餧也螬蟲也李實蟲食之過半言仲子目不能擇也伸

于齊之世家也兄戴蓋祿萬鍾以兄之祿爲不義之
祿而不食也以兄之室爲不義之室而不居也避兄
離母處於於陵仲子齊之世卿大夫之家也兄名戴爲齊卿食采於蓋祿萬鍾也仲子以
爲仕非君行非道以居富貴故不處也竄之於陵他日歸則有饋其兄生鵝
者已頻顣曰惡用是鶂鶂者爲哉歸省其母見受人鵝而非之已仲子
也頻顣不悅曰安用是鶂鶂者爲乎鶂鶂鵝鳴聲他日其母殺是鵝也與之
食之其兄自外至曰是鶂鶂之肉也出而哇之哇吐也匕
漢王吉居長安東家有大棗樹垂吉庭中吉婦取棗
以啖吉啖謂使食之吉後知之乃去婦東家聞而欲伐其
樹鄰里共止之因固請吉令還婦里中爲之語曰東

家有樹王陽婦去東家棗完去婦復還其厲志如此
後爲昌邑中尉
周燕宣帝時爲郡決曹掾太守欲枉殺人燕諫不聽
遂殺囚而黜燕囚家守闕稱寃詔遣覆考燕見太守
曰願謹定文書皆著燕名府君但言時病而已出謂
掾史曰諸君被問悉當以罪推燕如有一言及於府
君燕手劒相刃使乃收燕繫獄悉被掠楚辭無屈橈
當下蠶室乃歎曰我平王之後正公玄孫豈可以刀
鋸之餘下見先君遂不食而死
後漢譙玄王莽時隱遯後公孫述僭號於蜀連聘不
詣述乃遣使者備禮徵之若玄不肯起使賜以毒藥
太守自齎璽書至玄廬曰君高節已著朝廷垂意誠
不宜復辭自招凶禍玄仰天歎曰唐堯大聖許繇恥
仕周武至德伯夷守餓彼獨何人我亦何人保志全
高死亦奚恨遂受毒藥玄子瑛泣血叩頭於太守曰
方今國家東有嚴敵兵師四出國用軍資或不嘗充
足願奉家錢千萬以贖父死太守爲請述聽許之玄
遂隱藏田野終述之世
宋弘王莽末爲共王赤眉入長安遣徵弘逼迫不得
已行至渭橋自投於水家人救得出因佯死獲免

高獲字敬公少遊學京師與光武有素舊師事司徒
歐陽歙歙下獄當斷獲冠鐵冠帶鈇鑕詣闕請歙帝
雖不赦而引見之謂曰敬公朕欲用子爲吏宜改常
性獲對曰臣受性於父母不可改之於陛下出便辭
去
李業梓潼人公孫述僭號於蜀素聞其賢徵之欲以
爲博士業固疾不起數年述羞不致之乃使大鴻臚
尹融持毒酒奉詔命以劫業若起則受公侯之位不
起賜之以藥融譬旨曰方今天下分離孰知是非
而以區區之身試於不測之淵乎朝廷貪慕名德曠

官缺位于今七年四時珍御不以忘君宜上奉知已下爲子孫身名俱全不亦優乎今數年不起猜疑寇心凶禍立加非計之得者也業乃歎曰危國不入亂國不居親於其身爲不善者義所不從君子見危授命何乃誘以高位重餌哉融見業辭志不屈復曰宜呼室家計之業曰丈夫斷之於心久矣何妻子之爲遂飲毒而死述聞業死大驚又恥有殺賢之名乃遣使弔祠賻縑百疋業子翬逃辭不受

任永馮信皆託青盲以避公孫述之難永妻淫於前匿情無言見子入井忍而不救信侍婢亦對信姦逼

及聞述誅皆盥洗更視曰世適平目即清淫者自殺光武聞而徵之並會病卒

費貽揵爲人不肯仕公孫述乃漆身爲癩佯狂以避之退藏山藪十餘年

李充陳留人家貧兄弟六人同衣遞食妻竊謂充曰今貧居如此難以久安妾有私財願思分異充僞酬之曰如欲別居當醖酒具會請呼鄉里內外共議其事婦從充置酒讌客充於坐中前跪白母曰此婦人無狀而教充離間母兄罪合遣斥便呵叱其婦逐令出門婦銜涕而去坐中驚肅因遂罷散

楊喬爲尙書容儀偉麗數上言政事桓帝愛其才貌詔妻以公主喬固辭不聽遂閉口不食七日而死

袁閎字夏甫彭之孫也少勵操行苦身修節父賀爲彭城相閎往省謁變姓名徒行無旅旣至府門連日吏不爲通會阿母出見閎驚一云乳母從內出見在門側面貌省瘦爲其垂泣閎曰丁寧言此間不知吾愼勿宣露也入白夫人乃密呼見旣而辭去賀遣車送之閎稱眩疾不肯乘反郡界無知者閎見時方險亂而家門富盛嘗對兄弟歎曰吾先公福祚後世不能以德守之而競爲驕奢與亂世爭權此即晉之三郤矣延熹末黨事將作遂散髮絕世欲投迹

深林以母老不宜遠遁乃築土室四周於庭不爲戶自牖納飲食而已旦於室中東向拜母母思閎時往就視母去便自掩閉兄弟妻子莫得見也潛身十八年黃巾賊起攻沒郡縣百姓驚散閎誦經不移賊相約語不入其閭鄉人就閎避難皆得全免年五十七卒於土室

孔嵩字仲山南陽人與山陽范式爲友式爲荆州刺史嵩家貧親老乃變名姓傭爲新野縣阿里街卒式行部到新野而縣選嵩爲導騎迎式式見而識之呼嵩把臂謂曰子非孔仲山耶對之歎息語及平生曰

昔與子俱曳長裾遊進帝學吾蒙國恩致位牧伯而子懷道隱身處於卒伍不亦惜乎嵩曰侯嬴長守於賤業晨門肆志於抱關子欲居九夷不患其陋貧者士之宜豈爲鄙哉式勑縣代嵩嵩以爲先備未竟不肯去

劉翊遂知故困餒於路不忍委去因殺所駕牛馬以救其乏衆人止之翊曰視沒不救非志士也遂俱餓死

戴就會稽上虞人仕郡倉曹掾楊州刺史歐陽參奏太守成公浮贓罪遣部從事薛安案倉庫簿領收就

於錢塘縣獄幽囚考掠五毒參至就慷慨直辭色不變容又燒鍼斧使就挾於肘腋就語獄卒可熟燒斧勿令冷每上彭（彭卽旁也音同）考因止飯食不肯下肉焦毀墮地者掇而食之主者窮竭酷慘無復餘方乃臥就覆船下以馬通薰之一夜二日皆謂已死發船視之就方張眼大罵曰何不益火而使滅絶又復燒地以大鍼刺指爪中使以爬土爪悉墮落主者以狀白安安呼見就謂曰太守罪穢狼藉受命考實君何故以骨肉拒扞也就據地答言太守剖符大臣當以死報國卿雖銜命固宜申斷冤毒柰何誣枉忠良强相掠理令臣謗其君子證其父薛安庸騃忸行無義就考死之日當白之於天與羣鬼殺汝於亭中如蒙生全當手刃相裂安深奇其壯節卽解械更與美談表其言辭解釋郡事徵浮還京師免歸鄉里

周爕汝南安城人不讀非聖之書不修賀問之好有先人草廬結于南岡岡下有陂田常肆勤以自給非身所耕漁則不食也鄉黨宗族希得見者舉孝廉賢良方正特徵皆以疾辭

皇甫規字威明爲度遼將軍規爲人多意筭自以連在大位欲退身避第數上病不見聽會友人上郡太

守王旻喪還規縞素越界到下亭迎之因令客密告荆州刺史胡芳言規擅遠軍營公違禁憲當急舉奏芳曰威明欲避第（言欲歸第避仕宦之塗也）仕塗故激發我爾吾當爲朝廷愛才何能申此子計邪遂無所問及黨事大起天下名賢多見染逮規雖爲名將素譽不高自以西州豪傑恥不得預乃先自上言臣前薦故大司農張奐是附黨也又臣昔論輸左校時太學生張鳳等上書訟臣是爲黨人所附也臣宜坐之朝廷知而不問時人以規爲賢

楊后字仲桓廣漢人潛身藪澤耦耕誦經司徒楊震

表薦其高操公車特徵不就益州刺史焦參行部致
謁后惡其苛暴時耕於大澤郎委鉏疾逝參恚之收
其妻子錄繫欲以致后遂不知后所在乃出其妻子
魏管寧北海朱虛人年十六喪父中表愍其孤貧咸
共賵賻悉辭不受文帝徵爲大中大夫明帝徵爲光
祿勳並不起嘗坐一木榻積五十餘年未嘗箕股其
榻上當膝處皆穿
范粲爲太宰中郎齊王芳被廢遷於金墉城粲素服
拜送哀動左右時司馬師輔政召羣官會議粲又不
到朝廷以其時望優容之粲又稱疾闔門不出於是

特詔爲侍中持節使於雍州粲因佯不言寢所乘車
足不履地子孫嘗侍左右至有婚宦大事輒密諮焉
合者則色無變不合則眠寢不安妻子以此知其旨
不言三十六載終於所寢之車
晉庾袞篤學好問事親以孝聞鄉黨薦之州郡交命
察孝廉舉秀才清白異行皆不降志世遂號之爲異
行元康末潁川太守召爲功曹袞服造役之衣杖鏟
荷斧不俟駕而行曰請受下夫之役太守飾車而迎
袞逡巡辭退請徒行入郡將命者遂逼扶升車納於
功曹舍既而袞自取己車而寢處焉形雖恭而神有
不可動之色太守知其不屈乃歎曰非常士也吾何
以降之厚爲之禮而遣焉
宋纖年八十篤學不倦前凉張祚遣使者張興備禮
徵爲太子友興逼喻甚切纖喟然歎曰德非莊生才
非干木何敢稽停明命遂隨興至姑臧祚遣其太子
太和以執友禮造之纖稱疾不見贈遺一皆不受尋
遷太子太傅頃之上疏曰臣受生方外心慕太古生
不喜存死不悲沒素有遺屬屬諸知識在山投山臨
水投水處澤露形在人親土聲聞書疏勿告我家今
當命終乞如素願遂不食而卒

華混觀陽伯表之世孫也表子侍中廙坐事免官削
爵土以混嗣混當受封逃避斷髮陽狂病瘖不能語
故得不拜世咸稱之
辛謐永嘉末爲散騎常侍慰撫關中及長安陷沒於
劉聰拜大中大夫固辭不受又歷石勒季龍之世並
不應辟命雖處喪亂之中頹然高邁視榮利蔑如也
及冉閔僭號復備禮徵爲太常謐遺閔書曰昔許繇
辭堯以天下讓之全其清高之節伯夷去國子推逃
賞皆顯史牒傳之以無窮此往而不反者也然賢人
君子雖居廟堂之上無異於山林之中斯窮理盡性

之好豈有識之者邪是故不嬰於禍難者非爲避之但冥心至趣而與吉會爾讜聞物極則變冬夏是也致高則危累棊是也君王功以成矣而久處之非所以顧萬全遠危亡之禍也宜因茲大捷歸身本朝必有許繇伯夷之廉享松喬之壽永爲世輔豈不美哉因不食而卒

宋劉凝之字志安小名長年南郡枝江人也父期公衡陽太守兄盛公高尚不仕凝之慕老萊嚴子陵爲人推家財與弟及兄子立屋於野外非其力不食州里重其有德仁

南齊褚伯玉字元璩吴郡錢塘人也少有隱操寡嗜欲年十八父爲婚婦入前門伯玉從後門出遂往剡居瀑布山性耐寒暑時人比之王仲都在山三十餘年隔絶人物

梁何點父鑠坐法死點感家禍欲絶婚宦祖尙之强爲娶琅邪王氏禮畢將親迎點累涕泣求執本志遂得罷點既老又娶魯國孔嗣女嗣亦隱者也點雖婚亦不與妻相見築別室以處之人莫諭其意也

劉訏早孤長兄絜爲之娶妻尅日爲婚訏聞而逃匿事息乃還

阮孝緒年十三遍通五經十五冠而見其父彥之誡曰三加彌尊人倫之始宜思自勗以庇爾躬答曰願迹松子於瀛海追許繇於窮谷庶保促生以免塵累自是屏居一室非定省未嘗出戶家人莫見其面親友因呼爲居士

後魏濟陰王鬱長子彌以故嫡應襲先爵爲季父尙書僕射麗因于氏親寵遂奪彌王爵橫授同母兄子誕於是彌絶棄人事託疾還私第宣武徵爲侍中彌上表固辭入嵩山以穴爲室布衣蔬食至卒

隋元褒十歲而性友悌善事諸兄諸兄議欲別居褒

泣諫不得家素富多金寶褒無所受脫身而出爲州里所稱

唐李源憕之子憕既爲羯胡所害源方八歲爲郡賊所虜流浪南北展轉人家凡六七年遂雒陽平父之故吏有憶認者以金帛贖之歸於近親代宗聞之授河南府參軍源遂絶酒肉不婚娶不役僮使嘗依雒陽城北之惠林寺卽憕之別墅寓於一室次僧而食人亦未嘗見其欲習至於齊榮辱混是非熈熈而無不合蓋自有得也先命完其野以備終制時眠其間穆宗長慶二年七月御史中丞李德裕表薦之乃徵

諫議大夫不起

冊府元龜

冊府元龜　總録部　卷之八百八十

獨行　十五

冊府元龜

巡按福建監察御史臣李嗣京　訂正

分守建南道左布政使臣胡維霖　叅閱

知建陽縣事臣黃國琦較釋

總錄部一百五十一

交友第一

交友之道其來尚矣自天子至於庶人未有不須友以成者也故傳有三益之訓易著斷金之象營道同術義表於切磋久要不忘情見於生死又豈止遠方之爲樂淡水之相成哉中古而下蓋有同德比義神交心照或傾蓋以投分或刎頸而爲歡靡思志操之異遂忘年齒之隔結髮以供仕納祿以偕往敦風雨之信忘蓬蓽之賤通家而益厚弈世而逾親以至撫字孤孀拯濟危阨殺身以自誓抱節而不變斯皆古之不諂不瀆相生相死之士歟

管仲字夷吾潁上人也少時嘗與鮑叔牙游鮑叔知其賢管仲貧困嘗欺鮑叔終善遇之不以爲言已而鮑叔事齊公子小白管仲事公子糾及小白立爲桓公子糾死管仲囚焉鮑叔遂進管仲管仲既用任政於齊齊桓公以霸九合諸侯一匡天下管仲之[illegible]

管仲曰吾始困時嘗與鮑叔賈分財利多自與鮑叔不以我爲貪知我貧也吾嘗爲鮑叔謀事而更窮困鮑叔不以我爲愚知時有利不利也吾嘗三仕三見逐於君鮑叔不以我爲不肖知我不遭時也吾嘗三戰三走鮑叔不以我爲怯知我有老母也公子糾敗召忽死之吾幽囚受辱鮑叔不以我爲無恥知我不羞小節而恥功名不顯於天下也生我者父母知我者鮑子也鮑叔既進管仲以身下之子孫世祿於齊有封邑者十餘世常爲名大夫天下不多管仲之賢而多鮑叔能知人也韓氏外傳鮑叔有疾管仲爲之不食不內水漿甯戚患之曰鮑

叔有疾而爲之不內水漿無益於鮑叔又將自傷且鮑叔非君臣之恩父子之親爲之不內水漿不亦失宜乎管子曰非子之所知也昔者吾嘗與鮑叔負販於南陽而見辱於市中鮑子不以我爲不勇者知吾欲有名於天下吾與鮑子說諸侯三見而三不中不以我爲不肖者知吾不遇賢主人吾與鮑子分財而多自與不以我爲貪者知吾貧無有也生我者父母知我者鮑子士爲知己者死馬爲知御者良鮑子卒天下莫我知安用水漿誠有知者雖爲之死亦何可傷乎

晏嬰齊大夫孔子稱晏平仲善與人交久而敬之

季札吳公子也聘於鄭見子產如舊相識

伍參楚大夫與蔡太師子朝友其子伍舉與聲子相善也聲子子朝之子伍舉子胥祖父椒舉也伍舉娶於王子牟王子牟爲申公而亡獲罪出奔楚人伍舉實送之伍舉奔鄭將遂

奔晉聲子將如晉遇之於鄭郊班荆相與食而言復故班布也布荆坐地共議歸楚事聲子曰子行也吾必復子申包胥楚大夫伍員與申包胥友其亡也謂申包胥曰我必復楚國復報也申包胥曰勉之子能復之我必能興之

孟獻子魯大夫有友五人樂正裘牧仲五人者皆賢人無位者也獻子以其富貴下此五人五人屈禮而就之也

曾子以子張死有母之喪齊衰而往哭之或曰齊衰不以弔以其無服非之曾子曰我弔也與哉於朋友哀痛甚而往哭之非若凡弔

羊角哀左伯桃二人爲死友欲仕於楚道阻遇雨雪不得行饑寒自度不俱生伯桃謂角哀曰俱死之後骸骨莫收内手捫心知不如子生恐無益而棄子之能我樂在樹中角哀聽之伯桃入樹中而死楚平王愛角哀之賢以上卿禮葬伯桃角哀夢伯桃曰蒙子之恩而獲厚葬正苦荆將軍冢相近今月十五日當大戰以决勝負角哀至期日陳兵馬詣其家作三桐人自殺下而從之此殁身不負然諾之信

青荓豫讓之友也爲趙襄子參乘襄子游於囿中至於梁馬却不肯進襄子曰進視梁下前類有人類象青荓進視梁下豫讓却寢佯爲死人叱青荓曰去長者且有事言將殺趙襄子青荓曰少而與子友子且爲大事而我言之失相與交友之道子將賊吾君而我不言失爲人臣之道如我者唯死爲可適可得死也退而自殺

趙有處士毛公藏於博徒薛公藏於賣漿家魏公子無忌從此與二人結交游

廉頗爲趙將以藺相如爲上卿羞不忍爲之下宣言曰我見必辱之藺相如望見廉頗引車避匿廉頗聞之肉袒負荆至藺相如門謝罪曰鄙賤之人不知將軍寬之至此也卒相與爲歡爲刎頸之交

張儀始嘗與蘇秦俱事鬼谷先生秦自以不及儀蘇秦已說趙王而得相約從親然恐秦之攻諸侯敗約後負念莫可使用於秦者乃使人微感張儀曰子始與蘇秦善今秦已當路子何不往游以求通子之願張儀於是之趙上謁求見蘇秦蘇秦乃誡門下人不爲通又使不得去者數日已而見之坐之堂下賜僕妾之食因而數讓之曰以子之材能乃自令困辱至此吾寧不能言而富貴子子不足收也謝去之張儀之來也自以爲故人求益反見辱怒念諸侯莫可事獨秦能苦趙乃遂入秦蘇秦已而告其舍人曰張儀

天下賢士吾殆弗如也今吾幸先用而能用秦柄者獨張儀可爾然貧無因以進吾恐其樂小利而不遂故召辱之以激其意子爲我陰奉之乃言趙王發金幣車馬使人微隨張儀與同宿舍稍稍近就之奉以車馬金錢所欲用爲取給而弗告張儀遂得以見秦惠王惠王以爲客卿與謀伐諸侯蘇秦之舍人乃辭去張儀曰賴子得顯方且報德何故去也舍人曰臣非知君知君乃蘇君蘇君憂秦伐趙敗從約以爲非君莫能得秦柄故感怒君使臣陰奉給君資盡蘇君之謀今君已用請歸報張儀曰嗟乎此吾在術中而

不悟吾不及蘇君明矣吾又新用安能謀趙乎爲吾謝蘇君蘇君之時儀何敢言且蘇君在儀寧渠能乎

宋玉楚大夫初因其友無姓名而見於楚襄王襄王待之無以異宋玉讓其友其友曰夫薑桂因地而生不因媒而辛婦人因媒而嫁不因媒而親子之事王未爾何怨於我宋玉曰不然昔者齊有良兎曰東郭俊盖一旦而走五百里於是齊亦有良狗曰韓盧亦一旦而走五百里使之遥見而指屬則雖韓盧不及衆兎之塵若躡跡而縱緤則雖東郭俊亦不能離今子之屬臣也夫躡跡而縱緤與遥見而指屬與

漢陳餘年少父事張耳與爲刎頸交刎斷也刎頸交蓋言託契深重雖斷頸絶頭無所顧也後封代王相趙

龔勝字君賓龔舍字君倩皆楚人相友並著名節故時號之楚兩龔勝位至太中大夫歸老於鄉里舍拜光祿大夫不起

張釋之爲廷尉持法平允中尉條侯周亞夫與梁相山都侯王恬啟結爲親友繇此天下稱之

汲黯善灌夫鄭當時及宗正劉棄疾黯位至主爵都尉

蕭育爲人嚴猛尚威居官數免稀遷少與陳咸朱博

爲友著聞當世往者有王陽貢禹故長安語曰蕭朱結綬王貢彈冠言其相薦達也始育與陳咸俱以公卿子顯名咸最先進年十八爲左曹二十餘爲御史中丞時朱博尚爲杜陵亭長爲咸育所攀援入王氏後遂並歷刺史郡守相及爲九卿而博先至將軍上卿歷位多於咸育遂至丞相育與博後有隙不能終故世以交爲難矣

何武以射策甲科爲郎與翟方進交志相友

王吉與貢禹爲友世稱王陽在位貢公彈冠彈冠者言入仕也言其取舍同也吉位諫議大夫

傳喜封高武侯與鄭玄同門學相友善（同門謂同師也）

陳遵少與張竦俱爲京兆史竦博學通達以廉儉自守而遵放縱不拘操行雖異然相親友哀帝之末俱著名字爲後進冠（爲後進人士之冠首也）

後漢趙憙友善韓伯仲等數十人位太傅

杜林字伯山與馬援同鄉里素相親厚援從南方還林馬適死援令子持馬一匹遺林曰朋友有車馬之饋可具以備之林受之居數月林遣子奉書曰將軍內施九族外有賓客望恩者多林父子兩人食列卿祿常有盈今送錢五萬援受之謂子曰人當以此爲

法是杜伯山所以勝我也林位司空

寇恂從光武破羣賊數與鄧禹謀議恂奇之因奉牛酒共交歡恂位執金吾

皐弘爲揚州從事家代爲吳郡冠族少有英才與桓榮相善

廉范與雒陽慶鴻爲刎頸交時人稱曰前有管鮑後有慶廉范位至蜀郡太守

孔僖曾祖父子建少遊長安與崔篆友善僖與篆孫駰復相友善僖位臨津令

尹敏與班彪親善每相遇輒日旰忘食夜分不寢自以爲鍾期伯牙莊周惠施之相得也敏位長安令

梁鴻友人京兆高恢少好老子隱於華陰山中及鴻東游思恢作詩曰鳥嚶嚶兮友之期念高子兮僕懷思想念恢兮爰集茲二人遂不復相見恢亦高抗終身不仕

王符安定臨涇人少好學有志操與馬融竇章張衡崔瑗等並友善

馬寔字伯騫勤結英雄所欲友接負笈荷擔不遠萬里山陽王暢未仕時寔慕高名徃存之留暢門投刺暢欲不肯見使從者拒之云行歷未旋寔留連日日

徃伺之謂從者曰夫孝子事親行不踰日而至今不歸非孝子也欲待與相見如囟於路徃而不返哭之以爲死交暢聞其言歎息壯志因執其手偕行與入美談畢請入見母飲宴定好而别

陳重少與同郡雷義爲友俱學魯詩顏氏春秋太守張雲舉重孝廉重以讓義前後十餘通記雲不聽義明年舉孝廉重與俱在郎署後俱拜尚書郎義坐事黜退重見義去亦以病免（又云雷義舉茂才讓於陳重刺史不聽義遂徉狂被髮走不應命鄉里爲之語曰膠漆自謂堅不如陳與雷也）

范冉（冉或作丹）陳留外黃人少爲郡小吏與王奐親善與

後爲考城令境接外黄屢遣書請冉冉不至及冉遷濮陽太守將行冉乃與弟協步齎麥酒於道側設壇以待之冉見與車徒絡驛遂不自聞惟與弟共辯論於路與識其聲即下車與相揖對與曰行路倉卒非陳閤之所可共到前亭宿息以敘分隔冉曰子前在考城思欲相從以賤質自絕豪友爾今子遠適千里會面無期故輕行相候以展訣別如其相追將有慕貫之譏矣便起告違拂衣而去與瞻望弗及冉長逝不顧

范式一名氾字巨卿少游太學爲諸生與汝南張劭

爲友劭字元伯二人並告歸鄉里式謂元伯曰後二年當還將過拜尊親見孺子焉乃共尅期日後期方至元伯具以白母請設饌以候之母曰二年之別千里結言爾何相信之審邪對曰巨卿信士必不乖違母曰若然當爲爾醞酒至其日巨卿果到升堂拜飲盡歡而別式仕爲郡功曹後元伯寢疾篤同郡郅君章殷子徵晨夜省視之元伯臨盡歎曰恨不見吾死友子徵曰吾與君章盡心於子是非死友復欲誰求伯曰若二子者吾生友爾山陽范巨卿所謂死友尋而卒式忽夢元伯玄冕垂纓屣履而呼曰巨卿吾以某日死當以某時葬永歸黄泉子未我忘豈能相及式恍然覺悟悲歎泣下具告太守請往奔喪太守雖心不信而重違其情許之式未及到而喪已發引既至壙將窆而柩不肯進其母撫之曰元伯豈有望耶遂停柩移時乃見有素車白馬號哭而來其母望之曰是必范巨卿也巨卿既至叩喪言曰行矣元伯死生路異永從此辭會葬者千人咸爲揮涕式因執紼而引柩於是乃前式遂留止冢次爲修墳樹然後乃去

崔瑗與扶風馬融南陽張衡特相友好瑗位濟北相

吳祐字季英陳留長垣人舉孝廉將行郡中爲祖道祐越壇共小史雍丘黄眞歡語移時與結友而別功曹以祐倨請黜之太守曰吳季英有知人之明卿且勿言眞後亦舉孝廉除新蔡長世稱其清節時公沙穆來游太學無資糧必變服客傭爲祐賃舂祐與語大驚遂共定交於杵臼之間祐以光祿四行遷膠東侯相時濟北戴宏父爲縣丞宏年十六從在丞舍祐每行園嘗聞諷誦之音奇而厚之亦與爲友卒成儒宗知名東夏官至酒泉太守

申屠蟠友人陳羣馮雍坐事繫獄豫州牧黄琬欲殺

之或勸蟠不肯行曰黄子琰（琬之字也）爲吾故邪未必致
罪如不用吾言雖往何益琬聞之遂免蕃罪蕃累徵
不起

荀淑博學有高行與李固李膺同志友善淑位朗陵
侯相

張皓字叔明治律春秋游學京師與廣漢鐔深漢中
李郃蜀郡張霸共結爲友善皓位司空

宋揚女爲章帝貴人被譖自殺揚免歸本郡郡縣因
事復捕繫之揚友人前懷令山陽張峻左馮翊沛國
劉均等奔走解釋得以免罪

逢萌北海都昌人與同郡徐房平原李子雲王君公
相友善萌初爲亭長後連徵不起

岑晊南陽棘陽人有高才郭林宗朱公叔等皆爲友
晊後州郡察舉三府交辟並不就

李膺性簡亢無所交接唯與同郡荀淑陳寔爲師友
位長樂少府

李燮廉方自守所交皆舍短取長好成人之美時頴
川荀爽賈彪雖俱知名而不相能燮並交二子情無
適莫世稱其平正位河南尹

趙岐亡命賣餅北海市中孫嵩游市見岐遂以俱歸
嵩先入白母曰出行從乃得死友迎入上堂饗之極
歡藏岐複壁中數年位太常

韓說舉孝廉與議郎蔡邕友善位江夏太守

王烈太原人以頴川陳太丘爲師二子爲友時頴川
荀慈明賈偉節李元禮韓元長皆就太丘學見烈器
業過人歎服所履亦與相親繇是英名著於海内烈
舉孝廉三府辟並不就

郭泰字林宗游於雒陽始見河南尹李膺膺大奇之
遂相友善於是名震京師後歸鄉里衣冠諸儒送至
河上車數千兩林宗唯與李膺同舟而濟衆賓望之

以爲神僊焉泰徵有道不就

王允太原祁人也世仕州郡爲冠蓋同郡郭林宗嘗
見允而奇之曰王生一日千里王佐才也遂與定交
位司徒

陳羣字長文紀之子也魯國孔融才高倨傲年在紀
羣之閒先與紀友後與羣交更爲紀拜繇是顯名仕
魏至司空

范康少受業太學與郭林宗親善位太山太守

何顒與陳蕃李膺善時爲宦者所陷乃改姓名亡匿
汝南閒所至皆親其豪傑有聲荆豫之域袁紹慕之

私與往來結爲奔走之交後辟司空府掾政嘗過馬武稱疾見政對几據牀欲令政拜牀下入戶前排武從上牀坐武恨言語不懌政因把武臂責之曰卿蒙恩稱藩臣不思求賢報國而驕天下英俊會信陽侯至責數武乃令爲朋友位左中郎將

許鴻卿汝南人與同郡周伯靈交友伯靈早亡鴻卿養育其子

閔仲叔恬靜養神弗役於物與周黨相友黨每與仲叔共含菽飲水以博士徵不就

應順字華仲汝南人少與同郡許敬善敬家貧親老

無子爲敬去妻更娶位將作大匠

袁紹好游俠與張孟卓何伯求吳子卿許子遠伍德瑜等皆爲奔走之友紹位至冀州牧

禰衡平原人建安初游許下孔融深愛其才衡始弱冠而融年四十遂與爲交友

魏傅嘏字蘭石自少與冀州刺史裴徽散騎常侍荀粲善徽粲早亡又與鎮北將軍何曾司空陳泰尚書僕射荀顗後將軍鍾毓並善相與綜朝事俱爲名臣嘏位尚書僕射

鍾毓荀攸相與親善攸先亡子幼毓經紀其門戶欲嫁其妾與人書曰吾與公達攸字也曾共使朱建平相建平曰荀君雖少然當以後事付鍾君吾時啁之曰惟當嫁卿阿鶩耳何意此子竟早殞沒戲言遂驗乎今欲嫁阿鶩得善處追思建平之妙雖唐舉許負何以復加也毓位至太傅

王凌與司馬朗賈逵友善位太守

袁霸陳郡扶樂人渙從弟魏初爲大司農與同郡何夔並知名於時而霸子亮夔子曾與渙子侃復齊聲友善

杜恕爲散騎黃門侍郎時李豐爲常侍黃門郎袁侃

見轉爲吏部郎荀俁出爲東郡太守三人皆恕之同班友善

王朗弘通有性實與東平右姓王惠陽爲碩交惠陽親拜朗母於其牀下朗既仕至二千石而惠陽亦歷長安令酒泉太守故時人謂惠陽外似麤疏而內堅密能不顧朗之本末事朗母如已母爲通度也

華歆與北海邴原管寧俱游學三人相善時人號三人爲一龍歆爲龍頭原爲龍腹寧爲龍尾歆位太尉

陳矯爲郡功曹使過泰山泰山太守東郡薛悌異之結爲親友戲謂矯曰以郡吏而交二千石鄰國君屈

從陪臣游不亦可乎悌後爲魏郡及尚書令皆承代矯

蜀許靖汝南人始兄事潁川陳紀與陳郡袁渙平原華歆東海王朗等親善靖入蜀爲司徒歆朗及紀並靖子羣魏初爲公輔大臣咸與靖書申陳舊好情義欵至

司馬徽字德操嘗造龐德公值其渡沔上祀先人墓德操徑入其室呼德公妻子使速作黍徐元直向云有客當來就我與龐公譚其妻子皆羅列拜於堂下奔走供設須臾德公還直入相就不知何者是客也

德操年小德公十歲兄事之呼作龐公故世人遂謂龐公是德公名非也（諸葛孔明每至龐德公家獨拜牀下德公初不令止）

向朗字巨達少師事司馬德操與徐元直韓德高龐士元皆親善位至丞相長史

張裔蜀郡成都人也少與犍爲楊恭友善位輔漢將軍

張飛字翼德少與關羽俱事先主羽年長數歲飛兄事之位車騎將軍

張嶷巴郡南充國人召爲從事郡內士人龔祿姚伷位二千石當世有聲名皆與嶷友善

徐庶字元直先名福福與石韜字廣元相親愛初平中中州兵起乃與韜南客荊州到又與諸葛亮特相善及荊州內附孔明與劉備相隨去福韜俱來北至黃初中韜仕歷郡守典農校尉福至右中郎將御史中丞逮太和中諸葛亮出隴右聞元直廣元仕財如此難歎曰魏殊多士邪何彼二人不見用乎

揚戲性雖簡惰省畀未嘗以甘言加人然篤於故舊與巴西韓儼黎韜童幼相親厚後儼痛疾廢頓韜無行見捐戲經紀振卹恩好如故位射聲校尉

吳張昭字子布與琅琊趙昱東海王朗俱發名友善

位輔吳將軍

陸績字公紀時虞翻舊齒名盛龐統荊州令士年亦差長皆與績友善位偏將軍

魯肅臨淮人也家富於財周瑜爲居巢長將數百人故過候肅并求資糧肅家有兩囷米各三千斛肅乃指一囷與周瑜瑜益知其奇也遂相親結定僑札之分肅後使荊州到當陽與劉備會時諸葛亮與相隨肅謂亮曰我子瑜友也即共定交肅卒諸葛亦爲發哀位撗江將軍

呂蒙爲偏將軍領潯陽令魯肅代周瑜當之夏口過

蒙屯下肅意尚輕蒙問肅曰與關羽爲鄰將何計畧
因爲肅畫五策肅拊其背曰吕子明吾不知卿才畧
所及乃至於此也遂拜蒙母結友而别

薛友字文悌豫章人爲郡功曹使至都諸葛恪友之
時論謂顧子嘿子眞其間無所復容恪欲以友居其
閒餘是知名

顧邵爲豫章太守初錢塘丁諝出於役伍陽羨張秉
生於庶民烏程吳粲雲陽殷禮起乎微賤邵皆拔而
友之秉遭大喪親爲制服結經邵當之豫章發在近
路值秉疾病時送者百數邵辭賓客曰張仲節（秉之字也）

有疾苦不能來别恨不見之暫還與訣諸君少時相
待

張溫爲中郎聘蜀與諸葛全結金蘭之好

嚴畯避亂江東與諸葛瑾步隲齊名友善性質直純
厚其於人物忠告善道志存補益位尚書令

陳表少知名與諸葛恪顧譚張休等並侍東宮皆共
親友尚書暨豔亦與表善位偏將軍

吳範爲人剛直頗好自稱然與親故交接有終始素
與魏滕同邑相善滕嘗有罪太帝責怒甚嚴敢諫者
死範謂滕曰與汝偕死滕曰死而無益何用死爲範
曰安能慮此坐觀汝邪乃髡頭自縛詣門下使鈴下
以聞鈴下不敢曰必死不敢白範曰汝有子邪曰有
曰使汝爲吳範死子以屬我鈴下曰諾乃排閤入言
未卒帝大怒欲便投以戟逡巡走出範因突入叩頭
流血言與涕並良久帝意釋乃免滕滕見範謝曰父
母能生長我不能免我於死丈夫相知如汝足矣何
用多爲位太史令

吳祺與張溫顧譚友善

孫晈爲征虜將軍善於交結與諸葛瑾至厚位征虜
將軍

呂岱親近吳郡徐原慷慨有才志岱知其可成賜巾
構與共言論後遂薦拔官至侍御史原性忠壯好直
言岱時有得失原輒諫諍又公論之人或以告岱岱
歎曰是我所以貴德淵者也及原死岱哭之甚哀曰
德淵呂岱之益友今不幸岱復於何聞過譚者美之
位大司馬

鄭曹有文學操行與陸雲善與雲時相往反

高岱字孔文受性聰達輕財貴義其友士拔奇取於
未顯所友八人無名氏皆世之英偉也

冊府元龜

冊府元龜

巡按福建監察御史臣李嗣京　正

分守建南道左布政使臣胡維霖　訂

知建陽縣事臣黃國琦　較

總錄部　一百三十二

交友第二

晉夏侯湛幼有盛才文章宏富善構新詞而美容觀與潘岳友善每行止同輿接茵京都謂之連璧位散騎常侍

嵇康恬靜寡欲寬簡有大量東平呂安服康高致每一相思輒千里命駕康友而善之康所與神交者陳留阮籍河內山濤豫其流者河內向秀沛國劉伶籍兄子咸瑯邪王戎遂爲竹林之游世所謂竹林七賢也康位中散大夫

冊府元龜　總錄部 交友二　卷之八百八十二　一

山濤字巨源與嵇康呂安善後遇阮籍便爲竹林之交著忘言之論康後坐事臨誅謂子紹曰巨源在汝不孤矣濤睨與尚書和逌交又與鍾會裴秀並申款昵後二人居勢爭權濤平心處中各得其所而俱無恨焉位司徒

阮籍素與王渾爲友渾子戎年十五隨渾在郎舍戎少籍二十歲而籍與之交籍每適渾俄頃輒去過視戎良久然後出謂渾曰濬沖王戎字也清賞非卿倫也共卿言不如共阿戎談戎每與籍爲竹林之游戎嘗後至籍曰俗物已復來敗人意戎笑曰卿輩意亦復易敗耶籍位步兵校尉

羊曼任達頹縱好飲酒溫嶠庾亮阮放桓彝同志友善並爲中興名士時州里稱陳留阮放爲宏伯高平郗鑒爲方伯太山胡毋輔之爲達伯濟陰卞壺爲裁伯陳留蔡謨爲朗伯阮孚爲誕伯高平劉綏爲秀伯而曼爲黯伯凡八伯蓋擬古之八儁曼位丹陽尹

冊府元龜　總錄部 交友二　卷之八百八十二　二

王接字祖游平陽太守柳澹散騎侍郎裴遐尚書僕射鄒攸皆與接友善位尚書殿中郎

山簡爲征南將軍鎮夏口華軼以江州作難或勸簡討之簡曰與彥夏華軼字舊友爲之惆悵簡豈利人之機以爲功伐乎其篤厚如此

戴若思有風儀性閑爽少好游俠不拘操行遇陸機赴洛船裝甚盛遂與其徒掠之若思登岸據胡牀指麾同旅皆得其宜機察見知非常人在舫屋上遥謂之曰卿才器如此乃復作刼邪若思感悟因流涕投劒就之機與言深加賞異遂與定交焉位至驃騎將

軍

王敦謝鯤庾敳阮修皆爲王衍所親善號爲四友而亦與王澄狎又有光逸胡毋輔之等亦豫焉酣讌縱誕窮歡極娛位大將軍

王尼字孝孫本兵家子寓居雒陽卓犖不羈初爲護軍府軍士胡毋輔之與瑯琊王澄北地傅暢中山劉輿潁川荀邃河東裴遐迭屬河南功曹甄述及雒陽令曹攄請解之攄等以制旨所及不敢輔之等齎羊酒詣護軍門門吏疏名呈護軍護軍歎曰諸名士持羊酒來將有以也尼時以給府養馬輔之等入遂坐

馬廐下與尼炙羊飲酒醉飽而去竟不見護軍護軍大驚即與尼長假因免爲兵東瀛公騰辟爲車騎舍人不就

劉琨少負志氣有縱横之才善交勝已而頗浮誇與范陽祖逖爲友聞逖被用與親故書曰吾枕戈待旦志梟逆虜嘗恐祖生先吾着鞭其意氣相期如此琨爲并州牧

裴邵字道期元帝初爲安東將軍以邵爲長史王導爲司馬二人相與爲深交友及道期卒王導爲司空旣拜歎曰裴道期劉王喬在吾不得獨登此位

王龔清操過人嘗有宰相之望與王沈齊名友善

紀瞻少與陸機兄弟親善及機被誅瞻卹其家周至及嫁機女資送同於所生位驃騎將軍

王機字令明慕王澄爲人澄亦雅知之以爲已亞遂與友善機位交州刺史

荀崧字景猷與王濬何邵爲拜親之友崧補濮陽王允文學又與王敦顧榮陸機等友善

虞駿字思行潭之兄子也雖機幹不及於潭然而素行過之與譙國桓彝俱爲吏部郎情好甚篤彝遣溫拜駿駿使子谷拜彝

荀羨弱冠與王洽齊名沛國劉惔太原王濛陳郡殷浩並與交好位兗州刺史

周訪爲縣功曹陶侃爲散吏訪薦侃爲主簿相與結友

許邁丹陽句容人也少恬靜不務仕進有高世之心王羲之每造之未嘗不彌日忘歸相與爲世外之交

習鑿齒爲桓溫别駕善尺牘論議溫甚寵遇之時清談文章之士韓伯伏滔等並相友善

鄧粲長沙人少以高潔著名與南陽劉驎之南郡劉尚公同志友善並不應州郡辟命

王濛字仲祖與沛國劉惔齊名友善惔嘗稱濛性至通而自然有節濛每云劉君知我勝我自知時人以惔方荀奉倩濛比袁曜卿凡稱風流者舉濛惔爲宗焉位司徒左長史

桓溫與庾翼友善嘗相期以寧濟之事位大司馬

謝安居東土與王羲之孫綽李充許詢道林皆文義冠世共相友昵位太傅

陸機與弟雲造張華華素重其名如舊相識機爲平原內史

宋王弘隱于會稽與魯國孔淳之爲莫逆交

何點與陳郡謝瀹吳國張融會稽孔稚珪爲莫逆之交

孔淳之隱居剡山嘗遇桑門法崇於三山披襟領契自以爲得意之交

劉敬宣字萬壽爲散騎常侍寬厚待士多技藝弓馬音律無事不善時尚書僕射謝混自負才地少所交納與敬宣相遇便盡著歡或問混曰卿未嘗輕交與人而傾蓋於萬壽何也混曰人之相知豈可以一途限孔文舉禮太史子義天下豈有非之者邪

謝述爲彭城王長史尚書僕射殷景仁領軍將軍劉湛並與述爲異常之交述美風姿善舉止湛每謂人曰我見謝道兒未嘗足道兒述小字也卒於吳興太守喪還京師未至數十里景仁湛同乘迎赴望船流涕

臧凝之學涉有當世才具與司空徐湛之爲異常之交

蔡廓與北地傅隆相善廓子興宗修父友之敬

向栁有學藝才能太尉袁淑司空徐湛之東揚州刺史顏峻皆與友善

謝靈運爲侍中以疾東還會稽與族弟惠連東海何

長瑜潁川荀雍太山羊璿之以文章賞會共爲山澤之游時人謂之四友

蕭惠開爲太子舍人與汝南周朗同官友善以偏奇相尚

顏延之既廢於家中書令王球名公子延之慕焉球亦愛其材情好甚款

何偃叔攸之與瑯邪王微相善悠之卒微與偃書曰吾與義與眞恨相知之晚每惟君子知我若夫嘉我小善矜余不能雅賢叔爾

王僧虔爲太子舍人退默少交接與袁淑謝莊善

孔逷字世遠好典故事學與王儉至交

南齊杜京產開舍授學徵爲員外散騎侍郎不就會稽孔道徵守志業不仕京產與之友善一曰會稽孔覬清剛有節一見而爲款交

王思遠與顧暠之友善暠之卒後家貧思遠迎其兒子經卹甚至

柳世隆字彥緒當時名士張緒王延之沈琰雅相欽慕以爲君子之交

徐伯玲東陽人積學十年究尋經史游學者多依之徵士沈儼造膝談論申以素交

檀超爲南徐州西曹書佐與別駕蕭惠開相抗禮惠開自以地位居前稍相凌辱而超舉動言嘯以地勢推之謂惠開曰我與卿並有何等官俱是國家微賤時外戚爾何足以一爵高人惠開欣然便爲刎頸之交

謝淡任達仗氣不營當世與順陽范泰爲雲霞之交

孔稚珪字德璋會稽人也稚珪風韻清疏好文詠與外兄張融情趣相得又與瑯琊王思遠廬江何點點弟胤並款交又云稚珪早立名譽當時名士陸惠曉謝瀹張融何點沈淵相與爲君子之交

王僧孺初與任昉遇於竟陵王西邸以文學會友及僧孺出爲錢唐令昉贈詩其略曰唯子見知唯余知子觀行視言要終猶始敬之重之如蘭如芷

梁范雲字彥龍父抗爲郢府參軍雲隨父在郢時吳興沈約新野庾杲之與抗同府見而友之

劉季連與會稽人石文安相善文安字守休隱居鄉里專行禮讓代季連爲尚書左丞出爲江夏內史又代季連入爲御史中丞

劉訏一造阮孝緒郎顧以神交訏族兄歊又履高操三人日夕招攜故都下謂之三隱

蕭勱少交結唯與河東裴子野范陽張纘善

韋正與東海王僧孺友善及僧孺爲尚書吏部參掌大選賓友故人莫不傾意正獨澹然及僧孺擯廢之後正復篤素分有踰曩日論者稱焉

張率吳郡人與同郡陸倕幼相友狎嘗同載詣左衛將軍沈約適值任昉在焉約乃謂昉曰此二子後進才秀皆南金也卿可與定交繇此與昉友善

陸倕與樂安任昉友善爲感知己賦以贈昉昉因此名以報之

裴子野性曠達自云出世不復詣人初未與張纘遇便虛相推重因爲忘年友

韋粲爲外兵參軍兼中兵時潁川庾仲容吳郡張率前輩才名與粲同府並忘年交好

謝徵與河東裴子野沛國劉顯同官友善子野嘗爲寒夜直宿賦以贈徵爲感友賦以酬之

何遜弱冠舉秀才范雲見其對策大相稱賞因結忘年交友

到溉與兄沼弟洽俱知名樂安任昉大相賞好天監初昉出守義興要溉洽之郡爲山澤之游昉還爲御史中丞後進宗之時有彭城劉孝綽到苞劉孺吳郡陸倕張率陳郡殷芸沛國劉顯及溉洽車軌日至號

曰蘭臺聚陸倕贈昉詩云和風雜美氣下有眞人游壯矣荀文若賢哉陳太丘今則蘭臺聚方今信爲儔任君本達識張子復淸修既有絶塵到復見黄中劉時謂昉爲任君比漢之三君到則溉兄弟也後溉爲左民尚書不好交游唯與朱异劉之遴張綰同志友密及臥疾於家門可羅雀三人每歲嘗鳴騶枉道存問置酒敘平生而去

陳徐伯陽爲侯安都司空參軍大建初與中記室李爽記室張正見尚書郎賀徹學士阮卓黄門郎蕭詮三公郎王緈禮處士馬樞記室祖孫登比部賀循長史劉刪等爲文會之友後有蔡凝劉助陳暄孔範亦預焉游宴賦詩動成卷軸伯陽爲其集序盛傳於世

江總聰敏篤學有文范陽張纘瑯琊王筠南陽劉之遴並高才碩學總時少有名纘等雅相推重爲忘年友

後魏崔模長者篤厚不營利與崔頤相親往來如家

封軌與光祿大夫武邑孫惠蔚同志友善蔚每推軌曰封生之於經義非但章句可奇然摽明綱格統括大歸吾所弗如者多矣

辛紹先敏悟有識量與廣平游明根范陽盧度世同

郡李承昭等甚相友善

盧義僖寬和畏愼不妄交款與魏子建情好尤篤言無所隱

索敞初在涼州之日與鄉人陰世隆文學相友世隆至京師被罪徙和龍留上谷困不前達士人徐能抄掠爲奴五年因行至上谷遇見世隆話其錄狀對泣而別敞爲訴理得免

畢衆敬自兗州刺史徵還京師年已七十六太和中高祖賓禮舊老衆敬與咸陽公高允引至方山雖文武奢儉好尚不同然亦與允甚相愛敬接膝談款有善

平生

李彪爲度支尚書與宋弁結管鮑之交弁爲大中正與孝文私議猶以寒地處之殊不欲微相優假彪亦知之不以爲恨及弁卒彪痛之無已爲之哀誄備盡辛酸

李志字鴻道彪之子博學有才幹年十餘歲便能屬文彪甚奇之謂崔鴻曰子宜與鴻道爲二鴻於雒陽鴻遂與志交款往來

張彝性公彊有風氣歷覽經史與盧淵李安仁等結爲親友往來朝會常相追隨淵爲主客令安仁與彝

並爲散令

崔休舉秀才入京城與中書郎宋弁通直郎邢巒雅相知友

曹世表性雅正涉獵羣書與武威賈思伯范陽盧同隴西辛雄等並相友善

李叔虎好學博聞有識度爲鄉閭所稱太和中拜中書博士與淸河崔光河閒邢巒並相親友

羊深有風尚學涉經史好文章兼長几案少與隴西李神儁同志友善

邢臧博學有藻思與裴敬憲盧觀兄弟等並結交友

封肅爲尚書左中兵部郎中性恭儉不妄交游唯是崔勵及勵從兄鴻尤相親善

裴伯茂爲廣平王文學文藻富贍好飲酒旣卒後殯於家國友人嘗景李渾王元景盧元明魏季景李騫等十許人於墓傍置酒設祭哀哭涕泣一飲一酹曰裴中書魂而有靈知吾曹也及各賦詩一篇李騫以魏收亦與之友寄以示收收時在晉陽乃同其作論敘伯茂其十字云臨風想玄度對酒思公榮時人以伯茂性侮傲謂收詩頗得事實

眭夸少與崔浩爲莫逆之交浩爲司徒奏徵爲中郎

辭疾不赴州郡比逼遣不得已入京都與浩相見經留數日唯飲酒談敘平生不及世利浩每欲論屈之竟不能發言其見敬憚如此浩後遂投詔書於夸懷亦不開口夸曰桃簡卿已爲司徒何足以此勞國士也吾便於此將别桃簡浩小名也浩慮夸卽還時乘一騾更無兼騎浩乃以夸騾內之廄中與相維縶夸遂託鄉人輸租者謬爲御車乃得出關浩知而歎曰眭夸獨行士本不應以小職辱之又使其人杖策復路吾當何辭以謝也時朝法甚峻夸既私還將有私歸之咎浩仍相左右始得無坐經年送夸本騾兼遣

以所乘馬爲書謝之孝更不受其騍馬亦不復書及
浩之誅爲之素服受鄉人弔唁經一時乃止歎曰崔
公既死誰能更容韮孝遂作朋友篇辭義爲時人所
稱
于忠宣武時爲領軍將軍性多猜忌不交勝已唯與
直閤將軍章初瓌千牛備身楊保元爲斷金之交
胡叟爲武威將軍見車馬榮華者視之蔑如也一見
高允曰吳鄭之交以紵縞爲美談吾之於子以弦韋
爲幽贊以此言之彼可無媿也
劉懋性沈雅厚重與人交罷字淵曠風流甚美時論

高之尚書李平與之結莫逆之交
邢劭十歲能屬文日誦萬餘言文章贍速未二十名
動衣冠吏部尚書隴西李神儁大相欽重引爲忘年
之交
北齊袁聿修歷任清華趙彥深爲水部郎中同在一
院因成交友彥深後重被沙汰停私門生藜藿聿修
猶以故情音問往來
陸昂爲河間邢劭所賞劭又與其父子璋交遊嘗謂
子璋云吾以卿老蚌復出明珠
裴讞之雖年少不妄交游唯與隴西辛術趙郡李繪
頓丘李構清河崔瞻爲忘年之友
封孝琰性恬靜頗好文詠太子少師邢卲七兵尚書
王昕並先達高才與孝琰年位懸隔晚相逢遇分好
遂深及孝琰卒靈櫬言歸二人送於郊外悲哭悽慟
有感路人
崔瞻爲黃門侍中與趙郡李槩爲莫逆之友槩將東
還瞻遺之書曰仗氣使酒我之常弊詆訶指切在卿
尤甚足下告歸吾於何聞過也
裴讓之與楊愔友善相遇則清談竟日愔每云此人
風流警拔裴文季爲不亡矣

盧懷仁有行簡善與人交與瑯琊王衍隴西李壽之
情好相得嘗語衍云昔太丘道廣許卲知而不顧嵇
生峭立鍾會過而絶言吾處季孟之間去其太甚衍
以爲然
荀仲舉與趙郡李槩交款槩死仲舉因塑其宅爲五
言詩十六韻以傷之詞甚悲切
宋游道與頓丘李獎一面便定死交獎曰我年位已
高會用弟爲佐史令弟北面於我足矣游道曰不能
既而獎爲河南尹辟游道爲中正使者相屬以衣帢
待之握手歡謔元顥入雒獎受其命出使徐州都督

元孚與城人趙紹兵殺之游道爲奬訟冤得雪又表爲請贈囘已考一汎階以益之又與劉廞結交託廞弟粹於徐州殺趙紹後廞敗梟粹首於鄴市孫騰使客告市司得五百疋後聽收游道時爲司州中從事令家人作劉粹所親於州陳訴依律判許而奏之勑至市司猶不許游道杖市司勒使速付騰聞大怒將李奬二子構訓居貧游道後令其求三富人死事判免之凡得錢百五十萬盡以入構訓其使氣黨俠如此

後周韋夐高尚不仕與族人處玄及安定梁曠爲放

逸之友周弘正造夐談讌盡日恨相遇之晚也後請夐至賓館夐未赴弘正乃贈詩曰德星猶未動眞車詎肯來當時所欽挹如此

薛愼字伯護好學能屬文善草書與同郡裴叔逸裴諏之柳虯范陽盧柔隴西李璨並友善

張軌少好學志識開朗初在雒陽家貧與樂安孫樹仁爲莫逆之友每易衣而出以此見稱

黎景希好占玄象頗知術數而落魄不事生業與范陽盧道源爲莫逆之交

寇儁爲鎭東將軍西安縣男少爲司徒崔光所知光命其子勵與儁結友每造光嘗清談移日小宗伯盧辯以儁業行俱崇待之以師友之禮每有閑暇輒詣儁讌語彌日嘗謂人曰不見西安君煩憂不遣其爲通人所欽重如此

柳弘與弘農楊素爲莫逆之交

裴尼性弘雅有器局爲通直散騎常侍隴西李璨范陽盧誕並有高名於世與尼結忘年之交

隋劉焯聰敏沈深弱不好弄少與河間劉炫結盟爲友

孔紹安越州山陰人少以文信知名徙居京兆鄠縣

閉門讀誦文集數十萬言有詞人孫萬壽與紹安篤忘年之好

薛道衡北齊時待詔文林館與范陽盧思道安平李德林齊名友善

房彥謙有令名少與太原王劭北海高構蓚縣李綱河東柳彧薛孺皆一時知名雅淡之士彥謙並與爲友雖冠蓋成列而門無雜賓體資文雅深達政務有識者咸以遠大許之彥謙爲鄀州司馬內史侍郎薛道衡一代文宗位望清顯所與交結皆海內名賢重彥謙爲人深加友敬及爲襄州總管辭翰往來交錯

道路煬帝嗣位道衡轉牧番州路經彥謙所留連數日流涕而别

裴肅少剛正有局度少與安定梁毗同志友善

崔儦年十六太守請爲功曹不就少與范陽盧思道隴西辛德源同志友善

崔廓與趙郡李士謙少爲忘年之友每相往來時稱李崔及士謙死廓哭之慟爲之作傳輸之祕府士謙妻盧氏寡居每有家事輒令人諮廓取定

元巖以名節自許少與渤海高熲太原王韶同志友善

王孝籍少好學博覽羣言與河間劉炫同志友善

李孝貞與從兄儀曹郎中騷太子舍人李節博陵崔子武范陽盧詢祖爲斷金之契

唐高士廉少有器局頗通文史隋司隸大夫薛道衡起居舍人崔祖濬並稱先達與士廉結忘年之好繇是公卿籍甚

杜淹聰辯多才藝弱冠有美名於京邑與同郡韋福嗣爲莫逆之交

楊纂華陰人與瑯琊顏師古燉煌令狐德棻友善頗涉經史尤明史事

劉胤之少與當時詞人孫萬壽李百藥並爲忘年之友

劉孝孫弱冠知名與虞世南蔡君和孔德紹庾自直劉斌登山臨水結爲交友

朱敬則性敦厚俶博少好學重節義少與右史江融尚書左僕射魏元忠友善

劉允濟善屬文與絳州王勃早齊名特相友善

陸餘慶少與知名之士陳子昂宋之問盧藏用道士司馬承禎道人法成等交游雖才學不逮子昂等而風流彊辯過之

王琚聰敏有才畧與周璟張仲之爲忘年之友

薛登博涉文史與徐堅劉子玄齊名友善

韋陟中書令安石之子與弟斌文華當代俱有盛名開元中才名之士王維崔顥盧象等嘗與陟唱和游處廣平公每見陟歎曰盛德遺範盡在是矣

蕭昕爲左拾遺與布衣張鎬友善

張九齡素與中書侍郎嚴挺之尚書左丞袁仁敬右庶子梁昇卿御史中丞盧怡交友善挺之等皆有才幹而交道終始不渝甚爲當時之所稱也

郗純少時爲李邕張九齡等知遇尤以詞學見推與

顔眞卿蕭穎士李華邵軫同志友善故天寶中語曰殷顔柳陸蕭李邵趙以其重行義敦交道也

權皐天寶末移家於洪州改著作郎不起京師蹂於胡騎士君子多以家渡江東知名之士如李華柳識兄弟者皆仰皐之德而友善也

于休烈自幼好學善屬文與會稽賀朝萬齊融延陵包融爲文詞之友齊名一時

楊憑少負氣節重交游尚然諾與穆質許孟容李鄘王仲舒爲友故時人稱楊穆許李之友

王仲舒太原人少貧養母嗜學工文不就鄉舉交友

必一時高名者與楊頊梁肅裴樞爲忘形之契仲舒爲拾遺與楊憑友善及憑得罪仲舒積議之貶爲硤州刺史

崔造與韓會盧東美張正則爲友皆僑居上元好談經濟之略嘗以王佐自許時人號爲

鄭士美少好學善記覽父友顔眞卿四蕭夔士輩嘗與之討論經傳應對如流俛而相謂曰吾曹異日當交二鄭之間矣

李泌流放江南與柳渾顧況爲人外之交吟詠自適

陸贄爲中書舍人翰林學士母卒持喪于河南豐樂佛寺日四方以賻贈爲詞厚致金帛贄絲毫無所受唯與劍南節度使韋皐布衣時友善皐以事奏聞每有所致輒稱詔以受之及贄罷相貶忠州而韋皐屢表請以贄代巳竟卒於忠州年五十二

裴佶爲工部尚書政事清敏凡所定交時稱爲第一流沒之日故司徒鄭餘慶請告於御史府行朋友之服緦紳美之

韓愈性弘通與人友榮悴不易少時與洛陽人孟郊東郡人張籍友善二人名位未立愈不避寒暑稱薦於公卿間而籍終成科第榮於祿位後雖通貴每退

公之隙則相與談讌論文賦詩如平昔焉

柳公綽性端介寡合與錢徽蔣乂杜元穎薛存誠文雅相知交情欵密爲吏部員外郎及武元衡罷相鎭西蜀與裴度俱爲元衡判官尤相善公綽先度入爲吏部郎中度以詩餞別有兩人同日事征西之句

柳宗元與劉禹錫爲執友

元稹與白居易最善爲文友

後唐劉贊明宗朝爲中書舍人翰林學士竇夢徵同年登第隣居友善夢徵早卒與同年楊凝式服緦麻爲位而哭其家無少長與視喪事卹其孀稚人士稱

之
晉劉胐初隱居上谷大寧山與呂㚈奇張麟結菴共處以吟誦自娛

冊府元龜
冊府元龜 總錄部 交友二 卷之八百八十二 二十一

冊府元龜

巡按福建監察御史臣李嗣京　訂正

分守建南道左布政使臣胡維霖　參閱

知建陽縣事臣黃國琦　較釋

總錄部一百三十三

形貌

夫人之生也稟秀五行肖類天地故形爲神之舍貌爲情之華發於至靈彰乎遺體乃有英姿偉量奇骨異表魁岸磊落端厚篤雅頎長俊茂雄毅挺特蓋繇夫氣幹中立容止外著出乎其類夐然不羣爲殊俗

之聳異蒙時君之欽賞有儀可象於斯爲貴亦有罷資聦小而識度宏達同時異派而形象克肖至于詭刻異狀兆自禨祥指物象而倫擬推善惡以斯驗布在方策咸足徵焉

商伊尹倨身爲阿衡

中衍栢翳之後烏身人言 一云人面烏喙 太戊聞而卜之使御吉遂致使御而妻之

晉文公重耳初爲公子及曹曹平公聞其駢脅欲觀其裸浴薄而觀之

宋華元睅其目皤其腹 睅出目皤大腹

宋公子鮑美而艷

宋公子座美而很 初宋芮司徒生女子赤而毛棄諸堤下共姬之妾取以入名之曰棄長而美平公入共姬納諸御嬖生佐惡而婉即元公也生座美而很

鄭子太叔美秀而文

陳武子 子彊也 白皙黰鬚眉甚口 甚口多口也

子產日角

晏平仲月角

尾生犀角

柳下惠子魚反角

孔子長九尺有六寸人皆謂之長而異之狀類陽虎

適鄭與弟子相失孔子獨立郭東門鄭人或謂子貢曰東門有人其顙似堯其項類皐陶其肩類子產自要以下不及禹三寸纍纍然若喪家之狗 王肅曰喪家之狗主人哀荒不見飲食故纍纍然而不得意孔子生於亂世道不得行故纍纍然不得志之貌也韓詩外傳曰喪家之狗既斂而槨有席而祭顧望無人也 子貢以實告孔子孔子欣然笑曰形狀末也而似喪家之狗然哉然哉

魯顓孫師字子張曾參曰堂堂乎張也難與並爲仁矣 言子張容儀盛而而於仁道薄也

有若魯人孔子弟子孔子既沒弟子思慕有若狀似孔子弟子相與共立爲師事之如夫子時也

淳于髡齊之贅壻長不滿七尺

優孟楚之樂人長八尺

鄒忌脩八尺有餘身體肥麗

田文爲齊相封孟嘗君文過趙趙平原君客之趙人聞孟嘗君賢出觀之皆笑曰始以薛公爲魁然也今視之乃眇小丈夫爾

漢張良字子房狀貌如美婦人後封留侯

陳平長大美色而肥或說平於漢王曰平美丈夫如冠玉爾後至右丞相

韓王信長八尺五寸

張蒼爲秦御史亡歸沛公畧地過陽武蒼當斬解衣伏鑕蒼長大肥白如瓠王陵見而怪其美乃言沛公公赦之後至丞相 又云蒼不滿五尺父八尺餘蒼子復長八尺及孫類長六尺餘

公孫弘對策爲第一召入見容貌甚麗拜爲博士待詔金馬門

東方朔長九尺三寸目如懸珠齒如編貝後至侍郎

郭解爲人短小恭儉

田千秋爲高寢郎上急變訟戾太子寃武帝召見千秋長八尺餘體貌甚麗帝見而說之後至丞相

霍光長財七尺三寸 財與纔同 白皙疏眉目美鬚髯後至大將軍

金日磾長八尺二寸容貌甚嚴後至車騎將軍

江充爲人魁岸容貌甚壯武帝望見而異之謂左右曰燕趙故多奇士後爲繡衣直指使者

龔遂爲渤海太守宣帝召見遂形貌短小帝見心內輕焉及對賜黃金乘傳去

朱雲字子游長八尺餘貌甚壯以勇力聞後至槐里令

直不疑狀貌甚美後至御史大夫

王商爲丞相長八尺身體鴻大容貌甚過絶人河平

四年單于來朝引見白虎殿 在未央宮中 丞相商坐未央廷中單于前拜謁商 單于將見天子而經未央廷中過也 商起離席與言單于仰視商貌大畏之遷延却退天子聞而歎曰此眞漢相矣

婁護爲人短小精悍後至天水太守

嚴延年爲人短小精悍後至河南太守

薛宣好威儀容止可觀後至丞相

息夫躬容貌偉麗爲衆所異後至左曹光祿大夫

後漢東平王蒼腰帶八圍

李通父守爲王莽宗卿師身長九尺容貌絶異

盖延字巨卿身長八尺後至左馮翊

馬援爲人明白鬚髮眉目如畫（東觀記曰援長七尺五寸色理髮膚眉目容貌如畫）後至伏波將軍

銚期長八尺二寸容貌絶異矜嚴有威後至衛尉

祭彤爲人質厚重毅體貌絶衆後至太僕

虞延字子大陳留人長八尺六寸腰帶十圍力能扛鼎後至司徒

班超字仲升爲人有大志不脩小節嘗行詣相者相者曰祭酒布衣諸生爾（一坐所尊則先祭酒今稱祭酒相尊敬之詞也）而當封侯萬里之外超問其狀相者曰生燕頷虎頭飛而肉食此萬里侯相也後爲西域都護封定遠侯

吳良爲東平王所薦詔曰前見良頭鬚皎然衣冠甚偉求賢助國宰相之職今以良爲議郎

馮勤曾祖父揚兄弟形皆偉壯唯勤祖父偃長不滿七尺常自恥短恐子孫之似也乃爲子伉娶長妻生勤長八尺三寸後至司徒

耿秉有偉體腰帶八圍後至光祿勳

鄧衍以外戚小侯每豫朝會容姿趨步有出於衆顯宗目之曰朕之容貌豈若此人特賜輿馬衣雖有容儀而無實行後至玄武司馬

楊喬爲尚書容儀偉麗

賈逵身長八尺二寸諸儒爲之語曰問事不休賈長頭爲侍中

李固字子堅司徒郃之子貌狀有奇表鼎角匿犀足履龜文（鼎角者頂有骨如鼎足也匿犀伏犀也謂骨當頞上入髮際隱起也足履龜文者二千石見象書）後至太尉

盧植字子幹身長八尺二寸音聲如鐘後至尚書

鄭玄身長八尺飲酒一斛秀眉明目容儀溫偉後徵大司農不起

臧洪體貌魁梧有異姿後至東郡太守

傅燮身長八尺有威容後至漢陽太守

郭泰身長八尺容貌魁偉聲如洪鐘後徵有道不起

趙壹體貌魁梧身長九尺美鬚豪眉望之甚偉辟公府不就

高獲字敬公爲人尼首方面（尼首首象尼丘山中下四方高也）三公爭辟不應

蔡邕爲中郎將董卓多自很雖用邕邕恨其言少從謂從弟谷曰董公性剛而遂非終難濟也吾欲東奔兖州若道遠難達且遁逃山東以待之何如谷曰君狀異常人每行觀者盈集以此自匿不亦難乎邕乃

止

公孫瓚遼西人爲人美姿貌大音聲言事辯慧典略曰瓚性辯慧每白事常兼數曹無有忘誤太守奇其才以女妻之魏志云侯太守妻之以女後至奮武將軍封薊侯

劉表身長八尺餘姿貌温偉後至荆州牧

馬騰長八尺身體洪大面鼻雄異後至衛尉

袁紹幼爲郎容貌端正威儀進止動見倣效後至大將軍冀州牧

魏孟達容止可觀文帝甚寵愛之以爲散騎常侍領新城太守

管寧長八尺美鬚眉累徵不起

何夔曾祖父熙字孟孫身長八尺五寸體貌魁梧善爲容儀舉孝廉爲謁者贊拜殿中音動左右和帝偉之夔長八尺三寸容貌矜嚴後至太僕

崔琰聲姿高暢眉目疏朗鬚長四尺後遷中尉

司馬朗祖父儁字元異博學好古倜儻有大度長八尺三寸腰帶十圍儀狀魁岸與衆有異鄉黨宗族咸景附焉後至兖州刺史

程昱字仲德長八尺三寸美鬚髯後至衛尉

典韋形貌魁梧膂力過人後爲校尉

滿寵子偉以格度知名偉子長武偉弟子奮元康中至尚書令司隸校尉寵偉長武奮皆長八尺

許褚字仲康長八尺餘腰帶十圍容貌雄毅後至武衛將軍

王脩孫褒長八尺四寸容貌絶異終身不應徵聘

樂進字文謙容貌短小膽烈過人從太祖爲帳下吏後至盪寇將軍

何晏字平叔美姿容帝疑其傅粉夏月賜湯餅令晏食之汗出流面拭之轉白後至尚書

蜀諸葛亮少有逸羣之才英霸之器身長八尺容貌

甚偉時人異焉後至丞相

趙雲字子龍身長八尺姿顔雄偉爲本郡所舉將義從郡吏詣公孫瓚後至鎮軍將軍

彭羕字永年身長八尺容貌甚偉後爲江陽太守

譙周字允南身長八尺體貌素朴後爲光禄大夫入就封陽城亭侯

馬超字孟起來降關羽書與諸葛亮問超人才可誰比類亮知羽護前乃答之曰孟起與翼德爭先未若髯羽之絶倫羽多鬚髯故亮謂之髯羽超後至驃騎將軍凉州牧

張裕饒鬚爲益州從事

吳諸葛恪長七尺六寸少鬚髯折頞大口高聲爲大將軍

太史慈長七尺七寸美鬚髯猨臂善射

孫韶身長八尺儀貌都雅

周瑜字公瑾長壯有姿貌後至偏將軍

朱據有姿貌膂力後至驃騎將軍

呂範字子衡汝南人有容觀姿貌邑人劉氏家富女美範求之其母嫌欲勿與劉氏曰觀呂子衡寧當久貧賤者耶遂與之婚後至大司馬

陳武字子烈年十八長七尺七寸後至較尉

董襲字元代長八尺武勇過人後至偏將軍

陳化字元輝氣幹剛毅長七尺九寸雅有威容後至太常

晉樂廣字彥輔父方參魏征西將軍夏侯玄軍事廣年八歲玄嘗見廣在路因呼與語還謂方曰向見廣神姿朗徹當爲名士卿家雖貧可令專學必能興卿門戶也衛瓘嘗曰此人之水鏡見之瑩然若披雲霧而覩青天也後至尚書令

羊祜身長七尺三寸美鬚眉太原郭奕見之曰此今之顏子也後至征南大將軍

石苞字仲容渤海南皮人也雅曠有智局容儀偉麗不修小節時人謂之語曰石仲容姣無雙後至大司馬

衛玠字叔寶年五歲風神秀異祖父瓘曰此兒有異於衆顧吾年老不見其長成耳總角乘羊車入市見者皆以爲玉人觀之者傾都驃騎將軍王濟玠之舅也儁爽有風姿每見玠輒歎曰珠玉在側覺我形穢又嘗語人曰與玠同遊冏若明珠之在側朗然照人玠妻父樂廣有重名議者以爲婦翁氷清女壻玉潤

爲太子洗馬懷帝末至建業京師人士聞其姿容觀者如堵玠勞疾遂甚永嘉六年卒時年二十七時人謂看殺衛玠

王衍字夷甫神情明秀風姿詳雅王敦過江嘗稱之曰夷甫處衆中如珠玉在瓦石間顧愷之作畫贊亦稱衍巖巖清峙壁立千仞其爲人所尚如此衍弟澄嘗謂衍曰兄形似道而神鋒太儁衍曰誠不如卿落落穆穆後爲太尉

王戎字濬冲幼穎悟神彩秀徹視日不眩裴楷目之曰目爛爛如巖下電戎後爲司徒

戎子萬有美貌少而大肥戎令食糠而肥愈甚
裴楷字叔則風神高邁容儀俊爽時人謂之玉人又稱見裴叔則如近玉山映照人也爲中書郎出入宮省見者肅然改容後至光祿大夫開府儀同三司疾篤詔遣黄門郎王衍省疾楷迴眸矚之曰竟未相識衍深歎其神儁
裴瓚字國寶楷子也爲中書郎風神高邁見者皆敬之
嵇康早孤有奇才遠邁不羣身長七尺八寸美詞氣有風儀而土木形骸不自藻飾人以爲龍章鳳姿天

質自然後至中散大夫
趙至字景眞代郡人嵇康每曰卿頭小而銳童子白黑分明有白起之風矣後至幽州部從事
潘岳字安仁美姿儀辭藻絶麗少有嘗挾彈出雒陽道婦人遇之者皆連手縈繞投之以果遂滿車而歸後至給事黄門侍郎
夏侯湛字孝若美容觀與潘岳友善每行止同輿接茵京都謂之連璧後至散騎常侍
阮籍字嗣宗容貌瓌傑志氣宏放後至步兵校尉
魏舒身長八尺二寸姿望秀偉文帝深器重之每朝會罷目送之曰魏舒堂堂人之領袖也後至司徒
陸機字士衡身長七尺其聲如鐘後至平原内史
王育身長八尺餘鬚長三尺容貌絶異音聲動人
王湛字處冲少有識度身長七尺八寸龍顙大鼻後至汝南太守
劉卞字叔龍須昌人赤色大唇少言語自縣小吏至雍州刺史
王裒少立操尚行已以禮身長八尺四寸容貌絶異音聲清亮辭氣雅正博學多能三徵七辟皆不就
唐彬身長八尺後至雍州刺史

庾敳長不滿七尺而腰帶十圍雅有遠韻後爲太傅主簿
王導耳竪多疾每自憂陳訓曰耳竪必壽亦貴後至丞相
王矩字令武美姿容每游觀者盈路
杜乂字弘理性純和美姿容有盛名於江左王羲之見而目之曰膚若凝脂眼如點漆此神仙人也桓彝亦曰衛玠神清杜乂形清後至丹陽丞
王濛善隸書美姿容嘗覽鏡自照稱其父字曰王文開生如此兒邪居貧帽敗自入市買之嫗悅其貌遺

以新帽後至中書郎
王彪之字叔武年二十鬚鬢皓白時人謂之王白鬚
後至儀同三司光祿大夫
郗恢少襲父爵散騎侍郎累遷給事黃門侍郎領太
子右衛率恢身長八尺美鬚髯孝武帝深寵之以爲
有藩伯之望
張光字景武身長八尺明眉目美音聲後至凉州刺
中
王恭美姿儀人多愛悅或目之云濯濯如春月柳又
嘗被鶴氅步雪而行孟昶窺見歎曰神仙中人後至

冊府元龜　總錄部　形貌　卷之八百八十三　十三

北平將軍兗青二州刺史
桓溫生未朞溫嶠見之曰此兒有奇骨可試使啼及
聞聲曰眞英物也年長豪爽有風槩姿貌甚偉面有
七星少與沛國劉惔善惔嘗稱之曰溫眼如紫石稜
鬚作蝟毛磔孫仲謀晉宣王之流亞後至大司馬
桓玄形貌瓌奇風神疎朗
盧循諶之曾孫雙眸冏徹瞳子四轉後假廣州刺史
劉牢之字道堅面紫赤色鬚目驚人而沈毅多計畫
後至輔國將軍
前趙劉義孫年十歲身長七尺五寸眉目如畫雖少
離屯難流躓殊荒而風骨俊茂爽朗卓然及長身長
八尺三寸髮與身齊多力善射驍捷如風雲耀僞立
爲世子
游子遠幼有姿貌聰亮好學劉曜以爲車騎大將軍
後趙張謐美姿貌幼有逸氣
前秦苻融堅之季弟少而岐嶷夙成魁偉美姿度堅
以爲車騎大將軍
王猛瓌姿儁偉博學好兵書苻堅以爲丞相
後秦尹緯身長八尺腰帶十圍魁梧爽氣姚萇以爲
尚書僕射

冊府元龜　總錄部　形貌　卷之八百八十三　十四

前燕慕容恪字玄恭皝之第四子也幼沉浮有大度
皝未之奇也年十五身長八尺七寸容貌魁傑雄毅
嚴重每所言及輒經綸世務皝始異焉乃授之以兵
及慕容儁嗣位以爲侍中錄尚書事
高瞻少而英爽有儁才身長八尺二寸慕容廆署爲
將軍
韓晉字景山師事同郡張載載奇之晉身長八尺一
寸慕容儁以爲揚烈將軍
宋南郡王義宣爲荆州刺史白皙美鬚眉長七尺五
寸腰帶十圍

謝晦美風姿善言笑眉目分明鬢髮如點漆時謝混風
華爲江左第一嘗與晦俱在武帝前帝見之曰一時
頓有兩玉人爾晦至荆州刺史
謝莊太常弘微之子韶令美容儀文帝見而異之謂
尚書僕射殷景仁領軍將軍劉湛曰藍田出玉豈虛
也哉孝武選侍中四人並以風貌王彧與莊爲一雙
阮韜何偃爲一雙嘗充兼假
薛安都少以勇聞身長七尺八寸便弓馬後至左軍
將軍
王敬弘形狀短小而坐起端方後至左光禄大夫

蓋道風姿貌端雅容止可觀中書郎范述見而奇之
曰此荆楚仙人也
南齊李安仁面方明帝大會新亭接勞諸軍主樗蒲
賭官安仁五擲皆盧帝大驚目安仁曰卿面方如田
封侯狀也後至吳興太守安東將軍
袁彖爲侍中形體充腴有異於衆每從車駕射雉在
郊野數人推扶乃能徙步
劉善明爲征虜將軍身長七尺九寸質素不好聲色
房法乘爲交州刺史性方簡身長八尺三寸行出人
上嘗自俯屈青州刺史明慶符亦長與法乘等朝廷
唯此二人
陸慧曉爲吏部郎孝武欲用爲侍中以形短小乃止
沈文季爲侍中風采稜岸善於進止
呂僧珍爲門下書佐身長七尺五寸容貌甚偉在同
類中少所褻狎曹輩皆敬之
褚淵字彦回美儀貌善容止俯仰進退甚有風則每
朝會百僚遠國使莫不延首目送之明帝嘗歎曰褚
彦回能遲行緩步便得宰相矣時人以方何平叔後
至司徒
何戢爲吏部尚書美儀容動止與褚淵相慕時人呼

爲小褚公
陸倕美姿容鬚眉如畫
梁張緬尚富陽公主年十七身長七尺四寸眉目疎
朗神采爽發後至侍中
王茂字休遠身長八尺美容觀武帝布衣時見之歎
曰王茂年少堂堂如此必爲公輔之器後至驃騎將
軍開府儀同三司
褚向爲侍中風儀端麗眉目如點每公庭就列爲衆
所瞻望焉
沈約左目重瞳子腰有紫痣後至尚書令

何炤白晳美容貌從兄求點每稱之曰叔寶神清弘
治膚清令觀此子復見衛杜在目後至治書侍御史
任昉身長七尺五寸後至新安太守
袁君正美風儀善自居處以貴公子得當世名譽後
至吳郡太守
何敬容爲侍中身長八尺白晳美鬚眉性矜莊衣冠
尤事鮮麗每公庭就列容止出人
韋放字元直身長七尺腰帶八圍容貌甚偉歷北徐
州刺史
范岫身長七尺八寸恭敬儼恪進止以禮後至光祿

大夫
韋粲字長倩身長八尺容貌甚偉後至散騎常侍
陶弘景身長七尺四寸神儀明秀朗目疎眉細形長
耳後爲奉朝請上表辭祿
羊侃字祖忻少而雄偉身長七尺八寸後至侍中軍
師將軍
楊華少有勇力容貌雄偉後至左衛率
蕭子顯爲太尉錄事偉容貌身長八尺
何點明目秀眉容貌方雅眞素通美不以門戶自矜
徵侍中不起

柳仲禮身長八尺眉目疎朗後至扶風太守
到溉身長八尺美風儀善容止後至金紫散騎常侍
馬憲年十四爲國學生祭酒到溉目送之愛其神彩
劉訏尚書郎何炯嘗遇之於路曰此人風神穎俊蓋
荀奉倩衛叔寶之流也命駕造門拒而不見族祖孝
標與訏書稱訏及族兄歊曰訏超超越俗如半天朱
霞歊矯矯出塵如雲中白鶴皆儉歲之粲稷寒年之
纖纊訏嘗着穀皮巾披衲衣每遊山澤輒留連忘反
神理閑正姿貌甚華在林谷之間意氣彌遠或有遇
之者皆謂神人

王暕年數歲而風神警拔有成人之度叟儉作宰相
賓客盈門見暕相謂曰公才公望復在此矣後至尚
書左僕射
伏曼容素美風彩宋明帝以方嵇叔夜後至臨海太
守
劉孝威氣調爽逸風儀俊舉
江祿形貌短小神明俊發
後梁薛暉河東人有才畧身長八尺形貌甚偉後至
領軍將軍
陳韓子高會稽山陰人也家本微賤侯景之亂寓在

京都景平文帝出守吳興子高年十六爲總角容貌
美麗狀似婦人後至右衛將軍
顧越長七尺三寸美鬚眉武帝嘗於重雲殿自講老
子僕射徐勉舉越論義越抗首而請音響若鍾容止
可觀帝深贊美之繇是擢爲中軍宣城王記室參軍
謝哲字穎豫美風儀舉止蘊藉襟情朗然爲士君子
所重後至吏部尚書中書令侍中司徒左長史
蕭乂字叔然風神凝遠通達有儀鑒容止蘊藉動合
規矩後至安德宫少府
王瑒字子璵沉靜有器局美風儀舉止蘊藉

馬樞目精洞黄能視闇中物後至侍中
徐凌目有青精特人以爲聰慧之相也後至太子太
傅
後魏封翼字君贊美容貌腰帶十圍以兄偉伯立節
之勲除給事
李同軌體貌魁岸腰帶十圍後至中書侍郎
陸希道字洪度有風貌美鬚髯後至荆州刺史
寇讚少有清名身長八尺姿容嚴嶷非禮不動後至
安南將軍
崔浩爲左光禄大夫浩纖妍潔白如美婦人

高允孫綽字僧裕少孤恭敏自立身長八尺腰帶十
圍後至并州刺史
乙乾歸爲侍御中散大夫身長八尺有氣幹
毛法仁爲散騎常侍言聲壯大至於軍旅田狩唱呼
處分振於山谷
宇文延字慶壽體貌魁岸眉目踈朗後至散騎常侍
柳崇方雅有器量身長八尺美髮明月兼有學行後
至河東太守
柳援字乾䕶身長八尺儀望甚偉後至正平太守
李秀之字鳳起爲尚書都官郎秀之弟子雲字鳳杲

本州治中子雲弟子羽字鳳除征南法曹子羽弟子
岳字鳳跱大司馬祭酒兄弟並容貌魁偉風度審正
李璨字世顯身長八尺五寸容貌魁偉後至建武將
軍
趙超宗身長八尺頗有將畧超宗弟令勝亦長八尺
踈狂有膂力後至河東太守
段暉字長祚身長八尺餘師事歐陽湯湯甚器愛之
後爲乞伏熾盤輔國將軍
李冲年裁四十而鬢髮班白姿貌豐美永有衰狀後
至尚書僕射

贇楞字叔軌身長八尺八圍亦如之
崔接字顯賓容貌魁偉放邁自高不拘嘗簡後至樂
陵太守
崔孝演字伯則性通率美鬚髯姿貌魁傑後至瀛州
西安府外兵參軍
崔孝直字叔廉身長八尺眉目疎朗早有志尚後除
光祿大夫辭不赴
蕭正表字公儀長七尺九寸眉目疎朗雖質貌豐美
而性理短闇後至司空徐州刺史
畢祖朽身長八尺腰帶十圍後至瀛州刺史

邢巒美鬚髯姿貌甚偉州郡表貢拜中書博士
崔光韶性嚴毅聲韻抗烈與人平談嘗若震厲至於
兄弟議論外聞謂爲忿怒然孔懷雍睦人少逮之後
至廷尉卿
裴禮和爲謁者僕射身長九尺腰帶十圍於羣衆之
中魁然有異
李元護身長八尺美鬚髯少有武力後至齊州刺史
王世弼爲中山內史身長七尺八寸魁岸有壯氣
路雄字仲畧容貌偉異以軍功爲給事中高祖曾封
羣臣云路仲畧好尚書郎才僕射李沖云其人宜爲
武職遂停
盧同字叔倫身長八尺容貌魁偉善於處世後至開
府儀同三司
張普惠字洪賑身長八尺容貌魁偉後至東豫州刺
史
婁昭方雅正直大度深謀腰帶八圍弓馬冠時後至
定州刺史
魏蘭根身長八尺儀貌奇偉後至開府儀同三司
王琳體貌閑雅立髮委地喜怒不形於色後至特進
侍中

元文遙字行恭美姿貌有父風兼俊才位中書舍人
待詔文林館
劉禕聰敏機悟美姿儀爲其舅北海王昕所愛顧座
客曰可謂珠玉在傍覺我形穢後至雎州刺史
許惇爲殿中尚書惇美鬚下垂至帶省中號長鬣公
文宣嘗因酒酣提惇鬚稱美以刀截之唯留一握惇
懼因不復敢長人又號齊鬚公
馮偉節身長八尺衣冠甚偉見之者肅然敬憚
鄖基字世業身長八尺美鬚髯汎涉墳典後至海西
鎮將軍

房豹體貌魁岸美音儀後至樂陵太守
路去病風神疎朗儀表瓌異官至成安令
李祖昇顯祖李皇后之長兄儀容瓌麗垂手過膝後
至齊州刺史
斛律光字明月馬面彪身神爽雄傑少言笑工騎射
後至左丞相
叱列平字殺鬼代郡西部人世爲酋帥有容貌鬚髯
後至兖州刺史
後周劉亮少倜儻有從横計畧姿貌魁傑見者憚之
後至車騎大將軍開府

豆盧寧少驍果有志氣身長八尺美容儀善騎射後
至大司寇
楊忠美鬚髯身長七尺八寸狀貌魁偉武藝絶倫有
將帥之畧後至荆州刺史
叱列伏龜容貌魁偉腰帶十圍進止閑雅兼有武藝
後至驃騎大將軍開府儀同三司
劉道斌幼而好學有keys幹及長腰帶十圍鬚髯甚美
後至岐州刺史
山強美容貌身長八尺五寸爲奏事中散
張吾貴字英子少聰慧有口辯身長八尺容貌奇偉

不仕而終
徐遵明身長八尺
董徵身長七尺二寸好古學尚雅素後至平東將軍
裴佗容貌魁偉隤然有器望後至中軍將軍
崔贍字彦通聰明有文藻善容止神彩凝然楊愔曰
昔裴瓚在晋爲中書侍郎神清高邁每於禁門出入
宿衛者肅然動容崔生堂堂之貌亦當無愧裴子皇
建元年除給事黄門侍郎
慕容比頋爲南頓太守身長一丈腰帶九尺
北齊李繪字敬文及長儀貌端偉神清朗儁第五舅

河間邢晏每與言歎其高遠曰若披煙霧如對珠玉
宅相之寄良在此甥歷中書侍郎丞相司馬每覇朝
文武總集對揚王庭嘗令繪先發言端爲羣僚之首
音詞辯正風儀都雅聽者悚然文襄益加敬異又掌
儀注
慕容儼容貌出羣衣冠甚偉後至營州刺史
司馬膺之字仲慶美鬚髯有風貌好學厚自封植神
氣甚高歷中書黄門侍郎
高隆之字延興身長八尺美鬚髯沉浮有志氣後至
録太保尚書事

高昴字敖曹幼稚時便有壯氣長而俶儻膽力過人龍眉豹頭姿體雄異後至司徒

崔㥄爲七兵尚書清河邑中正趙郡李渾嘗讌聚名輩詩酒正讙譁㥄後到一坐無復談話者鄭伯猷歎曰身長八尺面如刻畫謦欬爲洪鍾響胸中貯千卷書使人那得不畏服

長孫澄容貌魁岸風儀温雅後至絳州刺史

竇熾性嚴明有謀畧美鬚髯身長八尺二寸後至雍州牧入隋爲太傅

唐瑾性温恭有器量博涉經史雅好屬文長八尺二

寸容貌甚偉後至司宗中大夫

庾信身長八尺腰帶十圍容止頹然有過人者後至司宗中大夫

宇文神舉族兄安化公深器異之神情倜儻志畧英贍眉目疎朗儀貌魁梧有識欽之莫不許以遠大後至并州總管

陳忻字永怡少驍勇有俠氣姿貌魁岸同類咸敬憚之後至雄州刺史

元冑魏昭成帝之六世孫冑少英果多武藝美鬚眉有不可犯之色齊王憲見而壯之引致左右

柳帶韋字孝孫深沉有度量少好學身長八尺三寸美風儀善占對周文辟爲參軍事

李渾字金才姿貌瓌偉美鬚髯起家左侍上士

隋李德林美容儀善談吐齊天統中兼中書侍郎於賓館受國書陳使江總目送之曰卽河朔之英靈也

竇榮定沉深有器局容貌瓌偉美鬚髯便弓馬初仕魏爲千牛備身周太祖見而奇之授平東將軍

元暉字叔平鬚眉如畫進止可觀後至魏州刺史

楊素字處道美鬚髯有英傑之表後至左僕射

柳謇之字公正身長七尺五寸儀容甚偉風神爽亮

進止可觀後至黄門侍郎

韋藝爲營州總管藝容貌瓌偉每夷狄參謁必整儀衛盛服以見之獨坐滿一榻蕃人畏懼莫敢仰視

王世積字闡熙容貌魁岸腰帶十圍風神爽拔有人傑之表後至上柱國

郭榮容貌魁岸外疎内密與其交者多愛之後至左候衛大將軍

李景字道興容貌奇偉膂力過人美鬚髯高祖奇其壯武使袒而觀之曰卿相表當位極人臣從爲右武衛大將軍

劉元振少好任俠爲州里所宗兩手各長尺餘臂垂過膝後以逆誅
樊叔畧身長九尺志氣不凡終司農卿
公孫景茂字元尉容貌魁梧少好學博涉經史後至淄州刺史
于顗字元武身長八尺美鬚眉周大冢宰宇文護見而器之妻以季女後至吳州總管
崔弘度膂力絶人儀貌魁岸鬚面甚偉後至簡較太府卿
劉焯犀額龜背望高視遠聰敏沈浮弱不好弄後至

員外將軍
段達身長八尺美鬚髯後以王充黨誅
虞綽字士裕身長八尺姿儀甚偉後至著作佐郎
楊玄感體貌雄偉美鬚髯後以逆誅
唐薛舉容貌瓌偉凶悍善射
裴寂疎眉目偉姿容後至尚書左僕射
劉文靜偉姿儀有器幹後至納言
魏徵爲太子太師狀貌不逾中人而素有膽智
李靖姿貌瓌偉少有文武材畧後至開府儀同三司
李緯自司農卿爲民部尚書時房玄齡在京城留守會有自京師來者太宗問曰玄齡聞李緯拜尚書如何對曰玄齡但云李緯好髭鬚更無他語
岑文本性沈敏有姿儀後至中書令
高士廉風調溫雅屬詞清潤姿儀端偉鬚眉如畫後至開府儀同三司
李義琰高宗時爲中書侍郎同中書門下三品身長八尺
黑齒常之長七尺餘驍勇有謀後至左武衛大將軍
張知謇儀質瓌偉眉目疎朗後至左衛將軍
王晙氣貌雄壯時人謂之有熊虎之狀後至兵部尚

書同中書門下三品
蕭高美鬚髯儀形偉麗後爲中書令
楊慎矜爲御史中丞及兄慎餘爲少府少監慎名爲雒陽令皆偉儀形風韻高朗慎名嘗覽鏡見其鬚面神彩有過於人覆鏡歎惋曰吾兄弟三人盡長六尺餘有如此貌如此材而見容當代以期全難矣何不使我少體弱也
李嗣業身長七尺壯勇絶倫後至北庭行營節度使
張鎬風儀魁岸廓落有大志後爲中書侍郎平章事
魯炅身長七尺餘涉獵書史後至山南節度使

李嘉寵冀州人其形長八尺五寸開元中本州以獻
敕曰李嘉寵土風所有體幹出羣因其能用之宜俾
在八門之次可武衛長上仍配左監門衛當上
吉頊身長八尺陰毒敢言後至天官侍郎平章事
安祿山垂肚過膝自稱得三百五十斤每朝見玄宗
戲之曰朕適見卿肚幾垂至地祿山每行以肩膊左
右擡挽其身方能移步玄宗令前作胡旋舞疾如風
祿山所乘驛每驛中間築換馬臺不然馬輒死驛家
簡祿山所乘馬以土載五石能馱勝致即以高價而
之餘飼以待之鞍前更連置小鞍以乘其肚

郭子儀長六尺餘體貌秀傑後至太尉尚父
程千里身長七尺骨相瑰偉後至上黨郡長史
崔光遠身長六尺餘目睛白黑分明後至劍南節度
使
毛若虛眉覆於眼性又殘忍後至御史中丞
張孝恭奚種也猛毅魁渠長六尺餘性寬裕事親孝
恭後爲易定節度使
朱泚幼壯偉腰帶十圍
李忠臣爲汴州節度使嘗因奏對德宗謂之曰卿耳
甚大眞貴人也忠臣對曰臣聞驢耳甚大龍耳卽小
臣耳雖大乃驢耳也帝悅之
李融爲鄭滑節度姿貌魁岸
齊映貞元初爲給事中白皙長大言音高朗德宗自
興元還小師嘗令映侍或馬前至城邑鎭守輒令映
宣詔令
史奉敬元和中爲朔方將形甚短小若不能勝衣
崔弘禮字從周風貌魁偉自言有大志後至東都留
守
楊炎美鬚眉風骨峻峙文藻雄麗後至中書侍郎平
章事

郭釗偉姿容身長七尺方口豐下爲人以莊默自處
後至劍南節度使
李揆美風儀善奏對後至中書侍郎平章事
李晟年十八從軍身長六尺勇敢絶倫後至太府中
書令
馬燧姿度魁異長六尺二寸沈勇多智畧後至司徒
侍中
王武俊形體魁偉長六尺餘性寬裕後至成德軍節
度使
李元諒長大美鬚髯勇敢多計謀後至司華節度使

李珙長六尺餘氣貌魁岸

裴度爲司徒中書令狀貌不踰中人而風彩俊爽占對雄辯觀聽者爲之聳然

蕭遘爲中書侍郎平章事形神秀偉志操不羣少負大節以經濟爲己任洎處台司風望尤峻奏對朗拔天子器之

康謙者善賈資產億計髭鬚長三尺過帶

梁李思安性篤勇未弱冠身長七尺超然有乘時自奮之志後至相州刺史

羅紹威爲魏博節度使形貌魁偉有英傑氣

趙昶形神灑落臨事有通變之才後至忠武軍節度使

胡眞體貌洪壯長七尺善騎射後至寧遠將軍節度使

寇彥卿身長八尺隆準方面語音如鐘後至鄧州節度使

劉知俊姿貌雄傑倜儻有大志後至同州節度使

後唐李嗣昭形貌眇小而精悍有膽後爲澤潞節度使

盧文紀爲太常卿形貌魁偉語音高朗占對鏗鏘縱於飲啖奉使蜀川路繇岐下時淸泰帝爲岐帥以主禮待之觀其儀形旨趣遇之頗厚

孔邈兖州曲阜人文宣王四十一代孫身長七尺餘神氣溫克綽有素風

朱漢賓少有膂力形神壯偉膽氣過人後至太子少保致仕

晉桑維翰身短面廣殆非常人旣壯每對鑑自歎曰七尺之身安如一尺之面繇是慨然有公輔之望後至中書令

華溫琪初事黃巢爲供奉官巢敗奔至溫臺以形貌

魁岸懼不自容乃投白馬下流俄而浮至淺處又登桑自經枝折不死後果貴爲位至太子少保致仕

張萬進白皙美鬚後至彰義軍節度使

皇甫遇少好勇及壯魁岸善騎射後至華州節度使

盧文進身長七尺飲啗過人望之偉如也後至安州節度使

張彥澤少有勇力目睛黃而夜有光色視瞻若鷙獸焉後爲相州節度使

漢劉景巖昂藏巨準時人號爲大鼻後至太子太師致仕

周和幾幼而聰敏姿狀秀拔神彩射人後爲太子太傅

李懷忠形質魁壯勇敢出人後至左武衛上將軍

冊府元龜

冊府元龜　總錄部　形貌　卷之八百八十三　三十三

冊府元龜

巡按福建監察御史臣李嗣京　訂正

分守建南道左布政使臣胡維霖　參閱

知建陽縣事臣　黃國琦較釋

總錄部一百三十四

薦舉

傳曰惟善人能舉其類又曰儒有忠信以待舉力行以待取故士之懷才抱道者曷嘗不思立功於當年而垂名於後世蓋廉隅之攸尚以衒鬻而爲恥焉乃有抱韞匱之價膺推轂之舉伸於知己揚於王庭繇

茲而被奇遇都顯位樹洪伐騰徽聲者固不乏矣亦有肇自下位奮於編列上書公車稱薦卿輔而當世之主頗用其言自非倫擬之允諧才德之胥協進以成弘翼之美退而無朋比之嫌者疇克至是哉

漢陳平因魏無知求見漢王漢王召入以平爲亞將屬韓王信軍廣武絳灌等或讒平曰聞平居家時盜其嫂今大王尊官之令護軍臣聞平使諸將金多者得善處金少者得惡處平反覆亂臣也願王察之漢王疑之以讓無知問曰有之乎無知曰有漢王曰公言其賢人何也對曰臣之所言者能也陛下所問者行也今有尾生孝巳之行而無益於勝敗之數陛下何暇用之乎今楚漢相距臣進奇謀之士顧其計誠足以利國家耳盜嫂受金又安足疑乎平位至丞相

袁盎爲中郎將孝文時張釋之與兄仲同居爲騎郎十年不得調釋之曰久宦減仲之產不遂（遂猶達也）欲免歸盎知其賢惜其去乃請徙釋之補謁者

田叔爲漢中守十餘年文帝初立召叔問曰公知天下長者乎對曰臣何足以知之帝曰公長者宜知之叔頓首曰故雲中守孟舒長者也是時孟舒坐虜大入雲中免帝曰先帝置孟舒雲中十餘年矣虜嘗一

入孟舒不能堅守無故士卒戰死者數百人長者固殺人乎叔叩頭曰夫貫高等謀反天子下明詔趙有敢隨張王者罪三族然孟舒自髡鉗隨張王以身死之豈自知爲雲中守哉漢與楚相距士卒罷敝而匈奴冒頓新服北夷來爲邊寇孟舒知士卒罷敝不忍出言士爭臨城死敵如子爲父以故死者數百人孟舒豈歐之哉（言不歐之令戰也）是乃孟舒所以爲長者於是帝曰賢哉孟舒復召以爲雲中守一

鄧公成固人也多奇計建元年中上招賢良公卿言鄧先（鄧先猶云鄧先生也一曰先者其名也）鄧先時免起家爲九卿人

傷得意蜀人爲狗監(主天子田獵犬也)侍武帝帝讀子虛賦而善之曰朕獨不得與此人同時哉得意曰臣邑人司馬相如自言爲此賦帝驚乃問相如相如曰有是然此乃諸侯之事未足觀請爲天子游獵之賦上令尚書給筆札書奏天子以爲郎

嚴助會稽人也邑人朱買臣隨上計吏爲卒將重車至長安(買臣身自爲卒而與計吏將重車也載衣食具曰重車)詣闕上書書久不報待詔公車糧用乏上計吏卒更乞匃之會助貴幸薦買臣召見說春秋言楚詞帝甚說之拜買臣爲中大夫助爲會稽太守與買臣俱侍中

徐福茂陵人霍氏奢侈日甚徐生曰霍氏必亡夫侈則不遜不遜者必侮上侮上者逆道也在人之右衆必害之霍氏秉權日久害之者多矣天下害之而又行以逆道不亡何待迺上疏言霍氏太盛陛下卽愛厚之宜以時抑制無使至亡書三上輒報聞其後霍氏誅滅而告霍氏者皆封人爲徐生上書曰臣聞客有過主人者見其竈直突傍有積薪客謂主人更爲曲突遠徙其薪不者且有火患主人嘿然不應俄其家果失火鄰里共救之幸而得息於是殺牛置酒謝其鄰人灼爛者在於上行餘各以功次坐而不錄言曲突者人謂主人曰鄉使聽客之言不費牛酒終亡火患今論功而請賓曲突徙薪亡恩澤燋頭爛額爲上客耶主人迺寤而請之今茂陵徐福數上書言霍氏且有變宜防絶之鄉使福說得行則國亡裂土出爵之費臣亡逆亂誅滅之敗往事既已而福獨不蒙其功唯陛下察之貴徙薪曲突之策使居燋髮灼爛之右上迺賜福帛十疋後以爲郎

何武成帝時爲丞相司直時數有災異武上封事曰虞有宮之奇晉獻不寐衛青在位淮南寢謀故賢人立朝折衝厭難勝於亡形司馬法曰天下雖安忘戰

必危夫將不豫設則亡以應卒士不素厲則難使死敵是以先帝建列將之官近戚主內異姓距外故姦宄不得萌動而破滅誠萬世之長策也光祿勳慶忌(辛慶忌也)行義修正果毅敦厚謀慮深遠前在邊郡數破敵獲虜外夷莫不聞乃者災異並見未有其應加以兵革久寢春秋火災未至而豫禦之慶忌宜在爪牙官以備不虞其後慶忌拜爲右將軍諸史散騎給事中武爲人仁厚好進士獎稱人之善爲楚內史厚兩龔在沛郡兩唐(兩龔龔勝龔舍也兩唐唐林唐遵也)及爲公卿薦之朝廷此人顯於世者何侯力也世以此爲多焉

黃霸爲丞相長史坐夏侯勝事下廷尉獄中從勝受
尚書既得出勝復爲諫大夫令左馮翊宋畸舉霸賢
良勝又日薦霸於上上擢霸爲揚州刺史
蕭望之爲太子太傅甘露中諸儒薦張禹有詔望之
問禹對易及論語大義望之善焉奏禹經學精習有
師法可試事奏寢
揚興爲長安令元帝初即位樂陽侯史高以外屬爲
大司馬車騎將軍領尚書事前將軍蕭望之爲副望
之名儒有師傅舊恩天子任之多所貢薦高充位而
已言在猶不在也與望之有隙興說高曰將軍以親戚輔政

冊府元龜 總錄部 薦舉 卷之八百八十四 五

貴重於天下無二然衆庶論議令問休譽不專在將
軍者何也令善問名休美也彼誠有所闇也以其不能進賢也以將
軍之幕府海內莫不仰望而所舉不過私門賓客乳
母子弟人情忽不自知言高輕忽此事不自知其非然一夫竊議
語流天下夫富貴在身而列士不譽是有狐白之裘
而反衣之也古人病其若此故卑體勞心以求賢爲
務傳曰以賢難得之故因曰事不待賢以食難得之
故而曰飽不待食惑之甚者也平原文學匡衡材智
有餘經學絕倫但以無階朝廷故隨牒在遠方階謂升次
也隨牒謂隨選補之恒牒不被超擢也將軍誠召置幕府學士翕然歸
仁誠謂實行之也與參事議觀其所有貢之朝廷必爲國器
所有謂材藝所長以此顯示衆庶名流於世高然其言辟衡
爲議曹史薦衡於帝帝以爲郎中
翼奉字少君東海下邳人也惇學不仕好律歷陰陽
之古元帝初即位諸儒薦之徵待詔宦者署
王商爲太子中庶子以肅敬敦厚稱嗣父爲侯推財
以分異母諸弟身無所受居喪哀戚於是大臣薦商
行可以厲羣臣義足以厚風俗宜備近臣繇是擢爲
諸曹侍中中郎將
谷永長安人鴻嘉初御史大夫于永卒永上疏曰帝

冊府元龜 總錄部 薦舉 卷之八百八十四 六

王之德莫大於知人知人則百僚任職天工不曠故
臯陶曰知人則哲能官人御史大夫內承本朝之風
化外佐丞相統理天下任重職大非庸人所能堪今
當選於羣卿以充其缺得其人則萬姓欣喜百僚說
服不得其人則大職隳斁王功不興虞帝之明在茲
一舉可不致詳竊見少府宣薛宣也材茂行潔達於從
政前爲御史中丞執憲轂下不吐剛茹柔舉錯時當
出守臨淮陳留二郡稱治爲左馮翊崇教養善威德
並行衆職修理姦宄絕息辭訟者歷年不至丞相府
赦後餘盜賊什分三輔之一減三輔之賊什九也功效卓爾自

左内曰初置以來未嘗有也孔子曰如有所譽其有
所試宣考績功課簡在兩府不敢過稱以奸欺誣之
罪臣聞賢材莫大於治人宣已有效其法律任廷尉
有餘經術文雅足以謀王體斷國論身兼數器有退
食自公之節宣無私黨游說之助臣恐陛下忽於羔
羊之詩舍公實之臣任華虛之譽是用越職陳宣行
能唯陛下留神考察帝然之遂以宣爲御史大夫永
位至大司農
揚雄字子雲蜀郡人善屬文客有薦雄文似相如者
成帝方郊祠甘泉泰畤汾陰后土以求繼嗣召雄待

詔承明之庭後爲大夫
孔光爲光祿大夫給事中哀帝詔光舉可尚書令者
封上光謝曰臣以朽材前比歷位典大職卒無尺寸
之效幸免罪誅全保首領今復拔擢備内朝臣與聞
政事臣光智謀淺短犬馬齒䣱誠恐一旦顚仆無以
報稱竊見國家故事尚書以久次轉遷非有踔絶之
能不相踰越踔高遠也尚書僕射敞公正勤職通敏於事
可尚書令謹封上敞以舉故爲東平太守敞姓成公
東海人也師吳章爲王莽所誅敞爲大司徒掾自劾
吳章弟子收抱章尸歸葬車騎將軍王舜高其志節

表奏以爲掾薦爲中郎諫大夫王莽簒位王舜爲大
師復薦敞可輔職爲輔弼之任以病免唐林言敞可典郡
擢爲魯郡太尹更始時安車徵敞爲御史大夫復病
免去卒于家
後漢馮異爲光武主簿異因薦邑子銚期叔壽段建
左隆等光武皆以爲掾史
杜林爲大司徒司直隗囂將牛邯有勇力才氣雄於
邊垂囂死乃降林與大中大夫馬援並薦之以爲護
羌校尉林又薦同郡范逡趙秉申屠剛等皆被擢用
士多歸之

鮑駿九江人與丁鴻俱事桓榮甚相友善駿上書言
鴻經學至行曰臣聞武王克殷封比干之墓表商容
之閭二人無功下車先封之表善顯仁爲國之砥櫔
也伏見丁鴻經明行修志節清妙明帝甚賢之永平
十年詔徵鴻拜侍中
謝夷吾會稽人同郡友人王充爲州治中自免還家
夷吾上書薦充才學章帝時詔公車徵病不行夷吾
爲鉅鹿太守左轉下邳令卒
魯恭爲中牟令會詔百官舉賢良方正恭薦中牟名
士王方章帝即徵方詣公車禮之與公卿所舉同方

致位侍中
杜詩爲南陽太守時大司徒陽都侯伏湛策免徙封不其侯邑三千六百戶遣就國詩上疏薦湛曰臣聞唐虞以股肱康文王以多士寧是故詩稱濟濟書曰良哉臣詩竊見故大司徒陽都侯伏湛自行束修訖無毀玷篤信好學守死善道經爲人師行爲儀表前在河内朝歌及居平原吏人畏愛則而象之遭時反覆不離兵凶秉節持重有不可奪之志陛下深知其能顯以宰相之重衆賢百姓仰望德義微過斥退久不復用有識所惜儒士痛心臣竊傷之湛容貌堂堂

國之光輝智畧謀慮朝之淵藪髫髮厲志白首不衰實足以先後王室名足以光示遠人古者選擢諸侯以爲公卿是故四方回首仰望京師柱石之臣宜居輔弼出入禁門補缺拾遺臣詩愚戇不足以知宰相之才竊懷區區敢不自竭臣前爲侍御史上封事言湛公廉愛下好惡分明累世儒學素持名信經明行修通達國政尤宜近侍納言左右舊制九州五尚書令一郡二人可以湛代頗爲執事所非但臣詩蒙恩深渥所言誠有益於國雖死無恨故復越職觸冒以聞詩雅好推賢數進知名士清河劉統及魯陽長董崇等
鄭衆爲中郎將時戊巳校尉耿恭屯車師後王城屯置數百人北匈奴圍恭圍守章帝發兵迎之歸至玉門惟餘十三人衆上疏曰耿恭以单兵固守孤城當匈奴之衝對數萬之衆連月踰年心力困盡鑿山爲井煑弩爲糧出於萬死無一生之望前後殺傷醜虜數千百計卒全忠勇不爲大漢耻恭之節義古今未有宜蒙顯爵以厲將帥及恭至雒陽鮑昱奏恭節過蘇武宜蒙爵賞於是拜爲騎都尉以恭司馬石修爲雒陽市丞張封爲雍營司馬軍吏范羌爲共丞共今衛州

共城縣餘九人皆補羽林
賈逵爲中郎將永元中薦東萊司馬均陳國汝郁帝即徵之並蒙優禮
田弱弱一作羽扶風人同郡法眞辟公府舉賢良皆不就弱薦眞曰處士法眞體兼四業學窮典奧幽居恬泊樂以忘憂將踏老氏之高蹤不爲玄纁屈也臣願聖朝就加袞職必能唱清廟之歌致來儀之鳳矣會順帝西巡弱又薦之帝虛心欲致前後四徵終不降屈
郎顗北海人順帝陽嘉二年公車徵顗詣闕上書薦黃瓊李固并陳消災之術曰臣前對十事要政急務

宜於今者所當施用誠知愚淺不合聖聽人賤言廢
當受誅罰屏營惶怖靡知厝身臣聞剏舟𠝏機將欲
濟江海也聘賢選佐將以安天下也昔唐堯在上羣
龍爲用文武創德周召作輔是以能運天地之功增
日月之耀也詩云赫赫王命仲山甫將之邦國若否
仲山甫明之宜王是賴以致雍熙陛下踐阼以來勤
心庶政而三九之位未見其人是以災害數臻四國
未寧臣考之國典驗之聞見莫不以得賢爲功失士
爲敗且賢者出處翔而後集爵以德進則其情不苟
然後使君子恥貧賤而樂富貴矣若有德不報有言

不讎來無所樂進無所趣則皆懷歸藪澤修其故志
矣夫求賢者上以承天下以爲人不用之則逆天統
違人望逆天統則災眚降違人望則化不行災眚降
則下呼嗟政化不行則君道虧四始之缺五際之戹
其咎繇此豈可不剛健篤實兢兢慄慄以守天功盛
德大業乎臣伏見光祿大夫江夏黄瓊耽道樂術清
亮自然被褐懷寶含味經籍又果於從政明達變復
言明於變異消復之術也朝廷前加優寵賓於上位瓊入朝日淺
謀謨未就因以衰病致命遂志老子曰大音希聲大
器晚成善人爲國三年乃立天下莫不嘉朝廷有此

良人而復怪其不時還任陛下宜加隆崇之恩極養
賢之禮徵反京師以慰天下又處士漢中李固年四
十又遍游夏之藝履顔閔之仁潔白之節情同皦日
忠貞之操好是正直卓冠古人當世莫及元精所生
王之佐臣天之生固必爲聖漢宜蒙特徵以示四方
夫有出倫之才不應限以官次昔顔子十八天下歸
仁子奇穉齒化阿有聲若還瓊徵固任以時政伊尹
傅說不足爲比則可垂光景致休祥矣臣顗明不知
人伏聽衆言百姓所歸臧否共歎願汎問百僚覈其
名行有一不合則臣爲欺國惟留聖神不以人廢言

拜郎中辭病不就
馬融爲較書郎時永初四年護羌較尉龐參以失期
下獄融上書請之曰伏見西戎反畔寇鈔五州陛下
愍百姓之傷夷哀黎元之失業殫竭府庫以奉軍師
昔周宣獫狁侵鎬及方孝文匈奴亦畧上郡而宣王
立中興之功文帝建太宗之號非惟兩主有明睿之
姿抑亦扞城有虓虎之助是以南仲赫赫列在周詩
亞夫赳赳載於漢策竊見前護羌較尉龐參文武昭
備智畧弘遠既有義勇果毅之節兼以博雅深謀之
姿又度遼將軍梁慬前統西域勤苦數年遠留三輔

功效克立間在北邊單于降服今皆幽囚陷於法網昔荀林父敗績於邲晉侯使復其位孟明視喪師於殽秦伯不替其官故晉景并赤狄之土秦穆遂霸西戎宜遠覽二君使參憘得在寬宥之例誠有益於折衝毗佐於聖化書奏赦參等

皇甫規安定人爲郎中託疾免歸規與張奐友善奐爲使匈奴中郎將梁冀被誅奐以吏免官禁錮奐既被錮凡諸友舊莫敢爲言唯規薦舉前後七上在家四歲復拜武威太守

何休爲議郎史弼坐論輸左校刑竟歸田里稱病閉

門不出數爲公卿所薦休又訟弼有幹國之器宜登台相徵拜議郎

高彪遷內黃令薦縣人申屠蟠等

魏蔣濟爲中護軍畢軌爲并州刺史雜虜數爲暴害軌輒出軍擊鮮卑軻比能失利濟表曰畢軌前失既往不咎但恐是後難可以再凡人材有長短不可強成軌文雅智意自爲美罷今失并州換置他州若入居顯職不毀其德於國事實善此安危之要唯聖恩察之

蜀徐庶字元直潁川人與諸葛亮友善先主屯新野徐庶見先主先主器之謂先主曰諸葛孔明者臥龍也將軍豈願見之乎先主曰君與俱來庶曰此人可就見不可屈致也將軍宜枉駕顧之繇是先主遂詣亮凡三往乃見後爲御史中丞

吳弘咨曲阿人孫權姊婿也漢末諸葛瑾避亂江東咨見而異之薦之於權與魯肅等並見賓待

嚴畯彭城人也河南徵崇隱於會稽所交結如丞相步騭等咸親焉畯薦崇行足以厲俗學足以爲師畯位至尚書令

李衡少時知羊衜有人物之鑒往干之衜謂衡曰多

事之世尚書劇曹郎才也是時校事呂壹操弄權柄大臣畏偪莫有敢言衡曰非李衡無能困之者遂共薦爲郎權引見衡口陳壹姦宄數千言權有愧色數月壹被誅而衡大見顯擢仕至威遠將軍

華覈爲東觀令孫皓怒樓玄送廣州覈上疏曰臣竊以治國之體其猶治家主田野者皆宜良信又宜得一人總其條目爲作維綱衆事乃理論語曰無爲而治者其舜也與恭己正南面而已言所任得其人故優游而自逸也今海內未定天下多事事無大小皆當關聞動經御坐勞損聖慮陛下既垂意博古綜極

藝文加勤心好道隨節致氣宜得閑靜以展神思呼
翕清淳與天同極臣夙夜思惟諸吏之中任幹之事
足委仗者無勝於樓玄玄清忠奉公冠冕當世衆服
其操無與爭先夫清者則心平而意直忠者惟正道
而履之如玄之性終始可保乞陛下赦玄前愆使得
自新擢之宰司責其後効使爲官擇人隨才授任則
舜之恭已近亦可得
陸凱子禕爲偏將軍凱亡後入爲太子中庶子右國
史華覈表薦禕曰禕體質方剛器幹强固董率之才
魯肅不過及被召當下徑還赴都道由武昌曾不回

顧器械軍資一無所取在戎果毅臨財有節夫夏口
賊之衝要宜選名將以鎭戍之臣竊思惟莫善於禕
晉孫尹樂安人爲陳留相時尚書右僕射劉毅年老
以光祿大夫歸第後司徒舉毅爲青州大中正尚書
以毅懸車致仕不宜勞以碎務尹表曰禮凡卑者執
勞尊者居逸是順敍之宜也司徒魏舒司隸校尉嚴
詢與毅年齒相近往者同爲散騎常侍後分授外內
之職資塗所經出處一致今詢管四十萬戶州兼董
司百僚總攝機要舒所統殷廣兼執九品銓十六州
論議主者不以爲劇毅但知以一州便謂不宜累以
碎事於毅太優詢舒太劣若以前聽致仕不宜復與
遷授位者故光祿大夫鄭袤爲司空是也夫知人則
哲惟帝難之尚可復委以宰輔之任不可諮以人倫
之論臣竊所未安昔鄭武公年過八十入爲周司徒
雖過懸車之年必有可用毅前爲司隸直法不撓當
朝之臣多所按劾諺曰受堯之誅不能稱堯直臣無
黨古今所悉是以汲黯死於淮陽董仲舒裁爲諸侯
之相而毅獨遭聖明不離輦轂當世之士咸以爲榮
毅雖身偏有風疾而志氣聰明一州品第不足勞其
思慮毅嫉惡之心小過主者必疑其論議傷物故高

其優禮令去事實此爲機閣毅使絕人倫之路也臣
州茂德雅毅越毅不用則清談劉錯矣於是青州自
二品已上光祿勳石鑒等共奏曰謹按陳留相孫尹
表及與臣等書如左臣州履境海岱而參風齊魯故
人俗務本而世敦德讓今雖不克於舊而遺訓猶存
是以人倫歸行士識所守也前被司徒符當參舉州
大中正僉以光祿大夫毅純孝至素著在鄉閭忠允
亮直竭於事上仕不爲榮惟期盡節正身率道崇公
忘私行高義明出處同揆故能令義士宗其風景州
閭歸其清流雖年耆偏疾而神明克壯實臣州人士

所思準繫者矣誠以毅之明恪不言而信風之所動
清濁必偃以稱一州咸同之望故也竊以爲禮賢尚
德教之大典王制奪與動爲開塞而士之所歸人倫
爲大臣等虛劣雖言廢於前今承尹書敢不列啓按
尹所執非惟惜名義於毅之身亦通陳朝宜奪與大
準以爲尹言當否應蒙評議繇是毅遂爲州都銓正
人流清濁區別其所彈貶自親貴者始
華譚廣陵人爲本國中正後母憂服闋爲鄄城令過
濮水作莊子贊以示功曹而延掾張延爲作答教其
文甚美譚異而薦之遂見升擢及譚爲廬江延巳爲

淮陵太守後爲元帝軍諮祭酒薦于寶范珧
顧榮吳國吳人元帝鎮江東以榮爲軍司時南土之
士未盡才用榮又言陸士元貞正清貴金玉其質甘
季思忠款盡誠膽幹殊快殷薦元質畧有明規文武
可施用榮族兄公讓明亮守節困不易操會稽楊彥
明謝行言皆服膺儒教足爲公望賀生沈潛青雲之
士陶恭兄弟才幹雖少實事極佳凡此諸人皆南金
也書奏皆納之
表琇爲元帝鎮東從事中郎時陳頵避難於江西爲
丹陽内史朱彥參軍琇薦頵於元帝遷鎮東行參軍

事典法兵二曹
于寶與葛洪浮相親友寶薦洪才堪國史選爲散騎
嘗侍領大著作洪固辭不就寶位至散騎嘗侍
庾翼與桓温友善嘗相期以寧濟之事温尚南康長
公主翼嘗薦温於明帝曰桓温少有雄畧願陛下勿
以嘗人遇之嘗壻畜之宜委以方召之任託其弘濟
艱難之勳位至征西將軍領南蠻較尉
應詹薦韋泓於元帝曰自遭喪亂人士易操至乃任
運固窮耿介守節者尠矣伏見議郎韋泓年三十八
字元量執心清冲才識備濟躬耕隴畝不煩人役靜

默居嘗不豫政事昔年流移來在詹境經寇喪資一
身特立短褐不掩形菜蔬不充朝而抗志彌厲不遊
非類顏回稱不改其樂泓有其分明公輔亮皇室恢
維宇宙四門開闢英彥巳藻收春華於京輦採秋實
於巖藪而泓抱璞荆山未剖和璧若蒙銓召付以列
曹必能協隆鼎味緝熙庶績者也帝即辟之詹位至
平南將軍
宋劉穆之初爲高祖太尉司馬謝晦初爲孟昶建威
府中兵參軍昶死高祖問劉穆之孟昶參佐誰堪入
我府穆之舉晦即命爲太尉參軍穆之此所薦達不進不止嘗云我罷

不及荀令君之舉善然不舉不善

王景文瑯琊人少與謝莊齊名莊子瀹年七歲景文見而異之言於孝武召見於人衆中瀹舉止閑詳應對合旨帝悅之景文位至中書監領太子太傅

南齊杜京產始平東山開舍授學孔稚珪周顒謝瀹並致書以通殷勤永明十年稚珪及光祿大夫陸澄祠部尚書虞悰太子右率沈約司徒右長史張融表薦京產曰竊見吳郡杜京產潔靜爲心謙虛爲性通和發於天挺敏達表於自然學遍玄儒博通子史流連文藝沈吟道奥泰初之朝挂冠辭世遁捨家業隱

于太平茸宇窮巖採芝幽澗耦耕自足薪歌有餘確爾不羣淡然寡欲麻衣藿食二十餘載雖古之志士何以加之謂宜釋巾幽谷結組登朝則巖谷含懽薜蘿起忭矣不報建武初徵爲員外散騎侍郎京產曰莊生持釣豈爲白璧所迴辭疾不就

顧暠之吳郡人爲司徒左西曹掾同郡陸歎少有風槩好屬文五言詩體甚新變永明九年詔百官舉士暠之表薦焉

梁范縝爲中書郎與裴子野未遇聞其行業而善焉會遷國子博士乃上表讓之曰伏見前冠軍府錄事叅軍裴子野年四十字幾原幼稟至人之行長厲國士之風居喪有禮毀瘠幾滅免憂之外蔬水不進棲遲下位身賤名微而性不憚憚情無汲汲是以有識嗟推州閭歎服且家傳素業世習儒史苑囿經籍遊息文藝著宋畧二十卷彌綸首尾勒成一代屬辭比事有足觀者且章句洽悉訓詁可傳脫置之膠庠以弘奬後進庶一夔之辯可尋三豕之疑無謬矣伏惟皇家淳耀多士盈庭官人邁乎有嬀棫樸越於姬氏苟片善宜錄無論厚薄一介可求不餘等級臣歷觀古今人君欽賢好善未有聖朝孜孜若是之至也敢

緣斯義輕陳愚瞽乞以臣斯叅迴授子野如此則賢否之宜各全其所諷之物議誰曰不允臣與子野雖未嘗銜杯訪之邑里非差處謬不勝慺慺微見冒昧陳聞伏願陛下哀憐悾欵鑒其愚實干犯之愆乞垂敕宥有司以資歷非次弗爲通

裴儉馮翊人也鄉人吉翂爲湘州刺史柳悅主簿儉與丹陽郡守臧盾揚州中正張亥連名薦翂以爲孝行純至明通易老勑付太嘗旌舉

徐勉爲太子詹事天監中勉舉晉安王府叅軍劉杳及顧協何思澄等入華林撰編畧

後魏游雅廣平任人與高允俱知名大廷中以前後南使不稱妙簡行人雅薦允弟推應選使宋南人稱其才辯又稱薦同郡游明根於太武太武擢爲中書學士雅位至祕書監

北齊慕容紹宗爲樂平太守時河間人信都芳善宗兄紹宗天文算數隱於并州樂平之東山保樂聞而召之芳不得已而見焉於是紹宗薦之於齊獻武王以爲中外府田曹參軍紹宗位至徐州刺史

後周唐瑾封臨淄公時柱國府記室參軍樂運性方直未嘗求媚於人瑾薦爲露門學士

隋高孝基爲雍州司馬時杜淹與韋福嗣共入太白山中揚言隱逸文帝聞而惡之謫戍江表後淹還鄉里以經籍爲娛閉門不出孝基有知人之鑒上表薦之授承奉郎

唐恒何貞觀初爲中郎將馬周至京師舍於何之家于時太宗正開上書之路虛懷於政術周欲陳便宜二十餘事無繇自達遣何奏之事皆合旨太宗怪而問何何答曰此非臣之所發慮乃臣之家客馬周也與臣言未嘗不以忠孝爲意於是召見與語深悅之宜令直門下省及令房玄齡試其經義及時務策擢第授儒林郎守監察御史奉使稱旨太宗甚悅以恒何舉得其人賜帛百疋

張行成貞觀中爲太子詹事太宗征遼高宗於定州監國郎行成本邑也行成因薦鄉人魏唐卿崔寶權馬龍駒張君勃等皆以學行著聞太子召見以其老不任職乃禮而遣之

李栖筠才罷絶倫而樂人攻己之短獎善舉能嘗薦文武將吏三百餘人登將相踐臺閣顯名於時者僅數十人栖筠位至御史大夫

李行修爲殿中丞長慶三年六月授進士費冠卿右

拾遺冠卿及第歸而父母殁嘗恨不及榮養遂絶迹仕進行修薦之除官

冊府元龜

巡按福建監察御史臣李嗣京訂正

分守建南道左布政使臣胡維霖參閱

知建陽縣事臣黃國琦較釋

總録部一百三十五

以德報怨　和解

以德報怨

傳曰以德報怨則寬身之仁也故忠善損怨之訓稱於先民寬柔不報之美著乎禮俗蓋古之君子誠明敦篤恕己以及物悲懷而虛受乃至蔑棄宿憾不形於心術浮矯當世載申於恩紀躬與情之所難化民德以歸厚斯固仁人之所履也又豈止顏子之犯而不較夷齊之不念舊惡者哉

祁奚晉大夫為中軍尉奚請老（老致仕）晉侯問嗣焉（嗣續其職者）稱解狐其讐也將立之而卒（解狐卒）君子謂祁奚於是能舉善矣稱其讐不為諂

王生為范氏之臣惡張柳朔言諸昭子使為柏人（為柏人宰也昭子范吉射也）昭子曰夫非而讐乎對曰私讐不及公（公家之事也）好不廢過惡不去善義之經也臣敢違之及范氏出（出奔齊）張柳朔謂其子爾從今勉之我將止死王生授我矣（授我死節）吾不可以僭之遂死於柏人（為吉射晉戰也）

宋就梁大夫也就嘗為邊縣令與楚鄰界梁之邊亭與楚之邊亭皆種瓜各有數梁之邊亭人劬力數灌其瓜瓜美楚人窳而稀灌其瓜瓜惡令因以梁瓜之美怒其亭瓜之惡也楚亭人惡梁亭之賢也因往夜竊搔梁亭之瓜皆有死焦者矣梁亭覺之因請其尉亦欲竊往報搔楚亭之瓜尉以請就就曰惡是何可構怨禍之道也人惡亦惡何褊之甚也若我教子必每暮令人往竊為楚亭夜善灌其瓜勿令知也於是梁亭乃暮夜竊灌楚亭之瓜楚亭旦而行瓜則又皆已灌矣瓜日以美楚亭怪而察之則乃梁亭也楚令聞之大悅因具以聞楚王楚王聞之惄然愧以意自閔也告吏曰徵搔瓜得無有他罪乎此梁之陰讓也乃謝以重幣而請交於梁王

漢韓信淮陰人淮陰少年衆辱信令出跨下信為楚王召辱已少年令出跨下者以為中尉告諸將相曰此壯士也方辱我時寧不能死死之無名故忍而就此（就成也成今日之功）信後封淮陰侯

韓安國初事梁孝王為中大夫坐法抵罪蒙獄吏田

甲孱安國安國曰死灰獨不復然乎甲曰然即溺之居無幾梁內史缺（無幾未多時也）漢使使者拜安國為梁內史起徒中為二千石田甲亡安國曰甲不就官我滅而宗（而汝也）甲肉袒謝安國笑曰公等足與治乎（治謂當敵也今人猶云對治一日不足繩治也）卒善遇之

何武為鄠令坐法免歸武兄弟五人皆為郡吏郡縣敬憚之弟顯家有市籍租常不入縣數負其課（以顯家不入租故每負課殿）市嗇夫求商捕辱顯家（求姓商名也）顯怒欲以吏事中商（中傷之也）武曰以吾家租賦繇役不為衆先奉公吏不亦宜乎武卒白太守召商為卒吏州里聞

之皆服焉後為揚州刺史九江太守戴聖行治多不法武行部錄囚徒有所舉以屬郡（屬委也）九江聖曰後進生何知乃欲亂人治（武進學未久故謂之後進生）皆無所決武使從事廉得其罪（廉察也）聖懼自免後為博士毀武於朝廷武聞之終不揚其惡而聖子賓客為羣盜得（聚為羣盜而吏捕得）繫廬江聖自以子必死武平心決之卒得不死自是後聖慚服

後漢樂恢京兆長陵人為郡功曹同郡楊政數衆毀恢後舉政子為孝廉繇是鄉里歸之

橋玄為司徒素與南陽太守陳球有隙及在公位而薦球為廷尉

陳寔潁川人也隱陽城山中時有殺人者同縣楊吏以疑寔縣遂逮繫考掠無實而後得出及為督郵乃密託許令禮召楊吏遠近聞者咸歎服之

魏蘇則武功人世為著姓漢末三輔亂饑窮避難北地客安定依富室師亮亮待遇不足則慨然歎曰天下會安當不久爾必還為此郡守折庸輩士也後與馮翊吉茂等隱於郡南太白山中以書籍自娛及為安定太守而師亮等皆欲逃走則聞之豫使人解語以禮報之

王修為青州治中從事別駕劉獻數毀短修後獻以事當死修理之得免時人以此多焉

孫資太原人初在邦邑名出同類之右鄉人司空掾繇豫梁相宗豔皆妬害之而楊豐黨附豫等專為資構造謗端怨隙甚重資既不以為言而終無恨意豫等慚服求釋宿憾結為婚姻資謂之曰吾無憾心不知所釋此為卿自薄之卿自厚之爾乃為長子宏取其女及當顯位而繇豫老疾在家資過之甚厚又致其子於本郡以為孝廉而楊豐子後為尚方吏明帝以職事譴怒欲致之法資請活之其不念舊惡如此

終於侍中

與呂蒙嘗以部曲事爲江夏太守蔡遺所白蒙無恨意及豫章太守顧邵卒太帝問所用蒙因薦遺奉職佳吏太帝笑曰君欲爲祁奚邪於是用之蒙終南郡太守

蔣欽爲太帝別部司馬屯宣城嘗討豫章賊蕪湖令徐盛收欽屯吏表斬之太帝以欽在遠不許繇是自嫌於欽曹公出濡須欽與呂蒙持諸軍節度盛嘗畏欽有事害已而欽每稱其善盛旣服德論者美焉欽又舉盛於太帝太帝曰盛前白卿卿今舉盛欲慕祁

奚邪對曰臣聞公舉不挾私怨盛忠而勤強有膽畧器用好萬人督也今大事未定臣當助國求才豈敢挾私恨以蔽賢乎權嘉之

晉任讓平原高唐人初鄉人華恒爲本州大中正讓輕薄無行爲其所黜及蘇峻之亂恒爲散騎常侍從至石頭讓在峻軍中任勢多所殺害見恒輒恭敬不肆其虐鍾雅劉超之死亦將及恒讓盡心救衛故得免

戴洋爲祖約督護元帝永昌元年四月庚辰禺中時有大風起自東南折木洋謂約曰十月必有賊到譙城東至歷陽南方有反者主簿王振以洋爲妖白約收洋付刺姦而絕其食五十日言語如故約知其有神術乃赦之而讓振振後有罪被收洋救之約曰振往日相繫今何以救之洋曰振不識風角非有宿嫌振往時垂餓死洋養活之振猶尚遺志夫處富貴而不棄貧賤甚難約義之即原振賜洋米三十石

前燕黃泓爲慕容雋太史令嘗從左右諮決大事靈臺令許敦害其寵譖事慕容評評設異議以毀之乃以泓爲太史靈臺諸署統加給事中泓待敦彌厚不以毀已易心

北燕馮素弗嘗詣左丞韓業請婚業怒而拒之及素弗爲宰輔謂業曰君前旣不顧今將自取何如業拜而陳謝素弗曰旣往之事豈復與君計之然待業彌厚

宋孔季恭從高祖討桓玄頗預謀畫初虞嘯父爲征東將軍會稽內史季恭求爲府司馬不得及定桓玄以季恭代爲內史使齎封板拜授季恭便舟夜還至郎即驛告嘯父并令掃拂別齋即便入郡嘯父本爲桓玄所授聞玄敗震懼開門請罪季恭慰免使且安所注明旦乃移

王華字子陵與張邵有隙及華爲侍中親舊爲之危心邵曰子陵方弘至公必不以私讐害正義也元嘉五年邵轉征虜將軍領寧蠻校尉雍州刺史加都督華實舉之

蔡興宗爲郢州刺史初吳興丘珍孫言論嘗侵興宗珍孫子景先人才甚美興宗與之周旋及景先爲鄱陽値晉安王子勛爲逆轉在竟陵爲吳喜所殺母老女稚流離夏口興宗至郢州親自臨哭致其喪柩家累令得東還

南齊褚淵字彥回初江斆之子湛娶淵姑被遣後淵

爲衛將軍慕斆爲人先通旨意引爲長史

曹景宗爲游擊將軍從太尉陳顯達北破魏軍尅馬圈顯達論功以景宗爲後景宗退無怨言魏主率衆大至顯達宵奔景宗導入故顯達父子獲全

梁沈約吳興武康人也少時孤貧匄於宗黨得米百斛爲宗人所侮覆面而去及貴不以爲憾用爲郡部傳約終左光祿大夫

鄧元起南郡當陽人初在荆州刺史隋王板元起爲從事別駕庾蓽執不可元起恨之大軍既至京師蓽在城内甚懼及城平元起先遣迎蓽語人曰庾別駕若爲亂兵所殺我無以自明因厚遺之

唐劉仁軌高宗時爲給事中受詔按李義府殺畢正義之事仁軌既不曲掩其狀義府銜之繇是見排顯慶中出爲青州刺史俄又以運糧失船監察御史袁異式馳往鞫之異式承義府之旨逼仁軌令自殺仁軌辭曰仁軌效官不辦國有常刑公若以法斃之則將欲逃死亦不可得也今若遽自絞縊以快讐者竊所未甘心焉於是結奏仁軌之罪詔削官爵令於遼東効力後仁軌爲大司憲異式尚爲侍御史心不自安因醵辭言之仁軌瀝觴曰仁軌若念疇日之事者

有如此觴異式尋遷詹事丞時論紛然仁軌聞之遽薦爲司元大夫時監察御史杜易簡謂人曰斯所謂矯枉過正矣

趙退翁德宗貞元中爲湖南觀察使時令狐峘爲延屬刺史所爲或虧法令退翁每以正道制之峘乃多令人毁退翁於朝及退翁爲相峘先貶官爲別駕乃擢爲吉州刺史時人多之

李吉甫爲駕部員外郎時宰臣李泌竇參雅重之及陸贄爲相吉甫爲明州長史贄之貶忠州別駕適遇吉甫爲太守昆弟故人咸爲贄憂慮而吉甫殊不銜

前事以宰相禮事之猶恐其未信不安遂與之親卹若平生還往者贊初猶懸疑後遂與交好

和解

周官建和難之職老氏著解紛之言考之前聞亦君子之一行也大道既隱俗態滋薄賤彼而貴我先已而後人愛惡所攻間隙旋至故有狷介之士很傻之臣或失意於笑言或積嫌於疇昔以至阻兵相抗毀訾交興怨憤寖盈禍難將作而能約之以大義緩之以片言辨其所疑釋其所構消蔕芥之忿平眦睚之嫌下以和民之佚上以濟國之事非夫明辯而不惑中庸而有常者其孰能之哉

陳無宇齊大夫桓子也子尾卒子旗欲治其室（子旗欒施也欲并治子尾之家政）遂殺梁嬰（梁嬰子尾家宰）逐子成子工子車（三子齊大夫子尾之屬子成頃公子固也子工成之弟鑄也子車頃公之孫捷也）皆奔魯而立子良氏之宰（子良子尾之子高彊也子旗爲梁立宰）其臣曰孺子長矣（孺子謂子良）而相吾室欲兼我也（兼并也）授甲將攻之陳桓子善於子尾亦授甲將助之或告子旗子旗不信則數人告將往又數人告於道遂如陳氏桓子將出矣聞之而還（聞子旗至）游服而逆之（去戎備着甞游戲之服）請命（問桓子所至）對曰聞彊氏授甲將攻子子聞諸曰弗聞子盍亦授甲無宇請從（無宇桓子名）子旗曰子胡然彼孺子也吾誨之猶懼其不濟吾又寵秩之（謂爲之立宰）其若先人何子盍謂之（謂之使無攻我）周書曰惠不惠茂不茂（周書康誥也言當施惠於不惠者勸勉於不勉者茂勉也）康叔所以服弘大也（服行也）桓子稽顙曰頃靈福子（頃公靈公欒氏所事之君）吾猶有望（望子旗惠及之）遂和之如初（和欒高二家）

漢籍福（史不載名）武安侯田蚡使福請魏其侯竇嬰城南田嬰大望（望怨也）曰老僕雖棄將軍雖貴寧可以勢相奪乎不許灌夫聞之怒罵福福惡兩人有隙乃謾好謝蚡（謾猶詭也讀與慢同又音莫連切）曰魏其老且死易忍且待之

魏賈詡爲尚書郭汜樊稠與李傕互相違戾欲鬬者數矣詡輒以道理責之頗受詡言

宗承南陽人袁術嘗於衆數何顒三罪曰王德彌先覺儁老名德高亮而伯求疎之是一罪也許子遠凶淫之人性行不純而伯求親之是二罪也郭貢寒窶無他資業而伯求肥馬輕裘光曜道路是三罪也陶丘洪曰王德彌大賢而短於濟時許子遠雖不純而赴難不憚濡足伯求舉善則以德彌爲最摩難則以子遠爲宗且伯求嘗爲虞偉高手刃復仇義名奮發其怨家清財巨萬文馬百駟而欲使伯求羸牛疲馬

頭伏道路此爲披其胸而假佽敵之刃也術意猶不
平後與承會於闕下術發怒曰何伯求凶德也吾當
殺之承曰何生英俊之士足下善遇之使延令名於
天下術乃止
趙儼爲太祖司空掾屬主簿時于禁屯潁陰樂進屯
陽翟張遼屯長社諸將任氣多共不協使儼并參三
軍每事訓喻遂相親睦
陶謙字恭祖爲揚武都尉時邊章韓遂爲亂司空張
溫銜命征討又請謙爲參軍事接遇甚厚而謙輕其
行事心懷不服及軍罷還百僚高會溫屬謙行酒謙

衆辱溫溫怒徙謙於邊或說溫曰陶恭祖本以材畧
見重於公一朝以醉飲過失不蒙容貸遠棄不毛厚
德不終四方人士安所歸望不如釋憾除恨克復初
分於以遠聞德美溫然其言乃追還謙謙至或人謂
謙曰足下輕辱三公罪自己作今蒙釋宥德莫厚矣
宜降志卑辭以謝之謙曰諾又謂溫曰陶恭祖今深
自罪責思於變革謝天子禮畢必詣公門公宜見之
以慰其意時溫於宮門見謙謙仰曰謙自謝朝廷豈
爲公邪溫曰恭祖癡病尚未除邪遂爲之置酒待之
如初

胡昭潁川人信行著於鄉黨後居陸渾山中躬耕樂
道以經籍自娛漢建安中百姓聞馬超叛避兵入山
者千餘家饑乏漸相劫畧昭嘗遜辭以解之繇是寇
難消息衆咸宗焉故其所居部落中三百里無相侵
暴者
蜀費禕爲丞相諸葛亮司馬值軍師魏延與長史楊
儀相憎惡每至並坐爭論延或舉刃擬儀儀涕泣橫
集禕常入其坐間諫喻分別終亮之世各盡延儀之
用者禕營救之力也
吳胡綜拜偏將軍兼執法領詞訟遼東之事輔吳將

軍張昭以諫太帝言辭切至太帝亦大怒其和協彼
此使之無隙綜有力焉
晉王詮何劭鄉人也劭甍其子岐嗣劭初亾尚書袁
粲弔岐岐辭以疾粲獨哭而出曰今年决下婢子品
王詮謂之曰知死弔死何必見生岐前多罪爾時不
下何公新亾便下岐品人謂中正畏彊易弱粲乃止
詮史不載官
劉弘爲侍中鎮南將軍時惠帝幸長安劉喬爲豫州
刺史東海王越以范陽王虓代喬喬以虓非天子命
不受代發兵拒之河間王顒進喬鎮東將軍假節以

其長子祐爲東郡太守又遣弘與劉準彭城王緯等率兵援喬弘與喬牋曰適承范陽欲代明使君明使君受命本朝列居方伯當官而行同奬王室横見遷代誠爲不允然古人有言牽牛以蹊人之田信有罪矣而奪之牛罰亦重矣明使君不忍亮直狷介之忿耳爲戎首切以爲過何者至人之道用行舍藏跨下之辱猶宜俯就况於代換之嫌纖介之釁哉范陽國屬使君庶姓周之宗盟疎不間親曲直旣均責有所在廉藺區區戰國之將猶能升降以利社稷况命世之士哉今天下紛紜主上播越正是忠臣義士同心

協力之時弘實闇劣過蒙國恩願與使君共戴明主厲行下風掃除凶寇救蒼生之倒懸反北辰於太極此功未立不宜乖離備蒙顧遇情隆於常披露丹誠不敢不盡春秋之時諸侯相伐復爲和親者多矣願明使君翹旣往之恨追不二之蹤解連環之結修如初之好范陽亦將悔前之失思崇後信矣東海王越將討喬弘又與越書曰適聞以吾州將擅舉兵逐范陽當討之誠明同異懲禍亂之宜然吾竊謂不可何者今北辰遷居元首移幸羣后抗義以謀王室吾州將荷國重恩列位方伯亦伐皷即戎勠力致命之秋

也而范陽代之吾州將不從縣代之不允但矯枉過正更以爲罪爾昔齊桓赦射鉤之讐而相管仲晉文忘斬袪之怨而親勃鞮方之於今當何有哉且君子躬自厚而薄責於人今姦臣弄權朝廷困逼此四海之所危懼宜釋私嫌共存公義含垢匿瑕忍所難忍以大逆爲先奉迎爲急不可思小怨忘大德也苟崇忠恕共明分局連旗推鋒各致臣節吾州將必書寫肝膽以報所蒙實不足計一朝之謬發赫然之怒使韓盧東郭相困而爲豺狼之擒也吾雖庶姓負乘過分實願足下圖之外以康王室竊恥同儕自爲蠹害

貪獻所懷惟足下圖之又上表曰范陽王虓欲代豫州刺史劉喬喬舉兵逐虓司空東海王越以喬不從命討之臣以爲喬忝受殊恩顯居州司自欲立功於時以徇國難無他罪闕而范陽代之爲非然喬亦不得以虓之非專威輒討誠應顯戮以懲不恪然自頃兵戈紛亂猜禍鋒生恐疑隙搆於羣王災難延於宗子權柄隆於朝廷逆順效於成敗今夕爲忠明旦爲逆翩其反而互爲戎首載籍以來骨肉之禍未有如今者也臣竊悲之痛心疾首今邊陲無備豫之儲中華有杼軸之困而股肱之臣不惟國體職競尋常自

相焚剥爲害轉深積毁銷骨萬一四夷乘虚爲變此
亦猛獸交鬬自斃於卞莊者矣臣以爲宜速發明詔
詔越等令兩釋猜嫌各别分局自今以後其有不被
詔書擅興兵馬者天下共伐之詩云誰能執熱逝不
以濯若誠濯之必無灼爛之患永有泰山之固矣時
河間王顒方距關東倚喬爲助不納其言
褚裒太傅裒之從父兄也襲爵關内侯補冠軍將軍
干時長沙王乂擅權成都河間阻兵於外裒知内難
方作乃棄官避地幽州後東海王越以爲參軍辭疾
不就尋雒陽覆没與滎陽太守郭季共保萬民臺秀

不能殺衆與將陳撫郭重等構怨遂相攻擊裒懼禍
及謂撫等曰諸君所以在此謀逃難也今宜共戮力
以備賊幸無外難而内自相擊是避坑落井也郭秀
誠爲失理應且容之若遂所忿誠内自潰胡賊聞之
指來掩襲諸君雖得殺秀無解胡虜矣累弱非一宜
深思之撫等悔悟與秀交和時數萬口賴裒獲全
顧衆爲領軍何充執政與武陵王不平衆會過其間
遂得和釋
王珣爲左僕射與王國寶不協隆安初國寶用事謀
黜舊臣遷珣尚書令王恭赴山陵欲殺國寶珣止之
曰國寶雖終爲禍亂要罪逆未彰今便先事而發必
大失朝野之望況擁彊兵竊發於京輦誰謂非逆國
寶若遂不改惡布天下然後順時望除之亦無不濟
也恭乃止
宋南郡王義宣武帝子也張永爲冀州刺史及元凶
之禍永馳赴國難先是永與蕭思話有隙時思話在
彭城義宣慮二人不相諧緝與思話書勸與永坦懷
又使永從兄長史張暢與永書曰近有都信具汝刑
綱之源可謂雖在縲紲而腹心無愧矣蕭公平厚先
無嫌隙見汝翰迹言不相後何其滔滔稱人意邪當

今世故艱殆義旗雲起方藉羣賢共康時難當遠慕
廉藺在公之德近効平勃忘私之美忽此芥蔕尅中
舊情公亦命蕭示以疎達兼令相報共遵此旨
唐源乾曜爲侍中先是張嘉貞爲兵部員外郎張説
爲侍郎及嘉貞爲中書令説爲兵部尚書同中書門
下三品位在嘉貞下無所推讓説頗不平及嘉貞弟
金吾將軍嘉祐贓汙事發勸嘉貞素服待罪不得入
謁因出爲幽州刺史説代爲中書令後嘉貞遷益州
長史勑就中書省與宰相會宴嘉貞既恨張説之擠
巳因攘袂勃駡乾曜與兵部尚書王晙共和解之

張光晟京兆人起於行間天寶末哥舒翰兵敗潼關大將王思禮所乘馬中流矢而斃光晟時在騎卒之中因下馬授思禮思禮問其姓名不告而退思禮陰記其形貌嘗使人密求之無何思禮爲河東節度使其偏將辛雲京爲代州刺史屢爲將較讒毁思禮怒焉雲京惶懼不知所出光晟時隷雲京麾下因間進曰光晟素有德於王司空比不言者恥以舊恩受賞爾今使君憂迫光晟請奉命一見司空則使君之難可解雲京然其計即令之太原入謁思禮未及言舊思禮識之遽曰爾豈非吾故人乎何相見之晚也光

晟遂陳潼關之事思禮大喜因執其手感泣曰吾有今日子之力也求子頗久竟此相遇何慰如之即命同榻而坐結爲兄弟光晟遂述雲京之屈思禮曰雲京比涉謗言過亦不細今爲故人特捨之矣即日擢光晟爲兵馬使賚以田宅縑帛甚厚累奏特進試太嘗少卿委以心腹及雲京爲河東節度又表光晟爲代州刺史

李晟爲神策先鋒都知兵馬使進攻魏州時朱滔王武俊聯兵在趙滔怒朝廷賞功薄田悅知其可間遣使求援滔與武俊應之遂以兵圍康日知於趙州李抱眞分兵五千人守邢州馬燧大怒欲班師晟謂燧曰初奉詔進討三帥齊進李尚書以邢州與趙州接壤分兵守之誠未爲害其精卒銳將皆在於此今公遽自引去奈王事何燧釋然謝晟燧乃自造抱眞壘與之交驩如初

韓滉爲浙江東節度同平章事大曆末吐蕃寇劒南李晟領神策軍戍之及還携娼奴以歸西川節度使張延賞追之晟深憾焉與延賞徵拜中書侍郎平章時晟初建大功以中書令領鳳翔表稱宿憾故懼延賞之至朝廷以其功高爲之免延賞相拜左僕射貞

元二年滉自鎭來朝時晟亦入覲滉頃嘗槩遇晟晟感焉滉知德宗意欲相延賞而有阻乃因會讌說晟使釋憾遂同飲極歡且使晟稱延賞於帝前於是復加同平章事

後唐任圜京兆人李嗣昭典兵於晉陽請爲觀察判官圜美姿容有口辯論解其事令人喜聽時嗣昭爲人間諜於莊宗方有微隙圜奉使來嘗申理之克成友于之道

第八頁一行後脫七條
後魏李沖孝文時為南部尚書隴西公初兄佐與河南太守來崇同自涼州入國素有微嫌佐因緣成崇罪餓死獄中後崇子護又糾佐贓罪佐及沖等悉坐幽繫會赦乃免佐甚銜之至沖寵貴綜攝內外護為南部郎深慮為沖所陷常求退避而沖每慰撫之護後贓罪懼必不濟沖乃具奏與護本末嫌隙乞原恕之遂得不坐
任城王澄與度支尚書李彪不穆及為雍州彪詣澄為子志求其府寮澄釋然為啟得列曹行

參軍當時稱美之
賈思同為青州別駕時治中清河崔光韶自恃資地恥居其下聞思同來遂便去職州里人物為思同恨之及光韶之亡遺誡子姪不聽求贈思同遂上表訟光韶操業登時蒙贈論者歎尚焉
宋遊道為司州綱紀與州牧樂昌河西二王乖忤及二王薨每事經恤之
北齊楊愔魏末為并州刺史津之子也愔隨父之任有邯鄲人楊寬者求義從出藩愔請津納之及莊帝晏駕愔時適欲還都行達邯鄲過寬家為寬所執送王相州後愔得逃歸於神武為行臺郎及從中軍南攻鄴寬於馬前叩頭請罪愔謂曰人不識恩義蓋亦常理我不恨卿無假驚怖
隋趙賢通初仕後周為御正上大夫與宗伯斛斯徵素不協出為齊州刺史坐事下獄自知罪重遂踰獄而走武帝大怒購之急賢通上密奏曰徵自以負罪深重懼死逼逃若不北竄匈奴則南投吳越徵雖愚陋久歷清顯奔波敵國無

益聖朝今者炎旱為災可因茲大赦帝從之徵賴而獲免賢通卒不言
伊婁謙初仕後周為宣納上士使持節車騎大將軍奉使北齊觀釁參軍高遵以情輸於齊遂拘留謙不遣武帝既克并州召謙勞之曰朕之舉兵本俟卿還不圖高遵中為叛逆乖朕宿心遵之罪也乃執遵付謙任令報復謙頓首請赦之帝曰卿可聚眾唾面令知愧也謙跪曰以遵之罪又非唾面之責帝善其言而止謙竟待遵如初其寬厚仁恕皆此類也

冊府元龜
巡按福建監察御史臣李嗣京　正
分守建南道左布政使臣胡維霖　訂
知建陽縣事臣黃國琦　較

總錄部　八百八十六

游說

虞書曰惟口出好興戎春秋傳曰辭之不可以已也
三代而下游說興焉蓋夫博辨之士智畧輻湊因機
乘便反權應變所以釋紛而紓患濟世而成務者也
周室旣衰群雄競逐繇是堅白同異矯尾厲角飛鉗

押闔長短縱橫之術起焉至乃負笈擔簦以游萬乘
之國約車懸軾以行諸侯之間或立談而取封或一
見而受賜馳譽於當世樹功於無窮去就繫乎安危
用捨成乎治亂者固不乏焉其源出於公孫龍惠施
鬼谷蘇張之徒遂流宕而不止漢魏而下雖時有之
亦弗能偕戰國之盛也惟韓非著書稱說之難明是
非之趣極情僞之辨信乎其知言矣

端木賜字子貢衛人衛侯會吳于鄖魯哀公及衛侯
宋皇瑗盟(盟不書畏吳而竊盟)而卒辭吳盟吳人藩衛侯之舍
(藩籬)子服景伯謂子貢曰夫諸侯之會事旣畢矣侯伯
至禮地主歸餼(侯伯至禮以禮賓也地主所會主人也餼生物)以相辭也(各以
禮相辭讓)今吳不行禮於衛而藩其君舍以難之(難君子圖也)子
盍見太宰乃請束帛以行(以賂吳)語及衛故(若本不爲衛請者)
太宰嚭曰寡君願事衛君衛君之來也緩寡君懼故
將止之(止執也)子貢曰衛君之來必謀於其衆其衆或
欲或否是以緩來其欲來者子之黨也其不欲來者
子之讐也若執衛君是墮黨而崇讐也(墮毀也)夫墮子
者得其志矣且合諸侯而執衛君誰敢不懼墮黨崇
讐而懼諸侯或者難以霸乎太宰嚭說乃舍衛侯又
田常欲作亂於齊憚高國鮑晏故移其兵欲以伐魯

孔子聞之謂門弟子曰夫魯墳墓所處父母之國國
危如此二三子何爲莫出子路請出孔子止之子張
子石請行孔子弗許子貢請行孔子許之遂行至齊
說田常曰君之伐魯過矣夫魯難伐之國其城薄以
卑其地狹以泄其君愚而不仁大臣僞而無用其士
民又惡甲兵之事此不可與戰君不如伐吳夫吳城
高以厚地廣以深甲堅以新士選以飽重器精兵盡
在其中又使明大夫守之此易伐也田常忿然作色
曰子之所難人之所易子之所易人之所難而以教
常何也子貢曰臣聞之憂在內者攻彊憂在外者攻

弱今君憂在內吾聞君三封而三不成者大臣有不聽者也今君破魯以廣齊戰勝以驕主破國以尊臣（鮑晏等帥師若破國則臣尊矣）而君之功不與焉則交日疏於主是君上驕主心下恣群臣求以成大事難矣夫上驕則恣臣驕則爭是君上與主有郤下與大臣交爭也如此則君之立於齊危矣故曰不如伐吳伐吳不勝民人外死大臣內空是君上無彊臣之敵下無民人之過孤主制齊者惟君也田常曰善雖然吾兵業已加魯矣去而之吳大臣疑我柰何子貢曰君按兵無伐臣請往使吳王令之救魯而伐齊君因以兵迎之田

常許之使子貢南見吳王說曰臣聞之王者不絕世霸者無彊敵千均之重加銖兩而移今以萬乘之齊而私千乘之魯與吳爭彊竊爲王危之且夫救魯顯名也伐齊大利也以撫泗上諸侯誅暴齊以服強晉利莫大焉名存亡魯實困強齊智者不疑也吳王曰善雖然吾嘗與越戰棲之會稽越王苦身養士有報我心子待我伐越而聽子子貢曰越之勁不過魯吳之強不過齊王置齊而伐越則齊已平魯矣且王方以存亡繼絕爲名夫伐小越而畏強齊非勇也夫勇者不避難仁者不窮約智者不失時王者不絕世以立其義今存越示諸侯以仁救魯伐齊威加晉國諸侯必相率而朝吳霸業成矣且王必惡越臣請東見越王令出兵以從此實空越名從諸侯以伐也吳王大說乃使子貢之越越王除道郊迎身御至舍而問曰此蠻夷之國大夫何以儼然辱而臨之子貢曰今者吾說吳王以救魯伐齊其志欲之而畏越曰待我伐越乃可如此破越必矣且夫無報人之志而令人疑之拙也有報人之意使人知之殆也事未發而先聞危也三者舉事之大患句踐頓首再拜曰孤寡不料力乃與吳戰困於會稽痛入於骨髓日夜焦脣乾

舌徒欲與吳王接踵而死孤之願也子貢曰吳王爲人猛暴群臣不堪國家敝於數戰士卒弗忍百姓怨上大臣內變子胥以諫死太宰嚭用事順君之過以安其私是殘國之治也今王誠發士卒佐之以徼其志（徼射其志）重寶以說其心卑辭以尊其禮其伐齊必也彼戰不勝王之福也戰勝必以兵臨晉臣請北見晉君令共攻之弱吳必矣其銳兵盡於齊重甲困於晉而王制其敝此滅吳必矣越王大說許諾送子貢金百鎰劍一良矛二子貢不受遂行報吳王曰臣敬以大王之言告越王越王大恐曰孤不幸少失先人內

不自量抵罪於吳軍敗身辱棲于會稽國爲虛莽頼大王之賜使得奉俎豆而修祭祀死不敢忘何謀之敢慮後五日越使大夫種頓首言於吳王曰東海役臣孤句踐使者臣種敢修下吏問於左右今竊聞大王將興大義誅强救弱困暴齊而撫周室請悉起境内士卒三千人孤請自被堅執鋭以先受矢石因越賤臣種奉先人藏器甲一十領鈇屈盧之矛步光之劍以賀軍吏吳王大說以告子貢曰越王欲身從寡人伐齊可乎子貢曰不可夫空人之國悉人之衆又從其君不義君受其幣許其師而辭其君吳王許諾

乃謝越王於是吳王乃遂發九郡兵伐齊子貢因去之晉謂晉君曰臣聞之慮不先定不可以應卒兵不先辨不可以勝敵今夫齊與吳將戰彼戰而不勝越亂之必矣與齊戰而勝必以其兵臨晉晉君大恐曰爲之柰何子貢曰修兵休卒以待之晉君許諾子貢去而之魯吳王果與齊人戰于艾陵大破齊師獲七將軍之兵而不歸果以兵臨晉晉人相遇于黃池之上吳晉爭强晉人擊之大敗吳師越王聞之涉江襲吳去城七里而軍吳王聞之去晉而歸與越戰于五湖三戰不勝城門不守越遂圍王宮殺夫差而戮其相破吳三年東向而霸故子貢一出存魯亂齊破吳强晉而霸越子貢一使使勢相破十年之中五國各有變

公孫鞅衛諸公子聞秦孝公下令國中求賢者將修繆公之業東復侵地乃遂西入秦因孝公寵臣景監以求見孝公孝公既見鞅語事良久孝公時時睡弗聽罷而孝公怒景監曰子之客妄人耳安足用耶景監以讓鞅鞅曰吾說公以帝道其志不開悟矣後五日復求見鞅鞅復見孝公益愈怒而未中旨罷而孝公復讓景監景監亦讓鞅鞅曰吾語公以王道而未

入也請復見鞅鞅復見孝公孝公善之而未用也罷而去孝公謂景監曰汝客善可與語矣鞅曰吾說公以霸道其意欲用之矣誠復見我我知之矣鞅復見孝公公與語不自知膝之前於席也語數日不厭景監曰子何以中吾君吾君之驩甚也鞅曰吾說君以帝王之道比三代而君曰久遠吾不能待且賢君者各及其身顯名天下安能邑邑待數十百年以成帝王乎故吾以彊國之術說君君大說之爾然亦難以比德於殷周矣孝公乃以鞅爲左庶長

蘇秦東周雒陽人西至秦說惠公曰秦四塞之國被

山帶渭東有關河西有漢中南有巴蜀北有代馬此天府也以秦士民之衆兵法之教可以吞天下稱帝而治秦王曰毛羽未成不可以高飛文理未明不可以幷兼方誅商鞅疾辯士弗用乃之趙趙肅侯令弟成爲相號奉陽君奉陽君弗說之去游燕歲餘而後得見說燕文侯曰燕東有朝鮮遼東北有林胡樓煩西有雲中九原南有滹沱易水（正北曰幷州其川曰滹沱又曰嘑沱出鹵城）地方二千餘里帶甲數十萬車六百乘騎六千匹粟支數年南有碣石鴈門之饒北有棗栗之利民雖不佃作而足於棗栗矣此所謂天府者也夫安樂無

事不見覆軍殺將無過燕者大王知其所以然乎夫燕之不犯寇被甲兵者以趙之爲蔽其南也秦趙五戰秦再勝而趙三勝秦趙相斃而王以全燕制其後此燕之所以不犯寇也且夫秦之攻燕也踰雲中九原過代及上谷彌地數千里雖得燕城秦計固不能守也秦之不能害燕亦明矣今趙之攻燕也發號出令不至十日而數十萬之軍軍于東垣矣渡嘑沱涉易水不至四五日而距國都矣故曰秦之攻燕也戰於千里之外趙之攻燕也戰於百里之內夫不憂百里之患而重千里之外計無過於此者是故願大王

與趙從親天下爲一則燕國必無患矣文侯曰予言則可然吾國小西逼强趙南近齊齊趙彊國也子必欲合從以安燕寡人請以國從於是資蘇秦車馬金帛以至趙而奉陽君已死卽因說趙肅侯曰天下卿相人臣及布衣之士皆高賢君之行義皆願奉教陳忠於前之日久矣雖然奉陽君妬君而不任事是以賓客游士莫敢自盡於前者今奉陽君捐館舍君乃復與士民相親也臣故敢進其愚慮竊爲君計者莫若安民無士且無庸有事于民也安民之本在於擇交擇交而得則民安擇交而不得則民終身不安請

安外患齊秦爲兩敵而民不得安倚秦攻齊而民不得安倚齊攻秦而民不得安故夫謀人之主伐人之國嘗若出辭斷絶人之交也願君愼勿出於口請別白黑所以異陰陽而已矣君誠能聽臣燕必致旃裘狗馬之地齊必致魚鹽之海楚必致橘柚之園韓魏中山皆可使致湯沐之奉而貴戚父兄皆可以受封侯夫割地包利五霸之所以覆軍禽將而求也封侯貴戚湯武之所以放弒而爭也今君高拱而兩有之此臣之所以爲君願也今大王與秦則秦必弱韓魏與齊則齊必弱楚魏魏弱則割河外韓弱則效宜陽

宜陽效則上郡絶河外割則道不通楚弱則無援此三策者不可不熟計也夫秦下軹道則南陽危劫韓包周則趙氏自操兵據衛取淇卷則齊必入朝秦秦欲已得乎山東則必舉兵而嚮趙矣秦甲渡河踰漳據蒲吾（嘗山有蒲吾縣）則兵必戰於邯鄲之下矣此臣之所以爲君患矣當今之時山東之建國莫强於趙趙地方二千餘里帶甲數十萬車千乘騎萬匹粟支數年西有嘗山南有河漳東有清河北有燕國弱固不足畏也秦之所以害於天下者莫如趙然而秦不敢舉兵伐趙者何也畏韓魏之議其後也然則韓魏趙之

南蔽也秦之攻韓魏也無有名山大川之限稍蠶食之傳國都而止韓魏不能支秦必入臣於秦秦無韓魏之規則禍必中於趙矣此臣之所以爲君患也臣聞堯無三夫之分舜無咫尺之地以有天下禹無百人之聚以王諸侯湯武之士不過三千車不過三百乘卒不過三萬立爲天子者誠得其道也是故明主外料其敵之彊弱內度其士卒賢不肖不待兩軍相當而勝敗存亡之機固已形於胷中矣豈揜其衆人之言而以冥冥决事哉臣竊以天下之地圖案之諸侯之地五倍於秦料度諸侯之卒十倍於秦六國爲一并力西嚮而攻秦秦必破矣今西面而事之見臣於秦夫破人之與見破於人也臣人之與見臣於人也豈可同日而論哉夫衡人者皆欲割諸侯之地以予秦秦成則高臺榭美宮室聽竽瑟之音前有樓闕軒轅後有長姣美人國被秦患而不與其憂是故夫衡人日夜務以秦權恐喝諸侯以求割地故願大王熟計之也臣聞明主絶疑去讒屛流言之迹塞朋黨之門故尊主廣地彊兵之計臣得陳忠於前矣故竊爲大王計莫如一韓魏齊楚燕趙以從親以畔秦令天下之將相會於洹水之上（洹水出汲郡林慮縣）通質刳白馬

而盟要約曰秦攻楚齊魏各出銳師以佐之韓絶其糧道趙涉河漳燕守嘗山之北秦攻韓魏則楚絶其後齊出銳師以佐之趙涉河漳燕守雲中秦攻齊則楚絶其後韓守成皐魏塞其道趙涉河博關（齊威王六年晉伐齊到博陵東郡有博平縣）燕出銳師以佐之秦攻燕則趙守嘗山楚軍武關齊涉渤海韓魏皆出銳師以佐之秦攻趙則韓軍宜陽楚軍武關魏軍河外齊涉清河燕出銳師以佐之諸侯有不如約者以五國之兵共伐之六國從親以賓秦則秦甲必不敢出於函谷以害山東矣如此則霸王之業成矣趙王曰寡人年少立國

日淺未嘗得聞社稷之長計也今上客有意存天下
安諸侯寡人敬以國從乃飭車百乘黃金千鎰白璧
百雙錦繡千純（純疋端名）以約諸侯是時周天子致文武
之胙於秦惠王使犀首攻魏禽將龍賈取魏之雕陰
且欲東兵蘇秦恐秦兵之至趙也乃激怒張儀入之
于秦於是說韓宣惠王曰韓北有鞏成皋之固西有
宜陽商阪之塞（商一作常）東有宛穰洧水南有陘山（召陵有陘
亭密縣有陘山）地方九百餘里帶甲數十萬天下之彊弓勁
弩皆從韓出谿子（許慎云南方谿子蠻夷柘弩皆善射）少府時力距來
者（韓有谿子弩又有少府所造二種之弩時力者謂作之得時力倍於常故名時力也距來者謂弩

勢勁利足以距來敵也）皆射六百步之外韓卒超足而射百發
不服止遠者括蔽洞胸近者鏑弇心韓卒之劍戟皆
出於冥山（莊子曰南行至郢北面而不見冥山司馬彪曰冥山在朔州之北）棠谿（汝南
吳房有棠谿亭）墨陽（淮南子曰墨陽之莫邪也）合賻（一作伯）鄧師宛馮（滎陽有馮）
九龍淵太阿（吳越春秋曰楚王召風胡子而告之曰寡人聞吳有干將越有歐冶寡人欲因
子請此二人作劍可乎風胡子曰可乃往鑄劍二子作劍一名龍淵一名太阿）皆陸斷牛馬
水截鵠雁當敵則斬堅甲鐵幕（陽成出鐵）革抉（一作決）吠芮
無不畢具以韓卒之勇被堅甲蹠勁弩帶利劍一人
當百不足言也夫以韓之勁與大王之賢乃西面事
秦交臂而服羞社稷而爲天下笑無大於此者矣是

故願大王熟計之大王事秦秦必求宜陽成皋今茲
效之明年又復求割地與則無地以給之不與則棄
前功而受後禍且大王之地有盡而秦之求無已以
有盡之地而給無已之求此所謂市怨結禍者也不
戰而地已削矣臣聞鄙語曰寧爲雞口無爲牛後今
西面交臂而臣事秦何異於牛後乎夫以大王之賢
挾彊韓之兵而有牛後之名臣竊爲大王羞之於是
韓王勃然作色攘臂瞋目按劍仰天太息曰寡人雖
不肖必不能事秦今主君詔以趙王之教敬奉社稷
以從又說魏襄王曰大王之地南有鴻溝（在滎陽）陳汝

南許鄢（在潁川）昆陽召陵舞陽新都新鄭（地理志潁川有昆陽舞
陽縣汝南有新鄭縣南有新都縣）東有淮潁煮棗（在宛句）無胥西有長城
之界北有河外卷衍酸棗（滎陽卷縣有長城經陽武到密衍地名）地方
千里地名雖小然而田舍廬廡之數曾無所芻牧人
民之衆車馬之多日夜行不絕輷輷殷殷若有三軍
之衆臣竊量大王之國不下楚然衡人怵王交彊虎
狼之秦以侵天下卒有秦患不顧其禍夫挾彊秦之
勢以內劫其主罪無過此者魏天下之彊國也王天
下之賢主也今乃有意西面而事秦稱東藩築帝宮
受冠帶祠春秋臣竊爲大王耻之臣聞越王句踐戰

敝卒三千人禽夫差於干隧武王卒三千人革車三百乘制紂於牧野豈有士卒衆哉誠能奮其勇也今竊聞大王之卒武士二十萬（漢書刑法志曰魏氏武卒衣三屬之甲操十二石之弩負矢五十置戈其上冠冑帶劍贏一日之糧日趨百里中試則復其戶利其田宅）蒼頭二十萬奮擊二十萬廝徒十萬車六百乘騎五千匹此其過越王句踐武王遠矣今乃聽於群臣之說而欲臣事秦夫事秦必割地以效實故兵未用而國已虧矣凡群臣之言事秦者皆姦人非忠臣也夫爲人臣割其主之地以求外交偷取一時之功而不顧其後破公家而成私門外挾彊秦之勢以內劫其主以求

割地願大王熟察之周書曰緜緜不絶蔓蔓柰何毫釐不伐將用斧柯前慮不定後有大患將柰之何大王誠能聽臣六國從親專心并力一意則必無彊秦之患故敝邑趙王使臣效愚計奉明約在大王詔之魏王曰寡人不肖未嘗得聞明教今主君以趙王之詔詔之敬以國從因東說齊宣王曰齊南有泰山東有琅邪西有清河北有渤海此所謂四塞之國也齊地方二千餘里帶甲數十萬粟如丘山三軍之良五家之兵進如鋒矢戰如雷霆解如風雨即有軍役未嘗倍泰山絶清河涉渤海也臨淄之中七萬戶臣

竊度之一下三　男子三七二十一萬不待發於遠縣而臨淄之卒固已二十一萬矣臨淄甚富而實其民無不吹竽鼓瑟彈琴擊筑鬭雞走狗六博蹹踘者（劉向別錄曰蹵鞠者傳言黃帝所作或曰起戰國之時蹋鞠兵勢也所以練武士知有材也皆因嬉戲而講練之）臨淄之塗車轂擊人肩摩連袵成帷舉袂成幕揮汗成雨家殷人足志高氣揚夫以大王之賢與齊之彊天下莫能當今乃西面而事秦臣竊爲大王羞之且夫韓魏之所以重畏秦者爲與秦接境壤界也兵出而相當不出十日而戰勝存亡之機決矣韓魏戰而勝秦則兵革折四境不守戰而不勝則國以危

亡隨其後是故韓魏之所以重與秦戰而輕爲之臣也今秦之攻齊則不然倍韓魏之地過衛陽晉之道（魏襄王十六年秦拔魏蒲阪陽晉封陵）經亢父之險車不得方軌騎不得比行百人守險千人不敢過也秦雖欲深入則狼顧恐韓魏之議其後也是故恫疑虛喝驕矜而不敢進則秦之不能害齊亦明矣夫不深料秦之無柰齊何而欲西面而事之是群臣之計過也今無臣事秦之名而有彊國之實是故臣願大王少留意計之齊王曰寡人不敏僻遠守海窮道東境之國也未嘗得聞餘教今足下以趙王詔詔之敬以國從乃西南說

楚威王曰楚天下之彊國也王天下之賢主也西有黔中今之武陵也巫郡巫郡者南郡之西界東有夏州海陽楚考烈王元年秦取夏州騶案左傳楚莊王伐齊鄉取齊一人馬以歸謂之夏州而注者不說夏州所在車衞撰桓溫集云夏口城上數里有州名夏州東有夏州謂此也南有洞庭蒼梧北有陘塞郇陽春秋曰遂伐楚次于陘楚威王十一年魏敗楚陘山析縣有釣木或者郇陽今之順平一本北有汾陘之塞也地方五千餘里帶甲百萬車千乘騎萬匹粟支十年此霸王之資也夫以楚之彊與王之賢天下莫能當也今乃欲西面而事秦則諸侯莫不西面而朝於章臺之下矣秦之所害莫如楚楚彊則秦弱秦彊則楚弱其勢不兩立故爲大王計莫如從親以孤

秦大王不從秦必起兩軍一軍出武關一軍下黔中則鄢郢動矣今南郡宜城臣聞治之其未亂也爲之其未有也患至而後憂之則無及矣故願大王早孰計之大王誠能聽臣臣請令山東之國奉四時之獻以承大王之明詔委社稷奉宗廟練士厲兵在大王之所用之大王誠能用臣之愚計則韓魏燕齊趙衛之妙音美人必充後宮燕代橐駝良馬必實外廄故從合則楚王衛成則秦帝今釋霸王之業而有事人之名臣竊爲大王不取也夫秦虎狼之國也有吞天下之心秦天下之仇讎也衡人皆欲割諸侯之地以事秦此所謂養仇而奉讎者也夫爲人臣割其主之地以外交彊虎狼之秦以侵天下卒有秦患不顧其禍夫外挾彊秦之威以內劫其主以求割地大逆不忠無過此者故從親則諸侯割地以事楚衡合則楚割地以事秦此兩策者相去遠矣二者大王何居焉故敝邑趙王使臣效愚計奉明約在大王詔之楚王曰寡人之國西與秦接境秦有舉巴蜀并漢中之心秦虎狼之國不可親也而韓魏迫於秦患不可與深謀與深謀恐反人以入於秦故謀未發而國已危矣寡人自料以楚當秦不見勝也內與群臣謀不足恃也寡

人卧不安席食不甘味心搖搖然如縣旌而無所終薄今主君欲一天下收諸侯存危國寡人謹奉社稷以從於是六國從合而并力焉乃投從約書於秦秦兵不敢闚函谷關十五年其後蘇秦去趙而從約皆解燕易王初立齊宣王因燕喪伐燕取十城易王謂蘇秦曰往日先生至燕而先王資先生見趙遂約六國今齊先伐趙次至燕以先生之故爲天下笑先生能爲燕得侵地乎蘇秦大慙曰請爲王取之蘇秦見齊王再拜俯而慶仰而弔齊王曰是何慶弔相隨之速也蘇秦曰臣聞饑人所以饑而不食烏喙者本草經曰

（烏頭一名烏喙）爲其愈充腹而與饑死同患也今燕雖弱小
卽秦王之少婿也（燕易王后卽秦惠王女）大王利其十城而長
與彊秦爲仇今使弱燕爲雁行而彊秦敝其後以招
天下之精兵是烏喙之類也齊王愀然變色曰然則
柰何蘇秦曰臣聞古之善制事者轉禍爲福因敗爲
功大王誠能聽臣計卽歸燕之十城燕無故而得十
城必喜秦王知其以己之故而歸燕之十城亦必喜
此所謂棄仇讎而得石交者也夫燕秦俱事齊則大
王號令天下莫敢不聽是王以虚辭附秦以十城取
天下此霸王之業也王曰善於是乃歸燕之十城又

趙收天下且以伐齊蘇秦爲齊上書說趙王曰臣聞
古之賢君德行非施於海內也教順慈愛非布於萬
民也祭祀時享非當於鬼神也甘露降風雨時至農
夫登年穀豐盈衆人喜之而賢主惡之今足下功力
非數痛加於秦國而怨毒積惡非曾深陵於韓也臣
竊外聞大臣及下吏之議皆言主前專據以秦爲愛
趙而憎韓臣竊以事觀之秦豈得愛趙而憎韓哉欲
以亡韓吞兩周之地故以韓爲餌先出聲於天下欲
鄰國聞而觀之也恐其事不成故出兵以佯示趙魏
恐天下之驚覺故徵伐韓以貳之恐天下疑己故出

質以爲信聲德於與國而實伐空韓臣竊觀其圖之
也議秦以謀計必出於是且夫說士之計皆曰韓亡
三川魏滅晉國是韓未窮而禍及於趙且物固有勢
異而患同者又有勢同而患異者昔者楚人久伐而
中山亡今燕盡韓之河南距沙丘而至鉅鹿之界三
百里距於扞關至於榆中千五百里秦盡韓魏之上
黨則地與國都邦屬而壤挈者七百里秦以三軍彊
弩坐羊腸之上卽城去邯鄲百二十里且秦以三軍
攻王之上黨而危其地則句注之西非王之有也今
踰句注禁常山而守三百里通於燕之唐曲遇此代

馬胡駒不東而崑山之玉不出也此三寶者又非王
之所有也今從於彊秦之國而伐齊臣恐其禍出於
是矣昔者五國之王嘗合從連衡而謀伐趙三分趙
國壤地著之盤盂屬之讎柞五國之兵出有日矣韓
乃西師以禁秦國使秦發令素服而聽反溫軹高平
於魏反三公什清於趙此王之明知也夫韓事趙宜
爲上交今乃以邸罪取伐臣恐其後事王者不敢自
必也今王收韓天下必以王爲得韓危社稷以事王
天下必重王然則韓義王以天下就之下至韓慕王
以天下收之是一世之命制於王已臣願大王深與

左右群臣卒計而重誅先事成慮而熟圖之也

冊府元龜

冊府元龜 總録部 卷之八百八十六 十九

冊府元龜

巡按福建監察御史臣李嗣京　訂正
知長樂縣事　臣　夏允彝　叅閲
知建陽縣事　臣　黄國琦　較釋

總録部　一百三十七

游說第二

張儀魏人爲秦相惠王十二年免相相魏（臣欽若等曰爲魏襄王相也）以爲秦欲令魏先事秦而諸侯效之魏王不肯聽儀秦王怒伐取魏之曲沃平周復陰厚張儀益甚張儀慙無以歸報留魏四歲而魏襄王卒哀王立張儀復說哀王哀王不聽於是張儀陰令秦伐魏魏與秦戰敗明年齊又來敗魏於觀津秦復欲攻魏先敗

韓申差軍斬首八萬諸侯震恐而張儀復說魏王曰魏地方不至千里卒不過三十萬地四平諸侯四通輻湊無名山大川之限從鄭至梁二百餘里車馳人走不待力而至梁南與楚境西與韓境北與趙境東與齊境卒戍四方守亭障者不下十萬梁之地勢固戰場也梁南與楚而不與齊則齊攻其東東與齊不與趙則趙攻其北不合於韓則韓攻其西不親於楚則楚攻其南此所謂四分五裂之道也且夫諸侯之爲從者將以安社稷尊主彊兵顯名也今從者一天下約爲昆弟刑白馬盟于洹水之上以相堅也而親昆弟同父母尚有爭錢財而欲恃詐僞反覆蘇秦之餘謀其不可成亦明矣大王不事秦秦下兵攻河外據卷衍酸棗劫衛取陽晉則趙不南趙不南而梁不北梁不北則從道絶從道絶則大王之國欲毋危不可得也秦折韓而攻梁韓怯於秦秦韓爲一梁之亡可立而待也此臣所爲大王患也爲大王計莫如事秦事秦則楚韓必不敢動無楚韓之患則大王高枕而卧國必無憂矣且夫秦之所欲弱者莫如楚而能

弱楚者莫如梁楚雖有富大之名而實空虛其卒雖多然而輕走易北不能堅戰悉梁之兵南面而伐楚勝之必矣割楚而益梁虧楚而適秦嫁禍安國此善事也大王不聽臣秦下甲士而東伐雖欲事秦不可得矣且夫從人多奮辭而少可信說一諸侯而成封侯是故天下之游談說士莫不日夜搤腕瞋目切齒以言從之便以說人主人主賢其辯而牽其說豈得無眩哉臣聞之積羽沈舟羣輕折軸衆口鑠金積毁銷骨故願大王審定計議且賜骸骨辟魏哀王於是乃倍從約而因儀請成于秦張儀歸復相秦三歲而

魏復背秦爲從秦攻魏取曲沃明年魏復事秦張儀後使楚聞蘇秦死乃說楚王曰秦地半天下兵敵四國被險帶河四塞以爲固虎賁之士百餘萬車千乘騎萬匹積粟如丘山法令既明士卒安難樂死主明以嚴將智以武雖無出甲席卷常山之險必折天下之脊天下有後服者先亡且夫爲從者無以異於驅羣羊而攻猛虎虎之與羊不格明矣今王不與猛虎而與羣羊臣竊以爲大王之計過也凡天下彊國非秦而楚非楚而秦兩國交爭其勢不兩立大王不與秦秦下甲據宜陽韓之上地不通下河東取成皋韓

必入臣梁則從風而動秦攻楚之西韓梁攻其北社稷安得毋危且夫從者聚羣弱而攻至彊不料敵而輕戰國貧而數舉兵危亡之術也臣聞之兵不至彊勿與挑戰粟不如丘勿與持久夫從人飾辯虛辭高主之節言其利不言其害卒有秦禍無及爲巳是故願大王之熟計之秦西有巴蜀大船積粟起於汶山浮江以下至楚三千餘里船舫載卒一舫載五十人與三月之食下水而浮一日行三百餘里里數雖多然而不費牛馬之力不至十日而距扞關（巴郡魚復有扞水扞關）扞關驚則從境以東盡城守矣黔中巫郡非王之

有秦舉甲出武關南面而伐則北地絕秦兵之攻楚也危難在三月之內而楚待諸侯之救在半歲之外此兵勢不相及也夫待弱國之救忘彊秦之禍此臣所爲大王患也大王嘗與吳人戰五戰而三勝陣卒盡矣偏守新城存民苦矣臣聞功大者易危而民敝者怨上夫守易危之功而逆彊秦之心臣竊爲大王危之且夫秦之所以不出兵函谷十五年以攻齊趙者陰謀有合（一作吞）天下之心楚嘗與秦構難戰于漢中楚人不勝列侯執珪死者七十餘人遂亡漢中楚王大怒興兵襲秦戰于藍田此所謂兩虎相搏者也

夫秦楚相敝而韓魏以全制其後計無危於此者矣願大王熟計之秦下甲攻衛陽晉必大關天下之匈（關一作開）大王悉起兵以攻宋不至數月而宋可舉舉宋而東指則泗上十二諸侯盡王之有也凡天下而以信約從親相堅者蘇秦封武安君相燕即陰與燕王謀伐破齊而分其地乃佯有罪出走入齊齊王因受而相之居二年而覺齊王大怒車裂蘇秦於市夫以詐僞之蘇秦而欲經營天下混一諸侯其不可成亦明矣今秦與楚接境壤界固形親之國也大王誠能聽臣臣請使秦太子入質於楚楚太子入質於秦請

以秦女爲大王箕箒之妾效萬室之都以爲湯沐之邑長爲昆弟之國終身無相攻伐臣以爲計無便於此者於是楚王已得張儀而重出黔中地與秦欲許之屈原曰前大王見欺於張儀張儀至臣以爲大王烹之今縱弗忍殺之又聽其邪說不可懷王曰許儀而得黔中美利也後而倍之不可故卒許張儀與秦親張儀去楚因遂之韓說韓王曰韓地險惡山居五穀所生非菽而麥民之食大抵飯菽藿羹一歲不收民不饜糟糠地不過九百里無二歲之食料大王之卒悉之不過三十萬而厮徒負養在其中矣除守徼

亭障塞見卒不過二十萬而已矣秦帶甲百餘萬車千乘騎萬匹虎賁之士跿跔（跿跔跳躍也又云偏舉一足曰跿跔）科頭（謂不著兜鍪入敵）貫頤奮戟者至不可勝計（言執戟奮怒而入陣也）秦馬之良戎兵之衆探前趹後蹄間三尋騰者不可勝數山東之士被甲蒙胄以會戰秦人捐甲徒裼以趨敵左挈人頭右挾生虜夫秦卒與山東之卒猶孟賁之與怯夫以重力相壓猶烏獲之與嬰兒夫戰孟賁烏獲之士以攻不服之弱國無異垂千均之重於鳥卵之上必無幸矣夫群臣諸侯不料地之寡而聽從人之甘言好辭比周以相飾也皆奮曰聽吾計可以彊霸天下夫不顧社稷之長利而聽須臾之說詿誤人主無過此者大王不事秦秦下甲據宜陽斷韓之上地東取成皋滎陽則鴻臺之宮桑林之苑（桑一作栗）非王之有也夫塞成皋絶上地則王之國分矣先事秦則安不事秦則危夫造禍而求其福報計淺而怨深逆秦而順楚雖欲毋亡不可得也故爲大王計莫如爲秦秦之所欲莫如弱楚而能弱楚者莫如韓非以韓能彊於楚也其地勢然也今王西面而事秦以攻楚秦王必喜夫攻楚以利其地轉禍而說秦計無便於此者韓王聽儀計張儀歸報秦惠王封儀五邑號

日武信君使張儀東說齊湣王曰天下彊國無過齊者大臣父兄殷衆富樂然而爲大王計者皆爲一時之說不顧百世之利從人說大王者必日齊西有彊趙南有韓與梁齊負海之國也地廣民衆兵彊士勇雖有百秦將無柰齊何大王賢其說而不計其實夫從人朋黨比周莫不以從爲可臣聞之齊與魯三戰而魯三勝國以危亡隨其後雖有戰勝之名而有亡國之實是何也齊大而魯小也今秦之與齊也猶齊之與魯也秦趙戰於河漳之上再戰而趙再勝秦戰於番吾之下再戰又勝秦四戰之後趙之亡卒數

爲邯鄲僅存雖有戰勝之名而國已破矣是何也秦殭而趙弱也今秦楚嫁女娶婦爲昆弟之國韓獻宜陽梁效河外趙入朝澠池割河間以事秦大王不事秦秦驅韓梁以攻齊之南地悉趙兵涉清河指博關臨淄卽墨非王之有也國一日見攻雖欲事秦不可得也是故願大王熟計之也齊王曰齊僻陋隱居東海之上未嘗聞社稷之長利也乃許張儀張儀西去說趙王曰敝邑秦王使使臣效愚計於大王大王收率天下以賓秦秦兵不敢出函谷關十五年大王之威行於山東敝邑恐懼懾伏繕甲厲兵飭車騎習馳

射力田積粟守四封之内愁居懾處不敢動摇惟大王有意督過之也今以大王之力舉巴蜀并漢中包兩周遷九鼎守白馬之津秦雖僻遠然而心忿含怒之日久矣今秦有敝甲凋兵軍於澠池願渡河踰漳據番吾會邯鄲之下願以甲子合戰以正殷紂之事敬使使臣先聞左右凡大王之所信爲從者恃蘇秦蘇秦熒惑諸侯以是爲非以非爲是欲反齊國而自令車裂於市夫以天下之不可一亦明矣今楚與秦爲昆弟之國而韓梁稱爲東藩之臣齊獻魚鹽之地此斷趙之右臂也夫斷右臂而與人鬬失其黨而孤居求欲毋危豈可得乎今秦發三將軍其一軍塞午道告齊使興師渡清河軍於邯鄲之東一軍軍成皐驅韓梁軍於河外一軍軍於澠池約四國爲一以攻趙趙服必四分其地是故不敢匿意隱情先以聞於左右臣竊爲大王計莫如與秦王遇於澠池面相見而口相結請案兵無攻願大王之定計趙王曰先王之時奉陽君專權擅勢蔽欺先王獨擅綰事寡人居屬師傅不與國謀計先王棄群臣寡人年幼奉祭祀之日新心固竊疑焉以爲一從不事秦非國之長利也乃且願變心易慮割地謝前過以事秦方將約車

趨行適聞使者之明詔趙王許張儀張儀乃去北之燕說燕昭王曰大王之所親莫如趙昔趙襄子嘗以其姊爲代王妻欲并代約與代王遇于句注之塞乃令工人作爲金斗長其尾令可以擊人與代王飲陰告厨人曰卽酒酣樂進熱啜反斗以擊之於是酒酣樂進熱啜厨人進斟因反斗以擊代王殺之王腦塗地其姊聞之因摩笄以自刺故至今有摩笄之山代王之亡天下莫不聞夫趙王之很戾無親大王之所明見且以趙王爲可親乎趙興兵攻燕再圍燕都而劫大王大王割十城以謝今趙王已入朝澠池效河

間以事秦令大王不事秦秦下甲雲中九原驅趙而攻燕則易水長城非大王之有也且今時趙之於秦猶郡縣也不敢妄舉師以攻伐今王事秦秦王必喜趙不敢妄動是西有彊秦之援而南無齊趙之患是故願大王熟計之燕王曰寡人蠻夷僻處雖大男子裁如嬰兒言不足以采正計今上客幸教之請西面而事秦獻恒山之尾五城燕王聽張儀儀歸未至咸陽而秦惠王卒武王立武王自爲太子時不說張儀及即位群臣多讒張儀曰無信左右賣國以取容秦必復用之恐爲天下笑諸侯聞張儀有郤武王皆畔

復合從秦武王元年群臣日夜惡張儀未已而齊讓又至張儀懼誅乃因謂秦武王曰儀有愚計願效之王曰奈何對曰爲秦社稷計者東方有大變然後王可以多割得地也今聞齊王甚憎儀儀之所在必興師伐之故儀願乞其不肖之身之梁齊必興師而伐梁齊之兵連於城下而不能相去王以其間伐韓入三川出兵函谷而無伐以臨周祭器必出挾天子案圖籍此王業也秦王以爲然乃具革車三十乘入儀之梁齊果興師伐之梁哀王恐張儀曰王勿患也請令罷齊兵乃使其舍人馮喜之楚借使之齊謂齊王曰王甚憎張儀雖然亦厚矣王之託儀於秦也齊王曰寡人憎儀儀之所在必興師伐之何以託儀對曰是乃王之託儀也夫儀之出也固與秦王約曰爲王計者東方有大變然後王可以多割得地今齊王甚憎儀儀之所在必興師伐之故儀願乞其不肖之身之梁齊必興師伐之齊梁之兵連於城下而不能相去王以其間伐韓入三川出兵函谷而無伐以臨周祭器必出挾天子案圖籍此王業也秦王以爲然故具革車三十乘而入之梁也今儀入梁王果伐之是王内罷國而外伐與國廣隣敵以内自臨而信儀於

秦王也此臣之所謂託儀也齊王曰善乃使解兵張儀相魏一歲卒於魏

唐且魏人秦魏爲與國齊楚約而欲攻之魏王使人求救於秦冠蓋相望秦救不出且年九十餘謂魏王曰老臣請西說秦令兵先臣出可乎魏王曰敬諾遂約車而遣之且見秦王秦王曰丈人罔然乃遠至此甚苦矣魏來求救數矣寡人知魏之急矣唐且答曰大王已知魏之急而救不至者是大王籌筴之臣失之也且夫魏一萬乘之國稱東藩受冠帶祠春秋者爲秦之彊足以爲與也今齊楚之兵已在魏郊矣

大王之救不至魏急則且割地而約楚王雖欲救之豈有及哉是亡一萬乘之魏而彊二敵之齊楚也竊以爲大王籌筴之臣失之矣秦王愯然而悟遽發兵救之馳驚而往齊楚聞之引兵而去魏氏復故唐且一說定彊秦之筴解魏國之患散齊楚之兵一舉而折衝消難辭之功也孔子曰言語宰我子貢故詩曰辭之輯矣民之洽矣辭之懌矣民之莫矣唐且有辭魏國賴之故辭不可以已

犀首者魏之陰晉人犀首魏官名若今虎牙將軍名衍姓公孫氏與張儀不善張儀爲秦之魏魏王相張儀犀首弗利故令人謂韓公叔曰張儀已合秦魏矣其言曰魏攻

南陽秦攻三川魏王所以貴張子者欲得韓地也且韓之南陽已舉矣子何不少委焉以爲衍功則秦魏之交可錯矣然則魏必圖秦而棄儀收韓而相衍公叔以爲便因委之犀首以爲功果相魏

陳軫者游說之士與張儀俱事秦惠王惠王終相張儀而陳軫奔楚楚未之重也而使陳軫使於秦過梁欲見犀首犀首謝弗見軫曰吾爲事來公不見軫軫將行不得待異日犀首見之陳軫曰公何好飲也犀首曰無事也曰吾請令公饜事可乎曰奈何曰田需約諸侯從親楚王疑之未信也公謂於王曰臣與燕趙之王有故數使人來曰無事何不相見願謁行於王王雖許公公請毋多車以車三十乘可陳之於庭明言之燕趙燕趙客聞之馳車告其王使人迎犀首楚王聞之大怒曰田需與寡人約而犀首之燕趙是欺我也怒而不聽其事齊聞犀首之北使人以事委焉犀首遂行三國相事皆斷於犀首軫遂至秦韓魏相攻朞年不解秦惠王欲救之問於左右左右或曰救之便或曰勿救便惠王未能爲之決陳軫適至秦惠王曰子去寡人之楚亦思寡人不陳軫對曰王聞夫越人莊舄乎王曰不聞曰越人莊舄仕楚執珪有

頃而病楚王曰舄故越之鄙細人也今仕楚執珪貴富矣亦思越不中謝對曰凡人之思故在其病也彼思越則越聲不思越則楚聲使人往聽之猶尚越聲也今臣雖棄逐之楚豈能無秦聲哉惠王曰善今韓魏相攻期年不解或謂寡人救之便或曰勿救便寡人不能決願子爲子主計之餘爲寡人計之陳軫對曰亦嘗有以夫卞莊子刺虎聞於王者乎莊子欲刺虎館竪子止之曰兩虎方且食牛食甘必爭爭則必鬭鬭則大者傷小者死從傷而刺之一舉必有雙虎之名卞莊子以爲然立須之有頃兩虎果鬭大者傷

小者死莊子從傷者而刺之一舉果有雙虎之功今韓魏相攻期年不解是必大國傷小國亡從傷而伐之一舉必有兩實此猶莊子刺虎之類也臣主與王何異也惠王曰善卒弗救大國果傷小國亡秦興兵而伐大尅之此陳軫之計也楚使柱國昭陽將兵而攻魏破之於襄陵得八邑又移兵而攻齊齊王患之懷王六年昭陽移和而攻齊軍門日和陳軫適爲秦使齊齊王曰爲之奈何陳軫曰王勿憂請令罷之卽往見昭陽軍中曰願聞楚國之法破軍殺將者何以貴之昭陽曰其官爲上柱國封上爵執珪陳軫曰其有貴於此者乎昭

陽曰惟令尹耳陳軫曰今君已爲令尹矣此國官之上臣請得譬之人有遺其舍人一卮酒者舍人相謂曰數人飲此不足以徧請遂畫地爲蛇蛇先成者獨飲之一人曰吾蛇先成舉酒而起曰吾能爲之足及其爲之足而後成人奪之酒而飲之曰蛇固無足今爲之足是非蛇也今君相楚而攻魏破軍殺將功莫大焉官之上不可以加矣今又移兵而攻齊攻齊勝之官爵不加於此攻之不勝身死爵奪有毁於楚此爲蛇爲足之說也不若引兵而去以德齊此持滿之術也昭陽曰善引兵而去其後秦伐魏軫令三晉而東謂齊王曰古之王者之伐也欲以正天下而立功名以爲後世也今齊楚燕趙韓梁六國之遞其伐也不足以立功名適足以彊秦而自弱也非山東之上計也能危山東者彊秦也不憂彊秦而遞相罷弱而兩歸其國於秦此臣之所以爲山東之患天下爲秦相割秦曾不出力天下爲秦相烹秦曾不出薪何秦之智而山東之愚耶願大王之察也古之五帝三王五覇之伐也伐不道者今秦之伐天下不然必欲反之主必死辱民必死虜今韓梁之目未嘗乾而齊民獨不也非齊親而韓梁疏也齊遠秦而韓梁近今齊

將近矣今秦欲攻梁絳安邑秦得絳安邑以東下河必表裏河而東攻齊舉齊屬之海南面而孤楚韓梁北向而孤燕趙齊無所出其計矣願大王熟慮之今三晉已合矣復爲兄弟約而出銳師以戍梁絳安邑此萬世之計也齊非急以銳師合三晉必有後憂三晉合秦必不敢攻梁必南攻楚楚秦搆難三晉怒齊不與已也必東攻齊此臣之所謂齊必有大憂不如急以兵合於三晉齊王敬諾果以兵合於三晉

游騰爲楚王客秦武王旣立使樗里子以車百乘入周周以卒迎之意甚敬楚王怒讓周以其重秦騰爲

周說楚王曰智伯之伐仇猶仇猶夷狄之國遺之廣車廣車橫陣之車因隨之以兵仇猶遂亡何則無備故也齊桓公伐蔡號曰誅楚其實襲蔡今秦虎狼之國使樗里子以車百乘入周周以仇猶蔡觀焉故使長戟居前彊弩在後名曰衛齊而實囚之且夫周豈能無憂其社稷哉恐一旦亡國以憂大王楚王乃說

胡衍不知何許人秦昭王元年樗里子將伐蒲蒲守恐請衍衍爲蒲謂樗里子曰公之攻蒲爲秦乎爲魏乎爲魏則善矣爲秦則不爲賴矣頓利也夫衛之所以爲衛者以蒲也今伐蒲入於魏衛必折而從之魏亡

冊府元龜 總錄部 游說二 卷之八百八十七 十五

河西之外而無以取者兵弱也今并衛於魏魏必彊魏彊之日西河之外必危矣且秦王將觀公之事害秦而利魏王必罪公樗里子曰奈何胡衍曰公釋蒲勿攻臣試爲公入言之以德衛君樗里子曰善胡衍入蒲謂其守曰樗里子知蒲之病矣其言曰必拔蒲衍能令釋蒲勿攻蒲守恐因再拜曰願以請因効金三百斤曰秦兵苟退請必言子於衛君使子爲南面故胡衍受金於蒲以自貴於衛於是遂解蒲而去

惠盎宋人以客見宋康王康王蹀足謦欬疾言曰寡人之所說者勇有力也不說爲仁義者客將何以教寡人盎曰臣有道於此此謂勇有力也使人雖勇刺之不入雖力擊之不中大王獨無意耶宋王曰善此寡人之所欲聞也盎曰夫刺之不入擊之不中此猶辱也臣有道於此使人雖有勇不敢刺雖有力不敢擊夫不敢非無其志也臣有道於此使人本無其志也夫無其志也未有愛利之心也臣有道於此使天下丈夫女子莫不驩然皆欲愛利之此其賢於勇有力也四累之上也大王獨無意耶宋王曰此寡人之所欲也盎曰孔墨是已孔丘墨翟無地爲君無官爲長天下丈夫女子莫不延頸舉踵而願安利之今大王萬乘

冊府元龜 總錄部 游說二 卷之八百八十七 十六

之主也誠有其志則四境之内皆得其利矣其賢於孔墨也遠矣宋王無以應盎趨而出宋王謂左右曰辯矣客之以說服寡人也

冊府元龜

廵按福建監察御史臣李嗣京　訂正

知閩縣事臣曹學臣參閱

知建陽縣事臣黃國琦較釋

總錄部　一百三十八

游說第三

蘇代秦之弟秦死代乃求見燕王欲襲故事曰臣東周之鄙人也竊聞大王義甚高鄙人不敏釋鉏耨而干大王至於邯鄲所見者紬於所聞於東周臣竊負其志及至燕廷觀王之羣臣下吏王天下之明主也

燕王曰子所謂明王者何如也對曰臣聞明王務聞其過不欲聞其善臣請謁王之過夫齊趙者燕之仇讎也楚魏者燕之援國也今王奉仇讎以伐援國非所以利燕也王自慮之此則計過無以聞者非忠臣也王曰夫齊者固寡人之讎所欲伐也直患國敝力不足也子能以燕伐齊則寡人舉國委子對曰凡天下戰國七燕處弱焉獨戰則不能有所附則無不重南附楚楚重西附秦秦重中附韓魏韓魏重且苟所附之國重此必使王重矣今夫齊長主而自用也南攻楚五年畜聚竭西困秦三年士卒罷敝北與燕人戰覆三軍得二將（齊覆三軍而燕失二將）然而以其餘兵南面舉五千乘之大宋而包十二諸侯此其君欲得其民力竭惡足取乎且臣聞之數戰則民勞久師則兵敝矣燕王曰吾聞齊有清濟濁河可以爲固長城鉅防（濟北盧縣有防門又有長城東至海）足以爲塞誠有之乎對曰天時不與雖有清濟濁河惡足以爲固民力罷敝雖有長城鉅防惡足以爲塞且異日濟西不師所以備趙也河北不師所以備燕也今濟西河北盡已役矣封內敝矣夫驕君必好利而亡國之臣必貪於財王誠能無羞寵子母弟以爲質寶珠玉帛以事左右彼將有德

燕而輕亡宋則齊可亡已燕王曰吾終以子受命於天矣燕乃使一子質於齊代爲代齊湣王十二年攻魏魏楚圍雍氏（在陽翟屬韓）秦敗屈丐蘇代謂田軫曰臣願有謁於公其爲事甚完使楚利公成爲福不成以爲禍今者臣立於門客有言曰魏王謂韓馮張儀曰（韓公仲之侈也）煑棗將拔（在濟陰宛朐）齊兵又進子來救寡人則可矣不救寡人寡人弗能拔此特轉辭也秦韓之兵毋東旬餘則魏氏轉韓從秦秦逐張儀交臂而事齊楚此公之事成也田軫曰奈何使無東對曰韓馮之救魏之辭必不謂韓王曰馮以爲魏必曰馮將以秦

韓之兵東却齊宋馮因摶（摶猶兵合制領之謂也）三國之兵乘屈丐之弊南割於楚故地必盡得之矣張儀救魏之辭必不謂秦王曰儀以爲魏必曰儀且以秦韓之兵東距齊宋儀將摶三國之兵乘屈丐之弊南割於楚名存亡國實代三川而歸此王業也公令楚王與韓氏地使秦制和謂秦王曰請與韓地而王以施三州韓氏之兵不用而得地於楚韓馮之東兵之辭且魏奈何曰秦兵不用而得三川伐楚韓以窘魏魏氏不敢東是孤齊也張儀之東兵之辭且謂何曰秦韓欲地而兵有案聲威發於魏氏之欲不失齊楚者有資

矣魏氏轉秦韓爭事齊楚楚王欲而無與地（楚王欲得魏來事而不欲與韓地也）公令秦韓之兵不用而得地有一大德也秦韓之王劫於韓馮張儀而東兵以徇服魏公嘗執左券以責於秦韓此其善於公而惡張子多資矣湣王二十六年以孟嘗君爲相任政孟嘗君怨秦將以齊爲韓魏攻楚因與韓魏攻秦（韓魏齊共擊秦軍於函谷）而借兵食於西周蘇代爲西周謂曰君以齊爲韓魏攻楚九年取宛葉以北彊韓魏今復攻秦以益之韓魏南無楚憂西無秦患則齊危矣韓魏必輕齊畏秦臣爲君危之君不如令弊邑陰合於秦而君無攻又無借兵

食君臨函谷而無攻令弊邑以君之情謂秦昭王曰薛公必不破秦以彊韓魏所以進兵者欲王令楚割東國以與齊而秦出楚懷王以爲和君令弊邑以此惠秦秦得無破而以楚之東國自免也秦必欲之楚王得出必得齊齊得東國益彊而薛世世無患矣秦不大弱而處三晉之西三晉必重齊薛公曰善因令韓魏賀秦使三國無攻而不借兵食於西周矣孟嘗君既謝病歸老於薛其後秦亡將呂禮相齊欲困蘇代代乃謂孟嘗君曰周最於齊至厚也而齊王逐之而聽親弗（姓親名弗）相呂禮者欲取秦也齊秦合則親弗

與呂禮重矣有用齊秦必輕君君不如急北兵趨趙以和秦魏收周最以厚行且反齊王之信又禁天下之變齊無秦則天下集齊親弗必走則齊王孰與爲其國也於是孟嘗君從其計而呂禮嫉害於孟嘗君孟嘗君懼乃遺秦相穰侯魏冉書曰吾聞秦欲以呂禮收齊齊天下之彊國也子必輕矣齊秦相取以臨三晉呂禮必并相矣是子通齊以重呂禮也若齊免於天下之兵其讎子必深矣子不如勸秦王伐齊齊破吾請以所得封子齊破秦畏晉之彊秦必重子以取晉晉國弊於齊而畏秦晉必重子以取秦是子破

齊以爲功挾晉以爲重是子破齊定封秦晉交重子若齊不破呂禮復用子必大窮於是穰侯言於秦昭王伐齊而呂禮亡湣王三十八年伐宋秦昭王怒曰吾愛宋與愛新城陽晉同韓聶與吾友也而攻吾所愛何也蘇代爲齊謂秦王曰韓聶之攻宋所以爲王也齊彊輔之以宋楚魏必恐恐必西事秦是王不煩一兵不傷一士無事而割安邑也此韓聶之所禱於王也秦王曰吾患齊之難知一從一橫其說何也對曰天下國令齊可知乎齊以攻宋其知事秦以萬乘之國自輔不西事秦則宋治不安中國白頭游敖之

士皆積智欲離齊秦之交伏式結軼西馳者未有一人言善齊者也伏式東馳者未有一人言善秦者也何則皆不欲齊秦之合也何晉楚之智而齊秦之愚也晉楚合必議齊秦齊秦合必圖晉楚請以此決事秦王曰諾於是齊遂伐宋先是燕相子之與蘇代婚而欲得燕權乃使蘇代侍質子於齊齊使代報燕燕王噲問曰齊王其霸乎曰不能曰何也曰不信其臣於是燕王專任子之已而讓位燕大亂齊伐燕殺王噲子之燕立昭王而蘇代歸齊齊善待之蘇代過魏魏爲燕執代齊使人謂魏王曰齊請以宋地封涇陽君秦必不受秦非不利有齊而得宋地也不信齊王與蘇子也今齊魏不和如此其甚則齊不欺秦秦信齊齊秦合涇陽君有宋地非魏之利也故王不如合蘇子秦必疑齊而不信蘇子矣齊秦不合天下無變伐齊之形成矣於是出蘇代代之宋宋善待之齊伐宋宋急蘇代乃遺燕昭王書曰夫列在萬乘而寄質於齊名卑而權輕奉萬乘助齊伐宋民勞而實費夫破宋殘楚淮北肥大齊讎彊而國害此三者皆國之大敗也然且王行之者將以取信於齊也齊加不信於王而忌燕愈甚是王之計過矣夫以宋加之淮北

彊萬乘之國也而齊并之是益一齊也北夷方七百里加之以魯衛彊萬乘之國也而齊并之是益二齊也夫一齊之彊燕猶狼顧而不能支今以三齊臨燕其禍必大矣雖然智者舉事因禍爲福轉敗爲功齊紫敗素也（取敗素染以爲紫）而賈十倍越王勾踐棲於會稽復滅彊吳而霸天下此皆因禍爲福轉敗爲功者也今王若欲因禍爲福轉敗爲功則莫若挑霸齊而尊之使使盟於周室焚秦符曰其大上計破秦其次必長賓之秦挾賓以待破秦王必患之秦五世伐諸侯今爲齊下秦王之志苟得窮齊不憚以國爲功然則

王何不使辯士以此言說秦王曰燕趙破宋肥齊尊之爲之下者燕趙非利之也燕趙不利而勢爲之者以不信秦王也然則何不使可信者接收燕趙令涇陽君高陵君先於燕趙秦有變因以爲質則燕趙信秦秦爲西帝燕爲北帝趙爲中帝立三帝以令於天下韓魏不聽則秦伐之齊不聽則燕趙伐之天下孰敢不聽天下服聽因驅韓魏以伐齊曰必反宋地歸楚淮北反宋地歸楚淮北趙燕之所利也並立三帝燕趙之所願也夫實得所利尊得所願燕趙棄齊如脫躧矣今不收燕趙齊而霸必成諸侯贊齊而王不

從是國伐也諸侯贊齊而王從之是名卑也今收燕趙國安而名尊不收燕趙國危而名卑夫去尊安而取危卑智者不爲也秦王聞若說必若刺心然則王何不使辯士以此苦言說秦秦必取齊必伐矣夫取秦厚交也伐齊正利也尊厚交務正利聖王之事也燕昭王善其書曰先人嘗有德蘇氏子之亂而蘇氏去燕燕欲報仇於齊非蘇氏莫可乃召蘇代復善待之與謀伐齊竟破齊湣王出走久之秦召燕王燕王欲往蘇代約燕王曰楚得枳巴郡有枳縣而國亡燕昭王十三年三拔楚秦郢齊得宋而國亡齊楚不得以有枳宋而事秦者何也則有功者秦之深讎也秦取天下非行義也暴也秦之行暴正告天下告楚曰蜀地之甲乘船浮於汶乘夏水而下江五日而至郢漢中之甲乘船出於巴乘夏水而下漢四日而至五渚戰國策曰秦與荊人戰大破荊襲郢取洞庭五渚然則五渚在洞庭寡人積甲宛東下隨智者不及謀勇士不及怒寡人如射隼矣王乃欲待天下之攻函谷不亦遠乎楚王爲是故十七年事秦秦正告韓曰我起乎少曲一日而斷大行我起乎宜陽而觸平陽二日而莫不盡繇我離兩周而觸鄭五日而國舉韓氏以爲然故事秦秦正告魏曰我舉安邑塞女戟韓

氏大原卷我下軹道南陽封冀霸陵有軹道亭河東皮氏有冀亭也包兩周下河東成皋也乘夏水浮輕舟彊弩在前錟戈在後決滎口魏無大梁決白馬之口魏無外黃濟陽決宿胥之口紀年曰魏救山塞集胥口魏無虛頓丘秦始皇五年取魏酸棗燕虛長平陸攻則擊河內水攻則滅大梁魏氏以爲然故事秦秦欲攻安邑恐齊救之則以宋委於齊曰宋王無道爲木人以寫寡人射其面寡人地絕兵遠不能攻也王苟能破宋有之寡人如自得之已得安邑塞女戟因以破宋爲齊罪秦欲攻韓恐天下救之則以齊委於天下曰齊王四與寡人約四欺寡人必率天下以欺

寡人者三有齊無秦有秦無齊必伐之必亡之已得宜陽少曲致藺石因以破齊爲天下罪秦欲攻魏重楚則以南陽委于楚曰寡人固與韓且絕矣殘均陵塞鄳阨（鄳江夏鄳縣均一作灼）苟利於楚寡人如自有之魏棄與國而合於秦因以塞鄳阨爲楚罪兵困於林中（河南苑陵有林鄉）重燕趙以膠東委於燕以濟西委於趙趙得講於魏至公子延因犀首屬行而攻趙兵傷于譙石遇敗于陽馬而重魏則以葉蔡委於魏已得講於趙則劫魏不爲割困則使太后弟穰侯爲和嬴則兼欺舅與母適燕者曰以膠東適趙者曰以濟西適魏者

曰以葉蔡適楚者曰以塞鄳阨適齊者曰以宋此必令言如循環用兵如刺蜚母不能制舅不能約龍賈之戰（魏襄王五年秦敗我龍賈軍）岸門之戰（韓宣惠王十九年秦大破我岸門）封陵之戰（魏哀王十六年秦敗我封陵）高商之戰（此戰事不見）趙莊之戰（趙肅侯二十二年趙莊與秦戰敗秦殺趙莊河西）秦之所殺三晉之民數百萬今其生者皆死秦之孤也西河之外上雒之地三川晉國之禍三晉之半秦禍如此其大也而燕趙之秦者皆以爭事秦說其主此臣之所大患也燕昭王不行蘇代復重於燕燕使約諸侯從秦如蘇秦時或從或不而天下繇此宗蘇代之從約韓襄王十二年

韓太子嬰死公子咎公子蟣虱爭爲太子時蟣虱質於楚蘇代謂韓咎曰蟣虱亡在楚楚王欲內之甚今楚兵十餘萬在方城之外公何不令楚王築萬室之都雍氏之旁（在陽翟）韓必起兵以救之公必將矣公因以韓楚之兵奉蟣虱而內之其聽公必矣必以楚韓封公也韓咎從其計楚圍雍氏韓求救于秦秦未爲發使公孫眛入韓公仲曰子以秦爲且救韓乎對曰秦王之言曰請道南鄭藍田出兵于楚以待公殆不合矣公仲曰子以爲果乎對曰秦王必祖張儀之故智（祖者宗之習之之謂也故智猶前時計謀也）楚威王攻梁也張儀謂秦

王曰與楚攻魏魏折而入于楚韓固其與國也是孤秦也不如出兵以到之魏楚大戰秦取西河之外以歸今其拔陽言與韓其實陰善楚公待秦而到必輕與楚戰楚陰得秦之不用也必易與公相支也公戰而勝楚遂與公乘楚馳三川而歸公戰不勝楚塞三川守之公不能救也竊爲公患之司馬庚（一作唐）三反於郢甘茂與昭魚（楚相國）遇於商於其言收璽實類有約也公仲恐曰然則奈何曰公必先韓而後秦先身而後張儀公不如亟以國合於齊楚齊楚必委國于公公之所惡者張儀也其實猶不無秦也於是

楚解雍氏圍（甘茂傳曰楚懷王以兵圍韓雍氏韓使公仲告急於秦秦昭王新立不肯救甘茂爲韓言之乃下書於殺以救韓也又云周赧王十五年韓襄王十二年秦擊楚斬首二萬敗楚襄城殺景缺周本紀赧王八年之後云楚圍雍氏此當韓襄王十二年魏哀王十九年紀年於此亦說楚人雍氏楚人敗然其時張儀已死十年矣）蘇代又謂秦太后弟芊戎（號新城君）曰公叔伯嬰恐秦楚之內幾瑟也公何不爲韓求質子於楚楚王聽入質子於韓則公叔伯嬰知秦楚之不以幾瑟爲事必以韓合於秦楚挾韓以窘魏魏氏不敢合於齊是齊孤也公又爲秦求質子於楚楚不聽怨結於韓韓挾齊魏以圍楚楚必重公公挾秦楚之重以積德於韓公叔伯嬰必以國待公於是幾瑟竟不

得歸韓韓立咎爲太子魏田需死楚昭魚謂蘇代曰田需死吾恐張儀薛公犀首有一人相魏者也代曰然相者欲誰而君便之也昭魚曰吾欲太子之自相也代曰請爲君北必相之昭魚曰奈何代曰君其爲梁王代請說君昭魚曰奈何對曰代也從楚來昭魚甚憂代曰君何憂曰田需死吾恐張儀薛公犀首有一人相魏者也代曰勿憂也梁王長子也必不相張儀張儀相魏必右秦而左魏薛公相魏必右齊而左魏犀首相魏必右韓而左魏梁王長主也必不使相也代曰莫如太子之自相太子之自相是三人皆以太子爲非嘗相也皆將務以其國事魏而欲丞相之璽以魏之强而三萬乘之國輔之魏必安矣故曰不如太子之自相也遂北見梁王以此語告之太子果自相秦召魏相信安君信安君不欲往蘇代爲說秦王曰臣聞之忠不必當當不必忠今臣願大王陳臣之愚意恐其不忠于下吏自使有要領之罪願大王察之今大王令人執事於魏以見其交臣恐魏交之益疑也將以塞趙也臣又恐趙之益勁也夫魏王之愛習魏信也甚矣其智能而任用之也厚矣其畏惡嚴尊秦也明矣今王之使人入魏而不用王之使人

入魏無益也若用魏必舍所愛習而用所惡此魏王之所不安也夫舍萬乘之事而退此魏信之所難行也夫令人君處所不安令人之相行所不能以此爲親則難久臣故恐魏交之益疑也且魏信舍事則趙之謀者必曰舍於秦秦必令其所愛信者用趙是趙存而我亡也趙安而我魏也則上有野戰之氣下有堅守之心臣故恐趙之益勁也大王欲見魏之交而使趙小心乎不如用魏信而尊之以名魏信事王國安而名尊離王國危而權輕然則魏信之事王也上所以爲其主者忠矣下所以自爲者厚矣彼其事主

必見矣趙之用事者必曰魏氏之名族不高於我土
地之實不厚於我魏信以韓魏事秦秦甚善之國得
安而身取尊今我搆難於秦兵爲招質國處危削之
形非得計也結怨于外主患于中身處死亡之地非
見事也彼將傷其前事而悔其過行冀其利必多割
地以降下王則是大王下垂拱多割地以爲利重堯
舜之所求而不能得也臣願大王察之周赧王八年
秦攻宜陽楚救之而楚以周爲秦故將伐之蘇代爲
周說楚王曰何以周爲秦之禍也言周之爲秦甚於
楚者欲令周入秦也故謂周爲秦也周知其不可解

必入于秦此爲秦取周之精者也爲王計者周於秦
因善之不於秦亦言善之以疏之於秦周絶於秦必
入於郢矣赧王謂成君楚圍雍氏[陽翟雍氏城也秦兵入西周西周令
成君辯說秦求救當是說此事而脫誤也]韓徵甲與粟於東周東周君恐
召蘇代而告之代曰君何患於是臣能使韓毋徵甲
與粟於周又能爲君得高都[今河南新城縣高都城也]代見韓相
國曰[相國秦官韓亦有相國然則諸國其倣秦者也]楚圍雍氏期三月也今
五月不能拔是楚病也今相國乃徵甲與粟於周是
告楚病也韓相國曰善使者已行矣代曰何不與周
高都韓相國大怒曰吾毋徵甲與粟於周亦已多矣

何故與周高都也代曰與周高都是周折而入于韓
也秦聞之必大怒忿周即不通周使是以獘高都得
完周也曷爲不與相國曰善果與周高都明年秦使
樗里子甘茂伐魏皮氏向壽者宣太后外族也而與
昭王少相長故任用向壽如楚[如一作和]楚聞秦之貴向
壽而厚事向壽向壽爲秦守宜陽將以伐韓韓公仲
公仲使蘇代謂向壽曰困禽覆車[譬禽獸得困急猶能抵觸傾覆人車]
公破韓辱公仲公仲收國復事秦自以爲必可以封
今公與楚解口地封小令尹以杜陽秦楚合復攻韓
韓必亡韓士公仲且躬率其私徒以閼於秦願公熟

慮之也向壽曰吾合秦楚非以當韓也子爲壽謁之
公仲曰秦韓之交可合也蘇合對曰願有謁於公人
曰貴其所以貴者貴王之愛習公也不如公孫奭其
智能公也不如甘茂今二人者皆不得親於秦事而
公獨與王主斷於國者何彼有以失之也公孫奭黨
於韓而甘茂黨於魏故王不信也今秦楚爭彊而公
黨於楚是與公孫奭甘茂同道也公何以異之人皆
言楚之善變也而公必亡之是自爲責也公不如與
王謀其變也善韓以備楚如此則無患矣韓氏必先
以國從公孫奭而後委國於甘茂韓公之讎也今公

言善韓以備楚是外舉不辟讐也向壽曰然吾甚欲與韓合對曰甘茂許公仲以武遂（秦昭王元年予韓武遂）反宜陽之民今公徒收之甚難向壽曰然則奈何武遂終不可得也對曰公奚不以秦爲韓求潁川于楚此韓之寄地也公求而得之是令行于楚而以其地得韓也公求而不得是韓楚之怨不解而交走秦也秦楚爭強而公徐過楚（過一作適）以收韓此利于秦向壽曰奈何對曰此善事也甘茂欲以魏取齊公孫奭欲以韓取齊今公取宜陽以爲功收楚韓以安之而誅齊魏之罪是以公孫奭甘茂無事也甘茂竟言秦昭王以

武遂復歸之韓向壽公孫奭爭之不能得向壽公孫奭繇此怨讒甘茂茂懼輟伐魏蒲阪亡去（昭王元年擊皮氏未拔去）秦樗里子與魏講罷兵甘茂之亡秦奔齊逢蘇代代爲齊使于秦甘茂曰臣得秦罪懼而遯逃無所容跡臣聞貧人女與富人女會績貧人女曰我無以買燭而子之燭光幸有餘子可分我餘光無損子明而得一斯便焉今臣困而君方使秦而當路矣茂之妻子在焉願君以餘光振之蘇代許諾遂致使于秦已因說秦王曰甘茂非常士也其居于秦累世重矣自殽塞及至鬼谷（在陽城）其地形險易皆明知之彼以齊約韓魏反以圖秦非秦之利也秦王曰然則奈何蘇代曰王不若重其贄厚其祿以迎之使彼來則置之鬼谷終身勿出秦王曰善卽賜之上卿以相印迎之於齊甘茂不往蘇代謂齊湣王曰夫甘茂賢人也今秦賜之上卿以相印迎之甘茂得王之賜好爲王臣故辭而不往今王何以禮之齊王曰善卽位之上卿而處之秦因復甘茂之家以市於齊秦穰侯益趙以兵伐齊（臣欽若等案史記世家襄王十四年秦擊我剛壽）齊襄王懼使蘇代爲齊陰遺穰侯書曰臣聞往來者言曰秦將益趙甲四萬以伐齊臣竊必之獘邑之王曰秦王明而熟於

計穰侯智而習于事必不益趙甲四萬以伐齊是何也夫三晉之相與也秦之深讐也百相背也百相欺也不爲不信不爲無行今破齊以肥趙趙秦之深讐不利于秦此一也秦之謀者必曰破齊獘晉楚而後制晉楚之勝夫齊罷國也以天下攻齊如以千鈞之弩決潰癰也必死安能獘晉楚此二也秦少出兵則晉楚不信也多出兵則晉楚爲制於秦齊恐不走秦必走晉楚此三也秦割齊以啖晉楚晉楚案之以兵秦反受敵此四也是晉楚以秦謀齊以齊謀秦也何晉楚之智而秦齊之愚此五也故得安邑以善事之

亦必無患矣秦有安邑韓氏必無上黨矣取天下之腸胃與出兵而懼其不反也孰利臣故曰秦王明而熟于計穰侯智而習于事必不益趙甲四萬以伐齊矣於是穰侯不行引兵而歸

秦昭王四十八年十月秦復定上黨郡秦分軍爲二王齕攻皮牢拔之司馬梗定太原韓趙恐使蘇代厚幣說秦相應侯曰武安君擒馬服子乎曰然又曰郎圍邯鄲乎曰然曰趙亡則秦王王矣武安君爲三公武安君所爲秦戰勝攻取者七十餘城南定鄢郢漢中北擒趙括之軍雖周召呂望之功不能益於此矣

今趙亡秦王則武安君必爲三公君能爲之下乎雖欲無爲之下固不得已矣秦嘗攻韓圍邢丘困上黨上黨之民皆反爲天下不樂爲民之日久矣今亡趙北地入燕東地入齊南地入韓魏則君之所得民亡幾何人故不如因而割之無以爲武安君功也於是應侯言於秦王曰秦兵勞請許韓趙之割地以和且休士卒王聽之割韓垣雍趙六城以和正月皆罷兵武安君聞之與應侯有隙

十六年秦與趙數擊齊齊人患之厲爲齊遺趙王書曰臣聞古之賢君其德行非布於海內也教順非洽於民人也祭祀時享非數嘗於鬼神也甘露降時雨至年穀豐熟民不疾疫衆人善之然則賢主圖之今足下之賢行功力非數加于秦也怨毒積怒非素深于齊也秦趙與國以彊徵兵于韓秦誠愛趙乎其實憎齊乎物之甚者賢主察之秦非愛趙而憎齊也欲亡韓而吞二周故以齊餤天下恐事之不合故出兵以劫魏趙恐天下畏已也故出質以爲信恐天下亟反也故徵兵于韓以威之聲以德與國而實伐空韓臣以秦計爲必出于此夫物固有勢異而患同者楚久伐而中山亡今齊久伐而韓必亡破齊王與六國

分其利也亡韓秦獨擅之收二周西取祭器秦獨私之賦田計功王之獲利孰與秦多說士之計曰韓亡三川魏亡晉國市朝未變而禍已及矣燕盡齊之北地去沙丘鉅鹿斂三百里韓之上黨去邯鄲百里燕秦謀王之河山間三百里而通矣秦之上郡近挺關至於榆中者千五百里秦以三郡攻王之上黨羊腸之西句注之南非王有矣踰句注斬常山而守之三百里而通于燕代馬胡犬不東下崑山之玉不出此三寶者亦非王有已王久伐齊從彊秦攻韓其禍必至於此願王熟慮之且齊之所伐者以事王也天下

屬行以謀王也燕秦之約成而兵出有日矣五國三分王之地齊倍五國之約而殉王之患西兵以禁彊秦秦廢帝請服反高平根柔於魏紀年云魏襄王四年改陽曰河雍向曰高平根柔一作權柔一作平柔反巠分一作王公先俞於趙衛雍曰西俞雁門是也齊之事王宜爲上佼而今乃抵辠臣天下後事王者之不敢自必也願大王熟計之也今王毋與天下攻齊天下必以王爲義齊抱社稷而厚事王天下必盡重王義王以天下善秦秦暴王以天下禁之以一世之名寵制于王也於是趙乃輟謝秦不擊齊

冊府元龜　總錄部　卷之八百八十八　十九

冊府元龜

巡按福建監察御史臣李嗣京訂正
知甌寧縣事臣孫以敬參閱
知建陽縣事臣黄國琦較釋

總錄部一百三十九

游說第四

唐雎居于魏齊楚約而欲以攻魏雎見秦王曰今齊楚之兵已在魏郊矣大王之救不至魏急則割地而約王雖欲救之豈有及哉秦王遽發兵赴魏魏復存唐雎之說也

親順居于市丘聞五國約而攻秦楚王爲從長不能傷秦兵罷而留於成臯乃謂市丘君曰五國罷必攻市丘以償兵費君資臣臣請爲君止天下之攻市丘市丘君曰善乃遣之順南見楚王曰約五國而西伐秦不能傷秦天下且以是輕王而重秦故王胡不卜交乎楚王曰奈何順曰天下罷必攻市丘以償兵費王令之勿攻市丘五國重王且聽王之言而不攻市丘不重王且反王之言而攻市丘然則王之輕重必然矣故楚王卜交而市丘存也

武公者西周惠公之子秦聞諸國合從乃發兵伐楚楚欲與齊韓連和伐秦因欲圖周周王赧使武公謂楚相昭子曰三國以兵割周郊地以便輸而南器以尊楚臣以爲不然夫以臣弑共主臣世君大國不親以衆脅寡小國不附大國不親小國不附不可以致名實名實不得不足以傷民夫有圖周之聲非所以爲號也昭子曰乃圖周則無之雖然周何故不可圖也對曰軍不五不攻城不十不圍夫一周爲二十晉公之所知也韓嘗以二十萬之衆辱於晉之城下鋭士死中士傷而晉不拔公之無百韓以圖周此天下之所知也夫結怨於兩周以塞鄒魯之心交絶於齊

聲失天下其爲事危矣夫危兩周以厚三川方城之外必爲韓弱矣何以知其然也西周之地絶長補短不過百里名爲天下共主裂其地不足以肥國得其衆不足以勁兵雖無攻之名爲弑君然而好事之君喜攻之臣發號用兵未嘗不以周爲終始是何也見祭器在焉欲器之至而忘弑君之亂今韓以器之在楚臣恐天下以器讎楚也臣請譬之虎肉臊其皮利身人猶攻之也若使澤中之麋蒙虎之皮人之攻之必萬之於虎裂楚之地足以肥國詘楚之名足以尊主今子將以欲誅殘天下之共主居三代之傳器吞

三蔽六翼以高世主非貪而何周書曰欲起無先故器南則兵至矣於是楚計輟不行

馮犯居于周赧王四十二年秦破華陽約犯謂周君曰請令梁城周乃謂梁王曰周王病若死犯必死矣犯請以九鼎自入於王王受九鼎而圖犯梁王曰善遂與之卒言戍周因謂秦王曰梁非戍周也將伐周也王試出兵境以觀之秦果出兵又謂梁王曰周王病甚矣犯請後可而復之今王使卒之周諸侯皆生心後舉事且不信不若令卒爲周城以匿事端梁王曰善遂使城周

田文爲齊相封孟嘗君秦將伐魏魏王聞之夜見孟嘗君告之曰秦且攻魏子爲寡人謀奈何孟嘗君曰有諸侯之救則國可存也王曰寡人願子之行也乃爲之約車百乘孟嘗君之趙謂趙王曰文願借兵以救魏趙王曰寡人不能孟嘗君曰夫敢借兵者以忠王也王曰可得聞乎孟嘗君曰夫魏之兵非弱於趙也然而趙之地不歲危而民不歲死而魏之地歲危而民歲死者何也以魏西爲趙蔽也今趙不救魏魏歃盟於秦是趙與彊秦爲界也地亦且歲危民亦且歲死矣此文之所以忠於大王也趙王許諾爲起兵十萬車三百乘又北見燕王曰先日公子嘗約兩王之交矣今秦且攻魏願大王救之也燕王曰吾歲不熟二年矣今又行數千里而以助魏且奈何田文曰夫行數千里而救人者此國之大利也今魏王出國門而望見軍雖欲行數千里而助人可得乎燕王尚未許也田文曰臣效便計於王王不用臣之忠計文請行矣恐天下之將有大變也王曰可得聞乎曰秦攻魏未能剋之也而臺已燔游已奪矣而燕不救魏魏王折節割地以國之半與秦秦必去矣秦已去魏魏王悉韓魏之兵又西借秦兵以因趙之衆以四國

攻燕王且何利利行數千里而助人乎利出燕南門而望見軍乎則道里近而輸又易矣王何利燕王曰子行矣寡人聽子乃爲之起兵八萬車二百乘以從田文魏王大說曰君得燕趙之兵甚衆且亟矣秦王大恐割地請講於魏魏因歸燕趙之兵而封田文

淳于髡齊人齊欲伐魏魏使人謂淳于髡曰齊欲伐魏能解魏患惟先生也淳于髡曰諾遂入說齊王曰楚齊之仇敵也魏齊之與國也夫伐與國使仇敵制其餘弊名醜而實危爲王不取也齊王曰善乃不伐魏也其後孟嘗君在薛荆人攻之淳于髡爲齊使於

荆還反過薛而孟嘗君令人禮貌而親郊迎之謂淳于髡曰荆人攻薛夫子弗憂文無以復待矣文孟嘗君名也淳于髡曰敬聞命矣至於齊畢報王曰何見於荆對曰荆甚固而薛亦不量其力王曰何謂也對曰薛不量其力而爲先王立清廟先王威王也荆因而攻之清廟必危故曰薛不量其力而荆亦甚固齊王和其顔色曰譆先君之廟在焉疾興兵救之齊宣王也威王之子顚蹷之請望拜之謁雖得薄矣言雖顚蹷請救於齊望仰而訴告之而得齊救此淳于髡之辭則爲薄也善說者陳其勢言其方人急也若自在隘之中豈用彊力哉言辯者之說人急其如已自在阨窮之中欲速免脫也故曰豈用彊力哉

馮讙爲孟嘗君客齊王惑于秦楚之毁以爲孟嘗君名高其主而擅齊國之權遂廢孟嘗君諸客見孟嘗君廢皆去馮讙曰借臣車一乘可以入秦者必令君重於國而奉邑益廣可乎孟嘗君乃約車幣而遣之馮讙乃西說秦王曰天下之游士憑軾結靷西入秦者無不欲彊秦而弱齊憑軾結靷東入齊者無不欲彊齊而弱秦此雄雌之國也勢不兩立爲雄者得天下矣秦王跽而問之曰何以使秦無爲雌而可馮讙曰王亦知齊之廢孟嘗君乎秦王曰聞之馮讙曰使齊重於天下者孟嘗君也今齊王以毁廢之其心怨必背齊入秦則齊國之情人事之誠盡委之秦齊地可得也豈直爲雄也君急使使載幣陰迎孟嘗君不可失時也如有齊覺悟復用孟嘗君則雄雌之所在未可知也秦王大悅乃遣車十乘黄金百鎰以迎孟嘗君馮讙辭以先行至齊說齊王曰天下之游士憑軾結靷東入齊者無不欲彊齊而弱秦者憑軾結靷西入秦者無不欲彊秦而弱齊者夫齊秦雄雌之國秦彊則齊弱矣此勢不兩雄今臣竊聞秦遣使車十乘載黄金百鎰以迎孟嘗君孟嘗君不西則已西入相秦則天下歸之秦爲雄而齊爲雌雌則臨淄卽墨

危矣王何不先秦使之未到復孟嘗君而益與之邑以謝之孟嘗君必喜而受之秦雖彊國豈可以請人相而迎之哉折秦之謀而絶其霸彊之畧齊王曰善乃使人至境候秦使車適入齊境使還馳告之王召孟嘗君而復其相位而與其故邑之地又益以千戶秦之使者聞孟嘗君復相齊還車而去矣

黄歇爲楚相封春申君頃襄王以歇爲辯使於秦秦昭王使白起攻韓魏敗之於華陽禽魏將芒卯韓魏服而事秦秦昭王方令白起與韓魏共伐楚未行而楚使黄歇適至於秦聞秦之計當是之時秦已前使

白起攻楚取巫黔中之郡拔鄢郢東至竟陵楚頃襄王東徙治於陳縣黃歇見楚懷王之為秦所誘而入朝遂見欺留死於秦頃襄王其子也秦輕之恐一舉兵而滅楚歇乃上書說秦昭王曰天下莫彊於秦楚今聞大王欲伐楚此猶兩虎相與鬬兩虎相與鬬而駑犬受其斃不如善楚臣請言其說臣聞之物至則反冬夏是也致至則危（致或作安）累棊是也今大國之地徧天下有其二垂此從生民以來萬乘之地未嘗有也先帝文王莊王之身三世不忘接地於齊以絕從親之要今王使盛橋守事於韓盛橋以其地入秦是

王不用甲不信威而得百里之地王可謂能矣王又舉甲而攻魏杜大梁之門舉河內拔燕酸棗虛（秦始皇五年取酸棗燕虛蘇代曰決宿胥之口魏無虛頓丘）桃（燕縣有桃城）入邢（平臯有邢丘）魏之丘雲翔而不敢救王之功亦多矣王休甲息衆二年而後復之又并蒲衍首垣（蘇秦云北有河外卷衍長垣縣有蒲鄉）以臨仁平丘（屬陳留）黃濟陽嬰城（蘇代云決白馬之口魏無黃濟陽）而魏氏服王又割濮磨之北（濮水北於鉅野入濟）注齊秦之要絕楚趙之脊天下五合六聚而不敢救王之威亦單矣（單亦作殫）王若能持功守威絀攻取之心而肥仁義之地使無後患三王不足四五霸不足六也王若負人徒之衆伐兵革之彊乘毀魏之威而欲以力臣天下之主臣恐其有後患也詩曰靡不有初鮮克有終易曰狐涉水濡其尾此言始之易終之難也何以知其然昔智氏見伐趙之利而不知榆次之禍吳見伐齊之便而不知干隧之敗此二國者非無大功也沒利於前而易患於後也吳之信越也從而伐齊既勝齊人於艾陵還為越王禽三渚之浦（三江之浦）智氏之信韓魏也從而伐趙攻晉陽城勝有日矣韓魏叛之殺智伯瑶於鑿臺之下（鑿臺在榆次）今王妬楚之不毀也而忘毀楚之彊韓魏也臣為王慮而不取也詩曰大武遠宅而

不涉從此觀之楚國援也鄰國敵也詩曰趯趯毚兔遇犬獲之（韓詩章句曰趯趯往來貌獲得也言趯趯之毚兔謂狡兔數往來逃匿其跡有時遇犬得之毛傳曰毚兔狡兔也鄭玄曰遇犬犬之馴者謂田犬）他人有心予忖度之今王中道而信韓魏之善王也此正吳之信越也臣聞之敵不可假時不可失臣恐韓魏卑辭除患而實欲欺大國也何則王無重世之德於韓魏而有累世之怨焉夫韓魏父子兄弟接踵而死於秦者將十世矣本國殘社稷壞宗廟毀刳腹絕腸折頸摺頤首身分離暴骸骨于草澤頭顱僵仆相望於境父子老弱係虜東首為群虜者相及於路鬼神孤傷無所血食

人民不聊生族類離散流亡爲僕妾者盈滿海内矣故韓魏之不亡秦社稷之憂也今王資之與攻楚不亦過乎且王攻楚將惡出兵王將借路於仇讎之韓魏乎兵出之日而王憂其不返也是王以兵資於仇讎之韓魏也王若不借路於仇讎之韓魏必攻隨水右壤隨水右壤此皆廣川大水山林谿谷不食之地也王雖有之不爲得地是王有毀楚之名而無得地之實也且王攻楚之日四國必悉起兵以應王秦楚之兵構而不離魏氏將出而攻留方與銍湖陵碭蕭相故宋必盡齊人南面攻楚泗上必舉此皆平原四

達膏腴之地而使獨攻王破楚以肥韓魏於中國而勁齊韓魏之彊足以敵於秦齊南以泗水爲境東負海北倚河而無後患天下之國莫强於齊魏齊魏得地葆利而詳事下吏一年之後爲帝未能其於楚王之爲帝有餘矣夫以王壤土之博人徒之衆兵革之强一舉事而樹怨於楚遲（一作還）令韓魏歸帝重於齊是王失計也臣爲王慮若善楚秦楚合而爲一以臨韓韓必斂手王施以山東之險帶以河曲之利韓必爲關内之候若是而王以十萬戍鄭梁氏寒心許鄢陵嬰城而上蔡召陵不往來也如此而魏亦關内候矣王一善楚而關内兩萬乘之主注地於齊齊右壤可拱手而取也王之地一經兩海要約天下是燕趙無齊楚齊楚無燕趙也然後危動燕趙直搖齊楚此四國者不待痛而服矣昭王曰善於是乃止白起而謝韓魏發使賂楚約爲與國黄歇受約歸楚

魯仲連齊人好奇偉俶儻之畫策而不肯仕官任職好持高節游於趙趙孝成王時而秦王使白起破趙長平之軍前後四十餘萬秦兵遂東圍邯鄲趙王恐諸侯之救兵莫敢擊秦軍魏安釐王使將軍晉鄙救趙畏秦止於蕩陰不進（河内有蕩陰縣）魏王使客將軍新垣

衍間入邯鄲因平原君謂趙王曰秦所爲急圍趙者前與齊湣王爭彊爲帝已而復歸帝今齊湣王已益弱方今惟秦雄天下此非必貪邯鄲其意欲復求爲帝趙誠發使尊秦昭王爲帝秦必喜罷兵去平原君猶豫未有所決此時魯仲連適游趙會秦圍趙聞魏將欲令趙尊秦爲帝乃見平原君曰事將奈何平原君曰勝也何敢言事前亡四十萬之衆於外今又内圍邯鄲而不能去魏王使客將軍新垣衍令趙帝秦今其人在是勝也何敢言事魯仲連曰吾始以君爲天下之賢公子也吾乃今然後知君非天下之賢公

子也梁客新垣衍安在吾請爲君責而歸之平原君曰勝請爲紹介 紹介相佑助者 而見之於先生平原君遂見新垣衍曰東國有魯仲連先生者今其人在此勝請爲紹介交之於將軍新垣衍曰吾聞魯仲連先生齊國之高士也衍人臣也使事有職吾不願見魯仲連先生平原君曰勝既已泄之矣新垣衍許諾魯仲連見新垣衍而無言新垣衍曰吾視居此圍城之中者皆有求於平原君者也今吾觀先生之貌非有求於平原君者也曷爲久居此圍城之中而不去魯仲連曰世以鮑焦爲無從頌而死者皆非也 鮑焦周之衆介士也

人不知則爲一身彼秦者棄禮義而上首功之國也 秦用衛鞅計制爵二十等以戰獲首級者計而受爵是以秦人每戰勝老弱婦人皆死計功賞至萬數天下謂之上首功之國皆以惡之也 權使其士虜使其民彼即肆然而爲帝過而爲政於天下則連有蹈東海而死爾吾不忍爲之民也所爲見將軍者欲以助趙也新垣衍曰先生助之將奈何魯仲連曰吾將使梁及燕助之齊楚則固助之矣新垣衍曰燕則吾請以從矣若乃梁者則吾乃梁人也先生惡能使梁助之魯連曰梁未睹秦稱帝之害故爾使梁睹秦稱帝之害則必助趙矣新垣衍曰秦稱帝之害何如魯連曰昔者齊威王嘗爲仁義矣率天下諸侯而朝周周貧且微諸侯莫朝而齊獨朝之齊後往周怒赴于齊曰天分地圻天子下席東藩之臣因齊後至則斮 斮三軍者其法斮斬也 齊威王勃然怒曰叱嗟而母婢也卒爲天下笑故生則朝周死則叱之誠不忍其求也彼天子固然其無足怪新垣衍曰先生獨不見夫僕乎十人而從一人者寧力不勝而智不若耶畏之也魯仲連曰嗚呼梁之比於秦若僕耶新垣衍曰然魯仲連曰吾將使秦王烹醢梁王新垣衍怏然不悅曰噫嘻亦太甚矣先生之言也先生又惡能使秦王烹醢梁王魯仲連曰固也

吾將言之昔者九侯鄂侯 鄴縣有九侯城九一作鬼鄂一作邘 文王紂之三公也九侯有子而好獻之於紂紂以爲惡醢九侯鄂侯爭之彊辯之疾故脯鄂侯文王聞之喟然而歎故拘之羑里之庫百日欲令之死曷爲與人俱稱王卒就脯醢之地齊湣王將之魯夷維子爲執策而從謂魯人曰子將何以待吾君魯人曰吾將以十太牢待子之君夷維子曰子安取禮而來待吾君彼吾君者天子也天子巡狩諸侯避舍納筦籥攝衽抱机視膳於堂下天子已食乃退而聽朝也魯人投其籥不果納不得入於魯將之薛假途於鄒當是時鄒君

死湣王欲入弔夷維子謂鄒之孤曰天子弔主人必將倍殯棺設北面於南方然後天子南面弔也鄒之群臣曰必若此吾將伏劍而死固不敢入於鄒鄒魯之臣生則不得事養死則不得賻襚然且欲行天子之禮於鄒魯鄒魯之臣不果納今秦萬乘之國也梁亦萬乘之國也俱據萬乘之國各有稱王之名睹其一戰而勝欲從而帝之是使三晉之大臣不如鄒魯之僕妾也且秦無已而帝則且變易諸侯之大臣彼將奪其所不肖而與其所賢奪其所憎而與其所愛彼又將使其子女讒妾爲諸侯妃姬處梁之宮梁王

安得晏然而已乎而將軍又何以得故寵乎於是新垣衍起再拜謝曰始以先生爲庸人吾乃今日知先生爲天下之士也吾請出不敢復言帝秦秦將聞之爲却軍五十里適會魏公子無忌奪晉鄙軍以救趙擊秦軍秦軍遂引而去其後二十餘年燕將攻下聊城聊城人或讒之燕燕將懼誅因保守聊城不敢歸齊田單攻聊城（按年表田單攻聊城在長平後十餘年也）歲餘士卒多死而聊城不下魯連乃爲書約之矢以射城中遺燕將書曰吾聞之智者不倍時而棄利勇士不怯死而滅名忠臣不先身而後君今君行一朝之忿不顧燕王之無臣非忠也殺身亡聊城而威不信於齊非勇也功敗名滅後世無稱焉非智也三者世主不臣說士不載故智者不再計勇士不怯死今死生榮辱貴賤尊卑此時不再至願公詳計而無與俗同且楚攻齊之南陽魏攻平陸而齊無南面之心以爲亡南陽之害小不如得濟北之利大故定計審處之今秦人下兵魏不敢東面衡秦之勢成楚國之形危齊棄南陽斷右壤定濟北計猶且爲之也且夫齊之必決於聊城公勿再計今楚魏交退於齊而燕救不至以全齊之兵無天下之規與聊城共據朞年之敝則臣見公

之不能得也且燕國大亂君臣失計上下迷惑栗腹以十萬之衆五折於外以萬乘之國被圍於趙壤削主困爲天下僇笑國敝而禍多民無所歸心今公又以敝聊之民距全齊之兵是墨翟之守也食人炊骨士無反外之心是孫臏之兵也能見於天下雖然爲公計者不如全車甲以報於燕車甲全而歸燕燕王必喜身全而歸於國士民如見父母交游攘臂而議於世功業可明上輔孤主以制群臣下養百姓以資說士矯國更俗功名可立也亡意亦捐燕棄世東游於齊乎裂地定封富比乎陶衛世世稱孤與齊久存

又一計也此兩計者顯名厚實也願公詳計而審處一焉且吾聞之規小節者不能成榮名惡小恥者不能立大功昔者管夷吾射桓公中其鉤篡也遺公子糾不能死怯也束縛桎梏辱也若此三行者世主不臣而鄉里不通鄉使管子幽囚而不出身死而不反於齊則亦名不免爲辱人賤行矣臧獲且羞與之同名矣荆淮海岱燕齊之間罵奴曰臧罵婢曰獲況世俗乎故管仲不恥身在縲紲之中而恥天下之不治不恥不死公子糾而恥威之不信於諸侯故兼三行之過而爲五霸首名高天下而光燭鄰國曹子爲魯將三戰三北而亡地

五百里鄉使曹子計不反顧議不旋踵刎頸而死則亦名不免爲敗軍禽將矣曹子棄三北之恥而退與魯君計桓公朝天下會諸侯曹子以一劍之任技桓公之心於壇坫之上顏色不變辭氣不悖三戰之所亡一朝而復之天下震動諸侯驚駭威加吳越若此二士者非不能成小廉而行小節也以爲殺身亡軀絕世滅後功名不立非智也故去感忿之怨立終身之名棄忿悁之節定累世之功是以業與三王爭流而名與天壤相弊也願公擇一而行之燕將見魯連書泣三日猶豫不能自決欲歸燕已有隙古隙字恐誅欲降齊所殺虜於齊甚衆恐已降而後見辱喟然歎曰與人刃我寧自刃乃自殺聊城亂田單遂屠聊城

又孟嘗君之舍人而弗悅欲逐之魯連謂孟嘗君曰錯木據水則獼猴不若魚鼈歷險乘危則騏驥不如狐狸曹沫之奮三尺之劍一軍不能當使曹沫釋其三尺之劍而操銚鎒與農夫居壠畝之中則不若農夫故物舍其所長取其所短堯亦有所不及矣今使人而不能則謂之不肖教人而不能則謂之拙拙則罷之不肖則棄之使人有棄逐不相與處而來害相報者豈非世之立教首也哉孟嘗君曰善乃弗逐

如耳居于衛魏伐衛拔列城二衛君患之如耳見衛君曰請罷魏兵成陵君可乎衛君曰先生果能孤請世世以衛事先生如耳見成陵君曰昔魏伐趙斷羊腸拔閼與在上黨約斬趙趙分而爲二所以不亡者魏爲從主也今衛已迫亡將西請事於秦與其以秦醳衛不如以魏醳衛衛之德魏必終無窮成陵君曰諾如耳見魏王曰臣有謁於衛衛故周室之別也其稱小國多寶器今國迫於難而寶器不出者其心以爲攻衛醳衛不以王爲主故寶器雖出必不入於王也臣竊料之先言醳衛者必受衛者也如耳出成陵君

入以其言見魏王魏王聽其說罷其兵免成陵君終身不見

冊府元龜　卷之八百八十九　十七

廵按福建監察御史臣李嗣京　訂正
新建縣舉人臣戴國士參閱
知建陽縣事臣黄國琦較釋

總録部

游說第五

范雎字叔魏人秦昭王使王稽於魏王稽載雎入秦日唯天下辯士也臣故載來秦王弗信使舍食草具待命歲餘當是時昭王已立三十六年南拔楚之鄢郢楚懷王幽死於秦秦東破齊湣王嘗稱帝後去之

數困三晉厭天下辯士無所信穰侯華陽君華一作葉昭王母宣太后之弟也而涇陽君高陵君皆昭王同母弟也穰侯相三人者更將有封邑以太后故私家富重於王室及穰侯爲秦將且欲越韓魏而伐齊綱壽欲以廣其陶封范雎乃上書曰臣聞明王立政有功者不得不賞有能者不得不官勞大者其禄厚功多者其爵尊能治衆者其官大故無能者不敢當職焉有能者亦不得蔽隱使以臣之言爲可願行而益利其道以臣之言爲不可久留臣無爲也語曰庸主賞所愛而罰所惡明主則不然賞必加於有功而刑必斷於有罪今臣之胸不足以當椹質而要不足以待斧鉞豈敢以疑事嘗試於王哉雖以臣爲賤人而輕辱獨不重任臣者之無反復於王前邪且臣聞周有砥砨宋有結緑梁有縣藜縣藜曰美玉楚有和朴此四寳者土之所生良工之所失也而爲天下名器然則聖王之所棄者獨不足以厚國家乎臣聞善厚家者取之於國善厚國者取之於諸侯天下有明主則諸侯不得善厚者何也爲其割榮也良醫知病人之死生而聖王明於成敗之事利則行之害則捨之疑則少嘗之雖舜禹復生不能改已語之至者臣不敢載

之於書其淺者又不足聽也意者臣愚而不概一作溉於王心邪亡其其臣者賤而不可用乎自非然者臣願得少賜游觀之間望見顔色一語無効請伏斧質於是秦昭王大悦乃謝王稽使以傳車一云使持車召范雎於是范雎乃得見於離宫佯爲不知永巷而入其中王來而宦者怒逐之曰王至范雎繆爲曰秦安得王秦獨有太后穰侯爾欲以感怒昭王昭王至聞其與宦者爭言遂延迎謝曰寡人宜以身受命久矣會義渠之事急寡人旦暮自請太后今義渠之事已寡人乃得受命竊閔然不敏敬執賓主之禮范雎辭讓

是日觀范雎之見者羣臣莫不灑然變色易容者秦王屏左右宮中虛無人秦王跽而請曰先生何以幸教寡人范雎曰唯唯有間秦王復跽而請曰先生何以幸教寡人范雎曰唯唯若是者三秦王跽曰先生卒不幸教寡人邪范雎曰非敢然也臣聞昔者呂尚之遇文王也身爲漁父而釣於渭濱爾若是者交疏也已說而立爲太師載與俱歸者其言深也故文王遂收功於呂尚而卒王天下鄉使文王疏呂尚而不與深言是周無天子之德而文武無與成其王業也今臣羈旅之臣也交疏於王而所願陳者皆匡君之

事處人骨肉之間願効愚忠而未知王之心也此所以王三問而不敢對者也臣非有畏而不敢言也臣知今日言之於前而明日伏誅於後然臣不敢避也大王信能行臣之言死不足以爲臣患亡不足以爲臣憂漆身爲厲被髮爲狂不足以爲臣恥且以五帝之聖焉而死三王之仁焉而死五霸之賢焉而死烏獲任鄙之力焉而死成荊（一作卷）孟賁（成荊古勇士孟賁衛人）王慶忌（吳越春秋曰吳王僚子慶忌）夏育之勇焉而死（或云夏育衛人力舉千鈞）死者人之所必不免也處必然之勢可以少有補於秦此臣之所大願也臣又何患哉伍子胥橐載而出

昭關夜行晝伏至於溧水無以餬其口膝行蒲伏稽首袒肉鼓腹吹箎（一作篪）乞食於吳市卒興吳國闔閭爲霸使臣得盡謀如伍子胥加之以幽囚終身不復見是臣之說行也臣又何憂箕子接輿漆身爲厲被髮爲狂無益於王假使臣得同行於箕子可以有補所賢之主是臣之大榮也臣有何恥臣之所恐者獨恐臣死之後天下見臣之盡忠而身死因以是杜口裹足莫肯鄉秦爾足下上畏太后之嚴下惑姦臣之態居深宮之中不離阿保之手終身迷惑無與昭姦大者宗廟滅覆小者身以孤危此臣之所恐爾若夫

窮辱之事死亡之患臣不敢畏也臣死而秦治是臣死賢於生秦王跽曰先生是何言也夫秦國辟遠寡人愚不肖先生乃幸辱至於此是天以寡人慁先生（亂先生也）而存先生之宗廟也寡人得受命於先生是天所以幸先生而不棄其孤也先生柰何而言若是事無大小上及太后下至大臣願先生悉以教寡人無疑寡人也范雎拜秦王亦拜范雎曰大王之國四塞以爲固北有甘泉谷南帶涇渭右隴蜀左關阪奮擊百萬戰車千乘利則出攻不利則入守此王者之地民怯於私鬪而勇於公戰此王者之民也王并此二

者而有之夫以秦卒之勇車騎之衆以治諸侯譬若馳韓盧而搏蹇兎也霸王之業可致也而羣臣莫當其位至今閉關十五年不敢闚兵於山東者是穰侯爲秦謀不忠而大王之計亦有所失也秦王跽曰寡人願聞失計然左右多竊聽者范雎恐未敢言内先言外事以觀秦王之俯仰因進曰夫穰侯越韓魏而攻齊綱壽非計也少出師則不足以傷齊多出師則害於秦臣意王之計欲少出師而悉韓魏之兵也則不義矣今見與國之不親也越人之國而攻可乎其

於計疏矣且昔齊湣王南攻楚破軍殺將再辟地千里而齊尺寸之地無得焉者豈不欲得地哉形勢不能有也諸侯見齊之罷弊君臣之不和也興兵而伐齊大破之士辱兵頓皆咎其王曰誰爲此計者乎王曰文子爲之大臣作亂文子出走故齊所以大破者以其伐楚而肥韓魏也此所謂借賊兵而齎盜糧者也王不如遠交而近攻得寸則王之寸也得尺亦王之尺也今釋此而遠攻不亦繆乎且昔者中山之國地方五百里趙獨吞之功成名立而利附焉天下莫之能害也今夫韓魏中國之處而天下之樞也王其欲霸必親中國以爲天下樞以威楚趙楚彊則附趙

趙彊則附楚楚趙皆附齊必懼矣齊懼必卑詞厚幣以事秦齊附而韓魏因可虜也昭王曰吾欲親魏久矣而魏多變之國也寡人不能親請問親魏奈何對曰王卑詞重幣以事之不可則割地而賂之不可因舉兵而伐之王曰寡人敬聞命矣乃拜范雎爲客卿謀兵事卒聽范雎謀使五大夫綰伐魏拔懷其後雎復說昭王曰秦韓之地形相錯如繡秦之有韓也譬如木之有蠹也人之有心腹之病也天下無變則已天下有變其秦患者孰大於韓乎王如收韓昭王曰吾故欲收韓韓不聽爲之奈何對曰韓安得無聽

乎王下兵而攻滎陽則鞏成皐之道不通北斷太行之道則上黨之師不下王一興兵而攻滎陽則其國斷而爲三夫韓見必亡安得不聽乎若韓聽而霸事因可慮矣王曰善且使發於韓范雎日益親復說用數年矣因請間說曰臣居山東時聞齊之有田文不聞其有王也聞秦之有太后穰侯華陽高陵涇陽不聞其有王也夫擅國之謂王能利害之謂王制殺生之威之謂王今太后擅行不顧穰侯出使不報華陽涇陽等擊斷無諱（諱畏也）高陵進退不請四貴備而國不危者未之有也爲此四貴者下乃所謂無王也然

則權安得不傾令安得從王出乎臣聞善治國者乃内固其威而外重其權穰侯使者操主之重決制於諸侯剖符於天下政適伐國莫敢不聽戰勝攻取則利歸於陶國弊御於諸侯戰敗則結怨於百姓而禍歸於社稷詩曰木實繁者披其枝披其枝者傷其心大其都者危其國尊其臣者卑其主崔杼淖齒管齊射王股擢王筋縣之於廟梁宿昔而死李兌管趙囚至父於沙丘百日而餓死今臣聞秦太后穰侯用事高陵華陽涇陽佐之卒無秦王此亦淖齒李兌之類也且夫三代所以亡國者君專授政縱酒馳騁弋獵

不聽政事其所授者妬賢嫉能御下蔽上以成其私不爲主計而主不覺悟故失其國今自有秩以上至諸大吏下及王左右無非相國之人者見王獨立於朝臣竊爲王恐萬世之後秦國者非王子孫也昭王聞之大懼曰善於是廢太后逐穰侯高陵華陽涇陽君於關外秦王乃拜范雎爲相收穰侯之印使歸陶封范雎以應號爲應侯

范痤魏人虞卿謂趙王曰人情寧朝人乎寧朝於人也趙王曰人亦寧朝人耳何故寧朝於人虞卿曰夫魏爲從主而違者范痤也今王能以百里之地若萬戸之都請殺范痤於魏范痤死則從事可移於趙趙王曰善乃使人以百里之地請殺范痤於魏魏王許諾使司徒執范痤而未殺也范痤獻書魏王曰臣聞趙王以百里之地請殺痤之身夫殺無罪范痤薄故也而得百里之地大利也臣竊爲大王美之雖然而有一焉百里之地不可得而死者不可復生也則王必爲天下笑矣臣竊以爲與其以死人市不若以生人市便也又遺其後相信安君書曰夫趙魏敵戰之國也趙王以咫尺之書來而魏王輕爲之殺無罪之痤痤雖不肖故魏之免相也嘗以魏之故得罪於趙

夫國内無用臣外雖得地勢不能守然今能守魏者莫如君矣王聽趙殺痤之後強秦襲趙之欲倍趙之割則君將何以止之此君之累也信陵君曰善遽言之王而出之

須賈爲魏中大夫秦攻魏於華走芒卯入北宅（魏會王五年與韓會宅陽）而圍大梁賈爲魏謂穰侯魏冉曰臣聞魏之大臣父兄皆謂魏王曰初時惠王伐趙戰勝乎三梁十萬之軍拔邯鄲趙氏不割而邯鄲復歸齊人攻燕殺子之破故國燕不割而燕國復燕趙之所以國全兵勁而地不并于諸侯者以其能忍難而重出地也

宋中山數伐數割而隨以亡臣以爲燕趙可法宋中山可爲戒也夫秦貪戾之國也而無親蚕食魏氏又盡晉國戰勝暴子韓將暴鳶割八縣地未畢入而兵復出矣夫秦何厭之有哉今又走芒卯入北宅此非但攻梁也且刼王以求多割也王必勿聽也今王背楚趙而講秦楚趙怒而去王與王爭事秦秦必受之秦挾楚趙之兵以復攻梁則國求無亡不可得也已願王之必無講也王若欲講之以必少割而有質不然必見欺是臣之所聞於魏也願君以是慮事也周書曰惟命不于常此言幸之不可數也夫戰勝暴行而割

八縣此非兵力之精非計之工也天幸爲多矣今又走芒卯入北宅以攻大梁自以天幸自爲嘗也知者不然臣聞魏氏悉其百縣勝兵以上戍大梁臣以爲不下三十萬之衆守梁七仞之城臣以爲雖湯武復生弗易攻也夫輕背楚趙之兵陵七仞之城戰三十萬之衆而志必舉之臣以爲自天地之始分以至于今未嘗有之也攻而不能拔秦兵必罷陶邑必亡則前功必棄矣今魏方疑可以少割收也願君因楚趙之兵未至於大梁也亟以少割收魏魏方疑而得以少割爲利必欲之則君得所欲矣楚趙怒於魏之先已講也必爭事秦從是以散而君後擇焉且君之嘗割晉國取地也何必以兵哉夫兵不用而魏效絳安邑又爲陶開兩道幾盡故宋衛必効單父秦兵可全而君制之何求而不得何爲而不成臣願君之熟計而毋行危矣穰侯曰善乃罷梁圍

蔡澤燕人游學于諸侯大小甚衆聞應侯范雎任鄭安平王稽皆負重罪於秦應侯内慙蔡澤乃西入秦將見昭王使人宣言以感怒應侯曰燕客蔡澤天下雄俊弘辯智士也彼一見秦王秦王必困君而奪君之位應侯聞曰五帝三代之事百家之說吾旣知之

衆口之辯吾皆摧之是惡能困我而奪我位乎使人召蔡澤蔡澤入則揖應侯固不決及見之又倨應侯因讓之曰子嘗宣言欲代我相秦寧有之乎對曰然應侯曰請聞其說蔡澤曰吁君何見之晚也夫四時之序成功者去夫人生百體堅强手足便利耳目聰明而心聖智豈非士之願與應侯曰然蔡澤曰質仁秉義行道施德得志於天下天下懷樂敬愛而尊慕之皆願以爲君王豈不辯智之期與應侯曰然蔡澤復曰富貴顯榮成理萬物使各得其所性命壽長終其天年而不夭傷天下繼其統守其業傳之無窮名

實純粹澤流千里世世稱之而無絶與天地終始豈道德之符而聖人所謂吉祥善事者與應侯曰然蔡澤曰若夫秦之商君楚之吳起越之大夫種其卒然亦可願與應侯知蔡澤之欲困己以說復謬曰何爲不可夫公孫鞅之事孝公也極身無貳慮盡公而不顧私設刀鋸以禁姦邪信賞罰而致治披腹心示情素蒙怨咎欺舊友奪魏公子卬安秦社稷利百姓卒爲秦擒將破敵攘地千里吳起之事悼王也使私不得害公讒不得蔽忠言不取苟合行不取苟容不爲危易行行義不辟難（一云不困毀譽）然爲霸王彊國不辭

禍凶大夫種之事越王也主雖困辱悉忠而不解主雖絶亡盡能而弗離成功而弗矜貴富而弗驕怠若此三子者固義之至也忠之節也是故君子以義死難視死如歸生而辱不如死而榮士固有殺身以成名唯義之所在雖死無所恨何爲不可哉蔡澤曰主聖臣賢天下之盛福也君明臣直國之福也父慈子孝夫信妻貞家之福也故比干忠而不能存殷子胥智而不能完吳申生孝而晉國亂是皆有忠臣孝子而國家滅亂者何也無明君賢父以聽之故天下以其君父爲僇辱而憐其臣子今商君吳起大夫種之爲人臣是也其君非也故世稱三子致功而不見德豈慕不遇世死乎夫待死而後可以立忠成名是微子不足仁孔子不足聖管仲不足大也夫人之立功豈不期於成全邪身與名俱全者上也名可法而身死者其次也名在僇辱而身全者下也於是應侯稱善蔡澤少得間因曰夫商君吳起大夫種其爲人臣盡忠致功則可願矣閎夭事文王周公輔成王也豈不亦忠聖乎以君臣論之商君吳起大夫種其可願孰與閎夭周公哉應侯曰商君吳起大夫種弗若也蔡澤曰然則君之主慈仁任忠惇厚舊故其賢智與

有道之士爲膠漆義不倍功臣孰與秦孝公楚悼王越王乎應侯曰未知何如也蔡澤曰今王之親忠臣不過秦孝公楚悼王越王君之設智能爲主安危修政治亂彊兵批患折難廣地殖穀富國足家彊主尊社稷顯宗廟天下莫敢欺犯其主主之威蓋震海內功彰萬里之外聲名光輝傳於千古君孰與商君吳起大夫種應侯曰不若蔡澤曰今王之親忠臣不忘舊故不若孝公悼王勾踐而君之功績愛信親幸又不若商君吳起大夫種然而君之祿位貴勝私家之富過於三子而身不退者恐患之甚於三子竊爲君

危之語曰日中則移月满則虧物盛則衰天地之當數也進退盈縮與時變化聖人之常道也故國有道則仕國無道則隱聖人曰飛龍在天利見大人不義而富且貴於我如浮雲今君之怨已讎而德已報意欲至矣而無變計竊爲君不取也且夫翠鵠犀象其處勢非不遠死也而所以死者惑於餌也蘇秦智伯之智非不足以辟辱遠死也而所以死者惑於貪利不止也是以聖人制禮節欲取於民有度使之以時用之有止故志不溢行不驕常與道俱而不失故天下承而不絶昔者齊桓公九合諸侯一匡天下至於

葵丘之會有驕矜之志畔者九國吳王夫差兵無敵於天下勇强以輕諸侯陵齊晉故遂以殺身亡國夏育太史噭叱呼一作唶駭三軍然而身死於庸夫此皆乘至盛而不返道理不居卑退處儉約之患也夫商君爲秦孝公明法令禁姦本尊爵必賞有罪必罰平權衡正度量調輕重決裂阡陌以靜生民之業而一其俗勸民耕農利土一室無二事力田畜積習戰陣之事是以兵動而地廣兵休而國富故秦無敵於天下立威諸侯成秦國之業功已成矣而遂以車裂楚地方數千里持戟百萬白起率數萬之師以與楚戰一戰舉鄢郢以燒夷陵再戰南并蜀漢又越韓魏而攻彊趙北坑馬服誅屠四十餘萬之衆盡之于長平之下流血成川沸聲若雷遂入圍邯鄲使秦有帝業楚趙天下之强國而秦之仇敵也自是之後楚趙皆懾服不敢攻秦者白起之勢也身所服者七十餘城功已成矣而遂賜劒死於杜郵吳起爲楚悼王立法卑減大臣之威重罷無能廢無用損不急之官塞私門之請一楚國之俗禁游客之民精戰鬬之士南收楊越北并陳蔡破横散從使馳說之士無所開其口禁朋黨以厲百姓定楚國之政兵震天下威服諸侯

功已成矣而卒支解大夫種爲越王深謀遠計免會稽之危以亡爲存因辱爲榮墾草入邑辟地殖穀率四方之士專上下之力輔勾踐之賢報夫差之讎卒擒勁吳令越成霸功已彰而信矣勾踐終負而殺之此四子者功成不去禍至於此此所謂信而不能詘往而不能返者也范蠡知之超然辟世長爲陶朱公君獨不覩夫博者乎或欲大投或欲分功博縣於投不必在行謂投投瓊也此皆君之所明知也今君相秦計不下席謀不出廊廟坐制諸侯利施三川以實宜陽決羊腸之險塞太行之道又斬范中行之塗六國不得合從殆

道千里通於蜀漢使天下皆畏秦秦之欲得矣君之
功極矣此亦秦之分功之時也如是而不退則商君
白公白起吳起大夫種是也吾聞之鑒於水者見面之
容鑒於人者知吉與凶書曰成功之下不可久處四
子之禍君何居焉君何不以此時歸相印讓賢者而
授之退而巖居川觀必有伯夷之廉長爲應侯世世
稱孤而有許繇延陵季子之讓喬松之壽孰與以禍
終哉即君何居焉忍不能自離疑不能自決必有四
子之禍矣易曰亢龍有悔此言上而不能下信而不
能詘往而不能自反者也願君熟計之應侯曰善吾

聞欲而不知止失其所以欲有而不知足失其所以
有先生幸教雖敬受命於是乃延入坐爲上客後數
日入朝言於秦昭王曰客新有從山東來者曰蔡澤
其人辯士明於三王之事五伯之業世俗之變足以
寄秦國之政臣之見人甚衆莫及臣不如也臣敢以
聞秦昭王召見與語大悅之拜爲客卿應侯因謝病
請歸相印昭王彊起應侯應侯遂稱病篤范雎免相
昭王新說蔡澤計畫遂拜爲秦相東收周室蔡澤相
秦數月人或惡之懼誅乃謝病歸相印號綱成君
世均不知何許人秦召春平侯因留之世均爲之請

文信侯呂不韋曰春平侯者趙王之所甚愛也而郎
中甚妬之故相與謀曰春平侯入秦秦必留之故謀
而入之秦君今留之是空絕趙而郎中之計中也故
君不如遣春平侯而留平都侯春平侯者言行於趙
王必厚割趙以事君而贖平都侯文信侯曰善因與
接意而遣之
甘羅年十二事秦相文信侯呂不韋秦始皇帝使剛
成君蔡澤於燕燕王喜使太子丹入質於秦秦使張唐
往相燕欲與共伐趙以廣河間之地張唐謂文信侯
曰臣嘗爲秦昭王伐趙趙怨臣曰得唐者與百里之

地今之燕必經趙臣不可以行文信侯不快未有以
彊也甘羅曰君侯何不決之甚也文信侯曰吾今剛
成君蔡澤事燕三年燕太子丹已入質矣吾自請張
卿相燕而不肯行甘羅曰臣請行之文信侯叱曰去
我身自請之而不肯汝焉能往之甘羅曰夫項橐生
七歲爲孔子師今臣生十二歲於此矣君其試臣何
遽叱乎於是甘羅見張卿曰卿之功孰與武安君卿
曰武安君南挫彊楚北威燕趙戰勝攻取破城墮邑
不知其數臣之功不如也甘羅曰應侯之用於秦也
孰與文信侯專張卿曰應侯不如文信侯專甘羅曰

卿明知其不如文信侯專與曰知之甘羅曰應侯欲攻趙武安君難之去咸陽七里而立死於杜郵今文信侯自請卿相燕而不肯行臣不知卿所死處矣張唐曰請因孺子行令裝治行行有日甘羅謂文信侯曰借臣車五乘請爲張唐先報趙文信侯乃入言之於始皇曰昔甘茂之孫甘羅年少爾然名家之子孫諸侯皆聞之今者張唐欲稱疾不肯行甘羅説而行之今願先報趙請許遣之始皇召見使甘羅於趙趙襄王郊迎甘羅甘羅說趙王曰王聞燕太子丹入質秦歟曰聞之曰聞張唐相燕歟曰聞之燕太子丹入

秦者燕不欺秦也張唐相燕者秦不欺燕也燕秦不相欺者伐趙危矣燕秦不相欺無異故欲攻趙而廣河間王不如齎臣五城以廣河間請歸燕太子與彊趙攻弱燕趙王立自割五城以廣河間秦歸燕太子趙攻燕得上谷三十城令秦有十一甘羅還報秦乃封甘羅以爲上卿復以始甘茂田宅賜之

李斯楚上蔡人入秦爲秦相文信侯呂不韋舍人不韋賢信任以爲郎李斯因以得說説秦王曰胥人者去其幾也成大功者在因瑕釁而遂忍之昔者秦穆公之霸終不東并六國者何也諸侯尚衆周德未衰故五霸迭興更尊周室自秦孝公以來周室卑微諸侯相兼關東爲六國秦之乘勝役諸侯蓋六世矣今諸侯服秦譬若郡縣夫以秦之彊大王之賢繇竈上騷除足以滅諸侯成帝業爲天下一統此萬世之一時也今怠而不急就諸侯復彊相聚約從雖有黄帝之賢不能并也秦王乃拜斯爲長史聽其計陰遣謀士齎持金玉以游説諸侯諸侯名士可下以財者厚遺結之不肯者利劍刺之離其君臣之計秦王乃使其良將隨其後秦王拜斯爲客卿會韓人鄭國來間秦以作注漑渠已而覺秦室宗大臣皆言秦王曰諸

侯人來事秦者大抵爲其主游間於秦爾請一切逐客李斯議亦在逐中斯乃上書曰臣聞吏議逐客竊以爲過矣昔者繆公求士西取繇余於戎東得百里奚於宛迎蹇叔於宋求丕豹公孫支於晉此五子者不産於秦而繆公用之并國二十遂霸西戎孝公用商鞅之法移風易俗民以殷盛國以富彊百姓樂用諸侯親服獲楚魏之師舉地千里至今治彊惠王用張儀之計拔三川之地西并巴蜀北收上郡南取漢中包九夷制鄢郢東據成皋之險割膏腴之壤遂散六國之從使西面事秦功施到今昭王得范雎廢穰

侯逐華陽（華一作莱）强公室杜私門蚕食諸侯使秦成帝業此四君者皆以客之功繇此觀之客何負於秦哉何使四君却客而不内疏士而不用是使國無富利之實而秦無强大之名也今陛下致崑山之玉有隨和之寶垂明月之珠服太阿之劍乘纖離之馬（纖離蒲梢皆駿馬名）建翠鳳之旗樹靈鼉之鼓（鼉皮可以冒鼓）此數寶者秦不生一焉而陛下說之何也必秦國之所生然後可則是夜光之璧不飾朝廷犀象之器不爲玩好鄭衛之女不充後宫而駿馬駃騠不實外廐江南金錫不爲用西蜀丹青不爲采所以飾後宫充下陳娛心意

說耳目者必出於秦然後可則是宛珠之簪傳璣之珥阿縞之衣錦繡之飾（齊之東阿縣繒帛所出）不進於前而隨俗雅化（隨俗一作修使）佳冶窈窕趙女不立於側也夫擊甕叩缻彈箏搏髀而歌呼嗚嗚快耳目者真秦之聲也鄭衛桑間昭虞舞象者異國之樂也（昭一作部）今棄擊甕叩缻而就鄭衛退彈箏而取昭虞若是者何也快意當前適觀而已矣今取人則不然不問可否不論曲直非秦者去爲客者逐然則是所重者在乎色樂珠玉而所輕者在乎人民也此非所以跨海内制諸侯之術也臣聞地廣者粟多國大者人衆兵强則士勇是以泰山不讓土壤故能成其大河海不擇細流故能就其深王者不却衆庶故能明其德是以地無四方民無異國四時充美鬼神降福此五帝三王之所以無敵也今乃棄黔首以資敵國却賓客以業諸侯使天下之士退而不敢西向裹足不入秦此所謂藉寇兵而齎盜糧者也夫物不産於秦可寶者多士不産於秦而願忠者衆今逐客以資敵國損民以益讎内自虚而外樹怨於諸侯求國無危不可得也秦王乃除逐客之令復李斯官（新序曰斯在逐中道上上諫書達始皇始皇使人逐至驪邑得還）

冊府元龜

冊府元龜

巡按福建監察御史臣李嗣京　訂正

分守建南道左布政使臣胡維霖　參閱

知建陽縣事臣黃國琦　較釋

總錄部一百四十一

游說第六

漢范增居鄛人秦末天下兵起增說項梁曰陳勝敗固當夫秦滅六國楚最無罪自懷王入秦不返楚人憐之至今故楚南公曰楚雖三戶亡秦必楚今陳勝首事不立楚後而自立其勢不長今君起江東楚蠭起之將皆爭附君者以君世世楚將爲能復立楚之後也乃求楚懷王孫心在民閒牧羊立以爲懷王以從民望也

蒯通范陽人（涿郡之縣也）楚漢初起武臣略定趙地號武信君通說范陽令徐公曰臣范陽百姓蒯通也竊閔公之將死故弔之雖然賀公得通而生也徐公再拜曰何以弔之通曰足下爲令十餘年矣殺人之父孤人之子斷人之足黥人之首甚衆慈父孝子所以不敢事刃於公之腹者畏秦法也（東方人以物臿地中爲事）今天下大亂秦政不施（施設也立也）然則慈父孝子將爭接刃於公之腹以復其怨而成其名（復猶報也）此通之所以弔者也曰何以賀得子而生也曰趙武信君不知通不肖使人候問其死生通且見武信君而說之（今將欲見之也）曰必將戰勝而後略地攻得而後下城臣竊以爲殆矣（殆危也）用臣之計毋戰而略地不攻而下城傳檄而千里定可乎彼將曰何謂也（彼謂武信君也）臣因對曰范陽令宜整頓士卒以守戰也怯而畏死貪而好富貴故欲以其城先下君先下君而不利則邊地之城皆將相告曰范陽令先降而身死必將嬰城固守（嬰以城自繞也）爲金城湯池不可攻也（金以喻堅湯喻沸熱不可近也）爲君計者

莫若以黃屋朱輪迎范陽令使馳騖於燕趙之郊（令皆見也）則邊城皆將相告曰范陽令先下而身富貴必相率而降猶如阪上走丸也（言勝勢便易）此臣所謂傳檄而千里定者也徐公再拜具車馬遣通通遂以此說武臣武臣以車百乘騎二百侯印迎徐公燕趙聞之降者三十餘城如通策焉

趙廝養卒不知何名（廝取薪者養養人者）趙王武臣閒行爲燕軍所得（閒出謂投閒隙而微出也）燕囚之欲與分地（要劫之令割趙地輸燕以和解也）使者往燕輒殺之以固求地耳餘患之（張耳陳餘也）廝養卒謝其舍（以辭相告曰謝謝其舍謂告其舍中人也）曰吾爲二公說

燕與趙王載歸（二公張耳陳餘）舍中人皆笑曰使者往十餘輩輒死若何以能得王（若汝也）乃走燕壁（走趨也）燕將見之問曰知臣何欲燕將曰若欲得趙王耳曰君知張耳陳餘何如人也燕將曰賢人也曰知其志何欲燕將曰欲得其王耳趙卒笑曰君未知兩人所欲也夫武臣張耳陳餘杖馬箠下趙數十城（言其不用兵革也箠謂馬撾也）亦各欲南面而王豈欲爲卿相終已耶夫臣之與主豈可同日道哉顧其勢初定（顧思念也）且以長少先立武臣爲王以持趙心今趙地已服此兩人亦欲分趙而王時未可爾今君囚趙王念此兩人名爲求王實欲

燕殺之此兩人分趙自立夫以一趙尚易燕（易輕也）況以兩賢王左提右挈而責殺王之罪滅燕易矣（提挈言相扶持也）燕以爲然乃歸趙王養卒爲御而歸

酈食其陳留高陽人高祖初爲沛公從碭北攻昌邑未下西過高陽食其爲里監門曰諸將過此者多吾視高祖大度乃求見高祖高祖方踞牀使兩女子洗（洗洗足也）酈生不拜長揖曰足下必欲誅無道秦不宜踞見長者於是高祖起攝衣謝之延上坐食其説高祖襲陳留高祖以爲廣野君高祖爲漢王三年秋項羽擊漢拔滎陽漢兵遁保鞏楚人聞韓信破趙彭越數反梁地則分兵救之（救趙及梁）韓信方東擊齊漢王數困滎陽成皋計欲捐成皋以東屯鞏雒以距楚食其因曰臣聞之知天之天者王事可成不知天之天者王事不可成王者以民爲天而民以食爲天夫敖倉天下轉輸久矣臣聞其下乃有藏粟甚多楚人拔滎陽不堅守敖倉乃引而東令謫卒分守成皋（謫卒謂卒之有罪謫者即所謂謫戍）此乃天所以資漢方今楚易取而漢反卻自奪便（不圖進取是爲自奪便利也）臣竊以爲過矣且兩雄不俱立楚漢久相持不決百姓騷動海內搖蕩農夫釋耒織女下機（耒手耕曲木也）天下之心未有所定也願足下急復

進兵收取滎陽據敖倉之粟塞成皋之險杜大行之道距飛狐之口守白馬之律以示諸侯形制之勢則天下知所歸矣方今燕趙已定唯齊未下今田廣據千里之齊田間將二十萬之衆軍於歷城諸田宗彊負海岱阻河濟南近楚齊人多變詐足下雖遣數十萬師未可以歲月破也臣請得奉明詔說齊王使爲漢而稱東藩上曰善乃從其畫復守敖倉而使食其説齊王曰王知天下之所歸乎曰不知也曰知天下之所歸則齊國可得而有也若不知天下之所歸則齊國未可保也齊王曰天下何歸食其曰天下歸漢

齊王曰先生何以言之曰漢王與項王勠力西向擊秦約先入咸陽者王之項王背約不與而王之漢中項王遷殺義帝漢王起蜀漢之兵擊三秦出關而責義帝之負處收天下之兵立諸侯之後降城即以侯其將得賂則以分其士與天下同其利豪賢英才皆樂爲之用諸侯之兵四面而至蜀漢之粟方船而下（方併也）項王有背約之名殺義帝之負於人之功無所紀於人之罪無所忘（言吝爵賞而念舊惡）戰勝而不得其賞拔城而不得其封非項氏莫得用事（言唯任同姓之親）爲人刻印刓而不能授（言玩惜侯印不能以封人）攻城得賂積財而不能賞天下畔之賢才怨之而莫爲之用故天下之事歸於漢王可坐而策也夫漢王發蜀漢定三秦涉西河之外援上黨之兵下井陘誅成安君破北魏舉三十二城此黃帝之兵非人之力天之福也今已據敖倉之粟塞成皐之險守白馬之津杜太行之阪距飛狐之口天下後服者先亡矣王疾下漢王齊國社稷可得而保也不下漢王危亡可立而待也田廣以爲然乃聽食其罷歷下兵守戰備與食其日縱酒韓信聞食其馮軾下齊七十餘城乃夜度兵平原襲齊齊王田廣聞漢兵至以爲食其賣己乃烹食其引兵走

陳恢爲秦南陽守齮舍人（舍人親近左右之稱史失其姓）高祖初爲沛公攻破南陽守齮奔宛沛公圍之守欲自剄（以刀割頸爲到）恢曰死未晚也乃踰城見沛公曰臣聞足下約先入咸陽者王之今足下留守宛宛郡縣連城數十其吏民自以爲降必死故皆堅守乘城（乘登也謂上城而守）今足下盡日止攻士死傷必多引兵去宛宛必隨足下前則失咸陽之約後有離宛之患爲足下計莫若約降封其守因使止守引其甲卒與之西諸城未下者聞聲爭開門而待足下足下通行無所累沛公曰善七月南陽守齮降封爲殷侯封陳恢千戶

張同不知何許人事成安君陳餘初項籍入關餘棄將印去不從籍旣封諸侯聞其在南皮故因環封三縣（統南皮三縣以封之）餘使同及夏說說齊王田榮曰項王爲天下宰不明今盡王故王於醜地（醜惡也）而王羣臣諸將善地逐其故王趙王乃北居代餘以爲不可（於義當然）聞大王起兵且不聽（凡不義之事皆不聽順）願大王資餘兵（資給）使擊常山以復趙王請以國爲扞蔽（猶爲齊之藩屏也）齊王許之因遣兵之趙餘悉發三縣兵與齊并擊常山大破之迎故趙王歇於代

田生齊人（史失其名）高后時燕王澤爲營陵侯田生游乏

資以畫好澤（以計畫干之）澤大說之用金二百斤爲田生壽（因飲酒獻壽而與之金）田生已得金卽歸齊二歲澤使人謂田生曰弗與矣（與黨與也言不復與我爲與也）田生如長安不見澤而假大宅令其子求事呂后所幸大謁者張卿居數月田生子請張卿臨親脩具（親父也具供具也）張卿往見田生帷帳具置如列侯張卿驚酒酣乃屏人說張卿曰臣觀諸侯邸第百餘皆高帝一切功臣今呂后雅故本推轂高帝就天下（謂翼戴崇獎以成帝業若車之行助推其轂故得引重而致遠）功至大又有親戚太后之重太后春秋長（言年老也）諸呂弱太后欲立呂產爲呂王王代呂后又重發之（重難發其

事也）恐大臣不聽今卿最幸大臣所敬何不風大臣以聞太后太后必喜諸呂以爲萬戶侯亦卿之有太后必欲之而卿爲內臣不急發恐禍及身矣張卿大然風大臣語太后太后朝因問大臣大臣請立呂產爲呂王太后賜張卿千金張卿以其半進田生田生不受因說之曰呂產王也諸大臣未大服今營陵侯澤諸劉長爲大將軍獨此尙觖望今卿言太后裂十餘縣王之彼得王喜於諸呂王益固矣張卿入言之又太后女弟呂須女亦爲營陵侯妻故遂立營陵侯澤爲瑯邪王與田生之國急行毋留出關太后果使人追之已出卽還

公孫玃齊人景帝時吳王濞與七國謀反及發齊齊北兩國城守不行漢旣破吳齊王自殺得立嗣濟北王亦欲自殺幸全其妻子玃謂濟北王曰臣請試爲大王明說梁王通意天子說而不用死未晚也玃遂見梁孝王曰夫濟北之地東接彊齊南牽吳越北脅燕趙此四分五裂之國（四方受敵濟北居中央爲五裂一云四分卽交五而裂如田字也）權不足以自守勁不足以扞寇又非爲奇怪云以待難也（言權謀勁力旣不能守又無奇怪神靈可以禦難恐自全故墜言於吳也）雖墜言於吳非其正計也（墜猶失也）昔者鄭祭仲許宋人立公

子突以活其君非義也春秋記之爲其以生易死以存易亡鄉使濟北見情實示不從之端則吳必先歷齊畢濟北（歷過畢盡也濟北之地）招燕趙而總之如此則山東之從結而無隙矣今吳楚之王練諸侯之兵敺白徒之衆（練選也白徒言素非軍旅之人若今言白丁）而與天子爭衡濟北獨底節堅守不下使吳失與而無助跬步獨進（半步曰跬）瓦解土分破敗而不救者未必非濟北之力也夫以區區之濟北而與諸侯爭彊（區區小貌）是以羊犢之弱而扞虎狼之敵也守職不橈可謂誠一矣（橈曲也）功義如此尙見疑於上脅肩低首絫足撫衿（脅翕也謂斂也）使有自悔

不前之心悔不與吳西也非社稷之利也臣恐藩臣守職者
疑之臣竊料之能歷西山徑長樂抵未央攘袂而正
議者獨大王爾西山謂有及華山抵至也攘卻也袂衣袖也上有全土之
功下有安百姓之名德淪於骨髓恩加於無窮淪入也
願大王留意詳惟之惟思也孝王大說使人馳以聞濞
北王得不坐徙封爲淄川
高遂梁人景帝時竇嬰爲太子太傅爭立太子事弗
能得謝病屏居藍田南山下屏隱也數月諸竇賓客辯
士說莫能來遂乃說嬰曰能富貴將軍者上也能親
將軍者太后也臣欽若等曰竇太后嬰之從姑也今將軍傅太子太

子廢爭不能得又不能死自引謝病擁趙女屏間處
而不朝謝抱也間處猶言私處祇加懟自明揚主之過有如兩
宮奭將軍兩宮太后及帝也則妻子無類矣嬰然之乃起朝
請如故
後漢馮衍初爲更始將軍廉丹掾及丹與赤眉戰死
衍乃亡命河東及更始遣尚書僕射鮑永行大將軍
事安集北方衍因以計說永一云衍辟鄧禹府奏記於禹也日衍聞
明君不惡切慤之言以測幽冥之論忠臣不顧爭引
之患以達萬機之變慤實也幽冥喻深遠也爭引謂引事與君爭也事非一塗故日
萬機之變也是故君臣兩興功名兼立銘勒金石令問不

忘今衍幸逢寬明之日將值危言之時豈敢拱默避
罪而不竭其誠哉伏念天下離王莽之害久矣始自
東郡之師王莽居攝元年翟義起兵於東郡莽發八將軍擊之繼以西海之役
王莽居攝元年西羌龐恬傅幡等攻西海太守程永莽遣竇況擊之巴蜀沒於南夷緣
邊破於北狄遠征萬里暴兵累年暴露也禍挐未解兵
連不息挐謂相連引也刑法彌深賦斂愈重衆强之黨橫擊
於外百僚之臣貪殘於內元元無聊飢寒並臻父子
流亡夫婦離散廬落丘墟田疇蕪穢疾疫大興災異
蜂起於是江湖之上海岱之濱風騰波涌更相駘籍
駘亦作跆跆蹋也四垂之人肝腦塗地死亡之數不啻大半殃

咎之毒痛入骨髓匹夫僮婦咸懷怨怒僮猶賤也皇帝以
聖德靈威龍興鳳舉率宛葉之衆將散亂之兵歃血
昆陽長驅武關破百萬之陣摧九虎之軍王莽末下江兵攻武
關莽拜將軍九人皆以虎爲號拜之雷震四海席捲天下攘除禍亂誅
滅無道一朞之間海內大定繼高祖之休烈修文武
之絕業社稷復存炎精更輝德冠往初功無與二天
下自以去亡新就聖漢當蒙其福而賴其惠願樹恩
布德易以周洽其猶順驚風而飛鴻毛也言易也然而
諸將虜掠逆倫絕理倫亦理也殺人父子妻人婦女燔其
室屋掠其財產飢者毛食毛草也寒者裸跣冤結失望

無所歸命今大將軍以明淑之德秉大使之權絕三軍之政存撫并州之人惠愛之誠加乎百姓高世之聲聞乎羣士故其延頸企踵而望者非特一人也且大將軍之事豈得珪璧其行束修其心而已哉（言當恢廓規摹不可空自清潔徒約束修身也）將定國家之大業成天下之元功也昔周宣中興之主齊桓霸彊之君爾猶有申伯名虎夷吾吉甫攘其蟊賊（蟊賊食稼虫喻姦盜侵漁也）安其疆宇況乎萬里之漢明帝復興而大將軍爲之梁棟此誠不可以忽也且衍聞之兵久則力屈人愁則變生今邯鄲之賊未滅眞定之際復擾（邯鄲謂王郎也眞定謂劉揚也）而大將

軍所部不過百里守城不休戰爭不息兵革雲翔百姓震駭奈何自怠不爲深憂夫并州之地東帶名關北逼彊胡（并陘關也一作石陘要害之塞故曰名關）年穀獨熟人庶多資斯四戰之地攻守之場也如其不虞何以待之故曰德不素積人不爲用備不預具難以應卒今生人之命縣於將軍將軍所仗必須良才宜改易非任更選賢能夫十室之邑必有忠信審得其人以承大將軍之明雖則山澤之人無不感德思樂爲用矣然後簡精銳之卒發屯守之士三軍既整兵甲已具相其土地之饒觀其水泉之利制屯田之術習戰射之教則

威風遠暢人安其業矣若鎭大原撫上黨收百姓之歡心樹名賢之良佐天下無變則足以顯聲譽一朝有事則可以建大功惟大將軍開日月之明發淵泉之慮監六經之論觀孫吳之策省羣議之是非詳衆士之白黑（白黑猶賢愚也）以超周南之迹垂甘棠之風令夫功烈施於千載富貴傳于無窮伊望之策何以加茲（伊尹呂望）永既素重衍爲且受使得自置偏裨乃以衍爲立漢將軍領狼孟長屯太原

申屠剛扶風茂陵人王莽時避地河西隗囂據隴右欲背漢而附公孫述剛說之曰愚聞人所歸者天所

與人所畔者天所去也伏念本朝（謂光武也）躬聖德舉義兵共行天罰所當必摧誠天所福非人力也將軍本無尺土孤立一隅宜推誠奉順與朝并力上應天心下酬人望爲國立功可以永年嫌疑之事聖人所絕將軍之威重遠在千里動作舉措可不愼與今璽書數到委國歸信欲與將軍共同吉凶布衣相與尚有沒身不負然諾之信況於萬乘者哉今何畏何利久疑如是卒有非常之變上負忠孝下愧當世（言將漢何畏附蜀何利而久疑不決）夫未至豫言固常爲虛及其已至又無所及是以忠信至諫希得爲用誠願反覆愚老之言亹

不納遂畔從述建武七年詔書徵剛剛將歸與囂書曰愚聞專己者孤拒諫者塞孤塞之政亡國之風也雖有明聖之姿猶屈己從衆故慮無遺策舉無過事夫聖人不以獨見爲明而以萬物爲心順人者昌逆人者亡此古今之所共也將軍以布衣爲鄉里所推廊廟之計（廊殿下屋廟太廟也國事必先謀於廟廊之所）旣不豫定動軍發衆人不深料今東方政教日睦百姓平安而西州發兵人人懷憂騷動惶懼莫敢正言羣衆疑惑人懷顧望非徒無精銳之心其患無所不至夫無窮則變生事急則計易其勢然也夫離道德逆人情而能有國

有家者古今未有也將軍素以忠孝顯聞是以士大夫不遠千里慕樂道義今苟欲決意徼幸此何如哉夫天所祐者順人所助者信如未蒙祐助令小人受塗地之禍毀壞終身之德敗亂君臣之節汚傷父子之恩（不從光武是亂君臣之節遣子恂人質而背之是傷父子之恩也）衆賢破膽可不慎哉囂不納

馬援爲隗囂綏德將軍建武四年隗囂子恂居雒陽光武召援計事援具言謀畫因使援將突騎五千往來游說囂將高峻任禹之屬下及羌豪爲陳禍福以離囂友黨援爲書與囂將楊廣使曉勸於囂曰春卿無恙（春卿楊廣字）前別冀南（天水冀縣）寂無音驛援閒還長安因留上林竊見四海已定兆民同情而季孟閉拒背畔（季孟囂字）爲天下表的（表標也言爲標準射的也）嘗懼海內切齒思相屠裂故遺書戀戀以致惻隱之計乃聞季孟歸罪於援而納王游翁諂邪之說（游翁王元字）自謂函谷以西舉足可定以今而觀竟何如邪援閒至河內過存伯春（存猶問也）見其奴吉從西方還說伯春小弟仲舒望見吉欲問伯春無他否竟不能言曉夕號泣婉轉塵中又說其家悲愁之狀不可言也夫怨讎可刺不可毀援聞之不自知泣下也援素知季孟孝愛曾閔不過

夫孝於其親豈不慈於其子可有子抱三木而跳梁妄作（三木桎梏及械）自同分羹之事乎（樂羊爲魏將攻中山其子在中山中山君烹其子而遺之羹羊啜之盡一盃而攻拔中山）季孟平生自言所以擁兵衆者欲以保全父母之國而完墳墓也又言苟厚士大夫而已而今所欲全者將破亡之所欲完者將毀傷之所欲厚者將反薄之季孟嘗折愧子陽而不受其爵（愧猶辱也）今更共陸陸（陸陸猶碌碌也）欲往附之將難爲顏乎若復責以重質當安從得子主給是哉往時子陽獨欲以王相待（謂欲封爲朔寧王也）而春卿拒之今者歸老更欲低頭與小兒曹共槽櫪而食併肩側身於怨家之朝

乎男兒溺死何傷而拘游哉（游浮也）今國家待春卿意浮宜使牛孺卿與諸耆老大人（大人謂豪傑也）共說季孟若計畫不從眞可引領去矣前披輿地圖見天下郡國百有六所奈何欲以區區二邦以當諸夏百有四乎春卿事季孟外有君臣之義内有朋友之道言君臣邪固當諫諍語朋友邪應有切磋（爾雅曰切象曰磋）豈有知其無成而但萎腰咋舌叉手從族乎（萎腰耎弱也）及今成計殊尚善也過是欲少味矣（以食爲諭）且來君叔天下信士（君叔來歙字）朝廷重之其意依依嘗獨爲西州言援商朝廷尤欲立信於此（商度也）必不負約援不得久留願急

馬報廣竟不答

周毖靈帝末爲侍中董卓議廢立司隸袁紹不從卓怒紹出逃亡奔冀州毖與城門校尉伍瓊議郎何顒等皆名士也卓信之而陰爲紹乃說卓曰夫廢立大事非常人所及紹不達大體恐懼故出奔非有他志今購之急勢必爲變袁氏樹恩四世門生故吏徧天下若收豪傑以聚徒衆英雄因之而起則山東非公之有也不如赦之拜一郡守則紹喜於免罪必無患矣卓以爲然乃拜紹勃海太守封邟鄉侯

高幹陳留人袁紹既自號車騎將軍主盟與冀州收韓馥起兵誅董卓馥軍至安平爲公孫瓚所敗瓚遂引兵入冀州襲馥紹因馥惶遽使幹及潁川荀諶等說馥曰公孫瓚乘勝來南而諸郡應之袁車騎引軍東向其意未可量也竊爲將軍危之馥懼曰然則爲之柰何諶曰君自料寛仁容衆爲天下所附孰與袁氏馥曰不如也臨危吐決智勇邁於人又孰與袁氏馥曰不如也世布恩德天下家受其惠又孰與袁氏馥曰不如也諶曰勃海雖郡其實州也今將軍資三不如之勢久處其上袁氏一時之傑必不爲將軍下也且公孫瓚提燕代之卒其鋒不可當夫冀州天下

之重資若兩君并力兵交城下危亡可立而待也夫袁氏將軍之舊且爲同盟當今之計莫若舉冀州以讓袁氏必厚德將軍公孫瓚不能復與之爭矣是將軍有讓賢之名而身安於泰山也願勿有疑馥素性懦怯因然其計

魏程昱漢末爲壽張令太祖征徐州使昱與荀彧留守鄄城張邈等叛迎呂布郡縣響應唯鄄城范東阿不動呂布軍降者言陳宮欲自將兵取東阿又使氾嶷取范吏民皆恐彧謂昱曰今兗州反唯有此三城宮等以重兵臨之非有以深結其心三城必動君民

之望也歸而說之殆可昰乃歸遇范說其令靳允曰聞呂布執君母弟妻子孝子誠不可爲心今天下大亂英雄竝起必有命世能息天下之亂者此智者所詳擇也得主者昌失主者亡陳宫叛迎呂布而百城皆應似能有爲然以君觀之布何如人哉夫布麤中少親剛而無禮匹夫之雄爾宫等以勢假合不能相君也兵雖衆終必無成曹使君智略不世出殆天所授君必固范我守東阿則田單之功可立也孰與違忠從惡而母子俱亡乎惟君詳慮之允流涕曰不敢有二心時氾嶷已在縣允乃見嶷伏兵刺殺之歸勒

兵守

劉放字子棄涿郡人歷郡綱紀舉孝廉遭世大亂時漁陽王松據其土放往依之太祖克冀州放說松曰往者董卓作逆英雄竝起阻兵擅命自封殖惟曹公能拔拯危亂翼戴天子奉辭伐罪所向必克以二袁之彊守則淮南水消戰則官渡大敗乘勝席卷將清河朔威刑既合大勢已見速至者漸福後服者先亡此乃不俟終日馳騖之時也昔黥布棄南面之尊仗劍歸漢誠識廢興之理審去就之分也將軍宜投身委命厚自結納松然之

王粲山陽高平人既依荊州牧劉表表卒粲說其子琮曰僕有愚計願進之於將軍可乎琮曰吾所願聞也粲曰天下大亂豪傑竝起在倉卒之際彊弱未分故人各有心爾當此之時家家欲爲帝王人人欲爲公侯觀古今之成敗能先見事機者則當受其福今將軍自度何如曹公邪琮不能對粲復曰如粲所聞曹公故人傑也雄略冠時智謀出世摧袁氏於官渡驅孫權於江外逐劉備於隴右破烏丸於白登其餘梟夷蕩定者往往如神不可勝計今日之事去就可知將軍能聽粲計卷甲倒戈應天順命以歸曹公曹

公必重德將軍保已全宗長享福祚垂之後嗣此萬全之策也粲遭亂流離託命此州蒙將軍父子重顧敢不盡言琮納其言太祖辟爲丞相掾賜爵關內侯

辛毗字佐治潁川陽翟人隨兄評從袁紹紹卒袁尚攻兄譚於平原譚使毗詣太祖求和太祖將征荊州次于西平毗見太祖致譚意太祖大悅後數日更欲先平荊州使譚尚自相弊他日置酒毗望太祖色知有變以語郭嘉嘉白太祖太祖謂毗曰譚必可信尚必可克不毗對曰明公無問信與詐也直當論其勢耳袁氏本兄弟相伐非謂他人能間其間乃謂天下

可定於巳也今一旦求救於明公此可知也顯甫見
顯思困而不能取此力竭也袁尚字顯甫袁譚字顯思兵革敗於
外謀臣誅於內兄弟讒鬩國分爲二連年戰伐而介
胄生蟣虱加以旱蝗饑饉並臻國無困倉行無裹糧
天災應於上人事困於下民無智者皆知土崩瓦解
此乃天亡尚之時也兵法稱有石城湯池帶甲百萬
而無粟者不能守也今往攻鄴尚不還救卽不能自
守還救卽譚踵其後以明公之威應困窮之弊擊疲
弊之寇無異迅風之振秋葉矣天以袁尚與明公明
公不取而伐荆州荆州豐樂國未有釁仲虺有言取

亂侮亡況今二袁不務遠略而內相圖可謂亂矣居
者無食行者無糧可謂亡矣朝不謀夕民命靡繼而
不綏之欲行他年他年或登又自知亡而改修厥德
失所以用兵之要矣今因其請救而撫之利莫大焉
且四方之寇莫大於河北河北平則六軍威而天下
震太祖曰善乃許譚平次于黎陽明年攻鄴克之
蜀諸葛亮初先主居荆州先主爲魏太祖所追至於
夏口亮請奉命求救於吳孫權時權軍柴桑觀望成
敗亮說權曰海內大亂將軍起兵據有江東劉豫州
亦收衆漢南與曹操並爭天下今操芟夷大難略巳
平矣遂破荆州威震四海英雄無所用武故豫州遁
逃至此將軍量力而處之若能以吳越之衆與中國
抗衡不如早與之絶若不能當何不按兵束甲北面
而事之今將軍外託服從之名而內懷猶豫之計事
急而不斷禍至無日矣權曰苟如君言劉豫州何不
遂事之亮曰田橫齊之壯士也猶守義不辱況劉
豫州王室之胄英才蓋世衆士仰慕之若水歸海若
事之不濟此乃天也安能復爲之下孫主勃然曰吾
不能舉全吳之地十萬之衆受制於人吾計決矣然
非劉豫州莫可當曹操者然豫州新敗之後能抗此

難乎亮曰豫州雖敗於長阪今戰士還者乃關羽水
軍精甲萬人劉琦合江夏戰士亦不下萬人曹操之
衆遠來疲弊聞追豫州輕騎一日一夜行三百里此
所謂彊弩之末不能穿魯縞者也故兵法忌之今將
軍誠與豫州協規同力破操軍必矣權大悅卽弁力
拒曹操曹公敗於赤壁
吳朱治爲安國將軍大帝從兄豫章太守賁女爲曹
公子婦及曹公破荆州威震南土賁畏懼欲遣子入
質治聞之求往見賁爲陳安危治說賁曰破虜將軍
昔率義兵入討董卓聲冠中夏義士壯之討逆係世

廓定六郡特以君侯骨肉至親器爲時主故表漢朝
剖符大郡兼建將較仍關綜兩府榮冠宗室爲遠近
所瞻加討虜聰明神武係承洪業攬結英雄周濟世
務軍衆日盛事業日隆雖昔蕭王之在河北無加也
必克成王基應運東南故劉玄德遠布腹心求見拯
救此天下所共知也前在東聞道路之言去將軍有
異趣良用憮然今曹公阻兵傾覆漢室幼帝流離百
姓元元未知所歸而中國蕭條或百里無烟城邑空
虛道殣相望士怨於外婦歎乎室加之以師旅因之
以饑饉以此料之豈能越長江與我爭利哉將軍當

斯時也而欲背骨肉之親違萬安之計割同氣之膚
啖虎狼之口爲一女子改慮異圖失機毫釐差以千
里豈不惜哉賁錄此遂止

李衡爲諸葛恪司馬魏將胡遵等南伐恪使衡往蜀
說姜維令同舉曰古人有言聖人不能違時時至亦
不可失也今敵政在私門外内猜隔兵挫於外而民
怨於内自曹操以來彼之亡形未有如今者也若大
舉伐之使吳攻其東漢入其西彼救西則東虛重東
則西輕以練實之軍乘虛輕之敵破之必矣維從之

晉顧榮爲大傅東海王越軍諮祭酒屬廣陵相陳敏
反南渡江逐揚州刺史劉機丹陽内史王曠阻兵據
州分置子弟爲列郡收禮豪傑有孫劉鼎峙之計假
榮右將軍丹陽内史榮數踐危亡之際嘗以恭遜自
勉會敏欲誅諸士人榮說之曰中國喪亂胡夷内侮
觀太傅今日不能復振華夏百姓無復遺種江南雖
有石冰之寇人物尚全榮嘗憂無竇氏孫劉之策有
以存之爾今將軍懷神武之略有孫吳之能功勳效
於已著勇略冠於當世帶甲數萬舳艫山積上方雖
有數州亦可傳檄而定也若能委信君子各得盡懷
散蔕芥之恨塞讒諂之口則大事可圖也敏納其言

悉引諸豪族委任之敏仍遣甘卓出橫江堅甲利器
盡以委之

劉暾爲司隸時王彌入雒百官殲焉彌以暾鄉里宿
望故免於難暾因說彌曰今英雄競起九州幅裂有
不世之功者宇内不容將軍自興兵以來何攻不克
何戰不勝而復與劉曜不協宜思文種之禍以范蠡
爲師且將軍可無帝王之意東王本州以觀事勢上
可以混一天下下可以成鼎峙之事豈失孫劉乎蒯
通有言將軍且圖之彌以爲然使暾于青州與曹嶷
謀且徵之暾至東阿爲石勒遊騎所獲見彌與嶷書

而大怒乃殺之

毛寶爲廬江太守蘇峻之作逆陶侃溫嶠未能破賊侃欲率衆南還寶謂嶠曰下官能留之乃往說侃曰公本應領蕪湖爲南北勢援前既已下勢不可還且軍政有進無退非直整齊示衆必死而已亦謂退無所據終至滅亡往者杜弢非强盛公竟滅之何至於峻獨不可破邪賊亦畏死非皆勇健公可試與寶兵使上岸斷賊資糧出其不意使賊困蹙若寶不立效然後公去人心不恨侃然之加寶督護寶燒峻句容湖熟積聚峻頗乏食侃遂留不去

劉牢之鎮京口安帝元興初朝廷討桓玄以牢之爲前鋒都督征西將軍領江州事時會稽王世子元顯遣使以討玄事說牢之牢之以玄少有雄名杖全楚之衆懼不能制又慮平玄之後功蓋天下必不爲元顯所容深懷疑貳不得已率北府文武屯洌洲桓以何穆說牢之曰自古亂世君臣相信者有燕昭樂毅玄德孔明然皆勳業未卒而二主早世設使功成事遂未保二臣之禍也鄙語有之高鳥盡良弓藏狡兎彈獵犬烹故文種誅於句踐韓白戮於秦漢彼皆英雄霸王之主猶不敢信其功臣況凶愚凡庸之流也自開闢以來戴震主之威挾不賞之功以見容於闇世者而誰至如管仲相齊雍齒侯漢則往往有之況君見與無射鉤屢逼之仇邪今君戰敗則傾宗戰勝亦覆族欲以安歸乎孰若翻然改圖保全富貴則身與金石等固名與天壤無窮孰與頭足異處身名俱滅爲天下笑哉惟君圖之牢之自謂握强兵才能筭略足以經綸江表時譙王尚之已敗人情轉沮乃頗納穆說遣使與玄交通其甥何無忌與劉裕固諫之竝不從俄令敬宣降玄劉敬宣牢之將也

宋王誕爲會稽王世子元顯長史及桓玄得志徙誕

廣州盧循據廣州以誕爲其平南府長史甚賓禮之誕久客思歸乃說循曰下官流遠在此被蒙殊眷士感知己實思報答本非戎旅在此無用素爲劉鎮軍所識情味不淺若得此歸必蒙任寄公私濟會厚恩愈於停此空延歲月循甚然之時廣州刺史吳隱之亦爲循所拘留誕又曰將軍今留吳公公私非計孫伯符豈不欲留華子魚但以一境不容二君爾於是誕及隱之竝得還

後周柳帶韋初爲太祖行臺左丞從軍南討時梁宜封侯蕭脩守南鄭達奚武攻之未拔乃令帶韋入城

說修曰足下所固者險所恃者援所守者民今王師泝入棧道長驅漢川此則所憑之險不足固也武興陷没於前白馬破亡於後自餘川谷酋豪路阻而不敢進此則所望之援不可恃也夫顧親戚懼誅夷貪榮慕利此生人常也今大兵總至長圍四合戮逃亡以觀安居賞先降以招後服人人懷轉禍之計家家圖安堵之謀此則所部之民不可守也且足下本朝喪亂社稷無主盡思將何所託死節不足成名竊爲足下不取也僕聞賢者相時而動智者因變立功當今爲足下計者莫若肉袒軍民歸命下吏免生民於

塗炭全髪膚於孝道 必當紆青拖紫裂土分珪名重當時業光後嗣豈若進退無據身名俱滅者哉修然之乃降魏

唐崔義玄貝州武城人隋大業末黄君漢守據柏崖義玄往說之曰見幾而作不俟終日今羣盜蜂起九州幅裂神器所歸必在有德唐公據有秦京名應符籙此真主也足下孤城獨立宜遵寇恂竇融之策及時歸城以取封侯也君漢然之即與義玄歸國拜懐州總管府司馬

王君愕洺州邯鄲人隋大業末并州人王君廓掠邯鄲君愕往說君廓曰方今萬乘失御英雄競起誠宜撫納遺甿保全形勝按甲以觀時變擁衆而歸真主此富貴可圖也今足下居無尺土之地守無兼旬之糧恣行殘忍所過懐殺竊爲足下寒心矣君廓曰計將安出君愕爲陳井陘之險可先往據之君廓從其言乃屯井陘山歲餘會義師入定關中乃與君廓率所部萬餘人來降拜大將軍

魏徵初隨李密來降至京師久不見知自請安輯山東乃授秘書丞驅傳至黎陽時徐世勣尚爲密擁衆徵與世勣書曰自隋末亂離羣雄競逐跨州連郡不

可勝數魏公起自叛徒奮臂大呼四方響應萬里風馳雲合霧聚衆數千萬威之所被將半天下破世充于雒口摧化及於黎山方欲西蹈咸陽北凌玄闕揚旌瀚海飲馬渭川翻以百勝之威敗於奔亡之虜固知神器之重自有所歸不可以力爭是以魏公思皇天之乃睠入函谷而不疑公生于擾攘之時感知己之遇根本已拔確乎不動烏合遺散據守一隅世充以乘勝餘勇息其東略建德因侮亡之勢不敢南謀公之英聲足以振于今古然孰無善始終之慮難去就之機安危大節若榮名得地則九族蔭其餘輝委

質非人則一身不能自保殷鑒不遠公所聞見孟貞猶豫童子先之知機其神不俟終日今公處分爭之地乘宜速之機更事遲疑坐觀成敗恐兌從之華先人生心則公之事去矣世勣得書遂定計遣使歸國開倉運糧以餽淮安王神通之軍

岑文本隋末郡舉秀才以時亂不應蕭銑僭號于荆州大收時望署文本中書侍郎及河間王孝恭之逼荆州也銑問計於文本文本勸銑降從之時官軍擄掠城中文本進說孝恭曰自隋無道羣雄鼎沸海内懷生想望真主今蕭君歸命者實望去危就安必若

縱兵剽掠城中誠非王師來蘇之意亦恐江嶺之外向化之心沮矣孝恭稱善署爲荆州別駕

馬燧沈勇多智謀尤善兵法安祿山反俾光祿卿賈循守范陽燧說循曰祿山負恩首亂雖陷雒京必當夷滅何不建不伐之功誅其逆將向潤客牛廷玠拔其根柢祿山西不能入關則坐而受擒天下可定也循雖善之計不時决事洩祿山果遣韓朝陽來召循朝陽至范陽與循語陰伏壯士以弓弦縊殺之

賈林辯士也德宗建中末王武俊僭建國稱王以當山爲真定府澤潞節度李抱真使林詐降武俊林至

謍曰是來奉詔非降也武俊色動徵其說林曰天子知大夫宿誠及登壇建國之日撫膺顧左右曰我本忠義天子不省是後諸軍曾同表論列大夫天子覽表動容語使者曰朕前事誤追無及已朋友間失意尚可謝朕四海之主毫芒失安可復念哉武俊曰僕虜將尚知有撫百姓天子固不專務殺人以安天下山東連大兵者五比戰勝骨盡暴野雖勝與誰守今不憚歸國家與諸軍盟約虜性直不欲曲在已朝廷能降恩滌蕩僕首唱歸國不從者于以奉辭則上不負天子下不負朋友此謀行河朔不五旬可定及涇原

兵犯闕德宗幸奉天京師問至諸將退軍李抱真將入澤潞田悦說武俊與朱滔襲之林復說武俊曰今退軍前輜重後銳師人心因不可圖也且戰勝而得地則利歸魏博喪師即成德大傷大夫本部易定滄趙四州何不先復故地武俊遂北馬首背田悦約林復說武俊曰大夫異拜豪族不合謀據中華且滔心幽險王室强即藉大夫援之卑即思有併吞且河朔無異國唯趙魏與燕爾今朱滔稱冀則窺大夫冀州其兆已形矣若滔力制山東大夫須修臣禮不從即爲攻奪比時能臣滔乎武俊投袂作色曰二百年宗

社我尙不臣誰能臣田舍漢錄此計定遂南通好祐
眞西連和馬燧與元初武俊削僞號授成德軍節度
使兼幽盧龍兩道節度時朱泚遙冊滔爲僞皇太弟
滔率幽檀勁卒誘廻紇二千騎已圍貝州數十日將
繞自馬津南盜雒都與泚合勢時李懷光反河中李
希烈已陷大梁南逼江漢李納尙反齊田緒未爲用
李晟孤軍壁渭上天子羽書所制者天下纔十二三
海内蕩析人心失歸林又說武俊與抱眞合軍同救
魏博爲武俊陳利害曰朱滔此行欲先平魏博更逢
田悅被害人心不安旬日不救魏貝必下下而益甲

數萬張孝忠見貝魏拔必臣朱滔三道連衡兼統廻
紇長驅至此家族可得完耶若閤下不利則昭義軍
保山西河朔地盡入滔今乘貝魏未下孝忠未附滔
與昭義合軍破之如掇遺此計就即震聲關中京邑
可坐復鑾輿反正公自勳業無二也武俊歎然許之
後唐周式在梁時爲鎭州王鎔判官光化三年秋梁
祖將吞河朔乃親征鎭定縱其軍燔鎭之關城鎔謂
賓佐曰事急矣謀其所向式有口辯出見梁祖梁祖
盛怒逆謂式曰王令公明附幷汾違盟爽信弊賊業
已及此期於無舍式曰明公爲唐室之桓文當以禮
義而成霸業返欲窮兵黷武天下共謂公何梁祖喜
引式袂而慰之曰前言戲之耳即送牛酒貨幣以犒
軍式請鎔子昭祚及大將梁公儒李弘規子各一人
任質于汴梁祖以女妻昭祚

冊府元龜

冊府元龜

巡按福建監察御史臣李嗣京訂正
知長樂縣事臣夏允彝參閱
知建陽縣事臣黃國琦較釋

總錄部一百四十二

夢徵

周禮有六夢一曰正夢二曰噩夢三曰思夢四曰寤夢五曰喜夢六曰懼夢又詩云吉夢維何維熊維羆維虺維蛇又曰牧人乃夢衆維魚矣旐維旟矣斯則夢之徵矣是知禍福無門在祥應而斯顯吉凶有象

考虛實之彌彰按漢書藝文志云衆占非一而夢爲大所以黃帝悟吹塵而得風后唐堯感白帝而獲皋陶成湯占鼎而遇賢高宗求野而得相周文享其齡壽孔子識其亡至於晉霸得天楚傷中月曹因社滅鄭以蘭生叔孫之得豎牛簡子之聽廣樂夢徵所至於焉可知

黃帝夢大風吹天下之塵垢皆去又夢人執千鈞之弩驅羊數萬羣帝寤而歎曰風爲號令執政者垢去土解清治者天下豈有姓風名后者哉夫千鈞之弩異力能遠者也驅羊數萬羣是能善牧者也天下豈有姓力名牧者乎於是依二夢之占而求之得風后于海隅登以爲相得力牧于大澤進以爲將

堯爲天子夢白帝遺吾馬啄子皋陶母升高丘睹上有白雲如虎感已而生皋陶堯聘索狀母問之如堯言徵與語明於刑法

商湯思賢夢見有人負鼎抗俎對己而笑寤而占曰鼎爲和味俎者割截天下豈有人爲吾宰者哉初力牧之後曰伊摯耕於有莘之野湯聞以幣聘之有莘之君留而不進湯乃求婚於有莘之君有莘嫁女於湯以摯爲勝臣至亳乃負鼎抱俎見湯伊摯將應湯

命夢乘船過日月之旁

高宗夢傅說使百工營求諸野得諸傅巖

周文王去商在程正月旣生魄太姒夢見商之庭產棘小子發取周庭之梓樹于門闕梓化爲松栢棫柞寤驚以告文王文王及太子發並拜吉夢受商之大命于皇天上帝文王謂武王曰汝何夢矣武王對曰夢帝與我九齡（帝天也）文王曰汝以爲何也武王曰西方有九國君王其終撫諸文王曰非也古者謂年爲齡齒亦齡也我百爾九十吾與爾三焉（九齡九十年之祥也文王以憂勤損壽武王以安樂延年與爾三者明傳業於汝汝受而成之）文王九十七乃終

武王九十三而終
武王與叔虞母會時夢天謂武王曰余命汝生子名
曰虞與之唐及生子文在其手曰虞故命之曰虞成
王封之於唐
虢公夢在廟有神人面白色虎爪執鉞立於西阿之
下公懼而走神曰無走帝命曰使晉襲于爾門公拜
稽首覺召史嚚占之對曰如君之言則蓐收也天之
刑神也天事官成公使囚之且使國人賀夢舟之僑
告其諸族曰衆謂虢亡不久吾乃今知之君不度而
賀大國之襲於已何瘳吾聞之曰大國道小國襲焉

曰服小國敖大國襲焉曰誅民疾君之侈也是以遂
於逆命今嘉其夢侈必展是天奪之鑒而益其疾也
吾不忍俟也將行以其族適晉六年虢乃亡
秦穆公立病臥五日不寤寤乃言夢見上帝上帝謂天也
上帝命穆公平晉亂史書而藏之府府藏書之處而後世
皆曰上天穆公
晉文公救宋次於濮城晉文侯夢與楚子搏搏手搏楚
子伏已而盬其腦盬𠯗也是以懼子犯曰吉我得天楚
伏其罪吾且柔之矣晉侯上向故得天楚子下向地故伏其罪腦所以柔物子犯審
見事宜故權言以荅夢
子玉自為瓊弁玉纓未之服也將與晉戰夢河神謂
己曰畀余余賜汝孟諸之麋子玉不與而戰敗子玉楚大
夫
趙盾在時夢見叔帶持要而哭甚悲已而笑拊手而
歌盾卜之兆絶而後好趙史援占曰此甚惡非君之
身乃君之子然亦君之咎至趙朔被殺下宫及趙武
而復鞍之戰
晉韓厥夢子輿厥父也謂己曰且避左右故中御而從
齊侯邴夏曰射其御者君子也公曰謂之君子而射
之非禮也射其左越于車下射其右斃于車中

趙嬰夢天使謂己祭余余福汝使問諸士貞伯貞伯
曰不識也既而告其人自告貞伯從人曰神福仁而禍淫淫
而無罰福也祭其得亡乎以得放遣其福祭之之明日而亡
晉侯夢大厲被髮及地搏膺而踊曰殺余孫不義厲鬼
也趙氏之元祖也八年晉侯殺趙同趙括故怒余得請於帝矣壞大門及寢
門而入公懼入于室又壞戶公覺召桑田巫桑田晉邑巫
言如夢巫云鬼怒如公所夢公曰何如曰不食新矣言公不得及食新麥
公疾病求醫于秦秦伯使醫緩為之緩醫名為猶治也未至
公夢疾為二豎子曰彼良醫也懼傷我焉逃之其一
曰居肓之上膏之下若我何肓鬲也心下為膏醫至曰疾不

可爲也在肓之上膏之下攻之不可達之不及藥不至焉不可爲也（達針也）公曰良醫也厚爲之禮而歸之六月丙午公欲麥使甸人獻麥將食如厠陷而卒小臣有晨夢負公以登天及日中負晉侯出諸厠遂以爲殉

呂錡夢射月中之退入於泥（呂錡魏錡晉大夫）占之曰姬姓日也（周世姬姓尊）異姓月也（異姓卑）必楚王也射而中之退入於泥亦必死矣（錡自入泥亦死象）及戰射共王中目王名養繇基與之兩矢使射呂錡中項伏弢（弢弓衣）以一矢復命

聲伯夢涉洹（洹水出汲郡林慮縣東北至魏郡長樂縣入清水）或與己瓊瑰食之（瓊玉瑰珠也食珠玉含象）泣而爲瓊瑰盈其懷（淚下化爲珠下滿其懷）從而歌之曰濟洹之水贈我以瓊瑰歸乎歸乎瓊瑰盈吾懷乎（從飾也夢中爲歌）懼不敢占也還自鄭至于貍脤而占之曰余恐死故不敢占也今衆繁而從余三年矣無傷也言之之莫而卒（繁猶多也傳戒數占夢）

荀吳帥師滅陸渾韓宣子夢文公攜荀吳而授之陸渾（宣子韓起文公晉文公荀吳中行穆子晉大夫也）故使穆子帥師獻俘於文公（欲以應夢）

齊侯伐魯北鄙中行獻子將伐齊夢與厲公訟弗勝厲公（獻子所殺者）以戈擊之首墜於前跪而戴之奉之以走見梗陽之巫皐（梗陽晉邑也在太原皐巫名也夢并見之）他日見諸道與之言同（巫亦夢也獻子與厲公訟）巫曰今茲王必死若有事於東方則可以逞獻子許諾

叔孫穆子去叔孫氏及庚宗（成公十六年避僑如之難奔齊庚宗魯地）遇婦人使私爲食而宿焉適齊夢天壓己弗勝（穆子夢也）顧而見人黑而上僂深目而豭喙號之曰牛助余乃勝之及反魯所宿庚宗之婦人獻以雉（獻穆子）問其姓對曰余子長矣能奉雉而從我矣召而見之則所夢也未問其名號之曰牛曰唯皆名其徒使視之遂使爲

豎（豎官也傳言從夢未必吉）

衛侯殺渾良夫夢于北宮見人登昆吾之觀（衛有觀在古昆吾氏之墟今濮陽城之中）被髮北面而譟曰登此昆吾之墟緜緜生之瓜（緜緜瓜初生也良夫言己有以小成大之功若瓜之生謂使衛侯得國耳）余爲渾良夫叫天無辜（本盟當免三死而并殺一時之事爲三罪殺之故自謂無辜）公親筮之胥彌赦占之（赦衛筮史）曰不害與之邑寘之而逃奔宋（言衛侯無道卜人不敢以實對懼難而逃）

宋景公無子取公孫周之子得與啟畜諸公宮未有立焉公卒得夢啟北首而寢於盧門己爲烏而集於其上喙加於南門尾加於桐門曰余夢美必立乃得

立

鄭文公有賤妾曰燕姞夢天使與巳蘭曰余爲伯鯈余而祖也以是爲而子以蘭有國香人服媚之如是旣而文公見之與之蘭而御之生穆公名之曰蘭穆公有疾曰蘭死吾其死乎刈蘭而卒

子産聘于晉晉侯有疾韓宣子曰寡君寢疾於今三月矣竝走羣望有加而無瘳今夢黃熊入于寢門其何厲鬼也對曰以君之明子爲大政其何厲之有昔堯殛鯀于羽山其神化爲黃熊以入于羽淵實爲夏郊三代祀之晉爲盟主其或者未之祀乎韓子祀夏

郊晉侯有間（間差也）

鄭殺大夫良霄（伯有也在襄三十年）鑄刑書之歲二月（昭六年）或夢伯有介而行（介甲也）曰壬子余將殺帶也明年壬寅余又將殺段也及壬子駟帶卒國人益懼齊燕平之月壬寅公孫段卒國人愈懼

衛襄公夫人姜氏無子（姜氏宣姜）嬖人婤始生孟縶孔成子夢康叔謂巳立元（成子衛卿孔達之孫烝鉏元孟縶弟夢時元未生）余使羈之孫圉與史苟相之（羈烝鉏子苟史朝子）史朝亦夢康叔謂巳余將命而子苟與孔烝鉏之曾孫圉相元史朝見成子告之以夢夢協（協合也）晉韓宣子爲政聘于諸侯之歲（在二年）婤姶生子名之曰元孟縶之足不良能行（今瞽跛也）孔成子以周易筮之曰元尚享衛國主其社稷辭遇屯（震下坎上也）又曰余尚立縶尚克嘉之（嘉善也）遇屯䷂之比䷇（坤下坎上也屯初九爻變）以示史朝史朝曰元亨又何疑焉（周易曰屯元亨）成子曰非長之謂乎（言屯之元亨謂年長非謂名元）對曰康叔名之可謂長矣（善之長也）孟非人也將不列於宗可不謂長（足跛非全人不可列爲宗主）且其繇曰利建侯（繇卦辭）嗣吉何建建非嗣也（嗣子有常位故無所卜又無所建今以位不定卜嗣得吉則當從吉而建之也）二卦皆云（謂再得屯卦皆有建侯之文）子其建之康叔命之二卦告之筮襲於夢武王所用也弗從何爲（外傳云太誓曰

朕夢協朕卜襲於休祥戎商必克此武王辭）弱足者居（跛則偏弱居其家不能行）侯主社稷臨祭祀奉民人事鬼神從會朝又焉得居各以所利不亦可乎（孟跛利居元吉利建）故孔成子立靈公

泉丘人有女夢以其帷幕孟氏之廟（泉丘魯邑）遂奔僖子其僚從之（鄰女有僚友者隨而奔僖子）盟于清丘之社曰有子無相棄也（二女自共盟）僖子使助薳氏之簉（簉副妾也薳氏之女爲僖子副妾別居在外故僖子納泉丘女令副助之）反自祲祥宿於薳氏生懿子及南宮敬叔於泉丘人其僚無子使字敬叔（字養也似雙生）

趙簡子夢童子羸而轉以歌（轉宛轉也）旦而日食占諸史墨曰吾夢如是今而日食何也（簡子夢適與日食會謂咎在巳故問之）

對曰六年及此月也吳其入郢乎終亦弗克（史墨之夢非日食之應故釋日食之咎而不釋其夢）入郢必以庚辰（庚日有變日在辰尾故日以庚辰定四年十一月庚辰吳入郢）日月在辰尾（辰尾龍尾也周十二月今之十月日月合朔於辰尾而食）庚午之日日始有謫火勝金故弗克（謫變氣也庚午十月十九日去辛亥朔四十一日雖日食在辛亥更以始變爲占也午南方楚之位也午火庚金也日以庚午有變故災在楚楚之仇敵唯吳故知其入郢必吳火勝金者金爲火妃食在辛亥亥水也水數六故六年也）

宋元公將爲魯昭公故如晉（請納公）夢太子欒即位於廟已與平公服而相之（平公元公父）旦召六卿公曰寡人不佞不能事父兄（父兄謂華向）以爲二三子憂寡人之罪也若以羣子之靈獲保首領以沒唯是楄柎所以藉

幹者（楄柎棺中苓牀也幹骸骨也）請無及先君（欲自貶損）仲幾對曰君若以社稷之故私降暱宴羣臣弗敢知（暱近也降宴謂損親近聲樂飲食之事）若夫宋國之法死生之度先君有命矣羣臣以死守之弗敢失隊臣之失職常刑不赦臣不忍其死君命抵辱（言君命必不行祗適也）宋公遂行已亥卒于曲棘

宋人圍曹初曹人或夢衆君子立于社宫（社宫社也）而謀亡曹曹叔振鐸請待公孫彊許之（振鐸曹始祖）旦而求之曹無之戒其子曰我死爾聞公孫彊爲政必去之及曹陽伯即位好田弋曹鄙人公孫彊好弋獲白鴈獻之且言田弋之說說之因訪政事大說之有寵使爲司城以聽政夢者之子乃行彊言霸說於曹伯曹伯從之乃背晉而奸宋宋人伐之晉人不救築五邑於其郊曰黍丘揖丘大城鍾邘（梁國下邑縣西南有黍丘亭）宋公將還褚師子肥殿（子肥宋大夫）曹人詬之不行（詬罵也不行殿兵止也）師待之公聞之怒命反之遂滅曹執曹伯及司城彊以歸殺之（終曹之夢）

楚靈王成章華之臺願與諸侯落之太宰薳啓彊來名魯昭公公將往夢襄公祖梓慎曰君不果行襄公之適楚也夢周公祖而行今襄公實祖君其不行子服惠伯曰行也先君未嘗適楚故周公祖以道之襄

公適楚矣而祖以道君不行何之三月公如楚

齊景公田於梧官夜猶早公坐睡夢有五大夫北而稱無罪公覺召晏子告所夢公曰我其嘗殺無罪歟晏子對曰昔先君靈公田五大夫駭獸故弁斷其頭葬之命曰五大夫立豈此耶命人掘其葬處求之則五頭同穴存焉公嘉之命吏葬之又景公舉兵將伐宋師過泰山公夢見二大夫立而怒其怒咸盛公恐覺辟門名占夢者占夢者至公曰今夕吾夢二大夫立而怒不知其所言其怒甚盛吾猶識見其狀識其名占夢者曰師過泰山而不用事故泰山之神怒請

名祝史祠乎泰山則可公曰諾明日晏子朝見公告之如告占夢之言也公曰占夢之言曰師過泰山而不用事故泰山之神怒今欲使人名祝史晏子俯有間對曰占夢者不識也此非泰山之神也是宋之先陽與伊尹也公疑以爲泰山神晏子曰公疑之則嬰請言陽伊尹之貌陽質以長顔以髯兌上豐下倨身而揚聲公曰然是已伊尹黑而短蓬而髯豐上而兌下僂身而下聲公曰然是已今若何晏子曰夫湯太甲武丁祖乙天下之盛君也不宜無後今唯宋爾矣而公伐之故湯伊尹怒請散師平乎宋景公不用終

伐宋晏子曰公伐無罪之國以怒明神不易行以續蓄進師以近過非嬰之所知之師若果進軍必有殃軍進再舍鼓毀將殪公乃辭乎晏子散師不果伐宋

孔子蚤作負手曳杖逍遥於門歌曰泰山其頹乎梁木其壞乎哲人其萎乎既歌而入當戶而坐子貢聞之曰泰山其頹則吾將安仰梁木其壞哲人其萎則吾將安倣夫子殆將病也遂趨而入夫子曰賜爾來何遲也夏后氏殯於東階之上則猶在阼也殷人殯於兩楹之間則與賓主夾之也周人殯於西階之上則猶賓之也而丘也殷人也予疇昔之夜夢坐奠於兩楹之間夫明王不興而天下其孰能宗予予殆將死蓋寢疾七日而没

趙武靈王十六年遊大陵他日王夢見處女鼓琴而歌詩曰美人熒熒兮顔若苕之榮（苕陵苕之草其華紫）命乎命乎曾無我嬴（秦母遂曰言有命祿生遇其時人莫之巳貴盛盈端也）異日王飲酒樂數言所夢想見其狀吳廣聞之因夫人而納其女娃嬴（方言曰娃美色吳有館娃之宮）孟姚也（徐廣曰古史考云內其女曰娃）孟姚甚有寵於王是爲惠后

孝成王夢衣偏裻之衣乘飛龍上天不至而墜見金玉之積如山明日王名筮史敢占之曰夢衣偏裻之

衣者殘也乘飛龍上天不至而墜者有氣而無實也見金玉之積如山者憂也其後三日韓上黨守馮亭降趙趙受之卒有長平之禍

秦始皇夢與海神鬬如人狀乃令人入海齎捕鉅魚具而自以連弩使大魚出射之遂並（音傍）海西至平原津有病

漢文帝嘗夢欲上天不能進有一黄頭郎推之上顧見其衣後穿覺而之漸臺見郎鄧通衣後穿卽夢中所見也因而寵之

衛太子爲江充所譖敗久之田千秋上急變訟太子

宪日子弄父兵罪當笞天子過誤殺人當何罪哉臣
嘗夢見一白頭翁教臣言是時上頗知太子惶恐無
他意乃大感悟召見千秋謂曰父子之間人所難言
也公獨明其不然此高廟神靈使公教我公當遂爲
吾輔佐立拜千秋爲大鴻臚
昌邑王夢見青蠅之矢積殿東西階王乃問龔遂對
曰詩云營營青蠅止于藩愷悌君子無信讒言陛下
察之王終不改
韋玄成爲丞相奏罷祖宗廟在郡國者歲餘玄成寢
寢字下二字犯太祖廟諱上一字匡衡代爲丞相成帝寢疾夢祖宗
冊府元龜　總錄部　夢徵　卷之八百九十二　十三
譴罷郡國廟帝少弟楚孝王亦夢焉帝詔問衡議欲
復之衡深言不可
王莽夢長樂宮銅人五枚起立莽惡之念銅人銘有
皇帝初兼天下之文即使尚方工鐫滅所夢銅人膺
文也師古曰鐫鑿也音子全反又感漢高廟神靈師古曰謂夢見譴責遣虎賁
武士入高廟拔劍四面提擊師古曰提擲也音徒計反斧壞戶牖
師古曰以斧砍壞之桃湯赭鞭鞭灑屋壁師古曰桃湯灑之赭鞭鞭之也赭赤也
令輕車校尉居其中又令中軍北壘居高寢
後漢公孫述將僭號夢有人語之曰八厶子系十一
爲期覺謂其妻曰雖貴而祚短若何妻對曰朝聞道
夕死尚可況十二乎
王延壽曾有異夢意惡之乃作夢賦以自厲後溺水
死時年二十餘史無官
范式字巨卿山陽金鄉人仕郡爲功曹與汝南張劭
字元伯爲友後元伯寢疾卒式忽夢見元伯玄冕垂
纓屣履而呼曰吾以某日死某時葬永歸黃泉如未
我忘豈能相及式覺而驚悲赴之
鄭玄詣徵不起夢孔子告之曰起起今年歲在辰來
年歲在巳北齊劉晝高才不遇傳玄論曰辰爲龍巳爲蛇歲至龍蛇賢人嗟玄以讖合之蓋謂
此也既寤以讖合之知命當終有頃寢疾時袁紹與曹
冊府元龜　總錄部　夢徵　卷之八百九十二　十四
操相拒於官渡令其子譚遣使逼玄隨軍不得已載
疾到元城縣疾篤不進其年六月卒
周磐字伯堅爲重合令棄官還鄉里歲朝會集諸生
講論終日因令其二子曰吾日者夢見先師東里先
生與我講於陰堂之奧既而長歎豈吾齒之盡乎其
月望日無疾忽終
華松家本孤微其母夜夢兩伍伯夾門言司隸在此
松果至司隸
蔡茂初爲廣漢太守夢坐大殿極上有三穗禾茂跳
取之得其中穗輒復失之以問主簿郭賀賀離席慶

日大殿者官府之形象也極而有禾人臣之上祿也取中穗是中台之位也於字禾失爲秩雖曰失之乃所以得祿秩也衮職有闕君其補之旬月而茂徵爲三公

張奐爲武威太守其妻懷孕夢帶奐印綬登樓而歌訊之占者曰必將生男復臨茲邦命終此樓旣而生子猛以建安中爲武威太守殺刺史邯鄲商州兵圍之急猛恥見擒乃登樓自燒而死卒如占言

公孫瓚爲奮武將軍爲袁紹所圍夢薊城摧果敗焉

魏程昱少時嘗夢上泰山兩手捧日昱私異之以語

荀彧及兗州反賴昱得完三城於是彧以昱夢白太祖曰卿當終爲吾腹心昱本名立太祖乃加其上日更名昱也後至衞尉封安鄉侯

管輅舉秀才吏部尚書何晏請之鄧颺在晏謂輅曰聞君著爻神妙試爲作一卦知位當至三公不又問連夢見青蠅數十頭來鼻上驅之不肯去有何意故輅曰夫飛鴞天下賤鳥及其在林食椹則懷我好音況輅心非草木敢不盡忠昔元凱之弼重華宣惠慈和周公之翼成王坐而待旦故能流光六合萬國咸寧此乃履道休應非卜筮之所明也今君侯位重山嶽勢若雷霆而懷德者鮮畏威者衆殆非小心翼翼多福之仁又鼻者艮此天中之山相書謂鼻之所在爲天中鼻有山象故曰天中之山也高而不危所以長守貴也今青蠅臭惡而集之焉位峻者顛輕豪者亡不可不思虛盈之數盛衰之期是故山在地中曰謙雷在天上曰壯謙則裒多益寡壯則非禮不履未有損已而不光大行非而不傷敗願君侯上追文王六爻之旨下思尼父彖象之義然後三公可決青蠅可驅也颺曰此老生之常譚輅答曰夫老生者見不生常譚者見不譚晏曰過歲更當相見（輅別傳載爲何晏所請果

共論易九事九事皆明晏曰君論陰陽此世無雙時鄧颺與晏共坐颺言君見謂善易而論初不及易中辭義何故也輅尋聲答之曰夫善易者不論易也晏含笑而讚之可謂要言不煩也因請輅爲卦輅旣稱引鑒戒晏謝之曰知幾其神乎古人以爲難交疏而吐其誠今人以爲難君今一面而盡二難之道可謂明德惟馨詩不云乎中心藏之何日忘之輅還邑舍具以此言語舅氏舅氏責輅言太切至輅曰與死人語何所畏耶舅大怒謂輅狂悖歲朝西北大風塵埃蔽天十餘日聞晏颺皆誅然後舅氏乃服）

太祖嘗夢三馬同食一槽甚惡焉因謂太子丕曰司馬懿非人臣也必預汝家事旣而竟遷魏鼎

司馬宣王帥師平遼東廻至襄平夢明帝枕其膝曰視吾面俛視有異於嘗心惡之先是詔宣王便道鎮關中及次白屋有詔名宣王三日之間詔書五至手

語曰閒側息望到到便並排闥入覲吾面宣王大遽乃乘追鋒車晝夜兼行自白屋四百餘里一宿而至引至嘉福殿臥內升御床宣王流涕問疾明帝執宣王手目齊王曰以後事相托死乃復可忍吾忍死待君得相見無復所恨矣

蔣濟爲領軍其婦夢見亡兒涕泣曰死生異路我生時爲卿相子孫今在地下爲泰山伍伯憔悴困辱不可復言今太廟西謳士孫阿今見召爲泰山令願母爲白侯屬阿令轉我得樂處言訖母忽然驚寤明日以白濟濟曰夢爲爾耳不足怪也明日暮復夢曰我

來迎新君止在廟下未發之頃暫得來歸新君明日日中當發臨發多事不復得歸永辭於此侯氣強難感悟故自訴於母願重啟侯何惜不一試驗之遂道阿之形狀言甚備悉天明母重啟濟曰雖云夢不足怪此何太適適亦何惜不一驗之濟乃遣人入太廟下推問孫阿果得之形狀證驗悉如兒言濟涕泣曰幾負吾兒於是乃見孫阿具言其事阿不懼當死而喜得爲泰山令惟恐濟言不信也曰若如足下言阿之願也不知賢子欲得何職濟曰隨地下樂者與之阿曰輒當奉教乃厚賞之言訖遣還濟欲速知其驗從領軍門至廟下十步安一人以傳阿消息辰時傳阿心痛巳時傳阿劇日中傳阿亡濟泣曰雖哀吾兒之不幸且喜亡者有知後月餘兒復來語母曰已得轉爲錄事矣

曹爽爲大將軍錄尚書事夢二虎銜雷公雷公若二升梡放著庭中爽惡之以問占者靈臺丞馬訓曰憂兵訓退告其妻曰爽將以兵亡不出旬日後爲司馬宣王所誅

皇甫謐累徵不起夢至雒陽自廟出見車騎甚衆以物呈廟云誅大將軍曹爽寤而以告其邑人邑人曰

君欲作曹人之夢乎朝無公孫彊如何且爽兄弟典重兵又權尚書事誰敢謀之謐曰爽無叔振鐸之請苟失天機則離矣何恃於強昔漢之閻顯倚母后之尊權國威命可謂至重矣閹人十九人一旦尸之況爽兄弟乎未幾爽果敗

鄧艾爲征西將軍留伐蜀夢坐山上而有流水以問殄虜護軍爰邵邵曰按易卦山上有水曰蹇蹇繇曰蹇利西南不利東北孔子曰蹇利西南往有功也不利東北其道窮也往必克蜀殆不還乎艾憮然不樂

蜀關羽爲盪寇將軍督荊州事初出軍圍樊夢豬齧

其足語子平曰吾今年衰矣然不得還

魏延字文長爲前軍軍師征西將軍諸葛亮出北谷口延爲前鋒去亮營十里延夢頭上生角以問占夢趙直直詐延曰夫麒麟有角而不用此不戰而賊自敗之象也退而告人曰角之爲字刀下用也頭上用刀其凶甚矣延後果爲楊儀所殺

蔣琬爲廣都長衆事不理先主欲加罪戮諸葛亮推琬有社稷之器乃不加罪琬見推之後夜夢有一牛頭在門前流血滂沱意甚惡之呼問占夢趙直直曰夫見血者事分明也牛角及鼻公字之象君位必當

至公大吉之徵也後爲大司馬

何祗字公肅嘗夢井中生桑以問占夢趙直直曰桑非井中之物會當移植然桑字四十下八君壽恐過此祗笑云得此足矣後爲犍爲太守年四十八卒如直所言

吳丁固初爲尚書夢松樹生其腹上謂人曰公字十八公也後十八歲吾其爲公乎卒如所夢

朱壽占夢不失一

晉王濬爲廣漢太守嘗夜夢縣三刀於其卧屋梁上須臾又益一刀濬驚覺意甚惡之主簿李毅再拜賀曰三刀爲州字又益一者明府其臨益州乎及賊張弘殺益州刺史皇甫晏果遷濬爲益州刺史

鄧攸爲淮南太守夢行水邊見一女子猛獸自後斷其盤囊占者以爲水邊有女汝字也斷盤囊者新獸頭代故獸頭也不作汝陰當汝南也果遷汝陰太守

郭璞夢乘青龍上天至屋而止寤而歎曰龍飛在天今止於屋屋之爲字尸下至也龍飛至尸吾其死也古之君子不卒內寢况吾匹士乎遂還酒泉南山赤厓閣飲氣而卒

索紞爲郎中避世晦跡惟以占夢爲無悔吝乃不逆

問者孝廉令狐策夢立冰上與冰下人語紞曰冰上爲陽冰下爲陰陰陽事也士如歸妻迨冰未泮婚姻事也君在冰上與下人語爲陽語陰媒介事也君當爲人作媒冰泮而婚成策曰老夫耄矣不爲媒也會太守田豹因策爲子求鄉人張公徵女仲春成婚焉

郡主簿張宅夢走馬上山還繞舍三周但見松柏不知門處紞曰馬屬離離爲火火禍也人上山爲凶字但見松柏墓門象也不知門處爲無門也三周三朞也後三年必有大禍宅果以謀反伏誅索充初夢天上有二棺落於充前紞曰棺者職也當有京師貴人

舉君二柏者頻再遷俄而司徒王戎書屬太守使舉充太守先署充功曹而舉孝廉充後夢見一虜脫上衣來詣充紞曰虜去上中下半男字夷狄陰類君婦當生男終如其言宋桷夢内中有一人著朱衣桷手把兩杖極打之紞曰内中有人肉字也肉色赤也兩杖箸象也極打之飽食肉也俄而亦驗馬黄平問紞曰我昨夜夢舍中馬舞數十人向馬拍手此何祥也紞曰馬者火也舞為火起向馬拍手救火人也平未歸而火作索綏夢東有二角書其大角朽敗小角有題孝畫角佩一在前一在後紞曰大角朽敗腐棺木

小角有題題所詣一在前前凶也一在後後背也當有凶背之問痛綏父在東居三日而凶問至郡功曹張邈嘗奉使詣州夜夢狼啖一脚紞曰脚肉被啖為却字會東虜反遂不行凡所占莫不驗太守陰澹從求占書紞曰昔入太學因一父老為主人其人無所不知又匿姓名有似隱者紞因從父老問占夢之術審測而說實無書也澹命為西閤祭酒紞辭曰少無山林之操游學京師交結時賢希申鄙藝會中國不靖欲養志終年老亦至矣不求聞達又少不習勤老無吏幹蒙汜之年弗敢聞命澹以束帛禮之月致羊酒

張華為司空方晝卧忽夢見屋壞覺而惡之是夜難作被害

陸機為平原内史長沙王乂假機後將軍征河間王顒夜夢黑幕三重繞車機擘出不得明旦被殺其日大風拔木時人以為陸氏之冤

戴洋為都水令史請急還鄉將赴維夢神人謂之曰維中當敗人盡南渡後五年楊州必有天子洋信之遂不去既而皆如其夢

王敦為大將軍舉兵向建業兵至姑熟明帝陰察敦

營壘敦正晝寢夢日環其城驚起曰此必黄鬚鮮卑奴來也帝母荀氏燕代人帝狀類外氏鬚黄敦故謂帝云敦初殺刁協後病始夢白犬自天而下嚙之又見協乘軺車導從瞋目令左右執之俄而敦死

楊雄為舂陵令王敦作亂雄起兵禦之為敦所執敦將釋之衆人皆賀雄笑曰昨夢乘車挂肉其傍夫肉必有筋筋者斤也車傍有斤吾其戮乎尋而敦遣殺之當時見者莫不傷悼

張茂為吳國内史沈充之反也茂與三子並遇害茂弟盎為周札將軍充討札盎又死之贈茂太僕茂少

時夢得大象以問占夢萬推推曰君當爲大郡而不善也問其故推曰象者大獸獸者守也故知當得大郡然象以齒焚爲人所害果如其言

王導子悅爲中書侍郎導夢人以百萬錢買悅潛爲祈禱者備矣尋掘地得錢百萬意甚惡之一皆藏閉及悅疾篤導憂念特至不食積日忽見一人形狀甚偉被甲持刀導問君是何人曰僕是蔣侯也公兒不佳欲爲請命故來爾公勿復憂因求食遂噉數升食畢勃然謂導曰中書患非可救者言訖不見悅亦殞絶

溫嶠爲驃騎將軍鎭武昌至牛渚磯水深不可測云其下多怪嶠遂毁犀角而焰之須臾見水族萬品其夜夢人謂嶠曰與君幽明道隔何意相焰嶠惡之忽中風至鎭旬日而卒

陶侃爲廣州嘗有司馬與侃鎧者長史陳協以爲司馬者國姓也鎧者捍禦之器節下當進位俄加平將軍又嘗夢生八翼飛而上天見天門九重已登其八唯一門不得入閽者以杖擊之因墜地折其左翼及寤左腋猶痛及都督八州據上流握强兵潛有窺伺之志每思折翼之祥自抑而止

羅含字君章少有志尚嘗晝卧夢一鳥文彩異常飛入口中因驚起說之朱氏曰鳥有文彩汝後必有才章自此後藻思日新後至長沙相中散大夫

王珣夢人以大筆如椽與之既覺語人云此當有大手筆事俄而孝武哀策謚皆珣所草

謝安爲太保有疾因悵然謂所親曰昔桓溫在時吾嘗懼不全忽夢乘溫輿行十六里見一白鷄而止乘溫輿者代其位也十六里至止今十六年矣白鷄主酉今太歲在酉吾病殆不起乎乃上疏遜位俄卒

王恭爲安北將軍鎭京口舉兵以討司馬尚之王愉

爲名司馬劉牢之諫不從而恭夢牢之坐其處旦謂牢之曰事平以卿爲北府牢之後叛恭誅果代恭位

劉敬宣牢之長子也知略不及父而技藝過之孫恩之亂隨父征討所向有功爲元顯從事中郎又爲桓玄諮議參軍牢之敗與廣陵相高雅之俱奔慕容德夢丸土而服之既覺喜曰丸者桓也桓既吞矣我當復本土也旬日而玄敗遂與司馬休之還京師

謝擒爲臨川太守每寢輙夢聞鼓吹有人爲其占之曰君不得生鼓吹當死鼓吹爾擒擊杜弢戰殁追贈長水校尉葬給鼓吹焉

前趙劉曜咸和三年曜夢三人金面丹脣東向逡巡不言而退曜拜而履其跡旦召公卿以下議之朝臣咸賀以爲吉祥惟太史令任義進曰三者歷運統之極也東爲震位王者之始次也金爲兌位物衰落也脣丹不言事之畢也逡巡揖讓退舍之道也爲之拜者屈伏於人也履跡而行慎不出疆也東井秦分也五車趙分也秦兵必暴起亡主喪師留敗趙地願陛下思而防之曜大懼於是躬親二郊飾繕神祠望秩山川靡不周及大赦殊死已下復百姓租稅之半既而曜戰敗爲石勒所擒

後趙石虎晝寢永安宮夢羣羊從東北負魚而來鄴東北上高丈餘木生滿其上寤而問佛圖澄澄曰此不祥也鮮卑其有中原乎其後果驗

西凉張駿有疾夢出遊不識其處見一玄龜向之張口而言更九日當有嘉聞遂經九日而卒

西凉李士業之將敗也有敦煌父老令狐熾夢白頭公衣帢而謂熾曰南風動吹長木胡桐椎不中轂言訖忽然不見士業小字桐椎至是而卒

前秦苻健字建業洪第三子初母姜氏夢大熊而孕之健初入關夢天神遣使者朱衣赤冠命拜堅爲龍驤將軍健翼日爲壇於曲沃以授之健泣謂堅曰汝祖昔受此號今汝復爲神明所命可不勉之

苻生初夢大魚食蒲又長安謠曰東海大魚化爲龍男便爲王女爲公問在何所雒門東東海苻堅封也時爲龍驤將軍第在雒門之東生不知是堅以謠夢之故誅其侍中太師錄尚書事魚遵及其七子十孫

苻生夜坐侍婢曰阿法兄弟亦不可信明當除之是夜清河王苻法夢神告之曰旦將禍及汝門惟先覺者可以免之寤而心悸會侍婢來告乃與特進梁平老强汪等率壯士數百人潛入雲龍門苻堅與呂婆

樓率麾下三百餘人鼓譟繼進宿衛將士皆捨杖歸堅生猶昏寐未寤堅衆既至引生置於別室廢之爲越王俄而殺之

慕容儁夜夢石虎齧其臂覺遂痛惡之曰死胡安敢夢生天子使撾之數其罪鞭其屍投之彰水俄寢疾而卒

後秦姚萇襄之弟初從襄征伐每參大謀襄之寇雒陽也夢萇服袞衣升御座諸酋長皆侍立旦謂將佐曰吾夢如此此兒志度不常或能大起吾族

姚萇如長安至于新支堡疾篤輿疾而進夢苻堅將

天宫使者鬼兵數百突入營中萇懼走入宫宫人迎萇刺鬼誤中萇陰鬼相謂曰正中死處拔矛出血石餘寤而驚悸遂患陰腫醫刺之出血如夢萇遂狂言或稱臣萇殺陛下者兄襄非臣之罪願不枉臣

後蜀李雄字仲儁特第三子母羅氏夢雙虹自門升天一虹中斷旣而生蕩後羅氏因汲水忽然如寐又夢大蛇繞其身遂有孕十四月而生雄嘗言吾二子若有先亡在者必大貴也蕩竟前死

後涼呂光討西域進攻龜兹城夜夢金象飛越城外光日此謂佛神去之胡必亡矣

南燕慕容德初迎其兄子超于長安及是而至德夜夢其父曰汝旣無子何不早立超爲太子不爾惡人生心寤而告其妻曰先帝神明所勑覩此夢意吾將死矣乃下書以超爲皇太子大赦境内子爲父後者人爵二級其月死

冊府元龜

巡按福建監察御史臣李嗣京　訂正

分守建南道左布政使臣胡維霖　參閱

知建陽縣事臣黃國琦　較釋

總錄部　一百四十三

夢徵第二

宋劉穆之爲瑯邪府主薄嘗夢與高祖俱泛海忽值大風驚懼俯視船下見有二白龍挾舫既而至一山峯嶺聳秀林樹繁密意甚悦之及高祖尅京城問何無忌曰急須一府主薄何繇得之無忌曰無過劉道

民高祖曰吾亦識之即馳信召焉後至左僕射

何點累徵不起少時嘗患渴經歲不愈後在吳中石佛寺僧建講晝寢夢一道人形貌非常授丸一掬夢中服之而差

孔覬行會稽郡事起兵乃夢行宣陽門道上顧望皆丘陵覬鄉私告人曰丘陵者弗平建康其殆難尅

薛安都征關陝至臼口夢迎頭視天正見天門開謂左右曰汝見天門開不元凶弒逆世祖舉兵安都歎曰昔夢天開乃中興之象邪

王玄謨爲寧朔將軍北征兵敗輔國將軍蕭斌將斬之夢人告之曰誦觀音經千遍則免既覺誦之得千遍明旦將刑誦之不輟忽傳呼停刑

沈慶之嘗夢引鹵薄入厠中慶之甚惡入厠之鄙時有善占者曰君必大富貴然未在旦夕問其故答云鹵薄故是富貴入厠中所謂後帝也知君不在今主後爲侍中太尉年八十夢有人以兩疋絹與之謂曰此絹足度因謂人曰老子今年不免兩疋八十尺也足度無盈餘矣是年果爲廢帝所害

前廢帝太后疾篤呼帝帝不行及太后崩後數日帝夢太后謂之曰汝不孝不仁本無人君之相子尚愚

悖如此亦非運祚所及孝武險虐滅道怨結人神兒子雖多並無天命大運所歸應還文帝之子其後湘東王紹位果文帝子也

袁粲爲海陵太守廢帝即位粲在郡夢日墮其胷上因驚覺尋被徵管機密歷吏部尚書侍中驍衛將軍

南齊紀僧真自寒官事太祖後爲冠軍府參軍僧真夢蒿艾生滿江驚而白之太祖曰詩人採蕭蕭即艾也蕭生斷流卿勿廣言其見親如此

荀伯玉初爲太祖鎮軍中兵參軍太祖在淮南伯玉假還廣陵夢上廣陵城南樓上有二青衣小兒語伯

玉云草中肅九五相追逐伯玉視城下人頭上皆有草泰始七年伯玉又夢太祖乘船在廣陵北渚見上兩腋下有翅不舒伯玉問何當舒上曰却後三年伯玉夢中自謂是呪師上向唾呪凡六呪有六龍出兩腋下翅皆舒還而復斂元徽二年而太祖破桂陽威名大震五年而廢蒼梧太祖謂伯玉曰卿時乘之夢今且效矣

張敬兒爲車騎將軍心疑以世祖不勞問及垣崇祖死愈恐懼妻謂敬兒曰昔時夢手熱如火而君得南陽郡元徽中夢半身熱而君得本州今復夢舉體熱

矣有閹人聞其說之事達世祖伏誅

徐孝嗣領太子左衛率在率府晝卧齋北壁下夢兩童子遽云移公床孝嗣驚起聞壁有聲行數步而壁摧壓床

褚淵爲司徒録尚書事少時嘗病篤夢人以卜蓍一具與之遂差其一以年四十八歲初更寢疾表遜位不許

曹武爲右衛尉將軍卒武雖武士頗有知人鑒梁武及崔慧景之在襄陽于時崔方貴盛武性儉嗇無所餉遺獨餉梁武謂曰卿必大貴我當不及見今以弱子相託每密送錢物并好馬時帝在戎多乏錢乾武換借未嘗不得遂至十七萬及帝即位忘其惠天監二年帝忽夢如田塍下行兩邊水深無底夢中甚懼忽見武來負武帝得過日卿今爲天下主乃爾忘我顧託之言耶我兒饑寒無依昔所換十萬可還其市宅帝覺即使主書送錢還之使用市宅子世澄世宗並蒙抽擢二三年間還爲大郡

南康王子夏字雲廣世祖第二十三子帝春秋高子夏最幼寵愛過諸子初世祖夢金翅鳥下殿庭搏食小龍無數乃飛上天明帝初世祖諸子多誅死其夢

乃驗永泰元年子夏誅年七歲

梁陶弘景字通明初齊高帝作相引爲諸王侍讀建武中齊宜都王鏗爲明帝所害其夜弘景夢鏗告別因訪其幽中多說秘異因著夢記焉弘景母夢青龍無尾自己升天弘景果不妻無子從兄以子松喬嗣

沈約夢齊和帝劍斷其舌召巫視之巫言如夢乃呼道士奏赤章於天稱禪代之事不繇己出高祖遣上省醫徐奘視約疾還具以狀聞先是約嘗侍讌值豫州獻栗徑寸半帝奇之問曰栗事多少與約各疏所憶少帝三事出謂人曰此公讓前不讓即羞死帝以

其言不遜欲抵其罪徐勉固諫乃止及閩赤章事大怒中使譴責者數焉約懼遂卒

江淹爲金紫光祿大夫卒少以文章顯晚節才思微退云爲宣城太守時罷歸始泊禪靈寺渚夜夢一人自稱張景陽謂曰前以一疋錦相寄今可見還淹探懷中得數尺與之此人大恚曰那得割截都盡顧見丘遲謂曰餘此數尺既無所用以遺君自爾淹文章躓矣又嘗宿於冶亭夢一丈夫自稱郭璞謂淹曰吾有筆在卿處多年可以見還淹乃探懷中得五色筆一以授之爾後爲詩絕無美句時人謂之才盡

紀少瑜嘗夢陸倕以一束青鏤管筆授之云我以此筆猶可用卿自擇其善者其文因此遂進後至武陵王記室參軍

王茂初以元勳賜以鍾磬之樂及茂在江州夢鍾磬在格無故自墮心惡之及覺命奏樂既成列鍾磬在格果無故編皆絕墮地茂謂長吏江詮曰此樂天子所以惠勞臣也樂既極矣能無憂乎俄而病少日卒

沈瑀齊末爲選曹郎梁高祖起兵瑀說陳伯之舉衆降瑀從在高祖軍中初瑀在竟陵王家素與范雲善齊末嘗就雲宿夢坐屋梁柱上仰見天中有字曰范氏宅至是瑀謂高祖曰雲得不死此夢可驗及高祖即位雲深薦瑀自暨陽令擢兼尚書右丞

吉士瞻夢一積鹿皮從而數之有十一領及覺思之而喜後士瞻任官至九政忽除湘秦二州甚惡之果卒

柳慶遠從父兄衛將軍世隆嘗謂慶遠曰吾昔夢太尉以褥席見賜吾遂亞台司適又夢以吾褥席與汝汝必光我公族至是慶遠爲雍州刺史卒贈侍中開府儀同三司亦繼世隆焉

元帝初在尋陽賀革西上意甚不悅過別御史丞江

革以情告之革曰吾嘗夢主上遍見諸子至湘東王手脫帽授之此人後必當璧卿其行乎革志之及太清之難乃能克復故遐邇樂推遂應寶命矣

始興王憺未薨前夢改封中山王策授如他日意頗惡之數旬而卒

鮑泉之爲南討都督友人夢泉之得罪於世祖覺而告之後未旬果見囚執頃之又夢泉之著朱衣行水上又告泉之曰君勿憂尋得免矣因說其夢泉之容記之俄而見復任皆如其夢

傅昭爲安城內史安城自宋來兵亂郡舍號凶及昭

為郡郡內人夜夢見兵馬鎧甲甚盛又聞有人云當
避善人軍衆相與騰虛而逝夢者驚起俄而疾風暴
雨倏忽便至數間屋倶倒卽夢者所見軍馬蹹踐之
所也自後郡舍遂安咸以貞正所致
劉霽母明氏寢疾霽年已五十衣不解帶者七旬誦
觀世音經數至萬遍夜因感夢見一僧謂曰夫人筭
盡君精誠所至當相爲申延後六十餘日乃亡
江紑字含潔幼有孝性年十三父蒨患眼紑侍疾將
朞月衣不解帶夜夢一僧云患眼者飲慧眼水必差
及覺說之莫能解者紑第三叔祿與草堂寺智者法

師善往訪之智者曰無量壽經云慧眼見真能渡彼
岸蒨乃圖智者啓捨同夏縣界牛屯里舍爲寺乞賜
嘉名勅答云純臣孝子往往感應晉世顏含遂見冥
中送藥近見智者知卿第二息感夢云飲慧眼水慧
眼則是五眼之一號若欲造寺可以慧眼爲名及就
創造泄故井井水清洌異於常泉依夢取水洗眼及
煑藥稍覺有瘳因此遂差時人謂之孝感焉
劉之遴初在荊府嘗寄居南郡廨忽夢前太子彖承
謂曰卿後當爲折臂太守卽居此中之遴後損臂遂
臨此郡

何微不任疾妻江氏夢神人告之曰汝夫壽盡旣有
至德應獲延期爾當代之妻覺說焉俄得患而卒何
疾及瘳其後猶夢一神女并八十許人並衣袷行列
至前倶拜牀下覺又見之便命營凶具旣而疾叵不
復瘳
朱虓爲太醫令嘗直禁省無何夜夢犬羊各一在御
坐覺而思之告人曰犬羊者非佳物也今據御坐將
有變乎旣而高祖蒙塵侯景登正殿焉
侯景反簡文帝幼見幽縶朝士莫得接覲慮禍將及
嘗不自安惟舍人殷不害後稍得入太宗指所居殿

謂之曰龐涓當死此下又曰吾昨夜夢吞土卿試爲
思之不害曰昔重耳饋塊卒反晉國陛下所夢將符
是乎太宗曰儻幽冥有徵冀斯言之不妄爾至是見
弑實以純盛土加於腹焉
沈初明爲御史中丞元帝江陵平遷長安元魏太祖
授儀同三司甚禮待之初明恐元魏愛其文才乃閉
門却掃無所交游時有文章隨卽毀棄不令流布嘗
獨行經漢武通天臺爲表奏之陳己思歸之意奏訖
其夜初明夢見有官禁之所兵衞甚嚴初明便以情
事陳訴聞有人言甚不惜放卿幾日可至若一月內

見關出此恐不復餘我寤而異之當時以爲怳忽十餘日便有命放還與王克等竝得東歸

陰子春嘗爲東莞太守時青州刺史王神念毁壞館海神廟當座諫上有一大虵入於海水爾夜子春夢見一人詣其府云有人見若破壞宅舍旣無所託欲憩此境子春心密記之經二日方知辨念毁廟因神牲爵立宇祠之數日夢一朱衣人謝曰得君厚惠當以相報經月餘魏軍欲襲朐山子春預知設伏摧破之梁武以爲南青州刺史

王僧辯爲征討都督討侯景進師潯陽軍人多夢周

何二廟神云吾已助天子討賊自稱征討大將軍竝乘朱舫俄而及日已殺景同夢者數十百焉

陳章昭達以功授鎮軍將軍初世祖嘗夢昭達升於台鉉及旦以夢告之至是侍讌世祖顧昭達曰卿憶夢不如何以償昭達對曰當効犬馬之用以盡臣節自餘無以奉償

徐陵母臧氏嘗夢五色雲化而爲鳳集左肩上已而誕陵焉陵至太子少傅

鄭灼厲志儒學少受業于皇侃灼性精勤尤明三禮少時嘗夢與皇侃遇於途侃謂灼曰鄭郎開口侃因唾灼口中自後義禮愈進

後魏秦明王翰曾孫禎爲都牧尚書禎子瑞初瑞母尹氏有娠致傷後晝寢夢一老翁具衣冠告之曰吾賜汝一子汝勿憂之寤而私喜又問筮者曰大吉未幾而生瑞禎以爲協夢故名瑞字天賜位大中大夫卒贈太常卿

濟陰王鬱長子弼以世嫡應襲爲季父所奪初弼嘗夢人謂已曰君身不得傳世封其紹先爵者君長子紹遠也果如其言

任城王澄爲吏部尚書兼右僕射高祖至北印遂幸

洪池命澄侍昇龍舟因賦詩以述懷高祖曰朕昨夜夢一老翁頭鬚皓白正理冠服拜立路左朕怪而問之自云晉侍中嵇紹故此奉迎神爽卑懼似有求焉澄對曰晉世之亂嵇紹以身衞主殞命御側亦是晉之忠臣比干遭紂兇虐忠諫剖心可謂殷之良士二人俱死於王事墳塋竝在於道周然陛下徙御瀍雒經殷墟而弔比干至洛陽而遺嵇紹當是希恩而感夢高祖曰朕何德能幽感達士也然實思追禮先賢標揚忠懿比干嵇紹皆是古之誠烈朕務濃比干禮略嵇康紹情亦有慨然旣有此夢或如任城所言於

是求其兆域遣使弔祭焉
中山王熙未誅前夢人告之曰任城王當死死後二日外君亦不免若其不信試看任城家熙夢中顧瞻任城第舍四面墻水無遺堵焉熙惡之覺而以告所親及熙之死也果如斯夢
李憲爲揚州刺史於肅宗孝昌二年十月表云門下督周伏興以去七月患假還家至十一日夜夢渡淝水行至草堂壽南遥見七人一人乘馬著朱衣籠冠六人從後與路左而立至便再拜問與何人與對曰李公門下督躉使硤石其人語與君可廻我是孝文

皇帝中書舍人遣語李憲勿憂賊堰此日破矣與行兩步錄與姓字令與速白與寤曉遂還城具言夢狀七月二十七日堰破
元順爲左僕射爾朱榮之奉莊帝召百官悉至河陰素聞順數諫諍惜其亮直謂朱瑞曰可語元僕射但在省不須來順不達其言聞害衣冠遂便出走爲陵戶鮮于康奴所害家徒四壁無物斂尸止有書數千卷而已門下通事令史王才達裂裳覆之莊帝還宮遣黄門侍郎山偉巡喻京邑偉臨順喪悲慟無已既還莊帝怪其聲散偉以狀對莊帝勑侍中元祉曰宗室喪亡非一不可周贍元僕射清高之節死乃益彰特贈絹百疋餘不得爲例贈尚書令司徒公謚曰文烈初莊帝在藩順夢一段黑雲從西北直來觸東南上日月俱破後日諸星天地盡闇俄而雲消霧解便有日出自西南隅甚明淨云長樂王曰尋見莊帝從閶闔門入登太極殿唱萬歳者三百官咸加朝服謁帝唯順集書省步廊西槐樹下脫衣冠卧既寤告元暉業曰吾昨夜夢於我殊自不佳說夢因解之曰黑雲氣惡者是北方之色終當必有北敵以亂京師二宮殘毀百寮何者日君象也月后象也衆星百官象

以此言之京邑其當禍乎昔劉曜破晋室以爲髑髏臺前途之事得無此乎雖然彭城王勰有文德於天下今夢其兒爲天子積德必報此必然矣但恨其得之不久所以然者出自西南以時易年不過三載但恨我不見之向者我夢卧槐樹下槐字木傍鬼身與鬼并復解冠冕此寧不死乎然亡後乃得三公贈爵皆如其夢
酈範幼爲青州刺史加冠軍將軍還爲尚書右丞後除平東將軍青州刺史假范陽公範前解州還京日夜夢陰毛拂踝他日說之時齊人有占夢者曰史武

進云豪盛於齊下矣使君臨撫東泰道光海岱必當重牧全齊再祿營丘矣範笑而荅曰吾將爲鄉必驗此夢果如其言

崔浩爲司徒眞君十一年被誅浩初講害李順基萌已成夜夢秉火爇順寢室火作而順死浩與室家群立而觀之俄而順弟息號哭而出曰此輩吾賊也以戈擊之悉投於河寤而惡之以告館客馮景仁景仁日此眞不善也非復虛事夫以火爇人暴之極也階亂兆禍復之招也商書曰惡之易也如火之燎於原不可嚮邇其猶可撲滅乎且兆始惡者有終殃積不

善者無餘慶厲階成矣公其圖之浩曰吾方思之而不能悛至是而已

李元忠爲侍中領衛尉卒元忠將仕夢手執炬入其父墓中夜驚起甚惡之旦告其受師占大吉此可謂光焰先人也竟如其言

馬敬德天統初除國子博士太武爲後主擇師傅趙彥深進之入爲侍講其妻夢猛獸將來向之敬德走超叢棘妻伏地不敢動敬德占之曰吾當得大官超級過九卿也爾伏地夫人也

北齊崔季舒爲左光祿大夫妻晝魘寤云見人長一丈遍体黑毛欲來逼已巫曰此是五道將軍入宅者不祥俄被誅

張亮字伯德拜太中大夫薛琡嘗夢於山上掛絲以告亮且占之曰山上絲幽字也君其幽州刺史乎果然

竇泰母初夢風雷暴起若有雨狀出庭觀之見電光奪目驟雨霑洒寤而驚汗遂有娠朞而不産大懼有巫曰渡河湔裙産子必易便向水所忽見一人曰當生貴子可從而南泰母從之俄而生泰

後主夜夢黑衣貴人迭相驅逐乃向之拜後築西鄙

諸城爲羌兵鼓譟凌之多作黑衣人其内參臨拒或實彎弓射人自晉陽東巡單馬馳騖前不得有人解髮散而歸

後周高琳母嘗祓禊泗濱遇見一石光彩朗潤遂持以歸是夜夢一人衣冠有若仙者謂其母曰夫人向所將來之石是浮磬之精若能寶持必生令子其母夢寤便舉身流汗已而有娠乃生琳因以名字焉及長有大度知略從文帝累有戰功後位至大將軍開府儀同三司

隋衛王爽討突厥明年徵爲納言高祖甚重之未幾

寤疾上使巫者薛榮宗視之云衆鬼爲厲𧺝令左右
驅逐之居數日有鬼物來擊榮宗榮宗走下階而斃
其日𧺝薨
元德太子昭煬帝長子也初文帝以開皇三年四月
庚午夢神自天而降云是天將生降寤召納言蘇威
以告之及聞蕭妃在并州有娠迎置大興宮之客省
明年正月戊辰而生昭養於宮中號大曹王
唐裴寂字玄真蒲州人初仕隋爲左親衞家貧無以
自業每徒步詣京師經華岳廟祭而祝曰窮困至此
敢修誠謁神神之有靈鑒其運命若富貴可期當降

吉夢再拜而去夜夢白頭翁謂寂曰卿年三十已後
方可得志終當位極人臣爾至武德中爲司空
徐慶太宗時爲征遼判官有一典不得姓名慶在軍
忽夢巳化爲羊爲典所殺覺懼流汗至曉典判案慶
問曰汝夜有夢否典云夢公爲羊某屠之緣是慶不
食羊前天時慶至司農少卿雍州司馬時典巳任大
理獄丞後慶被誣與內史令裴炎通謀慶應接英公
徐敬業揚州反被執送大理忽見丞押獄慶流涕謂
曰征遼之夢今當應之及被戮竟丞引之
李嶠趙州贊皇人爲兒童時夢有神人遺之雙筆自
是漸有學業弱冠舉進士後歷中書令兵部尚書同
中書門下三品
崔湜爲中書令景雲中坐事徙嶺外與尚書左丞盧
藏用同配流俱行湜謂藏用曰家弟承恩或與寬宥
因遲留不速進行至荊州夢於講堂照鏡自以爲鏡
者明象吾當爲人主所明也以告占夢人張申申退
曰講堂者受法之所鏡者於文爲立見金此非吉徵
其日追使至縊於驛中
賀知章絳州翼城人少勤學嘗夢神人以大鑒開其
心以藥內之自是日益開朗盡通諸經義未幾而諸

師友並向受業焉後至國子博士
張鷟字文成聰警絕倫書無不覽爲兒重時夢紫色
大鳥五彩成文降于家庭其母謂之曰五色赤文鳳
也紫文鸑鷟也爲鳳之佐吾兒當以文章瑞於朝廷
因以爲名字後終於司門員外郎
偉溫爲宣歙觀察使瘍生於首謂愛壻張復魯曰予
任技書郎時夢二黃衣人齎符來追及滻將渡一人
續至曰彼墳至大功須萬日遂不涉而寤計今萬日
矣與公決矣明日卒
史思明叛逆將爲其下所殺其夜思明夢而覺據案

惆悵思明好伶人寢食嘗置左右以其殘忍皆怨之及此問其故思明曰吾見夢向水中沙上有群鹿吾逐鹿及渡水而至沙上鹿死水盡言畢如厠伶人相謂曰鹿者禄也水者命也胡禄與命俱盡矣是夕思明爲朝義所殺

劉沔初爲中武小較從李光顏討淮西爲捉生將前後遇賊血戰鋒刃所傷幾死者數四嘗傷重卧草中日黑不知歸路昏然而睡夢人授之雙燭曰子方大貴此行無患可持此而還既行朗然有雙光在前後歷振武河東義成鄭滑節度使以太子太保致仕卒

杜牧爲中書舍人得病嘗夢告曰爾改名畢又夢書片紙曰皎皎白駒在彼空谷寤而歎曰此過隙也其年以疾終

劉仁恭爲幽州節度使仁恭微時嘗夢佛幡於七指飛出或占曰君年四十九必有旌幢之貴後如其夢

晉李專美字翊商京兆人後唐末帝鎮鳳翔專美爲記室在岐下嘗夢具案簡立嵩山之頂及爲端明殿學士與李崧同列而班在其上以所夢告崧且曰某非德非勳安可久在此秩居吾子之首乎因懇求他官尋移宣徽使

馬重績爲司天監夢游崑崙山與上仙語其言覺具述其事夜未央無病而卒

趙瑩字玄暉華陰人解褐爲康延孝從事後唐同光中延孝鎮陝州會莊宗伐蜀命延孝驍將將行留瑩監修金天神祠功既集忽夢神召於前亭待以優禮乃謂瑩曰公富有前程所冝自愛因遺一劒一笏覺而駭異後爲中書令出爲晉昌節度移鎮華州入爲開府尹復相位加弘文館大學士

崔棁爲太常卿嘗自語於知友云其少時夢二人前引行路一人計地理曰一舍矣可以止一人曰此君

當更進三十有八里復行如所言二人偕止之俄而驚覺棁嘗識是夢以爲定命之限故六十有七請退明年果終焉

李郁爲光禄卿一日晝寢夢食豆粟覺而有疾謂其親友曰嘗聞棗字重來呼鼀之象也余神氣逼抑將不免乎天福五年夏卒

李周爲權開封五將卒夢焚旌旗與鎧甲繇是歎息有歸休之意三上章不得謝年七十四卒帝聞其忠慎廉絜無積財歎息久之

馬胤孫後唐明宗朝爲瀛王河中從事天成中嘗計

事赴闕宿於逆店其地有上邏神祠夜夢神人見召待以優禮手授二筆其筆一大一小覺而異焉及潞王即位以胤孫爲翰林學士胤孫以爲契鴻筆之兆旋知貢舉私自謂曰此二筆之畢應也及拜平章事上事中堂吏奉二筆熟視大小如昔時夢中所授者胤孫始悟冥數有定分也

周和凝年十七舉明經至京師忽夢人以五色筆一束與之謂曰子有如此才何不舉進士自是才思敏瞻後至宰相罷爲太子太傅卒

王仁裕字德輦天水人少孤不從師訓年二十五一

夕夢剖其腸胃引西江水以浣之又覩水中沙石皆有篆文因取吞之及寤心意豁然自是文性甚高後爲兵部尚書太子少保卒

徐台符爲兵部尚書翰林學士承旨與太子太傅李崧爲執友崧爲蘇逢吉史弘肇所構乾祐三年秋夢崧謂曰予之寃横得請於帝矣及蘇史誅並梟首於市當崧所誅之地

趙上交仕晉爲御史中丞天福九年少帝禦契丹於澶淵上交從行忽中夜夢有一女子爲人設筮上交問曰此行主上櫛風沐雨百官暴露營野契丹幾時當北去也女子曰十二日五日也俄見女子袒衣身有金甲類將軍之狀上交驚而悟以告同列咸曰此眞異夢不可輕爲占測當共志之時虜去駕還俱不以是日及十二年正月朔日契丹至浚北知百官素服序列以朝之虜長被狐裘跨馬駐岡阜之上令百官去縞具常服謂曰爾輩無懼吾亦人也因開襟示所擐之甲具云我昨來特製此爲南討也蓋虜情多忌當欲明其有備爾時上交爲御史中丞首引百官見其事具省前夢退謂舊同列曰虜生北方稟陰氣女子象通卜筮者以多筭也此日乃明其應異乎及

契丹北還果以十七日也

李濤爲中書侍郎兼戶尚書平章事漢隱帝乾祐元年三月免歸私第初濤於是月中書閤內晝寢夢廳事如新嚴飾張陳供具郡吏趨走言迎新宰相帶諸司使既寤心異之題記於柱至二十八日罷免尋除楊邠爲相帶樞密使

冊府元龜

巡按福建監察御史臣李嗣京　訂正

知甌寧縣事臣孫以敬參閱

知建陽縣事臣黃國琦較釋

總錄部一百六十四

謠言

古者命輶軒之使巡萬國采異言靡不畢載以爲奏籍王者所以觀風俗之得失以考政也國風雅頌繇是生焉春秋已來乃有婉變總角之謳傳於閭巷皆成章協律著禍福之先兆推尋參驗信而有徵洪範

傳曰言之不從時則有詩妖是之謂也

晉獻公僖五年八月伐虢圍上陽問於卜偃曰吾其濟乎對曰克之公曰何時對曰童謠云丙子之辰龍尾伏辰袀服振振取虢之旂袀音均又戈均反振音之人反龍尾尾星也日月之會曰辰日在尾星故尾伏不見鶉之賁賁天策焞焞火中成軍虢公其奔賁音奔焞音鶉火星也賁鳥星之體也天策傳說星也星近日故焞焞無光耀也言丙子平旦鶉火中軍事有成功也卜偃曰其九月十月之交乎丙子旦日在尾月在策鶉火中必是時也冬十一月丙子滅虢虢公醜奔京師周十一月夏之九月

晉惠公卽位出共世子而改葬之臭達於外共世子申生公時葬不如禮故改葬之惠公烝於獻公夫人國人賈君故申生臭達於外不欲爲無禮者所葬也國人誦之曰貞之無報也孰是人斯而有是臭也貞正也謂公欲以正禮改葬世子而不獲吉報也惟使是人有是臭者言惠公使之貞爲不聽以正葬之而不見聽信爲不誠國斯無刑偷居幸生刑法也言惠公偷竊居位徼幸而生不更厥貞大命其傾不變更其正大命將傾危也威兮懷兮威畏也懷思也言國人畏惠公思重耳各聚爾有以待歸兮猗兮違兮必之哀兮猗歎也違去也言民心必欲去其上安上重還故哀也歲之二七其靡有徵兮二七十四歲後也靡無也無有徵徵者亦古謂子圉也若翟公子吾是之依兮謂重耳鎮撫國家爲王妃兮言重耳當霸諸侯王妃偶郭偃曰甚哉善之難也君改葬共公以爲榮也而惡滋彰夫

人美於中必播於外而越於民民實載之美善也播布也越揚也載戴也於惡亦如之故行不可不愼必也或知之十四年君之冢嗣其替乎冢嗣太子也替滅也其數告於民矣數謂二七公子重耳其入乎其魄兆於民矣魄形也若入必霸諸侯以見天子其耿光於民矣耿略也數言之紀也謂言者紀其數魄意之術也意民之志也術道也魄兆見而民志隨也光明之曜也紀言以敘之述意以導之明曜以焰之不至何待欲先導者行乎先導謂重耳導引者前行將至矣時又童謠曰共太子更葬兮後十四年晉亦不昌昌乃在其兄其後惠公與秦戰爲秦所獲立十四年而死晉人絕之更立其兄

重耳是爲文公遂霸諸侯
魯文成之世童謠曰鸜之鵒之公出欲之鸜鵒之羽公在外野往饋之馬鸜鵒跦跦公在乾侯跦音誅跳行貌乾音干乾侯在魏郡斥丘徵褰與襦徵求也褰袴也鸜鵒之巢遠哉搖搖搖搖不安之貌稠父喪勞宋父以驕父讀曰甫甫者男子之通號也言昭公欲去季氏不遂而出故曰喪勞定公無德於下坐致君位故曰以驕鸜鵒鸜鵒往歌來哭謂昭公生時出奔死乃以喪歸之至昭公時有鸜鵒來巢公攻季氏敗出奔齊居外野次乾侯八年死于外歸葬魯昭公名稠公子宋立是爲定公
漢元帝時童謠曰井水溢滅竈烟灌玉堂流金門至

成帝建始二年三月戊子北宮中井泉稍上溢出南流象春秋時先有鸜鵒之謠而後有來巢之驗井水陰也竈烟陽也玉堂金門至尊之居象陰盛而滅陽竊有宮室之應也王莽生於元帝初元四年至成帝封侯爲三公輔政因以纂之時又童謠曰燕燕尾涎涎涎涎光澤貌也音徒見反張公子時相見木門倉琅根燕飛來啄皇孫皇孫死燕啄矢其後帝爲微行出遊嘗與富平侯張放俱稱富平侯家過河陽主作樂見舞者趙飛燕而幸之故曰燕燕尾涎涎美好貌也張公子謂富平侯也木門倉琅根謂宮門銅鍰門之鋪首兩銅鍰也銅色青故曰倉琅鋪首銜環故謂之根鍰讀與環同言將尊貴也後遂立爲皇后弟昭儀賊害后宮皇子卒皆伏辜所謂燕飛來啄皇孫皇孫死燕啄矢者也是時歌謠又曰邪徑敗良田讒口亂善人桂樹華不實黄爵巢其顛古爲人所羨今爲人所憐桂赤色漢家象華不實無繼嗣也王莽自謂黄象爵巢其顛也
翟方進成帝時爲丞相奏罷汝南鴻隙陂後嘗枯旱郡中追怨方進童謠曰壞陂誰翟子滅飯我豆食羹芋魁言田無溉灌不生秔稻又無麥稷但有豆及芋豆食者豆爲飯也羹芋魁者以芋根爲羹反乎覆陂當復誰云者兩黄鵠託言有神來告至後漢陂果復

王莽末天水童謠曰出吳門望緹羣見一蹇人言欲上天令天可上地上安得人時隗囂初起兵於天水後意稍廣欲爲天子遂破滅囂少病蹇吳門冀都門名也有緹羣山
後漢更始時南陽有童謠曰諧不諧在赤眉得不得在河北是時更始在長安世祖爲大司馬平定河北更始大臣並專權故謠妖作也後更始遂爲赤眉所殺世祖自河北興
光武建武初蜀童謠曰黄牛白腹五銖當復是時公孫述僭號於蜀時人竊言王莽稱黄述欲繼之故稱

日五銖漢家貨明當復漢也

順帝之末京都童謠曰直如弦死道邊曲如鉤反封侯時順帝郎世孝質短祚大將軍梁冀貪樹疏幼以爲己功專國號令以贍其私太尉李固以爲清河王雅性聰敏敦禮閲書加又屬親立長則順置善則固而冀建白太后策免固徵蠡吾侯遂卽至尊固因是幽斃于獄暴屍道路而太尉胡廣封安鄉侯司徒趙戒廚亭侯司空袁湯安國亭侯

桓帝之初天下童謠曰小麥青青大麥枯誰當穫者婦與姑丈人何在西擊胡吏買馬君具車請爲諸君

鼓嚨胡元嘉中凉州諸羌一時俱反南入蜀漢東抄三輔延及幷冀大爲民害命將出師每戰常負中國益發甲卒麥多委棄但有婦女穫刈之也吏買馬君具車者言調發者及有秩者也請爲諸君鼓嚨胡者不敢公言私咽語

建和初京師童謠曰城上烏尾畢逋公爲吏子爲徒一徒死百乘車車班班入河間河間姹女工數錢以錢爲室金爲堂石上慊慊舂黃粱粱下有懸鼓我欲擊之丞卿怒案此皆謂爲政者貪也城上烏尾畢逋者處高利獨食不與下共謂人主多聚歛也公爲吏子爲徒者蠻夷將叛逆父旣爲軍吏其子又爲卒徒往擊之者也一徒死百乘車者言前一人往討胡旣死後又遣百乘車往車班班入河間者言乘輿班班入河間迎靈帝也河間姹女工數錢以錢爲室金爲堂者靈帝旣立其母永樂太后好聚金以爲堂也石上慊慊舂黃粱者言永樂雖積金錢慊慊常若不足使人舂黃粱而食之也粱下有懸鼓我欲擊之丞卿怒者言永樂教靈帝使賣官受錢所祿非其人天下忠篤之士怨望欲擊懸鼓以求見丞卿主鼓者亦復諂順怒而止我也又京都童謠曰游平賣印自有平

不辟豪賢及大姓按延熹末鄧皇后以譴自殺乃以竇貴人代之其父名武字游平拜城門校尉及太后攝政爲大將軍與大傅陳蕃合心戮力惟德是建印綬所加咸得其人豪賢大姓皆絶望矣至末年京都童謠曰茅田一頃中有井四方纖纖不可整嚼復嚼今年尚可後年饒風俗通云作説案易曰拔茅連茹以其彙征吉茅喻羣賢也井法也于時中常侍管霸蘇康憎疾海內英哲與長沙少府劉囂大常許詠尚書柳分袁山奏青栁分權豪之黨爲范滂所奏尋穆史佟佟後亦爲司徒應劭日佟馮貿方佐官倫進者司隸唐珍等代作脣齒河內牢川詣闕上書汝也

潁南陽上釆虛譽專作威福其陵有南北二部三輔
尤甚錄是傳考黃門北寺如見廢閣茅田一頃者言
羣賢衆多也中有井者言雖阸窮不失其法度也四
方纖纖不可整者言姦慝大熾不可整理嚼復嚼者
京都飲酒相强之辭也言食肉者鄙不恤王政徒耽
宴飲歌呼而已也今年尚可者言但禁錮也後年饒
者陳竇被誅天下大壞又京都童謠曰白蓋小車何
延延河間來合諧案解瀆亭屬饒陽河間縣也劉昭案郡
國志饒陽本屬涿後屬安平靈帝旣是河間王曾孫謠言自是有徵無事河間之縣爲儉也居無
幾何而桓帝終使者迎解瀆侯皆白蓋車從河間來

延延衆貌也是時御史劉儵建議立靈帝以儵爲侍
中中常侍侯覽畏其親近必當間己白拜儵泰山太
守因令司隸迫促殺之朝廷少長思其功効乃拔用
其弟郃致位司徒此爲合諧
靈帝時京都歌曰承樂世董逃遊四郭董逃蒙天恩
董逃帶金紫董逃行謝恩董逃整車騎董逃埀欲發
董逃與中辭董逃出西門董逃瞻宮殿董逃望京城
董逃日夜絕董逃心摧傷董逃案董謂董卓也言雖
跋扈縱其殘暴終歸逃竄至滅族也末年京都童謠
曰侯非侯王非王千乘萬騎上北邙案中平六年史
侯登躡至尊未有爵號爲中常侍段珪等數十人所
執公卿百官尾隨其後到河上乃得來還此爲非侯
非王上北邙者也英雄記曰京師謠歌咸言河臘叢進獻帝臘日生也風俗通日烏臘烏案逆臣董卓逆天虐門民窮凶極惡關東舉兵共欲誅之轉相顧望莫肯先進處處停兵數十萬若烏臘虫相隨舞取之
獻帝踐祚之初京都童謠曰千里草何青青十日一
卜不得生案千里草爲董十日一卜爲卓凡別字之
體皆從上起左右離合無有急召之乃乘追風車東
渡河終如童謠之言
魏齊王正始八年大將軍曹爽用何晏鄧颺丁謐之

謀專擅朝政時人爲之謠曰何鄧丁亂京城
嘉平中謠曰白馬索羈西南馳其誰乘者朱虎騎朱
虎者楚王彪小字也王陵令狐愚聞此謠謀立彪
事發陵等伏誅彪賜死
吳諸葛恪爲大傅荆揚牧都督中外諸軍事及爲孫
峻所殺先是有童謠曰諸葛恪蘆葦單衣篾鉤落於
何相求成子閤成子閤者反言石子岡也建業南有
長陵名曰石子岡葬者依焉鉤落者鞍飾革帶也謂
之鉤帶及恪死果以葦席裹其身而篾其腰投之此
岡

廢帝建興初公安有白鼉鳴童謠曰白鼉鳴龜背平
南郡城中可長生守死不去義無成南郡城可長生
者有急易以逃也明年諸葛恪敗弟融鎭公安亦見
襲融刮金印龜服之而死鼉有鱗介思兵之象又曰
白祥也
景帝永安二年將守質子羣聚嬉戲有異小兒忽來
言曰三公鋤司馬如又曰我非人熒惑星也言畢上
昇仰視若曳一匹練有頃沒後四年蜀亡六年魏廢
二十一年而吳平於是九服歸晉魏與吳蜀並戰國
三公鋤司馬如之謂也

後主將徙都武昌時有童謠云寧飲建業水不食武
昌魚寧還建業死不止武昌居民泝流供給咸怨毒
焉
晉武帝將平吳童謠曰阿童復阿童御刀浮渡江不
畏岸上虎但畏水中龍羊祜在荆州聞之曰此必水
軍有功但當思應其名者爾會益州刺史王濬徵爲
大司農祜知其可任濬又小字阿童因表留濬監益
州諸軍事加龍驤將軍密令脩舟檝爲順流之役及
征吳江西衆軍無過者而濬先定秣陵
太康中平吳後江南童謠曰局縮肉數橫目中國當
敗吳當復又曰宫門柱且莫朽吳當復在三十年後
又曰雞鳴不拊翼吳復不用力於是吳人皆謂在孫
氏子孫故竊發爲亂者相繼案橫目者四字自吳亡
至元帝興幾四十年元帝興於江東皆如童謠之言
焉元帝懦而少斷局縮肉者有所斥也
武帝末年京雒爲折楊柳之歌其曲始有兵革苦辛
之辭終以擒獲斬截之事是時三楊貴盛而被族誅
楊太后廢黜幽死宫中折楊柳之應也（三楊謂楊駿兄弟爲武帝楊后之父也）
惠帝永熙年童謠曰二月末三月初荆筆楊板行詔

書宫中大馬幾作驢此時楊駿專權楚王用事故言
荆筆楊板二人不誅則君臣禮悖故云幾作驢也
元康中京雒童謠曰南風起吹白沙遥望魯國何嵯
峨千歲髑髏生齒牙又曰城東馬子莫嚨哅比至來
年纏汝髮南風賈后字也白晉行沙門太子小名魯
賈謐國也言賈后將與謐爲亂以危太子而趙王乃
因釁咀嚼豪賢以成篡奪不得其死之應也是時天
下商農通着大鄣日童謠曰屠蘇鄣日覆兩耳當見
瞎兒作天子及趙王倫篡位其目實眇焉趙王倫既
篡雒中童謠曰獸從北來鼻頭汗龍從南來登城看

水從西來河灌灌數月而齊王成都河間義兵同會誅倫棻成都西籓在鄴故曰猷從北來齊東籓而在許故曰能從南來河間河水源在關中故曰水從西來齊王輔政居於宫西又有無君心故言登城看也

大安中童謡曰五馬遊渡江一馬化爲龍後中原大亂宗籓多絶唯琅邪汝南西陽南頓彭城同至江東而琅邪嗣統是爲元帝

齊王冏爲大司馬專朝政有童謡曰著布袙服爲齊持服俄而冏誅

長沙王乂武帝第六子旣誅齊王方爲大都督以執

朝政時雒下謡曰草木萌芽殺長沙乂以三月二十五日癈二十七日爲東海王所殺如謡言焉

東海王越高密王泰之次子也迎惠帝還都雒陽爲太傅録尚書事時雒中有童謡曰雒中大鼠長丈二若不早去大狗至及荀晞將破汲桑又謡曰元超兄弟大落度上桑打椹爲荀作䌛是越惡晞奪其兗州隙難遂搆焉

王浚字彭祖爲幽州牧將僭號童謡曰十囊五囊入棗郎棗嵩浚之子婿也浚聞責嵩而不能罪之又謡曰幽州城門似藏戶中伏尸王彭祖浚後爲石勒所殺愍帝建興初有童謡曰天子何在豆田中時王浚在幽州以豆有藿殺隱士霍原以應之及帝降劉曜曜營實在城東豆田壁又江南謡曰訇如白坑破合集持作甒揚州破換敗吳興覆瓫甗案白者晉行坑器有口屬瓮質剛亦金之類也訇如白坑破者言二都傾覆王室大壞也合集持作甒者元帝鳩集遺餘以主社稷未能克復中原但偏王江南故其論也及王敦作逆石頭之事六軍大潰兵人抄掠京邑爰及二宫其後三年錢鳳復攻京邑阻水而守相持月餘日焚燒城邑井堙木刊矣鳳等敗退沈充將其黨還

吳興官軍踵之蹈籍郡縣充父子授首黨與誅者以百數此所謂之揚州破換敗吳興覆瓫甗瓫甗瓦器又小於甒也

明帝大寧初童謡曰惻惻力力放馬山側大馬死小馬餓高山崩石自破及明帝終成帝幼爲蘇峻所逼遷于石頭御膳不足此大馬死小馬餓也高山崩也又言峻尋死石峻弟蘇石也峻死後石據石頭尋爲諸公所破復是崩山石破之應也

成帝咸康初河北謡云麥入土殺石虎是歲虎爲石閔所殺又童謡云磕磕何隆隆駕車入梓宫少日而

宮車晏駕
庾亮爲征西將軍開府假節鎮武昌出至石頭百姓於岸上歌曰庾公上武昌翩翩如飛鳥庾公還楊州白馬牽旐旐又曰庾公初上時翩翩如飛鳥庾公還楊州白馬牽流蘇後連徵不入及薨於鎮以喪還都葬皆如謠言

穆帝升平中童兒輩忽歌於道曰阿子聞曲終輒云阿子汝聞不升平末俗間又忽作廉歌有扈謙者聞之曰廉者臨也歌云白門廉宮庭廉內外悉臨國家其大諱乎少時而穆帝晏駕太后哭之曰阿子汝聞

否

哀帝隆和初童謠曰外平亦蒲斗隆和那得久桓公入石頭陛下徒跣走朝廷聞之而改年曰興寧而復歌曰雖復改興寧亦復無聊生至是升平五年而穆帝晏駕不滿斗謂不至十年也無聊生謂哀帝尋晏駕也後桓溫入朝廢海西公

海西公太和中百姓歌曰青青御路楊白馬紫絲轡汝非皇太子那得甘露漿識者曰白者金行馬者國族紫爲奪正之色明以紫間朱也西公尋廢其三子竝非公之子縊以馬韁死之明日南方獻甘露焉

太和末童謠曰犁牛耕御路白門種小麥及海西公被廢百姓耕田以種小麥遂如謠言又海西公初生皇子百姓歌云鳳凰生一雛天下莫不喜本言是馬駒今定成龍子其歌甚美其旨甚微海西公不男使左右向龍與內侍接生子以爲己子

孝武帝大元末京口謠曰黃雌雞莫作雄父啼一旦去毛衣衣被拉颯棲尋以王恭起兵誅王國寶族爲劉牢之所敗故言拉颯棲也王恭爲平北將軍青兗二州刺史假節鎮京口舉兵誅王國寶百姓謠云昔年食白飯今年食麥麩天公誅譴汝教汝捻嚨喉嚨

喉喝復喝京口敗復敗識者曰昔年食白飯言得志也今年食麥麩麩麤穢其精已去明將敗也天公將加譴謫而誅之也捻嚨喉氣不通死之祥也敗復敗丁寧之辭也恭尋死京都又大行欬疾而喉竝喝焉又恭在京口百姓間忽云黃頭小兒欲作賊阿公城下指縛得又云黃頭小兒人欲作亂賴得金刀作蕃輸黃字上恭字頭也小人恭字下也尋如謠言者焉

桓石民爲西中郎將荊州刺史鎮水流百姓忽歌黃曇子其曲曰黃曇英揚州大佛來上明頃之而桓石民死王忱爲荊州黃曇子乃是忱字也忱小字佛大

是佛來上明也

庾楷爲西中郎將豫州刺史假節鎮歷陽百姓歌曰重羅黎重羅黎使君上南上無還時後楷南奔桓玄爲玄所誅

殷仲堪爲振威將軍荆州刺史假節鎮江陵時童謠曰芒籠目繩縛腹殷當復未幾而仲堪敗桓玄遂有荆州

桓玄初爲輔國將軍南蠻校尉鎮荆州及將僭亂有童謠曰長干巷巷長干今年殺郎君後年斬諸桓其凶兆符會如此郎君謂元顯也又玄時民謠語云征

鍾落地桓迸征鍾至穢之服桓四體之下稱玄自下居上猶征鍾之服歌謠下體之詠民口也而云落地墜地之祥逆走之言其驗明矣

司馬元顯爲侍中驃騎大將軍開府以總朝政時民謠詩云當有十一口當爲兵所傷木亘當北渡走入浩浩鄉又云金刀既以尅疊疊金城中此時詩云陽道人竺曇林所作多行於世孟顗釋之曰十一口者玄字象也木亘桓字也桓氏當悉走入關雒故云浩浩鄉也金刀劉也倡義諸公皆多姓劉疊疊美盛貌也安帝隆安中百姓忽作懊憹之歌其曲曰草生可攬結女兒可攬擷尋而桓玄篡位義旗以三月二十日掃定京都誅之宮女及逆黨之家子女妓妾悉爲軍賞東及甌越北流淮泗人皆有獲故言時則草可結事則女可擷也桓玄既篡童謠曰草生及馬腹烏啄桓玄目及玄敗走至江陵時正五月中誅於其湖焉

義熙初童謠曰官家養蘆化成荻蘆生不正自成積其時官養盧龍寵以金紫奉以名州養之極也而龍不能懷我好音舉兵內伐遂成讐敵也蘆生不正自成積及盧龍之敗斬伐其黨猶如草木以成積也盧

龍據廣州人爲之謠曰蘆生漫漫竟天半後擁上流數州之地內逼京輦應天半之言又小兒相逢於道輒舉其兩手曰蘆健健次曰鬬數末曰翁年老翁年老當時莫知所謂其後盧龍逼舟艦蓋川健健之謂也既至查浦屢尅期欲與官鬬鬬數之應也其時復有謠言曰盧橙橙逐水流東風如忽起那得入石頭盧龍果敗不得入石頭也盧循小名元龍也

前凉張寔爲荆州刺史時焦崧陳安寇隴右東與劉曜相持秦雍之人死者十八九永嘉中長安謠曰秦川中血沒腕唯有凉州倚柱觀至是謠言驗矣

張茂爲凉州牧州大姓賈摹寔弟也勢傾西土先是謡曰手莫頭圖凉州茂以爲佞誘而殺之於是豪右屏迹威行凉域

張駿將立爲凉王姑臧謡曰鴻從南來雀不驚誰謂孤雛尾翅生高舉六翮鳳凰鳴至是而復收河南之地

前秦苻洪雒陽臨渭氐人父懷歸部落小帥先是隴右大雨百姓苦之謡曰雨若不止洪水必起故因名其子曰洪

苻生初生夢大魚石食蒲又長安謡曰東海魚化爲

龍男便爲王女爲公問在何所雒門東東海苻堅封也時爲龍驤將軍第在雒門之東生不知是堅以謡夢之故誅其侍中太師録尚書事魚遵及七子十孫時又謡曰百里望空城鬱鬱何青青瞎兒不知法仰不見天星於是悉壞諸空城以禳之

苻堅初滅燕慕容冲之姊爲清河公主年十四有殊色堅納之寵冠後庭冲年十二亦有龍陽之姿堅又幸之姊弟專寵宫人莫進長安歌曰一雌復一雄雙飛入紫宫咸懼爲亂王猛切諫堅乃出冲長安又謡曰鳳凰鳳凰止阿房堅以鳳凰非梧桐不棲竹實不食乃植梧竹數十萬株于阿房城以待之冲小字鳳凰終爲堅賊入止阿房城焉又謡曰長鞘馬鞭擊左股大歲南行當復虜秦人呼鮮卑爲白虜慕容垂之起於關東果歲在癸未堅將南伐有謡云堅不出項堅南伐羣臣勸堅停項爲六軍聲鎮堅不從爲晉師所敗堅强盛時童謡曰阿堅連牽三十年後若欲敗時當在江淮間及堅在位凡三十年敗於淝水又謡云河水清復清苻詔死新城及堅爲姚萇所殺死於新城復謡歌云魚羊田升當滅秦識者以爲魚羊鮮也田升卑也言滅秦者鮮卑也其羣臣諫堅令盡誅

鮮卑堅不從及淮南敗還初爲慕容冲所攻又爲姚萇所殺身死國滅（慕容氏鮮卑種也）堅爲冲所攻謡曰堅入五將山長得堅大信之告其太子宏曰脱如此言天或導余今留汝兼總戎政勿與賊争利吾當出隴收兵運糧以給汝天其或者正訓予也於是遣衛將軍楊定擊冲于城西爲慕容冲所擒堅彌懼付宏以後事將中山公詵張夫人率騎數百出如五將竟爲姚萇所害

苻丕鎮鄴爲慕容垂所攻垂軍人饑甚多奔中山幽冀人相食初關東謡曰幽州鈇生當滅若百姓絶鈇

垂之木名也與丕相持經年百姓死幾絶，
後凉呂光初徙西海郡人於諸郡至是謠曰朔馬心何悲念舊中心勞燕雀何徘徊意欲還故巢頃之遂相扇動復徙之于西河樂都
後燕慕容熙將滅先有童謡曰一束藁兩頭燃禿頭小兒來滅燕藁字上有艸下有禾兩頭燃則禾草俱盡而成高字高雲父名拔小字禿頭拔三子而雲季也熙竟爲雲所滅如謡言焉
南燕慕容德將自立先有謡言曰大風蓬勃揚塵埃八井三刀卒起來四海鼎沸中山頽惟有德人據三

臺及慕容詳僣號中山爲後魏所没德自鄴徙滑臺八井三刀謂并州魏所都也
宋文帝元嘉中謡言錢塘當出天子乃於錢塘置武軍以防之其後孝武帝郎大位於新亭寺之禪堂禪之與錢音相近也
後廢帝元徽中童謡曰襄陽白銅蹄郎殺荊州兒後沈攸之反雍州刺史張敬兒襲江陵殺沈攸之子元琰等
南齊尚書令王儉造白紵歌周處風土記云吳黄龍中童謡云行白者君追汝句驪馬後孫權征公孫淵浮海乘船船白也今歌和聲猶云行白紵馬
武帝永明初百姓歌白馬向城蹄欲得城邉草後間云陶郎來白者金色馬者兵事三年妖賊唐寓之起言唐來勞也又虜中童謡云黑水流北赤火入齊尋而京師人家忽生火赤於常火熱小微貴賤爭取以治病法以此火灸挑板七炷七日當差敕禁之不能斷京師有病瘻者以灸數日而差鄰人笑曰病偶自差豈火能爲此人使覺厥間癢明日瘻還如故後梁以火德興
文惠太子在東宮作兩頭纖詩後句云磊磊落落玉

山隤自此長王宰相相繼甍徂二宮晏駕文惠太子作七言後句輒云愁和諦後和帝果禪位於梁齊宋以來民間語云擾擾建武上明帝初誅害濇戚京師危駭建武明帝年號
東昏永光元年童謡曰洋洋千里流婁婁東城頭烏馬烏皮袴三更相告訴脚跛不得起誤殺老姥子千里流者江祏也東城遙光也遙光夜舉事垣歷生著烏皮袴褶往奔之跛脚亦遙光老姥子孝字之象徐孝嗣也
永元中童謡云野猪雖嗃嗃馬子空闇渠不知龍與

虎飲食江南墟七九六十三廣莫人無餘烏集傳舍頭令汝得寛休但看三八後摧折景陽樓讖者解云陳顯達屬豬崔慧景屬馬非也東昏侯屬豬馬子未詳梁王屬龍蕭穎胄屬虎崔慧景攻臺城頓廣莫門死時年六十三烏集傳舍郎所謂瞻烏爰止于誰之屋三八二十四起建元元年至中興二年二十四年也摧折景陽樓亦高臺傾之意也言天下將去乃得休息

齊宋際民間語云和起言以和顏而爲變起也後和帝云

梁武帝大通初陳慶之爲飈勇將軍送後魏北海王元顥即魏帝位于雒陽官慶之麾下悉著白袍所向披靡先是雒中童謠曰名師大將莫自牢千兵萬馬避白袍又普通中童謠云青絲白馬壽陽來其後侯景果乘白馬兵皆青衣所乘每戰將勝輒躑躅嘶鳴意氣駿逸其奔衄必低頭不前侯景未敗前江陵謠言苦竹町市南有好井荊州軍殺侯景及景首至元帝付諮議參軍李季長宅東即苦竹町也既加鼎鑊即用市南水焉梁末童謠云可憐也馬子一日行千里不見馬上郎但見黄塵起黄塵汚人衣皂莢相料理及王僧辯滅羣臣以謠言奏聞曰辦大乘肥馬以擊侯景馬上郎王子也塵謂陳也而不解皂莢之謂既而陳滅於隋說者以爲江東謂羖羊角爲皂莢隋氏姓楊楊羊也言終滅於隋然則興亡之蓋有數云

陳高祖未即位時與齊戰勝先是童謠云虜萬夫入五湖城南酒家使虜奴自晉宋以後經紀在魏境江淮邑北南人皆謂爲虜是時以賞俘貿酒者一人乃得一醉陳初有童謠曰黄斑青驄馬發自壽陽涘來時冬氣末去日春風始其後陳主果爲韓擒虎所敗擒虎本名豹黄斑之謂也破建康之始復乘青驄馬

往反時節皆相應至是方悟

後主時江南盛歌王獻之桃葉之詞曰桃葉復桃葉渡江不用檝但渡無所苦我自迎接汝晉王伐陳之始置營桃葉山下及韓擒虎渡江大將任蠻奴自新林以導北軍之應後主造齊雲觀國人歌之曰齊雲觀寇來無際畔功未畢而爲隋師所虜

後魏後廢帝時張歡等擒襲爾朱世隆及爾朱彥伯彥伯狼狽出走爲人所執尋與世隆同斬於閶闔門外懸於斛斯椿門樹傳首於高歡先是雒中謠曰三月末四月初揚灰簸土覓真珠又曰頭去項腳去根

齊驅上樹不須梯至是並驗
東魏孝靜武定中有童謠云百尺高竿摧折水底燃燈燈滅高者齊姓也燈文襄名五年神武薨摧折之應七年文襄遇盜所害燈滅之徵也
北齊神武討爾朱兆破之先是孝明之時雒下以兩拔相擊謠言銅拔打鐵拔元家世將末好事者以拔謂拓拔言俱將衰敗之兆神武始移都于鄴時有童謠云可憐青雀子飛入鄴城裏作窠猶未成舉頭大鄉里寄書與婦母好看新婦子魏孝靜帝清河王之子也后則神武之女鄴都官室未備即逢禪代窠未

成之効也文宣以后爲太原長公主降於楊愔時婁后尚在故言寄書於婦母新婦子斥后也
竇泰爲侍中京畿大都督神武西討泰從行爲周文帝所襲自殺初泰將發鄴鄴有慧化尼謠云竇行臺去不迴
河間王孝琬文宣世驕矜自負又怨執政因爲和士開祖珽所譖云魏世謠言河南種穀河北生白楊樹頭金雞鳴說者曰河南河北河間也金雞鳴孝琬將見金雞而大赦帝頗惑遂殺之
廢帝即文宣子濟南王也未被害前童謠云中興寺內白鳧翁四方側聽聲雍雍道人聞之夜打鍾時丞相府在北中郎舊中興寺也鳧翁蓋指武成小字步落稽也道人濟南王小名也打鍾言將被擊也
孝昭帝之殺楊愔等廢幼主而自立先是童謠曰白羊頭毛禿殺獵頭生角又曰羊羊喫野草不喫野草遠我道道不遠打爾腦又曰阿麼姑禍也道人姑夫死也羊也角文爲用刀道人謂廢帝小名太原公主嘗作尼故曰阿麼姑愔子獻天和皆尙帝姑
武成帝大寧二年春武明大后病徐之才弟之範爲尙藥典御敕令診候內史皆令呼太后爲石婆蓋有

俗忌故改名以厭制之範出告之才曰童謠云周里跂求伽豹祠嫁石婆斬家作媒人唯得一量紫綖靴今大后或改名私所致怪之才曰跂求伽胡言去已豹祠嫁石婆豈有好事斬家作媒人但令合葬自斬家唯得紫綖靴者得至四月何者紫之爲字此下糸綖者熟當在四月之中之範問靴是何義之才曰靴者革傍化寧是久兆至四月一日后果殂先是又有童謠曰九龍母死不作孝及婁太后喪武成不改服緋袍如故又武成時謠言盧六十稚十四揵子拍頭三十二陽子術語人曰且四八天之大數太上之祚

恐不過此既而武成年果三十二

後主武平元年童謠曰狐截尾你欲除我我除你其年四月隴東王胡長仁謀遣刺客殺和士開事露反爲士開所譖死

二年童謠曰和士開七月三十日將你向南臺小兒唱訖一時拍手去殺却至七月二十五日御史中丞琅邪王儼執士開送於南臺而斬之是歲又有童謠日七月刈禾傷早九月喫餻正好十月洗蕩飯甕十一月出却趙老七月和士開被誅九月琅邪王遇害十一月趙彥深出爲西兗州刺史一云綦連猛趙彥

深以猛武將之中頗疾姦佞言議時有可采故引知機事祖珽奏言猛與彥深前推琅邪王事有意故於是出猛爲定州刺史彥深爲西兗州刺史即日就途先是謠曰七月刈禾太早九月啖餻禾好本欲尋山射虎激箭旁中趙老至是其言乃驗

武平末童謠曰黃花勢欲落清樽但滿酌後主穆后名邪利本斛律后從婢也小字黃花母子淫嬖干預朝政時人患之後主自立穆后以後昏飲無度故云清觴但滿酌尋逢齊亡欲落之應鄴中又有童謠曰金作掃帚玉作把淨殿屋迎西家未幾周師入鄴

後周初有童謠曰白楊樹頭金雞鳴秖有阿舅無外甥靜帝隋氏之甥既遜位諸舅强盛

隋高祖仁壽四年七月煬帝即位并州總管漢王諒謀反并州謠言云一張紙兩張紙客量小兒作天子時僞署官告身一紙別授則二紙諒聞謠喜曰我幼時字阿客量與諒同音吾於皇家最小以爲應之俄而兵敗

大業中童謠曰桃李子鴻鵠遶陽山宛轉花林裏莫浪語誰道許其後李密坐楊玄感之逆爲吏所拘在路逃叛潛結羣盜自陽城山而來襲破雒口倉後復

屯兵苑內莫浪語密也宇文化及自號許國尋亦破滅誰道許者蓋驚疑之辭也

唐太宗破竇建德建德中瘡竄於牛口渚車騎將軍白士讓楊武威生獲之先是軍中有童謠曰豆入牛口勢不得久建德行至牛口渚甚惡之果敗於此

高宗永徽末里歌有桑條韋也女韋也樂及神龍中韋后用事太常少卿鄭愔作桑條歌十篇上之

龍朔中俗飲酒令曰子母去離連臺拗倒俗語盃盤爲子母又名盤爲臺及中宗廢於房州之應又里歌有突厥鹽及則天時遣尚書閻知微送武延秀使突

厥実厥怒則天縻李氏乃囚延秀立知徵爲可汗姝
以入寇乾封之後天后盛勸行中嶽之禮頻下詔皆
屬年饑及蕃夷寇邊而輟於是嵩山之下營奉天宮
以爲有事之漸時有童謠曰嵩山凡幾層不畏登不
得所畏不得登及是禮物畢備竟以疾還
武后如意初里歌黄麞草中藏彎弓射爾傷後契丹
李萬榮叛陷營州則天令總管曹仁師王孝傑等將
兵百萬討之敗於黄麞契丹乘勝至於趙郡垂拱巳
後東都有孝苾兒歌皆淫艷之詞後張易之兄弟有
内嬖易之小字孝苾

憲宗元和十年六月辛丑盜殺宰相武元衡先是長
安童謠曰打麥麥打三三三旣而旋其袖曰舞了也
識者謂打麥者蓋言打麥時也麥打蓋時暗中突擊
也三三三謂六月三日也舞了也謂元衡之卒也
僖宗廣明元年十二月巢賊陷長安識者以舊有謠
云金色蝦蟆爭努眼翻却曹州天下反
黄巢敗亡走入泰山爲其甥林言所殺言送于時溥
溥函首送闕中中和初有謠云黄巢須走泰山東死
在翁家翁時巢死之處民家乃姓翁也
後唐末帝始離岐下凡降附及本城將校皆與不次
之賞及從至京師累月延望將置不及始望相與爲
謠言去却生菩薩扶起一條鐵
閩王王審知光州人兄潮威武軍節度福建觀察審
知爲副乾寧中潮卒審知遂繼兄位先是閩中有童
謠云潮水來巖頭没潮水去矢口出矢口知字也果
陳巖死王潮代之潮死審知繼位

册府元龜

册府元龜

巡按福建監察御史臣李嗣京　訂正
新建縣舉人臣戴國士　叅閱
知建陽縣事臣黄國琦　較釋

總錄部一百四十五

達命　運命　知[illegible]

達命

孔子罕言命者以其幾微奥妙寡能及之非可容易而譚也文曰不知命無以爲君子蓋非君子人者不得與於斯矣中古以還英偉間出乃有遭死生之變

而泊然無撓遘艱虞之會而毅然有守不溺於私受不徇於拘忌蒙謗毁而不自明嬰禍患而不苟免咎徵集而不戚凶怪至而自畀斯皆宅純粹於心府宴得喪於道樞安時處順以全其真窮理盡性而達於命者也

孔子去衛將適陳過康顔刻爲僕以其策指之曰昔吾入此繇彼缺也康人聞之以爲魯之陽虎陽虎嘗暴康人於是遂止孔子孔子狀類陽虎拘焉五日顔淵後（言與孔子相失故在後也）子曰吾以汝爲死矣顔淵曰子在回何敢死（言夫子在巳無所敢死也）康人拘孔子益急弟子懼孔子曰文王既没文不在茲乎（言文王雖巳没其文見在此此自謂身也）天之將喪斯文也後死者不得與于斯文也（文王既没故孔子自謂後死也言天將喪此文者本不當使我知之今使我知之未欲喪之也）天之未喪斯文也康人其如予何（如予何猶言奈我何也天未喪此文則我當傳之康人欲奈我何言不能違天害已）孔子使從者爲甯武子臣於衛然得去又魯定公卒孔子去曹適宋（史記年表定公十三年孔子至衛十四年至陳哀公二年過宋）與弟子習禮大樹下宋司馬桓魋欲殺孔子拔其樹孔子去弟子曰可以速矣孔子曰天生德於予桓魋其如予何（天生德者謂授以聖性德合天地吉無不利故曰如予何）孔子疾病子路請禱（禱請於鬼神）子曰有諸（言有此禱請於鬼神之事）子路對曰

有之誄曰禱爾于上下神祇（子路失指誄禱篇名）子曰丘之禱久矣（孔子素行合於神明故曰丘之禱久矣）孔子嘗喟然嘆曰莫我知也夫子貢曰何爲莫知子（子貢怪夫子言何爲莫知巳故問之）子曰不怨天不尤人（孔子不用於世而不怨天人不知巳亦不尤人）下學而上達（下學人事上達天理）知我者其天乎（聖人與天地合其德故曰惟天知巳）又公伯寮愬子路於季孫（愬譖也伯寮魯人孔子弟子也）子服景伯以告（魯大夫子服何忌也）曰夫子固有惑志（季孫信讒恚子路）於公伯寮吾力猶能肆諸市朝（吾勢力猶能辯子路之無罪於季孫使之誅寮而肆之有罪既刑陳其尸曰肆）子曰道之將行也與命也道之將廢也與命也公伯寮其如命何孔子窮於陳蔡七日不嘗食藜羹

不糝宰予備矣(備當作憊極也語曰衞靈公問陳於孔子孔子對曰俎豆之事則嘗聞之矣軍旅之事未之學也明日遂行在陳絕糧從者病莫能興此之謂憊矣)孔子絃歌於室顏回擇菜於外子路與子貢相言曰夫子逐於魯削迹於衞伐樹於宋窮於陳蔡殺夫子者無罪藉夫子絃歌鼓舞未嘗絕音蓋君子之所無醜也若此乎顏回無以對入告夫子孔子憱然推琴喟然嘆曰繇與賜也小人也召吾語之路與貢曰如此者可謂窮矣孔子曰是何言也君子達於道之謂達窮於道之謂窮(論語曰君子亦有窮乎子曰君子固窮小人窮斯濫矣)今丘也抱仁義之道以遭亂世之患其窮之爲(言不窮也)故内省而不疚於道

臨難而不失其德大寒既至霜雪既降吾是知松栢之茂也(衆木遇霜雪皆落此人遭亂世松栢比君子歲寒知松栢之後彫)昔桓公得之莒文公得之晉越王得之會稽(齊桓遭無知之難奔莒晉文公遭驪姬之讒出過曹越句踐與吳戰敗棲於會稽之山卒皆享國克復其恥爲霸君焉)陳蔡之阨於丘其達乎孔子列然返琴絃(復取絃歌)子路抗然執干而舞(于揚也)子貢曰吾不知天之高也不知地之下也(高下喻大不知孔子聖知天地)古之得道者窮亦道

孟子在魯樂正子見孟子曰克告於君君爲來見也嬖人有臧倉者沮君君是以不果來也(克樂正子名也曰克告君以孟子之賢君將來臧倉者沮君故使君不能來也)曰行或使之止或泥之行止非人所能也吾之不遇魯侯天也臧氏之子焉能使予不遇哉

漢賈誼爲長沙王傅三年有鵩飛入誼舍止於坐隅(鵩似鶚異物志曰有鳥似小雞體有文色土俗因形名之曰鵩不能遠飛行不出域也)不祥鳥也誼既以謫居長沙卑濕誼自傷悼以爲壽不得長迺爲賦以自廣其末句曰德人無累知命不憂細故蔕芥何足以疑

朱雲爲槐里令去官年七十餘終於家病不呼醫飲藥

楊雄怪屈原文過相如至不容作離騷自投江而死

雄以爲君子得時則大行不得則龍蛇(易曰龍蛇蟄之以存神也)(大行安步徐行)遇不遇命也何必湛身哉(湛謂投水而死)迺作書往往摭離騷文而反之(摭拾取也)自岷山投諸江流以弔屈原名曰反離騷後爲侍郎

後漢孔僖拜臨晉令崔駰以家林筮之(崔篆所作易林也)謂爲不吉止僖曰子盍辭乎僖曰學不爲人仕不擇官凶吉繇己而繇卜乎在縣三年卒官

張禹爲揚州刺史當過江行部中土民皆以江有子胥之神難於利涉禹渡吏固請不聽禹厲言曰子胥如有靈知吾志在理察枉訟豈危我哉遂鼓楫而過

李膺爲長樂少府旣廢後張儉事起收捕鉤黨鄉人謂膺曰可去矣對曰事不辭難罪不避刑臣之節也吾年已六十死生有命去將安之乃詣詔獄拷死

吳雄少時家貧喪母營人所不封土者擇葬其中喪事趣辦不問時日醫巫皆言當族滅而雄不顧及子訢孫恭三世廷尉爲法名家名爲明法之家

晉魏舒爲司徒時陳留周震累爲諸府所辟書旣下公輒喪亡僉號震爲殺公掾莫有辟者舒乃命之而竟無患識者以此稱其達命

舒子混字延廣清惠有才行爲太子舍人年二十七

先舒卒朝野或爲舒悲惜舒毋哀慟退而歎曰吾不及莊生遠矣豈以無益自損乎於是終不復哭

顏含爲左光祿大夫卒嘗遇郭璞璞欲爲之筮含曰年在天位在人脩已而天不與者命也守道而人不知者性也自有性命無勞蓍龜

劉惔爲丹陽尹疾篤百姓欲爲之祈禱家人又請祭神惔曰丘之禱久矣年三十六卒官

郭文曠達不仕元年永昌中大疫文病亦殆王導遣藥文曰命在天不在藥也夭壽長短時也

後秦梁國兒於平涼作壽冢每將妻妾入冢飲讌酒酣外靈床而歌時人或譏之國兒不以爲意前後征伐屢有大功姚興以爲鎮北將軍封平輿男年八十餘乃死

宋王彧字景文爲中書監領太子太傅揚州刺史明帝疾篤以景文外戚强盛歲晚不爲純臣使謂曰朕不謂卿有罪然吾不能獨死請子先之因手詔曰與卿周旋欲全卿門戸故有此處分勅至之夜景文正與客棋扣函看復還封置局下神色怡然不變方與客碁思行爭劫竟歛子內奩畢徐謂客曰奉勅見賜以死方以勅示客酒至未飲門客焦度在側怒發酒

覆地曰大丈夫安能坐受死州中文武可數百人足以一奮景文曰知卿至心若見念者爲我百口計乃墨勅答勅并謝贈詔酌謂客曰此酒不可相勸自仰而飲之時年六十追贈開府儀同三司

劉勔爲尚書右僕射中領軍後廢帝元徽初月犯右執法太白犯上將或勸勔解職勔曰吾執心行已無媿幽明若才輕一重災眚必及天道密微避豈得免

南齊沈驎士有高節累徵不起嘗以楊王孫皇甫謐浮達生死而終禮矯俗乃自作終制年八十五卒

梁呂僧珍爲散騎常侍旣病語親舊曰吾昔在蒙縣

熱病發黄當時必謂不濟王人見語卿有富貴相必當不死應尋自差俄而果愈今已富貴而復發黄所苦與昔正同必不復起矣竟如其言卒領軍府舍人時年五十八

夏侯詳爲湘州刺史州城南臨水有峻峰舊老相傳云刺史登此山輒被代因是歷政莫敢至詳於其地起臺榭延僚屬以表損挹之志

陳蕭允梁末爲太子洗馬臺城陷出居京口時寇賊縱横百姓波駭衣冠士族四出奔竄允獨不行人問其故允答曰夫性命之道自有常主豈可逃而獲免

乎但患難之士皆生於利苟不求利禍何從生方今百姓爭欲奮臂而論大功一言而取卿相亦何事於一書生哉莊周所謂畏影避迹吾弗爲也乃閉門静處并日而食卒免於患

後魏胡國珍靈太后之兄也爲中書監儀同三司以宣武景明三年薨先是巫覡言將有凶勸令爲厭勝之法國珍拒而不從云吉凶有定分唯修德以禳之

楊椿爲太保侍中元顥入洛椿子征東將軍昱出鎮滎陽爲顥所擒又椿弟順爲冀州刺史順子仲宣正平太守兄子侃弟子遁並從駕河北爲顥嫌疑以椿家世顯重恐失人望未及加罪時人助其憂怖或有勸携家避禍椿曰吾内外百口何處逃竄正當坐任運爾

高樹生假平陽王鎮遠將軍都督樹生居宅數有赤光紫氣之異鄰伍驚恐僉謂怪變宅不可居樹生曰何知非善安之自若未幾爲北州大都督

眭夸高尚不仕或人謂夸曰吾聞有大才者必居貴仕子何獨在桑榆乎遂著知命論以釋之年七十五卒葬日赴會者如市

北齊慕容紹宗爲開府西魏遣其大將王思政入據

潁州以紹宗爲南道行臺與太尉高岳儀同劉豐圍擊之堰洧水以灌之時紹宗頻有凶夢意每惡之乃私謂左右曰吾自年二十已還嘗有蒜髮昨未蒜髮忽然自盡以理推之蒜者筭也吾年筭將盡乎未幾與豐臨堰見北有塵氣乃入艦同坐暴風從東北來遠近晦冥舟纜斷飄艦徑向敵城紹宗自度不免遂投水而死時年四十三九軍將士莫不悲惋

盧叔武爲太子詹事右光祿大夫在朝通貴自以年老兒子又多遂營一大屋曰歌於斯哭於斯

權會爲中散大夫有一子聰敏精勤幼有成人之量

不幸先亡臨送者爲其傷會唯一哭而罷時人尚其
達命
隋楊素爲尚書令寢疾素自知名位已極不肯服藥
亦不將慎每語弟約曰我豈須更活耶
郎茂字蔚之煬帝親征遼東以茂爲晉陽留守其年
嘗山贊治王文同與茂有隙奏茂朋黨附下罔上詔
遣納言蘇威御史大夫裴藴雜治之茂素與二人不
平因深文巧詆成其罪狀帝大怒及其弟司隷別駕
楚之皆除名爲民徙且末郡茂怡然任命不以爲憂
在途作登隴賦以自慰詞義可觀後附表自陳帝頗

悟十年追還京兆
唐傅奕爲太史令貞觀十年遇患未嘗請醫服藥雖
究陰陽術數之書不之信嘗醉酒而卧蹶然興曰吾
其死矣因命筆自作墓誌曰傅奕者青山白雲人也
因醉死嗚呼哀哉其所爲多類此
李勣爲司空遇疾高宗及皇太子送藥即取服之家
中迎召醫巫皆不許入子弟因以藥進勣曰我山東
一田夫爾攀附明主濫居富貴位及三台年將八十
豈非命乎修短必是有期寧浪就醫人求活竟拒而
不進

賈敦實永淳初爲懷州刺史以年老致仕及病篤子
孫迎醫視之敦實曰未聞良醫而治老也不肯服藥
以則天垂拱四年卒時年九十餘
魏玄同爲納言賜死於家監刑御史房濟謂玄同曰
何不告事冀得召見當自陳訴玄同歎曰人殺鬼殺
有何殊也豈能爲告事人乎乃就刑
穆寧德宗時以秘書監致仕寧通達時命未嘗服藥
吳湊章敬皇后弟貞元中爲京兆尹及疾病便不迎
召巫醫親故或勸之對曰吾以孱愚濫承外戚之寵
起家便授三品官向四十年更欲何求宜委天任運

而已雖御醫送藥至即服君子以其知命也卒時年
七十一
李吉甫爲饒州刺史先是州城以頻喪四牧廢而不
居物怪變異郡人信驗吉甫至發城門管斸荆榛
而居之後人乃安
令狐楚爲山南西道節度未終之前三日猶賦詩自
若雖有疾諸子進藥未嘗入口曰吾之修短吾知之
矣
李聽爲邠寧節度邠州大廳相傳不可葺脩以至隳
壞聽到鎮輒新之卒無他

後唐趙鳳以末帝清泰初自邢州節度召還授太子太保既而病足不能朝謁疾篤自爲蓍筮卦成投蓍而歎曰吾家世無五十者而復窮蹉吾年五十爲將相豈有遐壽哉數日而卒

李敬義德裕之孫幼隨父貶連州後遇赦得還維陽居平泉别墅自言未冠時爲淛東從事遇術人卓道士謂之曰子自此四十三年方大遇繇是無心仕進後至河東留守判官工部尚書

晉崔稅父涿爲刑部郎中有疾謂親黨曰死生有命無以醫爲也稅侍之衣不解帶有賓至必拜泣告於

門外諸方便勸其進藥涿終不從

王建立鎮潞州踰月疾作有大星墜于府署神氣不撓召賓介竹岳草遺章陳諫諷之意

鄭雲叟隱居嵩山一旦臥病俾弟子召友人羅隱之與李道殷曰吾將訣矣弟子曰先生嘗無疾何若此也雲叟曰屈伸形兆四時之嘗道也風蒸燥濕四時之嘗德也陰陽流轉四時之嘗氣也井營經合四時之常主也木之爲疾也痒火之爲疾也温癘土之爲疾也痞疥金之爲疾也滑水之爲疾也急大化無私弱者罹之居身無身之事庶幾乎免矣非神仙而處也得斯而繇謂之考終命箕子以爲福復何恨也言終而卒年七十四

運命

老子曰命不可變仲尼曰其如命何故聖人之罕言君子所以安之者也若夫窮達之數脩短之運豈有與宰持之者焉至乃德叶人望才堪世用將遭奇遇而不克享功宣定策忠存官次宜膺顯報而不能及形朝廷之歎息增後來之悵慕斯因命與時戾事與願乖非可以究其所繇者已

漢李廣與從弟蔡俱爲郎事文帝景帝時蔡積功至

二千石武帝元朔中爲輕車將軍從大將軍擊右賢王有功中率封爲樂安侯元狩二年代公孫弘爲丞相蔡爲人在下中（在下之中）名聲出廣下遠甚然廣不得爵邑官不過九卿廣之軍吏及士卒或取封侯

韓安國爲御史大夫五年丞相田蚡薨安國行丞相事引墮車蹇（爲天子導引而墮車跛蹇也）帝欲用安國爲丞相使使視蹇甚乃更以平棘侯薛澤爲丞相安國病免壺遂其人深中篤行君子官至詹事武帝方欲倚以爲相會其病卒

王駿爲御史大夫六歲病卒翟方進代駿爲大夫數

月薛宣免遂代爲丞相衆人爲駿恨不得封侯
韋安世累歷郡守大鴻臚長樂衛尉朝廷稱有宰相之器會其病終
霍去病子嬗字子侯武帝愛之幸其壯而將之爲奉車都尉從封泰山而薨無子國除
後漢張堪爲漁陽太守光武嘗召見諸郡計吏問前後守令能否蜀郡計掾樊顯進曰漁陽太守張堪昔在蜀漢仁以惠下威能討姦帝聞良久歎息方徵堪會病卒
張充司徒酺從祖父也少嘗與光武同學光武即位

求充充已死
牟紆以隱居教授門生千人章帝聞而徵之欲以爲博士於道物故
崔駰字亭伯安平人少游太學與班固傅毅齊名嘗以典籍爲業未遑仕進之事嘗作四巡頌以稱美漢德辭甚典美章帝雅好文章自見駰頌後嘗嗟歎之謂侍中竇憲曰卿寧知崔駰乎對曰班固數爲臣說之然未見也帝曰公愛班固而忽崔駰此葉公之好龍也試請見之駰因此候憲憲屣履迎門大笑謂駰曰亭伯吾受詔交公公何得薄哉遂揖入爲上客居無幾何帝幸憲第時駰適在憲所帝聞而欲召見之憲諫以爲不宜與白衣會帝悟曰吾能令駰朝夕在傍何必於此適欲官之會帝厭世
鄭安世爲未央廄令安帝延光中廢太子爲濟陰王（即順帝也）安世與太嘗桓焉太僕來歷等共正議諫諍及順帝立安世已卒追賜錢帛以子亮爲郎
虞詡爲尚書令以公事去官朝廷思其忠復徵之會卒
應奉爲司隸較尉黨事起以疾自退諸公多薦舉會病卒

魏張承以丞相參軍祭酒領趙郡太守太祖將西征徵承參軍事至長安病卒
賈洪以儒術知名爲白馬王相（楚王彪初封白馬王）病亡亡時年五十餘時人爲之恨仕不至二千石
楊阜爲武都太守文帝問侍中劉曄等武都太守何如人也皆稱阜有公輔之節未及用會帝厭世
吳丁覽字孝連守始平長爲人精微潔淨門無雜賓大帝深貴待之未及擢用會病卒甚見痛惜
顧徽爲輔義都尉使曹公還奏稱旨拜巴東太守欲大用之會病卒

太史慈字子義漢末以孫策有江東乃奔豫章後神亭戰敗爲策所得郎署門下督及大帝嗣立遂委南方之事及卒年四十一臨亡歎息曰丈夫生世當帶七尺之劍以升天子之階今所志未從奈何而死乎權甚悼惜之

晉盧浮字子雲欽子也起家太子舍人病疽截手遂廢朝廷器重之就家以爲國子博士遷祭酒秘書監皆不就晉諸公賛曰張華博識多聞無物不知浮高朗經博自美於華

庾袞字叔褒潁史太守辟爲功曹不就聞惠帝遷長安乃與鄉人登于大頭山而田於其下年穀未熟食

木實餅石蘂同保安之有終焉之志及將收穫命子怞音籌與之下山中塗目眩瞀墜崖而卒同保赴哭曰天乎獨不可舍我賢乎時人傷之曰庾賢絶塵避地超然遠迹固窮安陋木食山棲不與世同榮不與人爭利不免遭命悲夫

丁紹爲冀州刺史自以爲才足爲物雄當官莅政每事克舉視天下之事若運於掌握遂慨然有董正四海之志矣是時王浚盛於幽州苟晞盛於青州然紹視二人蔑如也懷帝永嘉三年暴疾而卒臨終歎曰此乃天亡冀州豈吾命哉

陸納爲尚書令恪勤貞固終始不渝尋除左光祿大夫開府儀同三司未拜而卒即以爲贈

習鑿齒襄陽人爲滎陽太守以脚疾遂廢于里巷及襄陽陷於苻堅輿而致焉與語大悅之俄以疾歸襄陽尋而襄陽反正朝廷欲徵鑿齒使典國史會卒不果

桓豁字朗子彝之子也孝武太元初爲征西大將軍鎮襄陽豁時譽雖不及弟沖而甚有器度但遇强寇故功業不就焉

宋羊玄保爲吳郡太守不營財利家世儉薄太祖嘗

日人仕宦非唯須才然亦須運命每有好官缺我未嘗不先憶羊玄保

何長瑜爲臨川王義慶記室參軍斥爲廣州曾城令義慶薨廬陵王紹鎮潯陽以長瑜爲南中郎行參軍掌書記之任行至板橋暴風溺死

梁諸葛璩處身清正妻子不見喜溫之色旦夕孜孜講誦不輟高祖勅問太守王份份即具以實對未及徵用卒於家

北齊王懷初仕魏爲第一領民酋長神武義旗建爲大都督從討爾朱兆等累戰有功尋遇疾卒懷以武

藝勳誠爲神武所知志力未伸論者惜其不遂孝昭
皇建初配饗武廟庭
高整信宣城公敵之子也歷散騎常侍儀同三司好
學有行簡少年時因鑽墜馬傷腰腳卒不能行起終
於長安
隋劉炫字光伯河間景城人瀛州刺史李繪置禮曹
從事武帝時與著作郎王劭同修國史俄直門下省
兼於內史省考定羣言炫遍直三省竟不得官至煬
帝時除太學博士歲餘以品卑去任於時盜賊蜂起
穀食踴貴經籍道息教授不行炫與妻子相去百里

聲聞斷絕鬱鬱不得志時在郡城糧餉斷絕其門人
多隨賊哀炫窮乏詣郡城下索炫郡中乃出炫與之
炫官爲賊所將未幾賊爲官軍所破炫飢餓無依復
投縣城長吏意炫與賊相知恐爲後變閉門不納之
時夜冰寒因此凍餒而死
侯白爲儒林郎通脫不持威儀好爲俳諧雜說人多
愛狎之高祖聞其名召與語甚悅之令於秘書修國
史每將擢之高祖輒曰侯白不勝官而止後給五品
食月終而死時人傷其薄命
薛濬開皇初爲考功侍郎初爲童子時與宗中諸兒
游戲于澗濱見一黃蛇有角及足召羣兒共視了無
見者濬以爲不祥歸而憂悴母遇而問之濬以實對
時有胡僧詣宅乞食濬母怖而告之僧曰此乃兒之
吉應且是兒也早有名位然壽不過六七爾言終而
出忽然不見時咸異之旣而終於四十二六七之言
足驗矣
周法尚爲會寧太守煬帝遼東之役以舟師頻戰有
功明年復臨滄海在軍疾甚謂長史崔君肅曰吾再
臨滄海未能利涉時不我與將辭人世立志不果命
也如何言畢而終

唐劉允濟爲青州刺史中宗景龍四年徵爲修文學
士銜才有至道病卒深爲時人惜之
崔敬嗣好樗蒲飲酒則天初爲房州刺史中宗爲廬
江王安置在州官吏多無禮敬嗣獨申禮敬又供給
豐贍中宗嘗德之及登位有益州長史崔敬嗣旣同
姓名每進擬官皆御筆超拜之者數四後引與語知
誤訪敬嗣已卒乃遣中書令韋安石授其子官
第五琦自宰相左遷後歷饒湖二州入爲太子賓客
東都留守代宗以其材將復任用召還京師信宿而
卒

姚兇爲涇原判官知州事建中四年德宗幸奉天兇發甲仗器械車百餘輛送至行在其及京師平拜太子中舍人兇性簡退未嘗言其功旱蝗之歲俸寡不自給竟以餒終

崔邠貞元中爲吏部侍郎温裕沈密尤敦清儉帝亦器重之裴垍將引爲相邠病耳難於承答事竟寢

陸贄爲相爲裴延齡所構貶忠州别駕順宗初即位與鄭餘慶陽城同徵詔始下而城贄皆卒

武元衡爲相憲宗元和十年六月爲盜所害年五十八始元衡與李吉甫齊年又同日爲宰相及出鎮分

領揚益及吉甫既再入元衡亦還吉甫前一年以元衡生日卒元衡後一年以吉甫生日卒吉凶之數若符會然

衛次公元和中爲尚書左丞恩顧頗厚帝方用爲相已命翰林學士王涯草詔時淮夷宿兵歲久次公累疏請罷會有捷書至命相詔方出帝遂令追之遂出鎮淮南明年受代歸朝道疾卒

武儒衡爲中書舍人丁母憂免喪除兵部侍郎穆宗將用爲相復丁所生母憂病卒

温造自興元節度使詔還拜御史大夫文宗素欲大用後而嬰疾不能朝改禮部尚書

郭承嘏爲刑部侍郎時朔望對刑法官文宗每從容顧問恩禮甚厚未及大用而卒

後唐盧汝弼簡求之子唐昭宗遷雒衣冠道塞遂渡河繇上黨歸汝弼富文才美禮翰人士傾慕太祖以爲節度副使入制奏署多成其手洎帝平定趙魏汝弼每請謁迎勞必陳說天命顯佐中興帝亦以宰輔期之建國前卒於晉

晉梁文矩初仕後唐明宗霸府每懷公輔之望時高祖自外鎮入覲嘗薦於明宗曰梁文矩早事陛下甚

有勤勞未升相府外論慊之明宗曰久忘此人吾之過也尋有旨降命會外憂而止

張希崇仕後唐爲靈武節度使希崇厭其雜俗頻表請覲末帝詔許之至闕未久朝廷以安邊有聞議內地處之改邠州節度使及高祖入雒與契丹方有要盟慮其必爲所取乃復除靈武希崇歎曰我應合老於邊城賊分無所逃也因鬱鬱不得志久而成疾卒於任時年五十二

孔英舉進士行醜而才薄宰相桑維翰素知其爲人深惡之及崔梲知貢舉將鎖院禮辭於維翰維翰性

評簡止謂稅曰孔英來也蓋慮稅譏放英及第故言
其姓命以惃之也稅性純直不復稟覆因黙記之時
英又自稱是宣尼之後每凌鑠於文場稅不得已遂
放英登第榜出人皆諠誚維翰聞之舉手自抑其口
者數四蓋悔言也
周李建崇在漢朝爲右衛大將軍年七十神氣不衰
猶能飲饌建崇始自代北事唐太祖至是僅四十餘
年前後所掌兵麾下部曲多至節鉞零落殆盡惟建
崇位不及落昇而温飽少疾以至高年爲上將軍

知亡日

先儒有言曰死生有命易曰樂天知命故不憂蓋原
始要終必歸於冥數窮神知變則繇乎先覺中古而
下方策攸紀乃有自天生德閒世挺秀人倫仰其師
表搢紳服其名譽見於未兆言必有信或形於夢寐
之際或見於變怪之始或剋期於星曆或取信於易
象或象其形而知其分或摘乎辭而忘其終以至羅
兵革之禍安然而不懼成蟬蛻之說邈爾而莫究者
亦往往而有焉
里析爲鄭大夫鄭之未災也里析告子產曰將有大
祥祥變異之氣民震動國幾亡吾身泯焉弗良及也言將先死
災國遷其可乎子產曰雖可吾不足以定遷矣子產知天
災不可逃非遷所免故託以知不足及火魯昭公十八年五月里析死矣
孔子蚤作作起也負手曳杖逍遙於門欲人怪也歌曰泰山
其頹乎泰山衆山所仰梁木其壞乎梁木衆木所放哲人其萎乎哲人
亦衆人所仰放也以上二句喻之萎病也詩云無木不萎既歌而入當戶而坐蚤坐
亟見人也子貢聞之曰泰山其頹則吾將安仰梁木其壞
哲人其萎則吾將安放夫子殆將病也覺孔子歌意殆幾也遂
趨而入夫子曰賜爾來何遲也坐則望之夏后氏殯於東
階之上則猶在阼也殷人殯於兩楹之間則與賓主
夾之也周人殯於西階之上則猶賓之也以三王之禮占己夢

而丘也殷人也予疇昔之夜夢坐奠於兩楹之間是夢
坐兩楹之間而見饋食也言奠者以爲凶象疇發聲也昔猶前也夫明王不興而天
下其孰能宗予予殆將死也孰誰也宗尊也兩楹之間南面鄉明人君聽治
正坐之處今無明王誰能尊我以爲人君乎是我殷家奠殯之象以此自知將死也蓋寢疾七
日而沒明聖人知命
後漢任文公巴郡閬中人公孫述時武擔石折武擔山在
益州其石今名爲石笋文公曰噫西州智士死我乃當之自是
嘗會聚子孫設酒食後三日果卒
析像廣漢雒人能通京氏易自知亡日名賓客九族
飲食辭訣忽然而終

計子勲不知何郡縣人皆謂數百歲行來於人間一旦忽言日中當死主人與之葛衣子勲服而正寢至日中果死

郭鳳渤海人好圖讖善說災異吉凶占應先自知死期豫令子市棺殮具至其日而終

謝夷吾會稽山陰人學風角占候爲冀州刺史左轉下邳令豫尅死日如期果卒

矯愼扶風茂陵人少好黄老隱遯山谷年七十餘竟不肯娶後忽歸家自言死日及期果卒

鄭玄字康成徵大司農不起嘗夢孔子告之日起起

冊府元龜　總録部　知亡日　卷之八百九十五　二十三

今年歲在辰來年歲在巳（北齊劉晝高才不遇傳論玄日辰爲龍巳爲蛇歲在龍蛇賢人嗟玄以讖合之蓋謂此也）既寤以讖合之知命當終有頃寢疾時袁紹與曹公相拒於官渡令其子譚遣使逼玄隨軍不得已載病到元城疾篤不進其年六月卒

魏管輅字公明官至少府丞明周易弟辰謂輅日大將軍待君意厚冀當富貴乎輅長歎日天與我才明不與我年壽恐四十七八間不見女嫁兒娶婦也辰問其故輅日吾額上無生骨眼中無守精鼻無梁柱脚無天根背無三甲腹無三壬此皆不壽之驗及卒果年四十八

蜀譙周嘗語陳壽日昔孔子七十二劉向楊雄七十一没今吾年過七十庶慕孔子遺風可與劉楊同軌恐不出後歲必使長逝不復相見矣泰始六年秋爲散騎常侍疾篤不拜至冬卒

吳陸績字公紀爲鬱林太守豫知亡日乃爲辭日有漢志士吳郡陸績幼敦詩書長玩禮易受命南征遘疾遇厄遭命不幸嗚呼悲隔

吳範以術數事大帝大帝甚禮之爲騎都尉領太史令範先知其死日謂日陛下某日當喪軍師帝日吾無軍師焉得喪之範日陛下出軍臨敵須臣言而後

冊府元龜　總録部　知亡日　卷之八百九十五　二十四

行臣乃陛下之軍師也至其日果卒

趙達治九宮一筭之術閑居無爲引筭自較乃歎日吾筭訖盡某年月日其終矣達妻數見達效聞而哭之達欲弭妻意乃更步筭言向者謬誤矣尚未也後如期死孫權聞達有書求之不得乃録問其女及發達棺無所得法術絶焉

晉淳于智濟北盧人能易筮自言短命日辛亥歲天下有事當有巫醫挾道術者死吾守易義以行之猶當應此乎武帝大康末爲司馬督坐楊駿誅

郭璞字景純爲王敦大將軍記室每言殺我者山宗

後果有姓祟者構璞於敦將舉兵又使璞筮璞曰無
成敦因疑璞之勸嶠亮又聞卦凶乃問璞曰卿
更筮吾壽幾何答曰思向卦明公起事必禍不久若
住武昌壽不可測敦大怒曰卿壽幾何曰命盡今日
日中敦怒收璞詣南岡斬之
郭文字文舉曠達不仕臨安令萬寵迎置縣中病甚
寵問曰先生復可得幾日文三舉手果以十五日終
卜珝字子玉少好讀易謂郭璞曰吾大厄在四十一
位爲卿相當受禍耳不爾者亦爲猛獸所害後爲劉
聰平北將軍將行謂其妹曰此行也死自吾分及攻

晉陽爲劉琨所敗珝卒先奔爲其元帥所殺
前秦張忠隱于泰山苻堅徵任尙父不就堅以安車
送之行達南山歎曰我東嶽道士沒於西嶽命也奈
何行五十里及關死
南齊盧度有道術逆知死年月與親友別永明末以
壽終
顧歡吳郡人有高尙之志好黃老明術數元嘉三十
年自知將終賦詩言志云精氣因天行遊覓隨物化
尅死日卒於剡山
鄧碩始康人爲道士元徽二年忽告人云吾命終因
卧而死後人見碩在荆州上明以一隻故履縛左腳
而行甚疾遂不知所之
趙僧巖北海人寥廓無常人不能測與劉善明友善
明爲青州欲舉爲秀才大驚拂衣而去後忽爲沙門
棲遲山谷嘗以一壺自隨一旦謂弟子曰吾今夕當
死壺中大錢一千以通九泉之路蠟燭一挺以炤七
尺之尸至夜而亡時人以爲知命
梁阮孝緒字士宗高尙不仕高祖大同三年正月孝
緒自筮卦吾壽與劉著作同年及劉香卒孝緒曰劉
侯逝矣吾其幾何其年十月卒

裴子野爲鴻臚卿以大通二年卒官年六十二先是
子野自尅死期不過戊戌歲是年自省移病謂同官
劉之亨曰吾其逝矣果卒
劉歊字士光不娶不仕未死之春有人爲其庭中栽
柿歊謂兄子曰吾不見此實爾其勿言至秋而亡人
以爲知命
後魏裴宣爲益州刺史宣素明陰陽之書自始患便
知不起因自尅亡日果如其言
唐王績字無功絳州龍門人太宗貞觀中卒臨終自
尅死日兼自爲墓誌

袁天罡益州八尤工相人貞觀中申國公高士廉嘗謂曰君之祿壽可至何所對曰今年四月死矣果如其言

衛大經篤學善易嘗豫筮死日先鑿墓自爲誌文如筮而終

周賀緯自給事中出爲青州行軍司馬妻以緯左遷駭惋傷離病留京師緯書候之日勉醫藥來春與子同歸養鹿太祖廣順二年春緯死訃至妻亦一慟而卒果雙柩北歸聞者歎之

冊府元龜

冊府元龜 總録部 知亡日 卷之八百九十五 二十七

册府元龜

廵按福建監察御史臣李嗣京 訂正
分守建南道左布政使臣胡維霖 參閱
知建陽縣事臣黃國琦 較釋

總錄部 一百四十六

復讎

傳曰父之讎弗與共戴天春秋傳曰子不復讎非子也周官調人之職掌和萬民而教其辟讎同國而不相辟者言之於士殺之無罪蓋報仇之所由來舊矣中古而下方牘所記乃有天性之戚手足之痛或義

篤於諸父或情厚於交友獨能奮不顧死勦絕其命攄逝者之沉憤聳人倫之風槩乃至朝議高其節理官緩其法亦有詢外庭之論遵三章之制不免於戮者焉若夫受誅於官者非怨殺人而義者勿讎斯典經之丕訓百代所不易蓋以銷忿毒之漸致清夷之化納民於軌物者也其可忽諸

叔孫昭子魯大夫也昭子叔孫父穆子穆子叔孫豹寵豎牛豎牛欲亂其室曰夫子疾病不欲見人使寘饋于个而退个東西廂牛弗進則置虛命徹寫器令空亦若叔孫巳食命去之叔孫不食卒三日絕糧牛立昭子而相之昭子朝其家衆曰豎牛禍叔孫氏使亂大從使從於亂殺適立庶謂殺孟丙立仲王又披其邑將以赦罪披析出謂以邑與南遺昭子不知豎牛餓死其父故但言其見罪罪莫大焉必速殺之豎牛懼奔齊孟仲之子殺諸塞關之外齊魯界上關投其首於寧風之棘上寧風齊也仲尼曰叔孫昭子之不勞不可能也不以立己爲功據其所言善之時魯人不以餓死語昭子周任有言曰爲政者不賞私勞不罰私怨詩云有覺德行四國順之詩文雅見直也言德行直則四國順之

漢灌夫父張孟吳楚反時頴陰侯灌嬰爲將軍屬太尉頴陰侯是灌嬰之子名何轉寫誤爲嬰耳請孟爲較尉夫以千人與父俱官至于八如侯同焉也孟年老頴陰侯彊請之鬱鬱不得意

故戰常陷堅遂死吳軍中漢法父子俱有死事得與喪歸夫不肯隨喪歸奮曰願取吳王若將軍頭以報父讎自奮厲也於是夫披甲持戟募軍中壯士所善願從數十人所善素與己善者及出壁門莫敢前獨兩人及從奴千餘騎馳入吳軍至戲下戲大將之旗也所殺傷數十人不得前復還走漢壁走趣嚮也其奴獨與一騎歸夫身中大創十餘適有萬金良藥故得無死萬金者言其價貴也金字或作全言得之者必生全也創少瘳又復請將軍曰吾益知吳壁曲折請復往曲折猶言委曲也將軍壯而義之恐亡夫迺言太尉太尉召固止之吳軍破夫以此名聞天下

李敢代父廣爲郎中令頃之怨大將軍青之恨其父
（青衛青也令其父恨而死也）迺擊傷大將軍大將軍匿諱之
原涉爲谷口令先是涉季父爲茂陵秦氏所殺涉居
谷口半歲所自劾去官欲報讎谷口豪傑爲殺秦氏
亡命歲餘逢赦出郡國諸豪及長安五陵諸爲氣節
者皆歸慕之
後漢劉鯉更始子也得幸於沛獻王輔鯉怨劉盆子
害其父因輔結客報殺盆子兄故式侯恭輔坐繫詔
獄三日乃得出
劉賜字子琴光武族兄賜少孤兄顯報怨殺人吏捕

顯殺之賜與顯子信賣田宅同抛財産結客報吏（續漢書曰王莽時諸劉抑廢爲郃縣所侵萊陽國釜亭侯長醉詢更始父子張怒剌殺亭長後十餘歲亭長子報殺更始弟寒賜兄顯欲報怨賓客轉劫人發覺別郡殺顯獄中賜與小子信結客陳政等九人燔燒殺亭長妻子四人）皆亡命逃伏遭赦歸
周黨太原人鄉佐嘗衆中辱黨父黨久懷之後至長
安遊學讀春秋聞復讎之義便輟講而還與鄉佐尅
日交刃黨爲其所傷困頓鄉佐服義輿歸養之數日
方蘇黨後累徵不屈
趙熹字伯陽南陽宛人少有節操從兄爲人所殺無
子熹年十五常思報之乃挾兵結客後遂往復讎而
讎家皆疾病無相距者熹以因疾報殺非仁者心且
釋之而去顧謂讎曰爾曹若健遠相避也讎皆卧自
搏（自搏猶叩頭也）後病愈悉自縛詣熹熹不與相見後竟殺
之熹後至太傅
郅惲友人董子張者父先爲鄉人所害及子張病將
終惲往候之子張垂歿視惲歔欷不能言惲曰吾知
子不悲天命痛讎不復也子在吾憂而不手子亡吾
手而不憂也（言子在吾憂子讎未能報而不須手自揮鋒子若亡吾直爲子手刃佗人不須心懷憂也）子張但目擊而已惲即起（作虎字寫）將客遮讎人取
其頭以示子張子張見而氣絶惲因而詣縣以狀自

首令應之遲惲曰爲友報讎吏之私也奉法不阿君
之義也虧君以生非臣節也趨出就獄令跣而追惲
不及遂自至獄令援刃自向以要惲曰子不從我出
敢以死明心惲得此乃自因病去後至長沙太守
杜詩爲南陽太守坐遣客爲弟報讎被殺
崔瑗兄章爲人所殺瑗手刃報讎因亡命會赦歸家
後至濟北相
蘇不韋扶風人父謙初爲郡督郵時魏郡李暠爲美
陽令與中常侍具瑗交通貪暴爲民患前後監司畏
其埶援莫敢糾問及謙至部案得其臧論輸左校謙

累遷至金城太守去郡歸鄉里漢法免罷守令自非詔徵不得妄到京師而謙後私至雒陽時暠爲司隸較尉收謙詰掠死獄中暠又因刑其屍以報昔怨不韋時年十八徵詣公車會謙見殺不韋載喪歸鄉里瘞而不葬仰天歎曰伍子胥獨何人也乃藏母於武都山中遂變名姓盡以家財募劍客邀暠於諸陵間（諸陵謂長安中五陵也）不尅會暠遷大司農時右較芻廥在寺北垣下（廥芻藁藏也垣墻也）不韋以親從兄弟潛入廥中夜則鑿地晝則逃伏如此經月遂則傍達暠之寢室出其床下值暠在厠因殺其妾并及小兒留書而去暠大

驚懼乃布棘於室以板籍地一夕九徙雖家人莫知其處每出輒劍戟隨身壯士自衛不韋知暠有備乃日夜飛馳徑到魏郡掘其父阜冢（阜謂暠父）斷取阜頭以祭父墳又摽之於市曰李君遷父頭暠匿不敢言而自上退位歸鄉里私掩塞冢槨捕求不韋歷歲不能得憤恚感傷發病歐血死不韋後遇赦還家乃始改葬行喪士大夫多譏其發掘冢墓歸罪枯骨不合古義唯任城何休方之伍員太原郭林宗聞而論之曰子胥須云逃命而兄用强吳馮闔閭之威因輕悍之衆雪怨舊郢會不終朝而但鞭墓戮屍以舒其憤竟無手刄後主之報豈如蘇子單特孑立靡因靡資强讎豪援據位九卿城闕天阻宮府幽絶塵埃所不能過霧露所不能沾不韋毁身焦慮出於百死冒觸嚴禁陷族禍門雖不獲逞爲報已深况復分骸斷首以毒生者使暠懷憤結不得其命猶假手神靈以斃之也力唯匹夫功隆千乘比之於員不以優乎議者於是貴之太傅陳蕃辟不應爲郡五官掾

陽球漁陽泉州人郡吏有辱其母者球結少年數十人殺吏滅其家由是知名後至衛尉

賈淑太原介休人爲舅宋瑗報讎於縣中爲吏所捕

繫獄當死鄉人郭泰與語淑懇惻流涕泰詣縣令應操陳其報怨蹈義之士被赦縣不宥之郡上言乃得原

魏孫賓有時名太祖爲司空辟賓會兄爲鄉人所害賓手刄報讎乃將家屬避地河東遂不應命

何顒友人虞偉高有父讎未報而篤病將終顒往候之偉高泣而訴顒感其義爲復讎以頭醊其墓

魏郎少爲縣吏兄爲鄉人所殺郎白日操刄報讎於縣遂亡命到陳國

麗會立義將軍惠之子惠南屯樊討關羽戰敗爲關

羽所殺會隨鍾鄧伐蜀蜀破盡滅關氏家

韓暨字公至南陽堵陽人同縣豪右陳茂譖暨父兄幾至大辟暨陽不以爲言庸賃積資陰結死士遂尋擒茂以首祭父墓由是顯名

典韋好俠襄邑劉氏與睢陽李禮爲讎韋爲報之禮故富春長備怨甚謹韋乘車載雞酒僞叱候者門開懷七首入殺禮并殺其妻徐出取車

晉索綝舉秀才除郎中嘗報兄讎手殺三十七人時人壯之

沈勁字世堅父充與王敦搆逆衆敗而逃爲部曲將

冊府元龜復讎 總録部 卷之八百九十六 七

吳儒所殺當坐誅鄉人錢舉匿之得免其後竟殺讎人後至冠軍長史戰死

朱昌父軌爲荊州刺史王廙將廙使軌及趙誘繫杜曾皆爲曾所殺及周訪討曾旣執曾欲生致武昌昌與趙誘息胤乞曾以復怨於是斬曾而昌胤臠其肉而噉之

刁彝字太倫協之子少遭家難王敦誅後彝斬讎人黨以首祭父墓詣廷尉請罪朝廷特宥之由是知名後至北中郎將

譙烈王無忌閔王承之子承爲荊州刺史王廙所害無忌以年小獲免後爲黃門侍郎江州刺史褚裒嘗之鎭無忌及丹陽尹桓景等餞於版橋時王廙子丹陽丞耆之在坐無忌志欲復讎拔刀將手刃之裒景命左右救捍獲免御史中丞崔灌奏無忌欲專殺人付廷尉科罪成帝詔曰王敦作亂閔王遇禍尋事原情今王何責然公私憲制亦已有斷王當以體國爲大豈可尋繹由來以亂朝憲主者其申明法令自今已往有犯必誅於是聽以贖罪論

王談年十歲父爲鄰人竇度所殺談陰有復讎志而懼爲度所疑寸刃不畜日不伺度未得年至十八乃

冊府元龜復讎 總録部 卷之八百九十六 八

密市利鍤陽若耕鉏者度嘗乘船出又經一橋下談伺度行還伏草中度旣過談於橋上以鍤斬之應手而死旣而歸罪有司太守孔巖義其孝勇列上宥之後巖諸子爲孫恩所害無嗣談乃移居會稽脩理巖父子墳墓盡其心力也

桓溫父彝爲韓晃所害涇令江播豫焉溫時年十五枕戈泣血志在復讎至年十八會播已終子彪兄弟三人居喪置刃杖中以爲溫備溫詭稱弔客得進刃彪於廬中并追二弟殺之時人稱之

桓玄溫之子與王恭討江州刺史王愉兵敗玄至長唐湖遇商人錢强强宿憾王恭故參軍殷確以告湖

尉尉收之送京師至倪塘斬之及玄執政牒斬湘
淛尉及錢强等
殷簡之父仲堪爲桓玄所害簡之載喪下都葬于丹
徒遂居墓側宋高祖義旗建率私僮客隨義軍躡桓
玄玄死簡之食其肉
謝琨琰之小子琰討孫恩兵敗帳下督張猛於後斫
琰焉遂遇害後宋高祖左里之捷生擒猛送琨琨刳
肝生食之
朱綽兄憲及斌俱爲西中郎袁眞將佐桓温伐壽陽
眞以憲兄弟與温潛通並殺之綽逃歸温攻戰嘗居

先不避矢石壽陽平眞已死綽輙發棺戮尸
龔壯巴西人父叔爲李特所害壯積年不除喪力弱
不能復讎及李壽成漢中與李期有嫌期特孫也壯
欲假壽以報乃說壽曰節下若能并有西土稱藩於
晉人必樂從且捨小就大以危易安莫大之策也壽
然之遂率衆討期果尅之李壽見期兄弟十餘人年方壯大而並有强兵懼不自全乃數聘禮巴西壯雖不應聘數往見壽時岷山傾江水竭壽惡之每問壯以自安之術壯以特殺其父及叔欲假手報讎未有其由因說壽曰節下若能捨小從大以危易安則開國裂上長爲諸侯名高桓文勳流百代矣壽從之陰與長安畧羅尚巴西解思明共謀據成都稱藩歸順乃誓文武得數千人襲尅之
宋毛循之一作參之父璩晉末爲梁秦二州刺史爲譙縱

所殺高祖表循之爲龍驤將軍配兵力遣令奔赴又
遣益州刺史司馬榮期及文處茂時延祖等西討循
之至巖渠榮期爲參軍楊承祖所殺承祖自稱鎮將
軍巴州刺史循之退白帝承祖自下攻之不拔循之
使參軍嚴綱等收合兵衆漢嘉太守馮遷率兵來會
討承祖斬之時文處茂猶在巴郡循之遣振武將軍
張季仁五百兵係處茂等荆州刺史道規又遣奮武
將軍原導之領千人受循之節度循之遣原導之與
季仁俱進時益州刺史鮑陋不肯進討循之下都上
表曰臣聞有生所以重生實有生理可保臣之情地

生途已竭所以未淪於泉壤借命於朝露者以日月
並炤有兼映之輝庶憑天威誅夷讎逆自提戈四赴
備嘗時難遂使齊斧停柯狡竪假息誠由經路有暨
暨及也亦縁制不自已撫影窮號泣望西路益州刺史
鮑陋始以四月二十九日達巴東頓白帝以俟廟略
可乘之機宜戡授袂之會屢愆臣雖効死寇庭而理
兼義絶是以東骸載馳訴究魏象昔宋害申舟楚莊
有遺履之憤況忘家殉國勘有臣門節冠風霜人所
矜悼伍員不虧君義申胥不忘國艱俟會摧鋒思時
乃發今臣庸踰在昔未搴霄邁之旗是以仰宸極以

希炤眷西土以灑淚也公私抱耻仰望洪恩豈宜遂享名器比肩人伍求情旣所不容卽實又非所繼但以方伎威靈要須綜攝乞解金紫寵私之榮賜以鷹揚折衝之號臣之於國理無虛請自臣涉道情慮荒越疾毒交纏嘗慮性命要當躬先士卒身馳賊庭手斬凶醜以攄莫大之痛然後就死之日卽化如歸圜門靈爽豈不謝先帝於玄宮高祖哀其情事乃命冠軍將軍劉敬宣率文處茂時延禮諸軍伐蜀軍次黃虎無功而退譙縱由此送循之父伯及中表喪柩口累並得俱還

沈林子與沈預有讎因自歸高祖從高祖克京城沈預慮林子與兄田子還東報讎因五月夏節日至預正大集會子弟盈堂林子兄弟挺身直入斬預首男女無長幼悉屠之以預首祭父祖墓

垣閬文帝元嘉中爲員外散騎侍郎母墓爲東阿寺道人曇雒等所發閬與弟殿中將軍闞共殺曇雒等五人詣官歸罪見原

宋越父爲蠻所殺殺其父者嘗出郡越於市中刺殺之太守夏侯穆嘉其意擢爲隊主

錢延慶吳興長城人父仲期爲同縣奚慶恩所殺延慶屬役在都聞父死馳還於庾浦埭逢慶思手刃殺之自繫烏程縣獄太守郗顒表不加罪許之

申孝叔父令孫代薛安都爲徐州刺史令孫至郡境降安都從子索肥爲其所殺後索肥兵敗走向雒平縣界孝叔斬之

房愛親父元慶爲沈文秀建威府司馬爲文秀所害愛親率勤鄉部攻文秀明帝嘉之起家授龍驤將軍等會文秀降乃止

南齊沈文秀宋司空慶之之子慶之爲景和臣欽若等曰景和宋前廢帝年號所殺兵仗圍宅收捕諸子文秀長兄文叔

謂文秀曰我能死爾能報遂自縊文秀揮刃馳馬去收者不敢追遂得免時沈攸之爲景和御史殺慶之後攸之反文秀督吳錢塘軍事文秀收殺攸之弟新安太守登之誅其宗族

聞人夐吳興人年十七結客報父讎爲高祖所賞

朱謙之字處光父昭之以學稱於鄉里謙之年數歲所生母亡昭之假葬田宅側爲族人朱幼方燎火所焚同產姊密語之謙之雖小便哀戚如持喪年長不婚娶永明中手刃殺幼方詣獄自繫縣令申靈勗表上別駕孔稚珪兼記室劉璡司徒左西掾張融牋與

刺史豫章王日禮開報讎之典以申孝義之情法斷相殺之條以表權時之制謙之揮刄斬寃旣申私禮繫頸就死又明公法今仍殺之則成當世罪人宥而活之即爲盛朝孝子殺一罪人未足弘憲活一孝子實廣風德張緒陸澄是其鄉舊應具來由融等與謙之並不相識區區短見深有悵然豫章王言之武帝時吳郡太守王慈太常張緒尚書陸澄並表論其事帝嘉其義慮相報復乃遣謙隨曹虎西行將發幼方子惲於津陽門伺殺謙之謙之兄選之又刺殺之有司以聞帝曰此皆是義事不可問悉赦之吳興沈顗

聞而歎曰弟死於孝兄殉於義孝友之節萃此一門

梁蘭道恭益州人父爲刺史劉季連所殺道恭出亡季連還都同出建陽門道恭殺之

趙䟦扈新城人兄震動富於財太守樊文茂求之不已震動怒曰無厭將及我文茂聞其語聚其族誅之䟦扈走免亡命聚黨至社樹呪曰文茂殺䟦扈兄今欲報之若事尅所樹處更生不克即死三宿三枿生十丈餘人間傳以爲神附者十餘萬旣殺文茂轉攻傍邑將至成都十餘日戰敗退保新城求降

成景儁范陽人父安樂仕後魏爲淮陽太守武帝天監六年常邕和殺安樂以城內附景儁謀復讎因殺魏宿預城王以地南入普通六年邕和爲鄱陽內史景儁購人刺殺之未久重購邕和家人鴆殺其子弟讎類俱盡武帝義之每爲屈法景儁家讎旣雪每思報効後除北豫州刺史侵魏所向必摧其智勇時以比馬仙琕

張景仁廣平人父梁爲同縣韋法所殺景仁時年八歲及長志在復讎普通七年遇法於公田渚手斬其首以祭父墓事竟詣郡自縛乞依刑法太守蔡天起上言於州時簡文在鎮乃下教褒美之原其罪下屬

長蠲其一戶租調以旌孝行

李慶緒廣漢郪人父爲人所害慶緒九歲而孤爲兄所養日夜號泣志在復讎投州將陳顯達仍於部伍白日手刄其讎自縛歸州州將義而釋之

陳侯瑱巴西人父弘遠世爲西蜀酋豪蜀賊張文萼據白崖山有衆萬人梁益州刺史鄱陽王蕭範命弘遠討之弘遠戰死瑱固請復讎每戰必先鋒陷陣遂斬文萼由是知名

後魏元郎父東阿公順爾朱之亂爲陵戶鮮于康奴所害郎時年十七枕戈潛伏積年乃手刄康奴以首

祭於順墓然後詣闕請罪朝廷嘉而不問
鄭思明父連山爲光祿大夫性嚴暴楇捶僮僕酷過人理父子一時爲奴所害斷首投馬槽下乘馬北逝思明驍勇善騎射披髮率村義馳騎追之於河村義謂村中義俠也奴乘馬投水思明將從不聽放矢乃自射之一發而中落馬隨流衆人擒執至家臠而食之
傅融有三子靈慶靈根靈越並有才力宋將蕭斌王玄謨寇碻磝時融始死玄謨强引靈慶爲軍主後與二弟匿於山澤之中時靈慶從叔乾愛爲斌法曹參軍斌遣乾愛誘呼之以腰刀爲信密令壯健者隨之

而乾愛不知斌之欲圖靈慶也既至靈慶間對坐未久斌所遣壯士執靈慶殺之靈慶將死與母崔氏言慶法曹殺人不可忘也靈根靈越奔河北靈越至京師文成見而奇之靈越因說齊民慕化青州可正帝大悅拜靈越鎮遠將軍青州刺史貝丘子鎮羊蘭城靈根爲臨齊副將鎮明潛壘靈越北入之後母崔氏遇赦免宋人恐靈越在邊擾動三齊乃以靈越叔父琰爲冀州治中乾愛爲樂陵太守陵與羊蘭隔河相對命琰遣其門生與靈越婢詐爲夫婦化以招之靈越與母分離思積遂與靈根相要南走靈越與羊蘭奮兵相擊乾愛遣船迎之得免靈根差期不得俱度臨齊人覺知斬殺之乾愛出郡迎靈越問靈根愆期之狀而靈越殊不應答但言不知而已乾愛不以爲惡勑左右出匣中烏皮袴褶令靈越代所嘗服靈越言不須乾愛云汝豈可着體上衣服見垣公也時垣護之爲刺史靈越厲聲言垣公着此當見南方國主豈垣公也竟不肯着及至丹陽宋孝武見而禮之拜員外郎兗州司馬帶魯郡而乾愛亦遷青冀司馬帶魏郡後二人俱遷建康靈越意嘗欲爲兄復讎而乾愛初不疑防知乾愛嗜雞肉羹求食乃爲作之下

以毒藥乾愛還而卒
淳于誕南齊南安太守興宗之子年十二隨父向楊州父於路爲群盜所害誕雖童稚而哀感奮發傾資結客旬朔之內遂得復讎由是州里歎異之益州刺史劉悛召爲主簿
吳悉達弟兄三人年並幼小父母爲人所殺四時號慕悲感鄉隣及長報讎避地永安
孫益德其母爲人所害益德童幼爲母復讎還家哭於殯以待縣官孝文文明太后以其幼而孝決又不逃罪特免之

荀瓊年十五復父讎於成都市以孝聞

楊孝邕以父爲爾朱天光所害孝邕走免匿於蠻中潛結渠帥謀應北齊神武以誅爾朱氏微服入雒參司機會爲人所告爾朱世隆收付廷尉掠殺之

北齊崔達拏尚安樂公主文宣帝嘗問公主達拏於汝何似答云甚相敬重唯阿家憎兒顯祖召達拏母入內殺之投屍漳水齊滅達拏殺主以報讎

後周杜叔毗襄陽人初仕梁爲蕭脩府史直兵參軍太祖令大將軍達奚武經略漢川明年武圍脩於南鄭脩令叔毗詣闕請和太祖見而禮之使未及而脩

中直兵參軍曹策參軍劉曉謀以城降武時叔毗兄君錫爲脩中記室參軍從子映錄事參軍映弟晰中直兵參軍並有文武才畧各領部曲數百人策等忌之懼不同已遂誣以謀叛擅加害焉脩等討策等擒之斬曉而免策及脩降策至長安叔毗朝夕號泣具申冤狀朝議以事在歸附之前不可追罪叔毗內懷憤惋志在復讎然恐違朝憲坐及其母遂沈吟積時母知其意謂叔毗曰汝兄橫罹禍酷痛切骨髓若曹策朝死吾以夕殁亦所甘心汝何疑焉叔毗受母言愈更感厲後遂白日手刃策於京城斷首刳腹解其肢體然後面縛請就戮焉太祖嘉其志氣特命赦之

郝慶爲司會先是慶兄檜爲魏興郡守爲賊黃衆寶所害檜子三人皆幼弱慶撫養甚篤後衆寶率衆歸朝朝廷待以優禮居數年檜次子雄亮白日手刃衆寶於長安城中晉公護聞而大怒執慶及諸子姪皆囚之讓曰國家憲綱皆君等所爲雖有私怨寧得擅殺人也對曰慶聞父母之讎不同天兄弟之讎不同國明公以孝治天下何乃責於此乎護愈怒慶辭色無所屈卒以免

隋來護兒幼孤養於世母吳氏侯景之亂護兒世父

爲鄉人陶武子所害吳氏每流涕爲護兒言之武子宗族數百家厚自封植護兒每思復怨因其有婚禮乃結客數人直入其家引武子斬之賓客皆慴不敢動乃以其頭祭伯父墓因潛伏歲餘會周師定淮南乃歸鄉里

唐高季輔渤海人也兄元道任隋爲汲令武德初縣人翻城從賊元道被害季輔率其黨出鬭竟擒殺兄者斬之持其首以祭甚爲士友所稱

獨孤脩德爲宣州刺史武德中高祖從王世充於蜀脩德以讎人請而殺之

王君操萊州即墨人其父隋末與鄉人李君則鬬競
因被毆殺君操時六歲其母劉氏告縣收捕君則棄
家亡命追訪數年弗獲貞觀初君則自以世代遷革
不慮國刑又見君操孤微謂無復讎之志遂詣州府
自若而君操密袖白刃刺殺之剸腹取其心肝咀食
立盡詣刺史具自陳告州司以其擅殺戮問云殺人
償死律有明文何方自理以求生路對曰亡父被殺
二十餘載聞諸曲禮不可同天早願圖之久而未遂
常懼亡滅不展冤情今大耻既雪甘從刑憲州司據
法處死列上其狀太宗特詔原免

同蹄智壽雍州同官人其父高宗永徽初被族人安
吉所害智壽及弟智爽候安吉於塗擊殺之兄弟相
率歸罪於縣爭爲謀首官司經數年不能决鄉人或
證智爽先謀竟伏誅臨刑神色自若顧謂市人曰父
讎已報死亦何恨智壽頓絶中衢血流徧體又收智
爽屍舐血食之皆盡見者莫不傷焉

張琇蒲州解人父審素爲嶲州都督在邊累載俄有
糾其贓罪勑監察御史楊汪馳傳就軍按之汪在路
爲審素黨與所刼對汪殺告事者脇令汪奏雪審素
之罪俄而州人翻殺審素之黨汪始得還至益州奏
稱審素謀反因深按審素搆成其罪斬之籍沒其家
琇與兄瑝以年幼坐徙嶺外尋各逃歸汪轉至殿中
侍御史改名萬頃開元二十三年瑝琇候萬頃於都
城挺刃殺之瑝雖年長其發謀及手刃皆琇爲之既
殺萬頃繫表於斧刃自言報讎之狀便逃奔將就江
外殺與萬頃同搆父罪者行至汜水爲捕者所獲時
都城士庶皆矜琇等幼稚孝烈能復父讎多言其合
矜恕者中書令張九齡又欲活之裴耀卿李林甫固
言國法不可縱報讎玄宗以爲然因謂九齡等曰復
讎雖禮經所許殺人亦格律具在孝子之情義不顧

命國家設法焉得容此殺人成復讎之志赦之虧律
格之條然道路諠議故須告示乃下勑曰張瑝等兄
弟同殺推問欵承律有正條俱合至死近聞士庶頗
有諠譁矜其爲父復讎或言本罪冤濫但國家設法
事存經久蓋以濟人期於止殺各申爲子之志誰非
徇孝之夫展轉相讎相殺何限咎繇作士法在必行
曾參殺人亦不可恕不能加以刑戮肆諸市朝宜付
河南尹告示决殺瑝琇既死士庶咸傷愍之爲作哀
誄牓於衢路市人歛錢於死所造義井井葬瑝琇於
北邙又恐萬頃家人發之并作疑冢數具時人所傷

如此

劉士幹宣武節度劉玄佐之養子有樂士朝者亦爲玄佐所子因姓劉氏素與士幹有隙德宗貞元中玄佐薨或云爲士朝所酖士幹微知之及士朝至京師士幹乃寄以奴持刀伏於喪位紿士朝曰有弔客至誘入堂哭因殺之士幹坐是賜死

余常安衢州常山人父及叔父爲方全所殺亡去十餘年會赦乃歸常安熟聞知之憲宗元和中常安年十七乃報殺之詣州請罪州司以其事聞制依法處死刺史元錫義之累上表請下百僚詳議復詔常安

死時歎其冤

梁悅富平人爲父報讎所殺讎人秦杲自投縣請罪勑復讎殺人固有彝典以其申冤請罪視死如歸自詣公門發於天性志在殉節本無求生之心寧失不經特從減死之法宜決一百配流循州職方員外郎韓愈獻議曰伏奉今月五日勑復讎據禮經則義不同天徵法令則殺人者死禮法二事皆王教之端爰有異同因資論辯宜令都省集議聞奏者伏以子復父讎見於春秋見於禮記又見於周官又見於諸子史不可勝數未有非而罪之者也最宜詳於律而律無其條非闕文也蓋以爲不許復讎則傷孝子之心而乖先王之訓許復讎則人將倚法專殺無以禁止其端矣夫律雖本於聖人然執而行之者有司也經之所明者制有司者也丁寧其義於經而深沒其文於律者其意將使法吏一斷於法而經術之士得引經而議也周官曰凡殺人而義者令勿讎讎之則死義宜也明殺人而不得其宜者子得復讎也此百姓之相讎也公羊傳曰父不受誅子復讎可也不受誅者罪不當誅者也上於下之辭非百姓之相殺者也又周官曰凡報仇讎者書於士殺之無罪言將復讎

必先言於官則無罪也今陛下垂意典章思立定制惜有司之守憐孝子之心示不自專訪議羣下臣愚以爲復讎之名雖同而其事各異或百姓相讎如周官所稱可議於今者或爲官吏所誅如公羊所稱不可行於今者又周官所稱將復讎先告於士則無罪者若孤稚羸弱抱微志而伺敵人之便恐不能自言於官未可以斷於今也然則殺之與赦不可一例且定其制曰凡有復父讎者事發具其事申尚書省集議奏聞酌其宜而處之則經無失其指矣

康買德父憲爲羽林官騎京兆府雲陽縣力人張洸

欠憲錢米憲徵之湓乘醉拉憲氣息將絕買德年十四將救其父以湓角觝力人不敢撝解遂持木鍤擊湓湓首見血後三日致死刑部員外郎孫革奏准律父爲人所毆子往救擊其人折傷減凡鬬三等致死者依常律即買德救父難是性孝非暴擊張湓是心切非兇以髫丱之歲正父子之親若非聖化所加童子安能及此王制稱五刑之理必原父子之親以權之測淺深之量以別之春秋之義原心定罪周書所訓諸罰有權今買德生被皇風幼符至孝哀矜之宥臣伏在聖慈職當讞刑合分善惡先具事由陳奏伏

冀賜下中書門下商量勑旨康買德尚在童年得知子道雖殺人當死而爲父可哀若從沈命之科恐失原情之義宜付法司減死罪一等處分

後唐高弘超洛州平息人父暉爲鄉人王感所殺弘超挾刃以報之遂携其首自陳大理寺以故殺傷論刑部員外李殷夢覆曰伏以挾刃殺人按律處死投獄自首降罪垂文高弘超既遂復讎固不逃法戴天罔愧視死如歸歷代已來事多貸命長慶三年有康買德父憲爲力人張湓乘醉拉憲氣息將絕買德年十四以木鍤擊湓後三日致死勑旨宜減死處分又元和六年富平人梁悅殺父之讎投縣請罪勑旨特從減死方今時時有此孝子其高弘超若使須歸極法實慮未契鴻慈奉勑忠孝之道乃治國之大柄典刑之要在詳意之深文差若毫釐繫之理道昔紀信替主赴難何青史之永刊今高弘超爲父報寃即冊書之不尚人倫至孝法網宜於減死罪一等處分

晉韓顒鄴人少帝開運中爲父報讎殺經赦賊平輿刑部員外郎古昭裔斷曰伏以韓顒稱爲父報讎准律謀殺人者死情雖可矜法且不容請依大理寺斷遣從之

漢高勳仕晉爲閤門使初勳與張彥澤不協彥澤害其家屬及虜入汴勳訴耶律氏等誅彥澤雪其家耻

周張永德父頴爲安州防禦使性卞急峻刻部曲曹澄與不逞之徒數人同謀執頴而殺之遂奔于金陵及世宗征淮南以永德之故遣江南李景執澄等賜永德俾甘心而戮之

冊府元龜

巡按福建監察御史臣李嗣京　訂正
知長樂縣事臣夏允彝參閱
知建陽縣事臣黄國琦較釋

總錄部一百四十七

改過　悔過

改過

傳曰弗知實難夫子有言曰主忠信無友不如巳者過則勿憚改過而不改是爲過矣法語之言能無從乎改之爲貴子貢曰君子之過也如日月之食焉過

也人皆見之更也人皆仰之是知人誰無過過而能改善莫大焉故顔淵亞聖乃稱不貳蘧瑗大賢猶曰知非然要在乎明於自知闇於自是君子所以敦五常謹百行遵大易考祥之旨守曲禮踐言之教加之以聽忠告之言愼克終之道然後能保乎令名而於過失鮮矣

魏公子無忌者魏昭王少子安釐王異母弟也封信陵君安釐王二十年秦圍邯鄲公子救邯鄲存趙趙王欲以五城封公子公子聞之意驕矜而有自功之色客有說公子曰物有不可忘或有不可不忘夫人有德於公子公子不可忘也公子有德於人願公子忘之也且矯魏王令奪晉鄙兵以救趙於趙則有功矣於魏則未爲忠臣也公子乃自驕而功之竊爲公子不取也於是公子立自責似若無所容者又無忌留趙十年不歸秦聞公子在趙日夜出兵東伐魏魏王患之使使往請公子公子恐其怒之乃誡門下有敢爲魏王使通者死賓客皆自魏之趙莫敢勸公子歸毛公薛公兩人往見公子曰公子所以重於趙名聞諸侯者徒以有魏也今秦攻魏魏急而公子不恤使秦破大梁而夷先王之宗廟公子當何面目立天

下乎語未及卒公子立變色告車趣駕歸救魏

仲由字子路卞人也（尸子曰子路卞之野人）少孔子九歲子路性鄙好勇力志伉直冠雄雞佩豭豚（冠以雄雞佩豭豚二物皆勇子路好勇故冠帶之）陵暴孔子孔子設禮稍誘子路後儒服委質因門人請爲弟子

漢于永定國之子也少嗜酒多過失年至三十乃折節脩行以父任爲侍中嗣西平侯至御史大夫

朱雲字子游魯人徙平陵少時通輕俠借客報讎年四十廼變節從博士白子友受易

後漢鄭均東平任城人也其兄爲縣吏頗受禮遺均

數諫止不聽即脫身爲備歲餘得錢帛歸以與民曰
物盡可復得爲吏坐贓終身捐棄兄感其言遂爲廉
潔均後公車徵不就終爲尚書祿以終其身時人號爲
白衣尚書

賈淑字子厚世有冠冕而性險害邑里患之郭林宗
遭母憂淑來脩弔既而鉅鹿孫威直亦至威直以林
宗賢而受惡人弔心怪之不進而去林宗追而謝之
曰賈子厚誠實凶德然洗心向善仲尼不逆互鄉故
吾許其進也淑聞之改過自厲終成善士

宋果性輕悍喜與人報讎爲郡縣所疾郭林宗乃訓

之義方懼以禍敗果感悔叩頭謝負遂自改節自勵
後以烈氣聞

左原者陳留人也爲郡學生犯法見斥林宗嘗聞之
遇諸路爲設酒有以慰之謂曰昔顏涿聚梁甫之巨
盜段干木晉國之大駔卒爲齊之忠臣魏之名賢蘧
瑗顏回尚不能無過況其餘乎愼勿恚恨責躬而已
原納其言而去或有譏林宗不絕惡人者對曰人而
不仁疾之以甚亂也原後忽更懷憤結客欲報諸生
其日林宗在學原愧負前言因遂罷去後事露衆人
咸謝服焉

徐庶穎川人先名福本單家子少好任俠擊劍中平
末嘗爲人報讎白堊突面被髮而走爲吏所得問其
姓字閉口不言吏乃於車上立柱維磔之擊鼓以令
於市鄽莫敢識者而其黨伍共篡解之得脫於是感
激棄其刀戟更疏巾單衣折節學問始詣精舍諸生
聞其前作賊不肯與共止福乃卑躬早起嘗獨掃除
動靜先意聽習經業義理精熟遂與同郡石韜相親
愛

吳甘寧巴郡臨江人少好游俠招合輕薄少年爲之
渠帥羣衆相隨挾持弓弩負毦帶鈴民聞鈴聲即知

是寧人與相逢及屬城長吏接待隆厚者乃與交歡
不爾即放所將奪其資貨於長吏界中有所賊害作
其發負至二十餘年止不攻劫頗讀諸子乃往依劉
表因居南陽不見進用後歸吳爲西陵太守折衝將

晉周處字子隱義興陽羨人父魴吳鄱陽太守處少
孤未弱冠膂力絕人好馳騁田獵不修細行縱情肆
欲州曲患之處自知爲人所惡乃慨然有改勵之志
謂父老曰今時和歲豐何苦而不樂耶父老歎曰三
害未除何樂之有處曰何謂也答曰南山白額猛獸
長橋下蛟并子爲三矣處曰若爲患吾能除之父老

日子若除之則一郡之大慶非徙去害而已處乃入山射殺猛獸因投水搏蛟蛟或沉或浮行數十里而處與之俱經三日三夜人謂已死皆相慶賀處果殺蛟而反聞鄉里相慶始知人患己之甚乃入吳尋二陸時機不在見雲具以情告曰欲自脩而年已蹉跎恐將無及雲曰古人貴朝聞夕改君前塗尚可且患志之不立何憂名之不彰處遂勵志好學有文思志存義烈言必忠信克己期年州府交辟仕吳爲東觀左丞

皇甫謐字士安安定朝那人也漢太尉嵩之曾孫出

繼叔父居新安年二十不好學遊蕩無度或以爲癡嘗得瓜果輙進所養叔母任氏任氏曰孝經云三牲之養猶爲不孝汝今年餘二十目不存教心不入道無以慰我因歎曰昔孟母三徙以成仁曾氏烹豕以存教豈我居不卜鄰教有所闕何爾魯鈍之甚也脩身篤學自汝得之於我何有因對之流涕謐乃感激就鄉人席坦受書勤力不怠居貧躬自稼穡帶經而農遂博綜典籍百家之言沈靜寡欲始有高尚之志自號玄晏先生

裴憲字景思楷之子少而穎悟好交輕俠及弱冠更折節嚴謹脩尚儒學足不踰閾者數年陳郡謝鯤潁川庾敳皆儁朗士也見而奇之後爲豫州刺史終陷於石勒焉

王濬字士治弘農湖人也家世二千石濬博涉墳典美姿貌不脩名行不爲鄉曲所稱濬乃變節疎通亮直慨廓有大志州郡辟河東從事終爲撫軍大將軍開府儀同三司

胡母輔之字彥國泰山奉高人也少擅高名性嗜酒不拘小節後爲繁昌令始節酒自厲甚有能名後爲揚武將軍湘州刺史

唐彬字儒宗魯國鄒人有經國大度而不拘行檢少便弓馬好遊獵身長八尺走及奔鹿強力兼人晚乃敦悅經史尤明易經隨師受業還家教授嘗數百人初爲郡門下掾後卒爲前將軍領戎校尉雍州刺史

戴若思廣陵人也有風儀性開爽少好遊俠不拘操行遇陸機赴雒船裝甚盛遂與其徒掠之若思登據胡床指麾同旅皆得其宜機察見之知非常人在舫屋上遙謂之曰卿才器如此乃復作劫耶若思感悟因流涕投劍就之機與言深嘉賞異遂與定交焉後舉孝廉位至驃騎將軍

謝尚字仁祖豫章太守鯤之子及長開率穎秀辯悟絶倫脫畧細行不爲流俗之事好衣刺文袴諸父責之因而自改遂知名後爲衛將軍散騎常侍

王濛字仲祖少時放縱不羈不爲鄉曲所齒晚節始克己厲行有風流美譽虛己應物恕而後行莫不敬愛焉卒爲司徒左長史

王述字懷祖元帝鎮東府中郎丞之子也家貧求試宛陵令頗受贈遺而脩家俱爲州司所簡有一千三百條王導使謂之曰名父之子不患無祿屈臨小縣甚不宜爾述答曰足自當止時人未之達也此後屢

居州郡清絜絶倫祿賜皆散之親故宅宇舊物不革於昔始爲當時所歎後爲衛軍尚書令

王沈爲荊州刺史自恃才氣放酒誕節又年少居方伯之任譚者憂之及鎮荊州威風肅然殊得物和

前秦索泮字德林燉煌人也世爲冠族泮少而游俠及長變節好學有佐世才器張天錫以爲冠軍記室參軍

苻登字文高堅之族孫也登少而雄勇有壯氣麤險不脩細行故堅弗之奇也長而折節謹厚頗覽書傳拜殿上將軍

宋鎮西將軍郢州刺史蕭思話南蘭陵人也年十許歲未知書以博誕遊遨爲事好騎屋棟打細腰鼓侵暴鄰曲莫不患毒之自此折節數年中遂有令譽好書史善彈琴能騎射高祖一見便以國器許之

劉康祖爲散騎常侍以浮蕩蒱酒爲事前後屢被糾劾免官後爲孝武征虜中兵參軍既被委任折節自脩轉太子翊軍校尉

何尚之字彥德廬江灊人也少時頗輕薄好樗蒱既長折節蹈道以操立見稱爲陳郡謝混所知與之遊處元祐中爲吳郡太守

顔延之爲光祿大夫延之與張鏡鄰居延之飲酒喧呼不絶而鏡靜翳無聲後延之於籬邊聞其與客語取胡床坐聽辭氣清玄延之心服謂賓客曰彼有人焉由此不復酣叫

到撝彥之之子也襲爵建昌公貲籍豪富厚自奉養愛伎陳玉珠明帝遣求不與逼奪之撝頗怨望帝令有司誣奏撝罪付廷尉將殺之撝入獄數宿鬚鬢皆白免死繫尚方奪封與弟撝楨由是屏斥聲玩更以貞素自立

南齊周奉叔爲冠軍將軍青州刺史勇力絶人隨父

蟠龍征討所在爲暴掠及世祖使領軍東討唐寓之奉叔畏上威嚴檢勒部下不敢侵斥

周山圖爲兗從僕射直閣將軍山圖好酒多失明帝數加怒誚後遂自改出爲錢塘新城戍

梁朱异年十餘歲好羣聚蒲博頗爲鄉黨所患旣長乃折節從師遍治五經尤明禮易後爲侍中

王騫廷尉卿猷之子也幼時輕薄好逸遊爲閭里所患長頗折節有士操涉獵書記起家爲著作佐郎

謝覽爲吳興太守一境清謐昔覽在新安頗聚斂至是遂稱廉潔時人方之王懷祖

張充字延陵吳郡人父緒齊特進金紫光祿大夫有名前代充少時不持操檢好逸遊緒嘗假還吳始入西郭值充出獵左手臂鷹右手牽狗遇緒船至便放紲脫韝拜於水次緒曰一身兩役無乃勞乎充跪對曰充聞三十而立今二十九矣請至來年而敬易之緒曰過而能改顏氏子焉及明年便脩身改節學不盈載多所該覽尤明老易與從叔稷俱有令譽起家撫軍行參軍

丘仲孚仕齊爲山陰令齊末政亂頗有贓入入梁爲豫章內史在郡更勵清節

何遠爲武昌太守遠本倜儻尚俠至是乃折節爲吏杜絶交遊饋遺秋毫無所受

陳周寶安文育子寶安年十餘歲便習騎射以貴公子驕蹇遊逸好犬馬樂馳騁靡衣媮食文育之爲晉陵以征討不遑之郡令寶安監知郡事尤聚惡少年高祖患之及文育西征敗績縶於王琳寶安便折節讀書與士君子遊綏御文育士卒甚有威惠除員外散騎侍郎文育歸後除貞威將軍

後魏穆羆高祖時爲虎牢鎮將頻以不法致罪後轉征東將軍賞善罰惡深自尅勵

谷渾字元冲昌黎人也父袞膂力兼人彎弓三百斤渾少有父風任俠好氣以父母在常自退抑晚乃折節受經業遂覽群籍被服類儒者太武世爲儀曹尚書

陸彰初歷數州以聚斂爲事晚節脩改自行青冀滄瀛州事甚有時譽加以虛已納物人愛敬之

刁遵冀州刺史雍之子少不拘小節長更脩改卒爲龍驤將軍洛州刺史

趙超宗爲汝南太守多所受納徙河東太守超宗在河東更自修勵清靜愛人百姓追思之

高閭字閭士漁陽雍奴人也貪婪矜慢初爲中書博士在中書好詈辱諸博士博士學生百有餘人有所干求者無不受其財貨及老爲相幽二州刺史乃更廉儉自謹有良牧之譽

邢巒爲安西將軍梁秦二州刺史商販聚斂清論者鄙之後爲安東將軍自宿豫大捷及平懸瓠志行脩正不復以財賄爲懷戎資軍實絲毫無犯遷殿中尚書加撫軍將軍

甄琛字思伯中山無極人初舉秀才入都積歲頗以弈棊棄日至乃通夜不止手下倉頭常令秉燭或時

睡必加其杖如此非一奴後不勝楚痛乃白琛曰郎君辭父母任官京師若爲讀書執燭奴不敢非乃以圍棊日夜不息豈是上京之意而賜加杖罰不亦非理琛惕然慙感遂從許赤虎假書研習聞見益優後拜中書博士

傷固少任俠好劍客弗事生產年二十六始折節好學遂博覽篇籍有文才後從大將軍宋王劉昶征義陽版府法曹行參軍

北齊司馬子如初爲尚書令以贓賄免未幾起行冀州事子如能自勵改甚有聲譽發摘奸偽僚吏畏伏之轉行并州事詔復官爵

高乾字乾邕渤海蓨人也性明悟俊偉有智略美音容進止都雅少時輕俠數犯公私長而修改輕財重義當世以意氣相得後爲開府儀同三司徐州刺史

尉景初爲冀州刺史大納賄後爲青州刺史操行頗改百姓安之徵授大司馬

崔肇師魏尚書僕射亮之孫父士大諫議大夫肇師少時疎放長遂變節更成謹厚涉獵經史頗有文思襲父爵樂陵男

魏收字伯起年十五頗已屬文乃隨父子建赴邊好

習騎射欲以武藝自達滎陽鄭伯調之曰魏郎弄戟多少收慙遂折節讀書精力不輟以文華顯初除太學博士

畢義雲小字陁兒少麤俠家在兖州北境常劫掠行旅州里患之晚方折節從官終爲七兵尚書

後周楊汪字元度弘農華陰人也少凶疎好與人羣鬬拳所毆擊無不顛蹐長更折節勤學專精左氏通傳三禮解後爲冀州侍讀

隋王頍字景文齊州刺史頒之弟也年數歲値江陵陷隨諸兄入關少好遊俠年二十尚不知書爲其兄

願所責恕於是感激始讀書年二十二周武帝引為
露門學士入隋為漢王諒府諮議參軍
劉權字世略彭城豐人也少有俠氣重然諾藏亡匿
死吏不敢過門後更折節好學重循法度後位至南
海太守
焦通塗陽人也梁彥光為相州刺史招致山東大儒
每鄉立學通性酗酒事親禮闕為從弟所訟彥光弗
之罪將至州學令觀於孔子廟于時廟中有韓伯瑜
母杖不痛哀母力弱對母悲泣之像通遂感悟媿恨
若無自容彥光訓諭而遣之後改過勵行卒為善士

冊府元龜 總錄部 改過 卷之八百九十七 十三

皇甫績三歲而孤為外祖韋孝寬之所鞠養嘗與諸
外兄博奕孝寬以其惰業督以嚴訓愍績孤幼特捨
之績曰我無庭訓養於外氏不能尅躬勵己何以成
立深自感激命左右自杖三十孝寬聞之對之流涕
於是精心好學略涉經史
虞慶則京兆櫟陽人初以弋獵為事中便折節讀書
開皇中為桂州道行軍總管
唐丘和河南雒陽人也父壽魏鎮東將軍和以少便
弓馬重氣任俠及長始折節與物無忤無貴賤皆愛
之後為特進封譚國公

柳亨拜光祿大夫行光祿少卿太宗每誡之曰與卿
舊親情兼宿素卿為人多有往還今授此職宜存簡
靜亨性好獵有饕湎之聲此後頗自勗勵杜絕賓客
約身節儉勤於職事
段綸為益州總管高下縱情多所陵傲及太宗踐祚
遷右光祿大夫秘書監綸始折節脩道閉門不妄交
遊乃鳩集史籍披覽不倦
李安遠者夏州朔方人少時好飛鷹走狗遊蕩無度
家代為將甚富於財然數從博徒遊至於破業晚始
折節讀書敬慕名士但逢勝己皆傾心與遊焉後歷

冊府元龜 總錄部 改過 卷之八百九十七 十四

懷州刺史
程异初為虞部員外郎充楊子院留後坐王叔文黨
貶郴州司馬元和初復為侍御史累遷撿較兵部郎
中淮南等五道兩稅使异自懲往坐勵己在公江淮
錢穀之弊多所剗革入遷太府少卿
後唐錢鏐字具美杭州臨安人也初事董昌時年甫
壯室性尚剛烈時有儒士謁於王師已進剌矣見鏐
稍怠鏐怒投之羅剎江及典謁者將召鏐詐云客已
拂衣去矣及為帥時有人獻詩云一條江水橫前流
鏐不敏以為譏己尋害之迫於晚歲方愛人下士留

心理道數十年閩時甚歸美歷累朝爲尚父吳越國
王天下都元帥
晉王建立爲性好殺晚年歸心釋氏飯僧營寺戒殺
愼獄民稍安之終爲青州節度使臨淄郡王
李從璋後唐明宗之猶子也性黷懼明宗嚴正以自
滑帥入居宿衛除拜跌心稍悛悟後歷數鎮與故府
慕容不足相遇無所憾焉蒲陝之日政有善譽改賜
勤靜理功臣之號及晉高祖即位愈畏其故終爲鄧
州節度使人甚惜之
張彥澤初爲涇原節度使其政苛可交代王周奏弊

事二十件後爲相州節度使頗悛舊跡凡正俸公府
常入之外一無所取民吏愛之少帝開運三年父老
僧道詣闕舉留焉
周王仁裕生於泰州白石鎮少孤不從師訓唯以狗
馬彈射爲務年二十五方有意就學終爲太子少保

悔過

孔子曰吾未見能見其過而內自省者蓋夫生民之
性淪於所習七情交戰亙乎中庸迷方違道棄理徇
德狹中而獨任師心而自是由中人以下曷能免焉
固其洗然知非翻然易慮念旣往之咎圖勿貳之美
斯爲難矣三代之下大道云喪乃有所舉之或遂事
之不追秉義之靡終守官之踰矩因貽悔吝自底弗
類而能杜尤怨之志興克責之言形於包羞極其引
慝斯所謂不遠而復莫大之善者焉與夫恥過作非
聞義不徙之徒異矣
衛孫林父（文子也）以戚叛於晉吳公子札自衛如晉將
宿於戚（戚孫文子之邑）聞鍾聲焉曰異哉吾聞之也辯而不
得必加於戮（辯猶爭也）夫子獲罪於君以在此（孫文子以戚叛）懼
猶不足而又何樂夫子之在此也猶燕之巢于幕下
（言至危）君又在殯而可以樂乎（獻公卒未葬）遂去之（不止宿）文

子聞之終身不聽琴瑟（聞義能改）
秦后子有寵於桓如二君於景（后子秦桓公子景公母弟鍼也其寵如兩君）其母曰弗去懼選（選數也恐景公數其罪而加戮）鍼適晉其車千
乘后子享晉侯（爲晉侯設享禮）造舟于河（造舟于梁通秦晉之道）十里
舍車（一舍八乘爲八反之備）自雍自絳（雍絳相去千里用車八百乘）歸取酬
幣（備九獻之儀始禮自賫其一故續送其八酬酒幣）終事八反（每十里以人乘車各以次載幣相受而還不徑至故言八反千里用車八百乘其二乘以自隨故言千乘傳言秦鍼之出極奢富以成禮欲盡敬於所赴）司馬侯問焉曰子之車盡於此而已乎對
曰此之謂多矣若能少此吾何以得見（言已坐車多故出奔）女
叔齊以告公（叔齊司馬侯）且曰秦公子必歸臣聞君子能

知其過必有令圖令圖天所贊也

子大叔鄭大夫游吉也子産疾謂太叔曰我死子必爲政惟有德者能以寛服民其次莫如猛夫火烈民望而畏之故鮮死焉水懦弱民狎而翫之（狎輕也）則多死焉故寛難（以寛治難）疾數月而卒太叔爲政不忍猛而寛鄭國多盜取人於萑苻之澤（萑苻澤名澤中劫人）大叔悔之曰吾早從夫子不及此

趙勝封平原君與毛遂至楚定從而歸歸至於趙曰勝不敢復相士勝相士多者千人寡者百數自以爲不失天下之士今乃於毛先生而失之也先生一至

楚而使趙重於九鼎大呂毛先生以三寸之舌強於百萬之師勝不敢復相士遂以爲上客

秦白起昭王時爲將封武安君以罪免爲士伍遷之陰密（屬安定）出咸陽西門十里至杜郵昭王乃使使者賜之劒自裁武安君引劒將自剄曰我何罪于天而至此哉良久曰我固當死長平之戰趙卒降者數十萬人我詐而阬之足以死遂自殺

漢李陵爲騎都尉將兵擊匈奴戰敗而降匈奴寵貴之陵數勸蘇武降匈奴武不從陵見其至誠喟然歎曰嗟呼義士陵與衛律之罪上通於天因泣下霑衿與武訣去（衛律亦漢將降匈奴）

韋玄成嗣父賢爵扶陽侯坐騎至廟削爵爲關內侯玄成自傷貶黜父爵歎曰吾何面目以奉祭祀作詩自刻責玄成代于定國爲丞相貶黜十年之間遂繼父相位封侯故國榮當世焉玄成復作詩自著復玷缺之艱難（玉缺曰玷）因以戒示子孫

戴聖爲九江太守聖禮經號小戴者也行治多不法前刺史以其大儒優容之及何武爲揚州刺史錄囚徒有所舉以屬郡（屬委也音之欲切）聖曰後進生何知迺欲亂人治（言武仕學未久故謂之後進生也）皆無所決武使從事廉得

其罪（廉察也）聖懼自免後爲博士毀武於朝廷武聞之終不揚其惡而聖子賓客爲群盜得（聚爲群盜而吏捕得也）爲廬江聖自以子必死武平心決之卒得不死自是後聖慙服武每奏事至京師（刺史每歲盡則奏事於京師也）人聖未嘗不造門謝恩

王鳳爲大將軍成帝建始二年秋京師民無故相驚言大水至百姓奔走相蹂躪（蹂踐也躪車也）老弱號呼長安大亂天子親御前殿召公卿議鳳以爲太后與上及後宮可御舟船令吏民上長安城以避水羣臣皆從鳳議左將軍王商獨曰自古無道之國水猶不冒城

郭今政治平世無兵革上下相安何因當有大水一日暴至此必訛言也不宜令上城重驚百姓帝乃止有頃長安中稍定問之果訛言也帝於是美壯商之固守數稱其議而鳳大慙自恨失言

後漢虞詡爲尚書令去官卒臨終謂其子恭曰吾事君直道行已無愧所悔者爲朝歌長時殺賊數百人其中何能不有寃者自此二十餘年家門不增一口斯獲罪於天也

馬融字季長大將軍鄧騭聞融名召爲舍人非其好也遂不應命客於涼州武都漢陽界中會羌虜飈起

邊方擾亂米穀踊貴自關以西道殣相望融既饑困乃悔而歎息謂其友人曰古人有言左手據天下之圖右手刎其喉愚夫不爲所以然者生貴於天下也今以曲俗咫尺之羞滅無貲之軀殆非老莊所謂也故往應騭召

魏劉陶字季治善名稱有大辯曹爽爲選部郎鄧颺之徒稱之以爲伊呂當此之時其人意凌青雲謂傅玄曰仲尼不聖何以知其然智者圖國天下群愚如弄一丸於掌中而不能得天下傳玄以其言大惑不復詳難也謂之曰天下之質變無常也今見卿窮爽之敗退居里舍乃謝其言之過

蔣濟字子通爲太尉王淩子廣字公淵廣弟飛梟金虎並才武過人太傅司馬宣王嘗從容問濟濟曰淩文武俱贍當今無雙廣等志力有美於父耳退而悔之告所親曰吾此言滅人門宗矣

蜀馬超漢末爲偏將軍先主圍成都超將兵徑到城下先主待之厚超嘗呼先主字關羽怒請殺之先主曰人窮來歸我卿等怒以呼我字而殺之何以示於天下也張飛曰如是當示之以禮明日大會請超入羽飛並仗刀立直超顧坐席不見羽飛見其直也乃

大驚止不復呼字明日歎曰我乃知其所以敗爲呼人主字幾爲關羽張飛所殺自後乃尊事之

諸葛亮爲丞相越巂太守馬謖才器過人好論軍計亮深加器異先主臨薨謂亮曰馬謖言過其實不可大用君其察之亮猶謂不然以謖爲參軍每引見談論自晝達夜後主建興六年亮出軍向祁山時有宿將魏延吳壹等論者皆言宜以爲先鋒而亮違衆拔謖統大衆在前與魏將張郃戰敗于街亭亮戮謖以謝衆上疏自貶二等以督厥咎

鄧芝爲車騎將軍征涪陵見玄猿緣山芝性好弩手

目射猿中之猿拔其箭卷木葉塞其創乏曰噫吾違物之性其將死矣乃歎息投弩水中

吳虞翻性疏直數有酒失坐徙交州大帝既即尊位翻因上書曰陛下膺明聖之德體舜禹之孝歷運當期順天濟物奉承革命臣命輕雀鼠性輶毫釐罪惡莫大不容於誅昊天罔極全宥九載退當念戮頻受生活復偷視息臣年耳順思咎憂憤形容枯悴髮白齒落雖未能死自悼終沒不見宮闕百官之富不覩皇輿金軒之飾仰觀巍巍衆民之謡傍聽鍾鼓侃然之樂永殞海隅棄骸絶域不勝悲慕逆豫大慶悦以

忘罪

晉王衍爲元帥爲石勒所破將死顧而言曰嗚呼吾曹雖不如古人向若不祖尚浮虚戮力以正天下猶可不至今日

庾袞字褒明舉秀才清白異行皆不降志世號之爲異行初父誡袞以酒每醉輒自責曰余廢先父之誡其何以訓人乃於父墓前自杖三十

王導爲司徒及從父兄敦構逆劉隗勸元帝盡誅諸王時導率羣從詣闕請罪值僕射周顗謂曰伯仁顗字伯仁以百口累卿顗直入不顧既見帝言導忠誠申救甚至帝納其言顗喜飲酒致醉而出導猶在門又呼顗顗不與言顧左右曰今歳殺諸賊奴取黄金印如斗大繫肘後出又上表明導言甚切至導不知救已而甚銜之王敦既得志問導曰周顗戴若思南北之望當登三司無所疑也導不答又曰若不三司便應令僕邪又不答敦曰若不爾正當誅爾導又無言導後料簡中書故事見顗表救已殷勤欵至導執表流涕悲不自勝告其諸子曰吾雖不殺伯仁伯仁由我而死幽冥之中負此良友

王獻之爲中書令遇疾家人爲上章道家法應首過

問其有何得失對曰不覺餘事惟憶與郗家離婚獻之前妻郗曇女也

殷仲文安帝時爲桓玄侍中玄敗仲文至巴陵因奉二后投義軍而爲鎮軍長史轉尚書帝初反正抗表自解曰臣聞洪波振壑川無恬鱗驚飈拂野林無靜柯何者勢弱則受制於巨力微則無以自保於理雖可得而言於臣實非所敢譬昔桓玄之以代誠復驅逼者衆至如微臣罪實深矣進不能見危授命亡身殉國退不辭粟首陽拂衣高謝遂乃晏安昬寵叨昧僞封錫文篡事曾無獨固名義以之俱淪情節自茲

兼撓宜其極法以判忠邪會鎮軍將軍劉裕興復社
稷大弘善貸佇一戮於微命申三驅於大信旣惠之
以首領又申之以縶紲于時皇輿否隔天人未泰用
忘進退是以僶俛從事自同令人今宸極反正唯新
告始憲章旣明品物惟舊臣亦胡顏之厚何以顯居
榮次乞解所職待罪私門違離闕庭乃心慕戀詔不
許

後周賀若敦爲忠州刺史鎮函谷敦恃功負氣顧其
流輩皆爲大將軍敦獨未得兼以湘州之徒全軍而
反翻被除名每出怨言晉公護怒徵還逼令自殺臨

刑呼子弼謂曰吾必欲平江南然心不果汝當成吾
志吾以舌死汝不可不思因引錐刺弼舌出血誡以
慎口

唐狄仁傑未爲宰相時婁師德嘗薦之及爲宰相不
知師德薦已數排師德令克外使則天嘗出師德舊
表示之仁傑太慙謂人曰吾爲婁公所含如此方知
不逮婁公遠矣

李光弼爲河南副元帥旣疾亟將吏問以後事曰吾
久在軍中不得就養旣爲不孝子夫復何言

高郢德宗時爲中書舍人時詔以前禮部員外于公
異遊學遠方志其溫凊之戀放歸田盧初郢薦前監
察御史元敦義及睹公異譴責懼爲所累乃上疏首
陳敦義遠於禮教詔褒郢之知過敦義俾罷歸

晉王建立累領藩鎮爲性好殺晚年歸心釋氏飯僧
營寺戒殺慎獄民稍安之

册府元龜

巡按福建監察御史臣李嗣京　訂正
分守建南道左布政使臣胡維霖　条閱
知建陽縣事　臣　黄國琦　較釋

總錄部　一百四十八

治命

古人有言曰死者士之終又曰人之將死其言也善故其治命可得而徵矣至有屬纊忍死反席正容精爽不亂教誡周悉顧託後事申論素志亦有願上爵土悉還賜賚固免贈謚預爲終制或景慕前哲因卜

其宅兆或愛樂俗化止窆於治所以至折券以徇義操牘以寫心斂手歸全揚名後世書曰惟人萬物之靈自非有道之士亦安能澹然死生之際泊而無擾哉

魏武子爲晉大夫有嬖妾無子武子疾命顆曰必嫁是(武子魏犨顆之父)疾病則曰必以爲殉及卒顆嫁之曰疾病則亂吾從其治也及輔氏之役顆見老人結草以亢杜回(亢禦也)杜回躓而顛故獲之夜夢之曰余而所嫁婦人之父也(而女也)爾用先人之治命余是以報

甯惠子爲衛大夫有疾召悼子(悼子甯喜)曰吾得罪於君悔而無及也名藏在諸侯之策曰孫林父甯殖出其君君入則掩之(掩惡也)若能掩之則吾子也若不能猶有鬼神吾有餧而已不來食矣(餧餓也)悼子許諾惠子遂卒

孫叔敖楚大夫將死戒其子曰王數封我矣吾不受也我死王則封汝必無受利地楚越之間有寢丘者此其地不利而名甚惡可長有者唯此也叔敖死王以美地封其子其子辭請寢丘至今不失

葉公之顧命曰以小謀敗大作毋以嬖御人疾莊后毋以嬖御士疾莊士大夫卿士(葉公楚縣公葉公子高也臨死遺書曰顧

命小謀小臣之謀也大作大臣之所爲也嬖御人嬖妾人疾亦作也莊后適夫人齊莊得禮者嬖御士愛臣也莊止亦謂士之齊莊得禮者今爲大夫卿士)

魯季孫有疾命正常曰無死(正常桓子之寵臣欲付以後事故勑令勿從已死)南孺子之子男也則以告而立之(南孺子季桓子之妻言若生男告公而立之)女也則肥也可(肥康子也)季孫卒康子即位既葬康子在朝(在公朝也)南氏生男正常載治如朝告曰夫子有遺言命其圉臣曰南氏生男則以告於君與大夫而立之今生矣男也敢告遂奔衛康子請退(退辭位也)公使共劉視之(共劉大夫)則或殺之矣乃討之(討殺者)召正常正常不反

孟釐子為魯大夫病且死誡其嗣懿子曰今孔丘年少好禮其達者歟吾即沒若必師之及釐子卒懿子與魯人南宮敬叔往學禮焉

季桓子魯大夫病輦而見魯城喟然歎曰昔此國幾興矣以吾獲罪於孔子故不興也顧謂其嗣康子曰我即死若必相魯相魯必召仲尼後數日桓子卒康子代立已葬欲召仲尼公子魚曰昔吾先公用之不終終為諸侯笑今又用之不能終是再為諸侯笑康子曰誰召而可曰必召冉求於是使使召冉求

漢司馬談為太史公掌天官不治民有子曰遷仕為

郎中奉使巴蜀是歲天子始建漢家之封而太史公留滯周南（古之周南今之洛陽）不得與從事故發憤且卒而遷適使反見父於河洛之間太史公執遷手而泣曰余先周室之太史也自上世嘗顯功名於虞夏典天官事後世中衰絕於予乎汝復為太史則續吾祖矣今天子接千歲之統封泰山而余不得從行是命也夫余死汝必為太史為太史無忘吾所欲論著矣且夫孝始於事親忠於事君終於立身揚名於後世以顯父母此孝之大也夫天下稱誦周公言能論歌文武之德宣周召之風達太王王季之思慮爰及公劉以尊后稷也幽厲之後王道缺禮樂衰孔子修舊起廢論詩書作春秋則學者至今則之自獲麟以來四百有餘載（案年表魯哀公十四年獲麟至漢元封元年三百七十一年）而諸侯相兼史記放絕今漢興海內一統明主賢君忠臣死義之士余為太史而弗論載廢天下之史文余甚懼焉汝其念哉遷俯首流涕曰小子不敏請悉論先人所以舊聞弗敢闕卒三載而遷為太史令紬繹史記石室金匱之書以成史記

歐陽地餘元帝時侍中貴幸至少府戒其子曰我死官屬即送汝財物慎毋受汝九卿儒者子孫以廉潔

著可以自成及地餘死少府官屬共送百萬其子不受天子聞而嘉之賜錢百萬

後漢樊重南陽湖陽人營理產業貲至鉅萬為三老年八十餘終其素所假貸人間數百萬遺令焚削文契債家聞者皆慙爭往償之諸子從敕竟不肯受

羊續為南陽太守徵為太常未及行會病卒遺言薄斂不受賵遺舊典二千石卒官賻百萬府丞焦儉遵續先意一無所受

張純為大司空臨終敕家臣曰司空無功於時猥蒙爵土身死之後勿議傳國

崔瑗爲濟北相病卒臨終顧命子寔曰夫人稟天地之氣以生及其終也歸精於天還骨於地何地不可藏形體勿歸鄉里其賵贈之物羊豕之奠一不得受寔奉遺令留葬雒陽

蓋勳爲潁川太守徵還勳強直不屈內厭於董卓不得意强疽發背卒遺令勿受卓賻贈

趙岐初名嘉京兆長陵人年三十餘有重疾臥蓐七年自慮奄忽乃爲遺令勑兄子曰大丈夫生世遯無箕山之操仕無伊呂之勲天不我與復何言哉可立一員石於吾墓前刻之曰漢有逸人姓趙名嘉有志

無時命也柰何其後疾瘳位至太常卒先自爲壽藏勑其子曰我死之日墓中聚沙爲床布簟白衣散髮其上覆以單被即日便下下訖便掩

任末蜀郡繁人爲郡功曹辭以病免後奔師喪於道物故臨命勑兄子造曰必致我尸於師門使死而有知魂靈不慙如其無知得土而已造從之

孔僖爲臨晉令卒官遺令即葬二子長彥季彥並十餘歲蒲坂令許君然勸令反魯對曰今載柩而歸則違父令舍墓而去心所不忍遂留華陰

梁鴻字伯鸞至吳依大家皐伯通疾且困告主人曰昔延陵季子葬子於嬴博之間不歸鄉里愼勿令我子持喪歸去及卒伯通等爲求葬地於吳要離冢傍咸曰要離烈士而伯鸞清高可令相近葬畢妻子歸扶風

魏賈逵文帝時爲豫州刺史建武將軍與曹休等伐吳會病篤令左右曰受國厚恩恨不斬孫權以下見先帝喪事一不得有所修作

吳呂蒙以定荆州功拜南郡太守封孱陵侯封爵未下疾卒蒙未死時所得金寶諸賜盡付府藏勑主者命絶之日皆上還

中山王袞以明帝青龍二年疾困勑令官屬曰吾寡德忝寵大命將盡吾旣好儉而聖朝著終誥之制爲天下法吾氣絶之日自殯及葬務奉詔書昔衛大夫蘧瑗葬濮陽吾望其墓嘗想其遺風願託賢靈以弊髮齒營吾兆域必往從之禮男子不卒婦人之手亟以時成東堂堂成名之曰遂志之堂輿疾往居之又令世子曰汝幼小未聞義方早爲人君但知樂不知苦必將以驕奢爲失也接大臣務以禮雖非大臣老者猶宜答拜事兄以敬恤弟以慈兄弟有不良之行當造膝諫之諫之不從流涕喻之喻之不改乃白其

毋若猶不改當以奏聞并辭國土與其守寵罷禍不
若貧賤全身也此亦謂大罪惡耳其微過細故當掩
覆之嗟爾小子慎修乃身奉聖朝以忠貞事太妃以
孝敬閨闈之內奉令於太妃閫閾之外受教於沛王
無怠乃心以慰予靈
田豫齊王時爲大中大夫食卿祿病亡戒其妻子曰
葬我必於西門豹邊妻子難之言西門豹古之神人
那可葬於其邊乎豫言豹所履行與我敵等爾使死
而有靈必與我善妻子從之
晉杜預爲司隸校尉加位特進卒先爲遺令曰古不

合葬明終始之理同於無有也中古聖人改而合之
蓋以別合無在更緣生示教也自此以來大人君子
或全或否未能知生安能知死故各以己意所欲也
吾往爲臺郎嘗以公事使過密縣之邢山山上有冢
問耕父云是鄭大夫祭仲或云子產之冢也遂率從
者祭而觀焉其造冢居山之頂四望周達連山體南
北之正而東北向新鄭城意不忘本也其隧道唯塞
後而空其前不填之示藏無珍寶不取于重深也其
山多美石而不用必集洧水自然之石以爲冢藏貴
不勞工巧而此石不入世用也君子尚其有情小人
無利可動歷千載無毀儉之致也吾去春入朝因郭
氏喪亡緣陪陵舊義自表營雒陽城東首陽之南爲
將來兆域而所得地中有小山上無舊冢其高顯雖
未足比邢山然東奉一陵西瞻宮闕南觀伊雒北望
夷齊曠然遠覽情之所安也故遂表樹開道爲一定
之制至時皆用雒水圓石開隧道南向儀制取法於
鄭大夫欲以儉自完爾棺器小斂之事皆當稱此子
孫一以遵之
羊祜爲征南大將軍南城侯及卒遺令不得以南城
侯入柩從弟琇等述祜素志求葬於先人墓次武帝

不許賜去城十里外近陵葬地一頃謚曰成祜喪既
引帝於大司馬門南臨送祜甥齊王攸表祜妻不以
侯斂之意帝乃詔曰祜固讓歷年志不可奪身沒讓
存遺操益厲此夷叔所以稱賢季子所以全節也今
聽復本封以彰高美
南齊豫章王嶷臨終召子子廉子恪曰人生在世本
非常也吾年已老前路幾何居今之地亦非心期所
不貪聚自幼所懷正以汝兄弟累多損吾暮志爾吾
無後當共相勉厲篤睦爲先才有優劣位有通塞運
有富貧此自然理無足以相凌侮若天道有知汝等

各修立灼然之分無失也勤學守基業治閨庭尚閑素如此足無憂患聖王儲皇及諸親賢亦當不以吾沒易情也三日施靈帷香火盤水干飯酒脯檳榔而已朔望菜食一盤加以苹果此外悉省葬後除靈可施吾常所乘轝扇繖朔望時節席地香火盤水酒脯干飯檳榔便足雖才愧古人意懷粗亦有在不以遺財爲累主衣所餘小弟未婚諸妹未嫁凡應此用本自茫然當稱力及時率有爲辦事事甚多不復甲乙棺器及墓中勿用餘物爲後患也朝服之外唯下鐵鐶刀一口作塚勿令深一一依格莫過度也後堂樓

可安佛供養外國二僧餘皆如舊與汝遊戲後堂船乘吾所乘牛馬送二宮及司徒服飾衣裘悉爲功德子廉等號泣奉行

張岱爲南兗州刺史未拜卒岱初作遺命分張家財封置箱中家業張減隨復改易如此十數年

張東吳郡人輔國將軍冲之父也東初卒遺命祭我必以鄉土所産無用牲物冲兼青冀二州刺史事在鎮四時還吳國中取果菜流涕薦焉

蕭景先武帝時爲征虜將軍假節司州諸軍事至鎮遇疾遺言曰比懸疾病暴於前後自省必無起理但夙荷深恩今謬充戎寄暗弱每事不稱上慙慈旨便長違聖世悲哽不知所言可爲作啟事上謝至尊粗申愚心毅雖成長素闕訓範貞等幼稚未有所識方以仰累聖明非殘息所能陳謝自丁荼毒以來妓已多分張所餘醜猥數人皆不似事可以明月佛女桂枝佛兒玉女美玉上臺美滿豔華奉東宮私馬有二十餘匹牛數頭可簡好者十匹二頭上臺馬五匹牛一頭奉東宮大司馬司徒各奉二匹驃騎鎮軍各奉一匹經私仗器亦悉輸臺六親多未得料理可隨宜溫卹以申素意所賜宅曠大恐非毅等所居須喪服

竟可輸還臺劉家前宅九間其貨可合率市之直若短少啟官乞足三處田勤作自足供衣食力少更隨宜買麤猥婢充使不須餘營生周施部曲還都理應分張其久舊勞勤者應料理隨宜啟聞乞恩毅貞皆其子名

孔融爲司徒左長史病卒遺令建白旐無旐不設祭令人捉麈尾登屋復魂曰吾生平所善自當凌雲一咲三千買棺無製新衣左手執孝經右手執小品法華妾二人喪事畢各遣還家曰吾以生平之風調何至使婦人行哭失聲不須暫停閨閤

江斅武帝時爲侍中遺令不受卹贈詔贈錢三萬布百疋子蒨啟遵斅令讓不受詔曰斅貽厥之訓送終以儉立言歸善兹有嘉傷可從所請

梁陶弘景居茅山自號華陽隱居武帝大同三年卒遺令旣沒不須沐浴不須施牀止兩重席於地用所着舊衣上加生褫裙及臂衣靺冠巾法服左肘錄鈴右肘藥佩符絡左腋下繞腰穿環結於前釵符於髻上通以大袈裟覆衾蒙手足明器有車馬道人道士並在門中道人左道士右百日内夜常燃燈旦常香火弟子遵而行之詔贈太中大夫謚曰貞白先生

袁昂爲侍中左光祿大夫司空大同六年薨臨終遺疏不受贈謚勑諸子不得言上行狀及立誌銘凡有所須悉皆停著復曰吾釋褐從仕不期富貴但官序不失等倫衣食粗知榮辱以此闔棺無慙鄉里往忝吳興屬在昏明之際旣闇於前覺無識於聖朝不知天命其貽顯戮幸遇殊恩遂得全門戸自念罪私門階榮望絶保存性命以爲幸甚不謂叨竊寵靈一至於此常欲竭誠酬報申吾乃心所以朝廷每興師北伐吾輙啟求行誓之丹欵實非矯言旣庸儒無施皆不蒙許雖欲罄命其議莫從今日瞑目畢志泉壤若䰟而有知方期結草聖朝遵古知吾名品或有遺遠之恩雖是經國常典在吾無應致此脱有贈官愼勿祗奉諸子累表陳奏詔不許册謚曰穆正公

陳袁泌爲宣帝司徒左長史臨終戒其子蔓華曰吾於朝廷素無功績瞑目之後歛手足旋葬無得輙受贈謚其子遵泌遺意表請之朝廷不許贈金紫光祿大夫

姚察入隋至煬帝時爲太子舍人終于東都遺命曰比吾在梁世當時年四十就鍾山明慶寺尚禪師受菩薩戒自爾深悟苦空頗知回向矣當得留連山寺

一去忘歸及仕梁代諸名流遂許與聲價兼時主恩遇宦途遂至通顯自入朝來又蒙恩渥旣牽纏人世素念弗從且吾習蔬菲五十餘年旣歷歲時循守不失瞑目之後不須立靈置一小床每日設清水六齋食果菜任家裏有無不須别經營也

後魏崔光孝明帝時爲車騎大將軍儀同三司疾甚勑子姪等曰諦聽吾言賜會子有云人之將死其言也善啟予足啟予手而今而後吾知免夫吾荷先帝厚恩位至於此大功不成殁有遺恨汝等以吾之故並得名位勉之以死報國修短命也夫復何言速可

送我還宅氣力雖微神明不亂至第而薨
李護爲齊州刺史將亡謂左右曰吾嘗爲方伯蒞青州彼中士女屬目若喪過東陽不可不好設儀衛哭泣盡哀令觀者改容也家人遵其誡
陽固爲前軍將軍著終制一篇務從儉約臨終又勑諸子一遵先制
張烈累徵不赴臨終勑子姪不聽求贈但勤家誡立碣而已其子質奉行焉
裴佗爲荊州刺史卒遺令不聽請謚不受贈襚諸子皆遵行之

崔孝直爲直閤將軍去職歸鄉里卒顧命諸子曰吾才疎效薄於國無功若朝廷復加贈謚宜循吾意不得祇受若致于求則非吾子（又云孝直顧命諸子斂以時服祭勿殺生其子皆遵行之）
宋隱被徵不就臨終謂其子姪等曰苟能入順父兄出悌鄉黨仕郡幸而至功曹吏以忠清奉之則足矣不勞遠詣臺閣恐汝不能富貴而徒延門戶之累爾若忘吾言是爲欺死父也使死鬼而有知吾不歸食矣
姚僧坦爲太醫下大夫卒遺戒衣衾入棺朝服勿斂靈上唯置香奩每日設清水而已
隋李穆爲太師以老致政開皇六年薨于第遺令曰吾荷國恩年宦已極啟足歸全無所復恨竟不得陪玉鑾於岱宗預金泥於梁甫眷眷光景其在斯乎
唐傅奕爲太史令年八十五卒臨終誡其子曰老莊玄一之篇周孔六經之說是爲名教汝宜習之妖胡亂華舉時皆惑唯獨竊欲衆不我從悲夫汝等勿學也
李勣爲司空遇疾謂弟弼曰我似得小差可置酒申宴樂於是堂上奏女妓簷下列子孫宴將罷謂弼曰

我自量必死欲共汝一別爾恐汝悲泣誑言似差可未須啼泣聽我約束我見房玄齡杜如晦辛苦作得門戶亦望垂裕後昆並遭癡兒破家蕩盡我有如許豚犬將以付汝汝可防察有操行不倫交游非類急搥殺後奏知婦嫗已下有兒而願住自養者聽之餘並放出事畢即移入我堂撫卹小弱違我言者同於戮屍此後畧不復言弼等並遵行遺令
郝處俊則天時爲太子少保卒其子秘書郎北叟上表辭所贈賜及葬送之事上不許侍中裴炎曰處俊臨亡臣往見之囑臣曰生既無益明時死後何宜煩

費瞑目之後儻有恩賜物及歸鄉遞送營造並不欲勞官司供給帝深嘉歎之從其遺意唯給加賜物而已

姚元崇玄宗時爲司空遺令誡子孫其畧曰古人云富貴者人之怨也貴則神忌其滿人惡其上富則鬼瞰其室虜利其財自開闢已來書籍所載德薄任重而能壽考無咎者未之有也故范蠡疏廣之輩知止足之分前史多之況吾才不逮古人而久竊榮寵位逾高而益懼恩彌厚而增憂往在中書遘疾虛憊雖終匪懈而諸務多闕薦賢自代屢有誠祈人欲天從

竟蒙哀允優游園沼放浪形骸人生一代期亦足矣田巴云百年之期未有能至王逸少云俛仰之間已爲陳迹誠哉此言比見諸達官身亡以後子孫既失覆蔭多至貧寒斗尺之間參商是競豈唯自玷仍更辱先無論曲直俱受嗤毀莊田水碾既衆有之遞相推倚或致荒廢陸賈石苞皆古之賢達也所以預爲定分將以絶其後爭吾每靜思深所歎服昔孔丘亞聖母墓毁而不修梁鴻至賢父亡席卷而葬昔楊震趙咨盧植張奐皆當代英達通識今古咸有遺言屬以薄葬或濯衣時服或單帛幅巾知其魄去身貴於速朽子孫皆遵成命迄今以爲美譚凡厚葬之家例非明哲或溺於流俗不察幽明咸以奢厚爲忠孝以儉薄爲慳惜至今亡者致戮尸暴骸之酷存者陷不忠不孝之詭可爲痛哉可爲痛哉死者無知自同糞土何煩厚葬使傷素業若也有知神不在柩復何用違君父之令破衣食之資吾身亡後可斂以常服四時衣服各一副而已吾性甚不愛冠衣必不得將入棺墓紫衣玉帶足便於身念爾等勿復違之且神道惡奢冥塗尚質若違吾處分使吾受戮於地下於汝心安乎念而思之今之佛經羅什所譯姚興執本與

什對翻姚興造浮圖於永貴里傾竭府庫廣事莊嚴而興命不得延國亦隨滅又齊跨山東周據關右周則多除佛法而修繕兵威齊則廣置僧徒而依憑佛力及至交戰齊氏滅亡國既不存寺復何有修福之報何其蔑如梁武帝以萬乘爲奴胡太后以六宮入道豈特身戮名辱皆以亡國破家近日孝和皇帝發使贖生傾國造寺太平公主武三思悖逆庶人張夫人等皆度人造寺竟術彌街咸不免受戮破家爲天下所笑經云求長命得長命求富貴得富貴刀尋段段壞火坑變成池比來緣精進得富貴長命者爲誰

生前易知尚覺無應身後難究誰見有徵且五帝之時父不葬子兄不哭弟言其致仁壽無夭橫也三王之代國祚延長人用休息其人臣則彭祖老聃之類皆享遐齡當此之時未有佛教豈抄經鑄像之力設齋施佛之功耶宋書西域傳有名僧爲白黑論理証明白足解沈疑宜觀而行之且佛者覺也在乎方寸假有萬像之廣不出五蘊之中但平等慈悲行善不行惡則佛道備矣何必溺於小說惑於凡僧仍將喻品用爲實錄抄經寫像破業傾家乃至施身亦無所悋可謂大惑也亦有緣亡人造像名爲追福方便之

教雖則多揣功德須自發心旁助寧應獲報遞相欺誑浸成風俗損耗生人無益亡者假有通才達識亦爲時俗所拘如來普慈意存利物損衆生之不足厚豪僧之有餘必不然矣且死者是常古來不免所造經像何所施爲夫釋迦之本法爲蒼生之大弊汝等各宜警策正法在心勿效兒女子曹終身不悟也吾亡後必不得爲此弊法若未能全依正道須順俗情從初七至終七任設七僧齋若隨齊須布施宜以吾緣身衣物充不得輒用餘財爲無益之枉事亦不得妄出私物徇追福之虛談道士者本以玄牝爲宗初無趣競之教而無識者慕僧家之有利約佛教而爲業敬尋老君之說亦無過齋之文抑同僧例失之彌遠汝等勿拘鄙俗輒屈於家汝等身沒之後亦教子孫依吾此法

王維爲尚書左丞臨終之際弟縉在鳳翔忽索筆作別縉書又與平生親故作別書三數紙多敦勸朋友修習之意舍筆而絶

令狐彰爲義成軍節度使臨終手疏辭表誡子以忠孝守節

辛祕爲昭義軍節度使及歸道病先自誌其墓將歿

又爲書一通命緘致几上其家發之皆送終遵儉之旨

王紹懿鎭州王景崇季父也紹懿疾篤召景崇謂之曰亡兄以軍政託予比俟汝成立今危惙如此殆將不救汝雖少年勉自負荷下禮藩鄰上奉朝旨俾吾兄家業不墜唯汝之才也言已而卒時監軍在席且奏其治命宣宗嘉之

晉陸思鐸典陳郡甚有惠政誡諸子曰我死則藏骨於宛丘使我棲魂於所理之地及卒乃葬於陳從其志也

周翟光鄴權知京兆尹疾甚召判官張粲及巡簡使臣以軍府事囑付之又召親隨於卧内誡之曰氣絶之後以屍歸雒不得於此停留慮煩軍府言訖而終

趙温珪判司天監延乂之父也温珪臨終謂延乂曰技術雖是世業吾仕蜀已來幾由技術而死爾輩能以佗途致身良圖也

冊府元龜

冊府元龜　總録部　治命　卷之八百九十八　十九

巡按福建監察御史臣李嗣京　訂正
知甌寧縣事臣孫以敬參閱
知建陽縣事臣黄國琦較釋

總錄部　一百四十九

致政

昔周任有言曰陳力就列不能者止故七十致仕謂之禮經懸車之義埀於載籍由古道也商周之世施及戰國蓋有引年請老致其官政保厥休問流光後裔漢氏而下公卿庶尹年耆德修事立名遂乃能顧

義知止上封稱疾願乞骸骨奉還印綬或以避遠寵勢克念退藏或以固守名節懼罹汚染捨去榮爵式遵典訓而當世之君曷嘗不厚其恩紀異其禮秩加之體貌形於敦獎所以重老成而厲風俗者焉

商伊尹將告歸乃陳戒于德（告老歸邑陳德以戒）既致仕老終以三公禮葬

石碏衛大夫也公子州吁有寵而好兵公弗禁（公莊公）石碏諫弗聽（言將立爲太子則宜早定若不早定州吁必爲禍）桓公立乃老（桓公戴嬀之子老致仕也）

祁奚晉大夫請老（老致仕）

韓獻子厥晉大夫告老公族穆子有廢疾（穆子韓厥長子爲公族大夫）將立之（代厥爲卿）辭曰請立起也（起無忌弟宣子也）既使宣子朝遂老（韓厥致仕）

孟軻爲齊卿致爲臣而歸（辭齊卿而歸其室也）

漢石奮景帝末上大夫祿歸老于家以歲時爲朝臣（豫朝請也）

周仁武帝時爲郎中令以先帝臣重之（重謂敬難之）仁乃病免以二千石祿歸老

張歐（歐音驅）爲御史大夫老篤請免武帝寵以上大夫祿歸老于家家陽陵

疏廣宣帝時爲太子太傅疏受爲太子少傅在位五歲廣謂受曰吾聞知足不辱知止不殆功遂身退天之道也今仕宦至二千石宦成名立如此不去懼有後悔豈如父子相隨出關歸老故鄉以壽命終不亦善乎受叩頭曰從大人議卽日父子俱移病（移病謂移書言病也）滿三月賜告廣遂稱篤上疏乞骸骨帝以其年篤老皆許之加賜黄金二十斤皇太子贈以五十斤公卿大夫故人邑子設祖道供張東都門外（長安東郭門也祖道餞行也供音一共切張音竹亮切）送者車數百兩辭決而去及道路觀者皆曰賢哉二大夫或歎息爲之下泣

韋賢字長孺魯國鄒人也本始三年代蔡義爲丞相時賢七十餘爲相五歲地節三年以老病乞骸骨賜黄金百斤罷歸加賜第一區丞相致仕自賢始

史丹字君仲爲將軍前後十六年永始中病乞骸骨帝賜策曰左將軍寢病不衰（病不損也）願歸治疾朕愍以官職之事久留將軍使躬不瘳使光祿勳賜將軍黄金五十斤安車駟馬其上將軍印綬宜專精神務近醫藥以輔不衰丹歸第數日薨

杜延年爲御史大夫是時四夷和海内平延年視事三歲以老病乞骸骨宣帝優之使光祿大夫持節賜

延年黄金百斤牛酒加致醫藥延年遂稱病篤賜安車駟馬罷就第

趙充國爲後將軍乞骸骨賜安車駟馬黄金六十斤罷就第朝廷每有四夷大議嘗與參兵謀問籌策焉

邴漢哀帝時以清行徵用至太中大夫又徵龔勝爲光祿大夫王莽秉政勝與漢俱乞骸骨策曰惟元始二年六月庚寅光祿大夫太中大夫耆艾二人以老病罷太皇太后使謁者僕射策詔之曰蓋聞古者有司年至則致仕所以恭讓而不盡其力也今大夫年至矣朕愍以官職之事煩大夫其上子若孫若同産同産子一人（同産兄弟也同産子即兄弟子也）大夫其修身守道以終高年賜帛及行道舍宿歲時羊酒衣衿皆如韓福故事（福涿郡人昭帝時以德行徵之京師賜束帛遣歸）所上子男皆除爲郎於是勝漢遂歸老于鄉里

班況成帝時爲左曹越騎較尉一女爲婕妤致仕就第貲累千金

後漢劉昆受施氏易於沛人戴賓光武時爲光祿勳授皇太子及諸王小侯五十餘人二十七年拜騎都尉三十年以老乞骸骨詔賜雒陽第舍以千石祿終其身

劉隆建武中爲驃騎將軍行大司馬事隆奉法自守視事八歲上將軍印綬罷賜養牛上樽酒十斛（稻米一斗得酒一斗爲上樽稷米一斗爲中樽粟米一斗爲下樽也）以列侯奉朝請

鄧彪章帝時爲太尉清白爲百僚式視事四年以疾乞骸骨元和三年賜策罷贈錢三十萬在所以二千石奉終其身又詔太常四時致宗廟之胙河南尹遣丞存問嘗以八月旦奉羊酒

鄭均字仲虞建初六年公車特徵再遷尚書後以病乞骸骨拜議郎告歸因稱病篤帝賜以衣冠元和初詔曰議郎鄭均束脩安貧恭儉節整前在機密以病

致仕守善貞固黄髮不怠其賜均義穀千斛
劉愷安帝時爲司徒視事五歲永寧元年稱病上書致仕有詔優許焉加賜錢三十萬以千石祿歸養
胡廣桓帝初爲太尉錄尚書事以病遜位又拜司空告老致仕
周榮和帝時爲山陽太守以老病乞身卒于家
張儉建安初徵爲衞尉不得已而起儉見曹氏世德已萌乃闔門懸車不豫政事歲餘卒于許下
魏劉放文帝時爲中書監時大將軍曹爽專事多變易舊章嘆曰吾累世蒙寵加以豫聞屬託今縱不能

輔弼時事可以坐受素餐之祿邪遂固稱疾詔曰君掌機密三十餘年經營庶事勳著前朝暨朕統位動賴良謀是以曩者增崇寵章同之三事外帥群官內望讜言屬以年耆疾篤上還印綬前後鄭重辭旨懇切天地以大順成德君子以善恕成仁重以職事違奪君志今聽所執賜錢百萬使兼光祿勳少府親策詔君養疾于第君其勉進醫藥頤神和氣以永無窮之祚置舍人官騎加以日秩肴酒之膳焉
田豫明帝時爲衞尉屢乞遜位太傅司馬宣王以爲豫克壯書諭未聽豫書答曰年過七十而以居位譬由鐘鳴漏盡而夜行不休是罪人也遂固稱疾篤拜太中大夫食卿祿
吳陳化大帝時爲太常兼尚書令年出七十乃上疏乞骸骨遂居章安卒於家
石偉字公操舉茂才賢良方正皆不就景帝即位特徵偉累遷至光祿勳及後主即位朝政昏亂偉乃辭老耄痼疾乞身就拜光祿大夫
晉王祥武帝時爲太保以年老疲耄累乞遜位帝不許祥固乞骸骨詔聽以睢陵公就第位同保傅在三司之右祿賜如前詔曰古之致仕不事王侯今雖以

國公留居京邑不宜復苦以朝請其賜几杖不朝大事皆諮訪之
王覽爲宗正卿頃之以疾上疏乞骸骨詔聽之以太中大夫歸老
鄭袤字林叔在魏爲太常陳留王景元初疾病失明屢乞骸骨不許袤前後辭讓遣息稱上送印綬至于十數久之見許以侯就第
鄭沖爲太傅抗表致仕詔曰太傅韞德深粹履行高潔恬遠清虛確然絕世艾服王事六十餘載忠肅在公慮不及私遂應衆舉歷登三事仍荷保傅之重綢

繆論道之任光輔奕世亮玆天工廸宣謀猷弘濟大
烈可謂朝之俊老衆所具瞻者也朕牀于政道庶事
未康抱仰耆訓道揚厥蒙庶賴顯德緝熙有成而公
屢以年高疾篤致仕告退惟從公志則朕孰與諮謀
譬彼涉川罔知攸濟是川未許迄于累載而高讓彌
篤至意難違覽其盛指俾朕憮然天功成弗有上德
所隆成人之美君子爽焉豈必遂朕憑賴之心以枉
大雅進止之度哉今聽其所執以壽光公就第位同
保傅在三司之右公宜頤精養神保御太和以究遐
福其賜几杖不朝古之哲王欽祗國老憲行乞言以

彌縫其闕若朝有大政皆就諮之又賜安車駟馬第
一區錢百萬絹五百疋牀帷簟褥置舍人六人官騎
二十人以世子徵爲散騎常侍使常優游定省祿賜
所供策命儀制一如舊典而有加焉

劉毅字仲雄爲左僕射年七十告老久之見許以光
祿大夫歸第門施行馬後司徒舉毅爲清州大中正
尚書以毅懸車致仕不宜勞以碎務

傅祗爲衛尉以風疾遜位就拜常侍食卿祿秩賜錢
及牀帳等尋加光祿大夫門施行馬

華表爲太常卿數歲以老病乞骸骨詔曰表清貞履
素有老成之美久幹王事靖恭匪懈而以疾固辭章
表懇至今聽如所上以爲太中大夫賜錢二十萬牀
帳薦席祿賜與卿同門施行馬

劉寔爲太傅惠帝太安初寔以老病遜位賜安車駟
馬錢百萬以侯就第

羅含字君章穆帝升平中南郡公桓溫引爲郎中令
後徵爲廷尉長沙相年老致仕加中散大夫門施行
馬

王述爲散騎常侍尚書令於西海公太和二年以年
迫懸車上疏乞骸骨曰臣曾祖父魏司空昶白牋於

文皇帝曰昔與南陽宗世林共爲東宮官屬世林少
得好名州里瞻敬及其年老汲汲自勵恐見廢棄時
人咸共笑之若天假其壽致仕之年不爲此公婆娑
之事情旨慷慨深所鄙薄雖是戲書乃實訓誡臣忝
端右而以疾患禮敬廢替猶謂可有差理日復一日
而年衰疾痼永無復瞻華幄之期乞奉先誠歸老丘
園不許述竟不起

宋臧燾爲太常武帝永初三年致仕拜光祿大夫加
金章紫綬

范泰少帝時爲散騎常侍領國子祭酒景平中以常

侍致仕解國子祭酒

傳隆爲太常致仕拜光祿大夫歸老在家文帝元嘉三年輕舟遊東陽任意行止不關朝廷有司劾奏之帝不問也

顏延之文帝時爲太常表求致仕曰臣聞行百里者半於九十言其末路之難也愚心嘗謂爲虗方今乃知其信臣人薄寵厚宿塵國恩而雪效無從榮牒增廣曆盡身彫日叨官次雖容載有塗而妨穢滋積早欲啟請餘筭屏蔽醜老但時制行及歸慕無餘是以腆冒愆非簡息干黷耗歇難支質用有限自去夏侵

暑此秋節變頭齒眩疾根痼漸劇手足冷痺左髀尤甚素不能食頃向減半本猶賴服食比倦悸遠晚年疾所推願景引日臣班叨有卿生戶封典肅祇朝校尚恧匪任而陵廟衆事有以疾怠宮府覲慰轉闕躬親息奐庸徽過宰近邑同澤爰降實加將監臣乞解所職隨就藥養伏願聖慈特垂矜許稟恩明世負執冥暮仰叩端闈上戀罔極不許明年乃致仕

南齊虞玩之會稽餘姚人武帝時爲黃門郎以久官年老上表告退曰臣聞負重致遠力窮則止竭誠事君智盡必傾理固然也四十仕進七十懸車壯則驅馳老宜休息臣生於宋老於齊世歷三代朝市再易臣以宋元嘉二十八年爲王府行佐於茲三十年矣自頃以來衰耗漸篤爲性不懶惰而倦怠頓來耳目失聰明而聾瞶轉積脚不支身喘不緒氣景刻不推朝晝不保大功兄弟四十有二人通塞壽夭唯臣獨存朝露未光寧堪長久且知足不辱臣已足矣稟命饑寒不求富貴銅山由命臣何恨焉久草之矣直道事人不免縲紲屬遇聖明知其非罪臣之幸厚矣授命於道消之辰效節於百揆之日臣忠之効也慶隆於文明之初荷澤於天飛之運臣命之偶也不謀巧

官而位至九卿德慙李陵而忝居門下堯舜無窮臣亦通矣年過六十不爲夭矣榮期之三樂東平之一善臣俱盡之矣經昏踐亂涉艱治危仰聖德以求全憑賢輔以申節未嘗厭屈於勳權畏溺於狐鼠臣立身之本於斯不虧在其壯也當官不讓及其衰矣毫露靡因伏願慈臨賜臣骸骨非爲希高慕古愛好林泉特以丁運孤貧養禮多闕風樹之感夙自纏心庶天假其辰得二三年間掃守丘墓以此歸全始終之報遂矣詔從之

梁范述曾仕齊爲永嘉太守東昏時拜中散大夫還

鄉至高祖踐祚乃輕舟詣闕仍辭還東
夏侯詳爲光祿大夫侍中天監二年年七十抗表致仕詔解侍中進位特進
後魏寇讃太武時爲南雍州刺史讃在州十七年甚獲公私之譽年老表求致仕許之
羅結爲長秋卿年一百一十詔聽歸老賜大寧東川以爲居業并築城郎號曰羅侯城朝廷每有大事驛馬詢訪焉
高允爲中書令獻文初以老疾頻上表乞骸骨詔不許於是乃著告老詩又兼太常遷中書監懷州刺史

至孝文太和二年又以老乞還鄉里十餘章上帝卒不聽許遂以疾苦告歸其年詔以安車徵允勑州郡發遣至都拜鎮軍大將軍領中秘書事固辭不許扶引就內改定皇誥
畢衆敬孝文時爲兗州刺史徵還京師以篤老乞還桑梓朝廷許之衆敬臨還獻眞珠璫四具銀裝劍一口刺虎矛一枚仙人文綾一百疋文明太后與帝引見於皇信堂賜以酒饌車一乘馬三匹絹二百疋勞遣之
尉元爲司徒頻表以年老乞身詔曰元年尊識遠屢表告退朕以公秉德清挹體懷平隱仁雅淵廣謀猷是仗方委之以政用康億兆故頻文累札仍違冲志而謙光逾固三請彌切若不屈從高議復何以成其美德也已許其致仕王者可出表付外如禮申遂元詣闕謝老引見於庭命升殿勞宴賜玄冠素服
源賀爲侍中太尉以年老辭位詔不許後又上書稱病篤乞骸骨至于再三乃許之朝有大議皆就詢訪
游明根爲大鴻臚卿以年踰七十表求致仕詔不許頻表固請乃詔曰明根風度清粹志尚貞敏溫恭靜容乞言是寄故抑其高蹈之操至于再三表請殷勤

不容違奪便已許其告謝可出前後表付外依禮施行引明根入見帝曰卿年耆德茂服勤累朝歷職內外並著顯績逮于耆老履道不渝是以釐革之始委以禮任遲能遷德裨贊於朕然高尚悠邈便爾言歸君臣之禮於斯而畢眷德思仁情何可已夫七十致仕典禮所稱位隆固辭賢者達節但季俗陵遲斯道弗繼卿獨秉冲操居今行古有魏以來首振頹俗進可以光我朝化退可以榮慰私門明根對曰臣桑榆之年鐘鳴漏盡陛下之澤首領獲全待盡私廷下奉先帝陛下大恩臣之願也但犬馬戀主不勝悲塞因

泣不自勝帝命令進言別殷勤仍爲流涕

爾朱代勤爲肆州刺史賜爵梁郡公以老致仕歲賜帛百疋以爲常

高閭宣武時爲太常卿累表遜位詔曰閭貞幹早聞儒雅素著出納清華朝之儁老以年及致仕固求辭任宜聽解宗伯遂安車之禮特加優授崇老成之秩可光祿大夫金印紫綬使散騎常侍兼吏部尚書邢巒就家拜授及辭引見於東堂賜以餚羞訪之大政以其先朝儒舊告老求歸帝爲之流涕詔曰閭歷官六朝著勳五紀年禮致辭義光進退歸軒首路感悵

兼懷安駟蘼金漢世榮既可賜安車几杖輿馬繒綵衣服布帛事從豐厚百寮餞之猶昔群公之祖二疏也閭進陟北邙山望闕表以示戀慕之誠

楊椿莊帝時爲太保侍中每辭遜不許上書頻請歸老詔曰椿國之老成方所尊尚遽以高年願言致仕顧懷舊德是以未從但告謁頻頓辭理彌固以茲難奪又所重違今便允其雅志可服侍中朝服賜服一具衣一襲八尺床帷几杖不朝乘安車駕駟馬扶侍詔二人仰所在郡縣時以禮存問安否方乖詢訪良用憮然椿奉詔於華林園帝下御座執椿手流涕曰公先帝舊臣實爲元老今四方未寧理須諮訪但高尚其志決意不留既難相違深用悵惘椿亦歔欷欲拜莊帝親執不聽於是賜以絹布給羽林衛送群公百僚餞於城西張方橋行路觀者莫不稱歎

邢邵出帝時爲散騎常侍以衛將軍國子祭酒還鄉詔所在特給兵力五人并令歲一入朝以備顧問

東魏常景爲秘書監儀同三司孝靜武定時以老疾去官詔曰几杖爲禮安車致養敬齒尊賢其來尚矣景藝業該通文史淵洽年彌五紀歷事三京祿俸無餘家徒壁立宜從哀恤以旌元老可特給右光祿事

力終其身

後周寇儁初仕西魏爲車騎大將軍儀同三司加散騎常侍大統末以年老乞骸骨文帝弗許遂疾篤不復朝覲

孟信爲太子少師後遷太子太傅儒者榮之特加車騎大將軍儀同三司散騎常侍辭老請退文帝不奪其志賜車馬几杖衣服床帳卒於家贈冀州刺史謚曰戴

庫狄峙文帝時自宜州刺史入爲太子少師以年老乞骸骨詔許之

樊深爲縣伯中大夫加開府儀同三司武帝建德初乞骸骨詔許之朝廷有疑議嘗召問焉

蔣昇字鳳起好天文玄象之學保定中爲太中大夫以年老請致仕詔許之加定州刺史卒於家

張羨爲司城中大夫爲當時所重後以年老致仕於家

樂遜爲遂伯中大夫天和中遜以年在懸車上表致仕優詔不許於是賜以粟帛及錢等授湖州刺史後除汾陰郡守遜以老病固辭詔許之乃改授東揚州刺史仍賜安車衣服及奴婢等又於本郡賜田十頃

儒者以爲榮

隋李穆高祖開皇中爲太師乃上表乞骸骨詔曰朕方臨寓內方籍嘉猷養老乞言實懷虛想七十致仕本爲常人至若呂尚以期頤佐周張蒼以華皓相漢高才命世不拘常禮遲得此心留情規訓公年既耆舊筋力難煩今勒所司敬蠲朝集如有大事須共謀議別遣侍臣就第詢訪

周搖爲幽州總管六載徙爲壽州初自以年老乞骸骨高祖召之既引見勞之曰公積行累仁歷仕三代克終富貴保茲遐壽良足善也賜坐褥歸於第歲餘終于家

杜臺卿爲著作郎歲餘以年老致仕詔許之特優其禮終身給祿

趙芬爲蒲州刺史上表乞骸骨徵還京師賜以二馬軺車几杖被褥歸于家皇太子又致巾帔

賀若誼爲靈州刺史數歲上表乞骸骨詔許之

公孫景茂河間府阜城人開皇末爲道州刺史以年老致仕

崔仲方煬帝大業中爲信都太守上表乞骸骨優詔許之

敬肅爲潁川郡丞大業末乞骸骨優詔許之

唐李綱高祖武德中爲太子少保後數載復乞骸骨優詔許之

楊恭仁爲雍州都督太宗貞觀七年正月戊申詔曰尊賢尚德義存致治高秩厚禮允屬勳庸左光祿大夫行揚州大都督長史觀國公恭仁識宇凝正風度夷簡器惟瑚璉望重縉紳歷官有聲歲寒若一而志在虛靜固求閒任辭理懇至確乎難奪宜成其美加茲寵命可特進時恭仁以疾乞骸骨故有此授

虞世南自太宗即位爲著作郎兼弘文館學士時世

南年巳衰老抗表乞骸骨不許後爲秘書監貞觀十二年表請致仕優制許之仍授銀青光祿大夫弘文舘學士祿賜防閤並同京官職事

李靖爲右僕射以足疾上表乞骸骨言甚懇至太宗遣中書侍郎岑文本謂曰朕覩自古已來身居富貴能知止足者甚少不問愚智不能自知才雖不堪强欲居職縱有疾病猶自勉强公能識達大體深足可嘉朕今非直成公雅志亦欲以公爲一代楷模乃下優詔加授特進聽在第攝養賜物千段尚乘馬兩匹祿賜國官府佐並依舊給患若小瘳每三兩日至門

下中書平章政事尋賜靖靈壽杖助足疾也

李客師爲右武衛將軍以年老致仕退居昆明之別業

栢季纂爲司農卿以年老屢乞骸骨不許久之拜虞州刺史又表自陳羸老因聽以本祿歸于家

竇盧寬爲左衛大將軍陳縣公以年老致仕改封芮國公

劉弘基爲衛尉卿以年老乞骸骨拜輔國大將軍朝朔望祿賜同於職事

張儉爲睦州刺史因入朝乞骸骨太宗召問曰朕與卿刺史資以自養何謂卽求致仕張對曰年老筋力不逮望得還私第時見闕庭太宗曰卿氣力猶强欲何官也張陳謝不敢太宗曰朕昔從卿讀書卿今日從朕求官但言所欲不相違也時國子祭酒缺張奏言之因授國子祭酒俄遷散騎常侍又請致仕許之加金紫光祿大夫聽朝朔望

尉遲敬德爲鄜夏二州都督後抗表乞骸骨授開府儀同三司令朝朔望太宗征高麗爲左一馬軍總管從破高麗於駐蹕山軍還依舊致仕敬德末年篤信神仙方飛鍊金石服食雲母粉穿築池臺崇飾綺羅

常奏清商樂以自奉養不與外人交通

李百藥爲宗正卿及懸車告老怡然自得穿池築山文酒讌賞以舒平生之志

鮮于紹自降州刺史除同州刺史高宗特召見慰勉之紹辭曰臣今年八十五視聽昏耄豈可妄叨榮寵自貽罪譴乞許臣致仕高宗曰卿氣力尚强可且爲我撿較紹固辭竟許之

盧承慶爲刑部尚書總章中以年老請致仕許之仍加金紫光祿大夫

劉仁軌爲右相請致仕許之仍加金紫光祿大夫聽

朝朔望
李勣爲司空平定高麗廻以疾謝職加金紫光祿大夫聽致仕
許敬宗咸亨中爲太子少師請致仕許之加授特進仍令朔望朝參如其氣力能來勿拘朔望之制
李義琰永淳中爲中書侍郎中書門下三品以足疾乞骸骨詔許之及將歸東都田里公卿已下祖餞於通化門外時人比漢之二疏
韋思謙則天垂拱中爲納言以年老致仕許之
王及善垂拱中爲春官尚書秦州都督府長史以老

病請致仕加授光祿大夫
朱敬則長安中爲正諫大夫同鳳閣鸞臺平章事以老疾請致仕許之
姚璹長安中爲冬官尚書仍西京留守累表乞骸骨聽許致仕
薛元超中宗嗣聖初爲中書令以疾致仕加授金紫光祿大夫
張仁愿睿宗景雲初爲朔方總管以年老致仕特給全祿俸又拜兵部尚書加光祿大夫依舊致仕
李日知玄宗先天中知以刑部尚書罷知政事頻乞骸骨請致仕許之
元懷景爲工部尚書開元中詔曰懷景朝廷舊德光陰遲暮宜聽致仕遂其願擬
盧懷慎爲黄門監稱疾辭職詔曰留侯多病漢皇許其願養呂蒙未瘳吳王因而悕感此則古之義也檢較吏部尚書黄門監盧懷慎大才宏識資忠履信學窮墳典言緯邦國朕之繄賴人所具瞻頃者忘身徇公積勞爲病竭誠抗表固辭在職方欲省其謀慮專於導引且憑針艾之術副朕鹽梅之期聽以去官許其養疾

蘇珦爲太子賓客撿較詹事以年老致仕
薛訥爲朔方軍大總管沈勇寡言臨大敵而益壯以年老特聽致仕
張廷珪以少府監爲太子詹事康子元以前太子左庶子集賢殿侍講爲秘書監並致仕敦舊恩也
張說以前尚書左丞相致仕修國史兼集賢院學士俸料等並依右丞相給
宋璟爲尚書右丞相以年老累上表曰臣聞力不足者老則更衰心無主者疾而尤劇臣昔聞其語今驗諸身況且兼之何能爲也臣自抜跡幽介欽屬盛明

才不逮人藝非經國復以久承驅策歷忝試用命偶時來榮因歲積遂得再升台座三入冢司進階開府增封本郡所更中外已紊彝章洎君端揆左叨名職何者丞相官師之長任重昔時愚臣衰朽之餘用慙佗日位則逾盛人則浸微盡知其然何居而可頃所以僶俛爲政蒼黃不言實懷覆載之德冀竭涓塵之效今積羸成憊沈痼莫瘳耳目更昏手足多廢顧將殞越寧遂宿心安可以苟狥大名仍尸重祿且留章綬不上闕庭議刑此乖禮法何設伏惟陛下審能以授爲官而擇察臣之懇辭矜臣之不逮使得罷歸私

第養疾衡門上弭官謗下知死所則歸全之望獲在愚臣養老之恩成於聖代日暮途遠天高聽卑瞻望軒墀伏增感戀謹奉表陳乞手詔許之仍令全給俸祿璟乃退歸東都私第屏絶人事以就醫藥

趙昇卿爲華州刺史以年老累表陳乞優詔許之除國子祭酒致仕

盧從愿爲太子賓客以老抗表乞骸骨乃拜吏部尚書致仕給全俸祿

孟溫爲太子賓客以年齒衰暮表求辭秩詔許之除禮部尚書致仕全給俸祿

蕭嵩爲青州刺史請老以太子太師歸第嘗於林園植藥合藥修鍊優游閑養不交人事自贍十有餘年

信安郡王禕天寶中爲太子少師以年老聽致仕

裴守節爲太子右諭德集賢院侍制肅宗上元初乞骸骨辭職還鄉以穎王傅致仕賜手詔曰卿父子相從大庸儒術既精且博其道可師出入禁庭勤勞侍讀歲月滋久弘益頗多今以暮年俾令致仕仍加子職用資孝養兼賜紫金魚袋賜絹三百疋儒者爲榮

苗晉卿爲侍中太保代宗廣德中罷知政事又詔以太保致仕

丘爲德宗建中年爲太子右庶子以左散騎常侍致給俸祿之半爲蘇州嘉興人年已八十餘而繼母尚無恙累表請致仕歸養辭日特賜金紫之服以寵之後爲丁母喪蘇州疑所給請於觀察使韓滉滉以爲授官致仕本不理務特令給祿以惠養老臣也不在喪爲與命仍舊給之准春秋二時羊酒之直則不給程式無文見克折衷

穆寧建中年爲秘書少監强毅不能事權貴多辭病居家德宗居奉天寧詣行在改右庶子車駕還京師寧曰可以行吾志矣因移病罷歸東都後就拜秘書監致仕

李涵貞元中爲左散騎常侍以尚書右僕射致仕涵

高平王道立曾孫也簡素恭慎有名宗室

孔述睿爲右庶子史館修撰以疾上表請罷官德宗不許詔報之曰朕以卿德重朝端行敦風俗不言之教所賴攸深未依來請想宜悉也述睿再三上表懇讓遂改太子賓客賜紫金魚袋許其致仕

馬炫爲刑部侍郎以老病陳請除兵部尚書致仕

蕭昕爲太子少傅兼禮部尚書以工部尚書致仕

韋建以前太子少詹事爲秘書監致仕

嗣郢王藻爲左千牛中大將軍以太子賓客致仕

鄒高卿爲左庶子集賢學士以年老乞身表三上除

太子詹事致仕復辭東歸德宗召見屢加褒歎賜以金紫公卿大夫皆撰詩序出祖於都門縉紳以爲美談

薛苹爲浙西觀察使以左散騎常侍致仕時有年過懸車而不知止者唯苹年至而無疾請告角巾東維時甚高之

關播爲刑部尚書遷兵部播固辭疾請罷官改太子少師致仕

韋倫爲太子少保以年踰七十懇上表請罷官改太子少師致仕

歸崇敬爲散騎常侍翰林學士兼皇太子侍讀累表辭以年老乞骸骨改兵部尚書致仕

崔芊爲左贊善大夫太子侍直累乞還山以太子左諭德致仕放還山

張萬福爲右金吾將軍以左散騎常侍致仕萬福典九郡皆有惠愛年九十祿食七十餘年未嘗一日病

孔戣以尚書左丞累表請老詔以禮部尚書致仕優詔褒美仍令所司歲致羊酒如漢禮徵士故事

韓章憲宗元和中爲工部尚書以太子少保致仕

高郢爲兵部尚書以尚書右僕射致仕初郢再表乞

骸骨不許又上言曰臣聞勞生佚老天理自然蠕動翾飛日入皆息自非貢禹之守經據古趙喜之正身匪懈韓暨之志節高潔山濤之道德模表縱過常期詎爲貪冒其有當仁不讓急病忘身豈止君命猶宜自舉故以魏待秦師唐雎請約車西說漢謀邊將克國對無踰老臣臣郢下才久辱高位由是得請

杜佑爲司徒平章事累致仕不許居數歲乞骸骨表上乃以太保致仕制曰宜力濟時爲臣之懿蹈辭榮告老行已之高風況乎任重公台義深翼贊秉冲讓之志堅金石之誠敦諭旣勤所執彌固則當遂其褒

懇進以崇名尚請優賢斯王化之本也金紫光祿大夫守司徒同中書門下平章事兼崇文館大學士充太清宮使上柱國岐國公食邑三千戶杜佑巖廊上材邦國茂器蘊經通之識履溫厚之姿寬裕本乎性情謀猷彰乎事業博聞彊學知歷代沿革之宜爲政惠人審群黎利病之要由是再司邦用累歷藩方出總戎麾入和鼎實聿膺重寄歷事先朝左右朕躬夙夜匪懈命以詔册登之上公肅恭在庭華髮承弁茲可謂國之元老人之具瞻者也朕纘承丕業思弘景化選勞求舊期致時雍方中引翼之儀遽抗懸車之

請而又固辭年疾乞就休閑已而復來星琯屢變有不可抑良用耿然永惟古先哲王君臣之際臣有耆艾以求其退君有優賜以狥其情乃輟鄧禹數教之功仍增王祥輔導之秩俾養浩然之氣安於敬止之鄉庶乎頤神保和永綏福履仍加階級以厚寵章其惟敬哉茲謂全致可光祿大夫太保致仕宜朝朔望是日帝遣中使就佑宅宣賜絹五百疋錢五百貫

范希朝爲河東節度等使太原尹北都留守率師討鎮州無功旣耄且病事不治除左龍武軍統軍以太子太保致仕

閻濟美爲秘書監穆宗長慶中以年逾懸車上表陳乞授工部尚書致仕後以恩例進太子少傅致仕如前

李夷簡爲淮南節度使疾告老朝廷以未及懸車不之許夷簡堅請凡四表乃以右僕射兼太子少師仍許分司東都蓋遂其志也

楊於陵爲檢校右僕射兼太子太傅文宗太和初以尚書左僕射致仕俸料仍全給於陵上表讓全給俸料許之

蕭俛爲檢校尚書左僕射兼太子少師分司東都太

和五年表請致仕詔曰俛代炳台曜躬茂天爵文可以經緯邦俗行可以感通神祇夷澹粹和精深敏直以忠讜侍從於憲祖以器能彌諧於穆宗臯陶陳九德之謀楊震有四知之慎進退由道周旋令名近以師傅之重疇于舊德俾從優禮冀保順貞而抗疏辭疾勇退知止嘗亦敦諭確乎難奪遂茲牢讓厚我時風俾進秩於端寮仍加榮於貴綬疊示光寵式彰名臣於戲昔于木偃息猶藩魏君子房嗇神亦扶漢嗣無使二哲專美於前始終懿圖敬服休命可銀青光祿大夫守尚書左僕射致仕八年十一月庚戌以尚

書左僕射致仕蕭俛爲太子太傅俛自相位求罷優游雲泉帝以師傅官重因以命之十二月甲申詔曰不待年而來謝於理身之道則至矣其如朝廷之望何銀青光祿大夫新授太子太傅上柱國襲徐國公蕭俛朕以肇建元良精求師傅遐想漢朝故事章玄成石慶並當時名德咸爲此官兼以元子幼冲慎於教誡欲以累汝發明古今冀忠孝之道日聞於耳特輟左右至於林廬閑爾高蹈翛然屏絶進趣遠遺令弟還吾詔書天爵自優冥鴻方遠不轉之意堅然若山循省來章致煩爲愧終以望之之秩遂其疏廣之

心勵俗激貪所補多矣目益於政寄聲以聞亦有望於耆臣也可太子太傅致仕

裴向爲大理卿宰相遵慶之子本以名相子以學行自飭謹守其門風歷官多有愛利及人太和中以年過致仕朝廷優異乃以吏部尚書致仕於新昌里第

薛平爲河中節度檢較司徒在河中凡六年召拜太子太保明年上疏乞老以司徒致仕

錢徽爲華州刺史周歳告老遂以吏部尚書致仕

李逢吉檢較司徒兼尚書左僕射以守司徒致仕

盧紹爲工部尚書兼太子少保以年耆乞骸授太子太保致仕兄渥亦以重德告老家于華陰紹與渥嘗遊林泉陶樂度歳子弟皆顯達辭祿歸養時人榮之

鄭居中以中書舍人致仕居中少有時名致歷清貞晩年尤薄名利以疾辭官恣遊名山一日搦管爲詩纔書五字曰雲山遊已徧紙猶在手筆忽墮地而終

梁葛從周以前泰寧軍節度使除檢較司徒兼左金吾上將軍致仕從周病風不任朝謁故也

韋震唐末爲河南尹兼六軍諸衛副使以病瘠守太子太保致仕太祖受禪改太子太傅

裴廸唐末太常卿受禪之歳拜尚書右僕射後一年

上章告老爲司空致仕

張策開平中爲中書侍郎同平章事中風於私第太祖命使宣問翌日除刑部尚書致仕

後唐薛廷珪仕梁爲禮部尚書同光初莊宗平定河南以年老除太子少師致仕

賈馥爲鴻臚少卿年幾七十上表請致仕許之乃以鴻臚卿致仕賜紫金魚袋遂歸鎮州結茅齋於別墅自課兒孫耕牧爲事

李德休爲吏部侍郎權知左丞未幾乃上章乞致仕從之以禮部尚書致仕

孔邈爲諫議大夫以年老致仕
張昉範爲蜀中書令右金吾衛使明宗天成初除兵部尚書致仕
趙仁貞天成初以右驍衛將軍除大將軍致仕
鄭珏爲相以老病耳疾不任中書事四上章請老明宗惜之久而方允乃授開府儀同三司行尚書左僕射致仕仍賜鄭州莊一區天成四年二月明宗自汴還京珏莊在圃田賜錢二十萬
馬瀫以前代州刺史除左衛上將軍致仕
苗瓘以前將作監內作使守光祿卿致仕

戴思遠以前洋州節度使除守太子少保致仕
孔勍以前河陽節度使兼侍中請老除太子太師致仕
任圜爲太子少保表請致仕勑宜以本官致仕兼許尋醫
范約爲右監門衛將軍除左驍衛大將軍致仕
裴思禮以前蓬州刺史除右千牛衛大將軍致仕
趙光逢以司徒除太保致仕仍封齊國公
符習以太子太師致仕習家素貧求歸田里許之乃歸招慶縣時其子令謙爲趙州刺史習飛鷹搞飲私遊田里不集朋徒不過郡邑如此累年
安重霸長興中虢州刺史除監門衛上將軍致仕
蕭蘧長興中太子賓客除戶部尚書致仕
李斌以前代州刺史除左驍衛將軍致仕
李光憲以太子賓客除禮部尚書致仕
賈知瑜以前遂州刺史除驍衛大將軍致仕
梁使願以前鄧州節度使除太子少師致仕目病也
晉王建立後唐長興中以澤潞節度使除太傅致仕
祕弘遇眞定中山人瓊之父也善射歷本軍偏較後唐莊宗兼有其地命爲爪牙從戰河上有功累官至

慶州刺史後年老求退終於家
尹玉羽後唐清泰中爲光祿少卿退歸秦中朝宰臣張延朗手書而召高臥不從謂人曰庶孽代宗不可仕也及高祖入雒即受詔而來以所著自然經五卷貢之且告其老即日璽書褒美頒其器幣授少府監致仕月給俸錢三萬及冬春二時服
陳玄爲太府卿高祖天福中以耄期上表求退以光祿卿致仕卒於晉陽
朱漢賓初仕後唐明宗長興二年七月以前建雄軍節度使除太子少保致仕漢賓與安重誨連婚姻由

是連領節鎭及重誨伏誅乃請致仕非其志也高祖卽位爲二潞州平陽節度使舊有風痺乃上表求退朝廷允之以太子少保致仕漢賓還雒陽有第在懷仁里北限雒水南枕通衢層屋連甍修木交幹笙歌羅綺日以自娛養彼天和保其餘齒乃近朝知止之良將也

張行求天福中以前沂州刺史除右監門衛上將軍致仕

裴皥爲工部尚書以耄年乞骸加右僕射致仕西歸京洛逍遥自娱

梁文矩天福二年七月以太子少保表求致政勑曰昔魏舒人之領袖以二揆而解官劉寔邦之宗模自三公而遜位所以審去就之常分保始終之令圖成功退身盡善盡美太子少保梁文矩爲仁由己以道事君烈士徇名久輸忠於象闕達人知足堅請老於菟裘東路角巾南窻羽扇爾思高致朕實嘉之進登保傅之班永顯君臣之義可太子太保致仕

漢盧撰高祖乾祐中爲右散騎常侍撰患風痺難於拜起每致拜一坐再至班列中有多口而見之者謂諸御史曰此而不彈會當於稠人廣衆之中辱之至上若問卽以不供職爲奏撰聞懼而上章乃除戸部侍郎致仕

周顏衎晉開運中自御史中丞求假侍養以戸部侍郎得請歸於汶上太祖廣順初徵拜兵部侍郎俄入爲端明殿學士自王俊貶官之後授吏部侍郎解職至是累表乞骸帝勉而從之尋退老於東平簪綬送之祖帳相望時論美之

安審暉太祖廣順中爲邢州節度使居無何目疾暴作上章求代歸於京師養疾累年拜太子太師封魯國公致仕

白文珂廣順末以前西京留守兼中書令除太子太師致仕進封韓國公漢開創文珂時爲河東節度副使累歷藩鎭從太祖討蒲津至是三上章告老故以國公官師寵之

宋彥筠漢乾祐二年自邠寧節度使上章乞致仕爲僧不允至世宗顯德元年八月以太子少師鄭國公改太子太師致仕以其仕退而從其志也世宗曰白文珂宋彥筠皆耆年舊勳拜章請老非唯知其止足抑亦厲其貪競朕每佇想亦甚多之今宜各賜茶藥錢帛仍遣使就加撫問宰相范質對曰貴老念勳古

古存盛典竊惟近世廢之久矣陛下復能行之實爲
國家美事
陳暉顯德三年十二月以前原州刺史爲左衛大將
軍致仕以暉武士引年休退故優其環拱之秩以寵
之
司徒詡顯德末以太卿致仕帝以雅樂淪廢議欲恢
復正聲詡年老多病不能莅事故有是命

巡按福建監察御史臣李嗣京　訂正
分守建南道左布政使臣胡維霖　參閱
知建陽縣事臣黃國琦　較釋

總錄部一百五十

自薦　干謁

自薦

士之自負其能將以效用於世而知己未遇良時難偶君嘗用晦雖屈於等夷一朝乘便思有以樹立繇是挺然自述以露其才冀施於有政而見於行事者

也至有臨危制變而奮厥庸佐命戡難而申其術居上治民而成務切問近對以盡規曷嘗不飾躬以踐形循名而副實者已頊復自衒自媒昔人之所醜若乃斷齵之士不羈之子以勳名爲任而貧賤是耻者豈復拘於常簡而安可不試哉

毛遂趙平原君之門下客也平原君以秦之圍邯鄲趙使求救合從於楚約與食客門下有勇力文武備具者二十人偕平原君曰使文能取勝則善矣文不能取勝則歃血於華屋之下必得定從而還士不外索取於食客門下足矣得十九人全無可取者無以滿二十人毛遂者前自贊於平原君曰遂聞君將合從於楚約與食客門下二十人偕不外索今少一人願君卽以遂備員而行矣平原君曰先生處勝之門下幾年於此矣毛遂曰三年於此矣平原君曰夫賢士之處世也譬若錐之處囊中其末立見今先生處勝之門下三年於此矣左右未有所稱誦勝未有所聞是先生無所能也毛遂曰臣乃今日請處囊中爾使遂早得處囊中乃穎脫而出非特其末見而已平原君竟與毛遂偕

漢酈食其陳留高陽人也食音異其音基好讀書家貧落魄

無衣食業魄音薄落魄失業無次也皆謂之狂生及陳勝項梁等遣諸將徇地過高陽者數十人徇亦略也音辭峻反食其聞其將皆握齪好苛禮握齪急促之貌苛與苛同苛細也齪音初角切自用不能聽大度之言食其乃自匿後聞沛公畧地陳留郊沛公麾下騎士適食其里中子食其里中子適會取沛公騎士沛公時時問邑中賢豪騎士歸食其見謂曰吾聞沛公嫚易人有大畧此眞吾所願從游莫爲我先先謂紹介也若不見沛公若汝也謂曰臣里中有酈生年六十餘長八尺人皆謂之狂生自謂我非狂騎士曰沛公不喜儒喜好也音許吏切諸客冠儒冠來者沛公輙解其冠溺其中溺讀

(日尿音乃鈞切)與人言嘗大罵未可以儒生說也食其曰第言之(第但也)騎士從容言食其所戒者(從音千容切)沛公至高陽傳舍(傳舍者人所止息前人已去後人復來轉相傳也一音張戀切謂傳置之舍也其義兩通)使人召食其食其至入謁沛公方踞牀令兩女子洗(洗足也音先典切)而見食其食其入即長揖不拜曰足下欲助秦攻諸侯乎欲率諸侯破秦乎沛公罵曰豎儒(言其賤劣如童豎)夫天下同苦秦久矣故諸侯相率攻秦何謂助秦食其曰必欲聚徒合義兵誅無道秦不宜踞見長者於是沛公輟洗起衣(輟止也起衣着衣服也)延食其上坐謝之食其因言六國從衡時(從音子容切衡橫也)沛公喜賜

食其食號爲廣野君嘗爲說客馳使諸侯

婁敬齊人也漢五年戍隴西過雒陽高帝在焉敬脫輓輅(輅音東洛之洛一木橫遮車前一人挽之三人推之又曰輅音胡格切)見齊人虞將軍曰臣願見帝言便宜虞將軍欲與鮮衣敬曰臣衣帛衣帛見(衣着也帛謂繒也)衣褐衣褐見(此褐謂織毛布之衣)不敢易衣虞將軍入言帝帝召見言入關都秦地拜爲郎中號曰奉春君

吾丘壽王武帝時爲中郎坐法免上書謝罪願養馬黄門帝不許(請爲黄門供養馬之事)後願守塞扞寇難復不許久之上疏願擊匈奴詔問狀壽王對良善復召爲郎

卜式河南人武帝拜爲郎式不願爲之帝曰吾有羊在上林中欲令子牧之式既爲郎布衣草蹻而牧羊(蹻即今之鞋也南方謂之蹻字本作屩)歲餘羊肥息(息生也言羊既肥而又生多也)帝過其羊所善之式曰非獨羊也治民亦猶是矣以時起居惡者輒去(去除去也)毋令敗羣帝奇其言欲試使治民拜式緱氏令

東方朔字曼倩(倩音千見切)平原厭次人(厭音一涉切又音一琰切)武帝初即位四方士多上書言得失自衒鬻者千數(衒行賣也鬻亦賣也衒音州縣之縣)其不足采者輒報聞罷(報云天子聞其所上之書而罷之令歸)朔初來上書曰臣朔少失父母長養兄嫂年

十二學書三冬文史足用(貧子冬日乃得學書言文史之事足可用也)十五學擊劒十六學詩書(擊劒遥擊而中之非斬刺之也)誦二十二萬言十九學孫吳兵法戰陣之具鉦鼓之數(鉦鼓所以爲進退士衆之節也鉦音征)亦誦二十二萬言凡臣朔固已誦四十四萬言又嘗服子路之言(無宿諾)臣朔年二十二長九尺三寸目若懸珠齒若編貝(編列次也音鞭)勇若孟賁(孟賁衛人古之勇士也尸子說云人謂孟賁生乎曰勇貴乎曰勇富乎曰勇三者人之所難而皆不足以易勇故能懾三軍服猛獸也)捷若慶忌(王子慶忌也射之矢滿把不能中駟馬追之不能及也)廉若鮑叔(齊大夫也與管仲分財自取其少而說者乃妄解云鮑焦非也焦自介士耳)信若尾生(古之信士與女子期於梁下待之不至遇水而死一曰即微生高也)若此可以爲天

子大臣矣臣朔昧死再拜以聞朔文辭不遜高自稱譽帝偉之令待詔公車武帝既招英俊程其器能用之如不及（程謂量計之也如不及者恐失之也）時方外事胡越內興制度國家多事自公孫弘以下至司馬遷皆奉使方外或爲郡國守相至公卿而朔嘗至太中大夫後嘗爲郎與枚皋郭舍人俱在左右詼啁而已（啁與嘲同音竹交切）久之朔上書陳農戰強國之計因自訟獨不得大官欲求試用其言專商鞅韓非之語也指意放蕩頗復詼諧辭數萬言終不見用朔因著論設客難已用位卑以自慰諭（朔初入長安至公車凡用三千奏牘公車令兩人共持舉其書僅能勝之人主

從上方讀之止輒乙處讀之二月召盡詔拜以爲郎嘗在側侍數召至前談語人主未嘗不說也）朔後爲中郎

張敞河東平陽人爲山陽太守宣帝時渤海膠東盜賊並起敞上書自請治之曰臣聞忠孝之道退家則盡心於親進宦則竭力於君夫小國忠君猶有奮不顧身之臣況於明天子乎今陛下遊意於太平勞精於政事亹亹不舍晝夜（亹亹言勉強也舍息也亹音尾）羣臣有司宜各竭力致身山陽郡戶九萬三千口五十萬以上訖計盜賊未得者七十七人（訖盡也）它課諸事亦略如此臣敞遇駑既無以佐思慮久處閒郡（閒讀曰閑）身逸樂而志國事非忠孝之節也伏聞膠東渤海左右郡歲數不登（年穀頻不熟也）盜賊並起至攻官寺篡囚徒搜市朝劫列侯吏失綱紀姦宄不禁臣敞不敢愛身避死唯明詔之所處願盡力摧挫其暴虐存撫其孤弱事即有業所至郡條奏其所由廢及所以興之狀（有業言各得其所）書奏天子徵敞拜膠東相賜黃金三十斤

馮野王字君卿受業博士通詩少以父任爲太子中庶子年十八上書願試守長安令宣帝奇其志聞丞相魏相相以爲不可許後以功補當陽長

尹翁歸河東平陽人也爲獄小吏曉習文法去吏居

家會田延年爲河東太守行縣至平陽悉召故吏五六十人延年親歸見令有文者東有武者西閱數十人次到翁歸獨伏不肯起對曰翁歸文武兼備唯所施設功曹以爲此吏倨敖不遜（敖讀曰傲）延年曰何傷遂召上辭問（爲文辭而問之）甚奇其對除補卒吏便從歸府案事發姦窮竟事情延年大重之自以能不及翁歸徙署督郵

班伯成帝時爲奉車都尉家本北邊志節慷慨數求使匈奴河平中單于求朝帝使伯持節迎單于於塞下會定襄大姓石李羣輩報怨殺追捕吏伯上狀

因自請願試守期月伯既至分部收捕咸稱神明

後漢馮衍字敬通京兆杜陵人也光武時爲曲陽令建武六年上書召見爲尚書令王護等排間遂不得入後衛尉陰興新興侯陰就以外戚貴顯深敬重衍衍遂與交結衍與就書曰衍聞神龍驤首幽雲景蒸明聖脩德志士思名是以意同情合聲比則應也伏見君侯忠孝之性慈仁殷勤論議周密思慮深遠願以微賤數蒙聖恩被侯大惠衍年老被病恐一旦無祿命先犬馬懷抱不報齎恨入冥思剖肝膽有以塞責方今天下安定四海咸服蒙更生之臣無所效其

死力側聞東平山陽王壯當之國澤隆官屬衍不自量願侯日以衍備門衛鄙語曰水不激不能破舟矢不激不能飲羽不念舊惡名賢所高負責之臣欲言不敢惟侯哀憐深留聖心則闔棺之日魂復何恨

耿純字伯山鉅鹿宋子人也王莽時爲納言士光武即位爲前將軍建武二年眞定王劉楊與綿曼賊通光武遣純使幽冀純遂誅劉楊及還京師因自請曰臣本吏家子孫幸遭大漢復興聖帝受命備位列將爵爲通侯天下略定臣無所用志願試治一郡盡力書效帝笑曰卿既治武復欲修文邪乃拜純東郡太守時東郡未平純視事數月盜賊清寧

皇甫規順帝時爲安定上計掾會羌衆大合攻燒隴西朝廷患之規乃上疏求乞自効曰臣比年以來數陳便宜羌戎未動策其將反馬賢始出頗知必敗誤中之言在可覈考臣每惟賢等擁衆四年未有成功縣師之費且百億計出於平人回入姦吏故江湖之人羣爲盜賊青徐荒饑襁負流散夫羌戎潰叛不由承平皆因邊將失於綏御乘常守安則加侵暴苟競小利則致大害微勝則虛張首級軍敗則隱匿不言軍士勞怨困於猾吏進不得快戰以徼功退不得溫

飽以全命餓死溝渠暴骨中原徒見王師之出不聞振旅之聲酋豪泣血驚懼生變是以安不能久敗則經年臣所以搏手叩心而增歎者也願假臣兩營二郡屯列坐食之兵五千出其不意與護羌較尉趙冲共相首尾土地山谷臣所曉習兵勢巧便臣已更之可不煩方寸之印尺帛之賜高可以滌患不可以納降若謂臣年少官輕不足用者凡諸敗將非官爵之不高年齒之不邁臣不勝至誠沒死自陳時帝不能用後終於護羌校尉

吳諸葛恪守節度（吳初置節度官掌典軍糧）恪以丹陽山險民多

県勁雖前發兵徒得外縣平民而已其餘深遠莫能
盡屢自求乞爲官出之三年可得甲士四萬衆議以
丹陽地勢險阻與吳郡會稽新都鄱陽四郡鄰接周
旋數千里山谷萬里其幽邃民人未嘗入城邑對長
吏皆伏兵野逸白首於林莽逋亡宿惡咸共逃竄山
出銅鐵自鑄甲兵俗好武習戰高尚氣力其升山赴
險抵突叢棘若魚之遊淵猨狖之騰木也時觀間隙
出爲寇盜每致兵征伐尋其窟藏其戰則蠭至敗則
鳥竄自前世已來不能羈也皆以爲難恪父瑾聞之
亦以事終不逮恪盛陳其必捷擢拜恪撫越將軍領

丹陽太守於是長幼相携而出歲期人數皆如本規
晉袁甫字公胄歷陽人少能言議與華譚齊名友善
大安中甫入維詰中領軍何勗自言能治劇縣勗曰
君子法應多以何宜唯欲宰民何不爲一臺職乎甫
曰人各有能否譬由錦繪中之好而不可以爲袷口洽切
稍食中之好而不可以爲虀是以孔子曰及其使
人也器之苟非大才何能悉備又之除松滋令
宋劉穆之字道和小字道人世居京口博學有通識
高祖克京城問何無忌急一府主簿何由得之無忌
曰無過劉道人高祖曰吾亦識之即馳信召焉時穆
之聞京城有叫噪之聲晨起出陌頭屬與信會穆之
直視不言者久之既而反室壞布裳爲袴往見高祖
高祖謂之曰我始舉大義方造艱難須一軍吏甚急
卿謂誰堪其選穆之曰貴府始建軍吏實須其才倉
卒之際略當無見踰者高祖笑曰卿能自屈吾事濟
矣即於坐受署
南齊王融中書令僧遠之孫爲太子舍人以父官不
通弱年便欲紹興家業啟世祖求自試曰臣聞春庚
秋蟀集候相悲露木風榮臨年共悅夫惟動植且或
有心況在生靈而能無感臣自奉望宮闕沐浴恩私

拔迹庸流參名盛列纓組紫履趨步丹墀歲時歸來
誇榮邑里然無勲而官在昔貽議不任而祿有識必
譏臣所用慷慨憤懣不遑自晏誠以深恩鮮報聖主
難逢蒲柳先秋光陰不待貪及明時展悉遇效以酬
陛下不世之仁若微誠獲信短才見序文武吏法唯
所施用夫君道含弘臣術無隱翁歸乃居中自是克
國曰莫若老臣竊景前修敢蹈輕節輒敢目不謀之
鄙式罄奉公之誠抑又唐堯在上不參二八管夷吾
耻之臣亦耻之願陛下裁覽遷秘書丞
張融爲南陽王友以王瞻父玄謨嘗欲殺融父暢瞻

爲南陽王長史融啟求去官不許融家貧願祿乃與從叔征北將軍永書曰融昔稱幼學早訓家風雖則不敏率以成性布衣韋帶弱年所安簞食瓢飲不覺不樂但世業清貧人生多待榛栗棗修女贄既長束帛禽鳥男禮已大勉身就官十年七仕不欲代耕何至此事昔求三吳一丞雖屬舛錯今聞南康缺少願得爲之融不知階級階級亦可不知融政以求丞不得所以求郡求郡不得亦可復求丞又與吏部尚書王僧虔書曰融天地之逸民也進不辯貴退不知賤兀然造化總如草木實以家貧累積孤寡傷心八姪

俱孤二弟頓弱撫之而感古人以悲豈能山海陋祿申融情累阮籍愛東平土風融亦欣晉平閑外時議以融非御人才竟不果辟太傅掾歷驃騎豫章王司空諮議參軍遷中書郎非其所好乞爲中散大夫不許

梁劉坦字德度南康王爲荊州刺史坦爲西平中郎中兵參軍領長流義師起遷諮議參軍時輔國將軍楊公則爲湘州刺史師起夏口朝義行州事者坦謂衆曰湘境人情易擾難信若專用武士則百姓畏侵漁若遣文人則威略不振必欲鎮靜一州城軍足食則無踰老臣先零之役竊以自許遂從乃除輔國將軍長沙太守行湘州事

蕭昱字子真景第四子也天監初除秘書郎累遷太子舍人洗馬中書舍人侍郎每求自試高祖以爲淮南永嘉襄陽郡並不就志願邊州高祖以其輕脫無威望抑而不許

後魏韓顯宗啟乞宋王劉相府諮議參軍事欲佐效南境孝文不許

邢遜字子言撫軍將軍巒子爲國子博士本州中正因謁靈太后自陳功名之子久抱沈屈臣父屢爲大

將而臣身無軍功階級臣父唯爲忠臣不爲慈父靈太后慨然以遜爲長兼吏部郎中

後周楊寬字景仁弘農華陰人也兵部尚書北道大行臺鈞之子也頗解屬文尤尚武藝弱冠除奉朝請屬鈞出鎮恒州請從展效乃改授將軍高闕戍王時蠕蠕亂其主阿那瓌來奔魏帝遣使納之詔鈞率兵衛送寬亦從行以功拜行臺郎中

隋柳或少好學頗涉經史仕周爲寧州總管掾武帝親聽萬機或詣闕求試帝異之以爲司武中士

唐張嘉貞爲并州長史開元六年奏事至京師嘗因

謁見奏曰臣今心力方壯是效命之秋更數年即衰老無能爲也惟陛下早垂任使死且不憚帝以其明辯尤重之

第五琦爲北海郡錄參軍玄宗西幸時琦奏事至蜀中得謁見因奏言方今之急在兵兵之强弱在賦賦之所出江淮居多若假臣職任使濟軍需臣能使賞給之資不勞聖慮玄宗大喜即日拜監察御史勾當租庸使

李抱眞代宗時爲陳鄭澤潞節度留後因中謝言曰臣雖無可取當今百姓勞逸係在牧守願得一郡以

自試帝許之改授澤州刺史兼爲澤潞節度副使

張建封字本立兗州人也少頗愛屬文好談論以立功名爲已任寶應中李光弼鎭河陽時蘇常等州有草賊寇掠州縣詔中使馬日新與光弼將兵馬同征討之建封乃見日新自請說諭賊徒日新許之遂入虎窟蒸里等賊營說以利害禍福一夕賊黨數千人並詣日新請降遂悉放歸田里後爲徐州節度使

竇群貞元末以處士徵拜左拾遺遷侍御史充和蕃使判官羣因對曰陛下即位二十餘年始自草澤擢臣爲拾遺是難其進也今陛下以二十年難進之臣爲和蕃判官一何易其任乎乃留之

後唐劉師武爲揚州楊漢章行軍司馬自言有經略安邊之策乞入朝從之

胡裝禮部尚書曾之孫汴將楊師厚之鎭魏州裝與副使李嗣業有舊因往依之薦授貴鄉令及張彥之亂嗣業遇害裝罷秩客於魏州莊宗初至裝謁見求爲假官司空頲以其居官貪濁不得調者久之莊宗還太原裝候於離亭謁者不內乃排闥而入曰臣本朝公卿子孫從知至此殿下比雪唐祚勤求英俊以壯霸圖臣雖不才比於進九九納豎刁頭須亦所庶

幾而羇旅累年執事者不垂顧錄臣臣不能赴海觸樹走湖適越今日歸死於殿下也莊宗愕然曰孤未之知何至如此且賜酒食慰遣之謂郭崇韜曰便與擬議是歲署館驛巡官未幾受監察御史裏行遷節度巡官賜緋魚袋尋歷推官檢較員外郎

晉白奉進少善馳射唐昭宗以天復中爲朱氏脅遷東營洛邑後唐太宗鎭太原有扶救之志奉進謁於軍門以求自效太祖納之麾下以功遷龍武指揮使

干謁

夫有爲之士將以盡思慮之變效智計之用以達於

有位而奮於當世然以貧賤之姿風期攸隔先容莫致厥路無由故寓詞以感動觖躬以干進或纓濯以世奇遲留而不去蓋其策慮悃愊無所發明或以機事徼客有以闡說乃至靡因介者期於自達故有當傾蓋之遇恨相得之晚邀功於一時垂裕於將來者斯亦感慨發憤而為之也然而衒鬻以求售其在君子之後乎若乃獨其風聲以道義為貴或在躍其伎辱因俛俛而往亦人無間然矣

甯戚齊人欲干桓公窮困無以自達於是為商旅將車以適於齊暮宿於郭門飯牛車下望見桓公乃擊

牛角而商歌桓公聞之曰異哉歌者非常人也後命車載之（三齊記載其歌曰南山粲白石爛生不逢堯與舜禪短布單衣適至骭從昏飯牛至夜半長夜漫漫何時旦公悅之以為大夫）

馮驩聞孟嘗君好客躡屩而見之孟嘗君曰先生遠辱何以教文也馮驩曰聞君好士以貧身歸於君置傳舍十日孟嘗君問傳舍長曰客何所為答曰馮先生甚貧猶有一劒耳又蒯緱彈其劒而歌曰長鋏歸來乎食無魚孟嘗君遷之幸舍食有魚矣五日又問傳舍長答曰客復彈劒而歌曰長鋏歸來乎出無輿孟嘗君遷之代舍出乘輿車矣五日孟嘗君復問傳舍長舍長答曰先生又嘗彈劒而歌曰長鋏歸來乎無以為家孟嘗君不悅

楚丘先生行年七十披裘帶索往見孟嘗君欲趨不能進孟嘗君曰先生老矣春秋高矣何以教之先生曰噫將我而老乎噫將使我追車而赴馬乎投石而超距乎逐麋鹿而搏豹虎乎吾已死矣何暇老哉噫將使我出正辭而當諸侯乎決嫌疑而定猶豫乎吾始壯矣何老之有孟嘗君逡巡避席面有愧色

漢魏勃少時欲求見齊相曹參家貧無以自通乃常獨早掃齊相舍人門外舍人輕之以為物而伺之得

勃（物謂鬼神伺者察視之）勃曰願見相君無因故為子掃欲以求見於是舍人見勃曹參因以為舍人一為參御言事以為賢言之齊悼惠王王召見拜為御史

雋不疑字曼倩渤海人也治春秋為郡文學進退以禮名聞州郡武帝末郡國盜賊羣起暴勝之為直指使者衣繡衣持斧逐捕盜賊督課郡國（督謂察視之）東至海以軍興誅不從命者（有所追捕及行誅罰皆依興軍之制）威震州郡勝之素聞不疑賢至渤海遣吏請與相見不疑冠進賢冠帶櫑具劒（古長劒首以玉作井鹿盧形上刻木作山形如蓮花初生未敷時今大劒木首其狀似此）佩環玦（環玉環也玦即玉佩之玦也帶環而又著玉佩也禮記曰孔子佩象環也）

褒衣博帶褒大裾也言着褒大之衣廣博之帶也而說者以爲朝服垂褒之衣非也盛服至門上謁上謁者若今通名也門下欲使解劍不疑曰劍者君子武備所以衛身不可解請退吏自勝之勝之開閤延請望見不疑容貌尊嚴衣冠甚偉勝之躧履起迎履不着跟曰躧納履未正曳之而行言其遽也後爲京兆尹

後漢孔融年十歲隨父詣京師時河南尹李膺以簡重自居不妄接士賓客勑外自非當世名人及與通家皆不得見融欲觀其人故造膺門語門者曰我是李君通家子弟門者言之膺請融問曰高明祖父嘗與僕有恩舊乎融曰然先君孔子與君先人李老君

同德比義而相師友則融與君累世通家衆坐莫不歎息融位至少府

王符安定臨涇人時度遼將軍皇甫規解官歸安定鄉人有以貨得鴈門太守者亦去職還家書刺謁規規臥不迎旣入而問卿前在郡食鴈美乎有頃又白符在門規素聞符名乃驚遽而起衣不及帶屣履出迎援符手而還與同坐極歡時人爲之語曰徒見二千石不如一縫掖禮記儒行孔子曰丘少居魯衣縫掖之衣鄭玄注曰逢猶大也大掖之衣大袂單衣也言書生道義之爲貴也符竟不仕終於家

高彪字義方吳郡無錫人無錫今常州縣家木單寒至彪爲諸生遊太學有雅才而訥於言嘗從馬融欲訪大義融疾不獲見乃覆刺遺融書曰承服風問從來有年故不待介者而謁大君子之門冀一見龍光以叙腹心之願毛詩曰旣見君子爲龍爲光龍寵也不圖遭疾幽閉莫敢昔周公旦父文兄武九命作伯以尹華夏猶揮沐吐餐垂接白屋白屋匹夫也故周道以隆天下歸德公今養痾傲士故其宜也融省書慙追還之彪逝而不顧後爲內黃令卒

禰衡字正平平原般人也般縣故城在今德州平昌縣東少有才辯而氣尚剛傲好矯時慢物興平中避難荊州建安初

來遊許下始達穎川乃陰懷一刺旣而無所之適至於刺字漫滅孔融薦於曹公衡自稱狂病後爲黃祖所殺

第五倫始以營長詣郡尹鮮于褒見而異之署爲吏後褒坐事左轉高唐令臨去握臂訣曰恨相知晚

趙壹漢陽西縣人往造河南尹羊陟不得見壹以公卿中非陟無足以託名者乃日往到門陟自強許通尚臥未起壹逕入上堂遂前臨之曰竊伏西州承高風舊矣乃今方遇而忽然謂死也奈何命也因舉聲哭門下驚皆奔入滿側陟知其非常人乃起延與語大

奇之謂曰子出矣陟明旦大從車騎奉謁造一時諸計吏多盛餙車騎帷幕而壹獨柴車草屏露宿其傍延陟前坐於車下左右莫不歎愕陟遂與言談至曛夕極歡而去執其手曰良璞不剖必有泣血而相明者矣陟乃與遠逢共稱薦之名動京師士大夫想望其風采及西還道經弘農過候太守皇甫規門者不即通壹遂遁去

岑晊南陽棘陽人年少未知名往候同郡宗慈慈方以有道見徵賓客滿門以晊非良家子不肯見晊留門下數日晚乃引入慈與語大奇之遂將俱至雒陽

因詣太學受業後三府交辟並不就

吳步隲字子山臨淮淮陰人也世亂避難江東單身窮困與廣陵衛旌同年相善俱以種瓜自給晝勤四體夜誦經傳會稽焦征羌郡之豪族（吳錄曰征羌名矯嘗爲征羌令）人客放縱隲與旌求食其地懼爲所侵乃共修刺奉瓜以獻征羌征羌方在內卧駐之移時旌欲委去隲止之曰本欲以來畏其强也而今舍去欲以爲高祇結怨爾良久征羌開牖見之身隱几坐帳中設席致地坐隲旌於牖外旌愈恥之隲辭色自若征羌作食自享大案殽膳重沓以小盤飯與隲旌惟菜茹而已旌不能食隲極飯致飽乃辭出旌怒隲曰何能忍此隲曰吾等貧賤是以主人以貧賤遇之固其宜也當何所恥特大帝爲討虜將軍召隲爲記室

晉陸機吳人也文章冠代與弟雲造太常張華華素重其名如舊相識曰伐吳之役利獲二俊機後爲平原內史

孫惠吳國富陽人成都王穎引爲大將軍參軍奮威將軍白沙督後惠擅殺穎牙門將梁儁懼罪因改姓名以遁及東海王越舉兵下邳惠乃詭稱南嶽逸士秦秘之以書干越曰天禍晉國遘茲厄運歷觀危亡

其萌有漸枝葉先零根株乃斃伏惟明公咨睿哲之才應神武之畧承衰亂之期當傾險之運側身昏讒之俗跼蹐凶諂之間執夷正立則取疾姦佞抱忠懷直則見害賊臣餔糟非聖性所堪苟免非英雄之節是以感激於世發憤忘身抗辭金門則謇諤之言顯扶翼皇家則翊主之功著事雖未集大命有在夫以漢祖之賢猶有平城之耻魏武之能亦有濮陽之失孟明三退終於致果句踐喪衆期於擒吳今明公名著天下聲振九域公族歸美萬國宗賢加以四王齊聖仁明篤友急難之感同獎王室股肱爪牙足相維

持皇穹無親惟德是輔惡盈福謙思神所讚以明公
達存亡之符察成敗之變審所履之運思天人之功
虎視東夏之藩龍躍海嵎之野西諮河間南結征鎮
東命勁吳銳卒之富北有幽并率義之旅宣喻青徐
啟示羣王旁收雄俊廣延秀傑糾合攜貳明其賞信
仰惟天子蒙塵鄴宮外矯詔命擅誅無辜豺狼篡噬
其事無遠夫心火傾移喪亂可必太白横流兵家攸
仗歲鎮所去天厭其德玄象著明譴讁彰見違天不
祥奉時必剋明公思安危人神之應慮禍敗前後之
徵弘勞謙日昃之德躬吐握求賢之義傾府竭庫以

賑貧乏將有濟世之才渭濱之士含奇謨於朱脣握
神策於玉掌逍遥川嶽之上以俟眞人之求目想不
世之佐耳聽非常之輔舉而用之則元勳建矣秘之
不夭值此衰運竊慕墨翟申包之誠跂涉荆棘重繭
而志櫛風沐雨來承禍難思以管穴毗佐大猷道險
時否未敢自顯伏在川泥繫情宸極謹先白箋以啟
天慮若能沉吟際會徘徊二端儌倖在險請從怨宥
之例明公今旋軫臣子之邪宛轉名義之國指麾則
五嶽可傾呼喻則江湖可竭況履順討逆執正伐邪
是烏獲摧冰賁育拉朽猛獸吞狐泰山壓卵因風燎

原未足方也今時至運集天與神助復不能鵲起於
慶命之會拔劍於時哉之機恐流濫之禍不在一人
自先帝公王海内名士近者死亡皆如蟲獸尸元曳
於糞壤形骸捐於溝澗非其口無忠貞之辭心無義
正之節皆希目下之小生而惑終焉之大死凡人知
友獨有刎頸之報朝廷之内而無死命之臣非獨秘
之所恥惜乎晋世之無人久矣今天下喁喁四海注
想社稷危而復安宗廟替而復紹惟明公兄弟能弘
濟皇猷國之存亡在斯舉矣秘之以不才之姿而值
危亂之運竭其狗馬之節加以忠貞之心左屬平亂

之鞬右握滅逆之矢控馬鵠立計日俟命時難獲而
易失機速變而成禍介如石焉實無終日自求多福
惟君裁之
陶侃爲廬江郡主簿太守張夔察侃孝廉至洛陽數
詣張華華初以遠人不甚接遇侃每往神無忤色華
後與語異之
梁蕭琛起家齊太學博士時王儉當朝琛年少未爲
儉所識負其才氣候儉宴于樂遊乃著虎皮靴策桃
枝杖直造儉坐儉與語大悅儉爲丹陽尹辟爲主簿
劉勰爲步兵校尉兼東宮通事舍人撰文心雕龍既

成未爲時流所稱緦自量其文欲取定於沈約約時貴盛無由自達乃負其書候約出干之於車前狀若貨鬻者約便命取讀大重之謂爲希得文理嘗陳諸几案

後魏高恭之字道穆每謂人曰人生厲心立行貴於見知當使夕脫羊裘朝佩珠玉者若時不我知便須退迹江海自求其志御史中尉元匡高選御史道穆奏記於匡曰道穆生自蓬蓽長於陋巷淹獵群書無純碩之德尚好章詠乏雕掞之工雖欲厠影髦徒班名俊伍其可得哉然凝明獨斷之主雄才不世之君

無籍朽株之資求人屠釣之下不牽圀投之誚取士商歌之中是以聞英風而慷慨望雲路而低徊者天下皆是也若得身隷繡衣名充直指雖謝陳王騎上之敏實有茅氏就鑊之心匡大喜曰吾久知其人適欲召之遂引爲御史

隋潘徽善屬文能持論陳尚書令江揔引致文儒之士徽乃詣揔揔甚敬之釋褐新蔡王國侍郎

唐孫逖幼而英俊始年十五謁雍州長史崔日用小之令爲土火爐賦握翰即成辭理典贍日用覽之駭然遂爲忘年之交官至中書舍人

陸贄爲華州鄭縣尉罷秩東歸省母路由壽州刺史張鎰有時名贄往謁之鎰初不甚知留三日再見與語遂大稱善贄後至宰相

武儒衡擢進士第故相國鄭餘慶性儉自持不事華潔後進趨其門多垢巾敗服以望其知餘慶見之必悅以爲風俗因已而厚儒衡每謁見未嘗輒易所好但高言直論與之切磨蓋若不知餘慶之所尚爾餘慶因此亦嘉重之終兵部侍郎

栢耆將軍良器之子素負志氣縱横家流會王承宗再以常山叛朝廷稍厭武事思用恩澤濡煦者爲處

士於行營以書干裴度願爲是行承宗果請質二男獻兩郡既而疇其使功寘之諫列

劉三復潤州句容人以所業文詣郡干謁浙西觀察使李德裕德裕閲其文倒屣迎之

後唐司空頲屬天子播遷三輔大亂乃還鄉里羅紹威爲節度副大使頲以所業干之幕客公乘億爲延譽羅弘信署爲府叅軍碎舘驛巡官

李琪字台秀昭宗時李谿父子以文學知名於時琪年十八九袖賦一軸謁谿谿覽賦驚異倒屣迎門因出琪啞鍾捧日等賦指示謂琪曰予嘗患近年文士

辭賦皆數句之後未見賦題吾子入句見題偶屬典
麗吁可畏也琪由是益知名
晉張希崇字德峯幽州薊縣人也希崇少通左氏春
秋復癖於吟詠劉守光爲連帥慘酷不喜文士希崇
乃擲筆入謁軍門以求自效守光納之漸升爲裨將

冊府元龜

冊府元龜 總錄部 干謁 卷之九百 二十五

冊府元龜

巡按福建監察御史臣李嗣京　訂正
分守建南道左布政使臣胡維霖　条閱
知建陽縣事臣黃國琦較釋

總錄部一百五十五

公直　直　服義

公直

滅私之謂公正曲之謂直君子之懿德也自上古之世移至公之道廢則情勝於理恩克於義心繇利易政以勢遷自非時厰中庸好是正直執不回之道守無頗之性則焉能獻替可否不以讎而掩賢閼實憲章不以親而害法臨事盡節靡顧於妻孥當官而行罔避於權右形奏列而無隱斥問遺而不適故能成剛毅之風全忠信之行先聖所以嘉歎良史所以攸書宜乎爲後世之懿範也

史魚爲衛大夫孔子曰直哉史魚邦有道如矢邦無道如矢（有道無道行直如矢言不曲）

叔向爲晉大夫晉邢侯與雍子爭鄐田（邢侯楚申公巫臣之子也雍子者亦故楚人也）久而無成士景伯如楚（士景伯晉理官）叔魚攝理（攝代景伯）韓宣子命斷舊獄罪在雍子雍子納其女於叔魚叔魚蔽罪邢侯（蔽斷也）邢侯怒殺叔魚與雍子於朝宣子問其罪於叔向叔向曰三人同罪施生戮死可也（施行罪也）雍子自知其罪而賂以買直鮒也鬻獄邢侯專殺其罪一也己惡而掠美爲昏（掠取也昏亂也）貪以敗官爲墨（墨不潔之稱）殺人不忌爲賊（忌畏也）夏書曰昏墨賊殺（逸書三者皆死刑）皋陶之刑也請從之乃施邢侯而尸雍子與叔魚於市仲尼曰叔向古之遺直也（言叔向之直有古人之遺風）治國制刑不隱於親（謂國之大問已所答當也至於他事則宜有隱）三數叔魚之惡不爲末減（末薄也減輕也皆以正言之）曰義也夫可謂直矣（於義未安直則有之）平丘之會數其賄也（謂言潰貨無厭）以寬衛

國晉不爲暴歸魯季孫稱其詐也（謂言鮒能也）以寬魯國晉不爲虐邢侯之獄言其貪也以制刑書晉不爲頗三言而除三惡加三利（三惡暴虐頗三惡除則加三利）殺親益榮（榮名益也）猶義也夫（三罪唯答宣子問不可以不正其餘則以直傷義故重疑之）

解狐爲魏大夫與荊伯柳有怨文侯問於解狐曰寡人將立西河守誰可用者解狐對曰荊伯柳者賢人殆可文侯曰是文侯將以荊伯柳爲西河守荊伯柳問左右誰言我於君左右皆曰解狐也荊伯柳往見解狐而謝之曰子寬臣之過而言於君謹再拜謝解狐曰言子者公也怨子者私也直事以行怨子如故

張方射之走十歩而殁

鉏子腹䵍秦之墨者（鉏姓子通稱腹䵍字也）其子殺人秦惠王曰先生之年長矣非有他子也寡人已令吏弗誅矣（惠王秦孝公子也他異也）先生之以此聽寡人也腹䵍對曰墨者之法曰殺人者死傷人者刑此所以禁殺傷人也夫禁殺傷人者天下之大義也王雖爲之賜（賜受也）而令吏弗誅腹䵍不可不行墨者之法（欲必行之戮其子也）不許惠王遂殺之

漢郅都爲人勇有氣節公廉不發私書問遺無所受請寄無所聽嘗稱曰已背親而出身固當奉職死節

官下終不顧妻子矣官至少府

卜式爲太子太傅武帝時歲小旱帝令百官求雨式言曰縣官當食租衣稅而已今桑弘羊令吏坐市列販求利（市列謂列肆）烹弘羊天乃雨

後漢任延拜武威太守光武親戒之曰善事上官無失名譽延對曰臣聞忠臣不私私臣不忠履正奉公臣子之節上下雷同非陛下之福善事上官臣不敢奉詔帝歎曰卿言是也

馬嚴拜爲五官中郎將行長樂衛尉事陳留太守嚴當之職乃言於章帝曰昔顯親侯竇固誤先帝出兵西域置伊吾盧屯煩費無益又竇勳受誅其家不宜親近京師是時勳女爲皇后竇氏方寵時有側聽嚴言者以告竇憲兄弟繇是大失權貴心

逢紀字元圖漢末冀州牧袁紹以紀統軍事初紹去董卓出奔與許攸及紀俱詣冀州紹以紀聰達有計策甚親信之與共舉事後審配任用與紀不睦或有讒配於紹紹問紀紀稱配天性烈直古人之節不宜疑之紹曰君不惡之邪紀答曰先日所爭者私情今所陳者國事紹善之卒不廢配配繇是更與紀爲親善

蜀楊洪爲蜀郡太守後爲越騎校尉領郡如故五年丞相諸葛亮北住漢中欲用張裔爲留府長史問洪何如洪對曰裔天姿明察長於治劇才識堪之然性不公平恐不可專任不如留向朗朗情僞差少裔隨從目下效其器能於事兩善初裔少與洪親善裔流放在吳洪臨裔郡裔子郁給郡吏微過受罰不特原假裔後還聞之深以爲恨與洪情好有損及洪見亮出至裔許具說所言裔答洪曰公留我了矣明府不能止時人或疑洪意自欲作長史或疑洪知裔自嫌不願裔處要職典後事也後裔與司鹽校尉岑述不

和至于忿恨亮與裔書曰君昔在栢下營壞吾之用心食不知味後流近南海相爲悲歎寢不安席及其來還委付大任同奬王室自以爲與君古之石交也不交之道舉讎以相益割骨肉以相明猶不相謝也况吾但委意於元儉而君不能忍耶論者繇是明洪無私

晉石苞爲鄴典農中郎將時魏世王侯多居鄴下尚書丁謐貴傾一時並較時利苞奏列其事繇是益見稱

郭瑗爲尚書都令史時尚書杜預有所增損瑗多所

較正之以公方著稱終於建平太守

曹奐爲石季龍大司農季龍將以少子世爲太子世方十歲母劉曜女有寵季龍與張舉李農定議勑公卿上書請立世奐不署名季龍使張豹問其故奐頓首曰天下業重不宜立少是以不敢署也季龍曰奐忠臣也然未達朕意張舉李農知吾心矣其令諭之

晉王建立初仕後唐爲代州虞侯時莊宗鎮晉陽以諸陵在郡遣使享祭其下有擾於民者必捕而笞之莊宗怒令收之多爲明宗所護繇是知名

直

仲尼有言曰民之生也直又曰叔向古之遺直也詩曰彼已之子邦之司直斯皆美正直之德之謂也蓋夫人者稟五行之秀肖二儀之形純粹内克剛毅外發危言正色必守其名節蹇仵抱義以釣於雅俗繇是遭擯毒之世而無所懼遇僭竊之主而無所諂或陳天災之應兆或言時政之闕失不乾沒於榮利不朋比於權勢斯蓋古人所難也若乃褊狷任己訐諭爲務者固在夫君子之後也亦用論次冀觀之者自擇焉

能意見齊宣王（能姓意名）王曰寡人聞子好直有之乎對

曰意焉能直聞好直之士家不處亂國身不見汙君今身得見王而家宅故齊意焉能直宣王怒曰野士能意曰少而好之長而行之王胡不能與野士以章其所好王乃舍之

後漢郅惲字君章汝南人善天文知漢必再命西至長安乃上書王莽曰臣聞天地重其人惜其物故運機衡垂日月含元包一甄陶品類顯表紀世圖錄豫設漢歷久長孔爲赤制不使愚惑殘人亂時智者順以成德愚者逆以取害神器有命不可虛獲上天垂戒欲悟陛下令就臣位轉禍爲福劉氏享天永命陛

下順節盛衰取之以天還之以天可謂知命矣若不早圖是不免於竊位也且堯舜不以天顯自與故禪天下陛下何貪非天顯以自累也天爲陛下嚴父臣爲陛下孝子父教不可廢子諫不可拒惟陛下留神莽大怒即收繫詔獄劾以大逆猶以惲據經讖難即害之使黄門近臣脅惲令自告狂病恍忽不覺所言惲乃瞋目詈之曰所陳皆天文聖意非狂人所能造遂繫獄須冬會赦得出乃與同郡鄭敬南遁蒼梧後爲長沙太守左轉芒令免

荆邯平陵人爲公孫述騎都尉述欲出兵以問群臣

博士吳柱曰昔武王伐殷先觀兵孟津八百諸侯不期同辭然猶還師以待天命未聞無左右之助而欲出師千里之外以廣封疆者也邯曰今東帝無尺土之柄驅烏合之衆跨馬陷敵所向輙平不亟乘時與之分功而坐談武王之説是效隗囂欲爲西伯也

井丹字大春扶風郿人性清高未嘗脩剌候人建武末沛王輔等五王居北宮皆好賓客更遣請丹不能致信陽侯陰就光烈皇后弟也以外戚貴盛乃詭説五王求錢千萬約能致丹而别使人要劫之丹不得已既至就故爲設麥飯葱葉之食丹推去之曰以君侯能供甘旨故來相過何其薄乎更致盛饌乃食及就左右進輦丹笑曰吾聞桀駕人車豈此邪坐中皆失色就不得已而令去輦自是隱門不關人事以壽終

吳良字大儀齊國臨淄人初爲郡吏歲旦與掾吏入賀門下掾王望舉觴上壽諂稱太守功德良於下坐勃然進曰望佞邪之人欺諂無狀願勿受其觴太守斂容而止讌罷轉良爲功曹耻以言受進終不肯謁後爲司徒長史每處大議輙據經典不希旨偶俗以徵特署

第五倫字伯魚京兆人或問倫曰公有私乎對曰昔人有與吾千里馬者吾雖不受每三公有所選舉心不能忘而亦終不用也吾兄子常病一夜十往退而安寢吾子有疾雖不省視而竟夕不眠若是者豈可謂無私乎倫官至司空

孔季彦魯國人世舉孝廉不就安帝延光元年河西大雨雹大者如斗帝詔有道術之士極陳變異乃詔季彦見於德陽殿帝親問其故對曰此皆陰乘陽之徵也今貴臣擅權母后黨盛陛下宜修聖德慮此二者帝默然左右皆惡之

唐檀豫章人安帝元初七年郡界有芝草生太守劉祇欲上言之以問檀檀對曰方今外戚豪盛陽道微弱斯豈嘉瑞乎祇乃止之

范滂字孟博汝南人爲郡功曹繫獄尚書霍諝理之及得免到京師往候諝而不爲謝或有讓滂者對曰昔叔向嬰罪祁奚救之未聞羊舌有謝恩之辭祁奚有自伐之色竟無所言

蜀李邈廣漢郪人振威將軍劉璋爲益州牧時以邈爲牛鞞長先主領牧爲從事正旦命行酒得進見讓先主曰振威以將軍宗室肺腑委以討賊元功未效

先寇而滅邈以將軍之取鄙州甚爲不宜也先主曰知其不宜何以不助之邈曰匪不敢也力不足爾有司將殺之諸葛亮爲請得免

晉李憙魏末宣帝辟不就及景帝輔政命憙爲大將軍從事中郎憙到引見謂憙曰昔先公辟君而君不應今孤命君而君至何也對曰先君以禮見待憙得以禮進退明公以法見繩憙畏法而至帝甚重之

閻纘爲西戎校尉司馬及司空張華遇害賈謐被誅朝野震悚纘獨撫華尸慟哭曰早語君遜位而不肯今果不免命也夫過叱賈謐尸曰小兒亂國之罪誅其晩矣

庾袞嘗與諸兄弟過邑人陳準兄弟諸兄弟友之皆拜其母袞獨不拜準弟徽曰子不拜吾親何哉曰未知所以拜也夫拜人之親者將自同於人之子也其義至重袞敢輕之乎遂不拜準徽歎曰古有亮直之士君近之矣君若當朝則社稷之臣歟君若握兵臨大節孰能奪之方今徵聘君實宜之後舉異行不降志

崔洪少以清厲顯名骨鯁不同於物人之有過輒面折之而退無後言歷吏部尚書司農卿卒官

劉殷趙王倫篡位孫秀以殷重名以散騎常侍徵之殷逃奔雁門及齊王冏輔政辟爲大司馬軍諮祭酒旣至謂殷曰先王虛心詔君君不至今孤辟君君何能屈也殷曰世祖以大聖應期先王以至德輔世旣堯舜爲君稷契爲佐故殷希以一夫而抗千乘爲不可廻之圖幸邈唐虞之世是以不懼斧鉞之戮爾今殿下以神武睿姿除殘反政然迹稍籠嚴威滋肅殷若復爾恐招華士之誅故不敢不至也冏奇之

謝琨安之孫也桓玄嘗欲以安宅爲營琨曰召伯之仁猶惠及甘棠文靖之德更不保五畝之宅邪玄聞

慙而止後至左僕射

後趙姚弋仲爲石季龍將季龍末梁犢敗李農于滎陽季龍大懼馳召弋仲率其部衆八千餘人屯于南郊輕騎至鄴時季龍病不時見弋仲引入領軍省賜其所食之食弋仲怒不食曰召我擊賊豈來覓食耶我不知上存亡若一見雖死無恨左右言之乃引見弋仲數季龍曰兒死來愁邪乃至于疾兒小時不能使好人輔相至令相殺兒自有過責其下人太甚故反爾汝病久所立兒小若不差天下必亂當宜憂此不煩憂賊也犢等因思歸之心共爲姦盜所行殘賊

此成擒爾老羌請効死前鋒使一舉而了弋仲性狷且俗無尊卑皆汝之季龍怒而不責

南燕封孚渤海人爲慕容德吏部尚書德死超嗣位政出權嬖多違舊章軌憲日頹殘虐滋甚孚屢盡禪救超不能納也後臨軒謂孚曰朕於百王可方誰乎對曰桀紂之主超大慙怒孚徐步而出不爲改容司空鞠仲失色謂孚曰與天子言何其亢厲宜應還謝孚曰行年七十墓木已拱惟求死所爾竟不謝

宋鄭鮮之晉末爲御史中丞初高祖少時事戎旅不經涉學及爲宰相頗慕風流時或言論人皆依違之不敢難也鮮之難必切至未嘗寬假要須高祖辭窮理屈然後置之高祖或有時慙恧變色動容旣而謂人曰我本無術學言義尤淺此時言論諸賢多見寬容唯鄭不爾獨能盡人之意甚以此感之時人謂爲格佞

顔延之文帝時爲光祿勳致仕元凶弑立以爲光祿大夫先是延之子竣爲孝武南中郎諮議參軍及孝武義師入討竣參定密謀兼造書檄劭召延之示以檄文問曰此筆誰所造延之曰竣之筆也又問何以知之延之曰竣筆體臣不容不識劭又曰言辭何至

乃爾延之曰竣高尚不顧老父何能爲陛下劭意乃釋由是得免

梁裴之高爲豫州刺史侯景之亂元帝召爲侍中到江陵時之高第六弟之悌在侯景中或傳之悌斬侯景元帝使兼中書舍人黄羅漢報之高之高竟無言直云賊自殺賊非之高所聞元帝深嗟其介直

後魏崔光韶河東武城人爲廷尉卿孝莊永安末還鄉里刺史元弼前妻是光韶之繼室兄女而弼貪惏多諸不法光韶以親情亟相非責弼銜之時耿翔反於州界弼誣光韶子通與賊連結因其合家考掠非

理而光韶與之辯爭辭色不屈會樊子鵠爲東道大使知其見枉理出之時人勸令詣樊陳謝光韶曰羊舌大夫已有成事何勞往也子鵠亦歎尚之

後周韋夐志尚夷簡不仕時晉公護執政廣營第宅嘗召夐至宅訪以政事夐仰視其堂徐而歎曰酣酒嗜音峻宇雕墻有一於此未或弗亡護不悅有識者以爲知言

隋元諧爲寧州刺史頗有威惠然剛愎好排詆不能取媚於左右嘗言於帝曰臣一心事主不曲取人意帝曰宜終此言

李文博爲司隸從事在雒下曾詣房玄齡相送於衢路玄齡謂之曰公生平志尚唯在正直今旣得爲從事故應有會素心比來激濁揚清所爲多少文博遂奮臂厲聲曰夫清其流者必潔其源正其末者須端其本今治源混亂雖日免十貪郡守亦何所益其瞽直疾惡不知忌諱皆此類也

劉子翼爲秘書學士秘書監柳顧言甚重之性不容非明儕有短長面折之安平李百藥嘗稱曰劉四雖復罵人人都不恨

唐蕭瑀爲司空性端直鯁亮好詰人之短不能容衆意鄙浮華而務善道

趙光奇新居野人也貞元三年德宗畋於新店幸光奇家問曰百姓樂乎對曰不樂帝曰仍歲頗稔何不樂乎對曰蓋繇陛下詔令不信於人所以然也前詔云兩稅之外悉無他徭今非理而誅求者殆過之又云和糴於百姓曾不識一錢而强取之始云所糴粟麥納於道次今則遣致於京西行營動過數百里車摧牛斃破產奉役不能支也百姓愁苦如此何有於樂乎雖頻降優恤之詔而有司多不奉之亦恐陛下深在九重未之知也帝感異之因詔復降其家

武儒衡元和中爲諫議大夫兵部侍郎守道不回嫉惡太甚終不至大任

服義

蓋古之君子不飾其非不遂其過周旋進退惟義之從其或言之失中事有踰矩慮雖素定悔尚可追乃有方聞之士形於規誨陳理道以申救納箴諷以成德辯至於違拂意絶於將迎而能降志以延納虛懷而聽受引咎以歸乎己稱善以加於人渙然革心曾不旋踵至或旣往之釁其傷蓋多已濟之惡云補無及亦能追責其非深革其戾發歎以自劾折節而爲

謝斯皆實踐之風軌可以垂訓者焉

趙盾晉大夫宣子也初邾文公元妃齊姜生貜且二妃晉姬生捷菑文公卒邾人立定公捷菑奔晉趙盾以諸侯之師八百乘納捷菑于邾（八百乘六萬人言力有餘）邾辭曰齊出貜且長（貜且定公）宣子曰辭順而弗從不祥乃還（立適以長故曰辭順）

范鞅晉大夫獻子也獻子聘於魯問具山敖山魯人以其鄉對獻子曰不爲具敖乎對曰先君獻武之諱也獻子歸徧戒其所知曰人不可以不學乎吾適魯而名其二諱爲笑焉唯不學也人之有學猶木之有

枝葉也木有枝葉猶庇蔭人而况君子之學乎

趙武晉大夫文子也文子爲室斲其椽而礱之張老夕焉而見之不謁而歸文子聞之駕而往曰吾不善子亦告我何其速也對曰天子之室斲其椽而礱之加密石焉諸侯礱之大夫斲之士首之備其物義也從其等禮也今子貴而忘義富而忘禮吾懼不免何敢以告文子歸令之勿礱也匠人請皆斲之文子曰止爲後世之見之也其斲者仁者之爲也其礱者不仁者之爲也文子成室晉大夫發焉（作室成晉君獻之謂賀也諸大夫亦發禮以往）張老曰美哉輪焉美哉奐焉（心譏其奢也輪輪囷言高大奐

言衆多）歌於斯哭於斯聚國族於斯（祭祀死喪燕會於此足矣言此者欲防其後復爲）文子曰武也得歌於斯哭於斯聚國族於斯是全要領以從先大夫於九京也北面再拜稽首（全要領者免於刑誅也晉卿大夫之墓地在九原京蓋字之義當爲原）君子謂之善頌善禱（善頌謂張老之言善禱謂文子之言禱求也）

趙鞅晉大夫簡子也簡子使尹鐸爲晉陽曰必隳其壘培（隳壞也壘荀寅士吉射圖趙氏所作壘壁也）吾將往焉若見壘培是見寅與吉射也（累壍曰培）尹鐸往而增之（增高其壘因以自備）簡子如晉陽見壘怒（既不隳又增之故怒）曰必殺鐸也而後入大夫辭之不可曰是昭餘讎也（昭明也明怨讎以辱）郵無正進（無正晉大

夫郵良伯樂耳）曰昔先主文子少釁於難（文子趙簡子之祖趙武釁離也難謂莊姬之讒趙氏是討也）從姬氏公宮（姬氏莊姬趙朔之妻文子之母晉景公之姊姬淫於趙嬰兄趙同趙括放之姬讒同括景公殺之文子從之莊姬於公宮也）有孝德以出在公族（爲公族大夫）有恭德以升在位（布卿位）有武德以羞爲正卿（正卿上卿羞進）有溫德以成其名譽失趙氏之典刑（典常刑法）而去其師保（在公宮故無師保）基於其身以克復其所（基始也始返修之於身以能復其先）及景子長於公宮（景子文子之子簡子之父越成從其王母在公宮）未及教訓而嗣立矣亦能纂脩其身以受先業無謗於國順德以學子（學教）擇言以教子擇師保以相子今吾子嗣位有文之典刑有景之教訓重之以

師保加之以父兄同宗之父兄子皆疏之以及此難苟士之難
夫尹鐸曰思樂而喜思難而懼人之道也委士可爲
師保吾何不增言見壘培可以戒懼足當師保何爲不增是以修之庶曰
可以鑑而鳩趙宗乎鑑鏡鳩安若罰之是罰善也罰善必
賞惡臣何望矣簡子説曰微子吾幾不爲人矣微無以
免難之賞賞尹鐸
司馬子期楚公子結也子期欲以其妾爲内子訪之
左史倚相曰吾有妾而愿欲笄之其可乎對曰昔先
大夫子囊違王之命子夕嗜芰子木有羊饋而無芰
薦君子曰違而道穀陽豎愛子反之勞也而獻飲焉

以辨於鄢芋尹申亥從靈王之欲以隕於乾谿君子
曰從而逆君子之行欲其道也故進退周旋唯道之
從夫子本能違若敖之欲以之道而去芰薦吾子經
營楚國而欲薦芰以干之其可乎子期乃止
子亹楚申公也左史倚相廷見申公子亹子亹不出
左史誘之舉伯以告舉伯楚大夫子亹怒而出曰女無亦
謂我老耄而舍我而又誘我八十曰耄舍棄也左史曰唯子
老耄故欲見以交儆子交夾若子方壯能經營百事倚
相將奔走承序承受事業次序也於是不給而何暇得見給共
昔衛武公年數九十有五矣武公衛僖公之子共伯之弟武公和猶箴

儆於國箴刺儆戒曰自卿以下至于師長士師長大夫士衆士苟
在朝者無謂我耄而舍我舍謂不諫戒在轝有旅賁之規
規諫旅賁勇力之士掌載戈盾夾車而趨車上則持轉位宁有官師之典中延之左
右謂之位門屏之間謂之宁師長典常也倚几有誦訓之諫誦訓工師所誦之諫書之
於几也居寢有暬御之箴暬近臨事有瞽史之道事戎机也瞽樂
太師掌詔吉凶史太史長詔禮事宴居有師工之誦師小師工瞽矇也誦誦箴諫也
史不失書矇不失誦以訓御之御進於是乎作懿戒以
自儆也懿大雅抑之篇懿讀曰抑衛武公剌厲王亦以自儆也及其没也謂之
叡聖武公叡明也書叡作聖謚法曰威强而叡曰武也子實不叡聖於倚
相何害周書曰文王至于日中昃不遑暇食日昳日昃易曰

日中則昃惠于小民惟政之恭文王猶不敢憍今子老楚
國而欲自安也以禦數者王將何爲禦止也數者謂箴戒誹謗也爲
人臣尚如此王將復何爲若常如此楚其難哉難以爲治子亹懼曰老
之過也老子亹名乃趣見左史
游吉鄭大夫子太叔也初晉合諸侯于平丘子產子
太叔相鄭伯以會子產以幄幕九張行張幕軍旅之帳子太
叔以四十既而悔之每舍損焉及會亦如之亦九張也言子
產之適宜大叔之從善
罕虎鄭大夫子皮也罕虎與魯叔孫婼齊國弱宋華
定衛北宮喜許人曹人莒人邾人滕人薛人杞人小

鄭人如晉葬平公子皮將以幣行（見新君之贄）子產曰喪焉用幣用幣必百兩（載幣用車百乘）百兩必千人千人至將不行（行用也）不行必盡用之（不得見新君將自費用盡）幾千人而國不亡（言千人之費不可數）子皮固請以行旣葬子皮盡用其幣歸謂子羽曰非知之實難將在行之（言不患不知患不能行）夫子知之矣我則不足（言已出子產之戒旣知其不可而遂行之是我之不足）書曰欲敗度縱敗禮（逸書）我之謂矣夫子知度與禮矣我實縱欲而不能自克也（欲因喪以慶新君故縱而行之不能自勝）

韓起晉大夫宣子也宣子有環其一在鄭商（玉環同工共朴自共爲雙）宣子謁諸鄭伯（謁請也）子產弗與子大叔子羽謂

冊府元龜　總錄部　服義　卷之九百一　十九

子產曰韓子亦無幾求（言所求少）晉國亦未可以二晉國韓子不可偷也（偷薄也）子產曰吾非偷晉而有二心將終事之是以弗與及鄭六卿餞宣子於郊宣子私覲於子產以玉與馬曰子命起舍夫玉是賜我玉而免吾死也敢不藉手以拜（以玉馬藉手拜謝子產）

翟璜事魏文侯文侯問李克先生嘗教寡人曰家貧則思良妻國亂則思良相今所置非成則璜（文侯弟名成）二子何如李克對曰臣聞之卑不謀尊疏不謀戚臣在闕門之任不敢當命文侯曰先生臨事勿讓李克曰君不察故也居視其所親富視其所與達視其所舉窮視其所不爲貧視其所不取五者足以定之矣何待克哉文侯曰先生就舍寡人之相定矣李克趨而出過翟璜之家翟璜曰今者聞君召先生而卜相果誰爲之李克曰魏成子爲相矣翟璜忿然作色曰以耳目之所覩記臣何負於魏成子西河之守臣之所進也君內以鄴爲憂臣進西門豹君謀欲伐中山臣進樂羊中山已拔無使守之臣進先生君之子無傅臣進屈侯鮒臣何以負於魏成子李克曰且子之言克於子之君者豈將比周以求大官哉君問而置相非成則璜二子何如克對曰君不察故也居視其

冊府元龜　總錄部　服義　卷之九百一　二十

所親富視其所與達視其所舉窮視其所不爲貧視其所不取五者足以定之矣何待克哉是以知魏成子之爲相也且子安得與魏成子比乎魏成子以食祿千鍾什九在外什一在內是以東得卜子夏田子方段干木此三人者君以師之子之所進五人者君皆臣之子惡得與魏成子比也翟璜逡巡再拜曰璜鄙人也失對願卒爲弟子

卜商字子夏喪其子而喪其明（明目精）曾子弔之曰吾聞之也朋友喪明則哭之（痛之）曾子哭子夏亦哭曰天乎予之無罪也（怨天罰無罪）曾子怒曰商女何無罪也吾

與女事夫子於洙泗之間言其有師也洙泗魯水名退而老於西河之上西河龍門至華陰之地使西河之民疑女於夫子爾罪一也言其不稱師也喪爾親使民未有聞焉爾罪二也言居親喪無異稱喪爾子喪爾明爾罪三也言隆於妻子而曰爾何無罪與子夏投其杖而拜曰吾過矣吾過矣謝之且服罪也吾離羣而索居亦已久矣羣謂同門朋友也索猶散也

曾參字子輿南武城人也弔於負夏負夏衛地主人既祖填池祖謂移柩車去載處爲行始也填池當爲奠徹聲之誤也奠徹謂徹遣奠設祖奠推柩而反之反於載處榮曾子弔於更始降婦人而後行禮禮既祖而婦又降今反柩婦人辟之復升堂矣柩無反而反之而又降婦人蓋欲矜賓於此婦人皆非從者曰禮

與惟之曾子曰夫祖者且也且未定之辭且胡爲其不可以反宿也給說從者又問諸子游曰禮與疑曾子言非子游曰飯於牖下小歛於戶內大歛於阼殯於客位祖於庭葬於墓所以即遠也故喪事有進而無退明曾柩非曾子聞之曰多矣乎予出祖者善子游言且服曾子襲裘而弔子游裼裘而弔曾子指子游而示人曰夫夫也爲習於禮者如之何其裼裘而弔也曾子蓋知臨喪無節大夫猶言此丈夫也子游於時名爲習禮主人既小歛袒括髮子游趨而出襲裘帶絰而入於主人變乃變也所子者朋友曾子曰我過矣我過矣夫夫是也服且善子游

孟嘗君爲齊相出記問門下諸客誰習計會能爲文收責於薛者乎馮驩署曰能孟嘗君怪之曰此誰也左右曰乃歌夫長鋏歸來者也孟嘗君笑曰客果有能也吾負之未嘗見也請而見之謝曰文倦於是憒於憂而性懧愚沈於國家之事開罪於先生先生不羞乃有意欲爲收責於薛乎馮驩曰願之於是約車治裝載券契而行辭曰責畢收以何市而反孟嘗君曰視吾家所寡有者驅而之薛使吏召諸民當償者悉來合券券徧合赴矯命以責賜諸民因燒其券民稱萬歲長驅到齊晨而求見孟嘗君怪其疾也衣冠

而見之曰責畢收乎來何疾也曰收畢矣以何市而反馮驩曰君公視吾家所寡有者臣竊計君宮中積珍寶狗馬實外廄美人充下陳君家所寡有者以義爾竊以爲君市義孟嘗君曰市義奈何曰今有君區區之薛不附愛子責民因而賈利之臣竊矯君命以責賜諸民因燒其券稱萬歲乃思所以爲君市義也孟嘗不說曰諾先生休矣孟嘗君逐於齊而復反譚拾子迎之於境謂孟嘗君曰君得無有所怨齊士大夫孟嘗君曰有滿意殺之乎孟嘗君曰然譚拾子曰事有必至理有固然君知之乎孟嘗君曰不知譚拾

子曰事之必至者死也理之固然者富貴則就之貧賤則去之此事之必至理之固然者請以市論市朝則滿夕則虛非朝愛市而夕憎之也求存故往亡故去願君勿怨孟嘗君乃取所怨五百牒削去之不敢以爲言

田單齊將也將攻狄往見魯仲連仲連曰將軍攻狄不能下也田單曰臣有五里之城七里之郭破萬乘之燕復齊社稷攻狄而不下何也上車弗謝而去遂攻狄三月而不克之齊嬰兒謡曰大冠若箕修劍拄頤攻狄不下累在石丘田單懼乃問魯仲連曰日者

先生謂單不能下狄請問其說魯仲連曰將軍之在即墨坐而織蕢立則杖鍤爲士卒倡曰可往矣宗廟亡矣歸於何黨矣當此之時將軍有死之心而士卒無生之氣聞若言莫不揮泣奮而欲戰此所以破燕也當今將軍東有夜邑之奉西有淄上之虞黃金橫帶而馳乎淄澠之間有生之樂無死之心所以不勝者也田單曰單有心先生志之矣明日乃厲氣循城立於矢石之所乃援枹鼓之狄人乃下

吳起爲西河守甚有聲名而魏置相相田文起不悅謂田文曰請與子論功可乎田文曰可起曰將三軍使士卒樂死敵國不敢謀子孰與起文曰不如子起曰治百官親萬民實府庫子孰與起文曰不如子起曰守西河而秦兵不敢東鄉韓趙賓從子孰與起文曰不如子起曰此三者子皆出吾下而位加吾上何也文曰主少國疑大臣未附百姓不信方是之時屬之於子乎屬之於我乎起默然良久曰屬之子矣文曰此乃吾所以居子之上也吳起乃自知弗如田文

廉頗爲趙將時藺相如爲上卿位在廉頗之右廉頗曰我爲趙將有攻城野戰之功而藺相如徒以口舌爲勞而位居我上且相如素賤人吾羞不忍爲之下

宣言曰我見相如必辱之相如聞不肯與會相如每朝時常稱病不欲與廉頗爭列已而相如出望見廉頗相如引車避匿於是舍人相與諫曰臣所以辭親戚而事君者徒慕君之高義也今君與廉頗同列廉君宣惡言而君畏匿之恐懼殊甚且庸人尚羞之況於將相乎臣等不肖請辭去藺相如固止之曰公之視廉將軍孰與秦王曰不若也相如曰夫以秦王之威而相如庭叱之辱其羣臣相如雖駑獨畏廉將軍哉顧吾念之彊秦之所以不敢加兵於趙者徒以吾兩人在也今兩虎共鬬其勢不俱生吾所以爲此者

以先國家之急而後私讎也廉頗聞之肉袒負荊因賓客至藺相如門謝罪曰鄙賤之人不知將軍寬之至此也卒相與驩爲刎頸之交

漢翟方進舉明經遷議郎是時宿儒有清河胡常宿久舊也與方進同經常爲先進明譽出方進下常官學雖有前而名譽不及方進心害其能論議不右方進毀短也方進知之候伺常大都授時都授謂總集諸生大講論遣門下諸生至常所問大義疑難因記其說如是者久之常知方進之宗讓己宗尊也內不自得其後居士大夫之間未嘗不稱述方進遂相親友

後漢寇恂爲潁川守執金吾賈復在汝南部將殺人於潁川恂捕得繫獄時尚草創軍營犯法率多相容恂乃戮之於市復以爲恥還過潁川謂左右曰吾與寇恂並列將帥而今爲其所陷大丈夫豈有懷侵怨而不決之者乎今見恂必手劍之恂知其謀不欲與相見谷崇曰崇將也得帶劍侍側卒有變足以相當恂曰不然昔藺相如不畏秦王威而屈於廉頗者爲國也區區之趙尚有死義吾安可以忘之乎乃勅屬縣盛供具儲酒醪執金吾軍入界一人皆兼二人之饌恂乃出迎於道稱疾而還賈復勒兵欲追之而吏士皆醉遂過去恂遣谷崇以狀聞帝乃徵恂恂至引見時復先在坐欲起相避帝曰天下未定兩虎安得私鬬今日朕分之分猶解也於是並坐極歡遂共車同出結友而去

陳蕃爲光祿勳時主事范滂執公儀詣蕃蕃不止之滂懷恨投版棄官而去郭林宗聞而讓蕃曰若范孟博者豈宜以公禮格之今成其去就之名得無自取不優之議也蕃乃謝焉

孔融爲北海相在郡教選計當任公卿之才乃以鄭玄爲計掾彭璆爲計吏邴原爲計佐融有所愛一人

嘗盛嗟嘆之後恚望欲殺之朝吏皆請時其人亦在坐叩頭流血而融意不解原獨不爲請融謂原曰衆皆請而君何獨不原對曰明府於某本不薄也嘗言歲終當舉之此所謂吾一子也如是朝吏受恩未有在某前者矣而今乃欲殺之明府愛之則引而方之於子憎之則推之欲危其身原愚不知明府以何愛之以何惡之融曰某生於微門吾成就其兄弟收擢而用之某今孤負恩施夫善則進之惡則誅之固君道也往者應仲遠爲泰山太守舉一孝廉旬月之間而殺之夫君人者厚薄何常之有原對曰仲遠舉孝

廉殺之其義焉在夫孝廉國之俊選也舉之若是則殺之非也若殺之是則舉之非也詩云彼已之子不遂其媾蓋譏之也語云愛之欲其生惡之欲其死旣欲其生又欲其死是惑也仲遠之惑甚矣明府奚取焉融乃大笑曰吾但戲爾原又曰君子於其言出乎身加乎民言行君子之樞機也安有欲殺人而可以爲戲者哉融無以答

魏鍾繇字元常與荀攸善繇言我每有所行反覆思惟自謂無以易以咨公達輙復過人意位至太傅

晉劉遐爲北中郎將兖州刺史明帝太寧初自彭城

移屯泗口王含反遐與蘇峻俱赴京都含敗隨丹陽尹温嶠追含至于淮南遐頗放兵虜掠嶠曰天道助順故王含勦絶不可因亂爲亂也遐深自陳而拜謝

陸玩成帝時爲司空旣拜有人詣之索盃酒瀉置柱梁之間呪曰當今乏材以爾爲柱石莫傾人梁棟邪玩笑曰戢卿良箴

何攀爲廷尉平時廷尉卿諸葛冲以攀蜀士輕之及其斷疑獄冲始歎服

王澄爲荆州刺史行經陳留太守呂豫遣吏迎之時陳留爲大郡號稱多士澄入境問吏曰此郡人士爲誰吏曰有蔡子尼江應元是時郡人多居大位者澄以其姓名問曰甲乙等非君郡人邪吏曰是也曰然則何以但稱此二人吏曰向謂君侯問人不謂問位澄笑而止到郡以吏言謂豫曰舊名此郡有風俗果然小吏亦知如此

高崧爲侍中是時豫州都督謝萬疲於親賓相送萬卧在室崧徑造之謂曰卿今疆理西藩何以爲政萬粗陳其意崧便爲叙刑政之要數百言萬遂起坐呼崧小字曰阿酃故有才具邪

宋顔延之爲光祿大夫與張鏡鄰居延之飲酒喧呼

不絶而鏡靜默無言聲後延之於籬邊聞其與客語取胡牀坐聽辭義清玄延之心服謂賓客曰彼有人焉繇此不復酣叫

梁蕭琛范縝外弟也縝性質直好危言高論不爲士友所安唯與琛相善琛名曰口辯每服縝簡詣

後魏李謐少好學博通諸經嘗詣侍中太常卿劉芳推問音義語及中代興廢之繇芳乃歎曰君若遇高祖侍中太常非僕有也

高綽以風槩立名會尚書令高肇拜司徒綽送迎往來時封軌爲考功郎中以方直自業竟不詣綽顧不

見軏乃遽歸曰吾一生自謂無愆規矩今日舉錯不如封生遠矣

隋薛道衡才高當世以高構有清鑒所爲文章必先以草呈構有所詆訶道衡未甞不嗟伏仕至司隸大夫

唐李晦爲簡較雍州長史私第有樓下臨市肆其人甞候晦言曰微賤之人雖則禮所不及然家有長幼不欲外人窺之家逼明公之樓出入非便請從此辭晦即自毀其樓

李紳爲淮南節度使因科蛉爲屬邑令所抗云奉命

取蛉且非其時年冬凍寒滴水成凍蛉若生於淺水猶可涉歷而求蛉既處於深泉非沒身而不取貴賤則異性命不殊紳慙而止

册府元龜

巡按福建監察御史臣李嗣京　訂正

分守建南道左布政使臣胡維霖　參閱

知建陽縣事臣　黄國琦較釋

總録部　一百五十二

貧　安貧

貧

洪範六極其四曰貧困於財之謂也仲尼亦曰貧與賤是人之所惡此言其難處也又曰貧而無怨難此言其多有也在昔先民亦有德克而道富言忠而行

篤或乃家無擔石室如環堵樵蘇不給藜藿苦饑席戶以蔽風雨緼袍以禦寒泣耕而爲業傭賃以取資以至假貸無蔓官游益困局志於鄙事盡瘁於力作并日而食徒行以出士之窮也乃至於是其或命運亨會勲名崇建出幽遷喬先約後泰者蓋不乏焉至有棲遲末路終然淪沒者斯子夏所謂富貴在天良有數存乎其中爾

叔孫敖爲楚相死其子窮困負薪

寗戚衛人欲仕齊家貧無以自資乃賃爲人推車飲牛扣牛角而歌後爲齊大夫

晏嬰字平仲齊大夫方食景公使使者至分食食之使不飽晏子亦不飽使者反之公曰晏子如此貧乎使致千金以奉賓客

顔無繇字路路子顔回父回死顔路貧請孔子車以葬（賣以作槨）孔子曰才不才亦各言其子也鯉也死有棺而無椁（鯉孔子子也字伯魚）吾不徒行以爲之椁以吾從大夫之後不可徒行也

卜商字子夏魏人衣若懸鶉後爲魏文侯師

孔伋字子思夫子之孫也居於衛緼袍無裏三旬九食

馮煖齊人貧乏不能自存使人屬齊相孟嘗君願寄食門下孟嘗君曰客何能也對曰無能孟嘗君笑而受之

漢酈食其陳留高陽人好讀書家貧落魄無衣食業爲里監門吏後號廣野君

周勃其先卷人也（卷縣名也地理志屬河南音丘權切）徙沛勃以織薄曲爲生（葦薄爲曲也）常爲人吹簫給喪事後爲右丞相

陳平少時家貧有田三十畝與兄伯居伯常耕田縱平使游學平爲人長大美色人或謂平曰貧何食而肥若是其嫂疾平之不視家產曰亦食糠覈爾（覈麥糠中）

不破者也竅音窺京師人謂瓮屑爲窺頭有叔如此不如無有伯聞之逐其婦而棄之平家貧負郭窮巷負謂借也以敝席爲門然門多長者車轍位至丞相

韓信家貧無行不得推擇爲吏無善行可推舉選擇也又不能治生爲商賈行賣曰商坐販曰賈嘗從人寄食後爲淮陰侯

魏勃少時欲求見齊相曹參家貧無以自通乃嘗獨早夜掃齊相舍人門外後爲齊王內史

東郭先生拜爲都尉先生久待詔公車貧困饑寒衣敝履不完行雪中履有上無下足盡踐地道中人笑之

司馬相如字長卿爲武騎常侍因病免客游梁梁孝王薨相如歸而家貧無以自業素與臨邛令王吉相善吉曰長卿久宦游不遂而困遂達也來過我於是相如往舍都亭臨邛所治都下之亭臨邛富人卓王孫有女文君新寡夜亡奔相如相如乃與馳歸成都家徒四壁立徒空也但有四壁更無資產文君久之不樂謂長卿曰弟俱如臨邛弟但也從昆弟假貸猶足以爲生何至自苦如此相如與俱之臨邛盡賣其車騎買一酒舍乃令文君當壚賣酒之家累土爲壚以居酒瓮四面隆起其一面高形如鍛壚也相如身著犢鼻褌即今之松形似犢鼻松音之容切與保庸雜作滌器於市中滌酒器也食器也食已則滌之賤人之役也

倪寬治尚書受業孔安國貧無資用嘗爲弟子都養時行賃作帶經而鋤後爲御史大夫

主父偃游齊諸子間相與排擯不容於齊家貧假貸無所得北遊燕趙中山皆莫能厚客後爲齊相

公孫弘菑川薛人少時爲獄吏有罪免家貧牧豕海上位至丞相

胡建守軍正丞貧無車馬嘗步與走卒起居

蔡義河內温人以明經給事大將軍幕府家貧嘗步行資禮不逮衆門下好事者相合爲義買犢車令乘

之後位至丞相

王章字仲卿爲諸生學長安獨與妻居章疾病無被臥牛衣中牛衣編亂麻爲之與妻決涕泣自謂將死故決涕泣其妻呵怒之曰仲卿京師尊貴在朝廷人誰踰仲卿者今疾病困戹不自激昂乃反涕泣何鄙也終爲京兆尹

貢禹字少翁遷光祿大夫上書曰臣禹年老貧窮家貲不滿萬錢妻子穅豆不贍裋褐不完裋者謂僮豎所著布長襦也褐毛布之衣也裋音豎有田百三十畝陛下過意徵臣過猶誤也臣賣田百畝以供車馬

陳湯少時家貧匄貸無節不爲州里所稱西至長安

求官得太官獻食丞

匡衡字稚圭東海丞人（丞音證）父世農夫至衡好學家貧傭作以供資用（傭作言賣功傭爲人作役而受顧也）位至丞相

楊雄以病免復召爲大夫家貧嗜酒人希至其門時有好事者載酒以從遊學

張竦居貧無賓客時有好事者從之質疑問事論道經書而已及王莽時爲郡守封侯

後漢許荊字少張家貧無有船車休假嘗單步荷擔上下後徵諫議大夫卒

劉梁宗室子孫而少孤貧賣書於市以自資卒爲野

王令

班超與毋至雒陽家貧嘗傭書以供養後位至射聲校尉

侯瑾少孤貧依宗人居性篤學常傭作爲資暮還輒爇柴以讀書累召公車有道徵並稱疾不起

申屠蟠字子龍家貧傭爲漆工郭林宗見而奇之累徵不起卒於家

張楷字公超家貧無以爲業嘗乘驢車至縣賣藥足給食者輒還鄉里後徵長陵令不至官遂隱居弘農山中

桓榮字春卿少學長安貧窶無資常傭以自給精力不倦官至太常

周紆爲渤海太守免歸家貧無以自贍身築塹以給食章帝知憐之復以爲郎

檀敷補蒙令以郡守非其人棄官去家無產業子孫同衣而出并日而食

馬騰字壽成馬援孫也桓帝時其父字子碩嘗爲天水蘭干尉後失官因留隴西與羌錯居家貧無妻遂娶羌女生騰騰少貧無產業嘗從鄣山中斫材木販諸市以自供給

范冉爲萊蕪長不到官後辟太尉府嘗從行弊服賣卜於市遭黨人禁錮遂推鹿車載妻子捃拾自資或寓息客廬或依宿樹蔭如此十餘年乃結草室而居焉

孫期少爲諸生家貧事毋至孝牧豕於大澤中以奉養後司徒黄琬特辟不行卒於家

李充家貧兄弟六人同衣遞食以高行聞後爲左郎中將

施延字君子家貧毋老常躬力供養種瓜自給位至太尉

符融妻亡貧無殯斂鄉人欲爲具棺服融不肯受後州郡禮請公府連辟皆不應

閔仲叔安居安邑老病家貧不能得肉日買猪肝一片屠者或不肯與安邑令聞勑市吏常給焉後買輙得仲叔聞知其狀乃歎曰閔仲叔豈以口腹累安邑耶遂去客沛

魏甞林少單貧自非手力不取之於人卒爲光祿大夫

程堅居貧無資磨鏡自給不受人施

裴潛每之官不將妻子妻子貧乏織藜芘以自供羣

弟之田廬甞步行家人小大或并日而食後爲光祿大夫

崔林除鄢長貧無車馬單步之官

楊沛前後宰歷城守不以私計介意又不肯以事貴人故身退之後家無餘積治疾於家借舍從兒無他奴婢後占河南夕陽亭部荒田二頃起蝸牛廬居止其中其妻子凍餓沛病亡鄉人親友故吏民爲殯葬也

吳闞澤字德潤好學居貧無資甞爲人傭書以供紙筆位至太子太傅中書令

潘璋性嗜酒居貧性好賒貰輙言後豪富相還後爲右將軍

晉祖納有操行少孤貧甞自炊爨以供母後官至光祿大夫

葛洪字稚川少好學家貧窮自伐薪以買紙筆夜輙寫書誦習以儒學知名元帝爲丞相辟爲掾

吳隱之爲奉朝請謝石請爲衛軍主簿隱之將嫁女石知其貧素遣女必當率薄乃令移厨帳助其經營使者至方見婢牽犬賣之此外蕭然無辦官至度支尚書中領軍

魏詠之字長道任城人家世貧素而躬耕爲事好學不倦後爲荊州刺史南蠻校尉

李充字弘度爲征北將軍褚裒參軍充以家貧苦求外出裒將許之爲縣試問之充曰窮猨投林豈暇擇木乃除剡縣令

阮脩字宣子王敦時爲鴻臚卿謂脩曰卿甞無食鴻臚丞差有祿能作不脩曰亦復可爾耳遂爲之

王猛字景略家于魏郡少貧賤以鬻畚爲業甞貨畚於雒陽後事符堅爲丞相中書監

宋劉伯龍少而貧薄及長歷位尚書左丞少府武陵

太守貧寠尤甚嘗在家慨然召左右將營什一之方忽見一鬼立傍撫掌大笑伯龍歎曰貧窮固有命乃復爲鬼所笑也遂止

戴法興會稽山陰人家貧父碩子以販紵爲業法興少賣葛於山陰市後爲越騎校尉

顧延之瑯琊臨沂人少孤貧屏居里巷不預人間者十載中書令王球名公子延之居嘗罄匱球輒分財贍之後爲金紫光祿大夫湘東王師

南齊崔懷愼清河東武城人父邪利魯郡太守宋元嘉中沒虜至泰始初因淮北陷沒遂入北至桑乾壽

父父已卒喪畢又以弟在南齊建元初又逃歸而弟亦已亡懷愼孤貧獨立宗黨哀之日斂給其升米永明中卒

張緒爲國子祭酒死之日無宅以殯

王智深爲竟陵王司徒參軍坐事免家貧無人事嘗餓五日不得食掘莞根食之司空王僧虔及子志分與衣食卒於家

張融爲宋新安王子鸞行參軍孝武起新寺僚佐多襯錢帛融獨襯百錢帝曰融殊貧當序以佳祿出爲封溪令

王延之爲司空左長史清貧居宇穿漏褚淵往候之見其如此具啓明帝即勑材官爲起三間齋屋

周山圖字季寂少貧微傭書自業後爲黃門郎領羽林監

梁沈崇傃字思整吳興武康人六歲丁父憂傭書以養母及母卒家貧無以遷厝乃行乞經年始獲葬焉太守柳惲初辟爲主簿

蕭眎素早孤貧爲叔父惠休所收卹後起家司徒法曹行參軍

劉訏平原人家甚貧苦併日而食隆冬之月或無氊

絮訏處之晏然人不覺其饑寒也後刺史張稷辟爲主簿訏聞而逃匿事息乃還於家

阮孝緒家貧無以爨僮妾竊鄰人樵以繼火孝緒知之乃不食更令撤屋而炊所居室惟有一鹿牀以樹環繞天監十二年詔徵不起

陳張種初仕梁爲中軍宣城王府主簿種時年已四十餘家貧求爲始豐令

謝僑素貴嘗一朝無食其子啟欲以班史質錢答曰寧餓死豈可以此充食乎

後魏張蒲爲南中郎將太武以蒲清貧妻子衣食不

給乃出爲相州刺史
闞駰燉煌人博通經傳聰敏過人爲沮渠牧犍姑臧太守入京師家甚貧不免饑寒性能多食一飯至三升乃飽
傅永自東陽禁防爲崔道固城局參軍與道固俱降入爲齊民父母並老饑寒十數年賴其强於人事戮力傭丐得以存立
北齊杜弼幼聰敏家貧無書年十二寄郡學受業後爲膠州刺史
隋虞世基仕陳爲尚書左丞及陳滅歸國爲通直郎

直内史省貧無産業每傭書養親怏怏不平嘗爲五言詩以見意情理悽切世以爲工作者莫不吟咏
唐韓思復初爲汴州司户參軍丁憂家貧鬻薪以終喪制
吕諲蒲州河東人少孤貧不能自振里人程震重其才厚與資給遂游京師後位至黄門侍郎同中書門下
高適好學以詩知名濩落不事家産僑居梁宋間薄遊州縣求丐取給後爲左散騎常侍
許康佐擢進士第以家貧母老求爲知院官人或恠之笑而不答蓋不擇禄而養親也後爲禮部尚書
李建字杓直家素清貧無餘業與兄造遜於荆南躬耕致養後官至刑部侍郎
周楊凝式晉末以禮部尚書致仕開運中宰相桑維翰知其絶俸艱於家食奏拜太子少保分司於雒

安貧

夫貧者士之常孔子曰士志於道而耻惡衣惡食者未足與議也是故賢者樂道君子不憂安德而忘貧好禮而不慑雖曲肱飲水其樂只且在甕牖繩樞何賤之有至乃韜光處晦研精篤學居四壁之陋無卒

歲之儲誦墳典以自得秉耒耜而忘倦甘於煩辱曾不屑慮非夫造聖哲之域蘊道德之富則何以在窮能固立志不回無隕獲之累而成名於世者哉傳所謂一畝之宫而無諂仕詩之述衡門之下可以棲遲斯可尚矣
顔回字子淵魯人一簞食一瓢飲簞笥也在陋巷人不堪其憂回也不改其樂
原憲字子思魯人居環堵之室茨以生草蓬戶甕牖桑以爲樞上漏下溼匡坐而弦歌子貢聞之乘肥馬衣輕裘中紺而表素巷不容軒往見原憲憲楮冠藜

杖而應門正冠則纓絶捉襟則肘見納履則踵決子貢曰嘻先生何病也原憲仰而應之曰憲聞之無財之謂貧學而不能行之謂病憲貧也非病也夫希世而行比周而友學以爲人教以爲巳仁義之慝車馬之飾衣裘之麗憲不忍爲也子貢逡巡面有慙色不辭而去原憲乃徐步曳杖歌商頌而反聲淪於天地如出金石天子不得而臣也諸侯不得而友也

仲由字子路孔子弟子孔子曰衣敝緼袍與衣狐貉者立而不恥也其由也與

漢朱買臣字翁子吳人也家貧好讀書不治産業嘗

艾薪樵賣以給食（艾讀曰刈 給供也）擔束薪行且讀書其妻亦負戴相隨數止買臣毋歌嘔道中（嘔讀曰謳）買臣愈益疾歌妻羞之求去買臣笑曰我年五十當富貴今已四十餘矣女苦日久待我富貴報女功（女皆讀曰汝）妻恚怒曰如公等終餓死溝中耳何能富貴買臣不能留即聽去後買臣獨行歌道中負薪墓閒故妻與夫家俱上冢見買臣饑寒呼飯飲之後拜中大夫侍中出爲會稽太守

楊雄字子雲蜀郡成都人也清静亡爲少耆欲（耆讀曰嗜）不汲汲於富貴不戚戚於貧賤（汲汲欲速之義如井汲汲爲也）不脩廉隅以徼名當世（徼要也徼字或作激激法也）家産不過十金乏無擔石之儲晏如也自有大度非聖哲之書不好也非其意雖富貴不事也雄後爲郎給事黄門轉爲大夫

後漢袁安字邵公汝南汝陽人也時大雪積地丈餘洛陽令自出案行見人家皆除雪出有乞食者至袁安門無有行路謂安已死令人除雪入戶見安僵卧問何以不出安曰大雪人皆餓不宜干人令以爲賢舉爲孝廉

劉陶字子奇潁川人建武中徙六郡大族陶曾祖自

齊來世以儒學安貧樂道故仕不過孝廉宰府

孔嵩字仲山南陽人家貧親老乃變姓名傭爲新野阿里街卒友人范式爲荆州刺史行部到新野而縣選嵩爲導騶迎式式見而識之呼嵩把臂謂曰子非孔仲山耶對之歎息語及平生曰昔與子俱曳長裾遊息帝學吾蒙國恩致位牧伯而子懷道隱身處於卒伍不亦惜乎嵩曰昔侯嬴長守於賤業晨門肆志於抱關子欲居九夷不患其陋貧者士之宜豈爲鄙哉式勑縣代嵩嵩以爲先傭未竟不肯去

吳祐陳留長垣人年二十喪父居無擔石而不受贍

遺嘗牧豕於長垣澤中行吟經書遇父故人謂之曰卿二千石子而自業賤事縱子無恥柰先君何祐辭謝而已守志如初後舉孝廉

崔寔瑗之子也父卒剽賣田宅起冢塋立碑頌葬訖資産竭盡因窮困以酤釀販鬻爲業時人多以此譏之寔終不改亦取足而已不致盈餘及仕官歷位邊郡而愈貧薄

韋彪扶風平陵人舉孝廉除郎中以病免復歸教授安貧樂道恬於進退

竇章字伯向少好學有文章安帝永初中三輔遭羌

寇避難東國家於外黃（外黃縣屬陳留郡城在今汴州雍丘縣東）居貧蓬戶蔬食躬勤孝養然講讀不輟

李恂爲武威太守後坐事免步歸鄉里潛居山澤結草爲廬獨與諸生織席自給

向長隱居不仕性尚中和好通老易貧無資食好事者更饋焉受之取足而反其餘

范冉（冉或作丹）字史雲除萊蕪長不到官所止單陋有時絶粒窮居自若言貌無改閭里歌之曰甑中生塵范子雲釜中生魚范萊蕪

蜀譙周字允南幼孤與母兄同居旣長耽古篤學家貧未嘗問産業誦讀典籍欣然獨笑以忘寢食後封陽城亭侯

吳謝淵字休德少脩德操躬秉耒耜旣無戚容又不易慮繇是知名舉孝廉

晉嵇康性絶巧而好鍛宅中有一柳樹甚茂乃激水圜之每夏月居其下以鍛康居貧嘗與向秀共鍛於大樹之下以自贍給官至中散大夫

劉惔少清遠有標奇與母任氏寓居京口家貧織芒屩以爲養雖蓽門陋巷晏如也後爲丹陽尹

成公綏字子安東郡白馬人性寡欲不營資産家貧

歲饑嘗晏如也

桓彝字茂倫譙國龍亢人漢五更榮之世孫也彝少孤貧雖簞瓢處之晏如也後以功封萬寧縣丹陽尹

王述字懷祖安貧守約不求聞達位至征虜將軍散騎常侍尚書令

吳隱之爲廣州刺史有清操及歸京師數畝小宅籬垣仄陋內外茅屋六間不容妻子宋高祖時爲太傅賜車牛更爲起宅固辭

前趙陳元達少而孤貧嘗躬耕兼讀書樂道行詠忻忻如也至年四十不與人交通劉元海徵爲黃門郎

宋陶潛字淵明柴桑人性嗜酒而家貧不能恒得覩舊知其如此或置酒招之造飲輒盡期在必醉旣醉而退曾不吝情去留環堵蕭然不蔽風日短褐穿結簞瓢屢空晏如也嘗爲彭澤令解印綬去

張興世竟陵人少家貧南郡宗珍之爲竟陵郡興世依之爲客竟陵舊置軍府以補參軍督護不就

沈道虔吳興武康人郡州府凡十二命皆不就年老菜食恒無經日之資而琴書爲樂孜孜不倦文帝勑郡縣使隨時資給

沈慶之吳興武康人荒擾之後鄉邑流散慶之躬耕

隴畝勤苦自立位至侍中太尉

後魏劉芳字伯文彭城人也年十六時南部尚書李敷妻司徒崔浩之弟女芳祖母浩之姑也芳至京師詣敷門崔恥芳流播拒不見之芳雖處窮窘之中而業尚貞固至有易衣并日之弊而澹然自守不急急於榮利不戚戚於貧賤乃著窮通論以自慰焉位至太常卿

後周黎景熙字季明河間鄚人少以字行西魏大統末爲著作佐郎於時倫輩皆位兼常伯車服華盛唯季明獨以貧素居之而無愧色

隋李文博博陵人性貞介好學不倦爲薛道衡所知後直秘書內省典校墳籍守道居貧晏如也雖衣食乏絶而清操逾厲不妄通賓客恒以禮法自處儕輩莫不敬焉道衡知其貧每延于家給以資費

房彥謙居官所得俸祿以周恤親友家無餘財車服器用務存素儉自少及長一言一行未嘗涉私雖致屢空怡然自得嘗從容獨笑顧謂其子玄齡曰人皆因祿富我獨以官貧所遺子孫在於清白卒爲涇陽令

唐崔從字子乂與次兄能同隱太原山居勵志學業

窮困至於絶食不以告人

李藩年四十餘未仕讀書揚州困於自給妻子怨尤之晏如也後至相位

李遜幼孤寓居江陵與其弟建皆安貧苦易衣併食講習不倦官至刑部尚書

後漢李愚隨計之長安唐昭宗天復初駕在鳳翔汴軍攻蒲華入關愚避難東歸雒陽時衛公李德裕孫道古在平泉舊墅愚往依焉子弟親採薪以給朝夕未嘗干人後至相位

周翟光鄴太祖時位至宣徽使兼樞密副使食祿日

夂家無餘財任金吾日假官屋數間以蔽風雨親屬
累重糲食纔給人不堪其憂光鄴處之晏如也

巡按福建監察御史臣李嗣京訂正
知閩縣事臣曹鼎臣參閱
知建陽縣事臣黃國琦較釋

總錄部一百五十三

書信

古之作者曷嘗不因言而見志至於執訊之還徑尺書之問遺皆所以導素蘊而陳嘉誨者焉春秋以來文辭爲盛兩漢之世炳然與三代同風鼎國之後才士間出觀其揚搉理道論叙今古内蘊於悃愊外影

於藻翰意趣周密采章英發使人三復而不能自釋於手故史氏所載非以爲繁文後學之徒蘵漱其芳潤者已

叔向晋大夫鄭鑄刑書(鑄刑書於鼎以爲國之常法)叔向使詒子產書(詒遺也)曰始吾有虞於子(虞度也言準度子產以爲己法)今則已矣(已止也)昔先王議事以制不爲刑辟懼民之有爭心也(臨事制刑不豫設法也法豫設則民知爭端)猶不可禁禦是故閑之以義(閑防也)糾之以政(糾舉也)行之以禮守之以信奉之以仁(奉養也)制爲祿位以勸其從(勸從教)嚴斷刑罰以威其淫(淫放也)懼其未也故誨之以忠聳之以行(聳懼也)教之以務(時所使也)使之以和(說以使民)臨之以敬涖之以彊(施之於事爲涖)斷之以剛(義斷也)猶求聖哲之上明察之官(正公王也官卿大夫也)忠信之長慈惠之師民於是乎可任使也而不生禍亂民知有辟則不忌於上(權移於法故民不畏上)並有爭心以徵於書而徼幸以成之(因危文以生爭緣徼幸以成其巧僞)弗可爲矣(爲治也)夏有亂政而作禹刑商有亂政而作湯刑(夏商之亂著禹湯之法言不能議事以制)周有亂政而作九刑(周之衰亦爲刑書爲之九刑)三辟之興皆叔世也(言刑書不起於始盛之世)今吾子相鄭國作封洫立謗政(作丘賦)制參辟鑄刑書(制三辟謂用三代之末法)將以靖民不亦難乎書曰儀式刑文王之德日靖四

方(言文王以德爲儀式故能有安靖四方之功刑法也)又曰儀刑文王萬邦作孚(言文王作儀法爲天下所信孚信者也)如是何辟之有(言云唯以德爲信不以刑也)民知爭端矣將棄禮而徵於書(以刑書爲徵)錐刀之末將盡爭之(錐刀末喻小事)亂獄滋豐賄賂並行終子之世鄭其敗乎肸聞之國將亡必多制(數敗也)其此之謂乎復書曰若吾子之言(復報也)僑不才不能及子孫吾以救世也既不承命敢忘大惠

漢柴武爲將軍韓王信降胡漢使武擊之武遺信書曰陛下寬仁諸侯雖有叛亡而後歸輒復故位號不誅也(復音扶又反)大王所知今王以敗亡走胡非有大罪

急自歸信報曰陛下擢僕閭巷南面稱孤此僕之幸也滎陽之事僕不能死囚於項籍此一罪也寇攻馬邑僕不能堅守以城降之此二罪也今爲反寇將兵與將軍爭一旦之命此三罪也夫種蠡無一罪身死亡大夫種范蠡也二人皆越王句踐之臣大夫種位爲大夫名種也有功於越句踐逼令自死范蠡卽陶朱公也浮海而逃之齊邑又居陶土自號朱公也竟以壽終信引之以自喻者蓋言種不去則見殺蠡逃亡則獲免蠡音禮僕有三罪而欲求活此伍子胥所以僨於吳世也僨謂僵仆而倒也音方問切今僕亡匿山谷閒旦暮乞貸蠻夷貸音吐得切僕之思歸如痿人不忘起瞽者不忘視痿風痺病也音人隹切勢不可爾

薄昭文帝舅爲將軍淮南厲王歸國益恣不用漢法帝令昭予厲王書諫數之曰竊聞大王剛直而勇慈惠而厚貞信多斷是天以聖人之資奉大王也甚盛不可不察今大王所行不稱天資皇帝初卽位易侯邑在淮南者大王不肯皇帝卒易之使大王得三縣之實甚厚大王以未嘗與皇帝相見求入朝見未卒昆弟之歡卒盡也而殺列侯以自爲名皇帝不使吏與其閒爲讀曰豫謂不令吏干豫治其事赦大王甚厚法二千石缺輒言漢補大王逐漢所置而請自置相二千石皇帝骫天下正法而許大王甚厚不從正法聽王自置二千石骫古委字骫謂曲也大王欲屬國爲布衣守冢眞定屬謂委棄之也音之欲切皇帝不許使大王毋失南面之尊甚厚毋失不失也南面之尊謂王位也大王宜日夜奉法度修貢職以稱皇帝之厚德今乃輕言恣行以負謗於天下甚非計也夫大王以千里爲宅居以萬民爲臣妾此高皇帝之厚德也高帝蒙霜露沐風雨沐亦頮字也蒙冒也沐洗面也音呼內切字從午未之未赴矢石野戰攻城身被瘡痍痍音夷以爲子孫成萬世之業艱難危苦甚矣大王不思先帝之艱苦日夜怵惕修身正行養犧牲豐粢盛奉祭祀以無忘先帝之功德而欲屬國爲布衣甚過且夫貪讓國土之名輕廢先帝之業

不可以言孝父爲之基而不能守不賢不求守長陵而求之眞定先母後父不誼數逆天子之令不順言節行以高兄無禮謂請守母冢自爲名節而表異行用此矜高於兄爾幸臣有罪大者立斷小者肉刑不仁斷謂斬也貴布衣一劒之任賤王侯之位不知不學問大道觸情妄行不祥任情意所欲則行之妄行行音下更反切此八者危亡之路也而大王行之棄南面之位奮諸賁之勇吳專諸衛孟賁也賁音奔常出入危亡之路臣之所見高皇帝之神必不廟食於大王之手明矣昔者周公誅管叔放蔡叔以安周齊桓殺其弟以反國子糾兄也言弟者諱也秦始皇殺兩弟遷其母以安秦始皇

母與嫪毒私通生二子事覺誅毒并殺二弟遷其母於咸陽宮也頃王亡代高帝奪之國以便事頃王高帝兄仲也匈奴如代代不能守走歸京師高帝奪其國退爲郃王侯以便國法也便音頻面切濟北舉兵皇帝誅之以安漢濟北王興居與大臣共誅諸呂自以功大怨其賞薄故反故周齊行之於古秦漢用之於今大王不察古今之所以安國便事而欲以親戚之意望於太上不可得也太上天子也天子之諸侯游宦事人及舍匿者論皆有法舍匿謂容止而藏隱也其在王所吏主者坐各有所主而坐其罪今諸侯子爲吏者御史主主御史也自此以下至縣令主皆謂王官屬爲軍吏者中尉主客出入殿門者衛尉大行主諸從蠻夷來歸誼及以亡名數自古者內史縣令主

相欲委下吏無與其禍不可得也諸侯王之相欲委罪於在下小吏而身不干豫之不可得也與讀曰豫王若不改漢繫大王邸論相以下爲之柰何夫墮父大業退爲布衣所哀墮毀也布衣貧賤之人王既伏法則貧賤之人反哀隣之墮音火規切幸臣皆伏法而誅爲天下笑以羞先帝之德羞辱也甚爲大王不取也宜急改操易行上書謝罪曰臣不幸早失先帝少孤呂氏之世未嘗忘死嘗恐死陛下卽位臣怙恩德驕盈行多不軌軌法也追念罪過恐懼伏地待誅不敢起皇帝聞之必喜大王昆弟歡欣於上羣臣皆得延壽於下上下得宜海內常安願熟計而疾行之行之有疑禍如發矢不可追已發矢喻速也已謂終辭王得書不說

司馬遷被刑之後爲中書令尊寵任職故人益州刺史任安故人者言其舊交也予遷書責以古賢臣之義遷報之曰少卿足下少卿任安字也曩者辱賜書教以愼於接物推賢進士爲務意氣勤勤懇懇懇懇至誠也若望僕不相師用望怨也而流俗人之言謂隨俗人之言而流移其志僕非敢如是也僕雖罷駑亦側聞長者遺風矣罷讀曰疲顧自以爲身殘處穢動而見尤顧思念尤過也欲益反損是以抑鬱而無誰語無誰語者言無相知言心之人誰可告語諺曰誰爲爲之孰令聽之言無知己者設欲脩名節立行誰可爲作之又令誰聽之上爲音于僞切蓋鍾子期死伯

牙終身不復鼓琴伯牙鍾子期皆楚人也伯牙鼓琴子期聽之方鼓琴而志在高山子期曰巍巍乎若泰山既而志在流水子期又曰湯湯乎若水流及子期死伯牙鼓琴絶絃終身不復鼓琴以特人無足復爲鼓琴爾何則士爲知己用女爲說己容說讀曰悅若僕大質已虧缺矣雖材懷隨和行若繇夷繇許繇伯夷也隨隨侯珠也和和氏璧也終不可以爲榮適足以發笑而自點爾點汙也書辭宜答宜早答會東從上來從武帝還也又迫賤事卑賤之事若煩務也謂所供職也相見日淺卒卒無須臾之間得竭指意卒卒促遽之意也閒隙也卒音千忽切今少卿抱不測之罪平居時遷不指報其書今有罪在獄故報往日書欲使其恕以度己也不測謂深也涉旬月迫季冬僕又薄從上上雍薄迫也迫當從行也恐卒然不可諱卒讀曰猝不可諱謂

安死也是僕終已不得舒憤懣以曉左右懣煩悶也曉告諭也懣音
滿則長逝者魂魄私恨無窮謂任安恨不見報請畧陳固陋
闕然久不報幸勿爲過請中間久不報也僕聞之脩身者智
之府也府者所聚之處也愛施者仁之端也取予者義之符
也符信也耻辱者勇之決也立名者行之極也士有此
五者然後可以託於世列於士君子之林矣故禍莫
憯於欲利憯亦痛也音千敢切悲莫痛於傷心行莫醜於辱先
而詬莫大於宮刑詬耻也音垢刑餘之人無所比數非一
世也所從來遠矣昔衛靈公與雍渠同載孔子適陳
雍渠奄人靈公近之商鞅因景監見趙良寒心景監秦嬖人也趙良賢者同

子參乘爰絲變色趙談也與遷父同諱故曰同子自古而耻之夫中
材之人事有關於宦豎莫不傷氣況忼慨之士乎忼音口朗切
如今朝雖乏人柰何令刀鋸之餘薦天下豪俊
哉僕賴先人緒業得待罪輦轂下二十餘年矣言符從天子之車輿
所以自惟惟思也上之不能納忠效信效致也有奇
策材力之譽自結明主次之又不能拾遺補闕招賢
進能顯巖穴之士外之不能備行伍攻城野戰有斬
將搴旗之功搴拔也取敵人之旗也搴音蹇下之不能累日積勞取
尊官厚祿以爲宗族交遊光寵四者無一遂苟合取
容無所短長之效可見於此矣嚮者僕亦嘗廁下大
夫之列周官太史謂下大夫也漢太史令之秩比下大夫鄉讀曰嚮曩昔時也陪外廷
末議不以此時引維綱盡思慮今已虧形爲埽除之
隸在闒茸之中闒茸猥賤也闒下也茸細毛也言非豪桀也闒吐合切茸人勇切乃
欲卬首信眉論列是非卬讀曰仰信讀曰伸列陳也不亦輕朝廷
羞當世之士耶羞辱也嗟乎嗟乎如僕尚何言哉尚何
言哉且事本末未易明也僕少負不羈之才長無鄉
曲之譽不羈言其材質高遠不可羈繫也負者亦言無此事也主上幸以先人
之故使得奉薄枝出入周衛之中薄枝薄材也周衛言宿衛謂周密也
僕以爲戴盆何以望天頭戴盆則不得望天則不得戴盆事何可兼施言已方有
所造不暇修乎人之事也言營職務爾未論其造書也故絕賓客之知忘室家

之業日夜思竭其不肖之材力務一心營職以求親
媚於主上而事乃有大謬不然者夫僕與李陵俱居
門下素非相善也趣舍異路趣所向也舍所廢也未嘗銜杯酒
接殷勤之歡然僕觀其爲人自奇士事親孝與士信
臨財廉取予義分別有讓恭儉下人常思奮不顧身
以徇國家之急徇從也營也其素所畜積也畜讀曰蓄僕以爲
有國士之風夫人臣出萬死不顧一生之計赴公家
之難斯已奇矣今舉事一不當而全軀保妻子之臣
隨而媒孽其短媒謂遘會也孽謂爲生其罪豈媒如媒聘之媒孽如麴孽之孽一曰齊人
謂麴爲媒也僕誠私心痛之且李陵提步卒不滿五千深

蹀戎馬之地足歷王庭垂餌虎口橫挑彊胡挑音徒了切仰億萬之師仰讀曰仰漢軍北向匈奴南下北方地高故云然與單于連戰十餘日所殺過當率計戰士殺敵數多故云過多也虜救死扶傷不給給猶供也旃裘之君長咸震怖乃悉徵左右賢王舉引弓之民能引弓者皆發之一國共攻而圍之轉鬭千里矢盡道窮救兵不至士卒死傷如積然李陵一呼勞軍呼火故切士無不起躬流涕沬血飲泣更張空弮冒白刃北首爭死敵者沬靧類弮弓也沬古類字類洗面也言流血在面如與類冒死也首嚮也沬呼內切字從午未之未弮丘權切又音眷冒莫克切皆式救切或讀乃以弮拳之弮大謬矣拳則屈指不當言其張時矢盡故張弮之空弓非是手拳也陵未沒時使有來報漢公卿

王侯皆奉觴上壽後數日陵敗書聞主上爲之食不甘味聽朝不怡大臣憂懼不知所出僕竊不自料其卑賤料量也音師見主上慘悽怛悼誠欲效其款款之愚以爲李陵素與士大夫絕甘分少自絕甘而與衆人分之共同其少多也能得人之死力雖古名將不過也身雖陷敗彼觀其意且欲得其當而報漢欲於匈奴立功而歸以其當破敗之罪事已無可奈何其所摧敗功亦足以暴於天下矣謂摧破匈奴之兵也僕懷欲陳之而未有路適會召問卽以此指推言陵功指意也欲以廣主上之意塞睚眦之辭未能盡明睚皆舉目背也猶言顧瞻之傾也睚音厓眦才賜切明主不深曉以爲僕沮貳

師而爲李陵游說沮毀壞也音才汝切遂下於理拳拳之忠終不能自列拳拳恐謹之貌劉向傳作惓惓字音義同列陳也因爲誣上卒從吏議卒終也家貧財賂不足以自贖交遊莫救左右親近不爲一言身非木石獨與法吏爲伍深幽囹圄之中誰可告愬者此正少卿所親見僕行事豈不然邪李陵旣生降隤其家聲家世爲將有名聲陵降而隤之也隤墜也音頹而僕又茸以蠶室茸音人勇切推也蠶室初腐行所居溫密之室也謂推致蠶室之中也重爲天下觀笑觀視之而笑也悲夫悲夫事未易一二爲俗人言也僕之先人非有剖符丹書之功文史星歷近乎卜祝之間固主上所戲弄倡優畜之流俗之所輕也

假令僕伏法受誅若九牛亡一毛與螻蟻何異螻螻蛄也蟻蚍蜉也皆蟲之微少者蟻音檥而世又不與能死節者比與許也不與許其能死節特以爲知窮罪極不能自免卒就死爾何也素所自樹立使然人固有一死死有重於太山或輕於鴻毛用之所趨異也趨讀曰趣趣嚮也太上不辱先其次不辱身其次不辱理色其次不辱辭令其次詘體受辱其次易服受辱其次關木索被箠楚受辱箠杖也音止蘂切其次鬄毛髮嬰金鐵受辱嬰繞也鬄吐計切其次毀肌膚斷肢體受辱最下腐刑極矣傳曰刑不上大夫此言士節不可不厲也猛虎出深山百獸震恐及其在穽檻

之中搖尾而求食（掘地以陷獸也穽音才性切）積威約之漸也故古有畫地爲牢勢不入削木爲吏議不敢對定計鮮也（未過刑自殺爲鮮明也）今交手足受木索暴肌膚受榜箠（榜音彭）幽於圜牆之中（圜牆獄也周禮謂之圜土）當此之時見獄吏則頭搶地（搶千全切）視徒隸則心惕息（惕懼也息喘息也）何者積威約之埶也事已至此言不辱者所謂強顏爾曷足貴乎（強其兩切）且西伯伯也拘牖里李斯相也具五刑淮陰王也受械於陳（高祖偽遊雲夢而信至陳上謁即見囚執械謂桎梏之）彭越張敖南鄉稱孤繫獄抵罪（或繫於獄或至大罪也鄉讀曰嚮）絳侯誅諸呂權傾五霸囚於請室（伯讀曰霸）魏其大將也衣赭衣關

三木（三木在頭及手足）季布爲朱家鉗奴灌夫受辱於居室此人皆身至王侯將相聲聞鄰國及罪至罔加不能引決自財（財與裁同古通用字）在塵埃之中古今一體安在其不辱也繇此言之勇怯勢也強弱形也審矣曷足怪乎夫人不能蚤自財繩墨之外已稍陵夷至於鞭箠之間乃欲引節斯不亦遠乎古人所重施刑於大夫者殆爲此也（重難也）夫人情莫不貪生惡死念父母顧妻子至激於義理者不然（言激於義理者則不顧念於父母妻子）乃有所不得已也今僕不幸蚤失二親無兄弟之親獨身孤立少卿視僕於妻子何如哉且勇者不必死節怯夫慕義何處不免焉（勇敢之人聞於分理未必能死名節怯懦之夫心知慕義則處處皆能慕厲也）僕雖怯耎欲苟活（耎柔弱也音人阮切）亦頗識去就之分矣何至自湛溺縲紲之辱哉（湛讀曰沈累力追切）且夫臧獲婢妾猶能引決（楊雄方言云海岱之間罵奴曰臧罵婢曰獲燕之北郊民而罵婢謂之臧女而婢婦奴謂之獲也）況若僕之不得已乎所以隱忍苟活幽於糞土之中而不辭者恨私心有所不盡鄙陋沒世而文采不表於後也古者富貴而名磨滅不可勝記唯俶儻非常之人稱焉蓋西伯拘而演周易仲尼戹而作春秋屈原放逐乃賦離騷左丘失明厥有國語孫子臏腳兵法脩列（孫子與龐涓學而爲龐涓所斷足臏）不韋遷蜀

世傳呂覽（呂氏春秋編名八覽六論）韓非囚秦說難孤憤（說難孤憤韓子之篇名）詩三百大抵賢聖發憤之所爲作也（抵歸也音可禮切）此人皆意有所鬱結不得通其道故述往事思來者（合將來之人思已往之事）及如左丘無目孫子斷足終不可用退而論書策以舒其憤思垂文以自見（見胡電切）僕竊不遜近自託於無能之辭網羅天下放失舊聞考之行事稽其成敗（稽計也）興壞之理凡百三十六篇亦欲以究天人之際通古今之變成一家之言草創未就適會此禍惜其不成是以就極刑而無慍色僕誠以著此書藏之名山傳之其人通邑大都（其人謂能行其書者）則僕償

前辱之責雖萬被戮豈有悔哉然此可爲智者道難爲俗人言也且負下未易居上流多謗議僕以口語遇遭此禍重爲鄉黨戮笑汙辱先人亦何面目復上父母之丘墓乎雖累百世垢彌甚爾是以腸一日而九迴居則忽忽若有所亡出則不知所如往（如亦往也）每念斯耻汗未嘗不發背霑衣也身直爲閨閤之臣寧得自引深藏於巖穴邪故且從俗浮湛與時俯仰（湛讀曰沉）以通其狂惑今少卿乃教以推賢進士無乃與僕之私指謬乎（指意也）今雖欲自彫瑑（瑑刻也音篆）曼辭以自解（曼美也曼音萬）無益於俗不信祇取辱爾（祇適也）要之死日

然後是非乃定書不能盡意故畧陳固陋遷旣死後其書稍出宣帝時遷外孫平通侯楊惲祖述其書遂宣布焉

楊惲爲諸吏光祿勳封平通侯免爲庶人惲旣失爵位家居治產業起室宅以財自娛歲餘其友人安定太守西河孫會宗知畧士也與惲書諫戒之爲言大臣廢退當闔門惶懼爲可憐之意（闔閉也）不當治產業通賓客有稱譽惲宰相子少顯朝廷一朝晻昧語言見廢（晻與暗同）內懷不服報會宗書曰惲材朽行穢文質無所底（底致也）幸賴先人餘業得備宿衛遭遇時變以獲爵位終非其任卒與禍會（卒亦終也）足下哀其愚蒙賜書教督以所不及（蒙蔽也督視也）殷勤甚厚然竊恨足下不深惟其終始（惟思也）而猥隨俗之毁譽也（猥曲也）言鄙陋之愚心若逆指而文過（逆足下之意指而自文飾其過）默而息乎恐違孔氏各言爾志之義（顏回季路侍子曰盍各言爾志故惲引之）故敢畧陳其愚惟君子察焉惲家方隆盛時乘朱輪者十人位在列卿爵爲通侯總領從官與聞政事（與讀曰豫）曾不能以此時有所建明以宣德化又不能與羣僚同心并力陪輔朝廷之遺忘已負竊位素飡之責久矣（素空也不稱其職空食祿也）懷祿貪勢不能自退遭遇變故橫被口語

（橫音古孟切）身幽北闕妻子滿獄當此之時自以夷滅不足以塞責（塞補也）豈意得全首領復奉先人之丘墓乎伏惟聖主之恩不可勝量君子遊道樂以忘憂小人全軀說以忘罪（說讀曰悅）竊自思念過已大矣行已虧矣長爲農夫以沒世矣是故身率妻子戮力耕桑灌園治產以給公上（克縣官之賦役也）不意當復用此爲譏議也夫人情所不能止者聖人弗禁故君父至尊親（父至親君至尊）送其終也有時而旣（喪不過三年臣見放逐降君三月復初旣已也）臣之得罪已三年矣田家作苦歲時伏臘烹羊炰羔斗酒自勞（炰毛炙肉也卽今所謂爊也炰音步交切爊音一高切）家本秦也能

爲秦聲婦趙女也雅善皷瑟奴婢歌者數人酒後耳熱仰天拊缶缶瓦器也秦人擊之以節歌缶即同今之盆類也而呼嗚嗚李斯上書云擊甕叩缶彈箏搏髀而呼嗚嗚快耳者眞秦聲也是門中舊有此曲也其詩曰田彼南山蕪穢不治種一頃豆落而爲萁人生行樂耳須富貴何時山高而在陽人君之象也蕪穢不治言朝廷之荒亂也一頃百畝以喻百官也言豆者身家之物當在囷窖零落在野喻己見放棄也萁曲而不直言朝廷皆諂諛也萁豆莖也是日也拂衣而喜奮褎低卬褎古衣袖字頓足起舞誠荒淫無度不知其不可也自謂爲可也惲幸有餘祿方糴賤販貴逐什一之利此賈豎之事汙辱之處惲親行之下流之人衆毀所歸不寒而栗栗竦縮也雖雅知惲者猶隨風

而靡言逐衆意皆相毀也尚何稱譽之有董生不云乎明明求仁義常恐不能化民者卿大夫之意也明明求財利常恐困乏者庶人之事也引董仲舒之辭仲舒傳作皇皇故道不同不相爲謀今子尚安得以卿大夫之制而責僕哉夫西河魏土文侯所興有段干木田子方之遺風段干木田子方焉賢人也漂然皆有節槩知去就之分漂然高遠意槩度量也漂音匹由切槩音工代切分音扶問切頃者足下離舊土臨安定安定山谷之閒昆戎舊壤昆夷之地也子弟貪鄙豈習俗之移人哉於今乃睹子之志矣言豈隨安定貪鄙之俗而易其操乎平生謂子爲達道今乃見子之志與我不同也方當盛漢之隆願勉旃毋多談

後漢馮衍以計說更始尚書僕射行大將軍事鮑永永以衍爲立漢將軍與上黨太守田邑等繕甲養士扞衛并土及世祖即位邑聞更始敗乃遣使詣雒陽獻璧馬即拜爲上黨太守因背前約遣使者招永衍等疑不肯降而忿邑衍與邑素誓刎頸俱受重任衍乃遺書曰蓋聞晉文出奔而子犯宣其忠晉文公重耳避驪姬之難出奔狐偃勸令返國遂爲霸王子犯即狐偃子也趙武逢難而程嬰明其賢趙盾晉卿生趙朔朔娶晉成公姊爲大夫晉景公三年大夫屠岸賈誅趙氏殺趙朔滅其族朔妻有遺腹走公言趙朔客程嬰公孫杵臼謂程嬰曰胡不死程嬰曰朔之婦有遺腹若幸而生男吾奉之即女也吾徐死爾居無何朔妻生男屠岸賈聞之乃索於宮中夫人置兒於絝中祝日趙宗滅乎若號即不滅若無聲及索兒竟無聲程

嬰曰今一索不得後必復索之杵臼乃取它嬰兒負之匿山中諸將共攻殺杵臼并孤兒然趙氏眞孤乃在程嬰所即趙武也居十五年晉景公乃立趙武爲卿而復其田邑二子之義當矣今三王背畔赤眉危國三王見更始傳天下螘動社稷顚隕螘動衆論是忠臣立功之日志士馳馬之秋也伯玉田邑字也擢選剖符專宰大郡文帝初與郡守始爲銅虎符竹使符分持其一以爲瑞信剖即分也夫上黨之地有四塞之固東帶三關西爲國蔽三關謂上黨壺口關石陘關也陘音行一切柰何舉之以資彊敵開天下之匈假仇讎之刃豈不哀哉張儀說楚王曰秦下甲攻衛陽晉大關天下胷李斯曰所謂借寇兵而齎盜糧也衍聞之委質爲臣無有二心委質猶屈膝也傳曰策名委質二乃辟也臣無二心古之制也摯瓶之智守不假器是以晏嬰

臨盟擬以曲戟不易其辭齊大夫崔杼弑莊公乃劫諸大夫盟有敢不盟者戟鈎其頸劍承其心曰不與崔氏而與公室者盟神視之言不疾指不至血者死所弑者七人而後及晏子晏子奉血仰天曰崔氏無道而殺其君若有能復崔氏而晏不與盟神視之遂仰而飲血崔氏曰晏子與我則齊國吾與共之不與我則戟在脰劍在心子圖之晏子曰劫吾以刃而失其意非勇也留吾以利而背其君非義也詩云愷悌君子求福不回嬰可回而求福乎劔刃鈎之直兵推之嬰不革矣崔子遂釋之謝息守郕魯以晉魯不喪其邑魯孟孫之家臣謝息孟孫從魯昭公如楚謝息爲孟孫守郕邑晉人來理杞田季孫將以郕邑與之謝息不可曰夫子從君而守臣喪邑雖吾子亦有猜焉季孫曰君之在楚於晉罪也又不聽晉魯罪重矣晉師必至吾無以待之謝息曰古人有言挈瓶之智守不假器季孫曰吾與子桃辭以無山與之萊柞乃遷於桃注曰挈瓶汲器喻小智也魯國卞縣之東南有桃虛萊柞二山名繇是言之內無鈎頸之禍外無桃萊

之利案謝息得桃邑在山故言無桃萊之利也而被畔人之聲蒙降城之耻竊爲左右羞之且邾庶其竊邑畔君以要大利曰賤而必書莒牟夷以土地求食而名不滅是以大丈夫動則思禮行則思義未有背此而身名能全者也庶其邾大夫以邾邑漆閭丘奔魯故言竊也畔君以要利也牟夷莒大夫竊牟婁及防茲來奔昭公三十一年邾黑肱以濫來奔左傳曰以地畔求食而已不求名賤而必書以名其人終爲不義不可滅已是故君子動則思禮行則思義或求名而不得或欲蓋而名彰此所謂三畔人名者也爲伯玉深計莫若與鮑尚書同情戮力顯忠貞之節立超世之功如以尊親係累之故能捐位投命歸之尚書大義旣全敵人紓怨紓緩也音舒上不損剖符之貴下足救老

幼之命申眉高談無愧天下若乃貪上黨之權惜全邦之實衍恐伯玉必懷周趙之憂上黨復有前年之禍趙孝成王時韓上黨太守馮亭使人至趙曰韓不守上黨入之以秦其吏人皆安爲趙不欲爲秦有城市邑十七願再拜入之趙趙王大喜召平陽君豹告曰馮亭入城市邑十七受之何如豹曰聖人甚惡無故之利夫秦蠶食韓氏地中絶不令相通韓氏所以不入於秦者欲嫁其禍於趙也必勿受也趙王不聽遂發兵取上黨於是秦人圍趙坑其卒四十萬又圍邯鄲又改西周故之故言懷周趙之憂前年猶往時昔晏平仲納延陵之誨終免欒高之難延陵邑名吳公子季札所封故以號焉季札聘齊見晏平仲曰子速納邑與政無邑無政乃免於難晏子因陳桓子以納邑與政是以免於欒高之難欒謂子雅高謂子居邑齊大夫魯昭公八年欒高作難晏子無罪孫林父違穆子之戒故陷終身之惡孫林父衛大夫孫文子也穆子魯大夫叔孫豹衛侯

使孫林父聘魯且尋盟公登亦登叔孫穆子相儀趨進曰諸侯之會寡君未嘗後衛君今吾子不後寡君未知所過吾子無辭亦無悛容穆子曰孫子必亡爲臣而君過而不悛亡之本也至襄十四年孫林父逐出衛獻公獻公復入國林父遂以戚邑畔所陷於終身之惡以爲伯玉聞此至言必若剌心自非嬰城而堅守則策馬而不顧也言不過爲二途而已聖人轉禍而爲福智士因敗以成勝願自强於時無與俗同邑報書曰僕雖駑怯亦欲爲人者也豈苟貪生而畏死哉曲戟在頸不易其心誠僕志也間者老母諸弟見執於軍而邑安然不顧者豈非重其節乎若使人居天地壽如金石要長生而避死地可也今百齡之期未有能至老壯之間相去幾何誠使

故朝尚在忠義可立雖老親受戮妻兒橫分邑之願也聞者上黨黠賊大衆圍城義兵兩輩入據井陘邑親潰敵圍拒擊宗正即劉延自試智勇非不能當誠知故朝爲兵所害新帝司徒已定三輔謂御馮也隴西北地從風響應其事昭昭日月經天河海帶地不足以比言明白也死生有命富貴在天天下存亡誠云命也邑雖身没能如命何夫人道之本有恩有義義有所宜恩有所施君臣大義母子至恩今故主已亡義其誰爲老母抱執恩所當留而厲以貪權誘以策馬抑其利心必其不顧何其愚乎邑年三十歷位卿士性少嗜

慾情厭事爲況今位尊身危財多命殆鄙人知之何疑君子君長敬通君長鮑永字也揭揭音其謁節垂組自相署立蓋切謂賢也仲縣使門人爲臣孔子譏其欺天孔子有疾仲縣欲使門人爲臣以大夫之禮葬孔子孔子謂曰縣之行詐也吾誰欺欺天乎君長據位兩州加以一郡衍集鮑永行衛軍事安集并州擁兵也九原與太原李仲房同心并力而河東畔國兵不入彘聞更始敗故諸國敵也不入彘言不征之也彘縣名屬河東郡順帝改曰永安上黨見圍不窺大谷即上所謂黠賊所圍城者也大谷自太原趣上黨之道不窺言不來救也今并州大谷縣而有大谷是也宗正臨境莫之能援兵威屈辱國權日損三王背畔赤眉害主未見兼行倍道之赴昔晏翟累繭救宋申包胥重胝存楚衛女馳歸

唁兄之志衛女爲許穆公夫人其兄即戴公弟失國曰唁衛懿公爲狄所滅戴公乃立廬于曹邑許穆夫人閔衛之思歸唁之不得乃賦載馳之詩主亡一歲莫知所定虛冀妄言苟肆鄙塞未能事生安能事死未知爲臣焉知爲主豈厭爲臣子思爲君父乎欲搖泰山而蕩北海言不可也孟子曰挾泰山而超北海也事敗身危要思邑言衍不從或訛言更始隨赤眉在北永衍信之故屯兵界休又遣子堺張舒誘降涅城舒家在上黨邑悉繫之邑又書勸永降曰愚聞大夫不釋故而改圖哲士不徼幸而出危今君長故主敗不能死新帝立不肯降擁衆而據壁欲襲六國之從與邑同事一朝内爲刎頸之盟

與兵背畔攻取涅城破君長之國壞父母之鄉首難結怨輕弄凶器人心難知何意君長當爲此計昔者韓信將兵無敵天下功不世出畧不再見威執項羽名出高帝不知天時就烹於漢智伯分國既有三晉欲大無已身死地分頭爲飲器君長銜命出征擁帶從士上黨敗不能救河東畔不能取朝有顛危之憂國有分離之禍上無佐牧之節下無不占之志天之所壞人不能支君長將兵不與韓信同日而論威行得衆不及智伯萬分之半不見天時不知厭足欲明人臣之義當先知故主之未然欲貪天下之利宜及

新主之未爲今故主已敗新主旣成四海爲羅網而天下爲敵人舉足遇害動搖觸患履深泉之薄氷不爲號陟千均之發機不知懼何如其知也絶鮑氏之姓廢子都之業誦堯之言服桀之行悲夫命也張舒內行邪孽不遵孝友疏其父族外附妻黨已收三族將行其法能逃不自詣者舒也能夷舒宗者子也永邑遂結怨焉

馬融爲南郡太守與竇伯尚書曰孟陵奴來賜見子跡歡喜何量次於面也書雖兩紙每紙八行行七字

趙壹漢陽人抵罪幾至死友人救得免壹乃貽書謝

恩曰昔原大夫贖桑下絶氣傳稱其仁（原大夫謂趙盾也謚曰伯宣孟將之絳見骶桑之下有卧餓人宣孟與脯二朐拜受之不敢食問其故曰臣有母時以遺之宣孟更賜之脯二束遂去贖即續也虢古委字也）秦越人還虢太子結脈世著其神（扁鵲姓秦名越人過虢虢太子死扁鵲曰臣能生之若太子病所謂尸蹷也乃使弟子子陽厲越砥石以取三陽五會有間太子蘇）設曩之二人不遭仁遇神則結絶之氣竭矣然而精脯出乎車軨（軨車轄間橫木）鍼石運乎手爪（古者以砭石爲鍼凡鍼之法右手象天左手法地彈而怒之搔而下之此運手爪也砭音必廉切）今所賴者非直車軨之精脯手爪之鍼石也乃收之於斗極還之於司命（司命文昌中星）使乾皮復含血枯骨復被肉允所謂遭仁遇神眞所宜傳而著之余畏禁不敢班班顯言（班班明貌）竊爲窮鳥賦一篇後上計名動京師士大夫想望其風采及西還道經弘農過候太守皇甫規門者不卽通壹遂遁去門吏懼以白之規聞壹名大驚乃追書謝曰蹉跌不面企德懷風虛心委質爲日久矣側聞仁者愍其區區冀承清誨以釋遥悚今但外白有一尉兩計吏不通屈尊門下（尊謂一也敬之故號爲尊）更啟乃知已去如印綬可投夜豈待旦惟君明睿平其夙心寧當慢慠加於所天（平怒也尊敬壹故謂爲所天）事在悖惑不足具責儻可原察追修前好則何福如之謹遣主簿奉書下筆氣結汗流竟趾壹報曰君學成師

範縉紳歸慕仰高希驥歷年滋多（詩曰高山仰止景行行止法言曰希驥之馬亦驥之乘希顏之人亦顏之徒希慕也）旋轅兼道渴於言侍沐浴晨興昧旦守門實望仁兄昭其懸遲（懸心遲仰之）以貴下賤握髮垂接（易曰以貴下賤大得民也周公一沐三握髮以接天下之士）高可敷翫墳典起發聖意下則抗論當世消弭時災豈悟君子自生怠倦失恂恂善誘之德（恂恂恭順貌）同亡國驕惰之志蓋見幾而作不俟終日是以夙退自引畏使君勞昔人或歷說而不遇或思士而無從皆歸之於天不尤於物今壹自譴而已豈敢有猜仁君忽一匹夫於德何損而遠辱手筆追路相尋誠足愧也壹之區區

曷云量已其嗟可去謝也可食齊大饑黔敖爲食於路以待餓者有蒙袂輯屨貿而來曰嗟來食曰余唯不食嗟來之食以至於斯從而謝之不食而死仲尼曰其嗟也可去其謝也可食誠則禎薄實識其趣但關節疢動膝灸壞潰人有四關十二節請俟它日乃奉其情輒誦來既永以自慰遂去不顧州郡爭致禮命十辟公府並不就終於家

孔融字文舉漢末會稽太守王朗爲孫策所敗太祖表徵之朗被徵未至融與朗書曰世路隔塞情問斷絕感懐增思前見表章知尋湯武罪已之迹自投東裔同鯀之罰覽省未周涕隕潸然主上寛仁貴德宥過曹公輔政思賢並立策書屢下殷勤欵至知權舟

浮海息駕廣陵不意黄能突出羽淵也談笑有朞勉行自愛又張紘既好文學善楷篆嘗與融書融遺紘書曰前勞手筆多篆書每舉篇見字欣然獨笑如復覩其人也孫權討江夏命紘居守融書遺紘曰聞大軍征西足下留鎮不有居者誰守社稷深固折衝亦大勳也無乃李廣之氣倉髮益怒樂一當單于以盡餘憤乎南北並定世將無事孫叔投戈絳灌俎豆亦在今日但用離析無緣會面爲愁歎爾道直途清相見豈復難哉融後爲少府

劉表爲荆州牧與袁尚書說其兄弟分爭之變曰每

與劉左將軍孫公祐共論此事未嘗不痛心入骨相爲悲傷也

册府元龜

巡按福建監察御史臣李嗣京　訂正

分守建南道左布政使臣胡維霖　參閱

知建陽縣事臣黄國琦較釋

總録部　一百五十四

書信第二

魏王朗東海人魏初爲公輔時許靖入蜀爲司徒與朗親善朗與文休字靖書曰文休足下消息平安甚善甚善豈意脫別三十餘年而無相見之緣乎詩人比一日之別於歳月况悠悠歴累紀之年者哉自與子

别若没而復浮若絶而復連者數矣而今而後居昇平之京師攀附於飛龍之聖主儕輩略盡幸得老與足下並爲遺種之叟而相去數千里加有邅蹇之隔時聞消息於風聲託舊情於思想耿耿異處與異世無以異也往者隨軍到荆州見鄧子孝桓元將粗聞足下動静云天子旣在益州執職領郡德素規矩老而不墮是時侍宿武皇帝於江陵劉景升聽事之上共道足下於通夜拳拳饑渴誠無已也自天子在東宮及卽位之後每會群賢論天下髦俊之見在者豈獨人盡易爲英士鮮易取最故乃猥以原壤之朽質感夫子之情聽每叙足下以爲謀首豈其注意乃復過於前世書曰人惟求舊易稱同聲相應同氣相求劉將軍之與大魏兼而兩之總比二意前世邂逅以同爲暌非武皇帝之旨頃者蹉跌其泰而否亦非足下之意也深思書易之義利結分於宿好故遣降者送吳所獻致名馬貂罽得因無嫌道初開通展叙舊情以達聲問久濶情愫非夫筆墨所能寫陳亦想足下同其志念今者親生男女凡有幾人年並幾何僕連失一男一女今有二男大兒名肅年二十九生於會稽小兒纔歳餘臨書愴恨有懷緬然又曰愍聞受

終於文祖之言於尚書又聞歴數在躬允執其中之文於論語豈自意得於老耄之齒正值天命受於聖主之會親見三讓之弘辭觀衆瑞之總集覩升堂穆穆之盛禮瞻燔燎焜燿之青煙于時忽自以爲處唐虞之運際於紫微之天庭也徒慨不得攜子之手共列於世有二子之數以聽有唐欽哉之命也子雖在裔土想亦極目而面望側耳向遐聽延頸而鶴立也昔汝南陳公初拜不依故常讓上卿於李元禮以此推之吾宜退身以避子位也苟得避子以竊讓名然後綬帶委質游談於平勃之間與子共陳往時避地

之艱辛樂酒酣讌高談大噱亦足遺憂而忘老投筆陳情隨以喜笑又曰前夏有書而未達今重有書而并致前問皇帝旣深悼劉將軍之早世又愍其孤之不易又惜使足下孔明等四人氣類之徒遂沈溺於羌夷異種之間永與華夏乖絕而無朝聘中國之期緣瞻晞故土桑梓之望也故復運慈念而勞仁心重下明詔以發德音申勅朗等使重爲書與足下等以足下聰明揆殷勤之聖意亦足悟海岱之所常在知百川之所宜注矣昔伊尹去夏而就殷陳平違楚而歸漢猶曜德於阿衡著功於宰相若足下能翻人之

遺孤定人之猶豫去非常之僞號事受命之大魏客主兼不世之榮名上下蒙不朽之常耀功與事並聲與勳著考績效足以超越伊呂矣旣承詔直且服舊之情情不能已若不言足下之所能陳足下之所見則無以宣明詔命弘光大之恩敘宿昔夢想之思若天啟衆心子導蜀意誠此意有攜手之期若險路未夷子謀不從則懼聲問或否復面何緣前來二書言每及斯希不切然有動於懷足下周游江湖以暨南海歷觀夷俗可謂徧矣想子之心結思華夏可謂深矣爲身擇居猶願中土爲主擇居安豈可以不繫意於京師而持疑於荒裔乎詳思愚言速示還報也又

漢末劉繇字正禮爲揚州刺史畏袁術不敢之州南保豫章駐彭澤病卒後孫策西伐江夏還過豫章收載繇喪善遇其家朗遺策書曰劉正禮昔初臨州未能自達實頼尊門爲之先後用能濟江成治有所處定踐境之禮感分結意情在終始後以袁氏之嫌稍更乖剌更以同盟還爲讎敵原其本心實非所樂康寧之後常念渝平更成復踐宿好一爾分離款意不昭奄然殂隕可爲傷恨知敦以厲薄德以報怨收骨育孤哀亡愍存捐旣往之猜保六天之託誠深恩重

分美名厚實也昔魯人雖有齊怨不廢喪紀春秋善之謂之得禮誠良史之所宜籍鄉校之所歎聞正禮元子致有志操想必有以殊異威盛刑行施之以恩不亦優哉

鍾繇爲相國策罷就第吳孫權稱臣斬送關羽太子書報繇繇答書曰臣同郡故司空荀爽言人當道情愛我者一何可愛憎我者一何可憎顧念孫權子更嫵媚太子又書曰得報知喜南能離乎若權復黜折當以汝南許邵月旦之評權優游二國俯仰荀許亦已足矣

楊脩字德祖謙恭才博爲丞相主簿是時臨菑侯植以才捷愛幸來意投修數與修書曰數日不見思子爲勞想同之也僕少小好爲文章迄至于今二十有五年矣然今世作者可畧而言也昔仲宣獨步於漢南孔璋鷹揚於河朔偉長擅名於青土公幹振藻於海隅德建發迹於大魏足下高視於上京當此之時人人自謂握靈蛇之珠家家自謂抱荆山之玉吾王於是設天網以該之頓八紘以掩之今悉集茲國矣然此數子猶不能飛翰絶迹一舉千里也以孔璋之才不閑辭賦而多自謂與司馬長卿同風譬畫虎不

成反爲狗者也前有書嘲之反作論盛道僕贊其文夫鍾期不失聽于今稱之吾亦不敢妄歎者畏後世之嗤余也世人著述不能無病僕嘗好人譏彈其文有不善者應時改定昔丁敬禮嘗作小文使僕潤飾之僕自以才不過若人辭不爲也敬禮謂僕卿何所疑難文之佳惡吾自得之後世誰相知定吾文者邪吾嘗歎此達言以爲美談昔尼父之文辭與人通流至於制春秋游夏之徒乃不能措一辭過此而言不病者吾未之見也蓋有南威之容乃可以論於淑媛有龍淵之利乃可以議於割斷劉季緒才不能逮於作者而好詆訶文章掎摭利病昔田巴毀五帝罪三王呰五伯於稷下一旦而服千人魯連一說使終身杜口劉生之辯未若田氏今之仲連求之不難可無歎息乎人各有所好尚蘭茝蓀蕙之芳衆人之所好而海畔有逐臭之夫咸池六英之發衆人之所樂而墨翟有非之之論豈可同哉今往僕少小所著辭賦一通相與夫街談巷說必有可采擊轅之歌有應風雅匹夫之思未易輕棄也辭賦小道固未足以揄揚大義彰示來世也昔揚子雲先朝執戟之臣爾猶稱壯夫不爲也吾雖薄德位爲藩侯猶庶幾戮力上國

流惠下民建永世之業流金石之功豈徒以翰墨爲勳績辭賦爲君子哉若吾志不果吾道不行則將採史官之實錄辯時俗之得失定仁義之衷成一家之言雖未能藏之於名山將以傳之於同好非要之白首豈可以今日論乎其言之不怍恃惠子之知我也明早相迎書不盡懷脩答曰不侍數日若彌年載豈獨愛顧之隆使係仰之情深邪損辱嘉命蔚矣其文誦讀反覆雖諷雅頌不復過此若仲宣之擅江表陳氏之跨冀域徐劉之顯青豫應生之發魏國斯皆然矣至如脩者聽采風聲仰德不暇目周章於省覽何

惶駭施高視哉伏惟君侯少長貴盛體旦發之質有聖善之教遠近觀者徒謂能宣昭懿德光贊大業而已不謂復能兼覽傳記留思文章今乃含王超陳度越數子觀者駭視而拭目聽者傾首而聳耳非夫體通性達之自然其誰能至於此乎又嘗親見執事握牘持筆有所造作若成誦在心借書於手曾不斯須少留思慮仲尼日月無得踰焉修之仰望殆如此矣是以對鶡而辭作暑賦彌日而不獻見西施之容歸憎其貌者也伏想執事不知其然猥受顧錫教使刊定春秋之成莫能損益呂氏淮南字直千金然而弟

子鉗口市人拱手者聖賢卓犖固所以殊絕凡庸也今之賦頌古詩之流不更孔公風雅無別爾脩家子雲老不曉事强著一書悔其少作若比仲山周旦之疇爲皆有愆耶君侯忘聖賢之顯迹述鄙宗之過言竊以爲未之思也若乃不忘經國之大美流千載之英聲銘功鐘鼎書名竹帛斯自雅量素所蓄也豈與文章相妨害哉輒受所惠竊備矇瞍誦詠而已敢望惠施以忝莊氏季緒瑣瑣何足以云其相往來如此甚數

蜀許靖爲御史丞漢末避難在交州鉅鹿張翔銜王命使交部乘勢募靖欲與誓要靖拒而不許靖與曹公書曰世路戎夷禍亂遂合駑怯偷生自竄蠻貊成闊十年吉凶禮廢昔在會稽得所貽書辭旨款密久要不忘迫於袁術方命圮族扇動羣逆津塗四塞雖懸心北風欲行靡繇正禮師退術兵前進會稽傾覆景興失據三江五湖皆爲虜庭臨時困厄無所控告便與袁沛鄧子孝等浮涉滄海南至交州經歷東甌閩越之國行經萬里不見漢地漂薄風波絕糧茹草饑殍薦臻死者大半旣濟南海與領守兒孝德相見知足下忠義奮發整飭元戎西迎大駕巡省中嶽承

此休問且悲且喜卽與袁沛及徐元賢復共嚴裝欲北上荊州會蒼梧諸縣夷越蠭起州府傾覆道路阻絕元賢被害老弱並殺靖尋循渚岸五千餘里復遇疾厲伯母隕命并及羣從洎諸妻子一時略盡復相扶持前到此郡計爲兵害及病亡者十遺一二生民之艱辛苦之甚豈可具陳哉懼卒顛仆永爲亡虜憂瘁慘慘忘寢與食欲附奉朝貢使自獲濟通歸死闕庭而荊州水陸無津交部驛使斷絕欲上益州復有峻防故官長吏一不得入前令交阯太守士威彥深相分託於益州兄弟又靖亦自與書辛苦懇惻而復

寂寞未有報應雖仰瞻光靈延頸企踵何繇假翼自致哉知聖王光明顯授足下專征之任凡諸逆節多所誅討想力競者一心順從者同規矣又張子雲昔在京師志輔王室今雖臨荒域不得參與本朝亦國家之藩鎮足下之外援也若荊楚平和王澤南至足下忽有聲命於子雲勤見保屬令得假途繇荊州出不然當復相紹介於益州兄弟使相納受儻天假其年人緩其禍得歸死國家解逋逃之負泯軀九泉將復何恨若時有險易事有利鈍人命無常隕沒不達者則永銜罪責入於裔土矣昔營丘翼周杖鉞專征

博陸佐漢虎賁警蹕今日足下扶危持傾為國柱石秉師望之任兼霍光之重五侯九伯制御在手自古及今人臣之尊未有及足下者也夫爵高者憂深祿厚者責重足下據爵高之任當責重之地言出於口即為賞罰意之所存便為禍福行之得道即社稷用寧行之失道即四方散亂國家安危在於足下百姓之命懸於執事自華及夷顒顒注望足下任此豈可不遠覽載籍廢興之蹤榮辱之機棄忘舊惡寬和羣司審量五材為官擇人苟得其人雖讎必舉苟非其人雖親不授以寧社稷以濟下民事立功成則繫音於管絃勒勳於金石願君勉之為國自重納授索靖所寄書疏盡投之於水後歸先主為司徒

蜀馬良字季常襄陽人先主領荊州辟為從事及先主入蜀諸葛亮亦從後往良留荊州與亮書曰聞雒城已拔此天祚也尊兄應期贊世配業光國魄兆見矣（良蓋與亮結為兄弟或相與有親亮年長良故呼亮為尊兄也）夫變用雅慮審貴垂明於以簡才宜適其時若乃和光悅遠邁德天壤使時閑於聽世服於道齊高妙之音正鄭衛之聲並利於事無相奪倫此乃管絃之至牙曠之調也雖非鍾期敢不擊節

諸葛亮字孔明為丞相都護李平字正方建興九年坐誣罔廢亮與長史蔣琬侍中董允書曰孝起前臨至吳為吾說正方腹中有鱗甲鄉黨以為不可近吾以為鱗甲者但不當犯之耳不圖復有蘇張之事出於不意可使孝起知之孝起陳震字也

吳張承為奮威將軍呂岱為交州牧屢立大功復還武昌時年已八十然體素精勤躬親王事承與岱書曰昔旦奭翼周二南作歌今則足下與陸子也忠勤相先勞謙相讓功以權成化與道合君子歎其德小人悅其美加以文書鞅掌賓客終日罷不舍事勞不

言倦又知上馬轍自超乘不蹤跨躡如此足下過廉
頗也何其事事快也周易有之禮言恭德言盛足下
何有盡此美耶

晉趙至與嵇康兄子蕃友善及將遠適乃與蕃書敘
離并陳其志曰昔李叟入秦及關而歎梁生適越登
嶽長謡夫以嘉遯之舉猶懷戀恨况乎不得已者哉
惟别之後離羣獨逝背榮讌辭倫好經迴路造沙漠
鷄鳴戒旦則飄爾晨征日薄西山則馬首靡託尋歷
曲阻則沈思紆結登高遠眺則山川攸隔或乃回飈
狂厲白日寢光徙倚交錯陵隰相望徘徊九皐之内

慷慨重阜之顛進無所蹊退無所據涉澤求蹊披榛
覓路嘯詠溝渠良不可度斯亦行路之艱難然非吾
心之所懼也至若蘭茝傾頓桂林移殖根萌未樹而
牙淺弦急每恐風波潛駭危機密發此所以怵惕於
長衢也又北土之性難以託根投人夜光鮮不按劒
今將殖橘柚於玄朔帶華藕於修陵表龍章於裸壤
奏韶武於聾俗固難以取貴矣夫物不我貴則莫之
與莫之與則傷之者至矣飄飄遠游之士託身無人
之鄉總轡遐路則有前言之難懸鞍陋宇則有後慮
之戒朝霞啟暉則身疲於遄征太陽戢曜則情劬而
夕惕肆目平隰則寥廓而無覩極聽脩原則淹寂而
無聞吁其悲矣心傷瘁矣然後知步驟之士不足爲
貴也顧景中原憤氣雲踊哀物悼世激情風厲龍睇
大野虎嘯六合猛志紛紜雄心四據思躡雲梯横奮
八極披艱掃穢蕩海夷嶽蹴崑崙使西倒蹋泰山令
東覆平滌九區恢維宇宙斯吾之鄙願也時不我以
垂翼遠逝鋒距靡加六翮摧屈自非知命孰能不憤
悒者哉吾子植根芳苑濯秀清流瑞葉華崖飛藻雲
肆俯據潛龍之渚仰蔭游鳳之林榮曜眩其前艷色
餌其後良疇交其左聲名馳其右翱翔倫黨之間弄

姿帷房之裏從容顧眄綽有餘裕俯仰吟嘯自以爲
得志矣豈能與吾曹同大丈夫之憂樂哉去矣嵇生
遠離隔矣煢煢飄寄臨沙漠矣悠悠三千路難涉矣
携手之期邈無日矣思心彌結誰云釋矣無金玉爾
音而有遐心身雖胡越意存斷金各敬爾儀敦履璞
沈繁華流蕩君子弗欽臨紙意結知復何云至後辟
幽州部從事
劉弘爲荆州刺史每有興廢手書郡國守相丁寧欵
密所以人皆感悦爭赴之咸曰得劉公一紙書賢於
十部從事

應詹爲平南將軍江州刺史疾篤與陶侃書曰每憶密計自沔入湘頡頏繾綣齊好斷金子南我東忽然一紀其間事故何所不有足下建功嶠南旋鎮舊楚吾承乏幸會來忝此州圖與足下進共竭節本朝報恩効主退以申尋平生纏綿舊好豈悟時不我與長卽幽冥永言莫從能不悵悵今神州未夷四方多難足下年德並隆功名俱盛宜務建洪範雖休勿休至公至平至謙至順卽自天祐之吉無不利人之將死其言也善足下察吾此誠

庾亮爲征西將軍鎮武昌時王導輔政主幼時艱務

存大綱不拘細目委任趙胤賈寧等諸將並不奉法大臣患之陶侃嘗欲起兵廢導而郗鑒不從乃止至是亮又欲率衆黜導又以諮鑒而鑒又不許亮與鑒牋曰昔於蕪湖反覆謂彼罪雖重而時弊國危且令方嶽道勝亦足有所鎭壓故共隱忍解釋陶公自茲迄今曾無悛改主上自入九歲以及成人入則在宮人之手出則唯武官小人讀書無從受音句顧問未嘗遇君子侍臣雖非俊士皆時之良也知古今顧問豈與殿中將軍司馬督同年而語哉不云當高選侍臣而云高選將軍司馬督豈合賈生願人主之美習以成德之意乎秦政欲愚其黔首天下猶知不可況乃欲愚其主哉主之少也不登進賢哲以輔導聖躬春秋既盛宜復子明辟不稽首歸政甫居師傅之尊成人之主方受師臣之悖主上知君臣之道不可以然而不得不行殊禮之事萬乘之君寄坐上九亢龍之爻有位無人挾震主之威以臨制百官百官莫之敢忤是先帝無顧命之臣勢屈於驕姦而遵養之也趙賈之徒有無君之心是而可忍孰不可忍且往日之事含容隱忍謂其罪可宥良以時弊國危兵甲不可屢動又冀其當謝往釁懼而修已如頃日之縱是

上無所忌下無所憚謂多養無賴足以維持天下公與下官並蒙先朝厚顧荷託付之重大姦不掃何以見先帝於地下願公深惟安國家固社稷之遠算次計公之與下官負荷輕重量其所宜鑒又不許故其事得息

庾翼爲荆州刺史鎭武昌時殷浩徵命無所就而翼請爲司馬及軍司並不肯赴翼遺浩書因致其意先是浩父羨爲長沙在郡貪殘兄氷與翼書屬之翼報曰殷君始往雖多驕豪實有風力之益亦似繇有佳兒弟故小令物情難之自頃以來奉公更退私累日

滋亦不稍以此寥蕭之也旣雅敬洪遠又與浩親善其父兄得失豈以小小計之大較江東政以傴僂豪强以爲民蠹時有行法輙施之寒劣如往年偷石頭倉米一百萬斛皆是豪將輩而直打殺倉督監以塞責山遐作餘姚半年而爲官出二千戶政雖不倫公强官長也而羣共驅之不得安席紀睦徐寧奉王使糾罪人船頭到渚桓逸還復而二使免官雖皆前宰之惛謬江東事去寔此之緣也兄弟不幸橫陷此中自不能拔腳於風塵之外當共明目而治之荊州所統一二十郡唯長沙最惡惡而不黜與殺督監者復

何異耶翼有風力格裁發言立論皆如此

王羲之爲會稽內史去官優游無事與吏部郎謝萬書曰古之辭世者或被髮徉狂或汙身穢跡可謂艱矣今僕坐而獲免遂其宿心其爲慶幸豈非天賜違天不祥頃東游還修植桑果今盛敷榮率諸子抱弱孫游觀其閒有一味之甘割而分之以娛目前雖植德無殊邈猶欲教養子孫以敦厚退讓或有輕薄庶令舉策數馬彷彿萬石之風君謂此何如比當與安石東游山海并行田視地利頤養閑暇衣食之餘欲與親知時共懽讌雖不能興言高詠銜杯引滿語田里所行故以爲撫掌之資其爲得意可勝言邪嘗依陸賈班嗣楊王孫之處世甚欲希風數子老夫志願於此也

習鑿齒爲桓溫別駕出爲滎陽太守溫弟秘亦有才氣素與鑿齒相親善鑿齒罷郡歸與秘書曰吾以去五月三日來達襄陽觸目悲感略無懽情痛惻之事故非書言之所能具也每定省家舅從北門入西望隆中想臥龍之吟東眺白沙思鳳雛之聲北臨樊墟存鄧老之高南眷城邑懷羊公之風縱目檀溪念崔徐之友肆睇魚梁追二德之遠未嘗不徘徊移日惆

悵極多撫乘躊躇慨爾而泣曰若乃魏武之所置酒孫堅之所隕斃裴杜之故居繁王之舊宅遺事猶存星列滿目璅璅常流碌碌凡士焉足以感其方寸哉夫芬芳起於椒蘭清響生乎琳琅命世而作佐者必垂可大之餘風高尚而邁德者必有明勝之遺事若向八君子者千載猶使義想其爲人況相去之不遠乎彼一時也此一時也焉知今日之才不如疇辰百年之後吾與足下不並爲景升乎其風期俊邁如此

殷浩爲中軍將軍爲桓溫疏奏廢爲庶人後溫將以浩爲尚書令遺書告之浩欣然許焉將答書慮有謬

誤開閉者數十章逵空函大忤温意繇是遂絶

冊府元龜 總録部 書信二 卷之九百四 十七

冊府元龜

冊府元龜

巡按福建監察御史臣李嗣京　訂正
新建縣舉人臣戴國士參閱
知建陽縣事臣黃國琦校釋

總錄部　一百五十五

書信第三

宋王微字景玄（一名徵）起家司徒祭酒始與王後軍功曹記室參軍素無宦情稱疾不就仍除中書侍郎又擬南琅琊義興太守並固辭吏部尚書江湛舉微為吏部郎微與湛書曰弟心病亂度非但蹇躄而已此

處朝野所共知鶩會忽招華門閭咸以為祥怪君多識前世之載天值何其易傾弟受海內駭笑不過如燕石秃鶖而未知君何以自解於良史耶今雖王道鴻邕或有激朗於天表必欲探援潛寶傾海求珠自可卜肆巫祠之間馬棧牛口之下賞劇孟於博徒援卜式於芻牧亦有西戎孤臣東都戒士上窮範馳之御下盡詭遇之能兼鱗雜襲者必不示於世矣且盧於承明署乎金馬皆明察之官又賢於晉庫之末何為劫勒通家疾人塵穢難甚之選將以靖國不亦蠱疊乎書云任官維賢才而君擢士先疾㿉茈茈棧樸似不如此且弟曠違兄姊迄將十載姊時歸來終不任輿曳入閤兄守金城永不堪扶抱就路若不憊疾非性僻而何此君曰表裏無假長目飛耳也嘗謂生遭太公將即華士之戮幸遇管叔必蒙僻儒之養光武以馮衍才浮其實故棄而不齒諸葛孔明云來敏亂羣過於孔文舉況無古人之才槩敢干周漢之嘗刑彼二三英賢足為曉治與否恐君逢此時或亦不免高闕乃復假名不知已者豈欲自比衛賜耶君欲高數山公而以仲容見處徒以捷提禮樂本不參選鄙夫瞻彼固不任下走未知新沓何如州陵耳而作

不師古坐亂官政誣飾蚯蚓冀招神龍如復託以真素者又不宜居華留名有害風俗君亦不至期人如此若交以為人賜舉未以已勞則商販之事又連所不忍聞也豈謂不肖易擢貪者易誘凡此數者君必居一焉雖假天口於齊騈藉鬼說於周季公孫碎毛髮之文莊生縱漭瀁之極終不能舉其契為之辭矣子將明魂必靈咍於蒿里汝穎餘彥將拂衣而不朝浮華一開風俗或從此而爽鬼谷以揣情為最難何君忖度之輕謬今有此書非敢叨擬中散誠不能顧影負心純盜虛聲所以綿絡累紙本不營尚書虎爪

板也成童便往來居舍晨省復經周旋加有諸甥亦
何得頓絶慶弔然生平之意自於此都盡君平公云
生我名者殺我身天爵且猶滅名安用吏部郎哉其
舉可陋其事不經非獨縉紳者不道僕妾皆將㕭之
忽忽不樂自知壽不得長且使千載知弟不詐誕爾
徵既爲始興王濬府吏濬數相存慰徵奉答牋書輙
餙以辭采徵爲古文甚傾抑揚袁淑見之謂爲訴屈
徵因此又與縱弟僧綽書曰吾雖無人鑒要是早弟
每共晏語前言何嘗不以止足爲貴且特盈畏滿自
是家門舊風何爲一旦落漠至此當局苦迷將不然

耶詐容都不先聞或可不知爾衣冠胄胤如吾者甚
多才能固不足道惟不傾側溢詐士頗以此容之至
於規矩細行難可詳料疹疾日滋縱恣意甚人道所
貴廢不復修幸值聖明兼容置之教外且舊恩所及
每蒙寬假吾亦自揆疾疹重侵難復支振民生安樂
之事心死久矣所以視日偷存盡於大布糲粟半久
安寢便以自度血氣盈虛不復稍道長以冗散爲和
羮弟爲不見之邪疾癈居然且事一已上不足敗俗
傷化下不至毁辱家門泊爾尸居無方待化凡此二
三皆是事實吾與弟書不得家中相欺也州陵此舉

爲無所因反覆思之了不能辭豈見吾近者諸牋耶
良可怪笑吾少學作文又晚節如小進使者公欲民
不倫每加存飾訓對尊貴不厭敬恭且文辭不怨思
抑揚則流澹無味文好古貴能連類可悲一往視之
如似多意當見居非求志清論所排便是通辭訴屈
耶爾者真可謂真素寡矣其數旦見客小防自來盈
門亦不煩獨舉吉也此輩乃云語勢所至非其要也
弟無懷居今地萬物初不以相非然魯器齊篚實宜
書紳今三署六府之人誰表裏此內黨疑弟豫有力
於素論何如哉則吾長阨不死終誤盛壯也江不過

强吹拂吾云是巖穴人巖穴人情所高吾得當此則
鷄鶩變作鳳凰何爲干餙廉隅秩秩見於面目所惜
者大耳諸舍闔門皆蒙時私此旣未易陳道故嘗因
含聲不言至兄弟尤爲叨竊臨海頻煩二郡謙亦越
進清階吾高枕家巷遂至中書郎此足以闔棺矣又
前年優旨自弟所宣雖夏后撫辜人周宣及鰥寡不
足過也語皆修簡較跡不爲虛餙也作人不阿諛無
緣頭髮見白稍學諂詐且吾何以爲足不能行自不
得出戶頭不耐風故不可扶曳家本貧餒至於惡衣
蔬食設使盜跖居此亦不能兩展其足妄意珍藏也

正令選官設作此舉於吾亦無劔戟之傷所以懃懃畏人之多言也管子冒賢乃開人主之輕重此何容易哉州陵亦自言視明聽聰而返區區飾吾何辯致而下英俊夫奇士必能居深藏與蛙蝦爲伍放勳其猶難之林宗輩不足識也似不肯聽聽奉牋記彫琢獻文章居家近市塵親戚滿城府吾猶自知袁陽源輩當平此不飾詐之與直獨爾不關吾心又何所恥介弟自宜以解塞羣賢矣兼悉恕此言自爾家任兒故能也日日望弟來屬病終不起何意向與江書粗布胷心無人可寫比面乃具與弟書便覺成本以當

半日相見吾既惡勞不得多語樞機幸非所長相見亦不勝讀此書也親屬欲見自可示無急付手時論音或云微之見舉盧江何偃亦豫其議慮爲微所咎與書自陳微報之曰卿昔稱吾於義興吾嘗謂之見知然復自怪鄙野不參風流未有一介皃悉於事何用獨識之也近日何見綽送卿書雖知如戲知卿固不能相哀相哀之未知何相期之可論卿少陶玄風淹雅修暢自是正始中人吾真庸性人爾自然志操不倍王樂小兒時尤麁笨無好嘗從博士讀小小章句竟無可口吃不能劇讀遂絶意於尋求至二十左右復就觀小說往來者見床頭有數帙書便言學問試就簡當何有哉乃復持此擬議人羣尚獨悵笑楊子之褒贍猶恥辭賦爲君子若吾篆刻菲亦甚矣卿諸人亦當尤以此見議或謂言深博作一段意氣鄙薄人世初不敢然是以每見世人文賦書論無所是非不解處卽日借問此其本心也至於生平好服上藥起年十二時病虛耳所撰服食方中粗言之矣自此始信攝養有徵故門冬昌木隨時參進寒温相補欲以扶護色羸見冀白首家貧乏役至於春秋令節輙自將兩三門生入草采之吾實倦游醫部頗曉和

藥尤信本草欲其必行是以躬親意在取精世人便言希仙好異矯慕不羈不同家頗有罵之者又性知畫繢蓋亦鳴鵠識夜之機盤紆糾紛或記心目故兼山水之愛一往跡求皆彷像也不好詣人能忘榮以避權右宜自密應對舉止因卷懃自保不能免其所短爾躡來有此數條二三諸賢因復架累致之高塵詠之清壑瓦礫有資不敢輕厠金銀也而頃年嬰疾沉淪無已區區之情悄於生存自恐難復而先命猥加魂氣褰薾嘗人不得作嘗自處疾苦正亦卧思已熟謂有記自論旣仰天光不夭庶類兼望諸賢共相

哀體而卿首唱誕言布之翰墨萬石之愼或未然耶好盡之累豈其如此緯大駭歎便是闔朝兄病者吾本像人加疹意昏一旦聞此便惶怖矣五六日來復苦心痛引喉狀如胸中悉腫甚自憂力作此答無復條貫貴布所懷落漠不舉卿旣不可解立欲便別且當笑

王僧達爲宣城太守時沈璞守盱眙魏太武攻之璞拒退僧達與璞書曰足下何如想館舍平安士馬無恙離析有時音旨無日憂詠沉吟增其勞望間者獯獫扈橫掠剌邊鄙郵販絕塵勺汴靡瞻瞻江眺淮耿

然千里吾聞涇陽梗棘伊滑荐遁鳥集兹絕患潔自古承知乃昔寇苦城境勝胄朝飡任甲宵舍烽皷交驚羽鏑驟合而足下砥兵勵伍總接豪產遂能固孤城陷死地古之田孫何以尚兹商驛始通甚善甚善

周朗爲江夏王義恭太尉參軍元嘉二十七年春朗議當遣義恭出鎮彭城爲北討大統朗聞之解職及義恭出鎮府主簿羊希從行與朗書戲之勸令獻奇進策朗報書曰羊生足下豈當適使人進哉何卿才之更茂也宅生結意可復佳爾屬華比采何更工耶祇已反覆慰亦無已觀諸紙上方審卿復逢知已勤以何術而能每降恩明豈不爲足下欣耶然更憂不知卿死所處爾夫匈奴之不誅有日皇居之亡辱舊矣天下孰不憤心悲腸以忿胡人之患擁衣輸食以望國家之師自智士鉗口雄人蓄氣不得議圖邊之事者良淹歲紀今天子以炎軒之德彖輔以姬呂之賢故赫然發怒將以匈奴釁旗惻然動仁欲使餘珉被惠及取士之令朝發宰士暮登英豪調兵之詔夕行主公旦升雄俊延賢人者固非一日況復加此焉夫天下之事砥行磨名欲不辱其志氣選奇蓄異將進善於所天非但有建國之謀不及安民之論不與

至反以孝潔生議於鄉曲忠烈起謗於君家身不維王臣之錄名不厠通人之班顚倒國門湮銷丘里者自數十年以往豈一人哉若吾身無他伎而出值明君變官望主歲增恩價竟不能柔心飾帶取重左右較於向士則榮已多料於今職則笑亦廣而足下方復廣吾以馳志之時求予以安邊之術何足下不知言也若以賢未登則今之登賢如此以才應進則吾之非才若是豈可欲以殞海之髻望皷鰓於豐鱗之肆墜風之羽覬振翮於鶱毳之林其不能俱陪淥水並負青天可無待於明見若乃闚奇謀深智之術無

悅主御俗之能亦不可復稍爲卿說但觀以上圖再
毀之臣望府一逐之吏當復是天下才不此皆足下
所親知吾雖疲冗亦嘗聽君子之餘論豈敢忘之凡
士之置身有三其一則雲戶岫寢樂危桂榮秫芝浮
霜翦松沉雪憐肌畜髓實氣愛魂非但土石侯卿腐
鵠粱錦實乃菸意天后睨目羽人吹則刳心掃智剖
命驅生横議於雲臺之下切辭於宣室之上衒主德
而批民患進貞白而黜姦猾委玉入而齊聲禮揭金
出而烹劾寇使車轍一風甸道共德令功日濟而巳
無跡道日富而君難名致諸侯斂手天子改觀其末

則厭粘而出望觽而入結冕兩宮之下鼓袖六王之
間俛眉膽肩言天下之道德瞋目扼腕陳縱横於四
海理有泰則止而進調覺迕則返而還閑居違官交
造頓罷捐暮遺憂夷毀銷譽呼噏以補其氣繕嚼以
補其生凡此者皆志士仁人之所行非吾之所能也
若吾幸病不及死役不至身蓬藜旣滿方杜長者之
轍裁稼是諮自絕世豪之顧塵生牀帷苔積階月又
擔中山木時華月深池上海草歲榮日蔓且室閒軒
左幸有陳書十篋席隅與右頗得宿酒數壺披紱拭
徽雕方較石時復陳局露初奠爵星晚雖然不覺是

羲軒後也近春田三頃秋圃五畦若此無災山裝可
具候振飲之罷俟封勒之畢當敬觀邠酆肅笄伊鄗
傍眺燕隴邪履遼衛覓我周之軫迹弔他賢之憂天
當其少涉未休此欲但理實詭固物好交加或徵勢
而笑其言或觀謀而害其意夫楊朱以此猶見嗤於
梁人況才減楊子之器物甚魏君之意者哉若如漢
太宗之言李廣此固許天下之有才又知天下之時
非也豈若黨巷閭里之間忌見貞士之遭遇便爲是
臧獲傭人之徒爾士固願呈心於其主露奇於所歸
卿相未事也若廣者何用侯爲至乃復有致謁於爲

亂之口被訕於害正之徒心奇而無繇露事直而變
爲枉豈不痛哉豈不痛哉若足下可謂冠負日月藉
踐淵海心支身首無不通焰今復出入燕河交關塞
衛整笏振毫巳議於帷筵之上提鞭鳴劍復呵於軍
場之間身超每深恩之所集心動必明主之所亮可
不直議正身輔人君之過誤明目張膽謀軍家之得
失拔忠勇之將薦俊正之士此乃足下之所以報也
不爾便擐甲脩戈徘徊左右衛君王之身當馬首之
鏑關必固之壘交死進之戰使身分而主豫寇滅而
兵全此亦報之次也如是則繫匈奴於北闕無日矣

卜但默默窺寵而坐謂子有心敢書薄意朗之辭意倜儻類皆如此

羊希太山人吳郡陸法眞孝武世歷官有清節法眞嘗爲劉秀之安北錄事參軍希與安北諮議參軍孫詵書曰足下同僚似有陸錄事者此生東南明地又張玄外孫持身至清雅有志節年高位下秉操不衰許當日夕想申意

袁淑爲太子左衛率何尚之致仕於方山著退居賦以明所適而議者咸謂尚之不能固志淑與尚之書曰昨遣脩問承丈人已晦志山田雖曰年禮宜遵亦

事難期貴俾疎班邴魏通美於前策龔貢山衛淪慙乎曩篇規迫休告雪滌素懷冀爭幽之勸畢栖玄之適但淑逸操偏迥野性情滯果茲沖叙必沉樂忘歸然而邑議塗聞者謂丈人徽名未耗譽業方籍儻能先事康道降節殉務企南頻或屈儌此行永佚矣望眷有積約日無誤（尚之宅在南澗寺側故書云南頻毛詩所謂于以采蘋南澗之濱也）

南齊丘珍孫爲寧朔將軍時吳郡錢塘人褚伯玉有高世之行王僧達爲吳郡苦禮致之伯玉不得已停郡信宿裁交數言而退珍孫與僧達書曰聞褚先生出居貴館此子滅景雲棲不事王侯抗高木食有年載矣自非折節好賢何以致之昔文舉棲治城安道入目門於茲而三焉夫却粒之士餐霞之人乃可暫致不宜久羈君當思遂其高步成其羽化還築之日甆紆清塵亦願助爲譬說僧達答曰褚先生從白雲遊舊矣古之逸民或留慮兒女或使華陰成市而此子索然唯朋松石分於孤峯絕嶺者積數十載近故要其來此冀慰日夜比談討芝桂借訪荔蘿若已窺煙液臨滄洲矣知君欲見之輒當申譬

劉善明爲征虜將軍淮南宣城二郡太守善明少與崔祖思友善祖思出爲青冀二州善明遺書曰昔時

之遊于今邈矣或攜手春林或負杖秋澗逐清風於林杪追素月於園垂如何故人殂落殆盡足下方擁旄北服吾剖竹南甸相去千里間以江山人生如寄來會何時嘗覽書史數千年來畧在眼中矣歷代參差萬里同異夫龍虎風雲之氣亂極必夷之機古今豈殊此實一揆日者沈攸之擁長蛇於外粲秉復爲異識所推唯有京鎮創爲聖基遂乃擢吾爲首佐授吾以大郡付吾關中委吾留任既不辨有抽劒兩城之用橫槊搴旗之能徒以挈瓶小智名參佐命常恐朝露一下深恩不酬憂深責重轉不可據還視生世

倍無次緒藿羹布被猶篤鄙好惡色憎聲幕齡尤甚出藩不與台輔別入國不與公卿遊孤立天地之間無倚無託惟知奉上以忠事親以孝臨民以潔居家以儉足下今鳴笳舊鄉衣繡故國宋李荼毒之悲已蒙蘇泰關河倒懸之苦方須救拔遺游辯之生爲鄉導之使輕裝啟行經營舊壤令泗上歸業稷下還風君欲誰讓耶聊差諸心敬申貧贈

張融爲南陽王友融父暢先爲丞相長史義宣事難暢爲王玄謨所錄將殺之玄謨子瞻爲南陽王前軍長史融啟求去官不許融家貧願祿初與從叔征北

將軍永書曰融昔稱幼學早訓家風雖則不敏率以成性布衣葦席弱年所安簞食瓢飲不覺不樂但世業清貧人生多待榛栗棗脩女贄既長束帛禽鳥男禮已大勉身就官十年七仕不欲代耕何至此事昔求三失一丞雖屬舛錯今聞南康缺守應得爲之融不知階級階級亦可不知融政以求丞不得所以求郡求郡不得亦可復求丞又與吏部尚書王僧虔書曰融天地之逸民也進不辯貴退不知賤兀然造化忽如草木實以家貧累積孤寡傷心八姪俱孤二弟頓弱撫之而感古人所悲豈能山海陋祿申融情累阮籍愛東平土風融亦欣晉平閑外時議以融非御人才竟不果

張充爲武陵王友武帝欲以充父緒爲尚書僕射王儉執不可充以爲慍與儉書曰頃日路長霖霞韜晦涼暑未平想無虧攝充幸以漁釣之閑鎌採之暇時復引軸以自娛逍遙乎前史縱橫萬古動默之路多端紛綸百年升降之塗不一故金剛水柔性之別也圓行方止器之異也善御性者不違金水之質善爲器者不易方圓之用充生平少長偶不以利欲干懷三十六年差得以棲貧自澹介然之志峭聳霜崖確

乎之情峯橫海岸至如影纓天闕既謝廊廟之華綴組雲臺終愧衣冠之秀寔恥氣岸疎凝情塗狷褊獨師懷抱不見許於俗人孤秀神崖每邅迴於在世長羣魚鳥畢景松阿雖復玉沒於訪珪之辰桂掩於摟芳之日汎濫於漁父之遊偃息於卜居之會如此而已充何求哉若夫驚巖罩日吐海連天竦石崩尋分危落仞桂蘭綺靡叢雜於山幽松栢陰森相繞於澗側元卿於是乎不歸伯休亦以茲長往至於飛竿釣渚濯足滄州獨浪煙霞高臥風月悠悠琴酒岫遠誰來灼灼文言空擬方寸不覺鬱然千里路隔江川每

至西風何嘗不歎丈人歲路未彊學優而仕道佐蒼生功横海望可謂德盛當時孤松獨秀者也而茂陵之彦望冠蓋而長懷渭川之甿佇簪裾而竦歎得無惜乎充堤西百姓岱表一人鶩而衣耕而食不能事王侯覓知巳見造時人騁遊說客與於屠博之間其權甚矣然舉世皆謂充爲狂充亦何能與諸君道之哉是以披聞見掃心胷述平生論語默所可通夢亥魂推襟送抱者唯丈人而巳闕廷㝵阻書罷莫因儻遇樵夫妄塵執事倫以爲脫畧弗之重仍以書示緒緒杖之一百又爲御史中丞到僞所奏免官禁錮沈

約見其書歎曰充始爲之敗終爲之成久之爲司徒諮議參軍

梁陳伯之爲征南將軍江州刺史叛入魏魏以爲平南將軍光祿大夫天監四年詔太尉臨川王宏率軍北討宏命記室丘遲私與伯之書曰陳將軍足下無恙幸甚幸甚將軍勇冠三軍才爲世出棄鷰雀之小志慕鴻鵠以高翔昔因機變化遭逢明主立功立事開國承家朱輪華轂擁旄萬里何其壯也如何一旦爲奔亡之虜聞鳴鏑而股戰對穹廬以屈膝又何劣邪尋君去就之際非有他故直以不能內審諸巳外受流言沈迷猖蹷以至於此聖朝赦罪論功棄瑕錄用收赤心於天下安反側於萬物此將軍之所知不假僕一二談也朱鮪涉血於友于張繡傳刃於愛子漢主不以爲疑魏君待之若舊況將軍無昔人之罪而勳重於當世夫迷塗知反往哲是與不遠而復先典攸高主上屈法伸恩吞舟是漏將軍松柏不翦親戚安居高臺未傾愛妾尚在悠悠爾心亦何可言今功臣名將鴈行有序懷黃佩紫贊帷幄之謀乘軺建節奉疆埸之任並刑馬作誓傳之子孫將軍獨靦顏借命驅馳異域寧不哀哉夫以慕容超之彊身送東

市姚泓之盛面縛西都故知霜露所均不育異類姬漢舊邦無取雜種北虜僭盜中原多歷年所惡積禍盈理至燋爛況僞孽昏狡自相夷戮部落攜離酋豪猜貳方當繫頸蠻邸懸首藁街而將軍魚遊於沸鼎之中鷰巢於飛幕之上不亦惑乎暮春三月江南草長雜花生樹羣鶯亂飛見故國之旗鼓感平生於疇日撫弦登陴豈不愴悢所以廉公之思趙將吳子之泣西河人之情也將軍獨無情哉想早勵良圖自求多福伯之乃於壽陽擁衆八千歸

沈約爲尚書令侍中久處端揆有志台司時論咸謂

為宜而帝終不用乃求外出又不見許與徐勉素善遂以書陳情於勉曰吾弱年孤苦傍無朞屬往者將墜於地契濶迍邅困於朝夕崎嶇薄宦事非為已望得小祿傍此東歸歲逾十稔方忝襄陽縣公私情計非所了具以身資物不得不任人事永明末出守東陽意在止足而建武肇運人世膠加一去不返行之未易及昬猜之始王政多門因此謀退庶幾可果託卿布懷於徐令想記未忘聖道聿興謬逢嘉運往志宿心復成乖爽今歲開元禮年云至懸車之請事踰恩奪誠不能弘宣風政光闡朝猷尚欲討尋文簿時

議同異而開年以來病增慮切當躁生靈有限勞役過差攄此彫竭歸之暮年牽策行止努力祇事外觀傍覽尚似全人而形骸力用不相綜攝當須過自策持方可僶俛解衣一卧支體不復相關上熱下冷月增日篤取煖則煩加寒必利後差不及前差後劇必甚前劇百日數旬華帶當應移孔以手握臂率計月小半分以此推筭豈能支久若此不休日復一日將貽聖主不追之恨冐欲表聞乞歸老之秩若天假其年還得平健才力所堪唯思是策勉為言於高祖請三司之儀弗許但加鼓吹而已

伏挺字士標為西中郎記室參軍遂築室不復仕挺少有盛名又善處當世朝中勢素多與交遊故不能久事隱靜時僕射徐勉以疾假還宅挺致書以覩其意曰昔德士懷顧戀與數日輔嗣思友情勞一旬故知深心所係貴賤一也況復恩隆世親義重知已道庇生人德弘覆蓋而朝野懸隔山林邈殊雖咳唾時沾而顏色不覯東山之歎豈云旋復西風可懷孰能無思加以靜居廓處顧影莫酬秋風四起園林易色凉野寂寞寒蟲吟叫懷抱不可直置情慮不能無託時因吟詠動輙盈篇楊生沈鬱且猶覆盎惠子五車

彌多蹐駮一日聊呈小文不期過賞還逮隆渥累牘兼翰紙緘字磨誦復無已徒恨許與過當有傷准的昔子建不欲妄讚陳琳恐見哂後代今之過奢餘論將不有累清談挺竄迹草萊事絕聞見藉以謳謡得之輿牧仰承有事砭石仍成簡通娛腸悅耳稍從損落晏處榮觀務在滌除綺羅絲竹二列頓遣方丈員案三梧僅存故以道變區中情冲域外操彼弦誦貴茲觀省追留候之却粒念韓卿之辭榮睠想東都屬懷南岳鑽仰來貺有符下風雖云幸甚然則未喻雖復帝道康寧走馬行郄豨庚得所寅亮有歸悠悠之

人展氏猶且攘袂浩浯之泉寧叟方欲褰裳是知君子拯物義非徇已思與赤松子遊誰其克遂願驅之仁壽綏此多福雖則不言四時行焉然後黔首有庇薦紳靡奪白駒不在空谷屠羊豫蒙其賚豈不休哉豈不休哉昔杜眞自閉深室郎宗絶迹幽野難矣誠非所希井丹高潔相如慢世尚復遊涉權門雍容鄉邑嘗謂此道爲泰每竊慕之方念擁篲延思以陳倚者請至農隙無待邀求挺誠好屬文不會今世不能促節局步以應流俗事等昌菹謬稱嗜是用不羞固陋無悍龍門昔徽通之賞景卿孟公之知仲蔚止乎

通人猶稱盛美況在時宗彌爲未易近以蒲槧匆用箋素多闕聊效東方獻書丞相須得善寫更請潤訶儻逢子俟比復削牘勉報曰復覽來書累牘兼翰事苞出處言兼語默事義周悉意致深遠發函伸紙倍增慣歎卿雄州擢秀弱冠升朝穿綜百家佃漁六學覩眸表其韶慧視色見其英華若燕國之名駒邁雲中之白鶴及占顯邑試吏腴壤將有武城弦歌桐鄉謳詠豈與卓魯斷斷同年而語邪方當見賞長者良能有加寵授餙茲簪帶寘彼周行而欲遠慕卷舒用懷愚智旣知益之爲累爰悟滿則辭多高蹈風塵良

所欽挹沉以金商戒節素秋御序蕭條林野無人共樂偃卧墳籍遊浪儒玄物我兼忘寵辱誰滯誠乃歡羨用有殊同今遯聽旁求與懷舊宿白駒空谷幽人引領貪賤爲耻鳥獸難羣故當捐此薜蘿出從鵷鷺無乖隱顯不亦休哉吾智乏佐時才慙濟世稟承朝則不敢荒寧力弱途遙愧心非一天下有道堯人何事得因疲病念從閑逸若使車書混合尉候無驚作樂制禮紀石封山然後反服衡門實爲多幸但夙有風疢遘茲虛眩瘠類士安羸同長孺簿領沈廢臺閣未理娛耳爛腸因事而息非關欲追松子遠慕留侯

天假之年自當靖恭所職豈非倫匹良覺辭費覽復循環爽焉如失清塵獨遠白雲飄蕩依然何極猥降書札示之文翰覽復成誦流連縟紙昔仲宣才敏籍中郎而表譽正平頹篇賴北海以騰聲望古料今吾有慙德儻成卷帙力爲稱首無令獨耀隨掌空使辭人扼腕式聞顧見宜事掃門亦有來思赴其懸榻輕苔魚網別當以薦城闕之歎曷日無懷所遅萱蘇書不盡意挺後遂出仕

謝幾卿爲軍師長史免官時佐丞庾仲容亦免歸二人意志相得並肆情誕縱湘東王在荆鎮與書慰勉

之幾卿答曰下官自奉南浦卷迹東郊王望日臨風瞻言佇立仰尋惠渥陪奉遊宴漾桂櫂於清池席落英於曾岨蘭香兼御羽觴競集側聽餘論沐浴玄流濤波之辯懸河不足譬春藻之辭麗文無以定其不相顧動容服心騰口不覺春日爲遲更欲脩夜爲促嘉會難常摶雲易遠言念如昨忽焉素秋恩光不遺謝誦遠降因事罷歸豈云棲息旣匪高官理就一廛田家作苦實符清誨本乏金羈之飾無假玉璧爲資徒以老使形疏疾令心阻沈滯牀簟彌歷七旬夢幻俄頃憂傷在念竟知無意恩自祛遠尋理滌意即以

任命爲膏蘇覽鏡照形翻以支離代萱樹故得仰慕徽猷永言前哲鬼谷深棲接輿高舉遁名屠肆發迹關市其人緬邈餘流可想若令亡者有知寧不縈悲玄壤悵隔芳塵如其逝者可作必當昭被光景懽同遊豫使夫一介老圃得遂虛心末席去日已疏來侍未傷連劒飛鳧提非其類懷私我德竊用涕零

後魏元樹父咸陽王禧以逆見誅樹遂奔梁梁封爲鄴王時江陽王長子乂先納靈太后妹爲室及孝明嗣位太后臨朝乂爲侍中領軍威鎮內外及淮南王孫法僧爲徐州刺史乂以反逆奔梁樹於法僧書曰魏室不造姦豎擅朝社稷阽危綴旒非譬元乂險慝狼戾人倫不齒屬籍疎遠素無聞望特以太后姻婭早蒙寵擢曾不懷音公行反噬肆茲悖逆人神同憤自頃境土所傳皆云乂狼心蠆毒籍權位而日滋含忍諂詐與日月而彌甚無君之心非復一日篡逼之事旦暮必發抑又聞之夫名以出信信以制義山川隱疾且猶不以命名曰成師晉始兆亂求之史籍有自來矣元乂本名夜乂弟羅實名羅刹夜乂羅刹此鬼食人非遇黑風事同飄墮嗚呼魏境離此二災惡水盜泉不息不飲勝名梟稱不入不爲況昆季此名

表能噬物日靈又矣始信斯言況乃母后幽辱繼王冢塵釋位揮戈言謀王室不在今日何謂人臣諸賢或奕世載德或將相繼踵或受任累朝或職居機要或姻戚匪他或忠義是秉俛眉逆手見制凶威臣節未申念有勤悴又門乂專政億兆離德重以歲時災厲年年水旱牛馬殪踣桑石焦枯饑饉相仍菜色滿道妖災造譴人皆姑息灑澗西北羌戎陸梁泗汴左右戍漕流離加以剖斮忠賢殲殄宗室哀彼本邦一朝橫潰今旣率師將除君側區區之懷庶令冠屨得所大憝同必誅之戮魏祀無忽諸之非又爲遠近所

惡如此

宋欽拜著作郎欽與高允書允答書曰頃因行李足下高問延佇之心爲日傾久王途敌一得叙其懷欣於相遇情無有已足下兼愛爲心每能存顧養之以風味惠之以德音執翫反覆銘於心抱吾少乏尋嘗之操長無老成之致而來諭褒飾有過其分今令在詩一篇誠不足以摽明來旨且表其心

莊弼中山人張普惠爲諫議奏以胡太后父有太上之名普惠思直諫排其議於是弼遺書普惠明日候淵儒碩學身負大才秉此公方來居諫職蹇蹇如也

誇誇如也一昨承胡司徒弟當庭面諍雖問難鋒至而應對響出宋城之帶始縈魯門之析裁譬終使羣后逡巡庶僚咸拱雖不見用於一時固欲傳美於百代聞風快然敬裁此日普惠美其此書每爲口實

北齊王晞累辟不赴西魏將獨孤信入雒署爲記室晞稱先被犬傷困篤不赴有故人疑其所傷非御書勸令赴晞復書曰辱告存念見令起疾循復眷旨似疑以吾所傷未必是御吾豈顧其必御但理契無疑爾就足下疑之亦有過說足下旣疑其非御亦可疑其是御其疑半矣若疑其是御而營護雖非御亦無損疑其非御而不療儻是御則難救然則過療則致萬全過不療或至於死若王晞無可惜也則不足取旣取之便是可惜柰何奪其萬全任其或死且將軍威德所被飈飛霧襲方掩八紘豈在一介若必從陋始先須齊其生靈足下何不從容爲將軍言也於是方得寬俄而信返晞遂歸鄴

後周王褒字子淵自梁歸國甚爲武帝禮遇爲少司空仍掌綸誥初褒與梁處士汝南周弘讓相善及兄弘正自陳來聘高祖許褒等通親知音問褒贈弘讓詩并致書曰嗣宗窮途楊朱岐路征蓬長逝流水不

歸舒慘殊方炎涼異節木皮春厚桂樹冬榮想攝衛惟宜動靜多務賢兄入關敬承欵曲猶依杜陵之水尚保池陽之田鏟迹幽蹊銷聲窮谷何期愉樂幸甚幸甚弟昔因多疾亟覽九仙之方晚涉世途嘗懷五嶽之舉同夫關令物色異人譬彼客卿服膺高士上經說道屢聽玄牝之談中藥養神每稟丹砂之說頃年事業遒盡容髮衰謝芸其黃矣零落無時還念生涯繁憂總集是視陰愒日猶趙孟之徂年負杖行吟同劉琨之積慘河陽北臨空思鞏縣霸陵南望還見長安所冀書生之魂來依舊里射聲之鬼無恨他鄉

白雲在天長離别矣會見之期邈無日矣援筆攬紙龍鍾横集弘諒復書曰甚矣悲哉此之爲别也雲飛泥沈金鑠簡滅玉音不嗣瑶華莫因家兄至自鎬京致書於窮谷故人之迹有如對面開題申紙流臉沾膝江南燠熱橘柚冬青渭北沍寒楊榆晚葉土風氣候冬集所安飱衛適時寢與多福甚喜與弟分袂西陝言及東區雖保周陂還依蔣徑三姜離析二仲不歸麋鹿爲曹更多悲緒丹經在握貧病莫諧芝木可求嘗爲採掇昔吾壯日及弟富年俱值雍熙並歡衛泌南風雅操清商妙曲弦琴促坐無乏晉晨玉灑金

獲冀獲難老不眞一旦棚覆波瀾吾已惆陰弟非茂齒侖尚之契各在天涯永念生平難爲胷臆且當視陰數箭排愁破涕人生樂爾憂慼何爲豈能遽悲次房遊魂不逐遠傷金產骸柩無託但願愛玉體珍金相保期頤享黄髮猶冀蒼鴈頳鯉時傳尺素清風朗月俱寄相思子淵長離别矣握管操觚聲淚俱咽

册府元龜

巡按福建監察御史臣李嗣京　訂正

分守建南道左布政使臣胡維霖　參閲

知建陽縣事臣黄國琦　較釋

總録部

疾疹　禳厭　假告

疾疹

夫人肖天地而生含五行之氣故陰陽不和神靈不清則百疾生焉是故洪範謂之六極墨子記其多方若繇此而去軒冕之途絶婚姻之禮終身沈痾至於

短折死若此乃仲尼與斯疾之感衛疾有將殺之惡良可悲也

魯季孫行父禿

晉郤克眇

衛孫良夫跛

曹公子手僂

荀偃卿也癉疽生瘍於頭（癉疽惡瘡）病目出

齊景公疥遂痁（痁瘧疾）期而不瘳

卜商字子夏夫子弟子哭子而喪其明

衛縶不立惡疾也（縶衛侯之兄）

冉伯牛魯人有疾孔子問之自牖執其手曰亡之命矣夫斯人也而有斯疾也斯人也而有斯疾也（再言之者痛惜之甚）

褚師聲子衛大夫衛侯爲靈臺于籍圃與諸大夫飲酒焉聲子韈而登席（古者見君解韈）公怒辭曰臣有疾異於人（足有瘡疾）若見之君將㱀之（㱀嘔吐也）

左丘明魯人失明

漢杜欽目偏盲茂陵杜鄴與欽同姓字俱以材能稱京師故衣冠謂欽爲盲杜子夏以相别欽惡以疾見詆乃爲小冠高廣財二寸由是京師更謂欽爲小冠

杜子夏而鄴爲大冠杜子夏欽優游不仕以壽終

司馬相如口吃而善著書常有消渴病常稱疾閒居不慕官爵

馮立爲東海太守下溼病痺武帝聞之徙爲平原太守

班伯成帝時爲定襄太守徵道病中風既至以侍中光禄大夫養病

後漢李通素有消病自爲宰相謝病不視事

景丹爲驃騎大將軍從光武至懷病瘧在上前瘧發帝曰聞壯士不瘧漢大將軍反瘧病耶

杜篤仕爲郡文學掾以目疾二十餘年不窺京師

魏鍾繇有膝疾位至太傅

卞蘭苦酒消渴疾位至游擊將軍散騎常侍

丁儀字正禮沛郡人也太祖聞儀爲令士雖未見欲以愛女妻之以問五官將五官將曰女人觀貌而正禮目不便誠恐愛女未必悅也以爲不如與伏波子楙太祖從之尋辟儀爲掾到與議論嘉其才朗曰丁掾好士也卽使其兩目盲尚當與女何況但眇乎仕爲右刺姦

賈逵爲弘農太守後爲太祖丞相主簿逵前在弘農

與較尉爭公事不得理乃發憤生癭後所病稍大自啓欲割之太祖惜逵恐其不活教謝主簿吾聞十人割癭九人死逵猶行其意而癭愈大

晉杜預患癭位至鎮南將軍

王戎先有吐疾居喪增甚帝遣醫療之幷賜藥物又斷賓客位至司徒

樂廣字彥輔爲侍中河南尹嘗有親客久闊不復來廣問其故答曰前在坐蒙賜酒方欲飲見盃中有蛇意甚惡之旣飲而疾于時河南聽事壁上有角漆畫作蛇廣意盃中蛇卽角影也復置酒於前處謂客曰酒中復有所見不答所見如初廣乃告其所以客豁然意解沉痾頓愈

裴楷有渴利疾位至中書令加侍中

皇甫謐字士安因病服寒食散而性與之忤每委頓不倫嘗悲恚叩刃欲自殺叔母諫之而止謐嘗上疏曰久嬰篤疾軀半不任又腳偏小十有九載又服寒食藥違錯節度辛苦荼毒于今七年隆冬裸袒食冰當暑煩悶加以咳逆或若溫瘧或類傷寒浮氣流腫四肢酸重於今困劣終不仕

趙孟字長舒善清談其面有疵黯諸事不決皆言當

問疵面也

山玄山允皆濤之子玄不仕允爲奉車都尉並少尫病形甚短小而聰敏過人武帝聞而欲見之濤不敢辭以問於允允自以尫陋不肯行濤以爲勝己乃表曰臣二子尫病宜絕人事不敢受詔

庾袞字叔褒州郡交命皆不降志入林慮山中塗眩隕倚巖而坐枉杖將起跌墜崖而卒

謝安字安石本能爲洛下書生詠有鼻疾故其音濁名流愛其詠而不能及或手掩鼻以斆之位至太傅

王胡之字脩齡弱冠官有聲譽歷郡守侍中丹陽尹

素有風眩疾發動甚數而神明不損
魏詠之生而兔缺仕至荆州刺史
殷仲堪吏部尚書師之子也父嘗患耳聰聞牀下蟻動謂之牛鬭病積年仲堪爲晉陵太守衣不解帶執藥揮淚遂眇一目
習鑿齒爲桓溫荆州別駕以脚疾遂廢於里巷及襄陽陷於苻堅堅素聞其名與釋道安俱輿而至焉旣見與語大悅之賜遺甚厚又以其蹇疾與諸鎭書曰昔晉氏平吳利在二陸今破漢南獲士裁一人有半爾

宋何尚之爲臨津令高祖領征南將軍補府主簿從政長安以公事免還都因忠勞病積年飲婦人乳乃得差
謝述有心虛疾性理時或乖謬除吳郡太守以疾不之官
南齊巴陵王寶義爲楊州封晉安王寶義少有癈疾不堪出入故帝加除授仍以始安王遙光代之轉寶義爲右將軍領兵置佐鎭石頭
梁周興嗣爲給事中兩手先患風疽是年又染癘疾左目盲高祖撫其手嗟曰斯人也而有斯疾手疏治疽方以賜之其見惜如此任昉又愛其才嘗言曰周興嗣若無疾旬日當至御史中丞
何點少時嘗患渴
陳徐世譜爲光祿大夫尋以疾失明謝病不朝
後魏李諧爲人短小六指因癭而學顧因跛而緩步因謇而徐言人言李諧善用三短
長孫子彥末年疾發舉體生瘡雖親戚兄弟以爲惡疾子彥曰惡疾如此難以自明世無良醫吾其死矣嘗聞惡疾蝮蛇螫之不痛試爲求之當令兄弟知我乃於南山得蛇以股觸之痛楚號叫俄而腫死

北齊西河王仁幾生而無骨不自支持
李廣字弘基范陽人也文宣天保初欲以爲中書郎遇疾資產屢空藥石無繼廣雅有鑒識度量弘遠坦平無私爲士流所愛歲時共贍遺之賴以自給竟以疾終
唐鄧玄挺患消渴人因號爲鄧渴
封嘗清細瘦白額脚短而跛
盧炤鄰爲新都尉因染風疾去官處大白山中以服餌爲事後疾轉篤徙居陽翟之具茨山著釋疾文五悲等詞頗有騷人之風甚爲文事所重照鄰旣沈痼

攣癈不堪其苦嘗與親屬執別遂自投潁水而死
李洧正已之從父也正已死其子納犯宋州洧以其州歸順無何背發疽得稍平乃大具糜餅飯僧於市洧乘平肩輿自臨其場市人歡呼洧驚疽潰於背而卒贈左僕射
漢張流爲翰林學士流雖瞶疾出入金門五六年隱帝未陽史遇害翼日流方知之聽猶未審忽問同僚曰竊知盜殺史公其盜獲否是時恂懼之次聞者笑之

禳厭

天災流行歷代時有禳禬之術往往册攸傳蓋天因咎徵之或興以厭當而爲法六祈之義所以號變而徵福五行之氣所以克勝而造至斯乃祝祉祿而求永貞者也則有識洞幾微藝臻高妙明春秋之祥異辨洪範之徵符不假命龜如指諸掌若乃五材汨亂六極交作孽非自搆殃錄外與錄是稽考休嘉式昭康靖厭應如響信而有徵其或命屯數奇失德踰矩敗類致慝蹈非速禍雖鑿巫祝之修其可以救歟
漢董仲舒爲江都相治國以春秋災異之變推陰陽所以錯行故求雨閉諸陽縱諸陰祈止雨反是若閉南門禁舉火及開北門水灑人之類是也行之一國未嘗不得所欲
勇之越巫也史失其名武帝時栢梁災勇之曰越國有火災即復大起宮室以厭勝之帝於是作建章宮度爲千門萬戶
賈惠河陽人爲河內掾邑人息夫躬以宜陵侯就國未有第宅寄居丘亭丘空亭也姦人以爲侯家富嘗夜守之謂欲盜之伺其便惠往過躬教以祝盜方以桑東南指穀伎爲匕畫北斗七星其上躬夜自被髮立中庭向北斗持匕招指祝盜或招或指所以求福排禍也
後漢郭憲光武建武七年爲光祿勳從駕南郊憲在

位忽回向東北含酒一二潠執法奏爲不敬詔問其故憲對曰齊國失火故以此厭之後齊果上火災與郊同日
高獲字敬公汝南新息人郡境大旱獲素善天文曉遁甲能役使鬼神太守鮑昱自往問何以致雨獲曰急罷三部督郵明府當自北出到三十里亭祠雨可致也昱從之果得大雨
楊統章帝時爲彭城令一州大旱統推陰陽消伏縣界蒙澤太守宗湛使統爲郡求雨亦即降澍
樊英字秀齊南陽魯陽人隱于壺山之陽嘗有暴風

從西方起英謂學者曰成都市火甚盛因含水西向潄之乃令記其日客後從蜀來云是日大火有黑雲卒從東起須臾大雨火遂得滅於是天下稱其術

郎顗北海人順帝時公車徵使對尚書顗對曰臣竊見去年閏十月十七日己丑夜有白氣從西方天苑趨左右入玉井數日乃滅金精之變責歸上司（上司大司馬也建武二十七年改爲大尉韓詩外傳曰司馬主天陰陽不調星辰失度責之司馬故云責歸上司也）宜以五月丙午遣太尉服干戚建井旟（干楯也戚斧也西方主兵故太尉執持楯斧所以厭金氣也井南方火宿也烏隼曰旟也以火勝金故書弁星之文於旟而建之也）書玉版之策引白氣之異（書祝辭於玉版也）於西郊責躬求

愆謝咎皇天消滅妖氣蓋以火勝金轉災爲福也（以五月丙午日火勝金也）

欒巴爲尚書正朝大會巴獨後到又飲酒西南噀之有司奏巴不敬有詔問巴巴頓首謝曰臣本縣成都市失火臣故因酒爲雨以滅火臣不敢不敬詔即以驛書問成都成都答言正旦大失火于時有雨從東北來火乃息雨皆酒臭

趙彥琅邪人少有學術桓帝時琅邪賊勞丙與太山賊叔孫無忌攻沒琅邪朝廷以宗資爲討寇中郎將督州郡兵合討彥爲陳孤虛之法以賊屯在莒莒有五陽之地（謂城陽南陽南武陽開陽陽都安陽並近莒）宜發五陽郡兵（郡名有陽謂山陽庸陽漢陽酉陽丹陽郡之類）從孤擊虛以討之資具以狀上詔書遣五陽兵到彥推遁甲教以時進兵一戰破賊

晉郭璞洞五行天文卜筮之術禳災轉禍通致無方王導引參己軍事導嘗令作卦璞言公有震厄可命駕西出數十里得一栢樹截斷如身長置寢處災可消矣導從其言數日果震栢木粉碎桓彝與璞友善彝每造或值璞在婦間便入璞曰卿來它處自可徑前但不可厠上相尋爾必主客有殃彝後因醉詣璞正逢在厠掩而覸之見璞裸身披髮銜刀設醊璞見

彝撫心大驚曰吾每屬卿勿來反更如是非但禍吾卿亦不免矣天實爲之將以誰咎璞終嬰王敦之禍彝亦死蘇峻之難

嚴卿善卜筮魏序欲東行卿筮曰君慎不可東行必遭暴害之氣而非劫也序不之信卿曰既不必停宜以禳之可索西郭外獨母家白雄狗繫着船前求索止得駮狗無白者卿曰駮者亦是然猶恨其色不純當餘小毒正及六畜輩爾無所復憂序行半路狗忽然作聲甚急如有人打之者比視已死吐黑血斗餘其夕序墅上白鵝數頭無故自死而序家無恙

淳于智字叔平善厭勝之術高平劉柔夜臥鼠嚙其左手中指以問智智曰是欲殺君而不能當爲君使其反死乃以朱書手横腕文後三寸作田字辟方一寸二分使露手以臥明旦有大鼠伏死手前譙人夏侯藻母病困詣智卜忽有一狐當門向之嗥藻怖愕馳見智智曰其禍甚急速君歸在狐嗥處拊心啼哭令家人驚怪大小必出一人不出哭忽止然後其禍可救也藻還如其言母亦扶病而出家人既集堂屋五間拉然而崩應詹少亦多病智乃爲符使詹佩之誦其文既而皆驗莫能學也上黨鮑瑗家多喪病貧

苦智乃爲卦卦成曰君安宅失宜故令君困君舍東北有大桑樹君徑至市入門數十步當有一人持荆馬鞭者就買以懸此樹三年當暴得財瑗承言詣市果得馬鞭懸之三年浚井得錢數十萬銅鐵器復二十餘萬於是致贍疾者亦愈

韓友字景先善京費厭勝之術龍舒長鄧林婦病積年垂死醫巫皆息意友爲筮之使畫作野豬著臥處屏風上一宿覺佳於是遂差舒縣廷掾王睦病死已復魄友爲筮之令以丹書版作日月置牀頭又以豹皮馬郭泥臥上立愈劉世則女病魅積年巫爲攻禱伐空冢故城間得狸鼉數十病猶不差友筮之命作布囊依女發時張囊著牕牖間有閉戶作氣若有所驅斯須之間見囊大脹如吹因决敗之女仍大發友乃更作皮囊二枚沓張之施張如前囊復脹滿因急縛囊口懸著樹二十許日漸消開視有二斤狐毛女遂差宣城邊洪以四月中旬就友卜家中安否友曰卿家有兵殃其禍甚重可伐七十束柴積於庚地至七月丁酉放火燒之咎可消也不然其凶難定洪即聚柴至日大風不敢發火後爲廣陵領較遭母喪歸家其夜洪欻發狂絞殺兩子并殺婦又斫父妾二人

皆被創因出亡走明日其宗族往收殯亡者尋索洪數日於宅前林中得之已自經死

玄文河間人也宋高祖圍慕容超其尚書令董銳勸超出降超大怒繫之於獄於是賀賴盧公孫五樓爲地道出戰王師不利玄文說高祖曰昔趙攻曹嶷望氣者以爲澠水帶城非可攻拔若塞五龍口城必自陷石季龍從之而嶷請降後慕容恪之圍段龕亦如之而龕降降後無幾又震開之今舊基猶在可塞之高祖從其言至城中男女患脚弱病者大半

南齊顧歡解陰陽書爲數術多效驗病邪者問歡歡

曰家中有書否曰唯有孝經歎曰可取置病人枕邊恭敬之自差病者果愈人問其故答曰善禳惡正勝邪此病者所以差也

梁伯人方士也武陵王紀反舉岷蜀之衆由外水而下湘東王命伯人於長州苑板上畫紀形象親下鐵釘于支體以厭之

後魏王早明陰陽九宮明元時喪亂之後多相殺害有人詣早求問勝術早爲設法令各無咎由是州里稱之

北齊綦母懷文以道術知名東魏時高祖與周文戰

於邙山是時官軍旗幟盡赤西軍盡黑懷文言於高祖曰赤火色黑是水色水能滅火不宜以赤對黑土勝水宜改爲黄高祖遂改爲黄所謂河陽幡者也

斛律羡爲幽州道行臺僕射兄光爲祖珽等誣其謀反後主詔盡滅其宗族羡未誅前忽令其在州諸子自伏護以下五六人鎖頸乘驢出城合家皆泣送之至閭日晚而歸吏民莫不驚異燕郡守馬嗣明醫術之士爲羡所欽愛乃竊問之答曰須有禳厭數日而有此變

隋蕭吉善陰陽算術房陵王時爲太子言東宮多鬼鼠妖數見高祖令吉詣東宮禳邪氣於宣慈殿設神座有廻風從艮地鬼門來掃太子座吉以桃湯葦火驅之風出宮門而止又謝土於未地設壇爲四門置五帝座于時至寒有蝦蟇夜從西南來入門升赤帝座還從入門而出行數尺忽然不見高祖大異之賞賜優洽又上言太子當不安位時帝陰欲廢立得其言是之由此每被顧問

王輔賢新豐人房陵王爲太子知皇后遣陽素金始有廢立之意輔賢曰白虹貫東宮門太白襲月皇太子廢退之象也以銅鐵五兵造諸厭勝又於後園之

内作庶人村屋宇卑陋太子時於中寢息布衣草褥冀以當之

唐劉王文靜高祖武德二年爲戶部尚書其家中妖怪數見弟文起憂之遂召巫者於星月之下披髪銜刀爲厭勝之法其愛妾失寵以狀告其兄妾兄上變故誅焉

李抱真貞元中爲昭義軍節度使以久疾爲巫祝所惑請降爵以禳之章奏凡七上辭甚切至德宗難違之故自簡較司空而授僕射

假告

急告寧休皆假名也說者云吉日告凶日寧然而五日一休始於漢律一月五急著於晉令又若予賜之典所以優禮大臣取請之文所以俯從私願至乃歲時令節多遂歡娛公府餘閑頻得澣沐蔚爲人澤率由舊章其有省親故留移疾當解或坐稽違之責或規避事之尤悉著于篇以懲不恪

漢石慶爲丞相武帝元封四年關東流民二百萬口無名數老四十萬公卿議欲徙流民於邊以適之帝以爲慶老謹不欲與其議乃賜丞相告歸而案御史大夫以下

汲黯字長儒爲主爵都尉多病病且滿者三月武帝常賜告者數終不愈最後嚴助爲請告

馮野王成帝時爲琅邪太守帝長舅大司馬大將軍王鳳顓權野王懼不自安遂病滿三月賜告與妻子歸杜陵就醫藥鳳風御史中丞劾奏野王賜告養病而私自便（便安也）持虎符出界歸家奉詔不敬杜欽時在將軍幕府欽素高野王父子行能奏記於鳳爲野王言曰竊見今月吏二千石告過長安謁（謁者自白得告也律吏二千石以上告歸寧道不過行在者便道之官無辭）不分別予賜（予予告也賜賜告也）今有司以爲予告得歸賜告不得是一律兩科失省刑之意（省減也）夫三最予告令也（在官連有三最則得予告也）病滿三月賜告詔恩也今告詔恩不得失輕重之差又二千石病賜告得歸有故事不得去郡亡著令（律施行無不得去郡之文也）傳曰賞疑從予所以廣恩勸功也（疑當賞不當賞則與之疑厚薄則從厚）罰疑從去所以慎刑闕難知也（疑當罰不當罰則赦之疑輕重則從輕）今釋令與故事而假不敬之法也（釋廢棄也假謂假託法律而致其罪也）甚違闕疑從去之意即以二千石守千里之地任兵馬之重不宜去郡將以制刑爲後法者則野王之罪在未制令前也刑賞大信不可不慎鳳不聽竟免野王郡國二千石病賜告不得歸家自此

始

後漢許荊字子張會稽人家貧爲吏無有船車休假嘗單步荷擔上下爲節稱於鄉里

魏李豐齊王芳時爲侍中尚書僕射豐在臺省嘗多託疾時臺制疾滿百日當解祿豐病未滿數十日輒暫起以復臥如是數歲

王思正始中爲大司農年老目暗又少信時有吏文病篤近在外舍自白求假思疑其不實發怒曰世有思婦病母者豈此謂乎遂不與假吏父明日死思無悵意

晉王戹（音戹）字孝孫城陽人也初爲護軍府軍士胡毋
輔之與瑯邪王澄北地傅暢中山劉輿頴川荀邃河
東裴遐等持羊酒詣軍門吏疏名呈護軍護軍日諸
名士持羊酒來將有以也戹時以給府養馬輔之等
入戹遂坐馬廄下與炙羊飲酒醉飽而去竟不見護
軍護軍大驚即與戹長假因免爲兵
宋王悛之文帝時爲祕書郎父敬弘爲會稽郡守悛
之曾請假還家未定省敬弘尅日見之至輙不果見
假日將盡悛之乞求奉辭敬弘呼前至閤復不見
謝靈運爲侍中自以名輩應參時政王曇首王華等

名位素不踰之竝見任遇意不平多稱疾不朝直出
郭遊行或一百六七十里經旬不歸旣不表聞又不
請急文帝不欲傷大臣諷旨令自解靈運表陳病賜
假東歸
庾炳之爲吏部尚書居選部請急還家尚書令史來
諮事一人善彈一人工歌留輿宿有司舉違制奏焉
唐張重光爲華州刺史代宗大暦三年以病抗疏乞
還京師醫療許之乃遣中使如其第問疾
嚴綬爲簡較司徒兼太子少傅穆宗長慶二年四月
御史臺奏綬疾假滿百日合停勑嚴綬年位俱高須
加優異仍依舊秩未傳舉停
郭鏦爲右金吾衛將軍長慶二年六月疾假滿百日
帝以仲舅許未停官
崔從爲太子賓客分司東都文宗太和四年三月甲
申留守崔弘禮奏從請假一百日准式停官
梁盧格爲侍御史太祖乾化二年御史臺奏格先請
患假滿一百日准例合停從之
後唐盧導爲右司郎中知雜事明宗天成二年八月
假滿百日奉勑停官
安重誨爲樞密使天成四年奏堂兄應州副使晟卒

請准式假有司給假一十五日勑旨重誨位重禁庭
日親機務與群官之有異在甞式以難拘宜自初聞
日共給七日
李遘爲司天少監長興二年二月戊戌御史臺奏遘
請假滿十旬准前例合停官從之
王昭誨爲司農少卿長興二年七月乙巳御史臺奏
昭誨自寒食請假歸鎮州灑掃已滿百日准例停官
勑旨王昭誨方念繼絶特授殊恩乆別丘園許歸祭
奠雖違假限宜示優弘不停見任

冊府元龜

巡按福建監察御史臣李嗣京訂正

知長樂縣事臣夏允彝參閱

知建陽縣事臣黃國琦較釋

總錄部三百五十七

薄葬

夫葬也者藏也藏也者欲人之不得見也及夫易之大過著棺槨之象周之冢人爲丘封之制乃有衣衾飯食芻靈明器之物爲之差降以辨其貴賤焉慎終之禮於是乎在觀夫歷代而下智識之士莫不念反

真速朽之理思過侈傷生之異故以冒榮爲愧或以愛民爲念或激昂忠款形憂國之言或奮厲奇節成矯俗之過至有死非其罪發於感憤志有所存著乎治命皆賢達卓爾之操可以垂世而作範焉若乃儉不中禮偪下已甚此固異夫仲尼所謂稱家之有無者也

成子高寢疾（成子高齊大夫國成伯高父也）慶遺入請曰子之病革矣如至乎大病則如之何（觀其意革急也遺慶封之族）子高曰吾聞之也生有益於人死不害於人吾縱生無益於人吾何以死害於人乎哉我死則擇不食之地而葬我焉（不食不墾）

延陵季子吳公子也適齊於其反也其長子死葬於嬴博之間（季子名札魯昭二十七年吳公子札聘於上國是也季子讓國居延陵因號焉春秋傳謂延陵延州來嬴博齊地今泰山縣也）孔子曰延陵季子吳之習於禮者也往而觀其葬焉（往弔之）其坎深不至於泉（以生如死）其斂以時服（以行時之服不收制節）既葬而封廣輪揜坎其高可隱也（示節也輪從也隱據也封可手據謂高四尺許）

晏子齊大夫晏子之葬親也遣車一乘及墓而反（言其大儉偪下非之言其既定則歸不留賓客有事也）

漢張湯爲御史大夫坐爲長史朱買臣等所構自殺

兄弟欲厚葬之母曰湯爲天子大臣被惡言死何厚葬爲載以牛車有棺無槨

楊王孫者孝武時人也學黃老之術家累千金厚自奉養生亡所不致及病且終先令其子曰吾欲臝葬以反吾真（臝者不爲衣衾棺槨反歸也真者自然之道也）必亡易吾意死則爲布囊盛尸入地七尺既下從足引脫其囊以身親土其子欲默而不從重廢父命（重難）欲從之心又不忍乃往見王孫友人祁侯（祁侯繒賀之孫承嗣者名它）祁侯與王孫書曰王孫若疾僕迫從上祠雍未得詣前（詣至也至前言未見也）願存精神省思慮進醫藥厚自持竊聞王孫先令

羸葬令死者亡知則已若其有知是戮尸地下將羸見先人竊爲王孫不取也且孝經曰爲之棺椁衣衾是亦聖人之遺制何必區區獨守所聞願王孫察焉王孫報曰蓋聞古之聖王緣人情不忍其親故爲制禮今則越之（言踰禮而厚葬也）吾是以羸葬將以矯俗也夫厚葬誠亡益於死者而俗人競以相高靡財單弊腐之地下（靡散也單盡也）或乃今日入而明日發此真與暴骸於中野何異且夫死者終生之化而物之歸者也歸者得至化者得變是物各反其真也反真冥冥亡形亡聲乃合道情夫飾外以華衆厚葬以鬲真使歸者

不得至化者不得變是使物各失其所也且吾聞之精神者天之有也形骸者地之有也（文子稱天氣爲魂延陵季云骨肉下歸於土是以云然）精神離形各歸其真故爲之鬼鬼之爲言歸也其尸塊然獨處豈有知哉裹以幣帛鬲以棺椁支體絡束口含玉石欲化不得鬱爲枯腊千載之後棺椁朽腐乃得歸土就其真宅繇是言之焉用久客（言不用久爲客也）昔帝堯之葬也窾木爲匱葛藟爲緘（空木爲匱即櫝字也櫝小棺也葛藟蔓也一曰藟以草名葛之類也緘束也）其穿下不亂泉上不泄殠故聖王生易尚死易葬也（尚崇也言生死皆儉約也）不加功於亡用不損財於亡謂（謂名稱也亦消遥也）今費財厚葬留歸鬲至死者不知生者不得是謂重惑於戲吾不爲也祁侯曰善遂羸葬

朱雲初爲博士杜陵令後居鄠田病不呼醫藥遺言以身服斂棺周於身土周於椁（棺周於身小棺裁容身也土周於椁冢壙裁容椁也）爲丈五墳葬平陵東郭外

龔勝爲光祿大夫臨卒勑以棺斂喪事衣周於身棺周於衣勿隨俗動吾冢種柏作祠堂（若葬多設器備則恐被掘故云動吾冢也亦不得種柏及作祠堂皆不隨俗）

何並爲潁川太守疾病召丞掾作先令書（先爲令書）曰告子恢吾生素餐日久死雖當得法賻勿受（公食吏死官得法賻

凡贈終者布帛曰賻）葬爲小椁亶容下棺（禮三重椁趙簡子曰不設屬辟下卿之罰也或曰但下棺無餘器物也言止作小椁纔容下棺而已無令高大也）恢如父言

後漢樊宏爲壽張侯卒遺勑薄葬一無所有以爲棺柩一藏不宜復見如有腐敗傷孝子之心使與夫人同墳異藏光武善其令以書示百官因曰今不順壽張侯意無以彰其德謚爲恭侯

吳漢爲大司馬夫人先死薄斂小墳不作祠堂

王堂爲汝南太守免歸家卒遺令薄斂瓦棺以葬

張酺爲司徒病臨危勑其子曰顯節陵掃地露祭欲率天下以儉吾爲三公旣不能宣揚王化令吏人從

制豈可不務節約乎其無起祠堂可作槀蓋廡施祭
其下而已
祭遵爲征虜將軍臨死遺誡牛車載喪薄葬雒陽
鄭玄卒遺令薄葬
鄧訓爲護羌校尉三子悝弘閶竝太后弟也弘疾病
遺言悉以常服不得用錦衣玉匣悝閶相繼竝卒皆
遺言薄葬不受爵贈太后竝從之
張霸爲侍中疾卒遺勑諸子曰昔延州使齊子死嬴
博因坎路側遂以葬焉今蜀道阻遠不宜歸塋可止
此葬足藏髮齒而已務遵速朽副我本心人生一世

但當畏敬於人若不善加已直爲受之諸子承命葬
於河南梁縣因遂家焉
周磐字堅伯學古文尚書洪範五行初爲重合令後
棄官歸鄉里教授門徒嘗千人年七十三歲朝會集
諸生講論終日因令其二子曰吾日者夢見先師東
里先生與我講於陰堂之奥東南隅謂之奥堂幽暗之室又入其奥死之象
也旣而長嘆豈吾齒之盡乎若命終之日桐棺足以
周身外椁足以周棺斂形懸封濯衣幅巾編二尺四
寸簡寫堯典一篇幷刀筆各一以置棺前示不忘聖
道其月望日無病忽終學者以爲知命焉

趙岐爲太常將卒先自爲壽藏壽藏謂冢壙也稱壽者取其久遠之意也
猶如壽官壽器之類冢在今荆州古郢城中也圖季札子產晏嬰叔向四像
居賓位又自畫其像居主位皆爲讚頌勑其子曰我
死之日墓中聚沙爲牀布簟白衣散髮其上覆以單
被卽日便下下訖便掩
趙咨爲議郎抗疾京師將終告其故吏朱祇蕭建等
使薄斂素棺籍以黃壤欲令速朽早歸后土不聽子
孫改之乃遺書勑子胤曰夫含氣之倫有生必終蓋
天地之常期自然之至數是以通人達士鑒兹性命
以存亡爲晦明生死爲朝夕故其生也不爲娛亡也

不知慼夫亡者元氣去體身魂游散反素復始歸於
無端旣已消仆還合糞土土爲棄物豈有性情而欲
制其厚薄調其燥濕邪但以生者之情不忍見形之
毁乃有掩骼埋窆之制易曰古之葬者衣之以薪藏
之中野後世聖人易之以棺椁棺椁之造自黃帝始
爰自陶唐逮及虞夏猶尚簡樸或瓦或木及至殷人
而有加焉周室因之制兼二代復重以牆翣之飾表
以旌銘之儀招復含斂之禮殯葬宅兆之期棺椁周
重之制衣衾稱襲之數其事煩而害實品物碎而難
備然而秩爵異級貴賤殊等自成康以下其典稍乖

至於戰國漸至頹陵法度衰毁上下僭雜終使晉侯請隧秦伯殉葬陳大夫設參門之木宋司馬造石椁之奢爰暨暴秦違道廢德滅三代之制興淫邪之法國貲糜於三泉人力單於酈墓玩好窮於糞土伎巧費於窀穸自生民以來厚終之敝未有若此者雖有仲尼重明周禮墨子勉以古道猶不能禦也是以華夏之士爭相陵尚違禮之本事禮之末務禮之華棄禮之實單家竭財以相營赴廢事生而營終亡替所養而爲厚葬豈云聖人制禮之意乎記曰喪雖有禮哀爲主矣又曰喪與其易也寧戚今則不然弃棺合

椁以爲孝愷豐貲重襚以昭惻隱吾所不取也昔舜葬蒼梧二妃不從豈有匹配之會守常之所乎聖主明王其猶若斯況於品庶禮所不及古人時同即會時乖則别動静應禮臨事合宜王孫祼葬墨夷露骸皆達於性理貴於速變伯鸞父没卷蓆而葬身亡不反其尸彼數子豈薄至親之恩亡忠孝之道邪況我鄙闇不德不敏薄意内昭志有所慕上同古人下不爲咎果必行之勿生疑異恐爾等目厭所見耳諱所議必欲改殯以乖吾志故遠采古聖近揆行事以悟爾心但欲制坎令容棺椁歸即葬平地無墳勿卜時日葬無設奠勿留墓側無起封樹於戲小子其勉之哉吾蔑復有言矣朱祗蕭建送喪到家（謝丞書曰咨在京師病困故吏蕭建經營之咨豫自買小素棺使人取乾黄土細擣篩之聚二十石臨卒謂建曰亡後自着所有故巾單衣先置土於棺内尸其中以擁其上）子胤不忍父體與土并合欲更改殯祗建譬以顧命於是奉行時稱咨明達

梁商順帝時爲大司馬病篤勑子冀等曰吾以不德享受多福生無以輔益朝廷死必耗費帑藏衣衾飯唅玉匣珠貝之屬何益朽骨百僚勞擾紛華道路祗增塵垢雖云禮制亦有權時方今邊境不寧盗賊未息豈宜重爲國損氣絶之後載至家舍即時殯斂以

時服皆以故衣無更裁制殯巳開塚塚開即葬祭祀如存無用三牲孝子善述父志不宜違我言也及薨帝親臨喪諸子欲從其誨朝廷不聽

盧植爲尚書初平三年卒臨困勑其子儉葬於土穴不用棺椁附體單帛而巳

袁閎司徒安之孫累徵聘舉召皆不應臨卒勑其子日勿設殯棺但着禪衫疏布單衣幅巾親尸於板牀之上以五百墼爲藏

杜安爲巴郡太守卒官時薄斂素器不漆子自將軍州郡賢之表章墳墓

馬融爲南郡太守卒于家遺令薄葬

謝夷吾爲下邳令將卒勑其子曰漢末當亂必有發掘露體之禍使懸棺下葬墓不起墳

楊震爲太尉既爲樊豐等所譖收太尉印綬遣歸本郡行至城西夕陽亭乃慷慨謂其諸子門人曰死者士之常分吾蒙恩居上司疾姦臣狡猾而不能誅惡嬖女傾亂而不能禁何面目復見日月身死之日以雜木爲棺布單被裁足蓋形勿歸冢次勿設祭祀因飲酖而卒

李固爲太尉坐忤梁冀意免遂爲冀所誣自殺臨終

勑子孫素棺三寸幅巾殯斂於本郡墝埆之地不得還墓塋汚先公兆域

張奐爲太常後坐禁錮年七十八遺命曰吾前後仕進十要銀艾不能和光同塵爲讒邪所忌通塞命也始終常也但地底冥冥長無曉期而復纏以纊緜牢以釘密爲不喜爾幸有前窀朝殯夕下措屍靈牀幅巾而已奢非晉文儉非王孫推情從意庶無咎吝諸子從之

范冉（冉或作丹）嘗辟太尉府不行中平二年卒於家臨命遺令勑其子曰吾生於昏闇之世值乎淫侈之俗生不得捄世濟時死何忍自同於世氣絕便斂斂以時服衣足蔽形棺足周身斂畢便穿穿畢便埋其明堂之奠干飯寒水飯食之物勿有所下墳封高下令足自隱知我心者李子堅王子炳也今皆不在制之在爾勿令鄉人宗親有所加焉

荀融陳留浚儀人州郡舉孝廉公府連辟皆不就妻亡貧無殯斂鄉人欲爲具棺服融不肯受曰古之亡者棄之中野唯妻子可以行志但卽土埋藏而已（謝承書潁川張元祖志行士也往弔融妻亡知其如此謂言足下欲尙古道非不清妙但禮設棺槨制杖章孔子曰吾從周便推所乘羸車牛命融以給殯融受而不辭也）

魏韓暨爲司徒臨終遺言曰夫俗奢者示之以儉儉則節之以禮歷見前代送終過制失之甚矣若爾曹敬聽吾言斂以時服葬以土藏穿畢便葬送以瓦器愼勿有增益又上疏曰生有益於民死猶不害於民況臣備位台司在職日淺未能宣揚聖德以廣益黎庶寢疾彌留奄卽幽冥方今百姓農務不空勞役乞不令雒陽吏民供設喪具懼國典有賞使臣私願不得展從謹冒以聞惟蒙哀許帝得表嗟歎

王觀爲司空上印綬薨於家遺令葬足容棺不設明器不封樹

裴潛爲太常遺令儉葬墓中惟置一甕坐瓦器數枚其餘一無所設

沐並有高節年六十餘自慮身無常豫作終制誡其子以儉葬曰告雲儀等夫禮者生民之始教而百世之中庸也故力行者則爲君子不務者終爲小人然非聖人莫能履其從容也是以富貴者有驕奢之過而貧賤者譏於固陋於是養生送死苟竊非禮繇斯觀之陽虎璵璠甚於暴骨桓魋石椁不如速朽此言儒學撥亂反正鳴鼓矯俗之大義也未除夫窮理盡性陶冶變化之實論也若能原始要終以天下爲一

區萬物爲芻狗該覽玄通求形影之宗同禍福之素一死生之命吾有慕於道矣夫道之爲物惟怳惟忽壽爲欺魄夭爲鬼沒身淪有無與神消息含悅陰陽甘夢太極奚以棺椁爲牢衣裳爲纏屍繫地下長幽桎梏豈不哀哉昔莊周闊達無所適莫又楊王孫裸體貴不久客爾至夫末世緣生怨死之徒乃有含珠鱗押玉牀象袛殺人狥以壙穴之內錮以紵絮藉以蜃炭千載僵爍託類神仙於是大教陵遲競以厚葬謂莊子爲放蕩以王孫爲戮屍豈復識古有衣薪之鬼而野有狐狸之齒乎哉吾以才質滓濁汚於清流昔忝國恩歷試宰守所在無效代匠傷指狠跋首尾無以雪恥如不可求從吾所好今年過耳順奄忽無常苟得獲沒即以吾身襲於王孫矣上冀以贖市朝之逋罪下以親道化之靈祖顧爾幼昏未知臧否若將逐俗抑廢吾志私稱從令未必爲孝而犯魏顆聽治之賢爾爲棄父之命誰或矜之使死而有知吾將屍視至嘉平中病甚臨困又勅豫掘埳戒氣絕令二人舉屍即埳絕哭泣之聲止婦女之送禁弔祭之賓無設粟米之奠又戒後亡者不得入藏不得封樹妻子皆遵之

郝昭爲將軍將亡遺命戒其子凱曰吾爲將知將不可爲也吾數發塚取其木以爲攻戰具又知厚葬無益於死者也汝必斂以時服且人生有處所爾死復何在邪今去本墓遠東西南北在汝而已

徐晃爲右將軍病篤遺令斂以時服

高堂隆爲光祿勳卒遺令薄葬斂以時服

蜀丞相諸葛亮遺命葬漢中定軍山因山爲墳塚足容棺斂以時服不須器物

司馬朗爲兗州刺史與臧霸等征吳至居巢遇疾臨卒謂將士曰刺史蒙國厚恩督司萬里微功未效而

遺此疫癘旣不能自效孤負國恩身沒之後其布衣幅巾斂以時服勿違吾志也

吳呂岱爲大司馬卒遺令殯以素棺疏巾布褠葬送之制務從約儉子凱皆奉行之

是儀爲尚書僕射寢疾遺令素棺斂以時服務從省約年八十卒

張昭爲輔吳將軍卒遺令幅巾素棺斂以時服

諸葛瑾卒遺命令素棺斂以時服事從省約

晉石苞爲大司馬侍中臨薨豫爲終制曰延陵薄葬孔子以爲達禮華元厚葬春秋以爲不臣古之明義

也自今死亡者皆斂以時服不得兼重又不得飯含爲愚俗所爲又不得爲設牀帳明器也定窆之後復土滿坎一不得起墳種樹昔王孫倮葬矯時其子奉命君子不譏况於合禮典者邪諸子皆奉遵遺令又斷親戚故吏設祭

王祥爲太保疾篤著遺令訓子孫曰夫生之有死自然之理吾年八十有五啓手何恨不有遺言使爾無述吾生值季末登庸歷試無毗佐之勳沒無以報氣絶但洗手不須沐浴勿纏尸皆澣故衣隨時所服賜山玄玉佩衞氏玉玦綬笥皆勿以斂西芒上土自堅貞勿用甓石勿起墳隴穿深二丈槨取容棺勿作前堂布几筵置書箱鏡奩之具棺前但可施牀榻而已

夏侯湛爲散騎常侍將沒遺命小棺薄斂不脩封樹論者謂湛雖生不砥礪名節死則儉約令終是深達存亡之理

皇甫謐著論爲送終之制名曰玄晏先生以爲存亡天地之定制人理之必至也故禮六十而制壽至於九十各有等差防終以素豈流俗之多忌者哉雖未至壽然嬰疾彌紀仍遭喪難神氣損劣困頓數年矣常懼夭隕不期慮終無素是以略陳至懷夫人之所

貪者生也所惡者死也雖貪不得越期雖惡不可逃逝人之死也精歇形散魂無不之故氣屬於天寄命終盡窮體反真故尸藏於地是以神不存體則與氣升降尸不久寄與地合形神不隔天地之性也尸與土并反真之理也今生不能保七尺之軀死何故隔一棺之土然則衣衾所以穢尸棺槨所以隔真故桓司馬石槨不如速朽季孫璵璠比之暴骸文公厚葬春秋以爲華元不臣楊王孫親土漢書以爲賢於秦始皇如令魂必有知則人鬼異制黃泉之親死多於生必將備其器物用待亡者今若以存况終非卽

靈之意也如其無知則空奪生用損之無益而啓姦心是昭露形之禍增亡者之毒也夫葬者藏也藏者欲人之不得見也而大爲棺椁備增存物無異於埋金路隅而書表於上也雖甚愚之人必將笑之豐財厚葬以啓姦心或剖破棺椁或牽曳形骸或剝臂捋金環或扪腸求珠玉焚如之刑不痛於是自古及今未有不死之人又無不發之墓也故張釋之曰使其中有欲雖錮南山猶有隙使其中無欲雖無石椁又何戚焉斯言達矣吾之師也夫贈終加厚非爲死也生者自爲也遂生意於無益棄死者之所屬知者所

不行也易稱古之葬者衣之以薪葬之中野不封不樹是以死得歸真亡不損生故吾欲朝死夕葬夕死朝葬不設棺椁不加纏斂不修沐浴不造新服殯唅之物一皆絶之吾本欲露形入地以身親土或恐人情染俗來久頓革理難今故觕爲之制奢不石椁儉不露形氣絶之後便即時服幅巾故衣遽篨裹尸麻約二頭置大牀上擇不毛之地穿坑深十尺長一丈五尺廣六尺坑訖舉牀就坑去牀下尸平生之物皆無自隨唯齎孝經一卷示不忘孝道遽篨之外便以親土土與地平還其故草使生其上無種樹木削除使生跡無處自求不知不見可欲則姦心不生終始無怵惕千載不慮患形骸與后土同體魂爽與元氣合靈真篤愛之至也若亡有前後不得移祔祔葬自周公來非古制也舜葬蒼梧二妃不從以爲一定何必周禮無問師工無信卜筮無拘俗言無張神坐無十五日朝夕上食禮不墓祭但月朔於家設席以祭百日而止臨必昏明不得以夜制服常居不得墓次夫古不崇墓智也今之封樹愚也若不從此是戮尸地下死而重傷魂而有靈則冤悲沒世長爲恨鬼王孫之子可以爲誡死誓難違幸無改焉而竟不仕太

康三年卒子董靈方同等遵其遺命

徐苗高密淳于人公府五辟博士再徵皆不就永寧三年卒遺命濯巾澣衣榆棺雜塼露車載尸葦席瓦器而已

太宰安平王孚臨終遺令曰有魏貞士河内温縣司馬孚字叔達不伊不周不夷不惠立身行道終始若一當以素棺單椁斂以時服其家遵孚遺旨所給器物一無施用

顔含爲右光祿大夫將卒遺命素棺薄斂

庾峻爲侍中諫議大夫臨終勑子珉朝卒夕殯幅巾

布衣葬勿擇日珉奉遵遺命斂以時服

杜夷爲國子祭酒臨終遺命子晏曰吾少不出身頃雖見羈錄冠爲之飾未嘗加體其角巾素衣斂以時服殯葬之事務從簡儉亦不須苟取矯異也

宋王微累官至義興太守固辭病卒遺令薄葬不設輤旐鼓挽之屬施五尺床爲靈二宿便毀以嘗所彈琴置床上何長史來以琴與之何長史者偃也無子家人遵之

盧陵王紹薨遺令斂以時服素棺周身太祖從之

張邵爲征虜將軍雍州刺史臨終遺命祭以菜菓葦

席爲輴車諸子從焉

江夷爲湘州刺史散騎常侍卒遺命薄斂蔬奠務存儉約

南齊崔慰祖爲始安王記室始安王遙光謀逆慰祖繫尚方臨卒與從弟緯書令以棺親土不須塼勿設靈座

沈麟士吳興武康人建武中以著作郎太子舍人徵不起及卒以楊王孫皇甫謐深達生死而終禮矯俗乃自爲終制遺令氣絕剔被取三幅布以覆屍及斂仍移布於屍下以爲斂服反被左右兩際以周上不復制覆被不須沐浴唅珠以本裙衫先所着褌凡二服上加單衣幅巾履枕棺中唯此依士安用孝經既殯不復立靈座四節及祥權鋪席於地以設玄酒之奠人家相承漆棺今不復爾亦不須旐成服後即葬作冢令小後祔更作小冢於殯合葬非古也冢不須聚土成墳使上與地平王祥終制亦爾葬不須輤車靈舫魌頭也不得朝夕下食祭奠之法至于葬唯淸水一盃子彝奉而行之州里皆稱歎焉

王秀之爲吳興郡守卒遺令朱服不得入棺祭則酒脯而已世人僕妾直靈助哭當繇喪主不能淳至欲

以多聲相亂魂而有知吾當笑之

梁王敬裔爲太中大夫卒遺命不得設復魄旌旐一蘆蓆籍下一枝覆上吾氣絕便沐浴籃輿載尸還忠侯大夫墜中若不行此則戮吾尸於九泉敬裔外甥許惠詔因阮研以聞詔曰敬裔令其息崇素氣絕便沐浴藉以二蘆蓆鑿地歸身葬忠侯墜此達生之格言賢失玉匣石椁遠矣然子於父命亦有所從有所不從今崇素若信遺意土周淺薄屬辟不施一朝見侵狐鼠戮死已甚父可以訓子子亦不可行之外內易棺此自奉親之情籍土而葬亦通人之意宜兩捨

兩取以達父子志棺周於身土周於槨去其牲奠斂以時服一可以申情二可以稱家禮教無違生死無辱此故當爲安也

孫讓爲光祿大夫臨終遺命諸子曰吾少無人間意故自不求聞達而仕歷三代官成兩朝如我資名或蒙贈諡自公體耳氣絕卽以幅巾就葬每存儉率比見轜車過精非吾志也士安東以蘧蒢王孫裸入厚地雖是匹夫之節取於人情未允今使棺足周身壙足容柩旐書爵里無日不然旒表命數差可停息直僦轜牀裝之以藤以當所乘者爲魂車他無所用焉

第二子貞巧乃織細藤裝轜以筏爲鈴佩雖素而華帝爲舉哀甚悼惜之

張緒爲國子祭酒南郡王師及卒遺命作蘆葭轜車引柩靈上置之水香火不設祭

孔休源爲金紫光祿大夫卒遺令薄葬節朔薦蔬菲而已

到溉爲金紫光祿大夫與張綰劉之遴友密臨終託張劉勒子孫薄葬之禮曰氣絕便斂斂以法服先有冢壟斂竟便葬不須擇日凶事必存約儉孫姪不得違言

韋叡爲散騎常侍護軍將軍以疾卒於家遺令薄葬斂以時服

蕭琛爲侍中卒遺令諸子與妻同墳異藏祭以蔬菜葬日止車十乘事存率素

劉苞爲太子洗馬臨終呼友人南陽劉之遴託以喪事務從儉率

劉訏平原人刺史辟主簿不就卒於從兄敳舍臨終執敳手曰氣絕便斂斂畢卽埋不須立靈筵勿設饗祀無求繼祀敳從而行之

劉杳爲步兵校尉知著作臨終遺命斂以法服載以露車還葬舊墓隨得一地容棺而已不得設靈筵祭

醊其子遵行之

劉歊隱居山林以山水書籍爲娛著革終論其辭曰死生之事聖人罕言之矣孔子曰精氣爲物遊魂爲變知鬼神之情狀與天地相似而不違其文約其旨妙其事隱其意深未可以臆斷難得而精覈聊肆狂瞽請試言之夫形慮合而爲生魂質離而稱死合則起動離則休寂當其動也人皆知其神及其寂也物莫測其所趣皆知則不言而義顯莫測則逾辨而理微是以勛華曠而莫陳姬孔抑而不說前達往賢互

生異見季札云骨肉歸於土魂氣無不之莊周云生爲徭役死爲休息尋此二說如似相反何者氣無不之神有也死爲休息神無也原憲云夏后氏用明器示民無知也殷人用祭器示民有知也周人兼用之示民疑也考之記籍驗之前志有無之辨不可歷言若稽諸內教判乎釋部則諸子之言可尋三代之禮無越何者神爲生本形爲生具死者神離此具而卽非彼具也雖死者不可復反而精靈遞變未嘗滅絕當其離此之日識用廓然故夏后明器示其弗反卽彼之時魂靈知滅故殷人祭器顯其猶存不反則合

乎莊周猶存則同乎季札各得一隅無傷厥義故周人有兼用之禮尼父發遊魂之唱不其然乎若廢偏攜之論探中途之旨則不仁不智之譏於是乎可息夫形也者無知之質也神也者有知之性也有知不獨存依無知以自立故形之於神逆旅之館也及其死也神去此而適彼也神已去此館何用存速朽得理也神已適彼祭何所施祭則失理也而姬公孔子之教不然者其有以乎蓋禮樂之興出於澆薄俎豆綴兆生於俗弊施靈筵陳棺槨設饋奠建丘壟蓋欲令孝子有追思之地爾夫何補於已遷之神乎故上

古衣之以薪棄之中野可謂遵盧赫胥皇熊炎帝蹈於失理哉延以子羽沈川漢伯方壙文楚黃壤士安麻索此四子者得理也忘教也若從四子而越遊則平生之志得矣然積習坐嘗難卒改革一朝肆志儻不見泥今欲翦截煩厚務存儉易進不裸尸退異常俗不傷存者之念有令至日之道孔子云斂手足形旋葬而無槨斯亦貧者之禮也余何陋焉且張奐止用幅巾王肅唯盥手足范冉斂畢便葬奚珍無設筵几文度故舟爲槨子廉牛車載柩叔起誡絕墳壟康成使無卜吉此數公者尚或如之況於吾人而尚華

泰今欲髣髴景行以爲軌則儻合中庸之道庶免徒費之譏氣絕不須復魂盥洗而斂以一千錢市治棺單故裙衫衣巾枕履此外送往之具棺中常物及餘閣之祭一不得有所施世多信李彭之言可謂惑矣余以孔釋爲師差無此惑斂訖載以露車歸於舊山隨得一地地足爲埳埳足容棺不須塼甓不勞封樹勿設祭享勿置几筵無用茅君之虛坐伯夷之杅水其蒸嘗繼嗣言象所絕事止余身無傷世教家人長幼內外姻戚凡厥友朋愛及寓所咸願成余之志幸勿奪之明年疾卒

禝窻之固辭官寵居家授大中大夫臨終爲制以勑其子曰夫出生入死理均晝夜生既不知所從來死亦安識所往延陵所云精氣上歸於天骨肉下歸於地魂氣則無所不之良有以也雖復茫昧難徵若要非長百年之期迅若馳隙吾今豫爲終制瞑目之後念並遵行勿違吾志也莊周澹臺達生者也王孫士安矯俗者也吾進不及達退無所矯嘗謂中都之制允理愜情衣周於身示不違禮棺周於衣足以蔽身入棺之物一無所須載以輀車覆以粗布爲使人勿惡也漢明帝天子之尊猶祭以杅水脯糗范史雲烈

士之高亦貞以寒水乾飯況吾卑庸之人其可不節喪也喪易寧戚自是親親之情禮奢寧儉差可得繇吾意不須營施靈筵可止設香燈使致哀者有憑爾朔望辭忌可權安小牀暫設几席唯下素饌勿用牲牢蒸嘗之祠貴賤罔替備物難辨多致疎怠祠先人自有舊典不可有闕自吾以下祠止用蔬食時菓勿同於上世也亦令子孫四時不忘其親爾孔子云雖菜羹瓜祭必齊如也本貴誠敬豈求備物哉

陳謝貞之爲丹陽丞以母憂去職加招遠將軍固辭後卒貞之病亟遺疏告族子凱曰吾少罹酷罰十四傾外蔭十六鍾太清之禍流離絕國二十餘載號天蹐地遂同有感得還侍奉守先人墳墓於吾之分足矣不悟朝廷采拾空薄累致清階縱其殞絕無所酬報今在憂棘晷漏人盡斂手而歸何所多念氣絕之後若直棄之草野依僧家尸陁林法是吾所願止恐過於獨異爾可用薄板周身載以露車覆以葦席坎山而埋之又吾終鮮兄弟無他子孫靖年幼少未閑人事但可三月施小牀設香水盡鄉兄弟相厚之情即除之無益之事勿爲也

周弘直遷太常卿光祿大夫加金章紫綬遇疾且卒

乃遺疏勑其家曰吾今年已來筋力減耗可謂衰矣而好生之情曾不自覺唯務行樂不知老之將至今時制云及將同朝露七十餘年頗經豐足啓手告全差無遺恨氣絕已後便買市見材材必須小形者使易提挈斂以時服古人通制但下見先人必須備禮可著單衣裙衫故履既應侍養宜備紛帨或逢善友又須香烟棺內唯安白布手巾粗香爐而已其外一無所用卒于家

後魏任城王雲爲雍州刺史薨於州遺令薄葬勿受贈襚諸子奉遵其旨

崔寔卒遺令薄葬斂以時服

程駿為秘書令病篤乃遺命曰吾存尚儉薄豈可沒為奢厚乎昔王孫裸葬有感而然士安蘧蒢頗亦矯厲今世既休明百度循禮彼非吾志也可斂以時服明器從古遂卒

韓麒麟為冠軍將軍齊州刺史卒遺勑其子殯以素棺事從儉約

北齊薛淑累遷尚書僕射卒臨終勑其子斂以時服踰月便葬不聽干求贈官自制喪車不加彫飾但用麻為流蘇繩用網絡而已明器等物並不令置

廣陽王嘉薨遺命薄葬

李宣茂卒遺命薄葬

宋遊道為大府卿天保元年卒遺令薄葬不立碑表不求贈謚

後周薛端為基州刺史未幾卒遺誡薄葬州府贈遺勿有所受

韋夐高尚不仕以年老豫誡其子等曰昔士安以蘧蒢束體王孫以布囊繞尸二賢高達非庸才能繼吾死之日可斂舊衣勿更新造便棺足周尸牛車載柩墳高四尺壙深一丈其餘煩雜悉無用也朝晡奠食於事彌煩吾不能頓絕汝輩之情可朔望一奠而已仍薦蔬素勿設牲牢親友欵以物弔祭者並不得受吾甞恐臨終恍惚故以此言預戒汝輩瞑目之日勿違吾志也

李彥為驃騎大將軍開府儀同三司臨終遺誡其子等曰昔人以窾木為櫝葛藟為緘下不亂泉上不泄臭此實吾平生之志也但事既矯枉為世所譏今可斂以時服葬於墝埆之地勿用明器塗車及儀衞等爾其念之朝廷嘉焉不奪其志

柳霞為驃騎大將軍開府霍州刺史臨終遺誡薄葬

其子等並奉行之

姚察為太子内舍人大業二年終於東都遺命薄葬務從率儉其畧曰吾家世素士自有甞法吾意斂以法服並宜用布土周於身又恐汝等不忍行此必不爾須松板薄棺纔可周身土周於棺而已葬日止粗車卽送厝舊塋北

唐李勣為司空遇疾謂弟弼曰吾見人多埋金玉亦不須爾唯以布裝露車載我柩棺中斂以甞服唯加朝衣一副死儻有知望得著此奉見先帝明器唯作馬五六匹下帳用緩布為頂白紗為裙其中著十箇

木人亦依古禮芻靈之義此外一物不用

傳奕臨終誡其子曰古人裸葬汝宜行之

高士廉爲開府儀同三司申國公遺命曰生死之義自然之道葬者藏也欲人不知厚殉增墳吾所未取啓手之後墓中無內餘物唯置衣一襲及平生所好之書示先王之訓可用終身諸子遵而行之

蕭瑀爲金紫光祿大夫宋國公臨終遺言曰生而必死理之常分氣絕後可著單服一通以充小斂棺內施單席而已冀後速朽不得别加一物無假卜日唯在速辦自古聖哲非無此等爾宜勉之諸子聿遵先

志襲斂在於率儉

蘇瓌睿宗朝爲左右僕射同中書門下三品及薨遺令薄葬及祖載之日官給仗外唯有布車一乘論者稱之

令狐楚爲山南西道節度臨終誡諸子曰吾生何益於人無請謚號無受軍府賻贈葬以布車一乘無或加飾無用皷吹銘誌能敘事者則爲之無擇高位

李夷簡自布衣至將相以直道著聞將終不亂浮以違禮厚葬爲戒謂浮屠法非先儒教身歿之後釋氏有爲功德一皆止之不許建神道碑但誌墓而已議者謂其立身行道有始有卒

盧承慶爲金紫光祿大夫臨終誡其子曰死生至理亦猶朝之暮吾死斂以常服晦朔無薦牲葬勿卜日器用陶漆棺而不槨墳高可識碑志著官號年月無用虛文贈幽州都督謚曰定

冊府元龜

巡按福建監察御史臣李嗣京　訂正

知閩縣事臣曹冉臣叅閱

知建陽縣事臣黃國琦較釋

總錄部一百五十八

工巧　雜伎

工巧

周官六職工居一焉古先哲人爍金以爲刃凝土以爲器作車以行陸作舟以行水利用於民其業盛廣智者創物巧者述之所謂冰生水而更寒色出藍而

益青疏鑿其流功侔造化惠發於心匠成於手應世以濟時力少而功倍至有潛運機關自能飛動百工之事咸有妙焉然有固作無益以蕩上心則非聖人之旨也

奚仲作車

昆吾作陶

胡曹作衣

王冰作服

夷羿作弓

高元作室

虞姁作舟

伯益作井

赤冀作臼

乘雅作駕

公輸般魯人公輸若之族季康子之母死公輸若方小公輸若匠師方小言年尚幼未知禮斂般請以機封斂下棺於椁般乃伎巧者見若掌斂事而言尚幼請代之而欲嘗其伎巧將從之時人服般之功也公肩假曰不可般爾以人之母嘗巧則豈不得以以已字言寧有強使汝者與以僭於禮有以作機巧非也以與已字本同又公輸般削竹木爲鵲成而飛之二日不下又論行云魯般墨子之巧刻木爲鳶飛之一日而不集又公輸般

爲楚作高雲梯欲以攻宋墨子聞之往見荆王曰臣以爲宋必不可得王曰公輸天下之巧工也已爲攻宋之械矣墨子曰請試之於是公輸般設攻宋之誠墨子設守宋之備公輸九攻之墨子九却之不能入故荆輟不攻宋

漢雒下閎營渾天儀于望人度之耿中丞象之

後漢張𢧐善機巧尤致思於天文爲太史令遂乃研覈陰陽盡璇璣之正作渾天儀又造候風地動儀以精銅鑄成員徑八尺合蓋隆起形似酒樽飾以篆文山龜鳥獸之形中有都柱傍行八道施關發機外有

八龍首銜銅丸下有蟾蜍張口承之其牙機巧制皆隱在樽中覆蓋周密無際如有地動樽則振龍機發吐丸而蟾蜍銜之振聲激揚伺者因此覺知雖一龍發機而七首不動尋其方面乃知震之所在驗之以事合契若神自書典所記未之有也嘗一龍機發而地不覺動京師學者咸怪其無徵後數日驛至果地震隴西於是皆服其妙又云令二輪獨也

蔡倫爲尚方令自古書契多編以竹簡其用縑帛者謂之爲紙縑貴而簡重並不便於人倫乃造意用樹膚麻頭及敝布魚網以爲紙元興元年奏上之帝善

其能自是莫不從用焉故天下咸稱蔡侯紙湘州記曰耒陽縣北有漢黃門蔡倫宅宅西有一石云是倫舂紙臼也

魏馬鈞巧思絕世傅玄序之曰馬先生之名巧也少而遊豫不自知其爲巧爲博士居貧乃思綾機之變而世人知其巧矣舊綾機五十綜者五十躡六十綜者六十躡鈞患其喪功費日乃皆易以十二躡其奇文異變因感而作者猶自然之成形陰陽之無窮此輪扁之對不可以言爲給事中與嘗侍高堂隆驍騎將軍秦朗爭論於朝言及指南車二子謂古無指南車記言之虛也鈞曰古有之未之思爾夫何遠之有二子哂之曰先生名鈞字德衡鈞者器之模而衡者所以定物之輕重輕重無準而莫不模哉鈞曰爭空言不如試之易效也於是二子遂以白明帝詔鈞作之而指南車成此一異也從是天下服其巧矣居京都城内有地可爲園患無水以灌之乃作翻車令童兒轉之而灌水自覆更入更出其巧百倍於常此二異也其後人有上百戲者能設而不能動也帝以問鈞可動否鈞曰可動帝曰其巧可益否鈞曰可益受詔作之以大木彫構使其形若輪平地施之潛以水發焉設爲女樂舞象至令木人擊鼓吹簫又作山嶽

使木人跳丸擲劍緣絙倒立出入自在百官行署舂磨鬬雞變巧百端此三異也鈞見諸葛亮連弩曰巧則巧矣未盡善也言作之可令加五倍又患發石車敵人之於案邊縣濕牛皮中之則墮石不能連屬而至欲作一輪縣大石數十以機鼓輪爲常則以斷縣石飛擊敵城使首尾電至嘗試以車輪縣瓴甓數十飛之數百步矣

蜀諸葛亮爲丞相損益連弩謂之元戎以鐵爲矢矢長八寸一弩十矢俱發亮集載作木牛流馬法曰木牛者方腹曲頭一腳四足頭入領中舌著於腹載多

而行少宜可大用不可小使特行者數十里群行者二十里也曲者爲牛頭雙者爲牛腳橫者爲牛領轉者爲牛足覆者爲牛背方者爲牛腹垂者爲牛舌曲者爲牛肋刻者爲牛齒立者爲牛角細者爲牛鞅攝者爲牛鞦鞧牛仰雙轅人行六尺牛行四步載一歲糧日行二十里而人不大勞流馬尺寸之數肋長三尺五寸廣三寸厚二寸二分左右同前軸孔分墨去頭四寸徑中二寸前腳孔分墨二寸去前軸孔四寸五分廣一寸前杠孔去前腳孔分墨二寸七分孔長二寸廣一寸後軸孔去前杠分墨一寸五分大小與

前同後腳孔分墨去後軸孔三寸五分大小與前同後杠孔去後腳孔分墨二寸七分後載尅去後杠孔分墨四寸五分前杠長一尺八寸廣二寸厚一寸五分後杠與等版方囊二枚厚八分長二尺七寸高一尺六寸五分廣一尺六寸每枚受米二斛三㪷從上杠孔去肋下七寸前後同上杠孔去下杠孔分墨一尺三寸孔長一寸五分廣七分八厘孔同前後四腳廣二寸厚一寸五分形制如象軒長四寸徑面四寸三分孔徑中二腳杠長二尺一寸廣一寸五分厚一寸四分同杠耳

吳張昭弟奮年二十造作攻城大攻車爲步隲所薦昭不願曰汝年尚少何爲自委於軍旅乎奮對曰昔童汪死難子奇治阿奮實不才爾於年不爲少也遂領兵爲將軍連有功效至平州都督封樂鄉亭侯

葛衡字思真明達天官能爲機巧作渾天使地居於中以機動之天轉而地止以上應晷度

晉杜預爲度支尚書以周廟欹器至漢東京猶在御坐漢末喪亂不復存形制遂絶預創意造成奏上之武帝甚嘉歎焉

嵇康性絶巧而好鍛宅中有一柳樹甚茂乃激水圜

之每夏居其下以鍛官至中散大夫

謝安字安石初元帝過江之後舊章多缺其輦亦亡制度太元中安率意造焉及破苻堅於淮上獲京都舊輦形制無差大小如一安位至太保

區純衡陽人甚有巧思造木室作一婦人居中人扣其戶婦人開戶出當戶再拜還內戶內又作鼠布於中四方丈餘開四門門中有一木人縱四五鼠欲出門木人輙推木掩之門閉如此鼠不得出又作指南車及木奴令舂穀作米中宗聞其巧詔補尚方左較隙聽以工巧見知

後趙郗輔好學有才藝巧思機智妙於當時襄國宮殿臺榭皆輔所營

解飛爲尚方令機巧若神妙思奇發造指南車賜爵關內侯

前燕楊裕爲慕容皝左司馬裕有巧思及遷都和龍皝所制城池宮闕皆裕之規模

南燕張綱爲慕容超尚書超爲晉劉裕所圍遣綱出求救於姚興爲裕所得於是張綱爲裕造衝車覆以版屋蒙之以皮并設諸奇巧城上火石弓矢無所施用又爲飛樓懸梯木幔之屬遙臨城上

宋張永多能精思爲廣陵王誕北中郎錄事參軍太祖世造華林園玄武湖並使永監統凡諸制置皆受則於永

謝莊字希逸爲隋王誕後軍諮議領記室分左氏經傳隨國立篇製木方丈圖山川地土各有分理離之則州別郡殊合之則宇內爲一

南齊祖冲之爲謁者僕射初宋武平關中得姚興指南車有外形而無機巧每行使人於內轉之昇明中太祖輔政使冲之追脩古法冲之改造銅機圓轉不窮而司方如一馬鈞以來未之有也時有北人索馭驎者亦云能造指南車太祖使與冲之各造使於樂遊苑較試而頗有差僻乃毀焚之永明中竟陵王子良好古冲之造欹器獻之冲之以諸葛亮有木牛流馬乃造一器不因風水施機自運不勞人力又造千里船於新亭江試之日行百里餘於樂遊苑造水碓磨世祖親自臨視又特善算永元二年冲之卒

祖暅之冲之子也少傳家業究極精微亦有巧思入神之妙般倕無以過也

劉休爲散騎常侍太祖造指南車以休有思理使與王僧虔對共監試

梁陶弘景丹陽秣陵人隱居茅山自號陶隱居嘗造渾天象高三尺許地居中央天轉而地不動以機動之悉與天相會

陳徐世譜爲左衞將軍高祖之拒王琳其水戰之具悉委世譜世譜性機巧諳解舊法所造器械並隨機損益妙思出人

孫瑒巧思過人爲起部尚書軍國器械多所創立

後魏李冲機敏有巧思北京明堂圓丘太廟及雒都初基安處郊兆新起寢皆資於冲勤志強力孜孜無怠且理文簿兼營匠制几案盈積剞劂在手初不勞

厭沖位至尚書僕射
桥儉豫州人歷中將軍闕文備郭安興竝機巧從中
永寧寺九層塔安興爲匠也
玉椿雅有巧思凡所營製可爲後法
北齊郎基爲海西鎮將梁吳明徹率衆攻圍海西基
獎勵兵民固守百餘日軍糧具罄凱仗亦盡乃至削
木爲箭剪紙爲羽圍解還朝僕射楊愔迎勞之曰卿
本文吏遂有武略削木剪紙皆無故事班墨之思何
以相過
隋何稠字桂林國子祭酒妥之兄子也父通善斲玉

稠性絕巧有智思用意精微年十餘歲遇江陵陷隨
妥入長安仕周爲御飾下士及高祖爲丞相召補參
軍兼掌細作開皇中歷太府丞稠博覽古圖多識舊
物波斯嘗獻金線錦袍組織殊麗上命稠爲之稠錦
既成踰所獻者帝甚悅時國中久絕玻璃之匠人無
敢厝意稠以綠瓷爲之與眞不異又煬帝幸楊州謂
稠曰今天下大定朕承洪業服章文物闕畧猶多卿
可討閱圖籍營造輿服威儀送至江都也其日拜太
府少卿稠於是營黃麾三萬六千人仗及車輿輦輅
皇后鹵簿百官儀服依期而就送於江都所役工十
萬餘人用金銀錢物鉅億計帝使兵部侍郎明雅選
部薛邁等勾覈之數年方竟毫釐無舛稠參會今古
多所改創魏晉以來皮弁有纓而無笄導稠曰此古
田獵之服也今服以入廟宜變其制故弁施象牙簪
導自稠始也又從省之服初無珮綬稠曰此乃晦朔
小朝之服安有人臣謁帝而除去印綬兼無珮玉之
節乎乃加獸頭小綬及珮一隻舊制五輅於轅上起
箱天子與參乘同在箱內稠曰君臣同所過爲相逼
乃廣爲盤輿別構欄楯侍臣立於其中於內復起須
彌平坐天子獨居其上自餘麾幢文物增損極多後

遷太府卿兼領少府監遼東之役攝右屯衞將軍領
御營弩手三萬人時工部尚書宇文愷造遼水橋不
成師未得濟右屯衞大將軍麥鐵杖因而遇害帝遣
稠造橋二日而就又帝令造戎車萬乘鉤陳八百連
帝善之又帝征遼水遣稠制行殿及六合城至是帝
於遼左與賊相對夜中施之其城周廻八里城及女
垣各高十仞上布甲士立仗建旗四隅置闕面列一
觀觀下三門遲明而畢高麗望見謂若神功
耿詢字敦信丹陽人滑稽辯給伎巧絕人陳後主之
世以客從東衡州刺史王勇於嶺南勇卒詢不歸遂

與諸越相結皆得其歡心會郡俚反叛推詢爲王柱國王世積討擒之罪當誅自言巧思世積釋之以爲家奴久之見其故人高智寶以玄象直太史詢從之受天文筭術詢創意造渾天儀不假力以水轉之施於闇室中使智寶外候天時合如符契世積知而奏之高祖配詢爲官奴給使太史局又作馬上刻漏世稱其妙帝初即位進欹器帝善之放爲良民歲餘授右尚方署監事

劉龍河間人性強明有巧思齊後主知之令脩三爵臺甚稱旨因歷職通顯及高祖踐祚大見親委拜將

軍將作大匠遷都之始與高熲參掌制度代號爲能

黄亘者不知何許人及其弟袞俱巧思絶人煬帝每令其兄弟直少府將作於時改創多務亘袞每參典其事凡有所爲何稠先令亘袞立樣當時工人皆稱其莫能有所損益亘至朝散大夫袞官至散騎常侍

宇文愷爲營宗廟副監太子左庶子廟成別封甑山縣公及遷都文帝以愷有巧思詔領新都副監高熲雖總大綱凡有規畫皆出於愷會朝廷以魯班故道久絶不行令愷脩之旣而帝建仁壽宮右僕射楊素言愷有巧思於是拜簡較將作大匠煬帝時爲工部尚書長城之役詔愷規度之時帝北巡欲誇戎狄令愷爲大帳其下坐數千人帝大悅賜物千段又造觀風行殿上容侍衛者數百人離合爲之下施輪軸推移倏忽有若神功夷狄見之莫不驚駭帝彌悅焉前後賞賚不可勝紀

宇文述大業中爲左衛大將軍有巧思凡有所裝飾皆出人意表數以奇服異物進獻宮掖繇是帝彌悅焉

虞孝仁煬帝初爲候衛長史兼領金谷監禁御苑

唐閻立德隨殿内少監毗子也武德中爲尚衣奉御

立德兄弟並素承家業巧思知名至是造袞冕等六服並腰擧繖扇咸依古式

李昭德爲内史以雒水大津之東立德坊西南隅有中橋及利涉橋以通行李上元中司農卿韋機始移中橋置於安衆坊之左街當長夏門都人甚以爲便因廢利涉橋所省萬計然歲爲雒水衝注嘗勞治葺昭德創意積石爲脚鋭其前以分水勢自是竟無漂損

衛普喜爲同州襄城府衛士造指南車詔授陪戎較尉仍直少府監嗣曹

王臯爲洪州觀察使多巧思嘗爲戰艦挾以二輪令蹈之翔風鼓浪其疾如挂帆席凡造物必省易而爲乆不可敗

金公立爲典作官元和十年十二月帝閱新作指南車記里鼓於令德殿賜公立緋服銀章及馬一匹至穆宗元和十五年十月故金忠義男公亮進脩成指南車記里皷又文宗太和元年六月賜修指南車記里皷人故金忠義男公亮緋衣牙笏錦三十疋

雜伎

孔子有言曰吾少也賤故多能鄙事然則六藝之末

百伎斯出觸類而長爲塗非一雖云藝成而下蓋乃執以事上專其業者不二利其器則必善是故游心精識影響斯應巧發奇中毫釐罔差斯皆傳習有師臻究在巳擅名厥世著論有要至乃投虛得養生之道奮勇銜兵家之勢造物成法濟時有用斯亦小智之絶倫者也

伯樂秦人善相馬

庖丁宋人好解牛用刀十九年刃若新硎

晉侯以齊侯宴中行穆子相穆子荀吳投壺晉侯先穆子曰有酒如淮有肉如坻水名山名寡君中此爲諸侯師中之齊侯舉矢曰有酒如澠有肉如陵澠水出齊國臨淄縣北入時水陵大阜也寡人中此與君代興代更也亦中之

漢削氏以洗削鼎食洗削治刀劍也

相里以馬醫擊鍾

黄直以相馬立名天下

留長儒以相彘立名

褚氏史失其名滎陽人以相牛立名

衛綰代大陵人以戲車爲郎事文帝戲車若今之弄車之伎

雷被爲淮南王安郎中安太子遷學用劒自以爲莫及聞被巧召與戲被一再辭讓誤中太子

尹翁歸善擊劍人莫能當官至扶風

張仲曲成侯以善擊刺學用劍立名天下

後漢馬援爲伏波將好騎善别名馬於交阯得駱越銅皷乃鑄爲馬式還上之因表曰夫行天莫如龍行地莫若馬馬者甲兵之本國之大用安寧則以别尊卑之序有變則以濟遠近之難昔有騏驥一日千里伯樂見之昭然不惑近世有西河子輿亦明相法子輿傳西河儀長孺長孺傳茂陵丁君都君都傳成紀楊子阿臣援嘗師事子阿受相馬骨法考之於行事輙有驗效臣愚以爲傳聞不如親見視景乃如察形

今欲形之於生馬則骨法難備且又不可傳之於人孝武皇帝時善相馬者東門京鑄銅作馬法獻之有詔立馬於魯班門外則更名魯班門曰金馬門臣謹依儀氏𩥇中帛氏口齒謝氏脣鬐丁氏身中備此數家骨相以爲法 援銅馬相法曰水火欲分明水火在鼻兩孔間也上脣欲急而方口中欲紅有光此馬千里頷下欲深下脣欲緩牙欲前向牙欲去齒一寸則四百里牙劒鋒則千里目欲滿而澤腸欲充腹欲小季肋欲長懸薄欲厚而緩懸薄股也腹下欲平滿汗溝欲深長而膝本欲起肘腋欲開膝欲方蹄欲厚三寸堅如石𩥇音居奇切 馬高三尺五寸圍四尺五寸有詔置於宣德殿下以爲名馬式焉

梁冀爲大將軍能蹴踘 蹴踘者傳言黄帝所作或曰起戰國之時蹋踘兵勢也所

以講武知有材也

馬嚴好擊劒從其故門生肆都學之官至將作大匠

魏許允爲鎮北將軍假節督河北諸軍事允善相印將拜以印不善使更刻之如此者三允曰印雖始成而已被辱問送印者果懷之而墜於廁相印書曰相印法本出陳長文長文以語韋仲將印上楊利從仲受法以語許士宗利以法術占吉凶十之可中八九仲將問長文從誰得雒衣文曰本出漢世有相印相笏經文有鷹經牛經馬經印工宗養以法語程申伯是故有一十三家相法傳於世

孔桂字叔林性便辟曉博奕蹴鞠太祖愛之每在左右

嚴翰字公仲篤好擊劒

朱建平善相術於里巷之間效驗非一太祖聞之召爲郎又善相馬文帝將出取馬外入建平道遇之語曰此馬之相今日死矣帝將乘馬馬惡衣香驚齧文帝膝帝大怒即便殺之

游楚好樗蒲投壺自娛後爲北地太守

王弼爲尚書郎善投壺

王湛字處仲爲汝南內史湛少有隱德宗族皆以爲

癡兄子濟輕之濟所乘馬甚愛之湛曰此馬雖快然力薄不堪苦行近見督郵馬當勝但芻秣不至耳濟試養之而與己馬等湛又曰此任重方知之平路無以別也於是當蟻封內試之濟馬果躓而督郵馬如常濟歎異

王胡之爲丹陽尹善於投壺手熱閉目而投

南齊庾道愍尤精相板宋明帝時山陽王休祐屢以言語忤顏見道愍託以己板爲他物令道愍占之道愍曰此乃甚貴然使人多愆忤休祐以褚彥回詳密求換其板他日彥回侍明帝自稱下官帝多忌甚不

悦休祐具以狀言帝乃意解道慜仕齊仕射聲校尉

垣榮祖爲東海太守榮祖善彈鳥毛盡而鳥不死海鵠群翔榮祖登城西樓彈之無不折翅而下

王敬則年二十餘善拍張補刀戟左右宋前廢帝景和中嘗使敬則跳刀高出白虎幢五六尺接無不中乃補俠轂墜主後至大司馬

梁王神念爲爪牙將軍少善騎射既老不衰嘗於高祖前執二方楯左右交度馳馬往來冠絶群伍時復有楊華者能作驚軍騎並一時妙捷

冊府元龜

册府元龜

巡按福建監察御史臣李嗣京　訂正

知甌寧縣事臣孫以敬叅閱

知建陽縣事臣黄國琦較釋

總録部一百五十九

窮愁　憂懼

窮愁

子夏有言曰死生有命富貴在天屈原亦云人窮則反本故勞苦倦極未嘗不呼天也蓋士之坎窞流離幽憂困辱終乎天運亦曷能免焉中古而下乃有躬

聖哲之姿挾霸王之術屬世道之交喪致才命之乖舛棲遑道路迫於凍餒遭罹罪罟濱於死亡或淪陷於殊鄉或流放於裔壤百齡奄而忽已六合廣而莫容猶復寓情於文翰遺恨於來裔誠以有生之至艱人倫之共恨也至或無德而祿以至疾顛枉道事人自貽伊戚雖攖咎悔非世之所嘆云

甯戚齊人家貧無以自資扣牛角而歌曰南山矸白石爛生不遭堯與舜禪短布單衣纔至骭從昏飯牛薄夜半長夜漫漫何時旦

越石父齊人也凍餓爲人臣僕三年晏嬰解左驂贖之

戈夷違齊如魯天大寒而與門弟子宿於郭外寒踰甚謂弟子曰子與我衣我活我與子衣子活我國士也爲天下惜子不肖人不足愛也子與我衣弟子曰夫不肖人惡能與國士衣哉戈夷解衣與弟子夜半而死弟子遂活

漢鄧通官至上大夫免官家居無何人有告通盜出徼外鑄錢（徼猶塞也東北謂之塞西南謂之徼）下吏驗問頗有之遂（遂成也成其罪狀也）竟案盡沒入之通家尚負責數鉅萬（積共前後所犯合沒官者數多除其見在財物以外尚負官數鉅萬）長公主賜通（即館陶長公主文帝女）

吏輒隨沒之一簪不得著身於是長公主乃令假衣食（公主給其衣食而恐吏沒入故託云假借之爾非通自有也此所謂不得名一錢）竟不得名一錢寄死人家

息夫躬封宜陵侯爲左曹光祿大夫免官就國未有第宅寄居丘亭（丘空也）姦人以爲侯家富嘗夜守之躬邑人河内掾賈惠往遇躬教以祝盜方以桑東南指枝爲匕（桑東南出之枝）畫北斗七星其上躬夜自被髮立中庭向北斗持匕招指祝盜（或招或指以求福排禍）人有上書言躬懷怨恨視詛上遣侍御史廷尉監逮繫雒陽詔獄欲掠問躬仰天大謼因僵仆吏就問云咽已絕血從

耳鼻出食項死初躬侍詔數危言高論自恐遭害著絕命辭後數年乃死如其文

後漢馮衍字敬通更始僕射鮑永安集北方以衍為立漢將軍領狼孟長屯太原光武即位永衍知更始巳歿乃罷兵幅巾降河內帝怨衍等不時至永以立功得贖罪遂任用之而衍獨見黜建武六年日食衍上書陳八事帝將召見初衍為狼孟長以罪摧陷大姓令狐略是時略為司空長史讒之於尚書令王護尚書周生豐曰衍所以求見者欲毀君也護等懼之即共排閒衍遂不得入後外戚陰興新陽侯陰就濟

敬重衍衍遂與交結帝懲西京外戚賓客故皆以法繩之衍繇此得罪嘗自詣詔獄有詔赦不問西歸故郡閉門自保不敢復與親故通建武末又上疏自陳猶以前過不用衍不得志退而作顯志賦顯宗即位又多短衍以文過其實遂廢於家嘗慷慨歎曰衍少事名賢經歷顯位懷金垂紫揭節奉使不求苟得常有凌雲之志三公之貴千金之富不得其願不槩於處貧而不衰賤而不恨年雖疲曳猶庶幾名賢之風修道德於幽冥之路以終身名為後世法居貧年老卒

張升陳留人桓帝世黨錮事起升守外黃令去官歸鄉里道逢友人共班草而言升曰吾聞趙殺鳴犢仲尼臨河而反覆巢竭淵龍鳳逝而不至今宦豎日亂陷害忠良賢人君子其去朝乎夫德之不建人之無援將性命之不免奈何因相抱而泣有老父不知何許人趨而遇之植其杖太息言曰二大夫何泣之悲也夫龍不隱鱗鳳不藏羽網羅高懸去將安所雖泣何及乎二人欲與之語不顧而去莫知所終

趙岐京兆人為郡功曹是時中常侍唐衡兄玹為京兆虎牙都尉郡人以玹進不繇德皆輕侮之岐又數

為貶議玹深毒恨及玹為京兆尹岐懼禍及與從子戩逃避玹果收岐家盡殺之岐遂逃難四方江淮海岱靡所不歷自匿姓名賣餅北海市中時安丘孫嵩遊市見岐非常人停車呼與共載岐懼失色嵩曰視子非賣餅者又相問而色動不有重怨即亡命乎我北海孫賓石勢能相濟岐素聞嵩名即以實聞之遂以俱歸藏岐複壁中數年岐作戹屯歌二十三章後諸唐死滅因赦乃出官至太僕

范滂汝南征羌人郡署功曹建寧二年大誅黨人詔下急捕滂滂即自詣獄謂其子曰吾欲使汝為惡則

惡不可爲使汝爲善則我不爲惡行路聞之莫不流
涕
趙壹字元叔恃才倨傲爲鄉里所擯後屢抵罪幾至
死友人救得免壹乃貽書謝恩曰昔原大夫贖桑下
絕氣傳稱其仁秦越人還虢太子結脈世著其神設
曩之二人不遭仁遇神則結絕之氣竭矣然而糒脯
出乎車軨鍼石運乎手爪今所賴者非直車軨之糒
脯手爪之鍼石也乃收之於斗極還之於司命使乾
皮復含血枯骨復被肉允所謂遭仁遇神真所宜傳
而著之余畏禁不敢班班顯言竊爲窮鳥賦一篇

胡毋班王匡之妹夫董卓使班奉詔到河内解釋義
兵匡受袁紹旨收班繫獄欲殺之以徇軍班與匡書
云自古以來未有下土諸侯舉兵向京師者劉向傳
曰擲鼠忌器器猶忌之况卓今處宫闕之内以天子
爲藩屏幼主在宫如何可討僕與太傅馬公太僕趙
岐少府陰脩俱受詔命關東諸郡雖實嫉卓猶以銜
奉王命不敢玷辱而足下獨囚僕於獄欲以釁鼓此
悖暴無道之甚者也僕與董卓有何親戚義豈同惡
而足下張虎狼之口吐長蛇之毒恚卓遷怒何甚酷
哉死人之所難然恥爲狂夫所害若亡者有靈當訴

足下於皇天夫婚姻者禍福之機今日著矣曩爲一
體今爲讎讐亡人子二人則君之甥身沒之後慎勿
令臨僕尸骸也匡得書抱班二子而泣遂死於獄
蜀許靖汝南人少與從弟劭俱知名而私情不協劭
爲郡功曹排擯靖不得齒敘以馬磨自給
吳孟宗爲驃騎朱據軍吏將母在營旣不得志又夜
雨屋漏因起涕泣以謝母母曰但當自勉之何足泣
也
晉王尼辟車騎府舍人不就雒陽陷避亂江夏王澄
爲荆州刺史遇之甚厚尼早喪婦止有一子無居宅

唯畜露車有牛一頭每行輒使子御之暮則共宿車
上常歎曰滄海横流處處不安也俄而澄卒荆土饑
荒尼不得食乃殺牛壞車煮肉噉之旣盡父子俱餓
死
劉琨鎮并州父母爲劉聰所害琨與段匹磾期討聰
琨慮及危亡而大恥不雪亦知匹磾夷狄難以義伏
冀輸寫至誠僥倖萬一每見將佐發言慷慨悲其道
窮欲率部曲死於賊壘斯謀未果竟爲匹磾所拘自
知必死神色怡如也爲五言詩贈其别駕盧諶曰幄
中有懸璧本自荆山球惟彼太公望昔是渭濱叟鄧

生何感激千里來相求白登幸曲逆鴻門賴留侯重耳憑五賢小白相射鈎能隆二霸王安問黨與讐中夜撫枕歎相與數子遊吾衰久矣夫何其不夢周誰云聖達節知命故無憂宣尼悲獲麟西狩涕孔丘功業未及建夕陽忽西流時哉不我與去矣如雲浮朱實隕勁風繁英落素秋狹路傾華蓋駭駟摧雙輈何意百鍊剛化爲繞指柔琨詩託意非常攄暢幽憤遠想張陳感鴻門白登之事用以激諶諶素無奇畧以常詞酬和殊乖琨心會王敦密使匹磾殺琨琨聞敦使至謂其子曰處仲使來而不我告處仲敦字是殺我也

死生有命但恨仇恥不雪無以下見二親爾因歔欷不能自勝

殷浩爲中軍將軍以軍亂廢爲庶人徙于東陽之信安縣浩雖被出放口無怨言夷神委命談詠不輟雖家人不見其有流放之戚但終日書空作咄咄怪事四字而已浩甥韓伯浩素賞愛之隨至徙所經歲還都浩送至渚側詠曹顏遠詩云富貴他人合貧賤親戚離因而泣下

殷仲文爲桓玄侍中轉尚書玄敗歸晉抗表解職不許因月朔與衆至大司馬府中府中有老槐樹顧之良久而歎曰此樹婆娑無復生意仲文素有名望自謂必當朝政又有謝混之徒疇昔所輕者並皆比肩常怏怏不得志忽遷爲東陽太守意彌不平東陽爲何無忌所統仲文許當便道脩謁無忌故益欽遲之令府中命文人撰義搆文以俟其至仲文失志恍惚遂不過府無忌疑其薄已大怒思中傷之時慕容超南侵無忌言於劉裕曰桓胤殷仲文乃腹心之疾北虜不足爲憂義熙三年又以仲文與駱球等謀反及其弟叔文並伏誅

宋劉湛爲丹陽尹散騎常侍時委心於彭城王義康

湛所生母亡時文帝與義康形迹既乖釁難將結湛亦知無復全地及至丁艱謂所親曰今年必敗常日正賴口舌爭之故得推遷耳今既窮毒無復此望禍至其能久乎湛被收入獄見弟素曰乃復及汝耶相勸爲惡惡不可爲相勸爲善正見今日如何

毛脩之爲冠軍將軍安西司馬軍敗爲後魏所獲後朱修之亦陷魏毛經年不忍問家消息久之乃訪焉朱具荅曰賢子元矯甚能自處爲時人所稱毛悲不得言直視良久乃長歎曰嗚呼自此一不復及

梁王僧儒爲南康王長史被譖免官友人盧江何烱

猶爲王府記室乃致書於烱以見其意曰近别之後將隔暄寒思子爲勞未能忘弭昔季叟入秦梁生適越猶懷悵恨且或吟謳况岐路之日將離嚴綱辭無可憐罪有不惻蓋畫地刻木昔人所惡叢棘旣累於何可聞所以握手戀戀離别珍重弟愛同鄉李涯淫承睠吾猶復抗手分背羞學婦人素鍾峯節金飈戒序起居無恙動靜履空子雲筆札元瑜書記信用旣然可樂爲甚且使目明能祛首疾甚善甚善吾無昔人之才而有其病癲眩屢動消渴頻增變化任期故不復呼醫飲藥但恨一旦離大辱蹈明科去皎皎而

非自污抱鬱結而無誰告丁年蓄積與此銷亡徒竊高價厚名横承公器人爵智能無所報筋力未之酬所以悲至撫膺泣盡而繼之以血顧惟不肖文質無所底取蓋困於衣食迫於饑寒依隱易農所志不過鍾庾久爲尺板斗食之吏以從皂衣黑綬之役非有奇才絶學雄畧高謨吐一言可以正俗振民動一義可以固邦興國全璧歸趙飛矢救燕偃息籓魏甘臥安郢腦日逐髓月支擁十萬而横行提五千而深入將能執珪裂壤功勒景鍾錦繡爲衣朱丹被轂斯大丈夫之志非吾曹之所能及也直以章句小才蟲篆末藝含吐緗縹之上跰跣樽俎之側委曲同之鍼鏤繁碎譬之米鹽孰致顯榮何能至致加性疎濇拙於進取未嘗去來許史遨遊梁竇俛首脅肩先意承旨是以三乘靡遺不與運弃十年未徙孰非能薄及除舊布新清晷方旦抱樂衔圖訟謳有主而猶限一吏於岑石隔千里於泉亭不得奉板中涓預衣裳之會提戈後勁厠龍豹之謀及其投劾歸來恩均舊隸升文石登玉陛一見而降顏色再覩而接話言非藉左右之容無勞群公之助又非同席共硯之夙逢筍餌卮酒之早識一旦陪武帳仰文陛備聘佚之任下充

嚴朱之席上入班九棘出專千里據摽撤之雄官參人倫之顯職雖古之爵人不次取士無名未有躡景追風奔驟之若此者蓋基薄墻高途遙力蹟傾蹷必然顛匐可俟竟以福過災生人指鬼瞰將均宥器有驗脩卮是以不能早從曲影遂乃取疑邪徑故司隸懔懔思得應弦譬懸厨之獸如離繳之鳥將充庖鼎以餌鷹鸇雖事異鑽皮文非刺骨猶復因茲舌杪成此筆端上可以投畀北方次可以論輸左較變爲丹赭元彼春薪幸聖主留善貸之德紆好生之施解網祝禽下車泣罪愍茲耆耄憐其皺餗加肉朽齒布葉

枯株輟薪止火得不銷爛所謂還魂斗極追氣奉高止復除名爲民幅巾家巷此五十年之後人君之賜壽木石感陰陽犬馬識厚薄員首方足孰不戴天而竊自有悲者蓋士無賢不肖在朝見嫉女無美惡入宮見妬家貧無苞苴可以事朋類惡其鄉原恥彼戚施何以從人何以徇物外無奔走之友內乏強近之親是以媾布之徒隨相媒孽及一朝捐棄以快怨者之心吁可悲矣蓋先貴後賤古富今貧季倫所以發此哀音雍門所以和其悲曲又迫以嚴秋殺氣具物多悲長夜展轉百憂俱至況復霜銷草色風摇樹

影寒蟲夕叫合輕重而同悲秋葉晚傷雜黃紫而俱墜蜘蛛結幕熠燿爭飛故無車轍馬聲何聞鳴鷄吠犬俛眉事妻子舉手謝賓遊方與飛走爲鄰永用蓬蒿自沒愧其長息忽不覺生之爲重素無一廛之田而有數口之累豈曰匏瓜不食方當長爲傭保糊口寄身遠死溝渠以實螻蟻悲夫豈復得與二三士友抱影接髁屣足摩肩摛綺縠之清文談希微之道德唯吳馮之過夏馥范彧之值孔嵩愍其留賃憐此行乞爾儻不以垢累時存禮則雖先犬馬猶松喬焉去矣何生高樹芳裂裁書代面筆淚俱下

後魏韓顯宗爲鎮南廣陽王嘉諮議參軍以自矜伐訴前征勳詔免顯宗旣失意遇信向雒乃爲五言詩贈御史中尉李彪曰賈生謫長沙董儒詣臨江愧無若人跡忽尋兩賢蹤追昔渠閣遊策駕厠群龍如何情愿奪飄然獨遠從痛哭去舊國銜淚屆新邦哀哉無援民嗷然失侶鴻彼藏不我聞千里告志同

李諧爲金紫光祿大夫元顥入雒以爲給事黃門侍郎顥敗除名乃爲述身賦一千五百餘言末云願自託於魚鳥求得性於飛沉庶保此以擭沒不再羅於當今

李洪之爲秦益二州刺史以贓罪賜死及臨自盡沐浴換衣防卒扶持將出郡入遍巡家庭如是再三泣嘆良久乃臥而引藥

曹外北海人以學識清立見知出帝時爲國子祭酒不營家產至以餓卒於鄴時人傷歎之

隋劉炫河間人爲太學博士歲餘以品卑去任歸於河間於時盜賊蜂起穀食踊貴經籍道息教授不行炫與妻子相去百里聲問斷絕鬱鬱不得志乃自爲贊曰通人司馬相如揚子雲馬季長鄭康成等皆自敘風徽傳芳來葉余豈敢仰均先達貽笑後昆徒以

日迫桑榆大命將近故友飄零門徒雨散遠死朝露埋魂朔野親故莫熠其心後人不見其迹殆及餘喘薄言胸臆貽及行邁傳示州里使夫將來俊哲知余鄙志爾余從綰髮以來迄於白首嬰孩爲慈親所恕捶撻未嘗加從學爲明師所矜櫝楚弗之及暨乎教敘邦族交結等夷重物輕身先人後巳昔在幼弱樂參長者爰及耆艾數接後生學則服而不厭誨則勞而不倦幽情寡過心事多違內省生平顧循終始其大幸有四其深恨有一性本愚蔽家業貧窶爲父兄所饒厠搢紳之末遂得博覽典誥窺涉今古小善著

於丘園虛名聞於邦國其幸一也隱顯人間沉浮世俗數忝徒勞之職久執城旦之書名不挂於白簡事不染於丹筆立身立行慙恧實多啓手啓足庶幾可免其幸二也以此庸虛屢動宸眷以此卑賤每升天府齊鑣驥騄比翼鵷鴻整翻素於鳳池記言動於麟閣參謁宰輔造請群公厚禮殊恩增榮改價其幸三也晝漏方盡大耋巳嗟退反初服歸骸故里翫文史以怡神閱魚鳥以散慮觀省野物登臨園沼緩步代車無事爲貴其幸四也仰休明之盛世慨道教之陵遲蹈先儒之逸軌傷群言之蕪穢馳騖墳典釐改僻謬僻撰始畢事業適成天違人願時不我與世路未夷學較盡廢道不備於當時業不傳於身後銜恨泉壤定在茲乎其深恨一也時在郡城糧餉斷絕其門人多隨盜賊哀炫窮乏請郡城下索炫郡官乃出炫與之炫爲賊所將過城下堡未幾賊爲官軍所敗炫饑餓無所依復投縣城長吏意炫與賊相知恐爲後變遂閉門不納時夜冰寒因此凍餒而死

唐盧照隣爲鄧王府典籤照隣始去新都也寓于京城鄱陽公主之廢府時詔徵太白山隱士孫思邈亦居此府思邈時年九十餘而視聽不衰照隣自傷年

纔強仕而沈疾困憊乃作病梨樹賦以傷稟氣之不同詞甚麗美

韋安石爲尚書左僕射同中書門下三品後罷知政事出爲蒲州刺史屬太常卿姜皎有所請託安石拒之皎大怒後轉青州刺史皎弟晦爲御史中丞以安石等作相時同受中宗遺制宗楚客韋溫削相王輔政之詞安石不能正其事令侍御史舉劾之詔貶沔州別駕晦又奏安石嘗檢校定陵造作隱官物入巳勑符下州徵贓安石歎曰此祇應須我死爾憤激而卒

韋陟爲東京留守早有台輔之望閒被李林甫楊國忠所擠及中原起兵天下事殷陟嘗自謂負經緯之器遭後生騰謗明主見疑嘗鬱鬱不得志乃歎曰吾道窮於此乎有志不伸得非天命乎因遘疾而終

陸贄爲中書侍郎平章事罷相貶忠州别駕十餘年嘗閉戸不出人無識其面者

後唐崔貽孫爲吏部侍郎貶官塞北馳驛至潞州致書於帥府孔勍曰十五年轂城山裏自謂逸人二千里沙塞途中今爲逐客勍以其年過八十奏留府下明年量移澤州司馬

憂懼

夫憂懼之來發於心術而形於外者也乃有乘艱虞之會履崇高之位謀人之國策慮之匪臧遭事之變進退之無措蹈危機於夙暮覩咎徵之明白乃至遭離誣謗播身非所遇畏權倖見忌當塗危言高論而爲世不容時移事改而抆迹罔寄繇是隱憂充積恐懼交至愁歎兼倍惴慄靡遑乃至志消而神竭中乾而疾作怨和遘沴傷性隕軀者亦比比有之矣仲尼曰内省不疚夫何憂何懼自非體道無悶安之若命又孰能恬漠而不蔕芥哉

冶厪衛大夫初衛侯出奔楚晉人復衛侯衛侯使賂周歂冶厪曰苟能納我吾使爾爲卿（恐元咺距己故賂周冶）周冶殺元咺及子適子儀公入祀先君周冶既服將命（服御服將入朝受命）周歂先入及門遇疾而死冶厪辭卿

范雎魏人秦昭王拜爲相封以應號侯而與武安君白起有隙言而殺之任鄭安平使將擊趙鄭安平爲所困急以兵二萬人降趙應侯席藁請罪秦之法任人而所任不善者各以其罪罪之於是應侯罪當收三族秦昭王恐傷應侯之意乃下令國中有敢言鄭安平事者以其罪罪之而加賜相國應侯食物日益

厚以順適其意後三歲王稽爲河東守與諸侯通坐法誅而應侯日益以不懌昭王臨朝歎息應侯進曰臣聞主憂臣辱主辱臣死今大王中朝而憂臣敢請其罪昭王曰吾聞楚之鐵劍利而倡優拙夫鐵劍利則士勇倡優拙則思慮遠夫以遠思慮而御勇士吾恐楚之圖秦也夫物不素具不可以應卒今武安君既死而鄭安平等畔内無良將而外多敵國吾是以憂欲以激勵應侯應侯懼不知所出

李斯爲秦丞相長男繇爲三川守諸男皆尚秦公主女悉嫁秦諸公子繇告歸咸陽斯置酒於家百官長

皆前為壽門延車騎以千數李斯喟然而歎曰嗟乎吾聞之荀卿曰物禁太甚夫斯乃上蔡布衣閭巷之黔首上不知其駑下遂擢至此當今人臣之位無居臣上者可謂富貴極矣物極則衰吾未知所稅駕也

漢谷永字子雲長安人為光祿大夫出為安定太守時成帝諸舅平阿侯王譚年次當繼大將軍王鳳輔政尤與永善鳳病困薦從弟御史大夫音自代帝從之以音為大司馬車騎將軍領尚書事而譚位特進領城門兵永聞之與譚書令辭職保謙讓之路譚遂辭讓不受領城門職繇是譚音相與不平永遠為郡

吏恐為音所危病滿三月免

楊雄為郎給事黃門王莽時以耆老久次轉為大夫時劉歆子棻甄豐子尋獻符命莽誅豐父子投棻四裔辭所連及便收不請（不須奏請）時雄校書天祿閣上治獄使者來欲收雄雄恐不能自免乃從閣上自投下幾死莽聞之曰雄素不與事何故在此間請問其故（使人密問之）廼劉棻嘗從雄學作奇字（古文之異者）雄不知情（不知獻符命之事也）有詔勿問然京師為之語曰惟寂寞自投閣爰清靜作符命（以雄解嘲言譏之也）

後漢馮衍字敬通京兆杜陵人也初與衛尉陰興新陽侯陰就交結繇是為諸王所聘請尋為司隸從事光武懲西京外戚賓客故皆以法繩之大者抵死徒其餘至貶黜衍繇此得罪嘗自詣獄有詔赦不問時衍又與就書曰奏曹掾馮衍叩頭死罪衍材素愚駑行義汙穢外無鄉里之譽內無汗馬之勞俍蒙明府天覆之德華寵重疊間者掾史疑衍之罪衆煦飄山當為灰土賴蒙明察揆其素行復保首領倍加厚德篤於慈父瘢痕肌膚滲漉骨髓德重山岳澤浮河海前遣妻子還溫縣遭雨閣暑以七月還至陽武聞詔捕諸王賓客惶怖詣闕冀先事自歸十一日到十二

日奏報歸田里即日束手詣雒陽詔獄十五日夜詔書勿問得出遭雨久疾大困冀高世之德施以田子老馬之惠贈以秦穆駿馬之恩使長有依歸以効忠心於是西歸故鄉閉門自保不敢復與親故通

張奐燉煌人也為太常陷罪禁錮歸田里奐前為度遼將軍與段紀明爭擊羌不相平及紀明為司隸校尉欲逐奐歸燉煌將害之奐憂懼奏記謝紀明曰小人不明得過州將千里委命以情相歸足下仁篤照其辛苦使人未反復獲郵書恩詔分明前以寫白而州期切促郡縣惶懼屏營延企側待歸命父母矜骨

孤魂相託若蒙矜憐一惠咳唾則澤流黃泉施及冥寞非與生死所能報塞夫無毫髮之勞而欲求人丘山之用此淳于髡所以拍髀仰天而笑者也誠知言必見譏然猶未能無望何者朽骨無益於人而文王葬之死馬無所復用而燕昭寶之儻同文昭之德豈不大哉凡人之情寃則呼天窮則叩心今呼天不聞叩心無益誠自傷痛俱生聖世獨爲匪人孤微之人無所告訴如不哀憐便爲魚肉企心東望無所復言紀明雖剛猛省書哀之卒不忍也

魏夏侯玄曹爽姑子也爽誅玄爲大鴻臚徙太常太

傅司馬宣王薨許允謂玄曰無復憂矣玄歎曰士宗（許允字也）卿何不見事乎此人猶能以通家年少遇我子元子上不吾容也（子元司馬宣王子晉景帝也子上景帝弟文帝也）

司馬望爲散騎常侍時景文相繼輔政未嘗朝覲權歸晉室望雖見寵待每不自安繇是求出爲征西將軍持節都督雍涼二州諸軍事

吳聶友爲丹陽太守友與諸葛恪善恪誅後孫峻忌友欲以爲鬱林太守友發病憂死

晉衛瓘武帝時爲司空子宣尚公主太尉楊駿與黃門等毀之諷帝奪宣公主瓘慙懼告老遜位

樂廣爲尚書令成都王穎廣之婿也及與長沙王乂遘難而廣既處朝望群小讒謗之乂以問廣廣神色不變徐答曰廣豈以五男易一女乂猶以爲疑廣竟以憂卒

李重字茂曾江夏鍾武人永康初爲趙王倫相國左司馬及倫僭逆重以憂逼成疾而卒

王坦之字文度簡文帝末爲左衛將軍帝詔大司馬桓溫依周公居攝故事坦之自持詔入於帝前毀之後溫於新亭大陳兵衛將移晉室呼謝安及坦之欲於坐害之坦之甚懼問計於安安曰晉祚存亡在此

一行既見溫坦之流汗沾衣倒執手板

宋諸葛長民爲豫州刺史自以多行無禮常憂國憲時高祖西討劉毅以長民監留府事疑其難獨任留劉穆之輔之長民果有異謀而猶豫不能發屏人爲穆之曰悠悠之言謂太尉於我不平何以至此穆之曰公泝流遠伐以老母弱子委節下若一字不盡豈容若此長民意乃小安穆之亦厚爲之備謂所親曰貧賤常思富貴富貴必踐機危今日思爲丹徒布衣不可得也

傅亮字季友北地靈州人也景平中爲尚書令領護

軍將軍府少帝失德內懷憂懼作感物賦以寄意焉
後彝少命立文帝初奉迎大駕道路賦詩三百其一
篇有悔懼之辭
顏邵剛正有局力爲謝晦所知晦爲領軍以爲司馬
廢立之際與之參謀晦鎮江陵請爲諮議參軍領錄
事軍府之務悉委焉邵慮晦將有禍出求竟陵太守
未及之郡值晦見討晦與邵謀起兵拒朝廷邵飲藥
死
南齊劉據字茂謙彭城武原人爲安南諮議參軍有
愛伎陳玉珠明帝遣求不與逼奪之據頗怨望帝令

有司誣奏據罪付廷尉將殺之據入獄數宿鬚鬢皆
白
陳顯達爲江州刺史明帝世心懷不安在江州遇疾
不治尋而自差意甚不說
謝超宗陳郡陽夏人爲竟陵王征北諮議參軍有罪
下廷尉一宿鬢白皓首
魏準會稽人爲太學生以才學爲王融所賞融既欲
奉竟陵王子良而準鼓成其事太學生虞義丘國賓
竊相謂曰竟陵才弱王中書無斷敗在眼中矣及融
誅召準入舍人省詰問遂懼而死舉體皆青時人以
準膽破
蕭穎胄爲荊州刺史時梁高祖初舉義兵巴東太守
蕭惠訓子璝巴西太守魯休烈弗從舉兵侵荊州敗
輔國將軍任漾之於硤口破大將軍劉孝慶於上明
穎胄遣軍拒之而高祖已平江郢圖建康穎胄自以
職居上將不能拒制璝等憂愧不樂發疾數日而卒
徐榮祖爲秘書監嘗有罪繫獄旦日原之而髮皓白
齊武問其故曰臣思愆於內髮變於外當時所以稱
之
梁沈約字休文高祖時爲左光祿大夫侍中太子太

傅高祖初與張稷有憾及稷卒因言之約曰尚書僕
射出作邊州刺史往事何足論帝以爲婚家相爲大
怒曰卿言如此是忠臣耶乃輦歸內殿約懼不覺高
祖起猶坐如初及還未至牀而憑空頓於戶下因病
嘗夢齊和帝劍斷其舌乃呼道士奏赤章於天稱禪
代之事不繇已出武帝聞大怒中使譴責者數焉約
懼遂卒
後魏樂良王萬壽景穆帝之子文成和平三年拜征
東大將軍鎮和龍性貪暴徵還道憂死
李式字景則其兄敷爲中書監皇興四年爲獻文所

誅式時爲兗州刺史式自以家據權要心慮危禍帝
勑津吏臺有使者必先啓聞然後渡之既而使人平
曉卒至津吏欲先告式使者紿云我須南過不停此
則不煩令刺史知也津人信之與使俱渡使者既濟
突入執式赴都與兄俱死
張湛燉煌人初仕沮渠蒙遜爲兵部尚書涼州平入
國崔浩識禮之湛至京家貧浩常給其衣食每歲贈
浩詩頌浩常報答及浩被誅湛懼悉焚之閉門却掃
慶弔皆絶以壽終
北齊魏蘭根爲開府高乾之死蘭根懼去宅避於寺

武帝大加譴責蘭根憂怖乃移病解僕射
魏收初仕後魏爲中書侍郎黄門郎崔陵從齊神武
入廟熏灼於世收初不詣門陵爲孝武登祚赦云朕
託體孝文收嗤其率直正員郎李愼以告之陵深忿
忌時節閔帝殂令收爲詔㥄乃宣言收普泰世出幃
幄一日造詔優爲詞旨然則義旗之士盡爲逆人又
收父老合解官歸侍南臺將加彈劾賴尚書辛雄爲
言於中尉綦㑺乃解收有賤生弟仲同先未齒錄因
此怖懼上籍遣還鄉扶侍初神武固讓天柱大將軍
魏帝勑收爲詔令遂所請欲加相國品秩收以實對
帝遂止收既未測主相之意以前事不安求解詔許
焉
後周侯植爲司倉下大夫時晉公護誅趙貴而諸宿
將等多不自安植從兄龍恩爲護所親任植因謂龍
恩曰兄既受人任使安得知而不言龍恩不能用植
承間言於護曰公以骨肉之親當社稷之寄願公推
誠王室擬迹伊周護曰我蒙太祖厚恩且當猶子之
視誓將以身報國豈兄應見此心卿今有是言豈謂
吾有他志邪又聞其先與龍恩言乃陰忌之植懼不
免禍遂以憂卒

尉遲運以宣帝在東宮爲右宮正帝即位爲上柱國
運之爲宮正也數進諫於帝帝不能納反疎忌之時
運又與王軌宇文孝伯等皆爲高祖所親待軌屢言
帝失於高祖帝謂運豫其事愈更銜之及軌被誅運
懼及於禍問計於宇文孝伯辭而得出爲秦州總管
秦渭等六州刺史然運至州猶懼不免大象元年二
月遂以憂薨
隋崔弘度字摩訶㨖陵安平人也高祖時方簡較太
府卿其妹爲秦王妃弟弘昇女爲河南王妃未幾秦
王以罪誅河南王妃復被廢黜弘度憂恚謝病於家

諸弟乃與之別居彌不得志煬帝即位河南王爲太子帝將復立昆妃遣中使就家宣旨使者誚弘昇家弘度不之知也使者反帝曰弘度有何言使者曰弘度稱有疾不起帝默然其事竟寢弘度憂憤未幾卒

元善河南雒陽人爲國子祭酒善嘗以高熲有宰相之具嘗言於煬帝帝初然之及熲得罪帝以善之言爲熲游說深責望之善憂懼先患消渴於是疾動而卒

唐薛萬均貞觀中爲右屯衛大將軍太宗幸芙蓉園萬均屏人不盡以之屬吏萬均脛石孔及憂憤發疾

會將慮過遂卒東堂

邢文偉爲內史則天天授初貶珍州刺史嘗有制使至其州境文偉以爲有罪見誅遽自縊而死

趙遜德宗建中末爲寧州刺史遜李忠臣壻也聞忠臣受朱泚僞宰相憂懼自縊死

郭鋼爲朔方節度使杜希全判官攝豐州刺史希全慮其幼不任邊職上請罷之德宗遣中使就召鋼懼以他事見收遂奔吐蕃

後唐王瓚仕梁爲開封尹莊宗入汴瓚出城迎降伏地請死帝曰朕與卿家世密親兵戈阻闊卿即時竭心所事人臣之節也何罪之有乃命復舊職及誅張漢傑朱珪輩瓚大恐憂駭不自安所有家財相繼入貢帝慰諭之終以憂病而卒

趙光裔同光中拜平章事先是條制權豪強買人田宅或陷害籍沒顯有屈塞者許人自理內官楊希朗者故觀軍容使復恭從子也援例理復恭舊業事下中書光裔謂郭崇韜曰復恭與南山謀逆顯當國法本朝未經昭雪安得論理崇韜私抑宦者因具奏聞希朗泣訴於帝帝令自見光裔言之希朗訴陳叔祖復光有大功王室伯祖復恭爲張濬所構得罪前朝

當時強臣掣肘國命不行及王行瑜伏誅德音昭洗制書尚在相公本朝氏族諳練故事安得謂之未雪耶若言未雪吾伯氏彥博洎諸昆仲監護諸鎮何途得進漸至聲色俱厲光裔先恃名德爲其所折怛然不樂又以希朗幸臣慮撓他事危巳必不自安因病疽卒

張全義濮州臨濮人也同光四年爲忠武節度使尚書令是時趙在禮據魏州諸軍進討無功元行欽又北征不利全義奏言明宗爲兵馬總管威名素著遽請渡河招撫鄴都時明宗以爲群小間言莊宗猶豫

朱夫全義力懇進言故曲從之及明宗爲亂兵所擁全義先被疾旣聞其變憂懼不食薨於雒陽之私第

李愚爲翰林學士承旨長興初除太常卿時大臣加恩所爲制詞不愜愚尤深憂懦家皇城内國忌日行香即宿于雒水南佛寺以防糾劾

于鄴天成中初除工部郎中時盧文紀爲工部尚書鄴往公參文紀以鄴名其父諱不之見或謂鄴曰南宮故事郎中入省如本行尚書侍郎不容公參何以有主鄴憂畏太過一夕醉歸雉經于室

索自通大原清源人明宗時爲西京留守楊彥温據

河中叛逆自通出師討平之時末帝鎮河中臨事失於周旋帝深銜之及帝即位自通爲右龍武統軍嘗憂悸求死清泰元年七月因朝退涉雒水陽墮而卒

晉趙在禮爲晉昌節度使契丹入汴自鎮赴之過雒謂朝廷曰戎王嘗言致莊宗遇亂者我也我深以此行爲憂或曰戎人好利宜以厚賂餌之何過慮耶時有契丹諸部渤海首領高牟瀚奚王拽剌相遇於途在禮望塵致敬牟瀚拽剌與諸部偏帥咸倨以受之在禮憤以致疾及至鄭州泊於逆旅見一步健趨而過詢之乃同州劉繼勳之爪牙也問繼勳先至闕戎王作何安置步健曰已鏁矣在禮大驚及夜以衣帶就馬櫪自絞而死

冊府元龜

巡按福建監察御史臣李嗣京訂正

新建縣舉人臣戴國士參閱

知建陽縣事臣黃國琦較釋

總錄部一百六十

僞政

南公有言曰楚雖三戶亡秦必楚項氏世爲楚將因民胥怨嚻聚無賴攻城略地所過無不殘滅而且逢尊懷王爲義帝以慰群下之望是時豪傑鋒起生靈靡託譬猶捕鹿獲者同功必推最強專用宰割然項

籍以匹夫之勇婦人之仁威詐亟行脅以從已號令非一諸侯不平豈所謂失道者寡助不善者善人之資邪故漢高以寬仁長者卒有天下矣及漢氏中微乃有新莽繇外戚以用事假仁義以邀名始輔弱主之政終竊南面之位禮樂制度上下變更宴懷姦慝偷安歲月而不知漢德雖衰天命未改孟堅曰紫色鼃聲非僞而何哉

項籍字羽爲楚上將軍旣屠咸陽殺秦降子嬰迺陽尊懷王爲義帝徙之長沙都郴分天下以王諸侯（羽爲上將諸軍以前事迹並見將帥門）羽與范增疑沛公業已講解（講和也）又惡背約恐諸侯叛之陰謀曰巴蜀道險秦之遷民皆居之乃曰巴蜀亦關中地故立沛公爲漢王王巴蜀漢中而三分關中秦降守以距塞漢道乃立章邯爲雍王王咸陽以西長史司馬欣故櫟陽獄吏嘗有德於梁都尉董翳本勸章邯降故立欣爲塞王王咸陽以東至河立翳爲翟王王上郡徙魏王豹爲西魏王王河東瑕丘公申陽者（瑕丘縣之老人申名陽）張耳嬖臣也（嬖謂愛幸也）先下河南迎楚河上立陽爲河南王趙將司馬卬定河內數有功立卬爲殷王王河內徙趙王歇王代趙相張耳素賢又從入關立爲恒山王王趙

地當陽君英布爲楚將嘗冠軍立布爲九江王番君吳芮帥百粵佐諸侯又從入關立芮爲衡山王義帝柱國共敖將兵擊南郡功多因立爲臨江王徙燕王韓廣爲遼東王燕將臧荼從楚救趙因從入關立荼爲燕王徙齊王田巿爲膠東王齊將田都從共救趙入關立都爲齊王故秦所滅齊王建孫田安羽方渡河救趙安下齊北數城引兵降羽立安爲齊北王田榮者背梁不肯助楚擊秦以故不得封陳餘棄將印去不從入關然素聞其賢有功於趙聞其在南皮故因環封之三縣（饒南皮三縣以封之）番君將梅鋗功多故封十

萬戸侯羽自立爲西楚伯王王梁楚地九郡都彭城諸侯各就國田榮聞羽徙齊王市膠東而立田都爲齊王大怒不肯遣市之膠東因以齊反迎擊都都走楚市畏羽迺亡之膠東就國榮怒追殺之卽墨自立爲齊王予彭越將軍印令反梁地越迺擊殺濟北王田安田榮遂并王三齊之地時漢王還定三秦羽聞漢幷關中且東（言方將出關而擊楚）齊梁畔之大怒迺以故吳令鄭昌爲韓王以距漢令蕭公角等擊彭越越敗蕭公角等羽北擊齊徵兵九江王布稱疾不行使將將數千人往漢王二年羽陰使布殺義帝羽至城陽田

榮不勝走至平原平原民殺之羽遂北燒夷齊城郭室屋皆坑降卒繫虜老弱婦人徇齊至北海所過殘滅齊人相聚而畔之於是田榮弟橫收得亡卒數萬人反城陽羽因留連戰未能下漢王刼五諸侯兵凡五十六萬人東伐楚（時有十八諸侯漢得其五常山河南魏韓殷也）羽聞之卽令諸將擊齊而自以精兵三萬人南從魯出固陵東至彭城日中大破漢軍（謂早擊之至日中大破也）漢軍滎陽築角道取敖倉食三年羽數擊絶漢角道漢王食乏請和割滎陽以西爲漢羽欲聽之范增曰漢易與爾今不取後必悔之羽乃急圍滎陽漢王患之用陳平計以金四萬斤間楚君臣羽以故疑范增稍奪之權增怒疽發背死漢王西入關收兵出宛葉閒與黥布行收兵羽聞之卽引兵南漢王壁不與戰是時彭越渡雎與項聲薛公戰下邳殺薛公羽乃東擊彭越漢王亦引兵北軍成皐羽已破走彭越引兵西下滎陽城進圍成皐漢王跳（跳謂輕身而忽出之）獨與滕公得出羽遂拔成皐四年羽擊陳留外黃外黃不下數日降羽悉令男子十五以上詣城東欲阬之外黃令舍人兒年十三說羽曰彭越強刼外黃外黃恐故且降待大王至又皆阬之百姓豈有所歸心哉從此以東梁地十餘城皆

恐莫肯下矣羽然其言乃赦外黃當阬者而東至睢陽聞之皆爭下時漢軍方圍鍾離眛於滎陽東羽亦軍廣武與漢王相與語漢王數羽十罪羽怒伏弩傷漢王時漢關中兵益出食多羽兵食少漢王使侯公說羽羽迺與漢王約中分天下割鴻溝而西者爲漢東者爲楚歸漢王父母妻子已約羽解而東五年漢王進兵追羽至固陵復爲羽所敗漢王用張良計致齊王信建成侯彭越兵及劉賈入楚地圍壽春大司馬周殷叛楚舉九江兵隨劉賈迎黥布與齊梁諸侯皆大會羽壁垓下軍少食盡漢帥諸侯兵圍之數重

羽夜聞漢軍四面皆楚歌迺驚曰漢皆已得楚乎是何楚人之多也起飲帳中有美人姓虞氏嘗幸從駿馬名騅嘗騎（蒼白雜毛曰騅色名之）迺悲歌忼慨自爲歌詩曰力拔山兮氣蓋世時不利兮騅不逝騅不逝兮可奈何虞兮虞兮奈若何（若汝也）歌數曲美人和之羽泣下數行左右皆泣莫能仰視於是羽遂上馬戲下騎從者八百餘人（戲大將旗也漢書通以戲爲旌麾反指麾字）夜直潰圍南出馳平明漢軍迺覺之令騎將灌嬰以五千騎追羽渡淮騎能屬者百餘人羽至陰陵迷失道（陰陵縣名屬九州郡）問一田父田父紿曰左左乃陷大澤中以故漢追及之

羽復引而東至東城迺有二十八騎追者數千羽自度不得脫謂其騎曰吾起兵至今八歲矣身七十餘戰所當者破所擊者服未嘗敗北遂霸有天下然今卒困於此此天亡我非戰之罪也今日固決死願爲諸軍決戰必三勝斬將艾旗迺後死使諸軍知吾非用兵罪天亡我也於是引其騎因四隤出（陂四下陂陁也）而爲圜陳外向（圜陳四周圜之兵刃皆在外）漢騎圍之數重羽謂騎曰吾爲公取彼一將令四面騎馳下期山東爲三處於是羽大呼馳下漢軍皆披靡遂殺漢一將是時楊喜爲郎騎追羽羽還叱之（還謂回面也）喜人馬俱驚辟易數里（辟易謂開張易其本處）與其騎會三處漢軍不知羽所居分軍爲三復圍之羽乃馳復斬漢一都尉殺數十百人復聚其騎亡兩騎迺謂騎曰何如騎皆服曰如大王言於是羽遂引東欲渡烏江（在牛渚）烏江亭長檥船待（整船向岸也）謂羽曰江東雖小地方千里衆數十萬亦足王也願大王急渡今獨臣有船漢軍至無以渡羽笑曰乃天亡我何渡爲且籍與江東子弟八千人渡而西迺今亡一人還縱江東父兄憐而王我我何面目見之哉縱彼不言籍獨不愧於心乎謂亭長曰吾知公長者也吾騎此馬五歲所當亡敵嘗一日千里

吾不忍殺以賜君迺令騎皆去馬步持短兵接戰羽獨所殺漢軍數百人羽亦被十餘創觀見漢騎司馬呂馬童曰若非吾故人乎馬童面之（面謂背之不面向也）指王翳曰此項王也羽迺曰吾聞漢購我頭千金邑萬戶吾爲公得（令公得我爲功也）迺自刭王翳取其頭亂相蹂蹈爭羽相殺者數十人最後楊喜呂馬童郎中呂勝楊武各得其一體故分其地以封五人皆爲列侯漢王迺以魯公號葬羽於穀城諸項支屬皆不誅封項伯等四人爲列侯賜姓劉氏

王莽爲安漢公攝行皇帝之事（居攝以前莽未事迹並見宰輔外部諸戚）

門改元居攝元年正月莽祀上帝於南郊迎春於東郊行大射禮於明堂養三老五更成禮而去置柱下五史秩如御史聽政事侍旁記疏言行三月己丑立宣帝玄孫嬰爲皇太子號曰孺子以王舜爲太傅左輔甄豐爲大阿右拂甄邯爲太保後承又置四少秩皆二千石四月安衆侯劉崇與相張紹攻宛不得入而敗莽汙池崇室宅群臣復白劉崇等謀逆者以莽權輕也宜尊重以鎮河內五月甲辰太后詔莽朝見太后稱假皇帝十二月群臣奏請益安漢公宮及家吏置率更立廟廄廚長丞中庶子虎賁以下百餘人

又置衛士三百人安漢公廬爲攝省府爲攝殿第爲攝宮莽白太后下詔曰故太師光雖前薨功效已列太保舜大司空豐輕車將軍邯步兵將軍建皆爲誘進單于籌策又典靈臺明堂辟雍四郊定制度開子午道與宰衡同心說德合意并力功德茂著封舜子康爲同心侯林爲說德侯光孫爲合意侯豐孫康併力侯益邯建各三千戶是歲西羌龐恬傅幡等怨莽奪其地作西海太守程永奔走莽誅永遣護羌校尉竇況擊破之

二年五月禁列侯以下不得挾黃金輸御府受直然卒不與直九月東郡太守翟義都試勒車騎因發奔命立嚴鄉侯劉信爲天子信東平煬王之子也移檄郡國言曰莽毒平帝攝天子位欲絕漢室今共行天罰誅莽郡國疑惑衆十餘萬莽惶懼不能食晝夜抱孺子告禱郊廟作策曰昔成王幼周公攝政而管蔡挾祿父以畔祿父紂子也今翟義亦挾劉信而作亂自古大聖猶懼此況臣莽之斗筲自喻材小器也群臣皆曰不遭此變不章聖德莽於是依周書作大誥武王終周公相成王而三監淮夷叛周公作大誥莽自比周公故依放其事曰惟居攝二年十月甲子攝皇帝若曰大誥通諸侯王三公列侯於汝卿大夫元士御事

言以大道告於諸侯已下御事王事也不弔天降喪於趙傅丁董趙飛燕傅太后丁太后董賢也不弔言不爲天所弔閔降下也洪惟我幼沖孺子當承繼嗣無疆大歷服事洪大也惟思也沖稚也大思幼稚孺子當承繼漢家無竟之歷服行政事予未遭其明哲能導民於安況其能往知天命予莽自稱也言不遭明知之人以自輔佐而導百姓於安也熙我念孺子若涉淵水熙歎辭予惟往求朕所濟度奔走言我求所當以濟渡之故奔走盡力不憚勤勞以傳逝奉承高皇帝所受命予豈敢自比於前人乎前人謂周公也天降威明用寧帝室遺我居攝寶龜威明猶言明威也太皇太后以丹石之符迺紹天明意紹承也詔予即命居攝踐祚如周公故事反虜故東郡太守翟義

擅興師動衆曰有大難于西土西土人亦不靖日者逮翟義之言西土謂京師也言在東郡之西也於是動嚴鄉侯信誕敢犯祖亂宗之序誕大也天降威遺我寶龜固知我國有呰災使民不安呰病也言天所以降威遺龜者知國有災病義信當反天下不安之故也是天反復右我漢也粵其聞日粵發語詞上問日也宗室之儁有四百人諸劉見在者民獻儀九萬夫民之表儀謂賢者予敬以終於此謀繼嗣圖功我用此宗室之儁及獻儀者共謀圖國事終成其功我有大事休予卜并吉大事成事也言人謀既從卜又并吉是爲美也故我出大將告郡太守諸侯相令長曰予得吉卜予惟以汝于伐東郡嚴鄉逋播臣逋云也播散也爾國君或者無不反曰艱大民

亦不靜亦惟在帝宮諸侯宗室於小子族公敬不可征言爾等國君或有言曰禍難既大衆庶不安又劉信國之宗室於孺子爲族父當加禮敬不可征討也帝不違卜卜既得吉天命不違故予爲冲人長思厥難曰烏虖義信所犯誠動鰥寡哀哉無妻無夫之人亦同受其害故可哀哉予遭天役遺大解難於予身以爲孺子不身自卹言天以家役吏遺事而身解其難故我征伐以爲孺子除亂非自憂已身予義彼國君泉陵侯上書泉陵侯劉慶也言莽令行天子事曰成王幼弱周公踐天子位以治天下六年朝諸侯於明堂制禮樂班度量而天下大服班謂布行也太皇太后承順天心成居攝之義皇太子爲孝平皇帝子皇太子卽謂孺子年在襁褓宜且爲子

知爲人子道令皇太后得加慈母恩畜養成就加元服然後子明辟辟君也以明君之事還孺子也熙爲我孺子之故重歎而告予惟趙傅丁董之亂遏絕繼嗣變剝適庶危亂漢朝以成三阸阸危會也謂三千二百一十歲隊極厥命隊隕也極盡也烏虖害其可不脅力同心戒之哉害何也脅陳也予不敢僭上帝命僭不信言也順天命而征討天休于安帝室興我漢國惟卜用克綏受茲命言天美於輿復漢國故我惟用卜吉能安受此命今天其相民況亦惟卜用言天道當思耶人況更用卜吉可知矣太皇太后肇有元城沙鹿之右沙鹿在元城縣春秋時沙鹿崩王莽以爲元后之祥陰精女主聖明之祥李親懷元后夢月入懷陰精女王之祥配元生成以興我天下

之符遂獲西王母之應民傳祀西王母之應也靈神之徵徵證也以祐我帝室以安我大宗以紹我後嗣以繼我漢功厥害適統不宗元緒者辟不違親辜不避戚其有害國之正統不尊大緒者當遬加刑辟不避親戚夫豈不愛亦惟帝室非不愛此人但爲帝室不得止是以廣立王侯并建曾玄俾屏我京師綏撫宇內屏謂蔽捍其難也博徵儒生講道於廷論序乖謬制禮作樂同律度量混一風俗混亦同也正天地之位昭郊宗之禮定五畤廟祧咸秩亡文諸廢祀無文籍皆祭之建靈臺立明堂設辟雍張太學尊中宗高宗之號宣帝元帝也昔我高宗崇德建武克綏西域以受白虎威勝之瑞元帝誅滅郅支

單于儴䩞西域特有獻白虎者所感遠勝緼也天地判合乾坤序德言元帝既有感德太后又光符應則是天地乾坤夫妻之義相配合也判言之片也太皇太后臨政有龜龍麟鳳之應五德嘉符相因而備河圖雒書遠自崑崙出於重壂崑崙河所重壂雒所出皆有圖書故本有之古讖著言肆今享實讖故也言古有其讖故今當其實此迺皇天上帝所以安我帝室俾成就洪烈也洪大也烈業也烏虖天明威輔漢始而大大矣言因此難更以強大爾有惟舊人泉陵侯之言爾不克遠省爾豈知太皇太后若此勤哉言爾當思文舊之人泉陵侯所言爾不能遠省識古事其知太后之勤乎天毖勞我成功所天慎勞我國家成功之所在予不敢不極卒安皇帝之所圖事卒終也言我不敢不終祖宗之業安

帝室所謀之事肆予告我諸侯王公列侯卿大夫元士御事肆陳也陳其理而告之也天輔誠辭言有至誠之辭則為天所輔天其累我以民予害敢不於祖宗安人圖功所終累託也言天以百姓託我我曷敢不謀終祖宗安人之功也天亦惟勞我民若有疾予害敢不於祖宗所受休輔言天欲撫勞我衆若有疾苦我曷敢順祖宗之意休息而輔助之予聞孝子善繼人之意忠臣善成人之事予思若考作室厥子堂而構之父有作室之意則子當築堂而構楶橑以成之厥父菑厥子播而穫之菑耕其田子當布種而收穫反土為菑一云田一歲曰菑予害敢不於身撫祖宗之所受大命作室農人猶不棄其本業於今日不得有避不征討叛逆也若祖宗迺有效湯武伐厥子民長其勸弗救譬有人東伐其子而長養彼心反勸助之弗救其子有止一子惡故也言湯武疾惡其心亦然今所征討不得避親當以公義烏虖肆哉肆陳也勤今陳力諸侯王公列侯卿大夫元士御事其勉助國道明道繇也言當繇於明知之事以助國也亦惟宗室之後民之表儀迺知上帝命迺亦道也言當粤尊道而知天命天輔誠爾不得易定言天道輔誠爾不得改易天之定命況今天降戾於漢國惟大艱人翟義劉信大逆欲相伐于厥室豈亦知命之不易乎言義信不知天命不改易乃大為艱難以干國紀是自相謀誅伐其室也予永念曰天惟喪翟義劉信若嗇夫予害敢不終予晦嗇夫治田志除草穢天之欲喪義信事亦如之我當順天以終竟田晦之事天亦惟休于祖宗予害其極卜害敢不予從言天美祖宗之事我何其極卜

法敢不從從言必從率寧人有旨疆土況今卜并吉亦循祖宗之業務在安人而美疆土況今卜并吉乎言不可不從也故予大以爾東征今不僭差言必信之矣卜陳惟若此京陳列如此迺遣諫議大夫桓譚等班行諭告當反孺子之意還封為明告里附城明告者以其出使能明告諭告外也附城如古附庸也遣王邑孫建等八將軍擊義分屯諸關守阸塞槐里男子趙明霍鴻等起兵以和翟義相與謀曰諸將精兵悉東京師空可攻長安衆稍多至且十萬人莽恐遣將軍王奇王級將兵拒之以太保甄邯為大將軍受鉞高廟領天下兵左杖節右把鉞屯城外王舜甄豐晝夜循行殿中十一月王

邑等破翟義於圉司威陳崇使監軍為使而監軍於外上書言陛下奉洪範心合寶龜心與龜合也膺受元命豫知成敗咸應兆占是謂配天配之生慮則移氣言則動物施則成化臣崇伏讀詔書下日竊計其時聖思始發而反虜仍破思慮也詔文始書反虜大敗制書始下反虜畢斬衆將未及齊其鋒芒臣崇未及盡其過慮而事已決矣莽大說盡壞義第宅汙池之汙停水也發父方進及先祖家在汝南者燒其棺柩夷滅二族誅及種嗣至皆同坑以棘五毒并葬之郢葛很毒之屬也而下詔曰蓋聞古者伐不敬取其鱷鯢築武軍封以為大戮於

是乎有京觀以懲惡慝此左傳載楚莊王辭也鱷鯢大魚為害者也以比敵人之勇桀者京高丘也觀謂加闕形也懲創也慝惡也迺者反虜劉信翟義悖逆作亂於東而芒竹群盜趙明霍鴻造逆西土芒竹在盩厔南芒水之曲而多竹林也即今司竹園是洪地矣遣武將征討咸伏其辜惟信義等始發自濮陽結姦無鹽殄滅於圉趙明依阻槐里環隄槐里縣界其中有環曲之隄而明依之以自固也霍鴻負倚盩厔芒竹負倚也咸用破碎亡有餘類其取反虜逆賊之鱷鯢聚之通路之旁濮陽無鹽槐里盩厔凡五所各方六丈高六尺築為武軍封為大戮薦樹之棘薦重也聚也建表木高六丈六尺表者所以標名也書曰反虜逆賊鱷鯢在所長吏常以秋循行勿令壞敗以懲淫慝焉

三年春地震大赦天下王邑等還京師西與王級等合擊明鴻皆破莽大置酒未央宮白虎殿勞賜將帥詔陳崇治軟軍功第其高下莽乃上奏曰明聖之世國多賢人故唐虞之時可比屋而封至功成事就則加賞焉至于夏后塗山之會執玉帛者萬國諸侯執玉附庸執帛周武王孟津之上尚有八百諸侯周公居攝郊祀后稷以配天宗祀文王於明堂以配上帝是以四海之內各以其職來祭蓋諸侯千八百矣禮記王制千七百餘國是以孔子著孝經曰不敢遺小

國之臣而況於公侯伯子男乎故得萬國之歡心以事其先王此天子之孝也秦為亡道殘滅諸侯以為郡縣欲擅天下之利故二世而亡高皇帝受命除殘考功施賞建國數百後稍衰微其餘僅存太皇太后躬統大綱廣封功德以勸善興滅繼絕以永世是大化流通旦暮且成遭羌寇害西海郡反虜流言東郡逆賊惑衆西土忠臣孝子莫不奮怒所征殄滅盡備厥辜天下咸寧制禮作樂實考周爵五等地四等有明文爵五等公侯伯子男也地四等公一等侯伯二等子男三等附庸四等殷爵三等有其說無其文公一等侯二等伯子男三等孔子曰周監於二代

郁郁乎文哉吾從周（監視也二代夏殷也郁郁文章皃）臣謂諸侯當受爵五等地四等奏可於是封者高爲侯伯次爲子男當賜爵關內侯更名曰附城凡數百人擊西海者以差爲號槐里以武爲號翟義以虜爲號群臣復奏言太后脩功錄德遠者千載近者當世或以文封或以武爵深淺大小靡不畢舉今攝皇帝皆依踐宜異於宰國之時制作雖未必已（巳止也）宜進二子爵皆爲公春秋善善及子孫賢者之後宜有土地成王廣封周公庶子六人皆有茅土及漢家名相大將蕭霍之屬咸及支庶兄子光可先封爲列侯諸縣制度畢已

大司徒大司空上名如前詔書太后詔曰進攝皇太子褒新侯安爲新舉公賞都侯臨爲褒新公封光爲衍公侯是時莽還歸新都國群臣復白以封莽孫宗爲新都侯莽既滅翟義自謂威德日盛獲天人助遂謀即真之事矣九月莽母功顯君死意不在哀令太后詔議其服少阿義和劉歆與博士諸儒七十八人皆曰居攝之義所以統立天功興崇帝道成就法度安輯海內也昔殷成湯既沒而太子蚤夭其子太甲幼少不明伊尹放諸桐宮而居攝以興殷道周武王既沒周道未成成王幼少周公屏成王而居攝以成周道（屏擁也）是以殷有翼翼之化（商頌曰商邑翼翼四方極言商邑禮俗翼翼然可則效乃四方之中正也）周有刑錯之功（謂成康之世囹圄空虛）今太皇太后比遭家之不造（比頻也周頌曰遭家不造造成也故議者引之）委任安漢公宰尹群僚衡平天下（宰治也尹正也衡平也言如稱之衡）遭孺子幼少未能共上下（上下謂天地）皇天降瑞出丹石之符是以太后則天明命詔安漢公居攝踐祚將以成聖漢之業與唐虞三代比隆也攝皇帝遂開秘府會群儒制禮作樂卒定庶官茂成天功（茂美也）聖心周悉卓爾獨見法德周禮以明因監（商於夏禮周也監於二代）則天稽古而損益焉猶仲尼之聞韶（孔子在齊聞韶三月不肉未言天縱多而識微也）日

月之不可階（子貢叙孔子德云他人賢者丘陵也猶可踰也仲尼日月無得而踰焉又曰夫子之不可及猶天之不可階而升也）非聖哲之至孰能若茲綱紀咸張成在一匱（言人修行道德者若爲此雖於平地始覆一匱之土而作不可以得成謂莽修行政化致於太平木篠一匱也）此其所以保祐聖漢安靖元元之效也今功顯君薨禮庶子爲其母緦傳曰與尊者爲體不敢服其私親也攝皇帝以聖德承皇天之命受太后之詔居攝踐祚奉漢大宗之後上有天地社稷之重下有元元萬機之憂不得顧其私親故太皇太后建厥元孫俾侯新都（建立也元長也謂莽孫宗爲新都侯）爲哀侯後明攝皇帝與尊者爲體承宗廟之祭奉共養太皇太后不

得服其私親也周禮曰王爲諸侯緦縗弁而加麻環經（弁上加環經也謂之環者言其經細如環之形也）同姓則緦麻異姓則葛攝皇帝當爲功顯君緦縗弁而加麻環經如天子弔諸侯服以應聖制莽遂行焉凡一弔再會而令新都侯宗爲主喪服三年莽下書曰遏密之義訖于季冬（平帝以元始五年十二月終至此甫朞年也遏止也密靜也謂不作樂也）正月郊祀八音當奏王公卿士樂凡幾等五聲八音條各云何其與所部儒生各盡精思悉陳其義是歲廣饒侯劉京車騎將軍千人扈雲（千人官名屬車騎將軍扈姓雲名）太保屬臧鴻奏符命京言齊郡新井雲言巴郡石牛鴻言扶風雍石

莽皆迎受十一月甲子莽奏太后曰陛下至聖遭家不造遇漢十二世三七之阸承天威命詔臣莽居攝受孺子之託任天下之寄臣莽兢兢業業懼於不稱宗室廣饒侯劉京上書言七月中齊郡臨淄縣昌興亭長辛當一暮數夢曰吾天公使也天公使我告亭長曰攝皇帝當爲真即信我此亭中當有新井亭長晨起視亭中誠有新井（誠實也）入地且百尺十一月壬子直建冬至（壬子之日冬至而其日當建）巴郡石牛戊午雍石文皆到于未央宮之前殿臣與太保安陽侯舜等視天風起塵冥風止得銅符帛圖於石前文曰天告帝符獻者封侯承天命用神令騎都尉崔發等眡說（言視其文而說其意也）及前孝哀皇帝建平二年六月甲子下詔書更爲太初元將元年案其本事甘忠可夏賀良讖書藏蘭臺（蘭臺掌圖籍之所）臣莽以爲元將元年者大將居攝改元之文也於今信矣尚書康誥王若曰孟侯朕其弟小子封（孟長也孟侯者言爲諸侯之長也封者衛康叔之名）此周公居攝稱王之文也春秋隱公不言即位攝也此二經孔子周公所定蓋爲後法孔子曰畏天命畏大人畏聖人之言臣莽敢不承用臣請共事神祇宗廟奏言太皇太后孝平皇后皆稱假皇帝其號令天下天下奏言

事毋言攝以居攝三年爲初始元年漏刻以百二十爲度用應天命臣莽夙夜養育隆就孺子（隆長也其使我許之長大也）令與周之武王比德宣明太皇太后威德於萬方期於富而教之孺子加元服復子明辟如周公故事奏可衆庶知其奉符命指意群臣博議別奏以視即真之漸矣梓潼人哀章作銅匱爲兩簡署其一曰天帝行璽金匱圖其一署曰赤帝某傳予黃帝金策書某者高皇帝名也莽至高廟拜受金匱神嬗（言有神命漢禪位於莽）御王冠謁太后還坐未央宮前殿下書曰予以不德託于皇初祖考黃帝之後皇始祖考虞帝之

苗而太皇太后之末屬皇天上帝隆顯大佑成命統序符契圖文金匱策書神明詔告屬予以天下兆民屬委付也赤帝漢氏高皇帝之靈承天命傳國金策之書予甚祇畏敢不欽受戊辰真定於建除之次其日當定御王冠即真天子位定有天下之號曰新其改正朔易服色變犧牲殊徽幟異器制徽幟通謂旌旗之屬以十二月朔癸酉爲建國元年正月之朔以雞鳴爲時服色配德上黄犧牲應正用白使節之旄幡皆純黄其署曰新使五威節以承皇天上帝威命也

巡按福建監察御史臣李嗣京 訂正
分守建南道左布政使臣胡維霖 參閱
知建陽縣事臣黃國琦較釋

總錄部 百六十一

僞政

王莽建國元年正月朔莽帥公侯卿士奉皇太后璽韍韍謂璽之組上太皇太后順符命去漢號焉初莽妻宜春侯王氏女立爲皇后王訢爲丞相初封宜春侯本傳爵至孫咸莽妻咸之女生四男宇獲安臨二子前誅死安頗荒忽迺以臨爲

皇太子安爲新嘉辟辟君也謂之辟者取爲國君之義封宇子六人千爲功隆公壽爲功明公吉爲功成公宗爲功崇公世爲功昭公利爲功著公大赦天下莽乃策命孺子日咨爾嬰昔皇天佑乃太祖佑助也歷世十二享國二百一十載曆數在於予躬詩不云乎侯服于周天命靡常言殷之後嗣乃爲諸侯服事周室天命無常也封爾爲定安公永爲新室賓於戲敬天之休休美也往踐乃位毋廢予命又曰其以平原安德漯陰鬲重丘凡戶萬五縣也地方百里爲定安公國立漢祖宗之廟於其國與周後並行其正朔服色世世以事其祖宗永以令德茂功享以歷代之祀焉以孝平皇后爲定安太后讀策畢莽親執孺子手流涕歔欷曰昔周公攝位終得復子明辟今予獨迫皇天威命不得如意哀歎良久中傅將孺子下殿北面而稱臣百寮陪位莫不感動又按金匱輔臣皆封拜以太傅左輔驃騎將軍安陽侯王舜爲太師封安新公大司徒就德侯平晏爲太傅就新公少阿羲和京兆尹紅休侯劉歆爲國師嘉新公廣漢梓潼哀章爲國將美新公是爲四輔位上公太保後承陽侯甄邯爲大司馬承新公丕進侯王尋爲大司徒章新公步兵將軍成都侯王邑爲大司空隆新公是

爲三公大阿右拂大司空衛將軍廣陽侯甄豐爲更始將軍廣新公京兆王興爲衛將軍奉新公輕車將軍成武侯孫建爲立國將軍成新公京兆王盛爲前將軍崇新公是爲四將凡十一公王興者故城門令史王盛者賣餠人莽按符命求得此姓名十餘人兩人容貌應卜相徑從布衣登用以視神焉餘皆拜爲郎莽封拜卿大夫侍中尚書官凡數百人諸劉爲郡守皆徙爲諫大夫改明光宮爲定安館定安太后居之以大鴻臚府爲定安公第皆置門衛使者監領敕阿乳母不得與語常在四壁中令定安公居四壁中不得有所見至

於長太不能名六畜後莽以女孫宇子妻之莽策群司曰歲星司肅東嶽太師典致時雨貌之不恭是謂不肅敬也厥罰常雨常雨水也故中戒厥任使雨澤以時也衆物生於東方故戒太師也青煒登平考景以晷煒青宋之光輝也言青陽之氣始升而上以成萬物也春秋分立表以正東西東日之始出也考景以晷屬焉熒惑司哲南嶽太傅典致時燠視之不明是謂不哲哲智也厥罰常燠燠暑也南方盛陽之位太傅師尊之稱故戒之也赤煒頌平考聲以律頌寬頌也夏假也物假大乃宣平也六月陰氣之始故爲地統地之中數六六爲律律有形有色六尚黄考聲以律屬焉太白司艾西嶽國師典致時陽言之不從謂之不艾艾安也厥罰常陽陽旱也白煒象平考量以銓量斗斛也銓權衡也象形也萬物無不成形於西方大小輕重皆可知故稱量屬焉辰星司謀北嶽國將典致時寒

聽之不聰是謂不謀謀圖也厥罰常寒北伏也陽氣伏於下因生殺故戒國將玄煒和平考星以漏推五星行度以漏刻也和合也萬物皆合藏於北方水又主平故日和平歷度起於斗分日月紀於攝提攝值斗杓所指以建時節故考星屬也月刑元服左司馬典致武應考方法矩月爲刑司馬主武又典兵故使主威刑也主司天文欽若昊天敬授民時力來農事以豐年穀欽敬若順力來勸勉之也日德元肱右司馬典致文瑞考圜合規日爲陽位肱圜也五教在寬則和氣感物四靈見象故文瑞屬焉主司人道五教是輔帥民承上宣美風俗五品乃訓五教謂父義母慈兄友弟恭子孝也五品謂仁義禮智信也斗平元心中司空典致物圖考度以繩斗北斗也主齊七政司空主水土上爲中故責之中史爲四季土土者信信者直故爲繩也主司地里平治水土

掌名山衆殖鳥獸蕃茂草木各策命以其職如典誥之文置大司馬司允允信也大司徒司直大司空司若若順也位皆孤卿更名大司農曰羲和後更爲納言大理曰作士太常曰秩宗大鴻臚曰典樂少府曰共工水衡都尉曰予虞與三公司卿凡九卿分屬三公每一卿置大夫三人一大夫置元士三人凡二十七大夫八十一元士分主中都官職更名光祿勳曰司中太僕曰太御衛尉曰大衛執金吾曰奮武中尉曰軍正又置大贅官主乘輿服御物贅聚也言財物所聚也後又典兵秩位皆上卿號曰六監改郡太守曰大尹都尉曰

大尉縣令長曰宰御史曰執法公車司馬曰王路四門長樂宮曰常樂室未央宮曰壽成室前殿曰王路室如言路寢也長安曰常安更名秩百石曰庶士三百石曰下士四百石曰中士五百石曰命士六百石曰元士千石曰下大夫比二千石曰中大夫二千石曰上大夫中二千石曰卿車服黻冕各有差品黻謂衣裳之黻又置司恭司徒司明司聰司中大夫及誦詩工徹膳宰以司過策曰予聞上聖欲昭厥德罔不慎修厥身用綏於遠是用建爾司於五事毋隱尤毋將虐尤過也將恥也虛謂虛美也言勿隱吾過而恥爲虛美也好惡不愆立於厥中愆過也於戲

曷哉曷勉也令王路設進善之旌誹謗之木敢諫之皷
諫大夫四人常坐王路門受言事者封王氏齊衰之
屬爲侯大功爲伯小功爲子緦麻爲男其女皆爲任
任充也男服之義男亦任也男以睦女以隆爲號焉睦隆皆其受封邑之號取
嘉名皆授印韍韍印之組令諸侯立太夫人夫人世子亦授
印韍又曰天無二日民無二王百王不易之道也漢
氏諸侯或稱王至於四夷亦如之違於古典謬於一
統其定諸侯王之號皆稱公及四夷僭號稱王者皆
更爲侯又曰帝王之道相因而通盛德之祚百世享
祀予惟黃帝帝少昊帝顓頊帝嚳帝堯帝舜帝夏禹

皐陶伊尹咸有聖德假於皇天假至也功烈巍巍光施
於遠予甚嘉之營求其後將祚厥祀惟王氏虞帝之
後也出自帝嚳劉氏堯之後也出自顓頊於是封姚
恂爲初睦侯奉黃帝後姚舜姓故爲舜後梁護爲脩遠伯奉
少昊後以爲伯益之後故封皇孫功隆公千奉帝嚳後劉歆爲
祁烈伯奉顓頊後國師劉歆子疊爲伊休侯奉堯後
劉歆爲祁烈伯又言國師劉歆子爲伊休侯是則祁烈伯自別一劉歆非國師也嬀昌爲師
睦侯奉虞帝後山遵爲褒謀子奉皐陶後伊玄爲褒
衡子奉伊尹後漢後定安公劉嬰爲賓周後衛公姬
黨更封爲章平公亦爲賓殷後宋公孔弘運轉次移
更封爲章昭侯位爲恪恪敬也言待之加敬亦如賓也周以舜後并杞宋爲三恪
夏後遼西姒豐封爲章功侯亦爲恪姒夏姓四代古宗
宗祀於明堂以配皇始祖考虞帝周公後褒魯子姬
就宣尼公後褒成子孔均已前定焉莽又曰予前在
攝時建郊宮定祧廟立社稷神祇報況況賜也或光自
上復於下流爲烏或黃氣熏烝昭燿章明以著黃虞
之烈焉烈餘業也自云承黃虞之後自黃帝至於濟南伯王而祖
世氏姓有五矣濟南伯王莽之高祖黃帝二十五子分賜厥姓
十有二氏虞帝之先受姓曰姚其在陶唐曰嬀在周
曰陳在齊曰田在濟南曰王予伏念皇初祖考黃帝

皇始祖考虞帝以宗祀於明堂宜序於祖宗之親廟
其立祖廟五親廟四后夫人皆配食郊祀黃帝以配
天黃后以配地黃帝之后也以新都侯東第爲大禘歲時
以祀禘祀也立此大祀帝以歲時祀其先也家之所尚種祀天下言國已立
大禘祀先祖矣其衆庶之家所尚者各令傳祀勿絶普天之下同其法姚嬀陳田王氏
凡五姓者皆黃帝苗裔予之同族也書不云乎惇序
九族惇厚也其令天下上此五姓名籍於秩宗皆以爲
宗室世世復無有所與其元城王氏勿令相嫁娶元城
王氏不復與四姓婚娶以其同祖也餘他王氏則不禁焉以別族理親焉封陳崇
爲統睦侯奉胡王後追王陳胡公田封爲世睦侯奉敬王

後追王陳敬仲天下牧守皆以前有翟義趙明等領州郡懷忠孝討牧爲男守爲附城又封舊恩戴崇金涉箕閎楊並等子皆爲男遣騎都尉囂等分治黄帝園位於上都橋畤橋山之上故日橋畤虞帝於零陵九嶷胡王於淮陽陳敬王於齊臨淄愍王於城陽莒齊愍王伯王於濟南東平陵孺王於魏郡元城莽之高祖名遂字伯紀曾祖名翁孺故謂之伯王孺王使者四時致祠其廟當作者以天下初定且祫祭於明堂太廟以漢高廟爲文祖廟欲法舜受終於文祖莽曰予之皇始祖考虞帝受禪於唐漢氏初祖唐帝世有傳國之象堯傳舜漢傳莽自以舜後故言有傳國之象予復親受金策

於漢高皇帝之靈惟思襃厚前代何有忘時漢氏祖宗有七漢本紀祖宗有四莽以元帝成帝平帝爲宗故有七以禮立廟於定安國其園寢廟在京師者勿罷祠薦如故予以秋九月親入漢氏高元成平之廟諸劉更屬籍京兆大尹勿解其服各終厥身州牧數存問勿令有侵冤又曰予前在大麓至於攝假大麓者謂爲大司馬宰衡時安引舜納於大麓烈風雷雨不迷也攝後謂初爲攝皇帝又爲假皇帝深惟漢氏三七之阨赤德氣盡思索廣求索亦求也所以輔劉延期之術靡所不用以故作金刀之利幾以濟之然自孔子作春秋以爲後王法至於哀之十四而一代畢協之於今哀之十四也漢哀帝即位六年平帝五年居攝三年十四年赤世計盡終不可强濟皇天明威黄德當興隆顯大命屬予以天下今百姓咸言皇天革漢而立新革改也廢劉而興王夫劉之爲字卯金刀也正月剛卯金刀之利皆不得行剛卯以正月卯日作佩之長三寸廣一寸四方或用玉或用金或用桃著革帶佩之銘其一面日正月剛卯金刀莽錢也莽以劉字上有卯下有金旁又有刀故禁剛卯及金刀也博謀卿士僉曰天人同應昭然著明其去剛卯莫以爲佩除刀錢勿以爲利承順天心快百姓意四月徐鄉侯劉快起兵攻卽墨快兄殷扶崇公閉城自繫獄吏民拒快快敗走至長廣死莽曰昔予之祖濟南愍王困於燕寇自齊臨淄出保於

莒宗人田單廣設奇謀獲殺燕將復定齊國今卽墨士大夫復同心殄滅反虜予甚嘉其忠者憐其無辜其赦殷等非快之妻子他親屬當坐者皆勿治弔問死傷賜亡者葬錢人五萬殷知大命深疾惡快以故輒伏厥辜其滿殷國萬戶方百里又封符命臣十餘人是秋遣五威將王奇等十二人班符命於天下德祥五事符命二十五福應十二凡四十二篇其德祥言文宣之世黄龍見於成紀新都高祖考王伯墓門梓柱生枝葉之屬符命言井石金匱之屬福應言雌雞化爲雄之屬其文近爾雅依託皆爲作說爾雅近正也謂

近於正經依古義而爲之說大歸言莽當代漢有天下云總而說之曰帝王受命必有德祥之符瑞協成五命申以福應五命謂五行之次相承以受命也申重也然後能立巍巍之功傳於子孫永享無窮之祚故新室之興也德祥發於漢三七九世之後二百一十歲九天子也肇命於新都受瑞於黃支獻生犀開王於武功定命於子同梓潼縣名莽改也成命於巴宕巴郡宕渠縣也申福於十二應天所以保佑新室者深矣固矣武功冊石出於漢氏平帝末年火德銷盡土德當代皇天眷然去漢與新以冊石始命於皇帝皇帝謙讓以攝居之未當天意故其秋七月天重以三能文

馬能三台星也文馬縞身金精周成王時大戎獻之皇帝復謙讓未即位故三以鐵契四以石龜五以虞符六以文圭七以玄印八以茂陵石書九以玄龍石十以神井十一以大神石十二以銅符帛圖申命之瑞寖以顯著寖漸至於十二以昭告新皇帝深惟上天之威不可不畏故去攝號猶尚稱假改元爲初始欲以承塞天命克厭上帝之心塞當也厭滿也然非皇天所以鄭重降符命之意鄭重猶言頻頻也故是日天復決其所以勉書哀帝所作策書也言數有瑞應莽白謙居攝天復決疑勸勉令爲真也又侍郎王盱見人衣白布單衣赤繢方領繢者會五綵也以布爲單衣以赤加繢爲其方領也冠小冠立於王路

殿前謂盱曰今日天同色以天下人民屬皇帝同色者言五方天神共齊其謀同其顏色色字或作包包者言天總包括天下人衆而與莽屬委也盱怪之行十餘步人忽不見至丙寅暮漢氏高廟有金匱圖策高帝承天命以國傳新皇帝明旦宗伯忠孝侯劉宏以聞乃召公卿議未決而大神石人談曰趣新皇帝之高廟受命毋留於是新皇帝立登車之漢氏高廟受命受命之日丁卯也丁火漢氏之德也卯劉姓所以爲字也明漢劉火德盡而傳於新室也皇帝謙讓既備固讓十二符應迫著命不可辭迫促也著明也懼然祇畏葦然閔漢氏之終不可濟懼然自失之意也葦然變動之貌也亹

亹左右之不得從意亹亹自勉之意左右助也言承漢室而迫天命不得從其本意也爲之三夜不御寢三日不御食延問公侯卿大夫僉曰宜奉如上天威命是乃改元定號海內更始新室既定神祇歡喜申以福應吉瑞累仍申重也仍頻也詩曰宜民宜人受祿於天保佑命之自天申之言有功德宜於衆人者則受天福祿天乃保安而佑助之命以邦國也申謂重其意也此之謂也五威將奉符命齎印綬王侯以下及吏官名更者更改也外及匈奴西域徼外蠻夷皆即授新室印綬因收故漢印綬賜吏爵人二級民爵人一級女子百戶羊酒蠻夷幣帛各有差大赦天下五威將乘乾文車畫天文象於車也

駕坤六馬（坤爲牝馬六地數）背負鷩鳥之毛服飾甚偉（鷩雉屬即鵔鸃也）每一將各置左右前後中帥凡五帥衣冠車服駕馬各如其方面色數（色者東方青南方赤也數者若木數三火數二之類）將持節稱太一之使帥持幢稱五帝之使莽策命曰普天之下迄於四表（迄亦至也）靡所不至其東出者至玄菟樂浪高句驪夫餘（夫餘亦東北夷也）南出者踰徼外歷益州貶句町王爲侯西出者至西域盡改其王爲侯北出者至匈奴庭授單于印改漢印文去璽曰章單于欲求故印陳饒椎破之單于大怒而句町西域後卒以此皆畔莽置五威司命中城四關將軍司命上公以

下中城王十二城門策命統睦侯陳崇曰咨爾崇夫不用命者亂之原也大姦猾者賊之本也鑄僞金錢者妨寶貨之道也驕奢踰制者凶害之端也漏泄省中及尚書事者機事不密則害成也（易繫辭曰君不密則失臣臣不密則失身機事不密則害成故引之）拜爵王庭謝恩私門者祿去公室政從亡矣凡此六條國之綱紀是用建爾作司命柔亦不茹剛亦不吐不侮鰥寡不畏強禦（皆詩美仲山甫之辭）帝命帥繇統睦於朝（帥循也）命說符侯崔發曰重門擊柝以待暴客（擊柝謂擊木以守夜也暴客謂姦暴之人來爲寇害者也）女作五威中城將軍中德既成天下說符（說音悅）命明威侯王級曰

繞霤之固南當荊楚（繞霤者言四面塞阨其道屈曲谿谷之水回繞而霤今商州界七盤十二繞是也）女作五威前關將軍振武奮衛明威於前命尉睦侯王嘉曰羊頭之阨北當燕趙（羊頭山名在上黨壺關縣）女作五威後關將軍壺口捶挖尉睦於後（壺口亦山名也捶挖謂據險阨而捶擊也）命堂威侯王奇曰殽黽之險東當鄭衛（殽肴山也黽黽池也皆在陝縣之東）女作五威左關將軍函谷批難掌威於左關（批斜開之也函谷故關今在桃林縣界）命懷羌子王福曰汧隴之阻西當戎狄（汧扶風汧縣有吳山汧水之阻隴謂隴坻也汧隴相連）女作五威右關將軍成固據守懷羌於右二年二月赦天下五威將帥七十二人還奏事漢諸侯王爲公者悉上璽

綬爲民無違命者封將爲子帥爲男禁民不得挾弩鎧徙西海匈奴單于求故璽莽不與遂寇邊殺掠吏民莽更名單于匈奴曰降奴服于知（知者莽改單于之名也本名囊知牙斯）莽曰降奴服于知威侮五行（引夏書甘誓之文）背畔四條（四條莽所與作制者）侵犯西域延及邊陲爲元元害辠當夷滅命遣立國將軍孫建等凡十二將十道並出共行皇天之威罰于知之身于知先祖故呼韓邪單于稽侯𤹛累世忠孝保塞守徼不忍以一知之罪滅稽侯𤹛之世今分匈奴國土人民以爲十五立稽侯𤹛子孫十五人爲單于遣中郎將藺苞戴級馳之塞下召拜

當爲單于者諸匈奴人當坐虜知之法者皆赦除之
遣五威將軍苗訢虎賁將軍王况出五原厭難將軍
陳欽震狄將軍王巡出雲中振武將軍王嘉平狄將
軍王萌出代郡相威將軍李棽鎮遠將軍李翁出西
河誅貉將軍陽俊討穢將軍嚴尤出漁陽奮武將軍
王駿定胡將軍王晏出張掖及偏裨以下百八十人
募天下囚徒丁男甲卒三十萬人轉衆郡委輸五大
夫衣裘兵器糧食長吏送自負海江淮至北邊使者
馳傳督趣以軍興法從事天下騷動先至者屯邊郡
須畢具乃同時出初莽因漢承平之業匈奴稱藩北

蠻賓服舟車所通盡爲臣妾府庫百官之富天下晏
然莽一朝有之其心意未滿謂愛惜之意未飽也陋小漢家制
度以爲疏濶莽以漢家制度爲太疏濶而更其陋小宣帝始賜單于印
璽與天子同而西南夷句町稱王莽乃遣使易單于
印貶句町王爲侯二方始怨侵犯邊境莽遂興發三
十萬衆欲同時十道竝出海內擾矣三年莽曰百官
改更職事分移律令儀法未及悉定且因漢律令儀
法以從事令公卿大夫諸侯二千石舉吏民有德行
通政事能言語明文學者各一人詣王路四門是時
諸將在邊須大衆集須待也吏士放縱而內郡愁於徵

發民棄城郭流亡爲盜賊并州平州尤甚莽令七公
六卿號皆兼稱將軍遣著武將軍逯竝等填名都中
郎將繡衣執法各五十五人分填緣邊大姦猾擅弄
兵者皆便爲姦於外撓亂州郡貨賂爲市侵漁百姓
莽下書曰虜知罪當夷滅故遣猛將分十二部同時
出一舉而決絕之矣內置司命軍正外設軍監十有
二人誠欲以司不奉命令軍人咸正也今則不然各
爲權勢恐猲良民猲謂以威力脅之也妄封人頸得錢者去權臣妄以法枉良人爲僮僕封其頸以別之也得顧錢乃去封毒蠚竝作農民離散司
監若此可謂稱不自今以來敢犯此者輒捕繫以名

聞然猶放縱自若而蠻苞戴級到塞下招誘單于弟
咸子登入塞脅拜咸爲孝單于賜黃金千斤錦繡甚
多遣去將登至長安拜爲順單于留邸初匈奴侵寇
甚莽大募天下囚徒人奴名曰豬突豨勇豬性觸突人故取以喻東方名豕曰豨一曰豨豕走也一切稅吏民訾二十而取一又令
公卿以下至郡縣黃綬吏皆保養軍馬保者不許其死傷吏
盡復以與民轉令百姓養之民摇手觸禁不得耕桑繇役煩
劇而枯旱蝗蟲相因又用制作未定上自公卿下至
小吏皆不得奉祿而私賦斂貨賂上流獄訟不決吏
用苛暴立威旁緣莽禁侵刻小民旁依也富者不得自

保貧者無以自存起爲盜賊依阻山澤吏不能禽而覆蔽之浸淫日廣浸淫猶漸染也於是青徐荆楚之地往往萬數戰鬭死亡緣邊四夷有所係虜陷罪饑疫人民相食及莽未誅而天下戶口減半矣太師王舜自莽篡位後病悸寖劇死心動曰悸莽曰昔齊太公以淑德累世爲周氏太師蓋予之所監監見也其以舜子延襲父舜爲安新公延弟襃爲新侯康爲太師將軍永爲新室輔爲太子置師友各四人秩以大夫以故大司徒馬宮爲師疑故少府宗伯鳳爲傳丞傳士袁聖爲阿輔京兆尹王嘉爲保拂是爲四師故尚書令唐林爲

疏附傳士李充爲奔走諫大夫趙襄爲先後中郎將康冊爲禦侮是爲四友又置師友祭酒及侍中諫議六經祭酒各一人凡九祭酒秩上卿琅邪左咸爲講春秋潁川滿昌爲講詩長安國繇爲講易平陽唐昌爲講書沛郡陳咸爲講禮崔發爲講樂祭酒遣謁者持安車印綬即拜楚國龔勝爲太子師友祭酒勝不應徵不食而死寧始將軍姚恂免侍中祟祿侯孔永爲寧始將軍四年二月赦天下厭難將軍陳歆言捕虜生口虜犯邊者皆孝單于咸子角所爲莽怒斬其子登於長安以示諸蠻夷初西域都護但欽上書言

匈奴南將軍右伊秩訾將人衆寇擊諸國莽於是大分匈奴爲十五單于遣中郎將藺苞副校尉戴級將兵萬騎多齎珍寶至雲中塞下招誘呼韓邪單于諸子欲以次拜之使譯出塞誘呼右犂汗王咸咸子登助三人至則脅拜咸爲孝單于賜安車鼓車各一黃金千斤雜繒千疋戲戟十戲戟有旗之戟也拜助爲順單于賜黃金五百斤傳送助登長安莽封苞爲宣威公拜爲虎牙將軍封級爲揚威公拜爲虎賁將軍咸既受莽孝單于之號出塞歸庭見以見脅狀白單于更以爲私粟置支侯匈奴賤官也後助病死莽以登代助

爲順單于厭難將軍陳欽震狄將軍王巡屯雲中葛邪塞是時匈奴數爲邊冦殺將率吏士掠人民敺畜產去甚衆捕得虜生口驗問皆曰孝單于咸子角數爲冦兩將以聞莽遂會諸蠻夷斬登大司馬甄邯死以孔永爲大司馬侯輔爲寧始將軍莽每出輒先搜索城中名曰橫搜是月橫搜五日莽至明堂授諸侯茅土下書曰予以不德襲于聖祖爲萬國主思安黎元在乎建侯分九州正域以美風俗追監前代爰綱爰紀惟在堯典十有二州衛有五服詩國十五布徧九州詩周南召南衛王鄭齊魏唐秦陳鄶曹豳魯商凡十五國也一日周南召南邶鄘衛王鄭齊魏

唐秦陳鄶曹幽是爲十五國也殷頌有奄有九有之言商頌玄鳥之詩揚有功德故能覆有九州禹貢之篇則無幷幽周禮司馬則無徐梁帝王相改各有云爲或昭其事或大其本厥義著明其務一矣昔周二后受命故有東都西都之居予之受命蓋亦如之其以雒陽爲新室東都常安爲新室西都邦畿連體各有采任州從禹貢爲九爵從周氏有五諸侯之員千有八百附城之數亦如之以俟有功諸公一同有衆萬戸土方百里侯伯一國衆戸五千土方七十里子男一則衆戸二千有五百土方五十里附城大者食邑九成衆戸九百土方三十里自九

以下降殺以兩兩兩而降殺至於一成十里爲成五差備具合當一則今已受茅土者公四十人侯九十三人伯二十一人子百七十一人男四百九十七人凡七百九十六人臣欽若等曰當是八百六人恐史誤附城千五百一十一人九族之女爲任者八十三人及漢氏女孫中山承禮君遵德君脩義君更以爲任十有一公九卿十二大夫二十四元士定諸國采邑之處使侍中講禮大夫孔秉等與州部衆郡曉知地理圖籍者共校治於壽成朱鳥堂予數與群公祭酒上卿親聽視咸已通矣夫褒德賞功所以顯仁賢也九族和睦所以褒親親也予永惟匪懈思稽前人稽考也將彰黜陟以明好惡安元元焉是時莽志方盛以爲四夷不足吞滅專念稽古之事復下書曰伏念予之皇始祖考虞帝受終文祖在璇璣玉衡以齊七政遂類於上帝禋於六宗望秩於山川徧於群神巡狩五嶽群后四朝敷奏以言明試以功予之受命即真到於建國五年已五載矣陽九之阸既度百六之會已過歲在壽星塡在明堂倉龍癸酉德在中宮倉龍太歲也太歲起於甲寅爲龍東方倉癸德在中宮也壽星角亢也東宮倉龍房心也心爲明堂塡星所在其國昌莽自謂土也土行主塡星癸德在中宮宮又土也觀晉掌歲龜策告從觀辰星進退掌主也國語晉文公以卯出酉入過五鹿得土歲

在壽星其日戊申莽欲法之爲吉祥正以二月建寅之節東巡狩者取萬物生之始也覩晉識太歲所在宿度所合卜筮告吉故法之其以此年二月建寅之節東巡狩具禮儀調度群公奏請募吏民人馬布帛緜又請內群國十二買馬發帛四十五萬疋輸常安前後毋相須須待也至者過半莽下書曰文母太后體不安其且止待後是歲改十一公號以新爲心後又改心爲信五年二月文母皇太后終葬渭陵與元帝合而溝絕之葬於司馬門內作溝絕之立廟於長安新室世世獻祭元帝配食坐於牀下莽爲太后服喪三年大司馬孔永乞骸骨以同風侯逯竝爲大司馬是時長安民聞莽欲都雒

陽不肯繕治室宅繕補也或頗徹之莽曰玄龍石文曰定帝得國雒陽符命著明敢不欽奉以始建國八年歲纏星紀纏踐歷也星紀斗牛之間在雒陽之都其謹繕脩常安之都勿令壞敗敢有犯者輙以名聞請其罪

冊府元龜 總錄部 僞政 卷之九百一十一 十九

巡按福建監察御史臣李嗣京　訂正
知長樂縣事　臣　夏允彝　叅閲
知建陽縣事　臣　黃國琦　較釋

總錄部一百六十二

僭政第三

土莽天鳳元年正月赦天下莽曰予以二月建寅之節行巡狩之禮太官齎糒乾肉內者行帳坐臥(糒乾飯也帳坐臥謂帷帳茵席也)所過毋得有所給(言自齎食及帷帳以行在路所經過不須供費也)予之東巡必躬載耒每縣則耕以勸東作(耒耜曲木也)予之南巡必躬載耨每縣則薅以勸南訛(耨鉏也薅去草也訛化也)予之西巡必躬載銍每縣則穫以勸西成予之北巡必躬載拂每縣則粟以勸蓋藏(拂所以擊治禾者也今謂之連枷粟謂治粟)畢北巡狩之禮即於土中居雒陽之都焉敢有趨讙犯法輒以軍法從事(趨讙走呼也)群公奏言皇帝至孝往年文母聖體不豫躬親供養衣冠稀解因遭棄群臣悲哀顏色未復飲食損少今一歲四巡道路萬里春秋尊非糒乾肉之所能且無巡狩須闋大服以安聖體臣等盡力養牧兆民奉稱明詔莽曰群牧群司諸侯庶尹願盡力相帥養牧兆民欲以稱予

繇此敬德其勗之哉毋食言焉更以天鳳七年歲在大梁倉龍庚辰行巡狩之禮厥明年歲在實沈倉龍辛巳即土之中雒陽之都迺遣太傅平晏大司空王邑之雒陽營相宅兆圖起宗廟社稷郊兆云三月壬申晦日有食之大赦天下策大司馬逯並日日食無光干戈不戢其上大司馬印韍就侯氏朝位太傅平晏勿領尚書事省侍中諸曹兼官者以利苗男訢爲大司馬(利苗邑名)莽即真尤備大臣抑奪下權朝臣有言其過失者輒抜擢孔仁趙博費興等以敢擊大臣故見信任擇名官而居之公卿入宮吏有常數太傅平

晏從吏過例掖門僕射苛問不遜(僕射苛問平晏其言不遜)戊曹士收繫僕射(莽自以士行故使大傳置戊曹士掾也)莽大怒使執法發車騎數百圍大傅府捕士即時死大司空士夜過奉常亭亭長苛之告以官名亭長醉曰寧有符傳邪士以馬箠擊亭長(箠策也)亭長斬士亡郡縣逐之家上書(亭長家上書自治)莽曰亭長奉公勿逐大司空邑斥士以謝國將哀章頗不清莽爲選和叔(特爲置此官)勑曰非但保國將閨門當保親屬在西州者諸公皆輕賤而章尤甚莽以周官王制之文置卒正連率大尹職如太守屬令屬長職如都尉置州牧部監二十五人見禮如

三公監位上大夫各主五郡公氏作牧侯氏卒正伯氏連率子氏屬令男氏屬長皆世其官其無爵者爲尹分長安城旁六鄕置帥各一人分三輔爲六尉郡三輔黃圖云渭城安陵以西北至栒邑義渠十縣屬京尉大夫府居故長安寺高陵以北十縣屬師尉大夫府居故廷尉府新豐以東至湖十縣屬翊尉大夫府居城東霸陵杜陵東至藍田西至武功郁夷十縣屬光尉大夫府居城南茂陵槐里以西至汧十縣屬扶尉大夫府居城西長陵池陽以北至雲陽祋祤十縣屬列尉大夫府居城北河東河內弘農河南潁川南陽爲六隊郡置大夫職如太守屬正職如都尉更名河南大尹日保忠信卿益河南屬縣滿三十置六郊州長各一人人主五縣及他官名悉改大郡至分爲五郡縣以

亭爲名者三百六十以應符命文也緣邊又置竟尉以男爲之諸侯國閒田爲黜陟增減莽下書曰常安西都曰六鄕衆縣曰六尉義陽東都曰六州衆縣曰六隊粟米之內曰內郡禹貢去王城四百里納粟五百里納米皆在甸服之內故也其外曰近郡有鄣徼者曰邊郡合百二十有五郡九州之內縣二千二百有三公作甸侯是爲惟城諸在侯服是爲惟寧在采任諸侯是爲惟翰采采服也任男服也在賓服是爲惟屏賓服即古衛服也取諸侯賓服以爲名在揆文教奮武衛是爲惟垣在九州之外是爲惟藩凡此惟城以下取詩大雅板之篇云价人惟藩太師惟垣大邦惟屏大宗惟翰懷德惟寧宗子惟城以爲名號也各以其

方爲稱總爲萬國焉其後歲復變更一郡至五易名而還復其故吏民不能紀每下詔書輒繫其故名曰制詔陳留大尹大尉其以益歲以南付新平陳留圉縣莽改日益歲新平故淮陽以雍丘以東付陳定陳定故梁郡以封丘以東付治亭治亭故東郡以陳留以西付祈隊祈隊故滎陽陳留已無復有郡矣大尹大尉皆詣行在所其號令變易皆此類也今天下小學戊子代甲子爲六旬首冠以戊子爲元日元善也昏以戊寅之旬爲忌日昏謂娶妻也百姓多不從者寧始將軍侯輔免以講易祭酒戴參爲寧始將軍二年二月置酒王路

堂公卿大夫皆佐酒助行酒也大赦天下大司馬苗訢左遷司命以延德侯陳茂爲大司馬莽意以爲制定則天下自平故銳思於地理制禮作樂講合六經之說公卿旦入暮出論議連年不決不暇省獄訟冤結民之急務縣宰缺者數年守兼不拜正官權令太守兼一切貪殘日甚中郎將繡衣執法在郡國者竝乘權執傳相舉奏又十一公士分布勸農桑班時令按諸章冠蓋相望交錯道路召會吏民逮捕證左郡縣賦斂遞相賕賂白黑紛然白黑謂清濁也紛然亂意也言清濁不分也守闕告訐者多莽自見前顓權以得漢政故務自濫衆事有司受成

苟免莽事事自決成熟乃以付吏吏苟免罪責而已諸寶物名帑藏錢穀官皆宦者領之吏民上封事書宦官左右開發尚書不得知其畏備臣下如此又好變改制度政令煩多當奉行者輒質問乃以從事質正也前後相乘憒眊不濼乘積也登也憒眊不明濼散也徹也莽嘗御燈火至明猶不能勝尚書因是爲姦寢事上書待報者連年不得去拘繫郡縣者逢赦而後出衛卒不交代三歲矣穀常貴邊兵二十餘萬人仰衣食縣官愁苦五原代郡尤被其毒起爲盜賊數千人爲輩轉入旁郡莽遣捕盜將軍孔仁將兵與郡縣合擊歲餘廼定邊郡亦略將盡言其迯亡結爲

盜賊在者少也邯鄲以北大雨霧水出深者數丈流殺數千人立國將軍孫建死司命趙閎爲立國將軍寧始將軍戴參歸故官南城將軍廉丹爲寧始將軍三年五月莽下吏祿制度曰予遭陽九之阸百六之會國用不足民人騷動自公卿以下一月之祿十緵布二疋或帛一疋緵八十縷也予每念之未嘗不戚焉今阸會已度府帑雖未能充略頗稍給其以六月朔庚寅始賦吏祿皆如制度四輔公卿大夫士下至輿僚凡十五等僚祿一歲六十六斛稍以差增上至輔而爲萬斛莽又曰普天之下莫非王土率土之濱莫非王臣蓋以天下養焉周禮膳羞百有二十品今諸侯各食其同國則謂公食同侯伯食國子男食則也辟任附城食其邑辟君也任公主也公卿大夫元士食其采謂因官職而食地也多少之差咸有條品歲豐穰則充其禮有災害則有所損與百姓同憂喜也其用上計時通計天下幸無災害者太官膳羞備其品矣即有災害而什率多少而損膳焉東嶽太師立國將軍保東方三州一部二十五郡南嶽太傅前將軍保南方二州一部二十五郡西嶽國師寧始將軍保西方一州二部二十五郡北嶽國將衛將軍保北方二州一部二十五郡大司馬保納卿言卿

仕卿作卿京尉扶尉兆隊右隊中部左洎前七部大司馬保此官皆如郡守也左輿前故特七部洎及也大司徒保樂卿典卿宗卿秩卿翼尉光尉左隊前隊中部右部有五郡大司空保予卿虞卿共卿工卿師尉列尉祈隊後隊中部洎後十郡及六司六卿皆隨所屬之公保其災害亦以什率多少而損其祿郎從官中都官吏食祿都內之委者以太官膳羞備損而爲節言隨其多少諸侯辟任附城群吏亦各保其災害幾上下同心勸進農業安元元焉莽之制度煩碎如此課計不可理吏終不得祿各因官職爲姦受取賕賂以自供給七月辛酉霸城

門災民間所謂青門也長安城東出南頭名霸城門俗以其色青名日青門戊子晦日有食之大赦天下復令公卿大夫諸侯二千石舉四行各一人依漢光祿之四科大司馬陳茂以日食免武建伯嚴尤爲大司馬莽之伯子男號也十月平蠻將軍馮茂擊句町士卒疫死者什六七賦歛民財什取五益州虛耗而不克徵還下獄死更遣寧始將軍廉丹與庸部牧史熊擊句町頗斬首有勝莽徵丹熊丹熊願益調度必克乃還復大賦歛就都大尹馮英不肯給上言自越巂遂久讐牛同亭邪豆之屬反畔以來積且十年遂久縣名讐牛等越巂旁夷郡縣距擊不已續用馮茂苟

施一切之政僰道以南山險高深茂多驅衆遠居費以意計吏士罹毒氣死者什七罹遭也今丹熊懼於自詭期會詭責也日以爲憂責調發諸郡兵穀復訾民取其十四發人訾財十取其四也空破梁州功終不遂遂成也宜罷兵屯田明設購賞莽怒免英官後頗覺寤日英亦未可厚非復以英爲長沙連率四年五月莽日保成師友祭酒唐林故諫議祭酒琅琊紀逡孝悌忠恕敬上愛下博通舊聞德行醇備至於黃髮靡有愆失黃髮老稱謂白髮盡落更生黃者其封林爲建德侯逡爲封德侯位皆特進見禮如三公朝見之禮賜第一區錢三百萬授几杖焉六月更授諸侯茅土於明堂日予制作地理建封五等考之經藝合之傳記通之於義理論之思之至於再三自始建國之元以來九年於玆迺今定矣予親設文石之平陳菁茅四色之土尚書禹貢包匭菁茅儒者以爲菁茅名也茅三脊茅也而莽此言以菁茅爲一物則是謂菁茅爲菁茅也土有五色而此云四者中央之土不以封也欽告於岱宗泰社后土先祖先妣以班授之各就厥國養牧民人用成功業其在緣邊若江南非詔所召遣侍於帝城者納言掌貨大夫且調都內故錢予其祿調謂發承人公歲八十萬侯伯四十萬子男二十萬然復不能盡得莽好空言慕古法多封爵人性實遴嗇託以

地理未定故且先賦茅土用慰喜封者是歲復明六筦之令每一筦下爲設科條防禁犯者罪至死吏民抵罪者寖衆又一切調上公以下諸有奴婢者率一口出錢三千六百天下愈愁盜賊起納言馮常以六筦諫莽大怒免常官置執法左右刺姦選用能吏侯霸等分督六尉六隊如漢刺史與三公士郡一人從事八月莽親之南郊鑄作威斗威斗者以五石銅爲之以五色藥石及銅爲之若今作鍮石也若北斗長二尺五寸欲以厭勝衆兵既成令司命負之莽出在前入在御旁鑄斗日大寒百官人馬有凍死者天下吏以不得俸祿並

爲姦利郡尹縣宰家累千金莽下詔曰詳考始建國
二年胡虜猾夏以來諸軍吏及緣邊吏大夫以上爲
姦利增產致富者收其家所有財產五分之四以助
邊急公府士馳傳天下考覆貪饕開吏告其將奴婢
告其主幾以禁姦姦愈甚以直道侯王涉爲衛將軍
涉曲陽侯根子成帝時爲大司馬薦莽自代莽思之
以曲陽非令稱乃追諡根曰直道讓公涉嗣其爵是
歲赤眉力子都樊崇等以饑饉相聚起於琅邪轉鈔
掠衆皆萬數遣使者發郡國兵擊之不能克六年莽
見盜賊多乃令太史推三萬六千歲曆紀六歲一改

元布天下書曰紫閣圖曰太一黃帝皆僊上天張樂
崑崙虔山之上後世聖主得瑞當張樂秦終南山之
上（長安南山詩所謂終南故秦地故言秦也）予之不敏奉行未明乃今諭
矣復以寧始將軍爲更始將軍以順符命易不云乎
日新之謂盛德生生之謂易（易道生諸當生者也上繫之辭體化合變故日日新）
予其饗哉欲以誑燿百姓銷解盜賊衆皆笑之初
獻新樂於明堂太廟群臣始冠麟韋之弁（鹿皮冠也）是時
關東饑旱數年力子都等黨衆寖多更始將軍廉丹
擊益州不能克徵還更遣復位後大司馬護軍郭興
庸部牧李畢擊蠻夷若豆等大傳犧叔士孫喜清

江湖之盜賊而匈奴冠邊甚莽乃大募天下丁男及
死罪囚吏民奴名曰豬突豨勇以爲銳卒令公卿以
下至郡縣黃綬皆保養軍馬（保養言不許其有死者矣）多少各以
秩爲差又博募有奇技術可以攻匈奴者將待以不
次之位徵天下能爲兵法者六十三家數百人竝以
爲軍吏選練武衛招募猛士旌旗輜重千里不絕（周禮折羽爲旌熊虎爲旗輜車名謂軍糧什物雜載之以其累重故稱輜重）時有長人巨無
霸（王莽連率韓博上言有奇士長一丈大十圍自謂巨無霸出於蓬萊東南五城西北昭如海濱軺車不能載三馬不能勝臥則枕鼓以鐵箸食）長一丈大十圍以爲壘尉（軍壁曰壘尉者主壘之事）又驅諸猛獸（猛或作獸）虎豹犀象之屬以助威武

自秦漢出師之盛未嘗有也匈奴右骨都侯須卜當
其妻王昭君女也嘗內附莽遣昭君兄子和親侯王
歙誘呼當至塞下脅將詣長安彊立以爲須卜單于
後安公（單于者匈奴之號也後安公者中國之爵而加之）欲出大兵以輔立
之兵調度亦不合而匈奴愈怒竝入北邊北邊繇是
壞敗會當病死莽以其庶女陸逯任妻後安公奢（陸逯邑也莽改公主曰任奢本爲侯莽以女妻之故追爵爲公）所以尊寵之甚厚終爲
欲出兵立之者（言爲此計意不止）始欲誘迎當大司馬嚴尤
諫曰當在匈奴右部兵不侵邊單于動靜輒語中國
此方面之大助也於今迎當置長安槀街一胡人爾

槀街蠻夷館所在也不如在匈奴有益莽不聽旣得富欲遣尤
與廉丹擊匈奴皆賜姓徵氏號二徵將軍當誅單于
輿而立當代之輿者特見爲單于之名出車城西橫廐未發尤
素有智畧非莽攻伐四夷數諫不從著古名將樂毅
白起不用之意及言邊事凡三篇奏以諷諫莽及當
出廷議尤固言匈奴可且以爲後先憂山東盗賊莽
大怒乃策尤曰視事四年蠻夷猾夏不能遏絶寇賊
姦宄不能殄滅不畏天威不用詔命貌很自臧持必
不移貌很言其很戾見於容貌也臧善也自以爲臧美固持其所見不可移易懷執異心
非沮軍議沮壞也未忍致於理其上大司馬武建伯印

韍韍者印之組歸故郡以降符伯董忠爲大司馬翼平連
率田況奏郡縣訾民不實舉百姓訾財不以實數莽復三十稅
一以況忠言憂國進爵爲伯賜錢二百萬衆庶皆詈
之青徐民多棄鄉里流亡老弱死道路壯者入賊中
地皇元年從三萬六千歲歷號也正月乙未大赦天下下書曰
方出軍行師敢有趨讙犯法者輒論斬毋須時趨讙謂趨
走讙誶須待也盡歲止於是春夏斬人都市百姓震懼道路
以目莽見四方盗賊多復欲厭之又下書曰予之皇
初祖考黃帝定天下將兵爲上將軍建華蓋立斗獻
訢斗魁及杓末如今之形也內設大將軍外置大司馬五人大將
軍二十五人偏將軍百二十五人裨將軍千二百五
十人校尉萬二千五百人司馬三萬七千五百人候
十一萬二千五百人當百二十二萬五千人當亦官名百非
其數士吏四十五萬人士千三百五十萬人應協於易
弧矢之利以威天下予受符命之文稽前人將條備
焉稽考也考法於前人也於是置前後左右中大司馬之位賜
諸州牧號爲大將軍郡卒正連帥大尹爲偏將軍屬
令長裨將軍縣宰爲校尉乘傳使者經歷郡國日且
十輩倉無見穀以給傳車馬不能足賦取道中車馬
於道中行者即執取之以充事也取辦於民七月大風毀王路堂復

下書曰乃壬午餔時有烈風雷雨發屋折木之變烈風
烈暴之風予甚弁焉予甚栗焉予甚恐焉弁疾也一日弁撫手也言驚懼
也伏念一旬迷迺解矣先言烈風雷雨後言迷迺解矣蓋取舜納於大麓烈風雷
雨不迷以爲言也昔符命文立安爲新遷王安莽第三子也莽改汝南新蔡
曰新遷臨國雒陽爲統義陽王是時予在攝假謙不敢
當而以爲公其後金匱文至議者皆日臨國雒陽爲
統謂據土中爲新室統也宜爲皇太子自此後臨久
病雖瘳不平朝見挈茵輿行有疾以執茵輿之行謂坐茵褥之上而令四人
對挈茵之四角輿而行之也見王路堂者張於西廂及後閣更衣
中張帳也更衣中謂朝賀易衣服處室屋名也又以皇后被疾臨且去本

就舍妃妾在東永巷言瞻待疾故去其本所居而來就此止息是以妃妾在東永巷也壬午烈風毀王路西廂及後閣更衣中室昭寧堂池東南榆樹大十圍東僵擊東閣閣即東永巷之西垣也皆破折瓦壞發屋拔木予甚驚焉又候官奏月犯心前星厥有占予甚憂之伏念紫閣圖文太一黄帝皆得瑞以遷後世褒主登終南山褒主大王也所謂新遷王者乃太一新遷之後也太一黄帝欲令安追繼其後也統義陽王乃用五統以禮義登陽上遷之後也臨有兄而稱太子名不正宣尼公曰名不正則言不順至於刑罰不中民無所措手足措安置也惟即位以來陰陽未和風

冊府元龜 總錄部 僞政 卷之九百一十二 十三

雨不時數遇枯旱蝗螟爲災穀稼鮮耗百姓苦饑鮮少也耗虚也蠻夷猾夏寇賊姦宄人民正營無所措手足正營惶恐不安之意深惟厥咎在名不正焉其立安爲新遷王臨爲統義陽王幾以保全二子子孫千億外攘四夷內安中國焉莽又見四方盜賊多欲視爲自安能建萬世之基者乃下書曰予受命遭陽九之阸百六之會府帑空虛百姓匱乏宗廟未脩且祫祭於明堂太廟夙夜永念非敢寧息深惟吉昌莫良於今年予乃卜波水之北即池之南惟玉食黄圖在西波池即池皆在石城南上林中玉食謂龜爲玉兆之文而墨食也予又卜金水之南明堂之西亦惟玉食予將親築焉於是遂營長安城南謚所謂金水之南明堂之西也提封百頃九月甲申莽立載行視立載謂立而乘車也親舉築三下司徒王尋大司空王邑持節及侍中常侍執法杜林等數十人將作作領築作之人崔發張邯說莽曰德盛者文縟文禮文也縟繁也宜崇其制度宣視海內且令萬世之後無以復加也莽乃博徵天下工匠諸圖畫以望法度算及吏民以義入錢穀助作者駱驛道路駱驛言不絕也壞徹城西苑中建章承光包陽大臺儲元宮及平樂當路陽祿館凡十餘所自建章以下至陽祿皆上林苑中館取其財瓦以起九廟是月大雨六十餘日令民入米六百斛

冊府元龜 總錄部 僞政 卷之九百一十二 十四

爲郎其郎吏增秩賜爵至附城九廟一曰黄帝太初祖廟二曰帝虞始祖昭廟三曰陳胡王統祖穆廟四曰齊敬王世祖昭廟五曰濟北愍王王祖穆廟凡五廟不墮云六曰濟南伯王尊禰昭廟七曰元城孺王尊禰穆廟八曰陽平頃王戚禰昭廟九曰新都顯王戚禰穆廟殿皆重屋太初祖廟東西南北各四十丈高十七丈餘廟半之爲銅薄櫨薄櫨柱上相即今所謂楷也飾以金銀琱文窮極百工之巧帶高增下本因高地而建立之其旁下者更增築功費數百鉅萬卒徒死者萬數鉅鹿男子馬適求等謀舉燕趙兵以誅莽大司空士王丹發覺以聞

莽遣三公大夫逮治黨與逮謂逮捕之也連及郡國豪傑數千人皆誅死冊爲輔國侯自莽爲不順時令百姓怨恨莽猶安之又下書曰惟設此一切之法以來常安六鄉巨邑之都枹鼓稀鳴盜賊衰少巨大也枹所以擊鼓者也百姓安土歲以有年此乃立權之力也今胡虜未滅誅蠻僰未絶焚江湖海澤麋沸盜賊未盡破殄麋沸言如粥糜而沸涌又興奉宗廟社稷之大作民衆動搖今復一切行此令盡二年止之以全元元救愚姦太傅平晏死以予虞唐尊爲太傅是時南部張霸江夏羊牧王匡等起雲杜綠林號曰下江兵本起江夏雲杜縣後分西土入南郡屯藍口故號下江兵衆皆萬餘人武功中水鄉民三舍墊爲池墊陷二年正月以州牧位三公刺舉怠解更置牧監副秩元士冠法冠行事如漢刺史是月莽妻死謚曰孝睦皇后葬渭陵長壽園西令永侍文母名陵曰億年新遷王安病死初莽爲侯就國時幸侍者增秩懷能開明懷能生男興增秩生男匡女曅開明生女捷皆留新都國以其不明故也言侍者或與外人私通所生子女不可分明也及安疾甚莽自病無子爲安作奏使上言興等母雖微賤屬猶皇子不可以棄章視群公以所上之章徧示之皆曰安友於兄弟宜及春夏加封爵於是以王車遣使者迎興等

封興爲功脩公匡爲功建公曅爲睦脩任捷爲睦逮任孫公明公壽病死旬月四喪焉莽壞漢孝武孝昭廟分葬子孫其中魏成大尹李焉與卜者王況謀況謂焉曰新室卽位以來民田奴婢不得賣買數改錢貨徵發煩數軍旅騷動四夷並侵百姓怨恨盜賊並起漢家當復興君姓李李者徵徵者火也當爲漢輔因爲焉作讖書言文帝發忿居地下趣軍北告匈奴南告越人江中劉信執敵報怨復續古先四年當發軍江湖有盜自稱楚王姓爲劉氏萬人成行不受赦令欲動秦雒陽十一年當相攻太白揚光歲星入東井其號當行號謂號令也又言莽大臣吉凶各有日期會合十餘萬言焉令吏寫其書吏往告之莽遣使者卽捕焉獄治皆死三輔盜賊麻起言起者亂如麻也乃置捕盜都尉官令執法謁者追擊長安中建鳴鼓攻賊幡而使者隨其後遣太師犧仲景尚更始將軍護軍王黨將兵擊青徐國師和仲曹放助郭興擊句町轉天下穀幣詣西河五原朔方漁陽每一郡以百萬數欲以擊匈奴秋隕霜殺菽關東大饑蝗民犯鑄錢伍人相坐沒入爲官奴婢其男子檻車兒女子步以鐵鏁琅當其頸傳詣鍾官以十萬數琅當長鏁也鍾官主鑄錢之官也到者

易其夫婦改相配匹不依其舊也愁苦死者什六七孫意景尚
曹放等擊賊不能克軍師放縱百姓重困莽以王况
讖言荆楚當興李氏爲輔欲厭之迺拜侍中掌牧大
夫李棽爲大將軍楊州牧賜名聖改其舊名以聖代讖使將兵
奮擊上谷儲夏自請願說瓜田儀儲夏人姓也莽以爲中
郎使出儀說之令自出儀文降未出而死上文書言降而身未出莽
求其屍葬之爲起冢祠室謚曰瓜寧殤男幾以招來
其餘然無肯降者閏月丙辰大赦天下天下大服民
私服在詔書前亦釋除初四方皆以饑寒窮愁起爲
盜賊稍稍群聚常思歲熟得歸鄉里衆雖萬數亶稱

巨人從事三老祭酒言不爲大號不敢略有城邑轉掠求
食日闋而已言隨日而盡也諸長吏牧守皆自亂鬭中兵而
死中傷也賊非敢欲殺之也而莽終不諭其故謂不曉此意也
是歲大司馬士按章豫州有上章相告者就而按治之爲賊所獲
賊送付縣士還上書具言狀莽大怒下獄以爲誣罔
因下書責七公曰夫吏者理也宣德明恩以牧養民
仁之道也抑彊督姦捕誅盜賊義之節也今則不然
盜發不輒則至成群黨遮略乘傳宰士士得脫者又
妄自言我責數賊何故爲是賊曰以貧窮故爾賊護
出我今俗人議者率多若此惟貧困饑寒犯法爲非

大者群盜小者偷穴不過二科穴謂穿牆爲盜也今乃結謀
連黨以千百數是逆亂之大者豈饑寒之謂邪七公
其嚴敕卿大夫卒正連率庶尹謹牧養善民急捕殄
盜賊有不同心并力疾惡黜賊而妄曰饑寒所爲輒
捕繫請其罪於是群下愈恐莫敢言賊情者亦不得
擅發兵賊繇是遂不制唯翼平連率田况素果敢發
民年十八以上四萬餘人授以庫兵與刻石爲約赤
糜聞之不敢入界糜眉也以朱塗眉故曰赤眉古字通用况自劾奏莽
讓况讓責也未賜虎符以擅發兵此弄兵也厥辠乏興
擅發之罪以乏軍興同科也以况自詭必擒滅賊故且勿治詭責也自

以爲後况自請出界擊賊所嚮皆破莽以璽書令况
領青徐二州牧事况上言盜賊始發其原甚微非部
吏伍人所能擒也咎在長吏不爲意縣欺其郡郡欺
朝廷實百言十實千言百朝廷忽略不輒督責遂至
延蔓連州乃遣將率多發使者傳相監趣郡縣力事
上官應塞詰對力勤也塞當也共酒食具資用以救斷斬交懼
斬死之刑也不給復憂盜賊治官事給服也將率又不能躬
率吏士戰則爲賊所破吏氣寖傷徒費百姓寖漸也前
幸蒙赦令賊欲解散或反遮擊恐入山谷轉相告語
故郡縣降賊皆更驚駭恐見詐滅因饑饉易動旬日

之間更十餘萬人此盜賊所以多之故也今雒陽以東米石二千竊見詔書欲遣太師更始將軍二人瓜牙重臣多從人衆道上空竭少則亡以威視遠方宜急選牧尹以下明其賞罰收合離鄉小國無城郭者徙其老弱置大城中積藏穀食并力固守賊來攻城則不能下所過無食勢不得群聚如此招之必降擊之則滅今空復多出將率郡縣苦之反甚於賊宜盡徵還乘傳諸使者以休息郡縣委任臣况以二州盜賊必平定之莽畏惡况陰爲發代遣使者賜况璽書使者至見况因令代監其兵况隨使者西到拜爲師尉大夫况去齊地遂敗

冊府元龜

巡按福建監察御史臣李嗣京訂正

知閩縣事臣曹冉臣叅閱

知建陽縣事臣黃國琦較釋

總錄部一百六十三

僞政第四

王莽地皇三年正月九廟蓋構成納神主莽謁見大駕乘六馬以五彩毛爲龍文衣著角長三尺(以被馬上也)華蓋車元戎十乘在前因賜治廟者司徒大司空錢各千萬侍中中常侍以下皆封封都匠仇延爲邯淡

里附城(都匠大匠也邯淡豐盛之意)二月霸橋災數千人以水沃救不滅莽惡之下書曰夫三皇象春五帝象夏三王象秋五伯象冬皇王德運也伯者繼空續乏以成歷數故其道駁惟常安御道多以所近爲名迺二月癸巳之夜甲午之辰火燒霸橋從東方西行至甲午夕橋盡火滅大司空行視考問(行音下便切)或云寒民舍居橋下(舍止宿也)疑以火自燎明爲此災也(燎謂炙之令溫也)其明旦即乙未立春之日也予以神明聖祖黃虞遺統受命至於地皇四年爲十五年正月以三年終冬絶滅霸駮之橋以彸興成新室統一長存之道也又戒此橋空東方之道今東方歲荒民饑道路不通東嶽太師亟科條(亟急也)開東方諸倉賑貸窮乏以施仁道其更名霸館爲長存館霸橋爲長存橋是月赤眉殺太師犧仲景尚關東人相食莽下書曰惟陽九之阨與害氣會究於去年枯旱霜蝗饑饉薦臻(薦仍也)百姓困乏流離道路於春尤甚予甚悼之今使東嶽太師特進褒新侯開東方諸倉賑貸窮乏太師公所不過道分遣大夫謁者竝開諸倉以全元元太師公因與廉丹大使五威司命位右大司馬更始將軍平均侯之兗州填撫所掌(之往也)及青徐故不軌盜賊未盡解散

後復屯聚者皆清潔之期於安兆黎矣(黎衆也)太師更始合將銳士十餘萬人所過放縱東方爲之語曰寧逢赤眉不逢太師太師尚可更始殺我卒如田況之言(王欽若等曰田況言見第三卷)莽又多遣大夫謁者分教民煮草木爲酪酪不可食重爲煩費莽下書曰惟民困乏雖溥開諸倉賑贍之猶恐未足其且開天下山澤之防諸能採取山澤之物而順月令者其恣聽之勿令出稅至地皇三十年如故是王光上戊之六年也(戊土也莽所作歷名)如令豪吏猾民辜而攉之小民弗蒙非予意也(辜攉謂獨專其利而令他人犯者得罪辜也)易不云虖損上益下民說無

彊（言損上而益下則人皆歡悅無竆竟）書云言之不從是謂不艾（艾治也）
杏虖群公可不憂哉（杏者歎息之言）是時下江兵盛新市朱
鮪平林陳牧等皆復聚衆攻擊鄉聚莽遣司命大將
軍孔仁部豫州納言大將軍嚴尤秩宗大將軍陳茂
擊荆州各從吏士百餘人乘船從渭入河至華陰廼
出乘傳到部募士尤謂茂曰遣將不與兵符必先請
而後動是猶紲韓盧而責之獲也是夏蝗從東方來
蜚蔽天至長安人未央宮緣殿閣莽發吏民設購賞
捕擊莽以天下穀貴欲厭之爲太倉置衛交戟名曰
政始掖門流民入關者數十萬人廼置養贍官稟食

之（稟給）使者監領與小吏共盜其稟饑死者十七八先
是莽使中黄門王業領長安市買賤取於民民甚患
之業以省費爲功賜爵附城莽聞城中饑饉以問業
業曰皆流民也乃市所賣粱飯肉羹持入視莽曰居
民食咸如此莽信之冬無鹽索盧恢等舉兵反城（索盧
姓也恢名也反城攄城反也）廉丹王匡攻拔之斬首萬餘級莽遣
中郎將奉璽書勞之進爵爲公封吏士有功者十餘
人赤眉別較董憲等衆數萬人在梁郡王匡擊之爲
憲所敗廉丹死之國將哀章謂莽曰皇祖考黄帝之
時中黄直爲將破殺蚩尤今臣居中黄直之位願平

山東莽遣章馳東與大師匡幷力又遣大將軍陽浚
守敖倉司徒王尋將十餘萬屯雒陽填南宫大司馬
董忠養士習射中軍北壘大司空王邑兼三公之職
時四方盜賊往往數萬人攻城邑殺二千石以下太
師王匡等戰數不利莽知天下潰畔事窮計迫廼議
遣風俗大夫司國憲等分行天下除井田奴婢山澤
六筦之禁即位以來詔令不便於民者皆收還之待
見未發會世祖與兄齊武王伯升宛人李通等（世祖謂光
武）帥春陵子弟數千人招致新市平林朱鮪陳牧等
合攻拔棘陽是時嚴尤陳茂破下江兵成丹王常等

數千人別走入南陽界十一月有星孛於張東南行
五日不見莽數召問太史令宗宣諸術數家皆謬對
言天文安善群賊且滅莽差以自安四年正月漢兵
得下江王常等以爲助兵擊前隊大夫甄阜屬正梁
丘賜皆斬之殺其衆數萬人初京師聞青徐賊衆數
十萬人訖無文號旌旗表識（文謂文章號謂號令也）咸怪異之
好事者竊言此豈如古三皇無文書號諡邪（欲其事成故云
然也）莽亦心怪以問群臣群臣莫對唯嚴尤曰此不足
怪也自黄帝湯武行師必待部曲旌旗號令今此無
有者直饑寒群盜犬羊相聚不知爲之爾莽大説群

臣盡服及劉伯升起皆稱將軍攻城掠地既殺甄阜移書稱說莽聞之憂懼漢兵乘勝遂圍宛城初世祖族兄聖公先在平林兵中三月辛巳朔平林新市下江兵將王常朱鮪等共立聖公爲帝改年爲更始元年拜置百官莽聞之愈恐欲外視自安廼染其鬚髮進所徵天下淑女杜陵史氏女爲皇后聘黄金三萬斤車馬奴婢雜帛珍寶以巨萬計莽親迎於前殿兩階間成同牢之禮於上西堂備和嬪美御和人三位視公嬪人九視卿美人二十七視大夫御人八十一視元士凡百二十人皆佩印韍執弓韣（月令仲春之月玄鳥至之

日以大牢祀於高禖天子親往后妃率九嬪御乃禮天子所御帶以弓韣授以弓矢於高禖之前韣弓衣也帶之者求男子之祥也故莽依倣之焉）封皇后父譚爲和平侯拜爲寧始將軍譚子二人皆侍中是日大風發屋折木群臣上壽曰廼庚子雨水灑道辛丑清靚無塵其夕穀風迅疾從東北來（穀風即谷風也）辛丑巽之宫日也巽爲風爲順后誼明母道得温和慈惠之化也易曰受茲介福於其王母（介大也王母謂君母）禮曰承天之慶萬福無疆諸欲依廢漢火劉皆沃灌雪除殄滅無餘雜矣百穀豐茂庶草蕃殖（蕃滋也殖生也）元元驩喜兆民賴福天下幸甚莽日與方士涿郡昭君等於後宫考驗方術縱淫樂焉

大赦天下然猶曰故漢氏舂陵侯群子劉伯升與族人婚姻黨與妄流言惑衆悖畔天命及手害更始將軍廉丹前隊大夫甄阜屬正梁丘賜及北狄胡虜逆輿洎南南僰虜若豆孟遷不用此書（輿匈奴單于名也洎及也若孟豆遷蠻僰之名也言伯升已下孟遷以上不在赦令之限也）有能捕得此人者皆封爲上公食邑萬户賜寶貨五千萬又詔太師王匡國將哀章司命孔仁兗州牧壽良卒正王閎揚州牧李聖亟進所部州郡兵凡三十萬衆迫措青徐盜賊納言將軍嚴尤秩宗將軍陳茂車馬將軍王巡左隊大夫王吳亟進所部州郡凡十萬衆迫措前隊醜虜

明告以生活丹青之信（生活謂來降者不殺之丹青之信言明著也）復迷惑不解散皆并力合擊殄滅之矣大司空隆新公宗室威屬前以虎牙將軍東指則反虜破壞西擊則逆賊靡碎（靡散也）此廼新室威寶之臣也如黠賊不解散將遣大司空將百萬之師征伐剿絶之矣（剿截也）遣七公幹士隗囂等七十二人分下赦令曉諭云囂等既出因逃亡矣四月世祖與王常等别攻潁川下昆陽郾定陵（三縣之名也）莽聞之愈恐遣大司空王邑馳傳之雒陽與司徒王尋發衆郡兵百萬號曰虎牙五威兵平定山東得顓封爵政決於邑除用徵諸明兵法六

十三家術者各持圖書受器械備軍吏傾府庫以遣邑多齎珍寶猛獸欲視饒富用怖山東邑至雒陽州郡各選精兵牧守自將定會者四十二萬人在道不絕車甲士馬之盛自古出師未甞有也六月邑與司徒王尋發雒陽欲至宛道出潁川過昆陽昆陽時已降漢漢兵守之嚴尤陳茂與二公會二公縱兵圍昆陽嚴尤曰稱尊號者在宛下宜亟進（亟急也）彼破諸城自定矣邑曰百萬之師所過當滅今屠此城喋血而進前歌後舞顧不快邪遂圍城數十重城中請降不許嚴尤又曰歸師勿遏圍城爲之闕（此兵法之言也遏遮也闕不合）

可如兵法使得逸出以怖宛下邑又不聽會世祖悉發郾定陵兵數千人來救昆陽尋邑易之（輕易之也）自將萬餘人行陳（巡行軍陳也）救諸營皆按部毋得動獨迎與漢兵戰不利大軍不敢擅相救漢兵乘勝殺尋昆陽中兵出竝戰邑走軍亂天風蜚瓦雨如注水大衆崩潰號諱虎豹股栗士卒犇走各還歸其郡邑獨與所將長安勇敢數千人還雒陽關中聞之震恐盜賊竝起又聞漢兵言莽鴆殺孝平帝莽廼會公卿以下於王路堂開所爲平帝請命金縢之策泣以視群臣命明學男張邯稱說其德及符命事因曰易言伏戎於

莽升其高陵三歲不興（莽平草也言伏兵於草莽之中升高陵而望不敢前進至於三歲不能起也）莽皇帝之名升謂劉伯升高陵謂高陵侯子翟義也言劉伯升翟義爲伏戎之兵於新皇帝世猶殄滅不興也群臣皆稱萬歲又令東方檻車傳送數人言劉伯升等皆行大戮民知其詐也時殿中鉤盾土山僊人掌旁有白頭公青衣（僊人掌承露盤也）郎吏見者私謂之國師公衍功侯喜素善卦莽使筮之曰憂兵火莽曰小兒安得此左道是廼予之皇祖叔父子僑欲來迎我也莽軍師外破大臣內畔左右亡所信不能復遠念郡國欲謼邑與計議崔發曰邑素小心

今失大衆而徵恐其執節引決宜有以大慰其意於是莽遣發馳傳諭邑（諭謂告之）我年老毋適子欲傳邑以天下敕亡得謝見勿復道邑到以爲大司馬大長秋張邯爲大司徒崔發爲大司空司中壽容苗訢爲國師同說侯林爲衛軍莽憂懣不能食亶飲食啗鰒魚（鰒海魚也）讀軍書倦因憑几寐不復就枕矣莽性好時日小數及事迫急亶爲厭勝遣使壞渭陵延陵園門罘罳曰毋使民復思也又以墨湾色其周垣（湾漬之變其蘊色也）號將軍曰歲宿申水爲助將軍右庚刻木轍尉前丙燿金都尉又曰執大斧伐枯木流大水滅發火如此

屬不可勝記是秋太白星流入大微燭地如月光成紀隗崔兄弟共刼大尹李育成紀隴西之縣以兄子隗囂爲大將軍攻殺雍州牧陳慶安定卒正王向弁共衆移書郡縣數莽罪惡萬於桀紂是月析人鄧曄于匡起兵南鄉百餘人析音先歷切南陽之縣南鄉析縣之鄉名也時析宰將兵數千屯鄡亭備武關曄匡謂宰曰劉帝已立君何不知命也宰請降盡得其衆曄自稱輔漢左將軍匡右將軍拔析丹水攻武關都尉朱萌降進攻右隊大夫宋綱殺之西拔湖湖弘農之縣本屬京兆莽愈憂不知所出崔發言周禮及春秋左氏國有大災則哭以厭之周禮春官

之職屬女巫子之十日凡邦之大災歌哭而請哭者所以告哀也春秋左氏傳宣十二年楚子圍鄭旬有七日鄭人卜行成不吉卜臨於太宮且皆出車吉國人大臨守陴者哭故發引之以爲言也故易稱先號咷而後笑宜呼嗟告天以求救莽自知敗適率群臣至南郊陳其符命本末仰天曰皇天既命授臣莽何不殄滅衆賊即令臣莽非是願下雷霆誅臣莽因搏心大哭氣盡伏而叩頭又作告天策自陳功勞千餘言諸生小民會旦夕哭爲設餐粥甚悲哀及能誦策文者除以爲郎至五千餘人䕸憚將領之莽拜將軍九人皆以虎爲號號曰九虎將北軍精兵數萬人東內其妻子宮中以爲質時省中黃金萬斤者爲一匱尚有六十匱黃門鉤盾臧府中尚方處處各有數匱長樂御府中御府及都內平準帑藏錢帛珠玉財物甚衆御府有令丞少府之屬官也掌珍寶中御府者皇后之府藏也平準令丞屬大司農亦珍貨所在也莽愈愛之賜九虎士人四千錢衆重怨無鬭意九虎將兵至華陰回谿距隘北從河南至山于匡持數千弩乘堆挑戰鄧曄將二萬餘人從閿鄉南出棗街作姑作姑邪道所繇也破其一部北出九虎後擊之六虎敗走史熊王况詣闕歸死莽使使責死者安在皆自殺其四虎亡六人敗走二人詣闕自殺四人亡三虎郭欽陳翬成重收散卒保京師倉九人之中六人敗走三人保倉也京師倉在華陰灌北渭口也

鄧曄開武關迎漢丞相司直李松將二千餘人至湖與曄等共攻京師倉未下曄以弘農掾王憲爲較尉數百人北渡渭入左馮翊界降城畧地李松遣偏將軍韓臣等徑西至新豐與莽波水將軍戰波水走韓臣等追奔遂至長門宮王憲北至頻陽所過迎降所至之處皆來迎而降之也大姓櫟陽申碭下邽王大皆率衆隨憲屬縣斄嚴春屬縣三輔諸縣也屬右扶風其人姓嚴名春茂陵董喜藍田王孟槐里汝臣盩厔王扶陽陵嚴本杜陵屠門少之屬姓屠門名少衆皆數千人假號稱漢將時李松鄧曄以爲京師小小倉尚未可下何况長安城哉當須更始

帝大兵到郎引軍至華陰治攻具而長安旁兵四會城下聞天水隗氏兵方到皆爭欲先入城貪立大功擄掠之利莽遣使者分赦城中諸獄囚徒皆授兵殺豨飲其血與誓曰有不爲新室者社鬼記之更始將軍史諶將渡渭橋散走諶空還衆兵發掘莽妻子父祖冢燒其棺槨及九廟明堂辟雍火炤城中或謂莽曰城門卒東方人不可信莽更發越騎士爲衛門置六百人各一校尉十月戊申朔兵從宣平城門入民間所謂都門也長安城東出北頭第一門張邯行城門逢兵見殺王邑王林王巡䞒惲等分將兵距擊北闕下漢兵貪

莽封力戰者七百餘人會日暮官府邸第盡犇亡二日己酉城中少年朱弟張魚等恐見擄掠趨讙並和衆群行讙而自相和也燒作室門斧敬法闥敬法殿名也闥小門也謂斧斫之也譁曰反虜王莽何不出降其下亦同火及掖庭承明掖庭承明黃皇之室人主所居莽避火及掖庭宣室前殿火輒隨之婦女諕譁曰當奈何時莽紺袀服諕古帶字紺深青而揚赤色袀純也純爲紺服也帶璽韍持虞帝匕首天文郎按栻於前栻所以占時日天文郎今之用栻者也日時加某莽旋席隨斗柄而坐曰天生德於予漢兵其如予何孔子曰天生德於予桓魋其如予何故莽引之以爲言也莽時不食少氣困矣三日庚戌晨旦明群臣扶掖莽自

前殿南下椒除邪行各道下者也除殿陛之道也椒取芬香之名也西出白虎門和新公王揖奉車待門外莽就車之漸臺欲阻池水猶抱持符命威斗公卿大夫侍中黃門郎從官尚千餘人隨之王邑晝夜戰罷極士死傷畧盡馳入宮閒闕至漸臺閒闕猶言崎嶇展轉也見其子侍中睦解衣冠欲逃邑叱之令還父子共守莽軍人人殿中譁曰反虜王莽安在有美人出房曰在漸臺衆兵追之圍數百重臺上亦弓弩與相射稍稍落去矢盡無以復射短兵接王邑父子䞒惲王巡戰死莽入室下晡時衆兵上臺王揖趙博苗訢唐尊王盛中常侍王參等皆死

臺上商人杜吳殺莽取其綬校尉東海公賓就故大行治禮公賓姓也就名也以先經治禮故職天子史綬也見吳問綬主所在曰室中西北陬間陬隅也就識斬莽首軍人分裂莽身支節肌骨臠爭分殺者數十人三輔舊事云臠切千段公賓就持莽首詣王憲憲自稱大將軍城中兵數十萬皆屬焉舍東宮舍止宿也妻莽後宮乘其車服六月癸丑李松鄧曄入長安將軍趙萌申屠建亦至以王憲得璽綬不輒上多挾宮女建天子鼓旗收斬之傳莽首詣更始縣宛市百姓共提擊之提擲也或切食其舌初莽居攝知民愁下詔諸食王田及私屬皆得賣買勿拘以

法然刑罰淫刻它政詩亂詩乖也音布内切邊兵二十餘萬人仰縣官衣食用度不足數横賦斂民愈貧困嵳苦枯旱亡有平歲穀賈翔貴翔言如鳥之回翔謂不離於貴也昔暴貴稱騰踊也末年盜賊群起發軍擊之將吏放縱於外北邊及青徐地人相食雒陽以東米石二千莽遣三公將軍開東方諸倉賑貸窮乏又分遣大夫謁者教民煑木爲酪作杏酪之屬也酪不可食重爲煩擾流民入關者數十萬人置養贍官以稟之吏盜其稟稟給也盜其稟者盜所給之物饑死者什七八莽耻爲政所致廼下詔曰予遭陽九之阨百六之會枯旱霜蝗饑饉薦臻蠻夷猾夏寇賊姦宄

百姓流離予甚悼之害將究矣究竟盡也歲爲此言以至於亡

晉桓玄僭卽帝位王欽若等曰玄未僭位以前事迹並見將帥部諸門下書曰三才相資天人所以成功理繇一統貞夫所以司契帝王之典其源渟矣自三五已降世代參差雖所繇或殊其歸一也朕皇考宣武王卽桓溫也聖德高邈誕啓洪基景命攸歸理貫自昔中間屯險弗克負荷仰瞻宏業殆若綴旒藉否終之運遇時來之會用獲除姦救溺拯拔人倫晉氏以多難薦臻曆數惟旣典章唐虞之準述遵漢魏之則用集天禄於朕躬惟德不敏辭不獲命稽若令典遂升壇燎於南郊受終於文祖思覃斯慶願與億兆聿茲更始於是大赦改元永始錫天下爵二級孝悌力田人三級鰥寡孤獨不能自存者穀人五斛其賞賜之制徒設空文無其實也乃追尊其父溫宣武皇帝廟稱太祖南康公主爲宣皇后封子昇爲豫章郡王叔父雲孫放之爲寧都縣王豁孫稚玉爲臨沅縣王豁次子石康爲右將軍武陵郡王祕子蔚爲醴陵縣王贈叔父冲太傅宣城郡王加殊禮依晉安平王故事以孫胤襲爵爲吏部尚書冲次子謙爲楊州刺史新安郡王謙弟脩爲撫軍大

將軍安城郡王兄歆臨賀縣王褘富陽縣王贈兄褘侍中大將軍義興郡王以子濬襲爵爲輔國將軍濬弟邈西昌縣王封王謐爲武昌公班劒二十人卞範之爲臨汝公殷仲文爲東興公馮該爲魚復侯又降始安郡公爲縣公長沙爲臨湘縣公廬陵爲巴丘縣公各千戶其康樂武昌南昌望蔡建興永脩觀陽皆降封千百戶公侯之號如故又普進諸征鎮軍號各有差以相國左長史王綏爲中書令崇謙母庾爲宣城太妃加殊禮給以輦乘號溫墓曰永崇陵置守衛四十人又造金根車駕六馬是月玄臨聽訟觀閱囚

徒罪無輕重多被原放有干興它者時或卹之其好行小惠如此自以水德壬辰臘予祖政尚書郎官爲賊曹又增置五較三將又彊弩積射武衛官元興三年玄之永始二年尚書荅春蒐字誤爲春菟凡所關署皆被降黜玄大綱不理而糾擿纖微皆此類也以其妻劉氏爲皇后將脩殿宇乃移入東宮又開東掖平昌廣莫及宮殿諸門皆爲三道更造大輦客三十人坐以二百人舁之性好畋遊以體大不堪乘馬又作徘徊輿施轉今關迴動無滯既不追尊祖曾疑其禮儀問於群臣散騎常侍徐廣據晉典宜追立七廟

又敬其父則子悅位彌高者情禮得申道逾廣者納敬必普也玄曰禮云三昭三穆與太祖爲七然則太祖必居廟之主也昭穆皆自下之稱則非逆數可知也禮太祖東向左昭右穆如晉室之廟則宣帝在昭穆之列不得在太祖之位昭穆既錯太祖無寄失之遠矣玄曾祖已上名位不顯故不欲序列且以王莽九廟見譏於前史遂以一廟矯之郊廟齋二日而已秘書監卞承之曰祭不及祖知楚德之不長也又毀晉小廟以廣臺榭其庶母蒸嘗靡有定所忌日見賓客遊宴唯至亡時一哭而已朞服之內不廢音樂玄

出遊水門飄風飛其儀蓋夜濤水入石頭大桁流壞殺人甚多大風吹朱雀門樓上層墜地玄自篡盜之後驕奢荒侈遊獵無度以夜繼晝兄偉葬日旦哭晚遊或一日之中屢出馳騁性又急暴呼召嚴速直官咸繫馬省前禁內讙雜無復朝廷之體於是百姓疲苦朝野勞悴怨怒思亂者十室八九焉於是劉裕即宋高祖也劉毅何無忌等共謀興復裕等斬桓脩於京口斬桓玄於廣陵河內太守辛扈興弘農太守王德元振威將軍童厚之竟陵太守劉邁謀爲內應至期裕遣周安穆報之而邁惶遽遂以告玄玄震駭即殺扈

興等安穆馳去得免封邁安重侯一宿又殺之裕率義軍至竹里玄移還上宮百僚步從召侍官皆入止省中赦揚豫徐兗青冀六州加桓謙征討都督假節以殷仲文代桓脩遣頓兵太守吳甫之右衛將軍皇甫敷北距義軍裕等於江乘與戰臨陣斬甫之進至羅落橋與敷戰復梟其首玄聞之大懼乃召諸道術人推筭謀爲厭勝之法乃問衆曰朕其敗乎曹靖之對曰神怒人怨臣實懼焉玄曰人或可怨神何爲怒對曰移晉宗廟飄泊無所大楚之祭不及於祖此其所以怒也玄曰卿何不諫對曰輦上諸君子皆以爲

堯舜之世臣何敢言玄愈忿懼使桓謙何澹之屯東陵卞範之屯覆舟山西衆合二萬以距義軍裕至蔣山使羸弱貫油帔登山分張旗幟數道並前玄偵候還云裕軍四塞不知多少玄益憂惶遣武衛將軍庾願之配以精卒赴援諸軍於時東北風急義軍放火煙塵張天鼓譟之音震駭京邑劉裕執鉞麾而進謙等諸軍一時奔潰玄率親信數千人聲言赴戰遂將其子昇兄子濬出南掖門西至石頭使殷仲文具船相與南奔初玄在姑孰將相星屢有變篡位之夕月及太白又入羽林玄甚惡之及敗走腹心勸其戰玄

不暇答直以策指天而經日不得食左右進以麤飯咽不能下昇時年數歲抱玄胷而撫之玄悲不自勝劉裕以武陵王遵攝萬機立行臺總百官遣劉毅劉道規躡玄誅玄諸兄子及石康兄權振兄洪等玄至尋陽江州刺史郭昶之給其器用兵力殷仲文自後至望見玄舟旗旒輿服備帝者之儀歎息曰敗中復振故可也玄於是逼乘輿西上桓歆聚黨向歷陽宣城內史諸葛長民擊破之玄於道作起居注敘其距義軍之事自謂經略指授算無遺策諸將違節度以致敗喪非戰之罪於是不遑與群下謀議唯耽思誦述宣示遠近玄至江陵石康納之張幔屋於城南署置百官以卞範之爲尚書僕射其餘職多用輕資於是大脩舟師曾未三旬衆且二萬樓船器械甚盛謂其群黨曰卿等並清塗翼從朕躬都下竊位者方應謝罪軍門其覲卿等入石頭無異雲霄中人也玄以奔敗之後懼法令不肅遂輕怒妄殺人多離怨殷仲文諫曰陛下少播英譽遠近所服遂掃平荆雍一匡京室聲被八荒矣旣據有極位而遇此圮運非爲威不足也百姓喁喁想望皇澤宜弘仁風以收物情玄怒曰漢高魏武幾遇敗但諸將失利備以天文惡故

還都舊楚而群小愚惑妄生是非方當糾之以猛未宜施之以恩也玄左右稱玄爲桓詔桓胤諫曰詔者施於辭令不以爲稱謂也漢魏之主皆無此言唯聞北虜以苻堅爲苻詔爾願陛下稽古帝則令萬世可法玄曰此事以行令宣勑罷之更爲不祥必其宜革可待事平也荆江郡守以玄播越或遣使通表有匪寧之辭玄悉不受仍更令所在表賀遷都玄遣游擊將軍何澹之武衛將軍庾稚祖江夏太守桓道恭就郭銓以數千人守湓口又遣輔國將軍桓振往義陽聚衆至弋陽爲龍驤將軍胡譁所破振單馬走還何

無忌劉道規等破郭銓何澹之郭昶之於桑落州進
師尋陽玄率舟艦三百發江陵使苻宏羊僧壽爲前
鋒以鄱陽太守徐放爲散騎常侍欲遣說解義軍謂
放曰諸人不識天命致此妄作遂懼禍屯結不能自
反卿三州所信可明示朕心若退軍散甲當與之更
始各授位任令不失分江水在此朕不食言放對曰
劉裕爲唱端之主劉毅兄爲陛下所誅並不可說也
輒當申聖旨於何無忌玄曰卿使若有功當以吳興
相叙放遂受使入無忌軍魏詠之破桓歆於歷陽諸
葛長民又敗歆於芍陂歆單馬渡淮毅率道規及下

邳太守孟懷玉與玄戰於崢嶸洲於時義軍數千玄
兵甚盛而玄懼有敗衂常漾輕船於舫側故其衆莫
有鬭心義軍乘風縱火盡銳爭先玄衆大潰燒輜重
夜遁郭銓歸降玄故將劉統馮稚等聚黨四百人襲
破尋陽城殺遣建威將軍劉肅討平之玄留永安皇
后及皇后於巴陵殷仲文時在玄艦中出別船收集
散軍因叛玄奉二后奔於夏口玄入江陵城馮該勸
使更下戰玄不從欲出漢川投梁州刺史桓希而人
情乖阻制令不行玄乘馬出城至門左右於闇中斫
之不中前後相殺交横玄僅得至船於是荆州別駕
王康產奉帝入南郡府舍太守王騰之率文武營衛
時益州刺史毛璩使其從孫祐之參軍費恬送弟璠
喪葬江陵有衆二百璩弟子脩之爲玄屯騎校尉誘
玄以入蜀玄從之達枚回州恬與祐之迎擊玄矢下
如雨玄嬖人丁仙期萬蓋等以身蔽玄並中數十箭
而死玄被箭其子昇輒拔去之益州都護馮遷抽刀
而前玄拔頭上玉導與之乃曰是何人邪敢殺天子
遷曰欲殺天子之賊爾遂斬之時年三十六又斬石
康及濬等五級庾頤之戰死昇云我是豫章王諸君
勿見殺送至江陵市斬之玄自篡盜至敗凡八十日

册府元龜